2018

新疆经济普查年鉴

企业卷（上）

图书在版编目（CIP）数据

新疆经济普查年鉴. 2018. 企业卷. 上 / 新疆维吾尔自治区人民政府第四次全国经济普查领导小组办公室编. --北京 ：中国统计出版社，2020.10
ISBN 978-7-5037-9191-8

Ⅰ. ①新… Ⅱ. ①新… Ⅲ. ①经济－普查－新疆－2018－年鉴②企业经济－普查－新疆－2018－年鉴 Ⅳ. ①F127.45-54

中国版本图书馆 CIP 数据核字(2020)第 112034 号

新疆经济普查年鉴–2018/企业卷（上）

作　　者/新疆维吾尔自治区人民政府第四次全国经济普查领导小组办公室
责任编辑/冯诗萌
封面设计/杨生艳
出版发行/中国统计出版社
通信地址/北京市丰台区西三环南路甲 6 号　邮政编码/100073
电　　话/邮购（010）63376909　书店（010）68783171
网　　址/http://www.zgtjcbs.com
印　　刷/新疆统计印刷厂
经　　销/新华书店
开　　本/880×1230mm　1/16
印　　张/26
字　　数/822 千字
版　　别/2020 年 10 月第 1 版
版　　次/2020 年 10 月第 1 次印刷
定　　价/880.00 元（全四册）

企业卷（上）目录

第一篇　企业篇

第1篇

企业篇

1-1 按地区分组的企业法人单位数及从业人员数

地　　区	企业法人单位数(个)	单产业法人单位	多产业法人单位	从业人员数(人)	其中：女性
总　计	**175572**	**169658**	**5914**	**2875164**	**1003400**
乌鲁木齐市	**59020**	**57579**	**1441**	**928867**	**305472**
市辖区	1		1	8665	5498
天山区	10845	10490	355	137636	57774
沙依巴克区	9296	9013	283	123885	50604
新市区	13717	13486	231	271002	69220
水磨沟区	6347	6228	119	112627	39224
头屯河区	2708	2659	49	36040	11793
达坂城区	249	243	6	7562	1933
米东区	3757	3698	59	60527	17009
乌鲁木齐县	241	235	6	3365	1093
乌鲁木齐经济技术开发区	5423	5188	235	114569	34064
乌鲁木齐高新技术产业开发区	6431	6339	92	50680	16000
克拉玛依市	**5582**	**5278**	**304**	**213765**	**69708**
市辖区	2		2	193	178
独山子区	727	689	38	36246	13529
克拉玛依区	4007	3780	227	144113	46794
白碱滩区	644	617	27	29513	8263
乌尔禾区	202	192	10	3700	944
吐鲁番市	**4182**	**4049**	**133**	**81410**	**24311**
高昌区	1871	1812	59	28485	10655
鄯善县	1256	1202	54	31255	8183
托克逊县	1055	1035	20	21670	5473
哈密市	**8976**	**8704**	**272**	**93547**	**31276**
伊州区	8105	7859	246	78143	27254
巴里坤哈萨克自治县	419	401	18	5810	1496
伊吾县	450	443	7	8941	2100
昌吉回族自治州	**13933**	**13390**	**543**	**222340**	**72113**
昌吉市	6966	6617	349	100402	40349
阜康市	1608	1577	31	31951	8672
呼图壁县	1187	1153	34	15453	5139
玛纳斯县	883	857	26	16884	4935
奇台县	1632	1572	60	19846	5662
吉木萨尔县	1308	1277	31	33935	6030
木垒哈萨克自治县	349	337	12	3869	1326
博尔塔拉蒙古自治州	**4578**	**4323**	**255**	**55259**	**21238**
博乐市	2710	2523	187	38161	15778
阿拉山口市	936	921	15	5440	1681
精河县	745	705	40	8489	2904
温泉县	187	174	13	3169	875

1-1 续表 1

地　　区	企业法人单位数（个）	单产业法人单位	多产业法人单位	从业人员数（人）	其中：女性
巴音郭楞蒙古自治州	**11938**	**11437**	**501**	**161410**	**57533**
库尔勒市	7130	6819	311	108324	41539
轮台县	1063	1027	36	12558	3150
尉犁县	518	492	26	7349	2688
若羌县	460	448	12	6471	1580
且末县	389	377	12	3689	983
焉耆回族自治县	624	596	28	3904	1520
和静县	1056	1016	40	12781	3984
和硕县	461	438	23	3673	1253
博湖县	235	223	12	2576	784
库尔勒经济技术开发区	2	1	1	85	52
阿克苏地区	**12223**	**11672**	**551**	**168045**	**64687**
阿克苏市	5333	5025	308	75470	33217
温宿县	1107	1071	36	13444	4187
库车县	2315	2256	59	33476	10234
沙雅县	961	915	46	11670	4733
新和县	602	574	28	8320	3617
拜城县	923	884	39	13319	3010
乌什县	278	267	11	3016	1406
阿瓦提县	536	514	22	7533	3233
柯坪县	168	166	2	1797	1050
克孜勒苏柯尔克孜自治州	**2296**	**2236**	**60**	**28614**	**9976**
阿图什市	1354	1313	41	15744	5839
阿克陶县	472	463	9	6652	1972
阿合奇县	120	116	4	1692	649
乌恰县	350	344	6	4526	1516
喀什地区	**13930**	**13438**	**492**	**218278**	**95255**
喀什市	5221	5078	143	72891	34460
疏附县	521	505	16	15093	7614
疏勒县	1008	984	24	10383	3896
英吉沙县	424	400	24	12714	5934
泽普县	519	492	27	19963	7727
莎车县	1810	1728	82	25588	11264
叶城县	1098	1055	43	14536	6522
麦盖提县	883	841	42	7547	2385
岳普湖县	448	436	12	4514	1931
伽师县	1008	963	45	19042	7536
巴楚县	893	863	30	13526	5239
塔什库尔干塔吉克自治县	95	92	3	1931	495

1-1 续表 2

地　　区	企业法人单位数（个）	单产业法人单位	多产业法人单位	从业人员数（人）	其中：女性
和田地区	**6911**	**6738**	**173**	**104144**	**44079**
和田市	3178	3074	104	38279	13620
和田县	735	719	16	13071	5438
墨玉县	836	822	14	16658	7148
皮山县	507	501	6	7193	3173
洛浦县	471	459	12	11098	6780
策勒县	366	361	5	7886	3632
于田县	604	591	13	8584	3561
民丰县	214	211	3	1375	727
伊犁哈萨克自治州直属县（市）	**16370**	**15777**	**593**	**236666**	**89435**
伊宁市	3637	3363	274	70620	31298
奎屯市	2439	2335	104	55925	17827
霍尔果斯市	5522	5445	77	23203	11016
伊宁县	627	608	19	19428	8756
察布查尔锡伯自治县	658	646	12	9086	3575
霍城县	1489	1449	40	25257	8129
巩留县	382	362	20	7117	1937
新源县	715	696	19	13590	3824
昭苏县	255	249	6	2848	828
特克斯县	239	234	5	2201	691
尼勒克县	407	390	17	7391	1554
塔城地区	**4414**	**4227**	**187**	**94139**	**29845**
塔城市	933	848	85	19566	9496
乌苏市	1218	1171	47	29914	6104
额敏县	501	483	18	7633	2716
沙湾县	1039	1020	19	25390	8400
托里县	230	228	2	4105	886
裕民县	168	165	3	1261	460
和布克赛尔蒙古自治县	325	312	13	6270	1783
阿勒泰地区	**3576**	**3407**	**169**	**65133**	**23429**
阿勒泰市	1451	1362	89	21337	8807
布尔津县	317	300	17	4716	1666
富蕴县	348	336	12	18942	7276
福海县	655	633	22	7953	2464
哈巴河县	301	282	19	6641	1635
青河县	256	253	3	3542	887
吉木乃县	247	241	6	1692	542
自治区直辖县级市	**7643**	**7403**	**240**	**203547**	**65043**
石河子市	3692	3575	117	111578	34293
阿拉尔市	1972	1911	61	41885	14028
图木舒克市	705	684	21	15612	6267
五家渠市	1225	1186	39	33905	10197
铁门关市	48	47	1	482	219

1-2 按控股情况、运营状态、开业（成立）时间分组的企业法人单位数及从业人员数

分　　组	企业法人单位数(个)	单产业法人单位	多产业法人单位	从业人员数(人)	其中：女性
总　计	**175572**	**169658**	**5914**	**2875164**	**1003400**
按控股情况分组	**175572**	**169658**	**5914**	**2875164**	**1003400**
国有控股	6643	5535	1108	1000071	312990
集体控股	1154	923	231	68941	21284
私人控股	160672	156484	4188	1580261	582013
港澳台商控股	148	138	10	11881	4282
外商控股	130	111	19	11365	4725
其他	6825	6467	358	202645	78106
按运营状态分组	**175572**	**169658**	**5914**	**2875164**	**1003400**
正常运营	120489	115103	5386	2788125	974486
停业（歇业）	30620	30251	369	33153	10316
筹建	12370	12322	48	41338	14471
当年关闭	2481	2458	23	2091	854
当年破产	345	339	6	418	134
当年注销	6692	6650	42	4721	1499
当年吊销	300	299	1	70	23
其他	2275	2236	39	5248	1617
按开业(成立)时间分组	**175572**	**169658**	**5914**	**2875164**	**1003400**
1949 年以前	6	4	2	2967	616
1950-1977 年	307	208	99	113539	24955
1978-1991 年	970	696	274	132571	36903
1992-2000 年	4390	3716	674	448955	145608
2001 年	1580	1377	203	100799	25047
2002 年	1942	1677	265	92736	26481
2003 年	2313	2051	262	80623	32853
2004 年	2707	2477	230	112081	43520
2005 年	2870	2656	214	88828	25582
2006 年	3600	3367	233	86563	31412
2007 年	3705	3487	218	96899	29730
2008 年	4116	3868	248	90369	36140
2009 年	4529	4308	221	86982	29694
2010 年	5442	5152	290	139144	48397
2011 年	6914	6634	280	130305	45131
2012 年	7889	7583	306	117871	40131
2013 年	9233	8961	272	116321	40463
2014 年	13014	12691	323	143573	50201
2015 年	15413	15075	338	143689	58851
2016 年	23634	23202	432	194404	80918
2017 年	31494	31123	371	198053	83471
2018 年	29311	29152	159	157701	67229
无开业年份	193	193		191	67

1-3 按行业（小类）分组的企业法人单位数及从业人员数

行业小类	代码	企业法人单位数（个）	单产业法人单位	多产业法人单位	从业人员数（人）	其中：女性
总　计		**175572**	**169658**	**5914**	**2875164**	**1003400**
农、林、牧、渔业	**A**	**1899**	**1809**	**90**	**34889**	**7009**
农业	**01**	**21**		**21**		
谷物种植	011	3		3		
小麦种植	0112	2		2		
其他谷物种植	0119	1		1		
豆类、油料和薯类种植	012	1		1		
油料种植	0122	1		1		
棉、麻、糖、烟草种植	013	12		12		
棉花种植	0131	12		12		
蔬菜、食用菌及园艺作物种植	014	1		1		
蔬菜种植	0141	1		1		
中药材种植	017	2		2		
中草药种植	0171	2		2		
其他农业	019	2		2		
其他农业	0190	2		2		
林业	**02**	**2**		**2**		
森林经营、管护和改培	023	2		2		
森林经营和管护	0231	2		2		
畜牧业	**03**	**7**		**7**		
牲畜饲养	031	3		3		
牛的饲养	0311	1		1		
猪的饲养	0313	1		1		
羊的饲养	0314	1		1		
家禽饲养	032	4		4		
鸡的饲养	0321	4		4		
渔业	**04**	**1**		**1**		
水产养殖	041	1		1		
内陆养殖	0412	1		1		
农、林、牧、渔专业及辅助性活动	**05**	**1868**	**1809**	**59**	**34889**	**7009**
农业专业及辅助性活动	051	1684	1628	56	32902	6485
种子种苗培育活动	0511	55	53	2	1615	386
农业机械活动	0512	118	117	1	463	99
灌溉活动	0513	55	52	3	1130	218
农产品初加工活动	0514	1150	1107	43	27945	5263
农作物病虫害防治活动	0515	22	22		71	43
其他农业专业及辅助性活动	0519	284	277	7	1678	476
林业专业及辅助性活动	052	64	63	1	243	72
林业有害生物防治活动	0521	24	23	1	84	24
森林防火活动	0522	1	1			
林产品初级加工活动	0523	7	7		17	3

1-3 续表 1

行业小类	代码	企业法人单位数(个)	单产业法人单位	多产业法人单位	从业人员数(人)	其中：女性
其他林业专业及辅助性活动	0529	32	32		142	45
畜牧专业及辅助性活动	053	102	100	2	1550	401
畜牧良种繁殖活动	0531	47	46	1	758	115
畜禽粪污处理活动	0532	1	1			
其他畜牧专业及辅助性活动	0539	54	53	1	792	286
渔业专业及辅助性活动	054	18	18		194	51
鱼苗及鱼种场活动	0541	8	8		133	38
其他渔业专业及辅助性活动	0549	10	10		61	13
采矿业	**B**	**2955**	**2893**	**62**	**173687**	**38138**
煤炭开采和洗选业	**06**	**327**	**309**	**18**	**44839**	**6661**
烟煤和无烟煤开采洗选	061	312	294	18	44761	6650
烟煤和无烟煤开采洗选	0610	312	294	18	44761	6650
褐煤开采洗选	062	3	3		25	1
褐煤开采洗选	0620	3	3		25	1
其他煤炭采选	069	12	12		53	10
其他煤炭采选	0690	12	12		53	10
石油和天然气开采业	**07**	**42**	**41**	**1**	**59237**	**19910**
石油开采	071	31	30	1	46620	16204
陆地石油开采	0711	31	30	1	46620	16204
天然气开采	072	11	11		12617	3706
陆地天然气开采	0721	11	11		12617	3706
黑色金属矿采选业	**08**	**428**	**419**	**9**	**8071**	**1179**
铁矿采选	081	403	394	9	7854	1127
铁矿采选	0810	403	394	9	7854	1127
锰矿、铬矿采选	082	14	14		169	38
锰矿、铬矿采选	0820	14	14		169	38
其他黑色金属矿采选	089	11	11		48	14
其他黑色金属矿采选	0890	11	11		48	14
有色金属矿采选业	**09**	**334**	**327**	**7**	**10113**	**1670**
常用有色金属矿采选	091	227	222	5	7931	1237
铜矿采选	0911	125	121	4	5277	697
铅锌矿采选	0912	51	50	1	1513	316
镍钴矿采选	0913	8	8		976	193
锡矿采选	0914	1	1		5	1
镁矿采选	0917	2	2		46	20
其他常用有色金属矿采选	0919	40	40		114	10
贵金属矿采选	092	82	81	1	1928	381
金矿采选	0921	78	77	1	1902	378
其他贵金属矿采选	0929	4	4		26	3
稀有稀土金属矿采选	093	25	24	1	254	52
钨钼矿采选	0931	12	12		19	6

1-3 续表 2

行业小类	代码	企业法人单位数(个)	单产业法人单位	多产业法人单位	从业人员数(人)	其中：女性
稀土金属矿采选	0932	4	4		2	1
其他稀有金属矿采选	0939	9	8	1	233	45
非金属矿采选业	**10**	**1154**	**1135**	**19**	**7997**	**1386**
土砂石开采	101	996	983	13	6739	1047
石灰石、石膏开采	1011	177	173	4	1321	213
建筑装饰用石开采	1012	158	157	1	1589	164
耐火土石开采	1013	12	11	1	85	11
粘土及其他土砂石开采	1019	649	642	7	3744	659
化学矿开采	102	13	12	1	79	17
化学矿开采	1020	13	12	1	79	17
采盐	103	11	10	1	404	111
采盐	1030	11	10	1	404	111
石棉及其他非金属矿采选	109	134	130	4	775	211
石棉、云母矿采选	1091	14	13	1	316	122
石墨、滑石采选	1092	7	7		38	9
宝石、玉石采选	1093	57	56	1	117	23
其他未列明非金属矿采选	1099	56	54	2	304	57
开采专业及辅助性活动	**11**	**492**	**486**	**6**	**42944**	**7245**
煤炭开采和洗选专业及辅助性活动	111	27	27		474	60
煤炭开采和洗选专业及辅助性活动	1110	27	27		474	60
石油和天然气开采专业及辅助性活动	112	441	435	6	42241	7150
石油和天然气开采专业及辅助性活动	1120	441	435	6	42241	7150
其他开采专业及辅助性活动	119	24	24		229	35
其他开采专业及辅助性活动	1190	24	24		229	35
其他采矿业	**12**	**178**	**176**	**2**	**486**	**87**
其他采矿业	120	178	176	2	486	87
其他采矿业	1200	178	176	2	486	87
制造业	**C**	**19729**	**19381**	**348**	**671948**	**254158**
农副食品加工业	**13**	**2154**	**2093**	**61**	**45280**	**16696**
谷物磨制	131	310	305	5	5227	1510
稻谷加工	1311	83	83		1007	248
小麦加工	1312	177	173	4	3901	1173
玉米加工	1313	11	10	1	79	14
杂粮加工	1314	13	13		117	40
其他谷物磨制	1319	26	26		123	35
饲料加工	132	173	165	8	4634	1131
宠物饲料加工	1321	8	8		33	13
其他饲料加工	1329	165	157	8	4601	1118
植物油加工	133	335	326	9	6495	1889
食用植物油加工	1331	322	313	9	6370	1847
非食用植物油加工	1332	13	13		125	42

1-3 续表 3

行业小类	代码	企业法人单位数（个）	单产业法人单位	多产业法人单位	从业人员数（人）	其中：女性
制糖业	134	22	20	2	7390	2011
制糖业	1340	22	20	2	7390	2011
屠宰及肉类加工	135	317	304	13	5455	2182
牲畜屠宰	1351	140	130	10	3327	1155
禽类屠宰	1352	21	19	2	371	109
肉制品及副产品加工	1353	156	155	1	1757	918
水产品加工	136	17	17		266	130
水产品冷冻加工	1361	10	10		245	126
鱼糜制品及水产品干腌制加工	1362	2	2		4	1
其他水产品加工	1369	5	5		17	3
蔬菜、菌类、水果和坚果加工	137	590	575	15	10502	5562
蔬菜加工	1371	94	89	5	608	252
食用菌加工	1372	9	9		120	73
水果和坚果加工	1373	487	477	10	9774	5237
其他农副食品加工	139	390	381	9	5311	2281
淀粉及淀粉制品制造	1391	48	46	2	1164	448
豆制品制造	1392	48	48		351	171
蛋品加工	1393	3	3		103	77
其他未列明农副食品加工	1399	291	284	7	3693	1585
食品制造业	**14**	**950**	**929**	**21**	**29260**	**12776**
焙烤食品制造	141	225	221	4	3524	2192
糕点、面包制造	1411	166	162	4	2591	1634
饼干及其他焙烤食品制造	1419	59	59		933	558
糖果、巧克力及蜜饯制造	142	28	28		404	268
糖果、巧克力制造	1421	19	19		318	199
蜜饯制作	1422	9	9		86	69
方便食品制造	143	111	108	3	3803	1783
米、面制品制造	1431	77	75	2	808	396
速冻食品制造	1432	16	16		145	76
方便面制造	1433	9	8	1	2176	975
其他方便食品制造	1439	9	9		674	336
乳制品制造	144	92	88	4	5521	2502
液体乳制造	1441	38	35	3	4548	2079
乳粉制造	1442	22	21	1	751	304
其他乳制品制造	1449	32	32		222	119
罐头食品制造	145	120	116	4	2760	947
肉、禽类罐头制造	1451	3	3		61	38
蔬菜、水果罐头制造	1453	115	111	4	2697	908
其他罐头食品制造	1459	2	2		2	1
调味品、发酵制品制造	146	81	79	2	6296	2449
味精制造	1461	3	3		28	8

1-3 续表 4

行业小类	代码	企业法人单位数（个）	单产业法人单位	多产业法人单位	从业人员数（人）	其中：女性
酱油、食醋及类似制品制造	1462	25	23	2	651	338
其他调味品、发酵制品制造	1469	53	53		5617	2103
其他食品制造	149	293	289	4	6952	2635
营养食品制造	1491	50	50		388	166
保健食品制造	1492	41	41		359	134
冷冻饮品及食用冰制造	1493	16	16		806	462
盐加工	1494	15	13	2	1067	379
食品及饲料添加剂制造	1495	40	40		3263	916
其他未列明食品制造	1499	131	129	2	1069	578
酒、饮料和精制茶制造业	**15**	**638**	**616**	**22**	**13700**	**5395**
酒的制造	151	372	357	15	8790	3428
酒精制造	1511	1	1		320	93
白酒制造	1512	127	120	7	3800	1515
啤酒制造	1513	21	20	1	2084	863
葡萄酒制造	1515	190	183	7	2373	864
其他酒制造	1519	33	33		213	93
饮料制造	152	253	247	6	4664	1842
碳酸饮料制造	1521	14	13	1	631	224
瓶（罐）装饮用水制造	1522	132	128	4	1420	544
果菜汁及果菜汁饮料制造	1523	54	54		1191	531
含乳饮料和植物蛋白饮料制造	1524	15	14	1	491	246
固体饮料制造	1525	2	2		52	28
茶饮料及其他饮料制造	1529	36	36		879	269
精制茶加工	153	13	12	1	246	125
精制茶加工	1530	13	12	1	246	125
烟草制品业	**16**	**2**	**2**		**777**	**218**
卷烟制造	162	1	1		752	210
卷烟制造	1620	1	1		752	210
其他烟草制品制造	169	1	1		25	8
其他烟草制品制造	1690	1	1		25	8
纺织业	**17**	**912**	**903**	**9**	**80813**	**47120**
棉纺织及印染精加工	171	540	531	9	69022	39766
棉纺纱加工	1711	423	415	8	65130	37660
棉织造加工	1712	110	109	1	3257	1905
棉印染精加工	1713	7	7		635	201
毛纺织及染整精加工	172	42	42		2156	1454
毛条和毛纱线加工	1721	20	20		1393	871
毛织造加工	1722	21	21		755	579
毛染整精加工	1723	1	1		8	4
麻纺织及染整精加工	173	8	8		99	17
麻纤维纺前加工和纺纱	1731	6	6		98	16

1-3 续表 5

行业小类	代码	企业法人单位数(个)	单产业法人单位	多产业法人单位	从业人员数(人)	其中：女性
麻织造加工	1732	2	2		1	1
丝绢纺织及印染精加工	174	20	20		67	50
缫丝加工	1741	3	3		16	12
绢纺和丝织加工	1742	16	16		51	38
丝印染精加工	1743	1	1			
化纤织造及印染精加工	175	21	21		241	96
化纤织造加工	1751	14	14		180	52
化纤织物染整精加工	1752	7	7		61	44
针织或钩针编织物及其制品制造	176	102	102		3910	2645
针织或钩针编织物织造	1761	55	55		2477	1346
针织或钩针编织物印染精加工	1762	6	6		9	8
针织或钩针编织品制造	1763	41	41		1424	1291
家用纺织制成品制造	177	132	132		3775	2427
床上用品制造	1771	64	64		987	529
毛巾类制品制造	1772	14	14		1519	771
窗帘、布艺类产品制造	1773	15	15		441	428
其他家用纺织制成品制造	1779	39	39		828	699
产业用纺织制成品制造	178	47	47		1543	665
非织造布制造	1781	18	18		229	61
纺织带和帘子布制造	1783	2	2		1	1
篷、帆布制造	1784	13	13		807	189
其他产业用纺织制成品制造	1789	14	14		506	414
纺织服装、服饰业	**18**	**1295**	**1280**	**15**	**73843**	**58625**
机织服装制造	181	465	461	4	30620	25091
运动机织服装制造	1811	73	72	1	5603	4410
其他机织服装制造	1819	392	389	3	25017	20681
针织或钩针编织服装制造	182	107	105	2	5271	4594
运动休闲针织服装制造	1821	33	31	2	2630	2341
其他针织或钩针编织服装制造	1829	74	74		2641	2253
服饰制造	183	723	714	9	37952	28940
服饰制造	1830	723	714	9	37952	28940
皮革、毛皮、羽毛及其制品和制鞋业	**19**	**137**	**134**	**3**	**11672**	**4006**
皮革鞣制加工	191	17	16	1	98	46
皮革鞣制加工	1910	17	16	1	98	46
皮革制品制造	192	22	22		1906	1535
皮革服装制造	1921	5	5		5	3
皮箱、包（袋）制造	1922	8	8		811	741
皮手套及皮装饰制品制造	1923	4	4		707	660
其他皮革制品制造	1929	5	5		383	131
毛皮鞣制及制品加工	193	27	27		809	581
毛皮鞣制加工	1931	8	8		13	4

1-3 续表 6

行业小类	代码	企业法人单位数(个)	单产业法人单位	多产业法人单位	从业人员数(人)	其中：女性
毛皮服装加工	1932	14	14		754	554
其他毛皮制品加工	1939	5	5		42	23
羽毛（绒）加工及制品制造	194	12	11	1	65	35
羽毛（绒）加工	1941	8	8		22	7
羽毛（绒）制品加工	1942	4	3	1	43	28
制鞋业	195	59	58	1	8794	1809
纺织面料鞋制造	1951	3	3		183	152
皮鞋制造	1952	32	31	1	5289	365
塑料鞋制造	1953	2	2		14	5
橡胶鞋制造	1954	3	3		452	413
其他制鞋业	1959	19	19		2856	874
木材加工和木、竹、藤、棕、草制品业	**20**	**479**	**473**	**6**	**4783**	**1640**
木材加工	201	276	274	2	2114	802
锯材加工	2011	75	74	1	543	144
木片加工	2012	66	65	1	588	230
单板加工	2013	9	9		56	14
其他木材加工	2019	126	126		927	414
人造板制造	202	79	78	1	1780	563
胶合板制造	2021	31	31		342	97
纤维板制造	2022	20	19	1	811	207
刨花板制造	2023	9	9		204	44
其他人造板制造	2029	19	19		423	215
木质制品制造	203	108	105	3	779	240
建筑用木料及木材组件加工	2031	60	59	1	519	129
木门窗制造	2032	22	20	2	185	76
木地板制造	2034	1	1		2	1
木制容器制造	2035	3	3		3	2
软木制品及其他木制品制造	2039	22	22		70	32
竹、藤、棕、草等制品制造	204	16	16		110	35
草及其他制品制造	2049	16	16		110	35
家具制造业	**21**	**320**	**314**	**6**	**2213**	**778**
木质家具制造	211	223	222	1	1179	480
木质家具制造	2110	223	222	1	1179	480
金属家具制造	213	36	32	4	689	166
金属家具制造	2130	36	32	4	689	166
塑料家具制造	214	9	9		52	39
塑料家具制造	2140	9	9		52	39
其他家具制造	219	52	51	1	293	93
其他家具制造	2190	52	51	1	293	93
造纸和纸制品业	**22**	**317**	**315**	**2**	**5648**	**2033**
纸浆制造	221	5	5		598	150

1-3 续表 7

行业小类	代码	企业法人单位数（个）	单产业法人单位	多产业法人单位	从业人员数（人）	其中：女性
木竹浆制造	2211	1	1			
非木竹浆制造	2212	4	4		598	150
造纸	222	79	78	1	1606	490
机制纸及纸板制造	2221	39	38	1	1340	400
手工纸制造	2222	5	5		7	5
加工纸制造	2223	35	35		259	85
纸制品制造	223	233	232	1	3444	1393
纸和纸板容器制造	2231	143	143		1968	760
其他纸制品制造	2239	90	89	1	1476	633
印刷和记录媒介复制业	**23**	**355**	**349**	**6**	**4454**	**1906**
印刷	231	270	265	5	3907	1646
书、报刊印刷	2311	102	101	1	2015	815
本册印制	2312	34	34		195	104
包装装潢及其他印刷	2319	134	130	4	1697	727
装订及印刷相关服务	232	84	83	1	545	259
装订及印刷相关服务	2320	84	83	1	545	259
记录媒介复制	233	1	1		2	1
记录媒介复制	2330	1	1		2	1
文教、工美、体育和娱乐用品制造业	**24**	**493**	**491**	**2**	**8321**	**6517**
文教办公用品制造	241	36	36		351	185
文具制造	2411	8	8		17	4
笔的制造	2412	7	7		127	115
教学用模型及教具制造	2413	10	10		108	31
其他文教办公用品制造	2419	11	11		99	35
乐器制造	242	6	6		37	10
中乐器制造	2421	2	2			
其他乐器及零件制造	2429	4	4		37	10
工艺美术及礼仪用品制造	243	434	432	2	7698	6261
雕塑工艺品制造	2431	46	46		140	44
金属工艺品制造	2432	20	20		160	28
漆器工艺品制造	2433	1	1		2	
花画工艺品制造	2434	8	8		253	198
天然植物纤维编织工艺品制造	2435	3	3		37	7
抽纱刺绣工艺品制造	2436	92	91	1	798	690
地毯、挂毯制造	2437	182	181	1	2963	2391
珠宝首饰及有关物品制造	2438	42	42		259	112
其他工艺美术及礼仪用品制造	2439	40	40		3086	2791
体育用品制造	244	10	10		149	14
专项运动器材及配件制造	2442	4	4		116	4
健身器材制造	2443	3	3		33	10
其他体育用品制造	2449	3	3			

1-3 续表 8

行业小类	代码	企业法人单位数(个)	单产业法人单位	多产业法人单位	从业人员数(人)	其中：女性
玩具制造	245	5	5		35	33
塑胶玩具制造	2452	1	1			
娃娃玩具制造	2455	2	2		1	
其他玩具制造	2459	2	2		34	33
游艺器材及娱乐用品制造	246	2	2		51	14
露天游乐场所游乐设备制造	2461	2	2		51	14
石油、煤炭及其他燃料加工业	**25**	**306**	**298**	**8**	**55090**	**16293**
精炼石油产品制造	251	137	132	5	38540	12505
原油加工及石油制品制造	2511	132	127	5	36510	12244
其他原油制造	2519	5	5		2030	261
煤炭加工	252	148	145	3	16306	3728
炼焦	2521	73	70	3	11863	2747
煤制合成气生产	2522	4	4		23	6
煤制液体燃料生产	2523	6	6		3222	804
煤制品制造	2524	23	23		588	63
其他煤炭加工	2529	42	42		610	108
核燃料加工	253	1	1		2	
核燃料加工	2530	1	1		2	
生物质燃料加工	254	20	20		242	60
生物质液体燃料生产	2541	10	10		96	34
生物质致密成型燃料加工	2542	10	10		146	26
化学原料和化学制品制造业	**26**	**1214**	**1190**	**24**	**78361**	**19833**
基础化学原料制造	261	209	207	2	22855	5540
无机酸制造	2611	6	6		619	133
无机碱制造	2612	3	3		542	141
无机盐制造	2613	35	34	1	11556	2736
有机化学原料制造	2614	88	87	1	8418	2131
其他基础化学原料制造	2619	77	77		1720	399
肥料制造	262	453	445	8	16629	4054
氮肥制造	2621	22	20	2	8416	2173
磷肥制造	2622	4	4		2	
钾肥制造	2623	24	24		2956	500
复混肥料制造	2624	136	134	2	2505	706
有机肥料及微生物肥料制造	2625	222	219	3	2463	600
其他肥料制造	2629	45	44	1	287	75
农药制造	263	14	14		110	31
化学农药制造	2631	13	13		110	31
生物化学农药及微生物农药制造	2632	1	1			
涂料、油墨、颜料及类似产品制造	264	115	111	4	835	245
涂料制造	2641	95	91	4	713	215
油墨及类似产品制造	2642	3	3		15	10

1-3 续表 9

行业小类	代码	企业法人单位数（个）	单产业法人单位	多产业法人单位	从业人员数（人）	其中：女性
工业颜料制造	2643	2	2		3	1
工艺美术颜料制造	2644	1	1			
染料制造	2645	7	7		75	13
密封用填料及类似品制造	2646	7	7		29	6
合成材料制造	265	72	72		22573	5810
初级形态塑料及合成树脂制造	2651	39	39		17495	4455
合成橡胶制造	2652	4	4		764	448
合成纤维单（聚合）体制造	2653	9	9		3788	797
其他合成材料制造	2659	20	20		526	110
专用化学产品制造	266	239	231	8	12562	3071
化学试剂和助剂制造	2661	113	106	7	5504	1779
专项化学用品制造	2662	53	52	1	1337	302
林产化学产品制造	2663	18	18		248	61
文化用信息化学品制造	2664	3	3		5049	812
环境污染处理专用药剂材料制造	2666	11	11		79	19
动物胶制造	2667	5	5		64	24
其他专用化学产品制造	2669	36	36		281	74
炸药、火工及焰火产品制造	267	21	20	1	1582	444
炸药及火工产品制造	2671	19	18	1	1582	444
焰火、鞭炮产品制造	2672	2	2			
日用化学产品制造	268	91	90	1	1215	638
肥皂及洗涤剂制造	2681	31	31		534	315
化妆品制造	2682	19	19		176	129
口腔清洁用品制造	2683	2	2		6	3
香料、香精制造	2684	27	26	1	442	181
其他日用化学产品制造	2689	12	12		57	10
医药制造业	**27**	**166**	**161**	**5**	**10611**	**4738**
化学药品原料药制造	271	18	18		3279	1031
化学药品原料药制造	2710	18	18		3279	1031
化学药品制剂制造	272	10	10		1160	577
化学药品制剂制造	2720	10	10		1160	577
中药饮片加工	273	47	45	2	971	469
中药饮片加工	2730	47	45	2	971	469
中成药生产	274	39	39		2752	1334
中成药生产	2740	39	39		2752	1334
兽用药品制造	275	4	4		474	171
兽用药品制造	2750	4	4		474	171
生物药品制品制造	276	28	25	3	1194	694
生物药品制造	2761	28	25	3	1194	694
卫生材料及医药用品制造	277	15	15		66	27
卫生材料及医药用品制造	2770	15	15		66	27

1-3 续表 10

行业小类	代码	企业法人单位数（个）	单产业法人单位	多产业法人单位	从业人员数（人）	其中：女性
药用辅料及包装材料	278	5	5		715	435
药用辅料及包装材料	2780	5	5		715	435
化学纤维制造业	**28**	**40**	**40**		**10748**	**3445**
纤维素纤维原料及纤维制造	281	22	22		10035	3289
化纤浆粕制造	2811	11	11		1960	787
人造纤维（纤维素纤维）制造	2812	11	11		8075	2502
合成纤维制造	282	14	14		541	119
锦纶纤维制造	2821	2	2		412	83
涤纶纤维制造	2822	8	8		53	11
丙纶纤维制造	2825	1	1		47	17
其他合成纤维制造	2829	3	3		29	8
生物基材料制造	283	4	4		172	37
生物基化学纤维制造	2831	2	2		40	13
生物基、淀粉基新材料制造	2832	2	2		132	24
橡胶和塑料制品业	**29**	**1386**	**1372**	**14**	**20950**	**5976**
橡胶制品业	291	91	91		2825	543
轮胎制造	2911	5	5		2072	351
橡胶板、管、带制造	2912	48	48		442	96
橡胶零件制造	2913	6	6		54	19
再生橡胶制造	2914	7	7		73	12
日用及医用橡胶制品制造	2915	1	1		8	6
其他橡胶制品制造	2919	24	24		176	59
塑料制品业	292	1295	1281	14	18125	5433
塑料薄膜制造	2921	161	160	1	1738	441
塑料板、管、型材制造	2922	580	574	6	8784	2232
塑料丝、绳及编织品制造	2923	64	60	4	2978	1303
泡沫塑料制造	2924	66	65	1	909	284
塑料人造革、合成革制造	2925	1	1			
塑料包装箱及容器制造	2926	87	87		960	334
日用塑料制品制造	2927	116	116		929	300
塑料零件及其他塑料制品制造	2929	220	218	2	1827	539
非金属矿物制品业	**30**	**3745**	**3676**	**69**	**84501**	**19219**
水泥、石灰和石膏制造	301	316	304	12	18336	4920
水泥制造	3011	206	195	11	16446	4513
石灰和石膏制造	3012	110	109	1	1890	407
石膏、水泥制品及类似制品制造	302	1128	1088	40	26452	4951
水泥制品制造	3021	857	825	32	22999	4226
砼结构构件制造	3022	77	72	5	1627	334
石棉水泥制品制造	3023	7	7		42	9
轻质建筑材料制造	3024	136	136		1117	255
其他水泥类似制品制造	3029	51	48	3	667	127

1-3 续表 11

行业小类	代码	企业法人单位数(个)	单产业法人单位	多产业法人单位	从业人员数(人)	其中：女性
砖瓦、石材等建筑材料制造	303	1856	1839	17	24367	5641
粘土砖瓦及建筑砌块制造	3031	849	843	6	14800	3668
建筑用石加工	3032	430	425	5	4990	849
防水建筑材料制造	3033	100	98	2	940	222
隔热和隔音材料制造	3034	180	180		1506	343
其他建筑材料制造	3039	297	293	4	2131	559
玻璃制造	304	43	43		1238	417
平板玻璃制造	3041	18	18		810	311
特种玻璃制造	3042	18	18		245	72
其他玻璃制造	3049	7	7		183	34
玻璃制品制造	305	70	70		2055	738
技术玻璃制品制造	3051	13	13		79	17
光学玻璃制造	3052	2	2		5	2
玻璃仪器制造	3053	3	3		21	5
日用玻璃制品制造	3054	18	18		247	102
玻璃包装容器制造	3055	12	12		1104	388
玻璃保温容器制造	3056	5	5		479	184
制镜及类似品加工	3057	1	1		3	1
其他玻璃制品制造	3059	16	16		117	39
玻璃纤维和玻璃纤维增强塑料制品制造	306	48	48		973	240
玻璃纤维及制品制造	3061	22	22		584	177
玻璃纤维增强塑料制品制造	3062	26	26		389	63
陶瓷制品制造	307	57	57		2175	969
建筑陶瓷制品制造	3071	23	23		1699	843
卫生陶瓷制品制造	3072	16	16		118	29
特种陶瓷制品制造	3073	3	3		11	4
日用陶瓷制品制造	3074	8	8		262	54
陈设艺术陶瓷制造	3075	3	3		55	36
其他陶瓷制品制造	3079	4	4		30	3
耐火材料制品制造	308	46	46		711	155
石棉制品制造	3081	7	7		117	17
耐火陶瓷制品及其他耐火材料制造	3089	39	39		594	138
石墨及其他非金属矿物制品制造	309	181	181		8194	1188
石墨及碳素制品制造	3091	57	57		5564	845
其他非金属矿物制品制造	3099	124	124		2630	343
黑色金属冶炼和压延加工业	**31**	**165**	**164**	**1**	**24579**	**5156**
炼铁	311	24	24		1820	268
炼铁	3110	24	24		1820	268
炼钢	312	7	7		245	31
炼钢	3120	7	7		245	31
钢压延加工	313	118	117	1	21026	4516

1-3 续表 12

行业小类	代码	企业法人单位数（个）	单产业法人单位	多产业法人单位	从业人员数（人）	其中：女性
钢压延加工	3130	118	117	1	21026	4516
铁合金冶炼	314	16	16		1488	341
铁合金冶炼	3140	16	16		1488	341
有色金属冶炼和压延加工业	**32**	**167**	**159**	**8**	**41359**	**6320**
常用有色金属冶炼	321	70	66	4	26860	4090
铜冶炼	3211	11	11		1406	268
铅锌冶炼	3212	4	4		120	30
镍钴冶炼	3213	2	1	1	1184	197
铝冶炼	3216	8	5	3	13941	1979
镁冶炼	3217	8	8		1704	264
硅冶炼	3218	25	25		7860	1256
其他常用有色金属冶炼	3219	12	12		645	96
贵金属冶炼	322	14	13	1	2567	437
金冶炼	3221	10	9	1	2552	434
其他贵金属冶炼	3229	4	4		15	3
稀有稀土金属冶炼	323	2	2		13	4
稀土金属冶炼	3232	1	1		10	4
其他稀有金属冶炼	3239	1	1		3	
有色金属合金制造	324	31	29	2	5126	594
有色金属合金制造	3240	31	29	2	5126	594
有色金属压延加工	325	50	49	1	6793	1195
铜压延加工	3251	8	8		107	30
铝压延加工	3252	25	24	1	6328	1117
贵金属压延加工	3253	1	1		1	
其他有色金属压延加工	3259	16	16		357	48
金属制品业	**33**	**1685**	**1661**	**24**	**18253**	**4239**
结构性金属制品制造	331	1164	1149	15	11047	2454
金属结构制造	3311	683	673	10	7951	1694
金属门窗制造	3312	481	476	5	3096	760
金属工具制造	332	52	51	1	487	125
切削工具制造	3321	1	1		8	
手工具制造	3322	4	4		14	11
农用及园林用金属工具制造	3323	17	16	1	272	53
刀剪及类似日用金属工具制造	3324	2	2		45	22
其他金属工具制造	3329	28	28		148	39
集装箱及金属包装容器制造	333	62	60	2	1701	621
集装箱制造	3331	8	8		106	19
金属压力容器制造	3332	15	14	1	471	86
金属包装容器及材料制造	3333	39	38	1	1124	516
金属丝绳及其制品制造	334	30	29	1	238	42
金属丝绳及其制品制造	3340	30	29	1	238	42

1-3 续表 13

行业小类	代码	企业法人单位数（个）	单产业法人单位	多产业法人单位	从业人员数（人）	其中：女性
建筑、安全用金属制品制造	335	139	139		1418	363
建筑、家具用金属配件制造	3351	26	26		162	41
建筑装饰及水暖管道零件制造	3352	63	63		725	178
安全、消防用金属制品制造	3353	27	27		339	84
其他建筑、安全用金属制品制造	3359	23	23		192	60
金属表面处理及热处理加工	336	21	21		208	40
金属表面处理及热处理加工	3360	21	21		208	40
搪瓷制品制造	337	4	4		21	2
建筑装饰搪瓷制品制造	3372	1	1		14	
搪瓷卫生洁具制造	3373	2	2		3	1
搪瓷日用品及其他搪瓷制品制造	3379	1	1		4	1
金属制日用品制造	338	37	37		207	61
金属制厨房用器具制造	3381	9	9		72	23
金属制餐具和器皿制造	3382	8	8		17	4
其他金属制日用品制造	3389	20	20		118	34
铸造及其他金属制品制造	339	176	171	5	2926	531
黑色金属铸造	3391	38	37	1	824	180
有色金属铸造	3392	5	5		2	1
锻件及粉末冶金制品制造	3393	19	18	1	100	30
交通及公共管理用金属标牌制造	3394	40	39	1	367	104
其他未列明金属制品制造	3399	74	72	2	1633	216
通用设备制造业	**34**	**543**	**539**	**4**	**4488**	**1144**
锅炉及原动设备制造	341	109	108	1	664	168
锅炉及辅助设备制造	3411	91	90	1	582	138
水轮机及辅机制造	3414	1	1		6	4
风能原动设备制造	3415	11	11		71	23
其他原动设备制造	3419	6	6		5	3
金属加工机械制造	342	92	92		552	146
金属切削机床制造	3421	4	4		25	5
金属成形机床制造	3422	1	1			
铸造机械制造	3423	10	10		75	16
金属切割及焊接设备制造	3424	10	10		63	23
机床功能部件及附件制造	3425	1	1		1	
其他金属加工机械制造	3429	66	66		388	102
物料搬运设备制造	343	38	37	1	779	179
轻小型起重设备制造	3431	6	6		8	
生产专用起重机制造	3432	15	14	1	372	91
生产专用车辆制造	3433	1	1			
连续搬运设备制造	3434	3	3		223	59
电梯、自动扶梯及升降机制造	3435	10	10		168	28
机械式停车设备制造	3437	2	2		7	

1-3 续表 14

行业小类	代码	企业法人单位数(个)	单产业法人单位	多产业法人单位	从业人员数(人)	其中：女性
其他物料搬运设备制造	3439	1	1		1	1
泵、阀门、压缩机及类似机械制造	344	21	21		134	42
泵及真空设备制造	3441	3	3		10	3
气体压缩机械制造	3442	2	2		11	2
阀门和旋塞制造	3443	12	12		93	33
液压动力机械及元件制造	3444	3	3		9	2
气压动力机械及元件制造	3446	1	1		11	2
轴承、齿轮和传动部件制造	345	4	4		21	4
滚动轴承制造	3451	3	3		16	3
其他传动部件制造	3459	1	1		5	1
烘炉、风机、包装等设备制造	346	44	43	1	389	109
烘炉、熔炉及电炉制造	3461	5	5		35	8
风机、风扇制造	3462	15	15		118	35
气体、液体分离及纯净设备制造	3463	7	6	1	72	21
制冷、空调设备制造	3464	15	15		158	42
喷枪及类似器具制造	3466	1	1		6	3
包装专用设备制造	3467	1	1			
文化、办公用机械制造	347	9	9		79	14
复印和胶印设备制造	3474	4	4		10	5
计算器及货币专用设备制造	3475	1	1		2	1
其他文化、办公用机械制造	3479	4	4		67	8
通用零部件制造	348	178	177	1	1690	429
金属密封件制造	3481	7	7		185	64
紧固件制造	3482	8	8		82	33
弹簧制造	3483	1	1		8	3
机械零部件加工	3484	154	153	1	1334	316
其他通用零部件制造	3489	8	8		81	13
其他通用设备制造业	349	48	48		180	53
工业机器人制造	3491	3	3		4	1
其他未列明通用设备制造业	3499	45	45		176	52
专用设备制造业	**35**	**732**	**722**	**10**	**9194**	**2241**
采矿、冶金、建筑专用设备制造	351	161	160	1	2316	443
矿山机械制造	3511	47	47		415	93
石油钻采专用设备制造	3512	62	61	1	1158	227
深海石油钻探设备制造	3513	3	3		62	8
建筑工程用机械制造	3514	28	28		331	61
建筑材料生产专用机械制造	3515	18	18		101	24
冶金专用设备制造	3516	2	2		23	6
隧道施工专用机械制造	3517	1	1		226	24
化工、木材、非金属加工专用设备制造	352	37	37		468	121
炼油、化工生产专用设备制造	3521	10	10		326	86

1-3 续表 15

行业小类	代码	企业法人单位数（个）	单产业法人单位	多产业法人单位	从业人员数（人）	其中：女性
塑料加工专用设备制造	3523	6	6		28	6
木竹材加工机械制造	3524	2	2		62	15
模具制造	3525	13	13		10	5
其他非金属加工专用设备制造	3529	6	6		42	9
食品、饮料、烟草及饲料生产专用设备制造	353	17	17		132	32
食品、酒、饮料及茶生产专用设备制造	3531	5	5		13	4
农副食品加工专用设备制造	3532	11	11		94	23
饲料生产专用设备制造	3534	1	1		25	5
印刷、制药、日化及日用品生产专用设备制造	354	15	15		102	28
制浆和造纸专用设备制造	3541	1	1			
印刷专用设备制造	3542	3	3		43	15
日用化工专用设备制造	3543	2	2		7	3
照明器具生产专用设备制造	3545	4	4		22	5
玻璃、陶瓷和搪瓷制品生产专用设备制造	3546	1	1		25	4
其他日用品生产专用设备制造	3549	4	4		5	1
纺织、服装和皮革加工专用设备制造	355	21	20	1	398	70
纺织专用设备制造	3551	13	13		388	67
皮革、毛皮及其制品加工专用设备制造	3552	5	5		7	2
缝制机械制造	3553	3	2	1	3	1
电子和电工机械专用设备制造	356	36	36		447	188
电工机械专用设备制造	3561	10	10		51	12
半导体器件专用设备制造	3562	3	3		3	
电子元器件与机电组件设备制造	3563	10	10		60	20
其他电子专用设备制造	3569	13	13		333	156
农、林、牧、渔专用机械制造	357	207	202	5	3701	842
拖拉机制造	3571	5	5		48	16
机械化农业及园艺机具制造	3572	120	118	2	2374	556
畜牧机械制造	3574	9	9		280	75
渔业机械制造	3575	1		1	12	4
农林牧渔机械配件制造	3576	30	30		198	37
棉花加工机械制造	3577	23	22	1	609	113
其他农、林、牧、渔业机械制造	3579	19	18	1	180	41
医疗仪器设备及器械制造	358	40	39	1	308	135
医疗诊断、监护及治疗设备制造	3581	10	10		96	44
口腔科用设备及器具制造	3582	5	5		70	29
医疗实验室及医用消毒设备和器具制造	3583	1	1			
医疗、外科及兽医用器械制造	3584	4	4		11	4
机械治疗及病房护理设备制造	3585	1	1			
康复辅具制造	3586	7	7		18	10
眼镜制造	3587	3	2	1	4	3
其他医疗设备及器械制造	3589	9	9		109	45

1-3 续表 16

行业小类	代码	企业法人单位数(个)	单产业法人单位	多产业法人单位	从业人员数(人)	其中：女性
环保、邮政、社会公共服务及其他专用设备制造	359	198	196	2	1322	382
环境保护专用设备制造	3591	111	110	1	809	208
商业、饮食、服务专用设备制造	3594	2	2		17	8
社会公共安全设备及器材制造	3595	15	15		183	66
交通安全、管制及类似专用设备制造	3596	7	7		44	13
水资源专用机械制造	3597	8	8		34	10
其他专用设备制造	3599	55	54	1	235	77
汽车制造业	**36**	**95**	**94**	**1**	**2366**	**603**
汽车整车制造	361	15	15		1662	283
汽柴油车整车制造	3611	9	9		1168	171
新能源车整车制造	3612	6	6		494	112
汽车用发动机制造	362	3	3		5	3
汽车用发动机制造	3620	3	3		5	3
改装汽车制造	363	16	16		211	44
改装汽车制造	3630	16	16		211	44
电车制造	365	3	3		14	4
电车制造	3650	3	3		14	4
汽车车身、挂车制造	366	9	9		49	7
汽车车身、挂车制造	3660	9	9		49	7
汽车零部件及配件制造	367	49	48	1	425	262
汽车零部件及配件制造	3670	49	48	1	425	262
铁路、船舶、航空航天和其他运输设备制造业	**37**	**38**	**36**	**2**	**558**	**168**
铁路运输设备制造	371	9	8	1	262	75
高铁车组制造	3711	1	1		74	5
铁路机车车辆制造	3712	1	1		2	
铁路专用设备及器材、配件制造	3716	6	6		76	39
其他铁路运输设备制造	3719	1		1	110	31
城市轨道交通设备制造	372	1	1		42	19
城市轨道交通设备制造	3720	1	1		42	19
航空、航天器及设备制造	374	9	9		53	18
飞机制造	3741	3	3		4	2
航空相关设备制造	3744	2	2		1	
其他航空航天器制造	3749	4	4		48	16
摩托车制造	375	6	5	1	88	31
摩托车整车制造	3751	2	2		62	29
摩托车零部件及配件制造	3752	4	3	1	26	2
自行车和残疾人座车制造	376	4	4		12	5
自行车制造	3761	4	4		12	5
助动车制造	377	8	8		101	20
助动车制造	3770	8	8		101	20
非公路休闲车及零配件制造	378	1	1			

1-3 续表 17

行业小类	代码	企业法人单位数（个）	单产业法人单位	多产业法人单位	从业人员数（人）	其中：女性
非公路休闲车及零配件制造	3780	1	1			
电气机械和器材制造业	**38**	**605**	**593**	**12**	**18762**	**3970**
电机制造	381	28	27	1	2530	234
发电机及发电机组制造	3811	21	20	1	2435	220
电动机制造	3812	2	2		82	10
微特电机及组件制造	3813	1	1		3	
其他电机制造	3819	4	4		10	4
输配电及控制设备制造	382	289	283	6	11199	2899
变压器、整流器和电感器制造	3821	49	48	1	4572	797
电容器及其配套设备制造	3822	8	8		71	17
配电开关控制设备制造	3823	142	141	1	2312	653
电力电子元器件制造	3824	23	22	1	587	352
光伏设备及元器件制造	3825	25	25		2284	604
其他输配电及控制设备制造	3829	42	39	3	1373	476
电线、电缆、光缆及电工器材制造	383	123	121	2	3756	357
电线、电缆制造	3831	114	112	2	3678	341
光缆制造	3833	1	1		46	6
绝缘制品制造	3834	4	4		18	6
其他电工器材制造	3839	4	4		14	4
电池制造	384	16	16		362	170
锂离子电池制造	3841	7	7		114	35
铅蓄电池制造	3843	2	2		136	36
其他电池制造	3849	7	7		112	99
家用电力器具制造	385	21	21		295	129
家用制冷电器具制造	3851	1	1		1	1
家用通风电器具制造	3853	4	4		33	10
家用厨房电器具制造	3854	5	5		184	83
家用清洁卫生电器具制造	3855	1	1		17	10
家用电力器具专用配件制造	3857	1	1		5	3
其他家用电力器具制造	3859	9	9		55	22
非电力家用器具制造	386	16	16		39	12
燃气及类似能源家用器具制造	3861	6	6		3	1
太阳能器具制造	3862	9	9		36	11
其他非电力家用器具制造	3869	1	1			
照明器具制造	387	69	67	2	403	128
电光源制造	3871	3	2	1	60	35
照明灯具制造	3872	51	50	1	302	82
舞台及场地用灯制造	3873	1	1		3	1
智能照明器具制造	3874	2	2		4	
灯用电器附件及其他照明器具制造	3879	12	12		34	10
其他电气机械及器材制造	389	43	42	1	178	41

1-3 续表 18

行业小类	代码	企业法人单位数(个)	单产业法人单位	多产业法人单位	从业人员数(人)	其中：女性
电气信号设备装置制造	3891	3	3		15	6
其他未列明电气机械及器材制造	3899	40	39	1	163	35
计算机、通信和其他电子设备制造业	**39**	**162**	**162**		**4682**	**1472**
计算机制造	391	23	23		210	100
计算机整机制造	3911	3	3		25	9
计算机零部件制造	3912	2	2		2	
计算机外围设备制造	3913	2	2		109	69
工业控制计算机及系统制造	3914	1	1		5	1
信息安全设备制造	3915	7	7		34	13
其他计算机制造	3919	8	8		35	8
通信设备制造	392	13	13		77	21
通信系统设备制造	3921	9	9		74	20
通信终端设备制造	3922	4	4		3	1
广播电视设备制造	393	4	4		19	4
广播电视节目制作及发射设备制造	3931	2	2		6	2
应用电视设备及其他广播电视设备制造	3939	2	2		13	2
非专业视听设备制造	395	4	4		6	4
电视机制造	3951	1	1		1	1
音响设备制造	3952	2	2		3	2
影视录放设备制造	3953	1	1		2	1
智能消费设备制造	396	15	15		95	75
智能车载设备制造	3962	1	1		70	67
智能无人飞行器制造	3963	3	3		11	4
服务消费机器人制造	3964	4	4		5	3
其他智能消费设备制造	3969	7	7		9	1
电子器件制造	397	15	15		76	22
集成电路制造	3973	2	2		5	1
显示器件制造	3974	2	2		3	
光电子器件制造	3976	5	5		57	16
其他电子器件制造	3979	6	6		11	5
电子元件及电子专用材料制造	398	74	74		3479	874
电阻电容电感元件制造	3981	2	2		1	
电子电路制造	3982	1	1		2	1
敏感元件及传感器制造	3983	1	1		33	27
电声器件及零件制造	3984	1	1		1	
电子专用材料制造	3985	22	22		2931	579
其他电子元件制造	3989	47	47		511	267
其他电子设备制造	399	14	14		720	372
其他电子设备制造	3990	14	14		720	372
仪器仪表制造业	**40**	**46**	**45**	**1**	**489**	**121**
通用仪器仪表制造	401	26	25	1	345	91

1-3 续表 19

行业小类	代码	企业法人单位数(个)	单产业法人单位	多产业法人单位	从业人员数(人)	其中：女性
工业自动控制系统装置制造	4011	13	13		231	44
电工仪器仪表制造	4012	4	4		53	14
绘图、计算及测量仪器制造	4013	1	1		6	2
实验分析仪器制造	4014	1	1		1	
供应用仪器仪表制造	4016	1	1		2	
其他通用仪器制造	4019	6	5	1	52	31
专用仪器仪表制造	402	12	12		89	20
环境监测专用仪器仪表制造	4021	1	1		8	2
地质勘探和地震专用仪器制造	4025	1	1		39	7
教学专用仪器制造	4026	5	5		15	3
核子及核辐射测量仪器制造	4027	1	1		4	3
电子测量仪器制造	4028	2	2		9	3
其他专用仪器制造	4029	2	2		14	2
衡器制造	405	7	7		53	10
衡器制造	4050	7	7		53	10
其他仪器仪表制造业	409	1	1		2	
其他仪器仪表制造业	4090	1	1		2	
其他制造业	**41**	**89**	**88**	**1**	**1030**	**339**
日用杂品制造	411	21	21		71	26
鬃毛加工、制刷及清扫工具制造	4111	4	4		4	1
其他日用杂品制造	4119	17	17		67	25
核辐射加工	412	2	2		7	5
核辐射加工	4120	2	2		7	5
其他未列明制造业	419	66	65	1	952	308
其他未列明制造业	4190	66	65	1	952	308
废弃资源综合利用业	**42**	**112**	**109**	**3**	**1912**	**414**
金属废料和碎屑加工处理	421	50	48	2	768	158
金属废料和碎屑加工处理	4210	50	48	2	768	158
非金属废料和碎屑加工处理	422	62	61	1	1144	256
非金属废料和碎屑加工处理	4220	62	61	1	1144	256
金属制品、机械和设备修理业	**43**	**381**	**373**	**8**	**3251**	**757**
金属制品修理	431	13	13		214	57
金属制品修理	4310	13	13		214	57
通用设备修理	432	49	48	1	185	58
通用设备修理	4320	49	48	1	185	58
专用设备修理	433	99	97	2	920	246
专用设备修理	4330	99	97	2	920	246
铁路、船舶、航空航天等运输设备修理	434	4	4		64	16
铁路运输设备修理	4341	1	1		41	11
其他运输设备修理	4349	3	3		23	5
电气设备修理	435	50	49	1	881	121

1-3 续表 20

行业小类	代码	企业法人单位数(个)	单产业法人单位	多产业法人单位	从业人员数(人)	其中：女性
电气设备修理	4350	50	49	1	881	121
仪器仪表修理	436	12	12		58	25
仪器仪表修理	4360	12	12		58	25
其他机械和设备修理业	439	154	150	4	929	234
其他机械和设备修理业	4390	154	150	4	929	234
电力、热力、燃气及水生产和供应业	**D**	**2072**	**1931**	**141**	**111949**	**28831**
电力、热力生产和供应业	**44**	**1576**	**1512**	**64**	**87730**	**21306**
电力生产	441	1091	1055	36	36820	7925
火力发电	4411	64	61	3	7905	1615
热电联产	4412	43	37	6	14572	3556
水力发电	4413	227	218	9	6141	1377
核力发电	4414	2	2		1	
风力发电	4415	264	254	10	4693	780
太阳能发电	4416	460	452	8	2834	429
生物质能发电	4417	11	11		353	104
其他电力生产	4419	20	20		321	64
电力供应	442	88	73	15	34267	8588
电力供应	4420	88	73	15	34267	8588
热力生产和供应	443	397	384	13	16643	4793
热力生产和供应	4430	397	384	13	16643	4793
燃气生产和供应业	**45**	**189**	**138**	**51**	**12416**	**3900**
燃气生产和供应业	451	184	133	51	12399	3898
天然气生产和供应业	4511	159	109	50	8494	2857
液化石油气生产和供应业	4512	20	19	1	246	51
煤气生产和供应业	4513	5	5		3659	990
生物质燃气生产和供应业	452	5	5		17	2
生物质燃气生产和供应业	4520	5	5		17	2
水的生产和供应业	**46**	**307**	**281**	**26**	**11803**	**3625**
自来水生产和供应	461	188	166	22	9568	3007
自来水生产和供应	4610	188	166	22	9568	3007
污水处理及其再生利用	462	115	111	4	2200	608
污水处理及其再生利用	4620	115	111	4	2200	608
其他水的处理、利用与分配	469	4	4		35	10
其他水的处理、利用与分配	4690	4	4		35	10
建筑业	**E**	**11411**	**10668**	**743**	**427528**	**61321**
房屋建筑业	**47**	**2702**	**2317**	**385**	**229127**	**31210**
住宅房屋建筑	471	2412	2041	371	219998	29904
住宅房屋建筑	4710	2412	2041	371	219998	29904
体育场馆建筑	472	2	2		37	8
体育场馆建筑	4720	2	2		37	8
其他房屋建筑业	479	288	274	14	9092	1298

1-3 续表 21

行业小类	代码	企业法人单位数（个）	单产业法人单位	多产业法人单位	从业人员数（人）	其中：女性
其他房屋建筑业	4790	288	274	14	9092	1298
土木工程建筑业	**48**	**2852**	**2650**	**202**	**136736**	**18556**
铁路、道路、隧道和桥梁工程建筑	481	1193	1106	87	88732	10490
铁路工程建筑	4811	22	20	2	5651	423
公路工程建筑	4812	428	387	41	28004	3152
市政道路工程建筑	4813	660	622	38	51131	6314
城市轨道交通工程建筑	4814	4	4		13	1
其他道路、隧道和桥梁工程建筑	4819	79	73	6	3933	600
水利和水运工程建筑	482	336	299	37	18210	2674
水源及供水设施工程建筑	4821	300	269	31	15581	1973
河湖治理及防洪设施工程建筑	4822	28	22	6	2615	696
港口及航运设施工程建筑	4823	8	8		14	5
工矿工程建筑	484	107	100	7	7328	1305
工矿工程建筑	4840	107	100	7	7328	1305
架线和管道工程建筑	485	303	269	34	11468	1715
架线及设备工程建筑	4851	195	169	26	7072	1256
管道工程建筑	4852	104	96	8	4364	455
地下综合管廊工程建筑	4853	4	4		32	4
节能环保工程施工	486	63	62	1	729	135
节能工程施工	4861	8	8		194	29
环保工程施工	4862	53	52	1	535	106
生态保护工程施工	4863	2	2			
电力工程施工	487	127	116	11	3057	506
火力发电工程施工	4871	12	9	3	953	141
水力发电工程施工	4872	6	4	2	260	25
风能发电工程施工	4874	5	5		76	21
太阳能发电工程施工	4875	4	4		43	5
其他电力工程施工	4879	100	94	6	1725	314
其他土木工程建筑	489	723	698	25	7212	1731
园林绿化工程施工	4891	402	391	11	3951	1159
体育场地设施工程施工	4892	10	9	1	147	41
游乐设施工程施工	4893	1	1		2	
其他土木工程建筑施工	4899	310	297	13	3112	531
建筑安装业	**49**	**1891**	**1801**	**90**	**26013**	**5476**
电气安装	491	589	548	41	9749	2136
电气安装	4910	589	548	41	9749	2136
管道和设备安装	492	524	509	15	6830	1185
管道和设备安装	4920	524	509	15	6830	1185
其他建筑安装业	499	778	744	34	9434	2155
体育场地设施安装	4991	14	13	1	314	57
其他建筑安装	4999	764	731	33	9120	2098

1-3 续表 22

行业小类	代码	企业法人单位数(个)	单产业法人单位	多产业法人单位	从业人员数(人)	其中：女性
建筑装饰、装修和其他建筑业	**50**	**3966**	**3900**	**66**	**35652**	**6079**
建筑装饰和装修业	501	3169	3136	33	14654	3700
公共建筑装饰和装修	5011	415	403	12	4158	709
住宅装饰和装修	5012	2597	2577	20	9259	2740
建筑幕墙装饰和装修	5013	157	156	1	1237	251
建筑物拆除和场地准备活动	502	278	267	11	3122	511
建筑物拆除活动	5021	140	136	4	1522	243
场地准备活动	5022	138	131	7	1600	268
提供施工设备服务	503	70	69	1	1487	286
提供施工设备服务	5030	70	69	1	1487	286
其他未列明建筑业	509	449	428	21	16389	1582
其他未列明建筑业	5090	449	428	21	16389	1582
批发和零售业	**F**	**61770**	**60044**	**1726**	**328533**	**147791**
批发业	**51**	**38661**	**37693**	**968**	**197986**	**80115**
农、林、牧、渔产品批发	511	2463	2274	189	28377	8458
谷物、豆及薯类批发	5111	225	188	37	3935	1045
种子批发	5112	677	610	67	4595	1558
畜牧渔业饲料批发	5113	103	102	1	453	166
棉、麻批发	5114	650	584	66	15702	4268
林业产品批发	5115	139	137	2	682	254
牲畜批发	5116	131	128	3	1302	462
渔业产品批发	5117	27	27		54	23
其他农牧产品批发	5119	511	498	13	1654	682
食品、饮料及烟草制品批发	512	4072	4006	66	25496	10894
米、面制品及食用油批发	5121	380	364	16	3073	1203
糕点、糖果及糖批发	5122	124	122	2	728	360
果品、蔬菜批发	5123	995	985	10	6279	2745
肉、禽、蛋、奶及水产品批发	5124	304	300	4	2478	1065
盐及调味品批发	5125	128	124	4	1073	414
营养和保健品批发	5126	212	210	2	634	332
酒、饮料及茶叶批发	5127	668	659	9	3250	1333
烟草制品批发	5128	25	18	7	2963	966
其他食品批发	5129	1236	1224	12	5018	2476
纺织、服装及家庭用品批发	513	3168	3139	29	15720	10086
纺织品、针织品及原料批发	5131	405	403	2	1396	712
服装批发	5132	728	720	8	6094	4811
鞋帽批发	5133	66	65	1	304	209
化妆品及卫生用品批发	5134	377	374	3	1761	1197
厨具卫具及日用杂品批发	5135	671	666	5	2115	1043
灯具、装饰物品批发	5136	151	150	1	454	217
家用视听设备批发	5137	42	41	1	77	35

1-3 续表 23

行业小类	代码	企业法人单位数（个）	单产业法人单位	多产业法人单位	从业人员数（人）	其中：女性
日用家电批发	5138	311	309	2	2048	1120
其他家庭用品批发	5139	417	411	6	1471	742
文化、体育用品及器材批发	514	1051	1034	17	3845	1865
文具用品批发	5141	559	550	9	1531	621
体育用品及器材批发	5142	129	126	3	377	167
图书批发	5143	89	86	3	841	444
报刊批发	5144	2	2		2	2
音像制品、电子和数字出版物批发	5145	21	20	1	98	54
首饰、工艺品及收藏品批发	5146	129	129		543	364
乐器批发	5147	12	12		37	20
其他文化用品批发	5149	110	109	1	416	193
医药及医疗器材批发	515	1309	1254	55	13569	6687
西药批发	5151	186	153	33	6269	2933
中药批发	5152	92	86	6	1413	716
动物用药品批发	5153	29	27	2	103	43
医疗用品及器材批发	5154	1002	988	14	5784	2995
矿产品、建材及化工产品批发	516	13221	12770	451	61507	22719
煤炭及制品批发	5161	1131	1123	8	5407	1612
石油及制品批发	5162	862	794	68	18650	7349
非金属矿及制品批发	5163	288	286	2	781	223
金属及金属矿批发	5164	2012	2001	11	7221	3030
建材批发	5165	5166	5148	18	15431	5427
化肥批发	5166	2111	1869	242	7310	2477
农药批发	5167	591	501	90	1872	646
农用薄膜批发	5168	105	99	6	253	86
其他化工产品批发	5169	955	949	6	4582	1869
机械设备、五金产品及电子产品批发	517	10632	10521	111	40499	15966
农业机械批发	5171	754	733	21	3206	957
汽车及零配件批发	5172	1489	1475	14	5436	2059
摩托车及零配件批发	5173	182	177	5	456	171
五金产品批发	5174	2616	2602	14	6535	2584
电气设备批发	5175	879	875	4	2651	1055
计算机、软件及辅助设备批发	5176	601	592	9	3261	1395
通讯设备批发	5177	277	273	4	3726	2056
广播影视设备批发	5178	33	31	2	131	57
其他机械设备及电子产品批发	5179	3801	3763	38	15097	5632
贸易经纪与代理	518	914	904	10	2345	1050
贸易代理	5181	773	768	5	1795	749
一般物品拍卖	5182	66	62	4	256	130
艺术品、收藏品拍卖	5183	6	6		18	9
其他贸易经纪与代理	5189	69	68	1	276	162

1-3 续表 24

行业小类	代码	企业法人单位数(个)			从业人员数(人)	
			单产业法人单位	多产业法人单位		其中：女性
其他批发业	519	1831	1791	40	6628	2390
再生物资回收与批发	5191	361	342	19	1477	424
宠物食品用品批发	5192	11	11		31	20
互联网批发	5193	31	31		126	53
其他未列明批发业	5199	1428	1407	21	4994	1893
零售业	**52**	**23109**	**22351**	**758**	**130547**	**67676**
综合零售	521	3458	3374	84	24202	16130
百货零售	5211	2696	2651	45	15384	10132
超级市场零售	5212	137	118	19	7123	5052
便利店零售	5213	63	59	4	352	220
其他综合零售	5219	562	546	16	1343	726
食品、饮料及烟草制品专门零售	522	2156	2118	38	7354	3479
粮油零售	5221	121	119	2	721	204
糕点、面包零售	5222	91	86	5	807	479
果品、蔬菜零售	5223	398	395	3	1411	719
肉、禽、蛋、奶及水产品零售	5224	200	196	4	453	147
营养和保健品零售	5225	203	197	6	462	247
酒、饮料及茶叶零售	5226	325	320	5	1051	534
烟草制品零售	5227	78	75	3	220	121
其他食品零售	5229	740	730	10	2229	1028
纺织、服装及日用品专门零售	523	1716	1658	58	8015	5464
纺织品及针织品零售	5231	255	253	2	864	556
服装零售	5232	498	482	16	3915	2846
鞋帽零售	5233	31	30	1	619	569
化妆品及卫生用品零售	5234	255	255		547	359
厨具卫具及日用杂品零售	5235	112	110	2	342	149
钟表、眼镜零售	5236	191	163	28	655	438
箱包零售	5237	11	11		30	21
自行车等代步设备零售	5238	40	39	1	113	45
其他日用品零售	5239	323	315	8	930	481
文化、体育用品及器材专门零售	524	1270	1235	35	5258	2795
文具用品零售	5241	529	527	2	1135	515
体育用品及器材零售	5242	136	132	4	326	154
图书、报刊零售	5243	53	36	17	2053	1063
音像制品、电子和数字出版物零售	5244	17	17		55	23
珠宝首饰零售	5245	224	218	6	1010	715
工艺美术品及收藏品零售	5246	109	108	1	156	92
乐器零售	5247	47	45	2	97	37
照相器材零售	5248	7	7		22	11
其他文化用品零售	5249	148	145	3	404	185
医药及医疗器材专门零售	525	1967	1758	209	16668	12645

1-3 续表 25

行业小类	代码	企业法人单位数（个）	单产业法人单位	多产业法人单位	从业人员数（人）	其中：女性
西药零售	5251	1260	1082	178	13143	10372
中药零售	5252	154	145	9	1826	1368
动物用药品零售	5253	35	32	3	84	38
医疗用品及器材零售	5254	491	473	18	1550	823
保健辅助治疗器材零售	5255	27	26	1	65	44
汽车、摩托车、零配件和燃料及其他动力销售	526	3863	3680	183	36343	13181
汽车新车零售	5261	1696	1633	63	20523	7579
汽车旧车零售	5262	311	306	5	668	181
汽车零配件零售	5263	961	942	19	2707	1070
摩托车及零配件零售	5264	178	175	3	517	160
机动车燃油零售	5265	541	481	60	8160	3029
机动车燃气零售	5266	168	135	33	3758	1160
机动车充电销售	5267	8	8		10	2
家用电器及电子产品专门零售	527	3171	3100	71	12085	5352
家用视听设备零售	5271	49	47	2	506	239
日用家电零售	5272	618	596	22	3539	1797
计算机、软件及辅助设备零售	5273	1119	1100	19	3795	1437
通信设备零售	5274	326	311	15	1531	850
其他电子产品零售	5279	1059	1046	13	2714	1029
五金、家具及室内装饰材料专门零售	528	3564	3534	30	13137	5897
五金零售	5281	1980	1964	16	4690	1748
灯具零售	5282	100	100		241	101
家具零售	5283	354	347	7	5235	2980
涂料零售	5284	46	46		146	50
卫生洁具零售	5285	49	48	1	137	58
木质装饰材料零售	5286	80	79	1	238	99
陶瓷、石材装饰材料零售	5287	158	157	1	496	165
其他室内装饰材料零售	5289	797	793	4	1954	696
货摊、无店铺及其他零售业	529	1944	1894	50	7485	2733
流动货摊零售	5291	12	12		13	5
互联网零售	5292	221	218	3	579	271
邮购及电视、电话零售	5293	5	5		15	5
自动售货机零售	5294	9	9		15	10
旧货零售	5295	8	8		41	8
生活用燃料零售	5296	237	222	15	2221	706
宠物食品用品零售	5297	13	13		32	16
其他未列明零售业	5299	1439	1407	32	4569	1712
交通运输、仓储和邮政业	**G**	**8759**	**8369**	**390**	**203700**	**48443**
铁路运输业	**53**	**8**	**7**	**1**	**55173**	**10807**
铁路旅客运输	531	2	2		28	6
高速铁路旅客运输	5311	1	1		25	5

1-3 续表 26

行业小类	代码	企业法人单位数(个)	单产业法人单位	多产业法人单位	从业人员数(人)	其中：女性
普通铁路旅客运输	5313	1	1		3	1
铁路货物运输	532	6	5	1	55145	10801
铁路货物运输	5320	6	5	1	55145	10801
道路运输业	**54**	**6242**	**6051**	**191**	**102331**	**22660**
城市公共交通运输	541	253	233	20	22788	6347
公共电汽车客运	5411	66	56	10	16462	4174
城市轨道交通	5412	7	7		2077	577
出租车客运	5413	155	146	9	1777	603
公共自行车服务	5414	3	3		3	1
其他城市公共交通运输	5419	22	21	1	2469	992
公路旅客运输	542	206	169	37	6249	1828
长途客运	5421	111	87	24	4222	1209
旅游客运	5422	35	32	3	913	333
其他公路客运	5429	60	50	10	1114	286
道路货物运输	543	5476	5364	112	68617	12673
普通货物道路运输	5431	5170	5064	106	35004	8514
冷藏车道路运输	5432	4	4		4	2
集装箱道路运输	5433	7	7		21	8
大型货物道路运输	5434	29	28	1	285	72
危险货物道路运输	5435	74	73	1	31894	3793
邮件包裹道路运输	5436	12	11	1	105	32
城市配送	5437	54	54		249	59
搬家运输	5438	24	23	1	125	52
其他道路货物运输	5439	102	100	2	930	141
道路运输辅助活动	544	307	285	22	4677	1812
客运汽车站	5441	90	71	19	3383	1478
货运枢纽（站）	5442	3	3		146	5
公路管理与养护	5443	125	123	2	738	177
其他道路运输辅助活动	5449	89	88	1	410	152
水上运输业	**55**	**6**	**6**		**68**	**6**
水上旅客运输	551	2	2		46	3
内河旅客运输	5512	1	1		42	3
客运轮渡运输	5513	1	1		4	
水上货物运输	552	2	2		19	2
远洋货物运输	5521	2	2		19	2
水上运输辅助活动	553	2	2		3	1
货运港口	5532	1	1		3	1
其他水上运输辅助活动	5539	1	1			
航空运输业	**56**	**66**	**64**	**2**	**8535**	**2850**
航空客货运输	561	13	12	1	1238	373
航空旅客运输	5611	5	5		1214	367

1-3 续表 27

行业小类	代码	企业法人单位数（个）	单产业法人单位	多产业法人单位	从业人员数（人）	其中：女性
航空货物运输	5612	8	7	1	24	6
通用航空服务	562	33	33		517	86
通用航空生产服务	5621	21	21		478	75
观光游览航空服务	5622	2	2		7	2
体育航空运动服务	5623	3	3		1	
其他通用航空服务	5629	7	7		31	9
航空运输辅助活动	563	20	19	1	6780	2391
机场	5631	10	9	1	6506	2263
其他航空运输辅助活动	5639	10	10		274	128
管道运输业	**57**	**19**	**18**	**1**	**3628**	**735**
海底管道运输	571	1	1		1	
海底管道运输	5710	1	1		1	
陆地管道运输	572	18	17	1	3627	735
陆地管道运输	5720	18	17	1	3627	735
多式联运和运输代理业	**58**	**1095**	**1050**	**45**	**6245**	**2109**
多式联运	581	47	47		492	110
多式联运	5810	47	47		492	110
运输代理业	582	1048	1003	45	5753	1999
货物运输代理	5821	908	870	38	5137	1682
旅客票务代理	5822	101	94	7	439	260
其他运输代理业	5829	39	39		177	57
装卸搬运和仓储业	**59**	**927**	**913**	**14**	**11850**	**2953**
装卸搬运	591	291	289	2	5898	972
装卸搬运	5910	291	289	2	5898	972
通用仓储	592	197	195	2	1389	428
通用仓储	5920	197	195	2	1389	428
低温仓储	593	69	69		658	281
低温仓储	5930	69	69		658	281
危险品仓储	594	22	22		264	98
油气仓储	5941	17	17		233	90
危险化学品仓储	5942	4	4		17	6
其他危险品仓储	5949	1	1		14	2
谷物、棉花等农产品仓储	595	178	171	7	2446	745
谷物仓储	5951	59	53	6	1034	324
棉花仓储	5952	30	30		711	211
其他农产品仓储	5959	89	88	1	701	210
中药材仓储	596	4	4		17	7
中药材仓储	5960	4	4		17	7
其他仓储业	599	166	163	3	1178	422
其他仓储业	5990	166	163	3	1178	422
邮政业	**60**	**396**	**260**	**136**	**15870**	**6323**

1-3 续表 28

行业小类	代码	企业法人单位数(个)	单产业法人单位	多产业法人单位	从业人员数(人)	其中：女性
邮政基本服务	601	32	17	15	7604	3828
邮政基本服务	6010	32	17	15	7604	3828
快递服务	602	357	238	119	8108	2466
快递服务	6020	357	238	119	8108	2466
其他寄递服务	609	7	5	2	158	29
其他寄递服务	6090	7	5	2	158	29
住宿和餐饮业	**H**	**2579**	**2464**	**115**	**52788**	**29236**
住宿业	**61**	**1138**	**1076**	**62**	**33258**	**19371**
旅游饭店	611	451	420	31	21044	12309
旅游饭店	6110	451	420	31	21044	12309
一般旅馆	612	550	522	28	9209	5597
经济型连锁酒店	6121	96	90	6	1889	1188
其他一般旅馆	6129	454	432	22	7320	4409
民宿服务	613	18	17	1	196	120
民宿服务	6130	18	17	1	196	120
露营地服务	614	4	4		33	15
露营地服务	6140	4	4		33	15
其他住宿业	619	115	113	2	2776	1330
其他住宿业	6190	115	113	2	2776	1330
餐饮业	**62**	**1441**	**1388**	**53**	**19530**	**9865**
正餐服务	621	1127	1086	41	15036	7492
正餐服务	6210	1127	1086	41	15036	7492
快餐服务	622	98	92	6	3250	1806
快餐服务	6220	98	92	6	3250	1806
饮料及冷饮服务	623	16	15	1	59	36
茶馆服务	6231	6	6		17	13
咖啡馆服务	6232	4	4		6	4
酒吧服务	6233	2	2		5	2
其他饮料及冷饮服务	6239	4	3	1	31	17
餐饮配送及外卖送餐服务	624	81	80	1	414	164
餐饮配送服务	6241	66	66		332	138
外卖送餐服务	6242	15	14	1	82	26
其他餐饮业	629	119	115	4	771	367
小吃服务	6291	45	43	2	153	76
其他未列明餐饮业	6299	74	72	2	618	291
信息传输、软件和信息技术服务业	**I**	**8140**	**7974**	**166**	**69029**	**28675**
电信、广播电视和卫星传输服务	**63**	**344**	**275**	**69**	**29149**	**14157**
电信	631	290	227	63	26892	13221
固定电信服务	6311	72	46	26	11959	5048
移动电信服务	6312	122	89	33	13099	7156
其他电信服务	6319	96	92	4	1834	1017

1-3 续表 29

行业小类	代码	企业法人单位数(个)	单产业法人单位	多产业法人单位	从业人员数(人)	其中：女性
广播电视传输服务	632	46	40	6	2152	896
有线广播电视传输服务	6321	44	38	6	2141	890
无线广播电视传输服务	6322	2	2		11	6
卫星传输服务	633	8	8		105	40
广播电视卫星传输服务	6331	4	4		57	23
其他卫星传输服务	6339	4	4		48	17
互联网和相关服务	**64**	**1001**	**987**	**14**	**5170**	**1880**
互联网接入及相关服务	641	134	133	1	875	266
互联网接入及相关服务	6410	134	133	1	875	266
互联网信息服务	642	441	436	5	2736	969
互联网搜索服务	6421	15	15		79	27
互联网游戏服务	6422	11	11		42	11
互联网其他信息服务	6429	415	410	5	2615	931
互联网平台	643	110	109	1	491	218
互联网生产服务平台	6431	15	14	1	172	67
互联网生活服务平台	6432	67	67		189	74
互联网科技创新平台	6433	8	8		5	4
互联网公共服务平台	6434	13	13		68	45
其他互联网平台	6439	7	7		57	28
互联网安全服务	644	18	18		66	20
互联网安全服务	6440	18	18		66	20
互联网数据服务	645	91	89	2	402	171
互联网数据服务	6450	91	89	2	402	171
其他互联网服务	649	207	202	5	600	236
其他互联网服务	6490	207	202	5	600	236
软件和信息技术服务业	**65**	**6795**	**6712**	**83**	**34710**	**12638**
软件开发	651	2342	2317	25	10349	3880
基础软件开发	6511	1225	1217	8	5678	2186
支撑软件开发	6512	14	14		82	31
应用软件开发	6513	760	752	8	2914	1041
其他软件开发	6519	343	334	9	1675	622
集成电路设计	652	24	24		100	38
集成电路设计	6520	24	24		100	38
信息系统集成和物联网技术服务	653	820	801	19	5995	1984
信息系统集成服务	6531	791	772	19	5848	1942
物联网技术服务	6532	29	29		147	42
运行维护服务	654	108	104	4	1170	328
运行维护服务	6540	108	104	4	1170	328
信息处理和存储支持服务	655	76	76		283	117
信息处理和存储支持服务	6550	76	76		283	117
信息技术咨询服务	656	2894	2864	30	14523	5229

1-3 续表 30

行业小类	代码	企业法人单位数(个)	单产业法人单位	多产业法人单位	从业人员数(人)	其中：女性
信息技术咨询服务	6560	2894	2864	30	14523	5229
数字内容服务	657	56	56		333	139
地理遥感信息服务	6571	12	12		124	35
动漫、游戏数字内容服务	6572	31	31		104	42
其他数字内容服务	6579	13	13		105	62
其他信息技术服务业	659	475	470	5	1957	923
呼叫中心	6591	3	3		375	351
其他未列明信息技术服务业	6599	472	467	5	1582	572
金融业	**J**	**2267**	**1816**	**451**	**196562**	**122175**
货币金融服务	**66**	**891**	**661**	**230**	**61421**	**32710**
货币银行服务	662	275	55	220	57860	31003
商业银行服务	6621	184	43	141	47139	26126
政策性银行服务	6622	22	5	17	2379	1052
信用合作社服务	6623	63	1	62	8271	3786
农村资金互助社服务	6624	1	1		46	28
其他货币银行服务	6629	5	5		25	11
非货币银行服务	663	616	606	10	3561	1707
融资租赁服务	6631	31	31		234	97
财务公司服务	6632	2	2		50	23
典当	6633	234	224	10	1172	574
小额贷款公司服务	6635	323	323		2020	979
网络借贷服务	6637	7	7		20	8
其他非货币银行服务	6639	19	19		65	26
资本市场服务	**67**	**924**	**914**	**10**	**3015**	**1273**
证券市场服务	671	5	3	2	1435	691
证券市场管理服务	6711	1	1		30	17
证券经纪交易服务	6712	4	2	2	1405	674
非公开募集证券投资基金	673	75	71	4	333	113
期货市场服务	674	2		2	181	91
其他期货市场服务	6749	2		2	181	91
资本投资服务	676	745	743	2	873	310
资本投资服务	6760	745	743	2	873	310
其他资本市场服务	679	97	97		193	68
其他资本市场服务	6790	97	97		193	68
保险业	**68**	**307**	**100**	**207**	**130804**	**87582**
人身保险	681	112	22	90	103512	73738
人寿保险	6811	108	21	87	102719	73169
健康保险	6813	4	1	3	793	569
财产保险	682	164	51	113	24736	12315
财产保险	6820	164	51	113	24736	12315
商业养老金	684	3	3		307	199

1-3 续表 31

行业小类	代码	企业法人单位数（个）	单产业法人单位	多产业法人单位	从业人员数（人）	其中：女性
商业养老金	6840	3	3		307	199
保险中介服务	685	18	14	4	2241	1325
保险经纪服务	6851	1	1		8	3
保险代理服务	6852	17	13	4	2233	1322
其他保险活动	689	10	10		8	5
其他保险活动	6890	10	10		8	5
其他金融业	**69**	**145**	**141**	**4**	**1322**	**610**
金融信托与管理服务	691	4	4		468	189
信托公司	6911	2	2		459	184
其他金融信托与管理服务	6919	2	2		9	5
控股公司服务	692	1	1			
控股公司服务	6920	1	1			
非金融机构支付服务	693	2	2		22	11
非金融机构支付服务	6930	2	2		22	11
金融信息服务	694	22	22		137	71
金融信息服务	6940	22	22		137	71
金融资产管理公司	695	3	3		7	2
金融资产管理公司	6950	3	3		7	2
其他未列明金融业	699	113	109	4	688	337
其他未包括金融业	6999	113	109	4	688	337
房地产业	**K**	**9445**	**8829**	**616**	**160596**	**72051**
房地产业	**70**	**9445**	**8829**	**616**	**160596**	**72051**
房地产开发经营	701	3549	3241	308	46278	19659
房地产开发经营	7010	3549	3241	308	46278	19659
物业管理	702	3244	3113	131	97461	45195
物业管理	7020	3244	3113	131	97461	45195
房地产中介服务	703	1563	1435	128	7064	3127
房地产中介服务	7030	1563	1435	128	7064	3127
房地产租赁经营	704	1017	971	46	9486	3940
房地产租赁经营	7040	1017	971	46	9486	3940
其他房地产业	709	72	69	3	307	130
其他房地产业	7090	72	69	3	307	130
租赁和商务服务业	**L**	**22248**	**21775**	**473**	**245445**	**85217**
租赁业	**71**	**2276**	**2246**	**30**	**10103**	**2858**
机械设备经营租赁	711	2219	2189	30	9953	2780
汽车租赁	7111	718	704	14	2962	1029
农业机械经营租赁	7112	78	77	1	447	90
建筑工程机械与设备经营租赁	7113	1113	1100	13	5140	1215
计算机及通讯设备经营租赁	7114	18	18		68	25
医疗设备经营租赁	7115	16	16		44	22
其他机械与设备经营租赁	7119	276	274	2	1292	399

1-3 续表 32

行业小类	代码	企业法人单位数（个）	单产业法人单位	多产业法人单位	从业人员数（人）	其中：女性
文体设备和用品出租	712	51	51		141	74
休闲娱乐用品设备出租	7121	14	14		48	24
体育用品设备出租	7122	3	3		12	4
文化用品设备出租	7123	20	20		46	23
图书出租	7124	3	3		13	13
音像制品出租	7125	1	1			
其他文体设备和用品出租	7129	10	10		22	10
日用品出租	713	6	6		9	4
日用品出租	7130	6	6		9	4
商务服务业	**72**	**19972**	**19529**	**443**	**235342**	**82359**
组织管理服务	721	4304	4218	86	35842	14490
企业总部管理	7211	392	361	31	11241	4092
投资与资产管理	7212	3522	3479	43	16589	6455
资源与产权交易服务	7213	24	23	1	375	109
单位后勤管理服务	7214	71	70	1	2561	1029
农村集体经济组织管理	7215	18	15	3	3092	1825
其他组织管理服务	7219	277	270	7	1984	980
综合管理服务	722	711	677	34	8794	3689
园区管理服务	7221	22	22		260	129
商业综合体管理服务	7222	67	63	4	1114	420
市场管理服务	7223	476	449	27	6253	2480
供应链管理服务	7224	58	58		204	84
其他综合管理服务	7229	88	85	3	963	576
法律服务	723	87	85	2	510	259
律师及相关法律服务	7231	65	63	2	297	161
公证服务	7232	7	7		58	43
其他法律服务	7239	15	15		155	55
咨询与调查	724	5934	5828	106	26556	14249
会计、审计及税务服务	7241	1300	1257	43	7159	4773
市场调查	7242	50	50		236	93
社会经济咨询	7243	3179	3141	38	9787	4903
健康咨询	7244	248	244	4	1704	796
环保咨询	7245	123	120	3	592	276
体育咨询	7246	12	12		29	12
其他专业咨询与调查	7249	1022	1004	18	7049	3396
广告业	725	3750	3721	29	11993	5091
互联网广告服务	7251	431	430	1	1389	573
其他广告服务	7259	3319	3291	28	10604	4518
人力资源服务	726	1570	1520	50	63504	21169
公共就业服务	7261	15	15		28	12
职业中介服务	7262	88	85	3	1142	427

1-3 续表 33

行业小类	代码	企业法人单位数（个）	单产业法人单位	多产业法人单位	从业人员数（人）	其中：女性
劳务派遣服务	7263	1295	1253	42	58414	18283
创业指导服务	7264	55	54	1	145	62
其他人力资源服务	7269	117	113	4	3775	2385
安全保护服务	727	592	546	46	61098	10704
安全服务	7271	214	176	38	54489	9409
安全系统监控服务	7272	291	286	5	1362	430
其他安全保护服务	7279	87	84	3	5247	865
会议、展览及相关服务	728	520	517	3	1835	865
科技会展服务	7281	43	43		94	41
旅游会展服务	7282	45	43	2	255	116
体育会展服务	7283	3	3			
文化会展服务	7284	197	196	1	679	341
其他会议、展览及相关服务	7289	232	232		807	367
其他商务服务业	729	2504	2417	87	25210	11843
旅行社及相关服务	7291	1067	1008	59	6887	3418
包装服务	7292	78	77	1	198	95
办公服务	7293	132	131	1	471	239
翻译服务	7294	44	43	1	90	62
信用服务	7295	21	20	1	81	31
非融资担保服务	7296	83	82	1	409	199
商务代理代办服务	7297	367	354	13	1343	687
票务代理服务	7298	23	23		56	34
其他未列明商务服务业	7299	689	679	10	15675	7078
科学研究和技术服务业	**M**	**9825**	**9481**	**344**	**87408**	**28484**
研究和试验发展	**73**	**395**	**391**	**4**	**1718**	**612**
自然科学研究和试验发展	731	23	23		32	12
自然科学研究和试验发展	7310	23	23		32	12
工程和技术研究和试验发展	732	196	193	3	1088	338
工程和技术研究和试验发展	7320	196	193	3	1088	338
农业科学研究和试验发展	733	102	101	1	237	77
农业科学研究和试验发展	7330	102	101	1	237	77
医学研究和试验发展	734	67	67		347	180
医学研究和试验发展	7340	67	67		347	180
社会人文科学研究	735	7	7		14	5
社会人文科学研究	7350	7	7		14	5
专业技术服务业	**74**	**5491**	**5199**	**292**	**71504**	**22641**
气象服务	741	27	24	3	108	25
气象服务	7410	27	24	3	108	25
地震服务	742	2	2		4	2
地震服务	7420	2	2		4	2
海洋服务	743	2	2		1	

1-3 续表 34

行业小类	代码	企业法人单位数（个）	单产业法人单位	多产业法人单位	从业人员数（人）	其中：女性
海洋环境服务	7432	1	1		1	
其他海洋服务	7439	1	1			
测绘地理信息服务	744	205	186	19	2035	714
遥感测绘服务	7441	88	82	6	707	262
其他测绘地理信息服务	7449	117	104	13	1328	452
质检技术服务	745	944	903	41	10889	4010
检验检疫服务	7451	20	20		164	88
检测服务	7452	651	621	30	8573	3125
计量服务	7453	131	126	5	513	187
标准化服务	7454	2	2			
认证认可服务	7455	21	19	2	83	41
其他质检技术服务	7459	119	115	4	1556	569
环境与生态监测检测服务	746	156	151	5	1549	629
环境保护监测	7461	144	140	4	1460	608
生态资源监测	7462	12	11	1	89	21
地质勘查	747	236	226	10	2330	449
能源矿产地质勘查	7471	49	47	2	860	107
固体矿产地质勘查	7472	54	52	2	345	92
基础地质勘查	7474	18	17	1	82	37
地质勘查技术服务	7475	115	110	5	1043	213
工程技术与设计服务	748	2433	2234	199	43381	13361
工程管理服务	7481	1138	1056	82	13421	4740
工程监理服务	7482	166	128	38	7243	1558
工程勘察活动	7483	192	171	21	8825	2406
工程设计活动	7484	784	736	48	12101	4045
规划设计管理	7485	145	137	8	1730	591
土地规划服务	7486	8	6	2	61	21
工业与专业设计及其他专业技术服务	749	1486	1471	15	11207	3451
工业设计服务	7491	61	60	1	581	178
专业设计服务	7492	727	722	5	4680	1656
兽医服务	7493	50	49	1	299	95
其他未列明专业技术服务业	7499	648	640	8	5647	1522
科技推广和应用服务业	**75**	**3939**	**3891**	**48**	**14186**	**5231**
技术推广服务	751	3173	3132	41	11659	4118
农林牧渔技术推广服务	7511	928	910	18	3856	1437
生物技术推广服务	7512	478	472	6	1221	533
新材料技术推广服务	7513	104	103	1	182	65
节能技术推广服务	7514	356	350	6	1019	355
新能源技术推广服务	7515	227	225	2	1207	315
环保技术推广服务	7516	323	321	2	1144	395
三维（3D）打印技术推广服务	7517	4	4		5	2

1-3 续表 35

行业小类	代码	企业法人单位数（个）	单产业法人单位	多产业法人单位	从业人员数（人）	其中：女性
其他技术推广服务	7519	753	747	6	3025	1016
知识产权服务	752	96	94	2	442	277
知识产权服务	7520	96	94	2	442	277
科技中介服务	753	107	106	1	391	131
科技中介服务	7530	107	106	1	391	131
创业空间服务	754	32	31	1	129	72
创业空间服务	7540	32	31	1	129	72
其他科技推广服务业	759	531	528	3	1565	633
其他科技推广服务业	7590	531	528	3	1565	633
水利、环境和公共设施管理业	**N**	**1384**	**1329**	**55**	**27647**	**11525**
水利管理业	**76**	**142**	**135**	**7**	**3633**	**886**
防洪除涝设施管理	761	4	4		26	8
防洪除涝设施管理	7610	4	4		26	8
水资源管理	762	61	58	3	1004	170
水资源管理	7620	61	58	3	1004	170
天然水收集与分配	763	16	13	3	1858	528
天然水收集与分配	7630	16	13	3	1858	528
水文服务	764	4	4		7	4
水文服务	7640	4	4		7	4
其他水利管理业	769	57	56	1	738	176
其他水利管理业	7690	57	56	1	738	176
生态保护和环境治理业	**77**	**196**	**193**	**3**	**1706**	**428**
生态保护	771	30	29	1	474	138
自然生态系统保护管理	7711	13	12	1	206	34
野生动物保护	7713	3	3		197	75
动物园、水族馆管理服务	7715	1	1		30	13
植物园管理服务	7716	1	1		5	1
其他自然保护	7719	12	12		36	15
环境治理业	772	166	164	2	1232	290
水污染治理	7721	51	50	1	318	95
大气污染治理	7722	15	14	1	150	32
固体废物治理	7723	47	47		293	55
危险废物治理	7724	18	18		397	87
土壤污染治理与修复服务	7726	3	3		22	3
其他污染治理	7729	32	32		52	18
公共设施管理业	**78**	**959**	**924**	**35**	**21602**	**9941**
市政设施管理	781	157	152	5	3117	1271
市政设施管理	7810	157	152	5	3117	1271
环境卫生管理	782	126	123	3	8883	4628
环境卫生管理	7820	126	123	3	8883	4628
城乡市容管理	783	21	21		130	51

1-3 续表 36

行业小类	代码	企业法人单位数(个)	单产业法人单位	多产业法人单位	从业人员数(人)	其中：女性
城乡市容管理	7830	21	21		130	51
绿化管理	784	485	465	20	7004	3044
绿化管理	7840	485	465	20	7004	3044
城市公园管理	785	6	6		30	9
城市公园管理	7850	6	6		30	9
游览景区管理	786	164	157	7	2438	938
名胜风景区管理	7861	35	34	1	1022	380
森林公园管理	7862	11	9	2	111	53
其他游览景区管理	7869	118	114	4	1305	505
土地管理业	**79**	**87**	**77**	**10**	**706**	**270**
土地整治服务	791	22	20	2	244	68
土地整治服务	7910	22	20	2	244	68
土地调查评估服务	792	45	39	6	365	164
土地调查评估服务	7920	45	39	6	365	164
土地登记服务	793	1	1		3	1
土地登记服务	7930	1	1		3	1
土地登记代理服务	794	1	1		1	
土地登记代理服务	7940	1	1		1	
其他土地管理服务	799	18	16	2	93	37
其他土地管理服务	7990	18	16	2	93	37
居民服务、修理和其他服务业	**O**	**4459**	**4388**	**71**	**27119**	**11179**
居民服务业	**80**	**1350**	**1331**	**19**	**7271**	**4075**
家庭服务	801	425	423	2	1919	1223
家庭服务	8010	425	423	2	1919	1223
托儿所服务	802	15	15		119	95
托儿所服务	8020	15	15		119	95
洗染服务	803	41	40	1	476	292
洗染服务	8030	41	40	1	476	292
理发及美容服务	804	188	182	6	654	497
理发及美容服务	8040	188	182	6	654	497
洗浴和保健养生服务	805	163	159	4	1000	620
洗浴服务	8051	12	12		325	205
足浴服务	8052	10	9	1	128	78
养生保健服务	8053	141	138	3	547	337
摄影扩印服务	806	124	122	2	673	274
摄影扩印服务	8060	124	122	2	673	274
婚姻服务	807	123	121	2	257	132
婚姻服务	8070	123	121	2	257	132
殡葬服务	808	64	63	1	1154	545
殡葬服务	8080	64	63	1	1154	545
其他居民服务业	809	207	206	1	1019	397

1-3 续表 37

行业小类	代码	企业法人单位数（个）	单产业法人单位	多产业法人单位	从业人员数（人）	其中：女性
其他居民服务业	8090	207	206	1	1019	397
机动车、电子产品和日用产品修理业	**81**	**2585**	**2537**	**48**	**13294**	**3545**
汽车、摩托车等修理与维护	811	1944	1909	35	9836	2592
汽车修理与维护	8111	1881	1847	34	9473	2498
大型车辆装备修理与维护	8112	41	41		308	78
摩托车修理与维护	8113	16	15	1	42	14
助动车等修理与维护	8114	6	6		13	2
计算机和办公设备维修	812	374	364	10	2480	684
计算机和辅助设备修理	8121	200	197	3	845	345
通讯设备修理	8122	69	63	6	1113	201
其他办公设备维修	8129	105	104	1	522	138
家用电器修理	813	199	198	1	698	195
家用电子产品修理	8131	75	75		274	54
日用电器修理	8132	124	123	1	424	141
其他日用产品修理业	819	68	66	2	280	74
自行车修理	8191	1	1			
鞋和皮革修理	8192	1	1			
家具和相关物品修理	8193	8	8		9	3
其他未列明日用产品修理业	8199	58	56	2	271	71
其他服务业	**82**	**524**	**520**	**4**	**6554**	**3559**
清洁服务	821	359	356	3	5524	3235
建筑物清洁服务	8211	57	57		675	210
其他清洁服务	8219	302	299	3	4849	3025
宠物服务	822	11	11		38	27
宠物饲养	8221	1	1		2	1
宠物医院服务	8222	4	4		11	7
宠物美容服务	8223	4	4		14	10
其他宠物服务	8229	2	2		11	9
其他未列明服务业	829	154	153	1	992	297
其他未列明服务业	8290	154	153	1	992	297
教育	**P**	**1498**	**1451**	**47**	**17144**	**6236**
教育	**83**	**1498**	**1451**	**47**	**17144**	**6236**
学前教育	831	39	37	2	546	471
学前教育	8310	39	37	2	546	471
初等教育	832	9	9		33	20
普通小学教育	8321	8	8		30	18
成人小学教育	8322	1	1		3	2
中等教育	833	3	3		382	296
普通初中教育	8331	2	2		1	
普通高中教育	8334	1	1		381	296
特殊教育	835	1	1		1	

1-3 续表 38

行业小类	代码	企业法人单位数(个)	单产业法人单位	多产业法人单位	从业人员数(人)	其中：女性
特殊教育	8350	1	1		1	
技能培训、教育辅助及其他教育	839	1446	1401	45	16182	5449
职业技能培训	8391	865	833	32	13416	3734
体校及体育培训	8392	34	34		94	32
文化艺术培训	8393	204	200	4	787	524
教育辅助服务	8394	210	203	7	1013	595
其他未列明教育	8399	133	131	2	872	564
卫生和社会工作	**Q**	**683**	**663**	**20**	**18724**	**13201**
卫生	**84**	**574**	**555**	**19**	**18157**	**12830**
医院	841	348	337	11	13879	9795
综合医院	8411	194	193	1	7279	5032
中医医院	8412	30	27	3	693	445
中西医结合医院	8413	10	9	1	245	188
民族医院	8414	8	8		181	136
专科医院	8415	97	91	6	5437	3970
疗养院	8416	9	9		44	24
基层医疗卫生服务	842	152	150	2	1926	1372
社区卫生服务中心（站）	8421	15	15		150	96
乡镇卫生院	8423	5	5		51	30
村卫生室	8424	17	17		242	175
门诊部（所）	8425	115	113	2	1483	1071
专业公共卫生服务	843	25	24	1	946	709
疾病预防控制中心	8431	4	4		32	21
专科疾病防治院（所、站)	8432	3	2	1	39	32
妇幼保健院（所、站）	8433	3	3		72	61
急救中心（站）服务	8434	3	3		33	6
采供血机构服务	8435	10	10		526	392
计划生育技术服务活动	8436	2	2		244	197
其他卫生活动	849	49	44	5	1406	954
健康体检服务	8491	16	13	3	1042	776
临床检验服务	8492	8	8		121	59
其他未列明卫生服务	8499	25	23	2	243	119
社会工作	**85**	**109**	**108**	**1**	**567**	**371**
提供住宿社会工作	851	89	88	1	454	313
干部休养所	8511	5	5		147	117
精神康复服务	8513	2	2		76	50
老年人、残疾人养护服务	8514	80	79	1	227	144
临终关怀服务	8515	2	2		4	2
不提供住宿社会工作	852	20	20		113	58
社会看护与帮助服务	8521	13	13		74	31
康复辅具适配服务	8522	5	5		38	27

1-3 续表 39

行业小类	代码	企业法人单位数（个）	单产业法人单位	多产业法人单位	从业人员数（人）	其中：女性
其他不提供住宿社会工作	8529	2	2		1	
文化、体育和娱乐业	**R**	**4449**	**4393**	**56**	**20468**	**9730**
新闻和出版业	**86**	**29**	**28**	**1**	**1199**	**627**
新闻业	861	3	3		4	3
新闻业	8610	3	3		4	3
出版业	862	26	25	1	1195	624
图书出版	8621	7	7		350	186
报纸出版	8622	7	6	1	737	387
期刊出版	8623	4	4		85	38
音像制品出版	8624	2	2		6	2
数字出版	8626	3	3		1	1
其他出版业	8629	3	3		16	10
广播、电视、电影和录音制作业	**87**	**1331**	**1309**	**22**	**5092**	**2387**
广播	871	87	84	3	334	165
广播	8710	87	84	3	334	165
电视	872	28	28		160	77
电视	8720	28	28		160	77
影视节目制作	873	1000	992	8	2537	1158
影视节目制作	8730	1000	992	8	2537	1158
广播电视集成播控	874	8	7	1	72	37
广播电视集成播控	8740	8	7	1	72	37
电影和广播电视节目发行	875	49	47	2	329	123
电影和广播电视节目发行	8750	49	47	2	329	123
电影放映	876	128	121	7	1574	787
电影放映	8760	128	121	7	1574	787
录音制作	877	31	30	1	86	40
录音制作	8770	31	30	1	86	40
文化艺术业	**88**	**600**	**596**	**4**	**2602**	**1308**
文艺创作与表演	881	244	242	2	857	403
文艺创作与表演	8810	244	242	2	857	403
艺术表演场馆	882	4	3	1	940	486
艺术表演场馆	8820	4	3	1	940	486
图书馆与档案馆	883	8	8		39	29
图书馆	8831	1	1			
档案馆	8832	7	7		39	29
文物及非物质文化遗产保护	884	8	8		5	1
文物及非物质文化遗产保护	8840	8	8		5	1
博物馆	885	6	6		9	3
博物馆	8850	6	6		9	3
群众文体活动	887	62	62		121	66
群众文体活动	8870	62	62		121	66

1-3 续表 40

行业小类	代码	企业法人单位数(个)	单产业法人单位	多产业法人单位	从业人员数(人)	其中：女性
其他文化艺术业	889	268	267	1	631	320
其他文化艺术业	8890	268	267	1	631	320
体育	**89**	**275**	**269**	**6**	**1375**	**547**
体育组织	891	79	79		463	130
体育竞赛组织	8911	46	46		253	73
体育保障组织	8912	6	6		26	16
其他体育组织	8919	27	27		184	41
体育场地设施管理	892	22	22		112	51
体育场馆管理	8921	18	18		99	44
其他体育场地设施管理	8929	4	4		13	7
健身休闲活动	893	152	146	6	766	342
健身休闲活动	8930	152	146	6	766	342
其他体育	899	22	22		34	24
体育中介代理服务	8991	10	10		13	10
体育健康服务	8992	10	10		21	14
其他未列明体育	8999	2	2			
娱乐业	**90**	**2214**	**2191**	**23**	**10200**	**4861**
室内娱乐活动	901	1597	1583	14	7545	3787
歌舞厅娱乐活动	9011	67	67		351	147
电子游艺厅娱乐活动	9012	34	34		96	36
网吧活动	9013	1435	1424	11	4286	1465
其他室内娱乐活动	9019	61	58	3	2812	2139
游乐园	902	37	35	2	406	181
游乐园	9020	37	35	2	406	181
休闲观光活动	903	53	53		513	153
休闲观光活动	9030	53	53		513	153
彩票活动	904	3	3		3	
福利彩票服务	9042	3	3		3	
文化体育娱乐活动与经纪代理服务	905	437	431	6	1355	608
文化活动服务	9051	346	343	3	1017	454
体育表演服务	9052	34	33	1	182	78
文化娱乐经纪人	9053	15	14	1	65	37
体育经纪人	9054	4	4		4	2
其他文化艺术经纪代理	9059	38	37	1	87	37
其他娱乐业	909	87	86	1	378	132
其他娱乐业	9090	87	86	1	378	132

1-4 按行业（大类）、地区分组的企业法人单位数

行业大类	代码	企业法人单位数（个）	乌鲁木齐市	克拉玛依市	吐鲁番市	哈密市
总　计		**175572**	**59020**	**5582**	**4182**	**8976**
农、林、牧、渔业	**A**	**1899**	**65**	**24**	**59**	**47**
农业	01	21				
林业	02	2				
畜牧业	03	7		2		
渔业	04	1				
农、林、牧、渔专业及辅助性活动	05	1868	65	22	59	47
采矿业	**B**	**2955**	**93**	**232**	**338**	**417**
煤炭开采和洗选业	06	327	15	2	36	36
石油和天然气开采业	07	42	2	17	1	3
黑色金属矿采选业	08	428	4		89	150
有色金属矿采选业	09	334	7		61	74
非金属矿采选业	10	1154	45	5	121	106
开采专业及辅助性活动	11	492	13	208	22	4
其他采矿业	12	178	7		8	44
制造业	**C**	**19729**	**2619**	**495**	**746**	**895**
农副食品加工业	13	2154	92	27	69	85
食品制造业	14	950	98	8	33	37
酒、饮料和精制茶制造业	15	638	30	8	65	28
烟草制品业	16	2	1			
纺织业	17	912	47	8	19	22
纺织服装、服饰业	18	1295	47	8	46	23
皮革、毛皮、羽毛及其制品和制鞋业	19	137	12	2	3	1
木材加工和木、竹、藤、棕、草制品业	20	479	27	3	8	11
家具制造业	21	320	109		5	6
造纸和纸制品业	22	317	50		8	4
印刷和记录媒介复制业	23	355	135	19	5	5
文教、工美、体育和娱乐用品制造业	24	493	61	7	7	20
石油、煤炭及其他燃料加工业	25	306	17	29	19	58
化学原料和化学制品制造业	26	1214	152	71	46	83
医药制造业	27	166	39	3		5
化学纤维制造业	28	40	3		1	1
橡胶和塑料制品业	29	1386	151	23	14	36
非金属矿物制品业	30	3745	305	65	257	228
黑色金属冶炼和压延加工业	31	165	36	6	17	9
有色金属冶炼和压延加工业	32	167	14	4	17	26
金属制品业	33	1685	372	34	33	79
通用设备制造业	34	543	150	32	22	20
专用设备制造业	35	732	162	52	18	29
汽车制造业	36	95	44	2		1

1-4 续表 1

行业大类	代码	昌吉回族自治州	博尔塔拉蒙古自治州	巴音郭楞蒙古自治州	阿克苏地区	克孜勒苏柯尔克孜自治州
总　计		**13933**	**4578**	**11938**	**12223**	**2296**
农、林、牧、渔业	**A**	**288**	**85**	**188**	**212**	**29**
农业	01	2	4	3	2	1
林业	02	1				
畜牧业	03	1		1	2	
渔业	04					
农、林、牧、渔专业及辅助性活动	05	284	81	184	208	28
采矿业	**B**	**224**	**48**	**508**	**176**	**157**
煤炭开采和洗选业	06	88		15	60	2
石油和天然气开采业	07	6		6	4	1
黑色金属矿采选业	08	2	9	43	11	45
有色金属矿采选业	09	9	10	39	7	39
非金属矿采选业	10	97	23	178	66	63
开采专业及辅助性活动	11	13		203	15	1
其他采矿业	12	9	6	24	13	6
制造业	**C**	**2627**	**657**	**1570**	**1566**	**409**
农副食品加工业	13	232	95	200	219	38
食品制造业	14	150	27	90	48	15
酒、饮料和精制茶制造业	15	84	18	80	39	22
烟草制品业	16	1				
纺织业	17	68	55	93	136	25
纺织服装、服饰业	18	55	15	46	180	78
皮革、毛皮、羽毛及其制品和制鞋业	19	5	6	8	13	10
木材加工和木、竹、藤、棕、草制品业	20	53	24	47	57	14
家具制造业	21	67	6	15	8	7
造纸和纸制品业	22	57	7	35	32	4
印刷和记录媒介复制业	23	26	4	25	16	6
文教、工美、体育和娱乐用品制造业	24	28	8	18	25	26
石油、煤炭及其他燃料加工业	25	61	3	34	24	1
化学原料和化学制品制造业	26	205	38	120	98	10
医药制造业	27	13	1	16	12	
化学纤维制造业	28	9	3	6	2	
橡胶和塑料制品业	29	231	61	101	108	19
非金属矿物制品业	30	545	166	267	291	61
黑色金属冶炼和压延加工业	31	16	6	9	10	7
有色金属冶炼和压延加工业	32	40	4	3	2	5
金属制品业	33	245	48	138	104	33
通用设备制造业	34	103	9	34	28	5
专用设备制造业	35	114	15	74	48	9
汽车制造业	36	5	6	8	4	

1-4 续表 2

行业大类	代码	喀什地区	和田地区	伊犁哈萨克自治州	塔城地区	阿勒泰地区	自治区直辖县级行政区划
总　计		**13930**	**6911**	**16370**	**4414**	**3576**	**7643**
农、林、牧、渔业	**A**	**202**	**164**	**146**	**242**	**53**	**95**
农业	01	2	1		2	2	2
林业	02					1	
畜牧业	03					1	
渔业	04					1	
农、林、牧、渔专业及辅助性活动	05	200	163	146	240	48	93
采矿业	**B**	**150**	**157**	**162**	**104**	**167**	**22**
煤炭开采和洗选业	06	3	8	41	16	2	3
石油和天然气开采业	07				1	1	
黑色金属矿采选业	08	19	5	20	3	28	
有色金属矿采选业	09	11	14	23	13	25	2
非金属矿采选业	10	107	92	71	62	103	15
开采专业及辅助性活动	11	2	3	3	3		2
其他采矿业	12	8	35	4	6	8	
制造业	**C**	**2480**	**1511**	**1605**	**779**	**491**	**1279**
农副食品加工业	13	258	127	253	129	95	235
食品制造业	14	71	124	115	47	31	56
酒、饮料和精制茶制造业	15	56	39	60	31	34	44
烟草制品业	16						
纺织业	17	157	83	38	61	5	95
纺织服装、服饰业	18	366	309	95	8	5	14
皮革、毛皮、羽毛及其制品和制鞋业	19	17	46	7	3	4	
木材加工和木、竹、藤、棕、草制品业	20	70	52	59	27	3	24
家具制造业	21	43	27	16		4	7
造纸和纸制品业	22	27	16	14	10	5	48
印刷和记录媒介复制业	23	42	14	23	4	4	27
文教、工美、体育和娱乐用品制造业	24	55	176	32	1	20	9
石油、煤炭及其他燃料加工业	25	6	3	28	14	1	8
化学原料和化学制品制造业	26	89	29	107	43	16	107
医药制造业	27	8	28	21	5	2	13
化学纤维制造业	28			3	8		4
橡胶和塑料制品业	29	184	41	105	116	58	138
非金属矿物制品业	30	566	209	310	166	128	181
黑色金属冶炼和压延加工业	31	16	13	11	2	4	3
有色金属冶炼和压延加工业	32	9	3	24	4	1	11
金属制品业	33	217	76	143	38	40	85
通用设备制造业	34	40	15	35	15	9	26
专用设备制造业	35	51	30	32	23	13	62
汽车制造业	36	5	6	6	3	1	4

1-4 续表 3

行业大类	代码	企业法人单位数(个)	乌鲁木齐市	克拉玛依市	吐鲁番市	哈密市
铁路、船舶、航空航天和其他运输设备制造业	37	38	13	1		1
电气机械和器材制造业	38	605	218	7	13	38
计算机、通信和其他电子设备制造业	39	162	57	5		4
仪器仪表制造业	40	46	13	5	1	2
其他制造业	41	89	14	2		2
废弃资源综合利用业	42	112	9	9	8	4
金属制品、机械和设备修理业	43	381	141	55	12	27
电力、热力、燃气及水生产和供应业	**D**	**2072**	**179**	**48**	**104**	**293**
电力、热力生产和供应业	44	1576	137	23	78	278
燃气生产和供应业	45	189	9	13	16	2
水的生产和供应业	46	307	33	12	10	13
建筑业	**E**	**11411**	**3448**	**454**	**254**	**807**
房屋建筑业	47	2702	504	67	56	206
土木工程建筑业	48	2852	834	90	83	168
建筑安装业	49	1891	720	96	33	113
建筑装饰、装修和其他建筑业	50	3966	1390	201	82	320
批发和零售业	**F**	**61770**	**25827**	**1698**	**914**	**3187**
批发业	51	38661	19595	722	454	1597
零售业	52	23109	6232	976	460	1590
交通运输、仓储和邮政业	**G**	**8759**	**1673**	**333**	**413**	**713**
铁路运输业	53	8	7			
道路运输业	54	6242	867	275	363	617
水上运输业	55	6	1			
航空运输业	56	66	25	2	2	
管道运输业	57	19	10			2
多式联运和运输代理业	58	1095	448	19	12	32
装卸搬运和仓储业	59	927	214	22	23	48
邮政业	60	396	101	15	13	14
住宿和餐饮业	**H**	**2579**	**797**	**81**	**93**	**132**
住宿业	61	1138	269	35	53	57
餐饮业	62	1441	528	46	40	75
信息传输、软件和信息技术服务业	**I**	**8140**	**3833**	**248**	**53**	**200**
电信、广播电视和卫星传输服务	63	344	130	11	8	14
互联网和相关服务	64	1001	316	30	12	39
软件和信息技术服务业	65	6795	3387	207	33	147
金融业	**J**	**2267**	**472**	**75**	**41**	**83**
货币金融服务	66	891	203	23	27	52
资本市场服务	67	924	159	30	3	1
保险业	68	307	70	15	11	19
其他金融业	69	145	40	7		11

1-4 续表 4

行业大类	代码	昌吉回族自治州	博尔塔拉蒙古自治州	巴音郭楞蒙古自治州	阿克苏地区	克孜勒苏柯尔克孜自治州
铁路、船舶、航空航天和其他运输设备制造业	37	4		3	2	2
电气机械和器材制造业	38	109	15	25	20	7
计算机、通信和其他电子设备制造业	39	24		7	8	2
仪器仪表制造业	40	13		2	2	
其他制造业	41	11		6	8	
废弃资源综合利用业	42	15	12	12	9	3
金属制品、机械和设备修理业	43	38	5	48	13	
电力、热力、燃气及水生产和供应业	**D**	**265**	**103**	**188**	**160**	**55**
电力、热力生产和供应业	44	189	82	132	116	39
燃气生产和供应业	45	34	7	25	16	6
水的生产和供应业	46	42	14	31	28	10
建筑业	**E**	**1141**	**277**	**664**	**1117**	**216**
房屋建筑业	47	244	98	172	376	71
土木工程建筑业	48	345	65	171	264	77
建筑安装业	49	254	43	86	164	26
建筑装饰、装修和其他建筑业	50	298	71	235	313	42
批发和零售业	**F**	**3173**	**1482**	**4463**	**4922**	**609**
批发业	51	1823	933	2453	2759	280
零售业	52	1350	549	2010	2163	329
交通运输、仓储和邮政业	**G**	**1379**	**320**	**706**	**525**	**145**
铁路运输业	53					
道路运输业	54	1214	193	510	354	108
水上运输业	55	1				
航空运输业	56	5		8	3	
管道运输业	57	1		2	1	
多式联运和运输代理业	58	54	60	60	56	12
装卸搬运和仓储业	59	63	55	104	76	22
邮政业	60	41	12	22	35	3
住宿和餐饮业	**H**	**164**	**55**	**245**	**153**	**34**
住宿业	61	87	27	104	56	12
餐饮业	62	77	28	141	97	22
信息传输、软件和信息技术服务业	**I**	**465**	**130**	**327**	**267**	**46**
电信、广播电视和卫星传输服务	63	25	9	15	16	8
互联网和相关服务	64	97	22	59	48	10
软件和信息技术服务业	65	343	99	253	203	28
金融业	**J**	**137**	**63**	**115**	**86**	**20**
货币金融服务	66	91	35	67	51	15
资本市场服务	67	7	5	9	7	1
保险业	68	28	15	23	19	4
其他金融业	69	11	8	16	9	

1-4 续表 5

行业大类	代码	喀什地区	和田地区	伊犁哈萨克自治州	塔城地区	阿勒泰地区	自治区直辖县级行政区划
铁路、船舶、航空航天和其他运输设备制造业	37	7	3	1			1
电气机械和器材制造业	38	63	11	28	7	2	42
计算机、通信和其他电子设备制造业	39	24	11	10	1		9
仪器仪表制造业	40	2		4			2
其他制造业	41	13	13	1	3	5	11
废弃资源综合利用业	42	8	1	13	6		3
金属制品、机械和设备修理业	43	10	6	11	4	1	10
电力、热力、燃气及水生产和供应业	**D**	**156**	**78**	**145**	**103**	**134**	**61**
电力、热力生产和供应业	44	113	55	103	77	110	44
燃气生产和供应业	45	18	6	9	9	11	8
水的生产和供应业	46	25	17	33	17	13	9
建筑业	**E**	**917**	**549**	**593**	**270**	**226**	**478**
房屋建筑业	47	304	216	125	81	75	107
土木工程建筑业	48	243	98	184	64	69	97
建筑安装业	49	96	64	71	30	20	75
建筑装饰、装修和其他建筑业	50	274	171	213	95	62	199
批发和零售业	**F**	**4606**	**2424**	**3849**	**1204**	**937**	**2475**
批发业	51	2254	923	2351	526	477	1514
零售业	52	2352	1501	1498	678	460	961
交通运输、仓储和邮政业	**G**	**674**	**209**	**761**	**234**	**207**	**467**
铁路运输业	53					1	
道路运输业	54	424	143	506	159	140	369
水上运输业	55	2		2			
航空运输业	56	5	2	4	2	3	5
管道运输业	57	2		1			
多式联运和运输代理业	58	132	30	124	15	20	21
装卸搬运和仓储业	59	82	15	107	33	17	46
邮政业	60	27	19	17	25	26	26
住宿和餐饮业	**H**	**228**	**118**	**222**	**44**	**113**	**100**
住宿业	61	92	53	142	22	90	39
餐饮业	62	136	65	80	22	23	61
信息传输、软件和信息技术服务业	**I**	**601**	**133**	**1500**	**74**	**80**	**183**
电信、广播电视和卫星传输服务	63	28	18	20	11	18	13
互联网和相关服务	64	76	19	200	18	20	35
软件和信息技术服务业	65	497	96	1280	45	42	135
金融业	**J**	**98**	**36**	**800**	**67**	**75**	**99**
货币金融服务	66	65	25	85	53	55	44
资本市场服务	67	13	3	662		1	23
保险业	68	14	7	36	13	9	24
其他金融业	69	6	1	17	1	10	8

1-4 续表 6

行业大类	代码	企业法人单位数（个）	乌鲁木齐市	克拉玛依市	吐鲁番市	哈密市
房地产业	**K**	**9445**	**2901**	**236**	**265**	**475**
房地产业	70	9445	2901	236	265	475
租赁和商务服务业	**L**	**22248**	**8850**	**743**	**478**	**913**
租赁业	71	2276	710	89	62	185
商务服务业	72	19972	8140	654	416	728
科学研究和技术服务业	**M**	**9825**	**4646**	**427**	**127**	**336**
研究和试验发展	73	395	187	11	4	12
专业技术服务业	74	5491	2554	273	80	195
科技推广和应用服务业	75	3939	1905	143	43	129
水利、环境和公共设施管理业	**N**	**1384**	**315**	**89**	**43**	**60**
水利管理业	76	142	24		5	9
生态保护和环境治理业	77	196	56	20	1	16
公共设施管理业	78	959	211	65	35	35
土地管理业	79	87	24	4	2	
居民服务、修理和其他服务业	**O**	**4459**	**1587**	**232**	**115**	**204**
居民服务业	80	1350	570	44	23	66
机动车、电子产品和日用产品修理业	81	2585	841	141	82	121
其他服务业	82	524	176	47	10	17
教育	**P**	**1498**	**420**	**64**	**68**	**49**
教育	83	1498	420	64	68	49
卫生和社会工作	**Q**	**683**	**217**	**23**	**6**	**19**
卫生	84	574	179	16	5	16
社会工作	85	109	38	7	1	3
文化、体育和娱乐业	**R**	**4449**	**1078**	**80**	**65**	**146**
新闻和出版业	86	29	16	1		
广播、电视、电影和录音制作业	87	1331	150	15	3	16
文化艺术业	88	600	243	12	9	19
体育	89	275	140	8	3	12
娱乐业	90	2214	529	44	50	99
公共管理、社会保障和社会组织	**S**					
中国共产党机关	91					
国家机构	92					
人民政协、民主党派	93					
社会保障	94					
群众团体、社会团体和其他成员组织	95					
基层群众自治组织	96					
国际组织	**T**					
国际组织	97					

1-4 续表 7

行业大类	代码	昌吉回族自治州	博尔塔拉蒙古自治州	巴音郭楞蒙古自治州	阿克苏地区	克孜勒苏柯尔克孜自治州
房地产业	**K**	**933**	**280**	**602**	**726**	**114**
房地产业	70	932	280	602	726	114
租赁和商务服务业	**L**	**1444**	**647**	**1134**	**1055**	**185**
租赁业	71	260	43	178	119	17
商务服务业	72	1184	604	956	936	168
科学研究和技术服务业	**M**	**697**	**173**	**542**	**498**	**70**
研究和试验发展	73	25	5	24	20	3
专业技术服务业	74	365	96	267	355	59
科技推广和应用服务业	75	307	72	251	123	8
水利、环境和公共设施管理业	**N**	**173**	**50**	**94**	**112**	**12**
水利管理业	76	10	11	8	19	1
生态保护和环境治理业	77	28	2	20	12	2
公共设施管理业	78	131	36	62	70	5
土地管理业	79	4	1	4	11	4
居民服务、修理和其他服务业	**O**	**320**	**91**	**327**	**295**	**116**
居民服务业	80	94	27	69	80	27
机动车、电子产品和日用产品修理业	81	172	52	224	175	80
其他服务业	82	54	12	34	40	9
教育	**P**	**174**	**26**	**129**	**117**	**22**
教育	83	174	26	129	117	22
卫生和社会工作	**Q**	**54**	**11**	**33**	**46**	**15**
卫生	84	40	8	29	41	11
社会工作	85	14	3	4	5	4
文化、体育和娱乐业	**R**	**275**	**79**	**103**	**190**	**42**
新闻和出版业	86			2	1	
广播、电视、电影和录音制作业	87	15	6	21	17	6
文化艺术业	88	38	5	26	15	5
体育	89	27	5	13	8	3
娱乐业	90	195	63	41	149	28
公共管理、社会保障和社会组织	**S**					
中国共产党机关	91					
国家机构	92					
人民政协、民主党派	93					
社会保障	94					
群众团体、社会团体和其他成员组织	95					
基层群众自治组织	96					
国际组织	**T**					
国际组织	97					

1-4 续表 8

行业大类	代码	喀什地区	和田地区	伊犁哈萨克自治州	塔城地区	阿勒泰地区	自治区直辖县级行政区划
房地产业	**K**	**761**	**288**	**854**	**304**	**245**	**460**
房地产业	70	761	288	854	304	245	460
租赁和商务服务业	**L**	**1426**	**598**	**2819**	**443**	**432**	**1081**
租赁业	71	120	65	174	69	65	120
商务服务业	72	1306	533	2645	374	367	961
科学研究和技术服务业	**M**	**547**	**245**	**935**	**164**	**160**	**258**
研究和试验发展	73	17	19	44	4	6	14
专业技术服务业	74	269	150	466	111	118	133
科技推广和应用服务业	75	261	76	425	49	36	111
水利、环境和公共设施管理业	**N**	**78**	**27**	**108**	**53**	**71**	**99**
水利管理业	76	10	7	13	10	9	6
生态保护和环境治理业	77	8	2	14	5	5	5
公共设施管理业	78	47	15	74	34	54	85
土地管理业	79	13	3	7	4	3	3
居民服务、修理和其他服务业	**O**	**386**	**224**	**254**	**81**	**67**	**160**
居民服务业	80	129	51	78	32	17	43
机动车、电子产品和日用产品修理业	81	224	150	143	38	45	97
其他服务业	82	33	23	33	11	5	20
教育	**P**	**118**	**51**	**96**	**55**	**22**	**87**
教育	83	118	51	96	55	22	87
卫生和社会工作	**Q**	**88**	**62**	**45**	**23**	**17**	**24**
卫生	84	88	57	38	18	11	17
社会工作	85		5	7	5	6	7
文化、体育和娱乐业	**R**	**414**	**37**	**1476**	**170**	**79**	**215**
新闻和出版业	86	4		3			2
广播、电视、电影和录音制作业	87	162	13	872	9	10	16
文化艺术业	88	39	5	156	8	9	11
体育	89	9	2	28	2	4	11
娱乐业	90	200	17	417	151	56	175
公共管理、社会保障和社会组织	**S**						
中国共产党机关	91						
国家机构	92						
人民政协、民主党派	93						
社会保障	94						
群众团体、社会团体和其他成员组织	95						
基层群众自治组织	96						
国际组织	**T**						
国际组织	97						

1-5 按行业（大类）、地区分组的企业法人单位从业人员数

行业大类	代码	从业人员数(人)	乌鲁木齐市	克拉玛依市	吐鲁番市	哈密市
总　计		**2875164**	**928867**	**213765**	**81410**	**93547**
农、林、牧、渔业	**A**	**34889**	**294**	**721**	**240**	**624**
农业	01					
林业	02					
畜牧业	03					
渔业	04					
农、林、牧、渔专业及辅助性活动	05	34889	294	721	240	624
采矿业	**B**	**173687**	**12190**	**66611**	**17430**	**13706**
煤炭开采和洗选业	06	44839	7677	408	1913	9096
石油和天然气开采业	07	59237	3927	38650	4143	7
黑色金属矿采选业	08	8071	7		1415	2207
有色金属矿采选业	09	10113	54		981	1882
非金属矿采选业	10	7997	248	56	1173	472
开采专业及辅助性活动	11	42944	273	27497	7794	3
其他采矿业	12	486	4		11	39
制造业	**C**	**671948**	**89316**	**35112**	**23740**	**19018**
农副食品加工业	13	45280	2517	457	877	976
食品制造业	14	29260	8146	504	247	350
酒、饮料和精制茶制造业	15	13700	1489	129	657	224
烟草制品业	16	777	752			
纺织业	17	80813	1653	1368	752	653
纺织服装、服饰业	18	73843	609	243	1086	187
皮革、毛皮、羽毛及其制品和制鞋业	19	11672	145	40	3	3
木材加工和木、竹、藤、棕、草制品业	20	4783	144	27	18	25
家具制造业	21	2213	606		6	83
造纸和纸制品业	22	5648	843		38	4
印刷和记录媒介复制业	23	4454	2027	195	20	29
文教、工美、体育和娱乐用品制造业	24	8321	448	50	24	97
石油、煤炭及其他燃料加工业	25	55090	7808	19399	1835	5405
化学原料和化学制品制造业	26	78361	11077	6816	8601	1835
医药制造业	27	10611	3835			
化学纤维制造业	28	10748	63		2	30
橡胶和塑料制品业	29	20950	4215	306	114	372
非金属矿物制品业	30	84501	9669	1086	5250	3233
黑色金属冶炼和压延加工业	31	24579	8003	327	1231	848
有色金属冶炼和压延加工业	32	41359	3519	238	2304	3175
金属制品业	33	18253	4630	1086	195	444
通用设备制造业	34	4488	1748	441	79	114
专用设备制造业	35	9194	3112	918	60	269
汽车制造业	36	2366	1907	6		

1-5 续表 1

行业大类	代码	昌吉回族自治州	博尔塔拉蒙古自治州	巴音郭楞蒙古自治州	阿克苏地区	克孜勒苏柯尔克孜自治州
总　计		**222340**	**55259**	**161410**	**168045**	**28614**
农、林、牧、渔业	**A**	**2428**	**1424**	**2184**	**1870**	**126**
农业	01					
林业	02					
畜牧业	03					
渔业	04					
农、林、牧、渔专业及辅助性活动	05	2428	1424	2184	1870	126
采矿业	**B**	**6824**	**323**	**23697**	**8691**	**1796**
煤炭开采和洗选业	06	6001		2094	7880	
石油和天然气开采业	07	28		12025	82	5
黑色金属矿采选业	08	30	151	899	42	533
有色金属矿采选业	09	13	10	576	218	929
非金属矿采选业	10	571	149	1162	363	298
开采专业及辅助性活动	11	108		6895	74	5
其他采矿业	12	73	13	46	32	26
制造业	**C**	**87449**	**11665**	**42412**	**49304**	**5535**
农副食品加工业	13	5494	1553	3932	3334	254
食品制造业	14	3001	426	1767	659	250
酒、饮料和精制茶制造业	15	1612	473	949	976	115
烟草制品业	16	25				
纺织业	17	2541	2982	8631	17238	898
纺织服装、服饰业	18	1279	299	796	8215	1240
皮革、毛皮、羽毛及其制品和制鞋业	19	28	83	20	87	71
木材加工和木、竹、藤、棕、草制品业	20	552	157	286	404	33
家具制造业	21	482	10	59	25	30
造纸和纸制品业	22	1397	21	1276	516	70
印刷和记录媒介复制业	23	303	54	191	189	60
文教、工美、体育和娱乐用品制造业	24	326	319	93	217	130
石油、煤炭及其他燃料加工业	25	6101	27	349	4285	1
化学原料和化学制品制造业	26	16749	600	7083	3923	52
医药制造业	27	801		701	173	
化学纤维制造业	28	2417	1	3233	2	
橡胶和塑料制品业	29	2464	618	2306	884	98
非金属矿物制品业	30	13455	3178	4232	5563	1145
黑色金属冶炼和压延加工业	31	1379	21	3640	531	552
有色金属冶炼和压延加工业	32	16352	42	2	1	103
金属制品业	33	3279	284	919	977	252
通用设备制造业	34	635	69	210	215	33
专用设备制造业	35	715	52	939	454	35
汽车制造业	36	6	70	28	4	

1-5 续表 2

行业大类	代码	喀什地区	和田地区	伊犁哈萨克自治州	塔城地区	阿勒泰地区	自治区直辖县级行政区划
总　计		**218278**	**104144**	**236666**	**94139**	**65133**	**203547**
农、林、牧、渔业	**A**	**1832**	**1084**	**2381**	**16388**	**1445**	**1848**
农业	01						
林业	02						
畜牧业	03						
渔业	04						
农、林、牧、渔专业及辅助性活动	05	1832	1084	2381	16388	1445	1848
采矿业	**B**	**2097**	**687**	**5702**	**6618**	**6565**	**750**
煤炭开采和洗选业	06	225	300	4089	4435	206	515
石油和天然气开采业	07				265	105	
黑色金属矿采选业	08	244		590	7	1946	
有色金属矿采选业	09	924	30	335	476	3682	3
非金属矿采选业	10	632	296	581	1242	563	191
开采专业及辅助性活动	11	4	1	101	148		41
其他采矿业	12	68	60	6	45	63	
制造业	**C**	**88003**	**47442**	**62789**	**21395**	**7481**	**81287**
农副食品加工业	13	5071	2050	7748	2994	1776	6247
食品制造业	14	1040	1738	3470	1437	426	5799
酒、饮料和精制茶制造业	15	873	428	2899	605	616	1655
烟草制品业	16						
纺织业	17	10239	2441	6084	4370	130	20833
纺织服装、服饰业	18	35519	17252	6264	254	28	572
皮革、毛皮、羽毛及其制品和制鞋业	19	1765	9235	186	1	5	
木材加工和木、竹、藤、棕、草制品业	20	1459	366	741	276	14	281
家具制造业	21	470	280	72		16	74
造纸和纸制品业	22	412	187	207	60	22	595
印刷和记录媒介复制业	23	238	232	612	29	58	217
文教、工美、体育和娱乐用品制造业	24	1303	4702	288	5	105	214
石油、煤炭及其他燃料加工业	25	5218	23	1780	1278		1581
化学原料和化学制品制造业	26	1104	173	5782	873	195	13498
医药制造业	27	343	545	3301	176	77	659
化学纤维制造业	28			30	2582		2388
橡胶和塑料制品业	29	2144	480	1366	1390	829	3364
非金属矿物制品业	30	12217	4934	7721	2792	2324	7702
黑色金属冶炼和压延加工业	31	213	77	6276	319	54	1108
有色金属冶炼和压延加工业	32	240	25	4306	1001	184	9867
金属制品业	33	2390	576	1814	237	248	922
通用设备制造业	34	303	42	201	202	48	148
专用设备制造业	35	232	394	366	349	97	1202
汽车制造业	36	14	237	32	32	12	18

1-5 续表 3

行业大类	代码	企业从业人员数（人）	乌鲁木齐市	克拉玛依市	吐鲁番市	哈密市
铁路、船舶、航空航天和其他运输设备制造业	37	558	264	1		
电气机械和器材制造业	38	18762	7798	117	184	537
计算机、通信和其他电子设备制造业	39	4682	344	12		1
仪器仪表制造业	40	489	213	72	6	16
其他制造业	41	1030	32	10		2
废弃资源综合利用业	42	1912	244	480	97	39
金属制品、机械和设备修理业	43	3251	1456	784	54	67
电力、热力、燃气及水生产和供应业	**D**	**111949**	**41904**	**1435**	**3954**	**5495**
电力、热力生产和供应业	44	87730	37326	1058	2923	4982
燃气生产和供应业	45	12416	2076	232	546	16
水的生产和供应业	46	11803	2502	145	485	497
建筑业	**E**	**427528**	**203416**	**16717**	**4851**	**8479**
房屋建筑业	47	229127	76141	5854	1962	5045
土木工程建筑业	48	136736	91797	4844	1706	1615
建筑安装业	49	26013	13000	4481	763	411
建筑装饰、装修和其他建筑业	50	35652	22478	1538	420	1408
批发和零售业	**F**	**328533**	**134596**	**11023**	**5473**	**11786**
批发业	51	197986	87127	5735	3351	5794
零售业	52	130547	47469	5288	2122	5992
交通运输、仓储和邮政业	**G**	**203700**	**127889**	**6921**	**5048**	4159
铁路运输业	53	55173	55170			
道路运输业	54	102331	50218	5510	4236	3174
水上运输业	55	68				
航空运输业	56	8535	7605	1	12	
管道运输业	57	3628	3169			34
多式联运和运输代理业	58	6245	2878	393	42	184
装卸搬运和仓储业	59	11850	3168	467	229	205
邮政业	60	15870	5681	550	529	562
住宿和餐饮业	**H**	**52788**	**20189**	**2336**	**1797**	**2216**
住宿业	61	33258	11922	1597	1341	1572
餐饮业	62	19530	8267	739	456	644
信息传输、软件和信息技术服务业	**I**	**69029**	**35681**	**3337**	**985**	**1159**
电信、广播电视和卫星传输服务	63	29149	11936	1300	762	764
互联网和相关服务	64	5170	1714	464	73	58
软件和信息技术服务业	65	34710	22031	1573	150	337
金融业	**J**	**196562**	**61926**	**6344**	**5007**	**7920**
货币金融服务	66	61421	20051	2816	1437	2424
资本市场服务	67	3015	2218	55	2	
保险业	68	130804	38873	3428	3568	5458
其他金融业	69	1322	784	45		38

1-5 续表 4

行业大类	代码	昌吉回族自治州	博尔塔拉蒙古自治州	巴音郭楞蒙古自治州	阿克苏地区	克孜勒苏柯尔克孜自治州
铁路、船舶、航空航天和其他运输设备制造业	37	37		64	53	14
电气机械和器材制造业	38	4653	111	181	185	86
计算机、通信和其他电子设备制造业	39	1067		19	13	2
仪器仪表制造业	40	44		45	2	
其他制造业	41	28		38	27	
废弃资源综合利用业	42	72	196	152	101	11
金属制品、机械和设备修理业	43	155	19	271	51	
电力、热力、燃气及水生产和供应业	**D**	**9742**	**2924**	**5445**	**4142**	**1324**
电力、热力生产和供应业	44	7432	2301	3646	2216	908
燃气生产和供应业	45	1271	270	800	928	215
水的生产和供应业	46	1039	353	999	998	201
建筑业	**E**	**26893**	**6416**	**14012**	**21800**	**5192**
房屋建筑业	47	13142	5350	8574	13079	4141
土木工程建筑业	48	9048	441	3949	6446	504
建筑安装业	49	2402	271	730	704	251
建筑装饰、装修和其他建筑业	50	2301	354	759	1571	296
批发和零售业	**F**	**14688**	**7360**	**21095**	**27579**	**2614**
批发业	51	8773	5189	11190	16486	1573
零售业	52	5915	2171	9905	11093	1041
交通运输、仓储和邮政业	**G**	**10420**	**4206**	**6858**	**5849**	**2035**
铁路运输业	53					
道路运输业	54	8052	2148	4504	3603	1491
水上运输业	55	42				
航空运输业	56	44		329	34	
管道运输业	57	18		120	21	
多式联运和运输代理业	58	631	429	191	173	25
装卸搬运和仓储业	59	447	1177	633	1476	307
邮政业	60	1186	452	1081	542	212
住宿和餐饮业	**H**	**1891**	**770**	**3882**	**2629**	**694**
住宿业	61	1168	640	2406	1532	428
餐饮业	62	723	130	1476	1097	266
信息传输、软件和信息技术服务业	**I**	**3261**	**828**	**1951**	**2900**	**606**
电信、广播电视和卫星传输服务	63	1778	616	1319	2066	487
互联网和相关服务	64	403	45	108	191	36
软件和信息技术服务业	65	1080	167	524	643	83
金融业	**J**	**19148**	**7989**	**13640**	**14155**	**1304**
货币金融服务	66	4584	1452	3909	3690	770
资本市场服务	67	27	8	129	25	1
保险业	68	14487	6501	9532	10398	533
其他金融业	69	50	28	70	42	

1-5 续表 5

行业大类	代码	喀什地区	和田地区	伊犁哈萨克自治州	塔城地区	阿勒泰地区	自治区直辖县级行政区划
铁路、船舶、航空航天和其他运输设备制造业	37	52	69	4			
电气机械和器材制造业	38	3812	172	617	44	16	249
计算机、通信和其他电子设备制造业	39	1162	97	202			1763
仪器仪表制造业	40	3		78			10
其他制造业	41	70	683		1	49	90
废弃资源综合利用业	42	42	2	276	63		137
金属制品、机械和设备修理业	43	55	2	66	25	152	94
电力、热力、燃气及水生产和供应业	**D**	**5416**	**1945**	**13057**	**2822**	**2798**	**9546**
电力、热力生产和供应业	44	3206	1387	7792	2270	2337	7946
燃气生产和供应业	45	1030	66	3720	93	134	1019
水的生产和供应业	46	1180	492	1545	459	327	581
建筑业	**E**	**21541**	**10699**	**25662**	**13397**	**4991**	**43462**
房屋建筑业	47	17783	8652	16621	12058	3532	37193
土木工程建筑业	48	2178	873	7191	901	761	4482
建筑安装业	49	449	229	923	127	310	962
建筑装饰、装修和其他建筑业	50	1131	945	927	311	388	825
批发和零售业	**F**	**24297**	**14341**	**25142**	**6604**	**4766**	**17169**
批发业	51	13905	7587	14146	3204	2452	11474
零售业	52	10392	6754	10996	3400	2314	5695
交通运输、仓储和邮政业	**G**	**6664**	**2365**	**10277**	**3321**	**2314**	**5374**
铁路运输业	53					3	
道路运输业	54	4376	1613	5805	2190	1684	3727
水上运输业	55	22		4			
航空运输业	56	24		19	2	13	452
管道运输业	57	206		60			
多式联运和运输代理业	58	413	31	511	78	78	188
装卸搬运和仓储业	59	646	122	2149	321	138	365
邮政业	60	977	599	1729	730	398	642
住宿和餐饮业	**H**	**3618**	**1831**	**5976**	**1162**	**2123**	**1674**
住宿业	61	2279	1082	3650	823	1754	1064
餐饮业	62	1339	749	2326	339	369	610
信息传输、软件和信息技术服务业	**I**	**3956**	**1559**	**8433**	**1117**	**1218**	**2038**
电信、广播电视和卫星传输服务	63	1750	1179	2129	917	968	1178
互联网和相关服务	64	333	63	1403	34	98	147
软件和信息技术服务业	65	1873	317	4901	166	152	713
金融业	**J**	**10843**	**2895**	**19868**	**9899**	**4667**	**10957**
货币金融服务	66	4769	1899	5061	2941	2193	3425
资本市场服务	67	12	3	515		4	16
保险业	68	6030	987	14150	6958	2427	7474
其他金融业	69	32	6	142		43	42

1-5 续表 6

行业大类	代码	企业从业人员数(人)	乌鲁木齐市	克拉玛依市	吐鲁番市	哈密市
房地产业	**K**	**160596**	**58886**	**13013**	**2947**	**5887**
房地产业	70	160596	58886	13013	2947	5887
租赁和商务服务业	**L**	**245445**	**66074**	**35086**	**4240**	**7325**
租赁业	71	10103	3758	419	241	538
商务服务业	72	235342	62316	34667	3999	6787
科学研究和技术服务业	**M**	**87408**	**42810**	**8921**	**1019**	**1836**
研究和试验发展	73	1718	1211	88	15	24
专业技术服务业	74	71504	35250	7860	889	1494
科技推广和应用服务业	75	14186	6349	973	115	318
水利、环境和公共设施管理业	**N**	**27647**	**6794**	**2206**	**484**	**1815**
水利管理业	76	3633	191		29	557
生态保护和环境治理业	77	1706	613	154		35
公共设施管理业	78	21602	5760	2015	453	1223
土地管理业	79	706	230	37	2	
居民服务、修理和其他服务业	**O**	**27119**	**11020**	**2867**	**557**	**682**
居民服务业	80	7271	3146	426	100	240
机动车、电子产品和日用产品修理业	81	13294	4929	1052	410	378
其他服务业	82	6554	2945	1389	47	64
教育	**P**	**17144**	**3054**	**440**	**3365**	**408**
教育	83	17144	3054	440	3365	408
卫生和社会工作	**Q**	**18724**	**6680**	**366**	**48**	**446**
卫生	84	18157	6582	348	47	446
社会工作	85	567	98	18	1	
文化、体育和娱乐业	**R**	**20468**	**6148**	**309**	**225**	**586**
新闻和出版业	86	1199	881	2		
广播、电视、电影和录音制作业	87	5092	1333	44	35	128
文化艺术业	88	2602	1143	39	29	43
体育	89	1375	651	15	4	52
娱乐业	90	10200	2140	209	157	363
公共管理、社会保障和社会组织	**S**					
中国共产党机关	91					
国家机构	92					
人民政协、民主党派	93					
社会保障	94					
群众团体、社会团体和其他成员组织	95					
基层群众自治组织	96					
国际组织	**T**					
国际组织	97					

1-5 续表 7

行业大类	代码	昌吉回族自治州	博尔塔拉蒙古自治州	巴音郭楞蒙古自治州	阿克苏地区	克孜勒苏柯尔克孜自治州
房地产业	**K**	**14158**	**3228**	**7430**	**8989**	**1485**
房地产业	70	14158	3228	7430	8989	1485
租赁和商务服务业	**L**	**15213**	**4816**	**9437**	**9390**	**3743**
租赁业	71	846	176	528	364	324
商务服务业	72	14367	4640	8909	9026	3419
科学研究和技术服务业	**M**	**3599**	**947**	**5055**	**4458**	**449**
研究和试验发展	73	77	6	57	44	3
专业技术服务业	74	2757	823	3576	4049	432
科技推广和应用服务业	75	765	118	1422	365	14
水利、环境和公共设施管理业	**N**	**1690**	**1039**	**1403**	**1375**	**346**
水利管理业	76	97	379	114	618	2
生态保护和环境治理业	77	315	18	82	101	11
公共设施管理业	78	1243	640	1159	580	288
土地管理业	79	35	2	48	76	45
居民服务、修理和其他服务业	**O**	**1578**	**543**	**1235**	**1510**	**331**
居民服务业	80	488	217	186	315	75
机动车、电子产品和日用产品修理业	81	887	248	713	738	232
其他服务业	82	203	78	336	457	24
教育	**P**	**1000**	**237**	**683**	**1599**	**437**
教育	83	1000	237	683	1599	437
卫生和社会工作	**Q**	**809**	**268**	**609**	**1008**	**474**
卫生	84	784	252	607	988	353
社会工作	85	25	16	2	20	121
文化、体育和娱乐业	**R**	**1549**	**276**	**382**	**797**	**123**
新闻和出版业	86			120	91	
广播、电视、电影和录音制作业	87	78	65	77	91	27
文化艺术业	88	638	6	32	24	6
体育	89	105	51	32	90	3
娱乐业	90	728	154	121	501	87
公共管理、社会保障和社会组织	**S**					
中国共产党机关	91					
国家机构	92					
人民政协、民主党派	93					
社会保障	94					
群众团体、社会团体和其他成员组织	95					
基层群众自治组织	96					
国际组织	**T**					
国际组织	97					

1-5 续表 8

行业大类	代码	喀什地区	和田地区	伊犁哈萨克自治州	塔城地区	阿勒泰地区	自治区直辖县级行政区划
房地产业	**K**	**10148**	**3448**	**15565**	**3154**	**2868**	**9390**
房地产业	70	10148	3448	15565	3154	2868	9390
租赁和商务服务业	**L**	**26539**	**7813**	**20162**	**4290**	**20822**	**10495**
租赁业	71	549	247	907	316	366	524
商务服务业	72	25990	7566	19255	3974	20456	9971
科学研究和技术服务业	**M**	**3497**	**2479**	**7057**	**1252**	**1066**	**2963**
研究和试验发展	73	67	32	53	6	15	20
专业技术服务业	74	2288	2181	5336	1124	968	2477
科技推广和应用服务业	75	1142	266	1668	122	83	466
水利、环境和公共设施管理业	**N**	**1730**	**519**	**3201**	**965**	**817**	**3263**
水利管理业	76	96	95	896	143	14	402
生态保护和环境治理业	77	118		216	5	25	13
公共设施管理业	78	1475	404	2058	750	716	2838
土地管理业	79	41	20	31	67	62	10
居民服务、修理和其他服务业	**O**	**2052**	**1171**	**1673**	**339**	**470**	**1091**
居民服务业	80	600	261	526	157	204	330
机动车、电子产品和日用产品修理业	81	1103	789	982	167	231	435
其他服务业	82	349	121	165	15	35	326
教育	**P**	**1488**	**668**	**1991**	**585**	**227**	**962**
教育	83	1488	668	1991	585	227	962
卫生和社会工作	**Q**	**2879**	**3096**	**878**	**397**	**288**	**478**
卫生	84	2879	2994	839	394	211	433
社会工作	85		102	39	3	77	45
文化、体育和娱乐业	**R**	**1678**	**102**	**6852**	**434**	**207**	**800**
新闻和出版业	86	64		13			28
广播、电视、电影和录音制作业	87	586	61	2392	55	21	99
文化艺术业	88	126	9	372	64	23	48
体育	89	177	5	138	8	9	35
娱乐业	90	725	27	3937	307	154	590
公共管理、社会保障和社会组织	**S**						
中国共产党机关	91						
国家机构	92						
人民政协、民主党派	93						
社会保障	94						
群众团体、社会团体和其他成员组织	95						
基层群众自治组织	96						
国际组织	**T**						
国际组织	97						

1-6 按地区、登记注册类型分组的企业法人单位数

地区	企业法人单位数(个)	内资	国有	集体	股份合作	联营	国有联营	集体联营
总计	**175572**	**175207**	**1553**	**475**	**54**	**59**	**14**	**15**
乌鲁木齐市	**59020**	**58889**	**318**	**88**	**12**	**14**	**3**	**4**
市辖区	1	1						
天山区	10845	10801	80	22	2	2	1	1
沙依巴克区	9296	9278	95	21	3	3		2
新市区	13717	13698	52	19	1	5	1	
水磨沟区	6347	6339	32	10		1	1	
头屯河区	2708	2706	14	7	1			
达坂城区	249	249	6	4				
米东区	3757	3753	16	2	2	2		1
乌鲁木齐县	241	241	5					
乌鲁木齐经济技术开发区	5423	5399	12					
乌鲁木齐高新技术产业开发区	6431	6420	5	3	3	1		
克拉玛依市	**5582**	**5572**	**26**	**14**	**3**			
市辖区	2	2						
独山子区	727	726	6	2				
克拉玛依区	4007	3998	15	7	3			
白碱滩区	644	644	1	1				
乌尔禾区	202	202	4	4				
吐鲁番市	**4182**	**4174**	**56**	**19**	**3**	**3**	**2**	**1**
高昌区	1871	1865	29	10	1	1	1	
鄯善县	1256	1254	12	6	1			
托克逊县	1055	1055	15	3	1	2	1	1
哈密市	**8976**	**8961**	**61**	**41**	**1**	**2**		**1**
伊州区	8105	8090	47	25		1		1
巴里坤哈萨克自治县	419	419	12	9		1		
伊吾县	450	450	2	7	1			
昌吉回族自治州	**13933**	**13903**	**75**	**24**	**7**	**7**	**3**	**2**
昌吉市	6966	6948	15	8	3	1		1
阜康市	1608	1600	13	6	1	2	1	1
呼图壁县	1187	1186	9	2		1	1	
玛纳斯县	883	883	21	3	1			
奇台县	1632	1630	11		1	2	1	
吉木萨尔县	1308	1308	6	5		1		
木垒哈萨克自治县	349	348			1			
博尔塔拉蒙古自治州	**4578**	**4571**	**109**	**17**	**1**	**1**		
博乐市	2710	2706	63	8		1		
阿拉山口市	936	933	3					
精河县	745	745	25	5	1			
温泉县	187	187	18	4				

1-6 续表 1

地　　区	国有与集体联营	其他联营	有限责任公司	国有独资	其他有限责任公司	股份有限公司	私营	私营独资
总　计	**15**	**15**	**32391**	**1681**	**30710**	**2632**	**138038**	**5168**
乌鲁木齐市	**4**	**3**	**7618**	**268**	**7350**	**926**	**49910**	**673**
市辖区						1		
天山区			1270	66	1204	181	9244	107
沙依巴克区		1	1410	47	1363	156	7589	177
新市区	2	2	2235	46	2189	245	11140	197
水磨沟区			377	31	346	71	5848	52
头屯河区			203	8	195	14	2467	4
达坂城区			90	12	78	12	137	12
米东区	1		291	14	277	66	3374	66
乌鲁木齐县			88	5	83	6	141	6
乌鲁木齐经济技术开发区			705	28	677	71	4611	6
乌鲁木齐高新技术产业开发区	1		946	11	935	103	5359	46
克拉玛依市			**689**	**67**	**622**	**101**	**4739**	**97**
市辖区						2		
独山子区			123	10	113	15	580	24
克拉玛依区			420	33	387	62	3491	57
白碱滩区			85	5	80	18	539	11
乌尔禾区			61	19	42	4	129	5
吐鲁番市			**1476**	**98**	**1378**	**80**	**2537**	**142**
高昌区			514	23	491	46	1264	51
鄯善县			383	45	338	21	831	37
托克逊县			579	30	549	13	442	54
哈密市		**1**	**1439**	**97**	**1342**	**115**	**7302**	**93**
伊州区			1178	71	1107	98	6741	73
巴里坤哈萨克自治县		1	126	11	115	6	265	14
伊吾县			135	15	120	9	296	6
昌吉回族自治州	**2**		**3230**	**92**	**3138**	**177**	**10383**	**618**
昌吉市			1501	21	1480	93	5327	131
阜康市			424	9	415	25	1129	110
呼图壁县			352	12	340	24	798	73
玛纳斯县			203	11	192	7	648	61
奇台县	1		336	15	321	17	1263	109
吉木萨尔县	1		309	16	293	7	980	102
木垒哈萨克自治县			105	8	97	4	238	32
博尔塔拉蒙古自治州	**1**		**944**	**69**	**875**	**84**	**3415**	**101**
博乐市	1		539	44	495	50	2045	56
阿拉山口市			233	12	221	22	675	9
精河县			136	11	125	12	566	29
温泉县			36	2	34		129	7

1-6 续表 2

地　　区	私营合伙	私营有限责任公司	私营股份有限公司	其他	港澳台商投资	与港澳台商合资经营	与港澳台商合作经营	港澳台商独资
总　计	**1884**	**128617**	**2369**	**5**	**144**	**53**	**2**	**75**
乌鲁木齐市	**544**	**47821**	**872**	**3**	**43**	**16**		**24**
市辖区								
天山区	42	8961	134		9	3		6
沙依巴克区	27	7223	162	1	6	3		2
新市区	28	10716	199	1	6	1		3
水磨沟区	13	5643	140		5	1		4
头屯河区	4	2449	10					
达坂城区	3	116	6					
米东区	8	3267	33		2	2		
乌鲁木齐县		127	8	1				
乌鲁木齐经济技术开发区	48	4548	9		10	4		6
乌鲁木齐高新技术产业开发区	371	4771	171		5	2		3
克拉玛依市	**89**	**4427**	**126**		**2**	**1**	**1**	
市辖区								
独山子区	2	549	5					
克拉玛依区	78	3244	112		2	1	1	
白碱滩区	7	512	9					
乌尔禾区	2	122						
吐鲁番市	**12**	**2347**	**36**		**2**			**2**
高昌区	4	1186	23		2			2
鄯善县	3	781	10					
托克逊县	5	380	3					
哈密市	**21**	**7088**	**100**		**9**	**5**		**3**
伊州区	17	6564	87		9	5		3
巴里坤哈萨克自治县	2	243	6					
伊吾县	2	281	7					
昌吉回族自治州	**63**	**9517**	**185**		**16**	**10**	**1**	**4**
昌吉市	20	5083	93		6	4		2
阜康市	14	979	26		7	5	1	
呼图壁县	2	692	31		1	1		
玛纳斯县	6	573	8					
奇台县	7	1130	17		1			1
吉木萨尔县	11	860	7					
木垒哈萨克自治县	3	200	3		1			1
博尔塔拉蒙古自治州	**129**	**3103**	**82**		**5**	**1**		**3**
博乐市	4	1939	46		3	1		1
阿拉山口市	123	538	5		2			2
精河县	1	509	27					
温泉县	1	117	4					

1-6 续表 3

地区	港澳台商投资股份有限公司	其他港澳台商投资	外商投资企业	中外合资经营	中外合作经营	外资企业	外商投资股份有限公司	其他外商投资
总计	**8**	**6**	**221**	**91**	**5**	**64**	**9**	**52**
乌鲁木齐市	**1**	**2**	**88**	**35**	**2**	**37**	**1**	**13**
市辖区								
天山区			35	5		23	1	6
沙依巴克区		1	12	3		3		6
新市区	1	1	13	9	1	3		
水磨沟区			3	1		2		
头屯河区			2	1		1		
达坂城区								
米东区			2	1	1			
乌鲁木齐县								
乌鲁木齐经济技术开发区			14	11		2		1
乌鲁木齐高新技术产业开发区			6	3		3		
克拉玛依市			**8**	**5**		**1**	**1**	**1**
市辖区								
独山子区			1	1				
克拉玛依区			7	4		1	1	1
白碱滩区								
乌尔禾区								
吐鲁番市			**6**	**4**		**1**		**1**
高昌区			4	3				1
鄯善县			2	1		1		
托克逊县								
哈密市	**1**		**6**	**2**				**4**
伊州区	1		6	2				4
巴里坤哈萨克自治县								
伊吾县								
昌吉回族自治州		**1**	**14**	**6**	**1**	**5**	**1**	**1**
昌吉市			12	4	1	5	1	1
阜康市		1	1	1				
呼图壁县								
玛纳斯县								
奇台县			1	1				
吉木萨尔县								
木垒哈萨克自治县								
博尔塔拉蒙古自治州		**1**	**2**	**1**		**1**		
博乐市		1	1	1				
阿拉山口市			1			1		
精河县								
温泉县								

1-6 续表 4

地 区	企业法人单位数(个)	内资	国有	集体	股份合作	联营	国有联营	集体联营
巴音郭楞蒙古自治州	**11938**	**11924**	**173**	**59**		**2**	**1**	
库尔勒市	7130	7122	65	12				
轮台县	1063	1060	5	7				
尉犁县	518	518	14	4		1	1	
若羌县	460	460	6	1				
且末县	389	389	18	2				
焉耆回族自治县	624	624	15	8				
和静县	1056	1053	27	12		1		
和硕县	461	461	12	8				
博湖县	235	235	11	5				
库尔勒经济技术开发区	2	2						
阿克苏地区	**12223**	**12209**	**45**	**21**	**1**	**6**		**4**
阿克苏市	5333	5327	15			5		3
温宿县	1107	1104	3	2	1			
库车县	2315	2314	5	3				
沙雅县	961	960	4	1				
新和县	602	602	5	1		1		1
拜城县	923	921	8	5				
乌什县	278	278		2				
阿瓦提县	536	535		5				
柯坪县	168	168	5	2				
克孜勒苏柯尔克孜自治州	**2296**	**2292**	**35**	**16**		**1**		**1**
阿图什市	1354	1352	10	9		1		1
阿克陶县	472	472	9	4				
阿合奇县	120	120	4	2				
乌恰县	350	348	12	1				
喀什地区	**13930**	**13908**	**147**	**69**	**3**	**8**		**1**
喀什市	5221	5212	45	1	1	1		
疏附县	521	520	12	1				
疏勒县	1008	1004	2	2				
英吉沙县	424	423	8	4				
泽普县	519	519	12	10		1		
莎车县	1810	1809	12	9		4		
叶城县	1098	1097	17	10	1	1		1
麦盖提县	883	883	15	10				
岳普湖县	448	448	5	2				
伽师县	1008	1007	6	11		1		
巴楚县	893	892	6	7	1			
塔什库尔干塔吉克自治县	95	93	7	2				

1-6 续表 5

地区	国有与集体联营	其他联营	有限责任公司	国有独资	其他有限责任公司	股份有限公司	私营	私营独资
巴音郭楞蒙古自治州	**1**		**1494**	**162**	**1332**	**137**	**10059**	**262**
库尔勒市			841	48	793	94	6110	116
轮台县			77	17	60	1	970	11
尉犁县			99	21	78	7	393	11
若羌县			77	17	60	5	371	3
且末县			64	13	51	5	300	43
焉耆回族自治县			71	12	59	5	525	21
和静县	1		107	12	95	8	898	46
和硕县			95	15	80	7	339	10
博湖县			63	7	56	4	152	1
库尔勒经济技术开发区						1	1	
阿克苏地区	**1**	**1**	**3749**	**176**	**3573**	**190**	**8197**	**623**
阿克苏市	1	1	2167	26	2141	86	3054	107
温宿县			299	43	256	21	778	91
库车县			417	15	402	23	1866	40
沙雅县			295	27	268	17	643	145
新和县			155	23	132	13	427	32
拜城县			146	19	127	14	748	116
乌什县			90	11	79	6	180	41
阿瓦提县			138	6	132	3	389	36
柯坪县			42	6	36	7	112	15
克孜勒苏柯尔克孜自治州			**583**	**53**	**530**	**28**	**1629**	**100**
阿图什市			386	14	372	19	927	42
阿克陶县			132	12	120	2	325	24
阿合奇县			19	11	8	5	90	
乌恰县			46	16	30	2	287	34
喀什地区	**2**	**5**	**4281**	**90**	**4191**	**178**	**9222**	**1092**
喀什市		1	2324	15	2309	71	2769	94
疏附县			157	3	154	5	345	92
疏勒县			210	2	208	19	771	56
英吉沙县			90	8	82	6	315	64
泽普县		1	84	2	82	10	402	47
莎车县	2	2	374	12	362	13	1397	265
叶城县			205	11	194	15	848	102
麦盖提县			123	9	114	9	726	82
岳普湖县			118	4	114	5	318	25
伽师县		1	503	9	494	24	462	80
巴楚县			68	8	60		810	181
塔什库尔干塔吉克自治县			25	7	18		59	4

1-6 续表 6

地区	私营合伙	私营有限责任公司	私营股份有限公司	其他	港澳台商投资	与港澳台商合资经营	与港澳台商合作经营	港澳台商独资
巴音郭楞蒙古自治州	**32**	**9644**	**121**		**3**	**2**		**1**
库尔勒市	18	5908	68		1	1		
轮台县	3	946	10		2	1		1
尉犁县	2	380						
若羌县		364	4					
且末县	3	252	2					
焉耆回族自治县	1	498	5					
和静县	3	827	22					
和硕县	2	320	7					
博湖县		148	3					
库尔勒经济技术开发区		1						
阿克苏地区	**28**	**7300**	**246**		**8**	**2**		**4**
阿克苏市	10	2799	138		3	2		
温宿县	8	661	18					
库车县	5	1794	27		1			1
沙雅县		477	21		1			1
新和县	1	387	7					
拜城县	2	621	9		2			1
乌什县		133	6					
阿瓦提县	1	341	11		1			1
柯坪县	1	87	9					
克孜勒苏柯尔克孜自治州	**4**	**1494**	**31**		**1**	**1**		
阿图什市		870	15					
阿克陶县	2	288	11					
阿合奇县		86	4					
乌恰县	2	250	1		1	1		
喀什地区	**58**	**7926**	**146**		**6**			**5**
喀什市	40	2580	55		3			3
疏附县	2	246	5					
疏勒县		697	18		2			1
英吉沙县	1	247	3					
泽普县		352	3					
莎车县	2	1115	15					
叶城县	7	726	13					
麦盖提县	1	625	18					
岳普湖县	2	288	3					
伽师县	3	370	9					
巴楚县		628	1					
塔什库尔干塔吉克自治县		52	3		1			1

1-6 续表 7

地　　区	港澳台商投资股份有限公司	其他港澳台商投资	外商投资企业	中外合资经营	中外合作经营	外资企业	外商投资股份有限公司	其他外商投资
巴音郭楞蒙古自治州			**11**	**7**	**1**	**2**		**1**
库尔勒市			7	5		1		1
轮台县			1	1				
尉犁县								
若羌县								
且末县								
焉耆回族自治县								
和静县			3	1	1	1		
和硕县								
博湖县								
库尔勒经济技术开发区								
阿克苏地区	**2**		**6**	**4**			**1**	**1**
阿克苏市	1		3	2				1
温宿县			3	2			1	
库车县								
沙雅县								
新和县								
拜城县	1							
乌什县								
阿瓦提县								
柯坪县								
克孜勒苏柯尔克孜自治州			**3**	**2**				**1**
阿图什市			2	1				1
阿克陶县								
阿合奇县								
乌恰县			1	1				
喀什地区		**1**	**16**	**3**		**4**		**9**
喀什市			6			2		4
疏附县			1			1		
疏勒县		1	2					2
英吉沙县			1	1				
泽普县								
莎车县			1					1
叶城县			1					1
麦盖提县								
岳普湖县								
伽师县			1					1
巴楚县			1	1				
塔什库尔干塔吉克自治县			1			1		

1-6 续表 8

地　　区	企业法人单位数(个)							
		内资						
			国有	集体	股份合作	联营		
							国有联营	集体联营
和田地区	**6911**	**6904**	**70**	**23**	**12**	**4**	**1**	
和田市	3178	3175	34	6	3			
和田县	735	735	5					
墨玉县	836	834	7	2	1			
皮山县	507	507	6	1	1	1		
洛浦县	471	471	2		1			
策勒县	366	366	4	4	1			
于田县	604	602	5	8	4	3	1	
民丰县	214	214	7	2	1			
伊犁哈萨克自治州直属县（市）	**16370**	**16309**	**173**	**34**	**4**	**4**	**1**	**1**
伊宁市	3637	3627	33	4				
奎屯市	2439	2434	28	2				
霍尔果斯市	5522	5484	4	1				
伊宁县	627	626	12	6				
察布查尔锡伯自治县	658	658	10	5		1		
霍城县	1489	1487	16	3				
巩留县	382	380	24	3	1			
新源县	715	715	12	5	1	1		
昭苏县	255	253	12	1				
特克斯县	239	239	7	1		1	1	
尼勒克县	407	406	15	3	2	1		1
塔城地区	**4414**	**4406**	**134**	**19**	**5**	**4**	**1**	
塔城市	933	931	18	3	1			
乌苏市	1218	1217	31	3	2			
额敏县	501	499	21	2		2		
沙湾县	1039	1037	38	4	2	1		
托里县	230	229	11	1				
裕民县	168	168	8	2				
和布克赛尔蒙古自治县	325	325	7	4		1	1	
阿勒泰地区	**3576**	**3567**	**64**	**24**		**2**	**1**	
阿勒泰市	1451	1451	32	10				
布尔津县	317	313	6	2		1	1	
富蕴县	348	348	8	3		1		
福海县	655	653	8	1				
哈巴河县	301	300	4	3				
青河县	256	255	4	2				
吉木乃县	247	246	2	3				
自治区直辖县级市	**7643**	**7618**	**67**	**7**	**2**	**1**	**1**	
石河子市	3692	3676	32	5	2	1	1	
阿拉尔市	1972	1969	17	1				
图木舒克市	705	705	8	1				
五家渠市	1225	1219	9					
铁门关市	48	48	1					

1-6 续表 9

地区	国有与集体联营	其他联营	有限责任公司	国有独资	其他有限责任公司	股份有限公司	私营	私营独资
和田地区	**2**	**1**	**892**	**59**	**833**	**84**	**5817**	**178**
和田市			298	17	281	44	2790	33
和田县			148	1	147	8	574	25
墨玉县			121	8	113	2	701	24
皮山县	1		60	4	56	8	430	14
洛浦县			56	4	52	1	411	19
策勒县			77	6	71	5	275	12
于田县	1	1	81	5	76	15	484	34
民丰县			51	14	37	1	152	17
伊犁哈萨克自治州直属县（市）	**2**		**3000**	**194**	**2806**	**206**	**12888**	**352**
伊宁市			1296	42	1254	94	2200	110
奎屯市			300	32	268	28	2076	21
霍尔果斯市			373	10	363	22	5084	19
伊宁县			167	10	157	12	429	26
察布查尔锡伯自治县	1		80	12	68	4	558	31
霍城县			333	25	308	26	1109	40
巩留县			64	8	56	8	280	16
新源县	1		107	15	92	3	586	32
昭苏县			104	13	91	2	134	13
特克斯县			66	12	54	6	158	9
尼勒克县			110	15	95	1	274	35
塔城地区		**3**	**1151**	**99**	**1052**	**127**	**2966**	**299**
塔城市			143	13	130	32	734	41
乌苏市			449	27	422	27	705	80
额敏县		2	166	28	138	22	286	37
沙湾县		1	243	12	231	31	718	82
托里县			45	7	38	5	167	28
裕民县			23	4	19	4	131	16
和布克赛尔蒙古自治县			82	8	74	6	225	15
阿勒泰地区		**1**	**795**	**58**	**737**	**93**	**2589**	**163**
阿勒泰市			233	11	222	31	1145	75
布尔津县			140	2	138	11	153	21
富蕴县		1	108	8	100	10	218	9
福海县			66	7	59	2	576	19
哈巴河县			95	3	92	8	190	13
青河县			78	23	55	20	151	18
吉木乃县			75	4	71	10	156	8
自治区直辖县级市			**1050**	**99**	**951**	**106**	**6385**	**375**
石河子市			459	43	416	72	3105	151
阿拉尔市			274	20	254	13	1664	110
图木舒克市			69	16	53	3	624	81
五家渠市			242	20	222	14	954	33
铁门关市			6		6	3	38	

1-6 续表 10

地 区	私营合伙	私营有限责任公司	私营股份有限公司	其他	港澳台商投资	与港澳台商合资经营	与港澳台商合作经营	港澳台商独资
和田地区	**34**	**5521**	**84**	**2**	**2**			
和田市	15	2724	18		2			
和田县	6	529	14					
墨玉县		670	7					
皮山县	2	393	21					
洛浦县	3	385	4					
策勒县	4	245	14					
于田县	2	443	5	2				
民丰县	2	132	1					
伊犁哈萨克自治州直属县（市）	**488**	**11891**	**157**		**31**	**10**		**20**
伊宁市	10	2015	65		2	1		1
奎屯市	5	2021	29					
霍尔果斯市	386	4669	10		25	6		18
伊宁县	6	384	13		1	1		
察布查尔锡伯自治县	1	519	7					
霍城县	70	991	8		1			1
巩留县	1	256	7		2	2		
新源县	1	552	1					
昭苏县	4	111	6					
特克斯县	2	143	4					
尼勒克县	2	230	7					
塔城地区	**22**	**2560**	**85**		**5**	**4**		
塔城市	3	680	10		1	1		
乌苏市	4	592	29		1	1		
额敏县	3	236	10		1	1		
沙湾县	6	606	24		2	1		
托里县	4	126	9					
裕民县		115						
和布克赛尔蒙古自治县	2	205	3					
阿勒泰地区	**10**	**2383**	**33**		**2**			**2**
阿勒泰市	2	1062	6					
布尔津县		127	5		1			1
富蕴县		202	7					
福海县	2	546	9					
哈巴河县	2	173	2					
青河县	1	129	3		1			1
吉木乃县	3	144	1					
自治区直辖县级市	**350**	**5595**	**65**		**9**	**1**		**7**
石河子市	344	2570	40		2	1		1
阿拉尔市	4	1545	5		2			2
图木舒克市		536	7					
五家渠市	2	906	13		5			4
铁门关市		38						

1-6 续表 11

地区	港澳台商投资股份有限公司	其他港澳台商投资	外商投资企业	中外合资经营	中外合作经营	外资企业	外商投资股份有限公司	其他外商投资
和田地区	**2**		**5**		**1**			**4**
和田市	2		1					1
和田县								
墨玉县			2					2
皮山县								
洛浦县								
策勒县								
于田县			2		1			1
民丰县								
伊犁哈萨克自治州直属县（市）		**1**	**30**	**10**		**8**	**2**	**10**
伊宁市			8	3		1	1	3
奎屯市			5	1			1	3
霍尔果斯市		1	13	4		7		2
伊宁县								
察布查尔锡伯自治县								
霍城县			1	1				
巩留县								
新源县								
昭苏县			2	1				1
特克斯县								
尼勒克县			1					1
塔城地区	**1**		**3**	**2**				**1**
塔城市			1					1
乌苏市								
额敏县			1	1				
沙湾县	1							
托里县			1	1				
裕民县								
和布克赛尔蒙古自治县								
阿勒泰地区			**7**	**2**		**1**		**4**
阿勒泰市								
布尔津县			3					3
富蕴县								
福海县			2	1		1		
哈巴河县			1					1
青河县								
吉木乃县			1	1				
自治区直辖县级市	**1**		**16**	**8**		**4**	**3**	**1**
石河子市			14	7		4	2	1
阿拉尔市			1	1				
图木舒克市								
五家渠市	1		1				1	
铁门关市								

1-7 按地区、登记注册类型分组的企业法人单位从业人员数

地区	从业人员数(人)							
		内资						
			国有	集体	股份合作	联营		
							国有联营	集体联营
总计	**2875164**	**2840052**	**164281**	**19008**	**2500**	**603**	**129**	**57**
乌鲁木齐市	**928867**	**913739**	**59953**	**2089**	**429**	**170**	**8**	**7**
市辖区	8665	8665						
天山区	137636	135895	11532	253	344	9	8	1
沙依巴克区	123885	123486	4937	369	31	9		5
新市区	271002	267336	2351	435	3	60		
水磨沟区	112627	110811	27955	138				
头屯河区	36040	36028	638	202	2			
达坂城区	7562	7562	1276	138				
米东区	60527	59864	2766	548	45	25		1
乌鲁木齐县	3365	3365	69					
乌鲁木齐经济技术开发区	114569	108485	7800					
乌鲁木齐高新技术产业开发区	50680	50657	207	6	4	67		
克拉玛依市	**213765**	**213544**	**3126**	**107**	**25**			
市辖区	193	193						
独山子区	36246	36246	692	20				
克拉玛依区	144113	143892	2034	71	25			
白碱滩区	29513	29513	5					
乌尔禾区	3700	3700	395	16				
吐鲁番市	**81410**	**80190**	**9857**	**766**	**504**	**60**	**60**	
高昌区	28485	27535	2323	651	201	60	60	
鄯善县	31255	30985	7360	100	180			
托克逊县	21670	21670	174	15	123			
哈密市	**93547**	**91972**	**3540**	**1445**	**41**	**13**		
伊州区	78143	76568	3372	1321				
巴里坤哈萨克自治县	5810	5810	138	116		13		
伊吾县	8941	8941	30	8	41			
昌吉回族自治州	**222340**	**218542**	**3868**	**559**	**147**	**10**	**2**	**2**
昌吉市	100402	97559	2335	76	64	1		1
阜康市	31951	31512	354	17	11	1		1
呼图壁县	15453	15383	525	6		2	2	
玛纳斯县	16884	16884	164	265	7			
奇台县	19846	19665	453		38	1		
吉木萨尔县	33935	33935	37	195		5		
木垒哈萨克自治县	3869	3604			27			
博尔塔拉蒙古自治州	**55259**	**54374**	**5074**	**542**	**5**	**4**		
博乐市	38161	37294	3394	82		4		
阿拉山口市	5440	5422	11					
精河县	8489	8489	898	377	5			
温泉县	3169	3169	771	83				

1-7 续表 1

地区	国有与集体联营	其他联营	有限责任公司	国有独资	其他有限责任公司	股份有限公司	私营	私营独资
总计	**336**	**81**	**1100757**	**189763**	**910994**	**343696**	**1209207**	**32716**
乌鲁木齐市	**148**	**7**	**358130**	**86721**	**271409**	**117246**	**375722**	**3521**
市辖区						8665		
天山区			40333	4865	35468	20832	62592	403
沙依巴克区		4	47074	12463	34611	13279	57787	1142
新市区	57	3	142662	43616	99046	17578	104247	602
水磨沟区			29344	5213	24131	8945	44429	373
头屯河区			13040	607	12433	6906	15240	14
达坂城区			4471	3002	1469	641	1036	112
米东区	24		17367	5482	11885	10902	28211	675
乌鲁木齐县			1796	159	1637	600	900	7
乌鲁木齐经济技术开发区			45891	10630	35261	15473	39321	21
乌鲁木齐高新技术产业开发区	67		14989	684	14305	13425	21959	172
克拉玛依市			**53890**	**23674**	**30216**	**69793**	**86603**	**262**
市辖区						193		
独山子区			13160	4363	8797	16450	5924	63
克拉玛依区			31058	17892	13166	48993	61711	159
白碱滩区			8270	548	7722	4132	17106	20
乌尔禾区			1402	871	531	25	1862	20
吐鲁番市			**34724**	**2810**	**31914**	**12431**	**21848**	**914**
高昌区			10550	749	9801	4997	8753	241
鄯善县			7716	1527	6189	6227	9402	300
托克逊县			16458	534	15924	1207	3693	373
哈密市		**13**	**38514**	**11544**	**26970**	**6606**	**41813**	**540**
伊州区			30265	10930	19335	5574	36036	385
巴里坤哈萨克自治县		13	2757	155	2602	94	2692	139
伊吾县			5492	459	5033	285	3085	16
昌吉回族自治州	**6**		**98324**	**4091**	**94233**	**26711**	**88923**	**3195**
昌吉市			36686	2299	34387	20778	37619	508
阜康市			18748	151	18597	3886	8495	293
呼图壁县			7365	619	6746	387	7098	758
玛纳斯县			9569	79	9490	342	6537	236
奇台县	1		8723	373	8350	308	10142	620
吉木萨尔县	5		15696	470	15226	862	17140	532
木垒哈萨克自治县			1537	100	1437	148	1892	248
博尔塔拉蒙古自治州	**4**		**17434**	**3218**	**14216**	**3771**	**27544**	**510**
博乐市	4		13888	2668	11220	3570	16356	334
阿拉山口市			1960	190	1770	81	3370	14
精河县			1261	354	907	120	5828	115
温泉县			325	6	319		1990	47

1-7 续表 2

地　　区	私营合伙	私营有限责任公司	私营股份有限公司	其他	港澳台商投资	与港澳台商合资经营	与港澳台商合作经营	港澳台商独资
总　计	**4464**	**1137477**	**34550**		**12812**	**6133**	**19**	**5905**
乌鲁木齐市	**1458**	**361863**	**8880**		**7146**	**3969**		**3098**
市辖区								
天山区	492	60617	1080		206	98		108
沙依巴克区	98	54507	2040		227	15		210
新市区	75	100690	2880		2155	2		2076
水磨沟区	59	43171	826		63	32		31
头屯河区	68	14767	391					
达坂城区	30	829	65					
米东区	61	27171	304		373	373		
乌鲁木齐县		840	53					
乌鲁木齐经济技术开发区	124	38735	441		4107	3436		671
乌鲁木齐高新技术产业开发区	451	20536	800		15	13		2
克拉玛依市	**130**	**81124**	**5087**		**1**		**1**	
市辖区								
独山子区	2	5818	41					
克拉玛依区	118	60065	1369		1		1	
白碱滩区	8	13401	3677					
乌尔禾区	2	1840						
吐鲁番市	**52**	**20639**	**243**		**373**			**373**
高昌区	13	8343	156		373			373
鄯善县	32	8990	80					
托克逊县	7	3306	7					
哈密市	**117**	**40145**	**1011**		**961**	**135**		**550**
伊州区	83	34616	952		961	135		550
巴里坤哈萨克自治县	33	2489	31					
伊吾县	1	3040	28					
昌吉回族自治州	**411**	**82714**	**2603**		**1339**	**650**	**18**	**668**
昌吉市	99	35733	1279		583	182		401
阜康市	59	7698	445		419	398	18	
呼图壁县	46	5900	394		70	70		
玛纳斯县	39	5992	270					
奇台县	22	9413	87		2			2
吉木萨尔县	133	16415	60					
木垒哈萨克自治县	13	1563	68		265			265
博尔塔拉蒙古自治州	**236**	**25809**	**989**		**108**			**9**
博乐市	34	15767	221		106			7
阿拉山口市	173	3137	46		2			2
精河县	1	4996	716					
温泉县	28	1909	6					

1-7 续表 3

地区								
	港澳台商投资股份有限公司	其他港澳台商投资	外商投资企业	中外合资经营	中外合作经营	外资企业	外商投资股份有限公司	其他外商投资
总　计	**643**	**112**	**22300**	**12841**	**515**	**4388**	**2135**	**2421**
乌鲁木齐市	**72**	**7**	**7982**	**4599**	**308**	**2871**	**6**	**198**
市辖区								
天山区			1535	640		883	6	6
沙依巴克区		2	172	122		13		37
新市区	72	5	1511	1367	118	26		
水磨沟区			1753	123		1630		
头屯河区			12	12				
达坂城区								
米东区			290	100	190			
乌鲁木齐县								
乌鲁木齐经济技术开发区			1977	1508		314		155
乌鲁木齐高新技术产业开发区			8	3		5		
克拉玛依市			**220**	**178**		**1**	**38**	**3**
市辖区								
独山子区								
克拉玛依区			220	178		1	38	3
白碱滩区								
乌尔禾区								
吐鲁番市			**847**	**340**		**270**		**237**
高昌区			577	340				237
鄯善县			270			270		
托克逊县								
哈密市	**276**		**614**	**305**				**309**
伊州区	276		614	305				309
巴里坤哈萨克自治县								
伊吾县								
昌吉回族自治州		**3**	**2459**	**1659**	**200**	**514**	**86**	
昌吉市			2260	1460	200	514	86	
阜康市		3	20	20				
呼图壁县								
玛纳斯县								
奇台县			179	179				
吉木萨尔县								
木垒哈萨克自治县								
博尔塔拉蒙古自治州		**99**	**777**	**761**		**16**		
博乐市		99	761	761				
阿拉山口市			16			16		
精河县								
温泉县								

1-7 续表 4

地　　区	从业人员数（人）	内资	国有	集体	股份合作	联营	国有联营	集体联营
巴音郭楞蒙古自治州	**161410**	**159614**	**7607**	**1052**		**30**	**30**	
库尔勒市	108324	106934	5884	100				
轮台县	12558	12288	142	159				
尉犁县	7349	7349	212	11		30	30	
若羌县	6471	6471	201	87				
且末县	3689	3689	323	104				
焉耆回族自治县	3904	3904	172	205				
和静县	12781	12645	380	193				
和硕县	3673	3673	120	129				
博湖县	2576	2576	173	64				
库尔勒经济技术开发区	85	85						
阿克苏地区	**168045**	**165931**	**2526**	**1444**	**6**	**23**		**11**
阿克苏市	75470	73979	2036			12		
温宿县	13444	13288	90	10	6			
库车县	33476	33325	228	553				
沙雅县	11670	11589	62	160				
新和县	8320	8320	60	151		11		11
拜城县	13319	13318	7	189				
乌什县	3016	3016		124				
阿瓦提县	7533	7299		222				
柯坪县	1797	1797	43	35				
克孜勒苏柯尔克孜自治州	**28614**	**28328**	**2468**	**320**		**5**		**5**
阿图什市	15744	15660	633	141		5		5
阿克陶县	6652	6652	739	98				
阿合奇县	1692	1692	64	43				
乌恰县	4526	4324	1032	38				
喀什地区	**218278**	**217516**	**13166**	**2244**	**11**	**9**		
喀什市	72891	72858	5296	12				
疏附县	15093	15076	668	147				
疏勒县	10383	10354	57	181				
英吉沙县	12714	12689	248	198				
泽普县	19963	19963	5419	253		5		
莎车县	25588	25588	545	388		4		
叶城县	14536	14498	376	296	11			
麦盖提县	7547	7547	185	216				
岳普湖县	4514	4514	126	107				
伽师县	19042	19042	88	183				
巴楚县	13526	13521	108	230				
塔什库尔干塔吉克自治县	1931	1835	50	33				

1-7 续表 5

地区	国有与集体联营	其他联营	有限责任公司			股份有限公司	私营	
				国有独资	其他有限责任公司			私营独资
巴音郭楞蒙古自治州			**52118**	**6073**	**46045**	**24999**	**73808**	**1413**
库尔勒市			34877	3890	30987	24173	41900	554
轮台县			2555	507	2048		9432	203
尉犁县			1784	214	1570	116	5196	84
若羌县			3792	210	3582	74	2317	22
且末县			1255	175	1080	10	1997	174
焉耆回族自治县			1066	118	948	4	2457	31
和静县			5353	751	4602	200	6519	275
和硕县			887	141	746	61	2476	67
博湖县			549	67	482	277	1513	3
库尔勒经济技术开发区						84	1	
阿克苏地区	**12**		**72157**	**6569**	**65588**	**16831**	**72944**	**3097**
阿克苏市	12		30391	1320	29071	12702	28838	649
温宿县			5317	485	4832	1211	6654	804
库车县			15955	3064	12891	1101	15488	225
沙雅县			5416	492	4924	70	5881	270
新和县			2444	315	2129	117	5537	232
拜城县			6950	506	6444	1236	4936	328
乌什县			1038	156	882	24	1830	273
阿瓦提县			4129	142	3987	38	2910	283
柯坪县			517	89	428	332	870	33
克孜勒苏柯尔克孜自治州			**11312**	**1866**	**9446**	**1616**	**12607**	**696**
阿图什市			7218	1107	6111	1155	6508	228
阿克陶县			2871	130	2741	28	2916	168
阿合奇县			656	451	205	13	916	
乌恰县			567	178	389	420	2267	300
喀什地区	**4**	**5**	**89518**	**8982**	**80536**	**12575**	**99993**	**10852**
喀什市			35682	514	35168	8582	23286	1379
疏附县			7044	2845	4199	347	6870	987
疏勒县			3701	99	3602	188	6227	654
英吉沙县			5211	517	4694	718	6314	1023
泽普县		5	6370	147	6223	1208	6708	314
莎车县	4		9966	1382	8584	287	14398	2841
叶城县			4921	48	4873	375	8519	690
麦盖提县			3251	1257	1994	99	3796	553
岳普湖县			1350	10	1340	12	2919	116
伽师县			7416	3	7413	728	10627	791
巴楚县			4307	2127	2180		8876	1493
塔什库尔干塔吉克自治县			299	33	266		1453	11

1-7 续表 6

地　　区	私营合伙	私营有限责任公司	私营股份有限公司	其他	港澳台商投资	与港澳台商合资经营	与港澳台商合作经营	港澳台商独资
巴音郭楞蒙古自治州	**162**	**67795**	**4438**		**162**	**133**		**29**
库尔勒市	95	39002	2249		12	12		
轮台县	43	9170	16		150	121		29
尉犁县	3	5109						
若羌县		2285	10					
且末县	10	1811	2					
焉耆回族自治县		2215	211					
和静县	10	4376	1858					
和硕县	1	2322	86					
博湖县		1504	6					
库尔勒经济技术开发区		1						
阿克苏地区	**166**	**66795**	**2886**		**1091**	**546**		**467**
阿克苏市	54	27317	818		624	546		
温宿县	66	5387	397					
库车县	23	14841	399		151			151
沙雅县		4709	902		81			81
新和县		5255	50					
拜城县	14	4569	25		1			1
乌什县		1354	203					
阿瓦提县	9	2526	92		234			234
柯坪县		837						
克孜勒苏柯尔克孜自治州	**88**	**11336**	**487**		**201**	**201**		
阿图什市		5977	303					
阿克陶县	69	2546	133					
阿合奇县		865	51					
乌恰县	19	1948			201	201		
喀什地区	**331**	**87345**	**1465**		**110**			**110**
喀什市	85	21273	549		11			11
疏附县	17	5659	207					
疏勒县		5465	108		5			5
英吉沙县	13	5162	116					
泽普县		6371	23					
莎车县	15	11415	127					
叶城县	57	7532	240					
麦盖提县	1	3234	8					
岳普湖县	47	2747	9					
伽师县	96	9726	14					
巴楚县		7330	53					
塔什库尔干塔吉克自治县		1431	11		94			94

1-7 续表 7

地　　区	港澳台商投资股份有限公司	其他港澳台商投资	外商投资企业	中外合资经营	中外合作经营	外资企业	外商投资股份有限公司	其他外商投资
巴音郭楞蒙古自治州			**1634**	**1383**	**4**	**26**		**221**
库尔勒市			1378	1157				221
轮台县			120	120				
尉犁县								
若羌县								
且末县								
焉耆回族自治县								
和静县			136	106	4	26		
和硕县								
博湖县								
库尔勒经济技术开发区								
阿克苏地区	**78**		**1023**	**869**			**143**	**11**
阿克苏市	78		867	856				11
温宿县			156	13			143	
库车县								
沙雅县								
新和县								
拜城县								
乌什县								
阿瓦提县								
柯坪县								
克孜勒苏柯尔克孜自治州			**85**	**1**				**84**
阿图什市			84					84
阿克陶县								
阿合奇县								
乌恰县			1	1				
喀什地区			**652**	**549**		**21**		**82**
喀什市			22			2		20
疏附县			17			17		
疏勒县			24					24
英吉沙县			25	25				
泽普县								
莎车县								
叶城县			38					38
麦盖提县								
岳普湖县								
伽师县								
巴楚县			5	5				
塔什库尔干塔吉克自治县			2			2		

1-7 续表 8

地　　区	从业人员数（人）	内资	国有	集体	股份合作	联营	国有联营	集体联营
和田地区	**104144**	**103579**	**3203**	**4223**	**932**	**86**		
和田市	38279	37748	2192	4063	297			
和田县	13071	13071	254					
墨玉县	16658	16627	140	80	147			
皮山县	7193	7193	318	10	117	48		
洛浦县	11098	11098	69		94			
策勒县	7886	7886	45	34	100			
于田县	8584	8581	97	34	130	38		
民丰县	1375	1375	88	2	47			
伊犁哈萨克自治州直属县（市）	**236666**	**234471**	**13530**	**2814**	**4**	**118**	**10**	**32**
伊宁市	70620	69471	4175	49				
奎屯市	55925	55595	3206	493				
霍尔果斯市	23203	23086	204	2				
伊宁县	19428	19066	2608	1255				
察布查尔锡伯自治县	9086	9086	377	140		53		
霍城县	25257	25092	743	210				
巩留县	7117	7100	686	121	4			
新源县	13590	13590	262	196		23		
昭苏县	2848	2805	677	107				
特克斯县	2201	2201	187	85		10	10	
尼勒克县	7391	7379	405	156		32		32
塔城地区	**94139**	**93459**	**15027**	**507**	**132**	**6**		
塔城市	19566	19226	1621	18	6			
乌苏市	29914	29914	11848	104	58			
额敏县	7633	7553	371	166		4		
沙湾县	25390	25375	687	9	68	2		
托里县	4105	3860	138	73				
裕民县	1261	1261	127	79				
和布克赛尔蒙古自治县	6270	6270	235	58				
阿勒泰地区	**65133**	**64825**	**18288**	**705**		**64**	**14**	
阿勒泰市	21337	21337	4123	143				
布尔津县	4716	4658	1477	85		14	14	
富蕴县	18942	18942	12492	108		50		
福海县	7953	7913	35	117				
哈巴河县	6641	6641	77	79				
青河县	3542	3337	80	93				
吉木乃县	1692	1687	4	80				
自治区直辖县级市	**203547**	**199968**	**3048**	**191**	**264**	**5**	**5**	
石河子市	111578	108275	1694	29	264	5	5	
阿拉尔市	41885	41743	857	137				
图木舒克市	15612	15612	328	25				
五家渠市	33905	33771	169					
铁门关市	482	482						

1-7 续表 9

地区	国有与集体联营	其他联营	有限责任公司	国有独资	其他有限责任公司	股份有限公司	私营	私营独资
和田地区	**86**		**16720**	**1365**	**15355**	**4175**	**74240**	**1767**
和田市			7140	392	6748	2907	21149	247
和田县			1437		1437	215	11165	243
墨玉县			2521	495	2026	39	13700	485
皮山县	48		915	99	816	10	5775	120
洛浦县			1330	36	1294	3	9602	167
策勒县			1864	72	1792	50	5793	148
于田县	38		1278	271	1007	947	6057	279
民丰县			235		235	4	999	78
伊犁哈萨克自治州直属县（市）	**76**		**95897**	**14346**	**81551**	**18460**	**103648**	**1926**
伊宁市			34120	2995	31125	11380	19747	871
奎屯市			19927	2812	17115	2672	29297	159
霍尔果斯市			1853	352	1501	84	20943	29
伊宁县			7479	1115	6364	342	7382	46
察布查尔锡伯自治县	53		1471	190	1281	54	6991	95
霍城县			13957	5375	8582	3301	6881	184
巩留县			1198	427	771	386	4705	178
新源县	23		9159	358	8801	168	3782	124
昭苏县			1065	258	807	4	952	24
特克斯县			871	166	705	68	980	31
尼勒克县			4797	298	4499	1	1988	185
塔城地区		**6**	**43070**	**3845**	**39225**	**9027**	**25690**	**1521**
塔城市			3873	169	3704	6094	7614	139
乌苏市			11106	671	10435	958	5840	631
额敏县		4	4150	1801	2349	859	2003	182
沙湾县		2	18104	186	17918	938	5567	200
托里县			2248	946	1302	82	1319	86
裕民县			208	9	199	17	830	98
和布克赛尔蒙古自治县			3381	63	3318	79	2517	185
阿勒泰地区		**50**	**18849**	**3641**	**15208**	**6067**	**20852**	**878**
阿勒泰市			5424	1071	4353	3852	7795	340
布尔津县			1823	80	1743	335	924	123
富蕴县		50	4037	1456	2581	308	1947	60
福海县			1635	687	948	56	6070	98
哈巴河县			3942	74	3868	1072	1471	48
青河县			1333	242	1091	114	1717	164
吉木乃县			655	31	624	20	928	45
自治区直辖县级市			**100100**	**11018**	**89082**	**13388**	**82972**	**1624**
石河子市			57281	5064	52217	9648	39354	580
阿拉尔市			16941	648	16293	2137	21671	364
图木舒克市			7702	719	6983	55	7502	549
五家渠市			18161	4587	13574	1174	14267	131
铁门关市			15		15	289	178	

1-7 续表 10

地　　区	私营合伙	私营有限责任公司	私营股份有限公司	其他	港澳台商投资	与港澳台商合资经营	与港澳台商合作经营	港澳台商独资
和田地区	**360**	**70605**	**1508**		**158**			
和田市	80	20607	215		158			
和田县	46	10557	319					
墨玉县		13181	34					
皮山县	13	5506	136					
洛浦县	46	8713	676					
策勒县	105	5445	95					
于田县	63	5702	13					
民丰县	7	894	20					
伊犁哈萨克自治州直属县（市）	**470**	**98813**	**2439**		**459**	**391**		**65**
伊宁市	83	18127	666		37	1		36
奎屯市	43	28775	320					
霍尔果斯市	71	20715	128		39	11		25
伊宁县	40	7161	135		362	362		
察布查尔锡伯自治县	9	6796	91					
霍城县	183	6311	203		4			4
巩留县	2	3798	727		17	17		
新源县	5	3622	31					
昭苏县	17	835	76					
特克斯县	17	918	14					
尼勒克县		1755	48					
塔城地区	**200**	**23090**	**879**		**118**	**103**		
塔城市	22	7401	52		84	84		
乌苏市	12	5004	193					
额敏县	49	1681	91		19	19		
沙湾县	51	4881	435		15			
托里县		1139	94					
裕民县		732						
和布克赛尔蒙古自治县	66	2252	14					
阿勒泰地区	**76**	**19605**	**293**		**230**			**230**
阿勒泰市	16	7418	21					
布尔津县		737	64		25			25
富蕴县		1870	17					
福海县	16	5940	16					
哈巴河县		1407	16					
青河县	2	1393	158		205			205
吉木乃县	42	840	1					
自治区直辖县级市	**207**	**79799**	**1342**		**355**	**5**		**306**
石河子市	194	38052	528		93	5		88
阿拉尔市	4	21274	29		128			128
图木舒克市		6837	116					
五家渠市	9	13458	669		134			90
铁门关市		178						

1-7 续表 11

地区	港澳台商投资股份有限公司	其他港澳台商投资	外商投资企业	中外合资经营	中外合作经营	外资企业	外商投资股份有限公司	其他外商投资
和田地区	**158**		**407**		**3**			**404**
和田市	158		373					373
和田县								
墨玉县			31					31
皮山县								
洛浦县								
策勒县								
于田县			3		3			
民丰县								
伊犁哈萨克自治州直属县（市）		**3**	**1736**	**854**		**243**	**372**	**267**
伊宁市			1112	646		165	289	12
奎屯市			330	5			83	242
霍尔果斯市		3	78			78		
伊宁县								
察布查尔锡伯自治县								
霍城县			161	161				
巩留县								
新源县								
昭苏县			43	42				1
特克斯县								
尼勒克县			12					12
塔城地区	**15**		**562**	**306**				**256**
塔城市			256					256
乌苏市								
额敏县			61	61				
沙湾县	15							
托里县			245	245				
裕民县								
和布克赛尔蒙古自治县								
阿勒泰地区			**78**	**23**		**22**		**33**
阿勒泰市								
布尔津县			33					33
富蕴县								
福海县			40	18		22		
哈巴河县								
青河县								
吉木乃县			5	5				
自治区直辖县级市	**44**		**3224**	**1014**		**404**	**1490**	**316**
石河子市			3210	1000		404	1490	316
阿拉尔市			14	14				
图木舒克市								
五家渠市	44							
铁门关市								

1-8 按行业（大类）、登记注册类型分组的企业法人单位数

行业大类	代码	企业法人单位数(个)							
			内资	国有	集体	股份合作	联营		
								国有联营	集体联营
总　计		**175572**	**175207**	**1553**	**475**	**54**	**59**	**14**	**15**
农、林、牧、渔业	**A**	**1899**	**1897**	**117**	**8**	**2**	**3**	**1**	**1**
农业	01	21	21	14					
林业	02	2	2	2					
畜牧业	03	7	7	2					
渔业	04	1	1						
农、林、牧、渔专业及辅助性活动	05	1868	1866	99	8	2	3	1	1
采矿业	**B**	**2955**	**2938**	**21**	**13**		**1**		**1**
煤炭开采和洗选业	06	327	322	10	2				
石油和天然气开采业	07	42	40	1					
黑色金属矿采选业	08	428	427				1		1
有色金属矿采选业	09	334	328	1	4				
非金属矿采选业	10	1154	1154	7	6				
开采专业及辅助性活动	11	492	489	1	1				
其他采矿业	12	178	178	1					
制造业	**C**	**19729**	**19634**	**122**	**47**	**7**	**7**	**2**	
农副食品加工业	13	2154	2139	22	6				
食品制造业	14	950	938	11	1	1			
酒、饮料和精制茶制造业	15	638	623	6		1	1		
烟草制品业	16	2	2						
纺织业	17	912	905	6	3				
纺织服装、服饰业	18	1295	1295	2	6	1	1		
皮革、毛皮、羽毛及其制品和制鞋业	19	137	137	1					
木材加工和木、竹、藤、棕、草制品业	20	479	477	1	1				
家具制造业	21	320	320				1		
造纸和纸制品业	22	317	313						
印刷和记录媒介复制业	23	355	355	22	4	2			
文教、工美、体育和娱乐用品制造业	24	493	490	1	1				
石油、煤炭及其他燃料加工业	25	306	305	2					
化学原料和化学制品制造业	26	1214	1204	9	3		1		
医药制造业	27	166	163						
化学纤维制造业	28	40	40						
橡胶和塑料制品业	29	1386	1382	4	5	1			
非金属矿物制品业	30	3745	3741	16	7	1	1	1	
黑色金属冶炼和压延加工业	31	165	164						
有色金属冶炼和压延加工业	32	167	164	1					
金属制品业	33	1685	1681	6	5		1	1	
通用设备制造业	34	543	542	5	1		1		
专用设备制造业	35	732	729	4	2				
汽车制造业	36	95	94	1					

1-8 续表 1

行业大类	代码	国有与集体联营	其他联营	有限责任公司	国有独资	其他有限责任公司	股份有限公司	私营	私营独资
总　计		**15**	**15**	**32391**	**1681**	**30710**	**2632**	**138038**	**5168**
农、林、牧、渔业	**A**	**1**		**447**	**27**	**420**	**33**	**1287**	**41**
农业	01			6	1	5		1	
林业	02								
畜牧业	03			1		1		4	
渔业	04			1		1			
农、林、牧、渔专业及辅助性活动	05	1		439	26	413	33	1282	41
采矿业	**B**			**743**	**41**	**702**	**47**	**2113**	**226**
煤炭开采和洗选业	06			158	18	140	7	145	19
石油和天然气开采业	07			11	2	9	5	23	
黑色金属矿采选业	08			118	6	112		308	6
有色金属矿采选业	09			115	4	111	11	197	6
非金属矿采选业	10			217	8	209	8	916	192
开采专业及辅助性活动	11			80	2	78	12	395	1
其他采矿业	12			44	1	43	4	129	2
制造业	**C**	**1**	**4**	**3727**	**104**	**3623**	**307**	**15415**	**1014**
农副食品加工业	13			442	23	419	44	1625	106
食品制造业	14			219	14	205	19	687	25
酒、饮料和精制茶制造业	15		1	135	7	128	19	461	38
烟草制品业	16			1	1			1	
纺织业	17			202	3	199	12	682	20
纺织服装、服饰业	18		1	256	3	253	17	1012	42
皮革、毛皮、羽毛及其制品和制鞋业	19			33		33	1	102	6
木材加工和木、竹、藤、棕、草制品业	20			71		71	3	401	30
家具制造业	21		1	41	1	40	3	275	11
造纸和纸制品业	22			44	1	43	5	264	16
印刷和记录媒介复制业	23			65	1	64	6	256	32
文教、工美、体育和娱乐用品制造业	24			55	3	52	9	422	32
石油、煤炭及其他燃料加工业	25			79	3	76	11	213	5
化学原料和化学制品制造业	26		1	288	9	279	32	871	31
医药制造业	27			39	2	37	3	121	2
化学纤维制造业	28			21	1	20	1	18	
橡胶和塑料制品业	29			230	4	226	14	1128	78
非金属矿物制品业	30			700	16	684	45	2971	416
黑色金属冶炼和压延加工业	31			38	1	37	7	119	5
有色金属冶炼和压延加工业	32			58	1	57	8	97	2
金属制品业	33			239	4	235	10	1420	47
通用设备制造业	34	1		75		75	12	448	27
专用设备制造业	35			125	4	121	11	587	21
汽车制造业	36			29		29		64	

1-8 续表 2

行业大类	代码	私营合伙	私营有限责任公司	私营股份有限公司	其他	港澳台商投资	与港澳台商合资经营	与港澳台商合作经营	港澳台商独资
总　计		**1884**	**128617**	**2369**	**5**	**144**	**53**	**2**	**75**
农、林、牧、渔业	**A**	**2**	**1198**	**46**		**2**	**1**		**1**
农业	01		1						
林业	02								
畜牧业	03		4						
渔业	04								
农、林、牧、渔专业及辅助性活动	05	2	1193	46		2	1		1
采矿业	**B**	**14**	**1836**	**37**		**12**	**3**	**2**	**5**
煤炭开采和洗选业	06	1	122	3		4	1	1	2
石油和天然气开采业	07	1	20	2		2		1	1
黑色金属矿采选业	08	1	296	5		1	1		
有色金属矿采选业	09		186	5		4	1		2
非金属矿采选业	10	11	702	11					
开采专业及辅助性活动	11		383	11		1			
其他采矿业	12		127						
制造业	**C**	**79**	**14006**	**316**	**2**	**38**	**18**		**17**
农副食品加工业	13	5	1483	31		2	1		1
食品制造业	14	4	644	14		3	2		1
酒、饮料和精制茶制造业	15	4	411	8		4	2		2
烟草制品业	16		1						
纺织业	17	1	646	15		7			7
纺织服装、服饰业	18	1	947	22					
皮革、毛皮、羽毛及其制品和制鞋业	19	2	93	1					
木材加工和木、竹、藤、棕、草制品业	20	3	360	8					
家具制造业	21	1	258	5					
造纸和纸制品业	22		244	4		3	3		
印刷和记录媒介复制业	23	2	218	4					
文教、工美、体育和娱乐用品制造业	24	3	377	10	2	1			1
石油、煤炭及其他燃料加工业	25	3	196	9		1	1		
化学原料和化学制品制造业	26	3	805	32		5	3		2
医药制造业	27	1	112	6					
化学纤维制造业	28		17	1					
橡胶和塑料制品业	29	4	1031	15		3	1		
非金属矿物制品业	30	29	2467	59		3	3		
黑色金属冶炼和压延加工业	31		109	5					
有色金属冶炼和压延加工业	32	1	87	7		3	2		1
金属制品业	33	4	1344	25		1			
通用设备制造业	34	6	412	3		1			1
专用设备制造业	35		550	16		1			1
汽车制造业	36		64						

1-8 续表 3

行业大类	代码	港澳台商投资股份有限公司	其他港澳台商投资	外商投资企业	中外合资经营	中外合作经营	外资企业	外商投资股份有限公司	其他外商投资
总　计		**8**	**6**	**221**	**91**	**5**	**64**	**9**	**52**
农、林、牧、渔业	**A**								
农业	01								
林业	02								
畜牧业	03								
渔业	04								
农、林、牧、渔专业及辅助性活动	05								
采矿业	**B**	**1**	**1**	**5**	**3**		**2**		
煤炭开采和洗选业	06			1	1				
石油和天然气开采业	07								
黑色金属矿采选业	08								
有色金属矿采选业	09	1		2	2				
非金属矿采选业	10								
开采专业及辅助性活动	11		1	2			2		
其他采矿业	12								
制造业	**C**	**2**	**1**	**57**	**35**	**1**	**10**	**4**	**7**
农副食品加工业	13			13	7	1	4		1
食品制造业	14			9	6		3		
酒、饮料和精制茶制造业	15			11	7		1	2	1
烟草制品业	16								
纺织业	17								
纺织服装、服饰业	18								
皮革、毛皮、羽毛及其制品和制鞋业	19								
木材加工和木、竹、藤、棕、草制品业	20			2					2
家具制造业	21								
造纸和纸制品业	22			1	1				
印刷和记录媒介复制业	23								
文教、工美、体育和娱乐用品制造业	24			2				1	1
石油、煤炭及其他燃料加工业	25								
化学原料和化学制品制造业	26			5	5				
医药制造业	27			3	2		1		
化学纤维制造业	28								
橡胶和塑料制品业	29	2		1					1
非金属矿物制品业	30			1			1		
黑色金属冶炼和压延加工业	31			1	1				
有色金属冶炼和压延加工业	32								
金属制品业	33		1	3	2				1
通用设备制造业	34								
专用设备制造业	35			2	2				
汽车制造业	36			1	1				

1-8 续表 4

行业大类	代码	企业法人单位数（个）	内资	国有	集体	股份合作	联营	国有联营	集体联营
铁路、船舶、航空航天和其他运输设备制造业	37	38	38	1					
电气机械和器材制造业	38	605	605		1				
计算机、通信和其他电子设备制造业	39	162	160						
仪器仪表制造业	40	46	46						
其他制造业	41	89	89	1					
废弃资源综合利用业	42	112	112						
金属制品、机械和设备修理业	43	381	381		1				
电力、热力、燃气及水生产和供应业	**D**	**2072**	**2059**	**117**	**16**	**2**	**5**	**1**	
电力、热力生产和供应业	44	1576	1568	59	9	2	2	1	
燃气生产和供应业	45	189	189	4					
水的生产和供应业	46	307	302	54	7		3		
建筑业	**E**	**11411**	**11404**	**49**	**19**	**1**			
房屋建筑业	47	2702	2702	12	5				
土木工程建筑业	48	2852	2849	23	9				
建筑安装业	49	1891	1888	5	5				
建筑装饰、装修和其他建筑业	50	3966	3965	9		1			
批发和零售业	**F**	**61770**	**61701**	**252**	**152**	**6**	**13**	**2**	**4**
批发业	51	38661	38621	175	107	3	9	1	3
零售业	52	23109	23080	77	45	3	4	1	1
交通运输、仓储和邮政业	**G**	**8759**	**8744**	**145**	**16**	**1**	**3**		**1**
铁路运输业	53	8	8						
道路运输业	54	6242	6236	77	7	1	3		1
水上运输业	55	6	6						
航空运输业	56	66	65	1					
管道运输业	57	19	17	1					
多式联运和运输代理业	58	1095	1092	6	1				
装卸搬运和仓储业	59	927	925	31	7				
邮政业	60	396	395	29	1				
住宿和餐饮业	**H**	**2579**	**2567**	**86**	**10**	**1**	**6**	**4**	
住宿业	61	1138	1134	72	10		4	3	
餐饮业	62	1441	1433	14		1	2	1	
信息传输、软件和信息技术服务业	**I**	**8140**	**8111**	**24**	**5**		**1**	**1**	
电信、广播电视和卫星传输服务	63	344	323	15	2		1	1	
互联网和相关服务	64	1001	1001	1					
软件和信息技术服务业	65	6795	6787	8	3				
金融业	**J**	**2267**	**2243**	**73**	**50**	**16**			
货币金融服务	66	891	880	59	50	16			
资本市场服务	67	924	922	3					
保险业	68	307	296	10					
其他金融业	69	145	145	1					

1-8 续表 5

行业大类	代码	国有与集体联营	其他联营	有限责任公司	国有独资	其他有限责任公司	股份有限公司	私营	私营独资
铁路、船舶、航空航天和其他运输设备制造业	37			11		11	1	25	
电气机械和器材制造业	38			97	2	95	9	498	10
计算机、通信和其他电子设备制造业	39			38		38	1	121	1
仪器仪表制造业	40			8		8	1	37	
其他制造业	41			12		12		76	4
废弃资源综合利用业	42			27		27		85	
金属制品、机械和设备修理业	43			49		49	3	328	7
电力、热力、燃气及水生产和供应业	**D**	**3**	**1**	**1025**	**153**	**872**	**50**	**844**	**20**
电力、热力生产和供应业	44		1	795	118	677	36	665	16
燃气生产和供应业	45			80	3	77	8	97	2
水的生产和供应业	46	3		150	32	118	6	82	2
建筑业	**E**			**2438**	**131**	**2307**	**129**	**8768**	**91**
房屋建筑业	47			732	35	697	40	1913	35
土木工程建筑业	48			752	80	672	37	2028	16
建筑安装业	49			355	1	354	24	1499	8
建筑装饰、装修和其他建筑业	50			599	15	584	28	3328	32
批发和零售业	**F**	**6**	**1**	**8661**	**178**	**8483**	**615**	**52001**	**1540**
批发业	51	4	1	5247	153	5094	360	32720	655
零售业	52	2		3414	25	3389	255	19281	885
交通运输、仓储和邮政业	**G**	**2**		**1736**	**79**	**1657**	**119**	**6724**	**72**
铁路运输业	53			8		8			
道路运输业	54	2		1211	51	1160	83	4854	43
水上运输业	55			2		2		4	
航空运输业	56			28	6	22		36	2
管道运输业	57			9		9	2	5	
多式联运和运输代理业	58			192	5	187	13	880	16
装卸搬运和仓储业	59			203	17	186	9	675	9
邮政业	60			83		83	12	270	2
住宿和餐饮业	**H**	**1**	**1**	**561**	**34**	**527**	**43**	**1860**	**121**
住宿业	61	1		317	28	289	23	708	82
餐饮业	62		1	244	6	238	20	1152	39
信息传输、软件和信息技术服务业	**I**			**1323**	**22**	**1301**	**137**	**6621**	**51**
电信、广播电视和卫星传输服务	63			72	11	61	34	199	
互联网和相关服务	64			167	5	162	13	820	22
软件和信息技术服务业	65			1084	6	1078	90	5602	29
金融业	**J**			**431**	**43**	**388**	**445**	**1227**	**3**
货币金融服务	66			244	15	229	192	319	2
资本市场服务	67			89	6	83	11	819	1
保险业	68			27	3	24	234	24	
其他金融业	69			71	19	52	8	65	

1-8 续表 6

行业大类	代码	私营合伙	私营有限责任公司	私营股份有限公司	其他	港澳台商投资	与港澳台商合资经营	与港澳台商合作经营	港澳台商独资
铁路、船舶、航空航天和其他运输设备制造业	37		25						
电气机械和器材制造业	38		479	9					
计算机、通信和其他电子设备制造业	39		119	1					
仪器仪表制造业	40	1	36						
其他制造业	41		70	2					
废弃资源综合利用业	42		84	1					
金属制品、机械和设备修理业	43	1	317	3					
电力、热力、燃气及水生产和供应业	**D**		**811**	**13**		**7**	**4**		**1**
电力、热力生产和供应业	44		638	11		4	2		
燃气生产和供应业	45		95						
水的生产和供应业	46		78	2		3	2		1
建筑业	**E**	**6**	**8515**	**156**		**2**	**1**		**1**
房屋建筑业	47	1	1837	40					
土木工程建筑业	48	2	1970	40					
建筑安装业	49	1	1463	27		1			1
建筑装饰、装修和其他建筑业	50	2	3245	49		1	1		
批发和零售业	**F**	**79**	**49564**	**818**	**1**	**18**	**3**		**13**
批发业	51	35	31538	492		10	3		5
零售业	52	44	18026	326	1	8			8
交通运输、仓储和邮政业	**G**	**6**	**6540**	**106**		**4**	**2**		**2**
铁路运输业	53								
道路运输业	54	5	4736	70		1	1		
水上运输业	55		4						
航空运输业	56		32	2					
管道运输业	57		5						
多式联运和运输代理业	58		851	13					
装卸搬运和仓储业	59		652	14		2	1		1
邮政业	60	1	260	7		1			1
住宿和餐饮业	**H**	**14**	**1687**	**38**					
住宿业	61	3	607	16					
餐饮业	62	11	1080	22					
信息传输、软件和信息技术服务业	**I**	**49**	**6425**	**96**		**9**	**3**		**3**
电信、广播电视和卫星传输服务	63		194	5		6	3		
互联网和相关服务	64	7	769	22					
软件和信息技术服务业	65	42	5462	69		3			3
金融业	**J**	**438**	**755**	**31**	**1**	**8**	**5**		**2**
货币金融服务	66	3	296	18		8	5		2
资本市场服务	67	431	379	8					
保险业	68		19	5	1				
其他金融业	69	4	61						

1-8 续表 7

行业大类	代码	港澳台商投资股份有限公司	其他港澳台商投资	外商投资企业	中外合资经营	中外合作经营	外资企业	外商投资股份有限公司	其他外商投资
铁路、船舶、航空航天和其他运输设备制造业	37								
电气机械和器材制造业	38								
计算机、通信和其他电子设备制造业	39			2	1			1	
仪器仪表制造业	40								
其他制造业	41								
废弃资源综合利用业	42								
金属制品、机械和设备修理业	43								
电力、热力、燃气及水生产和供应业	**D**	**2**		**6**	**3**	**2**			**1**
电力、热力生产和供应业	44	2		4	2	1			1
燃气生产和供应业	45								
水的生产和供应业	46			2	1	1			
建筑业	**E**			**5**	**2**		**1**		**2**
房屋建筑业	47								
土木工程建筑业	48			3	2				1
建筑安装业	49			2			1		1
建筑装饰、装修和其他建筑业	50								
批发和零售业	**F**	**1**	**1**	**51**	**12**	**2**	**20**	**1**	**16**
批发业	51	1	1	30	8	2	13		7
零售业	52			21	4		7	1	9
交通运输、仓储和邮政业	**G**			**11**	**3**		**3**		**5**
铁路运输业	53								
道路运输业	54			5	1				4
水上运输业	55								
航空运输业	56			1			1		
管道运输业	57			2	1		1		
多式联运和运输代理业	58			3	1		1		1
装卸搬运和仓储业	59								
邮政业	60								
住宿和餐饮业	**H**			**12**	**2**		**6**	**1**	**3**
住宿业	61			4			4		
餐饮业	62			8	2		2	1	3
信息传输、软件和信息技术服务业	**I**	**2**	**1**	**20**	**5**		**4**	**2**	**9**
电信、广播电视和卫星传输服务	63	2	1	15	2		3	2	8
互联网和相关服务	64								
软件和信息技术服务业	65			5	3		1		1
金融业	**J**		**1**	**16**	**13**		**3**		
货币金融服务	66		1	3	1		2		
资本市场服务	67			2	1		1		
保险业	68			11	11				
其他金融业	69								

1-8 续表 8

行业大类	代码	企业法人单位数（个）							
			内资						
				国有	集体	股份合作	联营		
								国有联营	集体联营
房地产业	**K**	**9445**	**9432**	**95**	**52**	**5**	**5**	**2**	**2**
房地产业	70	9445	9432	95	52	5	5	2	2
租赁和商务服务业	**L**	**22248**	**22204**	**139**	**45**	**4**	**1**		**1**
租赁业	71	2276	2273	2	1				
商务服务业	72	19972	19931	137	44	4	1		1
科学研究和技术服务业	**M**	**9825**	**9812**	**166**	**18**		**6**	**1**	**4**
研究和试验发展	73	395	394	3	1				
专业技术服务业	74	5491	5487	120	15		5	1	3
科技推广和应用服务业	75	3939	3931	43	2		1		1
水利、环境和公共设施管理业	**N**	**1384**	**1381**	**44**	**2**	**1**	**1**		
水利管理业	76	142	142	19	1		1		
生态保护和环境治理业	77	196	195	7					
公共设施管理业	78	959	957	17	1	1			
土地管理业	79	87	87	1					
居民服务、修理和其他服务业	**O**	**4459**	**4459**	**32**	**9**	**2**	**1**		
居民服务业	80	1350	1350	19	5	1	1		
机动车、电子产品和日用产品修理业	81	2585	2585	11	2	1			
其他服务业	82	524	524	2	2				
教育	**P**	**1498**	**1497**	**20**	**7**	**4**	**1**		**1**
教育	83	1498	1497	20	7	4	1		1
卫生和社会工作	**Q**	**683**	**683**	**13**	**3**	**1**	**1**		
卫生	84	574	574	10	3	1	1		
社会工作	85	109	109	3					
文化、体育和娱乐业	**R**	**4449**	**4441**	**38**	**3**	**1**	**4**		
新闻和出版业	86	29	29	9					
广播、电视、电影和录音制作业	87	1331	1328	23	3				
文化艺术业	88	600	599	4					
体育	89	275	275						
娱乐业	90	2214	2210	2		1	4		
公共管理、社会保障和社会组织	**S**								
中国共产党机关	91								
国家机构	92								
人民政协、民主党派	93								
社会保障	94								
群众团体、社会团体和其他成员组织	95								
基层群众自治组织	96								
国际组织	**T**								
国际组织	97								

1-8 续表 9

行业大类	代码	国有与集体联营	其他联营	有限责任公司	国有独资	其他有限责任公司	股份有限公司	私营	私营独资
房地产业	**K**	**1**		**2587**	**142**	**2445**	**135**	**6553**	**38**
房地产业	70	1		2587	142	2445	135	6553	38
租赁和商务服务业	**L**			**4567**	**532**	**4035**	**292**	**17155**	**148**
租赁业	71			358	13	345	18	1894	17
商务服务业	72			4209	519	3690	274	15261	131
科学研究和技术服务业	**M**		**1**	**2018**	**79**	**1939**	**145**	**7459**	**63**
研究和试验发展	73			101	1	100	7	282	2
专业技术服务业	74		1	1146	61	1085	80	4121	44
科技推广和应用服务业	75			771	17	754	58	3056	17
水利、环境和公共设施管理业	**N**		**1**	**458**	**76**	**382**	**22**	**853**	**7**
水利管理业	76		1	67	12	55		54	
生态保护和环境治理业	77			57	3	54	2	129	2
公共设施管理业	78			302	56	246	20	616	4
土地管理业	79			32	5	27		54	1
居民服务、修理和其他服务业	**O**		**1**	**665**	**11**	**654**	**48**	**3702**	**149**
居民服务业	80		1	204	5	199	16	1104	44
机动车、电子产品和日用产品修理业	81			372	4	368	29	2170	95
其他服务业	82			89	2	87	3	428	10
教育	**P**			**285**	**9**	**276**	**25**	**1155**	**152**
教育	83			285	9	276	25	1155	152
卫生和社会工作	**Q**		**1**	**114**	**1**	**113**	**9**	**542**	**171**
卫生	84		1	85		85	9	465	163
社会工作	85			29	1	28		77	8
文化、体育和娱乐业	**R**		**4**	**605**	**19**	**586**	**31**	**3759**	**1261**
新闻和出版业	86			6		6	1	13	
广播、电视、电影和录音制作业	87			238	10	228	8	1056	7
文化艺术业	88			117	4	113	4	474	4
体育	89			46	2	44	4	225	12
娱乐业	90		4	198	3	195	14	1991	1238
公共管理、社会保障和社会组织	**S**								
中国共产党机关	91								
国家机构	92								
人民政协、民主党派	93								
社会保障	94								
群众团体、社会团体和其他成员组织	95								
基层群众自治组织	96								
国际组织	**T**								
国际组织	97								

1-8 续表 10

行业大类	代码	私营合伙	私营有限责任公司	私营股份有限公司	其他	港澳台商投资	与港澳台商合资经营	与港澳台商合作经营	港澳台商独资
房地产业	**K**	**7**	**6374**	**134**		**10**	**7**		**3**
房地产业	70	7	6374	134		10	7		3
租赁和商务服务业	**L**	**1082**	**15658**	**267**	**1**	**20**	**5**		**15**
租赁业	71	1	1848	28		2	1		1
商务服务业	72	1081	13810	239	1	18	4		14
科学研究和技术服务业	**M**	**32**	**7208**	**156**		**5**	**1**		**4**
研究和试验发展	73		275	5					
专业技术服务业	74	14	3975	88		1	1		
科技推广和应用服务业	75	18	2958	63		4			4
水利、环境和公共设施管理业	**N**	**2**	**830**	**14**		**3**			**2**
水利管理业	76		51	3					
生态保护和环境治理业	77		124	3		1			
公共设施管理业	78		605	7		2			2
土地管理业	79	2	50	1					
居民服务、修理和其他服务业	**O**	**9**	**3489**	**55**					
居民服务业	80	2	1035	23					
机动车、电子产品和日用产品修理业	81	6	2040	29					
其他服务业	82	1	414	3					
教育	**P**	**10**	**966**	**27**		**1**			**1**
教育	83	10	966	27		1			1
卫生和社会工作	**Q**	**24**	**337**	**10**					
卫生	84	24	271	7					
社会工作	85		66	3					
文化、体育和娱乐业	**R**	**31**	**2418**	**49**		**5**			**5**
新闻和出版业	86		11	2					
广播、电视、电影和录音制作业	87	6	1036	7					
文化艺术业	88	1	453	16		1			1
体育	89	2	203	8					
娱乐业	90	22	715	16		4			4
公共管理、社会保障和社会组织	**S**								
中国共产党机关	91								
国家机构	92								
人民政协、民主党派	93								
社会保障	94								
群众团体、社会团体和其他成员组织	95								
基层群众自治组织	96								
国际组织	**T**								
国际组织	97								

1-8 续表 11

行业大类	代码	港澳台商投资股份有限公司	其他港澳台商投资	外商投资企业	中外合资经营	中外合作经营	外资企业	外商投资股份有限公司	其他外商投资
房地产业	**K**			**3**	**1**				**2**
房地产业	70			3	1				2
租赁和商务服务业	**L**			**24**	**7**		**12**	**1**	**4**
租赁业	71			1	1				
商务服务业	72			23	6		12	1	4
科学研究和技术服务业	**M**			**8**	**4**		**2**		**2**
研究和试验发展	73			1			1		
专业技术服务业	74			3	2				1
科技推广和应用服务业	75			4	2		1		1
水利、环境和公共设施管理业	**N**		**1**						
水利管理业	76								
生态保护和环境治理业	77		1						
公共设施管理业	78								
土地管理业	79								
居民服务、修理和其他服务业	**O**								
居民服务业	80								
机动车、电子产品和日用产品修理业	81								
其他服务业	82								
教育	**P**								
教育	83								
卫生和社会工作	**Q**								
卫生	84								
社会工作	85								
文化、体育和娱乐业	**R**			**3**	**1**		**1**		**1**
新闻和出版业	86								
广播、电视、电影和录音制作业	87			3	1		1		1
文化艺术业	88								
体育	89								
娱乐业	90								
公共管理、社会保障和社会组织	**S**								
中国共产党机关	91								
国家机构	92								
人民政协、民主党派	93								
社会保障	94								
群众团体、社会团体和其他成员组织	95								
基层群众自治组织	96								
国际组织	**T**								
国际组织	97								

1-9 按行业（大类）、登记注册类型分组的企业法人单位从业人员数

行业大类	代码	从业人员数(人)	内资	国有	集体	股份合作	联营	国有联营	集体联营
总　计		**2875164**	**2840052**	**164281**	**19008**	**2500**	**603**	**129**	**57**
农、林、牧、渔业	**A**	**34889**	**34866**	**15864**	**55**	**40**	**34**		**11**
农业	01								
林业	02								
畜牧业	03								
渔业	04								
农、林、牧、渔专业及辅助性活动	05	34889	34866	15864	55	40	34		11
采矿业	**B**	**173687**	**171740**	**7985**	**322**				
煤炭开采和洗选业	06	44839	44169	844	249				
石油和天然气开采业	07	59237	59207	5					
黑色金属矿采选业	08	8071	8064						
有色金属矿采选业	09	10113	9146	4	44				
非金属矿采选业	10	7997	7997	130	29				
开采专业及辅助性活动	11	42944	42671	7002					
其他采矿业	12	486	486						
制造业	**C**	**671948**	**658882**	**9996**	**627**	**47**	**92**		
农副食品加工业	13	45280	44235	735	12				
食品制造业	14	29260	26430	40	38				
酒、饮料和精制茶制造业	15	13700	11489	109		27	50		
烟草制品业	16	777	777						
纺织业	17	80813	79245	32	2				
纺织服装、服饰业	18	73843	73843	36	63				
皮革、毛皮、羽毛及其制品和制鞋业	19	11672	11672						
木材加工和木、竹、藤、棕、草制品业	20	4783	4739	4	11				
家具制造业	21	2213	2213				5		
造纸和纸制品业	22	5648	5374						
印刷和记录媒介复制业	23	4454	4454	883	13	19			
文教、工美、体育和娱乐用品制造业	24	8321	8234	55	80				
石油、煤炭及其他燃料加工业	25	55090	54704	5516					
化学原料和化学制品制造业	26	78361	77709	1467	17		13		
医药制造业	27	10611	10507						
化学纤维制造业	28	10748	10748						
橡胶和塑料制品业	29	20950	20600	47	138				
非金属矿物制品业	30	84501	84316	202	142	1			
黑色金属冶炼和压延加工业	31	24579	24334						
有色金属冶炼和压延加工业	32	41359	40617						
金属制品业	33	18253	18219	129	29				
通用设备制造业	34	4488	4483	216	8		24		
专用设备制造业	35	9194	8945	505	10				
汽车制造业	36	2366	1688						

1-9 续表 1

行业大类	代码	国有与集体联营	其他联营	有限责任公司	国有独资	其他有限责任公司	股份有限公司	私营	私营独资
总　计		**336**	**81**	**1100757**	**189763**	**910994**	**343696**	**1209207**	**32716**
农、林、牧、渔业	**A**	**23**		**8204**	**1150**	**7054**	**787**	**9882**	**113**
农业	01								
林业	02								
畜牧业	03								
渔业	04								
农、林、牧、渔专业及辅助性活动	05	23		8204	1150	7054	787	9882	113
采矿业	**B**			**72688**	**34091**	**38597**	**64048**	**26697**	**2546**
煤炭开采和洗选业	06			38631	15183	23448	566	3879	1263
石油和天然气开采业	07			907	265	642	58133	162	
黑色金属矿采选业	08			5330	1861	3469		2734	164
有色金属矿采选业	09			5894	369	5525	2073	1131	
非金属矿采选业	10			1867	75	1792	27	5944	1117
开采专业及辅助性活动	11			19938	16318	3620	3245	12486	
其他采矿业	12			121	20	101	4	361	2
制造业	**C**	**24**	**68**	**259338**	**9973**	**249365**	**77524**	**311258**	**11299**
农副食品加工业	13			17417	2333	15084	4426	21645	540
食品制造业	14			14626	1494	13132	1906	9820	311
酒、饮料和精制茶制造业	15		50	3788	192	3596	2618	4897	278
烟草制品业	16			752	752			25	
纺织业	17			42596	35	42561	1129	35486	254
纺织服装、服饰业	18			17880	12	17868	1700	54164	920
皮革、毛皮、羽毛及其制品和制鞋业	19			1088		1088	12	10572	29
木材加工和木、竹、藤、棕、草制品业	20			774		774	24	3926	126
家具制造业	21		5	404	2	402	42	1762	91
造纸和纸制品业	22			979	56	923	301	4094	69
印刷和记录媒介复制业	23			1225	84	1141	146	2168	108
文教、工美、体育和娱乐用品制造业	24			824	72	752	76	7199	211
石油、煤炭及其他燃料加工业	25			16057	1297	14760	24388	8743	6
化学原料和化学制品制造业	26		13	48291	763	47528	12198	15723	226
医药制造业	27			6052	487	5565	890	3565	13
化学纤维制造业	28			9741	187	9554	10	997	
橡胶和塑料制品业	29			6179	92	6087	1578	12658	703
非金属矿物制品业	30			29637	673	28964	3250	51084	6772
黑色金属冶炼和压延加工业	31			9551	123	9428	6684	8099	16
有色金属冶炼和压延加工业	32			12291	809	11482	7708	20618	2
金属制品业	33			5159	192	4967	503	12399	216
通用设备制造业	34	24		766		766	91	3378	70
专用设备制造业	35			2953	281	2672	442	5035	166
汽车制造业	36			1280		1280		408	

1-9 续表 2

行业大类	代码	私营合伙	私营有限责任公司	私营股份有限公司	其他	港澳台商投资	与港澳台商合资经营	与港澳台商合作经营	港澳台商独资
总　计		**4464**	**1137477**	**34550**		**12812**	**6133**	**19**	**5905**
农、林、牧、渔业	**A**	**8**	**9282**	**479**		**23**	**20**		**3**
农业	01								
林业	02								
畜牧业	03								
渔业	04								
农、林、牧、渔专业及辅助性活动	05	8	9282	479		23	20		3
采矿业	**B**	**65**	**20631**	**3455**		**1193**	**211**	**19**	**684**
煤炭开采和洗选业	06	3	2604	9		491	3	18	470
石油和天然气开采业	07	3	91	68		30		1	29
黑色金属矿采选业	08	19	2524	27		7	7		
有色金属矿采选业	09		1071	60		662	201		185
非金属矿采选业	10	40	4725	62					
开采专业及辅助性活动	11		9257	3229		3			
其他采矿业	12		359						
制造业	**C**	**569**	**288100**	**11290**		**6038**	**2186**		**3730**
农副食品加工业	13	35	20293	777		17	11		6
食品制造业	14	8	9068	433		1567	70		1497
酒、饮料和精制茶制造业	15	17	4500	102		729	633		96
烟草制品业	16		25						
纺织业	17		34534	698		1568			1568
纺织服装、服饰业	18	16	52764	464					
皮革、毛皮、羽毛及其制品和制鞋业	19	18	10525						
木材加工和木、竹、藤、棕、草制品业	20	6	3741	53					
家具制造业	21		1434	237					
造纸和纸制品业	22		3448	577		193	193		
印刷和记录媒介复制业	23	6	2042	12					
文教、工美、体育和娱乐用品制造业	24	28	6822	138					
石油、煤炭及其他燃料加工业	25	10	8199	528		386	386		
化学原料和化学制品制造业	26	7	14906	584		461	276		185
医药制造业	27	7	3043	502					
化学纤维制造业	28		977	20					
橡胶和塑料制品业	29	40	11675	240		340	218		
非金属矿物制品业	30	317	42170	1825		20	20		
黑色金属冶炼和压延加工业	31		6047	2036					
有色金属冶炼和压延加工业	32	3	19495	1118		742	379		363
金属制品业	33	1	11891	291					
通用设备制造业	34	36	3261	11		5			5
专用设备制造业	35		4360	509		10			10
汽车制造业	36		408						

1-9 续表 3

行业大类	代码	港澳台商投资股份有限公司	其他港澳台商投资	外商投资企业	中外合资经营	中外合作经营	外资企业	外商投资股份有限公司	其他外商投资
总　计		**643**	**112**	**22300**	**12841**	**515**	**4388**	**2135**	**2421**
农、林、牧、渔业	**A**								
农业	01								
林业	02								
畜牧业	03								
渔业	04								
农、林、牧、渔专业及辅助性活动	05								
采矿业	**B**	**276**	**3**	**754**	**484**		**270**		
煤炭开采和洗选业	06			179	179				
石油和天然气开采业	07								
黑色金属矿采选业	08								
有色金属矿采选业	09	276		305	305				
非金属矿采选业	10								
开采专业及辅助性活动	11		3	270			270		
其他采矿业	12								
制造业	**C**	**122**		**7028**	**4004**	**190**	**1088**	**1674**	**72**
农副食品加工业	13			1028	655	190	183		
食品制造业	14			1263	837		426		
酒、饮料和精制茶制造业	15			1482	931		311	229	11
烟草制品业	16								
纺织业	17								
纺织服装、服饰业	18								
皮革、毛皮、羽毛及其制品和制鞋业	19								
木材加工和木、竹、藤、棕、草制品业	20			44					44
家具制造业	21								
造纸和纸制品业	22			81	81				
印刷和记录媒介复制业	23								
文教、工美、体育和娱乐用品制造业	24			87				83	4
石油、煤炭及其他燃料加工业	25								
化学原料和化学制品制造业	26			191	191				
医药制造业	27			104	101		3		
化学纤维制造业	28								
橡胶和塑料制品业	29	122		10					10
非金属矿物制品业	30			165			165		
黑色金属冶炼和压延加工业	31			245	245				
有色金属冶炼和压延加工业	32								
金属制品业	33			34	31				3
通用设备制造业	34								
专用设备制造业	35			239	239				
汽车制造业	36			678	678				

1-9 续表 4

行业大类	代码	从业人员数（人）							
			内资						
				国有	集体	股份合作	联营		
								国有联营	集体联营
铁路、船舶、航空航天和其他运输设备制造业	37	558	558	14					
电气机械和器材制造业	38	18762	18762		23				
计算机、通信和其他电子设备制造业	39	4682	3305						
仪器仪表制造业	40	489	489						
其他制造业	41	1030	1030	6					
废弃资源综合利用业	42	1912	1912						
金属制品、机械和设备修理业	43	3251	3251		41				
电力、热力、燃气及水生产和供应业	**D**	**111949**	**111611**	**36702**	**96**	**22**	**168**		
电力、热力生产和供应业	44	87730	87555	33220	27	22			
燃气生产和供应业	45	12416	12416	107					
水的生产和供应业	46	11803	11640	3375	69		168		
建筑业	**E**	**427528**	**427490**	**9560**	**712**	**38**			
房屋建筑业	47	229127	229127	8039	316				
土木工程建筑业	48	136736	136717	840	314				
建筑安装业	49	26013	25996	124	82				
建筑装饰、装修和其他建筑业	50	35652	35650	557		38			
批发和零售业	**F**	**328533**	**325708**	**9337**	**1513**	**30**	**73**	**2**	**35**
批发业	51	197986	196855	7042	1311	3	34		3
零售业	52	130547	128853	2295	202	27	39	2	32
交通运输、仓储和邮政业	**G**	**203700**	**200359**	**13046**	**186**	**5**	**50**		
铁路运输业	53	55173	55173						
道路运输业	54	102331	99184	4564	39	5	50		
水上运输业	55	68	68						
航空运输业	56	8535	8535	9					
管道运输业	57	3628	3448	25					
多式联运和运输代理业	58	6245	6244	150	28				
装卸搬运和仓储业	59	11850	11837	706	119				
邮政业	60	15870	15870	7592					
住宿和餐饮业	**H**	**52788**	**51637**	**5814**	**87**	**45**	**84**	**84**	
住宿业	61	33258	33140	4701	87		74	74	
餐饮业	62	19530	18497	1113		45	10	10	
信息传输、软件和信息技术服务业	**I**	**69029**	**62864**	**1009**	**25**				
电信、广播电视和卫星传输服务	63	29149	23000	902	6				
互联网和相关服务	64	5170	5170						
软件和信息技术服务业	65	34710	34694	107	19				
金融业	**J**	**196562**	**190962**	**16909**	**6494**	**2087**			
货币金融服务	66	61421	61324	15650	6494	2087			
资本市场服务	67	3015	3015	431					
保险业	68	130804	125301	475					
其他金融业	69	1322	1322	353					

1-9 续表 5

行业大类	代码	国有与集体联营	其他联营	有限责任公司	国有独资	其他有限责任公司	股份有限公司	私营	私营独资
铁路、船舶、航空航天和其他运输设备制造业	37			347		347		197	
电气机械和器材制造业	38			5281	37	5244	7348	6110	78
计算机、通信和其他电子设备制造业	39			1557		1557	2	1746	67
仪器仪表制造业	40			177		177	49	263	
其他制造业	41			21		21		1003	2
废弃资源综合利用业	42			482		482		1430	
金属制品、机械和设备修理业	43			1163		1163	3	2044	25
电力、热力、燃气及水生产和供应业	**D**	**168**		**54749**	**17225**	**37524**	**6774**	**13100**	**106**
电力、热力生产和供应业	44			40938	13584	27354	5162	8186	82
燃气生产和供应业	45			6748	238	6510	1460	4101	19
水的生产和供应业	46	168		7063	3403	3660	152	813	5
建筑业	**E**			**203531**	**33207**	**170324**	**14911**	**198738**	**583**
房屋建筑业	47			137151	14485	122666	2286	81335	109
土木工程建筑业	48			51704	18449	33255	11840	72019	354
建筑安装业	49			8573	1	8572	656	16561	18
建筑装饰、装修和其他建筑业	50			6103	272	5831	129	28823	102
批发和零售业	**F**	**36**		**82371**	**9096**	**73275**	**20829**	**211555**	**4968**
批发业	51	31		54470	8646	45824	8571	125424	1913
零售业	52	5		27901	450	27451	12258	86131	3055
交通运输、仓储和邮政业	**G**	**50**		**133953**	**41909**	**92044**	**4335**	**48784**	**307**
铁路运输业	53			55173		55173			
道路运输业	54	50		58537	34648	23889	2609	33380	230
水上运输业	55			45		45		23	
航空运输业	56			8306	6761	1545		220	5
管道运输业	57			3214		3214	204	5	
多式联运和运输代理业	58			2139	139	2000	188	3739	32
装卸搬运和仓储业	59			2746	361	2385	208	8058	37
邮政业	60			3793		3793	1126	3359	3
住宿和餐饮业	**H**			**17968**	**1903**	**16065**	**1321**	**26318**	**1429**
住宿业	61			13775	1690	12085	965	13538	721
餐饮业	62			4193	213	3980	356	12780	708
信息传输、软件和信息技术服务业	**I**			**17313**	**2916**	**14397**	**15396**	**29121**	**91**
电信、广播电视和卫星传输服务	63			8256	2486	5770	11987	1849	
互联网和相关服务	64			995	21	974	62	4113	52
软件和信息技术服务业	65			8062	409	7653	3347	23159	39
金融业	**J**			**34820**	**414**	**34406**	**125966**	**4686**	**2**
货币金融服务	66			3148	188	2960	32039	1906	2
资本市场服务	67			1448	14	1434	49	1087	
保险业	68			29592	93	29499	93858	1376	
其他金融业	69			632	119	513	20	317	

1-9 续表 6

行业大类	代码	私营合伙	私营有限责任公司	私营股份有限公司	其他	港澳台商投资	与港澳台商合资经营	与港澳台商合作经营	港澳台商独资
铁路、船舶、航空航天和其他运输设备制造业	37		197						
电气机械和器材制造业	38		6001	31					
计算机、通信和其他电子设备制造业	39		1675	4					
仪器仪表制造业	40	4	259						
其他制造业	41		938	63					
废弃资源综合利用业	42		1409	21					
金属制品、机械和设备修理业	43	10	1993	16					
电力、热力、燃气及水生产和供应业	**D**		**12756**	**238**		**87**	**36**		**36**
电力、热力生产和供应业	44		7868	236		47	32		
燃气生产和供应业	45		4082						
水的生产和供应业	46		806	2		40	4		36
建筑业	**E**	**30**	**195124**	**3001**		**3**	**2**		**1**
房屋建筑业	47	9	79197	2020					
土木工程建筑业	48	13	71069	583					
建筑安装业	49	2	16333	208		1			1
建筑装饰、装修和其他建筑业	50	6	28525	190		2	2		
批发和零售业	**F**	**502**	**201605**	**4480**		**1348**	**4**		**1267**
批发业	51	226	120537	2748		627	4		546
零售业	52	276	81068	1732		721			721
交通运输、仓储和邮政业	**G**	**18**	**47567**	**892**		**2970**	**2969**		**1**
铁路运输业	53								
道路运输业	54	16	32747	387		2957	2957		
水上运输业	55		23						
航空运输业	56		209	6					
管道运输业	57		5						
多式联运和运输代理业	58		3657	50					
装卸搬运和仓储业	59		7673	348		13	12		1
邮政业	60	2	3253	101					
住宿和餐饮业	**H**	**122**	**23163**	**1604**					
住宿业	61	55	12616	146					
餐饮业	62	67	10547	1458					
信息传输、软件和信息技术服务业	**I**	**44**	**28067**	**919**		**824**	**565**		**2**
电信、广播电视和卫星传输服务	63		1837	12		822	565		
互联网和相关服务	64	13	3841	207					
软件和信息技术服务业	65	31	22389	700		2			2
金融业	**J**	**283**	**3965**	**436**		**51**	**16**		**32**
货币金融服务	66	9	1666	229		51	16		32
资本市场服务	67	274	787	26					
保险业	68		1195	181					
其他金融业	69		317						

1-9 续表 7

行业大类	代码	港澳台商投资股份有限公司	其他港澳台商投资	外商投资企业	中外合资经营	中外合作经营	外资企业	外商投资股份有限公司	其他外商投资
铁路、船舶、航空航天和其他运输设备制造业	37								
电气机械和器材制造业	38								
计算机、通信和其他电子设备制造业	39			1377	15			1362	
仪器仪表制造业	40								
其他制造业	41								
废弃资源综合利用业	42								
金属制品、机械和设备修理业	43								
电力、热力、燃气及水生产和供应业	**D**	**15**		**251**	**117**	**122**			**12**
电力、热力生产和供应业	44	15		128	112	4			12
燃气生产和供应业	45								
水的生产和供应业	46			123	5	118			
建筑业	**E**			**35**	**4**		**16**		**15**
房屋建筑业	47								
土木工程建筑业	48			19	4				15
建筑安装业	49			16			16		
建筑装饰、装修和其他建筑业	50								
批发和零售业	**F**	**72**	**5**	**1477**	**647**	**203**	**532**	**38**	**57**
批发业	51	72	5	504	232	203	33		36
零售业	52			973	415		499	38	21
交通运输、仓储和邮政业	**G**			**371**	**129**		**60**		**182**
铁路运输业	53								
道路运输业	54			190	8				182
水上运输业	55								
航空运输业	56								
管道运输业	57			180	120		60		
多式联运和运输代理业	58			1	1				
装卸搬运和仓储业	59								
邮政业	60								
住宿和餐饮业	**H**			**1151**	**194**		**937**	**6**	**14**
住宿业	61			118			118		
餐饮业	62			1033	194		819	6	14
信息传输、软件和信息技术服务业	**I**	**158**	**99**	**5341**	**1482**		**1427**	**417**	**2015**
电信、广播电视和卫星传输服务	63	158	99	5327	1469		1426	417	2015
互联网和相关服务	64								
软件和信息技术服务业	65			14	13		1		
金融业	**J**		**3**	**5549**	**5516**		**33**		
货币金融服务	66		3	46	13		33		
资本市场服务	67								
保险业	68			5503	5503				
其他金融业	69								

1-9 续表 8

行业大类	代码	从业人员数(人)	内资	国有	集体	股份合作	联营	国有联营	集体联营
房地产业	**K**	**160596**	**160411**	**2496**	**496**	**41**	**75**	**35**	**5**
房地产业	70	160596	160411	2496	496	41	75	35	5
租赁和商务服务业	**L**	**245445**	**245117**	**24355**	**7610**	**11**	**1**		**1**
租赁业	71	10103	10098	3	5				
商务服务业	72	235342	235019	24352	7605	11	1		1
科学研究和技术服务业	**M**	**87408**	**87363**	**6884**	**461**		**15**	**8**	**5**
研究和试验发展	73	1718	1717	13					
专业技术服务业	74	71504	71483	5476	457		14	8	4
科技推广和应用服务业	75	14186	14163	1395	4		1		1
水利、环境和公共设施管理业	**N**	**27647**	**27598**	**2107**	**9**		**4**		
水利管理业	76	3633	3633	1502			4		
生态保护和环境治理业	77	1706	1704	260					
公共设施管理业	78	21602	21555	312	9				
土地管理业	79	706	706	33					
居民服务、修理和其他服务业	**O**	**27119**	**27119**	**316**	**147**	**3**			
居民服务业	80	7271	7271	196	77	3			
机动车、电子产品和日用产品修理业	81	13294	13294	120	9				
其他服务业	82	6554	6554		61				
教育	**P**	**17144**	**17144**	**313**	**141**	**113**			
教育	83	17144	17144	313	141	113			
卫生和社会工作	**Q**	**18724**	**18724**	**625**	**6**	**11**	**3**		
卫生	84	18157	18157	625	6	11	3		
社会工作	85	567	567						
文化、体育和娱乐业	**R**	**20468**	**20457**	**963**	**21**	**7**	**4**		
新闻和出版业	86	1199	1199	587					
广播、电视、电影和录音制作业	87	5092	5091	373	21				
文化艺术业	88	2602	2602	2					
体育	89	1375	1375						
娱乐业	90	10200	10190	1		7	4		
公共管理、社会保障和社会组织	**S**								
中国共产党机关	91								
国家机构	92								
人民政协、民主党派	93								
社会保障	94								
群众团体、社会团体和其他成员组织	95								
基层群众自治组织	96								
国际组织	**T**								
国际组织	97								

1-9 续表 9

行业大类	代码	国有与集体联营	其他联营	有限责任公司	国有独资	其他有限责任公司	股份有限公司	私营	私营独资
房地产业	**K**	**35**		**64136**	**6245**	**57891**	**3422**	**89745**	**274**
房地产业	70	35		64136	6245	57891	3422	89745	274
租赁和商务服务业	**L**			**82931**	**18310**	**64621**	**5082**	**125127**	**524**
租赁业	71			2188	90	2098	256	7646	38
商务服务业	72			80743	18220	62523	4826	117481	486
科学研究和技术服务业	**M**		**2**	**32340**	**7191**	**25149**	**1607**	**46056**	**310**
研究和试验发展	73			733		733	24	947	3
专业技术服务业	74		2	28144	6835	21309	1223	36169	263
科技推广和应用服务业	75			3463	356	3107	360	8940	44
水利、环境和公共设施管理业	**N**		**4**	**17602**	**5727**	**11875**	**319**	**7557**	**36**
水利管理业	76		4	1821	1021	800		306	
生态保护和环境治理业	77			760	92	668	4	680	
公共设施管理业	78			14814	4562	10252	315	6105	26
土地管理业	79			207	52	155		466	10
居民服务、修理和其他服务业	**O**			**5166**	**145**	**5021**	**336**	**21151**	**674**
居民服务业	80			1586	49	1537	152	5257	175
机动车、电子产品和日用产品修理业	81			1909	93	1816	157	11099	432
其他服务业	82			1671	3	1668	27	4795	67
教育	**P**			5943	153	5790	236	10398	1730
教育	83			5943	153	5790	236	10398	1730
卫生和社会工作	**Q**		**3**	**3560**	**1**	**3559**	**243**	**14276**	**4002**
卫生	84		3	3467		3467	243	13802	3916
社会工作	85			93	1	92		474	86
文化、体育和娱乐业	**R**		**4**	**4144**	**107**	**4037**	**560**	**14758**	**3722**
新闻和出版业	86			319		319	246	47	
广播、电视、电影和录音制作业	87			1399	60	1339	152	3146	14
文化艺术业	88			1075	6	1069	10	1515	
体育	89			258	3	255	3	1114	73
娱乐业	90		4	1093	38	1055	149	8936	3635
公共管理、社会保障和社会组织	**S**								
中国共产党机关	91								
国家机构	92								
人民政协、民主党派	93								
社会保障	94								
群众团体、社会团体和其他成员组织	95								
基层群众自治组织	96								
国际组织	**T**								
国际组织	97								

1-9 续表 10

行业大类	代码	私营合伙	私营有限责任公司	私营股份有限公司	其他	港澳台商投资	与港澳台商合资经营	与港澳台商合作经营	港澳台商独资
房地产业	**K**	**23**	**85931**	**3517**		**153**	**101**		**52**
房地产业	70	23	85931	3517		153	101		52
租赁和商务服务业	**L**	**1881**	**120624**	**2098**		**52**	**19**		**33**
租赁业	71	2	7532	74		5			5
商务服务业	72	1879	113092	2024		47	19		28
科学研究和技术服务业	**M**	**120**	**44611**	**1015**		**11**	**4**		**7**
研究和试验发展	73		924	20					
专业技术服务业	74	64	35066	776		4	4		
科技推广和应用服务业	75	56	8621	219		7			7
水利、环境和公共设施管理业	**N**	**10**	**7428**	**83**		**49**			**47**
水利管理业	76		261	45					
生态保护和环境治理业	77		676	4		2			
公共设施管理业	78		6055	24		47			47
土地管理业	79	10	436	10					
居民服务、修理和其他服务业	**O**	**54**	**20175**	**248**					
居民服务业	80	3	4971	108					
机动车、电子产品和日用产品修理业	81	50	10480	137					
其他服务业	82	1	4724	3					
教育	**P**	**97**	**8249**	**322**					
教育	83	97	8249	322					
卫生和社会工作	**Q**	**546**	**9432**	**296**					
卫生	84	546	9049	291					
社会工作	85		383	5					
文化、体育和娱乐业	**R**	**92**	**10767**	**177**		**10**			**10**
新闻和出版业	86		40	7					
广播、电视、电影和录音制作业	87	3	3115	14					
文化艺术业	88		1472	43					
体育	89	2	984	55					
娱乐业	90	87	5156	58		10			10
公共管理、社会保障和社会组织	**S**								
中国共产党机关	91								
国家机构	92								
人民政协、民主党派	93								
社会保障	94								
群众团体、社会团体和其他成员组织	95								
基层群众自治组织	96								
国际组织	**T**								
国际组织	97								

1-9 续表 11

行业大类	代码								
		港澳台商投资股份有限公司	其他港澳台商投资	外商投资企业	中外合资经营	中外合作经营	外资企业	外商投资股份有限公司	其他外商投资
房地产业	**K**			**32**					**32**
房地产业	70			32					32
租赁和商务服务业	**L**			**276**	**257**		**15**		**4**
租赁业	71								
商务服务业	72			276	257		15		4
科学研究和技术服务业	**M**			**34**	**7**		**9**		**18**
研究和试验发展	73			1			1		
专业技术服务业	74			17	1				16
科技推广和应用服务业	75			16	6		8		2
水利、环境和公共设施管理业	**N**		**2**						
水利管理业	76								
生态保护和环境治理业	77		2						
公共设施管理业	78								
土地管理业	79								
居民服务、修理和其他服务业	**O**								
居民服务业	80								
机动车、电子产品和日用产品修理业	81								
其他服务业	82								
教育	**P**								
教育	83								
卫生和社会工作	**Q**								
卫生	84								
社会工作	85								
文化、体育和娱乐业	**R**			**1**			**1**		
新闻和出版业	86								
广播、电视、电影和录音制作业	87			1			1		
文化艺术业	88								
体育	89								
娱乐业	90								
公共管理、社会保障和社会组织	**S**								
中国共产党机关	91								
国家机构	92								
人民政协、民主党派	93								
社会保障	94								
群众团体、社会团体和其他成员组织	95								
基层群众自治组织	96								
国际组织	**T**								
国际组织	97								

1-10 按地区、控股情况分组的企业法人单位数

地　　区	企业法人单位数(个)	国有控股	集体控股	私人控股	港澳台商控股	外商控股	其他
总　计	**175572**	**6643**	**1154**	**160672**	**148**	**130**	**6825**
乌鲁木齐市	**59020**	**1534**	**250**	**55168**	**40**	**54**	**1974**
市辖区	1						1
天山区	10845	323	41	10215	9	27	230
沙依巴克区	9296	277	53	8707	4	4	251
新市区	13717	261	58	12689	7	6	696
水磨沟区	6347	131	24	6102	4	3	83
头屯河区	2708	108	13	2536	1	1	49
达坂城区	249	36	9	183	1		20
米东区	3757	79	15	3575	1	1	86
乌鲁木齐县	241	25	3	182			31
乌鲁木齐经济技术开发区	5423	232	17	4948	10	8	208
乌鲁木齐高新技术产业开发区	6431	58	17	6031	3	4	318
克拉玛依市	**5582**	**175**	**49**	**5226**		**3**	**129**
市辖区	2	1					1
独山子区	727	39	4	644			40
克拉玛依区	4007	96	34	3807		3	67
白碱滩区	644	13	6	610			15
乌尔禾区	202	26	5	165			6
吐鲁番市	**4182**	**289**	**32**	**3658**	**2**	**3**	**198**
高昌区	1871	111	17	1600	2	2	139
鄯善县	1256	83	11	1116		1	45
托克逊县	1055	95	4	942			14
哈密市	**8976**	**372**	**60**	**8309**	**7**	**2**	**226**
伊州区	8105	297	36	7578	7	2	185
巴里坤哈萨克自治县	419	45	15	338			21
伊吾县	450	29	9	392			20
昌吉回族自治州	**13933**	**469**	**91**	**12544**	**23**	**14**	**792**
昌吉市	6966	144	33	6396	9	10	374
阜康市	1608	77	16	1414	11	2	88
呼图壁县	1187	71	11	1006		1	98
玛纳斯县	883	62	12	755			54
奇台县	1632	53	6	1479	1		93
吉木萨尔县	1308	44	8	1187	1	1	67
木垒哈萨克自治县	349	18	5	307	1		18
博尔塔拉蒙古自治州	**4578**	**342**	**39**	**4029**	**3**	**1**	**164**
博乐市	2710	213	17	2382	1		97
阿拉山口市	936	41	8	856	2	1	28
精河县	745	62	9	650			24
温泉县	187	26	5	141			15

1-10 续表 1

地区	企业法人单位数(个)	国有控股	集体控股	私人控股	港澳台商控股	外商控股	其他
巴音郭楞蒙古自治州	**11938**	**567**	**94**	**11057**	**3**	**4**	**213**
库尔勒市	7130	242	34	6756	1	2	95
轮台县	1063	22	7	1018	2	1	13
尉犁县	518	47	7	456			8
若羌县	460	47	2	405			6
且末县	389	43	2	323			21
焉耆回族自治县	624	33	7	562			22
和静县	1056	63	16	953		1	23
和硕县	461	41	11	397			12
博湖县	235	28	8	186			13
库尔勒经济技术开发区	2	1		1			
阿克苏地区	**12223**	**386**	**84**	**11319**	**11**	**6**	**417**
阿克苏市	5333	115	27	5036	3	2	150
温宿县	1107	63	9	997	1	2	35
库车县	2315	41	8	2184	2		80
沙雅县	961	49	9	842	2	1	58
新和县	602	32	3	550			17
拜城县	923	42	11	849	2		19
乌什县	278	18	6	234			20
阿瓦提县	536	13	8	495	1		19
柯坪县	168	13	3	132		1	19
克孜勒苏柯尔克孜自治州	**2296**	**127**	**36**	**2049**	**2**	**2**	**80**
阿图什市	1354	50	22	1241	1	1	39
阿克陶县	472	25	9	408			30
阿合奇县	120	19	2	95			4
乌恰县	350	33	3	305	1	1	7
喀什地区	**13930**	**386**	**121**	**12245**	**7**	**7**	**1164**
喀什市	5221	111	22	4389	4	3	692
疏附县	521	21	1	435		1	63
疏勒县	1008	10	6	924			68
英吉沙县	424	30	4	377		1	12
泽普县	519	17	14	480			8
莎车县	1810	33	13	1648			116
叶城县	1098	35	14	1017	2		30
麦盖提县	883	32	13	834			4
岳普湖县	448	12	4	394			38
伽师县	1008	23	17	844			124
巴楚县	893	45	10	832		1	5
塔什库尔干塔吉克自治县	95	16	3	71	1	1	3

1-10 续表 2

地　　区	企业法人单位数(个)	国有控股	集体控股	私人控股	港澳台商控股	外商控股	其他
和田地区	**6911**	**178**	**74**	**6400**	**8**	**1**	**250**
和田市	3178	70	49	2997	7		55
和田县	735	10		690			35
墨玉县	836	35	4	772			25
皮山县	507	11	2	490			4
洛浦县	471	8	2	455			6
策勒县	366	14	5	326			21
于田县	604	16	10	518		1	59
民丰县	214	14	2	152	1		45
伊犁哈萨克自治州直属县（市）	**16370**	**693**	**106**	**14863**	**25**	**14**	**669**
伊宁市	3637	149	32	3027	1	4	424
奎屯市	2439	122	7	2280		1	29
霍尔果斯市	5522	25	8	5420	22	7	40
伊宁县	627	52	16	516	1		42
察布查尔锡伯自治县	658	44	8	597			9
霍城县	1489	83	7	1348	1	2	48
巩留县	382	39	6	328			9
新源县	715	58	9	635			13
昭苏县	255	52	3	183			17
特克斯县	239	29	2	196			12
尼勒克县	407	40	8	333			26
塔城地区	**4414**	**365**	**53**	**3638**	**4**	**4**	**350**
塔城市	933	59	8	842		2	22
乌苏市	1218	85	7	940	2	1	183
额敏县	501	72	9	367		1	52
沙湾县	1039	84	14	899	2		40
托里县	230	23	4	180			23
裕民县	168	15	3	145			5
和布克赛尔蒙古自治县	325	27	8	265			25
阿勒泰地区	**3576**	**282**	**41**	**3117**	**2**	**4**	**130**
阿勒泰市	1451	111	13	1303			24
布尔津县	317	38	4	236	1	2	36
富蕴县	348	28	5	282			33
福海县	655	36	3	610		2	4
哈巴河县	301	19	5	258			19
青河县	256	31	7	205	1		12
吉木乃县	247	18	4	223			2
自治区直辖县级市	**7643**	**478**	**24**	**7050**	**11**	**11**	**69**
石河子市	3692	231	13	3417	4	9	18
阿拉尔市	1972	114	3	1825	2	1	27
图木舒克市	705	44	1	657			3
五家渠市	1225	86	7	1105	5	1	21
铁门关市	48	2		46			

1-11 按地区、控股情况分组的企业法人单位从业人员数

地区	从业人员数(人)	国有控股	集体控股	私人控股	港澳台商控股	外商控股	其他
总计	**2875164**	**1000071**	**68941**	**1580261**	**11881**	**11365**	**202645**
乌鲁木齐市	**928867**	**379060**	**19511**	**453683**	**6710**	**3982**	**65921**
市辖区	8665						8665
天山区	137636	56950	782	72663	150	903	6188
沙依巴克区	123885	42061	2324	74962	214	15	4309
新市区	271002	131020	7148	120744	2162	297	9631
水磨沟区	112627	47858	378	48827	31	1641	13892
头屯河区	36040	13305	631	16559	11		5534
达坂城区	7562	5996	197	1167	15		187
米东区	60527	22906	795	33084	2	190	3550
乌鲁木齐县	3365	1112	281	1631			341
乌鲁木齐经济技术开发区	114569	42312	6812	52760	4123	919	7643
乌鲁木齐高新技术产业开发区	50680	13281	163	31286	2	17	5931
克拉玛依市	**213765**	**98263**	**4627**	**95466**		**82**	**15327**
市辖区	193						193
独山子区	36246	25437	184	6995			3630
克拉玛依区	144113	66116	1150	68380		82	8385
白碱滩区	29513	5380	3275	17934			2924
乌尔禾区	3700	1330	18	2157			195
吐鲁番市	**81410**	**32746**	**1646**	**39833**	**373**	**365**	**6447**
高昌区	28485	8338	1292	13397	373	95	4990
鄯善县	31255	13986	339	15410		270	1250
托克逊县	21670	10422	15	11026			207
哈密市	**93547**	**33787**	**2669**	**52981**	**578**	**422**	**3110**
伊州区	78143	30359	1393	42936	578	422	2455
巴里坤哈萨克自治县	5810	2433	321	2980			76
伊吾县	8941	668	955	6739			579
昌吉回族自治州	**222340**	**51458**	**6345**	**130045**	**1382**	**1442**	**31668**
昌吉市	100402	22694	1326	56909	599	1326	17548
阜康市	31951	13550	2399	13219	431	41	2311
呼图壁县	15453	4776	451	8794		70	1362
玛纳斯县	16884	1106	562	11741			3475
奇台县	19846	3998	313	13475	2		2058
吉木萨尔县	33935	5105	964	23229	85	5	4547
木垒哈萨克自治县	3869	229	330	2678	265		367
博尔塔拉蒙古自治州	**55259**	**17079**	**1027**	**34882**	**9**	**16**	**2246**
博乐市	38161	14187	498	21773	7		1696
阿拉山口市	5440	384	18	4671	2	16	349
精河县	8489	1719	420	6210			140
温泉县	3169	789	91	2228			61

1-11 续表 1

地　　区	从业人员数（人）	国有控股	集体控股	私人控股	港澳台商控股	外商控股	其他
巴音郭楞蒙古自治州	**161410**	**56810**	**3159**	**93201**	**203**	**199**	**7838**
库尔勒市	108324	44232	1512	55766	53	53	6708
轮台县	12558	688	159	11220	150	120	221
尉犁县	7349	621	201	6304			223
若羌县	6471	3659	270	2497			45
且末县	3689	984	104	2451			150
焉耆回族自治县	3904	545	206	2991			162
和静县	12781	4992	327	7240		26	196
和硕县	3673	587	136	2872			78
博湖县	2576	418	244	1859			55
库尔勒经济技术开发区	85	84		1			
阿克苏地区	**168045**	**38652**	**4448**	**109936**	**598**	**937**	**13474**
阿克苏市	75470	20739	1011	44878	90	770	7982
温宿县	13444	1611	188	11034		156	455
库车县	33476	8738	704	20591	192		3251
沙雅县	11670	2037	201	9142	81	2	207
新和县	8320	427	162	7616			115
拜城县	13319	4209	288	8341	1		480
乌什县	3016	238	131	2485			162
阿瓦提县	7533	463	1434	4663	234		739
柯坪县	1797	190	329	1186		9	83
克孜勒苏柯尔克孜自治州	**28614**	**7126**	**1489**	**17413**	**285**	**1**	**2300**
阿图什市	15744	4389	1109	8979	84		1183
阿克陶县	6652	902	238	5024			488
阿合奇县	1692	518	43	1020			111
乌恰县	4526	1317	99	2390	201	1	518
喀什地区	**218278**	**42541**	**4767**	**146000**	**106**	**65**	**24799**
喀什市	72891	18219	1227	39561	12	16	13856
疏附县	15093	3995	147	8670		17	2264
疏勒县	10383	678	264	8172			1269
英吉沙县	12714	3552	198	8264		25	675
泽普县	19963	5645	619	11964			1735
莎车县	25588	3203	747	20549			1089
叶城县	14536	471	349	12638			1078
麦盖提县	7547	1493	402	5652			
岳普湖县	4514	149	231	3722			412
伽师县	19042	595	267	16174			2006
巴楚县	13526	3792	283	9084		5	362
塔什库尔干塔吉克自治县	1931	230	33	1550	94	2	22

1-11 续表 2

地　　区	从业人员数(人)	国有控股	集体控股	私人控股	港澳台商控股	外商控股	其他
和田地区	**104144**	**10651**	**6464**	**83851**	**170**	**6**	**3002**
和田市	38279	6716	4823	25410	170		1160
和田县	13071	731		12102			238
墨玉县	16658	1539	241	14633			245
皮山县	7193	579	127	6476			11
洛浦县	11098	352	97	10607			42
策勒县	7886	179	134	6645			928
于田县	8584	467	994	6831		6	286
民丰县	1375	88	48	1147			92
伊犁哈萨克自治州直属县（市）	**236666**	**71528**	**5592**	**145447**	**432**	**921**	**12746**
伊宁市	70620	22759	1110	38338	36	599	7778
奎屯市	55925	18981	913	34251		83	1697
霍尔果斯市	23203	699	6	22204	30	70	194
伊宁县	19428	5834	1548	11253	362		431
察布查尔锡伯自治县	9086	1321	193	7536			36
霍城县	25257	14113	245	9995	4	169	731
巩留县	7117	1418	151	5469			79
新源县	13590	3327	317	9676			270
昭苏县	2848	1257	176	1243			172
特克斯县	2201	420	96	1534			151
尼勒克县	7391	1399	837	3948			1207
塔城地区	**94139**	**41346**	**2975**	**41504**	**27**	**547**	**7740**
塔城市	19566	7170	258	10772		267	1099
乌苏市	29914	17665	465	8992	12	219	2561
额敏县	7633	3330	458	3180		61	604
沙湾县	25390	8786	1528	12672	15		2389
托里县	4105	1749	77	2062			217
裕民县	1261	289	79	884			9
和布克赛尔蒙古自治县	6270	2357	110	2942			861
阿勒泰地区	**65133**	**32405**	**951**	**29618**	**230**	**60**	**1869**
阿勒泰市	21337	10058	264	10067			948
布尔津县	4716	2509	161	1653	25	20	348
富蕴县	18942	15626	118	2859			339
福海县	7953	1163	129	6559		40	62
哈巴河县	6641	2143	95	4358			45
青河县	3542	418	102	2698	205		119
吉木乃县	1692	178	82	1424			8
自治区直辖县级市	**203547**	**86619**	**3271**	**106401**	**778**	**2320**	**4158**
石河子市	111578	56091	1322	49448	516	2306	1895
阿拉尔市	41885	15218	1655	23139	128	14	1731
图木舒克市	15612	7615	25	7929			43
五家渠市	33905	7321	269	25692	134		489
铁门关市	482	289		193			

1-12 按行业（小类）、控股情况分组的企业法人单位数

行业小类	代码	企业法人单位数（个）	国有控股	集体控股	私人控股	港澳台商控股	外商控股	其他
总 计		**175572**	**6643**	**1154**	**160672**	**148**	**130**	**6825**
农、林、牧、渔业	**A**	**1899**	**189**	**25**	**1592**	**2**		**91**
农业	**01**	**21**	**15**	**2**	**4**			
谷物种植	011	3	2		1			
小麦种植	0112	2	2					
其他谷物种植	0119	1			1			
豆类、油料和薯类种植	012	1	1					
油料种植	0122	1	1					
棉、麻、糖、烟草种植	013	12	11	1				
棉花种植	0131	12	11	1				
蔬菜、食用菌及园艺作物种植	014	1			1			
蔬菜种植	0141	1			1			
中药材种植	017	2			2			
中草药种植	0171	2			2			
其他农业	019	2	1	1				
其他农业	0190	2	1	1				
林业	**02**	**2**	**2**					
森林经营、管护和改培	023	2	2					
森林经营和管护	0231	2	2					
畜牧业	**03**	**7**	**3**		**4**			
牲畜饲养	031	3	2		1			
牛的饲养	0311	1	1					
猪的饲养	0313	1			1			
羊的饲养	0314	1	1					
家禽饲养	032	4	1		3			
鸡的饲养	0321	4	1		3			
渔业	**04**	**1**			**1**			
水产养殖	041	1			1			
内陆养殖	0412	1			1			
农、林、牧、渔专业及辅助性活动	**05**	**1868**	**169**	**23**	**1583**	**2**		**91**
农业专业及辅助性活动	051	1684	148	23	1433	2		78
种子种苗培育活动	0511	55	6	2	47			
农业机械活动	0512	118	11		103			4
灌溉活动	0513	55	17	2	29			7
农产品初加工活动	0514	1150	89	15	993	2		51
农作物病虫害防治活动	0515	22			22			
其他农业专业及辅助性活动	0519	284	25	4	239			16
林业专业及辅助性活动	052	64	2		60			2
林业有害生物防治活动	0521	24	2		22			

1-12 续表 1

行业小类	代码	企业法人单位数(个)	国有控股	集体控股	私人控股	港澳台商控股	外商控股	其他
森林防火活动	0522	1			1			
林产品初级加工活动	0523	7			7			
其他林业专业及辅助性活动	0529	32			30			2
畜牧专业及辅助性活动	053	102	19		73			10
畜牧良种繁殖活动	0531	47	6		35			6
畜禽粪污处理活动	0532	1			1			
其他畜牧专业及辅助性活动	0539	54	13		37			4
渔业专业及辅助性活动	054	18			17			1
鱼苗及鱼种场活动	0541	8			8			
其他渔业专业及辅助性活动	0549	10			9			1
采矿业	**B**	**2955**	**170**	**23**	**2632**	**11**	**5**	**114**
煤炭开采和洗选业	**06**	**327**	**76**	**3**	**221**	**4**	**1**	**22**
烟煤和无烟煤开采洗选	061	312	74	3	208	4	1	22
烟煤和无烟煤开采洗选	0610	312	74	3	208	4	1	22
褐煤开采洗选	062	3	1		2			
褐煤开采洗选	0620	3	1		2			
其他煤炭采选	069	12	1		11			
其他煤炭采选	0690	12	1		11			
石油和天然气开采业	**07**	**42**	**10**		**30**	**1**		**1**
石油开采	071	31	7		23			1
陆地石油开采	0711	31	7		23			1
天然气开采	072	11	3		7	1		
陆地天然气开采	0721	11	3		7	1		
黑色金属矿采选业	**08**	**428**	**17**	**2**	**389**	**2**		**18**
铁矿采选	081	403	17	2	366	2		16
铁矿采选	0810	403	17	2	366	2		16
锰矿、铬矿采选	082	14			12			2
锰矿、铬矿采选	0820	14			12			2
其他黑色金属矿采选	089	11			11			
其他黑色金属矿采选	0890	11			11			
有色金属矿采选业	**09**	**334**	**26**	**6**	**283**	**3**	**1**	**15**
常用有色金属矿采选	091	227	18	5	187	2	1	14
铜矿采选	0911	125	10	2	103	2		8
铅锌矿采选	0912	51	2	3	43			3
镍钴矿采选	0913	8	5		2		1	
锡矿采选	0914	1						1
镁矿采选	0917	2			2			
其他常用有色金属矿采选	0919	40	1		37			2
贵金属矿采选	092	82	6	1	74			1
金矿采选	0921	78	6	1	70			1
其他贵金属矿采选	0929	4			4			

1-12 续表 2

行业小类	代码	企业法人单位数（个）	国有控股	集体控股	私人控股	港澳台商控股	外商控股	其他
稀有稀土金属矿采选	093	25	2		22	1		
钨钼矿采选	0931	12	1		11			
稀土金属矿采选	0932	4			4			
其他稀有金属矿采选	0939	9	1		7	1		
非金属矿采选业	**10**	**1154**	**31**	**7**	**1073**		**1**	**42**
土砂石开采	101	996	17	4	936		1	38
石灰石、石膏开采	1011	177	6	1	158		1	11
建筑装饰用石开采	1012	158	3	1	149			5
耐火土石开采	1013	12	1	1	10			
粘土及其他土砂石开采	1019	649	7	1	619			22
化学矿开采	102	13	3		10			
化学矿开采	1020	13	3		10			
采盐	103	11	5	1	5			
采盐	1030	11	5	1	5			
石棉及其他非金属矿采选	109	134	6	2	122			4
石棉、云母矿采选	1091	14	1		13			
石墨、滑石采选	1092	7	1		6			
宝石、玉石采选	1093	57	1	1	52			3
其他未列明非金属矿采选	1099	56	3	1	51			1
开采专业及辅助性活动	**11**	**492**	**7**	**4**	**469**	**1**	**2**	**9**
煤炭开采和洗选专业及辅助性活动	111	27	2	1	23	1		
煤炭开采和洗选专业及辅助性活动	1110	27	2	1	23	1		
石油和天然气开采专业及辅助性活动	112	441	4	3	424		2	8
石油和天然气开采专业及辅助性活动	1120	441	4	3	424		2	8
其他开采专业及辅助性活动	119	24	1		22			1
其他开采专业及辅助性活动	1190	24	1		22			1
其他采矿业	12	178	3	1	167			7
其他采矿业	120	178	3	1	167			7
其他采矿业	1200	178	3	1	167			7
制造业	**C**	**19729**	**711**	**125**	**18078**	**28**	**38**	**749**
农副食品加工业	**13**	**2154**	**115**	**15**	**1932**	**1**	**10**	**81**
谷物磨制	131	310	26	5	265			14
稻谷加工	1311	83	5	1	77			
小麦加工	1312	177	21	4	139			13
玉米加工	1313	11			11			
杂粮加工	1314	13			13			
其他谷物磨制	1319	26			25			1
饲料加工	132	173	15	1	144		3	10

1-12 续表 3

行业小类	代码	企业法人单位数（个）						
			国有控股	集体控股	私人控股	港澳台商控股	外商控股	其他
其他饲料加工	1329	165	15	1	136		3	10
植物油加工	133	335	21	5	290		3	16
食用植物油加工	1331	322	20	5	281		3	13
非食用植物油加工	1332	13	1		9			3
制糖业	134	22	10	1	11			
制糖业	1340	22	10	1	11			
屠宰及肉类加工	135	317	13	1	291		1	11
牲畜屠宰	1351	140	9	1	127			3
禽类屠宰	1352	21	2		18			1
肉制品及副产品加工	1353	156	2		146		1	7
水产品加工	136	17			17			
水产品冷冻加工	1361	10			10			
鱼糜制品及水产品干腌制加工	1362	2			2			
其他水产品加工	1369	5			5			
蔬菜、菌类、水果和坚果加工	137	590	20	1	557		1	11
蔬菜加工	1371	94	3	1	89			1
食用菌加工	1372	9			9			
水果和坚果加工	1373	487	17		459		1	10
其他农副食品加工	139	390	10	1	357	1	2	19
淀粉及淀粉制品制造	1391	48	3		40		1	4
豆制品制造	1392	48	1		45			2
蛋品加工	1393	3			3			
其他未列明农副食品加工	1399	291	6	1	269	1	1	13
食品制造业	**14**	**950**	**68**	**7**	**823**	**2**	**7**	**43**
焙烤食品制造	141	225	4		212		2	7
糕点、面包制造	1411	166	3		159			4
饼干及其他焙烤食品制造	1419	59	1		53		2	3
糖果、巧克力及蜜饯制造	142	28			26			2
糖果、巧克力制造	1421	19			17			2
蜜饯制作	1422	9			9			
方便食品制造	143	111	3		101	2		5
米、面制品制造	1431	77	2		71			4
速冻食品制造	1432	16			16			
方便面制造	1433	9			7	2		
其他方便食品制造	1439	9	1		7			1
乳制品制造	144	92	15	2	68		1	6
液体乳制造	1441	38	10		25			3
乳粉制造	1442	22	4	2	14		1	1

1-12 续表 4

行业小类	代码	企业法人单位数(个)	国有控股	集体控股	私人控股	港澳台商控股	外商控股	其他
其他乳制品制造	1449	32	1		29			2
罐头食品制造	145	120	26	1	87		3	3
肉、禽类罐头制造	1451	3			3			
蔬菜、水果罐头制造	1453	115	25	1	83		3	3
其他罐头食品制造	1459	2	1		1			
调味品、发酵制品制造	146	81	3		72		1	5
味精制造	1461	3	1		2			
酱油、食醋及类似制品制造	1462	25	1		22			2
其他调味品、发酵制品制造	1469	53	1		48		1	3
其他食品制造	149	293	17	4	257			15
营养食品制造	1491	50			48			2
保健食品制造	1492	41	2		38			1
冷冻饮品及食用冰制造	1493	16			16			
盐加工	1494	15	6	1	6			2
食品及饲料添加剂制造	1495	40	5	1	32			2
其他未列明食品制造	1499	131	4	2	117			8
酒、饮料和精制茶制造业	**15**	**638**	**36**	**3**	**550**	**3**	**11**	**35**
酒的制造	151	372	29	2	317	1	4	19
酒精制造	1511	1			1			
白酒制造	1512	127	12	2	110			3
啤酒制造	1513	21	6		8	1	4	2
葡萄酒制造	1515	190	10		168			12
其他酒制造	1519	33	1		30			2
饮料制造	152	253	7	1	220	2	7	16
碳酸饮料制造	1521	14			11	1		2
瓶（罐）装饮用水制造	1522	132	3		118	1	2	8
果菜汁及果菜汁饮料制造	1523	54	4		47		1	2
含乳饮料和植物蛋白饮料制造	1524	15			12		2	1
固体饮料制造	1525	2			2			
茶饮料及其他饮料制造	1529	36		1	30		2	3
精制茶加工	153	13			13			
精制茶加工	1530	13			13			
烟草制品业	**16**	**2**	**1**		**1**			
卷烟制造	162	1	1					
卷烟制造	1620	1	1					
其他烟草制品制造	169	1			1			
其他烟草制品制造	1690	1			1			
纺织业	**17**	**912**	**34**	**5**	**831**	**7**		**35**

1-12 续表 5

行业小类	代码	企业法人单位数(个)	国有控股	集体控股	私人控股	港澳台商控股	外商控股	其他
棉纺织及印染精加工	171	540	29	3	479	6		23
棉纺纱加工	1711	423	27	2	369	5		20
棉织造加工	1712	110	2	1	103	1		3
棉印染精加工	1713	7			7			
毛纺织及染整精加工	172	42	2		37			3
毛条和毛纱线加工	1721	20	2		16			2
毛织造加工	1722	21			20			1
毛染整精加工	1723	1			1			
麻纺织及染整精加工	173	8			8			
麻纤维纺前加工和纺纱	1731	6			6			
麻织造加工	1732	2			2			
丝绢纺织及印染精加工	174	20			19			1
缫丝加工	1741	3			3			
绢纺和丝织加工	1742	16			15			1
丝印染精加工	1743	1			1			
化纤织造及印染精加工	175	21			21			
化纤织造加工	1751	14			14			
化纤织物染整精加工	1752	7			7			
针织或钩针编织物及其制品制造	176	102	1	1	98			2
针织或钩针编织物织造	1761	55	1	1	51			2
针织或钩针编织物印染精加工	1762	6			6			
针织或钩针编织品制造	1763	41			41			
家用纺织制成品制造	177	132	1		126	1		4
床上用品制造	1771	64	1		61			2
毛巾类制品制造	1772	14			13			1
窗帘、布艺类产品制造	1773	15			15			
其他家用纺织制成品制造	1779	39			37	1		1
产业用纺织制成品制造	178	47	1	1	43			2
非织造布制造	1781	18			17			1
纺织带和帘子布制造	1783	2			2			
篷、帆布制造	1784	13	1		12			
其他产业用纺织制成品制造	1789	14		1	12			1
纺织服装、服饰业	**18**	**1295**	**12**	**11**	**1233**		**1**	**38**
机织服装制造	181	465	7	6	438			14
运动机织服装制造	1811	73	2	1	68			2
其他机织服装制造	1819	392	5	5	370			12
针织或钩针编织服装制造	182	107	2		102			3
运动休闲针织服装制造	1821	33	1		32			

1-12 续表 6

行业小类	代码	企业法人单位数（个）	国有控股	集体控股	私人控股	港澳台商控股	外商控股	其他
其他针织或钩针编织服装制造	1829	74	1		70			3
服饰制造	183	723	3	5	693		1	21
服饰制造	1830	723	3	5	693		1	21
皮革、毛皮、羽毛及其制品和制鞋业	**19**	**137**	**1**		**131**			**5**
皮革鞣制加工	191	17			17			
皮革鞣制加工	1910	17			17			
皮革制品制造	192	22			22			
皮革服装制造	1921	5			5			
皮箱、包（袋）制造	1922	8			8			
皮手套及皮装饰制品制造	1923	4			4			
其他皮革制品制造	1929	5			5			
毛皮鞣制及制品加工	193	27	1		25			1
毛皮鞣制加工	1931	8			8			
毛皮服装加工	1932	14	1		13			
其他毛皮制品加工	1939	5			4			1
羽毛（绒）加工及制品制造	194	12			12			
羽毛（绒）加工	1941	8			8			
羽毛（绒）制品加工	1942	4			4			
制鞋业	195	59			55			4
纺织面料鞋制造	1951	3			2			1
皮鞋制造	1952	32			30			2
塑料鞋制造	1953	2			2			
橡胶鞋制造	1954	3			3			
其他制鞋业	1959	19			18			1
木材加工和木、竹、藤、棕、草制品业	**20**	**479**	**2**	**1**	**454**		**1**	**21**
木材加工	201	276	1		262		1	12
锯材加工	2011	75			73			2
木片加工	2012	66			62		1	3
单板加工	2013	9			9			
其他木材加工	2019	126	1		118			7
人造板制造	202	79			74			5
胶合板制造	2021	31			30			1
纤维板制造	2022	20			18			2
刨花板制造	2023	9			9			
其他人造板制造	2029	19			17			2
木质制品制造	203	108	1	1	103			3
建筑用木料及木材组件加工	2031	60	1	1	57			1
木门窗制造	2032	22			22			

1-12 续表 7

行业小类	代码	企业法人单位数(个)	国有控股	集体控股	私人控股	港澳台商控股	外商控股	其他
木地板制造	2034	1			1			
木制容器制造	2035	3			3			
软木制品及其他木制品制造	2039	22			20			2
竹、藤、棕、草等制品制造	204	16			15			1
草及其他制品制造	2049	16			15			1
家具制造业	**21**	**320**			**309**	**1**		**10**
木质家具制造	211	223			212	1		10
木质家具制造	2110	223			212	1		10
金属家具制造	213	36			36			
金属家具制造	2130	36			36			
塑料家具制造	214	9			9			
塑料家具制造	2140	9			9			
其他家具制造	219	52			52			
其他家具制造	2190	52			52			
造纸和纸制品业	**22**	**317**	**1**	**1**	**299**	**2**	**1**	**13**
纸浆制造	221	5			5			
木竹浆制造	2211	1			1			
非木竹浆制造	2212	4			4			
造纸	222	79		1	73			5
机制纸及纸板制造	2221	39		1	34			4
手工纸制造	2222	5			5			
加工纸制造	2223	35			34			1
纸制品制造	223	233	1		221	2	1	8
纸和纸板容器制造	2231	143			137		1	5
其他纸制品制造	2239	90	1		84	2		3
印刷和记录媒介复制业	**23**	**355**	**32**	**7**	**300**			**16**
印刷	231	270	26	6	225			13
书、报刊印刷	2311	102	16	3	77			6
本册印制	2312	34		1	31			2
包装装潢及其他印刷	2319	134	10	2	117			5
装订及印刷相关服务	232	84	6	1	74			3
装订及印刷相关服务	2320	84	6	1	74			3
记录媒介复制	233	1			1			
记录媒介复制	2330	1			1			
文教、工美、体育和娱乐用品制造业	**24**	**493**	**5**	**1**	**467**	**2**	**1**	**17**
文教办公用品制造	241	36	1		33			2
文具制造	2411	8			8			
笔的制造	2412	7			7			

1-12 续表 8

行业小类	代码	企业法人单位数(个)	国有控股	集体控股	私人控股	港澳台商控股	外商控股	其他
教学用模型及教具制造	2413	10	1		9			
其他文教办公用品制造	2419	11			9			2
乐器制造	242	6			6			
中乐器制造	2421	2			2			
其他乐器及零件制造	2429	4			4			
工艺美术及礼仪用品制造	243	434	4	1	411	2	1	15
雕塑工艺品制造	2431	46			43			3
金属工艺品制造	2432	20			17			3
漆器工艺品制造	2433	1						1
花画工艺品制造	2434	8			7			1
天然植物纤维编织工艺品制造	2435	3			3			
抽纱刺绣工艺品制造	2436	92	2		89			1
地毯、挂毯制造	2437	182	2	1	171	1	1	6
珠宝首饰及有关物品制造	2438	42			41	1		
其他工艺美术及礼仪用品制造	2439	40			40			
体育用品制造	244	10			10			
专项运动器材及配件制造	2442	4			4			
健身器材制造	2443	3			3			
其他体育用品制造	2449	3			3			
玩具制造	245	5			5			
塑胶玩具制造	2452	1			1			
娃娃玩具制造	2455	2			2			
其他玩具制造	2459	2			2			
游艺器材及娱乐用品制造	246	2			2			
露天游乐场所游乐设备制造	2461	2			2			
石油、煤炭及其他燃料加工业	**25**	**306**	**19**	**4**	**270**	**1**		**12**
精炼石油产品制造	251	137	8	2	120			7
原油加工及石油制品制造	2511	132	8	2	117			5
其他原油制造	2519	5			3			2
煤炭加工	252	148	11	2	130	1		4
炼焦	2521	73	9	2	59	1		2
煤制合成气生产	2522	4			3			1
煤制液体燃料生产	2523	6	1		5			
煤制品制造	2524	23			23			
其他煤炭加工	2529	42	1		40			1
核燃料加工	253	1			1			
核燃料加工	2530	1			1			
生物质燃料加工	254	20			19			1

1-12 续表 9

行业小类	代码	企业法人单位数(个)	国有控股	集体控股	私人控股	港澳台商控股	外商控股	其他
生物质液体燃料生产	2541	10			10			
生物质致密成型燃料加工	2542	10			9			1
化学原料和化学制品制造业	**26**	**1214**	**90**	**11**	**1051**	**3**	**2**	**57**
基础化学原料制造	261	209	19	2	171	2		15
无机酸制造	2611	6			5			1
无机碱制造	2612	3	1		2			
无机盐制造	2613	35	9	1	24			1
有机化学原料制造	2614	88	6		73	2		7
其他基础化学原料制造	2619	77	3	1	67			6
肥料制造	262	453	30	2	399		2	20
氮肥制造	2621	22	7		14			1
磷肥制造	2622	4			4			
钾肥制造	2623	24	3		21			
复混肥料制造	2624	136	11	1	116		1	7
有机肥料及微生物肥料制造	2625	222	8	1	205			8
其他肥料制造	2629	45	1		39		1	4
农药制造	263	14	2		12			
化学农药制造	2631	13	2		11			
生物化学农药及微生物农药制造	2632	1			1			
涂料、油墨、颜料及类似产品制造	264	115	2		112			1
涂料制造	2641	95	2		92			1
油墨及类似产品制造	2642	3			3			
工业颜料制造	2643	2			2			
工艺美术颜料制造	2644	1			1			
染料制造	2645	7			7			
密封用填料及类似品制造	2646	7			7			
合成材料制造	265	72	18		47			7
初级形态塑料及合成树脂制造	2651	39	13		23			3
合成橡胶制造	2652	4	1		2			1
合成纤维单（聚合）体制造	2653	9	4		4			1
其他合成材料制造	2659	20			18			2
专用化学产品制造	266	239	11	4	213	1		10
化学试剂和助剂制造	2661	113	6	2	98	1		6
专项化学用品制造	2662	53			51			2
林产化学产品制造	2663	18	3		14			1
文化用信息化学品制造	2664	3		1	2			
环境污染处理专用药剂材料制造	2666	11			11			
动物胶制造	2667	5			5			

1-12 续表 10

行业小类	代码	企业法人单位数(个)	国有控股	集体控股	私人控股	港澳台商控股	外商控股	其他
其他专用化学产品制造	2669	36	2	1	32			1
炸药、火工及焰火产品制造	267	21	6		13			2
炸药及火工产品制造	2671	19	6		11			2
焰火、鞭炮产品制造	2672	2			2			
日用化学产品制造	268	91	2	3	84			2
肥皂及洗涤剂制造	2681	31		2	28			1
化妆品制造	2682	19		1	18			
口腔清洁用品制造	2683	2			2			
香料、香精制造	2684	27	2		25			
其他日用化学产品制造	2689	12			11			1
医药制造业	**27**	**166**	**11**		**146**		**1**	**8**
化学药品原料药制造	271	18			18			
化学药品原料药制造	2710	18			18			
化学药品制剂制造	272	10	2		7			1
化学药品制剂制造	2720	10	2		7			1
中药饮片加工	273	47	3		42			2
中药饮片加工	2730	47	3		42			2
中成药生产	274	39	5		31			3
中成药生产	2740	39	5		31			3
兽用药品制造	275	4			4			
兽用药品制造	2750	4			4			
生物药品制品制造	276	28	1		24		1	2
生物药品制造	2761	28	1		24		1	2
卫生材料及医药用品制造	277	15			15			
卫生材料及医药用品制造	2770	15			15			
药用辅料及包装材料	278	5			5			
药用辅料及包装材料	2780	5			5			
化学纤维制造业	**28**	**40**	**5**	**1**	**26**			**8**
纤维素纤维原料及纤维制造	281	22	4	1	13			4
化纤浆粕制造	2811	11	3	1	4			3
人造纤维（纤维素纤维）制造	2812	11	1		9			1
合成纤维制造	282	14	1		11			2
锦纶纤维制造	2821	2			1			1
涤纶纤维制造	2822	8	1		6			1
丙纶纤维制造	2825	1			1			
其他合成纤维制造	2829	3			3			
生物基材料制造	283	4			2			2
生物基化学纤维制造	2831	2			2			

1-12 续表 11

行业小类	代码	企业法人单位数(个)	国有控股	集体控股	私人控股	港澳台商控股	外商控股	其他
生物基、淀粉基新材料制造	2832	2						2
橡胶和塑料制品业	**29**	**1386**	**29**	**10**	**1296**	**2**		**49**
橡胶制品业	291	91	4		83			4
轮胎制造	2911	5	2		3			
橡胶板、管、带制造	2912	48	2		43			3
橡胶零件制造	2913	6			6			
再生橡胶制造	2914	7			7			
日用及医用橡胶制品制造	2915	1			1			
其他橡胶制品制造	2919	24			23			1
塑料制品业	292	1295	25	10	1213	2		45
塑料薄膜制造	2921	161	4	2	151			4
塑料板、管、型材制造	2922	580	16	2	535	1		26
塑料丝、绳及编织品制造	2923	64	3	1	58			2
泡沫塑料制造	2924	66	1		64			1
塑料人造革、合成革制造	2925	1			1			
塑料包装箱及容器制造	2926	87		1	85			1
日用塑料制品制造	2927	116		1	110	1		4
塑料零件及其他塑料制品制造	2929	220	1	3	209			7
非金属矿物制品业	**30**	**3745**	**151**	**20**	**3434**	**1**	**1**	**138**
水泥、石灰和石膏制造	301	316	49	1	252		1	13
水泥制造	3011	206	44		150		1	11
石灰和石膏制造	3012	110	5	1	102			2
石膏、水泥制品及类似制品制造	302	1128	57	5	1012			54
水泥制品制造	3021	857	45	3	766			43
砼结构构件制造	3022	77	8	1	65			3
石棉水泥制品制造	3023	7			7			
轻质建筑材料制造	3024	136	4	1	126			5
其他水泥类似制品制造	3029	51			48			3
砖瓦、石材等建筑材料制造	303	1856	32	12	1755			57
粘土砖瓦及建筑砌块制造	3031	849	16	8	802			23
建筑用石加工	3032	430	4	2	411			13
防水建筑材料制造	3033	100	2	1	93			4
隔热和隔音材料制造	3034	180	2		173			5
其他建筑材料制造	3039	297	8	1	276			12
玻璃制造	304	43	1		40			2
平板玻璃制造	3041	18	1		15			2
特种玻璃制造	3042	18			18			
其他玻璃制造	3049	7			7			

1-12 续表 12

行业小类	代码	企业法人单位数(个)	国有控股	集体控股	私人控股	港澳台商控股	外商控股	其他
玻璃制品制造	305	70	2		67			1
技术玻璃制品制造	3051	13			13			
光学玻璃制造	3052	2			2			
玻璃仪器制造	3053	3			3			
日用玻璃制品制造	3054	18			17			1
玻璃包装容器制造	3055	12	2		10			
玻璃保温容器制造	3056	5			5			
制镜及类似品加工	3057	1			1			
其他玻璃制品制造	3059	16			16			
玻璃纤维和玻璃纤维增强塑料制品制造	306	48	3	1	44			
玻璃纤维及制品制造	3061	22	2		20			
玻璃纤维增强塑料制品制造	3062	26	1	1	24			
陶瓷制品制造	307	57			53			4
建筑陶瓷制品制造	3071	23			21			2
卫生陶瓷制品制造	3072	16			14			2
特种陶瓷制品制造	3073	3			3			
日用陶瓷制品制造	3074	8			8			
陈设艺术陶瓷制造	3075	3			3			
其他陶瓷制品制造	3079	4			4			
耐火材料制品制造	308	46	2		44			
石棉制品制造	3081	7	1		6			
耐火陶瓷制品及其他耐火材料制造	3089	39	1		38			
石墨及其他非金属矿物制品制造	309	181	5	1	167	1		7
石墨及碳素制品制造	3091	57	1		53			3
其他非金属矿物制品制造	3099	124	4	1	114	1		4
黑色金属冶炼和压延加工业	**31**	**165**	**10**	**2**	**151**			**2**
炼铁	311	24	2	1	21			
炼铁	3110	24	2	1	21			
炼钢	312	7			7			
炼钢	3120	7			7			
钢压延加工	313	118	8	1	108			1
钢压延加工	3130	118	8	1	108			1
铁合金冶炼	314	16			15			1
铁合金冶炼	3140	16			15			1
有色金属冶炼和压延加工业	**32**	**167**	**12**	**2**	**142**	**2**		**9**
常用有色金属冶炼	321	70	6	1	60	1		2
铜冶炼	3211	11	2		8			1
铅锌冶炼	3212	4			3			1

1-12 续表 13

行业小类	代码	企业法人单位数(个)	国有控股	集体控股	私人控股	港澳台商控股	外商控股	其他
镍钴冶炼	3213	2	2					
铝冶炼	3216	8	1	1	6			
镁冶炼	3217	8			7	1		
硅冶炼	3218	25			25			
其他常用有色金属冶炼	3219	12	1		11			
贵金属冶炼	322	14	6		5	1		2
金冶炼	3221	10	6		1	1		2
其他贵金属冶炼	3229	4			4			
稀有稀土金属冶炼	323	2			2			
稀土金属冶炼	3232	1			1			
其他稀有金属冶炼	3239	1			1			
有色金属合金制造	324	31		1	27			3
有色金属合金制造	3240	31		1	27			3
有色金属压延加工	325	50			48			2
铜压延加工	3251	8			6			2
铝压延加工	3252	25			25			
贵金属压延加工	3253	1			1			
其他有色金属压延加工	3259	16			16			
金属制品业	**33**	**1685**	**23**	**8**	**1597**			**57**
结构性金属制品制造	331	1164	14	6	1111			33
金属结构制造	3311	683	7	2	653			21
金属门窗制造	3312	481	7	4	458			12
金属工具制造	332	52	2	1	47			2
切削工具制造	3321	1	1					
手工具制造	3322	4			3			1
农用及园林用金属工具制造	3323	17	1	1	14			1
刀剪及类似日用金属工具制造	3324	2			2			
其他金属工具制造	3329	28			28			
集装箱及金属包装容器制造	333	62	2		57			3
集装箱制造	3331	8			7			1
金属压力容器制造	3332	15	1		13			1
金属包装容器及材料制造	3333	39	1		37			1
金属丝绳及其制品制造	334	30	2		26			2
金属丝绳及其制品制造	3340	30	2		26			2
建筑、安全用金属制品制造	335	139	1		134			4
建筑、家具用金属配件制造	3351	26			25			1
建筑装饰及水暖管道零件制造	3352	63	1		60			2
安全、消防用金属制品制造	3353	27			26			1

1-12 续表 14

行业小类	代码	企业法人单位数(个)	国有控股	集体控股	私人控股	港澳台商控股	外商控股	其他
其他建筑、安全用金属制品制造	3359	23			23			
金属表面处理及热处理加工	336	21			20			1
金属表面处理及热处理加工	3360	21			20			1
搪瓷制品制造	337	4			4			
建筑装饰搪瓷制品制造	3372	1			1			
搪瓷卫生洁具制造	3373	2			2			
搪瓷日用品及其他搪瓷制品制造	3379	1			1			
金属制日用品制造	338	37			37			
金属制厨房用器具制造	3381	9			9			
金属制餐具和器皿制造	3382	8			8			
其他金属制日用品制造	3389	20			20			
铸造及其他金属制品制造	339	176	2	1	161			12
黑色金属铸造	3391	38	1		34			3
有色金属铸造	3392	5			5			
锻件及粉末冶金制品制造	3393	19			19			
交通及公共管理用金属标牌制造	3394	40	1	1	34			4
其他未列明金属制品制造	3399	74			69			5
通用设备制造业	**34**	**543**	**9**	**3**	**518**			**13**
锅炉及原动设备制造	341	109	1		104			4
锅炉及辅助设备制造	3411	91	1		87			3
水轮机及辅机制造	3414	1			1			
风能原动设备制造	3415	11			10			1
其他原动设备制造	3419	6			6			
金属加工机械制造	342	92	1		90			1
金属切削机床制造	3421	4			4			
金属成形机床制造	3422	1			1			
铸造机械制造	3423	10			9			1
金属切割及焊接设备制造	3424	10			10			
机床功能部件及附件制造	3425	1			1			
其他金属加工机械制造	3429	66	1		65			
物料搬运设备制造	343	38	1		34			3
轻小型起重设备制造	3431	6			5			1
生产专用起重机制造	3432	15			15			
生产专用车辆制造	3433	1			1			
连续搬运设备制造	3434	3			2			1
电梯、自动扶梯及升降机制造	3435	10	1		9			
机械式停车设备制造	3437	2			1			1
其他物料搬运设备制造	3439	1			1			

1-12 续表 15

行业小类	代码	企业法人单位数(个)	国有控股	集体控股	私人控股	港澳台商控股	外商控股	其他
泵、阀门、压缩机及类似机械制造	344	21			20			1
泵及真空设备制造	3441	3			3			
气体压缩机械制造	3442	2			1			1
阀门和旋塞制造	3443	12			12			
液压动力机械及元件制造	3444	3			3			
气压动力机械及元件制造	3446	1			1			
轴承、齿轮和传动部件制造	345	4			4			
滚动轴承制造	3451	3			3			
其他传动部件制造	3459	1			1			
烘炉、风机、包装等设备制造	346	44			44			
烘炉、熔炉及电炉制造	3461	5			5			
风机、风扇制造	3462	15			15			
气体、液体分离及纯净设备制造	3463	7			7			
制冷、空调设备制造	3464	15			15			
喷枪及类似器具制造	3466	1			1			
包装专用设备制造	3467	1			1			
文化、办公用机械制造	347	9			9			
复印和胶印设备制造	3474	4			4			
计算器及货币专用设备制造	3475	1			1			
其他文化、办公用机械制造	3479	4			4			
通用零部件制造	348	178	6	2	167			3
金属密封件制造	3481	7		1	6			
紧固件制造	3482	8	1		7			
弹簧制造	3483	1		1				
机械零部件加工	3484	154	5		146			3
其他通用零部件制造	3489	8			8			
其他通用设备制造业	349	48		1	46			1
工业机器人制造	3491	3			3			
其他未列明通用设备制造业	3499	45		1	43			1
专用设备制造业	**35**	**732**	**15**	**4**	**689**	**1**	**1**	**22**
采矿、冶金、建筑专用设备制造	351	161	6		148		1	6
矿山机械制造	3511	47	4		41			2
石油钻采专用设备制造	3512	62	1		57		1	3
深海石油钻探设备制造	3513	3			3			
建筑工程用机械制造	3514	28			28			
建筑材料生产专用机械制造	3515	18			17			1
冶金专用设备制造	3516	2			2			
隧道施工专用机械制造	3517	1	1					

1-12 续表 16

行业小类	代码	企业法人单位数（个）	国有控股	集体控股	私人控股	港澳台商控股	外商控股	其他
化工、木材、非金属加工专用设备制造	352	37	2		35			
炼油、化工生产专用设备制造	3521	10	2		8			
塑料加工专用设备制造	3523	6			6			
木竹材加工机械制造	3524	2			2			
模具制造	3525	13			13			
其他非金属加工专用设备制造	3529	6			6			
食品、饮料、烟草及饲料生产专用设备制造	353	17			17			
食品、酒、饮料及茶生产专用设备制造	3531	5			5			
农副食品加工专用设备制造	3532	11			11			
饲料生产专用设备制造	3534	1			1			
印刷、制药、日化及日用品生产专用设备制造	354	15			15			
制浆和造纸专用设备制造	3541	1			1			
印刷专用设备制造	3542	3			3			
日用化工专用设备制造	3543	2			2			
照明器具生产专用设备制造	3545	4			4			
玻璃、陶瓷和搪瓷制品生产专用设备制造	3546	1			1			
其他日用品生产专用设备制造	3549	4			4			
纺织、服装和皮革加工专用设备制造	355	21	1	1	18			1
纺织专用设备制造	3551	13	1	1	10			1
皮革、毛皮及其制品加工专用设备制造	3552	5			5			
缝制机械制造	3553	3			3			
电子和电工机械专用设备制造	356	36			34			2
电工机械专用设备制造	3561	10			9			1
半导体器件专用设备制造	3562	3			3			
电子元器件与机电组件设备制造	3563	10			10			
其他电子专用设备制造	3569	13			12			1
农、林、牧、渔专用机械制造	357	207	6	1	194	1		5
拖拉机制造	3571	5	1		4			
机械化农业及园艺机具制造	3572	120	2		114	1		3
畜牧机械制造	3574	9			9			
渔业机械制造	3575	1			1			
农林牧渔机械配件制造	3576	30	1		28			1
棉花加工机械制造	3577	23	1		21			1
其他农、林、牧、渔业机械制造	3579	19	1	1	17			
医疗仪器设备及器械制造	358	40		1	39			
医疗诊断、监护及治疗设备制造	3581	10		1	9			
口腔科用设备及器具制造	3582	5			5			
医疗实验室及医用消毒设备和器具制造	3583	1			1			

1-12 续表 17

行业小类	代码	企业法人单位数(个)	国有控股	集体控股	私人控股	港澳台商控股	外商控股	其他
医疗、外科及兽医用器械制造	3584	4			4			
机械治疗及病房护理设备制造	3585	1			1			
康复辅具制造	3586	7			7			
眼镜制造	3587	3			3			
其他医疗设备及器械制造	3589	9			9			
环保、邮政、社会公共服务及其他专用设备制造	359	198		1	189			8
环境保护专用设备制造	3591	111		1	104			6
商业、饮食、服务专用设备制造	3594	2			2			
社会公共安全设备及器材制造	3595	15			14			1
交通安全、管制及类似专用设备制造	3596	7			7			
水资源专用机械制造	3597	8			7			1
其他专用设备制造	3599	55			55			
汽车制造业	**36**	**95**	**7**	**1**	**81**			**6**
汽车整车制造	361	15	2		11			2
汽柴油车整车制造	3611	9	2		6			1
新能源车整车制造	3612	6			5			1
汽车用发动机制造	362	3			3			
汽车用发动机制造	3620	3			3			
改装汽车制造	363	16	2		12			2
改装汽车制造	3630	16	2		12			2
电车制造	365	3			3			
电车制造	3650	3			3			
汽车车身、挂车制造	366	9	1		8			
汽车车身、挂车制造	3660	9	1		8			
汽车零部件及配件制造	367	49	2	1	44			2
汽车零部件及配件制造	3670	49	2	1	44			2
铁路、船舶、航空航天和其他运输设备制造业	**37**	**38**	**6**		**30**			**2**
铁路运输设备制造	371	9	4		4			1
高铁车组制造	3711	1	1					
铁路机车车辆制造	3712	1			1			
铁路专用设备及器材、配件制造	3716	6	2		3			1
其他铁路运输设备制造	3719	1	1					
城市轨道交通设备制造	372	1						1
城市轨道交通设备制造	3720	1						1
航空、航天器及设备制造	374	9	2		7			
飞机制造	3741	3	1		2			
航空相关设备制造	3744	2			2			
其他航空航天器制造	3749	4	1		3			

1-12 续表 18

行业小类	代码	企业法人单位数（个）	国有控股	集体控股	私人控股	港澳台商控股	外商控股	其他
摩托车制造	375	6			6			
摩托车整车制造	3751	2			2			
摩托车零部件及配件制造	3752	4			4			
自行车和残疾人座车制造	376	4			4			
自行车制造	3761	4			4			
助动车制造	377	8			8			
助动车制造	3770	8			8			
非公路休闲车及零配件制造	378	1			1			
非公路休闲车及零配件制造	3780	1			1			
电气机械和器材制造业	**38**	**605**	**7**	**6**	**570**			**22**
电机制造	381	28	3		24			1
发电机及发电机组制造	3811	21	3		17			1
电动机制造	3812	2			2			
微特电机及组件制造	3813	1			1			
其他电机制造	3819	4			4			
输配电及控制设备制造	382	289	3	5	264			17
变压器、整流器和电感器制造	3821	49	1	3	38			7
电容器及其配套设备制造	3822	8			8			
配电开关控制设备制造	3823	142	1	1	135			5
电力电子元器件制造	3824	23	1		21			1
光伏设备及元器件制造	3825	25		1	20			4
其他输配电及控制设备制造	3829	42			42			
电线、电缆、光缆及电工器材制造	383	123	1	1	120			1
电线、电缆制造	3831	114		1	112			1
光缆制造	3833	1	1					
绝缘制品制造	3834	4			4			
其他电工器材制造	3839	4			4			
电池制造	384	16			16			
锂离子电池制造	3841	7			7			
铅蓄电池制造	3843	2			2			
其他电池制造	3849	7			7			
家用电力器具制造	385	21			21			
家用制冷电器具制造	3851	1			1			
家用通风电器具制造	3853	4			4			
家用厨房电器具制造	3854	5			5			
家用清洁卫生电器具制造	3855	1			1			
家用电力器具专用配件制造	3857	1			1			
其他家用电力器具制造	3859	9			9			

1-12 续表 19

行业小类	代码	企业法人单位数(个)	国有控股	集体控股	私人控股	港澳台商控股	外商控股	其他
非电力家用器具制造	386	16			15			1
燃气及类似能源家用器具制造	3861	6			5			1
太阳能器具制造	3862	9			9			
其他非电力家用器具制造	3869	1			1			
照明器具制造	387	69			68			1
电光源制造	3871	3			3			
照明灯具制造	3872	51			50			1
舞台及场地用灯制造	3873	1			1			
智能照明器具制造	3874	2			2			
灯用电器附件及其他照明器具制造	3879	12			12			
其他电气机械及器材制造	389	43			42			1
电气信号设备装置制造	3891	3			3			
其他未列明电气机械及器材制造	3899	40			39			1
计算机、通信和其他电子设备制造业	**39**	**162**	**4**	**1**	**149**		**1**	**7**
计算机制造	391	23	1		21			1
计算机整机制造	3911	3			3			
计算机零部件制造	3912	2			2			
计算机外围设备制造	3913	2			2			
工业控制计算机及系统制造	3914	1			1			
信息安全设备制造	3915	7			7			
其他计算机制造	3919	8	1		6			1
通信设备制造	392	13			12			1
通信系统设备制造	3921	9			8			1
通信终端设备制造	3922	4			4			
广播电视设备制造	393	4			3			1
广播电视节目制作及发射设备制造	3931	2			2			
应用电视设备及其他广播电视设备制造	3939	2			1			1
非专业视听设备制造	395	4		1	3			
电视机制造	3951	1			1			
音响设备制造	3952	2			2			
影视录放设备制造	3953	1		1				
智能消费设备制造	396	15			14			1
智能车载设备制造	3962	1			1			
智能无人飞行器制造	3963	3			3			
服务消费机器人制造	3964	4			4			
其他智能消费设备制造	3969	7			6			1
电子器件制造	397	15			15			
集成电路制造	3973	2			2			

1-12 续表 20

行业小类	代码	企业法人单位数（个）	国有控股	集体控股	私人控股	港澳台商控股	外商控股	其他
显示器件制造	3974	2			2			
光电子器件制造	3976	5			5			
其他电子器件制造	3979	6			6			
电子元件及电子专用材料制造	398	74	3		67		1	3
电阻电容电感元件制造	3981	2	1		1			
电子电路制造	3982	1			1			
敏感元件及传感器制造	3983	1	1					
电声器件及零件制造	3984	1			1			
电子专用材料制造	3985	22	1		19		1	1
其他电子元件制造	3989	47			45			2
其他电子设备制造	399	14			14			
其他电子设备制造	3990	14			14			
仪器仪表制造业	**40**	**46**	**1**		**44**			**1**
通用仪器仪表制造	401	26	1		25			
工业自动控制系统装置制造	4011	13	1		12			
电工仪器仪表制造	4012	4			4			
绘图、计算及测量仪器制造	4013	1			1			
实验分析仪器制造	4014	1			1			
供应用仪器仪表制造	4016	1			1			
其他通用仪器制造	4019	6			6			
专用仪器仪表制造	402	12			11			1
环境监测专用仪器仪表制造	4021	1			1			
地质勘探和地震专用仪器制造	4025	1						1
教学专用仪器制造	4026	5			5			
核子及核辐射测量仪器制造	4027	1			1			
电子测量仪器制造	4028	2			2			
其他专用仪器制造	4029	2			2			
衡器制造	405	7			7			
衡器制造	4050	7			7			
其他仪器仪表制造业	409	1			1			
其他仪器仪表制造业	4090	1			1			
其他制造业	**41**	**89**	**1**		**87**			**1**
日用杂品制造	411	21			21			
鬃毛加工、制刷及清扫工具制造	4111	4			4			
其他日用杂品制造	4119	17			17			
核辐射加工	412	2			2			
核辐射加工	4120	2			2			
其他未列明制造业	419	66	1		64			1

1-12 续表 21

行业小类	代码	企业法人单位数(个)	国有控股	集体控股	私人控股	港澳台商控股	外商控股	其他
其他未列明制造业	4190	66	1		64			1
废弃资源综合利用业	**42**	**112**	**1**		**103**			**8**
金属废料和碎屑加工处理	421	50	1		45			4
金属废料和碎屑加工处理	4210	50	1		45			4
非金属废料和碎屑加工处理	422	62			58			4
非金属废料和碎屑加工处理	4220	62			58			4
金属制品、机械和设备修理业	**43**	**381**	**3**	**1**	**364**			**13**
金属制品修理	431	13			13			
金属制品修理	4310	13			13			
通用设备修理	432	49			49			
通用设备修理	4320	49			49			
专用设备修理	433	99			92			7
专用设备修理	4330	99			92			7
铁路、船舶、航空航天等运输设备修理	434	4		1	3			
铁路运输设备修理	4341	1		1				
其他运输设备修理	4349	3			3			
电气设备修理	435	50	2		47			1
电气设备修理	4350	50	2		47			1
仪器仪表修理	436	12			12			
仪器仪表修理	4360	12			12			
其他机械和设备修理业	439	154	1		148			5
其他机械和设备修理业	4390	154	1		148			5
电力、热力、燃气及水生产和供应业	**D**	**2072**	**602**	**45**	**1247**	**4**	**4**	**170**
电力、热力生产和供应业	**44**	**1576**	**439**	**32**	**970**	**2**	**2**	**131**
电力生产	441	1091	318	24	645	2	2	100
火力发电	4411	64	29		30	1		4
热电联产	4412	43	28		9	1		5
水力发电	4413	227	67	17	122			21
核力发电	4414	2			2			
风力发电	4415	264	118	2	119			25
太阳能发电	4416	460	73	4	338		2	43
生物质能发电	4417	11			11			
其他电力生产	4419	20	3	1	14			2
电力供应	442	88	35	2	47			4
电力供应	4420	88	35	2	47			4
热力生产和供应	443	397	86	6	278			27
热力生产和供应	4430	397	86	6	278			27
燃气生产和供应业	**45**	**189**	**24**	**3**	**148**			**14**

1-12 续表 22

行业小类	代码	企业法人单位数(个)	国有控股	集体控股	私人控股	港澳台商控股	外商控股	其他
燃气生产和供应业	451	184	24	3	143			14
天然气生产和供应业	4511	159	21	2	123			13
液化石油气生产和供应业	4512	20		1	18			1
煤气生产和供应业	4513	5	3		2			
生物质燃气生产和供应业	452	5			5			
生物质燃气生产和供应业	4520	5			5			
水的生产和供应业	**46**	**307**	**139**	**10**	**129**	**2**	**2**	**25**
自来水生产和供应	461	188	113	7	56	1		11
自来水生产和供应	4610	188	113	7	56	1		11
污水处理及其再生利用	462	115	25	3	70	1	2	14
污水处理及其再生利用	4620	115	25	3	70	1	2	14
其他水的处理、利用与分配	469	4	1		3			
其他水的处理、利用与分配	4690	4	1		3			
建筑业	**E**	**11411**	**405**	**76**	**10447**	**3**	**1**	**479**
房屋建筑业	**47**	**2702**	**143**	**30**	**2392**			**137**
住宅房屋建筑	471	2412	133	28	2125			126
住宅房屋建筑	4710	2412	133	28	2125			126
体育场馆建筑	472	2	1		1			
体育场馆建筑	4720	2	1		1			
其他房屋建筑业	479	288	9	2	266			11
其他房屋建筑业	4790	288	9	2	266			11
土木工程建筑业	**48**	**2852**	**193**	**27**	**2495**			**137**
铁路、道路、隧道和桥梁工程建筑	481	1193	112	6	1014			61
铁路工程建筑	4811	22	6	1	14			1
公路工程建筑	4812	428	40	3	367			18
市政道路工程建筑	4813	660	58	2	564			36
城市轨道交通工程建筑	4814	4	1		3			
其他道路、隧道和桥梁工程建筑	4819	79	7		66			6
水利和水运工程建筑	482	336	35	4	279			18
水源及供水设施工程建筑	4821	300	29	4	250			17
河湖治理及防洪设施工程建筑	4822	28	6		21			1
港口及航运设施工程建筑	4823	8			8			
工矿工程建筑	484	107	3	1	99			4
工矿工程建筑	4840	107	3	1	99			4
架线和管道工程建筑	485	303	22	10	263			8
架线及设备工程建筑	4851	195	14	7	168			6
管道工程建筑	4852	104	8	2	92			2
地下综合管廊工程建筑	4853	4		1	3			

1-12 续表 23

行业小类	代码	企业法人单位数(个)	国有控股	集体控股	私人控股	港澳台商控股	外商控股	其他
节能环保工程施工	486	63	1		60			2
节能工程施工	4861	8	1		7			
环保工程施工	4862	53			51			2
生态保护工程施工	4863	2			2			
电力工程施工	487	127	4	1	116			6
火力发电工程施工	4871	12	2		9			1
水力发电工程施工	4872	6			5			1
风能发电工程施工	4874	5			5			
太阳能发电工程施工	4875	4			4			
其他电力工程施工	4879	100	2	1	93			4
其他土木工程建筑	489	723	16	5	664			38
园林绿化工程施工	4891	402	11	2	370			19
体育场地设施工程施工	4892	10			10			
游乐设施工程施工	4893	1			1			
其他土木工程建筑施工	4899	310	5	3	283			19
建筑安装业	**49**	**1891**	**32**	**13**	**1773**	**1**	**1**	**71**
电气安装	491	589	12	6	545			26
电气安装	4910	589	12	6	545			26
管道和设备安装	492	524	12	4	494	1	1	12
管道和设备安装	4920	524	12	4	494	1	1	12
其他建筑安装业	499	778	8	3	734			33
体育场地设施安装	4991	14			13			1
其他建筑安装	4999	764	8	3	721			32
建筑装饰、装修和其他建筑业	**50**	**3966**	**37**	**6**	**3787**	**2**		**134**
建筑装饰和装修业	501	3169	15	2	3032	1		119
公共建筑装饰和装修	5011	415	7		387	1		20
住宅装饰和装修	5012	2597	8	2	2491			96
建筑幕墙装饰和装修	5013	157			154			3
建筑物拆除和场地准备活动	502	278	11		259			8
建筑物拆除活动	5021	140	7		131			2
场地准备活动	5022	138	4		128			6
提供施工设备服务	503	70		1	69			
提供施工设备服务	5030	70		1	69			
其他未列明建筑业	509	449	11	3	427	1		7
其他未列明建筑业	5090	449	11	3	427	1		7
批发和零售业	**F**	**61770**	**903**	**296**	**58654**	**31**	**31**	**1855**
批发业	**51**	**38661**	**708**	**194**	**36698**	**13**	**21**	**1027**
农、林、牧、渔产品批发	511	2463	219	32	2132	2	2	76

1-12 续表 24

行业小类	代码	企业法人单位数(个)	国有控股	集体控股	私人控股	港澳台商控股	外商控股	其他
谷物、豆及薯类批发	5111	225	66		157			2
种子批发	5112	677	50	3	600			24
畜牧渔业饲料批发	5113	103	3	1	96			3
棉、麻批发	5114	650	68	18	539	2	1	22
林业产品批发	5115	139	5		131			3
牲畜批发	5116	131	13	2	113		1	2
渔业产品批发	5117	27			25			2
其他农牧产品批发	5119	511	14	8	471			18
食品、饮料及烟草制品批发	512	4072	118	14	3828	2	3	107
米、面制品及食用油批发	5121	380	33		334			13
糕点、糖果及糖批发	5122	124		1	118			5
果品、蔬菜批发	5123	995	29	3	937	2		24
肉、禽、蛋、奶及水产品批发	5124	304	7		287			10
盐及调味品批发	5125	128	16	6	101			5
营养和保健品批发	5126	212	2		207			3
酒、饮料及茶叶批发	5127	668	9	1	636		1	21
烟草制品批发	5128	25	15		9			1
其他食品批发	5129	1236	7	3	1199		2	25
纺织、服装及家庭用品批发	513	3168	10	10	3062	1	6	79
纺织品、针织品及原料批发	5131	405	4		390		1	10
服装批发	5132	728	2	5	697	1	4	19
鞋帽批发	5133	66			64			2
化妆品及卫生用品批发	5134	377	1	2	365			9
厨具卫具及日用杂品批发	5135	671		1	654			16
灯具、装饰物品批发	5136	151		1	148			2
家用视听设备批发	5137	42			42			
日用家电批发	5138	311	1	1	301			8
其他家庭用品批发	5139	417	2		401		1	13
文化、体育用品及器材批发	514	1051	7	3	1007		1	33
文具用品批发	5141	559	1		534		1	23
体育用品及器材批发	5142	129	1	1	126			1
图书批发	5143	89	2	1	85			1
报刊批发	5144	2			2			
音像制品、电子和数字出版物批发	5145	21			21			
首饰、工艺品及收藏品批发	5146	129	2		123			4
乐器批发	5147	12			11			1
其他文化用品批发	5149	110	1	1	105			3
医药及医疗器材批发	515	1309	32	4	1226			47

1-12 续表 25

行业小类	代码	企业法人单位数(个)	国有控股	集体控股	私人控股	港澳台商控股	外商控股	其他
西药批发	5151	186	18	2	155			11
中药批发	5152	92	5	1	82			4
动物用药品批发	5153	29			28			1
医疗用品及器材批发	5154	1002	9	1	961			31
矿产品、建材及化工产品批发	516	13221	247	102	12500	6	4	362
煤炭及制品批发	5161	1131	19		1075	2		35
石油及制品批发	5162	862	68	7	758	2	1	26
非金属矿及制品批发	5163	288	4		279			5
金属及金属矿批发	5164	2012	35		1951			26
建材批发	5165	5166	28	4	5000		3	131
化肥批发	5166	2111	60	76	1888	2		85
农药批发	5167	591	15	11	537			28
农用薄膜批发	5168	105	1	1	102			1
其他化工产品批发	5169	955	17	3	910			25
机械设备、五金产品及电子产品批发	517	10632	39	13	10337	1	2	240
农业机械批发	5171	754	6	3	727			18
汽车及零配件批发	5172	1489	5	3	1453			28
摩托车及零配件批发	5173	182		1	178			3
五金产品批发	5174	2616	3	2	2559			52
电气设备批发	5175	879	1	1	846			31
计算机、软件及辅助设备批发	5176	601	1		585			15
通讯设备批发	5177	277	1		269			7
广播影视设备批发	5178	33	1		31			1
其他机械设备及电子产品批发	5179	3801	21	3	3689	1	2	85
贸易经纪与代理	518	914	14	5	873	1	3	18
贸易代理	5181	773	12	2	740		3	16
一般物品拍卖	5182	66	2	1	62	1		
艺术品、收藏品拍卖	5183	6			6			
其他贸易经纪与代理	5189	69		2	65			2
其他批发业	519	1831	22	11	1733			65
再生物资回收与批发	5191	361	9	3	337			12
宠物食品用品批发	5192	11			11			
互联网批发	5193	31	2		27			2
其他未列明批发业	5199	1428	11	8	1358			51
零售业	**52**	**23109**	**195**	**102**	**21956**	**18**	**10**	**828**
综合零售	521	3458	23	34	3242		1	158
百货零售	5211	2696	18	23	2533			122
超级市场零售	5212	137		2	129		1	5

1-12 续表 26

行业小类	代码	企业法人单位数（个）	国有控股	集体控股	私人控股	港澳台商控股	外商控股	其他
便利店零售	5213	63	1		59			3
其他综合零售	5219	562	4	9	521			28
食品、饮料及烟草制品专门零售	522	2156	24	8	2036	2	2	84
粮油零售	5221	121	7		105			9
糕点、面包零售	5222	91			87		1	3
果品、蔬菜零售	5223	398	2		386			10
肉、禽、蛋、奶及水产品零售	5224	200	3	1	189			7
营养和保健品零售	5225	203		1	197			5
酒、饮料及茶叶零售	5226	325	5	2	303			15
烟草制品零售	5227	78	2		70			6
其他食品零售	5229	740	5	4	699	2	1	29
纺织、服装及日用品专门零售	523	1716	4	8	1650	2	3	49
纺织品及针织品零售	5231	255	1	1	243			10
服装零售	5232	498	1	2	479	1	3	12
鞋帽零售	5233	31	1		29			1
化妆品及卫生用品零售	5234	255	1		251			3
厨具卫具及日用杂品零售	5235	112		1	106			5
钟表、眼镜零售	5236	191		1	187			3
箱包零售	5237	11			10			1
自行车等代步设备零售	5238	40			39			1
其他日用品零售	5239	323		3	306	1		13
文化、体育用品及器材专门零售	524	1270	27	5	1203			35
文具用品零售	5241	529	2	3	507			17
体育用品及器材零售	5242	136			133			3
图书、报刊零售	5243	53	21		29			3
音像制品、电子和数字出版物零售	5244	17	1		13			3
珠宝首饰零售	5245	224	1		222			1
工艺美术品及收藏品零售	5246	109	1	1	103			4
乐器零售	5247	47			47			
照相器材零售	5248	7			6			1
其他文化用品零售	5249	148	1	1	143			3
医药及医疗器材专门零售	525	1967	12	2	1896			57
西药零售	5251	1260	10	2	1208			40
中药零售	5252	154	1		151			2
动物用药品零售	5253	35			32			3
医疗用品及器材零售	5254	491	1		481			9
保健辅助治疗器材零售	5255	27			24			3
汽车、摩托车、零配件和燃料及其他动力销售	526	3863	65	21	3578	8	3	188

1-12 续表 27

行业小类	代码	企业法人单位数(个)	国有控股	集体控股	私人控股	港澳台商控股	外商控股	其他
汽车新车零售	5261	1696	9	9	1553	6	3	116
汽车旧车零售	5262	311			299	1		11
汽车零配件零售	5263	961	2	3	930			26
摩托车及零配件零售	5264	178			173			5
机动车燃油零售	5265	541	38	4	476			23
机动车燃气零售	5266	168	16	5	139	1		7
机动车充电销售	5267	8			8			
家用电器及电子产品专门零售	527	3171	9	1	3070	2		89
家用视听设备零售	5271	49			46			3
日用家电零售	5272	618	4		595			19
计算机、软件及辅助设备零售	5273	1119	3		1080			36
通信设备零售	5274	326	1		313			12
其他电子产品零售	5279	1059	1	1	1036	2		19
五金、家具及室内装饰材料专门零售	528	3564	7	6	3461	1	1	88
五金零售	5281	1980	5	5	1924		1	45
灯具零售	5282	100			100			
家具零售	5283	354			340	1		13
涂料零售	5284	46	1		42			3
卫生洁具零售	5285	49			48			1
木质装饰材料零售	5286	80			77			3
陶瓷、石材装饰材料零售	5287	158		1	157			
其他室内装饰材料零售	5289	797	1		773			23
货摊、无店铺及其他零售业	529	1944	24	17	1820	3		80
流动货摊零售	5291	12	1		10			1
互联网零售	5292	221	4	2	198	3		14
邮购及电视、电话零售	5293	5			5			
自动售货机零售	5294	9			8			1
旧货零售	5295	8			7			1
生活用燃料零售	5296	237	9	3	211			14
宠物食品用品零售	5297	13			12			1
其他未列明零售业	5299	1439	10	12	1369			48
交通运输、仓储和邮政业	**G**	**8759**	**375**	**47**	**7972**	**5**	**7**	**353**
铁路运输业	**53**	**8**	**8**					
铁路旅客运输	531	2	2					
高速铁路旅客运输	5311	1	1					
普通铁路旅客运输	5313	1	1					
铁路货物运输	532	6	6					
铁路货物运输	5320	6	6					

1-12 续表 28

行业小类	代码	企业法人单位数(个)	国有控股	集体控股	私人控股	港澳台商控股	外商控股	其他
道路运输业	**54**	**6242**	**214**	**32**	**5773**	**2**	**1**	**220**
城市公共交通运输	541	253	46	7	184	1		15
公共电汽车客运	5411	66	28	1	30	1		6
城市轨道交通	5412	7	3		2			2
出租车客运	5413	155	9	5	134			7
公共自行车服务	5414	3			3			
其他城市公共交通运输	5419	22	6	1	15			
公路旅客运输	542	206	28	5	158			15
长途客运	5421	111	17	3	84			7
旅游客运	5422	35	3	1	28			3
其他公路客运	5429	60	8	1	46			5
道路货物运输	543	5476	66	18	5213	1		178
普通货物道路运输	5431	5170	58	15	4928	1		168
冷藏车道路运输	5432	4	1		3			
集装箱道路运输	5433	7			7			
大型货物道路运输	5434	29	1	1	26			1
危险货物道路运输	5435	74	3	2	68			1
邮件包裹道路运输	5436	12			11			1
城市配送	5437	54			51			3
搬家运输	5438	24			23			1
其他道路货物运输	5439	102	3		96			3
道路运输辅助活动	544	307	74	2	218		1	12
客运汽车站	5441	90	54	2	32			2
货运枢纽（站）	5442	3			3			
公路管理与养护	5443	125	14		103		1	7
其他道路运输辅助活动	5449	89	6		80			3
水上运输业	**55**	**6**			**4**			**2**
水上旅客运输	551	2			1			1
内河旅客运输	5512	1						1
客运轮渡运输	5513	1			1			
水上货物运输	552	2			2			
远洋货物运输	5521	2			2			
水上运输辅助活动	553	2			1			1
货运港口	5532	1						1
其他水上运输辅助活动	5539	1			1			
航空运输业	**56**	**66**	**10**		**48**		**1**	**7**
航空客货运输	561	13			8		1	4
航空旅客运输	5611	5			2		1	2

1-12 续表 29

行业小类	代码	企业法人单位数(个)	国有控股	集体控股	私人控股	港澳台商控股	外商控股	其他
航空货物运输	5612	8			6			2
通用航空服务	562	33	3		29			1
通用航空生产服务	5621	21	2		19			
观光游览航空服务	5622	2	1		1			
体育航空运动服务	5623	3			2			1
其他通用航空服务	5629	7			7			
航空运输辅助活动	563	20	7		11			2
机场	5631	10	5		4			1
其他航空运输辅助活动	5639	10	2		7			1
管道运输业	**57**	**19**	**6**	**1**	**9**		**2**	**1**
海底管道运输	571	1			1			
海底管道运输	5710	1			1			
陆地管道运输	572	18	6	1	8		2	1
陆地管道运输	5720	18	6	1	8		2	1
多式联运和运输代理业	**58**	**1095**	**33**	**4**	**1011**		**2**	**45**
多式联运	581	47	2		45			
多式联运	5810	47	2		45			
运输代理业	582	1048	31	4	966		2	45
货物运输代理	5821	908	25	4	836		2	41
旅客票务代理	5822	101	5		92			4
其他运输代理业	5829	39	1		38			
装卸搬运和仓储业	**59**	**927**	**71**	**9**	**794**	**2**	**1**	**50**
装卸搬运	591	291	1	2	273		1	14
装卸搬运	5910	291	1	2	273		1	14
通用仓储	592	197	5	2	173	1		16
通用仓储	5920	197	5	2	173	1		16
低温仓储	593	69	6		61			2
低温仓储	5930	69	6		61			2
危险品仓储	594	22	2	1	18			1
油气仓储	5941	17	1	1	15			
危险化学品仓储	5942	4			3			1
其他危险品仓储	5949	1	1					
谷物、棉花等农产品仓储	595	178	44	4	122			8
谷物仓储	5951	59	37		19			3
棉花仓储	5952	30	3	3	20			4
其他农产品仓储	5959	89	4	1	83			1
中药材仓储	596	4			4			
中药材仓储	5960	4			4			

1-12 续表 30

行业小类	代码	企业法人单位数(个)	国有控股	集体控股	私人控股	港澳台商控股	外商控股	其他
其他仓储业	599	166	13		143	1		9
其他仓储业	5990	166	13		143	1		9
邮政业	**60**	**396**	**33**	**1**	**333**	**1**		**28**
邮政基本服务	601	32	25	1	3			3
邮政基本服务	6010	32	25	1	3			3
快递服务	602	357	8		323	1		25
快递服务	6020	357	8		323	1		25
其他寄递服务	609	7			7			
其他寄递服务	6090	7			7			
住宿和餐饮业	**H**	**2579**	**176**	**26**	**2221**		**8**	**148**
住宿业	**61**	**1138**	**145**	**21**	**887**		**5**	**80**
旅游饭店	611	451	85	8	312		4	42
旅游饭店	6110	451	85	8	312		4	42
一般旅馆	612	550	52	9	457		1	31
经济型连锁酒店	6121	96	5		83		1	7
其他一般旅馆	6129	454	47	9	374			24
民宿服务	613	18	1		14			3
民宿服务	6130	18	1		14			3
露营地服务	614	4			4			
露营地服务	6140	4			4			
其他住宿业	619	115	7	4	100			4
其他住宿业	6190	115	7	4	100			4
餐饮业	**62**	**1441**	**31**	**5**	**1334**		**3**	**68**
正餐服务	621	1127	29	5	1038		2	53
正餐服务	6210	1127	29	5	1038		2	53
快餐服务	622	98			90		1	7
快餐服务	6220	98			90		1	7
饮料及冷饮服务	623	16			16			
茶馆服务	6231	6			6			
咖啡馆服务	6232	4			4			
酒吧服务	6233	2			2			
其他饮料及冷饮服务	6239	4			4			
餐饮配送及外卖送餐服务	624	81			78			3
餐饮配送服务	6241	66			64			2
外卖送餐服务	6242	15			14			1
其他餐饮业	629	119	2		112			5
小吃服务	6291	45	1		43			1
其他未列明餐饮业	6299	74	1		69			4

1-12 续表 31

行业小类	代码	企业法人单位数(个)	国有控股	集体控股	私人控股	港澳台商控股	外商控股	其他
信息传输、软件和信息技术服务业	**I**	**8140**	**158**	**18**	**7689**	**9**	**10**	**256**
电信、广播电视和卫星传输服务	**63**	**344**	**85**	**3**	**224**	**3**	**9**	**20**
电信	631	290	62	1	196	3	9	19
固定电信服务	6311	72	29		37	1		5
移动电信服务	6312	122	30		73	2	9	8
其他电信服务	6319	96	3	1	86			6
广播电视传输服务	632	46	19	2	24			1
有线广播电视传输服务	6321	44	18	2	23			1
无线广播电视传输服务	6322	2	1		1			
卫星传输服务	633	8	4		4			
广播电视卫星传输服务	6331	4	4					
其他卫星传输服务	6339	4			4			
互联网和相关服务	**64**	**1001**	**17**	**4**	**960**			**20**
互联网接入及相关服务	641	134			133			1
互联网接入及相关服务	6410	134			133			1
互联网信息服务	642	441	11	4	413			13
互联网搜索服务	6421	15	1	1	12			1
互联网游戏服务	6422	11			11			
互联网其他信息服务	6429	415	10	3	390			12
互联网平台	643	110	2		106			2
互联网生产服务平台	6431	15	1		13			1
互联网生活服务平台	6432	67	1		65			1
互联网科技创新平台	6433	8			8			
互联网公共服务平台	6434	13			13			
其他互联网平台	6439	7			7			
互联网安全服务	644	18			18			
互联网安全服务	6440	18			18			
互联网数据服务	645	91	1		87			3
互联网数据服务	6450	91	1		87			3
其他互联网服务	649	207	3		203			1
其他互联网服务	6490	207	3		203			1
软件和信息技术服务业	**65**	**6795**	**56**	**11**	**6505**	**6**	**1**	**216**
软件开发	651	2342	9	1	2257			75
基础软件开发	6511	1225	6	1	1175			43
支撑软件开发	6512	14	1		13			
应用软件开发	6513	760	2		736			22
其他软件开发	6519	343			333			10
集成电路设计	652	24			24			

1-12 续表 32

行业小类	代码	企业法人单位数(个)	国有控股	集体控股	私人控股	港澳台商控股	外商控股	其他
集成电路设计	6520	24			24			
信息系统集成和物联网技术服务	653	820	14	2	775			29
信息系统集成服务	6531	791	14	2	747			28
物联网技术服务	6532	29			28			1
运行维护服务	654	108	4		100	1		3
运行维护服务	6540	108	4		100	1		3
信息处理和存储支持服务	655	76			72			4
信息处理和存储支持服务	6550	76			72			4
信息技术咨询服务	656	2894	23	7	2767	5	1	91
信息技术咨询服务	6560	2894	23	7	2767	5	1	91
数字内容服务	657	56	3		51			2
地理遥感信息服务	6571	12	1		11			
动漫、游戏数字内容服务	6572	31	1		28			2
其他数字内容服务	6579	13	1		12			
其他信息技术服务业	659	475	3	1	459			12
呼叫中心	6591	3			3			
其他未列明信息技术服务业	6599	472	3	1	456			12
金融业	**J**	**2267**	**483**	**92**	**1531**	**5**	**3**	**153**
货币金融服务	**66**	**891**	**227**	**89**	**514**	**5**	**2**	**54**
货币银行服务	662	275	168	88	15	1	1	2
商业银行服务	6621	184	142	26	12	1	1	2
政策性银行服务	6622	22	22					
信用合作社服务	6623	63	3	60				
农村资金互助社服务	6624	1		1				
其他货币银行服务	6629	5	1	1	3			
非货币银行服务	663	616	59	1	499	4	1	52
融资租赁服务	6631	31	7		19	4	1	
财务公司服务	6632	2			2			
典当	6633	234	14	1	193			26
小额贷款公司服务	6635	323	33		266			24
网络借贷服务	6637	7			6			1
其他非货币银行服务	6639	19	5		13			1
资本市场服务	**67**	**924**	**29**	**2**	**878**		**1**	**14**
证券市场服务	671	5	2		3			
证券市场管理服务	6711	1			1			
证券经纪交易服务	6712	4	2		2			
非公开募集证券投资基金	673	75	10		58			7
期货市场服务	674	2	1					1

1-12 续表 33

行业小类	代码	企业法人单位数(个)	国有控股	集体控股	私人控股	港澳台商控股	外商控股	其他
其他期货市场服务	6749	2	1					1
资本投资服务	676	745	15	2	723		1	4
资本投资服务	6760	745	15	2	723		1	4
其他资本市场服务	679	97	1		94			2
其他资本市场服务	6790	97	1		94			2
保险业	**68**	**307**	**178**		**48**			**81**
人身保险	681	112	63		22			27
人寿保险	6811	108	59		22			27
健康保险	6813	4	4					
财产保险	682	164	107		5			52
财产保险	6820	164	107		5			52
商业养老金	684	3			1			2
商业养老金	6840	3			1			2
保险中介服务	685	18	6		12			
保险经纪服务	6851	1	1					
保险代理服务	6852	17	5		12			
其他保险活动	689	10	2		8			
其他保险活动	6890	10	2		8			
其他金融业	**69**	**145**	**49**	**1**	**91**			**4**
金融信托与管理服务	691	4	3		1			
信托公司	6911	2	2					
其他金融信托与管理服务	6919	2	1		1			
控股公司服务	692	1			1			
控股公司服务	6920	1			1			
非金融机构支付服务	693	2			2			
非金融机构支付服务	6930	2			2			
金融信息服务	694	22	2		18			2
金融信息服务	6940	22	2		18			2
金融资产管理公司	695	3			3			
金融资产管理公司	6950	3			3			
其他未列明金融业	699	113	44	1	66			2
其他未包括金融业	6999	113	44	1	66			2
房地产业	**K**	**9445**	**499**	**115**	**8186**	**9**		**636**
房地产业	**70**	**9445**	**499**	**115**	**8186**	**9**		**636**
房地产开发经营	701	3549	185	24	3070	4		266
房地产开发经营	7010	3549	185	24	3070	4		266
物业管理	702	3244	183	29	2805	3		224
物业管理	7020	3244	183	29	2805	3		224

1-12 续表 34

行业小类	代码	企业法人单位数（个）	国有控股	集体控股	私人控股	港澳台商控股	外商控股	其他
房地产中介服务	703	1563	9	1	1467			86
房地产中介服务	7030	1563	9	1	1467			86
房地产租赁经营	704	1017	116	61	783	2		55
房地产租赁经营	7040	1017	116	61	783	2		55
其他房地产业	709	72	6		61			5
其他房地产业	7090	72	6		61			5
租赁和商务服务业	**L**	**22248**	**1177**	**123**	**19977**	**24**	**18**	**929**
租赁业	**71**	**2276**	**37**	**6**	**2160**	**2**	**1**	**70**
机械设备经营租赁	711	2219	35	6	2108	2	1	67
汽车租赁	7111	718	18	3	669	1		27
农业机械经营租赁	7112	78	2		74			2
建筑工程机械与设备经营租赁	7113	1113	11	3	1070		1	28
计算机及通讯设备经营租赁	7114	18			17			1
医疗设备经营租赁	7115	16			16			
其他机械与设备经营租赁	7119	276	4		262	1		9
文体设备和用品出租	712	51	2		47			2
休闲娱乐用品设备出租	7121	14	1		13			
体育用品设备出租	7122	3			3			
文化用品设备出租	7123	20			20			
图书出租	7124	3	1		1			1
音像制品出租	7125	1			1			
其他文体设备和用品出租	7129	10			9			1
日用品出租	713	6			5			1
日用品出租	7130	6			5			1
商务服务业	**72**	**19972**	**1140**	**117**	**17817**	**22**	**17**	**859**
组织管理服务	721	4304	737	45	3308	2	10	202
企业总部管理	7211	392	48	4	313		9	18
投资与资产管理	7212	3522	642	31	2682	1		166
资源与产权交易服务	7213	24	7	1	15			1
单位后勤管理服务	7214	71	7	1	62			1
农村集体经济组织管理	7215	18	9	4	5			
其他组织管理服务	7219	277	24	4	231	1	1	16
综合管理服务	722	711	54	13	600	2	1	41
园区管理服务	7221	22	10		11			1
商业综合体管理服务	7222	67	2	1	60			4
市场管理服务	7223	476	38	11	394	2	1	30
供应链管理服务	7224	58	2	1	52			3
其他综合管理服务	7229	88	2		83			3

1-12 续表 35

行业小类	代码	企业法人单位数(个)	国有控股	集体控股	私人控股	港澳台商控股	外商控股	其他
法律服务	723	87	4	1	78			4
律师及相关法律服务	7231	65			62			3
公证服务	7232	7	1	1	4			1
其他法律服务	7239	15	3		12			
咨询与调查	724	5934	50	13	5625	12	4	230
会计、审计及税务服务	7241	1300	7	3	1225	1		64
市场调查	7242	50	2		46			2
社会经济咨询	7243	3179	22	5	3038	10	2	102
健康咨询	7244	248	1	1	238		1	7
环保咨询	7245	123	3		116			4
体育咨询	7246	12			11			1
其他专业咨询与调查	7249	1022	15	4	951	1	1	50
广告业	725	3750	40	9	3574	2	1	124
互联网广告服务	7251	431	4	3	412			12
其他广告服务	7259	3319	36	6	3162	2	1	112
人力资源服务	726	1570	52	11	1424			83
公共就业服务	7261	15	5		10			
职业中介服务	7262	88	7		80			1
劳务派遣服务	7263	1295	36	11	1174			74
创业指导服务	7264	55	1		54			
其他人力资源服务	7269	117	3		106			8
安全保护服务	727	592	49	12	507			24
安全服务	7271	214	44	11	150			9
安全系统监控服务	7272	291	2		275			14
其他安全保护服务	7279	87	3	1	82			1
会议、展览及相关服务	728	520	9	2	489	1		19
科技会展服务	7281	43	1		38			4
旅游会展服务	7282	45	5	1	35	1		3
体育会展服务	7283	3			3			
文化会展服务	7284	197	1	1	193			2
其他会议、展览及相关服务	7289	232	2		220			10
其他商务服务业	729	2504	145	11	2212	3	1	132
旅行社及相关服务	7291	1067	108	3	884	2		70
包装服务	7292	78		1	72			5
办公服务	7293	132	3	1	124			4
翻译服务	7294	44			44			
信用服务	7295	21	1		19			1
非融资担保服务	7296	83	17		56			10

1-12 续表 36

行业小类	代码	企业法人单位数(个)	国有控股	集体控股	私人控股	港澳台商控股	外商控股	其他
商务代理代办服务	7297	367	5		349			13
票务代理服务	7298	23	1	1	19			2
其他未列明商务服务业	7299	689	10	5	645	1	1	27
科学研究和技术服务业	**M**	**9825**	**389**	**63**	**8970**	**7**	**3**	**393**
研究和试验发展	**73**	**395**	**10**	**1**	**363**		**1**	**20**
自然科学研究和试验发展	731	23			23			
自然科学研究和试验发展	7310	23			23			
工程和技术研究和试验发展	732	196	6		176		1	13
工程和技术研究和试验发展	7320	196	6		176		1	13
农业科学研究和试验发展	733	102	3	1	93			5
农业科学研究和试验发展	7330	102	3	1	93			5
医学研究和试验发展	734	67			65			2
医学研究和试验发展	7340	67			65			2
社会人文科学研究	735	7	1		6			
社会人文科学研究	7350	7	1		6			
专业技术服务业	**74**	**5491**	**298**	**47**	**4906**	**2**	**2**	**236**
气象服务	741	27	15	1	7			4
气象服务	7410	27	15	1	7			4
地震服务	742	2			1			1
地震服务	7420	2			1			1
海洋服务	743	2			2			
海洋环境服务	7432	1			1			
其他海洋服务	7439	1			1			
测绘地理信息服务	744	205	6	2	186			11
遥感测绘服务	7441	88	2	2	82			2
其他测绘地理信息服务	7449	117	4		104			9
质检技术服务	745	944	76	12	803			53
检验检疫服务	7451	20	4		16			
检测服务	7452	651	51	7	552			41
计量服务	7453	131	11	3	108			9
标准化服务	7454	2			2			
认证认可服务	7455	21		1	20			
其他质检技术服务	7459	119	10	1	105			3
环境与生态监测检测服务	746	156	6	1	143			6
环境保护监测	7461	144	4	1	133			6
生态资源监测	7462	12	2		10			
地质勘查	747	236	21	2	196	2		15
能源矿产地质勘查	7471	49	5		41	1		2

1-12 续表 37

行业小类	代码	企业法人单位数（个）	国有控股	集体控股	私人控股	港澳台商控股	外商控股	其他
固体矿产地质勘查	7472	54	4	1	43	1		5
基础地质勘查	7474	18	3		14			1
地质勘查技术服务	7475	115	9	1	98			7
工程技术与设计服务	748	2433	160	24	2145		2	102
工程管理服务	7481	1138	64	6	1027		1	40
工程监理服务	7482	166	18	1	140			7
工程勘察活动	7483	192	23	3	155			11
工程设计活动	7484	784	39	13	702		1	29
规划设计管理	7485	145	15	1	115			14
土地规划服务	7486	8	1		6			1
工业与专业设计及其他专业技术服务	749	1486	14	5	1423			44
工业设计服务	7491	61	1		59			1
专业设计服务	7492	727	6	3	696			22
兽医服务	7493	50	1	1	44			4
其他未列明专业技术服务业	7499	648	6	1	624			17
科技推广和应用服务业	**75**	**3939**	**81**	**15**	**3701**	**5**		**137**
技术推广服务	751	3173	78	14	2969	5		107
农林牧渔技术推广服务	7511	928	59	4	835	2		28
生物技术推广服务	7512	478		2	460			16
新材料技术推广服务	7513	104	1		98			5
节能技术推广服务	7514	356	2	1	338	1		14
新能源技术推广服务	7515	227	5		215			7
环保技术推广服务	7516	323	4		311			8
三维（3D）打印技术推广服务	7517	4			4			
其他技术推广服务	7519	753	7	7	708	2		29
知识产权服务	752	96			92			4
知识产权服务	7520	96			92			4
科技中介服务	753	107	1	1	101			4
科技中介服务	7530	107	1	1	101			4
创业空间服务	754	32			30			2
创业空间服务	7540	32			30			2
其他科技推广服务业	759	531	2		509			20
其他科技推广服务业	7590	531	2		509			20
水利、环境和公共设施管理业	**N**	**1384**	**206**	**17**	**1081**	**2**	**1**	**77**
水利管理业	**76**	**142**	**49**	**5**	**76**			**12**
防洪除涝设施管理	761	4	1		2			1
防洪除涝设施管理	7610	4	1		2			1
水资源管理	762	61	23	2	29			7

1-12 续表 38

行业小类	代码	企业法人单位数(个)						
			国有控股	集体控股	私人控股	港澳台商控股	外商控股	其他
水资源管理	7620	61	23	2	29			7
天然水收集与分配	763	16	7		8			1
天然水收集与分配	7630	16	7		8			1
水文服务	764	4			3			1
水文服务	7640	4			3			1
其他水利管理业	769	57	18	3	34			2
其他水利管理业	7690	57	18	3	34			2
生态保护和环境治理业	**77**	**196**	**16**		**168**			**12**
生态保护	771	30	6		22			2
自然生态系统保护管理	7711	13	4		8			1
野生动物保护	7713	3	1		2			
动物园、水族馆管理服务	7715	1			1			
植物园管理服务	7716	1			1			
其他自然保护	7719	12	1		10			1
环境治理业	772	166	10		146			10
水污染治理	7721	51	3		46			2
大气污染治理	7722	15			14			1
固体废物治理	7723	47	2		40			5
危险废物治理	7724	18	5		13			
土壤污染治理与修复服务	7726	3			3			
其他污染治理	7729	32			30			2
公共设施管理业	**78**	**959**	**129**	**12**	**766**	**2**	**1**	**49**
市政设施管理	781	157	42	1	106			8
市政设施管理	7810	157	42	1	106			8
环境卫生管理	782	126	17	4	101			4
环境卫生管理	7820	126	17	4	101			4
城乡市容管理	783	21	2	1	17			1
城乡市容管理	7830	21	2	1	17			1
绿化管理	784	485	28	2	430	1		24
绿化管理	7840	485	28	2	430	1		24
城市公园管理	785	6			6			
城市公园管理	7850	6			6			
游览景区管理	786	164	40	4	106	1	1	12
名胜风景区管理	7861	35	12		21	1		1
森林公园管理	7862	11	7	3	1			
其他游览景区管理	7869	118	21	1	84		1	11
土地管理业	**79**	**87**	**12**		**71**			**4**
土地整治服务	791	22	3		17			2

1-12 续表 39

行业小类	代码	企业法人单位数(个)	国有控股	集体控股	私人控股	港澳台商控股	外商控股	其他
土地整治服务	7910	22	3		17			2
土地调查评估服务	792	45			43			2
土地调查评估服务	7920	45			43			2
土地登记服务	793	1			1			
土地登记服务	7930	1			1			
土地登记代理服务	794	1			1			
土地登记代理服务	7940	1			1			
其他土地管理服务	799	18	9		9			
其他土地管理服务	7990	18	9		9			
居民服务、修理和其他服务业	**O**	**4459**	**59**	**20**	**4198**	**1**		**181**
居民服务业	**80**	**1350**	**33**	**10**	**1254**			**53**
家庭服务	801	425	3		403			19
家庭服务	8010	425	3		403			19
托儿所服务	802	15	1	1	12			1
托儿所服务	8020	15	1	1	12			1
洗染服务	803	41	3		36			2
洗染服务	8030	41	3		36			2
理发及美容服务	804	188	1		182			5
理发及美容服务	8040	188	1		182			5
洗浴和保健养生服务	805	163	1	3	154			5
洗浴服务	8051	12	1	1	9			1
足浴服务	8052	10			9			1
养生保健服务	8053	141		2	136			3
摄影扩印服务	806	124	1		117			6
摄影扩印服务	8060	124	1		117			6
婚姻服务	807	123			119			4
婚姻服务	8070	123			119			4
殡葬服务	808	64	12	3	47			2
殡葬服务	8080	64	12	3	47			2
其他居民服务业	809	207	11	3	184			9
其他居民服务业	8090	207	11	3	184			9
机动车、电子产品和日用产品修理业	**81**	**2585**	**17**	**6**	**2455**	**1**		**106**
汽车、摩托车等修理与维护	811	1944	16	6	1851	1		70
汽车修理与维护	8111	1881	14	5	1795	1		66
大型车辆装备修理与维护	8112	41	2	1	36			2
摩托车修理与维护	8113	16			14			2
助动车等修理与维护	8114	6			6			
计算机和办公设备维修	812	374			348			26

1-12 续表 40

行业小类	代码	企业法人单位数（个）	国有控股	集体控股	私人控股	港澳台商控股	外商控股	其他
计算机和辅助设备修理	8121	200			189			11
通讯设备修理	8122	69			65			4
其他办公设备维修	8129	105			94			11
家用电器修理	813	199			191			8
家用电子产品修理	8131	75			74			1
日用电器修理	8132	124			117			7
其他日用产品修理业	819	68	1		65			2
自行车修理	8191	1			1			
鞋和皮革修理	8192	1			1			
家具和相关物品修理	8193	8			8			
其他未列明日用产品修理业	8199	58	1		55			2
其他服务业	**82**	**524**	**9**	**4**	**489**			**22**
清洁服务	821	359	5	2	339			13
建筑物清洁服务	8211	57			55			2
其他清洁服务	8219	302	5	2	284			11
宠物服务	822	11			8			3
宠物饲养	8221	1			1			
宠物医院服务	8222	4			2			2
宠物美容服务	8223	4			4			
其他宠物服务	8229	2			1			1
其他未列明服务业	829	154	4	2	142			6
其他未列明服务业	8290	154	4	2	142			6
教育	**P**	**1498**	**37**	**21**	**1362**	**1**		**77**
教育	**83**	**1498**	**37**	**21**	**1362**	**1**		**77**
学前教育	831	39	1		38			
学前教育	8310	39	1		38			
初等教育	832	9			8			1
普通小学教育	8321	8			7			1
成人小学教育	8322	1			1			
中等教育	833	3			1			2
普通初中教育	8331	2			1			1
普通高中教育	8334	1						1
特殊教育	835	1			1			
特殊教育	8350	1			1			
技能培训、教育辅助及其他教育	839	1446	36	21	1314	1		74
职业技能培训	8391	865	26	13	774	1		51
体校及体育培训	8392	34			34			
文化艺术培训	8393	204		4	192			8

1-12 续表 41

行业小类	代码	企业法人单位数(个)	国有控股	集体控股	私人控股	港澳台商控股	外商控股	其他
教育辅助服务	8394	210	10	1	193			6
其他未列明教育	8399	133		3	121			9
卫生和社会工作	**Q**	**683**	**19**	**6**	**622**			**36**
卫生	**84**	**574**	**11**	**6**	**529**			**28**
医院	841	348	7	2	323			16
综合医院	8411	194	5	1	184			4
中医医院	8412	30			29			1
中西医结合医院	8413	10			10			
民族医院	8414	8			8			
专科医院	8415	97	1	1	84			11
疗养院	8416	9	1		8			
基层医疗卫生服务	842	152	3	3	139			7
社区卫生服务中心（站）	8421	15	2		10			3
乡镇卫生院	8423	5			5			
村卫生室	8424	17			16			1
门诊部（所）	8425	115	1	3	108			3
专业公共卫生服务	843	25			24			1
疾病预防控制中心	8431	4			4			
专科疾病防治院（所、站）	8432	3			3			
妇幼保健院（所、站）	8433	3			3			
急救中心（站）服务	8434	3			3			
采供血机构服务	8435	10			9			1
计划生育技术服务活动	8436	2			2			
其他卫生活动	849	49	1	1	43			4
健康体检服务	8491	16			16			
临床检验服务	8492	8	1	1	5			1
其他未列明卫生服务	8499	25			22			3
社会工作	**85**	**109**	**8**		**93**			**8**
提供住宿社会工作	851	89	7		74			8
干部休养所	8511	5			5			
精神康复服务	8513	2			2			
老年人、残疾人养护服务	8514	80	7		65			8
临终关怀服务	8515	2			2			
不提供住宿社会工作	852	20	1		19			
社会看护与帮助服务	8521	13			13			
康复辅具适配服务	8522	5			5			
其他不提供住宿社会工作	8529	2	1		1			
文化、体育和娱乐业	**R**	**4449**	**85**	**16**	**4213**	**6**	**1**	**128**

1-12 续表 42

行业小类	代码	企业法人单位数(个)	国有控股	集体控股	私人控股	港澳台商控股	外商控股	其他
新闻和出版业	**86**	**29**	**12**		**17**			
新闻业	861	3			3			
新闻业	8610	3			3			
出版业	862	26	12		14			
图书出版	8621	7	3		4			
报纸出版	8622	7	7					
期刊出版	8623	4	2		2			
音像制品出版	8624	2			2			
数字出版	8626	3			3			
其他出版业	8629	3			3			
广播、电视、电影和录音制作业	**87**	**1331**	**44**	**6**	**1251**		**1**	**29**
广播	871	87	1		86			
广播	8710	87	1		86			
电视	872	28	4		21			3
电视	8720	28	4		21			3
影视节目制作	873	1000	5	1	973		1	20
影视节目制作	8730	1000	5	1	973		1	20
广播电视集成播控	874	8			8			
广播电视集成播控	8740	8			8			
电影和广播电视节目发行	875	49	3		43			3
电影和广播电视节目发行	8750	49	3		43			3
电影放映	876	128	31	5	89			3
电影放映	8760	128	31	5	89			3
录音制作	877	31			31			
录音制作	8770	31			31			
文化艺术业	**88**	**600**	**15**	**1**	**549**	**1**		**34**
文艺创作与表演	881	244	7		229			8
文艺创作与表演	8810	244	7		229			8
艺术表演场馆	882	4	1		2			1
艺术表演场馆	8820	4	1		2			1
图书馆与档案馆	883	8			7			1
图书馆	8831	1						1
档案馆	8832	7			7			
文物及非物质文化遗产保护	884	8	1		6			1
文物及非物质文化遗产保护	8840	8	1		6			1
博物馆	885	6	1		5			
博物馆	8850	6	1		5			
群众文体活动	887	62			58			4

1-12 续表 43

行业小类	代码	企业法人单位数(个)	国有控股	集体控股	私人控股	港澳台商控股	外商控股	其他
群众文体活动	8870	62			58			4
其他文化艺术业	889	268	5	1	242	1		19
其他文化艺术业	8890	268	5	1	242	1		19
体育	**89**	**275**	**4**	**2**	**259**			**10**
体育组织	891	79	1		73			5
体育竞赛组织	8911	46	1		43			2
体育保障组织	8912	6			6			
其他体育组织	8919	27			24			3
体育场地设施管理	892	22	2		20			
体育场馆管理	8921	18	2		16			
其他体育场地设施管理	8929	4			4			
健身休闲活动	893	152	1	1	145			5
健身休闲活动	8930	152	1	1	145			5
其他体育	899	22		1	21			
体育中介代理服务	8991	10			10			
体育健康服务	8992	10		1	9			
其他未列明体育	8999	2			2			
娱乐业	**90**	**2214**	**10**	**7**	**2137**	**5**		**55**
室内娱乐活动	901	1597		3	1555	1		38
歌舞厅娱乐活动	9011	67		1	62	1		3
电子游艺厅娱乐活动	9012	34			32			2
网吧活动	9013	1435		2	1402			31
其他室内娱乐活动	9019	61			59			2
游乐园	902	37		1	35			1
游乐园	9020	37		1	35			1
休闲观光活动	903	53	3		49			1
休闲观光活动	9030	53	3		49			1
彩票活动	904	3			2			1
福利彩票服务	9042	3			2			1
文化体育娱乐活动与经纪代理服务	905	437	6	3	413	4		11
文化活动服务	9051	346	3	2	333	3		5
体育表演服务	9052	34	1		33			
文化娱乐经纪人	9053	15	1		13			1
体育经纪人	9054	4			2	1		1
其他文化艺术经纪代理	9059	38	1	1	32			4
其他娱乐业	909	87	1		83			3
其他娱乐业	9090	87	1		83			3

1-13 按行业（小类）、控股情况分组的企业法人单位从业人员数

行业小类	代码	从业人员数(人)	国有控股	集体控股	私人控股	港澳台商控股	外商控股	其他
总　计		**2875164**	**1000071**	**68941**	**1580261**	**11881**	**11365**	**202645**
农、林、牧、渔业	**A**	**34889**	**19955**	**1021**	**12651**	**23**		**1239**
农业	**01**							
谷物种植	011							
小麦种植	0112							
其他谷物种植	0119							
豆类、油料和薯类种植	012							
油料种植	0122							
棉、麻、糖、烟草种植	013							
棉花种植	0131							
蔬菜、食用菌及园艺作物种植	014							
蔬菜种植	0141							
中药材种植	017							
中草药种植	0171							
其他农业	019							
其他农业	0190							
林业	**02**							
森林经营、管护和改培	023							
森林经营和管护	0231							
畜牧业	**03**							
牲畜饲养	031							
牛的饲养	0311							
猪的饲养	0313							
羊的饲养	0314							
家禽饲养	032							
鸡的饲养	0321							
渔业	**04**							
水产养殖	041							
内陆养殖	0412							
农、林、牧、渔专业及辅助性活动	**05**	**34889**	**19955**	**1021**	**12651**	**23**		**1239**
农业专业及辅助性活动	051	32902	18908	1021	11863	23		1087
种子种苗培育活动	0511	1615	1391	50	174			
农业机械活动	0512	463	112		339			12
灌溉活动	0513	1130	737	3	150			240
农产品初加工活动	0514	27945	16003	933	10200	23		786
农作物病虫害防治活动	0515	71			71			
其他农业专业及辅助性活动	0519	1678	665	35	929			49
林业专业及辅助性活动	052	243			232			11
林业有害生物防治活动	0521	84			84			

1-13 续表 1

行业小类	代码	从业人员数(人)	国有控股	集体控股	私人控股	港澳台商控股	外商控股	其他
森林防火活动	0522							
林产品初级加工活动	0523	17			17			
其他林业专业及辅助性活动	0529	142			131			11
畜牧专业及辅助性活动	053	1550	1047		366			137
畜牧良种繁殖活动	0531	758	606		126			26
畜禽粪污处理活动	0532							
其他畜牧专业及辅助性活动	0539	792	441		240			111
渔业专业及辅助性活动	054	194			190			4
鱼苗及鱼种场活动	0541	133			133			
其他渔业专业及辅助性活动	0549	61			57			4
采矿业	**B**	**173687**	**122235**	**397**	**41974**	**916**	**419**	**7746**
煤炭开采和洗选业	**06**	**44839**	**29925**	**249**	**10872**	**491**	**21**	**3281**
烟煤和无烟煤开采洗选	061	44761	29899	249	10820	491	21	3281
烟煤和无烟煤开采洗选	0610	44761	29899	249	10820	491	21	3281
褐煤开采洗选	062	25	25					
褐煤开采洗选	0620	25	25					
其他煤炭采选	069	53	1		52			
其他煤炭采选	0690	53	1		52			
石油和天然气开采业	**07**	**59237**	**58847**		**360**	**29**		**1**
石油开采	071	46620	46458		161			1
陆地石油开采	0711	46620	46458		161			1
天然气开采	072	12617	12389		199	29		
陆地天然气开采	0721	12617	12389		199	29		
黑色金属矿采选业	**08**	**8071**	**4239**	**1**	**3666**	**7**		**158**
铁矿采选	081	7854	4239	1	3461	7		146
铁矿采选	0810	7854	4239	1	3461	7		146
锰矿、铬矿采选	082	169			157			12
锰矿、铬矿采选	0820	169			157			12
其他黑色金属矿采选	089	48			48			
其他黑色金属矿采选	0890	48			48			
有色金属矿采选业	**09**	**10113**	**4868**	**109**	**2903**	**386**	**120**	**1727**
常用有色金属矿采选	091	7931	3416	106	2221	385	120	1683
铜矿采选	0911	5277	2518	2	1136	385		1236
铅锌矿采选	0912	1513	44	104	924			441
镍钴矿采选	0913	976	850		6		120	
锡矿采选	0914	5						5
镁矿采选	0917	46			46			
其他常用有色金属矿采选	0919	114	4		109			1
贵金属矿采选	092	1928	1230	3	651			44
金矿采选	0921	1902	1230	3	625			44
其他贵金属矿采选	0929	26			26			

1-13 续表 2

行业小类	代码	从业人员数（人）	国有控股	集体控股	私人控股	港澳台商控股	外商控股	其他
稀有稀土金属矿采选	093	254	222		31	1		
钨钼矿采选	0931	19	1		18			
稀土金属矿采选	0932	2			2			
其他稀有金属矿采选	0939	233	221		11	1		
非金属矿采选业	**10**	**7997**	**931**	**30**	**6896**		**8**	**132**
土砂石开采	101	6739	276	20	6313		8	122
石灰石、石膏开采	1011	1321	78	1	1204		8	30
建筑装饰用石开采	1012	1589	13	9	1546			21
耐火土石开采	1013	85		1	84			
粘土及其他土砂石开采	1019	3744	185	9	3479			71
化学矿开采	102	79	55		24			
化学矿开采	1020	79	55		24			
采盐	103	404	372	3	29			
采盐	1030	404	372	3	29			
石棉及其他非金属矿采选	109	775	228	7	530			10
石棉、云母矿采选	1091	316	174		142			
石墨、滑石采选	1092	38			38			
宝石、玉石采选	1093	117		7	107			3
其他未列明非金属矿采选	1099	304	54		243			7
开采专业及辅助性活动	**11**	**42944**	**23403**	**1**	**16835**	**3**	**270**	**2432**
煤炭开采和洗选专业及辅助性活动	111	474	40	1	430	3		
煤炭开采和洗选专业及辅助性活动	1110	474	40	1	430	3		
石油和天然气开采专业及辅助性活动	112	42241	23325		16214		270	2432
石油和天然气开采专业及辅助性活动	1120	42241	23325		16214		270	2432
其他开采专业及辅助性活动	119	229	38		191			
其他开采专业及辅助性活动	1190	229	38		191			
其他采矿业	**12**	**486**	**22**	**7**	**442**			**15**
其他采矿业	120	486	22	7	442			15
其他采矿业	1200	486	22	7	442			15
制造业	**C**	**671948**	**172258**	**15807**	**431851**	**5852**	**5392**	**40788**
农副食品加工业	**13**	**45280**	**12527**	**314**	**28835**	**6**	**1151**	**2447**
谷物磨制	131	5227	1182	178	3516			351
稻谷加工	1311	1007	185		822			
小麦加工	1312	3901	997	178	2376			350
玉米加工	1313	79			79			
杂粮加工	1314	117			117			
其他谷物磨制	1319	123			122			1
饲料加工	132	4634	716	65	2819		325	709

1-13 续表 3

行业小类	代码	从业人员数（人）						
			国有控股	集体控股	私人控股	港澳台商控股	外商控股	其他
宠物饲料加工	1321	33			33			
其他饲料加工	1329	4601	716	65	2786		325	709
植物油加工	133	6495	990	64	4337		648	456
食用植物油加工	1331	6370	934	64	4273		648	451
非食用植物油加工	1332	125	56		64			5
制糖业	134	7390	6361		1029			
制糖业	1340	7390	6361		1029			
屠宰及肉类加工	135	5455	1479	1	3665		55	255
牲畜屠宰	1351	3327	1430	1	1880			16
禽类屠宰	1352	371	35		115			221
肉制品及副产品加工	1353	1757	14		1670		55	18
水产品加工	136	266			266			
水产品冷冻加工	1361	245			245			
鱼糜制品及水产品干腌制加工	1362	4			4			
其他水产品加工	1369	17			17			
蔬菜、菌类、水果和坚果加工	137	10502	1422		8926		75	79
蔬菜加工	1371	608	30		578			
食用菌加工	1372	120			120			
水果和坚果加工	1373	9774	1392		8228		75	79
其他农副食品加工	139	5311	377	6	4277	6	48	597
淀粉及淀粉制品制造	1391	1164	129		758		22	255
豆制品制造	1392	351	3		306			42
蛋品加工	1393	103			103			
其他未列明农副食品加工	1399	3693	245	6	3110	6	26	300
食品制造业	**14**	**29260**	**6997**	**2232**	**16627**	**1920**	**691**	**793**
焙烤食品制造	141	3524	40		3021		304	159
糕点、面包制造	1411	2591	40		2466			85
饼干及其他焙烤食品制造	1419	933			555		304	74
糖果、巧克力及蜜饯制造	142	404			400			4
糖果、巧克力制造	1421	318			314			4
蜜饯制作	1422	86			86			
方便食品制造	143	3803	646		1208	1920		29
米、面制品制造	1431	808			780			28
速冻食品制造	1432	145			145			
方便面制造	1433	2176			256	1920		
其他方便食品制造	1439	674	646		27			1
乳制品制造	144	5521	3045	16	2150		122	188
液体乳制造	1441	4548	2871		1532			145
乳粉制造	1442	751	173	16	417		122	23

1-13 续表 4

行业小类	代码	从业人员数(人)	国有控股	集体控股	私人控股	港澳台商控股	外商控股	其他
其他乳制品制造	1449	222	1		201			20
罐头食品制造	145	2760	1180	85	1263		104	128
肉、禽类罐头制造	1451	61			61			
蔬菜、水果罐头制造	1453	2697	1178	85	1202		104	128
其他罐头食品制造	1459	2	2					
调味品、发酵制品制造	146	6296	828		5179		161	128
味精制造	1461	28	17		11			
酱油、食醋及类似制品制造	1462	651			638			13
其他调味品、发酵制品制造	1469	5617	811		4530		161	115
其他食品制造	149	6952	1258	2131	3406			157
营养食品制造	1491	388			382			6
保健食品制造	1492	359	21		338			
冷冻饮品及食用冰制造	1493	806			806			
盐加工	1494	1067	931	38	85			13
食品及饲料添加剂制造	1495	3263	255	2079	848			81
其他未列明食品制造	1499	1069	51	14	947			57
酒、饮料和精制茶制造业	**15**	**13700**	**3715**	**209**	**6603**	**556**	**1775**	**842**
酒的制造	151	8790	3558	121	3938	2	812	359
酒精制造	1511	320			320			
白酒制造	1512	3800	2402	121	1201			76
啤酒制造	1513	2084	974		243	2	812	53
葡萄酒制造	1515	2373	179		1972			222
其他酒制造	1519	213	3		202			8
饮料制造	152	4664	157	88	2419	554	963	483
碳酸饮料制造	1521	631			116	460		55
瓶（罐）装饮用水制造	1522	1420	13		941	94	96	276
果菜汁及果菜汁饮料制造	1523	1191	144		917		86	44
含乳饮料和植物蛋白饮料制造	1524	491			266		151	74
固体饮料制造	1525	52			52			
茶饮料及其他饮料制造	1529	879		88	127		630	34
精制茶加工	153	246			246			
精制茶加工	1530	246			246			
烟草制品业	**16**	**777**	**752**		**25**			
卷烟制造	162	752	752					
卷烟制造	1620	752	752					
其他烟草制品制造	169	25			25			
其他烟草制品制造	1690	25			25			
纺织业	**17**	**80813**	**13794**	**1328**	**54687**	**1568**		**9436**

1-13 续表 5

行业小类	代码	从业人员数(人)	国有控股	集体控股	私人控股	港澳台商控股	外商控股	其他
棉纺织及印染精加工	171	69022	12240	1326	46082	1568		7806
棉纺纱加工	1711	65130	12223	1318	42340	1480		7769
棉织造加工	1712	3257	17	8	3107	88		37
棉印染精加工	1713	635			635			
毛纺织及染整精加工	172	2156	777		1218			161
毛条和毛纱线加工	1721	1393	777		478			138
毛织造加工	1722	755			732			23
毛染整精加工	1723	8			8			
麻纺织及染整精加工	173	99			99			
麻纤维纺前加工和纺纱	1731	98			98			
麻织造加工	1732	1			1			
丝绢纺织及印染精加工	174	67			66			1
缫丝加工	1741	16			16			
绢纺和丝织加工	1742	51			50			1
丝印染精加工	1743							
化纤织造及印染精加工	175	241			241			
化纤织造加工	1751	180			180			
化纤织物染整精加工	1752	61			61			
针织或钩针编织物及其制品制造	176	3910	1	2	3905			2
针织或钩针编织物织造	1761	2477	1	2	2472			2
针织或钩针编织物印染精加工	1762	9			9			
针织或钩针编织品制造	1763	1424			1424			
家用纺织制成品制造	177	3775			2337			1438
床上用品制造	1771	987			978			9
毛巾类制品制造	1772	1519			93			1426
窗帘、布艺类产品制造	1773	441			441			
其他家用纺织制成品制造	1779	828			825			3
产业用纺织制成品制造	178	1543	776		739			28
非织造布制造	1781	229			216			13
纺织带和帘子布制造	1783	1			1			
篷、帆布制造	1784	807	776		31			
其他产业用纺织制成品制造	1789	506			491			15
纺织服装、服饰业	**18**	**73843**	**1022**	**845**	**67800**		**5**	**4171**
机织服装制造	181	30620	824	469	27558			1769
运动机织服装制造	1811	5603	53	4	5501			45
其他机织服装制造	1819	25017	771	465	22057			1724
针织或钩针编织服装制造	182	5271	195		4960			116
运动休闲针织服装制造	1821	2630			2630			

1-13 续表 6

行业小类	代码	从业人员数（人）	国有控股	集体控股	私人控股	港澳台商控股	外商控股	其他
其他针织或钩针编织服装制造	1829	2641	195		2330			116
服饰制造	183	37952	3	376	35282		5	2286
服饰制造	1830	37952	3	376	35282		5	2286
皮革、毛皮、羽毛及其制品和制鞋业	**19**	**11672**			**11654**			**18**
皮革鞣制加工	191	98			98			
皮革鞣制加工	1910	98			98			
皮革制品制造	192	1906			1906			
皮革服装制造	1921	5			5			
皮箱、包（袋）制造	1922	811			811			
皮手套及皮装饰制品制造	1923	707			707			
其他皮革制品制造	1929	383			383			
毛皮鞣制及制品加工	193	809			809			
毛皮鞣制加工	1931	13			13			
毛皮服装加工	1932	754			754			
其他毛皮制品加工	1939	42			42			
羽毛（绒）加工及制品制造	194	65			65			
羽毛（绒）加工	1941	22			22			
羽毛（绒）制品加工	1942	43			43			
制鞋业	195	8794			8776			18
纺织面料鞋制造	1951	183			165			18
皮鞋制造	1952	5289			5289			
塑料鞋制造	1953	14			14			
橡胶鞋制造	1954	452			452			
其他制鞋业	1959	2856			2856			
木材加工和木、竹、藤、棕、草制品业	**20**	**4783**	**12**	**11**	**4553**		**6**	**201**
木材加工	201	2114	4		2029		6	75
锯材加工	2011	543			525			18
木片加工	2012	588			542		6	40
单板加工	2013	56			56			
其他木材加工	2019	927	4		906			17
人造板制造	202	1780			1685			95
胶合板制造	2021	342			339			3
纤维板制造	2022	811			721			90
刨花板制造	2023	204			204			
其他人造板制造	2029	423			421			2
木质制品制造	203	779	8	11	739			21
建筑用木料及木材组件加工	2031	519	8	11	481			19
木门窗制造	2032	185			185			

1-13 续表 7

行业小类	代码	从业人员数(人)	国有控股	集体控股	私人控股	港澳台商控股	外商控股	其他
木地板制造	2034	2			2			
木制容器制造	2035	3			3			
软木制品及其他木制品制造	2039	70			68			2
竹、藤、棕、草等制品制造	204	110			100			10
草及其他制品制造	2049	110			100			10
家具制造业	**21**	**2213**			**2186**	**1**		**26**
木质家具制造	211	1179			1152	1		26
木质家具制造	2110	1179			1152	1		26
金属家具制造	213	689			689			
金属家具制造	2130	689			689			
塑料家具制造	214	52			52			
塑料家具制造	2140	52			52			
其他家具制造	219	293			293			
其他家具制造	2190	293			293			
造纸和纸制品业	**22**	**5648**	**56**	**65**	**4767**	**161**	**81**	**518**
纸浆制造	221	598			598			
木竹浆制造	2211							
非木竹浆制造	2212	598			598			
造纸	222	1606		65	1177			364
机制纸及纸板制造	2221	1340		65	911			364
手工纸制造	2222	7			7			
加工纸制造	2223	259			259			
纸制品制造	223	3444	56		2992	161	81	154
纸和纸板容器制造	2231	1968			1802		81	85
其他纸制品制造	2239	1476	56		1190	161		69
印刷和记录媒介复制业	**23**	**4454**	**1475**	**32**	**2729**			**218**
印刷	231	3907	1429	32	2234			212
书、报刊印刷	2311	2015	935	15	912			153
本册印制	2312	195		11	172			12
包装装潢及其他印刷	2319	1697	494	6	1150			47
装订及印刷相关服务	232	545	46		493			6
装订及印刷相关服务	2320	545	46		493			6
记录媒介复制	233	2			2			
记录媒介复制	2330	2			2			
文教、工美、体育和娱乐用品制造业	**24**	**8321**	**164**	**80**	**7806**	**85**	**83**	**103**
文教办公用品制造	241	351	37		299			15
文具制造	2411	17			17			
笔的制造	2412	127			127			

1-13 续表 8

行业小类	代码	从业人员数(人)	国有控股	集体控股	私人控股	港澳台商控股	外商控股	其他
教学用模型及教具制造	2413	108	37		71			
其他文教办公用品制造	2419	99			84			15
乐器制造	242	37			37			
中乐器制造	2421							
其他乐器及零件制造	2429	37			37			
工艺美术及礼仪用品制造	243	7698	127	80	7235	85	83	88
雕塑工艺品制造	2431	140			113			27
金属工艺品制造	2432	160			154			6
漆器工艺品制造	2433	2						2
花画工艺品制造	2434	253			237			16
天然植物纤维编织工艺品制造	2435	37			37			
抽纱刺绣工艺品制造	2436	798	2		796			
地毯、挂毯制造	2437	2963	125	80	2553	85	83	37
珠宝首饰及有关物品制造	2438	259			259			
其他工艺美术及礼仪用品制造	2439	3086			3086			
体育用品制造	244	149			149			
专项运动器材及配件制造	2442	116			116			
健身器材制造	2443	33			33			
其他体育用品制造	2449							
玩具制造	245	35			35			
塑胶玩具制造	2452							
娃娃玩具制造	2455	1			1			
其他玩具制造	2459	34			34			
游艺器材及娱乐用品制造	246	51			51			
露天游乐场所游乐设备制造	2461	51			51			
石油、煤炭及其他燃料加工业	**25**	**55090**	**36241**	**1788**	**14862**	**386**		**1813**
精炼石油产品制造	251	38540	32073	255	4469			1743
原油加工及石油制品制造	2511	36510	32073	255	3861			321
其他原油制造	2519	2030			608			1422
煤炭加工	252	16306	4168	1533	10149	386		70
炼焦	2521	11863	2910	1533	7026	386		8
煤制合成气生产	2522	23			22			1
煤制液体燃料生产	2523	3222	1229		1993			
煤制品制造	2524	588			588			
其他煤炭加工	2529	610	29		520			61
核燃料加工	253	2			2			
核燃料加工	2530	2			2			
生物质燃料加工	254	242			242			

1-13 续表 9

行业小类	代码	从业人员数（人）	国有控股	集体控股	私人控股	港澳台商控股	外商控股	其他
生物质液体燃料生产	2541	96			96			
生物质致密成型燃料加工	2542	146			146			
化学原料和化学制品制造业	**26**	**78361**	**46318**	**2434**	**25960**	**306**	**27**	**3316**
基础化学原料制造	261	22855	14221	15	7229	155		1235
无机酸制造	2611	619			390			229
无机碱制造	2612	542	541		1			
无机盐制造	2613	11556	9012	9	2526			9
有机化学原料制造	2614	8418	4163		3172	155		928
其他基础化学原料制造	2619	1720	505	6	1140			69
肥料制造	262	16629	7232	51	8801		27	518
氮肥制造	2621	8416	4015		4401			
磷肥制造	2622	2			2			
钾肥制造	2623	2956	2705		251			
复混肥料制造	2624	2505	393	50	1841		14	207
有机肥料及微生物肥料制造	2625	2463	102	1	2181			179
其他肥料制造	2629	287	17		125		13	132
农药制造	263	110	50		60			
化学农药制造	2631	110	50		60			
生物化学农药及微生物农药制造	2632							
涂料、油墨、颜料及类似产品制造	264	835	74		706			55
涂料制造	2641	713	74		584			55
油墨及类似产品制造	2642	15			15			
工业颜料制造	2643	3			3			
工艺美术颜料制造	2644							
染料制造	2645	75			75			
密封用填料及类似品制造	2646	29			29			
合成材料制造	265	22573	20788		831			954
初级形态塑料及合成树脂制造	2651	17495	17067		404			24
合成橡胶制造	2652	764	754		4			6
合成纤维单（聚合）体制造	2653	3788	2967		32			789
其他合成材料制造	2659	526			391			135
专用化学产品制造	266	12562	2769	2354	6987	151		301
化学试剂和助剂制造	2661	5504	2569	117	2410	151		257
专项化学用品制造	2662	1337			1297			40
林产化学产品制造	2663	248	200		48			
文化用信息化学品制造	2664	5049		2235	2814			
环境污染处理专用药剂材料制造	2666	79			79			
动物胶制造	2667	64			64			

1-13 续表 10

行业小类	代码	从业人员数（人）	国有控股	集体控股	私人控股	港澳台商控股	外商控股	其他
其他专用化学产品制造	2669	281		2	275			4
炸药、火工及焰火产品制造	267	1582	1133		425			24
炸药及火工产品制造	2671	1582	1133		425			24
焰火、鞭炮产品制造	2672							
日用化学产品制造	268	1215	51	14	921			229
肥皂及洗涤剂制造	2681	534			305			229
化妆品制造	2682	176		14	162			
口腔清洁用品制造	2683	6			6			
香料、香精制造	2684	442	51		391			
其他日用化学产品制造	2689	57			57			
医药制造业	**27**	**10611**	**1842**		**8131**		**3**	**635**
化学药品原料药制造	271	3279			3279			
化学药品原料药制造	2710	3279			3279			
化学药品制剂制造	272	1160	413		547			200
化学药品制剂制造	2720	1160	413		547			200
中药饮片加工	273	971	135		770			66
中药饮片加工	2730	971	135		770			66
中成药生产	274	2752	627		1764			361
中成药生产	2740	2752	627		1764			361
兽用药品制造	275	474			474			
兽用药品制造	2750	474			474			
生物药品制品制造	276	1194	667		516		3	8
生物药品制造	2761	1194	667		516		3	8
卫生材料及医药用品制造	277	66			66			
卫生材料及医药用品制造	2770	66			66			
药用辅料及包装材料	278	715			715			
药用辅料及包装材料	2780	715			715			
化学纤维制造业	**28**	**10748**	**2386**	**664**	**3419**			**4279**
纤维素纤维原料及纤维制造	281	10035	2380	664	3281			3710
化纤浆粕制造	2811	1960	193	664	91			1012
人造纤维（纤维素纤维）制造	2812	8075	2187		3190			2698
合成纤维制造	282	541	6		98			437
锦纶纤维制造	2821	412			2			410
涤纶纤维制造	2822	53	6		20			27
丙纶纤维制造	2825	47			47			
其他合成纤维制造	2829	29			29			
生物基材料制造	283	172			40			132
生物基化学纤维制造	2831	40			40			

1-13 续表 11

行业小类	代码	从业人员数(人)	国有控股	集体控股	私人控股	港澳台商控股	外商控股	其他
生物基、淀粉基新材料制造	2832	132						132
橡胶和塑料制品业	**29**	**20950**	**4661**	**181**	**14712**	**122**		**1274**
橡胶制品业	291	2825	2074		735			16
轮胎制造	2911	2072	2070		2			
橡胶板、管、带制造	2912	442	4		422			16
橡胶零件制造	2913	54			54			
再生橡胶制造	2914	73			73			
日用及医用橡胶制品制造	2915	8			8			
其他橡胶制品制造	2919	176			176			
塑料制品业	292	18125	2587	181	13977	122		1258
塑料薄膜制造	2921	1738	46	47	1625			20
塑料板、管、型材制造	2922	8784	1755	4	6162	78		785
塑料丝、绳及编织品制造	2923	2978	715	25	1926			312
泡沫塑料制造	2924	909	71		806			32
塑料人造革、合成革制造	2925							
塑料包装箱及容器制造	2926	960		1	906			53
日用塑料制品制造	2927	929		95	773	44		17
塑料零件及其他塑料制品制造	2929	1827		9	1779			39
非金属矿物制品业	**30**	**84501**	**18293**	**445**	**61600**	**6**	**165**	**3992**
水泥、石灰和石膏制造	301	18336	10327	114	6572		165	1158
水泥制造	3011	16446	9748		5390		165	1143
石灰和石膏制造	3012	1890	579	114	1182			15
石膏、水泥制品及类似制品制造	302	26452	6007	30	18840			1575
水泥制品制造	3021	22999	5366	24	16178			1431
砼结构构件制造	3022	1627	511	3	1040			73
石棉水泥制品制造	3023	42			42			
轻质建筑材料制造	3024	1117	130	3	928			56
其他水泥类似制品制造	3029	667			652			15
砖瓦、石材等建筑材料制造	303	24367	267	156	23055			889
粘土砖瓦及建筑砌块制造	3031	14800	171	125	14080			424
建筑用石加工	3032	4990	48	17	4690			235
防水建筑材料制造	3033	940	2	12	884			42
隔热和隔音材料制造	3034	1506	5		1364			137
其他建筑材料制造	3039	2131	41	2	2037			51
玻璃制造	304	1238	251		981			6
平板玻璃制造	3041	810	251		553			6
特种玻璃制造	3042	245			245			
其他玻璃制造	3049	183			183			

1-13 续表 12

行业小类	代码	从业人员数（人）	国有控股	集体控股	私人控股	港澳台商控股	外商控股	其他
玻璃制品制造	305	2055	570		1484			1
技术玻璃制品制造	3051	79			79			
光学玻璃制造	3052	5			5			
玻璃仪器制造	3053	21			21			
日用玻璃制品制造	3054	247			246			1
玻璃包装容器制造	3055	1104	570		534			
玻璃保温容器制造	3056	479			479			
制镜及类似品加工	3057	3			3			
其他玻璃制品制造	3059	117			117			
玻璃纤维和玻璃纤维增强塑料制品制造	306	973		130	843			
玻璃纤维及制品制造	3061	584			584			
玻璃纤维增强塑料制品制造	3062	389		130	259			
陶瓷制品制造	307	2175			2129			46
建筑陶瓷制品制造	3071	1699			1679			20
卫生陶瓷制品制造	3072	118			92			26
特种陶瓷制品制造	3073	11			11			
日用陶瓷制品制造	3074	262			262			
陈设艺术陶瓷制造	3075	55			55			
其他陶瓷制品制造	3079	30			30			
耐火材料制品制造	308	711	100		611			
石棉制品制造	3081	117	2		115			
耐火陶瓷制品及其他耐火材料制造	3089	594	98		496			
石墨及其他非金属矿物制品制造	309	8194	771	15	7085	6		317
石墨及碳素制品制造	3091	5564	747		4507			310
其他非金属矿物制品制造	3099	2630	24	15	2578	6		7
黑色金属冶炼和压延加工业	**31**	**24579**	**9530**	**287**	**14752**			**10**
炼铁	311	1820	408		1412			
炼铁	3110	1820	408		1412			
炼钢	312	245			245			
炼钢	3120	245			245			
钢压延加工	313	21026	9122	287	11607			10
钢压延加工	3130	21026	9122	287	11607			10
铁合金冶炼	314	1488			1488			
铁合金冶炼	3140	1488			1488			
有色金属冶炼和压延加工业	**32**	**41359**	**7353**	**1906**	**31051**	**725**		**324**
常用有色金属冶炼	321	26860	5228	1696	19361	363		212
铜冶炼	3211	1406	1132		65			209
铅锌冶炼	3212	120			117			3

1-13 续表 13

行业小类	代码	从业人员数(人)	国有控股	集体控股	私人控股	港澳台商控股	外商控股	其他
镍钴冶炼	3213	1184	1184					
铝冶炼	3216	13941	2728	1696	9517			
镁冶炼	3217	1704			1341	363		
硅冶炼	3218	7860			7860			
其他常用有色金属冶炼	3219	645	184		461			
贵金属冶炼	322	2567	2125		17	362		63
金冶炼	3221	2552	2125		2	362		63
其他贵金属冶炼	3229	15			15			
稀有稀土金属冶炼	323	13			13			
稀土金属冶炼	3232	10			10			
其他稀有金属冶炼	3239	3			3			
有色金属合金制造	324	5126		210	4867			49
有色金属合金制造	3240	5126		210	4867			49
有色金属压延加工	325	6793			6793			
铜压延加工	3251	107			107			
铝压延加工	3252	6328			6328			
贵金属压延加工	3253	1			1			
其他有色金属压延加工	3259	357			357			
金属制品业	**33**	**18253**	**1578**	**319**	**14729**			**1627**
结构性金属制品制造	331	11047	762	301	9367			617
金属结构制造	3311	7951	539	282	6659			471
金属门窗制造	3312	3096	223	19	2708			146
金属工具制造	332	487	33		422			32
切削工具制造	3321	8	8					
手工具制造	3322	14			11			3
农用及园林用金属工具制造	3323	272	25		218			29
刀剪及类似日用金属工具制造	3324	45			45			
其他金属工具制造	3329	148			148			
集装箱及金属包装容器制造	333	1701	517		1060			124
集装箱制造	3331	106			34			72
金属压力容器制造	3332	471	115		304			52
金属包装容器及材料制造	3333	1124	402		722			
金属丝绳及其制品制造	334	238	85		150			3
金属丝绳及其制品制造	3340	238	85		150			3
建筑、安全用金属制品制造	335	1418	114		1195			109
建筑、家具用金属配件制造	3351	162			84			78
建筑装饰及水暖管道零件制造	3352	725	114		581			30
安全、消防用金属制品制造	3353	339			338			1

1-13 续表 14

行业小类	代码	从业人员数(人)						
			国有控股	集体控股	私人控股	港澳台商控股	外商控股	其他
其他建筑、安全用金属制品制造	3359	192			192			
金属表面处理及热处理加工	336	208			205			3
金属表面处理及热处理加工	3360	208			205			3
搪瓷制品制造	337	21			21			
建筑装饰搪瓷制品制造	3372	14			14			
搪瓷卫生洁具制造	3373	3			3			
搪瓷日用品及其他搪瓷制品制造	3379	4			4			
金属制日用品制造	338	207			207			
金属制厨房用器具制造	3381	72			72			
金属制餐具和器皿制造	3382	17			17			
其他金属制日用品制造	3389	118			118			
铸造及其他金属制品制造	339	2926	67	18	2102			739
黑色金属铸造	3391	824			416			408
有色金属铸造	3392	2			2			
锻件及粉末冶金制品制造	3393	100			100			
交通及公共管理用金属标牌制造	3394	367	67	18	247			35
其他未列明金属制品制造	3399	1633			1337			296
通用设备制造业	**34**	**4488**	**395**	**37**	**3798**			**258**
锅炉及原动设备制造	341	664	2		660			2
锅炉及辅助设备制造	3411	582	2		579			1
水轮机及辅机制造	3414	6			6			
风能原动设备制造	3415	71			70			1
其他原动设备制造	3419	5			5			
金属加工机械制造	342	552	28		507			17
金属切削机床制造	3421	25			25			
金属成形机床制造	3422							
铸造机械制造	3423	75			58			17
金属切割及焊接设备制造	3424	63			63			
机床功能部件及附件制造	3425	1			1			
其他金属加工机械制造	3429	388	28		360			
物料搬运设备制造	343	779	138		421			220
轻小型起重设备制造	3431	8			7			1
生产专用起重机制造	3432	372			372			
生产专用车辆制造	3433							
连续搬运设备制造	3434	223			5			218
电梯、自动扶梯及升降机制造	3435	168	138		30			
机械式停车设备制造	3437	7			6			1
其他物料搬运设备制造	3439	1			1			

1-13 续表 15

行业小类	代码	从业人员数(人)	国有控股	集体控股	私人控股	港澳台商控股	外商控股	其他
泵、阀门、压缩机及类似机械制造	344	134			126			8
泵及真空设备制造	3441	10			10			
气体压缩机械制造	3442	11			3			8
阀门和旋塞制造	3443	93			93			
液压动力机械及元件制造	3444	9			9			
气压动力机械及元件制造	3446	11			11			
轴承、齿轮和传动部件制造	345	21			21			
滚动轴承制造	3451	16			16			
其他传动部件制造	3459	5			5			
烘炉、风机、包装等设备制造	346	389			389			
烘炉、熔炉及电炉制造	3461	35			35			
风机、风扇制造	3462	118			118			
气体、液体分离及纯净设备制造	3463	72			72			
制冷、空调设备制造	3464	158			158			
喷枪及类似器具制造	3466	6			6			
包装专用设备制造	3467							
文化、办公用机械制造	347	79			79			
复印和胶印设备制造	3474	10			10			
计算器及货币专用设备制造	3475	2			2			
其他文化、办公用机械制造	3479	67			67			
通用零部件制造	348	1690	227	32	1425			6
金属密封件制造	3481	185		24	161			
紧固件制造	3482	82	11		71			
弹簧制造	3483	8		8				
机械零部件加工	3484	1334	216		1112			6
其他通用零部件制造	3489	81			81			
其他通用设备制造业	349	180		5	170			5
工业机器人制造	3491	4			4			
其他未列明通用设备制造业	3499	176		5	166			5
专用设备制造业	**35**	**9194**	**1400**	**80**	**6772**	**10**	**43**	**889**
采矿、冶金、建筑专用设备制造	351	2316	632		1510		43	131
矿山机械制造	3511	415	207		208			
石油钻采专用设备制造	3512	1158	199		788		43	128
深海石油钻探设备制造	3513	62			62			
建筑工程用机械制造	3514	331			331			
建筑材料生产专用机械制造	3515	101			98			3
冶金专用设备制造	3516	23			23			
隧道施工专用机械制造	3517	226	226					

1-13 续表 16

行业小类	代码	从业人员数(人)	国有控股	集体控股	私人控股	港澳台商控股	外商控股	其他
化工、木材、非金属加工专用设备制造	352	468	200		268			
炼油、化工生产专用设备制造	3521	326	200		126			
塑料加工专用设备制造	3523	28			28			
木竹材加工机械制造	3524	62			62			
模具制造	3525	10			10			
其他非金属加工专用设备制造	3529	42			42			
食品、饮料、烟草及饲料生产专用设备制造	353	132			132			
食品、酒、饮料及茶生产专用设备制造	3531	13			13			
农副食品加工专用设备制造	3532	94			94			
饲料生产专用设备制造	3534	25			25			
印刷、制药、日化及日用品生产专用设备制造	354	102			102			
制浆和造纸专用设备制造	3541							
印刷专用设备制造	3542	43			43			
日用化工专用设备制造	3543	7			7			
照明器具生产专用设备制造	3545	22			22			
玻璃、陶瓷和搪瓷制品生产专用设备制造	3546	25			25			
其他日用品生产专用设备制造	3549	5			5			
纺织、服装和皮革加工专用设备制造	355	398	84	3	50			261
纺织专用设备制造	3551	388	84	3	40			261
皮革、毛皮及其制品加工专用设备制造	3552	7			7			
缝制机械制造	3553	3			3			
电子和电工机械专用设备制造	356	447			447			
电工机械专用设备制造	3561	51			51			
半导体器件专用设备制造	3562	3			3			
电子元器件与机电组件设备制造	3563	60			60			
其他电子专用设备制造	3569	333			333			
农、林、牧、渔专用机械制造	357	3701	484	7	2727	10		473
拖拉机制造	3571	48	31		17			
机械化农业及园艺机具制造	3572	2374	453		1487	10		424
畜牧机械制造	3574	280			280			
渔业机械制造	3575	12			12			
农林牧渔机械配件制造	3576	198			159			39
棉花加工机械制造	3577	609			599			10
其他农、林、牧、渔业机械制造	3579	180		7	173			
医疗仪器设备及器械制造	358	308		2	306			
医疗诊断、监护及治疗设备制造	3581	96		2	94			
口腔科用设备及器具制造	3582	70			70			
医疗实验室及医用消毒设备和器具制造	3583							

1-13 续表 17

行业小类	代码	从业人员数(人)	国有控股	集体控股	私人控股	港澳台商控股	外商控股	其他
医疗、外科及兽医用器械制造	3584	11			11			
机械治疗及病房护理设备制造	3585							
康复辅具制造	3586	18			18			
眼镜制造	3587	4			4			
其他医疗设备及器械制造	3589	109			109			
环保、邮政、社会公共服务及其他专用设备制造	359	1322		68	1230			24
环境保护专用设备制造	3591	809		68	720			21
商业、饮食、服务专用设备制造	3594	17			17			
社会公共安全设备及器材制造	3595	183			180			3
交通安全、管制及类似专用设备制造	3596	44			44			
水资源专用机械制造	3597	34			34			
其他专用设备制造	3599	235			235			
汽车制造业	**36**	**2366**	**1030**	**7**	**547**			**782**
汽车整车制造	361	1662	877		45			740
汽柴油车整车制造	3611	1168	877		29			262
新能源车整车制造	3612	494			16			478
汽车用发动机制造	362	5			5			
汽车用发动机制造	3620	5			5			
改装汽车制造	363	211	93		80			38
改装汽车制造	3630	211	93		80			38
电车制造	365	14			14			
电车制造	3650	14			14			
汽车车身、挂车制造	366	49	28		21			
汽车车身、挂车制造	3660	49	28		21			
汽车零部件及配件制造	367	425	32	7	382			4
汽车零部件及配件制造	3670	425	32	7	382			4
铁路、船舶、航空航天和其他运输设备制造业	**37**	**558**	**275**		**236**			**47**
铁路运输设备制造	371	262	247		10			5
高铁车组制造	3711	74	74					
铁路机车车辆制造	3712	2			2			
铁路专用设备及器材、配件制造	3716	76	63		8			5
其他铁路运输设备制造	3719	110	110					
城市轨道交通设备制造	372	42						42
城市轨道交通设备制造	3720	42						42
航空、航天器及设备制造	374	53	28		25			
飞机制造	3741	4			4			
航空相关设备制造	3744	1			1			
其他航空航天器制造	3749	48	28		20			

1-13 续表 18

行业小类	代码	从业人员数(人)	国有控股	集体控股	私人控股	港澳台商控股	外商控股	其他
摩托车制造	375	88			88			
摩托车整车制造	3751	62			62			
摩托车零部件及配件制造	3752	26			26			
自行车和残疾人座车制造	376	12			12			
自行车制造	3761	12			12			
助动车制造	377	101			101			
助动车制造	3770	101			101			
非公路休闲车及零配件制造	378							
非公路休闲车及零配件制造	3780							
电气机械和器材制造业	**38**	**18762**	**128**	**2500**	**14624**			**1510**
电机制造	381	2530	51		2405			74
发电机及发电机组制造	3811	2435	51		2310			74
电动机制造	3812	82			82			
微特电机及组件制造	3813	3			3			
其他电机制造	3819	10			10			
输配电及控制设备制造	382	11199	31	2477	7267			1424
变压器、整流器和电感器制造	3821	4572	1	310	3330			931
电容器及其配套设备制造	3822	71			71			
配电开关控制设备制造	3823	2312	30	30	1762			490
电力电子元器件制造	3824	587			587			
光伏设备及元器件制造	3825	2284		2137	144			3
其他输配电及控制设备制造	3829	1373			1373			
电线、电缆、光缆及电工器材制造	383	3756	46	23	3686			1
电线、电缆制造	3831	3678		23	3654			1
光缆制造	3833	46	46					
绝缘制品制造	3834	18			18			
其他电工器材制造	3839	14			14			
电池制造	384	362			362			
锂离子电池制造	3841	114			114			
铅蓄电池制造	3843	136			136			
其他电池制造	3849	112			112			
家用电力器具制造	385	295			295			
家用制冷电器具制造	3851	1			1			
家用通风电器具制造	3853	33			33			
家用厨房电器具制造	3854	184			184			
家用清洁卫生电器具制造	3855	17			17			
家用电力器具专用配件制造	3857	5			5			
其他家用电力器具制造	3859	55			55			

1-13 续表 19

行业小类	代码	从业人员数(人)	国有控股	集体控股	私人控股	港澳台商控股	外商控股	其他
非电力家用器具制造	386	39			38			1
燃气及类似能源家用器具制造	3861	3			2			1
太阳能器具制造	3862	36			36			
其他非电力家用器具制造	3869							
照明器具制造	387	403			397			6
电光源制造	3871	60			60			
照明灯具制造	3872	302			296			6
舞台及场地用灯制造	3873	3			3			
智能照明器具制造	3874	4			4			
灯用电器附件及其他照明器具制造	3879	34			34			
其他电气机械及器材制造	389	178			174			4
电气信号设备装置制造	3891	15			15			
其他未列明电气机械及器材制造	3899	163			159			4
计算机、通信和其他电子设备制造业	**39**	**4682**	**88**	**2**	**3083**		**1362**	**147**
计算机制造	391	210	5		201			4
计算机整机制造	3911	25			25			
计算机零部件制造	3912	2			2			
计算机外围设备制造	3913	109			109			
工业控制计算机及系统制造	3914	5			5			
信息安全设备制造	3915	34			34			
其他计算机制造	3919	35	5		26			4
通信设备制造	392	77			68			9
通信系统设备制造	3921	74			65			9
通信终端设备制造	3922	3			3			
广播电视设备制造	393	19			18			1
广播电视节目制作及发射设备制造	3931	6			6			
应用电视设备及其他广播电视设备制造	3939	13			12			1
非专业视听设备制造	395	6		2	4			
电视机制造	3951	1			1			
音响设备制造	3952	3			3			
影视录放设备制造	3953	2		2				
智能消费设备制造	396	95			94			1
智能车载设备制造	3962	70			70			
智能无人飞行器制造	3963	11			11			
服务消费机器人制造	3964	5			5			
其他智能消费设备制造	3969	9			8			1
电子器件制造	397	76			76			
集成电路制造	3973	5			5			

1-13 续表 20

行业小类	代码	从业人员数(人)	国有控股	集体控股	私人控股	港澳台商控股	外商控股	其他
显示器件制造	3974	3			3			
光电子器件制造	3976	57			57			
其他电子器件制造	3979	11			11			
电子元件及电子专用材料制造	398	3479	83		1902		1362	132
电阻电容电感元件制造	3981	1			1			
电子电路制造	3982	2			2			
敏感元件及传感器制造	3983	33	33					
电声器件及零件制造	3984	1			1			
电子专用材料制造	3985	2931	50		1391		1362	128
其他电子元件制造	3989	511			507			4
其他电子设备制造	399	720			720			
其他电子设备制造	3990	720			720			
仪器仪表制造业	**40**	**489**	**114**		**336**			**39**
通用仪器仪表制造	401	345	114		231			
工业自动控制系统装置制造	4011	231	114		117			
电工仪器仪表制造	4012	53			53			
绘图、计算及测量仪器制造	4013	6			6			
实验分析仪器制造	4014	1			1			
供应用仪器仪表制造	4016	2			2			
其他通用仪器制造	4019	52			52			
专用仪器仪表制造	402	89			50			39
环境监测专用仪器仪表制造	4021	8			8			
地质勘探和地震专用仪器制造	4025	39						39
教学专用仪器制造	4026	15			15			
核子及核辐射测量仪器制造	4027	4			4			
电子测量仪器制造	4028	9			9			
其他专用仪器制造	4029	14			14			
衡器制造	405	53			53			
衡器制造	4050	53			53			
其他仪器仪表制造业	409	2			2			
其他仪器仪表制造业	4090	2			2			
其他制造业	**41**	**1030**	**6**		**1023**			**1**
日用杂品制造	411	71			71			
鬃毛加工、制刷及清扫工具制造	4111	4			4			
其他日用杂品制造	4119	67			67			
核辐射加工	412	7			7			
核辐射加工	4120	7			7			
其他未列明制造业	419	952	6		945			1

1-13 续表 21

行业小类	代码	从业人员数(人)	国有控股	集体控股	私人控股	港澳台商控股	外商控股	其他
其他未列明制造业	4190	952	6		945			1
废弃资源综合利用业	**42**	**1912**	**106**		**1718**			**88**
金属废料和碎屑加工处理	421	768	106		603			59
金属废料和碎屑加工处理	4210	768	106		603			59
非金属废料和碎屑加工处理	422	1144			1115			29
非金属废料和碎屑加工处理	4220	1144			1115			29
金属制品、机械和设备修理业	**43**	**3251**		**41**	**2226**			**984**
金属制品修理	431	214			214			
金属制品修理	4310	214			214			
通用设备修理	432	185			185			
通用设备修理	4320	185			185			
专用设备修理	433	920			641			279
专用设备修理	4330	920			641			279
铁路、船舶、航空航天等运输设备修理	434	64		41	23			
铁路运输设备修理	4341	41		41				
其他运输设备修理	4349	23			23			
电气设备修理	435	881			185			696
电气设备修理	4350	881			185			696
仪器仪表修理	436	58			58			
仪器仪表修理	4360	58			58			
其他机械和设备修理业	439	929			920			9
其他机械和设备修理业	4390	929			920			9
电力、热力、燃气及水生产和供应业	**D**	**111949**	**83614**	**1276**	**22002**	**54**	**157**	**4846**
电力、热力生产和供应业	**44**	**87730**	**68696**	**1004**	**14022**	**15**	**34**	**3959**
电力生产	441	36820	26338	367	7350	15	34	2716
火力发电	4411	7905	5026		1665			1214
热电联产	4412	14572	12928		1007	15		622
水力发电	4413	6141	3702	290	1656			493
核力发电	4414	1			1			
风力发电	4415	4693	3698	44	733			218
太阳能发电	4416	2834	813	28	1792		34	167
生物质能发电	4417	353			353			
其他电力生产	4419	321	171	5	143			2
电力供应	442	34267	34000	53	209			5
电力供应	4420	34267	34000	53	209			5
热力生产和供应	443	16643	8358	584	6463			1238
热力生产和供应	4430	16643	8358	584	6463			1238
燃气生产和供应业	**45**	**12416**	**5372**	**69**	**6478**			**497**

1-13 续表 22

行业小类	代码	从业人员数(人)	国有控股	集体控股	私人控股	港澳台商控股	外商控股	其他
燃气生产和供应业	451	12399	5372	69	6461			497
天然气生产和供应业	4511	8494	3476	57	4480			481
液化石油气生产和供应业	4512	246		12	218			16
煤气生产和供应业	4513	3659	1896		1763			
生物质燃气生产和供应业	452	17			17			
生物质燃气生产和供应业	4520	17			17			
水的生产和供应业	**46**	**11803**	**9546**	**203**	**1502**	**39**	**123**	**390**
自来水生产和供应	461	9568	8600	122	615	36		195
自来水生产和供应	4610	9568	8600	122	615	36		195
污水处理及其再生利用	462	2200	938	81	860	3	123	195
污水处理及其再生利用	4620	2200	938	81	860	3	123	195
其他水的处理、利用与分配	469	35	8		27			
其他水的处理、利用与分配	4690	35	8		27			
建筑业	**E**	**427528**	**135149**	**14671**	**242373**	**17**	**16**	**35302**
房屋建筑业	**47**	**229127**	**81115**	**9775**	**110372**			**27865**
住宅房屋建筑	471	219998	80822	9657	102276			27243
住宅房屋建筑	4710	219998	80822	9657	102276			27243
体育场馆建筑	472	37	37					
体育场馆建筑	4720	37	37					
其他房屋建筑业	479	9092	256	118	8096			622
其他房屋建筑业	4790	9092	256	118	8096			622
土木工程建筑业	**48**	**136736**	**48703**	**3300**	**80839**			**3894**
铁路、道路、隧道和桥梁工程建筑	481	88732	31183	1365	54908			1276
铁路工程建筑	4811	5651	4775	840	35			1
公路工程建筑	4812	28004	21859	222	5463			460
市政道路工程建筑	4813	51131	3392	303	46771			665
城市轨道交通工程建筑	4814	13	10		3			
其他道路、隧道和桥梁工程建筑	4819	3933	1147		2636			150
水利和水运工程建筑	482	18210	10239	112	7646			213
水源及供水设施工程建筑	4821	15581	8454	112	6820			195
河湖治理及防洪设施工程建筑	4822	2615	1785		812			18
港口及航运设施工程建筑	4823	14			14			
工矿工程建筑	484	7328	525	35	5486			1282
工矿工程建筑	4840	7328	525	35	5486			1282
架线和管道工程建筑	485	11468	4831	1377	4786			474
架线及设备工程建筑	4851	7072	2283	1177	3323			289
管道工程建筑	4852	4364	2548	180	1451			185
地下综合管廊工程建筑	4853	32		20	12			

1-13 续表 23

行业小类	代码	从业人员数(人)	国有控股	集体控股	私人控股	港澳台商控股	外商控股	其他
节能环保工程施工	486	729	38		613			78
节能工程施工	4861	194	38		156			
环保工程施工	4862	535			457			78
生态保护工程施工	4863							
电力工程施工	487	3057	609	389	1708			351
火力发电工程施工	4871	953	563		84			306
水力发电工程施工	4872	260			244			16
风能发电工程施工	4874	76			76			
太阳能发电工程施工	4875	43			43			
其他电力工程施工	4879	1725	46	389	1261			29
其他土木工程建筑	489	7212	1278	22	5692			220
园林绿化工程施工	4891	3951	954	1	2850			146
体育场地设施工程施工	4892	147			147			
游乐设施工程施工	4893	2			2			
其他土木工程建筑施工	4899	3112	324	21	2693			74
建筑安装业	**49**	**26013**	**2970**	**1478**	**19847**	**1**	**16**	**1701**
电气安装	491	9749	833	855	7716			345
电气安装	4910	9749	833	855	7716			345
管道和设备安装	492	6830	1112	11	5355	1	16	335
管道和设备安装	4920	6830	1112	11	5355	1	16	335
其他建筑安装业	499	9434	1025	612	6776			1021
体育场地设施安装	4991	314			179			135
其他建筑安装	4999	9120	1025	612	6597			886
建筑装饰、装修和其他建筑业	**50**	**35652**	**2361**	**118**	**31315**	**16**		**1842**
建筑装饰和装修业	501	14654	699	3	12782	2		1168
公共建筑装饰和装修	5011	4158	618		2702	2		836
住宅装饰和装修	5012	9259	81	3	8879			296
建筑幕墙装饰和装修	5013	1237			1201			36
建筑物拆除和场地准备活动	502	3122	712		2062			348
建筑物拆除活动	5021	1522	479		1002			41
场地准备活动	5022	1600	233		1060			307
提供施工设备服务	503	1487		93	1394			
提供施工设备服务	5030	1487		93	1394			
其他未列明建筑业	509	16389	950	22	15077	14		326
其他未列明建筑业	5090	16389	950	22	15077	14		326
批发和零售业	**F**	**328533**	**48400**	**4213**	**258238**	**1445**	**801**	**15436**
批发业	**51**	**197986**	**37927**	**3299**	**148768**	**636**	**119**	**7237**
农、林、牧、渔产品批发	511	28377	11231	1235	14323	315	16	1257

1-13 续表 24

行业小类	代码	从业人员数(人)	国有控股	集体控股	私人控股	港澳台商控股	外商控股	其他
谷物、豆及薯类批发	5111	3935	3075		843			17
种子批发	5112	4595	1177	62	3009			347
畜牧渔业饲料批发	5113	453	17	1	415			20
棉、麻批发	5114	15702	6123	1139	7353	315	5	767
林业产品批发	5115	682	33		646			3
牲畜批发	5116	1302	665	2	624		11	
渔业产品批发	5117	54			40			14
其他农牧产品批发	5119	1654	141	31	1393			89
食品、饮料及烟草制品批发	512	25496	7064	163	17452	1	9	807
米、面制品及食用油批发	5121	3073	1204		1738			131
糕点、糖果及糖批发	5122	728		4	653			71
果品、蔬菜批发	5123	6279	1296	16	4815	1		151
肉、禽、蛋、奶及水产品批发	5124	2478	567		1846			65
盐及调味品批发	5125	1073	506	29	502			36
营养和保健品批发	5126	634	57		575			2
酒、饮料及茶叶批发	5127	3250	155	8	2913		6	168
烟草制品批发	5128	2963	2870		61			32
其他食品批发	5129	5018	409	106	4349		3	151
纺织、服装及家庭用品批发	513	15720	197	78	14641	3	10	791
纺织品、针织品及原料批发	5131	1396	84		1202		1	109
服装批发	5132	6094	16	40	5721	3	6	308
鞋帽批发	5133	304			299			5
化妆品及卫生用品批发	5134	1761	68	7	1675			11
厨具卫具及日用杂品批发	5135	2115		3	1993			119
灯具、装饰物品批发	5136	454		14	423			17
家用视听设备批发	5137	77			77			
日用家电批发	5138	2048	3	14	1830			201
其他家庭用品批发	5139	1471	26		1421		3	21
文化、体育用品及器材批发	514	3845	592	13	3129		13	98
文具用品批发	5141	1531	4		1438		13	76
体育用品及器材批发	5142	377	3	5	367			2
图书批发	5143	841	525	7	307			2
报刊批发	5144	2			2			
音像制品、电子和数字出版物批发	5145	98			98			
首饰、工艺品及收藏品批发	5146	543	1		529			13
乐器批发	5147	37			33			4
其他文化用品批发	5149	416	59	1	355			1
医药及医疗器材批发	515	13569	2001	101	10821			646

1-13 续表 25

行业小类	代码	从业人员数(人)	国有控股	集体控股	私人控股	港澳台商控股	外商控股	其他
西药批发	5151	6269	1329	87	4512			341
中药批发	5152	1413	291		1025			97
动物用药品批发	5153	103			98			5
医疗用品及器材批发	5154	5784	381	14	5186			203
矿产品、建材及化工产品批发	516	61507	15843	1479	41874	89	64	2158
煤炭及制品批发	5161	5407	629		4606	14		158
石油及制品批发	5162	18650	11219	654	5678	74	53	972
非金属矿及制品批发	5163	781	2		767			12
金属及金属矿批发	5164	7221	926		6191			104
建材批发	5165	15431	347	27	14677		11	369
化肥批发	5166	7310	1752	672	4639	1		246
农药批发	5167	1872	103	55	1626			88
农用薄膜批发	5168	253	30	3	212			8
其他化工产品批发	5169	4582	835	68	3478			201
机械设备、五金产品及电子产品批发	517	40499	619	84	38387	228	5	1176
农业机械批发	5171	3206	81	13	3032			80
汽车及零配件批发	5172	5436	69	28	5214			125
摩托车及零配件批发	5173	456		3	442			11
五金产品批发	5174	6535	13	10	6298			214
电气设备批发	5175	2651	18	1	2476			156
计算机、软件及辅助设备批发	5176	3261	93		3099			69
通讯设备批发	5177	3726			3701			25
广播影视设备批发	5178	131	3		128			
其他机械设备及电子产品批发	5179	15097	342	29	13997	228	5	496
贸易经纪与代理	518	2345	122	17	2147		2	57
贸易代理	5181	1795	118	4	1624		2	47
一般物品拍卖	5182	256	4	6	246			
艺术品、收藏品拍卖	5183	18			18			
其他贸易经纪与代理	5189	276		7	259			10
其他批发业	519	6628	258	129	5994			247
再生物资回收与批发	5191	1477	132	68	1219			58
宠物食品用品批发	5192	31			31			
互联网批发	5193	126	26		84			16
其他未列明批发业	5199	4994	100	61	4660			173
零售业	**52**	**130547**	**10473**	**914**	**109470**	**809**	**682**	**8199**
综合零售	521	24202	297	180	21683		482	1560
百货零售	5211	15384	282	103	13851			1148
超级市场零售	5212	7123		29	6326		482	286

1-13 续表 26

行业小类	代码	从业人员数（人）	国有控股	集体控股	私人控股	港澳台商控股	外商控股	其他
便利店零售	5213	352			324			28
其他综合零售	5219	1343	15	48	1182			98
食品、饮料及烟草制品专门零售	522	7354	426	64	6375	201	8	280
粮油零售	5221	721	49		659			13
糕点、面包零售	5222	807			779			28
果品、蔬菜零售	5223	1411	110		1280			21
肉、禽、蛋、奶及水产品零售	5224	453	34	3	395			21
营养和保健品零售	5225	462		5	440			17
酒、饮料及茶叶零售	5226	1051	76	48	865			62
烟草制品零售	5227	220	48		159			13
其他食品零售	5229	2229	109	8	1798	201	8	105
纺织、服装及日用品专门零售	523	8015	91	83	7109	77	8	647
纺织品及针织品零售	5231	864	36	2	796			30
服装零售	5232	3915	54	19	3372	71	8	391
鞋帽零售	5233	619			566			53
化妆品及卫生用品零售	5234	547	1		544			2
厨具卫具及日用杂品零售	5235	342		5	315			22
钟表、眼镜零售	5236	655		25	622			8
箱包零售	5237	30			27			3
自行车等代步设备零售	5238	113			113			
其他日用品零售	5239	930		32	754	6		138
文化、体育用品及器材专门零售	524	5258	1944	19	3233			62
文具用品零售	5241	1135	6	7	1093			29
体育用品及器材零售	5242	326			323			3
图书、报刊零售	5243	2053	1896		149			8
音像制品、电子和数字出版物零售	5244	55			51			4
珠宝首饰零售	5245	1010	34		974			2
工艺美术品及收藏品零售	5246	156		2	149			5
乐器零售	5247	97			97			
照相器材零售	5248	22			21			1
其他文化用品零售	5249	404	8	10	376			10
医药及医疗器材专门零售	525	16668	1410	38	14732			488
西药零售	5251	13143	1381	38	11281			443
中药零售	5252	1826	24		1796			6
动物用药品零售	5253	84			78			6
医疗用品及器材零售	5254	1550	5		1520			25
保健辅助治疗器材零售	5255	65			57			8
汽车、摩托车、零配件和燃料及其他动力销售	526	36343	5776	401	25749	511	182	3724

1-13 续表 27

行业小类	代码	从业人员数(人)	国有控股	集体控股	私人控股	港澳台商控股	外商控股	其他
汽车新车零售	5261	20523	338	242	16052	496	182	3213
汽车旧车零售	5262	668			629			39
汽车零配件零售	5263	2707	9	4	2640			54
摩托车及零配件零售	5264	517			493			24
机动车燃油零售	5265	8160	4025	52	3775			308
机动车燃气零售	5266	3758	1404	103	2150	15		86
机动车充电销售	5267	10			10			
家用电器及电子产品专门零售	527	12085	102	10	11109	6		858
家用视听设备零售	5271	506			152			354
日用家电零售	5272	3539	43		3241			255
计算机、软件及辅助设备零售	5273	3795	43		3622			130
通信设备零售	5274	1531	2		1484			45
其他电子产品零售	5279	2714	14	10	2610	6		74
五金、家具及室内装饰材料专门零售	528	13137	18	36	12779	3	2	299
五金零售	5281	4690	11	34	4513		2	130
灯具零售	5282	241			241			
家具零售	5283	5235			5159	3		73
涂料零售	5284	146	7		118			21
卫生洁具零售	5285	137			130			7
木质装饰材料零售	5286	238			238			
陶瓷、石材装饰材料零售	5287	496		2	494			
其他室内装饰材料零售	5289	1954			1886			68
货摊、无店铺及其他零售业	529	7485	409	83	6701	11		281
流动货摊零售	5291	13	2		11			
互联网零售	5292	579	44	15	494	11		15
邮购及电视、电话零售	5293	15			15			
自动售货机零售	5294	15			12			3
旧货零售	5295	41			38			3
生活用燃料零售	5296	2221	315	10	1756			140
宠物食品用品零售	5297	32			32			
其他未列明零售业	5299	4569	48	58	4343			120
交通运输、仓储和邮政业	**G**	**203700**	**129455**	**2109**	**61839**	**2962**	**204**	**7131**
铁路运输业	**53**	**55173**	**55173**					
铁路旅客运输	531	28	28					
高速铁路旅客运输	5311	25	25					
普通铁路旅客运输	5313	3	3					
铁路货物运输	532	55145	55145					
铁路货物运输	5320	55145	55145					

1-13 续表 28

行业小类	代码	从业人员数(人)	国有控股	集体控股	私人控股	港澳台商控股	外商控股	其他
道路运输业	**54**	**102331**	**51612**	**1680**	**41890**	**2959**	**11**	**4179**
城市公共交通运输	541	22788	14936	38	3254	2957		1603
公共电汽车客运	5411	16462	10403	9	1805	2957		1288
城市轨道交通	5412	2077	2022		5			50
出租车客运	5413	1777	322	27	1163			265
公共自行车服务	5414	3			3			
其他城市公共交通运输	5419	2469	2189	2	278			
公路旅客运输	542	6249	1815	286	3209			939
长途客运	5421	4222	1048	260	2286			628
旅游客运	5422	913	313	20	325			255
其他公路客运	5429	1114	454	6	598			56
道路货物运输	543	68617	31697	1336	33974	2		1608
普通货物道路运输	5431	35004	2168	1071	30234	2		1529
冷藏车道路运输	5432	4			4			
集装箱道路运输	5433	21			21			
大型货物道路运输	5434	285	44	2	224			15
危险货物道路运输	5435	31894	29466	263	2159			6
邮件包裹道路运输	5436	105			103			2
城市配送	5437	249			247			2
搬家运输	5438	125			95			30
其他道路货物运输	5439	930	19		887			24
道路运输辅助活动	544	4677	3164	20	1453		11	29
客运汽车站	5441	3383	2764	20	595			4
货运枢纽（站）	5442	146			146			
公路管理与养护	5443	738	290		418		11	19
其他道路运输辅助活动	5449	410	110		294			6
水上运输业	**55**	**68**			**23**			**45**
水上旅客运输	551	46			4			42
内河旅客运输	5512	42						42
客运轮渡运输	5513	4			4			
水上货物运输	552	19			19			
远洋货物运输	5521	19			19			
水上运输辅助活动	553	3						3
货运港口	5532	3						3
其他水上运输辅助活动	5539							
航空运输业	**56**	**8535**	**7029**		**305**			**1201**
航空客货运输	561	1238			37			1201
航空旅客运输	5611	1214			14			1200

1-13 续表 29

行业小类	代码	从业人员数(人)	国有控股	集体控股	私人控股	港澳台商控股	外商控股	其他
航空货物运输	5612	24			23			1
通用航空服务	562	517	332		185			
通用航空生产服务	5621	478	325		153			
观光游览航空服务	5622	7	7					
体育航空运动服务	5623	1			1			
其他通用航空服务	5629	31			31			
航空运输辅助活动	563	6780	6697		83			
机场	5631	6506	6443		63			
其他航空运输辅助活动	5639	274	254		20			
管道运输业	**57**	**3628**	**3167**	**204**	**59**		**180**	**18**
海底管道运输	571	1			1			
海底管道运输	5710	1			1			
陆地管道运输	572	3627	3167	204	58		180	18
陆地管道运输	5720	3627	3167	204	58		180	18
多式联运和运输代理业	**58**	**6245**	**795**	**92**	**4421**		**1**	**936**
多式联运	581	492	17		475			
多式联运	5810	492	17		475			
运输代理业	582	5753	778	92	3946		1	936
货物运输代理	5821	5137	599	92	3527		1	918
旅客票务代理	5822	439	176		245			18
其他运输代理业	5829	177	3		174			
装卸搬运和仓储业	**59**	**11850**	**1562**	**133**	**9612**	**3**	**12**	**528**
装卸搬运	591	5898	53	12	5604		12	217
装卸搬运	5910	5898	53	12	5604		12	217
通用仓储	592	1389	117	66	1117	2		87
通用仓储	5920	1389	117	66	1117	2		87
低温仓储	593	658	58		573			27
低温仓储	5930	658	58		573			27
危险品仓储	594	264	57	2	204			1
油气仓储	5941	233	43	2	188			
危险化学品仓储	5942	17			16			1
其他危险品仓储	5949	14	14					
谷物、棉花等农产品仓储	595	2446	1037	53	1238			118
谷物仓储	5951	1034	889		86			59
棉花仓储	5952	711	74	52	529			56
其他农产品仓储	5959	701	74	1	623			3
中药材仓储	596	17			17			
中药材仓储	5960	17			17			

1-13 续表 30

行业小类	代码	从业人员数(人)	国有控股	集体控股	私人控股	港澳台商控股	外商控股	其他
其他仓储业	599	1178	240		859	1		78
其他仓储业	5990	1178	240		859	1		78
邮政业	**60**	**15870**	**10117**		**5529**			**224**
邮政基本服务	601	7604	7591		7			6
邮政基本服务	6010	7604	7591		7			6
快递服务	602	8108	2526		5364			218
快递服务	6020	8108	2526		5364			218
其他寄递服务	609	158			158			
其他寄递服务	6090	158			158			
住宿和餐饮业	**H**	**52788**	**13763**	**685**	**32933**		**963**	**4444**
住宿业	**61**	**33258**	**11692**	**498**	**17744**		**138**	**3186**
旅游饭店	611	21044	9516	267	8765		138	2358
旅游饭店	6110	21044	9516	267	8765		138	2358
一般旅馆	612	9209	1891	184	6417			717
经济型连锁酒店	6121	1889	266		1472			151
其他一般旅馆	6129	7320	1625	184	4945			566
民宿服务	613	196			146			50
民宿服务	6130	196			146			50
露营地服务	614	33			33			
露营地服务	6140	33			33			
其他住宿业	619	2776	285	47	2383			61
其他住宿业	6190	2776	285	47	2383			61
餐饮业	**62**	**19530**	**2071**	**187**	**15189**		**825**	**1258**
正餐服务	621	15036	2002	187	11709		7	1131
正餐服务	6210	15036	2002	187	11709		7	1131
快餐服务	622	3250			2341		818	91
快餐服务	6220	3250			2341		818	91
饮料及冷饮服务	623	59			59			
茶馆服务	6231	17			17			
咖啡馆服务	6232	6			6			
酒吧服务	6233	5			5			
其他饮料及冷饮服务	6239	31			31			
餐饮配送及外卖送餐服务	624	414			391			23
餐饮配送服务	6241	332			310			22
外卖送餐服务	6242	82			81			1
其他餐饮业	629	771	69		689			13
小吃服务	6291	153			151			2
其他未列明餐饮业	6299	618	69		538			11

1-13 续表 31

行业小类	代码	从业人员数(人)	国有控股	集体控股	私人控股	港澳台商控股	外商控股	其他
信息传输、软件和信息技术服务业	**I**	**69029**	**23995**	**135**	**37150**	**268**	**3315**	**4166**
电信、广播电视和卫星传输服务	**63**	**29149**	**21403**	**6**	**2298**	**242**	**3314**	**1886**
电信	631	26892	19328		2122	242	3314	1886
固定电信服务	6311	11959	10711		261			987
移动电信服务	6312	13099	8263		394	242	3314	886
其他电信服务	6319	1834	354		1467			13
广播电视传输服务	632	2152	2018	6	128			
有线广播电视传输服务	6321	2141	2011	6	124			
无线广播电视传输服务	6322	11	7		4			
卫星传输服务	633	105	57		48			
广播电视卫星传输服务	6331	57	57					
其他卫星传输服务	6339	48			48			
互联网和相关服务	**64**	**5170**	**150**	**25**	**4876**			**119**
互联网接入及相关服务	641	875			865			10
互联网接入及相关服务	6410	875			865			10
互联网信息服务	642	2736	133	25	2522			56
互联网搜索服务	6421	79	1	22	56			
互联网游戏服务	6422	42			42			
互联网其他信息服务	6429	2615	132	3	2424			56
互联网平台	643	491	5		437			49
互联网生产服务平台	6431	172	5		119			48
互联网生活服务平台	6432	189			188			1
互联网科技创新平台	6433	5			5			
互联网公共服务平台	6434	68			68			
其他互联网平台	6439	57			57			
互联网安全服务	644	66			66			
互联网安全服务	6440	66			66			
互联网数据服务	645	402			398			4
互联网数据服务	6450	402			398			4
其他互联网服务	649	600	12		588			
其他互联网服务	6490	600	12		588			
软件和信息技术服务业	**65**	**34710**	**2442**	**104**	**29976**	**26**	**1**	**2161**
软件开发	651	10349	121	8	9543			677
基础软件开发	6511	5678	42	8	5157			471
支撑软件开发	6512	82	30		52			
应用软件开发	6513	2914	49		2706			159
其他软件开发	6519	1675			1628			47
集成电路设计	652	100			100			

1-13 续表 32

行业小类	代码	从业人员数(人)	国有控股	集体控股	私人控股	港澳台商控股	外商控股	其他
集成电路设计	6520	100			100			
信息系统集成和物联网技术服务	653	5995	1396	51	4169			379
信息系统集成服务	6531	5848	1396	51	4030			371
物联网技术服务	6532	147			139			8
运行维护服务	654	1170	494		631	3		42
运行维护服务	6540	1170	494		631	3		42
信息处理和存储支持服务	655	283			264			19
信息处理和存储支持服务	6550	283			264			19
信息技术咨询服务	656	14523	367	36	13169	23	1	927
信息技术咨询服务	6560	14523	367	36	13169	23	1	927
数字内容服务	657	333	61		271			1
地理遥感信息服务	6571	124	4		120			
动漫、游戏数字内容服务	6572	104	29		74			1
其他数字内容服务	6579	105	28		77			
其他信息技术服务业	659	1957	3	9	1829			116
呼叫中心	6591	375			375			
其他未列明信息技术服务业	6599	1582	3	9	1454			116
金融业	**J**	**196562**	**123197**	**12591**	**32672**	**41**	**33**	**28028**
货币金融服务	**66**	**61421**	**44263**	**12589**	**3934**	**41**	**33**	**561**
货币银行服务	662	57860	43760	12589	1166	32	25	288
商业银行服务	6621	47139	40890	4755	1149	32	25	288
政策性银行服务	6622	2379	2379					
信用合作社服务	6623	8271	483	7788				
农村资金互助社服务	6624	46		46				
其他货币银行服务	6629	25	8		17			
非货币银行服务	663	3561	503		2768	9	8	273
融资租赁服务	6631	234	163		54	9	8	
财务公司服务	6632	50			50			
典当	6633	1172	71		956			145
小额贷款公司服务	6635	2020	243		1657			120
网络借贷服务	6637	20			15			5
其他非货币银行服务	6639	65	26		36			3
资本市场服务	**67**	**3015**	**1729**	**2**	**1205**			**79**
证券市场服务	671	1435	1404		31			
证券市场管理服务	6711	30			30			
证券经纪交易服务	6712	1405	1404		1			
非公开募集证券投资基金	673	333	61		254			18
期货市场服务	674	181	131					50

1-13 续表 33

行业小类	代码	从业人员数(人)	国有控股	集体控股	私人控股	港澳台商控股	外商控股	其他
其他期货市场服务	6749	181	131					50
资本投资服务	676	873	132	2	737			2
资本投资服务	6760	873	132	2	737			2
其他资本市场服务	679	193	1		183			9
其他资本市场服务	6790	193	1		183			9
保险业	**68**	**130804**	**76364**		**27092**			**27348**
人身保险	681	103512	53406		25522			24584
人寿保险	6811	102719	52613		25522			24584
健康保险	6813	793	793					
财产保险	682	24736	21905		181			2650
财产保险	6820	24736	21905		181			2650
商业养老金	684	307			193			114
商业养老金	6840	307			193			114
保险中介服务	685	2241	1053		1188			
保险经纪服务	6851	8	8					
保险代理服务	6852	2233	1045		1188			
其他保险活动	689	8			8			
其他保险活动	6890	8			8			
其他金融业	**69**	**1322**	**841**		**441**			**40**
金融信托与管理服务	691	468	467		1			
信托公司	6911	459	459					
其他金融信托与管理服务	6919	9	8		1			
控股公司服务	692							
控股公司服务	6920							
非金融机构支付服务	693	22			22			
非金融机构支付服务	6930	22			22			
金融信息服务	694	137	8		95			34
金融信息服务	6940	137	8		95			34
金融资产管理公司	695	7			7			
金融资产管理公司	6950	7			7			
其他未列明金融业	699	688	366		316			6
其他未包括金融业	6999	688	366		316			6
房地产业	**K**	**160596**	**21434**	**1835**	**116668**	**94**		**20565**
房地产业	**70**	**160596**	**21434**	**1835**	**116668**	**94**		**20565**
房地产开发经营	701	46278	4326	362	36493	63		5034
房地产开发经营	7010	46278	4326	362	36493	63		5034
物业管理	702	97461	14841	794	67292	24		14510
物业管理	7020	97461	14841	794	67292	24		14510

1-13 续表 34

行业小类	代码	从业人员数（人）	国有控股	集体控股	私人控股	港澳台商控股	外商控股	其他
房地产中介服务	703	7064	134	5	6381			544
房地产中介服务	7030	7064	134	5	6381			544
房地产租赁经营	704	9486	2073	674	6267	7		465
房地产租赁经营	7040	9486	2073	674	6267	7		465
其他房地产业	709	307	60		235			12
其他房地产业	7090	307	60		235			12
租赁和商务服务业	**L**	**245445**	**67717**	**11350**	**150968**	**90**	**37**	**15283**
租赁业	**71**	**10103**	**501**	**52**	**8660**	**5**	**6**	**879**
机械设备经营租赁	711	9953	468	52	8553	5	6	869
汽车租赁	7111	2962	153	43	2152			614
农业机械经营租赁	7112	447	234		213			
建筑工程机械与设备经营租赁	7113	5140	54	9	4954		6	117
计算机及通讯设备经营租赁	7114	68			68			
医疗设备经营租赁	7115	44			44			
其他机械与设备经营租赁	7119	1292	27		1122	5		138
文体设备和用品出租	712	141	33		98			10
休闲娱乐用品设备出租	7121	48	30		18			
体育用品设备出租	7122	12			12			
文化用品设备出租	7123	46			46			
图书出租	7124	13	3					10
音像制品出租	7125							
其他文体设备和用品出租	7129	22			22			
日用品出租	713	9			9			
日用品出租	7130	9			9			
商务服务业	**72**	**235342**	**67216**	**11298**	**142308**	**85**	**31**	**14404**
组织管理服务	721	35842	19261	2379	12479	7	9	1707
企业总部管理	7211	11241	8647	74	1738		5	777
投资与资产管理	7212	16589	7732	219	8016	3		619
资源与产权交易服务	7213	375	332	3	35			5
单位后勤管理服务	7214	2561	3	861	1532			165
农村集体经济组织管理	7215	3092	1754	1219	119			
其他组织管理服务	7219	1984	793	3	1039	4	4	141
综合管理服务	722	8794	1448	136	6672	22	8	508
园区管理服务	7221	260	196		64			
商业综合体管理服务	7222	1114	12	3	964			135
市场管理服务	7223	6253	1167	133	4579	22	8	344
供应链管理服务	7224	204	54		141			9
其他综合管理服务	7229	963	19		924			20

1-13 续表 35

行业小类	代码	从业人员数（人）	国有控股	集体控股	私人控股	港澳台商控股	外商控股	其他
法律服务	723	510	103	32	348			27
律师及相关法律服务	7231	297			273			24
公证服务	7232	58	16	32	7			3
其他法律服务	7239	155	87		68			
咨询与调查	724	26556	713	194	24459	24	13	1153
会计、审计及税务服务	7241	7159	83	24	6626	3		423
市场调查	7242	236	74		134			28
社会经济咨询	7243	9787	79	12	9339	19	8	330
健康咨询	7244	1704		2	1692		2	8
环保咨询	7245	592	38		542			12
体育咨询	7246	29			29			
其他专业咨询与调查	7249	7049	439	156	6097	2	3	352
广告业	725	11993	401	102	10993	28		469
互联网广告服务	7251	1389	45	24	1304			16
其他广告服务	7259	10604	356	78	9689	28		453
人力资源服务	726	63504	7353	149	49215			6787
公共就业服务	7261	28	11		17			
职业中介服务	7262	1142	41		1101			
劳务派遣服务	7263	58414	7172	149	44362			6731
创业指导服务	7264	145	2		143			
其他人力资源服务	7269	3775	127		3592			56
安全保护服务	727	61098	22981	7817	27461			2839
安全服务	7271	54489	22229	4817	24650			2793
安全系统监控服务	7272	1362	15		1302			45
其他安全保护服务	7279	5247	737	3000	1509			1
会议、展览及相关服务	728	1835	178	6	1568			83
科技会展服务	7281	94	1		89			4
旅游会展服务	7282	255	75	3	164			13
体育会展服务	7283							
文化会展服务	7284	679	6	3	666			4
其他会议、展览及相关服务	7289	807	96		649			62
其他商务服务业	729	25210	14778	483	9113	4	1	831
旅行社及相关服务	7291	6887	2110	10	4419	4		344
包装服务	7292	198		13	177			8
办公服务	7293	471	10	1	446			14
翻译服务	7294	90			90			
信用服务	7295	81	4		75			2
非融资担保服务	7296	409	138		229			42

1-13 续表 36

行业小类	代码	从业人员数(人)	国有控股	集体控股	私人控股	港澳台商控股	外商控股	其他
商务代理代办服务	7297	1343	50		1212			81
票务代理服务	7298	56	2	2	51			1
其他未列明商务服务业	7299	15675	12464	457	2414		1	339
科学研究和技术服务业	**M**	**87408**	**19814**	**1691**	**58882**	**55**	**12**	**6954**
研究和试验发展	**73**	**1718**	**323**		**1277**		**1**	**117**
自然科学研究和试验发展	731	32			32			
自然科学研究和试验发展	7310	32			32			
工程和技术研究和试验发展	732	1088	310		693		1	84
工程和技术研究和试验发展	7320	1088	310		693		1	84
农业科学研究和试验发展	733	237	11		205			21
农业科学研究和试验发展	7330	237	11		205			21
医学研究和试验发展	734	347			335			12
医学研究和试验发展	7340	347			335			12
社会人文科学研究	735	14	2		12			
社会人文科学研究	7350	14	2		12			
专业技术服务业	**74**	**71504**	**17245**	**1627**	**46395**	**7**	**11**	**6219**
气象服务	741	108	68	8	19			13
气象服务	7410	108	68	8	19			13
地震服务	742	4			3			1
地震服务	7420	4			3			1
海洋服务	743	1			1			
海洋环境服务	7432	1			1			
其他海洋服务	7439							
测绘地理信息服务	744	2035	321	5	1655			54
遥感测绘服务	7441	707	8	5	684			10
其他测绘地理信息服务	7449	1328	313		971			44
质检技术服务	745	10889	1883	325	7918			763
检验检疫服务	7451	164	45		119			
检测服务	7452	8573	1251	314	6424			584
计量服务	7453	513	83	3	267			160
标准化服务	7454							
认证认可服务	7455	83		1	82			
其他质检技术服务	7459	1556	504	7	1026			19
环境与生态监测检测服务	746	1549	72	22	1441			14
环境保护监测	7461	1460	44	22	1380			14
生态资源监测	7462	89	28		61			
地质勘查	747	2330	534	10	1742	7		37
能源矿产地质勘查	7471	860	157		700	3		

1-13 续表 37

行业小类	代码	从业人员数(人)						
			国有控股	集体控股	私人控股	港澳台商控股	外商控股	其他
固体矿产地质勘查	7472	345	69		254	4		18
基础地质勘查	7474	82	25		55			2
地质勘查技术服务	7475	1043	283	10	733			17
工程技术与设计服务	748	43381	14004	1113	23512		11	4741
工程管理服务	7481	13421	2434	42	10195		5	745
工程监理服务	7482	7243	2716	111	4017			399
工程勘察活动	7483	8825	4159	115	1714			2837
工程设计活动	7484	12101	4387	828	6412		6	468
规划设计管理	7485	1730	295	17	1128			290
土地规划服务	7486	61	13		46			2
工业与专业设计及其他专业技术服务	749	11207	363	144	10104			596
工业设计服务	7491	581	44		477			60
专业设计服务	7492	4680	258	42	3958			422
兽医服务	7493	299	5	9	225			60
其他未列明专业技术服务业	7499	5647	56	93	5444			54
科技推广和应用服务业	**75**	**14186**	**2246**	**64**	**11210**	**48**		**618**
技术推广服务	751	11659	2187	60	8990	48		374
农林牧渔技术推广服务	7511	3856	1691	2	2074	1		88
生物技术推广服务	7512	1221		1	1137			83
新材料技术推广服务	7513	182	5		171			6
节能技术推广服务	7514	1019	25		980	1		13
新能源技术推广服务	7515	1207	159		1036			12
环保技术推广服务	7516	1144	144		927			73
三维（3D）打印技术推广服务	7517	5			5			
其他技术推广服务	7519	3025	163	57	2660	46		99
知识产权服务	752	442			365			77
知识产权服务	7520	442			365			77
科技中介服务	753	391	14	4	285			88
科技中介服务	7530	391	14	4	285			88
创业空间服务	754	129			125			4
创业空间服务	7540	129			125			4
其他科技推广服务业	759	1565	45		1445			75
其他科技推广服务业	7590	1565	45		1445			75
水利、环境和公共设施管理业	**N**	**27647**	**13666**	**280**	**9856**	**47**	**15**	**3783**
水利管理业	**76**	**3633**	**3071**	**12**	**449**			**101**
防洪除涝设施管理	761	26	2		23			1
防洪除涝设施管理	7610	26	2		23			1
水资源管理	762	1004	720	1	224			59

1-13 续表 38

行业小类	代码	从业人员数(人)	国有控股	集体控股	私人控股	港澳台商控股	外商控股	其他
水资源管理	7620	1004	720	1	224			59
天然水收集与分配	763	1858	1787		51			20
天然水收集与分配	7630	1858	1787		51			20
水文服务	764	7			1			6
水文服务	7640	7			1			6
其他水利管理业	769	738	562	11	150			15
其他水利管理业	7690	738	562	11	150			15
生态保护和环境治理业	**77**	**1706**	**710**		**941**			**55**
生态保护	771	474	391		83			
自然生态系统保护管理	7711	206	182		24			
野生动物保护	7713	197	193		4			
动物园、水族馆管理服务	7715	30			30			
植物园管理服务	7716	5			5			
其他自然保护	7719	36	16		20			
环境治理业	772	1232	319		858			55
水污染治理	7721	318	54		261			3
大气污染治理	7722	150			149			1
固体废物治理	7723	293	36		214			43
危险废物治理	7724	397	229		168			
土壤污染治理与修复服务	7726	22			22			
其他污染治理	7729	52			44			8
公共设施管理业	**78**	**21602**	**9773**	**268**	**7899**	**47**	**15**	**3600**
市政设施管理	781	3117	2128	2	537			450
市政设施管理	7810	3117	2128	2	537			450
环境卫生管理	782	8883	3549	205	2549			2580
环境卫生管理	7820	8883	3549	205	2549			2580
城乡市容管理	783	130	8		120			2
城乡市容管理	7830	130	8		120			2
绿化管理	784	7004	3492	59	3245	22		186
绿化管理	7840	7004	3492	59	3245	22		186
城市公园管理	785	30			30			
城市公园管理	7850	30			30			
游览景区管理	786	2438	596	2	1418	25	15	382
名胜风景区管理	7861	1022	239		698	25		60
森林公园管理	7862	111	108		3			
其他游览景区管理	7869	1305	249	2	717		15	322
土地管理业	**79**	**706**	**112**		**567**			**27**
土地整治服务	791	244	42		199			3

1-13 续表 39

行业小类	代码	从业人员数(人)	国有控股	集体控股	私人控股	港澳台商控股	外商控股	其他
土地整治服务	7910	244	42		199			3
土地调查评估服务	792	365			341			24
土地调查评估服务	7920	365			341			24
土地登记服务	793	3			3			
土地登记服务	7930	3			3			
土地登记代理服务	794	1			1			
土地登记代理服务	7940	1			1			
其他土地管理服务	799	93	70		23			
其他土地管理服务	7990	93	70		23			
居民服务、修理和其他服务业	**O**	**27119**	**1502**	**262**	**24180**	**7**		**1168**
居民服务业	**80**	**7271**	**417**	**95**	**6455**			**304**
家庭服务	801	1919	22		1786			111
家庭服务	8010	1919	22		1786			111
托儿所服务	802	119			100			19
托儿所服务	8020	119			100			19
洗染服务	803	476	8		449			19
洗染服务	8030	476	8		449			19
理发及美容服务	804	654			647			7
理发及美容服务	8040	654			647			7
洗浴和保健养生服务	805	1000	48	63	867			22
洗浴服务	8051	325	48	54	223			
足浴服务	8052	128			127			1
养生保健服务	8053	547		9	517			21
摄影扩印服务	806	673	31		611			31
摄影扩印服务	8060	673	31		611			31
婚姻服务	807	257			249			8
婚姻服务	8070	257			249			8
殡葬服务	808	1154	136	9	975			34
殡葬服务	8080	1154	136	9	975			34
其他居民服务业	809	1019	172	23	771			53
其他居民服务业	8090	1019	172	23	771			53
机动车、电子产品和日用产品修理业	**81**	**13294**	**226**	**102**	**12339**	**7**		**620**
汽车、摩托车等修理与维护	811	9836	213	102	9070	7		444
汽车修理与维护	8111	9473	142	70	8841	7		413
大型车辆装备修理与维护	8112	308	71	32	181			24
摩托车修理与维护	8113	42			35			7
助动车等修理与维护	8114	13			13			
计算机和办公设备维修	812	2480			2339			141

1-13 续表 40

行业小类	代码	从业人员数(人)	国有控股	集体控股	私人控股	港澳台商控股	外商控股	其他
计算机和辅助设备修理	8121	845			784			61
通讯设备修理	8122	1113			1106			7
其他办公设备维修	8129	522			449			73
家用电器修理	813	698			675			23
家用电子产品修理	8131	274			267			7
日用电器修理	8132	424			408			16
其他日用产品修理业	819	280	13		255			12
自行车修理	8191							
鞋和皮革修理	8192							
家具和相关物品修理	8193	9			9			
其他未列明日用产品修理业	8199	271	13		246			12
其他服务业	**82**	**6554**	**859**	**65**	**5386**			**244**
清洁服务	821	5524	716	59	4565			184
建筑物清洁服务	8211	675			672			3
其他清洁服务	8219	4849	716	59	3893			181
宠物服务	822	38			21			17
宠物饲养	8221	2			2			
宠物医院服务	8222	11			4			7
宠物美容服务	8223	14			14			
其他宠物服务	8229	11			1			10
其他未列明服务业	829	992	143	6	800			43
其他未列明服务业	8290	992	143	6	800			43
教育	**P**	**17144**	**741**	**397**	**11911**			**4095**
教育	**83**	**17144**	**741**	**397**	**11911**			**4095**
学前教育	831	546	33		513			
学前教育	8310	546	33		513			
初等教育	832	33			25			8
普通小学教育	8321	30			22			8
成人小学教育	8322	3			3			
中等教育	833	382			1			381
普通初中教育	8331	1			1			
普通高中教育	8334	381						381
特殊教育	835	1			1			
特殊教育	8350	1			1			
技能培训、教育辅助及其他教育	839	16182	708	397	11371			3706
职业技能培训	8391	13416	597	292	8941			3586
体校及体育培训	8392	94			94			
文化艺术培训	8393	787		13	745			29

1-13 续表 41

行业小类	代码	从业人员数(人)	国有控股	集体控股	私人控股	港澳台商控股	外商控股	其他
教育辅助服务	8394	1013	111		869			33
其他未列明教育	8399	872		92	722			58
卫生和社会工作	**Q**	**18724**	**644**	**59**	**17268**			**753**
卫生	**84**	**18157**	**610**	**59**	**16746**			**742**
医院	841	13879	554	11	12766			548
综合医院	8411	7279	554	11	6617			97
中医医院	8412	693			671			22
中西医结合医院	8413	245			245			
民族医院	8414	181			181			
专科医院	8415	5437			5008			429
疗养院	8416	44			44			
基层医疗卫生服务	842	1926	33	6	1854			33
社区卫生服务中心（站）	8421	150	25		104			21
乡镇卫生院	8423	51			51			
村卫生室	8424	242			241			1
门诊部（所）	8425	1483	8	6	1458			11
专业公共卫生服务	843	946			826			120
疾病预防控制中心	8431	32			32			
专科疾病防治院（所、站)	8432	39			39			
妇幼保健院（所、站）	8433	72			72			
急救中心（站）服务	8434	33			33			
采供血机构服务	8435	526			406			120
计划生育技术服务活动	8436	244			244			
其他卫生活动	849	1406	23	42	1300			41
健康体检服务	8491	1042			1042			
临床检验服务	8492	121	23	42	55			1
其他未列明卫生服务	8499	243			203			40
社会工作	**85**	**567**	**34**		**522**			**11**
提供住宿社会工作	851	454	34		409			11
干部休养所	8511	147			147			
精神康复服务	8513	76			76			
老年人、残疾人养护服务	8514	227	34		182			11
临终关怀服务	8515	4			4			
不提供住宿社会工作	852	113			113			
社会看护与帮助服务	8521	74			74			
康复辅具适配服务	8522	38			38			
其他不提供住宿社会工作	8529	1			1			
文化、体育和娱乐业	**R**	**20468**	**2532**	**162**	**16845**	**10**	**1**	**918**

1-13 续表 42

行业小类	代码	从业人员数(人)	国有控股	集体控股	私人控股	港澳台商控股	外商控股	其他
新闻和出版业	**86**	**1199**	**1147**		**52**			
新闻业	861	4			4			
新闻业	8610	4			4			
出版业	862	1195	1147		48			
图书出版	8621	350	343		7			
报纸出版	8622	737	737					
期刊出版	8623	85	67		18			
音像制品出版	8624	6			6			
数字出版	8626	1			1			
其他出版业	8629	16			16			
广播、电视、电影和录音制作业	**87**	**5092**	**726**	**33**	**4196**		**1**	**136**
广播	871	334	79		255			
广播	8710	334	79		255			
电视	872	160	69		81			10
电视	8720	160	69		81			10
影视节目制作	873	2537	26	4	2456		1	50
影视节目制作	8730	2537	26	4	2456		1	50
广播电视集成播控	874	72			72			
广播电视集成播控	8740	72			72			
电影和广播电视节目发行	875	329	156		133			40
电影和广播电视节目发行	8750	329	156		133			40
电影放映	876	1574	396	29	1113			36
电影放映	8760	1574	396	29	1113			36
录音制作	877	86			86			
录音制作	8770	86			86			
文化艺术业	**88**	**2602**	**402**	**1**	**1796**			**403**
文艺创作与表演	881	857	32		766			59
文艺创作与表演	8810	857	32		766			59
艺术表演场馆	882	940	366		289			285
艺术表演场馆	8820	940	366		289			285
图书馆与档案馆	883	39			39			
图书馆	8831							
档案馆	8832	39			39			
文物及非物质文化遗产保护	884	5			5			
文物及非物质文化遗产保护	8840	5			5			
博物馆	885	9			9			
博物馆	8850	9			9			
群众文体活动	887	121			103			18

1-13 续表 43

行业小类	代码	从业人员数(人)	国有控股	集体控股	私人控股	港澳台商控股	外商控股	其他
群众文体活动	8870	121			103			18
其他文化艺术业	889	631	4	1	585			41
其他文化艺术业	8890	631	4	1	585			41
体育	**89**	**1375**	**31**	**3**	**1190**			**151**
体育组织	891	463	3		331			129
体育竞赛组织	8911	253	3		247			3
体育保障组织	8912	26			26			
其他体育组织	8919	184			58			126
体育场地设施管理	892	112	28		84			
体育场馆管理	8921	99	28		71			
其他体育场地设施管理	8929	13			13			
健身休闲活动	893	766			744			22
健身休闲活动	8930	766			744			22
其他体育	899	34		3	31			
体育中介代理服务	8991	13			13			
体育健康服务	8992	21		3	18			
其他未列明体育	8999							
娱乐业	**90**	**10200**	**226**	**125**	**9611**	**10**		**228**
室内娱乐活动	901	7545		12	7410			123
歌舞厅娱乐活动	9011	351			327			24
电子游艺厅娱乐活动	9012	96			80			16
网吧活动	9013	4286		12	4194			80
其他室内娱乐活动	9019	2812			2809			3
游乐园	902	406		61	326			19
游乐园	9020	406		61	326			19
休闲观光活动	903	513	126		387			
休闲观光活动	9030	513	126		387			
彩票活动	904	3			3			
福利彩票服务	9042	3			3			
文化体育娱乐活动与经纪代理服务	905	1355	96	52	1160	10		37
文化活动服务	9051	1017	17	52	914	8		26
体育表演服务	9052	182	58		124			
文化娱乐经纪人	9053	65	20		44			1
体育经纪人	9054	4			2	2		
其他文化艺术经纪代理	9059	87	1		76			10
其他娱乐业	909	378	4		325			49
其他娱乐业	9090	378	4		325			49

1-14 按地区、开业时间分组的企业法人单位数

地　　区	企业法人单位数（个）	1949年以前	1950-1977年	1978-1991年	1992-2000年	2001年	2002年
总　计	**175572**	**6**	**307**	**970**	**4390**	**1580**	**1942**
乌鲁木齐市	**59020**	**2**	**48**	**266**	**1855**	**640**	**776**
市辖区	1				1		
天山区	10845		12	85	463	171	198
沙依巴克区	9296	2	11	63	395	140	161
新市区	13717		8	57	448	132	169
水磨沟区	6347		3	18	150	62	83
头屯河区	2708		3	14	49	21	23
达坂城区	249		2	4	13	2	3
米东区	3757		4	11	85	25	31
乌鲁木齐县	241		1	2	4		1
乌鲁木齐经济技术开发区	5423		4	10	147	54	55
乌鲁木齐高新技术产业开发区	6431			2	98	33	52
克拉玛依市	**5582**		**5**	**24**	**231**	**77**	**106**
市辖区	2					1	
独山子区	727			2	38	10	10
克拉玛依区	4007		4	16	151	44	79
白碱滩区	644		1	4	34	21	15
乌尔禾区	202			2	8	1	2
吐鲁番市	**4182**		**5**	**39**	**108**	**38**	**30**
高昌区	1871		5	24	57	23	13
鄯善县	1256			4	40	13	10
托克逊县	1055			11	11	2	7
哈密市	**8976**		**13**	**31**	**186**	**58**	**66**
伊州区	8105		13	17	172	50	55
巴里坤哈萨克自治县	419			11	10	6	10
伊吾县	450			3	3	2	1
昌吉回族自治州	**13933**		**19**	**53**	**341**	**121**	**156**
昌吉市	6966		3	17	196	59	75
阜康市	1608		3	7	36	15	18
呼图壁县	1187		5	6	32	15	15
玛纳斯县	883		2	9	28	9	20
奇台县	1632		4	5	16	10	16
吉木萨尔县	1308		2	6	26	9	7
木垒哈萨克自治县	349			3	7	4	5
博尔塔拉蒙古自治州	**4578**		**19**	**48**	**145**	**41**	**55**
博乐市	2710		12	25	94	27	30
阿拉山口市	936				18	7	6
精河县	745		4	12	17	6	17
温泉县	187		3	11	16	1	2

1-14 续表 1

地区	2003 年	2004 年	2005 年	2006 年	2007 年	2008 年	2009 年	2010 年	2011 年
总计	**2313**	**2707**	**2870**	**3600**	**3705**	**4116**	**4529**	**5442**	**6914**
乌鲁木齐市	**905**	**1123**	**1234**	**1681**	**1713**	**1766**	**1819**	**1932**	**2488**
市辖区									
天山区	242	287	290	415	432	386	405	413	444
沙依巴克区	202	238	277	343	329	332	373	353	384
新市区	177	236	258	372	414	450	408	449	622
水磨沟区	95	140	162	193	175	215	181	184	227
头屯河区	33	32	33	51	45	58	65	91	175
达坂城区	3	3	1	2	4	5	7	8	14
米东区	40	53	38	58	59	53	66	79	105
乌鲁木齐县	3	4	7	6	5	4	10	4	5
乌鲁木齐经济技术开发区	56	55	64	93	98	98	122	117	156
乌鲁木齐高新技术产业开发区	54	75	104	148	152	164	182	234	356
克拉玛依市	**88**	**108**	**89**	**119**	**153**	**129**	**175**	**163**	**200**
市辖区	1								
独山子区	8	21	22	14	28	13	19	29	26
克拉玛依区	67	75	60	93	105	96	133	123	137
白碱滩区	10	10	5	12	17	17	21	9	32
乌尔禾区	2	2	2		3	3	2	2	5
吐鲁番市	**50**	**57**	**68**	**93**	**96**	**94**	**155**	**145**	**143**
高昌区	20	29	19	33	31	30	38	70	64
鄯善县	23	19	30	48	42	42	88	56	47
托克逊县	7	9	19	12	23	22	29	19	32
哈密市	**103**	**80**	**109**	**165**	**161**	**218**	**205**	**258**	**326**
伊州区	92	71	100	149	142	196	190	233	282
巴里坤哈萨克自治县	8	7	8	11	12	13	8	13	19
伊吾县	3	2	1	5	7	9	7	12	24
昌吉回族自治州	**158**	**187**	**201**	**207**	**221**	**282**	**375**	**497**	**593**
昌吉市	87	83	113	119	118	131	189	257	267
阜康市	11	18	19	23	23	37	47	63	77
呼图壁县	20	24	23	12	18	27	32	46	34
玛纳斯县	17	22	20	9	14	22	30	37	45
奇台县	10	19	15	23	25	37	44	64	104
吉木萨尔县	11	15	8	14	17	17	28	24	53
木垒哈萨克自治县	2	6	3	7	6	11	5	6	13
博尔塔拉蒙古自治州	**57**	**52**	**64**	**68**	**62**	**94**	**100**	**134**	**144**
博乐市	33	31	31	36	30	48	52	83	83
阿拉山口市	16	16	15	20	18	23	19	21	21
精河县	5	4	12	10	9	18	22	22	32
温泉县	3	1	6	2	5	5	7	8	8

1-14 续表 2

地　　区	2012 年	2013 年	2014 年	2015 年	2016 年	2017 年	2018 年	无开业年份
总　计	**7889**	**9233**	**13014**	**15413**	**23634**	**31494**	**29311**	**193**
乌鲁木齐市	**2751**	**3277**	**4769**	**5268**	**7372**	**8367**	**8930**	**38**
市辖区								
天山区	480	568	828	1052	1429	1220	1019	6
沙依巴克区	450	556	682	809	1045	1247	904	
新市区	617	785	1403	1283	1544	1934	1949	2
水磨沟区	279	342	482	592	868	851	1039	6
头屯河区	191	197	254	214	322	435	402	
达坂城区	10	16	17	20	22	27	51	15
米东区	144	191	189	220	589	759	958	
乌鲁木齐县	13	13	11	16	29	38	58	7
乌鲁木齐经济技术开发区	162	222	337	381	688	977	1527	
乌鲁木齐高新技术产业开发区	405	387	566	679	836	879	1023	2
克拉玛依市	**235**	**268**	**444**	**499**	**726**	**887**	**848**	**8**
市辖区								
独山子区	35	33	55	54	118	96	94	2
克拉玛依区	158	186	320	363	511	646	635	5
白碱滩区	31	33	47	58	68	105	94	
乌尔禾区	11	16	22	24	29	40	25	1
吐鲁番市	**176**	**242**	**334**	**392**	**591**	**677**	**645**	**4**
高昌区	72	109	159	184	266	305	319	1
鄯善县	53	57	78	105	155	172	174	
托克逊县	51	76	97	103	170	200	152	3
哈密市	**392**	**499**	**765**	**861**	**1317**	**1664**	**1497**	**2**
伊州区	324	422	708	786	1208	1537	1356	2
巴里坤哈萨克自治县	34	37	24	30	38	65	55	
伊吾县	34	40	33	45	71	62	86	
昌吉回族自治州	**632**	**763**	**1156**	**1250**	**1798**	**2338**	**2547**	**38**
昌吉市	281	373	547	605	863	1237	1335	11
阜康市	85	97	138	129	210	232	317	3
呼图壁县	50	64	97	95	155	195	216	6
玛纳斯县	43	54	63	76	83	107	173	
奇台县	97	97	158	171	204	292	219	2
吉木萨尔县	62	60	116	137	215	228	238	15
木垒哈萨克自治县	14	18	37	37	68	47	49	1
博尔塔拉蒙古自治州	**194**	**254**	**307**	**371**	**719**	**983**	**666**	**1**
博乐市	116	152	178	242	399	581	427	
阿拉山口市	28	27	52	47	194	266	122	
精河县	38	60	64	72	103	113	104	1
温泉县	12	15	13	10	23	23	13	

1-14 续表 3

地　　区	企业法人单位数（个）	1949 年以前	1950-1977 年	1978-1991 年	1992-2000 年	2001 年	2002 年
巴音郭楞蒙古自治州	**11938**	**1**	**30**	**106**	**351**	**116**	**139**
库尔勒市	7130		9	42	224	68	92
轮台县	1063			10	17	11	14
尉犁县	518		1	8	11	4	3
若羌县	460		3		6		
且末县	389			6	11	4	
焉耆回族自治县	624		3	10	29	14	11
和静县	1056	1	10	12	26	8	8
和硕县	461		4	9	13	3	8
博湖县	235			9	14	4	3
库尔勒经济技术开发区	2						
阿克苏地区	**12223**	**1**	**14**	**48**	**172**	**107**	**114**
阿克苏市	5333	1	6	11	86	66	60
温宿县	1107		1	6	13	4	10
库车县	2315		4	6	26	15	20
沙雅县	961			7	12	5	7
新和县	602		1	2	7	8	4
拜城县	923		1	9	16	4	9
乌什县	278				2		1
阿瓦提县	536		1	6	8	4	2
柯坪县	168			1	2	1	1
克孜勒苏柯尔克孜自治州	**2296**	**1**	**4**	**12**	**51**	**9**	**11**
阿图什市	1354	1	2	7	34	6	4
阿克陶县	472		1	2	10	1	3
阿合奇县	120			2	2	1	
乌恰县	350		1	1	5	1	4
喀什地区	**13930**		**43**	**95**	**162**	**85**	**90**
喀什市	5221		11	21	63	50	57
疏附县	521		2	4	8	4	2
疏勒县	1008			3	10	2	3
英吉沙县	424		4	3	11		3
泽普县	519		3	5	7	3	4
莎车县	1810		8	16	12	7	5
叶城县	1098		5	9	13	3	7
麦盖提县	883		6	9	13	5	1
岳普湖县	448			1	5	4	3
伽师县	1008			14	6	3	3
巴楚县	893		3	8	12	4	2
塔什库尔干塔吉克自治县	95		1	2	2		

1-14 续表 4

地　　区	2003 年	2004 年	2005 年	2006 年	2007 年	2008 年	2009 年	2010 年	2011 年
巴音郭楞蒙古自治州	**186**	**210**	**205**	**308**	**311**	**377**	**422**	**422**	**563**
库尔勒市	124	131	138	221	213	243	254	257	302
轮台县	16	22	25	31	26	44	41	25	59
尉犁县	11	11	7	10	12	19	26	12	17
若羌县	2	1	2	5	7	6	14	13	31
且末县	4	8	4	5	4	10	16	14	20
焉耆回族自治县	13	10	6	7	17	17	26	33	32
和静县	8	16	10	17	18	22	32	37	69
和硕县	5	7	8	7	5	12	10	20	22
博湖县	3	4	5	5	9	4	3	9	11
库尔勒经济技术开发区								2	
阿克苏地区	**155**	**197**	**222**	**223**	**229**	**250**	**274**	**386**	**519**
阿克苏市	74	87	104	111	103	117	136	182	195
温宿县	8	11	13	14	14	23	21	32	61
库车县	39	32	55	41	50	49	43	65	93
沙雅县	8	21	14	13	14	17	20	34	42
新和县	6	12	8	11	8	8	16	26	52
拜城县	7	16	13	23	24	23	24	27	52
乌什县	5	6	3	4	4	1	5	2	7
阿瓦提县	6	7	11	5	5	11	7	13	15
柯坪县	2	5	1	1	7	1	2	5	2
克孜勒苏柯尔克孜自治州	**25**	**29**	**28**	**38**	**27**	**45**	**43**	**72**	**71**
阿图什市	15	17	19	24	13	29	20	56	54
阿克陶县	5	11	5	3	3	8	6	5	7
阿合奇县				3	1		5	1	1
乌恰县	5	1	4	8	10	8	12	10	9
喀什地区	**135**	**140**	**133**	**136**	**152**	**210**	**191**	**396**	**499**
喀什市	66	51	42	47	49	60	65	123	130
疏附县	2	3	10	5	2	7	8	16	48
疏勒县	5	9	6	23	24	23	13	59	82
英吉沙县		3	2	4	8	6	4	19	29
泽普县	14	8	8	10	12	10	11	20	27
莎车县	18	14	15	12	10	27	26	51	53
叶城县	5	10	12	5	14	20	19	40	34
麦盖提县	9	9	7	3	8	11	16	21	31
岳普湖县	2	5	9	7	6	11	6	13	15
伽师县	4	6	10	10	12	18	6	12	19
巴楚县	9	22	10	9	6	13	13	18	28
塔什库尔干塔吉克自治县	1		2	1	1	3	4	4	3

1-14 续表 5

地区	2012 年	2013 年	2014 年	2015 年	2016 年	2017 年	2018 年	无开业年份
巴音郭楞蒙古自治州	**587**	**592**	**749**	**882**	**1365**	**1722**	**2266**	**28**
库尔勒市	284	274	382	471	794	991	1592	24
轮台县	74	77	91	93	106	147	134	
尉犁县	31	30	25	52	81	94	52	1
若羌县	21	23	37	58	65	93	73	
且末县	21	25	37	28	56	69	47	
焉耆回族自治县	26	25	42	40	81	83	99	
和静县	73	78	75	77	98	159	202	
和硕县	37	43	41	46	54	60	46	1
博湖县	20	17	19	17	30	26	21	2
库尔勒经济技术开发区								
阿克苏地区	**647**	**612**	**795**	**976**	**1769**	**2121**	**2374**	**18**
阿克苏市	245	297	353	408	744	857	1078	12
温宿县	76	42	51	82	161	218	244	2
库车县	118	94	161	212	337	401	454	
沙雅县	50	58	60	86	143	152	196	2
新和县	28	34	25	45	88	112	99	2
拜城县	90	52	73	70	129	154	107	
乌什县	8	9	29	16	49	73	54	
阿瓦提县	22	19	26	47	93	109	119	
柯坪县	10	7	17	10	25	45	23	
克孜勒苏柯尔克孜自治州	**112**	**114**	**206**	**284**	**328**	**455**	**331**	
阿图什市	76	77	140	174	183	236	167	
阿克陶县	12	15	33	53	81	115	93	
阿合奇县	2	3	6	18	23	30	22	
乌恰县	22	19	27	39	41	74	49	
喀什地区	**569**	**680**	**841**	**1283**	**2236**	**2750**	**3093**	**11**
喀什市	149	185	264	459	849	1230	1244	6
疏附县	36	42	27	49	62	70	113	1
疏勒县	59	69	75	109	141	128	165	
英吉沙县	38	31	29	43	77	42	68	
泽普县	29	25	34	50	66	72	101	
莎车县	82	84	91	155	312	372	437	3
叶城县	42	51	80	96	163	181	289	
麦盖提县	29	53	70	99	167	163	153	
岳普湖县	15	21	37	59	63	78	88	
伽师县	37	31	77	74	213	226	227	
巴楚县	48	77	48	82	111	180	190	
塔什库尔干塔吉克自治县	4	11	9	8	12	8	18	1

1-14 续表 6

地　　区	企业法人单位数（个）	1949 年以前	1950-1977 年	1978-1991 年	1992-2000 年	2001 年	2002 年
和田地区	**6911**		**5**	**46**	**60**	**29**	**45**
和田市	3178		3	15	29	23	18
和田县	735			4	1	2	4
墨玉县	836		1	5	7		7
皮山县	507			1	9	2	2
洛浦县	471		1	2	4		6
策勒县	366			7	3		
于田县	604			8	5	2	8
民丰县	214			4	2		
伊犁哈萨克自治州直属县（市）	**16370**		**47**	**88**	**294**	**104**	**138**
伊宁市	3637		9	14	120	37	62
奎屯市	2439		8	19	91	33	35
霍尔果斯市	5522			2	7	2	3
伊宁县	627		6	9	8	8	5
察布查尔锡伯自治县	658		1	4	14	2	5
霍城县	1489		5	13	22	9	11
巩留县	382		6	7	4	3	4
新源县	715		5	7	10	3	5
昭苏县	255		3	4	4	2	3
特克斯县	239			3	2	1	2
尼勒克县	407		4	6	12	4	3
塔城地区	**4414**		**26**	**48**	**149**	**38**	**74**
塔城市	933		5	10	44	8	17
乌苏市	1218		8	11	31	6	13
额敏县	501		6	7	14	4	12
沙湾县	1039		2	16	37	11	17
托里县	230		1	2	6	3	7
裕民县	168			2	9	2	2
和布克赛尔蒙古自治县	325		4		8	4	6
阿勒泰地区	**3576**		**10**	**36**	**82**	**56**	**46**
阿勒泰市	1451		5	19	42	31	27
布尔津县	317		2	3	4	3	1
富蕴县	348			2	5	8	5
福海县	655		1	2	14	6	4
哈巴河县	301		1	4	7	3	4
青河县	256		1	3	6	3	3
吉木乃县	247			2	4	2	2
自治区直辖县级市	**7643**	**1**	**19**	**30**	**203**	**61**	**96**
石河子市	3692	1	7	14	174	53	72
阿拉尔市	1972		9	5	6	3	10
图木舒克市	705		2	2	2	1	2
五家渠市	1225		1	7	20	4	11
铁门关市	48			2	1		1

1-14 续表 7

地　　区	2003 年	2004 年	2005 年	2006 年	2007 年	2008 年	2009 年	2010 年	2011 年
和田地区	**56**	**63**	**85**	**58**	**75**	**110**	**109**	**202**	**302**
和田市	31	30	48	28	41	73	65	117	208
和田县	2	5	10	5	3	8	13	11	20
墨玉县	5	5	9	2	9	10	8	30	17
皮山县	2	9	5	4	5	5	5	5	14
洛浦县	3	4	3	5	5	4	3	12	14
策勒县	7	5	2	3	3	4	6	10	8
于田县	5	5	6	6	7	5	6	16	13
民丰县	1		2	5	2	1	3	1	8
伊犁哈萨克自治州直属县（市）	**168**	**205**	**183**	**214**	**199**	**221**	**257**	**328**	**416**
伊宁市	43	63	52	65	64	77	74	105	135
奎屯市	55	43	42	52	47	56	60	95	84
霍尔果斯市	11	9	8	11	12	9	16	19	41
伊宁县	7	16	16	13	15	15	15	15	24
察布查尔锡伯自治县	11	12	9	15	6	8	16	17	20
霍城县	12	23	11	16	9	12	17	19	26
巩留县	4	8	4	6	7	5	20	12	17
新源县	17	15	16	12	14	15	20	22	33
昭苏县	2	6	3	7	9	6	7	7	9
特克斯县	2	3	2	3	5	2	3	3	7
尼勒克县	4	7	20	14	11	16	9	14	20
塔城地区	**89**	**87**	**95**	**78**	**94**	**95**	**126**	**162**	**188**
塔城市	9	14	17	20	15	17	25	22	36
乌苏市	19	17	29	13	25	24	36	62	57
额敏县	7	11	9	10	9	9	16	14	29
沙湾县	39	28	22	19	29	28	33	44	29
托里县	7	9	9	9	5	9	2	5	10
裕民县	6	1	3	1	5	1	4	5	10
和布克赛尔蒙古自治县	2	7	6	6	6	7	10	10	17
阿勒泰地区	**35**	**57**	**58**	**85**	**84**	**86**	**103**	**133**	**148**
阿勒泰市	18	35	25	34	28	29	40	45	55
布尔津县	6	4	8	13	14	12	8	13	14
富蕴县	3	4	10	13	16	6	15	14	16
福海县	3	6	7	10	9	10	17	27	29
哈巴河县	2	2	5	5	7	5	7	13	12
青河县	2	4	1	4	5	9	10	11	15
吉木乃县	1	2	2	6	5	15	6	10	7
自治区直辖县级市	**103**	**112**	**96**	**127**	**128**	**139**	**175**	**212**	**314**
石河子市	78	70	68	83	84	88	94	97	193
阿拉尔市	14	16	10	13	18	19	38	61	63
图木舒克市	2	7	5	13	8	7	12	14	10
五家渠市	9	18	12	17	17	23	30	39	46
铁门关市		1	1	1	1	2	1	1	2

1-14 续表 8

地　　区	2012 年	2013 年	2014 年	2015 年	2016 年	2017 年	2018 年	无开业年份
和田地区	**348**	**344**	**620**	**809**	**1131**	**1076**	**1325**	**13**
和田市	198	187	285	347	433	449	550	
和田县	48	38	70	91	114	110	176	
墨玉县	33	35	85	104	176	110	178	
皮山县	19	16	29	48	93	109	120	5
洛浦县	17	23	56	75	81	79	74	
策勒县	10	14	29	34	69	65	84	3
于田县	16	28	38	87	118	111	111	3
民丰县	7	3	28	23	47	43	32	2
伊犁哈萨克自治州直属县（市）	**533**	**625**	**803**	**1009**	**2079**	**5895**	**2547**	**17**
伊宁市	138	173	225	273	504	634	755	15
奎屯市	150	160	192	210	322	375	310	
霍尔果斯市	49	52	81	170	693	3694	633	
伊宁县	39	55	42	33	47	125	114	
察布查尔锡伯自治县	36	35	57	72	113	107	97	1
霍城县	30	48	42	82	140	635	307	
巩留县	15	20	30	35	51	60	64	
新源县	35	34	66	54	89	126	117	
昭苏县	15	11	18	25	37	27	50	
特克斯县	11	21	20	29	30	44	45	1
尼勒克县	15	16	30	26	53	68	55	
塔城地区	**211**	**273**	**341**	**363**	**574**	**706**	**596**	**1**
塔城市	32	45	43	74	127	183	170	
乌苏市	65	98	125	101	157	191	130	
额敏县	35	25	38	33	61	84	68	
沙湾县	43	53	76	99	158	143	113	
托里县	13	15	22	12	16	30	37	1
裕民县	7	17	14	9	18	22	30	
和布克赛尔蒙古自治县	16	20	23	35	37	53	48	
阿勒泰地区	**189**	**229**	**320**	**383**	**495**	**549**	**385**	**7**
阿勒泰市	74	77	132	150	186	226	170	3
布尔津县	26	26	20	28	35	51	24	2
富蕴县	21	28	25	44	37	31	44	1
福海县	28	50	59	72	106	128	67	
哈巴河县	15	28	31	26	51	42	30	1
青河县	14	7	18	32	43	42	23	
吉木乃县	11	13	35	31	37	29	27	
自治区直辖县级市	**313**	**461**	**564**	**783**	**1134**	**1304**	**1261**	**7**
石河子市	171	219	286	388	463	542	447	
阿拉尔市	64	117	151	220	381	381	370	3
图木舒克市	20	46	48	61	142	140	161	
五家渠市	56	77	76	111	144	226	277	4
铁门关市	2	2	3	3	4	15	5	

1-15 按地区、开业时间分组的企业法人单位从业人员数

地区	从业人员数(人)	1949年以前	1950-1977年	1978-1991年	1992-2000年	2001年	2002年
总计	**2875164**	**2967**	**113539**	**132571**	**448955**	**100799**	**92736**
乌鲁木齐市	**928867**	**357**	**63638**	**57509**	**226974**	**42866**	**32984**
市辖区	8665				8665		
天山区	137636		3996	8116	33873	7782	14967
沙依巴克区	123885	357	2662	5810	13528	5879	5455
新市区	271002		42600	4137	119742	4369	3448
水磨沟区	112627		2024	28058	6618	1879	1919
头屯河区	36040		540	339	9367	453	1228
达坂城区	7562		3684	120	1059	30	4
米东区	60527		2127	1194	13034	7661	2740
乌鲁木齐县	3365			9			12
乌鲁木齐经济技术开发区	114569		6005	9696	18159	4726	2760
乌鲁木齐高新技术产业开发区	50680			30	2748	10087	451
克拉玛依市	**213765**		**3648**	**4887**	**75295**	**3875**	**7379**
市辖区	193						
独山子区	36246			491	15363	254	372
克拉玛依区	144113		354	2240	54534	1966	4364
白碱滩区	29513		3294	2141	4567	1650	2606
乌尔禾区	3700			15	831	5	37
吐鲁番市	**81410**		**167**	**2052**	**17002**	**2007**	**839**
高昌区	28485		167	1825	4595	394	200
鄯善县	31255			84	12157	1407	130
托克逊县	21670			143	250	206	509
哈密市	**93547**		**8697**	**2953**	**7482**	**1337**	**1210**
伊州区	78143		8697	2736	6738	809	1083
巴里坤哈萨克自治县	5810			188	298	369	119
伊吾县	8941			29	119	159	8
昌吉回族自治州	**222340**		**2419**	**4748**	**23831**	**4782**	**6468**
昌吉市	100402		1087	2690	18124	2336	4368
阜康市	31951		742	577	2091	815	427
呼图壁县	15453		181	382	1102	400	215
玛纳斯县	16884		32	297	311	199	408
奇台县	19846		375	443	1524	398	166
吉木萨尔县	33935		2	189	601	331	638
木垒哈萨克自治县	3869			170	78	303	246
博尔塔拉蒙古自治州	**55259**		**1373**	**3398**	**3669**	**785**	**3045**
博乐市	38161		672	2584	2650	503	1749
阿拉山口市	5440				130	38	39
精河县	8489		207	684	561	243	517
温泉县	3169		494	130	328	1	740

1-15 续表 1

地　　区	2003 年	2004 年	2005 年	2006 年	2007 年	2008 年	2009 年	2010 年	2011 年
总　计	**80623**	**112081**	**88828**	**86563**	**96899**	**90369**	**86982**	**139144**	**130305**
乌鲁木齐市	**20490**	**41271**	**22126**	**38880**	**25235**	**26033**	**21788**	**34317**	**39657**
市辖区									
天山区	3458	2685	5733	5733	4712	3808	3293	4405	5525
沙依巴克区	4639	10646	4106	9030	4274	3520	3551	1937	13330
新市区	5465	11506	3715	5910	4413	5700	7381	6418	5058
水磨沟区	1791	8000	2030	2969	2810	3354	1440	13136	2836
头屯河区	762	3086	611	1597	530	404	792	1112	1194
达坂城区	36	205	2	18	97	38	79	144	693
米东区	860	2366	1039	3497	3369	1490	1107	1203	1766
乌鲁木齐县	20	490	235	48	64	44	1000	84	28
乌鲁木齐经济技术开发区	2096	1738	3666	7726	3886	3419	2519	4518	6815
乌鲁木齐高新技术产业开发区	1363	549	989	2352	1080	3532	626	1360	2412
克拉玛依市	**3446**	**4788**	**16996**	**3534**	**20653**	**5930**	**7153**	**5121**	**5701**
市辖区	193								
独山子区	140	335	3279	856	1282	1595	737	2262	142
克拉玛依区	2742	3746	13481	1919	18799	3087	4634	2193	3152
白碱滩区	360	688	96	759	491	547	1742	666	2358
乌尔禾区	11	19	140		81	701	40		49
吐鲁番市	**2149**	**1876**	**1992**	**2084**	**3232**	**2143**	**1638**	**1974**	**2476**
高昌区	927	869	148	1018	1150	1098	392	1304	726
鄯善县	408	626	1213	382	1292	663	894	567	1427
托克逊县	814	381	631	684	790	382	352	103	323
哈密市	**3473**	**2841**	**2478**	**2494**	**1982**	**4642**	**2456**	**4400**	**5440**
伊州区	3211	2417	2134	2036	1749	3436	2248	4028	4564
巴里坤哈萨克自治县	129	418	306	360	172	975	181	71	174
伊吾县	133	6	38	98	61	231	27	301	376
昌吉回族自治州	**7326**	**4857**	**8044**	**5227**	**9954**	**7223**	**9126**	**15248**	**13931**
昌吉市	3359	3717	2871	2871	4565	4549	3957	4085	3148
阜康市	1260	75	2029	1074	2971	410	1848	1752	1863
呼图壁县	165	328	718	209	777	707	558	425	574
玛纳斯县	1297	293	603	297	551	480	975	1044	3496
奇台县	51	283	563	326	250	764	800	2031	1192
吉木萨尔县	1194	75	1254	96	744	230	923	5823	3447
木垒哈萨克自治县		86	6	354	96	83	65	88	211
博尔塔拉蒙古自治州	**1942**	**1371**	**419**	**1102**	**517**	**5460**	**849**	**2153**	**2415**
博乐市	1283	1288	320	769	308	5091	386	1820	1801
阿拉山口市	143	54	67	164	146	128	107	127	433
精河县	427	27	11	138	37	171	299	169	162
温泉县	89	2	21	31	26	70	57	37	19

1-15 续表 2

地区	2012 年	2013 年	2014 年	2015 年	2016 年	2017 年	2018 年	无开业年份
总计	**117871**	**116321**	**143573**	**143689**	**194404**	**198053**	**157701**	**191**
乌鲁木齐市	**28968**	**27389**	**30812**	**33460**	**47417**	**39520**	**27142**	**34**
市辖区								
天山区	2836	3573	6139	4286	5537	4019	3158	2
沙依巴克区	4674	5674	4159	5429	7617	4614	2994	
新市区	2808	4065	5482	7351	6999	9347	5083	5
水磨沟区	6729	4626	2896	3341	4537	6662	4971	1
头屯河区	2284	2125	2370	1350	3241	1646	1009	
达坂城区	71	288	512	55	210	101	91	25
米东区	2033	1602	1733	1933	4831	2946	1996	
乌鲁木齐县	101	245	62	117	122	322	362	
乌鲁木齐经济技术开发区	5657	3504	3679	5727	7199	5972	5102	
乌鲁木齐高新技术产业开发区	1775	1687	3780	2467	7124	3891	2376	1
克拉玛依市	**3378**	**5382**	**6338**	**6551**	**11761**	**6689**	**5256**	**4**
市辖区								
独山子区	328	798	552	1092	5105	831	431	1
克拉玛依区	2438	2266	4197	4044	5367	4444	4143	3
白碱滩区	392	2126	1384	1287	569	1204	586	
乌尔禾区	220	192	205	128	720	210	96	
吐鲁番市	**6638**	**3493**	**6274**	**4677**	**10062**	**6009**	**2625**	**1**
高昌区	800	1712	3498	1742	3275	1528	1116	1
鄯善县	1253	619	1538	1549	1400	3109	537	
托克逊县	4585	1162	1238	1386	5387	1372	972	
哈密市	**3712**	**11346**	**6434**	**4723**	**6558**	**5190**	**3699**	
伊州区	2896	6631	5445	3991	5726	4346	3222	
巴里坤哈萨克自治县	274	878	140	209	191	276	82	
伊吾县	542	3837	849	523	641	568	395	
昌吉回族自治州	**18350**	**14751**	**21589**	**9649**	**12833**	**14263**	**7687**	**34**
昌吉市	5801	6211	8576	4214	4709	5668	3488	8
阜康市	4045	1566	2404	1300	1661	2214	827	
呼图壁县	816	921	2862	599	1559	1435	517	3
玛纳斯县	617	1047	1911	566	792	752	916	
奇台县	1665	2475	1723	1094	1799	1352	565	7
吉木萨尔县	5255	2368	3619	1569	1841	2544	1176	16
木垒哈萨克自治县	151	163	494	307	472	298	198	
博尔塔拉蒙古自治州	**2170**	**2871**	**4770**	**4921**	**4248**	**4323**	**3456**	**2**
博乐市	1476	1843	2562	3466	2671	2496	2423	
阿拉山口市	160	148	913	487	951	833	372	
精河县	298	758	947	919	568	732	612	2
温泉县	236	122	348	49	58	262	49	

1-15 续表 3

地　　区	从业人员数(人)	1949 年以前	1950-1977 年	1978-1991 年	1992-2000 年	2001 年	2002 年
巴音郭楞蒙古自治州	**161410**	**1**	**2141**	**6621**	**27063**	**3708**	**5116**
库尔勒市	108324		1535	3802	21596	2664	4425
轮台县	12558			1284	651	240	290
尉犁县	7349			743	183	189	34
若羌县	6471		221		2800		
且末县	3689			161	378	76	
焉耆回族自治县	3904		60	290	339	103	175
和静县	12781	1	255	196	537	239	94
和硕县	3673		70	125	259	124	63
博湖县	2576			20	320	73	35
库尔勒经济技术开发区	85						
阿克苏地区	**168045**	**5**	**2551**	**3668**	**8947**	**4214**	**3593**
阿克苏市	75470	5	1896	1467	6033	2530	1448
温宿县	13444		15	331	248	695	197
库车县	33476		620	935	764	372	1055
沙雅县	11670			254	595	62	57
新和县	8320		9	36	267	200	237
拜城县	13319		2	213	315	301	562
乌什县	3016				174		3
阿瓦提县	7533		9	407	491	54	24
柯坪县	1797			25	60		10
克孜勒苏柯尔克孜自治州	**28614**	**311**	**79**	**725**	**1932**	**556**	**385**
阿图什市	15744	311	46	573	1147	510	63
阿克陶县	6652		33	101	188	8	301
阿合奇县	1692			51	513		
乌恰县	4526				84	38	21
喀什地区	**218278**		**3358**	**5246**	**6095**	**13621**	**3206**
喀什市	72891		3139	3044	2992	7353	2114
疏附县	15093		8	230	388	15	42
疏勒县	10383			68	293	14	98
英吉沙县	12714		66	60	985		600
泽普县	19963		40	232	116	5170	122
莎车县	25588		59	637	380	60	39
叶城县	14536		26	396	301	32	139
麦盖提县	7547		9	140	67	50	4
岳普湖县	4514			35	170	43	27
伽师县	19042			212	63	29	6
巴楚县	13526		11	152	315	855	15
塔什库尔干塔吉克自治县	1931			40	25		

1-15 续表 4

地　　区	2003 年	2004 年	2005 年	2006 年	2007 年	2008 年	2009 年	2010 年	2011 年
巴音郭楞蒙古自治州	**7882**	**9151**	**4380**	**6529**	**5763**	**6388**	**6878**	**8021**	**5765**
库尔勒市	6615	7981	3072	4906	4704	3401	4869	4443	3644
轮台县	585	557	579	734	208	1112	904	100	254
尉犁县	106	87	31	198	123	178	210	39	84
若羌县	6		80	161	19	40	251	371	236
且末县	95	127	14	24	5	47	41	489	497
焉耆回族自治县	195	38	13	80	106	112	285	219	297
和静县	185	304	495	251	535	558	266	2062	506
和硕县	58	54	83	54	41	204	44	120	124
博湖县	37	3	13	121	22	736	8	93	123
库尔勒经济技术开发区								85	
阿克苏地区	**5285**	**9696**	**8069**	**6976**	**4361**	**9387**	**4782**	**11219**	**8902**
阿克苏市	2803	4068	2405	2362	1933	4735	1752	8332	3453
温宿县	255	160	416	107	334	1573	287	459	1170
库车县	562	2992	3602	2330	1163	1045	485	1195	1472
沙雅县	176	1262	213	151	221	737	1605	125	781
新和县	110	101	103	994	92	4	172	354	423
拜城县	1040	809	1121	842	317	937	398	532	980
乌什县	196	147	6	20	144		25	38	25
阿瓦提县	75	68	203	163	18	347	23	177	585
柯坪县	68	89		7	139	9	35	7	13
克孜勒苏柯尔克孜自治州	**2307**	**401**	**1211**	**780**	**1302**	**1067**	**373**	**1050**	**871**
阿图什市	809	231	1109	280	310	738	203	878	602
阿克陶县	165	170	83	126	597	146	17	32	155
阿合奇县				333	20		89		
乌恰县	1333		19	41	375	183	64	140	114
喀什地区	**5942**	**6559**	**7914**	**3789**	**3806**	**5004**	**3062**	**11434**	**7803**
喀什市	3734	2057	671	974	1130	1992	681	4560	1524
疏附县	14	84	311	170	10	144	120	156	853
疏勒县	261	494	161	544	576	377	250	619	646
英吉沙县		42	109	861	434	37	14	766	1105
泽普县	562	686	187	172	52	136	354	2064	455
莎车县	553	630	97	369	36	356	283	1181	707
叶城县	60	118	356	13	75	155	932	1090	589
麦盖提县	251	1272	45	43	19	245	150	262	244
岳普湖县	272	7	140	77	154	449	16	296	260
伽师县	29	823	5681	280	210	261	56	182	947
巴楚县	112	346	154	279	67	222	154	213	464
塔什库尔干塔吉克自治县	94		2	7	1043	111	52	45	9

1-15 续表 5

地　　区	2012 年	2013 年	2014 年	2015 年	2016 年	2017 年	2018 年	无开业年份
巴音郭楞蒙古自治州	**8128**	**6605**	**7840**	**5762**	**10665**	**10637**	**6360**	**6**
库尔勒市	5345	3317	5068	2514	6411	4716	3290	6
轮台县	510	1225	751	341	622	921	690	
尉犁县	401	440	666	1000	1436	683	518	
若羌县	79	117	156	542	515	598	279	
且末县	90	203	257	175	287	542	181	
焉耆回族自治县	263	85	124	236	196	445	243	
和静县	869	615	271	551	652	2321	1018	
和硕县	442	443	206	309	421	326	103	
博湖县	129	160	341	94	125	85	38	
库尔勒经济技术开发区								
阿克苏地区	**9140**	**5418**	**10478**	**10796**	**15428**	**15322**	**9804**	**4**
阿克苏市	2860	2570	5036	4505	6731	5354	3192	
温宿县	1113	1057	404	758	926	1967	970	2
库车县	1443	715	2553	1406	3066	3603	2098	
沙雅县	314	198	529	1467	1047	1082	792	2
新和县	457	298	687	222	1386	1097	1071	
拜城县	1225	195	763	1089	560	654	464	
乌什县	73	144	265	111	707	469	469	
阿瓦提县	1538	193	127	1154	807	357	713	
柯坪县	117	48	114	84	198	739	35	
克孜勒苏柯尔克孜自治州	**1669**	**1788**	**2035**	**1967**	**2731**	**2947**	**2127**	
阿图什市	555	612	1181	1220	1876	1599	891	
阿克陶县	836	884	633	343	513	673	648	
阿合奇县	81	16	98	147	137	108	99	
乌恰县	197	276	123	257	205	567	489	
喀什地区	**9058**	**7842**	**10899**	**22605**	**23867**	**23710**	**33450**	**8**
喀什市	1969	2124	2885	5261	7409	9962	7308	8
疏附县	660	475	448	3920	1321	1807	3917	
疏勒县	799	760	337	930	958	1334	864	
英吉沙县	1015	976	1501	1597	1223	832	491	
泽普县	464	321	362	2350	725	1596	3797	
莎车县	1125	913	1869	1281	3679	3104	8230	
叶城县	527	537	976	809	2436	1497	3472	
麦盖提县	233	419	608	1736	914	470	366	
岳普湖县	605	87	213	508	479	434	242	
伽师县	715	221	1027	1464	2920	1588	2328	
巴楚县	869	901	637	2681	1731	1052	2296	
塔什库尔干塔吉克自治县	46	108	36	68	72	34	139	

1-15 续表 6

地　　区	从业人员数(人)	1949 年以前	1950-1977 年	1978-1991 年	1992-2000 年	2001 年	2002 年
和田地区	**104144**		**245**	**3328**	**3097**	**1075**	**1778**
和田市	38279		183	1930	2675	726	603
和田县	13071			118	8	214	41
墨玉县	16658		4	561	129		130
皮山县	7193			117	151	105	9
洛浦县	11098		58	122	35		125
策勒县	7886			151	32		
于田县	8584			230	53	30	870
民丰县	1375			99	14		
伊犁哈萨克自治州直属县（市）	**236666**		**12760**	**11655**	**20844**	**5402**	**9097**
伊宁市	70620		1830	3407	10739	643	2695
奎屯市	55925		1282	3246	3961	1079	4365
霍尔果斯市	23203			123	85	33	117
伊宁县	19428		2873	1765	1045	297	48
察布查尔锡伯自治县	9086		10	292	325	48	86
霍城县	25257		3006	1507	3906	1019	1282
巩留县	7117		157	55	54	44	87
新源县	13590		3405	296	127	99	330
昭苏县	2848		64	612	81	92	21
特克斯县	2201			214	90	260	19
尼勒克县	7391		133	138	431	1788	47
塔城地区	**94139**		**1072**	**14091**	**8511**	**1092**	**10793**
塔城市	19566		401	1118	5050	268	84
乌苏市	29914		84	11606	982	206	2992
额敏县	7633		216	518	799	205	593
沙湾县	25390		198	693	976	305	5014
托里县	4105			82	65	16	809
裕民县	1261			74	108	21	13
和布克赛尔蒙古自治县	6270		173		531	71	1288
阿勒泰地区	**65133**		**3720**	**2149**	**5116**	**1230**	**1762**
阿勒泰市	21337		3357	1102	2131	593	694
布尔津县	4716		135	110	398	13	1
富蕴县	18942			108	1205	512	362
福海县	7953		165	130	387	47	51
哈巴河县	6641			113	885	18	18
青河县	3542		63	164	69	36	629
吉木乃县	1692			112	41	11	7
自治区直辖县级市	**203547**	**2293**	**7671**	**9541**	**13097**	**14249**	**5081**
石河子市	111578	2293	4304	5671	11118	11984	2830
阿拉尔市	41885		1002	2369	1094	1845	1342
图木舒克市	15612		2342	15	145	5	261
五家渠市	33905		23	1197	740	415	640
铁门关市	482			289			8

1-15 续表 7

地　　区	2003 年	2004 年	2005 年	2006 年	2007 年	2008 年	2009 年	2010 年	2011 年
和田地区	**3155**	**2827**	**1744**	**1078**	**1194**	**1534**	**922**	**2522**	**3409**
和田市	2243	1272	967	249	459	1172	498	828	1064
和田县	15	140	129	464	12	30	237	116	232
墨玉县	129	280	341	26	224	167	62	745	798
皮山县	55	256	32	164	99	54	5	263	151
洛浦县	36	848	188	84	265	50	47	387	679
策勒县	645	24	26	50	25	58	20	93	143
于田县	32	7	61	24	110	3	19	90	228
民丰县				17			34		114
伊犁哈萨克自治州直属县（市）	**7045**	**8798**	**5819**	**6084**	**7674**	**6268**	**8200**	**14838**	**9780**
伊宁市	510	5964	1859	1935	1317	2369	1993	7043	3821
奎屯市	4099	1214	1011	1179	3616	1671	1532	4536	1480
霍尔果斯市	58	152	20	68	181	267	160	191	558
伊宁县	519	141	166	948	331	687	2330	250	275
察布查尔锡伯自治县	186	385	54	142	591	81	355	131	359
霍城县	472	695	439	1207	129	240	221	947	982
巩留县	51	72	55	23	131	482	614	1268	1253
新源县	690	112	1400	278	273	197	545	274	406
昭苏县	24	17	17	8	285	95	160	60	57
特克斯县	6	16	19	39	73	35	146	56	88
尼勒克县	430	30	779	257	747	144	144	82	501
塔城地区	**3992**	**5541**	**2657**	**1855**	**1795**	**1095**	**4476**	**3082**	**4883**
塔城市	1107	3353	410	375	186	275	877	243	564
乌苏市	615	749	188	79	711	208	624	1557	1202
额敏县	596	130	464	90	404	57	163	137	449
沙湾县	1188	1020	688	433	368	317	1869	945	2003
托里县	355	259	459	612	43	30	11	21	462
裕民县	79		4	10	37	3	25	97	63
和布克赛尔蒙古自治县	52	30	444	256	46	205	907	82	140
阿勒泰地区	**2243**	**2792**	**852**	**1786**	**4204**	**1088**	**2532**	**5357**	**2155**
阿勒泰市	1475	1370	343	739	594	518	256	371	364
布尔津县	105	74	45	224	95	173	1418	159	97
富蕴县	270	296	135	129	625	48	221	4221	931
福海县	26	106	95	103	567	176	372	223	353
哈巴河县	358	600	209	374	2212	34	62	128	99
青河县	8	325	5	183	93	71	179	109	263
吉木乃县	1	21	20	34	18	68	24	146	48
自治区直辖县级市	**3946**	**9312**	**4127**	**4365**	**5227**	**7107**	**12747**	**18408**	**17117**
石河子市	3441	4850	2708	3460	4773	5544	6661	15463	5045
阿拉尔市	348	423	785	145	141	645	1227	1729	4201
图木舒克市	7	165	270	229	151	155	82	283	85
五家渠市	150	3821	364	531	162	755	4777	924	7784
铁门关市		53				8		9	2

1-15 续表 8

地区	2012 年	2013 年	2014 年	2015 年	2016 年	2017 年	2018 年	无开业年份
和田地区	**6235**	**2822**	**7173**	**8055**	**9721**	**17580**	**24570**	**80**
和田市	2598	1207	3314	3400	2473	7244	3174	
和田县	341	400	803	905	1085	952	6829	
墨玉县	1823	501	799	1229	2131	2309	4270	
皮山县	359	118	973	485	872	1975	950	
洛浦县	342	331	479	614	829	2192	3387	
策勒县	397	71	167	748	1625	1501	2034	76
于田县	346	98	238	587	547	1219	3790	2
民丰县	29	96	400	87	159	188	136	2
伊犁哈萨克自治州直属县（市）	**10222**	**11922**	**10837**	**12238**	**18331**	**27661**	**11188**	**3**
伊宁市	2004	4586	4256	2793	4378	4063	2415	
奎屯市	4027	2942	2596	3455	5313	1989	1332	
霍尔果斯市	445	405	809	1190	2446	13886	2009	
伊宁县	937	1185	454	482	354	1837	2504	
察布查尔锡伯自治县	591	456	365	1662	1560	775	629	3
霍城县	502	673	780	1407	1266	3634	943	
巩留县	323	579	295	279	488	336	471	
新源县	921	424	547	451	1909	608	298	
昭苏县	121	220	210	173	272	109	150	
特克斯县	60	325	132	207	157	210	49	
尼勒克县	291	127	393	139	188	214	388	
塔城地区	**2981**	**2969**	**3338**	**5045**	**6091**	**4621**	**4159**	
塔城市	906	514	386	483	1540	765	661	
乌苏市	587	991	1349	936	1895	1980	373	
额敏县	756	305	384	356	282	580	149	
沙湾县	498	608	684	2581	2003	596	2403	
托里县	131	137	135	167	67	163	81	
裕民县	38	121	243	104	74	76	71	
和布克赛尔蒙古自治县	65	293	157	418	230	461	421	
阿勒泰地区	**2593**	**3153**	**3085**	**2818**	**3206**	**3882**	**9405**	**5**
阿勒泰市	843	1105	1535	920	919	1626	479	3
布尔津县	422	277	132	100	356	283	97	2
富蕴县	377	434	107	473	118	78	8292	
福海县	464	703	534	870	1040	1192	349	
哈巴河县	85	411	395	95	285	198	62	
青河县	296	67	155	205	254	305	63	
吉木乃县	106	156	227	155	234	200	63	
自治区直辖县级市	**4629**	**8570**	**11671**	**10422**	**11485**	**15699**	**6773**	**10**
石河子市	1402	3857	5989	2369	2946	2378	2492	
阿拉尔市	1213	2311	4052	5916	2930	5520	2647	
图木舒克市	621	1095	600	446	3988	4003	664	
五家渠市	1393	1301	1010	1685	1592	3761	870	10
铁门关市		6	20	6	29	37	15	

1-16 按行业（大类）、运营状态分组的企业法人单位数

行业大类	代码	企业法人单位数（个）	正常运营	停业（歇业）	筹建	当年关闭
总　计		**175572**	**120489**	**30620**	**12370**	**2481**
农、林、牧、渔业	**A**	**1899**	**1121**	**479**	**140**	**36**
农业	01	21	16	4		1
林业	02	2	2			
畜牧业	03	7	7			
渔业	04	1	1			
农、林、牧、渔专业及辅助性活动	05	1868	1095	475	140	35
采矿业	**B**	**2955**	**1354**	**1091**	**337**	**67**
煤炭开采和洗选业	06	327	160	99	40	14
石油和天然气开采业	07	42	33	3	5	
黑色金属矿采选业	08	428	141	233	37	5
有色金属矿采选业	09	334	87	179	47	7
非金属矿采选业	10	1154	550	394	140	31
开采专业及辅助性活动	11	492	342	80	48	5
其他采矿业	12	178	41	103	20	5
制造业	**C**	**19729**	**12090**	**4283**	**1975**	**529**
农副食品加工业	13	2154	1319	468	191	45
食品制造业	14	950	529	247	110	22
酒、饮料和精制茶制造业	15	638	363	157	75	13
烟草制品业	16	2	2			
纺织业	17	912	491	217	127	27
纺织服装、服饰业	18	1295	783	246	160	42
皮革、毛皮、羽毛及其制品和制鞋业	19	137	70	31	22	2
木材加工和木、竹、藤、棕、草制品业	20	479	301	102	40	13
家具制造业	21	320	159	53	88	12
造纸和纸制品业	22	317	166	80	53	9
印刷和记录媒介复制业	23	355	282	39	14	9
文教、工美、体育和娱乐用品制造业	24	493	253	166	35	17
石油、煤炭及其他燃料加工业	25	306	159	74	47	7
化学原料和化学制品制造业	26	1214	692	287	150	28
医药制造业	27	166	91	36	30	1
化学纤维制造业	28	40	23	12	4	
橡胶和塑料制品业	29	1386	861	300	131	37
非金属矿物制品业	30	3745	2444	793	244	135
黑色金属冶炼和压延加工业	31	165	114	30	10	5
有色金属冶炼和压延加工业	32	167	89	42	25	7
金属制品业	33	1685	1105	357	119	47
通用设备制造业	34	543	347	131	41	10
专用设备制造业	35	732	451	157	86	9

1-16 续表 1

行业大类	代码	当年破产	当年注销	当年吊销	其他
总　计		**345**	**6692**	**300**	**2275**
农、林、牧、渔业	**A**	**3**	**83**	**7**	**30**
农业	01				
林业	02				
畜牧业	03				
渔业	04				
农、林、牧、渔专业及辅助性活动	05	3	83	7	30
采矿业	**B**	**5**	**75**	**8**	**18**
煤炭开采和洗选业	06	2	7		5
石油和天然气开采业	07		1		
黑色金属矿采选业	08	1	10		1
有色金属矿采选业	09	1	6	1	6
非金属矿采选业	10	1	28	6	4
开采专业及辅助性活动	11		14	1	2
其他采矿业	12		9		
制造业	**C**	**92**	**524**	**34**	**202**
农副食品加工业	13	11	85	6	29
食品制造业	14	6	26	2	8
酒、饮料和精制茶制造业	15	2	21	1	6
烟草制品业	16				
纺织业	17	1	31	4	14
纺织服装、服饰业	18	8	38	3	15
皮革、毛皮、羽毛及其制品和制鞋业	19	1	9	2	
木材加工和木、竹、藤、棕、草制品业	20	3	14	1	5
家具制造业	21	1	4	1	2
造纸和纸制品业	22		8		1
印刷和记录媒介复制业	23	1	7	1	2
文教、工美、体育和娱乐用品制造业	24	1	15		6
石油、煤炭及其他燃料加工业	25	1	7		11
化学原料和化学制品制造业	26	4	33	2	18
医药制造业	27	1	4		3
化学纤维制造业	28	1			
橡胶和塑料制品业	29	2	40	4	11
非金属矿物制品业	30	24	71	1	33
黑色金属冶炼和压延加工业	31	2	3	1	
有色金属冶炼和压延加工业	32	1			3
金属制品业	33	8	37	2	10
通用设备制造业	34	3	5		6
专用设备制造业	35	4	18	1	6

1-16 续表 2

行业大类	代码	企业法人单位数（个）	正常运营	停业（歇业）	筹建	当年关闭
汽车制造业	36	95	54	16	16	3
铁路、船舶、航空航天和其他运输设备制造业	37	38	24	9	3	2
电气机械和器材制造业	38	605	393	97	71	16
计算机、通信和其他电子设备制造业	39	162	97	24	28	3
仪器仪表制造业	40	46	40	1	2	1
其他制造业	41	89	39	29	9	4
废弃资源综合利用业	42	112	55	25	23	2
金属制品、机械和设备修理业	43	381	294	57	21	1
电力、热力、燃气及水生产和供应业	**D**	**2072**	**1409**	**297**	**251**	**30**
电力、热力生产和供应业	44	1576	1049	244	192	25
燃气生产和供应业	45	189	136	14	34	
水的生产和供应业	46	307	224	39	25	5
建筑业	**E**	**11411**	**8245**	**1768**	**801**	**128**
房屋建筑业	47	2702	1937	430	193	40
土木工程建筑业	48	2852	2101	427	198	26
建筑安装业	49	1891	1433	255	121	12
建筑装饰、装修和其他建筑业	50	3966	2774	656	289	50
批发和零售业	**F**	**61770**	**41890**	**11623**	**3990**	**865**
批发业	51	38661	26992	6961	2258	497
零售业	52	23109	14898	4662	1732	368
交通运输、仓储和邮政业	**G**	**8759**	**6321**	**1371**	**642**	**83**
铁路运输业	53	8	8			
道路运输业	54	6242	4515	974	460	55
水上运输业	55	6	5			1
航空运输业	56	66	43	10	6	1
管道运输业	57	19	10	4	4	
多式联运和运输代理业	58	1095	797	175	70	11
装卸搬运和仓储业	59	927	624	175	85	9
邮政业	60	396	319	33	17	6
住宿和餐饮业	**H**	**2579**	**1673**	**436**	**283**	**44**
住宿业	61	1138	851	120	112	14
餐饮业	62	1441	822	316	171	30
信息传输、软件和信息技术服务业	**I**	**8140**	**5829**	**1116**	**488**	**73**
电信、广播电视和卫星传输服务	63	344	278	39	12	4
互联网和相关服务	64	1001	664	166	90	12
软件和信息技术服务业	65	6795	4887	911	386	57
金融业	**J**	**2267**	**1741**	**196**	**39**	**14**
货币金融服务	66	891	750	88	15	12
资本市场服务	67	924	578	84	22	
保险业	68	307	302	3		
其他金融业	69	145	111	21	2	2

1-16 续表 3

行业大类	代码	当年破产	当年注销	当年吊销	其他
汽车制造业	36	1	3		2
铁路、船舶、航空航天和其他运输设备制造业	37				
电气机械和器材制造业	38	1	20		7
计算机、通信和其他电子设备制造业	39		7		3
仪器仪表制造业	40		2		
其他制造业	41	1	4	2	1
废弃资源综合利用业	42	2	5		
金属制品、机械和设备修理业	43	1	7		
电力、热力、燃气及水生产和供应业	**D**	**5**	**60**	**2**	**18**
电力、热力生产和供应业	44	3	48	2	13
燃气生产和供应业	45	1	2		2
水的生产和供应业	46	1	10		3
建筑业	**E**	**11**	**345**	**11**	**102**
房屋建筑业	47	2	83	2	15
土木工程建筑业	48	2	65	3	30
建筑安装业	49	4	49	3	14
建筑装饰、装修和其他建筑业	50	3	148	3	43
批发和零售业	**F**	**113**	**2556**	**153**	**580**
批发业	51	54	1473	100	326
零售业	52	59	1083	53	254
交通运输、仓储和邮政业	**G**	**13**	**226**	**10**	**93**
铁路运输业	53				
道路运输业	54	7	154	8	69
水上运输业	55				
航空运输业	56		4	1	1
管道运输业	57		1		
多式联运和运输代理业	58	3	26	1	12
装卸搬运和仓储业	59	3	25		6
邮政业	60		16		5
住宿和餐饮业	**H**	**9**	**111**	**1**	**22**
住宿业	61	2	28	1	10
餐饮业	62	7	83		12
信息传输、软件和信息技术服务业	**I**	**7**	**434**	**7**	**186**
电信、广播电视和卫星传输服务	63		7	2	2
互联网和相关服务	64	1	44		24
软件和信息技术服务业	65	6	383	5	160
金融业	**J**	**2**	**89**	**2**	**184**
货币金融服务	66		8	1	17
资本市场服务	67		78	1	161
保险业	68				2
其他金融业	69	2	3		4

1-16 续表 4

行业大类	代码	企业法人单位数（个）	正常运营	停业（歇业）	筹建	当年关闭
房地产业	**K**	**9445**	**7202**	**1240**	**496**	**73**
房地产业	70	9445	7202	1240	496	73
租赁和商务服务业	**L**	**22248**	**15838**	**3551**	**1309**	**237**
租赁业	71	2276	1591	386	177	30
商务服务业	72	19972	14247	3165	1132	207
科学研究和技术服务业	**M**	9825	6827	1504	795	98
研究和试验发展	73	395	247	77	36	4
专业技术服务业	74	5491	4162	697	333	46
科技推广和应用服务业	75	3939	2418	730	426	48
水利、环境和公共设施管理业	**N**	**1384**	**923**	**242**	**132**	**18**
水利管理业	76	142	93	32	3	4
生态保护和环境治理业	77	196	120	29	41	
公共设施管理业	78	959	638	173	85	12
土地管理业	79	87	72	8	3	2
居民服务、修理和其他服务业	**O**	**4459**	**3210**	**640**	**327**	**56**
居民服务业	80	1350	887	226	129	30
机动车、电子产品和日用产品修理业	81	2585	1944	341	160	21
其他服务业	82	524	379	73	38	5
教育	**P**	**1498**	**1134**	**164**	**134**	**11**
教育	83	1498	1134	164	134	11
卫生和社会工作	**Q**	**683**	**524**	**63**	**62**	**9**
卫生	84	574	469	37	43	6
社会工作	85	109	55	26	19	3
文化、体育和娱乐业	**R**	**4449**	**3158**	**556**	**169**	**110**
新闻和出版业	86	29	23	4		1
广播、电视、电影和录音制作业	87	1331	1006	82	34	6
文化艺术业	88	600	363	120	40	9
体育	89	275	187	43	21	6
娱乐业	90	2214	1579	307	74	88
公共管理、社会保障和社会组织	**S**					
中国共产党机关	91					
国家机构	92					
人民政协、民主党派	93					
社会保障	94					
群众团体、社会团体和其他成员组织	95					
基层群众自治组织	96					
国际组织	**T**					
国际组织	97					

1-16 续表 5

行业大类	代码	当年破产	当年注销	当年吊销	其他
房地产业	**K**	**21**	**244**	**11**	**158**
房地产业	70	21	244	11	158
租赁和商务服务业	**L**	**38**	**910**	**29**	**336**
租赁业	71	3	66	2	21
商务服务业	72	35	844	27	315
科学研究和技术服务业	**M**	**4**	**454**	**13**	**130**
研究和试验发展	73		21	1	9
专业技术服务业	74	2	203	7	41
科技推广和应用服务业	75	2	230	5	80
水利、环境和公共设施管理业	**N**		**52**	**1**	**16**
水利管理业	76		9		1
生态保护和环境治理业	77		5		1
公共设施管理业	78		38	1	12
土地管理业	79				2
居民服务、修理和其他服务业	**O**	**11**	**169**	**5**	**41**
居民服务业	80	4	52	3	19
机动车、电子产品和日用产品修理业	81	7	92	1	19
其他服务业	82		25	1	3
教育	**P**	**1**	**40**	**1**	**13**
教育	83	1	40	1	13
卫生和社会工作	**Q**		**21**	**1**	**3**
卫生	84		17	1	1
社会工作	85		4		2
文化、体育和娱乐业	**R**	**10**	**299**	**4**	**143**
新闻和出版业	86		1		
广播、电视、电影和录音制作业	87		114	1	88
文化艺术业	88		44	1	23
体育	89		15		3
娱乐业	90	10	125	2	29
公共管理、社会保障和社会组织	**S**				
中国共产党机关	91				
国家机构	92				
人民政协、民主党派	93				
社会保障	94				
群众团体、社会团体和其他成员组织	95				
基层群众自治组织	96				
国际组织	**T**				
国际组织	97				

1-17 按行业（大类）、运营状态分组的企业法人单位从业人员数

行业大类	代码	从业人员数（人）	正常运营	停业（歇业）	筹建	当年关闭
总　计		**2875164**	**2788125**	**33153**	**41338**	**2091**
农、林、牧、渔业	**A**	**34889**	**33828**	**680**	**342**	**7**
农业	01					
林业	02					
畜牧业	03					
渔业	04					
农、林、牧、渔专业及辅助性活动	05	34889	33828	680	342	7
采矿业	**B**	**173687**	**168500**	**3437**	**1510**	**92**
煤炭开采和洗选业	06	44839	41883	2006	782	71
石油和天然气开采业	07	59237	59230		7	
黑色金属矿采选业	08	8071	7621	348	100	1
有色金属矿采选业	09	10113	9589	283	237	2
非金属矿采选业	10	7997	7187	603	185	15
开采专业及辅助性活动	11	42944	42656	123	124	1
其他采矿业	12	486	334	74	75	2
制造业	**C**	**671948**	**643876**	**11689**	**13026**	**738**
农副食品加工业	13	45280	44167	530	380	50
食品制造业	14	29260	28337	346	375	2
酒、饮料和精制茶制造业	15	13700	13202	208	216	60
烟草制品业	16	777	777			
纺织业	17	80813	78811	605	1379	6
纺织服装、服饰业	18	73843	72456	584	456	198
皮革、毛皮、羽毛及其制品和制鞋业	19	11672	10015	99	1556	
木材加工和木、竹、藤、棕、草制品业	20	4783	4566	156	36	17
家具制造业	21	2213	2030	41	129	12
造纸和纸制品业	22	5648	4764	224	646	1
印刷和记录媒介复制业	23	4454	4293	102	20	5
文教、工美、体育和娱乐用品制造业	24	8321	8005	172	140	1
石油、煤炭及其他燃料加工业	25	55090	53283	619	1141	3
化学原料和化学制品制造业	26	78361	73056	2376	1782	202
医药制造业	27	10611	10449	118	39	2
化学纤维制造业	28	10748	10563	155	29	
橡胶和塑料制品业	29	20950	19697	794	285	25
非金属矿物制品业	30	84501	80949	2117	1254	82
黑色金属冶炼和压延加工业	31	24579	24170	297	26	
有色金属冶炼和压延加工业	32	41359	39213	457	1121	3
金属制品业	33	18253	17219	797	196	13
通用设备制造业	34	4488	4150	274	46	9
专用设备制造业	35	9194	8667	263	244	4

1-17 续表 1

行业大类	代码	当年破产	当年注销	当年吊销	其他
总　计		**418**	**4721**	**70**	**5248**
农、林、牧、渔业	**A**	**1**	**24**	**1**	**6**
农业	01				
林业	02				
畜牧业	03				
渔业	04				
农、林、牧、渔专业及辅助性活动	05	1	24	1	6
采矿业	**B**		**47**	**1**	**100**
煤炭开采和洗选业	06		1		96
石油和天然气开采业	07				
黑色金属矿采选业	08				1
有色金属矿采选业	09		1		1
非金属矿采选业	10		4	1	2
开采专业及辅助性活动	11		40		
其他采矿业	12		1		
制造业	**C**	**60**	**728**	**11**	**1820**
农副食品加工业	13		136	1	16
食品制造业	14		163		37
酒、饮料和精制茶制造业	15		9		5
烟草制品业	16				
纺织业	17		11	1	
纺织服装、服饰业	18		54		95
皮革、毛皮、羽毛及其制品和制鞋业	19	1	1		
木材加工和木、竹、藤、棕、草制品业	20	1	7		
家具制造业	21				1
造纸和纸制品业	22		13		
印刷和记录媒介复制业	23		1	9	24
文教、工美、体育和娱乐用品制造业	24		1		2
石油、煤炭及其他燃料加工业	25		1		43
化学原料和化学制品制造业	26		7		938
医药制造业	27	3			
化学纤维制造业	28	1			
橡胶和塑料制品业	29		141		8
非金属矿物制品业	30	34	38		27
黑色金属冶炼和压延加工业	31		86		
有色金属冶炼和压延加工业	32				565
金属制品业	33		23		5
通用设备制造业	34	1			8
专用设备制造业	35	2	6		8

1-17 续表 2

行业大类	代码	从业人员数（人）	正常运营	停业（歇业）	筹建	当年关闭
汽车制造业	36	2366	2266	9	50	9
铁路、船舶、航空航天和其他运输设备制造业	37	558	541	7	10	
电气机械和器材制造业	38	18762	18297	170	238	31
计算机、通信和其他电子设备制造业	39	4682	3637	13	1023	1
仪器仪表制造业	40	489	483	6		
其他制造业	41	1030	991	32	5	
废弃资源综合利用业	42	1912	1695	63	152	2
金属制品、机械和设备修理业	43	3251	3127	55	52	
电力、热力、燃气及水生产和供应业	**D**	**111949**	**108136**	**511**	**2678**	**80**
电力、热力生产和供应业	44	87730	84638	308	2371	34
燃气生产和供应业	45	12416	12065	20	174	
水的生产和供应业	46	11803	11433	183	133	46
建筑业	**E**	**427528**	**424472**	**1377**	**1095**	**153**
房屋建筑业	47	229127	228445	294	244	118
土木工程建筑业	48	136736	135598	488	363	9
建筑安装业	49	26013	25721	151	127	1
建筑装饰、装修和其他建筑业	50	35652	34708	444	361	25
批发和零售业	**F**	**328533**	**314705**	**7382**	**4089**	**409**
批发业	51	197986	189101	4745	2444	276
零售业	52	130547	125604	2637	1645	133
交通运输、仓储和邮政业	**G**	**203700**	**201825**	**956**	**700**	**40**
铁路运输业	53	55173	55173			
道路运输业	54	102331	101154	602	392	29
水上运输业	55	68	68			
航空运输业	56	8535	8520	2	12	1
管道运输业	57	3628	3596	3	29	
多式联运和运输代理业	58	6245	5974	146	110	7
装卸搬运和仓储业	59	11850	11513	184	143	
邮政业	60	15870	15827	19	14	3
住宿和餐饮业	**H**	**52788**	**51337**	**705**	**429**	**33**
住宿业	61	33258	32462	334	219	23
餐饮业	62	19530	18875	371	210	10
信息传输、软件和信息技术服务业	**I**	**69029**	**67384**	**700**	**433**	**35**
电信、广播电视和卫星传输服务	63	29149	29111	15	11	1
互联网和相关服务	64	5170	4911	115	87	4
软件和信息技术服务业	65	34710	33362	570	335	30
金融业	**J**	**196562**	**196044**	**118**	**101**	**34**
货币金融服务	66	61421	61269	86	7	28
资本市场服务	67	3015	2687	13	91	
保险业	68	130804	130800	2		
其他金融业	69	1322	1288	17	3	6

1-17 续表 3

行业大类	代码	当年破产	当年注销	当年吊销	其他
汽车制造业	36				32
铁路、船舶、航空航天和其他运输设备制造业	37				
电气机械和器材制造业	38	17	6		3
计算机、通信和其他电子设备制造业	39		7		1
仪器仪表制造业	40				
其他制造业	41				2
废弃资源综合利用业	42				
金属制品、机械和设备修理业	43		17		
电力、热力、燃气及水生产和供应业	**D**	**49**	**79**		**416**
电力、热力生产和供应业	44	46	72		261
燃气生产和供应业	45	3			154
水的生产和供应业	46		7		1
建筑业	**E**	**4**	**114**	**2**	**311**
房屋建筑业	47	2	22		2
土木工程建筑业	48	2	10		266
建筑安装业	49		8		5
建筑装饰、装修和其他建筑业	50		74	2	38
批发和零售业	**F**	**165**	**1328**	**26**	**429**
批发业	51	149	933	19	319
零售业	52	16	395	7	110
交通运输、仓储和邮政业	**G**	**6**	**72**		**101**
铁路运输业	53				
道路运输业	54	1	61		92
水上运输业	55				
航空运输业	56				
管道运输业	57				
多式联运和运输代理业	58	3	5		
装卸搬运和仓储业	59	2	1		7
邮政业	60		5		2
住宿和餐饮业	**H**	**2**	**62**		**220**
住宿业	61		25		195
餐饮业	62	2	37		25
信息传输、软件和信息技术服务业	**I**	**1**	**317**		**159**
电信、广播电视和卫星传输服务	63		4		7
互联网和相关服务	64		19		34
软件和信息技术服务业	65	1	294		118
金融业	**J**		**223**		**42**
货币金融服务	66		10		21
资本市场服务	67		205		19
保险业	68				2
其他金融业	69		8		

1-17 续表 4

行业大类	代码	从业人员数（人）	正常运营	停业（歇业）	筹建	当年关闭
房地产业	**K**	**160596**	**157306**	**1243**	**772**	**110**
房地产业	70	160596	157306	1243	772	110
租赁和商务服务业	**L**	**245445**	**228138**	**2059**	**13936**	**123**
租赁业	71	10103	9638	319	117	9
商务服务业	72	235342	218500	1740	13819	114
科学研究和技术服务业	**M**	**87408**	**84902**	**871**	**1102**	**115**
研究和试验发展	73	1718	1575	79	53	1
专业技术服务业	74	71504	70287	409	480	95
科技推广和应用服务业	75	14186	13040	383	569	19
水利、环境和公共设施管理业	**N**	**27647**	**27133**	**184**	**154**	**15**
水利管理业	76	3633	3494	14	1	1
生态保护和环境治理业	77	1706	1624	24	58	
公共设施管理业	78	21602	21318	144	94	13
土地管理业	79	706	697	2	1	1
居民服务、修理和其他服务业	**O**	**27119**	**26054**	**532**	**289**	**30**
居民服务业	80	7271	6735	253	122	11
机动车、电子产品和日用产品修理业	81	13294	12837	249	133	18
其他服务业	82	6554	6482	30	34	1
教育	**P**	**17144**	**16794**	**132**	**193**	**9**
教育	83	17144	16794	132	193	9
卫生和社会工作	**Q**	**18724**	**18421**	**76**	**221**	**4**
卫生	84	18157	17871	69	211	4
社会工作	85	567	550	7	10	
文化、体育和娱乐业	**R**	**20468**	**19270**	**501**	**268**	**64**
新闻和出版业	86	1199	1050	120		29
广播、电视、电影和录音制作业	87	5092	4775	56	33	
文化艺术业	88	2602	2439	92	39	2
体育	89	1375	1260	19	88	7
娱乐业	90	10200	9746	214	108	26
公共管理、社会保障和社会组织	**S**					
中国共产党机关	91					
国家机构	92					
人民政协、民主党派	93					
社会保障	94					
群众团体、社会团体和其他成员组织	95					
基层群众自治组织	96					
国际组织	**T**					
国际组织	97					

1-17 续表 5

行业大类	代码	当年破产	当年注销	当年吊销	其他
房地产业	**K**	**93**	**259**	**10**	**803**
房地产业	70	93	259	10	803
租赁和商务服务业	**L**	**27**	**612**	**16**	**534**
租赁业	71		18		2
商务服务业	72	27	594	16	532
科学研究和技术服务业	**M**	**3**	**215**	**1**	**199**
研究和试验发展	73		3		7
专业技术服务业	74	3	127		103
科技推广和应用服务业	75		85	1	89
水利、环境和公共设施管理业	**N**		**131**		**30**
水利管理业	76		123		
生态保护和环境治理业	77				
公共设施管理业	78		8		25
土地管理业	79				5
居民服务、修理和其他服务业	**O**	**2**	**184**	**1**	**27**
居民服务业	80	1	139	1	9
机动车、电子产品和日用产品修理业	81	1	39		17
其他服务业	82		6		1
教育	**P**		**12**		**4**
教育	83		12		4
卫生和社会工作	**Q**		**2**		
卫生	84		2		
社会工作	85				
文化、体育和娱乐业	**R**	**5**	**312**	**1**	**47**
新闻和出版业	86				
广播、电视、电影和录音制作业	87		198	1	29
文化艺术业	88		22		8
体育	89				1
娱乐业	90	5	92		9
公共管理、社会保障和社会组织	**S**				
中国共产党机关	91				
国家机构	92				
人民政协、民主党派	93				
社会保障	94				
群众团体、社会团体和其他成员组织	95				
基层群众自治组织	96				
国际组织	**T**				
国际组织	97				

1-18 按地区、运营状态分组的企业法人单位数

地　　区	企业法人单位数(个)	正常运营	停业（歇业）	筹建	当年关闭
总　计	**175572**	**120489**	**30620**	**12370**	**2481**
乌鲁木齐市	**59020**	**43376**	**8976**	**2853**	**645**
市辖区	1	1			
天山区	10845	7361	2398	237	131
沙依巴克区	9296	8184	597	163	44
新市区	13717	8833	2912	381	264
水磨沟区	6347	4775	775	363	108
头屯河区	2708	2190	332	153	6
达坂城区	249	165	27	41	4
米东区	3757	2805	326	554	34
乌鲁木齐县	241	132	36	62	7
乌鲁木齐经济技术开发区	5423	3930	726	680	15
乌鲁木齐高新技术产业开发区	6431	4995	847	219	32
克拉玛依市	**5582**	**4296**	**668**	**431**	**33**
市辖区	2	2			
独山子区	727	613	72	26	5
克拉玛依区	4007	3138	422	313	21
白碱滩区	644	443	132	58	6
乌尔禾区	202	100	42	34	1
吐鲁番市	**4182**	**2619**	**1042**	**417**	**25**
高昌区	1871	1233	408	170	13
鄯善县	1256	832	285	110	10
托克逊县	1055	554	349	137	2
哈密市	**8976**	**4622**	**3045**	**851**	**53**
伊州区	8105	4224	2787	724	43
巴里坤哈萨克自治县	419	181	142	53	8
伊吾县	450	215	116	74	2
昌吉回族自治州	**13933**	**9287**	**2681**	**1215**	**202**
昌吉市	6966	5182	1133	444	49
阜康市	1608	890	302	272	41
呼图壁县	1187	673	274	132	49
玛纳斯县	883	600	136	52	11
奇台县	1632	928	463	137	17
吉木萨尔县	1308	752	348	132	21
木垒哈萨克自治县	349	262	25	46	14
博尔塔拉蒙古自治州	**4578**	**2949**	**1045**	**325**	**55**
博乐市	2710	1753	612	169	36
阿拉山口市	936	692	162	59	
精河县	745	380	220	92	15
温泉县	187	124	51	5	4

1-18 续表 1

地　　区	当年破产	当年注销	当年吊销	其他
总　计	**345**	**6692**	**300**	**2275**
乌鲁木齐市	**73**	**2411**	**156**	**530**
市辖区				
天山区	17	619	35	47
沙依巴克区	3	202	8	95
新市区	18	982	102	225
水磨沟区	19	226	5	76
头屯河区		23		4
达坂城区		3		9
米东区	2	25	1	10
乌鲁木齐县		1		3
乌鲁木齐经济技术开发区	3	47		22
乌鲁木齐高新技术产业开发区	11	283	5	39
克拉玛依市	**5**	**123**	**5**	**21**
市辖区				
独山子区		9		2
克拉玛依区	5	89	5	14
白碱滩区		5		
乌尔禾区		20		5
吐鲁番市	**3**	**55**		**21**
高昌区	1	32		14
鄯善县	2	13		4
托克逊县		10		3
哈密市	**11**	**329**	**5**	**60**
伊州区	9	280	5	33
巴里坤哈萨克自治县		25		10
伊吾县	2	24		17
昌吉回族自治州	**30**	**324**	**6**	**188**
昌吉市	4	61	1	92
阜康市	8	88		7
呼图壁县	7	16	1	35
玛纳斯县	1	58	1	24
奇台县	5	67	2	13
吉木萨尔县	5	33	1	16
木垒哈萨克自治县		1		1
博尔塔拉蒙古自治州	**5**	**159**	**1**	**39**
博乐市	2	121		17
阿拉山口市		18		5
精河县	3	17	1	17
温泉县		3		

1-18 续表 2

地　　区	企业法人单位数(个)	正常运营	停业（歇业）	筹建	当年关闭
巴音郭楞蒙古自治州	**11938**	**7645**	**2078**	**1182**	**122**
库尔勒市	7130	4864	939	732	67
轮台县	1063	651	290	77	4
尉犁县	518	318	106	31	27
若羌县	460	231	136	71	1
且末县	389	242	93	25	7
焉耆回族自治县	624	360	79	64	7
和静县	1056	557	278	133	5
和硕县	461	286	97	29	3
博湖县	235	134	60	20	1
库尔勒经济技术开发区	2	2			
阿克苏地区	**12223**	**8514**	**1927**	**984**	**228**
阿克苏市	5333	3916	658	458	103
温宿县	1107	820	171	66	15
库车县	2315	1659	375	206	27
沙雅县	961	583	226	102	4
新和县	602	332	136	40	26
拜城县	923	498	222	59	32
乌什县	278	232	31	9	2
阿瓦提县	536	377	79	33	10
柯坪县	168	97	29	11	9
克孜勒苏柯尔克孜自治州	**2296**	**1265**	**735**	**170**	**35**
阿图什市	1354	627	548	83	27
阿克陶县	472	358	67	36	3
阿合奇县	120	89	20	4	1
乌恰县	350	191	100	47	4
喀什地区	**13930**	**8752**	**2607**	**1311**	**542**
喀什市	5221	3479	1056	362	57
疏附县	521	399	69	46	4
疏勒县	1008	589	134	134	56
英吉沙县	424	322	21	27	46
泽普县	519	353	88	44	23
莎车县	1810	1058	367	198	108
叶城县	1098	624	220	148	40
麦盖提县	883	393	257	130	79
岳普湖县	448	266	94	28	29
伽师县	1008	502	151	157	81
巴楚县	893	698	131	31	18
塔什库尔干塔吉克自治县	95	67	19	6	1

1-18 续表 3

地　　区	当年破产	当年注销	当年吊销	其他
巴音郭楞蒙古自治州	**25**	**619**	**28**	**239**
库尔勒市	10	333	2	183
轮台县	1	32	4	4
尉犁县	4	17	1	14
若羌县		19	2	
且末县	3	18	1	
焉耆回族自治县	1	93	4	16
和静县	4	62	14	3
和硕县	2	27		17
博湖县		18		2
库尔勒经济技术开发区				
阿克苏地区	**38**	**459**	**40**	**33**
阿克苏市	6	174	15	3
温宿县	3	15	2	15
库车县	3	42	1	2
沙雅县		45		1
新和县	11	51	4	2
拜城县	12	83	17	
乌什县	1	1	1	1
阿瓦提县	1	35		1
柯坪县	1	13		8
克孜勒苏柯尔克孜自治州	**9**	**73**	**2**	**7**
阿图什市	7	59	2	1
阿克陶县	1	4		3
阿合奇县		4		2
乌恰县	1	6		1
喀什地区	**68**	**436**	**22**	**192**
喀什市	32	113	7	115
疏附县		3		
疏勒县	13	77	1	4
英吉沙县	1	7		
泽普县	1	4	1	5
莎车县	9	43	4	23
叶城县		60		6
麦盖提县	2	22		
岳普湖县	1	23		7
伽师县	9	68	9	31
巴楚县		14		1
塔什库尔干塔吉克自治县		2		

1-18 续表 4

地　　区	企业法人单位数(个)	正常运营	停业(歇业)	筹建	当年关闭
和田地区	**6911**	**3780**	**2046**	**755**	**103**
和田市	3178	1760	985	269	37
和田县	735	393	204	108	15
墨玉县	836	549	211	47	7
皮山县	507	281	90	111	16
洛浦县	471	290	103	65	6
策勒县	366	216	67	55	11
于田县	604	191	299	77	10
民丰县	214	100	87	23	1
伊犁哈萨克自治州直属县（市）	**16370**	**12488**	**1375**	**795**	**122**
伊宁市	3637	3078	197	286	15
奎屯市	2439	2042	279	65	8
霍尔果斯市	5522	4294	188	50	2
伊宁县	627	415	114	35	14
察布查尔锡伯自治县	658	389	132	70	17
霍城县	1489	888	149	130	13
巩留县	382	334	22	18	1
新源县	715	520	116	53	7
昭苏县	255	159	48	28	7
特克斯县	239	163	24	36	4
尼勒克县	407	206	106	24	34
塔城地区	**4414**	**3045**	**886**	**205**	**72**
塔城市	933	674	169	45	9
乌苏市	1218	819	280	36	20
额敏县	501	377	77	18	14
沙湾县	1039	715	197	37	15
托里县	230	135	51	33	8
裕民县	168	98	60	3	
和布克赛尔蒙古自治县	325	227	52	33	6
阿勒泰地区	**3576**	**2447**	**705**	**233**	**35**
阿勒泰市	1451	1015	264	91	8
布尔津县	317	229	67	18	1
富蕴县	348	202	66	44	13
福海县	655	477	104	44	4
哈巴河县	301	170	79	25	4
青河县	256	225	19	3	4
吉木乃县	247	128	106	8	1
自治区直辖县级市	**7643**	**5404**	**804**	**643**	**209**
石河子市	3692	2886	397	135	24
阿拉尔市	1972	1239	189	200	126
图木舒克市	705	482	101	74	12
五家渠市	1225	772	103	230	47
铁门关市	48	24	14	4	

1-18 续表 5

地区	当年破产	当年注销	当年吊销	其他
和田地区	**39**	**153**	**11**	**24**
和田市	12	100	3	12
和田县	1	13		1
墨玉县	7	10	3	2
皮山县	3	6		
洛浦县	3	3		1
策勒县	2	7	1	7
于田县	10	12	4	1
民丰县	1	2		
伊犁哈萨克自治州直属县（市）	**21**	**872**	**8**	**689**
伊宁市	4	46	1	10
奎屯市	3	34	3	5
霍尔果斯市		377	3	608
伊宁县	7	23		19
察布查尔锡伯自治县		48		2
霍城县		284	1	24
巩留县	1	5		1
新源县	2	17		
昭苏县	1	11		1
特克斯县	1	11		
尼勒克县	2	16		19
塔城地区	**9**	**134**	**1**	**62**
塔城市		28		8
乌苏市	7	52		4
额敏县	2	11		2
沙湾县		29	1	45
托里县		3		
裕民县		5		2
和布克赛尔蒙古自治县		6		1
阿勒泰地区	**3**	**133**	**1**	**19**
阿勒泰市	1	71		1
布尔津县				2
富蕴县		11	1	11
福海县	1	24		1
哈巴河县		20		3
青河县	1	3		1
吉木乃县		4		
自治区直辖县级市	**6**	**412**	**14**	**151**
石河子市	3	173	5	69
阿拉尔市	1	138	1	78
图木舒克市		33		3
五家渠市	1	64	7	1
铁门关市	1	4	1	

1-19 按地区、运营状态分组的企业法人单位从业人员数

地　　区	企业法人从业人员数（人）	正常运营	停业（歇业）	筹建	当年关闭
总　计	**2875164**	**2788125**	**33153**	**41338**	**2091**
乌鲁木齐市	**928867**	**913757**	**8459**	**3684**	**663**
市辖区	8665	8665			
天山区	137636	135608	1491	202	21
沙依巴克区	123885	122374	611	166	185
新市区	271002	267929	1613	628	326
水磨沟区	112627	111300	467	487	62
头屯河区	36040	35717	223	54	
达坂城区	7562	6088	1394	76	1
米东区	60527	58985	712	652	43
乌鲁木齐县	3365	3177	106	82	
乌鲁木齐经济技术开发区	114569	112377	917	992	15
乌鲁木齐高新技术产业开发区	50680	49228	925	345	10
克拉玛依市	**213765**	**211820**	**1264**	**588**	**23**
市辖区	193	193			
独山子区	36246	36080	68	83	7
克拉玛依区	144113	142981	739	334	12
白碱滩区	29513	29031	376	101	3
乌尔禾区	3700	3535	81	70	1
吐鲁番市	**81410**	**78100**	**1555**	**1561**	**86**
高昌区	28485	27274	682	459	11
鄯善县	31255	30516	468	235	5
托克逊县	21670	20310	405	867	70
哈密市	**93547**	**86962**	**2601**	**3163**	**36**
伊州区	78143	72949	1990	2499	20
巴里坤哈萨克自治县	5810	4965	570	241	4
伊吾县	8941	8395	41	423	12
昌吉回族自治州	**222340**	**212202**	**3589**	**4659**	**136**
昌吉市	100402	98008	1421	740	19
阜康市	31951	30815	413	683	9
呼图壁县	15453	14236	820	248	70
玛纳斯县	16884	16619	82	63	20
奇台县	19846	17187	645	1671	18
吉木萨尔县	33935	31572	205	1179	
木垒哈萨克自治县	3869	3765	3	75	
博尔塔拉蒙古自治州	**55259**	**53243**	**1370**	**443**	**7**
博乐市	38161	36980	854	216	6
阿拉山口市	5440	5127	198	107	
精河县	8489	8050	259	96	1
温泉县	3169	3086	59	24	

1-19 续表 1

地　　区	当年破产	当年注销	当年吊销	其他
总　计	**418**	**4721**	**70**	**5248**
乌鲁木齐市	**107**	**1035**	**36**	**1126**
市辖区				
天山区	3	193	2	116
沙依巴克区		131		418
新市区	6	254	25	221
水磨沟区	16	92	9	194
头屯河区		2		44
达坂城区				3
米东区	61	18		56
乌鲁木齐县				
乌鲁木齐经济技术开发区		213		55
乌鲁木齐高新技术产业开发区	21	132		19
克拉玛依市	**10**	**35**		**25**
市辖区				
独山子区		5		3
克拉玛依区	10	19		18
白碱滩区		2		
乌尔禾区		9		4
吐鲁番市	**4**	**44**		**60**
高昌区	4	36		19
鄯善县		8		23
托克逊县				18
哈密市	**43**	**128**	**1**	**613**
伊州区		105	1	579
巴里坤哈萨克自治县		21		9
伊吾县	43	2		25
昌吉回族自治州	**9**	**181**	**3**	**1561**
昌吉市		28	1	185
阜康市		10		21
呼图壁县	4	1		74
玛纳斯县		90		10
奇台县	3	43	2	277
吉木萨尔县	2	9		968
木垒哈萨克自治县				26
博尔塔拉蒙古自治州		**100**		**96**
博乐市		96		9
阿拉山口市		4		4
精河县				83
温泉县				

1-19 续表 2

地　　区	企业法人从业人员数（人）	正常运营	停业（歇业）	筹建	当年关闭
巴音郭楞蒙古自治州	**161410**	**155379**	**2137**	**2940**	**39**
库尔勒市	108324	104668	998	2042	16
轮台县	12558	11979	375	192	3
尉犁县	7349	7166	50	11	8
若羌县	6471	6172	146	147	
且末县	3689	3302	109	261	6
焉耆回族自治县	3904	3708	122	71	1
和静县	12781	12384	196	176	5
和硕县	3673	3403	91	26	
博湖县	2576	2512	50	14	
库尔勒经济技术开发区	85	85			
阿克苏地区	**168045**	**164255**	**2202**	**1231**	**145**
阿克苏市	75470	74762	298	240	125
温宿县	13444	13193	124	95	1
库车县	33476	31896	1181	308	11
沙雅县	11670	11299	151	209	
新和县	8320	8236	60	3	2
拜城县	13319	12685	332	280	2
乌什县	3016	2909	34	70	3
阿瓦提县	7533	7478	22	26	1
柯坪县	1797	1797			
克孜勒苏柯尔克孜自治州	**28614**	**26661**	**1320**	**501**	**33**
阿图什市	15744	14502	995	128	32
阿克陶县	6652	6368	151	124	
阿合奇县	1692	1668	14	8	1
乌恰县	4526	4123	160	241	
喀什地区	**218278**	**213551**	**1789**	**2104**	**295**
喀什市	72891	71613	462	359	81
疏附县	15093	14975	88	30	
疏勒县	10383	9957	151	234	20
英吉沙县	12714	12504	47	160	
泽普县	19963	19702	172	70	11
莎车县	25588	24717	225	603	27
叶城县	14536	14114	179	83	121
麦盖提县	7547	7335	163	31	18
岳普湖县	4514	4489	8	6	
伽师县	19042	18868	62	32	17
巴楚县	13526	12800	232	492	
塔什库尔干塔吉克自治县	1931	1927		4	

1-19 续表 3

地　　区	当年破产	当年注销	当年吊销	其他
巴音郭楞蒙古自治州	**5**	**538**	**1**	**371**
库尔勒市	2	334		264
轮台县		6		3
尉犁县		17	1	96
若羌县		6		
且末县	2	9		
焉耆回族自治县				2
和静县	1	13		6
和硕县		153		
博湖县				
库尔勒经济技术开发区				
阿克苏地区	**7**	**143**	**10**	**52**
阿克苏市		17	2	26
温宿县		10		21
库车县	3	75		2
沙雅县		11		
新和县	4	12		3
拜城县		12	8	
乌什县				
阿瓦提县		6		
柯坪县				
克孜勒苏柯尔克孜自治州	**12**	**78**	**1**	**8**
阿图什市	10	74	1	2
阿克陶县	2	3		4
阿合奇县		1		
乌恰县				2
喀什地区	**57**	**310**	**6**	**166**
喀什市	55	216	6	99
疏附县				
疏勒县		20		1
英吉沙县		3		
泽普县		5		3
莎车县	1	15		
叶城县		39		
麦盖提县				
岳普湖县		1		10
伽师县	1	11		51
巴楚县				2
塔什库尔干塔吉克自治县				

1-19 续表 4

地　　区	企业法人从业人员数（人）	正常运营	停业（歇业）	筹建	当年关闭
和田地区	**104144**	**100447**	**1174**	**2350**	**70**
和田市	38279	37270	639	331	15
和田县	13071	12936	25	105	5
墨玉县	16658	16439	154	57	
皮山县	7193	6719	139	335	
洛浦县	11098	11018	19	56	
策勒县	7886	7644	81	108	50
于田县	8584	7173	11	1340	
民丰县	1375	1248	106	18	
伊犁哈萨克自治州直属县（市）	**236666**	**229932**	**2096**	**2423**	**185**
伊宁市	70620	69943	75	307	5
奎屯市	55925	53767	638	1252	5
霍尔果斯市	23203	22696	39	106	
伊宁县	19428	19008	317	57	8
察布查尔锡伯自治县	9086	8470	168	275	161
霍城县	25257	23969	99	183	
巩留县	7117	7036	30	50	
新源县	13590	13332	132	106	
昭苏县	2848	2738	50	50	2
特克斯县	2201	2169	8	24	
尼勒克县	7391	6804	540	13	4
塔城地区	**94139**	**91854**	**1399**	**395**	**69**
塔城市	19566	19345	138	58	4
乌苏市	29914	29283	327	68	54
额敏县	7633	7496	104	18	1
沙湾县	25390	24628	423	140	10
托里县	4105	3801	275	29	
裕民县	1261	1154	85	6	
和布克赛尔蒙古自治县	6270	6147	47	76	
阿勒泰地区	**65133**	**51591**	**643**	**12704**	**85**
阿勒泰市	21337	20936	228	129	1
布尔津县	4716	4546	129	23	
富蕴县	18942	6454	17	12452	3
福海县	7953	7810	68	17	55
哈巴河县	6641	6542	28	20	25
青河县	3542	3440	45	53	
吉木乃县	1692	1553	128	10	1
自治区直辖县级市	**203547**	**198371**	**1555**	**2592**	**219**
石河子市	111578	110589	585	284	11
阿拉尔市	41885	40421	466	596	115
图木舒克市	15612	14098	204	1163	12
五家渠市	33905	32711	285	549	81
铁门关市	482	467	15		

1-19 续表 5

地　　区	当年破产	当年注销	当年吊销	其他
和田地区	**27**	**33**	**1**	**42**
和田市	1	20	1	2
和田县				
墨玉县	2	6		
皮山县				
洛浦县		5		
策勒县		1		2
于田县	22			38
民丰县	2	1		
伊犁哈萨克自治州直属县（市）	**83**	**1146**	**2**	**799**
伊宁市	70	23		197
奎屯市	3	101	2	157
霍尔果斯市		50		312
伊宁县	1	10		27
察布查尔锡伯自治县		11		1
霍城县		931		75
巩留县		1		
新源县	8	12		
昭苏县	1	7		
特克斯县				
尼勒克县				30
塔城地区	**53**	**207**		**162**
塔城市		10		11
乌苏市	53	129		
额敏县		6		8
沙湾县		60		129
托里县				
裕民县		2		14
和布克赛尔蒙古自治县				
阿勒泰地区		**59**		**51**
阿勒泰市		43		
布尔津县				18
富蕴县				16
福海县		1		2
哈巴河县		13		13
青河县		2		2
吉木乃县				
自治区直辖县级市	**1**	**684**	**9**	**116**
石河子市		31		78
阿拉尔市		255		32
图木舒克市		133		2
五家渠市	1	265	9	4
铁门关市				

1-20 按地区、单位规模分组的企业法人单位数

地区	企业法人单位数（个）	大型企业	中型企业	小型企业	微型企业	其他
总计	**175572**	**451**	**3260**	**17569**	**151231**	**3061**
乌鲁木齐市	**59020**	**144**	**907**	**5573**	**51349**	**1047**
市辖区	1			1		
天山区	10845	36	138	908	9494	269
沙依巴克区	9296	19	130	931	8009	207
新市区	13717	30	197	958	12313	219
水磨沟区	6347	9	104	758	5384	92
头屯河区	2708	5	36	367	2267	33
达坂城区	249	1	5	36	204	3
米东区	3757	9	80	324	3293	51
乌鲁木齐县	241	1	5	33	202	
乌鲁木齐经济技术开发区	5423	25	167	794	4331	106
乌鲁木齐高新技术产业开发区	6431	9	45	463	5851	63
克拉玛依市	**5582**	**29**	**139**	**806**	**4489**	**119**
市辖区	2				2	
独山子区	727	7	18	113	579	10
克拉玛依区	4007	17	88	547	3254	101
白碱滩区	644	5	27	119	488	5
乌尔禾区	202		6	27	166	3
吐鲁番市	**4182**	**15**	**68**	**491**	**3497**	**111**
高昌区	1871	8	33	212	1552	66
鄯善县	1256	4	20	144	1054	34
托克逊县	1055	3	15	135	891	11
哈密市	**8976**	**15**	**111**	**690**	**8051**	**109**
伊州区	8105	14	101	584	7309	97
巴里坤哈萨克自治县	419		3	57	352	7
伊吾县	450	1	7	49	388	5
昌吉回族自治州	**13933**	**33**	**318**	**1393**	**11912**	**277**
昌吉市	6966	12	170	637	5989	158
阜康市	1608	4	32	169	1391	12
呼图壁县	1187	2	36	140	992	17
玛纳斯县	883	8	32	104	717	22
奇台县	1632	1	26	170	1408	27
吉木萨尔县	1308	6	15	137	1116	34
木垒哈萨克自治县	349		7	36	299	7
博尔塔拉蒙古自治州	**4578**	**10**	**98**	**440**	**3975**	**55**
博乐市	2710	10	72	277	2322	29
阿拉山口市	936		6	66	862	2
精河县	745		18	78	629	20
温泉县	187		2	19	162	4

1-20 续表 1

地区	企业法人单位数(个)	大型企业	中型企业	小型企业	微型企业	其他
巴音郭楞蒙古自治州	**11938**	**32**	**262**	**1038**	**10390**	**216**
库尔勒市	7130	24	162	578	6249	117
轮台县	1063	2	15	108	929	9
尉犁县	518	2	42	60	407	7
若羌县	460	1	2	44	412	1
且末县	389		4	34	340	11
焉耆回族自治县	624		5	46	552	21
和静县	1056	2	18	98	902	36
和硕县	461	1	10	43	397	10
博湖县	235		4	27	200	4
库尔勒经济技术开发区	2				2	
阿克苏地区	**12223**	**22**	**268**	**1268**	**10476**	**189**
阿克苏市	5333	12	97	454	4696	74
温宿县	1107		29	158	907	13
库车县	2315	7	54	302	1910	42
沙雅县	961	2	32	77	840	10
新和县	602	1	18	59	507	17
拜城县	923		19	89	800	15
乌什县	278		1	53	219	5
阿瓦提县	536		17	54	455	10
柯坪县	168		1	22	142	3
克孜勒苏柯尔克孜自治州	**2296**	**4**	**35**	**202**	**2011**	**44**
阿图什市	1354	4	19	112	1191	28
阿克陶县	472		10	44	409	9
阿合奇县	120		2	10	106	2
乌恰县	350		4	36	305	5
喀什地区	**13930**	**21**	**213**	**1343**	**12069**	**284**
喀什市	5221	14	72	502	4545	88
疏附县	521		11	65	437	8
疏勒县	1008	1	19	114	852	22
英吉沙县	424		15	81	310	18
泽普县	519	1	11	61	433	13
莎车县	1810	3	13	155	1598	41
叶城县	1098		15	99	959	25
麦盖提县	883		18	50	796	19
岳普湖县	448	1	8	44	385	10
伽师县	1008		7	66	912	23
巴楚县	893	1	24	90	763	15
塔什库尔干塔吉克自治县	95			16	77	2
和田地区	**6911**	**9**	**73**	**616**	**6099**	**114**

1-20 续表 2

地　　区	企业法人单位数(个)	大型企业	中型企业	小型企业	微型企业	其他
和田市	3178	8	45	260	2823	42
和田县	735		4	71	651	9
墨玉县	836	1	7	100	715	13
皮山县	507		3	48	443	13
洛浦县	471		8	54	400	9
策勒县	366		2	33	320	11
于田县	604		4	39	550	11
民丰县	214			11	197	6
伊犁哈萨克自治州直属县（市）	**16370**	**42**	**332**	**1776**	**14025**	**195**
伊宁市	3637	17	113	494	2930	83
奎屯市	2439	11	96	369	1934	29
霍尔果斯市	5522	3	17	339	5139	24
伊宁县	627	1	20	90	509	7
察布查尔锡伯自治县	658		16	76	559	7
霍城县	1489	6	30	145	1293	15
巩留县	382		10	57	305	10
新源县	715	3	15	96	588	13
昭苏县	255		5	34	215	1
特克斯县	239		3	31	204	1
尼勒克县	407	1	7	45	349	5
塔城地区	**4414**	**19**	**181**	**560**	**3560**	**94**
塔城市	933	6	16	101	791	19
乌苏市	1218	2	82	161	946	27
额敏县	501	1	16	72	399	13
沙湾县	1039	8	52	136	816	27
托里县	230		4	31	192	3
裕民县	168		3	19	143	3
和布克赛尔蒙古自治县	325	2	8	40	273	2
阿勒泰地区	**3576**	**8**	**63**	**467**	**2976**	**62**
阿勒泰市	1451	6	29	166	1219	31
布尔津县	317		3	49	257	8
富蕴县	348	1	7	42	292	6
福海县	655		15	122	513	5
哈巴河县	301		5	33	258	5
青河县	256		1	36	215	4
吉木乃县	247		3	19	222	3
自治区直辖县级市	**7643**	**48**	**192**	**906**	**6352**	**145**
石河子市	3692	23	97	405	3088	79
阿拉尔市	1972	9	48	259	1639	17
图木舒克市	705	6	14	82	585	18
五家渠市	1225	9	33	158	994	31
铁门关市	48	1		2	45	

1-21 按地区、单位规模分组的企业法人从业人员数

地区	从业人员数(人)	大型企业	中型企业	小型企业	微型企业	其他
总计	**2875164**	**642099**	**592045**	**855641**	**689294**	**96085**
乌鲁木齐市	**928867**	**287976**	**177118**	**219920**	**175427**	**68426**
市辖区	8665			8665		
天山区	137636	35460	29599	37951	31573	3053
沙依巴克区	123885	28109	19846	39516	33756	2658
新市区	271002	109309	36306	35702	32532	57153
水磨沟区	112627	33900	30721	21765	25131	1110
头屯河区	36040	8535	5546	15189	6546	224
达坂城区	7562	2486	1472	2809	794	1
米东区	60527	20821	12778	14414	11537	977
乌鲁木齐县	3365	402	591	1436	936	
乌鲁木齐经济技术开发区	114569	30670	35755	28700	18308	1136
乌鲁木齐高新技术产业开发区	50680	18284	4504	13773	13590	529
克拉玛依市	**213765**	**91672**	**39502**	**60595**	**20876**	**1120**
市辖区	193				193	
独山子区	36246	19282	4631	9611	2635	87
克拉玛依区	144113	65718	22418	39986	14988	1003
白碱滩区	29513	6672	10621	9882	2315	23
乌尔禾区	3700		1832	1116	745	7
吐鲁番市	**81410**	**21706**	**11912**	**25204**	**18809**	**3779**
高昌区	28485	1659	4238	9363	9895	3330
鄯善县	31255	13047	4488	8333	5038	349
托克逊县	21670	7000	3186	7508	3876	100
哈密市	**93547**	**13126**	**18829**	**31756**	**28788**	**1048**
伊州区	78143	11269	15616	25588	24682	988
巴里坤哈萨克自治县	5810		1038	3187	1532	53
伊吾县	8941	1857	2175	2981	1921	7
昌吉回族自治州	**222340**	**35793**	**50170**	**76744**	**57644**	**1989**
昌吉市	100402	7838	25324	36496	29686	1058
阜康市	31951	7363	9400	9808	5278	102
呼图壁县	15453	1095	4407	6071	3782	98
玛纳斯县	16884	4635	3290	6194	2558	207
奇台县	19846	1311	2644	9847	5871	173
吉木萨尔县	33935	13551	4517	6925	8703	239
木垒哈萨克自治县	3869		588	1403	1766	112
博尔塔拉蒙古自治州	**55259**	**2738**	**10244**	**20762**	**20891**	**624**
博乐市	38161	2738	7178	12584	15227	434
阿拉山口市	5440		881	2332	2220	7
精河县	8489		1428	4397	2535	129
温泉县	3169		757	1449	909	54

1-21 续表 1

地区	从业人员数(人)	大型企业	中型企业	小型企业	微型企业	其他
巴音郭楞蒙古自治州	**161410**	**37489**	**30881**	**52335**	**38897**	**1808**
库尔勒市	108324	30471	21876	30789	24054	1134
轮台县	12558	596	2453	5998	3402	109
尉犁县	7349	382	3272	2404	1249	42
若羌县	6471	2603	194	2121	1541	12
且末县	3689		305	1798	1472	114
焉耆回族自治县	3904		144	1746	1951	63
和静县	12781	3397	1511	4907	2748	218
和硕县	3673	40	330	1610	1607	86
博湖县	2576		796	962	788	30
库尔勒经济技术开发区	85				85	
阿克苏地区	**168045**	**15297**	**42988**	**57799**	**49379**	**2582**
阿克苏市	75470	9645	17647	21207	25936	1035
温宿县	13444		3384	5794	4039	227
库车县	33476	4908	7783	13282	7001	502
沙雅县	11670	624	4909	3782	2176	179
新和县	8320	120	1866	3258	2851	225
拜城县	13319		4650	5836	2647	186
乌什县	3016		55	1503	1405	53
阿瓦提县	7533		2671	2230	2457	175
柯坪县	1797		23	907	867	
克孜勒苏柯尔克孜自治州	**28614**	**432**	**5853**	**10178**	**11348**	**803**
阿图什市	15744	432	2730	5580	6476	526
阿克陶县	6652		2021	2071	2416	144
阿合奇县	1692		550	235	840	67
乌恰县	4526		552	2292	1616	66
喀什地区	**218278**	**13388**	**38345**	**82868**	**78585**	**5092**
喀什市	72891	6405	21248	22506	21125	1607
疏附县	15093		2054	3970	8704	365
疏勒县	10383	253	1565	4248	3980	337
英吉沙县	12714		3949	5074	3404	287
泽普县	19963	5113	1362	8056	5051	381
莎车县	25588	1370	859	9361	13378	620
叶城县	14536		1588	6150	6395	403
麦盖提县	7547		1556	3430	2217	344
岳普湖县	4514	8	424	2126	1852	104
伽师县	19042		1623	10734	6322	363
巴楚县	13526	239	2117	5721	5180	269
塔什库尔干塔吉克自治县	1931			1492	427	12
和田地区	**104144**	**3223**	**16610**	**39354**	**42908**	**2049**

1-21 续表 2

地　　区	从业人员数(人)	大型企业	中型企业	小型企业	微型企业	其他
和田市	38279	2866	9510	13296	11853	754
和田县	13071		376	6266	6098	331
墨玉县	16658	357	1074	6782	8152	293
皮山县	7193		240	3914	2895	144
洛浦县	11098		3113	4650	3141	194
策勒县	7886		604	1914	5197	171
于田县	8584		1693	1965	4788	138
民丰县	1375			567	784	24
伊犁哈萨克自治州直属县(市)	**236666**	**37313**	**55455**	**78156**	**62436**	**3306**
伊宁市	70620	10578	14432	22195	21111	2304
奎屯市	55925	9301	17084	15824	13432	284
霍尔果斯市	23203	2848	3826	8266	8147	116
伊宁县	19428	1754	6056	7780	3807	31
察布查尔锡伯自治县	9086		901	5093	2977	115
霍城县	25257	6715	6690	6718	4998	136
巩留县	7117		1403	3656	1986	72
新源县	13590	5735	1151	4021	2545	138
昭苏县	2848		792	987	1063	6
特克斯县	2201		309	880	1012	
尼勒克县	7391	382	2811	2736	1358	104
塔城地区	**94139**	**8669**	**33927**	**30001**	**20439**	**1103**
塔城市	19566	1552	3247	6663	7935	169
乌苏市	29914	923	16594	8399	3817	181
额敏县	7633	169	2048	2973	2286	157
沙湾县	25390	4897	9387	7002	3781	323
托里县	4105		1203	2205	650	47
裕民县	1261		39	572	581	69
和布克赛尔蒙古自治县	6270	1128	1409	2187	1389	157
阿勒泰地区	**65133**	**2707**	**9833**	**23569**	**28475**	**549**
阿勒泰市	21337	1263	4354	9209	6299	212
布尔津县	4716		115	1859	2679	63
富蕴县	18942	1134	1652	2629	13449	78
福海县	7953		1499	3616	2787	51
哈巴河县	6641		1558	3956	1073	54
青河县	3542		553	1575	1360	54
吉木乃县	1692		102	725	828	37
自治区直辖县级市	**203547**	**70570**	**50378**	**46400**	**34392**	**1807**
石河子市	111578	41537	30623	21385	16848	1185
阿拉尔市	41885	7263	12606	13304	8475	237
图木舒克市	15612	6726	1717	3739	3257	173
五家渠市	33905	14755	5432	7902	5604	212
铁门关市	482	289		70	123	

1-22 按行业（小类）、单位规模分组的企业法人单位数

行业小类	代码	企业法人单位数（个）	大型企业	中型企业	小型企业	微型企业	其他
总 计		**175572**	**451**	**3260**	**17569**	**151231**	**3061**
农、林、牧、渔业	**A**	**1899**	**30**	**439**	**258**	**1172**	
农业	**01**	**21**				**21**	
谷物种植	011	3				3	
小麦种植	0112	2				2	
其他谷物种植	0119	1				1	
豆类、油料和薯类种植	012	1				1	
油料种植	0122	1				1	
棉、麻、糖、烟草种植	013	12				12	
棉花种植	0131	12				12	
蔬菜、食用菌及园艺作物种植	014	1				1	
蔬菜种植	0141	1				1	
中药材种植	017	2				2	
中草药种植	0171	2				2	
其他农业	019	2				2	
其他农业	0190	2				2	
林业	**02**	**2**				**2**	
森林经营、管护和改培	023	2				2	
森林经营和管护	0231	2				2	
畜牧业	**03**	**7**				**7**	
牲畜饲养	031	3				3	
牛的饲养	0311	1				1	
猪的饲养	0313	1				1	
羊的饲养	0314	1				1	
家禽饲养	032	4				4	
鸡的饲养	0321	4				4	
渔业	**04**	**1**				**1**	
水产养殖	041	1				1	
内陆养殖	0412	1				1	
农、林、牧、渔专业及辅助性活动	**05**	**1868**	**30**	**439**	**258**	**1141**	
农业专业及辅助性活动	051	1684	30	426	210	1018	
种子种苗培育活动	0511	55		8	7	40	
农业机械活动	0512	118		9	15	94	
灌溉活动	0513	55		14	8	33	
农产品初加工活动	0514	1150	28	374	133	615	
农作物病虫害防治活动	0515	22			3	19	
其他农业专业及辅助性活动	0519	284	2	21	44	217	
林业专业及辅助性活动	052	64		4	14	46	
林业有害生物防治活动	0521	24		2	7	15	
森林防火活动	0522	1				1	

1-22 续表 1

行业小类	代码	企业法人单位数(个)	大型企业	中型企业	小型企业	微型企业	其他
林产品初级加工活动	0523	7				7	
其他林业专业及辅助性活动	0529	32		2	7	23	
畜牧专业及辅助性活动	053	102		8	28	66	
畜牧良种繁殖活动	0531	47		3	12	32	
畜禽粪污处理活动	0532	1				1	
其他畜牧专业及辅助性活动	0539	54		5	16	33	
渔业专业及辅助性活动	054	18		1	6	11	
鱼苗及鱼种场活动	0541	8		1	1	6	
其他渔业专业及辅助性活动	0549	10			5	5	
采矿业	**B**	**2955**	**17**	**52**	**335**	**2551**	
煤炭开采和洗选业	**06**	**327**	**7**	**24**	**91**	**205**	
烟煤和无烟煤开采洗选	061	312	7	24	89	192	
烟煤和无烟煤开采洗选	0610	312	7	24	89	192	
褐煤开采洗选	062	3			1	2	
褐煤开采洗选	0620	3			1	2	
其他煤炭采选	069	12			1	11	
其他煤炭采选	0690	12			1	11	
石油和天然气开采业	**07**	**42**	**4**	**1**	**8**	**29**	
石油开采	071	31	3		3	25	
陆地石油开采	0711	31	3		3	25	
天然气开采	072	11	1	1	5	4	
陆地天然气开采	0721	11	1	1	5	4	
黑色金属矿采选业	**08**	**428**	**1**	**6**	**44**	**377**	
铁矿采选	081	403	1	6	43	353	
铁矿采选	0810	403	1	6	43	353	
锰矿、铬矿采选	082	14			1	13	
锰矿、铬矿采选	0820	14			1	13	
其他黑色金属矿采选	089	11				11	
其他黑色金属矿采选	0890	11				11	
有色金属矿采选业	**09**	**334**		**6**	**41**	**287**	
常用有色金属矿采选	091	227		5	32	190	
铜矿采选	0911	125		3	18	104	
铅锌矿采选	0912	51		2	7	42	
镍钴矿采选	0913	8			6	2	
锡矿采选	0914	1				1	
镁矿采选	0917	2			1	1	
其他常用有色金属矿采选	0919	40				40	
贵金属矿采选	092	82		1	8	73	
金矿采选	0921	78		1	8	69	
其他贵金属矿采选	0929	4				4	

1-22 续表 2

行业小类	代码	企业法人单位数（个）	大型企业	中型企业	小型企业	微型企业	其他
稀有稀土金属矿采选	093	25			1	24	
钨钼矿采选	0931	12				12	
稀土金属矿采选	0932	4				4	
其他稀有金属矿采选	0939	9			1	8	
非金属矿采选业	**10**	**1154**		**2**	**71**	**1081**	
土砂石开采	101	996		1	61	934	
石灰石、石膏开采	1011	177			19	158	
建筑装饰用石开采	1012	158		1	13	144	
耐火土石开采	1013	12				12	
粘土及其他土砂石开采	1019	649			29	620	
化学矿开采	102	13			1	12	
化学矿开采	1020	13			1	12	
采盐	103	11		1		10	
采盐	1030	11		1		10	
石棉及其他非金属矿采选	109	134			9	125	
石棉、云母矿采选	1091	14			4	10	
石墨、滑石采选	1092	7				7	
宝石、玉石采选	1093	57			1	56	
其他未列明非金属矿采选	1099	56			4	52	
开采专业及辅助性活动	**11**	**492**	**5**	**13**	**75**	**399**	
煤炭开采和洗选专业及辅助性活动	111	27			4	23	
煤炭开采和洗选专业及辅助性活动	1110	27			4	23	
石油和天然气开采专业及辅助性活动	112	441	5	13	66	357	
石油和天然气开采专业及辅助性活动	1120	441	5	13	66	357	
其他开采专业及辅助性活动	119	24			5	19	
其他开采专业及辅助性活动	1190	24			5	19	
其他采矿业	**12**	**178**			**5**	**173**	
其他采矿业	120	178			5	173	
其他采矿业	1200	178			5	173	
制造业	**C**	**19729**	**78**	**221**	**3097**	**16333**	
农副食品加工业	**13**	**2154**	**1**	**18**	**445**	**1690**	
谷物磨制	131	310			78	232	
稻谷加工	1311	83			15	68	
小麦加工	1312	177			59	118	
玉米加工	1313	11			1	10	
杂粮加工	1314	13			2	11	
其他谷物磨制	1319	26			1	25	
饲料加工	132	173		2	51	120	
宠物饲料加工	1321	8				8	
其他饲料加工	1329	165		2	51	112	

1-22 续表 3

行业小类	代码	企业法人单位数(个)	大型企业	中型企业	小型企业	微型企业	其他
植物油加工	133	335		2	84	249	
食用植物油加工	1331	322		2	82	238	
非食用植物油加工	1332	13			2	11	
制糖业	134	22	1	9	3	9	
制糖业	1340	22	1	9	3	9	
屠宰及肉类加工	135	317		3	51	263	
牲畜屠宰	1351	140		3	28	109	
禽类屠宰	1352	21			4	17	
肉制品及副产品加工	1353	156			19	137	
水产品加工	136	17			3	14	
水产品冷冻加工	1361	10			3	7	
鱼糜制品及水产品干腌制加工	1362	2				2	
其他水产品加工	1369	5				5	
蔬菜、菌类、水果和坚果加工	137	590		1	117	472	
蔬菜加工	1371	94			6	88	
食用菌加工	1372	9			1	8	
水果和坚果加工	1373	487		1	110	376	
其他农副食品加工	139	390		1	58	331	
淀粉及淀粉制品制造	1391	48		1	10	37	
豆制品制造	1392	48			4	44	
蛋品加工	1393	3			3		
其他未列明农副食品加工	1399	291			41	250	
食品制造业	**14**	**950**	**3**	**14**	**149**	**784**	
焙烤食品制造	141	225			27	198	
糕点、面包制造	1411	166			22	144	
饼干及其他焙烤食品制造	1419	59			5	54	
糖果、巧克力及蜜饯制造	142	28			2	26	
糖果、巧克力制造	1421	19			2	17	
蜜饯制作	1422	9				9	
方便食品制造	143	111	1	2	12	96	
米、面制品制造	1431	77			7	70	
速冻食品制造	1432	16			2	14	
方便面制造	1433	9	1	1	3	4	
其他方便食品制造	1439	9		1		8	
乳制品制造	144	92		7	19	66	
液体乳制造	1441	38		7	8	23	
乳粉制造	1442	22			8	14	
其他乳制品制造	1449	32			3	29	
罐头食品制造	145	120			41	79	
肉、禽类罐头制造	1451	3			1	2	

1-22 续表 4

行业小类	代码	企业法人单位数（个）	大型企业	中型企业	小型企业	微型企业	其他
蔬菜、水果罐头制造	1453	115			40	75	
其他罐头食品制造	1459	2				2	
调味品、发酵制品制造	146	81	1	2	14	64	
味精制造	1461	3				3	
酱油、食醋及类似制品制造	1462	25			3	22	
其他调味品、发酵制品制造	1469	53	1	2	11	39	
其他食品制造	149	293	1	3	34	255	
营养食品制造	1491	50			2	48	
保健食品制造	1492	41			4	37	
冷冻饮品及食用冰制造	1493	16		1	2	13	
盐加工	1494	15		1	6	8	
食品及饲料添加剂制造	1495	40	1	1	14	24	
其他未列明食品制造	1499	131			6	125	
酒、饮料和精制茶制造业	**15**	**638**	**1**	**6**	**96**	**535**	
酒的制造	151	372	1	4	56	311	
酒精制造	1511	1		1			
白酒制造	1512	127	1		18	108	
啤酒制造	1513	21		3	8	10	
葡萄酒制造	1515	190			29	161	
其他酒制造	1519	33			1	32	
饮料制造	152	253		2	38	213	
碳酸饮料制造	1521	14		1	3	10	
瓶（罐）装饮用水制造	1522	132			15	117	
果菜汁及果菜汁饮料制造	1523	54			13	41	
含乳饮料和植物蛋白饮料制造	1524	15			4	11	
固体饮料制造	1525	2			1	1	
茶饮料及其他饮料制造	1529	36		1	2	33	
精制茶加工	153	13			2	11	
精制茶加工	1530	13			2	11	
烟草制品业	**16**	**2**		**1**		**1**	
卷烟制造	162	1		1			
卷烟制造	1620	1		1			
其他烟草制品制造	169	1				1	
其他烟草制品制造	1690	1				1	
纺织业	**17**	**912**	**16**	**48**	**163**	**685**	
棉纺织及印染精加工	171	540	15	43	131	351	
棉纺纱加工	1711	423	15	41	107	260	
棉织造加工	1712	110		1	22	87	
棉印染精加工	1713	7		1	2	4	
毛纺织及染整精加工	172	42		3	4	35	

1-22 续表 5

行业小类	代码	企业法人单位数（个）	大型企业	中型企业	小型企业	微型企业	其他
毛条和毛纱线加工	1721	20		2	2	16	
毛织造加工	1722	21		1	2	18	
毛染整精加工	1723	1				1	
麻纺织及染整精加工	173	8			2	6	
麻纤维纺前加工和纺纱	1731	6			2	4	
麻织造加工	1732	2				2	
丝绢纺织及印染精加工	174	20				20	
缫丝加工	1741	3				3	
绢纺和丝织加工	1742	16				16	
丝印染精加工	1743	1				1	
化纤织造及印染精加工	175	21			2	19	
化纤织造加工	1751	14			2	12	
化纤织物染整精加工	1752	7				7	
针织或钩针编织物及其制品制造	176	102		1	9	92	
针织或钩针编织物织造	1761	55		1	5	49	
针织或钩针编织物印染精加工	1762	6				6	
针织或钩针编织品制造	1763	41			4	37	
家用纺织制成品制造	177	132	1		9	122	
床上用品制造	1771	64			8	56	
毛巾类制品制造	1772	14	1			13	
窗帘、布艺类产品制造	1773	15				15	
其他家用纺织制成品制造	1779	39			1	38	
产业用纺织制成品制造	178	47		1	6	40	
非织造布制造	1781	18			4	14	
纺织带和帘子布制造	1783	2				2	
篷、帆布制造	1784	13		1		12	
其他产业用纺织制成品制造	1789	14			2	12	
纺织服装、服饰业	**18**	**1295**		**20**	**141**	**1134**	
机织服装制造	181	465		10	55	400	
运动机织服装制造	1811	73		2	10	61	
其他机织服装制造	1819	392		8	45	339	
针织或钩针编织服装制造	182	107		4	18	85	
运动休闲针织服装制造	1821	33		2	7	24	
其他针织或钩针编织服装制造	1829	74		2	11	61	
服饰制造	183	723		6	68	649	
服饰制造	1830	723		6	68	649	
皮革、毛皮、羽毛及其制品和制鞋业	**19**	**137**			**13**	**124**	
皮革鞣制加工	191	17			1	16	
皮革鞣制加工	1910	17			1	16	
皮革制品制造	192	22			2	20	

1-22 续表 6

行业小类	代码	企业法人单位数（个）	大型企业	中型企业	小型企业	微型企业	其他
皮革服装制造	1921	5				5	
皮箱、包（袋）制造	1922	8			1	7	
皮手套及皮装饰制品制造	1923	4				4	
其他皮革制品制造	1929	5			1	4	
毛皮鞣制及制品加工	193	27			2	25	
毛皮鞣制加工	1931	8				8	
毛皮服装加工	1932	14			2	12	
其他毛皮制品加工	1939	5				5	
羽毛（绒）加工及制品制造	194	12			1	11	
羽毛（绒）加工	1941	8				8	
羽毛（绒）)制品加工	1942	4			1	3	
制鞋业	195	59			7	52	
纺织面料鞋制造	1951	3				3	
皮鞋制造	1952	32			4	28	
塑料鞋制造	1953	2				2	
橡胶鞋制造	1954	3			2	1	
其他制鞋业	1959	19			1	18	
木材加工和木、竹、藤、棕、草制品业	**20**	**479**			**46**	**433**	
木材加工	201	276			16	260	
锯材加工	2011	75			3	72	
木片加工	2012	66			3	63	
单板加工	2013	9			1	8	
其他木材加工	2019	126			9	117	
人造板制造	202	79			19	60	
胶合板制造	2021	31			4	27	
纤维板制造	2022	20			9	11	
刨花板制造	2023	9			3	6	
其他人造板制造	2029	19			3	16	
木质制品制造	203	108			11	97	
建筑用木料及木材组件加工	2031	60			9	51	
木门窗制造	2032	22			2	20	
木地板制造	2034	1				1	
木制容器制造	2035	3				3	
软木制品及其他木制品制造	2039	22				22	
竹、藤、棕、草等制品制造	204	16				16	
草及其他制品制造	2049	16				16	
家具制造业	**21**	**320**			**19**	**301**	
木质家具制造	211	223			9	214	
木质家具制造	2110	223			9	214	
金属家具制造	213	36			7	29	

1-22 续表 7

行业小类	代码	企业法人单位数(个)	大型企业	中型企业	小型企业	微型企业	其他
金属家具制造	2130	36			7	29	
塑料家具制造	214	9				9	
塑料家具制造	2140	9				9	
其他家具制造	219	52			3	49	
其他家具制造	2190	52			3	49	
造纸和纸制品业	**22**	**317**		**1**	**49**	**267**	
纸浆制造	221	5		1		4	
木竹浆制造	2211	1				1	
非木竹浆制造	2212	4		1		3	
造纸	222	79			15	64	
机制纸及纸板制造	2221	39			12	27	
手工纸制造	2222	5				5	
加工纸制造	2223	35			3	32	
纸制品制造	223	233			34	199	
纸和纸板容器制造	2231	143			24	119	
其他纸制品制造	2239	90			10	80	
印刷和记录媒介复制业	**23**	**355**		**1**	**40**	**314**	
印刷	231	270		1	38	231	
书、报刊印刷	2311	102		1	22	79	
本册印制	2312	34			2	32	
包装装潢及其他印刷	2319	134			14	120	
装订及印刷相关服务	232	84			2	82	
装订及印刷相关服务	2320	84			2	82	
记录媒介复制	233	1				1	
记录媒介复制	2330	1				1	
文教、工美、体育和娱乐用品制造业	**24**	**493**		**1**	**18**	**474**	
文教办公用品制造	241	36			2	34	
文具制造	2411	8				8	
笔的制造	2412	7				7	
教学用模型及教具制造	2413	10			1	9	
其他文教办公用品制造	2419	11			1	10	
乐器制造	242	6				6	
中乐器制造	2421	2				2	
其他乐器及零件制造	2429	4				4	
工艺美术及礼仪用品制造	243	434		1	13	420	
雕塑工艺品制造	2431	46				46	
金属工艺品制造	2432	20				20	
漆器工艺品制造	2433	1				1	
花画工艺品制造	2434	8			1	7	
天然植物纤维编织工艺品制造	2435	3				3	

1-22 续表 8

行业小类	代码	企业法人单位数(个)	大型企业	中型企业	小型企业	微型企业	其他
抽纱刺绣工艺品制造	2436	92			1	91	
地毯、挂毯制造	2437	182			9	173	
珠宝首饰及有关物品制造	2438	42				42	
其他工艺美术及礼仪用品制造	2439	40		1	2	37	
体育用品制造	244	10			2	8	
专项运动器材及配件制造	2442	4			1	3	
健身器材制造	2443	3			1	2	
其他体育用品制造	2449	3				3	
玩具制造	245	5				5	
塑胶玩具制造	2452	1				1	
娃娃玩具制造	2455	2				2	
其他玩具制造	2459	2				2	
游艺器材及娱乐用品制造	246	2			1	1	
露天游乐场所游乐设备制造	2461	2			1	1	
石油、煤炭及其他燃料加工业	**25**	**306**	**8**	**19**	**71**	**208**	
精炼石油产品制造	251	137	6	4	38	89	
原油加工及石油制品制造	2511	132	6	2	37	87	
其他原油制造	2519	5		2	1	2	
煤炭加工	252	148	2	15	30	101	
炼焦	2521	73		14	22	37	
煤制合成气生产	2522	4				4	
煤制液体燃料生产	2523	6	2			4	
煤制品制造	2524	23		1	3	19	
其他煤炭加工	2529	42			5	37	
核燃料加工	253	1				1	
核燃料加工	2530	1				1	
生物质燃料加工	254	20			3	17	
生物质液体燃料生产	2541	10			2	8	
生物质致密成型燃料加工	2542	10			1	9	
化学原料和化学制品制造业	**26**	**1214**	**19**	**20**	**230**	**945**	
基础化学原料制造	261	209	5	7	65	132	
无机酸制造	2611	6			4	2	
无机碱制造	2612	3				3	
无机盐制造	2613	35	3	3	18	11	
有机化学原料制造	2614	88	2	3	27	56	
其他基础化学原料制造	2619	77		1	16	60	
肥料制造	262	453	2	6	72	373	
氮肥制造	2621	22	1	5	3	13	
磷肥制造	2622	4				4	
钾肥制造	2623	24	1		5	18	

1-22 续表 9

行业小类	代码	企业法人单位数（个）	大型企业	中型企业	小型企业	微型企业	其他
复混肥料制造	2624	136		1	25	110	
有机肥料及微生物肥料制造	2625	222			37	185	
其他肥料制造	2629	45			2	43	
农药制造	263	14			2	12	
化学农药制造	2631	13			2	11	
生物化学农药及微生物农药制造	2632	1				1	
涂料、油墨、颜料及类似产品制造	264	115			9	106	
涂料制造	2641	95			8	87	
油墨及类似产品制造	2642	3				3	
工业颜料制造	2643	2				2	
工艺美术颜料制造	2644	1				1	
染料制造	2645	7			1	6	
密封用填料及类似品制造	2646	7				7	
合成材料制造	265	72	8	4	11	49	
初级形态塑料及合成树脂制造	2651	39	7	2	8	22	
合成橡胶制造	2652	4		1		3	
合成纤维单（聚合）体制造	2653	9	1	1	1	6	
其他合成材料制造	2659	20			2	18	
专用化学产品制造	266	239	4	2	47	186	
化学试剂和助剂制造	2661	113	1	1	31	80	
专项化学用品制造	2662	53		1	8	44	
林产化学产品制造	2663	18			2	16	
文化用信息化学品制造	2664	3	3				
环境污染处理专用药剂材料制造	2666	11			2	9	
动物胶制造	2667	5			1	4	
其他专用化学产品制造	2669	36			3	33	
炸药、火工及焰火产品制造	267	21		1	7	13	
炸药及火工产品制造	2671	19		1	7	11	
焰火、鞭炮产品制造	2672	2				2	
日用化学产品制造	268	91			17	74	
肥皂及洗涤剂制造	2681	31			4	27	
化妆品制造	2682	19			4	15	
口腔清洁用品制造	2683	2				2	
香料、香精制造	2684	27			8	19	
其他日用化学产品制造	2689	12			1	11	
医药制造业	**27**	**166**	**1**	**7**	**42**	**116**	
化学药品原料药制造	271	18	1		3	14	
化学药品原料药制造	2710	18	1		3	14	
化学药品制剂制造	272	10		2	2	6	
化学药品制剂制造	2720	10		2	2	6	

1-22 续表 10

行业小类	代码	企业法人单位数（个）	大型企业	中型企业	小型企业	微型企业	其他
中药饮片加工	273	47			12	35	
中药饮片加工	2730	47			12	35	
中成药生产	274	39		2	18	19	
中成药生产	2740	39		2	18	19	
兽用药品制造	275	4		1		3	
兽用药品制造	2750	4		1		3	
生物药品制品制造	276	28		1	5	22	
生物药品制造	2761	28		1	5	22	
卫生材料及医药用品制造	277	15				15	
卫生材料及医药用品制造	2770	15				15	
药用辅料及包装材料	278	5		1	2	2	
药用辅料及包装材料	2780	5		1	2	2	
化学纤维制造业	**28**	**40**	**4**	**5**	**5**	**26**	
纤维素纤维原料及纤维制造	281	22	4	5	2	11	
化纤浆粕制造	2811	11		4	1	6	
人造纤维（纤维素纤维）制造	2812	11	4	1	1	5	
合成纤维制造	282	14			2	12	
锦纶纤维制造	2821	2				2	
涤纶纤维制造	2822	8			1	7	
丙纶纤维制造	2825	1			1		
其他合成纤维制造	2829	3				3	
生物基材料制造	283	4			1	3	
生物基化学纤维制造	2831	2				2	
生物基、淀粉基新材料制造	2832	2			1	1	
橡胶和塑料制品业	**29**	**1386**	**1**	**3**	**228**	**1154**	
橡胶制品业	291	91	1	1	10	79	
轮胎制造	2911	5	1	1		3	
橡胶板、管、带制造	2912	48			5	43	
橡胶零件制造	2913	6			1	5	
再生橡胶制造	2914	7			1	6	
日用及医用橡胶制品制造	2915	1				1	
其他橡胶制品制造	2919	24			3	21	
塑料制品业	292	1295		2	218	1075	
塑料薄膜制造	2921	161			29	132	
塑料板、管、型材制造	2922	580		1	110	469	
塑料丝、绳及编织品制造	2923	64		1	30	33	
泡沫塑料制造	2924	66			12	54	
塑料人造革、合成革制造	2925	1				1	
塑料包装箱及容器制造	2926	87			14	73	
日用塑料制品制造	2927	116			10	106	

1-22 续表 11

行业小类	代码	企业法人单位数(个)	大型企业	中型企业	小型企业	微型企业	其他
塑料零件及其他塑料制品制造	2929	220			13	207	
非金属矿物制品业	**30**	**3745**	**3**	**26**	**772**	**2944**	
水泥、石灰和石膏制造	301	316		12	102	202	
水泥制造	3011	206		12	84	110	
石灰和石膏制造	3012	110			18	92	
石膏、水泥制品及类似制品制造	302	1128	1	3	359	765	
水泥制品制造	3021	857	1	2	307	547	
砼结构构件制造	3022	77		1	25	51	
石棉水泥制品制造	3023	7			1	6	
轻质建筑材料制造	3024	136			15	121	
其他水泥类似制品制造	3029	51			11	40	
砖瓦、石材等建筑材料制造	303	1856			231	1625	
粘土砖瓦及建筑砌块制造	3031	849			126	723	
建筑用石加工	3032	430			52	378	
防水建筑材料制造	3033	100			12	88	
隔热和隔音材料制造	3034	180			20	160	
其他建筑材料制造	3039	297			21	276	
玻璃制造	304	43			12	31	
平板玻璃制造	3041	18			4	14	
特种玻璃制造	3042	18			4	14	
其他玻璃制造	3049	7			4	3	
玻璃制品制造	305	70		3	10	57	
技术玻璃制品制造	3051	13			1	12	
光学玻璃制造	3052	2				2	
玻璃仪器制造	3053	3			1	2	
日用玻璃制品制造	3054	18			5	13	
玻璃包装容器制造	3055	12		2	3	7	
玻璃保温容器制造	3056	5		1		4	
制镜及类似品加工	3057	1				1	
其他玻璃制品制造	3059	16				16	
玻璃纤维和玻璃纤维增强塑料制品制造	306	48			15	33	
玻璃纤维及制品制造	3061	22			9	13	
玻璃纤维增强塑料制品制造	3062	26			6	20	
陶瓷制品制造	307	57		2	10	45	
建筑陶瓷制品制造	3071	23		2	6	15	
卫生陶瓷制品制造	3072	16			2	14	
特种陶瓷制品制造	3073	3				3	
日用陶瓷制品制造	3074	8			2	6	
陈设艺术陶瓷制造	3075	3				3	
其他陶瓷制品制造	3079	4				4	

1-22 续表 12

行业小类	代码	企业法人单位数（个）	大型企业	中型企业	小型企业	微型企业	其他
耐火材料制品制造	308	46			7	39	
石棉制品制造	3081	7			1	6	
耐火陶瓷制品及其他耐火材料制造	3089	39			6	33	
石墨及其他非金属矿物制品制造	309	181	2	6	26	147	
石墨及碳素制品制造	3091	57	1	6	13	37	
其他非金属矿物制品制造	3099	124	1		13	110	
黑色金属冶炼和压延加工业	**31**	**165**	**6**	**8**	**44**	**107**	
炼铁	311	24		2	5	17	
炼铁	3110	24		2	5	17	
炼钢	312	7			2	5	
炼钢	3120	7			2	5	
钢压延加工	313	118	6	5	30	77	
钢压延加工	3130	118	6	5	30	77	
铁合金冶炼	314	16		1	7	8	
铁合金冶炼	3140	16		1	7	8	
有色金属冶炼和压延加工业	**32**	**167**	**10**	**14**	**47**	**96**	
常用有色金属冶炼	321	70	7	9	23	31	
铜冶炼	3211	11		1	4	6	
铅锌冶炼	3212	4				4	
镍钴冶炼	3213	2		1	1		
铝冶炼	3216	8	5		1	2	
镁冶炼	3217	8		3	2	3	
硅冶炼	3218	25	2	4	13	6	
其他常用有色金属冶炼	3219	12			2	10	
贵金属冶炼	322	14		3	5	6	
金冶炼	3221	10		3	5	2	
其他贵金属冶炼	3229	4				4	
稀有稀土金属冶炼	323	2				2	
稀土金属冶炼	3232	1				1	
其他稀有金属冶炼	3239	1				1	
有色金属合金制造	324	31	1		11	19	
有色金属合金制造	3240	31	1		11	19	
有色金属压延加工	325	50	2	2	8	38	
铜压延加工	3251	8			2	6	
铝压延加工	3252	25	2	2	5	16	
贵金属压延加工	3253	1				1	
其他有色金属压延加工	3259	16			1	15	
金属制品业	**33**	**1685**		**2**	**187**	**1496**	
结构性金属制品制造	331	1164			122	1042	
金属结构制造	3311	683			94	589	

1-22 续表 13

行业小类	代码	企业法人单位数(个)	大型企业	中型企业	小型企业	微型企业	其他
金属门窗制造	3312	481			28	453	
金属工具制造	332	52			6	46	
切削工具制造	3321	1				1	
手工具制造	3322	4				4	
农用及园林用金属工具制造	3323	17			5	12	
刀剪及类似日用金属工具制造	3324	2			1	1	
其他金属工具制造	3329	28				28	
集装箱及金属包装容器制造	333	62		1	18	43	
集装箱制造	3331	8			1	7	
金属压力容器制造	3332	15			7	8	
金属包装容器及材料制造	3333	39		1	10	28	
金属丝绳及其制品制造	334	30			2	28	
金属丝绳及其制品制造	3340	30			2	28	
建筑、安全用金属制品制造	335	139			17	122	
建筑、家具用金属配件制造	3351	26			1	25	
建筑装饰及水暖管道零件制造	3352	63			8	55	
安全、消防用金属制品制造	3353	27			6	21	
其他建筑、安全用金属制品制造	3359	23			2	21	
金属表面处理及热处理加工	336	21			3	18	
金属表面处理及热处理加工	3360	21			3	18	
搪瓷制品制造	337	4				4	
建筑装饰搪瓷制品制造	3372	1				1	
搪瓷卫生洁具制造	3373	2				2	
搪瓷日用品及其他搪瓷制品制造	3379	1				1	
金属制日用品制造	338	37			1	36	
金属制厨房用器具制造	3381	9			1	8	
金属制餐具和器皿制造	3382	8				8	
其他金属制日用品制造	3389	20				20	
铸造及其他金属制品制造	339	176		1	18	157	
黑色金属铸造	3391	38		1	7	30	
有色金属铸造	3392	5				5	
锻件及粉末冶金制品制造	3393	19			1	18	
交通及公共管理用金属标牌制造	3394	40			5	35	
其他未列明金属制品制造	3399	74			5	69	
通用设备制造业	**34**	**543**			**40**	**503**	
锅炉及原动设备制造	341	109			7	102	
锅炉及辅助设备制造	3411	91			6	85	
水轮机及辅机制造	3414	1				1	
风能原动设备制造	3415	11			1	10	
其他原动设备制造	3419	6				6	

1-22 续表 14

行业小类	代码	企业法人单位数（个）	大型企业	中型企业	小型企业	微型企业	其他
金属加工机械制造	342	92			2	90	
金属切削机床制造	3421	4				4	
金属成形机床制造	3422	1				1	
铸造机械制造	3423	10				10	
金属切割及焊接设备制造	3424	10				10	
机床功能部件及附件制造	3425	1				1	
其他金属加工机械制造	3429	66			2	64	
物料搬运设备制造	343	38			6	32	
轻小型起重设备制造	3431	6				6	
生产专用起重机制造	3432	15			4	11	
生产专用车辆制造	3433	1				1	
连续搬运设备制造	3434	3			1	2	
电梯、自动扶梯及升降机制造	3435	10			1	9	
机械式停车设备制造	3437	2				2	
其他物料搬运设备制造	3439	1				1	
泵、阀门、压缩机及类似机械制造	344	21			1	20	
泵及真空设备制造	3441	3				3	
气体压缩机械制造	3442	2				2	
阀门和旋塞制造	3443	12			1	11	
液压动力机械及元件制造	3444	3				3	
气压动力机械及元件制造	3446	1				1	
轴承、齿轮和传动部件制造	345	4				4	
滚动轴承制造	3451	3				3	
其他传动部件制造	3459	1				1	
烘炉、风机、包装等设备制造	346	44			4	40	
烘炉、熔炉及电炉制造	3461	5			1	4	
风机、风扇制造	3462	15			1	14	
气体、液体分离及纯净设备制造	3463	7			1	6	
制冷、空调设备制造	3464	15			1	14	
喷枪及类似器具制造	3466	1				1	
包装专用设备制造	3467	1				1	
文化、办公用机械制造	347	9				9	
复印和胶印设备制造	3474	4				4	
计算器及货币专用设备制造	3475	1				1	
其他文化、办公用机械制造	3479	4				4	
通用零部件制造	348	178			19	159	
金属密封件制造	3481	7			2	5	
紧固件制造	3482	8			1	7	
弹簧制造	3483	1				1	
机械零部件加工	3484	154			15	139	

1-22 续表 15

行业小类	代码	企业法人单位数(个)	大型企业	中型企业	小型企业	微型企业	其他
其他通用零部件制造	3489	8			1	7	
其他通用设备制造业	349	48			1	47	
工业机器人制造	3491	3				3	
其他未列明通用设备制造业	3499	45			1	44	
专用设备制造业	**35**	**732**		**2**	**86**	**644**	
采矿、冶金、建筑专用设备制造	351	161			23	138	
矿山机械制造	3511	47			4	43	
石油钻采专用设备制造	3512	62			12	50	
深海石油钻探设备制造	3513	3			1	2	
建筑工程用机械制造	3514	28			4	24	
建筑材料生产专用机械制造	3515	18				18	
冶金专用设备制造	3516	2			1	1	
隧道施工专用机械制造	3517	1			1		
化工、木材、非金属加工专用设备制造	352	37			5	32	
炼油、化工生产专用设备制造	3521	10			3	7	
塑料加工专用设备制造	3523	6				6	
木竹材加工机械制造	3524	2			1	1	
模具制造	3525	13				13	
其他非金属加工专用设备制造	3529	6			1	5	
食品、饮料、烟草及饲料生产专用设备制造	353	17			2	15	
食品、酒、饮料及茶生产专用设备制造	3531	5				5	
农副食品加工专用设备制造	3532	11			1	10	
饲料生产专用设备制造	3534	1			1		
印刷、制药、日化及日用品生产专用设备制造	354	15			2	13	
制浆和造纸专用设备制造	3541	1				1	
印刷专用设备制造	3542	3			1	2	
日用化工专用设备制造	3543	2				2	
照明器具生产专用设备制造	3545	4				4	
玻璃、陶瓷和搪瓷制品生产专用设备制造	3546	1			1		
其他日用品生产专用设备制造	3549	4				4	
纺织、服装和皮革加工专用设备制造	355	21			2	19	
纺织专用设备制造	3551	13			2	11	
皮革、毛皮及其制品加工专用设备制造	3552	5				5	
缝制机械制造	3553	3				3	
电子和电工机械专用设备制造	356	36			3	33	
电工机械专用设备制造	3561	10			1	9	
半导体器件专用设备制造	3562	3				3	
电子元器件与机电组件设备制造	3563	10			1	9	
其他电子专用设备制造	3569	13			1	12	
农、林、牧、渔专用机械制造	357	207		2	29	176	

1-22 续表 16

行业小类	代码	企业法人单位数（个）	大型企业	中型企业	小型企业	微型企业	其他
拖拉机制造	3571	5			1	4	
机械化农业及园艺机具制造	3572	120		2	13	105	
畜牧机械制造	3574	9			3	6	
渔业机械制造	3575	1				1	
农林牧渔机械配件制造	3576	30			2	28	
棉花加工机械制造	3577	23			6	17	
其他农、林、牧、渔业机械制造	3579	19			4	15	
医疗仪器设备及器械制造	358	40			4	36	
医疗诊断、监护及治疗设备制造	3581	10			2	8	
口腔科用设备及器具制造	3582	5				5	
医疗实验室及医用消毒设备和器具制造	3583	1				1	
医疗、外科及兽医用器械制造	3584	4				4	
机械治疗及病房护理设备制造	3585	1				1	
康复辅具制造	3586	7				7	
眼镜制造	3587	3				3	
其他医疗设备及器械制造	3589	9			2	7	
环保、邮政、社会公共服务及其他专用设备制造	359	198			16	182	
环境保护专用设备制造	3591	111			10	101	
商业、饮食、服务专用设备制造	3594	2				2	
社会公共安全设备及器材制造	3595	15			2	13	
交通安全、管制及类似专用设备制造	3596	7			1	6	
水资源专用机械制造	3597	8				8	
其他专用设备制造	3599	55			3	52	
汽车制造业	**36**	**95**		**2**	**7**	**86**	
汽车整车制造	361	15		2	2	11	
汽柴油车整车制造	3611	9		1	2	6	
新能源车整车制造	3612	6		1		5	
汽车用发动机制造	362	3				3	
汽车用发动机制造	3620	3				3	
改装汽车制造	363	16			2	14	
改装汽车制造	3630	16			2	14	
电车制造	365	3				3	
电车制造	3650	3				3	
汽车车身、挂车制造	366	9			1	8	
汽车车身、挂车制造	3660	9			1	8	
汽车零部件及配件制造	367	49			2	47	
汽车零部件及配件制造	3670	49			2	47	
铁路、船舶、航空航天和其他运输设备制造业	**37**	**38**			**8**	**30**	
铁路运输设备制造	371	9			3	6	
高铁车组制造	3711	1			1		

1-22 续表 17

行业小类	代码	企业法人单位数(个)	大型企业	中型企业	小型企业	微型企业	其他
铁路机车车辆制造	3712	1				1	
铁路专用设备及器材、配件制造	3716	6			1	5	
其他铁路运输设备制造	3719	1			1		
城市轨道交通设备制造	372	1			1		
城市轨道交通设备制造	3720	1			1		
航空、航天器及设备制造	374	9			1	8	
飞机制造	3741	3				3	
航空相关设备制造	3744	2				2	
其他航空航天器制造	3749	4			1	3	
摩托车制造	375	6			2	4	
摩托车整车制造	3751	2			1	1	
摩托车零部件及配件制造	3752	4			1	3	
自行车和残疾人座车制造	376	4				4	
自行车制造	3761	4				4	
助动车制造	377	8			1	7	
助动车制造	3770	8			1	7	
非公路休闲车及零配件制造	378	1				1	
非公路休闲车及零配件制造	3780	1				1	
电气机械和器材制造业	**38**	**605**	**4**	**1**	**80**	**520**	
电机制造	381	28	1		8	19	
发电机及发电机组制造	3811	21	1		7	13	
电动机制造	3812	2			1	1	
微特电机及组件制造	3813	1				1	
其他电机制造	3819	4				4	
输配电及控制设备制造	382	289	3	1	47	238	
变压器、整流器和电感器制造	3821	49	1		11	37	
电容器及其配套设备制造	3822	8			1	7	
配电开关控制设备制造	3823	142		1	24	117	
电力电子元器件制造	3824	23			4	19	
光伏设备及元器件制造	3825	25	1		3	21	
其他输配电及控制设备制造	3829	42	1		4	37	
电线、电缆、光缆及电工器材制造	383	123			18	105	
电线、电缆制造	3831	114			17	97	
光缆制造	3833	1			1		
绝缘制品制造	3834	4				4	
其他电工器材制造	3839	4				4	
电池制造	384	16			2	14	
锂离子电池制造	3841	7				7	
铅蓄电池制造	3843	2			1	1	
其他电池制造	3849	7			1	6	

1-22 续表 18

行业小类	代码	企业法人单位数（个）	大型企业	中型企业	小型企业	微型企业	其他
家用电力器具制造	385	21				21	
家用制冷电器具制造	3851	1				1	
家用通风电器具制造	3853	4				4	
家用厨房电器具制造	3854	5				5	
家用清洁卫生电器具制造	3855	1				1	
家用电力器具专用配件制造	3857	1				1	
其他家用电力器具制造	3859	9				9	
非电力家用器具制造	386	16				16	
燃气及类似能源家用器具制造	3861	6				6	
太阳能器具制造	3862	9				9	
其他非电力家用器具制造	3869	1				1	
照明器具制造	387	69			3	66	
电光源制造	3871	3			1	2	
照明灯具制造	3872	51			2	49	
舞台及场地用灯制造	3873	1				1	
智能照明器具制造	3874	2				2	
灯用电器附件及其他照明器具制造	3879	12				12	
其他电气机械及器材制造	389	43			2	41	
电气信号设备装置制造	3891	3				3	
其他未列明电气机械及器材制造	3899	40			2	38	
计算机、通信和其他电子设备制造业	**39**	**162**	**1**	**1**	**16**	**144**	
计算机制造	391	23			2	21	
计算机整机制造	3911	3			1	2	
计算机零部件制造	3912	2				2	
计算机外围设备制造	3913	2			1	1	
工业控制计算机及系统制造	3914	1				1	
信息安全设备制造	3915	7				7	
其他计算机制造	3919	8				8	
通信设备制造	392	13			1	12	
通信系统设备制造	3921	9			1	8	
通信终端设备制造	3922	4				4	
广播电视设备制造	393	4				4	
广播电视节目制作及发射设备制造	3931	2				2	
应用电视设备及其他广播电视设备制造	3939	2				2	
非专业视听设备制造	395	4				4	
电视机制造	3951	1				1	
音响设备制造	3952	2				2	
影视录放设备制造	3953	1				1	
智能消费设备制造	396	15			1	14	
智能车载设备制造	3962	1			1		

1-22 续表 19

行业小类	代码	企业法人单位数(个)	大型企业	中型企业	小型企业	微型企业	其他
智能无人飞行器制造	3963	3				3	
服务消费机器人制造	3964	4				4	
其他智能消费设备制造	3969	7				7	
电子器件制造	397	15			1	14	
集成电路制造	3973	2				2	
显示器件制造	3974	2				2	
光电子器件制造	3976	5			1	4	
其他电子器件制造	3979	6				6	
电子元件及电子专用材料制造	398	74	1		10	63	
电阻电容电感元件制造	3981	2				2	
电子电路制造	3982	1				1	
敏感元件及传感器制造	3983	1				1	
电声器件及零件制造	3984	1				1	
电子专用材料制造	3985	22	1		6	15	
其他电子元件制造	3989	47			4	43	
其他电子设备制造	399	14		1	1	12	
其他电子设备制造	3990	14		1	1	12	
仪器仪表制造业	**40**	**46**			**5**	**41**	
通用仪器仪表制造	401	26			4	22	
工业自动控制系统装置制造	4011	13			2	11	
电工仪器仪表制造	4012	4			1	3	
绘图、计算及测量仪器制造	4013	1				1	
实验分析仪器制造	4014	1				1	
供应用仪器仪表制造	4016	1				1	
其他通用仪器制造	4019	6			1	5	
专用仪器仪表制造	402	12			1	11	
环境监测专用仪器仪表制造	4021	1				1	
地质勘探和地震专用仪器制造	4025	1			1		
教学专用仪器制造	4026	5				5	
核子及核辐射测量仪器制造	4027	1				1	
电子测量仪器制造	4028	2				2	
其他专用仪器制造	4029	2				2	
衡器制造	405	7				7	
衡器制造	4050	7				7	
其他仪器仪表制造业	409	1				1	
其他仪器仪表制造业	4090	1				1	
其他制造业	**41**	**89**			**3**	**86**	
日用杂品制造	411	21				21	
鬃毛加工、制刷及清扫工具制造	4111	4				4	
其他日用杂品制造	4119	17				17	

1-22 续表 20

行业小类	代码	企业法人单位数（个）	大型企业	中型企业	小型企业	微型企业	其他
核辐射加工	412	2				2	
核辐射加工	4120	2				2	
其他未列明制造业	419	66			3	63	
其他未列明制造业	4190	66			3	63	
废弃资源综合利用业	**42**	**112**			**27**	**85**	
金属废料和碎屑加工处理	421	50			12	38	
金属废料和碎屑加工处理	4210	50			12	38	
非金属废料和碎屑加工处理	422	62			15	47	
非金属废料和碎屑加工处理	4220	62			15	47	
金属制品、机械和设备修理业	**43**	**381**		**1**	**20**	**360**	
金属制品修理	431	13			1	12	
金属制品修理	4310	13			1	12	
通用设备修理	432	49				49	
通用设备修理	4320	49				49	
专用设备修理	433	99			9	90	
专用设备修理	4330	99			9	90	
铁路、船舶、航空航天等运输设备修理	434	4			1	3	
铁路运输设备修理	4341	1			1		
其他运输设备修理	4349	3				3	
电气设备修理	435	50		1	1	48	
电气设备修理	4350	50		1	1	48	
仪器仪表修理	436	12			1	11	
仪器仪表修理	4360	12			1	11	
其他机械和设备修理业	439	154			7	147	
其他机械和设备修理业	4390	154			7	147	
电力、热力、燃气及水生产和供应业	**D**	**2072**	**8**	**45**	**552**	**1467**	
电力、热力生产和供应业	**44**	**1576**	**4**	**41**	**358**	**1173**	
电力生产	441	1091	1	25	195	870	
火力发电	4411	64		7	18	39	
热电联产	4412	43	1	16	13	13	
水力发电	4413	227		1	59	167	
核力发电	4414	2				2	
风力发电	4415	264		1	76	187	
太阳能发电	4416	460			24	436	
生物质能发电	4417	11			2	9	
其他电力生产	4419	20			3	17	
电力供应	442	88	2	7	13	66	
电力供应	4420	88	2	7	13	66	
热力生产和供应	443	397	1	9	150	237	
热力生产和供应	4430	397	1	9	150	237	

1-22 续表 21

行业小类	代码	企业法人单位数(个)	大型企业	中型企业	小型企业	微型企业	其他
燃气生产和供应业	**45**	**189**	**3**	**4**	**73**	**109**	
燃气生产和供应业	451	184	3	4	73	104	
天然气生产和供应业	4511	159	1	4	69	85	
液化石油气生产和供应业	4512	20			3	17	
煤气生产和供应业	4513	5	2		1	2	
生物质燃气生产和供应业	452	5				5	
生物质燃气生产和供应业	4520	5				5	
水的生产和供应业	**46**	**307**	**1**		**121**	**185**	
自来水生产和供应	461	188	1		88	99	
自来水生产和供应	4610	188	1		88	99	
污水处理及其再生利用	462	115			33	82	
污水处理及其再生利用	4620	115			33	82	
其他水的处理、利用与分配	469	4				4	
其他水的处理、利用与分配	4690	4				4	
建筑业	**E**	**11411**	**39**	**554**	**1907**	**8911**	
房屋建筑业	**47**	**2702**	**24**	**336**	**610**	**1732**	
住宅房屋建筑	471	2412	24	319	547	1522	
住宅房屋建筑	4710	2412	24	319	547	1522	
体育场馆建筑	472	2			1	1	
体育场馆建筑	4720	2			1	1	
其他房屋建筑业	479	288		17	62	209	
其他房屋建筑业	4790	288		17	62	209	
土木工程建筑业	**48**	**2852**	**14**	**151**	**614**	**2073**	
铁路、道路、隧道和桥梁工程建筑	481	1193	9	77	256	851	
铁路工程建筑	4811	22	1	2	6	13	
公路工程建筑	4812	428	4	32	98	294	
市政道路工程建筑	4813	660	3	35	136	486	
城市轨道交通工程建筑	4814	4				4	
其他道路、隧道和桥梁工程建筑	4819	79	1	8	16	54	
水利和水运工程建筑	482	336	4	21	69	242	
水源及供水设施工程建筑	4821	300	2	19	61	218	
河湖治理及防洪设施工程建筑	4822	28	2	2	7	17	
港口及航运设施工程建筑	4823	8			1	7	
工矿工程建筑	484	107		11	30	66	
工矿工程建筑	4840	107		11	30	66	
架线和管道工程建筑	485	303	1	22	87	193	
架线及设备工程建筑	4851	195	1	15	68	111	
管道工程建筑	4852	104		7	18	79	
地下综合管廊工程建筑	4853	4			1	3	
节能环保工程施工	486	63		2	11	50	

1-22 续表 22

行业小类	代码	企业法人单位数(个)	大型企业	中型企业	小型企业	微型企业	其他
节能工程施工	4861	8			4	4	
环保工程施工	4862	53		2	7	44	
生态保护工程施工	4863	2				2	
电力工程施工	487	127		6	42	79	
火力发电工程施工	4871	12		2	4	6	
水力发电工程施工	4872	6		1	1	4	
风能发电工程施工	4874	5			4	1	
太阳能发电工程施工	4875	4			2	2	
其他电力工程施工	4879	100		3	31	66	
其他土木工程建筑	489	723		12	119	592	
园林绿化工程施工	4891	402		4	72	326	
体育场地设施工程施工	4892	10			2	8	
游乐设施工程施工	4893	1				1	
其他土木工程建筑施工	4899	310		8	45	257	
建筑安装业	**49**	**1891**		**38**	**347**	**1506**	
电气安装	491	589		13	152	424	
电气安装	4910	589		13	152	424	
管道和设备安装	492	524		8	77	439	
管道和设备安装	4920	524		8	77	439	
其他建筑安装业	499	778		17	118	643	
体育场地设施安装	4991	14		1	3	10	
其他建筑安装	4999	764		16	115	633	
建筑装饰、装修和其他建筑业	**50**	**3966**	**1**	**29**	**336**	**3600**	
建筑装饰和装修业	501	3169		5	187	2977	
公共建筑装饰和装修	5011	415		4	47	364	
住宅装饰和装修	5012	2597		1	120	2476	
建筑幕墙装饰和装修	5013	157			20	137	
建筑物拆除和场地准备活动	502	278		13	39	226	
建筑物拆除活动	5021	140		3	18	119	
场地准备活动	5022	138		10	21	107	
提供施工设备服务	503	70		1	12	57	
提供施工设备服务	5030	70		1	12	57	
其他未列明建筑业	509	449	1	10	98	340	
其他未列明建筑业	5090	449	1	10	98	340	
批发和零售业	**F**	**61770**	**75**	**888**	**3827**	**56980**	
批发业	**51**	**38661**	**53**	**593**	**2446**	**35569**	
农、林、牧、渔产品批发	511	2463	9	182	275	1997	
谷物、豆及薯类批发	5111	225		30	43	152	
种子批发	5112	677		23	39	615	
畜牧渔业饲料批发	5113	103			14	89	

1-22 续表 23

行业小类	代码	企业法人单位数(个)	大型企业	中型企业	小型企业	微型企业	其他
棉、麻批发	5114	650	9	124	144	373	
林业产品批发	5115	139			9	130	
牲畜批发	5116	131		3	6	122	
渔业产品批发	5117	27				27	
其他农牧产品批发	5119	511		2	20	489	
食品、饮料及烟草制品批发	512	4072	11	63	230	3768	
米、面制品及食用油批发	5121	380		12	42	326	
糕点、糖果及糖批发	5122	124		1	9	114	
果品、蔬菜批发	5123	995	1	16	62	916	
肉、禽、蛋、奶及水产品批发	5124	304	1	7	23	273	
盐及调味品批发	5125	128		6	8	114	
营养和保健品批发	5126	212			6	206	
酒、饮料及茶叶批发	5127	668	1	8	36	623	
烟草制品批发	5128	25	8	9		8	
其他食品批发	5129	1236		4	44	1188	
纺织、服装及家庭用品批发	513	3168		25	123	3020	
纺织品、针织品及原料批发	5131	405		1	22	382	
服装批发	5132	728		7	34	687	
鞋帽批发	5133	66			3	63	
化妆品及卫生用品批发	5134	377		5	11	361	
厨具卫具及日用杂品批发	5135	671		1	15	655	
灯具、装饰物品批发	5136	151			6	145	
家用视听设备批发	5137	42				42	
日用家电批发	5138	311		10	22	279	
其他家庭用品批发	5139	417		1	10	406	
文化、体育用品及器材批发	514	1051	1	2	31	1017	
文具用品批发	5141	559			9	550	
体育用品及器材批发	5142	129			4	125	
图书批发	5143	89	1		4	84	
报刊批发	5144	2				2	
音像制品、电子和数字出版物批发	5145	21			2	19	
首饰、工艺品及收藏品批发	5146	129			8	121	
乐器批发	5147	12				12	
其他文化用品批发	5149	110		2	4	104	
医药及医疗器材批发	515	1309	3	68	172	1066	
西药批发	5151	186	3	47	34	102	
中药批发	5152	92		5	21	66	
动物用药品批发	5153	29			1	28	
医疗用品及器材批发	5154	1002		16	116	870	
矿产品、建材及化工产品批发	516	13221	26	159	987	12049	

1-22 续表 24

行业小类	代码	企业法人单位数（个）	大型企业	中型企业	小型企业	微型企业	其他
煤炭及制品批发	5161	1131	1	25	144	961	
石油及制品批发	5162	862	22	51	142	647	
非金属矿及制品批发	5163	288			18	270	
金属及金属矿批发	5164	2012		27	257	1728	
建材批发	5165	5166		15	242	4909	
化肥批发	5166	2111	2	21	63	2025	
农药批发	5167	591		2	16	573	
农用薄膜批发	5168	105				105	
其他化工产品批发	5169	955	1	18	105	831	
机械设备、五金产品及电子产品批发	517	10632	3	78	523	10028	
农业机械批发	5171	754		7	55	692	
汽车及零配件批发	5172	1489		21	110	1358	
摩托车及零配件批发	5173	182			7	175	
五金产品批发	5174	2616		4	51	2561	
电气设备批发	5175	879		1	32	846	
计算机、软件及辅助设备批发	5176	601		5	50	546	
通讯设备批发	5177	277	2	10	26	239	
广播影视设备批发	5178	33			3	30	
其他机械设备及电子产品批发	5179	3801	1	30	189	3581	
贸易经纪与代理	518	914		3	37	874	
贸易代理	5181	773		3	34	736	
一般物品拍卖	5182	66				66	
艺术品、收藏品拍卖	5183	6				6	
其他贸易经纪与代理	5189	69			3	66	
其他批发业	519	1831		13	68	1750	
再生物资回收与批发	5191	361		6	13	342	
宠物食品用品批发	5192	11				11	
互联网批发	5193	31		1	3	27	
其他未列明批发业	5199	1428		6	52	1370	
零售业	**52**	**23109**	**22**	**295**	**1381**	**21411**	
综合零售	521	3458	8	57	146	3247	
百货零售	5211	2696	3	30	87	2576	
超级市场零售	5212	137	5	26	42	64	
便利店零售	5213	63		1	3	59	
其他综合零售	5219	562			14	548	
食品、饮料及烟草制品专门零售	522	2156		10	72	2074	
粮油零售	5221	121			8	113	
糕点、面包零售	5222	91		2	8	81	
果品、蔬菜零售	5223	398		4	6	388	
肉、禽、蛋、奶及水产品零售	5224	200			6	194	

1-22 续表 25

行业小类	代码	企业法人单位数（个）	大型企业	中型企业	小型企业	微型企业	其他
营养和保健品零售	5225	203			2	201	
酒、饮料及茶叶零售	5226	325		1	12	312	
烟草制品零售	5227	78			2	76	
其他食品零售	5229	740		3	28	709	
纺织、服装及日用品专门零售	523	1716	2	16	55	1643	
纺织品及针织品零售	5231	255			11	244	
服装零售	5232	498	1	12	19	466	
鞋帽零售	5233	31	1	1	3	26	
化妆品及卫生用品零售	5234	255			4	251	
厨具卫具及日用杂品零售	5235	112			4	108	
钟表、眼镜零售	5236	191		1	4	186	
箱包零售	5237	11				11	
自行车等代步设备零售	5238	40			2	38	
其他日用品零售	5239	323		2	8	313	
文化、体育用品及器材专门零售	524	1270		17	40	1213	
文具用品零售	5241	529			7	522	
体育用品及器材零售	5242	136			6	130	
图书、报刊零售	5243	53		14	4	35	
音像制品、电子和数字出版物零售	5244	17			1	16	
珠宝首饰零售	5245	224		3	17	204	
工艺美术品及收藏品零售	5246	109			1	108	
乐器零售	5247	47				47	
照相器材零售	5248	7				7	
其他文化用品零售	5249	148			4	144	
医药及医疗器材专门零售	525	1967	5	34	98	1830	
西药零售	5251	1260	4	33	70	1153	
中药零售	5252	154	1		6	147	
动物用药品零售	5253	35			1	34	
医疗用品及器材零售	5254	491		1	21	469	
保健辅助治疗器材零售	5255	27				27	
汽车、摩托车、零配件和燃料及其他动力销售	526	3863	4	140	628	3091	
汽车新车零售	5261	1696		111	355	1230	
汽车旧车零售	5262	311			4	307	
汽车零配件零售	5263	961			24	937	
摩托车及零配件零售	5264	178			9	169	
机动车燃油零售	5265	541	3	17	154	367	
机动车燃气零售	5266	168	1	12	82	73	
机动车充电销售	5267	8				8	
家用电器及电子产品专门零售	527	3171	2	9	172	2988	
家用视听设备零售	5271	49	1	1	4	43	

1-22 续表 26

行业小类	代码	企业法人单位数（个）	大型企业	中型企业	小型企业	微型企业	其他
日用家电零售	5272	618	1	2	56	559	
计算机、软件及辅助设备零售	5273	1119		2	60	1057	
通信设备零售	5274	326		4	24	298	
其他电子产品零售	5279	1059			28	1031	
五金、家具及室内装饰材料专门零售	528	3564	1	1	76	3486	
五金零售	5281	1980			35	1945	
灯具零售	5282	100				100	
家具零售	5283	354	1	1	10	342	
涂料零售	5284	46			1	45	
卫生洁具零售	5285	49			1	48	
木质装饰材料零售	5286	80			5	75	
陶瓷、石材装饰材料零售	5287	158			5	153	
其他室内装饰材料零售	5289	797			19	778	
货摊、无店铺及其他零售业	529	1944		11	94	1839	
流动货摊零售	5291	12				12	
互联网零售	5292	221		1	3	217	
邮购及电视、电话零售	5293	5				5	
自动售货机零售	5294	9				9	
旧货零售	5295	8				8	
生活用燃料零售	5296	237		7	53	177	
宠物食品用品零售	5297	13			1	12	
其他未列明零售业	5299	1439		3	37	1399	
交通运输、仓储和邮政业	**G**	**8759**	**6**	**45**	**679**	**8021**	**8**
铁路运输业	**53**	**8**					**8**
铁路旅客运输	531	2					2
高速铁路旅客运输	5311	1					1
普通铁路旅客运输	5313	1					1
铁路货物运输	532	6					6
铁路货物运输	5320	6					6
道路运输业	**54**	**6242**	**2**	**17**	**476**	**5747**	
城市公共交通运输	541	253	1	8	36	208	
公共电汽车客运	5411	66	1	7	25	33	
城市轨道交通	5412	7				7	
出租车客运	5413	155			9	146	
公共自行车服务	5414	3				3	
其他城市公共交通运输	5419	22		1	2	19	
公路旅客运输	542	206		1	44	161	
长途客运	5421	111		1	29	81	
旅游客运	5422	35			5	30	
其他公路客运	5429	60			10	50	

1-22 续表 27

行业小类	代码	企业法人单位数(个)	大型企业	中型企业	小型企业	微型企业	其他
道路货物运输	543	5476	1	7	362	5106	
普通货物道路运输	5431	5170		4	323	4843	
冷藏车道路运输	5432	4				4	
集装箱道路运输	5433	7				7	
大型货物道路运输	5434	29			3	26	
危险货物道路运输	5435	74	1	2	28	43	
邮件包裹道路运输	5436	12			1	11	
城市配送	5437	54				54	
搬家运输	5438	24				24	
其他道路货物运输	5439	102		1	7	94	
道路运输辅助活动	544	307		1	34	272	
客运汽车站	5441	90		1	22	67	
货运枢纽（站）	5442	3			1	2	
公路管理与养护	5443	125			8	117	
其他道路运输辅助活动	5449	89			3	86	
水上运输业	**55**	**6**			**1**	**5**	
水上旅客运输	551	2			1	1	
内河旅客运输	5512	1			1		
客运轮渡运输	5513	1				1	
水上货物运输	552	2				2	
远洋货物运输	5521	2				2	
水上运输辅助活动	553	2				2	
货运港口	5532	1				1	
其他水上运输辅助活动	5539	1				1	
航空运输业	**56**	**66**	**2**	**2**	**6**	**56**	
航空客货运输	561	13	1			12	
航空旅客运输	5611	5	1			4	
航空货物运输	5612	8				8	
通用航空服务	562	33		1	1	31	
通用航空生产服务	5621	21		1	1	19	
观光游览航空服务	5622	2				2	
体育航空运动服务	5623	3				3	
其他通用航空服务	5629	7				7	
航空运输辅助活动	563	20	1	1	5	13	
机场	5631	10	1	1	3	5	
其他航空运输辅助活动	5639	10			2	8	
管道运输业	**57**	**19**	**1**		**4**	**14**	
海底管道运输	571	1				1	
海底管道运输	5710	1				1	
陆地管道运输	572	18	1		4	13	

1-22 续表 28

行业小类	代码	企业法人单位数(个)	大型企业	中型企业	小型企业	微型企业	其他
陆地管道运输	5720	18	1		4	13	
多式联运和运输代理业	**58**	**1095**			**41**	**1054**	
多式联运	581	47			5	42	
多式联运	5810	47			5	42	
运输代理业	582	1048			36	1012	
货物运输代理	5821	908			33	875	
旅客票务代理	5822	101			3	98	
其他运输代理业	5829	39				39	
装卸搬运和仓储业	**59**	**927**		**10**	**105**	**812**	
装卸搬运	591	291		8	30	253	
装卸搬运	5910	291		8	30	253	
通用仓储	592	197			16	181	
通用仓储	5920	197			16	181	
低温仓储	593	69		1	2	66	
低温仓储	5930	69		1	2	66	
危险品仓储	594	22			1	21	
油气仓储	5941	17			1	16	
危险化学品仓储	5942	4				4	
其他危险品仓储	5949	1				1	
谷物、棉花等农产品仓储	595	178		1	43	134	
谷物仓储	5951	59			20	39	
棉花仓储	5952	30		1	13	16	
其他农产品仓储	5959	89			10	79	
中药材仓储	596	4				4	
中药材仓储	5960	4				4	
其他仓储业	599	166			13	153	
其他仓储业	5990	166			13	153	
邮政业	**60**	**396**	**1**	**16**	**46**	**333**	
邮政基本服务	601	32		12	4	16	
邮政基本服务	6010	32		12	4	16	
快递服务	602	357	1	4	41	311	
快递服务	6020	357	1	4	41	311	
其他寄递服务	609	7			1	6	
其他寄递服务	6090	7			1	6	
住宿和餐饮业	**H**	**2579**	**5**	**63**	**681**	**1830**	
住宿业	**61**	**1138**	**3**	**44**	**451**	**640**	
旅游饭店	611	451	2	37	218	194	
旅游饭店	6110	451	2	37	218	194	
一般旅馆	612	550		6	183	361	
经济型连锁酒店	6121	96		2	36	58	

1-22 续表 29

行业小类	代码	企业法人单位数(个)	大型企业	中型企业	小型企业	微型企业	其他
其他一般旅馆	6129	454		4	147	303	
民宿服务	613	18			6	12	
民宿服务	6130	18			6	12	
露营地服务	614	4			1	3	
露营地服务	6140	4			1	3	
其他住宿业	619	115	1	1	43	70	
其他住宿业	6190	115	1	1	43	70	
餐饮业	**62**	**1441**	**2**	**19**	**230**	**1190**	
正餐服务	621	1127		16	194	917	
正餐服务	6210	1127		16	194	917	
快餐服务	622	98	2	3	11	82	
快餐服务	6220	98	2	3	11	82	
饮料及冷饮服务	623	16			2	14	
茶馆服务	6231	6			1	5	
咖啡馆服务	6232	4				4	
酒吧服务	6233	2				2	
其他饮料及冷饮服务	6239	4			1	3	
餐饮配送及外卖送餐服务	624	81			9	72	
餐饮配送服务	6241	66			7	59	
外卖送餐服务	6242	15			2	13	
其他餐饮业	629	119			14	105	
小吃服务	6291	45			4	41	
其他未列明餐饮业	6299	74			10	64	
信息传输、软件和信息技术服务业	**I**	**8140**	**6**	**82**	**642**	**7410**	
电信、广播电视和卫星传输服务	**63**	**344**		**56**	**52**	**236**	
电信	631	290		55	39	196	
固定电信服务	6311	72		20	11	41	
移动电信服务	6312	122		31	12	79	
其他电信服务	6319	96		4	16	76	
广播电视传输服务	632	46		1	11	34	
有线广播电视传输服务	6321	44		1	11	32	
无线广播电视传输服务	6322	2				2	
卫星传输服务	633	8			2	6	
广播电视卫星传输服务	6331	4			1	3	
其他卫星传输服务	6339	4			1	3	
互联网和相关服务	**64**	**1001**		**4**	**67**	**930**	
互联网接入及相关服务	641	134		2	10	122	
互联网接入及相关服务	6410	134		2	10	122	
互联网信息服务	642	441		2	30	409	
互联网搜索服务	6421	15			1	14	

1-22 续表 30

行业小类	代码	企业法人单位数(个)	大型企业	中型企业	小型企业	微型企业	其他
互联网游戏服务	6422	11			2	9	
互联网其他信息服务	6429	415		2	27	386	
互联网平台	643	110			7	103	
互联网生产服务平台	6431	15			2	13	
互联网生活服务平台	6432	67			3	64	
互联网科技创新平台	6433	8				8	
互联网公共服务平台	6434	13			1	12	
其他互联网平台	6439	7			1	6	
互联网安全服务	644	18			1	17	
互联网安全服务	6440	18			1	17	
互联网数据服务	645	91			13	78	
互联网数据服务	6450	91			13	78	
其他互联网服务	649	207			6	201	
其他互联网服务	6490	207			6	201	
软件和信息技术服务业	**65**	**6795**	**6**	**22**	**523**	**6244**	
软件开发	651	2342		6	184	2152	
基础软件开发	6511	1225		4	83	1138	
支撑软件开发	6512	14			2	12	
应用软件开发	6513	760		1	62	697	
其他软件开发	6519	343		1	37	305	
集成电路设计	652	24			3	21	
集成电路设计	6520	24			3	21	
信息系统集成和物联网技术服务	653	820	1	8	90	721	
信息系统集成服务	6531	791	1	8	88	694	
物联网技术服务	6532	29			2	27	
运行维护服务	654	108	1	1	15	91	
运行维护服务	6540	108	1	1	15	91	
信息处理和存储支持服务	655	76			4	72	
信息处理和存储支持服务	6550	76			4	72	
信息技术咨询服务	656	2894	4	6	189	2695	
信息技术咨询服务	6560	2894	4	6	189	2695	
数字内容服务	657	56			10	46	
地理遥感信息服务	6571	12			4	8	
动漫、游戏数字内容服务	6572	31			3	28	
其他数字内容服务	6579	13			3	10	
其他信息技术服务业	659	475		1	28	446	
呼叫中心	6591	3		1		2	
其他未列明信息技术服务业	6599	472			28	444	
金融业	**J**	**2267**	**123**	**10**	**72**	**2058**	**4**
货币金融服务	**66**	**891**	**123**	**10**	**47**	**711**	

1-22 续表 31

行业小类	代码	企业法人单位数（个）	大型企业	中型企业	小型企业	微型企业	其他
货币银行服务	662	275	123	9	46	97	
商业银行服务	6621	184	103	7	40	34	
政策性银行服务	6622	22	20	2			
信用合作社服务	6623	63			6	57	
农村资金互助社服务	6624	1				1	
其他货币银行服务	6629	5				5	
非货币银行服务	663	616		1	1	614	
融资租赁服务	6631	31		1	1	29	
财务公司服务	6632	2				2	
典当	6633	234				234	
小额贷款公司服务	6635	323				323	
网络借贷服务	6637	7				7	
其他非货币银行服务	6639	19				19	
资本市场服务	**67**	**924**			**7**	**913**	**4**
证券市场服务	671	5				3	2
证券市场管理服务	6711	1				1	
证券经纪交易服务	6712	4				2	2
非公开募集证券投资基金	673	75				75	
期货市场服务	674	2					2
其他期货市场服务	6749	2					2
资本投资服务	676	745			7	738	
资本投资服务	6760	745			7	738	
其他资本市场服务	679	97				97	
其他资本市场服务	6790	97				97	
保险业	**68**	**307**			**15**	**292**	
人身保险	681	112			14	98	
人寿保险	6811	108			14	94	
健康保险	6813	4				4	
财产保险	682	164			1	163	
财产保险	6820	164			1	163	
商业养老金	684	3				3	
商业养老金	6840	3				3	
保险中介服务	685	18				18	
保险经纪服务	6851	1				1	
保险代理服务	6852	17				17	
其他保险活动	689	10				10	
其他保险活动	6890	10				10	
其他金融业	**69**	**145**			**3**	**142**	
金融信托与管理服务	691	4			2	2	
信托公司	6911	2			1	1	

1-22 续表 32

行业小类	代码	企业法人单位数（个）	大型企业	中型企业	小型企业	微型企业	其他
其他金融信托与管理服务	6919	2			1	1	
控股公司服务	692	1				1	
控股公司服务	6920	1				1	
非金融机构支付服务	693	2				2	
非金融机构支付服务	6930	2				2	
金融信息服务	694	22				22	
金融信息服务	6940	22				22	
金融资产管理公司	695	3				3	
金融资产管理公司	6950	3				3	
其他未列明金融业	699	113			1	112	
其他未包括金融业	6999	113			1	112	
房地产业	**K**	**9445**	**7**	**662**	**787**	**6972**	**1017**
房地产业	**70**	**9445**	**7**	**662**	**787**	**6972**	**1017**
房地产开发经营	701	3549	2	627	488	2432	
房地产开发经营	7010	3549	2	627	488	2432	
物业管理	702	3244	5	31	128	3080	
物业管理	7020	3244	5	31	128	3080	
房地产中介服务	703	1563		4	161	1398	
房地产中介服务	7030	1563		4	161	1398	
房地产租赁经营	704	1017					1017
房地产租赁经营	7040	1017					1017
其他房地产业	709	72			10	62	
其他房地产业	7090	72			10	62	
租赁和商务服务业	**L**	**22248**	**4**	**52**	**1871**	**20321**	
租赁业	**71**	**2276**	**1**	**1**	**144**	**2130**	
机械设备经营租赁	711	2219	1	1	143	2074	
汽车租赁	7111	718	1		25	692	
农业机械经营租赁	7112	78		1	6	71	
建筑工程机械与设备经营租赁	7113	1113			86	1027	
计算机及通讯设备经营租赁	7114	18			2	16	
医疗设备经营租赁	7115	16			1	15	
其他机械与设备经营租赁	7119	276			23	253	
文体设备和用品出租	712	51			1	50	
休闲娱乐用品设备出租	7121	14				14	
体育用品设备出租	7122	3				3	
文化用品设备出租	7123	20			1	19	
图书出租	7124	3				3	
音像制品出租	7125	1				1	
其他文体设备和用品出租	7129	10				10	
日用品出租	713	6				6	

1-22 续表 33

行业小类	代码	企业法人单位数(个)	大型企业	中型企业	小型企业	微型企业	其他
日用品出租	7130	6				6	
商务服务业	**72**	**19972**	**3**	**51**	**1727**	**18191**	
组织管理服务	721	4304	3	29	395	3877	
企业总部管理	7211	392	2	12	50	328	
投资与资产管理	7212	3522	1	11	302	3208	
资源与产权交易服务	7213	24		2	2	20	
单位后勤管理服务	7214	71		1	10	60	
农村集体经济组织管理	7215	18		1	6	11	
其他组织管理服务	7219	277		2	25	250	
综合管理服务	722	711		5	164	542	
园区管理服务	7221	22			7	15	
商业综合体管理服务	7222	67		1	12	54	
市场管理服务	7223	476		4	132	340	
供应链管理服务	7224	58			6	52	
其他综合管理服务	7229	88			7	81	
法律服务	723	87			10	77	
律师及相关法律服务	7231	65			4	61	
公证服务	7232	7			2	5	
其他法律服务	7239	15			4	11	
咨询与调查	724	5934		4	342	5588	
会计、审计及税务服务	7241	1300			100	1200	
市场调查	7242	50			6	44	
社会经济咨询	7243	3179		2	132	3045	
健康咨询	7244	248		1	3	244	
环保咨询	7245	123			13	110	
体育咨询	7246	12			1	11	
其他专业咨询与调查	7249	1022		1	87	934	
广告业	725	3750			159	3591	
互联网广告服务	7251	431			19	412	
其他广告服务	7259	3319			140	3179	
人力资源服务	726	1570		3	263	1304	
公共就业服务	7261	15				15	
职业中介服务	7262	88			11	77	
劳务派遣服务	7263	1295		3	234	1058	
创业指导服务	7264	55			4	51	
其他人力资源服务	7269	117			14	103	
安全保护服务	727	592		6	167	419	
安全服务	7271	214		6	125	83	
安全系统监控服务	7272	291			27	264	
其他安全保护服务	7279	87			15	72	

1-22 续表 34

行业小类	代码	企业法人单位数（个）	大型企业	中型企业	小型企业	微型企业	其他
会议、展览及相关服务	728	520			25	495	
科技会展服务	7281	43			1	42	
旅游会展服务	7282	45			5	40	
体育会展服务	7283	3				3	
文化会展服务	7284	197			12	185	
其他会议、展览及相关服务	7289	232			7	225	
其他商务服务业	729	2504		4	202	2298	
旅行社及相关服务	7291	1067		3	127	937	
包装服务	7292	78			2	76	
办公服务	7293	132			5	127	
翻译服务	7294	44				44	
信用服务	7295	21				21	
非融资担保服务	7296	83			8	75	
商务代理代办服务	7297	367			21	346	
票务代理服务	7298	23			2	21	
其他未列明商务服务业	7299	689		1	37	651	
科学研究和技术服务业	**M**	**9825**	**25**	**84**	**1605**	**8111**	
研究和试验发展	**73**	**395**		**3**	**34**	**358**	
自然科学研究和试验发展	731	23			1	22	
自然科学研究和试验发展	7310	23			1	22	
工程和技术研究和试验发展	732	196		2	22	172	
工程和技术研究和试验发展	7320	196		2	22	172	
农业科学研究和试验发展	733	102			7	95	
农业科学研究和试验发展	7330	102			7	95	
医学研究和试验发展	734	67		1	4	62	
医学研究和试验发展	7340	67		1	4	62	
社会人文科学研究	735	7				7	
社会人文科学研究	7350	7				7	
专业技术服务业	**74**	**5491**	**23**	**78**	**1277**	**4113**	
气象服务	741	27			3	24	
气象服务	7410	27			3	24	
地震服务	742	2				2	
地震服务	7420	2				2	
海洋服务	743	2				2	
海洋环境服务	7432	1				1	
其他海洋服务	7439	1				1	
测绘地理信息服务	744	205		3	55	147	
遥感测绘服务	7441	88		1	17	70	
其他测绘地理信息服务	7449	117		2	38	77	
质检技术服务	745	944		10	349	585	

1-22 续表 37

行业小类	代码	企业法人单位数(个)	大型企业	中型企业	小型企业	微型企业	其他
城市公园管理	7850	6			2	4	
游览景区管理	786	164	1	3	45	115	
名胜风景区管理	7861	35	1	1	15	18	
森林公园管理	7862	11			4	7	
其他游览景区管理	7869	118		2	26	90	
土地管理业	**79**	**87**			**26**	**61**	
土地整治服务	791	22			8	14	
土地整治服务	7910	22			8	14	
土地调查评估服务	792	45			16	29	
土地调查评估服务	7920	45			16	29	
土地登记服务	793	1				1	
土地登记服务	7930	1				1	
土地登记代理服务	794	1				1	
土地登记代理服务	7940	1				1	
其他土地管理服务	799	18			2	16	
其他土地管理服务	7990	18			2	16	
居民服务、修理和其他服务业	**O**	**4459**	**5**	**13**	**598**	**3843**	
居民服务业	**80**	**1350**	**1**	**2**	**172**	**1175**	
家庭服务	801	425		1	56	368	
家庭服务	8010	425		1	56	368	
托儿所服务	802	15			5	10	
托儿所服务	8020	15			5	10	
洗染服务	803	41			12	29	
洗染服务	8030	41			12	29	
理发及美容服务	804	188			14	174	
理发及美容服务	8040	188			14	174	
洗浴和保健养生服务	805	163		1	18	144	
洗浴服务	8051	12		1	4	7	
足浴服务	8052	10			4	6	
养生保健服务	8053	141			10	131	
摄影扩印服务	806	124			11	113	
摄影扩印服务	8060	124			11	113	
婚姻服务	807	123			4	119	
婚姻服务	8070	123			4	119	
殡葬服务	808	64	1		23	40	
殡葬服务	8080	64	1		23	40	
其他居民服务业	809	207			29	178	
其他居民服务业	8090	207			29	178	
机动车、电子产品和日用产品修理业	**81**	**2585**	**1**	**2**	**343**	**2239**	
汽车、摩托车等修理与维护	811	1944			298	1646	

1-22 续表 38

行业小类	代码	企业法人单位数（个）	大型企业	中型企业	小型企业	微型企业	其他
汽车修理与维护	8111	1881			290	1591	
大型车辆装备修理与维护	8112	41			7	34	
摩托车修理与维护	8113	16				16	
助动车等修理与维护	8114	6			1	5	
计算机和办公设备维修	812	374	1	2	26	345	
计算机和辅助设备修理	8121	200		1	12	187	
通讯设备修理	8122	69	1		9	59	
其他办公设备维修	8129	105		1	5	99	
家用电器修理	813	199			12	187	
家用电子产品修理	8131	75			5	70	
日用电器修理	8132	124			7	117	
其他日用产品修理业	819	68			7	61	
自行车修理	8191	1				1	
鞋和皮革修理	8192	1				1	
家具和相关物品修理	8193	8				8	
其他未列明日用产品修理业	8199	58			7	51	
其他服务业	**82**	**524**	**3**	**9**	**83**	**429**	
清洁服务	821	359	3	8	59	289	
建筑物清洁服务	8211	57	1		9	47	
其他清洁服务	8219	302	2	8	50	242	
宠物服务	822	11			2	9	
宠物饲养	8221	1				1	
宠物医院服务	8222	4				4	
宠物美容服务	8223	4			1	3	
其他宠物服务	8229	2			1	1	
其他未列明服务业	829	154		1	22	131	
其他未列明服务业	8290	154		1	22	131	
教育	**P**	**1498**					**1498**
教育	**83**	**1498**					**1498**
学前教育	831	39					39
学前教育	8310	39					39
初等教育	832	9					9
普通小学教育	8321	8					8
成人小学教育	8322	1					1
中等教育	833	3					3
普通初中教育	8331	2					2
普通高中教育	8334	1					1
特殊教育	835	1					1
特殊教育	8350	1					1
技能培训、教育辅助及其他教育	839	1446					1446

1-22 续表 39

行业小类	代码	企业法人单位数(个)	大型企业	中型企业	小型企业	微型企业	其他
职业技能培训	8391	865					865
体校及体育培训	8392	34					34
文化艺术培训	8393	204					204
教育辅助服务	8394	210					210
其他未列明教育	8399	133					133
卫生和社会工作	**Q**	**683**	**4**	**15**	**36**	**94**	**534**
卫生	**84**	**574**	**4**	**15**	**19**	**2**	**534**
医院	841	348	4	11	18	2	313
综合医院	8411	194	2	7	11		174
中医医院	8412	30					30
中西医结合医院	8413	10			1	1	8
民族医院	8414	8			1		7
专科医院	8415	97	2	4	5	1	85
疗养院	8416	9					9
基层医疗卫生服务	842	152		1			151
社区卫生服务中心（站）	8421	15					15
乡镇卫生院	8423	5					5
村卫生室	8424	17					17
门诊部（所）	8425	115		1			114
专业公共卫生服务	843	25					25
疾病预防控制中心	8431	4					4
专科疾病防治院（所、站)	8432	3					3
妇幼保健院（所、站）	8433	3					3
急救中心（站）服务	8434	3					3
采供血机构服务	8435	10					10
计划生育技术服务活动	8436	2					2
其他卫生活动	849	49		3	1		45
健康体检服务	8491	16		3	1		12
临床检验服务	8492	8					8
其他未列明卫生服务	8499	25					25
社会工作	**85**	**109**			**17**	**92**	
提供住宿社会工作	851	89			12	77	
干部休养所	8511	5			3	2	
精神康复服务	8513	2			1	1	
老年人、残疾人养护服务	8514	80			8	72	
临终关怀服务	8515	2				2	
不提供住宿社会工作	852	20			5	15	
社会看护与帮助服务	8521	13			3	10	
康复辅具适配服务	8522	5			2	3	
其他不提供住宿社会工作	8529	2				2	

1-22 续表 40

行业小类	代码	企业法人单位数(个)	大型企业	中型企业	小型企业	微型企业	其他
文化、体育和娱乐业	**R**	**4449**	**2**	**11**	**331**	**4105**	
新闻和出版业	**86**	**29**		**4**	**7**	**18**	
新闻业	861	3				3	
新闻业	8610	3				3	
出版业	862	26		4	7	15	
图书出版	8621	7		1	2	4	
报纸出版	8622	7		3	3	1	
期刊出版	8623	4			2	2	
音像制品出版	8624	2				2	
数字出版	8626	3				3	
其他出版业	8629	3				3	
广播、电视、电影和录音制作业	**87**	**1331**		**2**	**136**	**1193**	
广播	871	87			12	75	
广播	8710	87			12	75	
电视	872	28			4	24	
电视	8720	28			4	24	
影视节目制作	873	1000			70	930	
影视节目制作	8730	1000			70	930	
广播电视集成播控	874	8			1	7	
广播电视集成播控	8740	8			1	7	
电影和广播电视节目发行	875	49		1	4	44	
电影和广播电视节目发行	8750	49		1	4	44	
电影放映	876	128		1	44	83	
电影放映	8760	128		1	44	83	
录音制作	877	31			1	30	
录音制作	8770	31			1	30	
文化艺术业	**88**	**600**	**1**	**2**	**32**	**565**	
文艺创作与表演	881	244			18	226	
文艺创作与表演	8810	244			18	226	
艺术表演场馆	882	4	1	2		1	
艺术表演场馆	8820	4	1	2		1	
图书馆与档案馆	883	8			1	7	
图书馆	8831	1				1	
档案馆	8832	7			1	6	
文物及非物质文化遗产保护	884	8				8	
文物及非物质文化遗产保护	8840	8				8	
博物馆	885	6				6	
博物馆	8850	6				6	
群众文体活动	887	62			2	60	
群众文体活动	8870	62			2	60	

1-22 续表 41

行业小类	代码	企业法人单位数(个)	大型企业	中型企业	小型企业	微型企业	其他
其他文化艺术业	889	268			11	257	
其他文化艺术业	8890	268			11	257	
体育	**89**	**275**		**2**	**25**	**248**	
体育组织	891	79		2	3	74	
体育竞赛组织	8911	46		1	1	44	
体育保障组织	8912	6			1	5	
其他体育组织	8919	27		1	1	25	
体育场地设施管理	892	22			3	19	
体育场馆管理	8921	18			3	15	
其他体育场地设施管理	8929	4				4	
健身休闲活动	893	152			19	133	
健身休闲活动	8930	152			19	133	
其他体育	899	22				22	
体育中介代理服务	8991	10				10	
体育健康服务	8992	10				10	
其他未列明体育	8999	2				2	
娱乐业	**90**	**2214**	**1**	**1**	**131**	**2081**	
室内娱乐活动	901	1597	1		67	1529	
歌舞厅娱乐活动	9011	67			14	53	
电子游艺厅娱乐活动	9012	34			3	31	
网吧活动	9013	1435			40	1395	
其他室内娱乐活动	9019	61	1		10	50	
游乐园	902	37			12	25	
游乐园	9020	37			12	25	
休闲观光活动	903	53		1	12	40	
休闲观光活动	9030	53		1	12	40	
彩票活动	904	3				3	
福利彩票服务	9042	3				3	
文化体育娱乐活动与经纪代理服务	905	437			31	406	
文化活动服务	9051	346			21	325	
体育表演服务	9052	34			5	29	
文化娱乐经纪人	9053	15			3	12	
体育经纪人	9054	4				4	
其他文化艺术经纪代理	9059	38			2	36	
其他娱乐业	909	87			9	78	
其他娱乐业	9090	87			9	78	

1-23 按行业（小类）、单位规模分组的企业法人单位从业人员数

行业小类	代码	从业人员数(人)	大型企业	中型企业	小型企业	微型企业	其他
总　计		**2875164**	**642099**	**592045**	**855641**	**689294**	**96085**
农、林、牧、渔业	**A**	**34889**	**3955**	**24568**	**2962**	**3404**	
农业	**01**						
谷物种植	011						
小麦种植	0112						
其他谷物种植	0119						
豆类、油料和薯类种植	012						
油料种植	0122						
棉、麻、糖、烟草种植	013						
棉花种植	0131						
蔬菜、食用菌及园艺作物种植	014						
蔬菜种植	0141						
中药材种植	017						
中草药种植	0171						
其他农业	019						
其他农业	0190						
林业	**02**						
森林经营、管护和改培	023						
森林经营和管护	0231						
畜牧业	**03**						
牲畜饲养	031						
牛的饲养	0311						
猪的饲养	0313						
羊的饲养	0314						
家禽饲养	032						
鸡的饲养	0321						
渔业	**04**						
水产养殖	041						
内陆养殖	0412						
农、林、牧、渔专业及辅助性活动	**05**	**34889**	**3955**	**24568**	**2962**	**3404**	
农业专业及辅助性活动	051	32902	3955	23425	2425	3097	
种子种苗培育活动	0511	1615		145	140	1330	
农业机械活动	0512	463		177	124	162	
灌溉活动	0513	1130		909	100	121	
农产品初加工活动	0514	27945	3838	21408	1627	1072	
农作物病虫害防治活动	0515	71			38	33	
其他农业专业及辅助性活动	0519	1678	117	786	396	379	
林业专业及辅助性活动	052	243		93	83	67	
林业有害生物防治活动	0521	84		17	45	22	
森林防火活动	0522						

1-23 续表 1

行业小类	代码	从业人员数(人)	大型企业	中型企业	小型企业	微型企业	其他
林产品初级加工活动	0523	17				17	
其他林业专业及辅助性活动	0529	142		76	38	28	
畜牧专业及辅助性活动	053	1550		921	396	233	
畜牧良种繁殖活动	0531	758		597	97	64	
畜禽粪污处理活动	0532						
其他畜牧专业及辅助性活动	0539	792		324	299	169	
渔业专业及辅助性活动	054	194		129	58	7	
鱼苗及鱼种场活动	0541	133		129		4	
其他渔业专业及辅助性活动	0549	61			58	3	
采矿业	**B**	**173687**	**103339**	**27758**	**31747**	**10843**	
煤炭开采和洗选业	**06**	**44839**	**16963**	**13478**	**11980**	**2418**	
烟煤和无烟煤开采洗选	061	44761	16963	13478	11923	2397	
烟煤和无烟煤开采洗选	0610	44761	16963	13478	11923	2397	
褐煤开采洗选	062	25			25		
褐煤开采洗选	0620	25			25		
其他煤炭采选	069	53			32	21	
其他煤炭采选	0690	53			32	21	
石油和天然气开采业	**07**	**59237**	**58126**	**431**	**564**	**116**	
石油开采	071	46620	46173		342	105	
陆地石油开采	0711	46620	46173		342	105	
天然气开采	072	12617	11953	431	222	11	
陆地天然气开采	0721	12617	11953	431	222	11	
黑色金属矿采选业	**08**	**8071**	**1134**	**2566**	**3270**	**1101**	
铁矿采选	081	7854	1134	2566	3154	1000	
铁矿采选	0810	7854	1134	2566	3154	1000	
锰矿、铬矿采选	082	169			116	53	
锰矿、铬矿采选	0820	169			116	53	
其他黑色金属矿采选	089	48				48	
其他黑色金属矿采选	0890	48				48	
有色金属矿采选业	**09**	**10113**		**3684**	**5606**	**823**	
常用有色金属矿采选	091	7931		3157	4292	482	
铜矿采选	0911	5277		2380	2693	204	
铅锌矿采选	0912	1513		777	595	141	
镍钴矿采选	0913	976			970	6	
锡矿采选	0914	5				5	
镁矿采选	0917	46			34	12	
其他常用有色金属矿采选	0919	114				114	
贵金属矿采选	092	1928		527	1093	308	
金矿采选	0921	1902		527	1093	282	
其他贵金属矿采选	0929	26				26	

1-23 续表 2

行业小类	代码	从业人员数(人)	大型企业	中型企业	小型企业	微型企业	其他
稀有稀土金属矿采选	093	254			221	33	
钨钼矿采选	0931	19				19	
稀土金属矿采选	0932	2				2	
其他稀有金属矿采选	0939	233			221	12	
非金属矿采选业	**10**	**7997**		**655**	**3137**	**4205**	
土砂石开采	101	6739		320	2576	3843	
石灰石、石膏开采	1011	1321			679	642	
建筑装饰用石开采	1012	1589		320	832	437	
耐火土石开采	1013	85				85	
粘土及其他土砂石开采	1019	3744			1065	2679	
化学矿开采	102	79			55	24	
化学矿开采	1020	79			55	24	
采盐	103	404		335		69	
采盐	1030	404		335		69	
石棉及其他非金属矿采选	109	775			506	269	
石棉、云母矿采选	1091	316			301	15	
石墨、滑石采选	1092	38				38	
宝石、玉石采选	1093	117			34	83	
其他未列明非金属矿采选	1099	304			171	133	
开采专业及辅助性活动	**11**	**42944**	**27116**	**6944**	**7024**	**1860**	
煤炭开采和洗选专业及辅助性活动	111	474			355	119	
煤炭开采和洗选专业及辅助性活动	1110	474			355	119	
石油和天然气开采专业及辅助性活动	112	42241	27116	6944	6474	1707	
石油和天然气开采专业及辅助性活动	1120	42241	27116	6944	6474	1707	
其他开采专业及辅助性活动	119	229			195	34	
其他开采专业及辅助性活动	1190	229			195	34	
其他采矿业	**12**	**486**			**166**	**320**	
其他采矿业	120	486			166	320	
其他采矿业	1200	486			166	320	
制造业	**C**	**671948**	**180521**	**117143**	**237044**	**137240**	
农副食品加工业	**13**	**45280**	**1684**	**8595**	**26471**	**8530**	
谷物磨制	131	5227			4033	1194	
稻谷加工	1311	1007			619	388	
小麦加工	1312	3901			3276	625	
玉米加工	1313	79			31	48	
杂粮加工	1314	117			79	38	
其他谷物磨制	1319	123			28	95	
饲料加工	132	4634		955	3063	616	
宠物饲料加工	1321	33				33	
其他饲料加工	1329	4601		955	3063	583	

1-23 续表 3

行业小类	代码	从业人员数(人)	大型企业	中型企业	小型企业	微型企业	其他
植物油加工	133	6495		729	4750	1016	
食用植物油加工	1331	6370		729	4669	972	
非食用植物油加工	1332	125			81	44	
制糖业	134	7390	1684	5008	559	139	
制糖业	1340	7390	1684	5008	559	139	
屠宰及肉类加工	135	5455		961	3107	1387	
牲畜屠宰	1351	3327		961	1688	678	
禽类屠宰	1352	371			313	58	
肉制品及副产品加工	1353	1757			1106	651	
水产品加工	136	266			158	108	
水产品冷冻加工	1361	245			158	87	
鱼糜制品及水产品干腌制加工	1362	4				4	
其他水产品加工	1369	17				17	
蔬菜、菌类、水果和坚果加工	137	10502		552	7443	2507	
蔬菜加工	1371	608			260	348	
食用菌加工	1372	120			55	65	
水果和坚果加工	1373	9774		552	7128	2094	
其他农副食品加工	139	5311		390	3358	1563	
淀粉及淀粉制品制造	1391	1164		390	687	87	
豆制品制造	1392	351			154	197	
蛋品加工	1393	103			103		
其他未列明农副食品加工	1399	3693			2414	1279	
食品制造业	**14**	**29260**	**7071**	**6740**	**10650**	**4799**	
焙烤食品制造	141	3524			2415	1109	
糕点、面包制造	1411	2591			1780	811	
饼干及其他焙烤食品制造	1419	933			635	298	
糖果、巧克力及蜜饯制造	142	404			225	179	
糖果、巧克力制造	1421	318			225	93	
蜜饯制作	1422	86				86	
方便食品制造	143	3803	1497	1069	669	568	
米、面制品制造	1431	808			465	343	
速冻食品制造	1432	145			67	78	
方便面制造	1433	2176	1497	423	137	119	
其他方便食品制造	1439	674		646		28	
乳制品制造	144	5521		3347	1658	516	
液体乳制造	1441	4548		3347	1007	194	
乳粉制造	1442	751			563	188	
其他乳制品制造	1449	222			88	134	
罐头食品制造	145	2760			2367	393	
肉、禽类罐头制造	1451	61			47	14	

1-23 续表 4

行业小类	代码	从业人员数（人）	大型企业	中型企业	小型企业	微型企业	其他
蔬菜、水果罐头制造	1453	2697			2320	377	
其他罐头食品制造	1459	2				2	
调味品、发酵制品制造	146	6296	3495	1173	1183	445	
味精制造	1461	28				28	
酱油、食醋及类似制品制造	1462	651			482	169	
其他调味品、发酵制品制造	1469	5617	3495	1173	701	248	
其他食品制造	149	6952	2079	1151	2133	1589	
营养食品制造	1491	388			72	316	
保健食品制造	1492	359			222	137	
冷冻饮品及食用冰制造	1493	806		423	117	266	
盐加工	1494	1067		405	632	30	
食品及饲料添加剂制造	1495	3263	2079	323	767	94	
其他未列明食品制造	1499	1069			323	746	
酒、饮料和精制茶制造业	**15**	**13700**	**1842**	**2437**	**6393**	**3028**	
酒的制造	151	8790	1842	1520	3569	1859	
酒精制造	1511	320		320			
白酒制造	1512	3800	1842		1171	787	
啤酒制造	1513	2084		1200	817	67	
葡萄酒制造	1515	2373			1545	828	
其他酒制造	1519	213			36	177	
饮料制造	152	4664		917	2683	1064	
碳酸饮料制造	1521	631		460	138	33	
瓶（罐）装饮用水制造	1522	1420			949	471	
果菜汁及果菜汁饮料制造	1523	1191			921	270	
含乳饮料和植物蛋白饮料制造	1524	491			362	129	
固体饮料制造	1525	52			52		
茶饮料及其他饮料制造	1529	879		457	261	161	
精制茶加工	153	246			141	105	
精制茶加工	1530	246			141	105	
烟草制品业	**16**	**777**		**752**		**25**	
卷烟制造	162	752		752			
卷烟制造	1620	752		752			
其他烟草制品制造	169	25				25	
其他烟草制品制造	1690	25				25	
纺织业	**17**	**80813**	**29591**	**25195**	**17989**	**8038**	
棉纺织及印染精加工	171	69022	28165	22223	15648	2986	
棉纺纱加工	1711	65130	28165	21432	13319	2214	
棉织造加工	1712	3257		480	2012	765	
棉印染精加工	1713	635		311	317	7	
毛纺织及染整精加工	172	2156		1710	209	237	

1-23 续表 5

行业小类	代码	从业人员数(人)	大型企业	中型企业	小型企业	微型企业	其他
毛条和毛纱线加工	1721	1393		1081	158	154	
毛织造加工	1722	755		629	51	75	
毛染整精加工	1723	8				8	
麻纺织及染整精加工	173	99			89	10	
麻纤维纺前加工和纺纱	1731	98			89	9	
麻织造加工	1732	1				1	
丝绢纺织及印染精加工	174	67				67	
缫丝加工	1741	16				16	
绢纺和丝织加工	1742	51				51	
丝印染精加工	1743						
化纤织造及印染精加工	175	241			102	139	
化纤织造加工	1751	180			102	78	
化纤织物染整精加工	1752	61				61	
针织或钩针编织物及其制品制造	176	3910		486	1295	2129	
针织或钩针编织物织造	1761	2477		486	605	1386	
针织或钩针编织物印染精加工	1762	9				9	
针织或钩针编织品制造	1763	1424			690	734	
家用纺织制成品制造	177	3775	1426		425	1924	
床上用品制造	1771	987			335	652	
毛巾类制品制造	1772	1519	1426			93	
窗帘、布艺类产品制造	1773	441				441	
其他家用纺织制成品制造	1779	828			90	738	
产业用纺织制成品制造	178	1543		776	221	546	
非织造布制造	1781	229			148	81	
纺织带和帘子布制造	1783	1				1	
篷、帆布制造	1784	807		776		31	
其他产业用纺织制成品制造	1789	506			73	433	
纺织服装、服饰业	**18**	**73843**		**12676**	**28164**	**33003**	
机织服装制造	181	30620		7292	12008	11320	
运动机织服装制造	1811	5603		1110	1754	2739	
其他机织服装制造	1819	25017		6182	10254	8581	
针织或钩针编织服装制造	182	5271		1857	1918	1496	
运动休闲针织服装制造	1821	2630		1159	873	598	
其他针织或钩针编织服装制造	1829	2641		698	1045	898	
服饰制造	183	37952		3527	14238	20187	
服饰制造	1830	37952		3527	14238	20187	
皮革、毛皮、羽毛及其制品和制鞋业	**19**	**11672**			**5142**	**6530**	
皮革鞣制加工	191	98			50	48	
皮革鞣制加工	1910	98			50	48	
皮革制品制造	192	1906			804	1102	

1-23 续表 6

行业小类	代码	从业人员数(人)	大型企业	中型企业	小型企业	微型企业	其他
皮革服装制造	1921	5				5	
皮箱、包（袋）制造	1922	811			430	381	
皮手套及皮装饰制品制造	1923	707				707	
其他皮革制品制造	1929	383			374	9	
毛皮鞣制及制品加工	193	809			78	731	
毛皮鞣制加工	1931	13				13	
毛皮服装加工	1932	754			78	676	
其他毛皮制品加工	1939	42				42	
羽毛（绒）加工及制品制造	194	65			36	29	
羽毛（绒）加工	1941	22				22	
羽毛（绒）制品加工	1942	43			36	7	
制鞋业	195	8794			4174	4620	
纺织面料鞋制造	1951	183				183	
皮鞋制造	1952	5289			3243	2046	
塑料鞋制造	1953	14				14	
橡胶鞋制造	1954	452			452		
其他制鞋业	1959	2856			479	2377	
木材加工和木、竹、藤、棕、草制品业	**20**	**4783**			**2695**	**2088**	
木材加工	201	2114			839	1275	
锯材加工	2011	543			192	351	
木片加工	2012	588			225	363	
单板加工	2013	56			22	34	
其他木材加工	2019	927			400	527	
人造板制造	202	1780			1457	323	
胶合板制造	2021	342			147	195	
纤维板制造	2022	811			748	63	
刨花板制造	2023	204			186	18	
其他人造板制造	2029	423			376	47	
木质制品制造	203	779			399	380	
建筑用木料及木材组件加工	2031	519			284	235	
木门窗制造	2032	185			115	70	
木地板制造	2034	2				2	
木制容器制造	2035	3				3	
软木制品及其他木制品制造	2039	70				70	
竹、藤、棕、草等制品制造	204	110				110	
草及其他制品制造	2049	110				110	
家具制造业	**21**	**2213**			**967**	**1246**	
木质家具制造	211	1179			264	915	
木质家具制造	2110	1179			264	915	
金属家具制造	213	689			592	97	

1-23 续表 7

行业小类	代码	从业人员数(人)	大型企业	中型企业	小型企业	微型企业	其他
金属家具制造	2130	689			592	97	
塑料家具制造	214	52				52	
塑料家具制造	2140	52				52	
其他家具制造	219	293			111	182	
其他家具制造	2190	293			111	182	
造纸和纸制品业	**22**	**5648**		**528**	**3584**	**1536**	
纸浆制造	221	598		528		70	
木竹浆制造	2211						
非木竹浆制造	2212	598		528		70	
造纸	222	1606			1239	367	
机制纸及纸板制造	2221	1340			1092	248	
手工纸制造	2222	7				7	
加工纸制造	2223	259			147	112	
纸制品制造	223	3444			2345	1099	
纸和纸板容器制造	2231	1968			1401	567	
其他纸制品制造	2239	1476			944	532	
印刷和记录媒介复制业	**23**	**4454**		**336**	**2156**	**1962**	
印刷	231	3907		336	2086	1485	
书、报刊印刷	2311	2015		336	1049	630	
本册印制	2312	195			64	131	
包装装潢及其他印刷	2319	1697			973	724	
装订及印刷相关服务	232	545			70	475	
装订及印刷相关服务	2320	545			70	475	
记录媒介复制	233	2				2	
记录媒介复制	2330	2				2	
文教、工美、体育和娱乐用品制造业	**24**	**8321**		**2345**	**1759**	**4217**	
文教办公用品制造	241	351			85	266	
文具制造	2411	17				17	
笔的制造	2412	127				127	
教学用模型及教具制造	2413	108			41	67	
其他文教办公用品制造	2419	99			44	55	
乐器制造	242	37				37	
中乐器制造	2421						
其他乐器及零件制造	2429	37				37	
工艺美术及礼仪用品制造	243	7698		2345	1495	3858	
雕塑工艺品制造	2431	140				140	
金属工艺品制造	2432	160				160	
漆器工艺品制造	2433	2				2	
花画工艺品制造	2434	253			210	43	
天然植物纤维编织工艺品制造	2435	37				37	

1-23 续表 8

行业小类	代码	从业人员数(人)	大型企业	中型企业	小型企业	微型企业	其他
抽纱刺绣工艺品制造	2436	798			20	778	
地毯、挂毯制造	2437	2963			1112	1851	
珠宝首饰及有关物品制造	2438	259				259	
其他工艺美术及礼仪用品制造	2439	3086		2345	153	588	
体育用品制造	244	149			133	16	
专项运动器材及配件制造	2442	116			100	16	
健身器材制造	2443	33			33		
其他体育用品制造	2449						
玩具制造	245	35				35	
塑胶玩具制造	2452						
娃娃玩具制造	2455	1				1	
其他玩具制造	2459	34				34	
游艺器材及娱乐用品制造	246	51			46	5	
露天游乐场所游乐设备制造	2461	51			46	5	
石油、煤炭及其他燃料加工业	**25**	**55090**	**34791**	**10794**	**6948**	**2557**	
精炼石油产品制造	251	38540	31705	2401	3374	1060	
原油加工及石油制品制造	2511	36510	31705	816	3145	844	
其他原油制造	2519	2030		1585	229	216	
煤炭加工	252	16306	3086	8393	3478	1349	
炼焦	2521	11863		8093	2863	907	
煤制合成气生产	2522	23				23	
煤制液体燃料生产	2523	3222	3086			136	
煤制品制造	2524	588		300	240	48	
其他煤炭加工	2529	610			375	235	
核燃料加工	253	2				2	
核燃料加工	2530	2				2	
生物质燃料加工	254	242			96	146	
生物质液体燃料生产	2541	96			76	20	
生物质致密成型燃料加工	2542	146			20	126	
化学原料和化学制品制造业	**26**	**78361**	**38450**	**11539**	**17847**	**10525**	
基础化学原料制造	261	22855	11152	4041	6021	1641	
无机酸制造	2611	619			614	5	
无机碱制造	2612	542				542	
无机盐制造	2613	11556	8373	1261	1878	44	
有机化学原料制造	2614	8418	2779	2321	2698	620	
其他基础化学原料制造	2619	1720		459	831	430	
肥料制造	262	16629	3707	3175	5490	4257	
氮肥制造	2621	8416	1104	2777	1781	2754	
磷肥制造	2622	2				2	
钾肥制造	2623	2956	2603		249	104	

1-23 续表 9

行业小类	代码	从业人员数(人)	大型企业	中型企业	小型企业	微型企业	其他
复混肥料制造	2624	2505		398	1639	468	
有机肥料及微生物肥料制造	2625	2463			1720	743	
其他肥料制造	2629	287			101	186	
农药制造	263	110			69	41	
化学农药制造	2631	110			69	41	
生物化学农药及微生物农药制造	2632						
涂料、油墨、颜料及类似产品制造	264	835			429	406	
涂料制造	2641	713			364	349	
油墨及类似产品制造	2642	15				15	
工业颜料制造	2643	3				3	
工艺美术颜料制造	2644						
染料制造	2645	75			65	10	
密封用填料及类似品制造	2646	29				29	
合成材料制造	265	22573	16735	2795	821	2222	
初级形态塑料及合成树脂制造	2651	17495	14950	1729	656	160	
合成橡胶制造	2652	764		754		10	
合成纤维单（聚合）体制造	2653	3788	1785	312	24	1667	
其他合成材料制造	2659	526			141	385	
专用化学产品制造	266	12562	6856	979	3130	1597	
化学试剂和助剂制造	2661	5504	1807	311	2311	1075	
专项化学用品制造	2662	1337		668	480	189	
林产化学产品制造	2663	248			147	101	
文化用信息化学品制造	2664	5049	5049				
环境污染处理专用药剂材料制造	2666	79			48	31	
动物胶制造	2667	64			37	27	
其他专用化学产品制造	2669	281			107	174	
炸药、火工及焰火产品制造	267	1582		549	949	84	
炸药及火工产品制造	2671	1582		549	949	84	
焰火、鞭炮产品制造	2672						
日用化学产品制造	268	1215			938	277	
肥皂及洗涤剂制造	2681	534			403	131	
化妆品制造	2682	176			136	40	
口腔清洁用品制造	2683	6				6	
香料、香精制造	2684	442			359	83	
其他日用化学产品制造	2689	57			40	17	
医药制造业	**27**	**10611**	**3086**	**3381**	**3650**	**494**	
化学药品原料药制造	271	3279	3086		151	42	
化学药品原料药制造	2710	3279	3086		151	42	
化学药品制剂制造	272	1160		888	252	20	
化学药品制剂制造	2720	1160		888	252	20	

1-23 续表 10

行业小类	代码	从业人员数（人）	大型企业	中型企业	小型企业	微型企业	其他
中药饮片加工	273	971			778	193	
中药饮片加工	2730	971			778	193	
中成药生产	274	2752		736	1934	82	
中成药生产	2740	2752		736	1934	82	
兽用药品制造	275	474		440		34	
兽用药品制造	2750	474		440		34	
生物药品制品制造	276	1194		667	474	53	
生物药品制造	2761	1194		667	474	53	
卫生材料及医药用品制造	277	66				66	
卫生材料及医药用品制造	2770	66				66	
药用辅料及包装材料	278	715		650	61	4	
药用辅料及包装材料	2780	715		650	61	4	
化学纤维制造业	**28**	**10748**	**7210**	**2306**	**571**	**661**	
纤维素纤维原料及纤维制造	281	10035	7210	2306	372	147	
化纤浆粕制造	2811	1960		1676	187	97	
人造纤维（纤维素纤维）制造	2812	8075	7210	630	185	50	
合成纤维制造	282	541			74	467	
锦纶纤维制造	2821	412				412	
涤纶纤维制造	2822	53			27	26	
丙纶纤维制造	2825	47			47		
其他合成纤维制造	2829	29				29	
生物基材料制造	283	172			125	47	
生物基化学纤维制造	2831	40				40	
生物基、淀粉基新材料制造	2832	132			125	7	
橡胶和塑料制品业	**29**	**20950**	**1181**	**2131**	**11596**	**6042**	
橡胶制品业	291	2825	1181	889	392	363	
轮胎制造	2911	2072	1181	889		2	
橡胶板、管、带制造	2912	442			215	227	
橡胶零件制造	2913	54			40	14	
再生橡胶制造	2914	73			26	47	
日用及医用橡胶制品制造	2915	8				8	
其他橡胶制品制造	2919	176			111	65	
塑料制品业	292	18125		1242	11204	5679	
塑料薄膜制造	2921	1738			1133	605	
塑料板、管、型材制造	2922	8784		674	5438	2672	
塑料丝、绳及编织品制造	2923	2978		568	2176	234	
泡沫塑料制造	2924	909			695	214	
塑料人造革、合成革制造	2925						
塑料包装箱及容器制造	2926	960			624	336	
日用塑料制品制造	2927	929			337	592	

1-23 续表 11

行业小类	代码	从业人员数(人)	大型企业	中型企业	小型企业	微型企业	其他
塑料零件及其他塑料制品制造	2929	1827			801	1026	
非金属矿物制品业	**30**	**84501**	**3612**	**11176**	**49226**	**20487**	
水泥、石灰和石膏制造	301	18336		5185	12186	965	
水泥制造	3011	16446		5185	10714	547	
石灰和石膏制造	3012	1890			1472	418	
石膏、水泥制品及类似制品制造	302	26452	1133	1044	19367	4908	
水泥制品制造	3021	22999	1133	720	17424	3722	
砼结构构件制造	3022	1627		324	946	357	
石棉水泥制品制造	3023	42			20	22	
轻质建筑材料制造	3024	1117			534	583	
其他水泥类似制品制造	3029	667			443	224	
砖瓦、石材等建筑材料制造	303	24367			11297	13070	
粘土砖瓦及建筑砌块制造	3031	14800			6520	8280	
建筑用石加工	3032	4990			2847	2143	
防水建筑材料制造	3033	940			427	513	
隔热和隔音材料制造	3034	1506			756	750	
其他建筑材料制造	3039	2131			747	1384	
玻璃制造	304	1238			1067	171	
平板玻璃制造	3041	810			762	48	
特种玻璃制造	3042	245			145	100	
其他玻璃制造	3049	183			160	23	
玻璃制品制造	305	2055		1120	640	295	
技术玻璃制品制造	3051	79			30	49	
光学玻璃制造	3052	5				5	
玻璃仪器制造	3053	21			20	1	
日用玻璃制品制造	3054	247			181	66	
玻璃包装容器制造	3055	1104		676	409	19	
玻璃保温容器制造	3056	479		444		35	
制镜及类似品加工	3057	3				3	
其他玻璃制品制造	3059	117				117	
玻璃纤维和玻璃纤维增强塑料制品制造	306	973			835	138	
玻璃纤维及制品制造	3061	584			531	53	
玻璃纤维增强塑料制品制造	3062	389			304	85	
陶瓷制品制造	307	2175		848	1111	216	
建筑陶瓷制品制造	3071	1699		848	798	53	
卫生陶瓷制品制造	3072	118			56	62	
特种陶瓷制品制造	3073	11				11	
日用陶瓷制品制造	3074	262			257	5	
陈设艺术陶瓷制造	3075	55				55	
其他陶瓷制品制造	3079	30				30	

1-23 续表 12

行业小类	代码	从业人员数(人)	大型企业	中型企业	小型企业	微型企业	其他
耐火材料制品制造	308	711			581	130	
石棉制品制造	3081	117			108	9	
耐火陶瓷制品及其他耐火材料制造	3089	594			473	121	
石墨及其他非金属矿物制品制造	309	8194	2479	2979	2142	594	
石墨及碳素制品制造	3091	5564	1172	2979	1208	205	
其他非金属矿物制品制造	3099	2630	1307		934	389	
黑色金属冶炼和压延加工业	**31**	**24579**	**15469**	**4345**	**4267**	**498**	
炼铁	311	1820		926	859	35	
炼铁	3110	1820		926	859	35	
炼钢	312	245			212	33	
炼钢	3120	245			212	33	
钢压延加工	313	21026	15469	2877	2293	387	
钢压延加工	3130	21026	15469	2877	2293	387	
铁合金冶炼	314	1488		542	903	43	
铁合金冶炼	3140	1488		542	903	43	
有色金属冶炼和压延加工业	**32**	**41359**	**26948**	**7520**	**5769**	**1122**	
常用有色金属冶炼	321	26860	17937	4971	3343	609	
铜冶炼	3211	1406		951	453	2	
铅锌冶炼	3212	120				120	
镍钴冶炼	3213	1184		926	258		
铝冶炼	3216	13941	13843		77	21	
镁冶炼	3217	1704		1375	329		
硅冶炼	3218	7860	4094	1719	2012	35	
其他常用有色金属冶炼	3219	645			214	431	
贵金属冶炼	322	2567		1889	646	32	
金冶炼	3221	2552		1889	646	17	
其他贵金属冶炼	3229	15				15	
稀有稀土金属冶炼	323	13				13	
稀土金属冶炼	3232	10				10	
其他稀有金属冶炼	3239	3				3	
有色金属合金制造	324	5126	4142		910	74	
有色金属合金制造	3240	5126	4142		910	74	
有色金属压延加工	325	6793	4869	660	870	394	
铜压延加工	3251	107			97	10	
铝压延加工	3252	6328	4869	660	747	52	
贵金属压延加工	3253	1				1	
其他有色金属压延加工	3259	357			26	331	
金属制品业	**33**	**18253**		**736**	**9770**	**7747**	
结构性金属制品制造	331	11047			6195	4852	
金属结构制造	3311	7951			5199	2752	

1-23 续表 13

行业小类	代码	从业人员数(人)	大型企业	中型企业	小型企业	微型企业	其他
金属门窗制造	3312	3096			996	2100	
金属工具制造	332	487			258	229	
切削工具制造	3321	8				8	
手工具制造	3322	14				14	
农用及园林用金属工具制造	3323	272			214	58	
刀剪及类似日用金属工具制造	3324	45			44	1	
其他金属工具制造	3329	148				148	
集装箱及金属包装容器制造	333	1701		402	1037	262	
集装箱制造	3331	106			72	34	
金属压力容器制造	3332	471			429	42	
金属包装容器及材料制造	3333	1124		402	536	186	
金属丝绳及其制品制造	334	238			131	107	
金属丝绳及其制品制造	3340	238			131	107	
建筑、安全用金属制品制造	335	1418			868	550	
建筑、家具用金属配件制造	3351	162			25	137	
建筑装饰及水暖管道零件制造	3352	725			480	245	
安全、消防用金属制品制造	3353	339			251	88	
其他建筑、安全用金属制品制造	3359	192			112	80	
金属表面处理及热处理加工	336	208			142	66	
金属表面处理及热处理加工	3360	208			142	66	
搪瓷制品制造	337	21				21	
建筑装饰搪瓷制品制造	3372	14				14	
搪瓷卫生洁具制造	3373	3				3	
搪瓷日用品及其他搪瓷制品制造	3379	4				4	
金属制日用品制造	338	207			52	155	
金属制厨房用器具制造	3381	72			52	20	
金属制餐具和器皿制造	3382	17				17	
其他金属制日用品制造	3389	118				118	
铸造及其他金属制品制造	339	2926		334	1087	1505	
黑色金属铸造	3391	824		334	307	183	
有色金属铸造	3392	2				2	
锻件及粉末冶金制品制造	3393	100			21	79	
交通及公共管理用金属标牌制造	3394	367			187	180	
其他未列明金属制品制造	3399	1633			572	1061	
通用设备制造业	**34**	**4488**			**2141**	**2347**	
锅炉及原动设备制造	341	664			280	384	
锅炉及辅助设备制造	3411	582			230	352	
水轮机及辅机制造	3414	6				6	
风能原动设备制造	3415	71			50	21	
其他原动设备制造	3419	5				5	

1-23 续表 14

行业小类	代码	从业人员数(人)	大型企业	中型企业	小型企业	微型企业	其他
金属加工机械制造	342	552			63	489	
金属切削机床制造	3421	25				25	
金属成形机床制造	3422						
铸造机械制造	3423	75				75	
金属切割及焊接设备制造	3424	63				63	
机床功能部件及附件制造	3425	1				1	
其他金属加工机械制造	3429	388			63	325	
物料搬运设备制造	343	779			650	129	
轻小型起重设备制造	3431	8				8	
生产专用起重机制造	3432	372			294	78	
生产专用车辆制造	3433						
连续搬运设备制造	3434	223			218	5	
电梯、自动扶梯及升降机制造	3435	168			138	30	
机械式停车设备制造	3437	7				7	
其他物料搬运设备制造	3439	1				1	
泵、阀门、压缩机及类似机械制造	344	134			36	98	
泵及真空设备制造	3441	10				10	
气体压缩机械制造	3442	11				11	
阀门和旋塞制造	3443	93			36	57	
液压动力机械及元件制造	3444	9				9	
气压动力机械及元件制造	3446	11				11	
轴承、齿轮和传动部件制造	345	21				21	
滚动轴承制造	3451	16				16	
其他传动部件制造	3459	5				5	
烘炉、风机、包装等设备制造	346	389			170	219	
烘炉、熔炉及电炉制造	3461	35			23	12	
风机、风扇制造	3462	118			37	81	
气体、液体分离及纯净设备制造	3463	72			21	51	
制冷、空调设备制造	3464	158			89	69	
喷枪及类似器具制造	3466	6				6	
包装专用设备制造	3467						
文化、办公用机械制造	347	79				79	
复印和胶印设备制造	3474	10				10	
计算器及货币专用设备制造	3475	2				2	
其他文化、办公用机械制造	3479	67				67	
通用零部件制造	348	1690			922	768	
金属密封件制造	3481	185			159	26	
紧固件制造	3482	82			59	23	
弹簧制造	3483	8				8	
机械零部件加工	3484	1334			649	685	

1-23 续表 15

行业小类	代码	从业人员数(人)	大型企业	中型企业	小型企业	微型企业	其他
其他通用零部件制造	3489	81			55	26	
其他通用设备制造业	349	180			20	160	
工业机器人制造	3491	4				4	
其他未列明通用设备制造业	3499	176			20	156	
专用设备制造业	**35**	**9194**		**729**	**5664**	**2801**	
采矿、冶金、建筑专用设备制造	351	2316			1493	823	
矿山机械制造	3511	415			237	178	
石油钻采专用设备制造	3512	1158			766	392	
深海石油钻探设备制造	3513	62			28	34	
建筑工程用机械制造	3514	331			215	116	
建筑材料生产专用机械制造	3515	101				101	
冶金专用设备制造	3516	23			21	2	
隧道施工专用机械制造	3517	226			226		
化工、木材、非金属加工专用设备制造	352	468			341	127	
炼油、化工生产专用设备制造	3521	326			268	58	
塑料加工专用设备制造	3523	28				28	
木竹材加工机械制造	3524	62			46	16	
模具制造	3525	10				10	
其他非金属加工专用设备制造	3529	42			27	15	
食品、饮料、烟草及饲料生产专用设备制造	353	132			56	76	
食品、酒、饮料及茶生产专用设备制造	3531	13				13	
农副食品加工专用设备制造	3532	94			31	63	
饲料生产专用设备制造	3534	25			25		
印刷、制药、日化及日用品生产专用设备制造	354	102			51	51	
制浆和造纸专用设备制造	3541						
印刷专用设备制造	3542	43			26	17	
日用化工专用设备制造	3543	7				7	
照明器具生产专用设备制造	3545	22				22	
玻璃、陶瓷和搪瓷制品生产专用设备制造	3546	25			25		
其他日用品生产专用设备制造	3549	5				5	
纺织、服装和皮革加工专用设备制造	355	398			345	53	
纺织专用设备制造	3551	388			345	43	
皮革、毛皮及其制品加工专用设备制造	3552	7				7	
缝制机械制造	3553	3				3	
电子和电工机械专用设备制造	356	447			327	120	
电工机械专用设备制造	3561	51			38	13	
半导体器件专用设备制造	3562	3				3	
电子元器件与机电组件设备制造	3563	60			25	35	
其他电子专用设备制造	3569	333			264	69	
农、林、牧、渔专用机械制造	357	3701		729	2170	802	

1-23 续表 16

行业小类	代码	从业人员数(人)	大型企业	中型企业	小型企业	微型企业	其他
拖拉机制造	3571	48			31	17	
机械化农业及园艺机具制造	3572	2374		729	1138	507	
畜牧机械制造	3574	280			270	10	
渔业机械制造	3575	12				12	
农林牧渔机械配件制造	3576	198			98	100	
棉花加工机械制造	3577	609			519	90	
其他农、林、牧、渔业机械制造	3579	180			114	66	
医疗仪器设备及器械制造	358	308			154	154	
医疗诊断、监护及治疗设备制造	3581	96			77	19	
口腔科用设备及器具制造	3582	70				70	
医疗实验室及医用消毒设备和器具制造	3583						
医疗、外科及兽医用器械制造	3584	11				11	
机械治疗及病房护理设备制造	3585						
康复辅具制造	3586	18				18	
眼镜制造	3587	4				4	
其他医疗设备及器械制造	3589	109			77	32	
环保、邮政、社会公共服务及其他专用设备制造	359	1322			727	595	
环境保护专用设备制造	3591	809			491	318	
商业、饮食、服务专用设备制造	3594	17				17	
社会公共安全设备及器材制造	3595	183			140	43	
交通安全、管制及类似专用设备制造	3596	44			30	14	
水资源专用机械制造	3597	34				34	
其他专用设备制造	3599	235			66	169	
汽车制造业	**36**	**2366**		**1156**	**649**	**561**	
汽车整车制造	361	1662		1156	461	45	
汽柴油车整车制造	3611	1168		678	461	29	
新能源车整车制造	3612	494		478		16	
汽车用发动机制造	362	5				5	
汽车用发动机制造	3620	5				5	
改装汽车制造	363	211			82	129	
改装汽车制造	3630	211			82	129	
电车制造	365	14				14	
电车制造	3650	14				14	
汽车车身、挂车制造	366	49			28	21	
汽车车身、挂车制造	3660	49			28	21	
汽车零部件及配件制造	367	425			78	347	
汽车零部件及配件制造	3670	425			78	347	
铁路、船舶、航空航天和其他运输设备制造业	**37**	**558**			**443**	**115**	
铁路运输设备制造	371	262			233	29	
高铁车组制造	3711	74			74		

1-23 续表 17

行业小类	代码	从业人员数（人）	大型企业	中型企业	小型企业	微型企业	其他
铁路机车车辆制造	3712	2				2	
铁路专用设备及器材、配件制造	3716	76			49	27	
其他铁路运输设备制造	3719	110			110		
城市轨道交通设备制造	372	42			42		
城市轨道交通设备制造	3720	42			42		
航空、航天器及设备制造	374	53			28	25	
飞机制造	3741	4				4	
航空相关设备制造	3744	1				1	
其他航空航天器制造	3749	48			28	20	
摩托车制造	375	88			73	15	
摩托车整车制造	3751	62			53	9	
摩托车零部件及配件制造	3752	26			20	6	
自行车和残疾人座车制造	376	12				12	
自行车制造	3761	12				12	
助动车制造	377	101			67	34	
助动车制造	3770	101			67	34	
非公路休闲车及零配件制造	378						
非公路休闲车及零配件制造	3780						
电气机械和器材制造业	**38**	**18762**	**8224**	**380**	**7287**	**2871**	
电机制造	381	2530	1968		517	45	
发电机及发电机组制造	3811	2435	1968		437	30	
电动机制造	3812	82			80	2	
微特电机及组件制造	3813	3				3	
其他电机制造	3819	10				10	
输配电及控制设备制造	382	11199	6256	380	3069	1494	
变压器、整流器和电感器制造	3821	4572	3079		1312	181	
电容器及其配套设备制造	3822	71			26	45	
配电开关控制设备制造	3823	2312		380	1210	722	
电力电子元器件制造	3824	587			324	263	
光伏设备及元器件制造	3825	2284	2137		80	67	
其他输配电及控制设备制造	3829	1373	1040		117	216	
电线、电缆、光缆及电工器材制造	383	3756			3246	510	
电线、电缆制造	3831	3678			3200	478	
光缆制造	3833	46			46		
绝缘制品制造	3834	18				18	
其他电工器材制造	3839	14				14	
电池制造	384	362			239	123	
锂离子电池制造	3841	114				114	
铅蓄电池制造	3843	136			136		
其他电池制造	3849	112			103	9	

1-23 续表 18

行业小类	代码	从业人员数(人)	大型企业	中型企业	小型企业	微型企业	其他
家用电力器具制造	385	295				295	
家用制冷电器具制造	3851	1				1	
家用通风电器具制造	3853	33				33	
家用厨房电器具制造	3854	184				184	
家用清洁卫生电器具制造	3855	17				17	
家用电力器具专用配件制造	3857	5				5	
其他家用电力器具制造	3859	55				55	
非电力家用器具制造	386	39				39	
燃气及类似能源家用器具制造	3861	3				3	
太阳能器具制造	3862	36				36	
其他非电力家用器具制造	3869						
照明器具制造	387	403			157	246	
电光源制造	3871	60			60		
照明灯具制造	3872	302			97	205	
舞台及场地用灯制造	3873	3				3	
智能照明器具制造	3874	4				4	
灯用电器附件及其他照明器具制造	3879	34				34	
其他电气机械及器材制造	389	178			59	119	
电气信号设备装置制造	3891	15				15	
其他未列明电气机械及器材制造	3899	163			59	104	
计算机、通信和其他电子设备制造业	**39**	**4682**	**1362**	**650**	**2272**	**398**	
计算机制造	391	210			132	78	
计算机整机制造	3911	25			25		
计算机零部件制造	3912	2				2	
计算机外围设备制造	3913	109			107	2	
工业控制计算机及系统制造	3914	5				5	
信息安全设备制造	3915	34				34	
其他计算机制造	3919	35				35	
通信设备制造	392	77			57	20	
通信系统设备制造	3921	74			57	17	
通信终端设备制造	3922	3				3	
广播电视设备制造	393	19				19	
广播电视节目制作及发射设备制造	3931	6				6	
应用电视设备及其他广播电视设备制造	3939	13				13	
非专业视听设备制造	395	6				6	
电视机制造	3951	1				1	
音响设备制造	3952	3				3	
影视录放设备制造	3953	2				2	
智能消费设备制造	396	95			70	25	
智能车载设备制造	3962	70			70		

1-23 续表 19

行业小类	代码	从业人员数(人)	大型企业	中型企业	小型企业	微型企业	其他
智能无人飞行器制造	3963	11				11	
服务消费机器人制造	3964	5				5	
其他智能消费设备制造	3969	9				9	
电子器件制造	397	76			53	23	
集成电路制造	3973	5				5	
显示器件制造	3974	3				3	
光电子器件制造	3976	57			53	4	
其他电子器件制造	3979	11				11	
电子元件及电子专用材料制造	398	3479	1362		1930	187	
电阻电容电感元件制造	3981	1				1	
电子电路制造	3982	2				2	
敏感元件及传感器制造	3983	33				33	
电声器件及零件制造	3984	1				1	
电子专用材料制造	3985	2931	1362		1535	34	
其他电子元件制造	3989	511			395	116	
其他电子设备制造	399	720		650	30	40	
其他电子设备制造	3990	720		650	30	40	
仪器仪表制造业	**40**	**489**			**274**	**215**	
通用仪器仪表制造	401	345			235	110	
工业自动控制系统装置制造	4011	231			163	68	
电工仪器仪表制造	4012	53			48	5	
绘图、计算及测量仪器制造	4013	6				6	
实验分析仪器制造	4014	1				1	
供应用仪器仪表制造	4016	2				2	
其他通用仪器制造	4019	52			24	28	
专用仪器仪表制造	402	89			39	50	
环境监测专用仪器仪表制造	4021	8				8	
地质勘探和地震专用仪器制造	4025	39			39		
教学专用仪器制造	4026	15				15	
核子及核辐射测量仪器制造	4027	4				4	
电子测量仪器制造	4028	9				9	
其他专用仪器制造	4029	14				14	
衡器制造	405	53				53	
衡器制造	4050	53				53	
其他仪器仪表制造业	409	2				2	
其他仪器仪表制造业	4090	2				2	
其他制造业	**41**	**1030**			**133**	**897**	
日用杂品制造	411	71				71	
鬃毛加工、制刷及清扫工具制造	4111	4				4	
其他日用杂品制造	4119	67				67	

1-23 续表 20

行业小类	代码	从业人员数(人)	大型企业	中型企业	小型企业	微型企业	其他
核辐射加工	412	7				7	
核辐射加工	4120	7				7	
其他未列明制造业	419	952			133	819	
其他未列明制造业	4190	952			133	819	
废弃资源综合利用业	**42**	**1912**			**1511**	**401**	
金属废料和碎屑加工处理	421	768			608	160	
金属废料和碎屑加工处理	4210	768			608	160	
非金属废料和碎屑加工处理	422	1144			903	241	
非金属废料和碎屑加工处理	4220	1144			903	241	
金属制品、机械和设备修理业	**43**	**3251**		**696**	**1056**	**1499**	
金属制品修理	431	214			152	62	
金属制品修理	4310	214			152	62	
通用设备修理	432	185				185	
通用设备修理	4320	185				185	
专用设备修理	433	920			464	456	
专用设备修理	4330	920			464	456	
铁路、船舶、航空航天等运输设备修理	434	64			41	23	
铁路运输设备修理	4341	41			41		
其他运输设备修理	4349	23				23	
电气设备修理	435	881		696	42	143	
电气设备修理	4350	881		696	42	143	
仪器仪表修理	436	58			30	28	
仪器仪表修理	4360	58			30	28	
其他机械和设备修理业	439	929			327	602	
其他机械和设备修理业	4390	929			327	602	
电力、热力、燃气及水生产和供应业	**D**	**111949**	**38959**	**21980**	**39569**	**11441**	
电力、热力生产和供应业	**44**	**87730**	**32140**	**20390**	**25720**	**9480**	
电力生产	441	36820	2263	13161	14106	7290	
火力发电	4411	7905		3103	3083	1719	
热电联产	4412	14572	2263	9436	2703	170	
水力发电	4413	6141		305	3852	1984	
核力发电	4414	1				1	
风力发电	4415	4693		317	3157	1219	
太阳能发电	4416	2834			726	2108	
生物质能发电	4417	353			339	14	
其他电力生产	4419	321			246	75	
电力供应	442	34267	28410	3841	1192	824	
电力供应	4420	34267	28410	3841	1192	824	
热力生产和供应	443	16643	1467	3388	10422	1366	
热力生产和供应	4430	16643	1467	3388	10422	1366	

1-23 续表 21

行业小类	代码	从业人员数(人)	大型企业	中型企业	小型企业	微型企业	其他
燃气生产和供应业	**45**	**12416**	**5102**	**1590**	**5035**	**689**	
燃气生产和供应业	451	12399	5102	1590	5035	672	
天然气生产和供应业	4511	8494	1586	1590	4748	570	
液化石油气生产和供应业	4512	246			153	93	
煤气生产和供应业	4513	3659	3516		134	9	
生物质燃气生产和供应业	452	17				17	
生物质燃气生产和供应业	4520	17				17	
水的生产和供应业	**46**	**11803**	**1717**		**8814**	**1272**	
自来水生产和供应	461	9568	1717		7072	779	
自来水生产和供应	4610	9568	1717		7072	779	
污水处理及其再生利用	462	2200			1742	458	
污水处理及其再生利用	4620	2200			1742	458	
其他水的处理、利用与分配	469	35				35	
其他水的处理、利用与分配	4690	35				35	
建筑业	**E**	**427528**	**132232**	**179853**	**80305**	**35138**	
房屋建筑业	**47**	**229127**	**59007**	**124066**	**35922**	**10132**	
住宅房屋建筑	471	219998	59007	121142	31368	8481	
住宅房屋建筑	4710	219998	59007	121142	31368	8481	
体育场馆建筑	472	37			37		
体育场馆建筑	4720	37			37		
其他房屋建筑业	479	9092		2924	4517	1651	
其他房屋建筑业	4790	9092		2924	4517	1651	
土木工程建筑业	**48**	**136736**	**72754**	**34079**	**21057**	**8846**	
铁路、道路、隧道和桥梁工程建筑	481	88732	63355	12542	9574	3261	
铁路工程建筑	4811	5651	4507	1054	42	48	
公路工程建筑	4812	28004	17567	5918	3407	1112	
市政道路工程建筑	4813	51131	41281	4124	3817	1909	
城市轨道交通工程建筑	4814	13				13	
其他道路、隧道和桥梁工程建筑	4819	3933		1446	2308	179	
水利和水运工程建筑	482	18210	7665	6272	3091	1182	
水源及供水设施工程建筑	4821	15581	5941	5744	2789	1107	
河湖治理及防洪设施工程建筑	4822	2615	1724	528	294	69	
港口及航运设施工程建筑	4823	14			8	6	
工矿工程建筑	484	7328		4941	2086	301	
工矿工程建筑	4840	7328		4941	2086	301	
架线和管道工程建筑	485	11468	1734	6196	2399	1139	
架线及设备工程建筑	4851	7072	1734	2956	1685	697	
管道工程建筑	4852	4364		3240	694	430	
地下综合管廊工程建筑	4853	32			20	12	
节能环保工程施工	486	729		126	430	173	

1-23 续表 22

行业小类	代码	从业人员数(人)	大型企业	中型企业	小型企业	微型企业	其他
节能工程施工	4861	194			185	9	
环保工程施工	4862	535		126	245	164	
生态保护工程施工	4863						
电力工程施工	487	3057		1923	768	366	
火力发电工程施工	4871	953		699	238	16	
水力发电工程施工	4872	260		224	10	26	
风能发电工程施工	4874	76			76		
太阳能发电工程施工	4875	43			40	3	
其他电力工程施工	4879	1725		1000	404	321	
其他土木工程建筑	489	7212		2079	2709	2424	
园林绿化工程施工	4891	3951		993	1555	1403	
体育场地设施工程施工	4892	147			118	29	
游乐设施工程施工	4893	2				2	
其他土木工程建筑施工	4899	3112		1086	1036	990	
建筑安装业	**49**	**26013**		**8617**	**12461**	**4935**	
电气安装	491	9749		2736	5468	1545	
电气安装	4910	9749		2736	5468	1545	
管道和设备安装	492	6830		1803	3612	1415	
管道和设备安装	4920	6830		1803	3612	1415	
其他建筑安装业	499	9434		4078	3381	1975	
体育场地设施安装	4991	314		135	137	42	
其他建筑安装	4999	9120		3943	3244	1933	
建筑装饰、装修和其他建筑业	**50**	**35652**	**471**	**13091**	**10865**	**11225**	
建筑装饰和装修业	501	14654		692	4896	9066	
公共建筑装饰和装修	5011	4158		640	2228	1290	
住宅装饰和装修	5012	9259		52	1850	7357	
建筑幕墙装饰和装修	5013	1237			818	419	
建筑物拆除和场地准备活动	502	3122		1295	1068	759	
建筑物拆除活动	5021	1522		450	565	507	
场地准备活动	5022	1600		845	503	252	
提供施工设备服务	503	1487		93	1222	172	
提供施工设备服务	5030	1487		93	1222	172	
其他未列明建筑业	509	16389	471	11011	3679	1228	
其他未列明建筑业	5090	16389	471	11011	3679	1228	
批发和零售业	**F**	**328533**	**44651**	**69787**	**66215**	**147880**	
批发业	**51**	**197986**	**23759**	**39535**	**36473**	**98219**	
农、林、牧、渔产品批发	511	28377	4914	11626	5438	6399	
谷物、豆及薯类批发	5111	3935		1989	1265	681	
种子批发	5112	4595		1627	991	1977	
畜牧渔业饲料批发	5113	453			143	310	

1-23 续表 23

行业小类	代码	从业人员数(人)	大型企业	中型企业	小型企业	微型企业	其他
棉、麻批发	5114	15702	4914	7347	2274	1167	
林业产品批发	5115	682			220	462	
牲畜批发	5116	1302		595	215	492	
渔业产品批发	5117	54				54	
其他农牧产品批发	5119	1654		68	330	1256	
食品、饮料及烟草制品批发	512	25496	2852	4680	4721	13243	
米、面制品及食用油批发	5121	3073		759	884	1430	
糕点、糖果及糖批发	5122	728		47	231	450	
果品、蔬菜批发	5123	6279	203	1169	1201	3706	
肉、禽、蛋、奶及水产品批发	5124	2478	380	577	585	936	
盐及调味品批发	5125	1073		416	149	508	
营养和保健品批发	5126	634			106	528	
酒、饮料及茶叶批发	5127	3250	216	574	588	1872	
烟草制品批发	5128	2963	2053	881		29	
其他食品批发	5129	5018		257	977	3784	
纺织、服装及家庭用品批发	513	15720		3651	2675	9394	
纺织品、针织品及原料批发	5131	1396		72	239	1085	
服装批发	5132	6094		2019	1248	2827	
鞋帽批发	5133	304			50	254	
化妆品及卫生用品批发	5134	1761		555	205	1001	
厨具卫具及日用杂品批发	5135	2115		86	263	1766	
灯具、装饰物品批发	5136	454			101	353	
家用视听设备批发	5137	77				77	
日用家电批发	5138	2048		877	314	857	
其他家庭用品批发	5139	1471		42	255	1174	
文化、体育用品及器材批发	514	3845	522	84	602	2637	
文具用品批发	5141	1531			171	1360	
体育用品及器材批发	5142	377			93	284	
图书批发	5143	841	522		87	232	
报刊批发	5144	2				2	
音像制品、电子和数字出版物批发	5145	98			13	85	
首饰、工艺品及收藏品批发	5146	543			177	366	
乐器批发	5147	37				37	
其他文化用品批发	5149	416		84	61	271	
医药及医疗器材批发	515	13569	1315	4583	3256	4415	
西药批发	5151	6269	1315	3388	878	688	
中药批发	5152	1413		347	734	332	
动物用药品批发	5153	103			9	94	
医疗用品及器材批发	5154	5784		848	1635	3301	
矿产品、建材及化工产品批发	516	61507	11805	9572	10696	29434	

1-23 续表 24

行业小类	代码	从业人员数（人）	大型企业	中型企业	小型企业	微型企业	其他
煤炭及制品批发	5161	5407	208	1294	1478	2427	
石油及制品批发	5162	18650	10720	3627	1910	2393	
非金属矿及制品批发	5163	781			208	573	
金属及金属矿批发	5164	7221		1164	2321	3736	
建材批发	5165	15431		1126	2588	11717	
化肥批发	5166	7310	547	1471	920	4372	
农药批发	5167	1872		98	235	1539	
农用薄膜批发	5168	253				253	
其他化工产品批发	5169	4582	330	792	1036	2424	
机械设备、五金产品及电子产品批发	517	40499	2351	4341	7661	26146	
农业机械批发	5171	3206		480	698	2028	
汽车及零配件批发	5172	5436		909	1294	3233	
摩托车及零配件批发	5173	456			76	380	
五金产品批发	5174	6535		206	567	5762	
电气设备批发	5175	2651		25	390	2236	
计算机、软件及辅助设备批发	5176	3261		228	969	2064	
通讯设备批发	5177	3726	2123	500	439	664	
广播影视设备批发	5178	131			45	86	
其他机械设备及电子产品批发	5179	15097	228	1993	3183	9693	
贸易经纪与代理	518	2345		72	415	1858	
贸易代理	5181	1795		72	380	1343	
一般物品拍卖	5182	256				256	
艺术品、收藏品拍卖	5183	18				18	
其他贸易经纪与代理	5189	276			35	241	
其他批发业	519	6628		926	1009	4693	
再生物资回收与批发	5191	1477		297	208	972	
宠物食品用品批发	5192	31				31	
互联网批发	5193	126		24	24	78	
其他未列明批发业	5199	4994		605	777	3612	
零售业	**52**	**130547**	**20892**	**30252**	**29742**	**49661**	
综合零售	521	24202	7367	6934	3576	6325	
百货零售	5211	15384	4890	3705	1890	4899	
超级市场零售	5212	7123	2477	3037	1274	335	
便利店零售	5213	352		192	76	84	
其他综合零售	5219	1343			336	1007	
食品、饮料及烟草制品专门零售	522	7354		1063	1925	4366	
粮油零售	5221	721			468	253	
糕点、面包零售	5222	807		134	337	336	
果品、蔬菜零售	5223	1411		556	130	725	
肉、禽、蛋、奶及水产品零售	5224	453			78	375	

1-23 续表 25

行业小类	代码	从业人员数(人)	大型企业	中型企业	小型企业	微型企业	其他
营养和保健品零售	5225	462			23	439	
酒、饮料及茶叶零售	5226	1051		62	274	715	
烟草制品零售	5227	220			48	172	
其他食品零售	5229	2229		311	567	1351	
纺织、服装及日用品专门零售	523	8015	718	1869	1258	4170	
纺织品及针织品零售	5231	864			303	561	
服装零售	5232	3915	325	1498	443	1649	
鞋帽零售	5233	619	393	53	118	55	
化妆品及卫生用品零售	5234	547			85	462	
厨具卫具及日用杂品零售	5235	342			90	252	
钟表、眼镜零售	5236	655		118	83	454	
箱包零售	5237	30				30	
自行车等代步设备零售	5238	113			20	93	
其他日用品零售	5239	930		200	116	614	
文化、体育用品及器材专门零售	524	5258		2138	787	2333	
文具用品零售	5241	1135			146	989	
体育用品及器材零售	5242	326			76	250	
图书、报刊零售	5243	2053		1821	149	83	
音像制品、电子和数字出版物零售	5244	55			13	42	
珠宝首饰零售	5245	1010		317	303	390	
工艺美术品及收藏品零售	5246	156			10	146	
乐器零售	5247	97				97	
照相器材零售	5248	22				22	
其他文化用品零售	5249	404			90	314	
医药及医疗器材专门零售	525	16668	5351	4236	2483	4598	
西药零售	5251	13143	3986	4156	2018	2983	
中药零售	5252	1826	1365		128	333	
动物用药品零售	5253	84			10	74	
医疗用品及器材零售	5254	1550		80	327	1143	
保健辅助治疗器材零售	5255	65				65	
汽车、摩托车、零配件和燃料及其他动力销售	526	36343	2308	11988	13353	8694	
汽车新车零售	5261	20523		8468	8502	3553	
汽车旧车零售	5262	668			85	583	
汽车零配件零售	5263	2707			376	2331	
摩托车及零配件零售	5264	517			150	367	
机动车燃油零售	5265	8160	1930	2116	2504	1610	
机动车燃气零售	5266	3758	378	1404	1736	240	
机动车充电销售	5267	10				10	
家用电器及电子产品专门零售	527	12085	1088	779	3076	7142	
家用视听设备零售	5271	506	302	50	56	98	

1-23 续表 26

行业小类	代码	从业人员数（人）	大型企业	中型企业	小型企业	微型企业	其他
日用家电零售	5272	3539	786	127	1105	1521	
计算机、软件及辅助设备零售	5273	3795		107	1016	2672	
通信设备零售	5274	1531		495	458	578	
其他电子产品零售	5279	2714			441	2273	
五金、家具及室内装饰材料专门零售	528	13137	4060	58	1371	7648	
五金零售	5281	4690			669	4021	
灯具零售	5282	241				241	
家具零售	5283	5235	4060	58	188	929	
涂料零售	5284	146			12	134	
卫生洁具零售	5285	137			12	125	
木质装饰材料零售	5286	238			73	165	
陶瓷、石材装饰材料零售	5287	496			107	389	
其他室内装饰材料零售	5289	1954			310	1644	
货摊、无店铺及其他零售业	529	7485		1187	1913	4385	
流动货摊零售	5291	13				13	
互联网零售	5292	579		50	55	474	
邮购及电视、电话零售	5293	15				15	
自动售货机零售	5294	15				15	
旧货零售	5295	41				41	
生活用燃料零售	5296	2221		673	964	584	
宠物食品用品零售	5297	32			12	20	
其他未列明零售业	5299	4569		464	882	3223	
交通运输、仓储和邮政业	**G**	**203700**	**46490**	**26422**	**41131**	**34484**	**55173**
铁路运输业	**53**	**55173**					**55173**
铁路旅客运输	531	28					28
高速铁路旅客运输	5311	25					25
普通铁路旅客运输	5313	3					3
铁路货物运输	532	55145					55145
铁路货物运输	5320	55145					55145
道路运输业	**54**	**102331**	**35085**	**13117**	**29280**	**24849**	
城市公共交通运输	541	22788	5639	8882	4669	3598	
公共电汽车客运	5411	16462	5639	6788	3782	253	
城市轨道交通	5412	2077				2077	
出租车客运	5413	1777			681	1096	
公共自行车服务	5414	3				3	
其他城市公共交通运输	5419	2469		2094	206	169	
公路旅客运输	542	6249		712	3955	1582	
长途客运	5421	4222		712	2561	949	
旅游客运	5422	913			752	161	
其他公路客运	5429	1114			642	472	

1-23 续表 27

行业小类	代码	从业人员数(人)	大型企业	中型企业	小型企业	微型企业	其他
道路货物运输	543	68617	29446	2876	18533	17762	
普通货物道路运输	5431	35004		1745	16694	16565	
冷藏车道路运输	5432	4				4	
集装箱道路运输	5433	21				21	
大型货物道路运输	5434	285			95	190	
危险货物道路运输	5435	31894	29446	731	1437	280	
邮件包裹道路运输	5436	105			52	53	
城市配送	5437	249				249	
搬家运输	5438	125				125	
其他道路货物运输	5439	930		400	255	275	
道路运输辅助活动	544	4677		647	2123	1907	
客运汽车站	5441	3383		647	1642	1094	
货运枢纽（站）	5442	146			130	16	
公路管理与养护	5443	738			255	483	
其他道路运输辅助活动	5449	410			96	314	
水上运输业	**55**	**68**			**42**	**26**	
水上旅客运输	551	46			42	4	
内河旅客运输	5512	42			42		
客运轮渡运输	5513	4				4	
水上货物运输	552	19				19	
远洋货物运输	5521	19				19	
水上运输辅助活动	553	3				3	
货运港口	5532	3				3	
其他水上运输辅助活动	5539						
航空运输业	**56**	**8535**	**7197**	**645**	**462**	**231**	
航空客货运输	561	1238	1191			47	
航空旅客运输	5611	1214	1191			23	
航空货物运输	5612	24				24	
通用航空服务	562	517		318	37	162	
通用航空生产服务	5621	478		318	37	123	
观光游览航空服务	5622	7				7	
体育航空运动服务	5623	1				1	
其他通用航空服务	5629	31				31	
航空运输辅助活动	563	6780	6006	327	425	22	
机场	5631	6506	6006	327	171	2	
其他航空运输辅助活动	5639	274			254	20	
管道运输业	**57**	**3628**	**3142**		**405**	**81**	
海底管道运输	571	1				1	
海底管道运输	5710	1				1	
陆地管道运输	572	3627	3142		405	80	

1-23 续表 28

行业小类	代码	从业人员数(人)	大型企业	中型企业	小型企业	微型企业	其他
陆地管道运输	5720	3627	3142		405	80	
多式联运和运输代理业	**58**	**6245**			**2762**	**3483**	
多式联运	581	492			316	176	
多式联运	5810	492			316	176	
运输代理业	582	5753			2446	3307	
货物运输代理	5821	5137			2274	2863	
旅客票务代理	5822	439			172	267	
其他运输代理业	5829	177				177	
装卸搬运和仓储业	**59**	**11850**		**3348**	**4822**	**3680**	
装卸搬运	591	5898		2971	1777	1150	
装卸搬运	5910	5898		2971	1777	1150	
通用仓储	592	1389			653	736	
通用仓储	5920	1389			653	736	
低温仓储	593	658		260	47	351	
低温仓储	5930	658		260	47	351	
危险品仓储	594	264			35	229	
油气仓储	5941	233			35	198	
危险化学品仓储	5942	17				17	
其他危险品仓储	5949	14				14	
谷物、棉花等农产品仓储	595	2446		117	1730	599	
谷物仓储	5951	1034			816	218	
棉花仓储	5952	711		117	546	48	
其他农产品仓储	5959	701			368	333	
中药材仓储	596	17				17	
中药材仓储	5960	17				17	
其他仓储业	599	1178			580	598	
其他仓储业	5990	1178			580	598	
邮政业	**60**	**15870**	**1066**	**9312**	**3358**	**2134**	
邮政基本服务	601	7604		6533	1033	38	
邮政基本服务	6010	7604		6533	1033	38	
快递服务	602	8108	1066	2779	2179	2084	
快递服务	6020	8108	1066	2779	2179	2084	
其他寄递服务	609	158			146	12	
其他寄递服务	6090	158			146	12	
住宿和餐饮业	**H**	**52788**	**4456**	**12878**	**26860**	**8594**	
住宿业	**61**	**33258**	**2451**	**9043**	**18258**	**3506**	
旅游饭店	611	21044	1567	7613	10958	906	
旅游饭店	6110	21044	1567	7613	10958	906	
一般旅馆	612	9209		1277	5767	2165	
经济型连锁酒店	6121	1889		408	1056	425	

1-23 续表 29

行业小类	代码	从业人员数(人)	大型企业	中型企业	小型企业	微型企业	其他
其他一般旅馆	6129	7320		869	4711	1740	
民宿服务	613	196			150	46	
民宿服务	6130	196			150	46	
露营地服务	614	33			31	2	
露营地服务	6140	33			31	2	
其他住宿业	619	2776	884	153	1352	387	
其他住宿业	6190	2776	884	153	1352	387	
餐饮业	**62**	**19530**	**2005**	**3835**	**8602**	**5088**	
正餐服务	621	15036		3329	7648	4059	
正餐服务	6210	15036		3329	7648	4059	
快餐服务	622	3250	2005	506	312	427	
快餐服务	6220	3250	2005	506	312	427	
饮料及冷饮服务	623	59			36	23	
茶馆服务	6231	17			10	7	
咖啡馆服务	6232	6				6	
酒吧服务	6233	5				5	
其他饮料及冷饮服务	6239	31			26	5	
餐饮配送及外卖送餐服务	624	414			138	276	
餐饮配送服务	6241	332			98	234	
外卖送餐服务	6242	82			40	42	
其他餐饮业	629	771			468	303	
小吃服务	6291	153			62	91	
其他未列明餐饮业	6299	618			406	212	
信息传输、软件和信息技术服务业	**I**	**69029**	**3815**	**31133**	**17407**	**16674**	
电信、广播电视和卫星传输服务	**63**	**29149**		**26055**	**2283**	**811**	
电信	631	26892		24412	1842	638	
固定电信服务	6311	11959		11011	846	102	
移动电信服务	6312	13099		12233	562	304	
其他电信服务	6319	1834		1168	434	232	
广播电视传输服务	632	2152		1643	380	129	
有线广播电视传输服务	6321	2141		1643	380	118	
无线广播电视传输服务	6322	11				11	
卫星传输服务	633	105			61	44	
广播电视卫星传输服务	6331	57			16	41	
其他卫星传输服务	6339	48			45	3	
互联网和相关服务	**64**	**5170**		**1114**	**1854**	**2202**	
互联网接入及相关服务	641	875		214	370	291	
互联网接入及相关服务	6410	875		214	370	291	
互联网信息服务	642	2736		900	862	974	
互联网搜索服务	6421	79			31	48	

1-23 续表 30

行业小类	代码	从业人员数(人)	大型企业	中型企业	小型企业	微型企业	其他
互联网游戏服务	6422	42			37	5	
互联网其他信息服务	6429	2615		900	794	921	
互联网平台	643	491			179	312	
互联网生产服务平台	6431	172			61	111	
互联网生活服务平台	6432	189			37	152	
互联网科技创新平台	6433	5				5	
互联网公共服务平台	6434	68			41	27	
其他互联网平台	6439	57			40	17	
互联网安全服务	644	66			19	47	
互联网安全服务	6440	66			19	47	
互联网数据服务	645	402			272	130	
互联网数据服务	6450	402			272	130	
其他互联网服务	649	600			152	448	
其他互联网服务	6490	600			152	448	
软件和信息技术服务业	**65**	**34710**	**3815**	**3964**	**13270**	**13661**	
软件开发	651	10349		1154	4308	4887	
基础软件开发	6511	5678		872	2014	2792	
支撑软件开发	6512	82			53	29	
应用软件开发	6513	2914		130	1298	1486	
其他软件开发	6519	1675		152	943	580	
集成电路设计	652	100			46	54	
集成电路设计	6520	100			46	54	
信息系统集成和物联网技术服务	653	5995	425	1354	2357	1859	
信息系统集成服务	6531	5848	425	1354	2273	1796	
物联网技术服务	6532	147			84	63	
运行维护服务	654	1170	378	158	442	192	
运行维护服务	6540	1170	378	158	442	192	
信息处理和存储支持服务	655	283			86	197	
信息处理和存储支持服务	6550	283			86	197	
信息技术咨询服务	656	14523	3012	926	5203	5382	
信息技术咨询服务	6560	14523	3012	926	5203	5382	
数字内容服务	657	333			236	97	
地理遥感信息服务	6571	124			106	18	
动漫、游戏数字内容服务	6572	104			63	41	
其他数字内容服务	6579	105			67	38	
其他信息技术服务业	659	1957		372	592	993	
呼叫中心	6591	375		372		3	
其他未列明信息技术服务业	6599	1582			592	990	
金融业	**J**	**196562**	**34273**	**1633**	**53859**	**105212**	**1585**
货币金融服务	**66**	**61421**	**34273**	**1633**	**12367**	**13148**	

1-23 续表 31

行业小类	代码	从业人员数(人)	大型企业	中型企业	小型企业	微型企业	其他
货币银行服务	662	57860	34273	1522	12340	9725	
商业银行服务	6621	47139	31957	1459	10956	2767	
政策性银行服务	6622	2379	2316	63			
信用合作社服务	6623	8271			1384	6887	
农村资金互助社服务	6624	46				46	
其他货币银行服务	6629	25				25	
非货币银行服务	663	3561		111	27	3423	
融资租赁服务	6631	234		111	27	96	
财务公司服务	6632	50				50	
典当	6633	1172				1172	
小额贷款公司服务	6635	2020				2020	
网络借贷服务	6637	20				20	
其他非货币银行服务	6639	65				65	
资本市场服务	**67**	**3015**			**86**	**1344**	**1585**
证券市场服务	671	1435				31	1404
证券市场管理服务	6711	30				30	
证券经纪交易服务	6712	1405				1	1404
非公开募集证券投资基金	673	333				333	
期货市场服务	674	181					181
其他期货市场服务	6749	181					181
资本投资服务	676	873			86	787	
资本投资服务	6760	873			86	787	
其他资本市场服务	679	193				193	
其他资本市场服务	6790	193				193	
保险业	**68**	**130804**			**41043**	**89761**	
人身保险	681	103512			40692	62820	
人寿保险	6811	102719			40692	62027	
健康保险	6813	793				793	
财产保险	682	24736			351	24385	
财产保险	6820	24736			351	24385	
商业养老金	684	307				307	
商业养老金	6840	307				307	
保险中介服务	685	2241				2241	
保险经纪服务	6851	8				8	
保险代理服务	6852	2233				2233	
其他保险活动	689	8				8	
其他保险活动	6890	8				8	
其他金融业	**69**	**1322**			**363**	**959**	
金融信托与管理服务	691	468			361	107	
信托公司	6911	459			353	106	

1-23 续表 32

行业小类	代码	从业人员数(人)	大型企业	中型企业	小型企业	微型企业	其他
其他金融信托与管理服务	6919	9			8	1	
控股公司服务	692						
控股公司服务	6920						
非金融机构支付服务	693	22				22	
非金融机构支付服务	6930	22				22	
金融信息服务	694	137				137	
金融信息服务	6940	137				137	
金融资产管理公司	695	7				7	
金融资产管理公司	6950	7				7	
其他未列明金融业	699	688			2	686	
其他未包括金融业	6999	688			2	686	
房地产业	**K**	**160596**	**8310**	**35368**	**33580**	**73852**	**9486**
房地产业	**70**	**160596**	**8310**	**35368**	**33580**	**73852**	**9486**
房地产开发经营	701	46278	746	19259	7203	19070	
房地产开发经营	7010	46278	746	19259	7203	19070	
物业管理	702	97461	7564	15473	23077	51347	
物业管理	7020	97461	7564	15473	23077	51347	
房地产中介服务	703	7064		636	3144	3284	
房地产中介服务	7030	7064		636	3144	3284	
房地产租赁经营	704	9486					9486
房地产租赁经营	7040	9486					9486
其他房地产业	709	307			156	151	
其他房地产业	7090	307			156	151	
租赁和商务服务业	**L**	**245445**	**2658**	**20635**	**155101**	**67051**	
租赁业	**71**	**10103**	**494**	**166**	**3763**	**5680**	
机械设备经营租赁	711	9953	494	166	3753	5540	
汽车租赁	7111	2962	494		880	1588	
农业机械经营租赁	7112	447		166	127	154	
建筑工程机械与设备经营租赁	7113	5140			2084	3056	
计算机及通讯设备经营租赁	7114	68			31	37	
医疗设备经营租赁	7115	44			13	31	
其他机械与设备经营租赁	7119	1292			618	674	
文体设备和用品出租	712	141			10	131	
休闲娱乐用品设备出租	7121	48				48	
体育用品设备出租	7122	12				12	
文化用品设备出租	7123	46			10	36	
图书出租	7124	13				13	
音像制品出租	7125						
其他文体设备和用品出租	7129	22				22	
日用品出租	713	9				9	

1-23 续表 33

行业小类	代码	从业人员数(人)	大型企业	中型企业	小型企业	微型企业	其他
日用品出租	7130	9				9	
商务服务业	**72**	**235342**	**2164**	**20469**	**151338**	**61371**	
组织管理服务	721	35842	2164	8417	18774	6487	
企业总部管理	7211	11241	1846	3993	4586	816	
投资与资产管理	7212	16589	318	2517	8849	4905	
资源与产权交易服务	7213	375		295	46	34	
单位后勤管理服务	7214	2561		861	1553	147	
农村集体经济组织管理	7215	3092		218	2831	43	
其他组织管理服务	7219	1984		533	909	542	
综合管理服务	722	8794		930	6002	1862	
园区管理服务	7221	260			228	32	
商业综合体管理服务	7222	1114		303	612	199	
市场管理服务	7223	6253		627	4242	1384	
供应链管理服务	7224	204			135	69	
其他综合管理服务	7229	963			785	178	
法律服务	723	510			273	237	
律师及相关法律服务	7231	297			92	205	
公证服务	7232	58			48	10	
其他法律服务	7239	155			133	22	
咨询与调查	724	26556		3500	8903	14153	
会计、审计及税务服务	7241	7159			2773	4386	
市场调查	7242	236			126	110	
社会经济咨询	7243	9787		269	2722	6796	
健康咨询	7244	1704		1175	50	479	
环保咨询	7245	592			336	256	
体育咨询	7246	29			12	17	
其他专业咨询与调查	7249	7049		2056	2884	2109	
广告业	725	11993			2816	9177	
互联网广告服务	7251	1389			355	1034	
其他广告服务	7259	10604			2461	8143	
人力资源服务	726	63504		3234	55793	4477	
公共就业服务	7261	28				28	
职业中介服务	7262	1142			834	308	
劳务派遣服务	7263	58414		3234	51393	3787	
创业指导服务	7264	145			55	90	
其他人力资源服务	7269	3775			3511	264	
安全保护服务	727	61098		3563	51568	5967	
安全服务	7271	54489		3563	46080	4846	
安全系统监控服务	7272	1362			554	808	
其他安全保护服务	7279	5247			4934	313	

1-23 续表 34

行业小类	代码	从业人员数（人）	大型企业	中型企业	小型企业	微型企业	其他
会议、展览及相关服务	728	1835			672	1163	
科技会展服务	7281	94			30	64	
旅游会展服务	7282	255			183	72	
体育会展服务	7283						
文化会展服务	7284	679			256	423	
其他会议、展览及相关服务	7289	807			203	604	
其他商务服务业	729	25210		825	6537	17848	
旅行社及相关服务	7291	6887		690	4091	2106	
包装服务	7292	198			26	172	
办公服务	7293	471			156	315	
翻译服务	7294	90				90	
信用服务	7295	81				81	
非融资担保服务	7296	409			202	207	
商务代理代办服务	7297	1343			473	870	
票务代理服务	7298	56			21	35	
其他未列明商务服务业	7299	15675		135	1568	13972	
科学研究和技术服务业	**M**	**87408**	**17270**	**12621**	**40547**	**16970**	
研究和试验发展	**73**	**1718**		**356**	**735**	**627**	
自然科学研究和试验发展	731	32			10	22	
自然科学研究和试验发展	7310	32			10	22	
工程和技术研究和试验发展	732	1088		250	510	328	
工程和技术研究和试验发展	7320	1088		250	510	328	
农业科学研究和试验发展	733	237			89	148	
农业科学研究和试验发展	7330	237			89	148	
医学研究和试验发展	734	347		106	126	115	
医学研究和试验发展	7340	347		106	126	115	
社会人文科学研究	735	14				14	
社会人文科学研究	7350	14				14	
专业技术服务业	**74**	**71504**	**16197**	**11817**	**33353**	**10137**	
气象服务	741	108			41	67	
气象服务	7410	108			41	67	
地震服务	742	4				4	
地震服务	7420	4				4	
海洋服务	743	1				1	
海洋环境服务	7432	1				1	
其他海洋服务	7439						
测绘地理信息服务	744	2035		392	1161	482	
遥感测绘服务	7441	707		109	372	226	
其他测绘地理信息服务	7449	1328		283	789	256	
质检技术服务	745	10889		1394	7833	1662	

1-23 续表 35

行业小类	代码	从业人员数(人)	大型企业	中型企业	小型企业	微型企业	其他
检验检疫服务	7451	164			121	43	
检测服务	7452	8573		915	6512	1146	
计量服务	7453	513		138	185	190	
标准化服务	7454						
认证认可服务	7455	83			48	35	
其他质检技术服务	7459	1556		341	967	248	
环境与生态监测检测服务	746	1549			1268	281	
环境保护监测	7461	1460			1203	257	
生态资源监测	7462	89			65	24	
地质勘查	747	2330	382	395	1171	382	
能源矿产地质勘查	7471	860	382	263	143	72	
固体矿产地质勘查	7472	345			265	80	
基础地质勘查	7474	82			52	30	
地质勘查技术服务	7475	1043		132	711	200	
工程技术与设计服务	748	43381	12644	8540	17918	4279	
工程管理服务	7481	13421	2591	1501	7306	2023	
工程监理服务	7482	7243	1787	2269	2945	242	
工程勘察活动	7483	8825	6018	977	1489	341	
工程设计活动	7484	12101	2248	3321	5131	1401	
规划设计管理	7485	1730		472	1009	249	
土地规划服务	7486	61			38	23	
工业与专业设计及其他专业技术服务	749	11207	3171	1096	3961	2979	
工业设计服务	7491	581		178	293	110	
专业设计服务	7492	4680	1433	444	1391	1412	
兽医服务	7493	299			160	139	
其他未列明专业技术服务业	7499	5647	1738	474	2117	1318	
科技推广和应用服务业	**75**	**14186**	**1073**	**448**	**6459**	**6206**	
技术推广服务	751	11659	1073	448	5042	5096	
农林牧渔技术推广服务	7511	3856	729	224	1430	1473	
生物技术推广服务	7512	1221			451	770	
新材料技术推广服务	7513	182			37	145	
节能技术推广服务	7514	1019		115	350	554	
新能源技术推广服务	7515	1207	344		551	312	
环保技术推广服务	7516	1144			599	545	
三维（3D）打印技术推广服务	7517	5				5	
其他技术推广服务	7519	3025		109	1624	1292	
知识产权服务	752	442			264	178	
知识产权服务	7520	442			264	178	
科技中介服务	753	391			227	164	
科技中介服务	7530	391			227	164	

1-23 续表 36

行业小类	代码	从业人员数(人)	大型企业	中型企业	小型企业	微型企业	其他
创业空间服务	754	129			59	70	
创业空间服务	7540	129			59	70	
其他科技推广服务业	759	1565			867	698	
其他科技推广服务业	7590	1565			867	698	
水利、环境和公共设施管理业	**N**	**27647**	**13504**	**3989**	**7901**	**2253**	
水利管理业	**76**	**3633**	**2214**	**372**	**876**	**171**	
防洪除涝设施管理	761	26			21	5	
防洪除涝设施管理	7610	26			21	5	
水资源管理	762	1004	401		524	79	
水资源管理	7620	1004	401		524	79	
天然水收集与分配	763	1858	1487	264	99	8	
天然水收集与分配	7630	1858	1487	264	99	8	
水文服务	764	7				7	
水文服务	7640	7				7	
其他水利管理业	769	738	326	108	232	72	
其他水利管理业	7690	738	326	108	232	72	
生态保护和环境治理业	**77**	**1706**		**298**	**1089**	**319**	
生态保护	771	474		298	133	43	
自然生态系统保护管理	7711	206		105	87	14	
野生动物保护	7713	197		193		4	
动物园、水族馆管理服务	7715	30			30		
植物园管理服务	7716	5				5	
其他自然保护	7719	36			16	20	
环境治理业	772	1232			956	276	
水污染治理	7721	318			221	97	
大气污染治理	7722	150			126	24	
固体废物治理	7723	293			205	88	
危险废物治理	7724	397			385	12	
土壤污染治理与修复服务	7726	22			19	3	
其他污染治理	7729	52				52	
公共设施管理业	**78**	**21602**	**11290**	**3319**	**5419**	**1574**	
市政设施管理	781	3117	945	1339	598	235	
市政设施管理	7810	3117	945	1339	598	235	
环境卫生管理	782	8883	7208	554	904	217	
环境卫生管理	7820	8883	7208	554	904	217	
城乡市容管理	783	130			70	60	
城乡市容管理	7830	130			70	60	
绿化管理	784	7004	2735	916	2517	836	
绿化管理	7840	7004	2735	916	2517	836	
城市公园管理	785	30			20	10	

1-23 续表 37

行业小类	代码	从业人员数(人)	大型企业	中型企业	小型企业	微型企业	其他
城市公园管理	7850	30			20	10	
游览景区管理	786	2438	402	510	1310	216	
名胜风景区管理	7861	1022	402	114	464	42	
森林公园管理	7862	111			103	8	
其他游览景区管理	7869	1305		396	743	166	
土地管理业	**79**	**706**			**517**	**189**	
土地整治服务	791	244			217	27	
土地整治服务	7910	244			217	27	
土地调查评估服务	792	365			254	111	
土地调查评估服务	7920	365			254	111	
土地登记服务	793	3				3	
土地登记服务	7930	3				3	
土地登记代理服务	794	1				1	
土地登记代理服务	7940	1				1	
其他土地管理服务	799	93			46	47	
其他土地管理服务	7990	93			46	47	
居民服务、修理和其他服务业	**O**	**27119**	**2759**	**2145**	**12637**	**9578**	
居民服务业	**80**	**7271**	**340**	**345**	**4213**	**2373**	
家庭服务	801	1919		160	1084	675	
家庭服务	8010	1919		160	1084	675	
托儿所服务	802	119			96	23	
托儿所服务	8020	119			96	23	
洗染服务	803	476			384	92	
洗染服务	8030	476			384	92	
理发及美容服务	804	654			260	394	
理发及美容服务	8040	654			260	394	
洗浴和保健养生服务	805	1000		185	531	284	
洗浴服务	8051	325		185	129	11	
足浴服务	8052	128			110	18	
养生保健服务	8053	547			292	255	
摄影扩印服务	806	673			399	274	
摄影扩印服务	8060	673			399	274	
婚姻服务	807	257			59	198	
婚姻服务	8070	257			59	198	
殡葬服务	808	1154	340		720	94	
殡葬服务	8080	1154	340		720	94	
其他居民服务业	809	1019			680	339	
其他居民服务业	8090	1019			680	339	
机动车、电子产品和日用产品修理业	**81**	**13294**	**836**	**256**	**5982**	**6220**	
汽车、摩托车等修理与维护	811	9836			5100	4736	

1-23 续表 38

行业小类	代码	从业人员数(人)					
			大型企业	中型企业	小型企业	微型企业	其他
汽车修理与维护	8111	9473			4920	4553	
大型车辆装备修理与维护	8112	308			170	138	
摩托车修理与维护	8113	42				42	
助动车等修理与维护	8114	13			10	3	
计算机和办公设备维修	812	2480	836	256	520	868	
计算机和辅助设备修理	8121	845		100	295	450	
通讯设备修理	8122	1113	836		155	122	
其他办公设备维修	8129	522		156	70	296	
家用电器修理	813	698			213	485	
家用电子产品修理	8131	274			120	154	
日用电器修理	8132	424			93	331	
其他日用产品修理业	819	280			149	131	
自行车修理	8191						
鞋和皮革修理	8192						
家具和相关物品修理	8193	9				9	
其他未列明日用产品修理业	8199	271			149	122	
其他服务业	**82**	**6554**	**1583**	**1544**	**2442**	**985**	
清洁服务	821	5524	1583	1403	1836	702	
建筑物清洁服务	8211	675	350		210	115	
其他清洁服务	8219	4849	1233	1403	1626	587	
宠物服务	822	38			21	17	
宠物饲养	8221	2				2	
宠物医院服务	8222	11				11	
宠物美容服务	8223	14			11	3	
其他宠物服务	8229	11			10	1	
其他未列明服务业	829	992		141	585	266	
其他未列明服务业	8290	992		141	585	266	
教育	**P**	**17144**					**17144**
教育	**83**	**17144**					**17144**
学前教育	831	546					546
学前教育	8310	546					546
初等教育	832	33					33
普通小学教育	8321	30					30
成人小学教育	8322	3					3
中等教育	833	382					382
普通初中教育	8331	1					1
普通高中教育	8334	381					381
特殊教育	835	1					1
特殊教育	8350	1					1
技能培训、教育辅助及其他教育	839	16182					16182

1-23 续表 39

行业小类	代码	从业人员数(人)	大型企业	中型企业	小型企业	微型企业	其他
职业技能培训	8391	13416					13416
体校及体育培训	8392	94					94
文化艺术培训	8393	787					787
教育辅助服务	8394	1013					1013
其他未列明教育	8399	872					872
卫生和社会工作	**Q**	**18724**	**2037**	**2114**	**1760**	**116**	**12697**
卫生	**84**	**18157**	**2037**	**2114**	**1308**	**1**	**12697**
医院	841	13879	2037	1645	1244	1	8952
综合医院	8411	7279	767	1019	746		4747
中医医院	8412	693					693
中西医结合医院	8413	245			75	1	169
民族医院	8414	181			60		121
专科医院	8415	5437	1270	626	363		3178
疗养院	8416	44					44
基层医疗卫生服务	842	1926		111			1815
社区卫生服务中心（站）	8421	150					150
乡镇卫生院	8423	51					51
村卫生室	8424	242					242
门诊部（所）	8425	1483		111			1372
专业公共卫生服务	843	946					946
疾病预防控制中心	8431	32					32
专科疾病防治院（所、站)	8432	39					39
妇幼保健院（所、站）	8433	72					72
急救中心（站）服务	8434	33					33
采供血机构服务	8435	526					526
计划生育技术服务活动	8436	244					244
其他卫生活动	849	1406		358	64		984
健康体检服务	8491	1042		358	64		620
临床检验服务	8492	121					121
其他未列明卫生服务	8499	243					243
社会工作	**85**	**567**			**452**	**115**	
提供住宿社会工作	851	454			351	103	
干部休养所	8511	147			141	6	
精神康复服务	8513	76			76		
老年人、残疾人养护服务	8514	227			134	93	
临终关怀服务	8515	4				4	
不提供住宿社会工作	852	113			101	12	
社会看护与帮助服务	8521	74			66	8	
康复辅具适配服务	8522	38			35	3	
其他不提供住宿社会工作	8529	1				1	

1-23 续表 40

行业小类	代码	从业人员数(人)	大型企业	中型企业	小型企业	微型企业	其他
文化、体育和娱乐业	**R**	**20468**	**2870**	**2018**	**7016**	**8564**	
新闻和出版业	**86**	**1199**		**793**	**359**	**47**	
新闻业	861	4				4	
新闻业	8610	4				4	
出版业	862	1195		793	359	43	
图书出版	8621	350		204	139	7	
报纸出版	8622	737		589	141	7	
期刊出版	8623	85			79	6	
音像制品出版	8624	6				6	
数字出版	8626	1				1	
其他出版业	8629	16				16	
广播、电视、电影和录音制作业	**87**	**5092**		**311**	**2720**	**2061**	
广播	871	334			230	104	
广播	8710	334			230	104	
电视	872	160			117	43	
电视	8720	160			117	43	
影视节目制作	873	2537			1061	1476	
影视节目制作	8730	2537			1061	1476	
广播电视集成播控	874	72			50	22	
广播电视集成播控	8740	72			50	22	
电影和广播电视节目发行	875	329		122	88	119	
电影和广播电视节目发行	8750	329		122	88	119	
电影放映	876	1574		189	1124	261	
电影放映	8760	1574		189	1124	261	
录音制作	877	86			50	36	
录音制作	8770	86			50	36	
文化艺术业	**88**	**2602**	**366**	**573**	**739**	**924**	
文艺创作与表演	881	857			495	362	
文艺创作与表演	8810	857			495	362	
艺术表演场馆	882	940	366	573		1	
艺术表演场馆	8820	940	366	573		1	
图书馆与档案馆	883	39			25	14	
图书馆	8831						
档案馆	8832	39			25	14	
文物及非物质文化遗产保护	884	5				5	
文物及非物质文化遗产保护	8840	5				5	
博物馆	885	9				9	
博物馆	8850	9				9	
群众文体活动	887	121			21	100	
群众文体活动	8870	121			21	100	

1-23 续表 41

行业小类	代码	从业人员数(人)	大型企业	中型企业	小型企业	微型企业	其他
其他文化艺术业	889	631			198	433	
其他文化艺术业	8890	631			198	433	
体育	**89**	**1375**		**241**	**611**	**523**	
体育组织	891	463		241	74	148	
体育竞赛组织	8911	253		118	40	95	
体育保障组织	8912	26			17	9	
其他体育组织	8919	184		123	17	44	
体育场地设施管理	892	112			77	35	
体育场馆管理	8921	99			77	22	
其他体育场地设施管理	8929	13				13	
健身休闲活动	893	766			460	306	
健身休闲活动	8930	766			460	306	
其他体育	899	34				34	
体育中介代理服务	8991	13				13	
体育健康服务	8992	21				21	
其他未列明体育	8999						
娱乐业	**90**	**10200**	**2504**	**100**	**2587**	**5009**	
室内娱乐活动	901	7545	2504		1087	3954	
歌舞厅娱乐活动	9011	351			195	156	
电子游艺厅娱乐活动	9012	96			55	41	
网吧活动	9013	4286			600	3686	
其他室内娱乐活动	9019	2812	2504		237	71	
游乐园	902	406			345	61	
游乐园	9020	406			345	61	
休闲观光活动	903	513		100	333	80	
休闲观光活动	9030	513		100	333	80	
彩票活动	904	3				3	
福利彩票服务	9042	3				3	
文化体育娱乐活动与经纪代理服务	905	1355			624	731	
文化活动服务	9051	1017			408	609	
体育表演服务	9052	182			134	48	
文化娱乐经纪人	9053	65			51	14	
体育经纪人	9054	4				4	
其他文化艺术经纪代理	9059	87			31	56	
其他娱乐业	909	378			198	180	
其他娱乐业	9090	378			198	180	

1-24 按地区、营业收入组距分组的企业法人单位数

地 区	企业法人单位数（个）	100 万元及以下	100-200 万元	200-500 万元	500-1000 万元
总 计	**175572**	**123266**	**11941**	**14181**	**7928**
乌鲁木齐市	**59020**	**41068**	**4142**	**5218**	**2882**
市辖区	1				
天山区	10845	8081	737	844	439
沙依巴克区	9296	6128	794	987	523
新市区	13717	10482	749	932	515
水磨沟区	6347	4317	499	638	341
头屯河区	2708	1236	233	338	278
达坂城区	249	161	14	14	14
米东区	3757	2167	366	490	245
乌鲁木齐县	241	192	10	7	3
乌鲁木齐经济技术开发区	5423	3342	385	524	295
乌鲁木齐高新技术产业开发区	6431	4960	355	444	229
克拉玛依市	**5582**	**3478**	**483**	**565**	**342**
市辖区	2	1			
独山子区	727	435	71	81	38
克拉玛依区	4007	2532	356	403	256
白碱滩区	644	364	46	71	39
乌尔禾区	202	146	10	10	9
吐鲁番市	**4182**	**2881**	**276**	**327**	**197**
高昌区	1871	1399	115	100	72
鄯善县	1256	793	101	135	69
托克逊县	1055	689	60	92	56
哈密市	**8976**	**6808**	**510**	**581**	**273**
伊州区	8105	6187	474	518	246
巴里坤哈萨克自治县	419	309	15	22	12
伊吾县	450	312	21	41	15
昌吉回族自治州	**13933**	**9833**	**864**	**1060**	**640**
昌吉市	6966	4917	457	570	323
阜康市	1608	1130	84	136	65
呼图壁县	1187	846	76	78	52
玛纳斯县	883	558	55	78	44
奇台县	1632	1208	96	95	65
吉木萨尔县	1308	917	79	82	76
木垒哈萨克自治县	349	257	17	21	15
博尔塔拉蒙古自治州	**4578**	**3329**	**287**	**294**	**172**
博乐市	2710	1920	187	203	105
阿拉山口市	936	707	45	43	33
精河县	745	571	41	32	26
温泉县	187	131	14	16	8

1-24 续表 1

地　区	1000-2000万元	2000-5000万元	5000万元-1亿元	1亿元以上
总　计	**6165**	**5456**	**2712**	**3923**
乌鲁木齐市	**2010**	**1735**	**749**	**1216**
市辖区				1
天山区	281	225	98	140
沙依巴克区	365	275	87	137
新市区	363	279	163	234
水磨沟区	195	183	71	103
头屯河区	198	189	86	150
达坂城区	12	18	7	9
米东区	187	133	66	103
乌鲁木齐县	10	6	4	9
乌鲁木齐经济技术开发区	233	272	123	249
乌鲁木齐高新技术产业开发区	166	155	44	78
克拉玛依市	**248**	**201**	**109**	**156**
市辖区			1	
独山子区	38	27	14	23
克拉玛依区	157	139	72	92
白碱滩区	43	25	19	37
乌尔禾区	10	10	3	4
吐鲁番市	**154**	**163**	**83**	**101**
高昌区	64	59	30	32
鄯善县	47	53	28	30
托克逊县	43	51	25	39
哈密市	**271**	**211**	**125**	**197**
伊州区	240	179	104	157
巴里坤哈萨克自治县	14	16	16	15
伊吾县	17	16	4	24
昌吉回族自治州	**463**	**476**	**248**	**349**
昌吉市	229	208	101	161
阜康市	61	57	34	41
呼图壁县	33	49	28	25
玛纳斯县	34	44	35	35
奇台县	50	57	24	37
吉木萨尔县	43	44	20	47
木垒哈萨克自治县	13	17	6	3
博尔塔拉蒙古自治州	**162**	**158**	**79**	**97**
博乐市	101	95	43	56
阿拉山口市	27	35	21	25
精河县	26	23	13	13
温泉县	8	5	2	3

1-24 续表 2

地区	企业法人单位数(个)	100 万元及以下	100-200 万元	200-500 万元	500-1000 万元
巴音郭楞蒙古自治州	**11938**	**8550**	**806**	**865**	**526**
库尔勒市	7130	5077	519	557	312
轮台县	1063	722	74	79	74
尉犁县	518	337	30	24	17
若羌县	460	339	31	36	15
且末县	389	302	21	27	16
焉耆回族自治县	624	476	39	36	21
和静县	1056	789	58	63	37
和硕县	461	331	26	27	23
博湖县	235	176	8	16	11
库尔勒经济技术开发区	2	1			
阿克苏地区	**12223**	**8525**	**917**	**988**	**546**
阿克苏市	5333	3762	452	438	227
温宿县	1107	631	101	138	79
库车县	2315	1541	183	198	122
沙雅县	961	761	37	44	22
新和县	602	471	23	28	30
拜城县	923	687	51	55	32
乌什县	278	177	20	30	12
阿瓦提县	536	384	36	42	16
柯坪县	168	111	14	15	6
克孜勒苏柯尔克孜自治州	**2296**	**1742**	**130**	**152**	**100**
阿图什市	1354	1058	74	69	57
阿克陶县	472	351	31	30	18
阿合奇县	120	83	11	13	6
乌恰县	350	250	14	40	19
喀什地区	**13930**	**10092**	**983**	**1095**	**527**
喀什市	5221	3628	377	438	250
疏附县	521	338	54	67	15
疏勒县	1008	695	61	88	56
英吉沙县	424	256	47	37	15
泽普县	519	367	40	49	19
莎车县	1810	1398	119	125	47
叶城县	1098	872	58	63	19
麦盖提县	883	696	51	60	21
岳普湖县	448	316	44	40	10
伽师县	1008	850	47	54	24
巴楚县	893	612	81	62	44
塔什库尔干塔吉克自治县	95	64	3	12	7
和田地区	**6911**	**5562**	**340**	**388**	**208**

1-24 续表 3

地　区				
	1000-2000万元	2000-5000万元	5000万元-1亿元	1亿元以上
巴音郭楞蒙古自治州	**413**	**366**	**156**	**256**
库尔勒市	211	205	89	160
轮台县	40	38	12	24
尉犁县	36	28	20	26
若羌县	23	8	3	5
且末县	12	5	2	4
焉耆回族自治县	21	23	4	4
和静县	39	29	12	29
和硕县	21	19	11	3
博湖县	10	10	3	1
库尔勒经济技术开发区		1		
阿克苏地区	**407**	**343**	**209**	**288**
阿克苏市	153	121	76	104
温宿县	62	43	25	28
库车县	90	78	46	57
沙雅县	23	18	27	29
新和县	16	9	10	15
拜城县	23	36	9	30
乌什县	15	13	6	5
阿瓦提县	15	17	8	18
柯坪县	10	8	2	2
克孜勒苏柯尔克孜自治州	**52**	**52**	**30**	**38**
阿图什市	31	28	18	19
阿克陶县	10	15	7	10
阿合奇县	1	3		3
乌恰县	10	6	5	6
喀什地区	**396**	**425**	**184**	**228**
喀什市	177	161	91	99
疏附县	13	21	8	5
疏勒县	43	38	9	18
英吉沙县	13	25	6	25
泽普县	8	22	8	6
莎车县	48	45	17	11
叶城县	19	38	15	14
麦盖提县	15	21	11	8
岳普湖县	16	12	3	7
伽师县	8	11	4	10
巴楚县	31	30	11	22
塔什库尔干塔吉克自治县	5	1	1	2
和田地区	**162**	**120**	**64**	**67**

1-24 续表 4

地　区	企业法人单位数(个)	100 万元及以下	100-200 万元	200-500 万元	500-1000 万元
和田市	3178	2559	157	168	86
和田县	735	571	40	48	26
墨玉县	836	657	44	45	30
皮山县	507	393	29	40	18
洛浦县	471	362	25	31	23
策勒县	366	302	20	17	11
于田县	604	533	16	27	12
民丰县	214	185	9	12	2
伊犁哈萨克自治州直属县（市）	**16370**	**10764**	**1144**	**1444**	**817**
伊宁市	3637	2238	319	399	190
奎屯市	2439	1404	215	268	119
霍尔果斯市	5522	3816	305	419	275
伊宁县	627	409	42	39	36
察布查尔锡伯自治县	658	446	42	45	38
霍城县	1489	1077	69	102	63
巩留县	382	248	34	31	22
新源县	715	479	54	72	32
昭苏县	255	179	21	24	12
特克斯县	239	173	10	21	13
尼勒克县	407	295	33	24	17
塔城地区	**4414**	**3043**	**266**	**316**	**187**
塔城市	933	685	53	60	35
乌苏市	1218	834	71	74	51
额敏县	501	316	38	49	24
沙湾县	1039	708	64	74	41
托里县	230	165	9	16	13
裕民县	168	117	14	16	6
和布克赛尔蒙古自治县	325	218	17	27	17
阿勒泰地区	**3576**	**2510**	**231**	**251**	**134**
阿勒泰市	1451	1063	102	101	44
布尔津县	317	208	29	28	14
富蕴县	348	249	16	22	14
福海县	655	381	41	60	27
哈巴河县	301	226	16	14	13
青河县	256	178	19	19	14
吉木乃县	247	205	8	7	8
自治区直辖县级市	**7643**	**5081**	**562**	**637**	**377**
石河子市	3692	2520	252	288	170
阿拉尔市	1972	1236	144	186	121
图木舒克市	705	483	50	63	35
五家渠市	1225	804	113	96	48
铁门关市	48	37	3	4	3

1-24 续表 5

地　区	1000-2000万元	2000-5000万元	5000万元-1亿元	1亿元以上
和田市	75	58	35	40
和田县	26	12	7	5
墨玉县	26	19	6	9
皮山县	12	7	6	2
洛浦县	8	11	7	4
策勒县	7	6		3
于田县	3	6	3	4
民丰县	5	1		
伊犁哈萨克自治州直属县（市）	**775**	**652**	**324**	**450**
伊宁市	169	152	76	94
奎屯市	175	124	50	84
霍尔果斯市	232	213	109	153
伊宁县	31	31	20	19
察布查尔锡伯自治县	36	28	13	10
霍城县	55	53	22	48
巩留县	15	16	3	13
新源县	34	15	15	14
昭苏县	8	5	3	3
特克斯县	6	7	6	3
尼勒克县	14	8	7	9
塔城地区	**184**	**155**	**114**	**149**
塔城市	34	19	17	30
乌苏市	64	51	36	37
额敏县	22	23	11	18
沙湾县	34	36	34	48
托里县	5	10	8	4
裕民县	3	9	2	1
和布克赛尔蒙古自治县	22	7	6	11
阿勒泰地区	**196**	**124**	**62**	**68**
阿勒泰市	56	39	21	25
布尔津县	10	17	8	3
富蕴县	14	16	6	11
福海县	89	29	13	15
哈巴河县	8	11	8	5
青河县	12	7	4	3
吉木乃县	7	5	2	5
自治区直辖县级市	**272**	**275**	**176**	**263**
石河子市	101	132	95	134
阿拉尔市	98	81	46	60
图木舒克市	24	13	13	24
五家渠市	49	49	22	44
铁门关市				1

1-25 按地区、营业收入组距分组的企业法人单位从业人员数

地　区	从业人员数(人)	100万元及以下	100-200万元	200-500万元	500-1000万元
总　计	**2875164**	**400085**	**104966**	**183474**	**165233**
乌鲁木齐市	**928867**	**105028**	**27493**	**45819**	**40838**
市辖区	8665				
天山区	137636	19952	4884	8826	7881
沙依巴克区	123885	17108	4727	8863	8086
新市区	271002	20381	5396	8035	6942
水磨沟区	112627	17073	3279	6307	5208
头屯河区	36040	2468	859	1913	1962
达坂城区	7562	358	236	153	255
米东区	60527	5855	1515	3275	2827
乌鲁木齐县	3365	909	106	225	152
乌鲁木齐经济技术开发区	114569	10905	4731	4729	3918
乌鲁木齐高新技术产业开发区	50680	9838	1760	3493	3607
克拉玛依市	**213765**	**10916**	**3801**	**7113**	**8557**
市辖区	193				
独山子区	36246	1303	851	1186	1148
克拉玛依区	144113	8047	2527	4549	6293
白碱滩区	29513	1065	368	1185	895
乌尔禾区	3700	501	55	193	221
吐鲁番市	**81410**	**10057**	**2861**	**4066**	**4540**
高昌区	28485	5289	1232	1577	1682
鄯善县	31255	2475	999	1615	1668
托克逊县	21670	2293	630	874	1190
哈密市	**93547**	**14816**	**3708**	**5863**	**5034**
伊州区	78143	12507	3230	4866	4382
巴里坤哈萨克自治县	5810	1016	200	381	295
伊吾县	8941	1293	278	616	357
昌吉回族自治州	**222340**	**31872**	**7088**	**15345**	**10464**
昌吉市	100402	13896	2898	6673	4412
阜康市	31951	2875	887	1744	1623
呼图壁县	15453	2689	549	1000	1009
玛纳斯县	16884	1304	539	904	724
奇台县	19846	3858	1121	2375	1389
吉木萨尔县	33935	5976	866	2251	994
木垒哈萨克自治县	3869	1274	228	398	313
博尔塔拉蒙古自治州	**55259**	**9135**	**3133**	**4334**	**3239**
博乐市	38161	5315	2154	3153	1928
阿拉山口市	5440	1309	271	261	336
精河县	8489	1738	574	449	720
温泉县	3169	773	134	471	255

1-25 续表 1

地　区	1000-2000万元	2000-5000万元	5000万元-1亿元	1亿元以上
总　计	**177550**	**265695**	**216342**	**1361819**
乌鲁木齐市	**45605**	**77150**	**49129**	**537805**
市辖区				8665
天山区	8058	14363	8536	65136
沙依巴克区	8315	14976	9759	52051
新市区	7839	11659	8773	201977
水磨沟区	4011	10358	5375	61016
头屯河区	2755	3293	2479	20311
达坂城区	1464	601	693	3802
米东区	3705	4110	3970	35270
乌鲁木齐县	387	507	154	925
乌鲁木齐经济技术开发区	5580	13155	7239	64312
乌鲁木齐高新技术产业开发区	3491	4128	2151	22212
克拉玛依市	**10620**	**16379**	**16820**	**139559**
市辖区			193	
独山子区	2045	1855	2547	25311
克拉玛依区	6043	11492	10902	94260
白碱滩区	2256	2555	2442	18747
乌尔禾区	276	477	736	1241
吐鲁番市	**4444**	**9358**	**9315**	**36769**
高昌区	2174	3794	5940	6797
鄯善县	1124	2802	1604	18968
托克逊县	1146	2762	1771	11004
哈密市	**6238**	**10143**	**8228**	**39517**
伊州区	5350	9135	6982	31691
巴里坤哈萨克自治县	606	783	742	1787
伊吾县	282	225	178	5712
昌吉回族自治州	**14534**	**23393**	**16346**	**103298**
昌吉市	9039	10775	7939	44770
阜康市	1726	2908	2265	17923
呼图壁县	643	2216	1808	5539
玛纳斯县	604	1788	2061	8960
奇台县	1220	3249	795	5839
吉木萨尔县	1053	2076	795	19924
木垒哈萨克自治县	249	381	683	343
博尔塔拉蒙古自治州	**5734**	**6984**	**5311**	**17389**
博乐市	3823	4755	3165	13868
阿拉山口市	728	497	1020	1018
精河县	993	1671	890	1454
温泉县	190	61	236	1049

1-25 续表 2

地　区	从业人员数（人）	100 万元及以下	100-200 万元	200-500 万元	500-1000 万元
巴音郭楞蒙古自治州	**161410**	**20080**	**5743**	**9145**	**10253**
库尔勒市	108324	11550	3059	4898	6188
轮台县	12558	1740	588	998	1332
尉犁县	7349	638	318	343	684
若羌县	6471	779	366	558	289
且末县	3689	987	259	518	445
焉耆回族自治县	3904	1036	346	415	216
和静县	12781	2006	516	733	518
和硕县	3673	882	257	328	345
博湖县	2576	461	34	354	236
库尔勒经济技术开发区	85	1			
阿克苏地区	**168045**	**26143**	**7873**	**13319**	**11098**
阿克苏市	75470	11053	3306	4675	4378
温宿县	13444	1885	784	1301	1386
库车县	33476	4601	1557	3611	2225
沙雅县	11670	1730	279	471	242
新和县	8320	2424	457	1141	922
拜城县	13319	1743	456	571	1008
乌什县	3016	1000	224	430	289
阿瓦提县	7533	1518	459	771	204
柯坪县	1797	189	351	348	444
克孜勒苏柯尔克孜自治州	**28614**	**7624**	**1710**	**2948**	**3306**
阿图什市	15744	3785	1086	1504	1651
阿克陶县	6652	1852	391	753	512
阿合奇县	1692	242	111	230	420
乌恰县	4526	1745	122	461	723
喀什地区	**218278**	**49256**	**14524**	**30016**	**18474**
喀什市	72891	11494	3838	5770	6892
疏附县	15093	6453	1206	2777	533
疏勒县	10383	2088	870	1428	858
英吉沙县	12714	1715	893	1429	445
泽普县	19963	3067	1174	1636	3002
莎车县	25588	9852	2189	3723	2060
叶城县	14536	5033	675	2040	546
麦盖提县	7547	1064	673	868	674
岳普湖县	4514	623	580	744	403
伽师县	19042	3981	1297	8031	2248
巴楚县	13526	3560	1070	1444	628
塔什库尔干塔吉克自治县	1931	326	28	126	185
和田地区	**104144**	**32095**	**6985**	**11675**	**9340**

1-25 续表 3

地区	1000-2000万元	2000-5000万元	5000万元-1亿元	1亿元以上
巴音郭楞蒙古自治州	**11636**	**15035**	**12901**	**76617**
库尔勒市	5388	9647	7967	59627
轮台县	1480	1280	1430	3710
尉犁县	1029	702	672	2963
若羌县	940	227	131	3181
且末县	461	116	545	358
焉耆回族自治县	649	695	203	344
和静县	906	1241	578	6283
和硕县	438	678	594	151
博湖县	345	365	781	
库尔勒经济技术开发区		84		
阿克苏地区	**12044**	**19055**	**14852**	**63661**
阿克苏市	4245	9647	5481	32685
温宿县	1632	1331	857	4268
库车县	2125	3447	2968	12942
沙雅县	1616	888	3235	3209
新和县	640	351	857	1528
拜城县	600	2237	701	6003
乌什县	237	449	112	275
阿瓦提县	811	512	570	2688
柯坪县	138	193	71	63
克孜勒苏柯尔克孜自治州	**1442**	**3014**	**1914**	**6656**
阿图什市	1039	2138	1468	3073
阿克陶县	155	642	283	2064
阿合奇县	10	59		620
乌恰县	238	175	163	899
喀什地区	**13750**	**22869**	**18232**	**51157**
喀什市	5107	5976	7373	26441
疏附县	526	2191	1156	251
疏勒县	1317	951	502	2369
英吉沙县	618	2485	326	4803
泽普县	443	1880	3148	5613
莎车县	2674	1964	1680	1446
叶城县	243	3285	1280	1434
麦盖提县	628	1756	310	1574
岳普湖县	450	581	564	569
伽师县	591	685	434	1775
巴楚县	1094	1090	416	4224
塔什库尔干塔吉克自治县	59	25	1043	139
和田地区	**9333**	**9970**	**6804**	**17942**

1-25 续表 4

地　区	从业人员数(人)	100 万元及以下	100-200 万元	200-500 万元	500-1000 万元
和田市	38279	8644	1807	2866	1879
和田县	13071	4342	1252	1936	3150
墨玉县	16658	5762	1949	1608	1102
皮山县	7193	2179	530	722	729
洛浦县	11098	2424	463	2158	1200
策勒县	7886	3761	602	1657	503
于田县	8584	4436	302	472	720
民丰县	1375	547	80	256	57
伊犁哈萨克自治州直属县（市）	**236666**	**34364**	**9816**	**16280**	**15172**
伊宁市	70620	9325	2908	4988	4387
奎屯市	55925	7172	1674	3200	1736
霍尔果斯市	23203	4647	1175	1922	1773
伊宁县	19428	3543	767	950	2474
察布查尔锡伯自治县	9086	1298	809	1378	1285
霍城县	25257	3374	707	1294	1492
巩留县	7117	1494	430	471	328
新源县	13590	1634	496	1033	420
昭苏县	2848	607	278	414	359
特克斯县	2201	602	175	271	230
尼勒克县	7391	668	397	359	688
塔城地区	**94139**	**9790**	**3001**	**5114**	**15305**
塔城市	19566	2234	496	749	809
乌苏市	29914	2573	924	1130	12268
额敏县	7633	981	423	688	447
沙湾县	25390	2403	844	1522	948
托里县	4105	394	62	318	309
裕民县	1261	343	103	144	79
和布克赛尔蒙古自治县	6270	862	149	563	445
阿勒泰地区	**65133**	**21996**	**2504**	**3864**	**2909**
阿勒泰市	21337	3215	1165	1505	1075
布尔津县	4716	2148	281	453	307
富蕴县	18942	13096	220	272	365
福海县	7953	1286	265	927	525
哈巴河县	6641	640	201	251	244
青河县	3542	1069	187	385	207
吉木乃县	1692	542	185	71	186
自治区直辖县级市	**203547**	**16913**	**4726**	**8573**	**6704**
石河子市	111578	5946	1904	3460	2976
阿拉尔市	41885	4661	1373	2471	1818
图木舒克市	15612	2707	379	1043	675
五家渠市	33905	3441	1056	1520	1208
铁门关市	482	73	14	79	27

1-25 续表 5

地　区	1000-2000万元	2000-5000万元	5000万元-1亿元	1亿元以上
和田市	2951	5392	3102	11638
和田县	880	814	425	272
墨玉县	3032	1351	788	1066
皮山县	1274	1003	553	203
洛浦县	213	819	1135	2686
策勒县	528	115		720
于田县	67	429	801	1357
民丰县	388	47		
伊犁哈萨克自治州直属县（市）	**18780**	**25638**	**19332**	**97284**
伊宁市	6089	8150	5902	28871
奎屯市	4335	6634	3607	27567
霍尔果斯市	2111	2740	1337	7498
伊宁县	1072	1321	3729	5572
察布查尔锡伯自治县	1495	1221	515	1085
霍城县	1243	2344	1832	12971
巩留县	254	1014	68	3058
新源县	1243	856	936	6972
昭苏县	161	668	182	179
特克斯县	113	325	401	84
尼勒克县	664	365	823	3427
塔城地区	**6428**	**7798**	**6720**	**39983**
塔城市	1542	1820	1191	10725
乌苏市	2105	2296	1436	7182
额敏县	1166	750	803	2375
沙湾县	857	1460	1741	15615
托里县	236	472	1017	1297
裕民县	33	388	161	10
和布克赛尔蒙古自治县	489	612	371	2779
阿勒泰地区	**7611**	**5170**	**5933**	**15146**
阿勒泰市	4246	2185	1400	6546
布尔津县	343	354	469	361
富蕴县	498	787	268	3436
福海县	1813	753	799	1585
哈巴河县	166	748	2661	1730
青河县	374	224	250	846
吉木乃县	171	119	86	332
自治区直辖县级市	**9351**	**13739**	**24505**	**119036**
石河子市	3509	6040	18683	69060
阿拉尔市	3146	3809	4175	20432
图木舒克市	806	717	652	8633
五家渠市	1890	3173	995	20622
铁门关市				289

1-26 按行业（大类）、营业收入组距分组的企业法人单位数

行业大类	代码	企业法人单位数（个）	100 万元及以下	100-200 万元	200-500 万元	500-1000 万元
总　计		**175572**	**123266**	**11941**	**14181**	**7928**
农、林、牧、渔业	**A**	**1899**	**1252**	**78**	**101**	**75**
农业	01	21	21			
林业	02	2	2			
畜牧业	03	7	7			
渔业	04	1	1			
农、林、牧、渔专业及辅助性活动	05	1868	1221	78	101	75
采矿业	**B**	**2955**	**2018**	**149**	**217**	**140**
煤炭开采和洗选业	06	327	170	5	14	11
石油和天然气开采业	07	42	20	2	5	1
黑色金属矿采选业	08	428	324	10	20	17
有色金属矿采选业	09	334	270	2	6	9
非金属矿采选业	10	1154	805	95	113	60
开采专业及辅助性活动	11	492	265	30	57	38
其他采矿业	12	178	164	5	2	4
制造业	**C**	**19729**	**11921**	**1268**	**1747**	**1182**
农副食品加工业	13	2154	1252	95	137	125
食品制造业	14	950	648	41	62	36
酒、饮料和精制茶制造业	15	638	471	23	27	19
烟草制品业	16	2	1			
纺织业	17	912	547	44	45	36
纺织服装、服饰业	18	1295	995	72	86	51
皮革、毛皮、羽毛及其制品和制鞋业	19	137	109	3	12	6
木材加工和木、竹、藤、棕、草制品业	20	479	316	28	46	36
家具制造业	21	320	251	19	21	13
造纸和纸制品业	22	317	204	25	24	15
印刷和记录媒介复制业	23	355	187	48	60	21
文教、工美、体育和娱乐用品制造业	24	493	445	12	10	7
石油、煤炭及其他燃料加工业	25	306	158	9	17	14
化学原料和化学制品制造业	26	1214	687	62	89	72
医药制造业	27	166	98	3	9	12
化学纤维制造业	28	40	21	2	2	
橡胶和塑料制品业	29	1386	780	103	132	103
非金属矿物制品业	30	3745	1891	297	429	328
黑色金属冶炼和压延加工业	31	165	77	3	10	7
有色金属冶炼和压延加工业	32	167	80	2	4	2
金属制品业	33	1685	977	161	201	111
通用设备制造业	34	543	336	43	81	30
专用设备制造业	35	732	452	55	75	55
汽车制造业	36	95	72	7	3	1

1-26 续表 1

行业大类	代码	1000-2000万元	2000-5000万元	5000万元-1亿元	1亿元以上
总　计		**6165**	**5456**	**2712**	**3923**
农、林、牧、渔业	**A**	**70**	**115**	**101**	**107**
农业	01				
林业	02				
畜牧业	03				
渔业	04				
农、林、牧、渔专业及辅助性活动	05	70	115	101	107
采矿业	**B**	**113**	**101**	**67**	**150**
煤炭开采和洗选业	06	17	19	25	66
石油和天然气开采业	07	1	1	1	11
黑色金属矿采选业	08	9	18	9	21
有色金属矿采选业	09	6	8	11	22
非金属矿采选业	10	47	24	5	5
开采专业及辅助性活动	11	31	30	16	25
其他采矿业	12	2	1		
制造业	**C**	**1246**	**1099**	**484**	**782**
农副食品加工业	13	174	160	100	111
食品制造业	14	43	63	21	36
酒、饮料和精制茶制造业	15	25	35	11	27
烟草制品业	16				1
纺织业	17	43	60	46	91
纺织服装、服饰业	18	38	41	7	5
皮革、毛皮、羽毛及其制品和制鞋业	19	4	3		
木材加工和木、竹、藤、棕、草制品业	20	28	17	4	4
家具制造业	21	7	4	2	3
造纸和纸制品业	22	19	15	8	7
印刷和记录媒介复制业	23	25	12	2	
文教、工美、体育和娱乐用品制造业	24	8	9	1	1
石油、煤炭及其他燃料加工业	25	11	17	13	67
化学原料和化学制品制造业	26	92	80	43	89
医药制造业	27	10	11	11	12
化学纤维制造业	28	1	1	1	12
橡胶和塑料制品业	29	124	86	33	25
非金属矿物制品业	30	304	266	98	132
黑色金属冶炼和压延加工业	31	4	12	13	39
有色金属冶炼和压延加工业	32	8	6	12	53
金属制品业	33	117	76	25	17
通用设备制造业	34	32	17	3	1
专用设备制造业	35	44	28	7	16
汽车制造业	36	3	5		4

1-26 续表 2

行业大类	代码	企业法人单位数(个)	100 万元及以下	100-200 万元	200-500 万元	500-1000 万元
铁路、船舶、航空航天和其他运输设备制造业	37	38	24		5	2
电气机械和器材制造业	38	605	309	50	74	39
计算机、通信和其他电子设备制造业	39	162	114	8	18	7
仪器仪表制造业	40	46	27	4	6	2
其他制造业	41	89	74	4	6	1
废弃资源综合利用业	42	112	68	5	9	8
金属制品、机械和设备修理业	43	381	250	40	47	23
电力、热力、燃气及水生产和供应业	**D**	**2072**	**899**	**71**	**141**	**119**
电力、热力生产和供应业	44	1576	705	46	91	66
燃气生产和供应业	45	189	66	8	11	11
水的生产和供应业	46	307	128	17	39	42
建筑业	**E**	**11411**	**7315**	**821**	**874**	**516**
房屋建筑业	47	2702	1389	151	174	126
土木工程建筑业	48	2852	1627	212	278	180
建筑安装业	49	1891	1199	163	178	104
建筑装饰、装修和其他建筑业	50	3966	3100	295	244	106
批发和零售业	**F**	**61770**	**42998**	**4652**	**5594**	**2958**
批发业	51	38661	25280	3025	3817	2265
零售业	52	23109	17718	1627	1777	693
交通运输、仓储和邮政业	**G**	**8759**	**5684**	**624**	**804**	**583**
铁路运输业	53	8				1
道路运输业	54	6242	3931	453	596	456
水上运输业	55	6	4		1	
航空运输业	56	66	44	6	3	3
管道运输业	57	19	11			
多式联运和运输代理业	58	1095	792	75	76	52
装卸搬运和仓储业	59	927	607	57	100	59
邮政业	60	396	295	33	28	12
住宿和餐饮业	**H**	**2579**	**1726**	**220**	**289**	**168**
住宿业	61	1138	594	128	193	100
餐饮业	62	1441	1132	92	96	68
信息传输、软件和信息技术服务业	**I**	**8140**	**6203**	**501**	**554**	**319**
电信、广播电视和卫星传输服务	63	344	194	22	26	18
互联网和相关服务	64	1001	789	44	54	39
软件和信息技术服务业	65	6795	5220	435	474	262
金融业	**J**	**2267**	**1468**	**106**	**122**	**70**
货币金融服务	66	891	435	66	64	38
资本市场服务	67	924	869	14	19	7
保险业	68	307	66	14	18	20
其他金融业	69	145	98	12	21	5

1-26 续表 3

行业大类	代码	1000-2000万元	2000-5000万元	5000万元-1亿元	1亿元以上
铁路、船舶、航空航天和其他运输设备制造业	37	3	3	1	
电气机械和器材制造业	38	49	50	16	18
计算机、通信和其他电子设备制造业	39	2	7	3	3
仪器仪表制造业	40	6	1		
其他制造业	41	4			
废弃资源综合利用业	42	6	7	3	6
金属制品、机械和设备修理业	43	12	7		2
电力、热力、燃气及水生产和供应业	**D**	**229**	**288**	**146**	**179**
电力、热力生产和供应业	44	164	233	118	153
燃气生产和供应业	45	28	27	18	20
水的生产和供应业	46	37	28	10	6
建筑业	**E**	**494**	**561**	**330**	**500**
房屋建筑业	47	158	231	163	310
土木工程建筑业	48	170	164	94	127
建筑安装业	49	99	84	36	28
建筑装饰、装修和其他建筑业	50	67	82	37	35
批发和零售业	**F**	**2033**	**1598**	**805**	**1132**
批发业	51	1539	1235	609	891
零售业	52	494	363	196	241
交通运输、仓储和邮政业	**G**	**422**	**349**	**153**	**140**
铁路运输业	53	1			6
道路运输业	54	332	270	116	88
水上运输业	55		1		
航空运输业	56	2	3	2	3
管道运输业	57		3	1	4
多式联运和运输代理业	58	44	29	11	16
装卸搬运和仓储业	59	37	40	15	12
邮政业	60	6	3	8	11
住宿和餐饮业	**H**	**95**	**60**	**15**	**6**
住宿业	61	68	40	11	4
餐饮业	62	27	20	4	2
信息传输、软件和信息技术服务业	**I**	**164**	**187**	**77**	**135**
电信、广播电视和卫星传输服务	63	10	18	8	48
互联网和相关服务	64	20	27	7	21
软件和信息技术服务业	65	134	142	62	66
金融业	**J**	**63**	**77**	**78**	**283**
货币金融服务	66	29	36	50	173
资本市场服务	67	6	4	1	4
保险业	68	24	34	27	104
其他金融业	69	4	3		2

1-26 续表 4

行业大类	代码	企业法人单位数（个）	100 万元及以下	100-200 万元	200-500 万元	500-1000 万元
房地产业	**K**	**9445**	**6581**	**709**	**779**	**392**
房地产业	70	9445	6581	709	779	392
租赁和商务服务业	**L**	**22248**	**17946**	**1260**	**1326**	**658**
租赁业	71	2276	1726	210	199	78
商务服务业	72	19972	16220	1050	1127	580
科学研究和技术服务业	**M**	**9825**	**7349**	**675**	**817**	**405**
研究和试验发展	73	395	325	17	34	7
专业技术服务业	74	5491	3720	477	572	298
科技推广和应用服务业	75	3939	3304	181	211	100
水利、环境和公共设施管理业	**N**	**1384**	**971**	**95**	**125**	**65**
水利管理业	76	142	101	4	10	9
生态保护和环境治理业	77	196	144	16	9	10
公共设施管理业	78	959	667	69	95	43
土地管理业	79	87	59	6	11	3
居民服务、修理和其他服务业	**O**	**4459**	**3672**	**312**	**298**	**97**
居民服务业	80	1350	1221	42	49	19
机动车、电子产品和日用产品修理业	81	2585	2031	243	200	68
其他服务业	82	524	420	27	49	10
教育	**P**	**1498**	**1190**	**142**	**121**	**20**
教育	83	1498	1190	142	121	20
卫生和社会工作	**Q**	**683**	**381**	**82**	**97**	**63**
卫生	84	574	284	75	95	60
社会工作	85	109	97	7	2	3
文化、体育和娱乐业	**R**	**4449**	**3692**	**176**	**175**	**98**
新闻和出版业	86	29	13	2	5	1
广播、电视、电影和录音制作业	87	1331	887	73	94	58
文化艺术业	88	600	508	23	26	17
体育	89	275	259	6	5	1
娱乐业	90	2214	2025	72	45	21
公共管理、社会保障和社会组织	**S**					
中国共产党机关	91					
国家机构	92					
人民政协、民主党派	93					
社会保障	94					
群众团体、社会团体和其他成员组织	95					
基层群众自治组织	96					
国际组织	**T**					
国际组织	97					

1-26 续表 5

行业大类	代码	1000-2000万元	2000-5000万元	5000万元-1亿元	1亿元以上
房地产业	**K**	**334**	**311**	**156**	**183**
房地产业	70	334	311	156	183
租赁和商务服务业	**L**	**381**	**342**	**142**	**193**
租赁业	71	34	14	6	9
商务服务业	72	347	328	136	184
科学研究和技术服务业	**M**	**275**	**190**	**70**	**44**
研究和试验发展	73	6	5		1
专业技术服务业	74	194	150	47	33
科技推广和应用服务业	75	75	35	23	10
水利、环境和公共设施管理业	**N**	**60**	**38**	**19**	**11**
水利管理业	76	5	5	6	2
生态保护和环境治理业	77	10	3	3	1
公共设施管理业	78	41	28	9	7
土地管理业	79	4	2	1	1
居民服务、修理和其他服务业	**O**	**50**	**15**	**11**	**4**
居民服务业	80	12	3	2	2
机动车、电子产品和日用产品修理业	81	29	6	6	2
其他服务业	82	9	6	3	
教育	**P**	**13**	**10**	**1**	**1**
教育	83	13	10	1	1
卫生和社会工作	**Q**	**26**	**26**	**6**	**2**
卫生	84	26	26	6	2
社会工作	85				
文化、体育和娱乐业	**R**	**97**	**89**	**51**	**71**
新闻和出版业	86	1	4	2	1
广播、电视、电影和录音制作业	87	65	61	34	59
文化艺术业	88	9	7	8	2
体育	89	1	2	1	
娱乐业	90	21	15	6	9
公共管理、社会保障和社会组织	**S**				
中国共产党机关	91				
国家机构	92				
人民政协、民主党派	93				
社会保障	94				
群众团体、社会团体和其他成员组织	95				
基层群众自治组织	96				
国际组织	**T**				
国际组织	97				

1-27 按行业（大类）、营业收入组距分组的企业法人单位从业人员数

行业大类	代码	从业人员数(人)	100万元及以下	100-200万元	200-500万元	500-1000万元
总　计		**2875164**	**400085**	**104966**	**183474**	**165233**
农、林、牧、渔业	**A**	**34889**	**4167**	**922**	**1281**	**13073**
农业	01					
林业	02					
畜牧业	03					
渔业	04					
农、林、牧、渔专业及辅助性活动	05	34889	4167	922	1281	13073
采矿业	**B**	**173687**	**5743**	**1446**	**2780**	**2869**
煤炭开采和洗选业	06	44839	1907	145	330	624
石油和天然气开采业	07	59237	46	27	23	22
黑色金属矿采选业	08	8071	556	113	240	197
有色金属矿采选业	09	10113	664	16	53	344
非金属矿采选业	10	7997	1637	825	1312	989
开采专业及辅助性活动	11	42944	729	249	798	611
其他采矿业	12	486	204	71	24	82
制造业	**C**	**671948**	**79792**	**20337**	**42102**	**38407**
农副食品加工业	13	45280	4144	914	2248	2801
食品制造业	14	29260	2802	758	1284	976
酒、饮料和精制茶制造业	15	13700	2173	331	566	705
烟草制品业	16	777	25			
纺织业	17	80813	6008	960	3203	1969
纺织服装、服饰业	18	73843	22208	6151	13194	8161
皮革、毛皮、羽毛及其制品和制鞋业	19	11672	5476	599	1646	3309
木材加工和木、竹、藤、棕、草制品业	20	4783	1157	174	487	626
家具制造业	21	2213	696	198	293	204
造纸和纸制品业	22	5648	768	335	287	342
印刷和记录媒介复制业	23	4454	754	346	815	353
文教、工美、体育和娱乐用品制造业	24	8321	3599	283	329	542
石油、煤炭及其他燃料加工业	25	55090	2129	78	170	316
化学原料和化学制品制造业	26	78361	7200	603	1812	1730
医药制造业	27	10611	292	30	137	383
化学纤维制造业	28	10748	603	32	21	
橡胶和塑料制品业	29	20950	2151	1157	1706	1648
非金属矿物制品业	30	84501	7825	4143	7105	7242
黑色金属冶炼和压延加工业	31	24579	242	17	72	57
有色金属冶炼和压延加工业	32	41359	1007	7	39	31
金属制品业	33	18253	3357	1285	2055	1638
通用设备制造业	34	4488	859	327	813	357
专用设备制造业	35	9194	1144	424	755	1154
汽车制造业	36	2366	275	234	19	12

1-27 续表 1

行业大类	代码	1000-2000万元	2000-5000万元	5000万元-1亿元	1亿元以上
总　计		**177550**	**265695**	**216342**	**1361819**
农、林、牧、渔业	**A**	**1616**	**3211**	**3053**	**7566**
农业	01				
林业	02				
畜牧业	03				
渔业	04				
农、林、牧、渔专业及辅助性活动	05	1616	3211	3053	7566
采矿业	**B**	**4139**	**6217**	**8399**	**142094**
煤炭开采和洗选业	06	1396	2161	3267	35009
石油和天然气开采业	07	20	46	44	59009
黑色金属矿采选业	08	169	671	603	5522
有色金属矿采选业	09	145	692	1363	6836
非金属矿采选业	10	1315	874	158	887
开采专业及辅助性活动	11	1009	1753	2964	34831
其他采矿业	12	85	20		
制造业	**C**	**43498**	**64930**	**44213**	**338669**
农副食品加工业	13	5366	6456	5910	17441
食品制造业	14	1567	4083	2434	15356
酒、饮料和精制茶制造业	15	678	2115	1227	5905
烟草制品业	16				752
纺织业	17	1949	5008	4903	56813
纺织服装、服饰业	18	7567	11795	3680	1087
皮革、毛皮、羽毛及其制品和制鞋业	19	566	76		
木材加工和木、竹、藤、棕、草制品业	20	1080	660	341	258
家具制造业	21	169	294	98	261
造纸和纸制品业	22	569	1333	1000	1014
印刷和记录媒介复制业	23	871	771	544	
文教、工美、体育和娱乐用品制造业	24	432	708	83	2345
石油、煤炭及其他燃料加工业	25	277	705	881	50534
化学原料和化学制品制造业	26	3473	3906	3436	56201
医药制造业	27	466	975	1256	7072
化学纤维制造业	28	5	27	47	10013
橡胶和塑料制品业	29	3084	3322	2415	5467
非金属矿物制品业	30	7959	13129	8782	28316
黑色金属冶炼和压延加工业	31	103	371	1016	22701
有色金属冶炼和压延加工业	32	401	171	1232	38471
金属制品业	33	2489	3398	1925	2106
通用设备制造业	34	959	822	328	23
专用设备制造业	35	1372	1626	427	2292
汽车制造业	36	21	188		1617

1-27 续表 2

行业大类	代码	从业人员数(人)	100 万元及以下	100-200 万元	200-500 万元	500-1000 万元
铁路、船舶、航空航天和其他运输设备制造业	37	558	63		111	38
电气机械和器材制造业	38	18762	909	504	842	3050
计算机、通信和其他电子设备制造业	39	4682	206	24	1303	325
仪器仪表制造业	40	489	107	40	44	41
其他制造业	41	1030	695	124	96	1
废弃资源综合利用业	42	1912	247	27	143	145
金属制品、机械和设备修理业	43	3251	671	232	507	251
电力、热力、燃气及水生产和供应业	**D**	**111949**	**5741**	**815**	**2649**	**3496**
电力、热力生产和供应业	44	87730	4966	560	1566	1692
燃气生产和供应业	45	12416	230	62	134	205
水的生产和供应业	46	11803	545	193	949	1599
建筑业	**E**	**427528**	**19359**	**5452**	**8833**	**8884**
房屋建筑业	47	229127	4007	1224	2285	2802
土木工程建筑业	48	136736	4811	1675	2943	2979
建筑安装业	49	26013	2775	865	1566	1490
建筑装饰、装修和其他建筑业	50	35652	7766	1688	2039	1613
批发和零售业	**F**	**328533**	**81647**	**21292**	**32490**	**22216**
批发业	51	197986	47283	12660	19916	15039
零售业	52	130547	34364	8632	12574	7177
交通运输、仓储和邮政业	**G**	**203700**	**15727**	**7194**	**10059**	**8875**
铁路运输业	53	55173				6
道路运输业	54	102331	10180	5521	6528	6250
水上运输业	55	68	7		19	
航空运输业	56	8535	142	48	35	114
管道运输业	57	3628	63			
多式联运和运输代理业	58	6245	1723	442	1080	543
装卸搬运和仓储业	59	11850	1843	621	1613	1321
邮政业	60	15870	1769	562	784	641
住宿和餐饮业	**H**	**52788**	**8122**	**4050**	**7638**	**7306**
住宿业	61	33258	3239	2259	5457	4622
餐饮业	62	19530	4883	1791	2181	2684
信息传输、软件和信息技术服务业	**I**	**69029**	**13332**	**2945**	**4510**	**5383**
电信、广播电视和卫星传输服务	63	29149	631	257	360	848
互联网和相关服务	64	5170	1726	230	469	617
软件和信息技术服务业	65	34710	10975	2458	3681	3918
金融业	**J**	**196562**	**9560**	**877**	**1888**	**2447**
货币金融服务	66	61421	2707	437	758	828
资本市场服务	67	3015	1271	54	90	38
保险业	68	130804	4947	282	829	1505
其他金融业	69	1322	635	104	211	76

1-27 续表 3

行业大类	代码				
		1000-2000万元	2000-5000万元	5000万元-1亿元	1亿元以上
铁路、船舶、航空航天和其他运输设备制造业	37	60	176	110	
电气机械和器材制造业	38	1009	1624	1100	9724
计算机、通信和其他电子设备制造业	39	62	320	857	1585
仪器仪表制造业	40	143	114		
其他制造业	41	114			
废弃资源综合利用业	42	281	476	181	412
金属制品、机械和设备修理业	43	406	281		903
电力、热力、燃气及水生产和供应业	**D**	**6309**	**10957**	**9652**	**72330**
电力、热力生产和供应业	44	3326	6950	7271	61399
燃气生产和供应业	45	768	1272	1362	8383
水的生产和供应业	46	2215	2735	1019	2548
建筑业	**E**	**14226**	**28446**	**40898**	**301430**
房屋建筑业	47	5711	13020	23900	176178
土木工程建筑业	48	4145	7019	9764	103400
建筑安装业	49	2509	5163	4020	7625
建筑装饰、装修和其他建筑业	50	1861	3244	3214	14227
批发和零售业	**F**	**24356**	**25821**	**24511**	**96200**
批发业	51	15612	17152	14497	55827
零售业	52	8744	8669	10014	40373
交通运输、仓储和邮政业	**G**	**11084**	**14928**	**14051**	**121782**
铁路运输业	53	3			55164
道路运输业	54	8499	9802	8771	46780
水上运输业	55		42		
航空运输业	56	45	198	429	7524
管道运输业	57		342	60	3163
多式联运和运输代理业	58	733	902	152	670
装卸搬运和仓储业	59	1244	3031	1428	749
邮政业	60	560	611	3211	7732
住宿和餐饮业	**H**	**7492**	**9445**	**4162**	**4573**
住宿业	61	5650	6651	2812	2568
餐饮业	62	1842	2794	1350	2005
信息传输、软件和信息技术服务业	**I**	**3037**	**8523**	**3598**	**27701**
电信、广播电视和卫星传输服务	63	403	5393	669	20588
互联网和相关服务	64	664	282	129	1053
软件和信息技术服务业	65	1970	2848	2800	6060
金融业	**J**	**3145**	**9668**	**14907**	**154070**
货币金融服务	66	715	1925	4652	49399
资本市场服务	67	71	44		1447
保险业	68	2271	7631	10255	103084
其他金融业	69	88	68		140

1-27 续表 4

行业大类	代码	从业人员数(人)	100 万元及以下	100-200 万元	200-500 万元	500-1000 万元
房地产业	**K**	**160596**	**42374**	**14145**	**21382**	**16373**
房地产业	70	160596	42374	14145	21382	16373
租赁和商务服务业	**L**	**245445**	**62709**	**10259**	**21863**	**16883**
租赁业	71	10103	3811	1122	1506	1265
商务服务业	72	235342	58898	9137	20357	15618
科学研究和技术服务业	**M**	**87408**	**19256**	**5746**	**11146**	**9441**
研究和试验发展	73	1718	578	111	381	90
专业技术服务业	74	71504	12131	4486	9052	7639
科技推广和应用服务业	75	14186	6547	1149	1713	1712
水利、环境和公共设施管理业	**N**	**27647**	**3065**	**1267**	**2475**	**2344**
水利管理业	76	3633	217	59	201	332
生态保护和环境治理业	77	1706	444	218	176	151
公共设施管理业	78	21602	2175	941	1896	1807
土地管理业	79	706	229	49	202	54
居民服务、修理和其他服务业	**O**	**27119**	**11584**	**2663**	**4300**	**2448**
居民服务业	80	7271	3857	585	985	623
机动车、电子产品和日用产品修理业	81	13294	6340	1701	2100	1107
其他服务业	82	6554	1387	377	1215	718
教育	**P**	**17144**	**5968**	**2620**	**3215**	**672**
教育	83	17144	5968	2620	3215	672
卫生和社会工作	**Q**	**18724**	**2715**	**1783**	**3299**	**3132**
卫生	84	18157	2456	1698	3252	2956
社会工作	85	567	259	85	47	176
文化、体育和娱乐业	**R**	**20468**	**9224**	**1153**	**1564**	**984**
新闻和出版业	86	1199	83	1	194	6
广播、电视、电影和录音制作业	87	5092	1452	344	573	405
文化艺术业	88	2602	1225	133	162	245
体育	89	1375	873	96	152	4
娱乐业	90	10200	5591	579	483	324
公共管理、社会保障和社会组织	**S**					
中国共产党机关	91					
国家机构	92					
人民政协、民主党派	93					
社会保障	94					
群众团体、社会团体和其他成员组织	95					
基层群众自治组织	96					
国际组织	**T**					
国际组织	97					

1-27 续表 5

行业大类	代码				
		1000-2000 万元	2000-5000 万元	5000 万元 -1 亿元	1 亿元以上
房地产业	**K**	**16607**	**20177**	**14074**	**15464**
房地产业	70	16607	20177	14074	15464
租赁和商务服务业	**L**	**23655**	**37423**	**19916**	**52737**
租赁业	71	766	614	235	784
商务服务业	72	22889	36809	19681	51953
科学研究和技术服务业	**M**	**8540**	**13180**	**6709**	**13390**
研究和试验发展	73	115	442		1
专业技术服务业	74	7348	11377	6450	13021
科技推广和应用服务业	75	1077	1361	259	368
水利、环境和公共设施管理业	**N**	**3774**	**5225**	**1176**	**8321**
水利管理业	76	146	840	688	1150
生态保护和环境治理业	77	222	306	117	72
公共设施管理业	78	3328	3992	369	7094
土地管理业	79	78	87	2	5
居民服务、修理和其他服务业	**O**	**2257**	**1301**	**1997**	**569**
居民服务业	80	598	221	61	341
机动车、电子产品和日用产品修理业	81	645	98	1075	228
其他服务业	82	1014	982	861	
教育	**P**	**619**	**1265**	**2604**	**181**
教育	83	619	1265	2604	181
卫生和社会工作	**Q**	**2047**	**3098**	**1380**	**1270**
卫生	84	2047	3098	1380	1270
社会工作	85				
文化、体育和娱乐业	**R**	**1149**	**1880**	**1042**	**3472**
新闻和出版业	86	91	607	13	204
广播、电视、电影和录音制作业	87	605	570	473	670
文化艺术业	88	103	310	390	34
体育	89		127	123	
娱乐业	90	350	266	43	2564
公共管理、社会保障和社会组织	**S**				
中国共产党机关	91				
国家机构	92				
人民政协、民主党派	93				
社会保障	94				
群众团体、社会团体和其他成员组织	95				
基层群众自治组织	96				
国际组织	**T**				
国际组织	97				

1-28 按地区、资产总计组距分组的企业法人单位数

地　区	企业法人单位数（个）	50 万元及以下	50-100 万元	100-500 万元
总　计	**175572**	**93773**	**13771**	**29454**
乌鲁木齐市	**59020**	**31748**	**4967**	**10616**
市辖区	1			
天山区	10845	6229	871	1893
沙依巴克区	9296	4426	962	2059
新市区	13717	8698	988	2099
水磨沟区	6347	3221	626	1214
头屯河区	2708	940	276	666
达坂城区	249	129	8	29
米东区	3757	1749	379	785
乌鲁木齐县	241	126	11	26
乌鲁木齐经济技术开发区	5423	2619	381	880
乌鲁木齐高新技术产业开发区	6431	3609	465	965
克拉玛依市	**5582**	**2482**	**463**	**1200**
市辖区	2	1		
独山子区	727	320	73	170
克拉玛依区	4007	1778	340	886
白碱滩区	644	269	44	114
乌尔禾区	202	114	6	30
吐鲁番市	**4182**	**1901**	**290**	**705**
高昌区	1871	987	131	276
鄯善县	1256	524	73	222
托克逊县	1055	390	86	207
哈密市	**8976**	**5542**	**541**	**1193**
伊州区	8105	5096	502	1068
巴里坤哈萨克自治县	419	240	16	46
伊吾县	450	206	23	79
昌吉回族自治州	**13933**	**7322**	**957**	**2178**
昌吉市	6966	3686	527	1206
阜康市	1608	861	84	226
呼图壁县	1187	652	60	156
玛纳斯县	883	420	46	125
奇台县	1632	850	125	233
吉木萨尔县	1308	702	83	174
木垒哈萨克自治县	349	151	32	58
博尔塔拉蒙古自治州	**4578**	**2464**	**284**	**709**
博乐市	2710	1466	183	449
阿拉山口市	936	513	48	129
精河县	745	406	40	93
温泉县	187	79	13	38

1-28 续表 1

地　区	500-1000万元	1000-5000万元	5000万元-1亿元	1亿元以上
总　计	**11034**	**15326**	**4247**	**7967**
乌鲁木齐市	**3880**	**4658**	**1028**	**2123**
市辖区				1
天山区	675	717	155	305
沙依巴克区	764	712	125	248
新市区	662	784	163	323
水磨沟区	444	536	88	218
头屯河区	282	345	65	134
达坂城区	12	32	9	30
米东区	241	339	114	150
乌鲁木齐县	11	22	7	38
乌鲁木齐经济技术开发区	375	605	165	398
乌鲁木齐高新技术产业开发区	414	566	137	275
克拉玛依市	**472**	**577**	**143**	**245**
市辖区				1
独山子区	56	73	14	21
克拉玛依区	348	386	102	167
白碱滩区	60	93	20	44
乌尔禾区	8	25	7	12
吐鲁番市	**344**	**505**	**142**	**295**
高昌区	107	207	54	109
鄯善县	141	159	40	97
托克逊县	96	139	48	89
哈密市	**447**	**651**	**179**	**423**
伊州区	395	564	152	328
巴里坤哈萨克自治县	21	38	14	44
伊吾县	31	49	13	49
昌吉回族自治州	**894**	**1361**	**426**	**795**
昌吉市	456	603	180	308
阜康市	109	157	50	121
呼图壁县	63	121	52	83
玛纳斯县	61	114	41	76
奇台县	97	187	45	95
吉木萨尔县	87	137	46	79
木垒哈萨克自治县	21	42	12	33
博尔塔拉蒙古自治州	**273**	**455**	**134**	**259**
博乐市	164	232	70	146
阿拉山口市	50	111	29	56
精河县	39	92	29	46
温泉县	20	20	6	11

1-28 续表 2

地　区	企业法人单位数(个)	50 万元及以下	50-100 万元	100-500 万元
巴音郭楞蒙古自治州	**11938**	**6709**	**846**	**1776**
库尔勒市	7130	4156	551	1062
轮台县	1063	509	79	188
尉犁县	518	275	26	50
若羌县	460	262	30	58
且末县	389	223	26	48
焉耆回族自治县	624	347	41	105
和静县	1056	600	67	151
和硕县	461	216	21	72
博湖县	235	121	5	41
库尔勒经济技术开发区	2			1
阿克苏地区	**12223**	**6304**	**1174**	**2191**
阿克苏市	5333	2657	650	1028
温宿县	1107	480	95	221
库车县	2315	1072	195	519
沙雅县	961	633	60	84
新和县	602	406	27	58
拜城县	923	547	64	119
乌什县	278	114	32	49
阿瓦提县	536	295	43	88
柯坪县	168	100	8	25
克孜勒苏柯尔克孜自治州	**2296**	**1381**	**154**	**347**
阿图什市	1354	876	84	182
阿克陶县	472	266	40	81
阿合奇县	120	66	10	21
乌恰县	350	173	20	63
喀什地区	**13930**	**8078**	**1105**	**2171**
喀什市	5221	2872	380	879
疏附县	521	246	47	111
疏勒县	1008	549	78	177
英吉沙县	424	199	28	70
泽普县	519	283	46	77
莎车县	1810	1198	154	237
叶城县	1098	692	100	142
麦盖提县	883	601	56	104
岳普湖县	448	284	40	52
伽师县	1008	686	70	136
巴楚县	893	420	100	169
塔什库尔干塔吉克自治县	95	48	5	17
和田地区	**6911**	**4204**	**515**	**1088**

1-28 续表 3

地　区	500-1000万元	1000-5000万元	5000万元-1亿元	1亿元以上
巴音郭楞蒙古自治州	**712**	**1020**	**325**	**550**
库尔勒市	376	527	155	303
轮台县	106	117	27	37
尉犁县	26	62	35	44
若羌县	22	47	12	29
且末县	26	38	9	19
焉耆回族自治县	36	48	24	23
和静县	64	87	32	55
和硕县	38	75	17	22
博湖县	18	19	14	17
库尔勒经济技术开发区				1
阿克苏地区	**705**	**1001**	**311**	**537**
阿克苏市	345	356	104	193
温宿县	71	134	50	56
库车县	150	217	64	98
沙雅县	32	70	28	54
新和县	21	51	14	25
拜城县	42	74	24	53
乌什县	18	37	11	17
阿瓦提县	20	46	11	33
柯坪县	6	16	5	8
克孜勒苏柯尔克孜自治州	**101**	**163**	**43**	**107**
阿图什市	50	84	25	53
阿克陶县	21	31	7	26
阿合奇县	7	9	1	6
乌恰县	23	39	10	22
喀什地区	**763**	**1046**	**299**	**468**
喀什市	321	426	118	225
疏附县	33	50	19	15
疏勒县	71	85	24	24
英吉沙县	31	48	13	35
泽普县	29	54	21	9
莎车县	65	95	25	36
叶城县	55	60	27	22
麦盖提县	35	45	20	22
岳普湖县	21	23	6	22
伽师县	36	57	1	22
巴楚县	62	91	23	28
塔什库尔干塔吉克自治县	4	12	2	7
和田地区	**380**	**438**	**98**	**188**

1-28 续表 4

地　区	企业法人单位数(个)	50 万元及以下	50-100 万元	100-500 万元
和田市	3178	1933	217	516
和田县	735	436	49	115
墨玉县	836	475	88	134
皮山县	507	286	53	94
洛浦县	471	255	45	82
策勒县	366	190	26	77
于田县	604	472	28	46
民丰县	214	157	9	24
伊犁哈萨克自治州直属县（市）	**16370**	**7949**	**1264**	**2746**
伊宁市	3637	1702	332	690
奎屯市	2439	984	293	458
霍尔果斯市	5522	2804	309	916
伊宁县	627	298	35	100
察布查尔锡伯自治县	658	322	56	95
霍城县	1489	903	62	172
巩留县	382	158	43	67
新源县	715	301	69	129
昭苏县	255	127	9	42
特克斯县	239	130	25	27
尼勒克县	407	220	31	50
塔城地区	**4414**	**2236**	**317**	**661**
塔城市	933	523	74	130
乌苏市	1218	594	85	180
额敏县	501	224	43	81
沙湾县	1039	527	72	143
托里县	230	137	7	25
裕民县	168	74	15	42
和布克赛尔蒙古自治县	325	157	21	60
阿勒泰地区	**3576**	**1744**	**269**	**540**
阿勒泰市	1451	776	143	225
布尔津县	317	101	36	66
富蕴县	348	193	10	32
福海县	655	273	38	90
哈巴河县	301	176	12	41
青河县	256	100	15	46
吉木乃县	247	125	15	40
自治区直辖县级市	**7643**	**3709**	**625**	**1333**
石河子市	3692	1790	312	630
阿拉尔市	1972	1061	134	296
图木舒克市	705	399	58	103
五家渠市	1225	435	118	290
铁门关市	48	23	3	14

1-28 续表 5

地 区	500-1000 万元	1000-5000 万元	5000 万元 -1 亿元	1 亿元以上
和田市	190	181	49	92
和田县	46	62	11	16
墨玉县	41	59	12	27
皮山县	29	28	6	11
洛浦县	33	39	8	9
策勒县	18	36	6	13
于田县	16	21	6	15
民丰县	7	12		5
伊犁哈萨克自治州直属县（市）	**1045**	**1808**	**573**	**985**
伊宁市	236	334	95	248
奎屯市	156	293	90	165
霍尔果斯市	364	649	203	277
伊宁县	29	83	32	50
察布查尔锡伯自治县	43	79	23	40
霍城县	75	144	50	83
巩留县	33	42	12	27
新源县	67	79	30	40
昭苏县	9	39	13	16
特克斯县	12	23	9	13
尼勒克县	21	43	16	26
塔城地区	**266**	**471**	**177**	**286**
塔城市	47	83	25	51
乌苏市	76	163	48	72
额敏县	40	53	22	38
沙湾县	55	103	58	81
托里县	17	18	5	21
裕民县	15	12	7	3
和布克赛尔蒙古自治县	16	39	12	20
阿勒泰地区	**247**	**427**	**123**	**226**
阿勒泰市	78	107	37	85
布尔津县	30	49	8	27
富蕴县	20	51	12	30
福海县	62	121	41	30
哈巴河县	24	23	6	19
青河县	19	44	12	20
吉木乃县	14	32	7	14
自治区直辖县级市	**505**	**745**	**246**	**480**
石河子市	244	343	120	253
阿拉尔市	128	187	64	102
图木舒克市	44	58	17	26
五家渠市	87	152	45	98
铁门关市	2	5		1

1-29 按地区、资产总计组距分组的企业法人单位从业人员数

地　区	从业人员数(人)	50万元及以下	50-100万元	100-500万元
总　计	**2875164**	**225629**	**82186**	**264648**
乌鲁木齐市	**928867**	**67323**	**24239**	**71989**
市辖区	8665			
天山区	137636	12071	3933	13323
沙依巴克区	123885	10857	5035	14951
新市区	271002	13738	4138	14207
水磨沟区	112627	13030	4793	9675
头屯河区	36040	1407	749	3035
达坂城区	7562	144	55	260
米东区	60527	3239	1546	3696
乌鲁木齐县	3365	181	48	198
乌鲁木齐经济技术开发区	114569	6364	2325	7305
乌鲁木齐高新技术产业开发区	50680	6111	1617	5339
克拉玛依市	**213765**	**6221**	**2765**	**12811**
市辖区	193			
独山子区	36246	1119	456	2508
克拉玛依区	144113	4366	2008	8157
白碱滩区	29513	552	256	1864
乌尔禾区	3700	184	45	282
吐鲁番市	**81410**	**4639**	**1860**	**6273**
高昌区	28485	2687	996	2517
鄯善县	31255	1181	495	2208
托克逊县	21670	771	369	1548
哈密市	**93547**	**7502**	**2799**	**8673**
伊州区	78143	6790	2581	7715
巴里坤哈萨克自治县	5810	260	71	393
伊吾县	8941	452	147	565
昌吉回族自治州	**222340**	**17856**	**5450**	**17365**
昌吉市	100402	8521	2668	8697
阜康市	31951	1585	496	2719
呼图壁县	15453	1118	244	1150
玛纳斯县	16884	644	354	813
奇台县	19846	1904	906	1589
吉木萨尔县	33935	3559	485	1752
木垒哈萨克自治县	3869	525	297	645
博尔塔拉蒙古自治州	**55259**	**5723**	**1615**	**6819**
博乐市	38161	3776	1038	4106
阿拉山口市	5440	932	181	996
精河县	8489	818	192	1110
温泉县	3169	197	204	607

1-29 续表 1

地　区	500-1000万元	1000-5000万元	5000万元-1亿元	1亿元以上
总　计	**170090**	**454783**	**220623**	**1457205**
乌鲁木齐市	**47237**	**113052**	**44365**	**560662**
市辖区				8665
天山区	9585	18833	8352	71539
沙依巴克区	8821	19005	7956	57260
新市区	7601	22554	6671	202093
水磨沟区	5547	11622	3315	64645
头屯河区	3243	9170	2356	16080
达坂城区	131	596	408	5968
米东区	2334	8252	4390	37070
乌鲁木齐县	533	290	119	1996
乌鲁木齐经济技术开发区	5254	15631	7251	70439
乌鲁木齐高新技术产业开发区	4188	7099	3547	22779
克拉玛依市	**9339**	**39892**	**16409**	**126328**
市辖区				193
独山子区	727	4884	4725	21827
克拉玛依区	7277	28286	9563	84456
白碱滩区	1077	6290	1765	17709
乌尔禾区	258	432	356	2143
吐鲁番市	**3855**	**16366**	**5324**	**43093**
高昌区	1097	9433	1913	9842
鄯善县	1798	3458	1711	20404
托克逊县	960	3475	1700	12847
哈密市	**5343**	**16826**	**6395**	**46009**
伊州区	4882	14865	5458	35852
巴里坤哈萨克自治县	194	1413	636	2843
伊吾县	267	548	301	6661
昌吉回族自治州	**11616**	**33379**	**20052**	**116622**
昌吉市	6658	17693	9719	46446
阜康市	874	2998	1635	21644
呼图壁县	845	1914	2066	8116
玛纳斯县	1117	2184	1562	10210
奇台县	970	4841	1903	7733
吉木萨尔县	855	3155	2495	21634
木垒哈萨克自治县	297	594	672	839
博尔塔拉蒙古自治州	**4340**	**12003**	**6140**	**18619**
博乐市	2537	8856	3194	14654
阿拉山口市	1038	893	482	918
精河县	545	1559	2080	2185
温泉县	220	695	384	862

1-29 续表 2

地　区	从业人员数(人)	50 万元及以下	50-100 万元	100-500 万元
巴音郭楞蒙古自治州	**161410**	**11449**	**3900**	**14018**
库尔勒市	108324	6831	2586	7674
轮台县	12558	928	304	1361
尉犁县	7349	473	121	519
若羌县	6471	576	141	936
且末县	3689	504	125	481
焉耆回族自治县	3904	637	135	713
和静县	12781	915	367	1493
和硕县	3673	355	102	569
博湖县	2576	230	19	271
库尔勒经济技术开发区	85			1
阿克苏地区	**168045**	**14249**	**5966**	**18951**
阿克苏市	75470	6044	2916	6887
温宿县	13444	947	457	2204
库车县	33476	3045	1047	4443
沙雅县	11670	1177	277	1102
新和县	8320	705	232	1205
拜城县	13319	785	423	818
乌什县	3016	468	254	753
阿瓦提县	7533	862	322	1112
柯坪县	1797	216	38	427
克孜勒苏柯尔克孜自治州	**28614**	**4182**	**1580**	**5692**
阿图什市	15744	2289	830	2753
阿克陶县	6652	919	281	1160
阿合奇县	1692	179	377	296
乌恰县	4526	795	92	1483
喀什地区	**218278**	**28095**	**10364**	**36634**
喀什市	72891	7029	2534	9915
疏附县	15093	3942	565	4109
疏勒县	10383	963	674	2714
英吉沙县	12714	851	202	1735
泽普县	19963	2096	730	1604
莎车县	25588	6522	3073	4392
叶城县	14536	2258	670	3465
麦盖提县	7547	676	275	1121
岳普湖县	4514	503	296	731
伽师县	19042	1659	664	3808
巴楚县	13526	1407	626	2863
塔什库尔干塔吉克自治县	1931	189	24	177
和田地区	**104144**	**11553**	**5795**	**17819**

1-29 续表 3

地　区	500-1000万元	1000-5000万元	5000万元-1亿元	1亿元以上
巴音郭楞蒙古自治州	**8689**	**25764**	**12897**	**84693**
库尔勒市	3835	15760	6909	64729
轮台县	1687	3174	1646	3458
尉犁县	319	2240	1090	2587
若羌县	494	427	231	3666
且末县	289	886	599	805
焉耆回族自治县	552	652	442	773
和静县	511	1436	1047	7012
和硕县	626	952	472	597
博湖县	376	237	461	982
库尔勒经济技术开发区				84
阿克苏地区	**9637**	**30153**	**13826**	**75263**
阿克苏市	4451	12471	4804	37897
温宿县	1024	2480	2390	3942
库车县	1641	5706	3168	14426
沙雅县	238	2388	920	5568
新和县	781	2010	429	2958
拜城县	863	2401	1182	6847
乌什县	290	587	370	294
阿瓦提县	146	1411	446	3234
柯坪县	203	699	117	97
克孜勒苏柯尔克孜自治州	**2436**	**4628**	**1545**	**8551**
阿图什市	1104	3338	1242	4188
阿克陶县	886	714	113	2579
阿合奇县	74	80	13	673
乌恰县	372	496	177	1111
喀什地区	**21941**	**48537**	**17382**	**55325**
喀什市	7318	12889	4136	29070
疏附县	1505	2719	1570	683
疏勒县	1032	1880	852	2268
英吉沙县	1015	3027	1205	4679
泽普县	1858	4548	3556	5571
莎车县	2377	4060	1967	3197
叶城县	1730	3236	2107	1070
麦盖提县	1799	1333	465	1878
岳普湖县	516	540	536	1392
伽师县	1992	8456	50	2413
巴楚县	756	4680	883	2311
塔什库尔干塔吉克自治县	43	1169	55	274
和田地区	**12710**	**29413**	**8531**	**18323**

1-29 续表 4

地 区	从业人员数(人)	50 万元及以下	50-100万元	100-500万元
和田市	38279	4072	1608	5551
和田县	13071	1377	1184	2060
墨玉县	16658	1943	1119	3412
皮山县	7193	982	628	1035
洛浦县	11098	1195	441	2403
策勒县	7886	760	186	2225
于田县	8584	848	601	841
民丰县	1375	376	28	292
伊犁哈萨克自治州直属县（市）	**236666**	**17534**	**7282**	**23302**
伊宁市	70620	5715	2368	7709
奎屯市	55925	3644	1784	4780
霍尔果斯市	23203	2188	844	3346
伊宁县	19428	449	455	2011
察布查尔锡伯自治县	9086	860	273	760
霍城县	25257	1971	469	1944
巩留县	7117	787	331	520
新源县	13590	842	268	1122
昭苏县	2848	360	93	409
特克斯县	2201	419	201	256
尼勒克县	7391	299	196	445
塔城地区	**94139**	**4599**	**2208**	**7632**
塔城市	19566	1074	541	1842
乌苏市	29914	1048	612	1865
额敏县	7633	488	227	1052
沙湾县	25390	1313	550	1316
托里县	4105	223	32	263
裕民县	1261	132	57	336
和布克赛尔蒙古自治县	6270	321	189	958
阿勒泰地区	**65133**	**16497**	**2933**	**5689**
阿勒泰市	21337	1754	903	2905
布尔津县	4716	373	1436	478
富蕴县	18942	12738	67	362
福海县	7953	494	257	988
哈巴河县	6641	345	81	336
青河县	3542	384	102	362
吉木乃县	1692	409	87	258
自治区直辖县级市	**203547**	**8207**	**3430**	**10981**
石河子市	111578	3289	1554	4287
阿拉尔市	41885	2326	923	2936
图木舒克市	15612	1200	395	1154
五家渠市	33905	1273	553	2561
铁门关市	482	34	5	43

1-29 续表 5

地　区	500-1000万元	1000-5000万元	5000万元-1亿元	1亿元以上
和田市	3222	10148	3983	9695
和田县	1784	5250	447	969
墨玉县	1169	6319	426	2270
皮山县	1437	1497	418	1196
洛浦县	1163	1605	2861	1430
策勒县	666	2985	122	942
于田县	3184	1065	274	1771
民丰县	85	544		50
伊犁哈萨克自治州直属县（市）	**15597**	**42502**	**21682**	**108767**
伊宁市	4520	14181	3356	32771
奎屯市	4034	10017	5113	26553
霍尔果斯市	1839	4700	1694	8592
伊宁县	879	3236	4941	7457
察布查尔锡伯自治县	1412	2871	1069	1841
霍城县	838	2966	2121	14948
巩留县	376	1411	838	2854
新源县	962	1639	828	7929
昭苏县	139	538	281	1028
特克斯县	90	326	309	600
尼勒克县	508	617	1132	4194
塔城地区	**4067**	**11979**	**22256**	**41398**
塔城市	950	2877	3102	9180
乌苏市	1131	3855	15194	6209
额敏县	604	1112	719	3431
沙湾县	683	2524	2117	16887
托里县	358	606	479	2144
裕民县	100	215	249	172
和布克赛尔蒙古自治县	241	790	396	3375
阿勒泰地区	**5315**	**7601**	**6241**	**20857**
阿勒泰市	1178	2284	3360	8953
布尔津县	248	832	201	1148
富蕴县	350	863	212	4350
福海县	881	1928	1440	1965
哈巴河县	2403	748	242	2486
青河县	201	629	570	1294
吉木乃县	54	317	216	351
自治区直辖县级市	**7968**	**22688**	**17578**	**132695**
石河子市	3343	11964	10037	77104
阿拉尔市	2838	5927	3638	23297
图木舒克市	604	1762	1672	8825
五家渠市	1175	2932	2231	23180
铁门关市	8	103		289

1-30 按行业（大类）、资产总计组距分组的企业法人单位数

行业大类	代码	企业法人单位数(个)	50万元及以下	50-100万元	100-500万元
总　计		**175572**	**93773**	**13771**	**29454**
农、林、牧、渔业	**A**	**1899**	**874**	**103**	**254**
农业	01	21	21		
林业	02	2	2		
畜牧业	03	7	7		
渔业	04	1	1		
农、林、牧、渔专业及辅助性活动	05	1868	843	103	254
采矿业	**B**	**2955**	**1276**	**136**	**439**
煤炭开采和洗选业	06	327	81	3	11
石油和天然气开采业	07	42	11	3	5
黑色金属矿采选业	08	428	201	14	35
有色金属矿采选业	09	334	144	7	30
非金属矿采选业	10	1154	544	81	245
开采专业及辅助性活动	11	492	175	22	97
其他采矿业	12	178	120	6	16
制造业	**C**	**19729**	**7922**	**1167**	**3568**
农副食品加工业	13	2154	804	98	351
食品制造业	14	950	450	49	128
酒、饮料和精制茶制造业	15	638	238	35	98
烟草制品业	16	2			1
纺织业	17	912	375	44	112
纺织服装、服饰业	18	1295	697	110	230
皮革、毛皮、羽毛及其制品和制鞋业	19	137	77	5	22
木材加工和木、竹、藤、棕、草制品业	20	479	237	36	102
家具制造业	21	320	182	18	69
造纸和纸制品业	22	317	135	16	67
印刷和记录媒介复制业	23	355	124	38	110
文教、工美、体育和娱乐用品制造业	24	493	315	39	80
石油、煤炭及其他燃料加工业	25	306	99	3	18
化学原料和化学制品制造业	26	1214	425	39	176
医药制造业	27	166	67	4	22
化学纤维制造业	28	40	6		1
橡胶和塑料制品业	29	1386	490	84	314
非金属矿物制品业	30	3745	1185	215	731
黑色金属冶炼和压延加工业	31	165	45	8	23
有色金属冶炼和压延加工业	32	167	50	5	11
金属制品业	33	1685	732	129	335
通用设备制造业	34	543	222	36	115
专用设备制造业	35	732	304	49	145
汽车制造业	36	95	49	14	6

1-30 续表 1

行业大类	代码	500-1000万元	1000-5000万元	5000万元-1亿元	1亿元以上
总　计		**11034**	**15326**	**4247**	**7967**
农、林、牧、渔业	**A**	**148**	**237**	**132**	**151**
农业	01				
林业	02				
畜牧业	03				
渔业	04				
农、林、牧、渔专业及辅助性活动	05	148	237	132	151
采矿业	**B**	**251**	**438**	**115**	**300**
煤炭开采和洗选业	06	14	54	32	132
石油和天然气开采业	07	3	6	1	13
黑色金属矿采选业	08	35	79	23	41
有色金属矿采选业	09	18	57	18	60
非金属矿采选业	10	108	143	20	13
开采专业及辅助性活动	11	62	81	16	39
其他采矿业	12	11	18	5	2
制造业	**C**	**1654**	**3282**	**900**	**1236**
农副食品加工业	13	171	426	152	152
食品制造业	14	68	144	42	69
酒、饮料和精制茶制造业	15	57	116	43	51
烟草制品业	16				1
纺织业	17	47	138	61	135
纺织服装、服饰业	18	92	137	18	11
皮革、毛皮、羽毛及其制品和制鞋业	19	12	18	1	2
木材加工和木、竹、藤、棕、草制品业	20	40	49	9	6
家具制造业	21	27	19	3	2
造纸和纸制品业	22	29	41	8	21
印刷和记录媒介复制业	23	26	44	9	4
文教、工美、体育和娱乐用品制造业	24	23	22	12	2
石油、煤炭及其他燃料加工业	25	19	44	26	97
化学原料和化学制品制造业	26	101	256	73	144
医药制造业	27	10	28	12	23
化学纤维制造业	28	2	8	2	21
橡胶和塑料制品业	29	152	262	52	32
非金属矿物制品业	30	378	824	201	211
黑色金属冶炼和压延加工业	31	5	28	11	45
有色金属冶炼和压延加工业	32	5	24	13	59
金属制品业	33	149	246	51	43
通用设备制造业	34	53	91	17	9
专用设备制造业	35	71	115	20	28
汽车制造业	36	5	7	6	8

1-30 续表 2

行业大类	代码	企业法人单位数（个）			
			50 万元及以下	50-100 万元	100-500 万元
铁路、船舶、航空航天和其他运输设备制造业	37	38	19	1	6
电气机械和器材制造业	38	605	206	35	129
计算机、通信和其他电子设备制造业	39	162	88	6	27
仪器仪表制造业	40	46	19	2	12
其他制造业	41	89	49	9	14
废弃资源综合利用业	42	112	49	3	16
金属制品、机械和设备修理业	43	381	184	37	97
电力、热力、燃气及水生产和供应业	**D**	**2072**	**553**	**48**	**169**
电力、热力生产和供应业	44	1576	440	33	123
燃气生产和供应业	45	189	34	4	24
水的生产和供应业	46	307	79	11	22
建筑业	**E**	**11411**	**5896**	**828**	**1624**
房屋建筑业	47	2702	1107	135	301
土木工程建筑业	48	2852	1217	190	439
建筑安装业	49	1891	927	174	337
建筑装饰、装修和其他建筑业	50	3966	2645	329	547
批发和零售业	**F**	**61770**	**34224**	**5928**	**12293**
批发业	51	38661	19646	3789	8299
零售业	52	23109	14578	2139	3994
交通运输、仓储和邮政业	**G**	**8759**	**4415**	**636**	**1638**
铁路运输业	53	8			
道路运输业	54	6242	3093	470	1200
水上运输业	55	6	3		
航空运输业	56	66	30	3	7
管道运输业	57	19	10		
多式联运和运输代理业	58	1095	611	63	240
装卸搬运和仓储业	59	927	405	50	143
邮政业	60	396	263	50	48
住宿和餐饮业	**H**	**2579**	**1372**	**174**	**419**
住宿业	61	1138	386	72	228
餐饮业	62	1441	986	102	191
信息传输、软件和信息技术服务业	**I**	**8140**	**5198**	**617**	**1177**
电信、广播电视和卫星传输服务	63	344	160	22	52
互联网和相关服务	64	1001	674	66	101
软件和信息技术服务业	65	6795	4364	529	1024
金融业	**J**	**2267**	**765**	**33**	**154**
货币金融服务	66	891	129	6	21
资本市场服务	67	924	530	13	86
保险业	68	307	68	13	37
其他金融业	69	145	38	1	10

1-30 续表 3

行业大类	代码	500-1000万元	1000-5000万元	5000万元-1亿元	1亿元以上
铁路、船舶、航空航天和其他运输设备制造业	37	1	6	2	3
电气机械和器材制造业	38	51	111	37	36
计算机、通信和其他电子设备制造业	39	12	15	4	10
仪器仪表制造业	40	5	6	1	1
其他制造业	41	8	9		
废弃资源综合利用业	42	8	18	11	7
金属制品、机械和设备修理业	43	27	30	3	3
电力、热力、燃气及水生产和供应业	**D**	**105**	**266**	**145**	**786**
电力、热力生产和供应业	44	78	160	86	656
燃气生产和供应业	45	16	54	20	37
水的生产和供应业	46	11	52	39	93
建筑业	**E**	**727**	**1279**	**393**	**664**
房屋建筑业	47	175	417	195	372
土木工程建筑业	48	237	438	122	209
建筑安装业	49	148	217	42	46
建筑装饰、装修和其他建筑业	50	167	207	34	37
批发和零售业	**F**	**3912**	**3745**	**740**	**928**
批发业	51	2862	2775	538	752
零售业	52	1050	970	202	176
交通运输、仓储和邮政业	**G**	**746**	**925**	**172**	**227**
铁路运输业	53				8
道路运输业	54	598	682	95	104
水上运输业	55		3		
航空运输业	56	2	11	6	7
管道运输业	57		2	1	6
多式联运和运输代理业	58	60	76	15	30
装卸搬运和仓储业	59	79	141	48	61
邮政业	60	7	10	7	11
住宿和餐饮业	**H**	**196**	**305**	**51**	**62**
住宿业	61	130	237	39	46
餐饮业	62	66	68	12	16
信息传输、软件和信息技术服务业	**I**	**384**	**480**	**104**	**180**
电信、广播电视和卫星传输服务	63	19	30	6	55
互联网和相关服务	64	52	68	18	22
软件和信息技术服务业	65	313	382	80	103
金融业	**J**	**146**	**433**	**161**	**575**
货币金融服务	66	65	228	78	364
资本市场服务	67	51	129	41	74
保险业	68	25	47	21	96
其他金融业	69	5	29	21	41

1-30 续表 4

行业大类	代码	企业法人单位数（个）	50 万元及以下	50-100 万元	100-500 万元
房地产业	**K**	**9445**	**4069**	**618**	**1054**
房地产业	70	9445	4069	618	1054
租赁和商务服务业	**L**	**22248**	**13618**	**1596**	**3072**
租赁业	71	2276	1291	263	449
商务服务业	72	19972	12327	1333	2623
科学研究和技术服务业	**M**	**9825**	**5713**	**760**	**1747**
研究和试验发展	73	395	249	24	60
专业技术服务业	74	5491	2821	481	1135
科技推广和应用服务业	75	3939	2643	255	552
水利、环境和公共设施管理业	**N**	**1384**	**675**	**97**	**205**
水利管理业	76	142	63	10	10
生态保护和环境治理业	77	196	98	16	16
公共设施管理业	78	959	478	62	158
土地管理业	79	87	36	9	21
居民服务、修理和其他服务业	**O**	**4459**	**3059**	**468**	**651**
居民服务业	80	1350	1100	84	95
机动车、电子产品和日用产品修理业	81	2585	1606	327	481
其他服务业	82	524	353	57	75
教育	**P**	**1498**	**919**	**141**	**299**
教育	83	1498	919	141	299
卫生和社会工作	**Q**	**683**	**287**	**59**	**191**
卫生	84	574	211	55	177
社会工作	85	109	76	4	14
文化、体育和娱乐业	**R**	**4449**	**2938**	**362**	**500**
新闻和出版业	86	29	13		2
广播、电视、电影和录音制作业	87	1331	637	73	207
文化艺术业	88	600	446	36	55
体育	89	275	211	20	24
娱乐业	90	2214	1631	233	212
公共管理、社会保障和社会组织	**S**				
中国共产党机关	91				
国家机构	92				
人民政协、民主党派	93				
社会保障	94				
群众团体、社会团体和其他成员组织	95				
基层群众自治组织	96				
国际组织	**T**				
国际组织	97				

1-30 续表 5

行业大类	代码	500-1000万元	1000-5000万元	5000万元-1亿元	1亿元以上
房地产业	**K**	**543**	**1185**	**624**	**1352**
房地产业	70	543	1185	624	1352
租赁和商务服务业	**L**	**1064**	**1413**	**417**	**1068**
租赁业	71	128	106	15	24
商务服务业	72	936	1307	402	1044
科学研究和技术服务业	**M**	**633**	**678**	**136**	**158**
研究和试验发展	73	26	24	3	9
专业技术服务业	74	408	456	88	102
科技推广和应用服务业	75	199	198	45	47
水利、环境和公共设施管理业	**N**	**95**	**159**	**42**	**111**
水利管理业	76	13	14	7	25
生态保护和环境治理业	77	14	30	9	13
公共设施管理业	78	61	107	25	68
土地管理业	79	7	8	1	5
居民服务、修理和其他服务业	**O**	**139**	**114**	**18**	**10**
居民服务业	80	27	33	9	2
机动车、电子产品和日用产品修理业	81	95	64	8	4
其他服务业	82	17	17	1	4
教育	**P**	**66**	**61**	**6**	**6**
教育	83	66	61	6	6
卫生和社会工作	**Q**	**51**	**75**	**10**	**10**
卫生	84	48	68	7	8
社会工作	85	3	7	3	2
文化、体育和娱乐业	**R**	**174**	**251**	**81**	**143**
新闻和出版业	86	2	5	2	5
广播、电视、电影和录音制作业	87	90	153	64	107
文化艺术业	88	23	28	4	8
体育	89	5	11	1	3
娱乐业	90	54	54	10	20
公共管理、社会保障和社会组织	**S**				
中国共产党机关	91				
国家机构	92				
人民政协、民主党派	93				
社会保障	94				
群众团体、社会团体和其他成员组织	95				
基层群众自治组织	96				
国际组织	**T**				
国际组织	97				

1-31 按行业（大类）、资产总计组距分组的企业法人单位从业人员数

行业大类	代码	从业人员数（人）	50万元及以下	50-100万元	100-500万元
总　计		**2875164**	**225629**	**82186**	**264648**
农、林、牧、渔业	**A**	**34889**	**1091**	**1687**	**1717**
农业	01				
林业	02				
畜牧业	03				
渔业	04				
农、林、牧、渔专业及辅助性活动	05	34889	1091	1687	1717
采矿业	**B**	**173687**	**1384**	**616**	**3195**
煤炭开采和洗选业	06	44839	33	9	14
石油和天然气开采业	07	59237	16	12	29
黑色金属矿采选业	08	8071	131	57	180
有色金属矿采选业	09	10113	134	14	48
非金属矿采选业	10	7997	653	427	1851
开采专业及辅助性活动	11	42944	328	80	994
其他采矿业	12	486	89	17	79
制造业	**C**	**671948**	**26154**	**11747**	**51600**
农副食品加工业	13	45280	1202	715	3060
食品制造业	14	29260	1186	335	1416
酒、饮料和精制茶制造业	15	13700	361	210	636
烟草制品业	16	777			25
纺织业	17	80813	2346	528	3000
纺织服装、服饰业	18	73843	6737	3907	18061
皮革、毛皮、羽毛及其制品和制鞋业	19	11672	874	475	1794
木材加工和木、竹、藤、棕、草制品业	20	4783	551	228	1018
家具制造业	21	2213	404	101	645
造纸和纸制品业	22	5648	139	65	597
印刷和记录媒介复制业	23	4454	340	194	987
文教、工美、体育和娱乐用品制造业	24	8321	1371	843	1064
石油、煤炭及其他燃料加工业	25	55090	73	12	132
化学原料和化学制品制造业	26	78361	3146	244	927
医药制造业	27	10611	63	38	231
化学纤维制造业	28	10748	29		5
橡胶和塑料制品业	29	20950	871	381	2351
非金属矿物制品业	30	84501	2732	1992	8480
黑色金属冶炼和压延加工业	31	24579	49	55	148
有色金属冶炼和压延加工业	32	41359	37	15	72
金属制品业	33	18253	1420	549	2582
通用设备制造业	34	4488	344	130	798
专用设备制造业	35	9194	500	220	880
汽车制造业	36	2366	87	149	27

1-31 续表 1

行业大类	代码	500-1000万元	1000-5000万元	5000万元-1亿元	1亿元以上
总　计		**170090**	**454783**	**220623**	**1457205**
农、林、牧、渔业	**A**	**1594**	**3821**	**14799**	**10180**
农业	01				
林业	02				
畜牧业	03				
渔业	04				
农、林、牧、渔专业及辅助性活动	05	1594	3821	14799	10180
采矿业	**B**	**2232**	**7729**	**5018**	**153513**
煤炭开采和洗选业	06	130	772	1994	41887
石油和天然气开采业	07	29	79	44	59028
黑色金属矿采选业	08	219	876	520	6088
有色金属矿采选业	09	35	466	352	9064
非金属矿采选业	10	1102	2436	476	1052
开采专业及辅助性活动	11	700	2892	1578	36372
其他采矿业	12	17	208	54	22
制造业	**C**	**38004**	**110963**	**52562**	**380918**
农副食品加工业	13	2515	10557	6910	20321
食品制造业	14	1228	4409	2356	18330
酒、饮料和精制茶制造业	15	659	2253	2236	7345
烟草制品业	16				752
纺织业	17	1538	6278	4504	62619
纺织服装、服饰业	18	11548	27794	1300	4496
皮革、毛皮、羽毛及其制品和制鞋业	19	3280	5182	8	59
木材加工和木、竹、藤、棕、草制品业	20	671	1301	529	485
家具制造业	21	247	421	168	227
造纸和纸制品业	22	416	1277	769	2385
印刷和记录媒介复制业	23	314	1295	665	659
文教、工美、体育和娱乐用品制造业	24	907	783	3181	172
石油、煤炭及其他燃料加工业	25	198	831	690	53154
化学原料和化学制品制造业	26	956	5331	3301	64456
医药制造业	27	57	863	970	8389
化学纤维制造业	28	8	572	49	10085
橡胶和塑料制品业	29	2139	6719	2813	5676
非金属矿物制品业	30	5564	20153	10227	35353
黑色金属冶炼和压延加工业	31	70	558	583	23116
有色金属冶炼和压延加工业	32	84	1554	1312	38285
金属制品业	33	2467	5135	2365	3735
通用设备制造业	34	490	1362	527	837
专用设备制造业	35	1052	2222	1089	3231
汽车制造业	36	142	51	112	1798

1-31 续表 2

行业大类	代码	从业人员数(人)	50 万元及以下	50-100 万元	100-500 万元
铁路、船舶、航空航天和其他运输设备制造业	37	558	37	7	42
电气机械和器材制造业	38	18762	514	145	833
计算机、通信和其他电子设备制造业	39	4682	102	18	190
仪器仪表制造业	40	489	57	13	100
其他制造业	41	1030	41	26	690
废弃资源综合利用业	42	1912	64	10	101
金属制品、机械和设备修理业	43	3251	477	142	708
电力、热力、燃气及水生产和供应业	**D**	**111949**	**634**	**367**	**1877**
电力、热力生产和供应业	44	87730	382	305	1327
燃气生产和供应业	45	12416	21	11	162
水的生产和供应业	46	11803	231	51	388
建筑业	**E**	**427528**	**12542**	**4122**	**13434**
房屋建筑业	47	229127	2516	890	3525
土木工程建筑业	48	136736	2340	897	3734
建筑安装业	49	26013	1876	744	2093
建筑装饰、装修和其他建筑业	50	35652	5810	1591	4082
批发和零售业	**F**	**328533**	**53118**	**21154**	**58832**
批发业	51	197986	29176	12589	36733
零售业	52	130547	23942	8565	22099
交通运输、仓储和邮政业	**G**	**203700**	**9643**	**4847**	**13760**
铁路运输业	53	55173			
道路运输业	54	102331	6293	2793	8561
水上运输业	55	68	7		
航空运输业	56	8535	64	15	44
管道运输业	57	3628	32		
多式联运和运输代理业	58	6245	1100	315	1335
装卸搬运和仓储业	59	11850	1016	353	2373
邮政业	60	15870	1131	1371	1447
住宿和餐饮业	**H**	**52788**	**5730**	**2242**	**7899**
住宿业	61	33258	1736	947	4413
餐饮业	62	19530	3994	1295	3486
信息传输、软件和信息技术服务业	**I**	**69029**	**12172**	**3506**	**7291**
电信、广播电视和卫星传输服务	63	29149	2985	286	887
互联网和相关服务	64	5170	1342	349	822
软件和信息技术服务业	65	34710	7845	2871	5582
金融业	**J**	**196562**	**7167**	**362**	**2492**
货币金融服务	66	61421	214	18	91
资本市场服务	67	3015	554	21	140
保险业	68	130804	6351	319	2197
其他金融业	69	1322	48	4	64

1-31 续表 3

行业大类	代码	500-1000万元	1000-5000万元	5000万元-1亿元	1亿元以上
铁路、船舶、航空航天和其他运输设备制造业	37	2	185	81	204
电气机械和器材制造业	38	559	2005	3695	11011
计算机、通信和其他电子设备制造业	39	441	346	681	2904
仪器仪表制造业	40	21	136	48	114
其他制造业	41	48	225		
废弃资源综合利用业	42	121	445	677	494
金属制品、机械和设备修理业	43	262	720	716	226
电力、热力、燃气及水生产和供应业	**D**	**1506**	**5941**	**6478**	**95146**
电力、热力生产和供应业	44	869	3119	3691	78037
燃气生产和供应业	45	269	1263	1131	9559
水的生产和供应业	46	368	1559	1656	7550
建筑业	**E**	**10289**	**50175**	**39717**	**297249**
房屋建筑业	47	3059	21100	27741	170296
土木工程建筑业	48	2791	13913	7849	105212
建筑安装业	49	2632	7445	2623	8600
建筑装饰、装修和其他建筑业	50	1807	7717	1504	13141
批发和零售业	**F**	**28141**	**56842**	**24367**	**86079**
批发业	51	18042	35056	14540	51850
零售业	52	10099	21786	9827	34229
交通运输、仓储和邮政业	**G**	**9898**	**23909**	**9617**	**132026**
铁路运输业	53				55173
道路运输业	54	7311	16850	5648	54875
水上运输业	55		61		
航空运输业	56	2	279	178	7953
管道运输业	57		235	18	3343
多式联运和运输代理业	58	501	1712	379	903
装卸搬运和仓储业	59	1867	2978	1096	2167
邮政业	60	217	1794	2298	7612
住宿和餐饮业	**H**	**6071**	**14508**	**6208**	**10130**
住宿业	61	3707	10848	4232	7375
餐饮业	62	2364	3660	1976	2755
信息传输、软件和信息技术服务业	**I**	**5274**	**7457**	**2600**	**30729**
电信、广播电视和卫星传输服务	63	1033	762	246	22950
互联网和相关服务	64	406	904	236	1111
软件和信息技术服务业	65	3835	5791	2118	6668
金融业	**J**	**3060**	**23825**	**10679**	**148977**
货币金融服务	66	294	1274	602	58928
资本市场服务	67	80	362	86	1772
保险业	68	2654	22064	9844	87375
其他金融业	69	32	125	147	902

1-31 续表 4

行业大类	代码	从业人员数(人)	50 万元及以下	50-100 万元	100-500 万元
房地产业	**K**	**160596**	**20562**	**9716**	**28092**
房地产业	70	160596	20562	9716	28092
租赁和商务服务业	**L**	**245445**	**42886**	**9283**	**37107**
租赁业	71	10103	2573	1080	2345
商务服务业	72	235342	40313	8203	34762
科学研究和技术服务业	**M**	**87408**	**10862**	**4119**	**15055**
研究和试验发展	73	1718	396	75	278
专业技术服务业	74	71504	6796	2955	11741
科技推广和应用服务业	75	14186	3670	1089	3036
水利、环境和公共设施管理业	**N**	**27647**	**1698**	**610**	**2592**
水利管理业	76	3633	115	93	98
生态保护和环境治理业	77	1706	147	58	93
公共设施管理业	78	21602	1308	403	2147
土地管理业	79	706	128	56	254
居民服务、修理和其他服务业	**O**	**27119**	**9079**	**3826**	**6630**
居民服务业	80	7271	3368	673	1146
机动车、电子产品和日用产品修理业	81	13294	4414	1863	3760
其他服务业	82	6554	1297	1290	1724
教育	**P**	**17144**	**3426**	**1440**	**4827**
教育	83	17144	3426	1440	4827
卫生和社会工作	**Q**	**18724**	**1619**	**1003**	**5402**
卫生	84	18157	1467	996	5167
社会工作	85	567	152	7	235
文化、体育和娱乐业	**R**	**20468**	**5862**	**1539**	**2846**
新闻和出版业	86	1199	103		24
广播、电视、电影和录音制作业	87	5092	851	210	833
文化艺术业	88	2602	689	135	546
体育	89	1375	543	126	224
娱乐业	90	10200	3676	1068	1219
公共管理、社会保障和社会组织	**S**				
中国共产党机关	91				
国家机构	92				
人民政协、民主党派	93				
社会保障	94				
群众团体、社会团体和其他成员组织	95				
基层群众自治组织	96				
国际组织	**T**				
国际组织	97				

1-31 续表 5

行业大类	代码				
		500-1000万元	1000-5000万元	5000万元-1亿元	1亿元以上
房地产业	**K**	**16317**	**28784**	**16445**	**40680**
房地产业	70	16317	28784	16445	40680
租赁和商务服务业	**L**	**26920**	**76484**	**18514**	**34251**
租赁业	71	939	1783	411	972
商务服务业	72	25981	74701	18103	33279
科学研究和技术服务业	**M**	**11699**	**21190**	**7855**	**16628**
研究和试验发展	73	203	603	9	154
专业技术服务业	74	10097	18078	7023	14814
科技推广和应用服务业	75	1399	2509	823	1660
水利、环境和公共设施管理业	**N**	**1719**	**6468**	**2512**	**12048**
水利管理业	76	142	290	95	2800
生态保护和环境治理业	77	134	409	435	430
公共设施管理业	78	1383	5659	1949	8753
土地管理业	79	60	110	33	65
居民服务、修理和其他服务业	**O**	**2089**	**4197**	**796**	**502**
居民服务业	80	418	1038	530	98
机动车、电子产品和日用产品修理业	81	976	1778	265	238
其他服务业	82	695	1381	1	166
教育	**P**	**1476**	**5216**	**163**	**596**
教育	83	1476	5216	163	596
卫生和社会工作	**Q**	**2468**	**5005**	**1124**	**2103**
卫生	84	2411	4917	1118	2081
社会工作	85	57	88	6	22
文化、体育和娱乐业	**R**	**1333**	**2269**	**1169**	**5450**
新闻和出版业	86	29	219	228	596
广播、电视、电影和录音制作业	87	565	948	707	978
文化艺术业	88	164	318	14	736
体育	89	49	282	3	148
娱乐业	90	526	502	217	2992
公共管理、社会保障和社会组织	**S**				
中国共产党机关	91				
国家机构	92				
人民政协、民主党派	93				
社会保障	94				
群众团体、社会团体和其他成员组织	95				
基层群众自治组织	96				
国际组织	**T**				
国际组织	97				

1-32 按行业（大类）、地区分组的国有控股企业法人单位数

行业大类	代码	企业法人单位数（个）	乌鲁木齐市	克拉玛依市	吐鲁番市
总　计		**6643**	**1534**	**175**	**289**
农、林、牧、渔业	**A**	**189**	**2**	**3**	**1**
农业	01	15			
林业	02	2			
畜牧业	03	3			
渔业	04	169	2	3	1
农、林、牧、渔专业及辅助性活动	05	170	9	8	21
采矿业	**B**	**76**	**5**	**2**	**8**
煤炭开采和洗选业	06	10	1	3	1
石油和天然气开采业	07	17			5
黑色金属矿采选业	08	26			
有色金属矿采选业	09	31	3	1	6
非金属矿采选业	10	7		2	1
开采专业及辅助性活动	11	3			
其他采矿业	12	711	141	18	26
制造业	**C**	**115**	**5**	**2**	
农副食品加工业	13	68	7	1	1
食品制造业	14	36	1	1	1
酒、饮料和精制茶制造业	15	1	1		
烟草制品业	16	34	3		
纺织业	17	12	4		1
纺织服装、服饰业	18	1			
皮革、毛皮、羽毛及其制品和制鞋业	19	2			
木材加工和木、竹、藤、棕、草制品业	20	1			
家具制造业	21	32	17		
造纸和纸制品业	22	5	1		
印刷和记录媒介复制业	23	19	1	5	2
文教、工美、体育和娱乐用品制造业	24	90	16	5	6
石油、煤炭及其他燃料加工业	25	11	5		
化学原料和化学制品制造业	26	5	1		
医药制造业	27	29	6		
化学纤维制造业	28	151	26	1	12
橡胶和塑料制品业	29	10	5	1	
非金属矿物制品业	30	12	1		1
黑色金属冶炼和压延加工业	31	23	11	1	1
有色金属冶炼和压延加工业	32	9	6		
金属制品业	33	15	8		
通用设备制造业	34	7	5		
专用设备制造业	35	6	4		
汽车制造业	36	7	1		1

1-32 续表 1

行业大类	代码				
		哈密市	昌吉回族自治州	博尔塔拉蒙古自治州	巴音郭楞蒙古自治州
总　计		**372**	**469**	**342**	**567**
农、林、牧、渔业	**A**	**8**	**19**	**17**	**35**
农业	01			4	3
林业	02		1		
畜牧业	03		1		1
渔业	04	8	17	13	31
农、林、牧、渔专业及辅助性活动	05	28	21	2	16
采矿业	**B**	**11**	**15**		**3**
煤炭开采和洗选业	06				1
石油和天然气开采业	07	5			4
黑色金属矿采选业	08	9		1	2
有色金属矿采选业	09	3	4	1	5
非金属矿采选业	10		2		1
开采专业及辅助性活动	11				
其他采矿业	12	31	66	33	56
制造业	**C**	**5**	**10**	**5**	**12**
农副食品加工业	13	2	6	3	12
食品制造业	14		7	4	2
酒、饮料和精制茶制造业	15				
烟草制品业	16		3	2	3
纺织业	17		1	1	1
纺织服装、服饰业	18				
皮革、毛皮、羽毛及其制品和制鞋业	19				
木材加工和木、竹、藤、棕、草制品业	20				1
家具制造业	21			3	1
造纸和纸制品业	22				
印刷和记录媒介复制业	23	2	2		
文教、工美、体育和娱乐用品制造业	24	6	13	3	4
石油、煤炭及其他燃料加工业	25				1
化学原料和化学制品制造业	26				
医药制造业	27		4	3	3
化学纤维制造业	28	8	11	7	12
橡胶和塑料制品业	29				2
非金属矿物制品业	30	2	3		
黑色金属冶炼和压延加工业	31	1	2	1	
有色金属冶炼和压延加工业	32			1	1
金属制品业	33	1	3		
通用设备制造业	34				
专用设备制造业	35		1		1
汽车制造业	36	4			

1-32 续表 2

行业大类	代码	阿克苏地区	克孜勒苏柯尔克孜自治州	喀什地区	和田地区
总　计		**386**	**127**	**386**	**178**
农、林、牧、渔业	**A**	**17**	**1**	**13**	**2**
农业	01			2	
林业	02				
畜牧业	03	1			
渔业	04	16	1	11	2
农、林、牧、渔专业及辅助性活动	05	17	2	3	3
采矿业	**B**	**12**			**2**
煤炭开采和洗选业	06	2	1		
石油和天然气开采业	07				
黑色金属矿采选业	08	1	1	1	
有色金属矿采选业	09			1	1
非金属矿采选业	10	1			
开采专业及辅助性活动	11	1		1	
其他采矿业	12	31	13	37	16
制造业	**C**	**12**	**2**	**9**	**4**
农副食品加工业	13	2	2	2	1
食品制造业	14				1
酒、饮料和精制茶制造业	15				
烟草制品业	16	2		7	1
纺织业	17		1	1	2
纺织服装、服饰业	18				
皮革、毛皮、羽毛及其制品和制鞋业	19				
木材加工和木、竹、藤、棕、草制品业	20				
家具制造业	21		1	3	1
造纸和纸制品业	22	1	2		1
印刷和记录媒介复制业	23	4		1	
文教、工美、体育和娱乐用品制造业	24	4	1	2	
石油、煤炭及其他燃料加工业	25			3	
化学原料和化学制品制造业	26				
医药制造业	27			1	1
化学纤维制造业	28	4	4	6	3
橡胶和塑料制品业	29			1	
非金属矿物制品业	30			1	
黑色金属冶炼和压延加工业	31	1			
有色金属冶炼和压延加工业	32	1			
金属制品业	33				1
通用设备制造业	34				
专用设备制造业	35				
汽车制造业	36				

1-32 续表 3

行业大类	代码				
		伊犁哈萨克自治州	塔城地区	阿勒泰地区	自治区直辖县级市
总　计		**693**	**365**	**282**	**478**
农、林、牧、渔业	**A**	**15**	**27**	**8**	**21**
农业	01		2	2	2
林业	02			1	
畜牧业	03				
渔业	04	15	25	5	19
农、林、牧、渔专业及辅助性活动	05	14	12	11	3
采矿业	**B**	**11**	**5**		**2**
煤炭开采和洗选业	06		1		
石油和天然气开采业	07	2		1	
黑色金属矿采选业	08		3	8	
有色金属矿采选业	09	1	3	1	1
非金属矿采选业	10				
开采专业及辅助性活动	11			1	
其他采矿业	12	74	47	17	105
制造业	**C**	**17**	**9**	**3**	**20**
农副食品加工业	13	5	14	1	9
食品制造业	14	8	1	1	9
酒、饮料和精制茶制造业	15				
烟草制品业	16	1	2		10
纺织业	17				
纺织服装、服饰业	18		1		
皮革、毛皮、羽毛及其制品和制鞋业	19	1		1	
木材加工和木、竹、藤、棕、草制品业	20				
家具制造业	21	4		1	1
造纸和纸制品业	22				
印刷和记录媒介复制业	23	1			1
文教、工美、体育和娱乐用品制造业	24	8	1	1	20
石油、煤炭及其他燃料加工业	25	1			1
化学原料和化学制品制造业	26	2			2
医药制造业	27	2	3		6
化学纤维制造业	28	19	11	6	21
橡胶和塑料制品业	29	1			
非金属矿物制品业	30	1	2	1	
黑色金属冶炼和压延加工业	31	2	1	1	1
有色金属冶炼和压延加工业	32				
金属制品业	33	1			1
通用设备制造业	34		2		
专用设备制造业	35				
汽车制造业	36				1

1-32 续表 4

行业大类	代码	企业法人单位数（个）	乌鲁木齐市	克拉玛依市	吐鲁番市
铁路、船舶、航空航天和其他运输设备制造业	37	4	2		
电气机械和器材制造业	38	1	1		
计算机、通信和其他电子设备制造业	39	1			
仪器仪表制造业	40	1	1		
其他制造业	41	3	2	1	
废弃资源综合利用业	42	602	60	13	41
金属制品、机械和设备修理业	43	439	49	10	32
电力、热力、燃气及水生产和供应业	**D**	**24**	**2**	**1**	**3**
电力、热力生产和供应业	44	139	9	2	6
燃气生产和供应业	45	405	101	12	11
水的生产和供应业	46	143	32	1	1
建筑业	**E**	**193**	**40**	**9**	**6**
房屋建筑业	47	32	11	1	4
土木工程建筑业	48	37	18	1	
建筑安装业	49	903	245	17	20
建筑装饰、装修和其他建筑业	50	708	206	11	16
批发和零售业	**F**	**195**	**39**	**6**	**4**
批发业	51	375	92	7	15
零售业	52	8	7		
交通运输、仓储和邮政业	**G**	**214**	**37**	**4**	**12**
铁路运输业	53	10	3		
道路运输业	54	6	6		
水上运输业	55	33	19		
航空运输业	56	71	14	2	2
管道运输业	57	33	6	1	1
多式联运和运输代理业	58	176	55	2	2
装卸搬运和仓储业	59	145	45	2	2
邮政业	60	31	10		
住宿和餐饮业	**H**	**158**	**62**	**7**	**7**
住宿业	61	85	17	4	5
餐饮业	62	17	9	1	1
信息传输、软件和信息技术服务业	**I**	**56**	**36**	**2**	**1**
电信、广播电视和卫星传输服务	63	483	116	22	17
互联网和相关服务	64	227	54	9	9
软件和信息技术服务业	65	29	14	3	1
金融业	**J**	**178**	**39**	**9**	**7**
货币金融服务	66	49	9	1	
资本市场服务	67	499	216	9	20
保险业	68	499	216	9	20
其他金融业	69	1177	229	29	86

1-32 续表 5

行业大类	代码	哈密市	昌吉回族自治州	博尔塔拉蒙古自治州	巴音郭楞蒙古自治州
铁路、船舶、航空航天和其他运输设备制造业	37				
电气机械和器材制造业	38				
计算机、通信和其他电子设备制造业	39				
仪器仪表制造业	40				
其他制造业	41				
废弃资源综合利用业	42	78	52	31	52
金属制品、机械和设备修理业	43	74	34	21	34
电力、热力、燃气及水生产和供应业	**D**		**5**	**1**	**1**
电力、热力生产和供应业	44	4	13	9	17
燃气生产和供应业	45	18	26	28	29
水的生产和供应业	46	9	10	12	6
建筑业	**E**	**8**	**15**	**11**	**21**
房屋建筑业	47			4	
土木工程建筑业	48	1	1	1	2
建筑安装业	49	40	44	53	70
建筑装饰、装修和其他建筑业	50	29	34	39	56
批发和零售业	**F**	**11**	**10**	**14**	**14**
批发业	51	13	28	25	35
零售业	52				
交通运输、仓储和邮政业	**G**	**9**	**19**	**14**	**19**
铁路运输业	53		1		2
道路运输业	54				
水上运输业	55	1	1	4	1
航空运输业	56	2	4	6	6
管道运输业	57	1	3	1	7
多式联运和运输代理业	58	6	5	8	18
装卸搬运和仓储业	59	6	4	8	14
邮政业	60		1		4
住宿和餐饮业	**H**	**6**	**10**	**7**	**10**
住宿业	61	4	7	4	7
餐饮业	62	1	2	1	1
信息传输、软件和信息技术服务业	**I**	**1**	**1**	**2**	**2**
电信、广播电视和卫星传输服务	63	27	40	21	38
互联网和相关服务	64	15	16	7	15
软件和信息技术服务业	65		3	1	2
金融业	**J**	**10**	**16**	**9**	**14**
货币金融服务	66	2	5	4	7
资本市场服务	67	15	24	16	43
保险业	68	15	24	16	43
其他金融业	69	60	83	60	98

1-32 续表 6

行业大类	代码	阿克苏地区	克孜勒苏柯尔克孜自治州	喀什地区	和田地区
铁路、船舶、航空航天和其他运输设备制造业	37				
电气机械和器材制造业	38				
计算机、通信和其他电子设备制造业	39				
仪器仪表制造业	40				
其他制造业	41				
废弃资源综合利用业	42	33	16	38	26
金属制品、机械和设备修理业	43	19	9	24	17
电力、热力、燃气及水生产和供应业	**D**	**1**	**1**	**2**	**2**
电力、热力生产和供应业	44	13	6	12	7
燃气生产和供应业	45	28	5	26	12
水的生产和供应业	46	8	1	9	6
建筑业	**E**	**18**	**3**	**14**	**6**
房屋建筑业	47			1	
土木工程建筑业	48	2	1	2	
建筑安装业	49	59	12	73	38
建筑装饰、装修和其他建筑业	50	47	9	55	26
批发和零售业	**F**	**12**	**3**	**18**	**12**
批发业	51	16	11	13	10
零售业	52				
交通运输、仓储和邮政业	**G**	**10**	**8**	**8**	**5**
铁路运输业	53				1
道路运输业	54				
水上运输业	55	1			
航空运输业	56	1	2	4	3
管道运输业	57	4	1	1	1
多式联运和运输代理业	58	6	6	10	4
装卸搬运和仓储业	59	6	5	9	4
邮政业	60		1	1	
住宿和餐饮业	**H**	**4**	**4**	**7**	**3**
住宿业	61	3	4	5	1
餐饮业	62			1	
信息传输、软件和信息技术服务业	**I**	**1**		**1**	**2**
电信、广播电视和卫星传输服务	63	29	8	26	12
互联网和相关服务	64	14	5	14	6
软件和信息技术服务业	65	1			
金融业	**J**	**9**	**3**	**9**	**5**
货币金融服务	66	5		3	1
资本市场服务	67	18	3	28	5
保险业	68	18	3	28	5
其他金融业	69	78	34	53	29

1-32 续表 7

行业大类	代码	伊犁哈萨克自治州	塔城地区	阿勒泰地区	自治区直辖县级市
铁路、船舶、航空航天和其他运输设备制造业	37				2
电气机械和器材制造业	38				
计算机、通信和其他电子设备制造业	39			1	
仪器仪表制造业	40				
其他制造业	41				
废弃资源综合利用业	42	61	31	52	18
金属制品、机械和设备修理业	43	38	23	44	11
电力、热力、燃气及水生产和供应业	**D**	**2**	**1**		**2**
电力、热力生产和供应业	44	21	7	8	5
燃气生产和供应业	45	37	20	16	36
水的生产和供应业	46	12	14	5	17
建筑业	**E**	**18**	**3**	**10**	**11**
房屋建筑业	47	4	1		6
土木工程建筑业	48	3	2	1	2
建筑安装业	49	90	41	29	72
建筑装饰、装修和其他建筑业	50	73	26	22	59
批发和零售业	**F**	**17**	**15**	**7**	**13**
批发业	51	50	24	17	19
零售业	52			1	
交通运输、仓储和邮政业	**G**	**32**	**16**	**11**	**10**
铁路运输业	53	1			2
道路运输业	54				
水上运输业	55	3	2		1
航空运输业	56	12	5	3	5
管道运输业	57	2	1	2	1
多式联运和运输代理业	58	29	5	13	7
装卸搬运和仓储业	59	19	5	12	4
邮政业	60	10		1	3
住宿和餐饮业	**H**	**7**	**9**	**7**	**8**
住宿业	61	7	7	5	5
餐饮业	62				
信息传输、软件和信息技术服务业	**I**		**2**	**2**	**3**
电信、广播电视和卫星传输服务	63	50	21	17	39
互联网和相关服务	64	25	11	8	19
软件和信息技术服务业	65	2			2
金融业	**J**	**19**	**9**	**6**	**14**
货币金融服务	66	4	1	3	4
资本市场服务	67	48	11	13	30
保险业	68	48	11	13	30
其他金融业	69	136	78	49	75

1-32 续表 8

行业大类	代码	企业法人单位数(个)	乌鲁木齐市	克拉玛依市	吐鲁番市
房地产业	**K**	**37**	**12**	**1**	**3**
房地产业	70	1140	217	28	83
租赁和商务服务业	**L**	**389**	**131**	**12**	**10**
租赁业	71	10	6		
商务服务业	72	298	105	11	6
科学研究和技术服务业	**M**	**81**	**20**	**1**	**4**
研究和试验发展	73	206	19	9	9
专业技术服务业	74	49	3		
科技推广和应用服务业	75	16	5	1	
水利、环境和公共设施管理业	**N**	**129**	**11**	**7**	**9**
水利管理业	76	12		1	
生态保护和环境治理业	77	59	15	4	3
公共设施管理业	78	33	9	2	1
土地管理业	79	17	4		2
居民服务、修理和其他服务业	**O**	**9**	**2**	**2**	
居民服务业	80	37	9		
机动车、电子产品和日用产品修理业	81	37	9		
其他服务业	82	19	6	1	
教育	**P**	**11**	**6**		
教育	83	8		1	
卫生和社会工作	**Q**	**85**	**26**	**2**	
卫生	84	12	7		
社会工作	85	44	9	1	
文化、体育和娱乐业	**R**	**15**	**5**		
新闻和出版业	86	4	1	1	
广播、电视、电影和录音制作业	87	10	4		
文化艺术业	88	15	5		
体育	89	4	1	1	
娱乐业	90	10	4		
公共管理、社会保障和社会组织	**S**				
中国共产党机关	91				
国家机构	92				
人民政协、民主党派	93				
社会保障	94				
群众团体、社会团体和其他成员组织	95				
基层群众自治组织	96				
国际组织	**T**				
国际组织	97				

1-32 续表 9

行业大类	代码				
		哈密市	昌吉回族自治州	博尔塔拉蒙古自治州	巴音郭楞蒙古自治州
房地产业	**K**	**1**	**5**	**1**	**2**
房地产业	70	59	78	59	96
租赁和商务服务业	**L**	**19**	**18**	**19**	**33**
租赁业	71	1	2		1
商务服务业	72	12	16	17	25
科学研究和技术服务业	**M**	**6**		**2**	**7**
研究和试验发展	73	13	24	13	18
专业技术服务业	74	5	3	5	5
科技推广和应用服务业	75	1	2	1	
水利、环境和公共设施管理业	**N**	**7**	**19**	**7**	**12**
水利管理业	76				1
生态保护和环境治理业	77	2	6	3	3
公共设施管理业	78	1	4	2	1
土地管理业	79	1	2		1
居民服务、修理和其他服务业	**O**			**1**	**1**
居民服务业	80	3	1	2	4
机动车、电子产品和日用产品修理业	81	3	1	2	4
其他服务业	82			1	1
教育	**P**				**1**
教育	83			1	
卫生和社会工作	**Q**	**5**	**2**	**3**	**8**
卫生	84				1
社会工作	85	3			6
文化、体育和娱乐业	**R**	**1**	**1**	**1**	**1**
新闻和出版业	86			1	
广播、电视、电影和录音制作业	87	1	1	1	
文化艺术业	88	1	1	1	1
体育	89			1	
娱乐业	90	1	1	1	
公共管理、社会保障和社会组织	**S**				
中国共产党机关	91				
国家机构	92				
人民政协、民主党派	93				
社会保障	94				
群众团体、社会团体和其他成员组织	95				
基层群众自治组织	96				
国际组织	**T**				
国际组织	97				

1-32 续表 10

行业大类	代码				
		阿克苏地区	克孜勒苏柯尔克孜自治州	喀什地区	和田地区
房地产业	**K**	**2**		**2**	**1**
房地产业	70	76	34	51	28
租赁和商务服务业	**L**	**18**	**4**	**21**	**7**
租赁业	71				
商务服务业	72	13	3	15	7
科学研究和技术服务业	**M**	**5**	**1**	**6**	
研究和试验发展	73	21	3	18	6
专业技术服务业	74	10		3	1
科技推广和应用服务业	75	2		1	
水利、环境和公共设施管理业	**N**	**7**	**1**	**10**	**4**
水利管理业	76	2	2	4	1
生态保护和环境治理业	77	5	1	4	1
公共设施管理业	78	4	1	3	
土地管理业	79	1		1	1
居民服务、修理和其他服务业	**O**				
居民服务业	80	1	2	7	
机动车、电子产品和日用产品修理业	81	1	2	7	
其他服务业	82		1	1	1
教育	**P**			**1**	**1**
教育	83		1		
卫生和社会工作	**Q**	**5**	**1**	**8**	**3**
卫生	84	1		1	
社会工作	85	3		5	3
文化、体育和娱乐业	**R**	**1**	**1**	**2**	
新闻和出版业	86				
广播、电视、电影和录音制作业	87				
文化艺术业	88	1	1	2	
体育	89				
娱乐业	90				
公共管理、社会保障和社会组织	**S**				
中国共产党机关	91				
国家机构	92				
人民政协、民主党派	93				
社会保障	94				
群众团体、社会团体和其他成员组织	95				
基层群众自治组织	96				
国际组织	**T**				
国际组织	97				

1-32 续表 11

行业大类	代码	伊犁哈萨克自治州	塔城地区	阿勒泰地区	自治区直辖县级市
房地产业	**K**	**3**	**3**	**1**	
房地产业	70	133	75	48	75
租赁和商务服务业	**L**	**45**	**14**	**16**	**22**
租赁业	71				
商务服务业	72	28	11	15	14
科学研究和技术服务业	**M**	**17**	**3**	**1**	**8**
研究和试验发展	73	19	16	11	7
专业技术服务业	74	4	4	4	2
科技推广和应用服务业	75	2		1	
水利、环境和公共设施管理业	**N**	**12**	**12**	**6**	**5**
水利管理业	76	1			
生态保护和环境治理业	77	5	2	2	3
公共设施管理业	78	1	1	2	1
土地管理业	79	1	1		2
居民服务、修理和其他服务业	**O**	**3**			
居民服务业	80	3	2		3
机动车、电子产品和日用产品修理业	81	3	2		3
其他服务业	82	1	1	1	4
教育	**P**				**2**
教育	83	1	1	1	2
卫生和社会工作	**Q**	**9**	**4**	**3**	**6**
卫生	84				2
社会工作	85	5	3	3	3
文化、体育和娱乐业	**R**		**1**		**1**
新闻和出版业	86	1			
广播、电视、电影和录音制作业	87	3			
文化艺术业	88		1		1
体育	89	1			
娱乐业	90	3			
公共管理、社会保障和社会组织	**S**				
中国共产党机关	91				
国家机构	92				
人民政协、民主党派	93				
社会保障	94				
群众团体、社会团体和其他成员组织	95				
基层群众自治组织	96				
国际组织	**T**				
国际组织	97				

1-33 按行业（大类）、地区分组的国有控股企业法人单位从业人员数

行业大类	代码	从业人员数(人)	乌鲁木齐市	克拉玛依市	吐鲁番市
总　计		**1000071**	**379060**	**98263**	**32746**
农、林、牧、渔业	**A**	**19955**	**47**	**329**	**1**
农业	01				
林业	02				
畜牧业	03				
渔业	04	19955	47	329	1
农、林、牧、渔专业及辅助性活动	05	122235	10015	55261	12365
采矿业	**B**	**29925**	**6073**	**408**	**494**
煤炭开采和洗选业	06	58847	3926	38535	4143
石油和天然气开采业	07	4239			642
黑色金属矿采选业	08	4868			
有色金属矿采选业	09	931	16		84
非金属矿采选业	10	23403		16318	7002
开采专业及辅助性活动	11	22			
其他采矿业	12	172258	36138	23567	8736
制造业	**C**	**12527**	**443**	**190**	
农副食品加工业	13	6997	1706	371	
食品制造业	14	3715	6	98	133
酒、饮料和精制茶制造业	15	752	752		
烟草制品业	16	13794	777		
纺织业	17	1022	354		
纺织服装、服饰业	18				
皮革、毛皮、羽毛及其制品和制鞋业	19	12			
木材加工和木、竹、藤、棕、草制品业	20	56			
家具制造业	21	1475	855		
造纸和纸制品业	22	164	37		
印刷和记录媒介复制业	23	36241	7372	18466	24
文教、工美、体育和娱乐用品制造业	24	46318	6237	3866	7206
石油、煤炭及其他燃料加工业	25	1842	1360		
化学原料和化学制品制造业	26	2386	6		
医药制造业	27	4661	1775		
化学纤维制造业	28	18293	4602	51	1213
橡胶和塑料制品业	29	9530	6431	123	
非金属矿物制品业	30	7353	29		151
黑色金属冶炼和压延加工业	31	1578	722	402	8
有色金属冶炼和压延加工业	32	395	337		
金属制品业	33	1400	849		
通用设备制造业	34	1030	1002		
专用设备制造业	35	275	198		
汽车制造业	36	128	30		1

1-33 续表 1

行业大类	代码	哈密市	昌吉回族自治州	博尔塔拉蒙古自治州	巴音郭楞蒙古自治州
总　计		**33787**	**51458**	**17079**	**56810**
农、林、牧、渔业	**A**	**367**	**544**	**865**	**555**
农业	01				
林业	02				
畜牧业	03				
渔业	04	367	544	865	555
农、林、牧、渔专业及辅助性活动	05	10862	2522	1	14725
采矿业	**B**	**8235**	**2470**		**1547**
煤炭开采和洗选业	06				11953
石油和天然气开采业	07	1470			774
黑色金属矿采选业	08	1048		1	271
有色金属矿采选业	09	109	12		175
非金属矿采选业	10		40		5
开采专业及辅助性活动	11				
其他采矿业	12	2720	20913	1833	11446
制造业	**C**	**400**	**2186**	**600**	**598**
农副食品加工业	13	53	668	206	634
食品制造业	14		76	39	23
酒、饮料和精制茶制造业	15				
烟草制品业	16		1035	1	1457
纺织业	17		603		36
纺织服装、服饰业	18				
皮革、毛皮、羽毛及其制品和制鞋业	19				
木材加工和木、竹、藤、棕、草制品业	20				56
家具制造业	21			51	91
造纸和纸制品业	22				
印刷和记录媒介复制业	23	66	1300		
文教、工美、体育和娱乐用品制造业	24	527	8178	55	4661
石油、煤炭及其他燃料加工业	25				86
化学原料和化学制品制造业	26				
医药制造业	27		64	117	962
化学纤维制造业	28	908	1785	718	911
橡胶和塑料制品业	29				1854
非金属矿物制品业	30	494	4605		
黑色金属冶炼和压延加工业	31	24	230	18	
有色金属冶炼和压延加工业	32			28	28
金属制品业	33	197	155		
通用设备制造业	34				
专用设备制造业	35		28		49
汽车制造业	36	51			

1-33 续表 2

行业大类	代码				
		阿克苏地区	克孜勒苏柯尔克孜自治州	喀什地区	和田地区
总　　计		**38652**	**7126**	**42541**	**10651**
农、林、牧、渔业	**A**	**591**		**145**	**76**
农业	01				
林业	02				
畜牧业	03				
渔业	04	591		145	76
农、林、牧、渔专业及辅助性活动	05	5503	5	7	287
采矿业	**B**	**5215**			**287**
煤炭开采和洗选业	06	20	5		
石油和天然气开采业	07				
黑色金属矿采选业	08	210		5	
有色金属矿采选业	09			2	
非金属矿采选业	10	38			
开采专业及辅助性活动	11	20			
其他采矿业	12	5783	662	8496	1862
制造业	**C**	**446**	**45**	**900**	**419**
农副食品加工业	13	160	152	12	
食品制造业	14				1
酒、饮料和精制茶制造业	15				
烟草制品业	16	1167		1182	776
纺织业	17		9	3	17
纺织服装、服饰业	18				
皮革、毛皮、羽毛及其制品和制鞋业	19				
木材加工和木、竹、藤、棕、草制品业	20				
家具制造业	21		17	15	2
造纸和纸制品业	22	70	2		55
印刷和记录媒介复制业	23	2642		5113	
文教、工美、体育和娱乐用品制造业	24	555		136	
石油、煤炭及其他燃料加工业	25			253	
化学原料和化学制品制造业	26				
医药制造业	27			35	150
化学纤维制造业	28	740	437	544	442
橡胶和塑料制品业	29			122	
非金属矿物制品业	30			181	
黑色金属冶炼和压延加工业	31	1			
有色金属冶炼和压延加工业	32	2			
金属制品业	33				
通用设备制造业	34				
专用设备制造业	35				
汽车制造业	36				

1-33 续表 3

行业大类	代码	伊犁哈萨克自治州	塔城地区	阿勒泰地区	自治区直辖县级市
总　计		**71528**	**41346**	**32405**	**86619**
农、林、牧、渔业	**A**	**1153**	**13249**	**1279**	**754**
农业	01				
林业	02				
畜牧业	03				
渔业	04	1153	13249	1279	754
农、林、牧、渔专业及辅助性活动	05	2257	3809	4090	526
采矿业	**B**	**2037**	**2648**		**511**
煤炭开采和洗选业	06		265		
石油和天然气开采业	07	219		1134	
黑色金属矿采选业	08		390	2943	
有色金属矿采选业	09	1	506	11	15
非金属矿采选业	10				
开采专业及辅助性活动	11			2	
其他采矿业	12	15390	4078	990	29644
制造业	**C**	**3931**	**1371**	**117**	**881**
农副食品加工业	13	951	1000	40	1044
食品制造业	14	2151		67	1121
酒、饮料和精制茶制造业	15				
烟草制品业	16	1288	158		5953
纺织业	17				
纺织服装、服饰业	18				
皮革、毛皮、羽毛及其制品和制鞋业	19	4		8	
木材加工和木、竹、藤、棕、草制品业	20				
家具制造业	21	398		16	30
造纸和纸制品业	22				
印刷和记录媒介复制业	23	29			1229
文教、工美、体育和娱乐用品制造业	24	2655	94	74	12074
石油、煤炭及其他燃料加工业	25	1			142
化学原料和化学制品制造业	26	6			2374
医药制造业	27	32	15		1511
化学纤维制造业	28	2079	421	478	2964
橡胶和塑料制品业	29	1000			
非金属矿物制品业	30	718	991	184	
黑色金属冶炼和压延加工业	31	95			78
有色金属冶炼和压延加工业	32				
金属制品业	33	52			147
通用设备制造业	34		28		
专用设备制造业	35				
汽车制造业	36				46

1-33 续表 4

行业大类	代码	从业人员数(人)	乌鲁木齐市	克拉玛依市	吐鲁番市
铁路、船舶、航空航天和其他运输设备制造业	37	88	38		
电气机械和器材制造业	38	114	114		
计算机、通信和其他电子设备制造业	39	6			
仪器仪表制造业	40	106	106		
其他制造业	41				
废弃资源综合利用业	42	83614	37661	964	2427
金属制品、机械和设备修理业	43	68696	33859	964	1752
电力、热力、燃气及水生产和供应业	**D**	**5372**	**1786**		**216**
电力、热力生产和供应业	44	9546	2016		459
燃气生产和供应业	45	135149	75460	1160	671
水的生产和供应业	46	81115	35959	553	
建筑业	**E**	**48703**	**35784**	**605**	**64**
房屋建筑业	47	2970	1629	1	607
土木工程建筑业	48	2361	2088	1	
建筑安装业	49	48400	14442	1279	1107
建筑装饰、装修和其他建筑业	50	37927	10298	1109	1031
批发和零售业	**F**	**10473**	**4144**	**170**	**76**
批发业	51	129455	108557	820	984
零售业	52	55173	55170		
交通运输、仓储和邮政业	**G**	**51612**	**40375**	**334**	**536**
铁路运输业	53	7029	6260		
道路运输业	54	3167	3167		
水上运输业	55	795	413		
航空运输业	56	1562	476	47	25
管道运输业	57	10117	2696	439	423
多式联运和运输代理业	58	13763	5478	224	239
装卸搬运和仓储业	59	11692	5185	224	239
邮政业	60	2071	293		
住宿和餐饮业	**H**	**23995**	**10929**	**808**	**607**
住宿业	61	21403	8714	719	592
餐饮业	62	150	131	1	8
信息传输、软件和信息技术服务业	**I**	**2442**	**2084**	**88**	**7**
电信、广播电视和卫星传输服务	63	123197	42337	5130	3285
互联网和相关服务	64	44263	18172	2650	984
软件和信息技术服务业	65	1729	1680	8	1
金融业	**J**	**76364**	**21901**	**2467**	**2300**
货币金融服务	66	841	584	5	
资本市场服务	67	21434	11460	273	459
保险业	68	21434	11460	273	459
其他金融业	69	67717	10688	5738	1558

1-33 续表 5

行业大类	代码	哈密市	昌吉回族自治州	博尔塔拉蒙古自治州	巴音郭楞蒙古自治州
铁路、船舶、航空航天和其他运输设备制造业	37				
电气机械和器材制造业	38				
计算机、通信和其他电子设备制造业	39				
仪器仪表制造业	40				
其他制造业	41				
废弃资源综合利用业	42	4307	3747	1914	3543
金属制品、机械和设备修理业	43	3908	2919	1406	2626
电力、热力、燃气及水生产和供应业	**D**		**199**	**190**	**178**
电力、热力生产和供应业	44	399	629	318	739
燃气生产和供应业	45	1573	2056	2124	2006
水的生产和供应业	46	1163	670	1819	657
建筑业	**E**	**410**	**1384**	**188**	**1349**
房屋建筑业	47			117	
土木工程建筑业	48		2		
建筑安装业	49	1838	2445	1628	3560
建筑装饰、装修和其他建筑业	50	1513	2205	1382	2811
批发和零售业	**F**	**325**	**240**	**246**	**749**
批发业	51	1045	1619	1212	2789
零售业	52				
交通运输、仓储和邮政业	**G**	**657**	**508**	**737**	**1559**
铁路运输业	53		7		329
道路运输业	54				
水上运输业	55	14	94	78	
航空运输业	56	11	119	69	48
管道运输业	57	363	891	328	853
多式联运和运输代理业	58	579	209	199	1023
装卸搬运和仓储业	59	579	209	199	989
邮政业	60				34
住宿和餐饮业	**H**	**351**	**1226**	**507**	**1300**
住宿业	61	347	1226	499	1300
餐饮业	62			4	
信息传输、软件和信息技术服务业	**I**	**4**		**4**	
电信、广播电视和卫星传输服务	63	4877	10868	3711	8462
互联网和相关服务	64	1950	2233	957	2549
软件和信息技术服务业	65		23	3	8
金融业	**J**	**2911**	**8575**	**2738**	**5884**
货币金融服务	66	16	37	13	21
资本市场服务	67	1391	363	420	1299
保险业	68	1391	363	420	1299
其他金融业	69	1601	3995	1459	3290

1-33 续表 6

行业大类	代码	阿克苏地区	克孜勒苏柯尔克孜自治州	喀什地区	和田地区
铁路、船舶、航空航天和其他运输设备制造业	37				
电气机械和器材制造业	38				
计算机、通信和其他电子设备制造业	39				
仪器仪表制造业	40				
其他制造业	41				
废弃资源综合利用业	42	2210	935	3466	1196
金属制品、机械和设备修理业	43	1356	698	2075	794
电力、热力、燃气及水生产和供应业	**D**	**18**	**47**	**320**	**31**
电力、热力生产和供应业	44	836	190	1071	371
燃气生产和供应业	45	3950	113	2390	707
水的生产和供应业	46	1505	72	1696	414
建筑业	**E**	**2251**	**40**	**693**	**293**
房屋建筑业	47			1	
土木工程建筑业	48	194	1		
建筑安装业	49	3475	175	4182	1484
建筑装饰、装修和其他建筑业	50	3091	87	3474	1014
批发和零售业	**F**	**384**	**88**	**708**	**470**
批发业	51	1069	693	1630	1172
零售业	52				
交通运输、仓储和邮政业	**G**	**733**	**486**	**715**	**770**
铁路运输业	53				
道路运输业	54				
水上运输业	55	45			
航空运输业	56	7	37	101	73
管道运输业	57	284	170	814	329
多式联运和运输代理业	58	458	424	373	238
装卸搬运和仓储业	59	458	331	372	238
邮政业	60		93	1	
住宿和餐饮业	**H**	**1460**	**396**	**1667**	**584**
住宿业	61	1401	396	1661	576
餐饮业	62			6	
信息传输、软件和信息技术服务业	**I**	**59**			**8**
电信、广播电视和卫星传输服务	63	8293	975	7724	1899
互联网和相关服务	64	2353	442	2485	947
软件和信息技术服务业	65	3			
金融业	**J**	**5905**	**533**	**5213**	**946**
货币金融服务	66	32		26	6
资本市场服务	67	922	12	804	489
保险业	68	922	12	804	489
其他金融业	69	3147	2566	9564	412

1-33 续表 7

行业大类	代码	伊犁哈萨克自治州	塔城地区	阿勒泰地区	自治区直辖县级市
铁路、船舶、航空航天和其他运输设备制造业	37				50
电气机械和器材制造业	38				
计算机、通信和其他电子设备制造业	39			6	
仪器仪表制造业	40				
其他制造业	41				
废弃资源综合利用业	42	9504	1677	2295	7768
金属制品、机械和设备修理业	43	6331	1373	1979	6656
电力、热力、燃气及水生产和供应业	**D**	**1798**	**9**		**580**
电力、热力生产和供应业	44	1375	295	316	532
燃气生产和供应业	45	8398	7906	629	26006
水的生产和供应业	46	5620	7817	463	22707
建筑业	**E**	**2689**	**83**	**127**	**2743**
房屋建筑业	47	54	5		556
土木工程建筑业	48	35	1	39	
建筑安装业	49	5192	1477	1167	4949
建筑装饰、装修和其他建筑业	50	3909	806	977	4220
批发和零售业	**F**	**1283**	**671**	**190**	**729**
批发业	51	3739	1310	1237	1579
零售业	52			3	
交通运输、仓储和邮政业	**G**	**2259**	**584**	**852**	**507**
铁路运输业	53	7			426
道路运输业	54				
水上运输业	55	36	4		111
航空运输业	56	258	105	61	125
管道运输业	57	1179	617	321	410
多式联运和运输代理业	58	2925	146	971	277
装卸搬运和仓储业	59	1473	146	933	117
邮政业	60	1452		38	160
住宿和餐饮业	**H**	**1800**	**655**	**882**	**823**
住宿业	61	1800	655	845	672
餐饮业	62				
信息传输、软件和信息技术服务业	**I**			**37**	**151**
电信、广播电视和卫星传输服务	63	10652	5065	2993	6926
互联网和相关服务	64	3331	1429	1245	2536
软件和信息技术服务业	65	3			
金融业	**J**	**7259**	**3636**	**1728**	**4368**
货币金融服务	66	59		20	22
资本市场服务	67	2209	211	237	885
保险业	68	2209	211	237	885
其他金融业	69	4283	635	15397	3384

1-33 续表 8

行业大类	代码	从业人员数(人)	乌鲁木齐市	克拉玛依市	吐鲁番市
房地产业	**K**	**501**	**296**	**19**	
房地产业	70	67216	10392	5719	1558
租赁和商务服务业	**L**	**19814**	**12084**	**677**	**174**
租赁业	71	323	310		
商务服务业	72	17245	11219	676	144
科学研究和技术服务业	**M**	**2246**	**555**	**1**	**30**
研究和试验发展	73	13666	1107	1275	124
专业技术服务业	74	3071	54		
科技推广和应用服务业	75	710	300	91	
水利、环境和公共设施管理业	**N**	**9773**	**753**	**1171**	**124**
水利管理业	76	112		13	
生态保护和环境治理业	77	1502	310	756	9
公共设施管理业	78	417	117	42	2
土地管理业	79	226	52		7
居民服务、修理和其他服务业	**O**	**859**	**141**	**714**	
居民服务业	80	741	202		
机动车、电子产品和日用产品修理业	81	741	202		
其他服务业	82	644	390	1	
教育	**P**	**610**	**390**		
教育	83	34		1	
卫生和社会工作	**Q**	**2532**	**1755**	**1**	
卫生	84	1147	846		
社会工作	85	726	446	1	
文化、体育和娱乐业	**R**	**402**	**372**		
新闻和出版业	86	31	3		
广播、电视、电影和录音制作业	87	226	88		
文化艺术业	88	402	372		
体育	89	31	3		
娱乐业	90	226	88		
公共管理、社会保障和社会组织	**S**				
中国共产党机关	91				
国家机构	92				
人民政协、民主党派	93				
社会保障	94				
群众团体、社会团体和其他成员组织	95				
基层群众自治组织	96				
国际组织	**T**				
国际组织	97				

1-33 续表 9

行业大类	代码	哈密市	昌吉回族自治州	博尔塔拉蒙古自治州	巴音郭楞蒙古自治州
房地产业	**K**		**50**	**7**	**1**
房地产业	70	1601	3945	1452	3289
租赁和商务服务业	**L**	**599**	**189**	**328**	**2132**
租赁业	71		11		2
商务服务业	72	549	178	326	1262
科学研究和技术服务业	**M**	**50**		**2**	**868**
研究和试验发展	73	1557	497	787	359
专业技术服务业	74	462	45	355	112
科技推广和应用服务业	75		151	17	
水利、环境和公共设施管理业	**N**	**1095**	**301**	**415**	**247**
水利管理业	76				
生态保护和环境治理业	77	18	163	23	22
公共设施管理业	78	18	82	21	
土地管理业	79		81		22
居民服务、修理和其他服务业	**O**			**2**	
居民服务业	80	40	3	37	44
机动车、电子产品和日用产品修理业	81	40	3	37	44
其他服务业	82			1	102
教育	**P**				**102**
教育	83			1	
卫生和社会工作	**Q**	**62**	**99**	**30**	**153**
卫生	84				120
社会工作	85	58			32
文化、体育和娱乐业	**R**			**3**	**1**
新闻和出版业	86			26	
广播、电视、电影和录音制作业	87	4	99	1	
文化艺术业	88			3	1
体育	89			26	
娱乐业	90	4	99	1	
公共管理、社会保障和社会组织	**S**				
中国共产党机关	91				
国家机构	92				
人民政协、民主党派	93				
社会保障	94				
群众团体、社会团体和其他成员组织	95				
基层群众自治组织	96				
国际组织	**T**				
国际组织	97				

1-33 续表 10

行业大类	代码	阿克苏地区	克孜勒苏柯尔克孜自治州	喀什地区	和田地区
房地产业	**K**	**18**		**4**	
房地产业	70	3129	2566	9560	412
租赁和商务服务业	**L**	**808**	**37**	**647**	**109**
租赁业	71				
商务服务业	72	794	37	344	109
科学研究和技术服务业	**M**	**14**		**303**	
研究和试验发展	73	873	39	1253	102
专业技术服务业	74	611		44	
科技推广和应用服务业	75	12		44	
水利、环境和公共设施管理业	**N**	**230**	**1**	**1142**	**88**
水利管理业	76	20	38	23	14
生态保护和环境治理业	77	11		33	10
公共设施管理业	78	6		33	
土地管理业	79	5			10
居民服务、修理和其他服务业	**O**				
居民服务业	80	5	94	71	
机动车、电子产品和日用产品修理业	81	5	94	71	
其他服务业	82				
教育	**P**				
教育	83				
卫生和社会工作	**Q**	**94**		**89**	**24**
卫生	84	91		62	
社会工作	85	2		27	24
文化、体育和娱乐业	**R**	**1**			
新闻和出版业	86				
广播、电视、电影和录音制作业	87				
文化艺术业	88	1			
体育	89				
娱乐业	90				
公共管理、社会保障和社会组织	**S**				
中国共产党机关	91				
国家机构	92				
人民政协、民主党派	93				
社会保障	94				
群众团体、社会团体和其他成员组织	95				
基层群众自治组织	96				
国际组织	**T**				
国际组织	97				

1-33 续表 11

行业大类	代码	伊犁哈萨克自治州	塔城地区	阿勒泰地区	自治区直辖县级市
房地产业	**K**	**35**	**69**	**2**	
房地产业	70	4248	566	15395	3384
租赁和商务服务业	**L**	**1361**	**249**	**102**	**318**
租赁业	71				
商务服务业	72	1024	246	101	236
科学研究和技术服务业	**M**	**337**	**3**	**1**	**82**
研究和试验发展	73	2475	827	87	2304
专业技术服务业	74	881	112	8	387
科技推广和应用服务业	75	87		8	
水利、环境和公共设施管理业	**N**	**1503**	**715**	**71**	**1917**
水利管理业	76	4			
生态保护和环境治理业	77	49	10	40	48
公共设施管理业	78	38		40	18
土地管理业	79	9	10		30
居民服务、修理和其他服务业	**O**	**2**			
居民服务业	80	38	16		191
机动车、电子产品和日用产品修理业	81	38	16		191
其他服务业	82				150
教育	**P**				**118**
教育	83				32
卫生和社会工作	**Q**	**103**	**26**	**9**	**87**
卫生	84				28
社会工作	85	67	6	9	54
文化、体育和娱乐业	**R**		**20**		**5**
新闻和出版业	86	**2**			
广播、电视、电影和录音制作业	87	34			
文化艺术业	88		20		5
体育	89	2			
娱乐业	90	34			
公共管理、社会保障和社会组织	**S**				
中国共产党机关	91				
国家机构	92				
人民政协、民主党派	93				
社会保障	94				
群众团体、社会团体和其他成员组织	95				
基层群众自治组织	96				
国际组织	**T**				
国际组织	97				

2018

新疆经济普查年鉴

企业卷（下）

图书在版编目（CIP）数据

新疆经济普查年鉴. 2018. 企业卷. 下 / 新疆维吾尔自治区人民政府第四次全国经济普查领导小组办公室编. --北京 ：中国统计出版社，2020.10
ISBN 978-7-5037-9191-8

Ⅰ. ①新… Ⅱ. ①新… Ⅲ. ①经济－普查－新疆－2018－年鉴②企业经济－普查－新疆－2018－年鉴 Ⅳ. ① F127.45-54

中国版本图书馆 CIP 数据核字(2020)第 112035 号

新疆经济普查年鉴-2018/企业卷（下）

作　者/新疆维吾尔自治区人民政府第四次全国经济普查领导小组办公室
责任编辑/冯诗萌
封面设计/杨生艳
出版发行/中国统计出版社
通信地址/北京市丰台区西三环南路甲 6 号　邮政编码/100073
电　话/邮购（010）63376909　书店（010）68783171
网　址/http://www.zgtjcbs.com
印　刷/新疆统计印刷厂
经　销/新华书店
开　本/880×1230mm　1/16
印　张/20.25
字　数/640 千字
版　别/2020 年 10 月第 1 版
版　次/2020 年 10 月第 1 次印刷
定　价/880.00 元（全四册）

如有印装差错，由本社发行部调换。

企业卷（下）目录

第二篇 小微企业篇

附录：普查指标解释

第2篇

小微企业篇

2-1 按行业（中类）、地区分组的小微企业法人单位数

行业中类	代码	企业法人单位数(个)	乌鲁木齐市	克拉玛依市	吐鲁番市
总　计		**168800**	**56922**	**5295**	**3988**
农、林、牧、渔业	**A**	**1430**	**56**	**13**	**50**
农业	01	21			
谷物种植	011	3			
豆类、油料和薯类种植	012	1			
棉、麻、糖、烟草种植	013	12			
蔬菜、食用菌及园艺作物种植	014	1			
中药材种植	017	2			
其他农业	019	2			
林业	02	2			
森林经营、管护和改培	023	2			
畜牧业	03	7		2	
牲畜饲养	031	3		1	
家禽饲养	032	4		1	
渔业	04	1			
水产养殖	041	1			
农、林、牧、渔专业及辅助性活动	05	1399	56	11	50
农业专业及辅助性活动	051	1228	46	10	49
林业专业及辅助性活动	052	60	5		
畜牧专业及辅助性活动	053	94	4	1	1
渔业专业及辅助性活动	054	17	1		
采矿业	**B**	**2886**	**89**	**216**	**333**
煤炭开采和洗选业	06	296	12	1	36
烟煤和无烟煤开采洗选	061	281	11	1	35
褐煤开采洗选	062	3			
其他煤炭采选	069	12	1		1
石油和天然气开采业	07	37	1	15	
石油开采	071	28	1	13	
天然气开采	072	9		2	
黑色金属矿采选业	08	421	4		88
铁矿采选	081	396	4		84
锰矿、铬矿采选	082	14			1
其他黑色金属矿采选	089	11			3
有色金属矿采选业	09	328	7		60
常用有色金属矿采选	091	222	4		42
贵金属矿采选	092	81	1		14
稀有稀土金属矿采选	093	25	2		4
非金属矿采选业	10	1152	45	5	120
土砂石开采	101	995	42	3	107
化学矿开采	102	13			2

2-1 续表 1

行业中类	代码	哈密市	昌吉回族自治州	博尔塔拉蒙古自治州	巴音郭楞蒙古自治州
总　计		8741	13305	4415	11428
农、林、牧、渔业	**A**	35	222	62	131
农业	01		2	4	3
谷物种植	011		1		1
豆类、油料和薯类种植	012				
棉、麻、糖、烟草种植	013			4	1
蔬菜、食用菌及园艺作物种植	014		1		
中药材种植	017				
其他农业	019				1
林业	02		1		
森林经营、管护和改培	023		1		
畜牧业	03		1		1
牲畜饲养	031		1		
家禽饲养	032				1
渔业	04				
水产养殖	041				
农、林、牧、渔专业及辅助性活动	05	35	218	58	127
农业专业及辅助性活动	051	32	192	52	120
林业专业及辅助性活动	052	1	9	4	2
畜牧专业及辅助性活动	053	2	14		3
渔业专业及辅助性活动	054		3	2	2
采矿业	**B**	412	218	48	499
煤炭开采和洗选业	06	33	82		13
烟煤和无烟煤开采洗选	061	30	79		12
褐煤开采洗选	062	2			
其他煤炭采选	069	1	3		1
石油和天然气开采业	07	3	6		5
石油开采	071	2	3		4
天然气开采	072	1	3		1
黑色金属矿采选业	08	148	2	9	41
铁矿采选	081	146	2	8	39
锰矿、铬矿采选	082	1			1
其他黑色金属矿采选	089	1		1	1
有色金属矿采选业	09	74	9	10	39
常用有色金属矿采选	091	47	5	5	27
贵金属矿采选	092	21	4	3	9
稀有稀土金属矿采选	093	6		2	3
非金属矿采选业	10	106	97	23	178
土砂石开采	101	87	92	21	114
化学矿开采	102	4		2	2

2-1 续表 2

行业中类	代码	阿克苏地区	克孜勒苏柯尔克孜自治州	喀什地区	和田地区
总　计		**11744**	**2213**	**13412**	**6715**
农、林、牧、渔业	**A**	**181**	**27**	**154**	**156**
农业	01	2	1	2	1
谷物种植	011				
豆类、油料和薯类种植	012				
棉、麻、糖、烟草种植	013	1		2	
蔬菜、食用菌及园艺作物种植	014				
中药材种植	017		1		1
其他农业	019	1			
林业	02				
森林经营、管护和改培	023				
畜牧业	03	2			
牲畜饲养	031	1			
家禽饲养	032	1			
渔业	04				
水产养殖	041				
农、林、牧、渔专业及辅助性活动	05	177	26	152	155
农业专业及辅助性活动	051	152	18	138	127
林业专业及辅助性活动	052	13	5	3	7
畜牧专业及辅助性活动	053	10	3	9	20
渔业专业及辅助性活动	054	2		2	1
采矿业	**B**	**169**	**156**	**149**	**157**
煤炭开采和洗选业	06	53	2	3	8
烟煤和无烟煤开采洗选	061	52	1	3	7
褐煤开采洗选	062				1
其他煤炭采选	069	1	1		
石油和天然气开采业	07	4	1		
石油开采	071	4			
天然气开采	072		1		
黑色金属矿采选业	08	11	45	19	5
铁矿采选	081	6	39	17	4
锰矿、铬矿采选	082	3	6		
其他黑色金属矿采选	089	2		2	1
有色金属矿采选业	09	7	38	10	14
常用有色金属矿采选	091	4	32	8	9
贵金属矿采选	092		4	2	3
稀有稀土金属矿采选	093	3	2		2
非金属矿采选业	10	66	63	107	92
土砂石开采	101	64	59	96	71
化学矿开采	102			2	

2-1 续表 3

行业中类	代码	伊犁哈萨克自治州	塔城地区	阿勒泰地区	自治区直辖县级市
总　计		**15801**	**4120**	**3443**	**7258**
农、林、牧、渔业	**A**	**92**	**136**	**47**	**68**
农业	01		2	2	2
谷物种植	011			1	
豆类、油料和薯类种植	012			1	
棉、麻、糖、烟草种植	013		2		2
蔬菜、食用菌及园艺作物种植	014				
中药材种植	017				
其他农业	019				
林业	02			1	
森林经营、管护和改培	023			1	
畜牧业	03			1	
牲畜饲养	031				
家禽饲养	032			1	
渔业	04			1	
水产养殖	041			1	
农、林、牧、渔专业及辅助性活动	05	92	134	42	66
农业专业及辅助性活动	051	74	116	37	65
林业专业及辅助性活动	052	4	4	2	1
畜牧专业及辅助性活动	053	12	14	1	
渔业专业及辅助性活动	054	2		2	
采矿业	**B**	**157**	**100**	**162**	**21**
煤炭开采和洗选业	06	36	13	2	2
烟煤和无烟煤开采洗选	061	35	12	1	2
褐煤开采洗选	062				
其他煤炭采选	069	1	1	1	
石油和天然气开采业	07		1	1	
石油开采	071		1		
天然气开采	072			1	
黑色金属矿采选业	08	20	3	26	
铁矿采选	081	18	3	26	
锰矿、铬矿采选	082	2			
其他黑色金属矿采选	089				
有色金属矿采选业	09	23	13	22	2
常用有色金属矿采选	091	22	1	14	2
贵金属矿采选	092	1	12	7	
稀有稀土金属矿采选	093			1	
非金属矿采选业	10	71	61	103	15
土砂石开采	101	68	60	96	15
化学矿开采	102	1			

2-1 续表 4

行业中类	代码	企业法人单位数(个)	乌鲁木齐市	克拉玛依市	吐鲁番市
采盐	103	10			5
石棉及其他非金属矿采选	109	134	3	2	6
开采专业及辅助性活动	11	474	13	195	21
煤炭开采和洗选专业及辅助性活动	111	27			6
石油和天然气开采专业及辅助性活动	112	423	11	195	11
其他开采专业及辅助性活动	119	24	2		4
其他采矿业	12	178	7		8
其他采矿业	120	178	7		8
制造业	**C**	**19430**	**2571**	**480**	**732**
农副食品加工业	13	2135	90	27	69
谷物磨制	131	310	6	2	2
饲料加工	132	171	7	1	
植物油加工	133	333	11	4	1
制糖业	134	12			
屠宰及肉类加工	135	314	20	5	5
水产品加工	136	17	1	1	1
蔬菜、菌类、水果和坚果加工	137	589	24	4	47
其他农副食品加工	139	389	21	10	13
食品制造业	14	933	91	7	33
焙烤食品制造	141	225	31	7	10
糖果、巧克力及蜜饯制造	142	28	3		
方便食品制造	143	108	8		
乳制品制造	144	85	4		2
罐头食品制造	145	120	5		
调味品、发酵制品制造	146	78	11		1
其他食品制造	149	289	29		20
酒、饮料和精制茶制造业	15	631	27	8	65
酒的制造	151	367	10	3	54
饮料制造	152	251	15	5	11
精制茶加工	153	13	2		
烟草制品业	16	1			
其他烟草制品制造	169	1			
纺织业	17	848	45	5	18
棉纺织及印染精加工	171	482	11	2	7
毛纺织及染整精加工	172	39	5		1
麻纺织及染整精加工	173	8			
丝绢纺织及印染精加工	174	20			
化纤织造及印染精加工	175	21	1	1	1
针织或钩针编织物及其制品制造	176	101	6		5
家用纺织制成品制造	177	131	7	2	3

2-1 续表 5

行业中类	代码				
		哈密市	昌吉回族自治州	博尔塔拉蒙古自治州	巴音郭楞蒙古自治州
采盐	103	1			4
石棉及其他非金属矿采选	109	14	5		58
开采专业及辅助性活动	11	4	13		199
煤炭开采和洗选专业及辅助性活动	111	1	9		6
石油和天然气开采专业及辅助性活动	112	1	2		189
其他开采专业及辅助性活动	119	2	2		4
其他采矿业	12	44	9	6	24
其他采矿业	120	44	9	6	24
制造业	**C**	**886**	**2583**	**653**	**1550**
农副食品加工业	13	84	230	94	198
谷物磨制	131	2	30	13	14
饲料加工	132	6	24	20	14
植物油加工	133	7	44	27	33
制糖业	134		2		2
屠宰及肉类加工	135	17	38	13	18
水产品加工	136	1		1	2
蔬菜、菌类、水果和坚果加工	137	19	45	9	52
其他农副食品加工	139	32	47	11	63
食品制造业	14	37	148	27	90
焙烤食品制造	141	15	40	6	6
糖果、巧克力及蜜饯制造	142	1	3	1	2
方便食品制造	143	5	34	3	2
乳制品制造	144	5	15	1	3
罐头食品制造	145	2	21	5	38
调味品、发酵制品制造	146	1	10		13
其他食品制造	149	8	25	11	26
酒、饮料和精制茶制造业	15	28	84	17	80
酒的制造	151	21	56	10	67
饮料制造	152	7	28	5	11
精制茶加工	153			2	2
烟草制品业	16		1		
其他烟草制品制造	169		1		
纺织业	17	21	66	53	86
棉纺织及印染精加工	171	14	38	39	61
毛纺织及染整精加工	172		4	2	1
麻纺织及染整精加工	173		1		
丝绢纺织及印染精加工	174				2
化纤织造及印染精加工	175		6		
针织或钩针编织物及其制品制造	176	1	5	3	4
家用纺织制成品制造	177	4	7	6	11

2-1 续表 6

行业中类	代码	阿克苏地区	克孜勒苏柯尔克孜自治州	喀什地区	和田地区
采盐	103				
石棉及其他非金属矿采选	109	2	4	9	21
开采专业及辅助性活动	11	15	1	2	3
煤炭开采和洗选专业及辅助性活动	111	1	1		1
石油和天然气开采专业及辅助性活动	112	10		1	
其他开采专业及辅助性活动	119	4		1	2
其他采矿业	12	13	6	8	35
其他采矿业	120	13	6	8	35
制造业	**C**	**1536**	**408**	**2460**	**1506**
农副食品加工业	13	218	38	257	127
谷物磨制	131	41	9	62	9
饲料加工	132	11	1	15	7
植物油加工	133	37	4	34	19
制糖业	134	2			2
屠宰及肉类加工	135	15	8	32	19
水产品加工	136	2		1	2
蔬菜、菌类、水果和坚果加工	137	79	12	78	35
其他农副食品加工	139	31	4	35	34
食品制造业	14	48	15	71	124
焙烤食品制造	141	10	8	18	32
糖果、巧克力及蜜饯制造	142	3	1		9
方便食品制造	143	5	3	13	7
乳制品制造	144	3	1	3	4
罐头食品制造	145	5		4	4
调味品、发酵制品制造	146	4		5	11
其他食品制造	149	18	2	28	57
酒、饮料和精制茶制造业	15	39	22	56	39
酒的制造	151	20	2	16	14
饮料制造	152	19	20	39	22
精制茶加工	153			1	3
烟草制品业	16				
其他烟草制品制造	169				
纺织业	17	120	25	153	81
棉纺织及印染精加工	171	82	7	85	16
毛纺织及染整精加工	172		3	6	7
麻纺织及染整精加工	173	2			
丝绢纺织及印染精加工	174			1	16
化纤织造及印染精加工	175	1		2	8
针织或钩针编织物及其制品制造	176	13	5	33	16
家用纺织制成品制造	177	19	10	23	16

2-1 续表 7

行业中类	代码				
		伊犁哈萨克自治州	塔城地区	阿勒泰地区	自治区直辖县级市
采盐	103				
石棉及其他非金属矿采选	109	2	1	7	
开采专业及辅助性活动	11	3	3		2
煤炭开采和洗选专业及辅助性活动	111	1	1		
石油和天然气开采专业及辅助性活动	112		2		1
其他开采专业及辅助性活动	119	2			1
其他采矿业	12	4	6	8	
其他采矿业	120	4	6	8	
制造业	**C**	**1573**	**769**	**490**	**1233**
农副食品加工业	13	247	127	94	235
谷物磨制	131	67	22	10	21
饲料加工	132	31	7	8	19
植物油加工	133	35	38	5	34
制糖业	134	3	1		
屠宰及肉类加工	135	50	32	24	18
水产品加工	136	1		4	
蔬菜、菌类、水果和坚果加工	137	35	12	11	127
其他农副食品加工	139	25	15	32	16
食品制造业	14	112	46	31	53
焙烤食品制造	141	25	4	4	9
糖果、巧克力及蜜饯制造	142	4	1		
方便食品制造	143	7	8	5	8
乳制品制造	144	20	7	11	6
罐头食品制造	145	10	17	1	8
调味品、发酵制品制造	146	8	4		10
其他食品制造	149	38	5	10	12
酒、饮料和精制茶制造业	15	59	31	34	42
酒的制造	151	34	24	13	23
饮料制造	152	24	7	19	19
精制茶加工	153	1		2	
烟草制品业	16				
其他烟草制品制造	169				
纺织业	17	33	58	5	79
棉纺织及印染精加工	171	10	49		61
毛纺织及染整精加工	172	2	3	3	2
麻纺织及染整精加工	173	5			
丝绢纺织及印染精加工	174	1			
化纤织造及印染精加工	175	1			
针织或钩针编织物及其制品制造	176	2	3		5
家用纺织制成品制造	177	10	2	1	10

2-1 续表 8

行业中类	代码	企业法人单位数(个)	乌鲁木齐市	克拉玛依市	吐鲁番市
产业用纺织制成品制造	178	46	15		1
纺织服装、服饰业	18	1275	47	8	45
机织服装制造	181	455	22	5	16
针织或钩针编织服装制造	182	103	2	2	2
服饰制造	183	717	23	1	27
皮革、毛皮、羽毛及其制品和制鞋业	19	137	12	2	3
皮革鞣制加工	191	17	2		
皮革制品制造	192	22	2		
毛皮鞣制及制品加工	193	27	5	1	2
羽毛（绒）加工及制品制造	194	12	1		
制鞋业	195	59	2	1	1
木材加工和木、竹、藤、棕、草制品业	20	479	27	3	8
木材加工	201	276	7	1	4
人造板制造	202	79	5		
木质制品制造	203	108	12	2	4
竹、藤、棕、草等制品制造	204	16	3		
家具制造业	21	320	109		5
木质家具制造	211	223	77		1
金属家具制造	213	36	8		
塑料家具制造	214	9	2		
其他家具制造	219	52	22		4
造纸和纸制品业	22	316	50		8
纸浆制造	221	4	1		
造纸	222	79	8		2
纸制品制造	223	233	41		6
印刷和记录媒介复制业	23	354	134	19	5
印刷	231	269	117	12	4
装订及印刷相关服务	232	84	16	7	1
记录媒介复制	233	1	1		
文教、工美、体育和娱乐用品制造业	24	492	61	7	7
文教办公用品制造	241	36	11	1	
乐器制造	242	6			
工艺美术及礼仪用品制造	243	433	46	5	7
体育用品制造	244	10	2	1	
玩具制造	245	5			
游艺器材及娱乐用品制造	246	2	2		
石油、煤炭及其他燃料加工业	25	279	16	25	17
精炼石油产品制造	251	127	13	24	3
煤炭加工	252	131	3		14
核燃料加工	253	1			

2-1 续表 9

行业中类	代码	哈密市	昌吉回族自治州	博尔塔拉蒙古自治州	巴音郭楞蒙古自治州
产业用纺织制成品制造	178	2	5	3	7
纺织服装、服饰业	18	23	54	15	45
机织服装制造	181	12	12	3	18
针织或钩针编织服装制造	182	1	14	2	7
服饰制造	183	10	28	10	20
皮革、毛皮、羽毛及其制品和制鞋业	19	1	5	6	8
皮革鞣制加工	191			1	1
皮革制品制造	192	1	1	2	
毛皮鞣制及制品加工	193		1	2	1
羽毛（绒）加工及制品制造	194		1	1	5
制鞋业	195		2		1
木材加工和木、竹、藤、棕、草制品业	20	11	53	24	47
木材加工	201	5	29	19	29
人造板制造	202	2	10	2	10
木质制品制造	203	4	12	3	8
竹、藤、棕、草等制品制造	204		2		
家具制造业	21	6	67	6	15
木质家具制造	211	5	48	3	13
金属家具制造	213		5	2	1
塑料家具制造	214		1		1
其他家具制造	219	1	13	1	
造纸和纸制品业	22	4	57	7	34
纸浆制造	221		1		
造纸	222	1	12	2	11
纸制品制造	223	3	44	5	23
印刷和记录媒介复制业	23	5	26	4	25
印刷	231	4	15	3	18
装订及印刷相关服务	232	1	11	1	7
记录媒介复制	233				
文教、工美、体育和娱乐用品制造业	24	20	28	8	18
文教办公用品制造	241	1	2		
乐器制造	242				
工艺美术及礼仪用品制造	243	19	26	5	16
体育用品制造	244			2	1
玩具制造	245			1	1
游艺器材及娱乐用品制造	246				
石油、煤炭及其他燃料加工业	25	55	55	3	34
精炼石油产品制造	251	3	19	1	23
煤炭加工	252	51	33		9
核燃料加工	253		1		

2-1 续表 10

行业中类	代码	阿克苏地区	克孜勒苏柯尔克孜自治州	喀什地区	和田地区
产业用纺织制成品制造	178	3		3	2
纺织服装、服饰业	18	178	78	354	307
机织服装制造	181	81	17	142	85
针织或钩针编织服装制造	182	13	6	24	17
服饰制造	183	84	55	188	205
皮革、毛皮、羽毛及其制品和制鞋业	19	13	10	17	46
皮革鞣制加工	191		8	1	1
皮革制品制造	192	1		7	3
毛皮鞣制及制品加工	193	4		2	6
羽毛（绒）加工及制品制造	194	1		1	
制鞋业	195	7	2	6	36
木材加工和木、竹、藤、棕、草制品业	20	57	14	70	52
木材加工	201	32	11	38	32
人造板制造	202	13	1	12	2
木质制品制造	203	10	2	18	17
竹、藤、棕、草等制品制造	204	2		2	1
家具制造业	21	8	7	43	27
木质家具制造	211	6	5	26	19
金属家具制造	213	1		12	4
塑料家具制造	214	1	1		1
其他家具制造	219		1	5	3
造纸和纸制品业	22	32	4	27	16
纸浆制造	221	2			
造纸	222	6	3	3	7
纸制品制造	223	24	1	24	9
印刷和记录媒介复制业	23	16	6	42	14
印刷	231	13	3	27	9
装订及印刷相关服务	232	3	3	15	5
记录媒介复制	233				
文教、工美、体育和娱乐用品制造业	24	25	26	55	175
文教办公用品制造	241	2	2	9	2
乐器制造	242	1		1	4
工艺美术及礼仪用品制造	243	21	24	44	167
体育用品制造	244	1			2
玩具制造	245			1	
游艺器材及娱乐用品制造	246				
石油、煤炭及其他燃料加工业	25	17	1	5	3
精炼石油产品制造	251	10		2	
煤炭加工	252	2	1		2
核燃料加工	253				

2-1 续表 11

行业中类	代码				
		伊犁哈萨克自治州	塔城地区	阿勒泰地区	自治区直辖县级市
产业用纺织制成品制造	178	2	1	1	1
纺织服装、服饰业	18	94	8	5	14
机织服装制造	181	34	2	3	3
针织或钩针编织服装制造	182	10	1	1	1
服饰制造	183	50	5	1	10
皮革、毛皮、羽毛及其制品和制鞋业	19	7	3	4	
皮革鞣制加工	191	1	2		
皮革制品制造	192	2		3	
毛皮鞣制及制品加工	193	2	1		
羽毛（绒）加工及制品制造	194	1		1	
制鞋业	195	1			
木材加工和木、竹、藤、棕、草制品业	20	59	27	3	24
木材加工	201	34	20	1	14
人造板制造	202	14	4		4
木质制品制造	203	8	1	2	5
竹、藤、棕、草等制品制造	204	3	2		1
家具制造业	21	16		4	7
木质家具制造	211	12		3	5
金属家具制造	213	3			
塑料家具制造	214	1			1
其他家具制造	219			1	1
造纸和纸制品业	22	14	10	5	48
纸浆制造	221				
造纸	222	5	3	4	12
纸制品制造	223	9	7	1	36
印刷和记录媒介复制业	23	23	4	4	27
印刷	231	14	4	3	23
装订及印刷相关服务	232	9		1	4
记录媒介复制	233				
文教、工美、体育和娱乐用品制造业	24	32	1	20	9
文教办公用品制造	241	5			1
乐器制造	242				
工艺美术及礼仪用品制造	243	24	1	20	8
体育用品制造	244	1			
玩具制造	245	2			
游艺器材及娱乐用品制造	246				
石油、煤炭及其他燃料加工业	25	27	13	1	7
精炼石油产品制造	251	18	8		3
煤炭加工	252	7	5	1	3
核燃料加工	253				

2-1 续表 12

行业中类	代码	企业法人单位数(个)	乌鲁木齐市	克拉玛依市	吐鲁番市
生物质燃料加工	254	20		1	
化学原料和化学制品制造业	26	1175	147	65	41
基础化学原料制造	261	197	15	13	9
肥料制造	262	445	28	6	11
农药制造	263	14			
涂料、油墨、颜料及类似产品制造	264	115	28	2	6
合成材料制造	265	60	19	5	1
专用化学产品制造	266	233	37	39	10
炸药、火工及焰火产品制造	267	20	2		3
日用化学产品制造	268	91	18		1
医药制造业	27	158	34	3	
化学药品原料药制造	271	17	3	2	
化学药品制剂制造	272	8	3		
中药饮片加工	273	47	7		
中成药生产	274	37	6		
兽用药品制造	275	3	3		
生物药品制品制造	276	27	10	1	
卫生材料及医药用品制造	277	15	2		
药用辅料及包装材料	278	4			
化学纤维制造业	28	31	3		1
纤维素纤维原料及纤维制造	281	13			
合成纤维制造	282	14	3		1
生物基材料制造	283	4			
橡胶和塑料制品业	29	1382	150	23	14
橡胶制品业	291	89	16	1	2
塑料制品业	292	1293	134	22	12
非金属矿物制品业	30	3716	298	65	254
水泥、石灰和石膏制造	301	304	16	4	26
石膏、水泥制品及类似制品制造	302	1124	97	21	36
砖瓦、石材等建筑材料制造	303	1856	126	32	172
玻璃制造	304	43	11		1
玻璃制品制造	305	67	16	3	3
玻璃纤维和玻璃纤维增强塑料制品制造	306	48	6		
陶瓷制品制造	307	55	5	2	3
耐火材料制品制造	308	46	8	2	1
石墨及其他非金属矿物制品制造	309	173	13	1	12
黑色金属冶炼和压延加工业	31	151	33	6	16
炼铁	311	22	2		8
炼钢	312	7			3
钢压延加工	313	107	31	5	2

2-1 续表 13

行业中类	代码	哈密市	昌吉回族自治州	博尔塔拉蒙古自治州	巴音郭楞蒙古自治州
生物质燃料加工	254	1	2	2	2
化学原料和化学制品制造业	26	83	198	38	116
基础化学原料制造	261	32	39	9	20
肥料制造	262	26	74	19	44
农药制造	263				
涂料、油墨、颜料及类似产品制造	264	5	29	2	5
合成材料制造	265	2	9	3	5
专用化学产品制造	266	10	38	2	36
炸药、火工及焰火产品制造	267	4	2		2
日用化学产品制造	268	4	7	3	4
医药制造业	27	5	12	1	16
化学药品原料药制造	271				1
化学药品制剂制造	272				3
中药饮片加工	273	2	3		2
中成药生产	274	1	3		6
兽用药品制造	275				
生物药品制品制造	276	2	4		3
卫生材料及医药用品制造	277		1	1	1
药用辅料及包装材料	278		1		
化学纤维制造业	28	1	5	3	4
纤维素纤维原料及纤维制造	281		3	1	1
合成纤维制造	282		2	2	2
生物基材料制造	283	1			1
橡胶和塑料制品业	29	36	231	61	100
橡胶制品业	291	3	15	3	9
塑料制品业	292	33	216	58	91
非金属矿物制品业	30	228	540	166	267
水泥、石灰和石膏制造	301	16	29	32	19
石膏、水泥制品及类似制品制造	302	58	161	52	76
砖瓦、石材等建筑材料制造	303	115	271	63	126
玻璃制造	304	3	4	2	5
玻璃制品制造	305		7	3	8
玻璃纤维和玻璃纤维增强塑料制品制造	306	5	9	1	5
陶瓷制品制造	307		8	4	1
耐火材料制品制造	308	2	10	2	9
石墨及其他非金属矿物制品制造	309	29	41	7	18
黑色金属冶炼和压延加工业	31	8	14	6	7
炼铁	311	2	3	1	
炼钢	312	1			
钢压延加工	313	2	10	5	5

2-1 续表 14

行业中类	代码	阿克苏地区	克孜勒苏柯尔克孜自治州	喀什地区	和田地区
生物质燃料加工	254	5		3	1
化学原料和化学制品制造业	26	95	10	89	29
基础化学原料制造	261	15	1	13	3
肥料制造	262	47	2	34	11
农药制造	263	3		4	2
涂料、油墨、颜料及类似产品制造	264	4	3	15	3
合成材料制造	265	1		4	1
专用化学产品制造	266	17	1	9	2
炸药、火工及焰火产品制造	267	1	1		
日用化学产品制造	268	7	2	10	7
医药制造业	27	12		8	28
化学药品原料药制造	271	1		1	1
化学药品制剂制造	272				1
中药饮片加工	273	5		4	11
中成药生产	274	2		2	10
兽用药品制造	275				
生物药品制品制造	276				3
卫生材料及医药用品制造	277	3		1	1
药用辅料及包装材料	278	1			1
化学纤维制造业	28	2			
纤维素纤维原料及纤维制造	281	1			
合成纤维制造	282	1			
生物基材料制造	283				
橡胶和塑料制品业	29	108	19	184	41
橡胶制品业	291	6	2	8	1
塑料制品业	292	102	17	176	40
非金属矿物制品业	30	290	61	565	209
水泥、石灰和石膏制造	301	24	12	36	30
石膏、水泥制品及类似制品制造	302	114	14	133	76
砖瓦、石材等建筑材料制造	303	117	27	376	90
玻璃制造	304	4	1	4	2
玻璃制品制造	305	3	1	5	7
玻璃纤维和玻璃纤维增强塑料制品制造	306	5		7	1
陶瓷制品制造	307	8	5	2	1
耐火材料制品制造	308	1		2	
石墨及其他非金属矿物制品制造	309	14	1		2
黑色金属冶炼和压延加工业	31	10	6	16	13
炼铁	311		3	1	1
炼钢	312	1		1	
钢压延加工	313	8	3	14	12

2-1 续表 15

行业中类	代码	伊犁哈萨克自治州	塔城地区	阿勒泰地区	自治区直辖县级市
生物质燃料加工	254	2			1
化学原料和化学制品制造业	26	104	43	16	101
基础化学原料制造	261	8	10	1	9
肥料制造	262	41	21	8	73
农药制造	263	1		1	3
涂料、油墨、颜料及类似产品制造	264	7	1	2	3
合成材料制造	265	5	3		2
专用化学产品制造	266	14	5	3	10
炸药、火工及焰火产品制造	267	2	1	1	1
日用化学产品制造	268	26	2		
医药制造业	27	20	5	2	12
化学药品原料药制造	271	4	1		3
化学药品制剂制造	272	1			
中药饮片加工	273	8	2	1	2
中成药生产	274	1	1	1	4
兽用药品制造	275				
生物药品制品制造	276	4			
卫生材料及医药用品制造	277	2			3
药用辅料及包装材料	278		1		
化学纤维制造业	28	3	6		3
纤维素纤维原料及纤维制造	281	3	2		2
合成纤维制造	282		2		1
生物基材料制造	283		2		
橡胶和塑料制品业	29	105	116	58	136
橡胶制品业	291	5	8	5	5
塑料制品业	292	100	108	53	131
非金属矿物制品业	30	307	166	128	172
水泥、石灰和石膏制造	301	24	18	8	10
石膏、水泥制品及类似制品制造	302	119	56	38	73
砖瓦、石材等建筑材料制造	303	131	82	63	65
玻璃制造	304	3	1	1	1
玻璃制品制造	305	5	2		4
玻璃纤维和玻璃纤维增强塑料制品制造	306		2	2	5
陶瓷制品制造	307	11		2	3
耐火材料制品制造	308	5			4
石墨及其他非金属矿物制品制造	309	9	5	14	7
黑色金属冶炼和压延加工业	31	8	2	4	2
炼铁	311			1	
炼钢	312		1		
钢压延加工	313	5		3	2

2-1 续表 16

行业中类	代码	企业法人单位数(个)	乌鲁木齐市	克拉玛依市	吐鲁番市
铁合金冶炼	314	15		1	3
有色金属冶炼和压延加工业	32	143	12	4	16
常用有色金属冶炼	321	54		2	8
贵金属冶炼	322	11	2		1
稀有稀土金属冶炼	323	2	1		
有色金属合金制造	324	30	2		3
有色金属压延加工	325	46	7	2	4
金属制品业	33	1683	372	33	33
结构性金属制品制造	331	1164	260	23	21
金属工具制造	332	52	4		2
集装箱及金属包装容器制造	333	61	12	1	1
金属丝绳及其制品制造	334	30	5	1	
建筑、安全用金属制品制造	335	139	32	3	4
金属表面处理及热处理加工	336	21	4	2	1
搪瓷制品制造	337	4	2		
金属制日用品制造	338	37	8		
铸造及其他金属制品制造	339	175	45	3	4
通用设备制造业	34	543	150	32	22
锅炉及原动设备制造	341	109	17	1	10
金属加工机械制造	342	92	20	6	3
物料搬运设备制造	343	38	11	1	2
泵、阀门、压缩机及类似机械制造	344	21	12		
轴承、齿轮和传动部件制造	345	4	1		1
烘炉、风机、包装等设备制造	346	44	16	1	
文化、办公用机械制造	347	9	1		
通用零部件制造	348	178	59	18	5
其他通用设备制造业	349	48	13	5	1
专用设备制造业	35	730	160	52	18
采矿、冶金、建筑专用设备制造	351	161	30	27	4
化工、木材、非金属加工专用设备制造	352	37	7	10	1
食品、饮料、烟草及饲料生产专用设备制造	353	17	1		
印刷、制药、日化及日用品生产专用设备制造	354	15	5		1
纺织、服装和皮革加工专用设备制造	355	21	5		1
电子和电工机械专用设备制造	356	36	6	2	
农、林、牧、渔专用机械制造	357	205	17	3	2
医疗仪器设备及器械制造	358	40	25		
环保、邮政、社会公共服务及其他专用设备制造	359	198	64	10	9
汽车制造业	36	93	42	2	
汽车整车制造	361	13	7		
汽车用发动机制造	362	3	3		

2-1 续表 17

行业中类	代码				
		哈密市	昌吉回族自治州	博尔塔拉蒙古自治州	巴音郭楞蒙古自治州
铁合金冶炼	314	3	1		2
有色金属冶炼和压延加工业	32	23	31	4	3
常用有色金属冶炼	321	11	5	3	2
贵金属冶炼	322	3			1
稀有稀土金属冶炼	323		1		
有色金属合金制造	324	5	13		
有色金属压延加工	325	4	12	1	
金属制品业	33	79	244	48	138
结构性金属制品制造	331	58	160	33	73
金属工具制造	332	2	8	1	6
集装箱及金属包装容器制造	333	2	17		7
金属丝绳及其制品制造	334		2	2	3
建筑、安全用金属制品制造	335	2	20	3	22
金属表面处理及热处理加工	336	2		1	1
搪瓷制品制造	337		1		
金属制日用品制造	338		3	2	8
铸造及其他金属制品制造	339	13	33	6	18
通用设备制造业	34	20	103	9	34
锅炉及原动设备制造	341	5	15	4	5
金属加工机械制造	342	2	28	3	4
物料搬运设备制造	343	1	10		3
泵、阀门、压缩机及类似机械制造	344		5		
轴承、齿轮和传动部件制造	345		1		
烘炉、风机、包装等设备制造	346	4	8		1
文化、办公用机械制造	347				3
通用零部件制造	348	7	21	2	15
其他通用设备制造业	349	1	15		3
专用设备制造业	35	29	114	15	74
采矿、冶金、建筑专用设备制造	351	13	17		39
化工、木材、非金属加工专用设备制造	352	3	7		2
食品、饮料、烟草及饲料生产专用设备制造	353	1	3	1	4
印刷、制药、日化及日用品生产专用设备制造	354				3
纺织、服装和皮革加工专用设备制造	355		1	1	1
电子和电工机械专用设备制造	356	1	6		1
农、林、牧、渔专用机械制造	357	5	36	10	13
医疗仪器设备及器械制造	358		5	2	2
环保、邮政、社会公共服务及其他专用设备制造	359	6	39	1	9
汽车制造业	36	1	5	6	8
汽车整车制造	361			3	
汽车用发动机制造	362				

2-1 续表 18

行业中类	代码				
		阿克苏地区	克孜勒苏柯尔克孜自治州	喀什地区	和田地区
铁合金冶炼	314	1			
有色金属冶炼和压延加工业	32	2	5	9	3
常用有色金属冶炼	321		3	3	
贵金属冶炼	322			1	1
稀有稀土金属冶炼	323				
有色金属合金制造	324	1		3	2
有色金属压延加工	325	1	2	2	
金属制品业	33	104	33	217	76
结构性金属制品制造	331	70	18	180	49
金属工具制造	332	7	4	2	8
集装箱及金属包装容器制造	333	4		3	
金属丝绳及其制品制造	334	4		4	
建筑、安全用金属制品制造	335	7	8	12	7
金属表面处理及热处理加工	336		1	3	4
搪瓷制品制造	337				1
金属制日用品制造	338	2		4	3
铸造及其他金属制品制造	339	10	2	9	4
通用设备制造业	34	28	5	40	15
锅炉及原动设备制造	341	7	2	15	6
金属加工机械制造	342	2		4	3
物料搬运设备制造	343	1			2
泵、阀门、压缩机及类似机械制造	344	1		1	
轴承、齿轮和传动部件制造	345				
烘炉、风机、包装等设备制造	346	2		7	1
文化、办公用机械制造	347	1		1	1
通用零部件制造	348	13	3	7	1
其他通用设备制造业	349	1		5	1
专用设备制造业	35	48	9	51	30
采矿、冶金、建筑专用设备制造	351	6	2	8	6
化工、木材、非金属加工专用设备制造	352	4	1		
食品、饮料、烟草及饲料生产专用设备制造	353	2			1
印刷、制药、日化及日用品生产专用设备制造	354	1		3	
纺织、服装和皮革加工专用设备制造	355	2	2		3
电子和电工机械专用设备制造	356	5	1	7	3
农、林、牧、渔专用机械制造	357	18	1	15	7
医疗仪器设备及器械制造	358			2	1
环保、邮政、社会公共服务及其他专用设备制造	359	10	2	16	9
汽车制造业	36	4		5	6
汽车整车制造	361			1	
汽车用发动机制造	362				

2-1 续表 19

行业中类	代码				
		伊犁哈萨克自治州	塔城地区	阿勒泰地区	自治区直辖县级市
铁合金冶炼	314	3	1		
有色金属冶炼和压延加工业	32	19	3	1	8
常用有色金属冶炼	321	14	1	1	1
贵金属冶炼	322	1	1		
稀有稀土金属冶炼	323				
有色金属合金制造	324				1
有色金属压延加工	325	4	1		6
金属制品业	33	143	38	40	85
结构性金属制品制造	331	101	30	30	58
金属工具制造	332	4		2	2
集装箱及金属包装容器制造	333	9			5
金属丝绳及其制品制造	334	4	2	2	1
建筑、安全用金属制品制造	335	12		2	5
金属表面处理及热处理加工	336				2
搪瓷制品制造	337				
金属制日用品制造	338	2			5
铸造及其他金属制品制造	339	11	6	4	7
通用设备制造业	34	35	15	9	26
锅炉及原动设备制造	341	16	3	3	
金属加工机械制造	342	4	1	4	8
物料搬运设备制造	343	4	2		1
泵、阀门、压缩机及类似机械制造	344	1			1
轴承、齿轮和传动部件制造	345	1			
烘炉、风机、包装等设备制造	346		2	1	1
文化、办公用机械制造	347	2			
通用零部件制造	348	6	7	1	13
其他通用设备制造业	349	1			2
专用设备制造业	35	32	23	13	62
采矿、冶金、建筑专用设备制造	351	6		1	2
化工、木材、非金属加工专用设备制造	352		2		
食品、饮料、烟草及饲料生产专用设备制造	353	4			
印刷、制药、日化及日用品生产专用设备制造	354	1	1		
纺织、服装和皮革加工专用设备制造	355	1		1	3
电子和电工机械专用设备制造	356	2		1	1
农、林、牧、渔专用机械制造	357	12	14	8	44
医疗仪器设备及器械制造	358	1	1		1
环保、邮政、社会公共服务及其他专用设备制造	359	5	5	2	11
汽车制造业	36	6	3	1	4
汽车整车制造	361	2			
汽车用发动机制造	362				

2-1 续表 20

行业中类	代码	企业法人单位数（个）	乌鲁木齐市	克拉玛依市	吐鲁番市
改装汽车制造	363	16	4	1	
电车制造	365	3			
汽车车身、挂车制造	366	9	3		
汽车零部件及配件制造	367	49	25	1	
铁路、船舶、航空航天和其他运输设备制造业	37	38	13	1	
铁路运输设备制造	371	9	5		
城市轨道交通设备制造	372	1	1		
航空、航天器及设备制造	374	9	1	1	
摩托车制造	375	6	3		
自行车和残疾人座车制造	376	4	2		
助动车制造	377	8	1		
非公路休闲车及零配件制造	378	1			
电气机械和器材制造业	38	600	215	7	13
电机制造	381	27	3	1	1
输配电及控制设备制造	382	285	100	4	8
电线、电缆、光缆及电工器材制造	383	123	58		
电池制造	384	16	5		1
家用电力器具制造	385	21	7	1	1
非电力家用器具制造	386	16	5		
照明器具制造	387	69	22		2
其他电气机械及器材制造	389	43	15	1	
计算机、通信和其他电子设备制造业	39	160	57	5	
计算机制造	391	23	6		
通信设备制造	392	13	3		
广播电视设备制造	393	4	1	1	
非专业视听设备制造	395	4	3		
智能消费设备制造	396	15	4	2	
电子器件制造	397	15	6		
电子元件及电子专用材料制造	398	73	32	1	
其他电子设备制造	399	13	2	1	
仪器仪表制造业	40	46	13	5	1
通用仪器仪表制造	401	26	11	4	
专用仪器仪表制造	402	12			1
衡器制造	405	7	2		
其他仪器仪表制造业	409	1		1	
其他制造业	41	89	14	2	
日用杂品制造	411	21	6		
核辐射加工	412	2			
其他未列明制造业	419	66	8	2	
废弃资源综合利用业	42	112	9	9	8

2-1 续表 21

行业中类	代码	哈密市	昌吉回族自治州	博尔塔拉蒙古自治州	巴音郭楞蒙古自治州
改装汽车制造	363			1	1
电车制造	365				
汽车车身、挂车制造	366		3		1
汽车零部件及配件制造	367	1	2	2	6
铁路、船舶、航空航天和其他运输设备制造业	37	1	4		3
铁路运输设备制造	371				1
城市轨道交通设备制造	372				
航空、航天器及设备制造	374		4		2
摩托车制造	375				
自行车和残疾人座车制造	376				
助动车制造	377				
非公路休闲车及零配件制造	378	1			
电气机械和器材制造业	38	38	107	15	25
电机制造	381	13	3	1	
输配电及控制设备制造	382	18	62	7	9
电线、电缆、光缆及电工器材制造	383		22	1	3
电池制造	384	1	2		1
家用电力器具制造	385	1	1		1
非电力家用器具制造	386	1			3
照明器具制造	387	4	8	5	4
其他电气机械及器材制造	389		9	1	4
计算机、通信和其他电子设备制造业	39	4	24		7
计算机制造	391	1	3		1
通信设备制造	392		3		2
广播电视设备制造	393		1		
非专业视听设备制造	395				
智能消费设备制造	396	1	3		1
电子器件制造	397		1		2
电子元件及电子专用材料制造	398	2	9		
其他电子设备制造	399		4		1
仪器仪表制造业	40	2	13		2
通用仪器仪表制造	401		7		1
专用仪器仪表制造	402	1	5		1
衡器制造	405	1	1		
其他仪器仪表制造业	409				
其他制造业	41	2	11		6
日用杂品制造	411		1		1
核辐射加工	412		1		
其他未列明制造业	419	2	9		5
废弃资源综合利用业	42	4	15	12	12

2-1 续表 22

行业中类	代码	阿克苏地区	克孜勒苏柯尔克孜自治州	喀什地区	和田地区
改装汽车制造	363	2			1
电车制造	365			3	
汽车车身、挂车制造	366				
汽车零部件及配件制造	367	2		1	5
铁路、船舶、航空航天和其他运输设备制造业	37	2	2	7	3
铁路运输设备制造	371			1	1
城市轨道交通设备制造	372				
航空、航天器及设备制造	374			1	
摩托车制造	375	1		2	
自行车和残疾人座车制造	376		1		1
助动车制造	377	1	1	3	1
非公路休闲车及零配件制造	378				
电气机械和器材制造业	38	20	7	63	11
电机制造	381			2	
输配电及控制设备制造	382	7	4	22	3
电线、电缆、光缆及电工器材制造	383	7		12	3
电池制造	384			3	1
家用电力器具制造	385			6	1
非电力家用器具制造	386	2		3	
照明器具制造	387	1	1	12	2
其他电气机械及器材制造	389	3	2	3	1
计算机、通信和其他电子设备制造业	39	8	2	23	11
计算机制造	391	2	2	6	2
通信设备制造	392	1		1	2
广播电视设备制造	393				
非专业视听设备制造	395			1	
智能消费设备制造	396			2	1
电子器件制造	397	1		2	1
电子元件及电子专用材料制造	398	4		10	4
其他电子设备制造	399			1	1
仪器仪表制造业	40	2		2	
通用仪器仪表制造	401	1			
专用仪器仪表制造	402	1		2	
衡器制造	405				
其他仪器仪表制造业	409				
其他制造业	41	8		13	13
日用杂品制造	411	2		5	5
核辐射加工	412			1	
其他未列明制造业	419	6		7	8
废弃资源综合利用业	42	9	3	8	1

2-1 续表 23

行业中类	代码	伊犁哈萨克自治州	塔城地区	阿勒泰地区	自治区直辖县级市
改装汽车制造	363	3	1		2
电车制造	365				
汽车车身、挂车制造	366		1	1	
汽车零部件及配件制造	367	1	1		2
铁路、船舶、航空航天和其他运输设备制造业	37	1			1
铁路运输设备制造	371	1			
城市轨道交通设备制造	372				
航空、航天器及设备制造	374				
摩托车制造	375				
自行车和残疾人座车制造	376				
助动车制造	377				1
非公路休闲车及零配件制造	378				
电气机械和器材制造业	38	28	7	2	42
电机制造	381	2	1		
输配电及控制设备制造	382	14	3	1	23
电线、电缆、光缆及电工器材制造	383	2			15
电池制造	384	2			
家用电力器具制造	385		1		1
非电力家用器具制造	386	1	1		
照明器具制造	387	6			2
其他电气机械及器材制造	389	1	1	1	1
计算机、通信和其他电子设备制造业	39	10	1		8
计算机制造	391				
通信设备制造	392	1			
广播电视设备制造	393	1			
非专业视听设备制造	395				
智能消费设备制造	396	1			
电子器件制造	397				2
电子元件及电子专用材料制造	398	4	1		6
其他电子设备制造	399	3			
仪器仪表制造业	40	4			2
通用仪器仪表制造	401	2			
专用仪器仪表制造	402	1			
衡器制造	405	1			2
其他仪器仪表制造业	409				
其他制造业	41	1	3	5	11
日用杂品制造	411	1			
核辐射加工	412				
其他未列明制造业	419		3	5	11
废弃资源综合利用业	42	13	6		3

2-1 续表 24

行业中类	代码	企业法人单位数(个)	乌鲁木齐市	克拉玛依市	吐鲁番市
金属废料和碎屑加工处理	421	50	7	4	3
非金属废料和碎屑加工处理	422	62	2	5	5
金属制品、机械和设备修理业	43	380	140	55	12
金属制品修理	431	13	4		1
通用设备修理	432	49	19	2	
专用设备修理	433	99	37	11	6
铁路、船舶、航空航天等运输设备修理	434	4	2	1	
电气设备修理	435	49	20	1	3
仪器仪表修理	436	12	5	7	
其他机械和设备修理业	439	154	53	33	2
电力、热力、燃气及水生产和供应业	**D**	**2019**	**164**	**46**	**102**
电力、热力生产和供应业	44	1531	124	21	76
电力生产	441	1065	65	9	65
电力供应	442	79	13	4	2
热力生产和供应	443	387	46	8	9
燃气生产和供应业	45	182	8	13	16
燃气生产和供应业	451	177	8	13	16
生物质燃气生产和供应业	452	5			
水的生产和供应业	46	306	32	12	10
自来水生产和供应	461	187	6	1	9
污水处理及其再生利用	462	115	26	11	1
其他水的处理、利用与分配	469	4			
建筑业	**E**	**10818**	**3298**	**421**	**237**
房屋建筑业	47	2342	444	53	47
住宅房屋建筑	471	2069	360	48	43
体育场馆建筑	472	2	2		
其他房屋建筑业	479	271	82	5	4
土木工程建筑业	48	2687	783	80	78
铁路、道路、隧道和桥梁工程建筑	481	1107	281	20	35
水利和水运工程建筑	482	311	50	2	10
工矿工程建筑	484	96	26	4	6
架线和管道工程建筑	485	280	96	15	7
节能环保工程施工	486	61	33	2	
电力工程施工	487	121	51	1	2
其他土木工程建筑	489	711	246	36	18
建筑安装业	49	1853	703	87	31
电气安装	491	576	250	19	5
管道和设备安装	492	516	177	17	9
其他建筑安装业	499	761	276	51	17
建筑装饰、装修和其他建筑业	50	3936	1368	201	81

2-1 续表 25

行业中类	代码	哈密市	昌吉回族自治州	博尔塔拉蒙古自治州	巴音郭楞蒙古自治州
金属废料和碎屑加工处理	421	1	5	8	5
非金属废料和碎屑加工处理	422	3	10	4	7
金属制品、机械和设备修理业	43	27	38	5	48
金属制品修理	431			1	1
通用设备修理	432	3	9		7
专用设备修理	433	7	7	1	17
铁路、船舶、航空航天等运输设备修理	434			1	
电气设备修理	435	4	6		2
仪器仪表修理	436				
其他机械和设备修理业	439	13	16	2	21
电力、热力、燃气及水生产和供应业	**D**	**290**	**258**	**102**	**187**
电力、热力生产和供应业	44	275	183	81	131
电力生产	441	248	103	48	92
电力供应	442	3	13	5	5
热力生产和供应	443	24	67	28	34
燃气生产和供应业	45	2	33	7	25
燃气生产和供应业	451	2	32	7	24
生物质燃气生产和供应业	452		1		1
水的生产和供应业	46	13	42	14	31
自来水生产和供应	461	8	24	11	20
污水处理及其再生利用	462	5	15	3	11
其他水的处理、利用与分配	469		3		
建筑业	**E**	**788**	**1080**	**263**	**616**
房屋建筑业	47	192	210	86	137
住宅房屋建筑	471	165	200	82	123
体育场馆建筑	472				
其他房屋建筑业	479	27	10	4	14
土木工程建筑业	48	165	322	65	159
铁路、道路、隧道和桥梁工程建筑	481	65	159	25	58
水利和水运工程建筑	482	12	20	11	25
工矿工程建筑	484	7	23	2	8
架线和管道工程建筑	485	18	35	5	14
节能环保工程施工	486		6		4
电力工程施工	487	9	15	2	6
其他土木工程建筑	489	54	64	20	44
建筑安装业	49	113	251	42	85
电气安装	491	26	92	12	17
管道和设备安装	492	47	55	12	37
其他建筑安装业	499	40	104	18	31
建筑装饰、装修和其他建筑业	50	318	297	70	235

2-1 续表 26

行业中类	代码	阿克苏地区	克孜勒苏柯尔克孜自治州	喀什地区	和田地区
金属废料和碎屑加工处理	421	3	2	5	1
非金属废料和碎屑加工处理	422	6	1	3	
金属制品、机械和设备修理业	43	13		10	6
金属制品修理	431	2		2	
通用设备修理	432	2		1	
专用设备修理	433	2		2	1
铁路、船舶、航空航天等运输设备修理	434				
电气设备修理	435	2		2	4
仪器仪表修理	436				
其他机械和设备修理业	439	5		3	1
电力、热力、燃气及水生产和供应业	**D**	**159**	**54**	**153**	**78**
电力、热力生产和供应业	44	116	38	111	55
电力生产	441	76	30	69	38
电力供应	442	7		6	8
热力生产和供应	443	33	8	36	9
燃气生产和供应业	45	15	6	17	6
燃气生产和供应业	451	15	5	16	6
生物质燃气生产和供应业	452		1	1	
水的生产和供应业	46	28	10	25	17
自来水生产和供应	461	17	6	20	14
污水处理及其再生利用	462	11	4	5	3
其他水的处理、利用与分配	469				
建筑业	**E**	**1072**	**204**	**875**	**527**
房屋建筑业	47	346	60	276	196
住宅房屋建筑	471	321	53	251	157
体育场馆建筑	472				
其他房屋建筑业	479	25	7	25	39
土木工程建筑业	48	250	76	230	97
铁路、道路、隧道和桥梁工程建筑	481	119	44	87	41
水利和水运工程建筑	482	58	18	53	17
工矿工程建筑	484	9	1	2	
架线和管道工程建筑	485	16	4	15	14
节能环保工程施工	486	7		2	3
电力工程施工	487	5	2	11	4
其他土木工程建筑	489	36	7	60	18
建筑安装业	49	164	26	95	64
电气安装	491	46	5	18	19
管道和设备安装	492	48	6	27	12
其他建筑安装业	499	70	15	50	33
建筑装饰、装修和其他建筑业	50	312	42	274	170

2-1 续表 27

行业中类	代码				
		伊犁哈萨克自治州	塔城地区	阿勒泰地区	自治区直辖县级市
金属废料和碎屑加工处理	421	3	2		1
非金属废料和碎屑加工处理	422	10	4		2
金属制品、机械和设备修理业	43	11	4	1	10
金属制品修理	431	1		1	
通用设备修理	432	4			2
专用设备修理	433	2	2		4
铁路、船舶、航空航天等运输设备修理	434				
电气设备修理	435	2	1		2
仪器仪表修理	436				
其他机械和设备修理业	439	2	1		2
电力、热力、燃气及水生产和供应业	**D**	**138**	**102**	**133**	**53**
电力、热力生产和供应业	44	98	76	109	37
电力生产	441	73	48	82	19
电力供应	442	3	4	4	2
热力生产和供应	443	22	24	23	16
燃气生产和供应业	45	7	9	11	7
燃气生产和供应业	451	7	8	11	7
生物质燃气生产和供应业	452		1		
水的生产和供应业	46	33	17	13	9
自来水生产和供应	461	22	12	12	5
污水处理及其再生利用	462	10	5	1	4
其他水的处理、利用与分配	469	1			
建筑业	**E**	**546**	**248**	**204**	**439**
房屋建筑业	47	96	61	59	79
住宅房屋建筑	471	80	58	56	72
体育场馆建筑	472				
其他房屋建筑业	479	16	3	3	7
土木工程建筑业	48	167	62	65	88
铁路、道路、隧道和桥梁工程建筑	481	65	30	39	39
水利和水运工程建筑	482	11	8	8	8
工矿工程建筑	484	3	1	1	3
架线和管道工程建筑	485	18	1	8	14
节能环保工程施工	486	3	1		
电力工程施工	487	8	4	1	
其他土木工程建筑	489	59	17	8	24
建筑安装业	49	70	30	19	73
电气安装	491	28	13	5	21
管道和设备安装	492	27	9	6	27
其他建筑安装业	499	15	8	8	25
建筑装饰、装修和其他建筑业	50	213	95	61	199

2-1 续表 28

行业中类	代码	企业法人单位数(个)	乌鲁木齐市	克拉玛依市	吐鲁番市
建筑装饰和装修业	501	3164	1100	165	54
建筑物拆除和场地准备活动	502	265	91	4	17
提供施工设备服务	503	69	30	2	4
其他未列明建筑业	509	438	147	30	6
批发和零售业	**F**	**60807**	**25441**	**1672**	**901**
批发业	51	38015	19344	705	442
农、林、牧、渔产品批发	511	2272	414	20	23
食品、饮料及烟草制品批发	512	3998	1729	101	68
纺织、服装及家庭用品批发	513	3143	2092	43	11
文化、体育用品及器材批发	514	1048	621	17	6
医药及医疗器材批发	515	1238	781	12	3
矿产品、建材及化工产品批发	516	13036	5117	246	228
机械设备、五金产品及电子产品批发	517	10551	7290	218	70
贸易经纪与代理	518	911	438	9	3
其他批发业	519	1818	862	39	30
零售业	52	22792	6097	967	459
综合零售	521	3393	606	70	56
食品、饮料及烟草制品专门零售	522	2146	627	112	88
纺织、服装及日用品专门零售	523	1698	671	88	19
文化、体育用品及器材专门零售	524	1253	474	62	19
医药及医疗器材专门零售	525	1928	382	75	42
汽车、摩托车、零配件和燃料及其他动力销售	526	3719	756	84	82
家用电器及电子产品专门零售	527	3160	1097	119	48
五金、家具及室内装饰材料专门零售	528	3562	982	255	66
货摊、无店铺及其他零售业	529	1933	502	102	39
交通运输、仓储和邮政业	**G**	**8700**	**1648**	**330**	**412**
道路运输业	54	6223	861	273	363
城市公共交通运输	541	244	26	4	13
公路旅客运输	542	205	19	3	14
道路货物运输	543	5468	761	255	324
道路运输辅助活动	544	306	55	11	12
水上运输业	55	6	1		
水上旅客运输	551	2			
水上货物运输	552	2			
水上运输辅助活动	553	2	1		
航空运输业	56	62	23	2	2
航空客货运输	561	12	4		
通用航空服务	562	32	11	2	2
航空运输辅助活动	563	18	8		
管道运输业	57	18	9		

2-1 续表 29

行业中类	代码	哈密市	昌吉回族自治州	博尔塔拉蒙古自治州	巴音郭楞蒙古自治州
建筑装饰和装修业	501	239	222	57	208
建筑物拆除和场地准备活动	502	22	26	6	7
提供施工设备服务	503	7	2	4	2
其他未列明建筑业	509	50	47	3	18
批发和零售业	**F**	**3155**	**3120**	**1444**	**4397**
批发业	51	1577	1791	899	2410
农、林、牧、渔产品批发	511	64	250	107	147
食品、饮料及烟草制品批发	512	183	239	92	251
纺织、服装及家庭用品批发	513	55	74	65	119
文化、体育用品及器材批发	514	17	32	19	85
医药及医疗器材批发	515	20	56	16	31
矿产品、建材及化工产品批发	516	840	746	395	985
机械设备、五金产品及电子产品批发	517	302	245	139	649
贸易经纪与代理	518	32	52	31	21
其他批发业	519	64	97	35	122
零售业	52	1578	1329	545	1987
综合零售	521	358	151	84	192
食品、饮料及烟草制品专门零售	522	134	122	40	230
纺织、服装及日用品专门零售	523	54	66	29	134
文化、体育用品及器材专门零售	524	67	44	13	82
医药及医疗器材专门零售	525	90	291	43	138
汽车、摩托车、零配件和燃料及其他动力销售	526	277	230	103	369
家用电器及电子产品专门零售	527	173	107	85	237
五金、家具及室内装饰材料专门零售	528	350	142	90	388
货摊、无店铺及其他零售业	529	75	176	58	217
交通运输、仓储和邮政业	**G**	**712**	**1376**	**318**	**701**
道路运输业	54	617	1212	193	507
城市公共交通运输	541	7	22	12	18
公路旅客运输	542	4	13	8	9
道路货物运输	543	593	1153	158	459
道路运输辅助活动	544	13	24	15	21
水上运输业	55		1		
水上旅客运输	551		1		
水上货物运输	552				
水上运输辅助活动	553				
航空运输业	56		5		7
航空客货运输	561		1		3
通用航空服务	562		4		1
航空运输辅助活动	563				3
管道运输业	57	2	1		2

2-1 续表 30

行业中类	代码	阿克苏地区	克孜勒苏柯尔克孜自治州	喀什地区	和田地区
建筑装饰和装修业	501	255	29	240	117
建筑物拆除和场地准备活动	502	26	12	10	10
提供施工设备服务	503	1		3	1
其他未列明建筑业	509	30	1	21	42
批发和零售业	**F**	**4823**	**600**	**4545**	**2405**
批发业	51	2684	272	2210	913
农、林、牧、渔产品批发	511	316	39	191	84
食品、饮料及烟草制品批发	512	254	28	220	202
纺织、服装及家庭用品批发	513	143	36	164	106
文化、体育用品及器材批发	514	59	5	82	32
医药及医疗器材批发	515	91	2	69	26
矿产品、建材及化工产品批发	516	1319	108	980	299
机械设备、五金产品及电子产品批发	517	370	31	356	95
贸易经纪与代理	518	22	7	40	7
其他批发业	519	110	16	108	62
零售业	52	2139	328	2335	1492
综合零售	521	221	77	539	539
食品、饮料及烟草制品专门零售	522	216	35	182	104
纺织、服装及日用品专门零售	523	164	31	147	119
文化、体育用品及器材专门零售	524	138	25	127	80
医药及医疗器材专门零售	525	143	19	187	52
汽车、摩托车、零配件和燃料及其他动力销售	526	433	17	411	198
家用电器及电子产品专门零售	527	313	53	315	114
五金、家具及室内装饰材料专门零售	528	319	50	248	180
货摊、无店铺及其他零售业	529	192	21	179	106
交通运输、仓储和邮政业	**G**	**522**	**144**	**671**	**208**
道路运输业	54	353	107	422	143
城市公共交通运输	541	28	12	29	11
公路旅客运输	542	15	6	26	15
道路货物运输	543	290	77	340	105
道路运输辅助活动	544	20	12	27	12
水上运输业	55			2	
水上旅客运输	551				
水上货物运输	552			1	
水上运输辅助活动	553			1	
航空运输业	56	3		5	2
航空客货运输	561	2		2	
通用航空服务	562	1		2	1
航空运输辅助活动	563			1	1
管道运输业	57	1		2	

2-1 续表 31

行业中类	代码	伊犁哈萨克自治州	塔城地区	阿勒泰地区	自治区直辖县级市
建筑装饰和装修业	501	189	82	45	162
建筑物拆除和场地准备活动	502	7	3	11	13
提供施工设备服务	503	1	2		10
其他未列明建筑业	509	16	8	5	14
批发和零售业	**F**	**3767**	**1184**	**922**	**2431**
批发业	51	2300	515	469	1484
农、林、牧、渔产品批发	511	263	82	83	189
食品、饮料及烟草制品批发	512	274	68	71	218
纺织、服装及家庭用品批发	513	152	13	11	59
文化、体育用品及器材批发	514	29	8	10	26
医药及医疗器材批发	515	68	15	4	44
矿产品、建材及化工产品批发	516	811	177	161	624
机械设备、五金产品及电子产品批发	517	374	92	69	251
贸易经纪与代理	518	136	38	49	26
其他批发业	519	193	22	11	47
零售业	52	1467	669	453	947
综合零售	521	154	103	60	183
食品、饮料及烟草制品专门零售	522	101	44	31	80
纺织、服装及日用品专门零售	523	99	23	17	37
文化、体育用品及器材专门零售	524	52	15	16	39
医药及医疗器材专门零售	525	205	102	45	114
汽车、摩托车、零配件和燃料及其他动力销售	526	339	153	110	157
家用电器及电子产品专门零售	527	217	93	66	123
五金、家具及室内装饰材料专门零售	528	223	68	58	143
货摊、无店铺及其他零售业	529	77	68	50	71
交通运输、仓储和邮政业	**G**	**756**	**233**	**205**	**464**
道路运输业	54	505	159	140	368
城市公共交通运输	541	33	7	14	8
公路旅客运输	542	31	12	21	9
道路货物运输	543	407	111	93	342
道路运输辅助活动	544	34	29	12	9
水上运输业	55	2			
水上旅客运输	551	1			
水上货物运输	552	1			
水上运输辅助活动	553				
航空运输业	56	4	2	3	4
航空客货运输	561				
通用航空服务	562	4	1	2	1
航空运输辅助活动	563		1	1	3
管道运输业	57	1			

2-1 续表 32

行业中类	代码	企业法人单位数(个)	乌鲁木齐市	克拉玛依市	吐鲁番市
海底管道运输	571	1	1		
陆地管道运输	572	17	8		
多式联运和运输代理业	58	1095	448	19	12
多式联运	581	47	11		2
运输代理业	582	1048	437	19	10
装卸搬运和仓储业	59	917	210	22	23
装卸搬运	591	283	73	11	11
通用仓储	592	197	63	1	1
低温仓储	593	68	2	1	2
危险品仓储	594	22	3	5	
谷物、棉花等农产品仓储	595	177	15	1	3
中药材仓储	596	4	1		
其他仓储业	599	166	53	3	6
邮政业	60	379	96	14	12
邮政基本服务	601	20	4		
快递服务	602	352	90	14	12
其他寄递服务	609	7	2		
住宿和餐饮业	**H**	**2511**	**758**	**80**	**92**
住宿业	61	1091	246	34	52
旅游饭店	611	412	87	9	17
一般旅馆	612	544	120	16	27
民宿服务	613	18	4	2	3
露营地服务	614	4	2		
其他住宿业	619	113	33	7	5
餐饮业	62	1420	512	46	40
正餐服务	621	1111	403	40	27
快餐服务	622	93	30	1	6
饮料及冷饮服务	623	16	8		
餐饮配送及外卖送餐服务	624	81	22		5
其他餐饮业	629	119	49	5	2
信息传输、软件和信息技术服务业	**I**	**8052**	**3802**	**242**	**49**
电信、广播电视和卫星传输服务	63	288	120	7	4
电信	631	235	103	6	3
广播电视传输服务	632	45	13	1	1
卫星传输服务	633	8	4		
互联网和相关服务	64	997	315	29	12
互联网接入及相关服务	641	132	55	3	3
互联网信息服务	642	439	139	21	4
互联网平台	643	110	34	1	1
互联网安全服务	644	18	7		1

2-1 续表 33

行业中类	代码	哈密市	昌吉回族自治州	博尔塔拉蒙古自治州	巴音郭楞蒙古自治州
海底管道运输	571				
陆地管道运输	572	2	1		2
多式联运和运输代理业	58	32	54	60	60
多式联运	581	4	7		2
运输代理业	582	28	47	60	58
装卸搬运和仓储业	59	48	63	54	104
装卸搬运	591	24	28	20	19
通用仓储	592	6	13	5	19
低温仓储	593	2	1	7	8
危险品仓储	594		1		6
谷物、棉花等农产品仓储	595	7	11	14	31
中药材仓储	596				2
其他仓储业	599	9	9	8	19
邮政业	60	13	40	11	21
邮政基本服务	601		1		5
快递服务	602	13	38	11	16
其他寄递服务	609		1		
住宿和餐饮业	**H**	**131**	**162**	**54**	**239**
住宿业	61	56	86	26	98
旅游饭店	611	27	34	16	28
一般旅馆	612	20	43	9	58
民宿服务	613	1		1	3
露营地服务	614				1
其他住宿业	619	8	9		8
餐饮业	62	75	76	28	141
正餐服务	621	63	61	23	107
快餐服务	622	3	6	3	14
饮料及冷饮服务	623		1	1	1
餐饮配送及外卖送餐服务	624	5	5		8
其他餐饮业	629	4	3	1	11
信息传输、软件和信息技术服务业	**I**	**197**	**460**	**128**	**324**
电信、广播电视和卫星传输服务	63	11	21	7	12
电信	631	9	12	6	7
广播电视传输服务	632	2	9		4
卫星传输服务	633			1	1
互联网和相关服务	64	39	96	22	59
互联网接入及相关服务	641	6	20	2	7
互联网信息服务	642	12	50	9	33
互联网平台	643	3	3	3	6
互联网安全服务	644	2	3	1	1

2-1 续表 34

行业中类	代码	阿克苏地区	克孜勒苏柯尔克孜自治州	喀什地区	和田地区
海底管道运输	571				
陆地管道运输	572	1		2	
多式联运和运输代理业	58	56	12	132	30
多式联运	581	5	1	1	
运输代理业	582	51	11	131	30
装卸搬运和仓储业	59	74	22	82	15
装卸搬运	591	21	5	11	3
通用仓储	592	10	8	30	1
低温仓储	593	8	3	11	2
危险品仓储	594	1			
谷物、棉花等农产品仓储	595	18	3	18	7
中药材仓储	596				1
其他仓储业	599	16	3	12	1
邮政业	60	35	3	26	18
邮政基本服务	601	4	1	1	2
快递服务	602	31	2	25	15
其他寄递服务	609				1
住宿和餐饮业	**H**	**150**	**34**	**225**	**117**
住宿业	61	54	12	89	52
旅游饭店	611	18	2	26	21
一般旅馆	612	31	10	50	25
民宿服务	613			1	1
露营地服务	614				
其他住宿业	619	5		12	5
餐饮业	62	96	22	136	65
正餐服务	621	81	17	102	39
快餐服务	622	5	3	9	5
饮料及冷饮服务	623				
餐饮配送及外卖送餐服务	624	7		11	5
其他餐饮业	629	3	2	14	16
信息传输、软件和信息技术服务业	**I**	**264**	**44**	**598**	**130**
电信、广播电视和卫星传输服务	63	13	6	25	15
电信	631	9	6	20	13
广播电视传输服务	632	4		5	1
卫星传输服务	633				1
互联网和相关服务	64	48	10	76	19
互联网接入及相关服务	641	8	3	9	1
互联网信息服务	642	25	5	37	9
互联网平台	643	4		5	6
互联网安全服务	644			1	

2-1 续表 35

行业中类	代码	伊犁哈萨克自治州	塔城地区	阿勒泰地区	自治区直辖县级市
海底管道运输	571				
陆地管道运输	572	1			
多式联运和运输代理业	58	124	15	20	21
多式联运	581	5	2	2	5
运输代理业	582	119	13	18	16
装卸搬运和仓储业	59	104	33	17	46
装卸搬运	591	39	4	4	10
通用仓储	592	23	7	3	7
低温仓储	593	12	3	1	5
危险品仓储	594	4	1	1	
谷物、棉花等农产品仓储	595	15	13	7	14
中药材仓储	596				
其他仓储业	599	11	5	1	10
邮政业	60	16	24	25	25
邮政基本服务	601	1		1	
快递服务	602	14	23	23	25
其他寄递服务	609	1	1	1	
住宿和餐饮业	**H**	**216**	**44**	**111**	**98**
住宿业	61	139	22	88	37
旅游饭店	611	55	6	55	11
一般旅馆	612	71	13	26	25
民宿服务	613	1		1	
露营地服务	614	1			
其他住宿业	619	11	3	6	1
餐饮业	62	77	22	23	61
正餐服务	621	67	17	15	49
快餐服务	622	5	1	1	1
饮料及冷饮服务	623	1			4
餐饮配送及外卖送餐服务	624	2	3	6	2
其他餐饮业	629	2	1	1	5
信息传输、软件和信息技术服务业	**I**	**1489**	**72**	**77**	**176**
电信、广播电视和卫星传输服务	63	15	9	15	8
电信	631	14	7	13	7
广播电视传输服务	632	1	1	2	1
卫星传输服务	633		1		
互联网和相关服务	64	199	18	20	35
互联网接入及相关服务	641	7	4	1	3
互联网信息服务	642	56	6	11	22
互联网平台	643	40	2	1	1
互联网安全服务	644			2	

2-1 续表 36

行业中类	代码	企业法人单位数(个)	乌鲁木齐市	克拉玛依市	吐鲁番市
互联网数据服务	645	91	5	1	
其他互联网服务	649	207	75	3	3
软件和信息技术服务业	65	6767	3367	206	33
软件开发	651	2336	1259	61	1
集成电路设计	652	24	14	1	
信息系统集成和物联网技术服务	653	811	516	11	6
运行维护服务	654	106	54	6	1
信息处理和存储支持服务	655	76	19	3	1
信息技术咨询服务	656	2884	1321	60	23
数字内容服务	657	56	25		1
其他信息技术服务业	659	474	159	64	
金融业	**J**	**2130**	**437**	**69**	**35**
货币金融服务	66	758	172	17	21
货币银行服务	662	143	18	3	4
非货币银行服务	663	615	154	14	17
资本市场服务	67	920	155	30	3
证券市场服务	671	3	3		
非公开募集证券投资基金	673	75	60	2	
资本投资服务	676	745	81	21	3
其他资本市场服务	679	97	11	7	
保险业	68	307	70	15	11
人身保险	681	112	19	6	5
财产保险	682	164	32	8	6
商业养老金	684	3	2		
保险中介服务	685	18	14		
其他保险活动	689	10	3	1	
其他金融业	69	145	40	7	
金融信托与管理服务	691	4	2	1	
控股公司服务	692	1	1		
非金融机构支付服务	693	2	1	1	
金融信息服务	694	22	10	2	
金融资产管理公司	695	3	2		
其他未列明金融业	699	113	24	3	
房地产业	**K**	**7759**	**2239**	**172**	**217**
房地产业	70	7759	2239	172	217
房地产开发经营	701	2920	650	54	101
物业管理	702	3208	836	97	90
房地产中介服务	703	1559	726	21	24
其他房地产业	709	72	27		2
租赁和商务服务业	**L**	**22192**	**8828**	**737**	**478**

2-1 续表 37

行业中类	代码	哈密市	昌吉回族自治州	博尔塔拉蒙古自治州	巴音郭楞蒙古自治州
互联网数据服务	645	4	5	1	2
其他互联网服务	649	12	15	6	10
软件和信息技术服务业	65	147	343	99	253
软件开发	651	41	101	36	96
集成电路设计	652	1	1	2	1
信息系统集成和物联网技术服务	653	14	53	6	19
运行维护服务	654	4	4		1
信息处理和存储支持服务	655	4	7	3	7
信息技术咨询服务	656	73	169	47	113
数字内容服务	657	1			
其他信息技术服务业	659	9	8	5	16
金融业	**J**	**76**	**128**	**57**	**108**
货币金融服务	66	45	82	29	60
货币银行服务	662	6	13	4	14
非货币银行服务	663	39	69	25	46
资本市场服务	67	1	7	5	9
证券市场服务	671				
非公开募集证券投资基金	673			1	
资本投资服务	676	1	6	2	7
其他资本市场服务	679		1	2	2
保险业	68	19	28	15	23
人身保险	681	9	10	7	9
财产保险	682	9	15	8	11
商业养老金	684				1
保险中介服务	685	1	1		1
其他保险活动	689		2		1
其他金融业	69	11	11	8	16
金融信托与管理服务	691		1		
控股公司服务	692				
非金融机构支付服务	693				
金融信息服务	694	1	1	1	2
金融资产管理公司	695		1		
其他未列明金融业	699	10	8	7	14
房地产业	**K**	**401**	**788**	**248**	**485**
房地产业	70	401	788	248	485
房地产开发经营	701	181	334	101	180
物业管理	702	167	299	111	249
房地产中介服务	703	49	145	35	55
其他房地产业	709	4	10	1	1
租赁和商务服务业	**L**	**913**	**1440**	**646**	**1133**

2-1 续表 38

行业中类	代码	阿克苏地区	克孜勒苏柯尔克孜自治州	喀什地区	和田地区
互联网数据服务	645	2		2	
其他互联网服务	649	9	2	22	3
软件和信息技术服务业	65	203	28	497	96
软件开发	651	58	7	173	29
集成电路设计	652	1	1		
信息系统集成和物联网技术服务	653	35	8	41	18
运行维护服务	654	5	1	7	1
信息处理和存储支持服务	655	1	3	5	4
信息技术咨询服务	656	92	5	231	34
数字内容服务	657	2		12	
其他信息技术服务业	659	9	3	28	10
金融业	**J**	**79**	**16**	**88**	**31**
货币金融服务	66	44	11	55	20
货币银行服务	662	12	4	16	8
非货币银行服务	663	32	7	39	12
资本市场服务	67	7	1	13	3
证券市场服务	671				
非公开募集证券投资基金	673	3		1	
资本投资服务	676	3	1	8	3
其他资本市场服务	679	1		4	
保险业	68	19	4	14	7
人身保险	681	8	1	5	1
财产保险	682	11	2	8	6
商业养老金	684				
保险中介服务	685				
其他保险活动	689		1	1	
其他金融业	69	9		6	1
金融信托与管理服务	691				
控股公司服务	692				
非金融机构支付服务	693				
金融信息服务	694	2			
金融资产管理公司	695				
其他未列明金融业	699	7		6	1
房地产业	**K**	**643**	**98**	**654**	**263**
房地产业	70	643	98	654	263
房地产开发经营	701	251	42	242	95
物业管理	702	275	46	317	133
房地产中介服务	703	109	10	93	31
其他房地产业	709	8		2	4
租赁和商务服务业	**L**	**1054**	**184**	**1422**	**598**

2-1 续表 39

行业中类	代码	伊犁哈萨克自治州	塔城地区	阿勒泰地区	自治区直辖县级市
互联网数据服务	645	63		1	5
其他互联网服务	649	33	6	4	4
软件和信息技术服务业	65	1275	45	42	133
软件开发	651	433	5	8	28
集成电路设计	652	2			
信息系统集成和物联网技术服务	653	47	6	11	20
运行维护服务	654	10	1	8	3
信息处理和存储支持服务	655	11		1	7
信息技术咨询服务	656	607	32	11	66
数字内容服务	657	14			1
其他信息技术服务业	659	151	1	3	8
金融业	**J**	**788**	**61**	**69**	**88**
货币金融服务	66	73	47	49	33
货币银行服务	662	15	10	10	6
非货币银行服务	663	58	37	39	27
资本市场服务	67	662		1	23
证券市场服务	671				
非公开募集证券投资基金	673	6			2
资本投资服务	676	596			13
其他资本市场服务	679	60		1	8
保险业	68	36	13	9	24
人身保险	681	14	6	2	10
财产保险	682	22	7	7	12
商业养老金	684				
保险中介服务	685				1
其他保险活动	689				1
其他金融业	69	17	1	10	8
金融信托与管理服务	691				
控股公司服务	692				
非金融机构支付服务	693				
金融信息服务	694	3			
金融资产管理公司	695				
其他未列明金融业	699	14	1	10	8
房地产业	**K**	**704**	**257**	**211**	**379**
房地产业	70	704	257	211	379
房地产开发经营	701	316	105	119	149
物业管理	702	234	103	74	177
房地产中介服务	703	151	43	18	49
其他房地产业	709	3	6		4
租赁和商务服务业	**L**	**2812**	**443**	**430**	**1074**

2-1 续表 40

行业中类	代码	企业法人单位数(个)	乌鲁木齐市	克拉玛依市	吐鲁番市
租赁业	71	2274	708	89	62
机械设备经营租赁	711	2217	689	86	62
文体设备和用品出租	712	51	16	3	
日用品出租	713	6	3		
商务服务业	72	19918	8120	648	416
组织管理服务	721	4272	1714	161	162
综合管理服务	722	706	192	21	13
法律服务	723	87	26		
咨询与调查	724	5930	2882	119	69
广告业	725	3750	1436	152	47
人力资源服务	726	1567	371	75	25
安全保护服务	727	586	170	37	22
会议、展览及相关服务	728	520	321	10	10
其他商务服务业	729	2500	1008	73	68
科学研究和技术服务业	**M**	**9716**	**4589**	**416**	**126**
研究和试验发展	73	392	184	11	4
自然科学研究和试验发展	731	23	9	1	
工程和技术研究和试验发展	732	194	101	8	3
农业科学研究和试验发展	733	102	40	2	
医学研究和试验发展	734	66	30		1
社会人文科学研究	735	7	4		
专业技术服务业	74	5390	2502	262	79
气象服务	741	27	4	1	1
地震服务	742	2			
海洋服务	743	2			
测绘地理信息服务	744	202	105	4	6
质检技术服务	745	934	221	47	20
环境与生态监测检测服务	746	156	74	6	2
地质勘查	747	232	115	7	2
工程技术与设计服务	748	2362	1198	51	40
工业与专业设计及其他专业技术服务	749	1473	785	146	8
科技推广和应用服务业	75	3934	1903	143	43
技术推广服务	751	3168	1563	131	38
知识产权服务	752	96	56	1	1
科技中介服务	753	107	53	4	2
创业空间服务	754	32	22		
其他科技推广服务业	759	531	209	7	2
水利、环境和公共设施管理业	**N**	**1343**	**308**	**86**	**43**
水利管理业	76	135	24		5
防洪除涝设施管理	761	4	1		1

2-1 续表 41

行业中类	代码	哈密市	昌吉回族自治州	博尔塔拉蒙古自治州	巴音郭楞蒙古自治州
租赁业	71	185	260	43	178
机械设备经营租赁	711	181	255	43	176
文体设备和用品出租	712	3	5		2
日用品出租	713	1			
商务服务业	72	728	1180	603	955
组织管理服务	721	126	207	283	176
综合管理服务	722	18	67	14	43
法律服务	723	7	8	3	7
咨询与调查	724	154	312	103	201
广告业	725	188	191	88	296
人力资源服务	726	102	171	39	65
安全保护服务	727	20	61	9	40
会议、展览及相关服务	728	4	15	5	12
其他商务服务业	729	109	148	59	115
科学研究和技术服务业	**M**	**334**	**694**	**172**	**534**
研究和试验发展	73	12	25	5	24
自然科学研究和试验发展	731	2	2		2
工程和技术研究和试验发展	732	6	11	2	17
农业科学研究和试验发展	733	4	9	3	4
医学研究和试验发展	734		3		
社会人文科学研究	735				1
专业技术服务业	74	193	362	95	260
气象服务	741	3	2	1	2
地震服务	742		1		
海洋服务	743				
测绘地理信息服务	744	3	19	3	6
质检技术服务	745	39	100	36	63
环境与生态监测检测服务	746	6	20	3	9
地质勘查	747	26	16	4	14
工程技术与设计服务	748	94	166	33	81
工业与专业设计及其他专业技术服务	749	22	38	15	85
科技推广和应用服务业	75	129	307	72	250
技术推广服务	751	107	267	64	223
知识产权服务	752	3	7	1	2
科技中介服务	753	1	15	2	7
创业空间服务	754		3		1
其他科技推广服务业	759	18	15	5	17
水利、环境和公共设施管理业	**N**	**58**	**170**	**47**	**90**
水利管理业	76	8	10	10	8
防洪除涝设施管理	761		1		1

2-1 续表 42

行业中类	代码	阿克苏地区	克孜勒苏柯尔克孜自治州	喀什地区	和田地区
租赁业	71	119	17	120	65
机械设备经营租赁	711	118	16	114	64
文体设备和用品出租	712	1	1	5	1
日用品出租	713			1	
商务服务业	72	935	167	1302	533
组织管理服务	721	174	46	202	88
综合管理服务	722	62	11	64	28
法律服务	723	5	1	6	3
咨询与调查	724	222	17	308	110
广告业	725	174	24	285	117
人力资源服务	726	127	16	158	79
安全保护服务	727	48	15	53	15
会议、展览及相关服务	728	6	3	30	7
其他商务服务业	729	117	34	196	86
科学研究和技术服务业	**M**	**492**	**70**	**543**	**243**
研究和试验发展	73	20	3	17	19
自然科学研究和试验发展	731				1
工程和技术研究和试验发展	732	10		11	2
农业科学研究和试验发展	733	10	2	5	5
医学研究和试验发展	734		1	1	11
社会人文科学研究	735				
专业技术服务业	74	349	59	266	148
气象服务	741	2			
地震服务	742				
海洋服务	743	1		1	
测绘地理信息服务	744	13	1	3	2
质检技术服务	745	87	15	51	43
环境与生态监测检测服务	746	9		3	3
地质勘查	747	5	5	11	6
工程技术与设计服务	748	158	27	131	53
工业与专业设计及其他专业技术服务	749	74	11	66	41
科技推广和应用服务业	75	123	8	260	76
技术推广服务	751	106	6	233	60
知识产权服务	752			5	
科技中介服务	753	3	1	6	1
创业空间服务	754			1	1
其他科技推广服务业	759	14	1	15	14
水利、环境和公共设施管理业	**N**	**108**	**11**	**76**	**26**
水利管理业	76	17	1	10	7
防洪除涝设施管理	761				

2-1 续表 43

行业中类	代码				
		伊犁哈萨克自治州	塔城地区	阿勒泰地区	自治区直辖县级市
租赁业	71	174	69	65	120
机械设备经营租赁	711	163	68	64	118
文体设备和用品出租	712	10	1	1	2
日用品出租	713	1			
商务服务业	72	2638	374	365	954
组织管理服务	721	269	79	83	502
综合管理服务	722	90	27	28	28
法律服务	723	13	4	1	3
咨询与调查	724	1196	70	55	112
广告业	725	483	66	50	153
人力资源服务	726	199	43	25	72
安全保护服务	727	38	18	15	25
会议、展览及相关服务	728	72	5	10	10
其他商务服务业	729	278	62	98	49
科学研究和技术服务业	**M**	**925**	**164**	**160**	**254**
研究和试验发展	73	44	4	6	14
自然科学研究和试验发展	731	3	1		2
工程和技术研究和试验发展	732	17		1	5
农业科学研究和试验发展	733	3	3	5	7
医学研究和试验发展	734	19			
社会人文科学研究	735	2			
专业技术服务业	74	457	111	118	129
气象服务	741	4	4	2	1
地震服务	742	1			
海洋服务	743				
测绘地理信息服务	744	21	5	5	6
质检技术服务	745	92	45	40	35
环境与生态监测检测服务	746	7	2	5	7
地质勘查	747	5	1	14	1
工程技术与设计服务	748	198	32	39	61
工业与专业设计及其他专业技术服务	749	129	22	13	18
科技推广和应用服务业	75	424	49	36	111
技术推广服务	751	200	42	34	94
知识产权服务	752	18			2
科技中介服务	753	8	2	1	1
创业空间服务	754	1			3
其他科技推广服务业	759	197	5	1	11
水利、环境和公共设施管理业	**N**	**103**	**51**	**70**	**96**
水利管理业	76	12	9	9	5
防洪除涝设施管理	761				

2-1 续表 44

行业中类	代码	企业法人单位数(个)	乌鲁木齐市	克拉玛依市	吐鲁番市
水资源管理	762	60	8		2
天然水收集与分配	763	12	2		
水文服务	764	4	1		
其他水利管理业	769	55	12		2
生态保护和环境治理业	77	194	55	20	1
生态保护	771	28	10		
环境治理业	772	166	45	20	1
公共设施管理业	78	927	205	62	35
市政设施管理	781	149	22	8	6
环境卫生管理	782	116	27	2	4
城乡市容管理	783	21	4		
绿化管理	784	475	136	44	15
城市公园管理	785	6	1		2
游览景区管理	786	160	15	8	8
土地管理业	79	87	24	4	2
土地整治服务	791	22	1		1
土地调查评估服务	792	45	22	3	1
土地登记服务	793	1			
土地登记代理服务	794	1	1		
其他土地管理服务	799	18		1	
居民服务、修理和其他服务业	**O**	**4441**	**1575**	**228**	**115**
居民服务业	80	1347	568	43	23
家庭服务	801	424	125	15	8
托儿所服务	802	15	1	1	3
洗染服务	803	41	19	1	
理发及美容服务	804	188	114	7	2
洗浴和保健养生服务	805	162	93	5	3
摄影扩印服务	806	124	60	5	1
婚姻服务	807	123	60	1	2
殡葬服务	808	63	9	4	1
其他居民服务业	809	207	87	4	3
机动车、电子产品和日用产品修理业	81	2582	839	141	82
汽车、摩托车等修理与维护	811	1944	538	118	72
计算机和办公设备维修	812	371	187	14	5
家用电器修理	813	199	79	6	5
其他日用产品修理业	819	68	35	3	
其他服务业	82	512	168	44	10
清洁服务	821	348	133	32	7
宠物服务	822	11	6		
其他未列明服务业	829	153	29	12	3

2-1 续表 45

行业中类	代码	哈密市	昌吉回族自治州	博尔塔拉蒙古自治州	巴音郭楞蒙古自治州
水资源管理	762	4	5	5	5
天然水收集与分配	763	1		2	
水文服务	764		1		
其他水利管理业	769	3	3	3	2
生态保护和环境治理业	77	16	27	2	20
生态保护	771	4	3		2
环境治理业	772	12	24	2	18
公共设施管理业	78	34	129	34	58
市政设施管理	781	8	21	16	11
环境卫生管理	782	3	20	2	6
城乡市容管理	783	1	3	2	2
绿化管理	784	18	64	12	22
城市公园管理	785				
游览景区管理	786	4	21	2	17
土地管理业	79		4	1	4
土地整治服务	791			1	1
土地调查评估服务	792		3		2
土地登记服务	793				
土地登记代理服务	794				
其他土地管理服务	799		1		1
居民服务、修理和其他服务业	**O**	**204**	**320**	**91**	**327**
居民服务业	80	66	94	27	69
家庭服务	801	31	30	7	23
托儿所服务	802			2	
洗染服务	803	1	4		2
理发及美容服务	804	2	5		12
洗浴和保健养生服务	805	7	10	5	8
摄影扩印服务	806	4	6	4	4
婚姻服务	807	10	13	1	7
殡葬服务	808	3	11	3	6
其他居民服务业	809	8	15	5	7
机动车、电子产品和日用产品修理业	81	121	172	52	224
汽车、摩托车等修理与维护	811	99	153	42	183
计算机和办公设备维修	812	9	10	6	21
家用电器修理	813	11	6	4	15
其他日用产品修理业	819	2	3		5
其他服务业	82	17	54	12	34
清洁服务	821	14	41	7	18
宠物服务	822		4		
其他未列明服务业	829	3	9	5	16

2-1 续表 46

行业中类	代码	阿克苏地区	克孜勒苏柯尔克孜自治州	喀什地区	和田地区
水资源管理	762	14		4	2
天然水收集与分配	763	2		1	
水文服务	764				
其他水利管理业	769	1	1	5	5
生态保护和环境治理业	77	12	2	8	2
生态保护	771	2			1
环境治理业	772	10	2	8	1
公共设施管理业	78	68	4	45	14
市政设施管理	781	12	1	7	1
环境卫生管理	782	12		3	1
城乡市容管理	783	1		2	1
绿化管理	784	28	2	21	4
城市公园管理	785			1	
游览景区管理	786	15	1	11	7
土地管理业	79	11	4	13	3
土地整治服务	791	6		5	2
土地调查评估服务	792	3		3	
土地登记服务	793		1		
土地登记代理服务	794				
其他土地管理服务	799	2	3	5	1
居民服务、修理和其他服务业	**O**	**295**	**116**	**384**	**224**
居民服务业	80	80	27	129	51
家庭服务	801	30	9	70	18
托儿所服务	802			3	2
洗染服务	803			2	1
理发及美容服务	804	14	4	10	10
洗浴和保健养生服务	805	10	3	4	3
摄影扩印服务	806	5	5	15	2
婚姻服务	807	6	1	8	2
殡葬服务	808	6	1	2	1
其他居民服务业	809	9	4	15	12
机动车、电子产品和日用产品修理业	81	175	80	223	150
汽车、摩托车等修理与维护	811	129	68	158	120
计算机和办公设备维修	812	30	10	29	15
家用电器修理	813	11	2	28	12
其他日用产品修理业	819	5		8	3
其他服务业	82	40	9	32	23
清洁服务	821	30	4	9	8
宠物服务	822			1	
其他未列明服务业	829	10	5	22	15

2-1 续表 47

行业中类	代码	伊犁哈萨克自治州	塔城地区	阿勒泰地区	自治区直辖县级市
水资源管理	762	5	2	1	3
天然水收集与分配	763	1	2	1	
水文服务	764	1	1		
其他水利管理业	769	5	4	7	2
生态保护和环境治理业	77	14	5	5	5
生态保护	771	3	1	1	1
环境治理业	772	11	4	4	4
公共设施管理业	78	70	33	53	83
市政设施管理	781	8	6	9	13
环境卫生管理	782	11	5	5	15
城乡市容管理	783		1	1	3
绿化管理	784	34	15	13	47
城市公园管理	785			1	1
游览景区管理	786	17	6	24	4
土地管理业	79	7	4	3	3
土地整治服务	791	1		3	1
土地调查评估服务	792	3	4		1
土地登记服务	793				
土地登记代理服务	794				
其他土地管理服务	799	3			1
居民服务、修理和其他服务业	**O**	**254**	**81**	**67**	**160**
居民服务业	80	78	32	17	43
家庭服务	801	24	12	5	17
托儿所服务	802	3			
洗染服务	803	7	2		2
理发及美容服务	804	6		1	1
洗浴和保健养生服务	805	6	2		3
摄影扩印服务	806	6	2	2	3
婚姻服务	807	8	2	1	1
殡葬服务	808	5	4	3	4
其他居民服务业	809	13	8	5	12
机动车、电子产品和日用产品修理业	81	143	38	45	97
汽车、摩托车等修理与维护	811	112	33	40	79
计算机和办公设备维修	812	16	3	5	11
家用电器修理	813	13	2		5
其他日用产品修理业	819	2			2
其他服务业	82	33	11	5	20
清洁服务	821	20	5	1	19
宠物服务	822				
其他未列明服务业	829	13	6	4	1

2-1 续表 48

行业中类	代码	企业法人单位数(个)	乌鲁木齐市	克拉玛依市	吐鲁番市
卫生和社会工作	**Q**	**130**	**47**	**7**	**1**
卫生	84	21	9		
医院	841	20	9		
其他卫生活动	849	1			
社会工作	85	109	38	7	1
提供住宿社会工作	851	89	30	6	1
不提供住宿社会工作	852	20	8	1	
文化、体育和娱乐业	**R**	**4436**	**1072**	**80**	**65**
新闻和出版业	86	25	13	1	
新闻业	861	3	1		
出版业	862	22	12	1	
广播、电视、电影和录音制作业	87	1329	149	15	3
广播	871	87	10	2	
电视	872	28	7		
影视节目制作	873	1000	84	5	
广播电视集成播控	874	8	3		
电影和广播电视节目发行	875	48	4		
电影放映	876	127	26	5	3
录音制作	877	31	15	3	
文化艺术业	88	597	242	12	9
文艺创作与表演	881	244	85	8	
艺术表演场馆	882	1	1		
图书馆与档案馆	883	8	6		
文物及非物质文化遗产保护	884	8	2		
博物馆	885	6	1	1	1
群众文体活动	887	62	34	1	2
其他文化艺术业	889	268	113	2	6
体育	89	273	139	8	3
体育组织	891	77	38		3
体育场地设施管理	892	22	11		
健身休闲活动	893	152	73	8	
其他体育	899	22	17		
娱乐业	90	2212	529	44	50
室内娱乐活动	901	1596	330	33	44
游乐园	902	37	8	3	1
休闲观光活动	903	52	9	1	
彩票活动	904	3	1		
文化体育娱乐活动与经纪代理服务	905	437	180	6	5
其他娱乐业	909	87	1	1	

2-1 续表 49

行业中类	代码	哈密市	昌吉回族自治州	博尔塔拉蒙古自治州	巴音郭楞蒙古自治州
卫生和社会工作	**Q**	**3**	**14**	**3**	**5**
卫生	84				1
医院	841				
其他卫生活动	849				1
社会工作	85	3	14	3	4
提供住宿社会工作	851	3	13	3	3
不提供住宿社会工作	852		1		1
文化、体育和娱乐业	**R**	**146**	**272**	**79**	**102**
新闻和出版业	86				1
新闻业	861				
出版业	862				1
广播、电视、电影和录音制作业	87	16	15	6	21
广播	871	2			
电视	872	2			
影视节目制作	873	7	7	3	5
广播电视集成播控	874				
电影和广播电视节目发行	875		1		1
电影放映	876	5	7	2	13
录音制作	877			1	2
文化艺术业	88	19	36	5	26
文艺创作与表演	881	7	16	1	9
艺术表演场馆	882				
图书馆与档案馆	883		1		
文物及非物质文化遗产保护	884		1		1
博物馆	885		1		
群众文体活动	887	5	7		1
其他文化艺术业	889	7	10	4	15
体育	89	12	27	5	13
体育组织	891	3	6	1	4
体育场地设施管理	892	1	3	2	1
健身休闲活动	893	7	17	2	8
其他体育	899	1	1		
娱乐业	90	99	194	63	41
室内娱乐活动	901	75	164	57	27
游乐园	902	3	1	1	2
休闲观光活动	903	2	7	1	
彩票活动	904		2		
文化体育娱乐活动与经纪代理服务	905	18	18	3	9
其他娱乐业	909	1	2	1	3

2-1 续表 50

行业中类	代码	阿克苏地区	克孜勒苏柯尔克孜自治州	喀什地区	和田地区
卫生和社会工作	**Q**	**7**	**5**	**2**	**9**
卫生	84	2	1	2	4
医院	841	2	1	2	4
其他卫生活动	849				
社会工作	85	5	4		5
提供住宿社会工作	851	3	3		4
不提供住宿社会工作	852	2	1		1
文化、体育和娱乐业	**R**	**190**	**42**	**413**	**37**
新闻和出版业	86	1		4	
新闻业	861			2	
出版业	862	1		2	
广播、电视、电影和录音制作业	87	17	6	162	13
广播	871			6	
电视	872	1		1	
影视节目制作	873	7	3	133	5
广播电视集成播控	874				
电影和广播电视节目发行	875	3		4	
电影放映	876	6	3	17	8
录音制作	877			1	
文化艺术业	88	15	5	39	5
文艺创作与表演	881	5	1	14	1
艺术表演场馆	882				
图书馆与档案馆	883				
文物及非物质文化遗产保护	884		1	1	
博物馆	885	1		1	
群众文体活动	887		1	3	
其他文化艺术业	889	9	2	20	4
体育	89	8	3	8	2
体育组织	891	1	3	3	1
体育场地设施管理	892				1
健身休闲活动	893	7		5	
其他体育	899				
娱乐业	90	149	28	200	17
室内娱乐活动	901	133	19	151	12
游乐园	902	2		4	1
休闲观光活动	903	2	5	5	2
彩票活动	904				
文化体育娱乐活动与经纪代理服务	905	8	2	34	2
其他娱乐业	909	4	2	6	

2-1 续表 51

行业中类	代码	伊犁哈萨克自治州	塔城地区	阿勒泰地区	自治区直辖县级市
卫生和社会工作	**Q**	**7**	**5**	**6**	**9**
卫生	84				2
医院	841				2
其他卫生活动	849				
社会工作	85	7	5	6	7
提供住宿社会工作	851	4	5	4	7
不提供住宿社会工作	852	3		2	
文化、体育和娱乐业	**R**	**1474**	**170**	**79**	**215**
新闻和出版业	86	3			2
新闻业	861				
出版业	862	3			2
广播、电视、电影和录音制作业	87	871	9	10	16
广播	871	66	1		
电视	872	15		2	
影视节目制作	873	731	2	2	6
广播电视集成播控	874	5			
电影和广播电视节目发行	875	34	1		
电影放映	876	13	5	5	9
录音制作	877	7		1	1
文化艺术业	88	156	8	9	11
文艺创作与表演	881	83	3	5	6
艺术表演场馆	882				
图书馆与档案馆	883		1		
文物及非物质文化遗产保护	884	2			
博物馆	885				
群众文体活动	887	5	1		2
其他文化艺术业	889	66	3	4	3
体育	89	28	2	4	11
体育组织	891	9			5
体育场地设施管理	892	2		1	
健身休闲活动	893	14	2	3	6
其他体育	899	3			
娱乐业	90	416	151	56	175
室内娱乐活动	901	203	142	49	157
游乐园	902	5	1	2	3
休闲观光活动	903	13	1	1	3
彩票活动	904				
文化体育娱乐活动与经纪代理服务	905	133	7	2	10
其他娱乐业	909	62		2	2

2-2 按行业（中类）、地区分组的小微企业法人单位从业人员数

行业中类	代码	从业人员数(人)	乌鲁木齐市	克拉玛依市	吐鲁番市
总　计		**1544935**	**395347**	**81471**	**44013**
农、林、牧、渔业	**A**	**6366**	**173**	**28**	**116**
农业	**01**				
谷物种植	011				
豆类、油料和薯类种植	012				
棉、麻、糖、烟草种植	013				
蔬菜、食用菌及园艺作物种植	014				
中药材种植	017				
其他农业	019				
林业	**02**				
森林经营、管护和改培	023				
畜牧业	**03**				
牲畜饲养	031				
家禽饲养	032				
渔业	**04**				
水产养殖	041				
农、林、牧、渔专业及辅助性活动	**05**	**6366**	**173**	**28**	**116**
农业专业及辅助性活动	051	5522	135	27	88
林业专业及辅助性活动	052	150	27		
畜牧专业及辅助性活动	053	629	11	1	28
渔业专业及辅助性活动	054	65			
采矿业	**B**	**42590**	**1346**	**3619**	**5291**
煤炭开采和洗选业	**06**	**14398**	**759**	**28**	**1913**
烟煤和无烟煤开采洗选	061	14320	759	28	1912
褐煤开采洗选	062	25			
其他煤炭采选	069	53			1
石油和天然气开采业	**07**	**680**	**1**	**115**	
石油开采	071	447	1	47	
天然气开采	072	233		68	
黑色金属矿采选业	**08**	**4371**	**7**		**1098**
铁矿采选	081	4154	7		1097
锰矿、铬矿采选	082	169			
其他黑色金属矿采选	089	48			1
有色金属矿采选业	**09**	**6429**	**54**		**624**
常用有色金属矿采选	091	4774	9		590
贵金属矿采选	092	1401	44		31
稀有稀土金属矿采选	093	254	1		3
非金属矿采选业	**10**	**7342**	**248**	**56**	**853**
土砂石开采	101	6419	244	55	794
化学矿开采	102	79			

2-2 续表 1

行业中类	代码	哈密市	昌吉回族自治州	博尔塔拉蒙古自治州	巴音郭楞蒙古自治州
总　计		**60544**	**134388**	**41653**	**91232**
农、林、牧、渔业	**A**	**60**	**555**	**178**	**509**
农业	**01**				
谷物种植	011				
豆类、油料和薯类种植	012				
棉、麻、糖、烟草种植	013				
蔬菜、食用菌及园艺作物种植	014				
中药材种植	017				
其他农业	019				
林业	**02**				
森林经营、管护和改培	023				
畜牧业	03				
牲畜饲养	031				
家禽饲养	032				
渔业	**04**				
水产养殖	041				
农、林、牧、渔专业及辅助性活动	**05**	**60**	**555**	**178**	**509**
农业专业及辅助性活动	051	55	475	137	502
林业专业及辅助性活动	052	4	23	8	2
畜牧专业及辅助性活动	053	1	52		5
渔业专业及辅助性活动	054		5	33	
采矿业	**B**	**4660**	**3697**	**323**	**6572**
煤炭开采和洗选业	**06**	**1181**	**2874**		**548**
烟煤和无烟煤开采洗选	061	1147	2865		547
褐煤开采洗选	062	25			
其他煤炭采选	069	9	9		1
石油和天然气开采业	**07**	**7**	**28**		**72**
石油开采	071	1	8		43
天然气开采	072	6	20		29
黑色金属矿采选业	**08**	**1076**	**30**	**151**	**254**
铁矿采选	081	1076	30	150	243
锰矿、铬矿采选	082				1
其他黑色金属矿采选	089			1	10
有色金属矿采选业	**09**	**1882**	**13**	**10**	**576**
常用有色金属矿采选	091	1608	10	5	360
贵金属矿采选	092	263	3		214
稀有稀土金属矿采选	093	11		5	2
非金属矿采选业	**10**	**472**	**571**	**149**	**1162**
土砂石开采	101	324	564	149	591
化学矿开采	102	60			3

2-2 续表 2

行业中类	代码	阿克苏地区	克孜勒苏柯尔克孜自治州	喀什地区	和田地区
总　计		**107178**	**21526**	**161453**	**82262**
农、林、牧、渔业	**A**	**641**	**49**	**605**	**620**
农业	**01**				
谷物种植	011				
豆类、油料和薯类种植	012				
棉、麻、糖、烟草种植	013				
蔬菜、食用菌及园艺作物种植	014				
中药材种植	017				
其他农业	019				
林业	**02**				
森林经营、管护和改培	023				
畜牧业	**03**				
牲畜饲养	031				
家禽饲养	032				
渔业	**04**				
水产养殖	041				
农、林、牧、渔专业及辅助性活动	**05**	**641**	**49**	**605**	**620**
农业专业及辅助性活动	051	511	26	574	504
林业专业及辅助性活动	052	25	5	10	28
畜牧专业及辅助性活动	053	98	18	21	85
渔业专业及辅助性活动	054	7			3
采矿业	**B**	**3777**	**1376**	**1304**	**687**
煤炭开采和洗选业	**06**	**2966**		**225**	**300**
烟煤和无烟煤开采洗选	061	2966		225	300
褐煤开采洗选	062				
其他煤炭采选	069				
石油和天然气开采业	07	82	5		
石油开采	071	82			
天然气开采	072		5		
黑色金属矿采选业	08	42	533	244	
铁矿采选	081	1	386	244	
锰矿、铬矿采选	082	5	147		
其他黑色金属矿采选	089	36			
有色金属矿采选业	09	218	509	131	30
常用有色金属矿采选	091	217	477	111	21
贵金属矿采选	092		31	20	
稀有稀土金属矿采选	093	1	1		9
非金属矿采选业	10	363	298	632	296
土砂石开采	101	347	283	615	267
化学矿开采	102			7	

2-2 续表 3

行业中类	代码	伊犁哈萨克自治州	塔城地区	阿勒泰地区	自治区直辖县级市
总　计		**140592**	**50440**	**52044**	**80792**
农、林、牧、渔业	**A**	**410**	**564**	**1357**	**501**
农业	**01**				
谷物种植	011				
豆类、油料和薯类种植	012				
棉、麻、糖、烟草种植	013				
蔬菜、食用菌及园艺作物种植	014				
中药材种植	017				
其他农业	019				
林业	**02**				
森林经营、管护和改培	023				
畜牧业	**03**				
牲畜饲养	031				
家禽饲养	032				
渔业	**04**				
水产养殖	041				
农、林、牧、渔专业及辅助性活动	**05**	**410**	**564**	**1357**	**501**
农业专业及辅助性活动	051	288	356	1345	499
林业专业及辅助性活动	052	4	2	10	2
畜牧专业及辅助性活动	053	101	206	2	
渔业专业及辅助性活动	054	17			
采矿业	**B**	**3311**	**3455**	**2844**	**328**
煤炭开采和洗选业	**06**	**1698**	**1607**	**206**	**93**
烟煤和无烟煤开采洗选	061	1666	1607	205	93
褐煤开采洗选	062				
其他煤炭采选	069	32		1	
石油和天然气开采业	**07**		**265**	**105**	
石油开采	071		265		
天然气开采	072			105	
黑色金属矿采选业	**08**	**590**	**7**	**339**	
铁矿采选	081	574	7	339	
锰矿、铬矿采选	082	16			
其他黑色金属矿采选	089				
有色金属矿采选业	**09**	**335**	**476**	**1568**	**3**
常用有色金属矿采选	091	323	12	1028	3
贵金属矿采选	092	12	464	319	
稀有稀土金属矿采选	093			221	
非金属矿采选业	**10**	**581**	**907**	**563**	**191**
土砂石开采	101	552	907	536	191
化学矿开采	102	9			

2-2 续表 4

行业中类	代码	从业人员数(人)	乌鲁木齐市	克拉玛依市	吐鲁番市
采盐	103	69			45
石棉及其他非金属矿采选	109	775	4	1	14
开采专业及辅助性活动	**11**	**8884**	**273**	**3420**	**792**
煤炭开采和洗选专业及辅助性活动	111	474			122
石油和天然气开采专业及辅助性活动	112	8181	272	3420	613
其他开采专业及辅助性活动	119	229	1		57
其他采矿业	**12**	**486**	**4**		**11**
其他采矿业	120	486	4		11
制造业	**C**	**374284**	**40262**	**9943**	**10516**
农副食品加工业	**13**	**35001**	**1810**	**457**	**877**
谷物磨制	131	5227	199	190	1
饲料加工	132	3679	370	10	
植物油加工	133	5766	128	174	1
制糖业	134	698			
屠宰及肉类加工	135	4494	782	39	64
水产品加工	136	266	1	13	10
蔬菜、菌类、水果和坚果加工	137	9950	290	12	713
其他农副食品加工	139	4921	40	19	88
食品制造业	**14**	**15449**	**1965**	**133**	**247**
焙烤食品制造	141	3524	743	133	16
糖果、巧克力及蜜饯制造	142	404	203		
方便食品制造	143	1237	226		
乳制品制造	144	2174	60		1
罐头食品制造	145	2760	154		
调味品、发酵制品制造	146	1628	323		
其他食品制造	149	3722	256		230
酒、饮料和精制茶制造业	**15**	**9421**	**261**	**129**	**657**
酒的制造	151	5428	72	103	570
饮料制造	152	3747	171	26	87
精制茶加工	153	246	18		
烟草制品业	**16**	**25**			
其他烟草制品制造	169	25			
纺织业	**17**	**26027**	**299**	**65**	**385**
棉纺织及印染精加工	171	18634	73	23	331
毛纺织及染整精加工	172	446	47		1
麻纺织及染整精加工	173	99			
丝绢纺织及印染精加工	174	67			
化纤织造及印染精加工	175	241	13	30	
针织或钩针编织物及其制品制造	176	3424	30		21
家用纺织制成品制造	177	2349	33	12	31

2-2 续表 5

行业中类	代码				
		哈密市	昌吉回族自治州	博尔塔拉蒙古自治州	巴音郭楞蒙古自治州
采盐	103	3			21
石棉及其他非金属矿采选	109	85	7		547
开采专业及辅助性活动	**11**	**3**	**108**		**3914**
煤炭开采和洗选专业及辅助性活动	111		105		18
石油和天然气开采专业及辅助性活动	112	2	1		3815
其他开采专业及辅助性活动	119	1	2		81
其他采矿业	**12**	**39**	**73**	**13**	**46**
其他采矿业	120	39	73	13	46
制造业	**C**	**12753**	**41021**	**9529**	**21097**
农副食品加工业	**13**	**652**	**3485**	**1197**	**2978**
谷物磨制	131	8	786	108	155
饲料加工	132	59	670	180	280
植物油加工	133	44	1024	565	431
制糖业	134		2		228
屠宰及肉类加工	135	145	326	198	166
水产品加工	136			82	1
蔬菜、菌类、水果和坚果加工	137	199	259	38	608
其他农副食品加工	139	197	418	26	1109
食品制造业	**14**	**350**	**2145**	**426**	**1767**
焙烤食品制造	141	44	526	129	15
糖果、巧克力及蜜饯制造	142		16	4	26
方便食品制造	143	21	232	26	4
乳制品制造	144	81	172		183
罐头食品制造	145	1	501	17	920
调味品、发酵制品制造	146		419		105
其他食品制造	149	203	279	250	514
酒、饮料和精制茶制造业	**15**	**224**	**1612**	**153**	**949**
酒的制造	151	181	817	92	910
饮料制造	152	43	795	58	30
精制茶加工	153			3	9
烟草制品业	**16**		**25**		
其他烟草制品制造	169		25		
纺织业	**17**	**48**	**1120**	**1522**	**1211**
棉纺织及印染精加工	171	30	956	1481	1048
毛纺织及染整精加工	172		28		
麻纺织及染整精加工	173				
丝绢纺织及印染精加工	174				2
化纤织造及印染精加工	175		93		
针织或钩针编织物及其制品制造	176	1	2	2	14
家用纺织制成品制造	177	3	11	6	102

2-2 续表 6

行业中类	代码	阿克苏地区	克孜勒苏柯尔克孜自治州	喀什地区	和田地区
采盐	103				
石棉及其他非金属矿采选	109	16	15	10	29
开采专业及辅助性活动	**11**	**74**	**5**	**4**	**1**
煤炭开采和洗选专业及辅助性活动	111		5		1
石油和天然气开采专业及辅助性活动	112	26		4	
其他开采专业及辅助性活动	119	48			
其他采矿业	**12**	**32**	**26**	**68**	**60**
其他采矿业	120	32	26	68	60
制造业	**C**	**27430**	**4993**	**72576**	**42529**
农副食品加工业	**13**	**2794**	**254**	**4519**	**2050**
谷物磨制	131	605	80	955	56
饲料加工	132	359	2	308	7
植物油加工	133	699	10	258	202
制糖业	134	42			68
屠宰及肉类加工	135	76	72	522	436
水产品加工	136	9		51	3
蔬菜、菌类、水果和坚果加工	137	804	79	1866	648
其他农副食品加工	139	200	11	559	630
食品制造业	**14**	**659**	**250**	**1040**	**1738**
焙烤食品制造	141	230	76	252	608
糖果、巧克力及蜜饯制造	142	5	1		122
方便食品制造	143	20	13	94	58
乳制品制造	144	8	1	347	35
罐头食品制造	145	228		18	23
调味品、发酵制品制造	146	27		48	88
其他食品制造	149	141	159	281	804
酒、饮料和精制茶制造业	**15**	**976**	**115**	**873**	**428**
酒的制造	151	465	11	295	91
饮料制造	152	511	104	556	269
精制茶加工	153			22	68
烟草制品业	**16**				
其他烟草制品制造	169				
纺织业	**17**	**4490**	**898**	**7986**	**1260**
棉纺织及印染精加工	171	3607	260	4264	578
毛纺织及染整精加工	172		43	45	46
麻纺织及染整精加工	173	46			
丝绢纺织及印染精加工	174			1	64
化纤织造及印染精加工	175			43	61
针织或钩针编织物及其制品制造	176	518	81	2441	102
家用纺织制成品制造	177	306	514	1007	150

2-2 续表 7

行业中类	代码	伊犁哈萨克自治州	塔城地区	阿勒泰地区	自治区直辖县级市
采盐	103				
石棉及其他非金属矿采选	109	20		27	
开采专业及辅助性活动	**11**	**101**	**148**		**41**
煤炭开采和洗选专业及辅助性活动	111	97	126		
石油和天然气开采专业及辅助性活动	112		22		6
其他开采专业及辅助性活动	119	4			35
其他采矿业	**12**	**6**	**45**	**63**	
其他采矿业	120	6	45	63	
制造业	**C**	**32376**	**14906**	**7176**	**27177**
农副食品加工业	**13**	**4031**	**2179**	**1471**	**6247**
谷物磨制	131	935	454	142	553
饲料加工	132	745	95	69	525
植物油加工	133	609	855	52	714
制糖业	134	72	286		
屠宰及肉类加工	135	748	212	234	474
水产品加工	136	1		95	
蔬菜、菌类、水果和坚果加工	137	337	92	134	3871
其他农副食品加工	139	584	185	745	110
食品制造业	**14**	**1974**	**1104**	**426**	**1225**
焙烤食品制造	141	475	6	34	237
糖果、巧克力及蜜饯制造	142	27			
方便食品制造	143	229	83	64	167
乳制品制造	144	447	217	222	400
罐头食品制造	145	71	648	3	176
调味品、发酵制品制造	146	286	138		194
其他食品制造	149	439	12	103	51
酒、饮料和精制茶制造业	**15**	**1057**	**605**	**616**	**766**
酒的制造	151	875	415	209	322
饮料制造	152	178	190	285	444
精制茶加工	153	4		122	
烟草制品业	**16**				
其他烟草制品制造	169				
纺织业	**17**	**520**	**2161**	**130**	**3932**
棉纺织及印染精加工	171	321	1939		3723
毛纺织及染整精加工	172	8	174	26	28
麻纺织及染整精加工	173	53			
丝绢纺织及印染精加工	174				
化纤织造及印染精加工	175	1			
针织或钩针编织物及其制品制造	176		43		169
家用纺织制成品制造	177	106	5	53	10

2-2 续表 8

行业中类	代码	从业人员数(人)	乌鲁木齐市	克拉玛依市	吐鲁番市
产业用纺织制成品制造	178	767	103		1
纺织服装、服饰业	**18**	**61167**	**609**	**243**	**476**
机织服装制造	181	23328	292	122	192
针织或钩针编织服装制造	182	3414	202	112	92
服饰制造	183	34425	115	9	192
皮革、毛皮、羽毛及其制品和制鞋业	**19**	**11672**	**145**	**40**	**3**
皮革鞣制加工	191	98	22		
皮革制品制造	192	1906	5		
毛皮鞣制及制品加工	193	809	60	40	2
羽毛（绒）加工及制品制造	194	65	36		
制鞋业	195	8794	22		1
木材加工和木、竹、藤、棕、草制品业	**20**	**4783**	**144**	**27**	**18**
木材加工	201	2114	52	5	14
人造板制造	202	1780	45		
木质制品制造	203	779	32	22	4
竹、藤、棕、草等制品制造	204	110	15		
家具制造业	**21**	**2213**	**606**		**6**
木质家具制造	211	1179	375		1
金属家具制造	213	689	182		
塑料家具制造	214	52	2		
其他家具制造	219	293	47		5
造纸和纸制品业	**22**	**5120**	**843**		**38**
纸浆制造	221	70	2		
造纸	222	1606	112		15
纸制品制造	223	3444	729		23
印刷和记录媒介复制业	**23**	**4118**	**1691**	**195**	**20**
印刷	231	3571	1605	130	18
装订及印刷相关服务	232	545	84	65	2
记录媒介复制	233	2	2		
文教、工美、体育和娱乐用品制造业	**24**	**5976**	**448**	**50**	**24**
文教办公用品制造	241	351	87	1	
乐器制造	242	37			
工艺美术及礼仪用品制造	243	5353	310	16	24
体育用品制造	244	149		33	
玩具制造	245	35			
游艺器材及娱乐用品制造	246	51	51		
石油、煤炭及其他燃料加工业	**25**	**9505**	**436**	**991**	**973**
精炼石油产品制造	251	4434	426	980	4
煤炭加工	252	4827	10		969
核燃料加工	253	2			

2-2 续表 9

行业中类	代码	哈密市	昌吉回族自治州	博尔塔拉蒙古自治州	巴音郭楞蒙古自治州
产业用纺织制成品制造	178	14	30	33	45
纺织服装、服饰业	**18**	**187**	**676**	**299**	**486**
机织服装制造	181	40	104	208	208
针织或钩针编织服装制造	182		129	1	74
服饰制造	183	147	443	90	204
皮革、毛皮、羽毛及其制品和制鞋业	**19**	**3**	**28**	**83**	**20**
皮革鞣制加工	191			9	
皮革制品制造	192	3	5	69	
毛皮鞣制及制品加工	193		3		
羽毛（绒）加工及制品制造	194		2	5	17
制鞋业	195		18		3
木材加工和木、竹、藤、棕、草制品业	**20**	**25**	**552**	**157**	**286**
木材加工	201	2	131	83	70
人造板制造	202	23	365	63	123
木质制品制造	203		40	11	93
竹、藤、棕、草等制品制造	204		16		
家具制造业	**21**	**83**	**482**	**10**	**59**
木质家具制造	211	70	222	1	59
金属家具制造	213		219	8	
塑料家具制造	214		8		
其他家具制造	219	13	33	1	
造纸和纸制品业	**22**	**4**	**1397**	**21**	**748**
纸浆制造	221		58		
造纸	222	1	644	1	277
纸制品制造	223	3	695	20	471
印刷和记录媒介复制业	**23**	**29**	**303**	**54**	**191**
印刷	231	23	213	48	164
装订及印刷相关服务	232	6	90	6	27
记录媒介复制	233				
文教、工美、体育和娱乐用品制造业	**24**	**97**	**326**	**319**	**93**
文教办公用品制造	241	5	1		
乐器制造	242				
工艺美术及礼仪用品制造	243	92	325	208	91
体育用品制造	244			110	1
玩具制造	245			1	1
游艺器材及娱乐用品制造	246				
石油、煤炭及其他燃料加工业	**25**	**2274**	**1675**	**27**	**349**
精炼石油产品制造	251	445	812	1	277
煤炭加工	252	1829	859		22
核燃料加工	253		2		

2-2 续表 10

行业中类	代码	阿克苏地区	克孜勒苏柯尔克孜自治州	喀什地区	和田地区
产业用纺织制成品制造	178	13		185	259
纺织服装、服饰业	**18**	**6023**	**1240**	**29005**	**15865**
机织服装制造	181	2268	248	14640	2188
针织或钩针编织服装制造	182	165	240	1204	440
服饰制造	183	3590	752	13161	13237
皮革、毛皮、羽毛及其制品和制鞋业	**19**	**87**	**71**	**1765**	**9235**
皮革鞣制加工	191		58		8
皮革制品制造	192	2		1275	379
毛皮鞣制及制品加工	193	41			663
羽毛（绒）加工及制品制造	194			2	
制鞋业	195	44	13	488	8185
木材加工和木、竹、藤、棕、草制品业	**20**	**404**	**33**	**1459**	**366**
木材加工	201	175	25	685	210
人造板制造	202	181	6	565	2
木质制品制造	203	41	2	179	144
竹、藤、棕、草等制品制造	204	7		30	10
家具制造业	**21**	**25**	**30**	**470**	**280**
木质家具制造	211	25	23	167	137
金属家具制造	213			205	65
塑料家具制造	214		1		5
其他家具制造	219		6	98	73
造纸和纸制品业	**22**	**516**	**70**	**412**	**187**
纸浆制造	221	10			
造纸	222	64	69	4	20
纸制品制造	223	442	1	408	167
印刷和记录媒介复制业	**23**	**189**	**60**	**238**	**232**
印刷	231	172	26	195	135
装订及印刷相关服务	232	17	34	43	97
记录媒介复制	233				
文教、工美、体育和娱乐用品制造业	**24**	**217**	**130**	**1303**	**2357**
文教办公用品制造	241	10	1	156	33
乐器制造	242	35			2
工艺美术及礼仪用品制造	243	167	129	1147	2322
体育用品制造	244	5			
玩具制造	245				
游艺器材及娱乐用品制造	246				
石油、煤炭及其他燃料加工业	**25**	**223**	**1**	**105**	**23**
精炼石油产品制造	251	198			
煤炭加工	252	8	1		3
核燃料加工	253				

2-2 续表 11

行业中类	代码	伊犁哈萨克自治州	塔城地区	阿勒泰地区	自治区直辖县级市
产业用纺织制成品制造	178	31		51	2
纺织服装、服饰业	**18**	**5204**	**254**	**28**	**572**
机织服装制造	181	2768	30	19	1
针织或钩针编织服装制造	182	664	38	4	49
服饰制造	183	1772	186	5	522
皮革、毛皮、羽毛及其制品和制鞋业	**19**	**186**	**1**	**5**	
皮革鞣制加工	191		1		
皮革制品制造	192	166		2	
毛皮鞣制及制品加工	193				
羽毛（绒）加工及制品制造	194			3	
制鞋业	195	20			
木材加工和木、竹、藤、棕、草制品业	**20**	**741**	**276**	**14**	**281**
木材加工	201	415	151	5	91
人造板制造	202	218	112		77
木质制品制造	203	92		9	110
竹、藤、棕、草等制品制造	204	16	13		3
家具制造业	**21**	**72**		**16**	**74**
木质家具制造	211	61		11	27
金属家具制造	213	10			
塑料家具制造	214	1			35
其他家具制造	219			5	12
造纸和纸制品业	**22**	**207**	**60**	**22**	**595**
纸浆制造	221				
造纸	222	132	4	3	260
纸制品制造	223	75	56	19	335
印刷和记录媒介复制业	**23**	**612**	**29**	**58**	**217**
印刷	231	575	29	35	203
装订及印刷相关服务	232	37		23	14
记录媒介复制	233				
文教、工美、体育和娱乐用品制造业	**24**	**288**	**5**	**105**	**214**
文教办公用品制造	241	13			44
乐器制造	242				
工艺美术及礼仪用品制造	243	242	5	105	170
体育用品制造	244				
玩具制造	245	33			
游艺器材及娱乐用品制造	246				
石油、煤炭及其他燃料加工业	**25**	**1142**	**934**		**352**
精炼石油产品制造	251	593	439		259
煤炭加工	252	548	495		83
核燃料加工	253				

2-2 续表 12

行业中类	代码	从业人员数(人)	乌鲁木齐市	克拉玛依市	吐鲁番市
生物质燃料加工	254	242		11	
化学原料和化学制品制造业	**26**	**28372**	**4625**	**2131**	**671**
基础化学原料制造	261	7662	574	780	313
肥料制造	262	9747	1949	24	35
农药制造	263	110			
涂料、油墨、颜料及类似产品制造	264	835	279	29	37
合成材料制造	265	3043	608	229	
专用化学产品制造	266	4727	733	1069	173
炸药、火工及焰火产品制造	267	1033	69		110
日用化学产品制造	268	1215	413		3
医药制造业	**27**	**4144**	**1544**		
化学药品原料药制造	271	193	22		
化学药品制剂制造	272	272	212		
中药饮片加工	273	971	229		
中成药生产	274	2016	722		
兽用药品制造	275	34	34		
生物药品制品制造	276	527	318		
卫生材料及医药用品制造	277	66	7		
药用辅料及包装材料	278	65			
化学纤维制造业	**28**	**1232**	**63**		**2**
纤维素纤维原料及纤维制造	281	519			
合成纤维制造	282	541	63		2
生物基材料制造	283	172			
橡胶和塑料制品业	**29**	**17638**	**3034**	**306**	**114**
橡胶制品业	291	755	221		37
塑料制品业	292	16883	2813	306	77
非金属矿物制品业	**30**	**69713**	**6034**	**1086**	**4106**
水泥、石灰和石膏制造	301	13151	688	82	702
石膏、水泥制品及类似制品制造	302	24275	3221	579	518
砖瓦、石材等建筑材料制造	303	24367	980	373	2393
玻璃制造	304	1238	228		1
玻璃制品制造	305	935	244	21	254
玻璃纤维和玻璃纤维增强塑料制品制造	306	973	154		
陶瓷制品制造	307	1327	211	19	48
耐火材料制品制造	308	711	277	8	13
石墨及其他非金属矿物制品制造	309	2736	31	4	177
黑色金属冶炼和压延加工业	**31**	**4765**	**1306**	**327**	**721**
炼铁	311	894	286		337
炼钢	312	245			157
钢压延加工	313	2680	1020	277	142

2-2 续表 13

行业中类	代码	哈密市	昌吉回族自治州	博尔塔拉蒙古自治州	巴音郭楞蒙古自治州
生物质燃料加工	254		2	26	50
化学原料和化学制品制造业	**26**	**1835**	**6889**	**600**	**2297**
基础化学原料制造	261	1184	1272	517	745
肥料制造	262	150	3849	67	423
农药制造	263				
涂料、油墨、颜料及类似产品制造	264	4	260	1	10
合成材料制造	265	33	824	6	553
专用化学产品制造	266	24	540	9	536
炸药、火工及焰火产品制造	267	399	14		19
日用化学产品制造	268	41	130		11
医药制造业	**27**		**151**		**701**
化学药品原料药制造	271				1
化学药品制剂制造	272				56
中药饮片加工	273		2		88
中成药生产	274		88		396
兽用药品制造	275				
生物药品制品制造	276		38		156
卫生材料及医药用品制造	277				4
药用辅料及包装材料	278		23		
化学纤维制造业	**28**	**30**	**98**	**1**	**202**
纤维素纤维原料及纤维制造	281		70	1	185
合成纤维制造	282		28		7
生物基材料制造	283	30			10
橡胶和塑料制品业	**29**	**372**	**2464**	**618**	**1417**
橡胶制品业	291	4	113	27	28
塑料制品业	292	368	2351	591	1389
非金属矿物制品业	**30**	**3233**	**9532**	**3178**	**4232**
水泥、石灰和石膏制造	301	662	833	1134	1111
石膏、水泥制品及类似制品制造	302	1335	3206	603	1768
砖瓦、石材等建筑材料制造	303	833	3213	1088	804
玻璃制造	304	44	241	251	283
玻璃制品制造	305		131	67	28
玻璃纤维和玻璃纤维增强塑料制品制造	306	58	202	29	112
陶瓷制品制造	307		26	1	2
耐火材料制品制造	308		234	1	10
石墨及其他非金属矿物制品制造	309	301	1446	4	114
黑色金属冶炼和压延加工业	**31**	**18**	**651**	**21**	**243**
炼铁	311	1	132		
炼钢	312	5			
钢压延加工	313	10	399	21	179

2-2 续表 14

行业中类	代码	阿克苏地区	克孜勒苏柯尔克孜自治州	喀什地区	和田地区
生物质燃料加工	254	17		105	20
化学原料和化学制品制造业	**26**	**1901**	**52**	**1104**	**173**
基础化学原料制造	261	219		215	20
肥料制造	262	854	20	416	63
农药制造	263	47		6	7
涂料、油墨、颜料及类似产品制造	264	3	10	51	29
合成材料制造	265	24		148	15
专用化学产品制造	266	470	1	175	2
炸药、火工及焰火产品制造	267	272	15		
日用化学产品制造	268	12	6	93	37
医药制造业	**27**	**173**		**343**	**545**
化学药品原料药制造	271	8		32	
化学药品制剂制造	272				2
中药饮片加工	273	155		99	256
中成药生产	274	3		205	271
兽用药品制造	275				
生物药品制品制造	276				13
卫生材料及医药用品制造	277	6		7	
药用辅料及包装材料	278	1			3
化学纤维制造业	**28**	**2**			
纤维素纤维原料及纤维制造	281				
合成纤维制造	282	2			
生物基材料制造	283				
橡胶和塑料制品业	**29**	**884**	**98**	**2144**	**480**
橡胶制品业	291	85	9	67	
塑料制品业	292	799	89	2077	480
非金属矿物制品业	**30**	**5253**	**1145**	**11872**	**4934**
水泥、石灰和石膏制造	301	1310	481	1874	1147
石膏、水泥制品及类似制品制造	302	1726	270	2739	1708
砖瓦、石材等建筑材料制造	303	1434	309	6946	2002
玻璃制造	304	36	4	19	10
玻璃制品制造	305	8	1	43	58
玻璃纤维和玻璃纤维增强塑料制品制造	306	145		70	9
陶瓷制品制造	307	353	74	181	
耐火材料制品制造	308				
石墨及其他非金属矿物制品制造	309	241	6		
黑色金属冶炼和压延加工业	**31**	**531**	**10**	**213**	**77**
炼铁	311		6	122	10
炼钢	312	9			
钢压延加工	313	273	4	91	67

2-2 续表 15

行业中类	代码	伊犁哈萨克自治州	塔城地区	阿勒泰地区	自治区直辖县级市
生物质燃料加工	254	1			10
化学原料和化学制品制造业	**26**	**2550**	**873**	**195**	**2476**
基础化学原料制造	261	432	501		890
肥料制造	262	520	215	103	1059
农药制造	263				50
涂料、油墨、颜料及类似产品制造	264	39	65	8	10
合成材料制造	265	233	4		366
专用化学产品制造	266	732	88	74	101
炸药、火工及焰火产品制造	267	125		10	
日用化学产品制造	268	469			
医药制造业	**27**	**215**	**176**	**77**	**219**
化学药品原料药制造	271	67	55		8
化学药品制剂制造	272	2			
中药饮片加工	273	88	7	20	27
中成药生产	274	46	76	57	152
兽用药品制造	275				
生物药品制品制造	276	2			
卫生材料及医药用品制造	277	10			32
药用辅料及包装材料	278		38		
化学纤维制造业	**28**	**30**	**603**		**201**
纤维素纤维原料及纤维制造	281	30	46		187
合成纤维制造	282		425		14
生物基材料制造	283		132		
橡胶和塑料制品业	**29**	**1366**	**1390**	**829**	**2122**
橡胶制品业	291	17	91	41	15
塑料制品业	292	1349	1299	788	2107
非金属矿物制品业	**30**	**6367**	**2792**	**2324**	**3625**
水泥、石灰和石膏制造	301	1323	903	660	241
石膏、水泥制品及类似制品制造	302	2690	1049	710	2153
砖瓦、石材等建筑材料制造	303	1545	657	872	918
玻璃制造	304	55	32	26	8
玻璃制品制造	305	36	33		11
玻璃纤维和玻璃纤维增强塑料制品制造	306		113		81
陶瓷制品制造	307	394		1	17
耐火材料制品制造	308	36			132
石墨及其他非金属矿物制品制造	309	288	5	55	64
黑色金属冶炼和压延加工业	**31**	**145**	**319**	**54**	**129**
炼铁	311				
炼钢	312		74		
钢压延加工	313	14		54	129

2-2 续表 16

行业中类	代码	从业人员数(人)	乌鲁木齐市	克拉玛依市	吐鲁番市
铁合金冶炼	314	946		50	85
有色金属冶炼和压延加工业	**32**	**6891**	**377**	**238**	**503**
常用有色金属冶炼	321	3952		238	272
贵金属冶炼	322	678	29		151
稀有稀土金属冶炼	323	13	10		
有色金属合金制造	324	984	216		42
有色金属压延加工	325	1264	122		38
金属制品业	**33**	**17517**	**4630**	**684**	**195**
结构性金属制品制造	331	11047	3139	366	113
金属工具制造	332	487	49		9
集装箱及金属包装容器制造	333	1299	273	56	2
金属丝绳及其制品制造	334	238	149		
建筑、安全用金属制品制造	335	1418	624	19	17
金属表面处理及热处理加工	336	208	21	108	1
搪瓷制品制造	337	21	3		
金属制日用品制造	338	207	84		
铸造及其他金属制品制造	339	2592	288	135	53
通用设备制造业	**34**	**4488**	**1748**	**441**	**79**
锅炉及原动设备制造	341	664	155	1	40
金属加工机械制造	342	552	70	63	26
物料搬运设备制造	343	779	623	1	3
泵、阀门、压缩机及类似机械制造	344	134	58		
轴承、齿轮和传动部件制造	345	21	15		5
烘炉、风机、包装等设备制造	346	389	201	2	
文化、办公用机械制造	347	79	2		
通用零部件制造	348	1690	571	347	4
其他通用设备制造业	349	180	53	27	1
专用设备制造业	**35**	**8465**	**2383**	**918**	**60**
采矿、冶金、建筑专用设备制造	351	2316	744	653	2
化工、木材、非金属加工专用设备制造	352	468	47	92	5
食品、饮料、烟草及饲料生产专用设备制造	353	132	31		
印刷、制药、日化及日用品生产专用设备制造	354	102	37		8
纺织、服装和皮革加工专用设备制造	355	398	363		
电子和电工机械专用设备制造	356	447	24	2	
农、林、牧、渔专用机械制造	357	2972	324	72	2
医疗仪器设备及器械制造	358	308	213		
环保、邮政、社会公共服务及其他专用设备制造	359	1322	600	99	43
汽车制造业	**36**	**1210**	**751**	**6**	
汽车整车制造	361	506	489		
汽车用发动机制造	362	5	5		

2-2 续表 17

行业中类	代码				
		哈密市	昌吉回族自治州	博尔塔拉蒙古自治州	巴音郭楞蒙古自治州
铁合金冶炼	314	2	120		64
有色金属冶炼和压延加工业	**32**	**1800**	**512**	**42**	**2**
常用有色金属冶炼	321	967	82	41	
贵金属冶炼	322	261			2
稀有稀土金属冶炼	323		3		
有色金属合金制造	324	304	362		
有色金属压延加工	325	268	65	1	
金属制品业	**33**	**444**	**2945**	**284**	**919**
结构性金属制品制造	331	339	1886	165	410
金属工具制造	332	8	59	4	36
集装箱及金属包装容器制造	333	10	406		145
金属丝绳及其制品制造	334		4		8
建筑、安全用金属制品制造	335	5	228	16	72
金属表面处理及热处理加工	336	34		15	
搪瓷制品制造	337		4		
金属制日用品制造	338		2	15	12
铸造及其他金属制品制造	339	48	356	69	236
通用设备制造业	**34**	**114**	**635**	**69**	**210**
锅炉及原动设备制造	341	53	80	29	27
金属加工机械制造	342	5	201	40	23
物料搬运设备制造	343	2	75		22
泵、阀门、压缩机及类似机械制造	344		53		
轴承、齿轮和传动部件制造	345		1		
烘炉、风机、包装等设备制造	346	35	68		
文化、办公用机械制造	347				5
通用零部件制造	348	19	105		124
其他通用设备制造业	349		52		9
专用设备制造业	**35**	**269**	**715**	**52**	**939**
采矿、冶金、建筑专用设备制造	351	52	236		385
化工、木材、非金属加工专用设备制造	352	197	34		81
食品、饮料、烟草及饲料生产专用设备制造	353	1	32	7	4
印刷、制药、日化及日用品生产专用设备制造	354				30
纺织、服装和皮革加工专用设备制造	355				1
电子和电工机械专用设备制造	356	2	37		
农、林、牧、渔专用机械制造	357	14	180	40	334
医疗仪器设备及器械制造	358		14	4	20
环保、邮政、社会公共服务及其他专用设备制造	359	3	182	1	84
汽车制造业	**36**		**6**	**70**	**28**
汽车整车制造	361			2	
汽车用发动机制造	362				

2-2 续表 18

行业中类	代码	阿克苏地区	克孜勒苏柯尔克孜自治州	喀什地区	和田地区
铁合金冶炼	314	249			
有色金属冶炼和压延加工业	**32**	**1**	**103**	**240**	**25**
常用有色金属冶炼	321		101	228	
贵金属冶炼	322				5
稀有稀土金属冶炼	323				
有色金属合金制造	324	1		12	20
有色金属压延加工	325		2		
金属制品业	**33**	**977**	**252**	**2390**	**576**
结构性金属制品制造	331	564	116	1376	438
金属工具制造	332	158	28	2	53
集装箱及金属包装容器制造	333	109		9	
金属丝绳及其制品制造	334	12		11	
建筑、安全用金属制品制造	335	49	85	88	11
金属表面处理及热处理加工	336		8		6
搪瓷制品制造	337				14
金属制日用品制造	338	17		29	20
铸造及其他金属制品制造	339	68	15	875	34
通用设备制造业	**34**	**215**	**33**	**303**	**42**
锅炉及原动设备制造	341	23	23	65	8
金属加工机械制造	342	6		36	7
物料搬运设备制造	343	15			2
泵、阀门、压缩机及类似机械制造	344	8			
轴承、齿轮和传动部件制造	345				
烘炉、风机、包装等设备制造	346	10		59	5
文化、办公用机械制造	347	5		58	5
通用零部件制造	348	148	10	62	14
其他通用设备制造业	349			23	1
专用设备制造业	**35**	**454**	**35**	**232**	**394**
采矿、冶金、建筑专用设备制造	351	19	3	92	28
化工、木材、非金属加工专用设备制造	352	6	1		
食品、饮料、烟草及饲料生产专用设备制造	353	20			6
印刷、制药、日化及日用品生产专用设备制造	354	3		10	
纺织、服装和皮革加工专用设备制造	355	8	2		13
电子和电工机械专用设备制造	356	56	18	33	269
农、林、牧、渔专用机械制造	357	290	8	27	42
医疗仪器设备及器械制造	358			4	
环保、邮政、社会公共服务及其他专用设备制造	359	52	3	66	36
汽车制造业	**36**	**4**		**14**	**237**
汽车整车制造	361				
汽车用发动机制造	362				

2-2 续表 19

行业中类	代码				
		伊犁哈萨克自治州	塔城地区	阿勒泰地区	自治区直辖县级市
铁合金冶炼	314	131	245		
有色金属冶炼和压延加工业	**32**	**2013**	**192**	**184**	**659**
常用有色金属冶炼	321	1762		184	77
贵金属冶炼	322	48	182		
稀有稀土金属冶炼	323				
有色金属合金制造	324				27
有色金属压延加工	325	203	10		555
金属制品业	**33**	**1814**	**237**	**248**	**922**
结构性金属制品制造	331	1169	160	200	606
金属工具制造	332	55		13	13
集装箱及金属包装容器制造	333	220			69
金属丝绳及其制品制造	334	40		5	9
建筑、安全用金属制品制造	335	135		14	55
金属表面处理及热处理加工	336				15
搪瓷制品制造	337				
金属制日用品制造	338	20			8
铸造及其他金属制品制造	339	175	77	16	147
通用设备制造业	**34**	**201**	**202**	**48**	**148**
锅炉及原动设备制造	341	145	10	5	
金属加工机械制造	342	12	4	29	30
物料搬运设备制造	343	5	1		30
泵、阀门、压缩机及类似机械制造	344	5			10
轴承、齿轮和传动部件制造	345				
烘炉、风机、包装等设备制造	346		7	1	1
文化、办公用机械制造	347	4			
通用零部件制造	348	30	180	13	63
其他通用设备制造业	349				14
专用设备制造业	**35**	**366**	**349**	**97**	**1202**
采矿、冶金、建筑专用设备制造	351	97		1	4
化工、木材、非金属加工专用设备制造	352		5		
食品、饮料、烟草及饲料生产专用设备制造	353	31			
印刷、制药、日化及日用品生产专用设备制造	354	14			
纺织、服装和皮革加工专用设备制造	355	1		5	5
电子和电工机械专用设备制造	356	5			1
农、林、牧、渔专用机械制造	357	208	292	73	1066
医疗仪器设备及器械制造	358	3	50		
环保、邮政、社会公共服务及其他专用设备制造	359	7	2	18	126
汽车制造业	**36**	**32**	**32**	**12**	**18**
汽车整车制造	361	15			
汽车用发动机制造	362				

2-2 续表 20

行业中类	代码	从业人员数(人)	乌鲁木齐市	克拉玛依市	吐鲁番市
改装汽车制造	363	211	119	1	
电车制造	365	14			
汽车车身、挂车制造	366	49	7		
汽车零部件及配件制造	367	425	131	5	
铁路、船舶、航空航天和其他运输设备制造业	**37**	**558**	**264**	**1**	
铁路运输设备制造	371	262	203		
城市轨道交通设备制造	372	42	42		
航空、航天器及设备制造	374	53		1	
摩托车制造	375	88	6		
自行车和残疾人座车制造	376	12	3		
助动车制造	377	101	10		
非公路休闲车及零配件制造	378				
电气机械和器材制造业	**38**	**10158**	**2653**	**117**	**184**
电机制造	381	562	1	80	
输配电及控制设备制造	382	4563	1770	36	46
电线、电缆、光缆及电工器材制造	383	3756	700		
电池制造	384	362	22		136
家用电力器具制造	385	295	33		
非电力家用器具制造	386	39	18		
照明器具制造	387	403	77		2
其他电气机械及器材制造	389	178	32	1	
计算机、通信和其他电子设备制造业	**39**	**2670**	**344**	**12**	
计算机制造	391	210	31		
通信设备制造	392	77	5		
广播电视设备制造	393	19	5	1	
非专业视听设备制造	395	6	6		
智能消费设备制造	396	95	7	5	
电子器件制造	397	76	64		
电子元件及电子专用材料制造	398	2117	222		
其他电子设备制造	399	70	4	6	
仪器仪表制造业	**40**	**489**	**213**	**72**	**6**
通用仪器仪表制造	401	345	204	70	
专用仪器仪表制造	402	89			6
衡器制造	405	53	9		
其他仪器仪表制造业	409	2		2	
其他制造业	**41**	**1030**	**32**	**10**	
日用杂品制造	411	71	19		
核辐射加工	412	7			
其他未列明制造业	419	952	13	10	
废弃资源综合利用业	**42**	**1912**	**244**	**480**	**97**

2-2 续表 21

行业中类	代码				
		哈密市	昌吉回族自治州	博尔塔拉蒙古自治州	巴音郭楞蒙古自治州
改装汽车制造	363			56	7
电车制造	365				
汽车车身、挂车制造	366		2		
汽车零部件及配件制造	367		4	12	21
铁路、船舶、航空航天和其他运输设备制造业	**37**		**37**		**64**
铁路运输设备制造	371				49
城市轨道交通设备制造	372				
航空、航天器及设备制造	374		37		15
摩托车制造	375				
自行车和残疾人座车制造	376				
助动车制造	377				
非公路休闲车及零配件制造	378				
电气机械和器材制造业	**38**	**537**	**1194**	**111**	**181**
电机制造	381	436	4	2	
输配电及控制设备制造	382	82	940	29	144
电线、电缆、光缆及电工器材制造	383		201		18
电池制造	384		7		
家用电力器具制造	385	1	5		
非电力家用器具制造	386				8
照明器具制造	387	18	28	80	5
其他电气机械及器材制造	389		9		6
计算机、通信和其他电子设备制造业	**39**	**1**	**1067**		**19**
计算机制造	391		28		1
通信设备制造	392		3		9
广播电视设备制造	393		1		
非专业视听设备制造	395				
智能消费设备制造	396		5		2
电子器件制造	397		3		7
电子元件及电子专用材料制造	398	1	1011		
其他电子设备制造	399		16		
仪器仪表制造业	**40**	**16**	**44**		**45**
通用仪器仪表制造	401		17		6
专用仪器仪表制造	402	12	25		39
衡器制造	405	4	2		
其他仪器仪表制造业	409				
其他制造业	**41**	**2**	**28**		**38**
日用杂品制造	411		1		10
核辐射加工	412				
其他未列明制造业	419	2	27		28
废弃资源综合利用业	**42**	**39**	**72**	**196**	**152**

2-2 续表 22

行业中类	代码	阿克苏地区	克孜勒苏柯尔克孜自治州	喀什地区	和田地区
改装汽车制造	363	3			
电车制造	365			14	
汽车车身、挂车制造	366				
汽车零部件及配件制造	367	1			237
铁路、船舶、航空航天和其他运输设备制造业	**37**	**53**	**14**	**52**	**69**
铁路运输设备制造	371			4	2
城市轨道交通设备制造	372				
航空、航天器及设备制造	374				
摩托车制造	375	53		29	
自行车和残疾人座车制造	376		9		
助动车制造	377		5	19	67
非公路休闲车及零配件制造	378				
电气机械和器材制造业	**38**	**185**	**86**	**3812**	**172**
电机制造	381			10	
输配电及控制设备制造	382	130	83	744	63
电线、电缆、光缆及电工器材制造	383	22		2550	12
电池制造	384			103	51
家用电力器具制造	385			228	12
非电力家用器具制造	386			11	
照明器具制造	387	6	1	124	24
其他电气机械及器材制造	389	27	2	42	10
计算机、通信和其他电子设备制造业	**39**	**13**	**2**	**512**	**97**
计算机制造	391	4	2	128	16
通信设备制造	392	2		1	
广播电视设备制造	393				
非专业视听设备制造	395				
智能消费设备制造	396			6	70
电子器件制造	397				2
电子元件及电子专用材料制造	398	7		347	7
其他电子设备制造	399			30	2
仪器仪表制造业	**40**	**2**		**3**	
通用仪器仪表制造	401	2			
专用仪器仪表制造	402			3	
衡器制造	405				
其他仪器仪表制造业	409				
其他制造业	**41**	**27**		**70**	**683**
日用杂品制造	411	4		9	28
核辐射加工	412			7	
其他未列明制造业	419	23		54	655
废弃资源综合利用业	**42**	**101**	**11**	**42**	**2**

2-2 续表 23

行业中类	代码	伊犁哈萨克自治州	塔城地区	阿勒泰地区	自治区直辖县级市
改装汽车制造	363	15	4		6
电车制造	365				
汽车车身、挂车制造	366		28	12	
汽车零部件及配件制造	367	2			12
铁路、船舶、航空航天和其他运输设备制造业	**37**	**4**			
铁路运输设备制造	371	4			
城市轨道交通设备制造	372				
航空、航天器及设备制造	374				
摩托车制造	375				
自行车和残疾人座车制造	376				
助动车制造	377				
非公路休闲车及零配件制造	378				
电气机械和器材制造业	**38**	**617**	**44**	**16**	**249**
电机制造	381	9	20		
输配电及控制设备制造	382	363	16	1	116
电线、电缆、光缆及电工器材制造	383	152			101
电池制造	384	43			
家用电力器具制造	385		1		15
非电力家用器具制造	386		2		
照明器具制造	387	37			1
其他电气机械及器材制造	389	13	5	15	16
计算机、通信和其他电子设备制造业	**39**	**202**			**401**
计算机制造	391				
通信设备制造	392	57			
广播电视设备制造	393	12			
非专业视听设备制造	395				
智能消费设备制造	396				
电子器件制造	397				
电子元件及电子专用材料制造	398	121			401
其他电子设备制造	399	12			
仪器仪表制造业	**40**	**78**			**10**
通用仪器仪表制造	401	46			
专用仪器仪表制造	402	4			
衡器制造	405	28			10
其他仪器仪表制造业	409				
其他制造业	**41**		**1**	**49**	**90**
日用杂品制造	411				
核辐射加工	412				
其他未列明制造业	419		1	49	90
废弃资源综合利用业	**42**	**276**	**63**		**137**

2-2 续表 24

行业中类	代码	从业人员数(人)	乌鲁木齐市	克拉玛依市	吐鲁番市
金属废料和碎屑加工处理	421	768	173	60	68
非金属废料和碎屑加工处理	422	1144	71	420	29
金属制品、机械和设备修理业	**43**	**2555**	**760**	**784**	**54**
金属制品修理	431	214	23		1
通用设备修理	432	185	80	4	
专用设备修理	433	920	261	354	27
铁路、船舶、航空航天等运输设备修理	434	64	44	15	
电气设备修理	435	185	77	9	22
仪器仪表修理	436	58	12	46	
其他机械和设备修理业	439	929	263	356	4
电力、热力、燃气及水生产和供应业	**D**	**51010**	**5482**	**798**	**2634**
电力、热力生产和供应业	**44**	**35200**	**4207**	**421**	**1603**
电力生产	441	21396	1633	49	1193
电力供应	442	2016	51	5	26
热力生产和供应	443	11788	2523	367	384
燃气生产和供应业	**45**	**5724**	**490**	**232**	**546**
燃气生产和供应业	451	5707	490	232	546
生物质燃气生产和供应业	452	17			
水的生产和供应业	**46**	**10086**	**785**	**145**	**485**
自来水生产和供应	461	7851	238		473
污水处理及其再生利用	462	2200	547	145	12
其他水的处理、利用与分配	469	35			
建筑业	**E**	**115443**	**36294**	**5172**	**2080**
房屋建筑业	**47**	**46054**	**5895**	**969**	**494**
住宅房屋建筑	471	39849	4920	762	476
体育场馆建筑	472	37	37		
其他房屋建筑业	479	6168	938	207	18
土木工程建筑业	**48**	**29903**	**10949**	**1277**	**1017**
铁路、道路、隧道和桥梁工程建筑	481	12835	5099	363	388
水利和水运工程建筑	482	4273	1533	21	29
工矿工程建筑	484	2387	672	146	166
架线和管道工程建筑	485	3538	1564	246	32
节能环保工程施工	486	603	217	15	
电力工程施工	487	1134	497	5	45
其他土木工程建筑	489	5133	1367	481	357
建筑安装业	**49**	**17396**	**9802**	**1388**	**201**
电气安装	491	7013	4268	417	18
管道和设备安装	492	5027	2909	332	62
其他建筑安装业	499	5356	2625	639	121
建筑装饰、装修和其他建筑业	**50**	**22090**	**9648**	**1538**	**368**

2-2 续表 25

行业中类	代码	哈密市	昌吉回族自治州	博尔塔拉蒙古自治州	巴音郭楞蒙古自治州
金属废料和碎屑加工处理	421	5	12	195	42
非金属废料和碎屑加工处理	422	34	60	1	110
金属制品、机械和设备修理业	**43**	**67**	**155**	**19**	**271**
金属制品修理	431			7	2
通用设备修理	432	9	24		37
专用设备修理	433	8	39	3	128
铁路、船舶、航空航天等运输设备修理	434			5	
电气设备修理	435	8	22		3
仪器仪表修理	436				
其他机械和设备修理业	439	42	70	4	101
电力、热力、燃气及水生产和供应业	**D**	**4056**	**6964**	**2327**	**5045**
电力、热力生产和供应业	**44**	**3543**	**4972**	**1704**	**3246**
电力生产	441	3072	3287	932	1985
电力供应	442	8	162	52	315
热力生产和供应	443	463	1523	720	946
燃气生产和供应业	**45**	**16**	**953**	**270**	**800**
燃气生产和供应业	451	16	949	270	798
生物质燃气生产和供应业	452		4		2
水的生产和供应业	**46**	**497**	**1039**	**353**	**999**
自来水生产和供应	461	379	777	339	623
污水处理及其再生利用	462	118	227	14	376
其他水的处理、利用与分配	469		35		
建筑业	**E**	**4180**	**14742**	**3575**	**3969**
房屋建筑业	**47**	**1634**	**6636**	**2717**	**1459**
住宅房屋建筑	471	986	3963	2696	1371
体育场馆建筑	472				
其他房屋建筑业	479	648	2673	21	88
土木工程建筑业	**48**	**930**	**4108**	**441**	**1264**
铁路、道路、隧道和桥梁工程建筑	481	347	2231	202	307
水利和水运工程建筑	482	136	157	21	119
工矿工程建筑	484	12	885	75	57
架线和管道工程建筑	485	94	214	75	212
节能环保工程施工	486		136		193
电力工程施工	487	17	96	17	25
其他土木工程建筑	489	324	389	51	351
建筑安装业	**49**	**411**	**1795**	**156**	**487**
电气安装	491	147	629	50	186
管道和设备安装	492	162	503	40	168
其他建筑安装业	499	102	663	66	133
建筑装饰、装修和其他建筑业	**50**	**1205**	**2203**	**261**	**759**

2-2 续表 26

行业中类	代码	阿克苏地区	克孜勒苏柯尔克孜自治州	喀什地区	和田地区
金属废料和碎屑加工处理	421	24	11	1	2
非金属废料和碎屑加工处理	422	77		41	
金属制品、机械和设备修理业	**43**	**51**		**55**	**2**
金属制品修理	431	12		15	
通用设备修理	432	9		5	
专用设备修理	433	2		16	1
铁路、船舶、航空航天等运输设备修理	434				
电气设备修理	435	7		12	1
仪器仪表修理	436				
其他机械和设备修理业	439	21		7	
电力、热力、燃气及水生产和供应业	**D**	**3778**	**907**	**4191**	**1945**
电力、热力生产和供应业	**44**	**2216**	**491**	**2357**	**1387**
电力生产	441	1707	337	1197	1004
电力供应	442	59		280	243
热力生产和供应	443	450	154	880	140
燃气生产和供应业	**45**	**564**	**215**	**654**	**66**
燃气生产和供应业	451	564	214	644	66
生物质燃气生产和供应业	452		1	10	
水的生产和供应业	**46**	**998**	**201**	**1180**	**492**
自来水生产和供应	461	827	179	1142	479
污水处理及其再生利用	462	171	22	38	13
其他水的处理、利用与分配	469				
建筑业	**E**	**9307**	**2469**	**9197**	**4496**
房屋建筑业	**47**	**5016**	**1478**	**6351**	**2682**
住宅房屋建筑	471	4898	1031	6142	2029
体育场馆建筑	472				
其他房屋建筑业	479	118	447	209	653
土木工程建筑业	**48**	**2209**	**444**	**1284**	**663**
铁路、道路、隧道和桥梁工程建筑	481	1326	130	356	230
水利和水运工程建筑	482	598	142	361	153
工矿工程建筑	484	26	70		
架线和管道工程建筑	485	82	42	295	165
节能环保工程施工	486	21		11	1
电力工程施工	487	20		62	28
其他土木工程建筑	489	136	60	199	86
建筑安装业	**49**	**704**	**251**	**431**	**229**
电气安装	491	338	53	89	61
管道和设备安装	492	156	61	83	30
其他建筑安装业	499	210	137	259	138
建筑装饰、装修和其他建筑业	**50**	**1378**	**296**	**1131**	**922**

2-2 续表 27

行业中类	代码	伊犁哈萨克自治州	塔城地区	阿勒泰地区	自治区直辖县级市
金属废料和碎屑加工处理	421	76	1		98
非金属废料和碎屑加工处理	422	200	62		39
金属制品、机械和设备修理业	**43**	**66**	**25**	**152**	**94**
金属制品修理	431	2		152	
通用设备修理	432	15			2
专用设备修理	433	41	6		34
铁路、船舶、航空航天等运输设备修理	434				
电气设备修理	435	3	3		18
仪器仪表修理	436				
其他机械和设备修理业	439	5	16		40
电力、热力、燃气及水生产和供应业	**D**	**6091**	**2455**	**2478**	**1859**
电力、热力生产和供应业	**44**	**4342**	**1903**	**2017**	**791**
电力生产	441	2919	876	844	361
电力供应	442	227	95	436	57
热力生产和供应	443	1196	932	737	373
燃气生产和供应业	**45**	**204**	**93**	**134**	**487**
燃气生产和供应业	451	204	93	134	487
生物质燃气生产和供应业	452				
水的生产和供应业	**46**	**1545**	**459**	**327**	**581**
自来水生产和供应	461	1224	392	326	453
污水处理及其再生利用	462	321	67	1	128
其他水的处理、利用与分配	469				
建筑业	**E**	**10050**	**2263**	**1615**	**6034**
房屋建筑业	**47**	**5531**	**1292**	**674**	**3226**
住宅房屋建筑	471	5425	1292	652	3206
体育场馆建筑	472				
其他房屋建筑业	479	106		22	20
土木工程建筑业	**48**	**2804**	**533**	**573**	**1407**
铁路、道路、隧道和桥梁工程建筑	481	1028	187	191	450
水利和水运工程建筑	482	277	217	153	356
工矿工程建筑	484	18	3		257
架线和管道工程建筑	485	190	1	170	156
节能环保工程施工	486	9			
电力工程施工	487	268	31	23	
其他土木工程建筑	489	1014	94	36	188
建筑安装业	**49**	**788**	**127**	**50**	**576**
电气安装	491	497	69	9	182
管道和设备安装	492	207	32	19	263
其他建筑安装业	499	84	26	22	131
建筑装饰、装修和其他建筑业	**50**	**927**	**311**	**318**	**825**

2-2 续表 28

行业中类	代码	从业人员数(人)	乌鲁木齐市	克拉玛依市	吐鲁番市
建筑装饰和装修业	501	13962	5157	1184	178
建筑物拆除和场地准备活动	502	1827	963	6	67
提供施工设备服务	503	1394	672	5	117
其他未列明建筑业	509	4907	2856	343	6
批发和零售业	**F**	**214095**	**82409**	**7350**	**3899**
批发业	**51**	**134692**	**64562**	**3437**	**1838**
农、林、牧、渔产品批发	511	11837	1516	69	116
食品、饮料及烟草制品批发	512	17964	6932	546	324
纺织、服装及家庭用品批发	513	12069	8018	129	31
文化、体育用品及器材批发	514	3239	2007	51	14
医药及医疗器材批发	515	7671	4671	62	12
矿产品、建材及化工产品批发	516	40130	14612	1155	1013
机械设备、五金产品及电子产品批发	517	33807	23434	1212	245
贸易经纪与代理	518	2273	1048	27	2
其他批发业	519	5702	2324	186	81
零售业	**52**	**79403**	**17847**	**3913**	**2061**
综合零售	521	9901	1337	356	328
食品、饮料及烟草制品专门零售	522	6291	1488	310	324
纺织、服装及日用品专门零售	523	5428	1825	267	46
文化、体育用品及器材专门零售	524	3120	1167	197	57
医药及医疗器材专门零售	525	7081	1389	297	288
汽车、摩托车、零配件和燃料及其他动力销售	526	22047	4498	646	493
家用电器及电子产品专门零售	527	10218	3004	726	214
五金、家具及室内装饰材料专门零售	528	9019	1846	826	204
货摊、无店铺及其他零售业	529	6298	1293	288	107
交通运输、仓储和邮政业	**G**	**75615**	**16420**	**5761**	**4625**
道路运输业	**54**	**54129**	**8970**	**4789**	**4236**
城市公共交通运输	541	8267	2713	277	421
公路旅客运输	542	5537	306	303	584
道路货物运输	543	36295	5466	4127	3100
道路运输辅助活动	544	4030	485	82	131
水上运输业	**55**	**68**			
水上旅客运输	551	46			
水上货物运输	552	19			
水上运输辅助活动	553	3			
航空运输业	**56**	**693**	**408**	**1**	**12**
航空客货运输	561	47	25		
通用航空服务	562	199	76	1	12
航空运输辅助活动	563	447	307		
管道运输业	**57**	**486**	**27**		

2-2 续表 29

行业中类	代码	哈密市	昌吉回族自治州	博尔塔拉蒙古自治州	巴音郭楞蒙古自治州
建筑装饰和装修业	501	570	1500	186	630
建筑物拆除和场地准备活动	502	97	132	33	12
提供施工设备服务	503	411	1	16	16
其他未列明建筑业	509	127	570	26	101
批发和零售业	**F**	**7933**	**9458**	**5013**	**13896**
批发业	**51**	**3837**	**5548**	**3129**	**7275**
农、林、牧、渔产品批发	511	165	1066	623	863
食品、饮料及烟草制品批发	512	570	823	316	1064
纺织、服装及家庭用品批发	513	125	236	143	262
文化、体育用品及器材批发	514	30	60	45	157
医药及医疗器材批发	515	62	337	76	206
矿产品、建材及化工产品批发	516	1938	2070	1224	2558
机械设备、五金产品及电子产品批发	517	807	592	387	1704
贸易经纪与代理	518	22	121	178	27
其他批发业	519	118	243	137	434
零售业	**52**	**4096**	**3910**	**1884**	**6621**
综合零售	521	626	315	316	587
食品、饮料及烟草制品专门零售	522	234	238	89	461
纺织、服装及日用品专门零售	523	109	178	56	354
文化、体育用品及器材专门零售	524	137	73	16	231
医药及医疗器材专门零售	525	284	748	248	657
汽车、摩托车、零配件和燃料及其他动力销售	526	1272	1191	390	1831
家用电器及电子产品专门零售	527	544	288	254	853
五金、家具及室内装饰材料专门零售	528	688	328	223	873
货摊、无店铺及其他零售业	529	202	551	292	774
交通运输、仓储和邮政业	**G**	**3796**	**8137**	**3200**	**4400**
道路运输业	**54**	**3174**	**6657**	**2148**	**3085**
城市公共交通运输	541	600	677	384	108
公路旅客运输	542	126	409	195	240
道路货物运输	543	2400	5228	1398	2448
道路运输辅助活动	544	48	343	171	289
水上运输业	**55**		**42**		
水上旅客运输	551		42		
水上货物运输	552				
水上运输辅助活动	553				
航空运输业	**56**		**44**		**2**
航空客货运输	561		8		
通用航空服务	562		36		
航空运输辅助活动	563				2
管道运输业	**57**	**34**	**18**		**120**

2-2 续表 30

行业中类	代码	阿克苏地区	克孜勒苏柯尔克孜自治州	喀什地区	和田地区
建筑装饰和装修业	501	964	271	1015	581
建筑物拆除和场地准备活动	502	167	24	31	46
提供施工设备服务	503			9	
其他未列明建筑业	509	247	1	76	295
批发和零售业	**F**	**19372**	**2154**	**17179**	**11705**
批发业	**51**	**10603**	**1163**	**8843**	**5784**
农、林、牧、渔产品批发	511	2212	215	1200	686
食品、饮料及烟草制品批发	512	1124	137	1200	2043
纺织、服装及家庭用品批发	513	953	219	531	768
文化、体育用品及器材批发	514	131	7	301	142
医药及医疗器材批发	515	588	13	507	231
矿产品、建材及化工产品批发	516	4168	405	3405	1363
机械设备、五金产品及电子产品批发	517	1097	128	1163	296
贸易经纪与代理	518	53	6	82	11
其他批发业	519	277	33	454	244
零售业	**52**	**8769**	**991**	**8336**	**5921**
综合零售	521	765	201	1552	1436
食品、饮料及烟草制品专门零售	522	1264	82	656	334
纺织、服装及日用品专门零售	523	692	65	428	883
文化、体育用品及器材专门零售	524	331	85	228	184
医药及医疗器材专门零售	525	411	55	467	158
汽车、摩托车、零配件和燃料及其他动力销售	526	2824	143	2481	1511
家用电器及电子产品专门零售	527	900	138	1040	391
五金、家具及室内装饰材料专门零售	528	900	146	802	649
货摊、无店铺及其他零售业	529	682	76	682	375
交通运输、仓储和邮政业	**G**	**4722**	**1724**	**4531**	**2036**
道路运输业	**54**	**3211**	**1180**	**3057**	**1613**
城市公共交通运输	541	380	244	626	442
公路旅客运输	542	576	116	570	280
道路货物运输	543	2199	647	1733	447
道路运输辅助活动	544	56	173	128	444
水上运输业	**55**			**22**	
水上旅客运输	551				
水上货物运输	552			19	
水上运输辅助活动	553			3	
航空运输业	**56**	34		24	
航空客货运输	561	5		9	
通用航空服务	562	29		10	
航空运输辅助活动	563			5	
管道运输业	**57**	**21**		**206**	

2-2 续表 31

行业中类	代码				
		伊犁哈萨克自治州	塔城地区	阿勒泰地区	自治区直辖县级市
建筑装饰和装修业	501	762	220	135	609
建筑物拆除和场地准备活动	502	39	24	125	61
提供施工设备服务	503		37		110
其他未列明建筑业	509	126	30	58	45
批发和零售业	**F**	**16353**	**5010**	**3383**	**8981**
批发业	**51**	**9454**	**2544**	**1519**	**5156**
农、林、牧、渔产品批发	511	1148	652	337	969
食品、饮料及烟草制品批发	512	1446	372	299	768
纺织、服装及家庭用品批发	513	407	81	21	145
文化、体育用品及器材批发	514	135	48	29	82
医药及医疗器材批发	515	434	200	17	255
矿产品、建材及化工产品批发	516	3243	679	463	1834
机械设备、五金产品及电子产品批发	517	1396	285	178	883
贸易经纪与代理	518	308	137	140	111
其他批发业	519	937	90	35	109
零售业	**52**	**6899**	**2466**	**1864**	**3825**
综合零售	521	815	332	175	760
食品、饮料及烟草制品专门零售	522	349	153	86	223
纺织、服装及日用品专门零售	523	300	52	26	147
文化、体育用品及器材专门零售	524	188	60	22	144
医药及医疗器材专门零售	525	903	312	368	496
汽车、摩托车、零配件和燃料及其他动力销售	526	2445	790	587	945
家用电器及电子产品专门零售	527	847	333	222	464
五金、家具及室内装饰材料专门零售	528	735	238	227	334
货摊、无店铺及其他零售业	529	317	196	151	312
交通运输、仓储和邮政业	**G**	**7518**	**2704**	**1990**	**4051**
道路运输业	**54**	**5003**	**2190**	**1684**	**3132**
城市公共交通运输	541	552	178	312	353
公路旅客运输	542	925	344	470	93
道路货物运输	543	2857	1014	582	2649
道路运输辅助活动	544	669	654	320	37
水上运输业	**55**	**4**			
水上旅客运输	551	4			
水上货物运输	552				
水上运输辅助活动	553				
航空运输业	**56**	**19**	**2**	**13**	**134**
航空客货运输	561				
通用航空服务	562	19	2	10	4
航空运输辅助活动	563			3	130
管道运输业	**57**	**60**			

2-2 续表 32

行业中类	代码	从业人员数(人)	乌鲁木齐市	克拉玛依市	吐鲁番市
海底管道运输	571	1	1		
陆地管道运输	572	485	26		
多式联运和运输代理业	**58**	**6245**	**2878**	**393**	**42**
多式联运	581	492	66		13
运输代理业	582	5753	2812	393	29
装卸搬运和仓储业	**59**	**8502**	**2301**	**467**	**229**
装卸搬运	591	2927	847	298	116
通用仓储	592	1389	499	7	4
低温仓储	593	398	8	5	25
危险品仓储	594	264	26	143	
谷物、棉花等农产品仓储	595	2329	258	4	61
中药材仓储	596	17			
其他仓储业	599	1178	663	10	23
邮政业	**60**	**5492**	**1836**	**111**	**106**
邮政基本服务	601	1071	306		
快递服务	602	4263	1528	111	106
其他寄递服务	609	158	2		
住宿和餐饮业	**H**	**35454**	**9636**	**1452**	**1618**
住宿业	**61**	**21764**	**5637**	**713**	**1162**
旅游饭店	611	11864	2587	362	745
一般旅馆	612	7932	2355	289	296
民宿服务	613	196	42	26	77
露营地服务	614	33	31		
其他住宿业	619	1739	622	36	44
餐饮业	**62**	**13690**	**3999**	**739**	**456**
正餐服务	621	11707	3331	658	361
快餐服务	622	739	296	7	40
饮料及冷饮服务	623	59	41		
餐饮配送及外卖送餐服务	624	414	96		45
其他餐饮业	629	771	235	74	10
信息传输、软件和信息技术服务业	**I**	**34081**	**18875**	**1681**	**287**
电信、广播电视和卫星传输服务	**63**	**3094**	**1458**	**184**	**64**
电信	631	2480	1296	94	39
广播电视传输服务	632	509	99	90	25
卫星传输服务	633	105	63		
互联网和相关服务	**64**	**4056**	**1608**	**318**	**73**
互联网接入及相关服务	641	661	496	8	2
互联网信息服务	642	1836	605	299	5
互联网平台	643	491	216	4	13
互联网安全服务	644	66	29		7

2-2 续表 33

行业中类	代码	哈密市	昌吉回族自治州	博尔塔拉蒙古自治州	巴音郭楞蒙古自治州
海底管道运输	571				
陆地管道运输	572	34	18		120
多式联运和运输代理业	**58**	**184**	**631**	**429**	**191**
多式联运	581	8	237		8
运输代理业	582	176	394	429	183
装卸搬运和仓储业	**59**	**205**	**447**	**499**	**633**
装卸搬运	591	129	195	195	145
通用仓储	592	13	101	28	57
低温仓储	593			42	65
危险品仓储	594				19
谷物、棉花等农产品仓储	595	15	135	225	281
中药材仓储	596				17
其他仓储业	599	48	16	9	49
邮政业	**60**	**199**	**298**	**124**	**369**
邮政基本服务	601		2		21
快递服务	602	199	293	124	348
其他寄递服务	609		3		
住宿和餐饮业	**H**	**1826**	**1588**	**597**	**2981**
住宿业	**61**	**1182**	**1027**	**467**	**1505**
旅游饭店	611	769	587	398	755
一般旅馆	612	317	274	69	595
民宿服务	613	14			25
露营地服务	614				1
其他住宿业	619	82	166		129
餐饮业	**62**	**644**	**561**	**130**	**1476**
正餐服务	621	592	524	122	1346
快餐服务	622	11	26	6	61
饮料及冷饮服务	623		2	1	1
餐饮配送及外卖送餐服务	624	29	7		33
其他餐饮业	629	12	2	1	35
信息传输、软件和信息技术服务业	**I**	**512**	**1581**	**396**	**706**
电信、广播电视和卫星传输服务	**63**	**117**	**206**	**184**	**74**
电信	631	107	95	177	15
广播电视传输服务	632	10	111		49
卫星传输服务	633			7	10
互联网和相关服务	**64**	**58**	**295**	**45**	**108**
互联网接入及相关服务	641	10	32	3	17
互联网信息服务	642	10	157	17	75
互联网平台	643	7	50	9	4
互联网安全服务	644	4	8	6	3

2-2 续表 34

行业中类	代码	阿克苏地区	克孜勒苏柯尔克孜自治州	喀什地区	和田地区
海底管道运输	571				
陆地管道运输	572	21		206	
多式联运和运输代理业	**58**	173	25	413	31
多式联运	581	4	4	10	
运输代理业	582	169	21	403	31
装卸搬运和仓储业	**59**	**741**	**307**	**646**	**122**
装卸搬运	591	309	91	47	4
通用仓储	592	80	139	144	1
低温仓储	593	43	34	60	26
危险品仓储	594				
谷物、棉花等农产品仓储	595	226	41	295	91
中药材仓储	596				
其他仓储业	599	83	2	100	
邮政业	**60**	**542**	**212**	**163**	**270**
邮政基本服务	601	282	170		
快递服务	602	260	42	163	268
其他寄递服务	609				2
住宿和餐饮业	**H**	**2129**	**694**	**2886**	**1675**
住宿业	**61**	**1212**	**428**	**1547**	**926**
旅游饭店	611	819	166	661	666
一般旅馆	612	310	262	752	195
民宿服务	613			12	
露营地服务	614				
其他住宿业	619	83		122	65
餐饮业	**62**	**917**	**266**	**1339**	**749**
正餐服务	621	799	227	1031	541
快餐服务	622	24	33	128	34
饮料及冷饮服务	623				
餐饮配送及外卖送餐服务	624	37		38	38
其他餐饮业	629	57	6	142	136
信息传输、软件和信息技术服务业	**I**	**910**	**210**	**2320**	**452**
电信、广播电视和卫星传输服务	**63**	**76**	**91**	**114**	**72**
电信	631	42	91	78	67
广播电视传输服务	632	34		36	4
卫星传输服务	633				1
互联网和相关服务	**64**	**191**	**36**	**333**	**63**
互联网接入及相关服务	641	6	12	34	1
互联网信息服务	642	159	17	160	46
互联网平台	643	6		20	14
互联网安全服务	644				

2-2 续表 35

行业中类	代码	伊犁哈萨克自治州	塔城地区	阿勒泰地区	自治区直辖县级市
海底管道运输	571				
陆地管道运输	572	60			
多式联运和运输代理业	**58**	**511**	**78**	**78**	**188**
多式联运	581	95		12	35
运输代理业	582	416	78	66	153
装卸搬运和仓储业	**59**	**1081**	**321**	**138**	**365**
装卸搬运	591	338	57	22	134
通用仓储	592	209	34	28	45
低温仓储	593	63	18	1	8
危险品仓储	594	39	35	2	
谷物、棉花等农产品仓储	595	314	154	80	149
中药材仓储	596				
其他仓储业	599	118	23	5	29
邮政业	**60**	**840**	**113**	**77**	**232**
邮政基本服务	601	290			
快递服务	602	404	112	73	232
其他寄递服务	609	146	1	4	
住宿和餐饮业	**H**	**4115**	**1162**	**1790**	**1305**
住宿业	**61**	**3019**	**823**	**1421**	**695**
旅游饭店	611	1727	128	1173	321
一般旅馆	612	1155	513	176	374
民宿服务	613				
露营地服务	614	1			
其他住宿业	619	136	182	72	
餐饮业	**62**	**1096**	**339**	**369**	**610**
正餐服务	621	1001	294	342	538
快餐服务	622	57	3		13
饮料及冷饮服务	623	3			11
餐饮配送及外卖送餐服务	624	15	42	26	8
其他餐饮业	629	20		1	40
信息传输、软件和信息技术服务业	**I**	**4738**	**350**	**406**	**657**
电信、广播电视和卫星传输服务	**63**	**83**	**150**	**156**	**65**
电信	631	78	116	123	62
广播电视传输服务	632	5	10	33	3
卫星传输服务	633		24		
互联网和相关服务	**64**	**649**	**34**	**98**	**147**
互联网接入及相关服务	641	15	9	10	6
互联网信息服务	642	119	9	58	100
互联网平台	643	124	5	17	2
互联网安全服务	644			9	

2-2 续表 36

行业中类	代码	从业人员数(人)	乌鲁木齐市	克拉玛依市	吐鲁番市
互联网数据服务	645	402	9	1	
其他互联网服务	649	600	253	6	46
软件和信息技术服务业	**65**	**26931**	**15809**	**1179**	**150**
软件开发	651	9195	5409	432	
集成电路设计	652	100	74	2	
信息系统集成和物联网技术服务	653	4216	2970	137	55
运行维护服务	654	634	345	59	1
信息处理和存储支持服务	655	283	103	6	7
信息技术咨询服务	656	10585	6050	275	84
数字内容服务	657	333	190		3
其他信息技术服务业	659	1585	668	268	
金融业	**J**	**159071**	**46502**	**4873**	**4167**
货币金融服务	**66**	**25515**	**6212**	**1345**	**597**
货币银行服务	662	22065	5048	1254	521
非货币银行服务	663	3450	1164	91	76
资本市场服务	**67**	**1430**	**633**	**55**	**2**
证券市场服务	671	31	31		
非公开募集证券投资基金	673	333	284	7	
资本投资服务	676	873	271	40	2
其他资本市场服务	679	193	47	8	
保险业	**68**	**130804**	**38873**	**3428**	**3568**
人身保险	681	103512	30006	2882	2297
财产保险	682	24736	7359	545	1271
商业养老金	684	307	295		
保险中介服务	685	2241	1211		
其他保险活动	689	8	2	1	
其他金融业	**69**	**1322**	**784**	**45**	
金融信托与管理服务	691	468	459	1	
控股公司服务	692				
非金融机构支付服务	693	22	15	7	
金融信息服务	694	137	98	16	
金融资产管理公司	695	7	7		
其他未列明金融业	699	688	205	21	
房地产业	**K**	**107432**	**36788**	**4122**	**2404**
房地产业	**70**	**107432**	**36788**	**4122**	**2404**
房地产开发经营	701	26273	7201	548	784
物业管理	702	74424	26399	3528	1567
房地产中介服务	703	6428	3000	46	49
其他房地产业	709	307	188		4
租赁和商务服务业	**L**	**222152**	**58418**	**29907**	**4240**

2-2 续表 37

行业中类	代码				
		哈密市	昌吉回族自治州	博尔塔拉蒙古自治州	巴音郭楞蒙古自治州
互联网数据服务	645	1	30	1	2
其他互联网服务	649	26	18	9	7
软件和信息技术服务业	**65**	**337**	**1080**	**167**	**524**
软件开发	651	77	305	61	226
集成电路设计	652	4	1	9	
信息系统集成和物联网技术服务	653	23	211	21	80
运行维护服务	654	8	14		1
信息处理和存储支持服务	655	2	18	2	16
信息技术咨询服务	656	198	509	59	186
数字内容服务	657				
其他信息技术服务业	659	25	22	15	15
金融业	**J**	**6590**	**17043**	**7037**	**11719**
货币金融服务	**66**	**1094**	**2479**	**500**	**1988**
货币银行服务	662	958	2135	385	1831
非货币银行服务	663	136	344	115	157
资本市场服务	**67**		**27**	**8**	**129**
证券市场服务	671				
非公开募集证券投资基金	673				
资本投资服务	676		27	6	129
其他资本市场服务	679			2	
保险业	**68**	**5458**	**14487**	**6501**	**9532**
人身保险	681	4544	10997	5890	7568
财产保险	682	905	2476	611	1951
商业养老金	684				12
保险中介服务	685	9	1010		1
其他保险活动	689		4		
其他金融业	**69**	**38**	**50**	**28**	**70**
金融信托与管理服务	691		8		
控股公司服务	692				
非金融机构支付服务	693				
金融信息服务	694	6	1	1	5
金融资产管理公司	695				
其他未列明金融业	699	32	41	27	65
房地产业	**K**	**3719**	**8798**	**2832**	**5633**
房地产业	**70**	**3719**	**8798**	**2832**	**5633**
房地产开发经营	701	1056	2277	647	1455
物业管理	702	2558	5816	2013	4043
房地产中介服务	703	102	695	157	135
其他房地产业	709	3	10	15	
租赁和商务服务业	**L**	**7325**	**14026**	**4650**	**9310**

2-2 续表 38

行业中类	代码	阿克苏地区	克孜勒苏柯尔克孜自治州	喀什地区	和田地区
互联网数据服务	645	5		5	
其他互联网服务	649	15	7	114	2
软件和信息技术服务业	**65**	**643**	**83**	**1873**	**317**
软件开发	651	136	12	793	111
集成电路设计	652	4	3		
信息系统集成和物联网技术服务	653	113	28	168	106
运行维护服务	654	70		18	3
信息处理和存储支持服务	655		10	5	7
信息技术咨询服务	656	276	14	688	69
数字内容服务	657	21		57	
其他信息技术服务业	659	23	16	144	21
金融业	**J**	12305	872	8425	1948
货币金融服务	**66**	**1840**	**338**	**2351**	**952**
货币银行服务	662	1702	304	2245	913
非货币银行服务	663	138	34	106	39
资本市场服务	**67**	**25**	**1**	**12**	**3**
证券市场服务	671				
非公开募集证券投资基金	673	13		1	
资本投资服务	676	3	1	8	3
其他资本市场服务	679	9		3	
保险业	**68**	**10398**	**533**	**6030**	**987**
人身保险	681	8781	387	4562	629
财产保险	682	1617	146	1468	358
商业养老金	684				
保险中介服务	685				
其他保险活动	689				
其他金融业	**69**	**42**		**32**	**6**
金融信托与管理服务	691				
控股公司服务	692				
非金融机构支付服务	693				
金融信息服务	694	2			
金融资产管理公司	695				
其他未列明金融业	699	40		32	6
房地产业	**K**	**7807**	**1347**	**8613**	**3128**
房地产业	**70**	**7807**	**1347**	**8613**	**3128**
房地产开发经营	701	1767	234	1812	884
物业管理	702	5643	1071	6309	2083
房地产中介服务	703	375	42	484	160
其他房地产业	709	22		8	1
租赁和商务服务业	**L**	**9240**	**3566**	**22845**	**7813**

2-2 续表 39

行业中类	代码	伊犁哈萨克自治州	塔城地区	阿勒泰地区	自治区直辖县级市
互联网数据服务	645	327		2	19
其他互联网服务	649	64	11	2	20
软件和信息技术服务业	**65**	**4006**	**166**	**152**	**445**
软件开发	651	1471	41	23	98
集成电路设计	652	3			
信息系统集成和物联网技术服务	653	187	5	25	87
运行维护服务	654	12	36	58	9
信息处理和存储支持服务	655	37			70
信息技术咨询服务	656	1901	83	40	153
数字内容服务	657	49			13
其他信息技术服务业	659	346	1	6	15
金融业	**J**	**16942**	**8498**	**3568**	**8582**
货币金融服务	**66**	**2135**	**1540**	**1094**	**1050**
货币银行服务	662	1839	1212	871	847
非货币银行服务	663	296	328	223	203
资本市场服务	**67**	**515**		**4**	**16**
证券市场服务	671				
非公开募集证券投资基金	673	20			8
资本投资服务	676	383			
其他资本市场服务	679	112		4	8
保险业	**68**	**14150**	**6958**	**2427**	**7474**
人身保险	681	11522	5949	1748	5750
财产保险	682	2628	1009	679	1713
商业养老金	684				
保险中介服务	685				10
其他保险活动	689				1
其他金融业	**69**	**142**		**43**	**42**
金融信托与管理服务	691				
控股公司服务	692				
非金融机构支付服务	693				
金融信息服务	694	8			
金融资产管理公司	695				
其他未列明金融业	699	134		43	42
房地产业	**K**	**10086**	**2581**	**2641**	**6933**
房地产业	**70**	**10086**	**2581**	**2641**	**6933**
房地产开发经营	701	3663	773	896	2276
物业管理	702	5651	1685	1645	4413
房地产中介服务	703	751	99	100	233
其他房地产业	709	21	24		11
租赁和商务服务业	**L**	**17090**	**4290**	**20382**	**9050**

2-2 续表 40

行业中类	代码	从业人员数(人)			
			乌鲁木齐市	克拉玛依市	吐鲁番市
租赁业	**71**	**9443**	**3098**	**419**	**241**
机械设备经营租赁	711	9293	3050	407	241
文体设备和用品出租	712	141	39	12	
日用品出租	713	9	9		
商务服务业	**72**	**212709**	**55320**	**29488**	**3999**
组织管理服务	721	25261	7573	1591	427
综合管理服务	722	7864	2479	872	41
法律服务	723	510	196		
咨询与调查	724	23056	11988	479	447
广告业	725	11993	4473	612	147
人力资源服务	726	60270	13293	21860	136
安全保护服务	727	57535	8285	3708	2311
会议、展览及相关服务	728	1835	1140	22	20
其他商务服务业	729	24385	5893	344	470
科学研究和技术服务业	**M**	**57517**	**27447**	**3984**	**869**
研究和试验发展	**73**	**1362**	**855**	**88**	**15**
自然科学研究和试验发展	731	32	18	3	
工程和技术研究和试验发展	732	838	535	81	14
农业科学研究和试验发展	733	237	102	4	
医学研究和试验发展	734	241	193		1
社会人文科学研究	735	14	7		
专业技术服务业	**74**	**43490**	**20467**	**2923**	**739**
气象服务	741	108	16	1	8
地震服务	742	4			
海洋服务	743	1			
测绘地理信息服务	744	1643	865	97	47
质检技术服务	745	9495	2670	960	248
环境与生态监测检测服务	746	1549	1002	36	6
地质勘查	747	1553	723	64	12
工程技术与设计服务	748	22197	11882	647	373
工业与专业设计及其他专业技术服务	749	6940	3309	1118	45
科技推广和应用服务业	**75**	**12665**	**6125**	**973**	**115**
技术推广服务	751	10138	5092	781	106
知识产权服务	752	442	200	4	1
科技中介服务	753	391	115	94	7
创业空间服务	754	129	90		
其他科技推广服务业	759	1565	628	94	1
水利、环境和公共设施管理业	**N**	**10154**	**2243**	**835**	**484**
水利管理业	**76**	**1047**	**191**		**29**
防洪除涝设施管理	761	26	2		21

2-2 续表 41

行业中类	代码	哈密市	昌吉回族自治州	博尔塔拉蒙古自治州	巴音郭楞蒙古自治州
租赁业	**71**	**538**	**846**	**176**	**528**
机械设备经营租赁	711	536	832	176	524
文体设备和用品出租	712	2	14		4
日用品出租	713				
商务服务业	**72**	**6787**	**13180**	**4474**	**8782**
组织管理服务	721	686	1312	1511	1633
综合管理服务	722	152	740	87	209
法律服务	723	30	50	11	77
咨询与调查	724	399	1209	398	553
广告业	725	550	574	359	803
人力资源服务	726	1984	4289	211	2976
安全保护服务	727	2650	4407	1686	1796
会议、展览及相关服务	728	9	97	13	8
其他商务服务业	729	327	502	198	727
科学研究和技术服务业	**M**	**1520**	**3172**	**830**	**3142**
研究和试验发展	**73**	**24**	**77**	**6**	**57**
自然科学研究和试验发展	731		9		1
工程和技术研究和试验发展	732	4	40	2	47
农业科学研究和试验发展	733	20	22	4	7
医学研究和试验发展	734		6		
社会人文科学研究	735				2
专业技术服务业	**74**	**1178**	**2330**	**706**	**2392**
气象服务	741	8	14	14	2
地震服务	742		3		
海洋服务	743				
测绘地理信息服务	744	30	103	27	144
质检技术服务	745	382	786	246	578
环境与生态监测检测服务	746	37	102	18	96
地质勘查	747	122	132	27	166
工程技术与设计服务	748	577	1038	347	1011
工业与专业设计及其他专业技术服务	749	22	152	27	395
科技推广和应用服务业	**75**	**318**	**765**	**118**	**693**
技术推广服务	751	215	563	103	634
知识产权服务	752	3	106	1	3
科技中介服务	753		46	5	16
创业空间服务	754		10		
其他科技推广服务业	759	100	40	9	40
水利、环境和公共设施管理业	**N**	**346**	**1127**	**331**	**690**
水利管理业	**76**	**156**	**97**	**46**	**114**
防洪除涝设施管理	761		1		2

2-2 续表 42

行业中类	代码	阿克苏地区	克孜勒苏柯尔克孜自治州	喀什地区	和田地区
租赁业	**71**	**364**	**324**	**549**	**247**
机械设备经营租赁	711	364	323	529	239
文体设备和用品出租	712		1	20	8
日用品出租	713				
商务服务业	**72**	**8876**	**3242**	**22296**	**7566**
组织管理服务	721	808	234	726	516
综合管理服务	722	523	101	708	337
法律服务	723	17		39	21
咨询与调查	724	723	65	1246	968
广告业	725	488	91	1028	460
人力资源服务	726	633	1078	3743	1051
安全保护服务	727	5314	1559	13760	3930
会议、展览及相关服务	728	4	4	137	25
其他商务服务业	729	366	110	909	258
科学研究和技术服务业	**M**	**2776**	**449**	**2639**	**1292**
研究和试验发展	**73**	**44**	**3**	**67**	**32**
自然科学研究和试验发展	731				
工程和技术研究和试验发展	732	31		55	1
农业科学研究和试验发展	733	13	2	5	20
医学研究和试验发展	734		1	7	11
社会人文科学研究	735				
专业技术服务业	**74**	**2367**	**432**	**1654**	**994**
气象服务	741	5			
地震服务	742				
海洋服务	743			1	
测绘地理信息服务	744	73		3	6
质检技术服务	745	672	136	534	384
环境与生态监测检测服务	746	31		7	7
地质勘查	747	60	10	38	18
工程技术与设计服务	748	992	215	882	281
工业与专业设计及其他专业技术服务	749	534	71	189	298
科技推广和应用服务业	**75**	**365**	**14**	**918**	**266**
技术推广服务	751	320	12	769	198
知识产权服务	752			15	
科技中介服务	753	2	2	91	
创业空间服务	754				1
其他科技推广服务业	759	43		43	67
水利、环境和公共设施管理业	**N**	**497**	**71**	**638**	**277**
水利管理业	**76**	**28**	**2**	**96**	**95**
防洪除涝设施管理	761				

2-2 续表 43

行业中类	代码	伊犁哈萨克自治州	塔城地区	阿勒泰地区	自治区直辖县级市
租赁业	**71**	**907**	**316**	**366**	**524**
机械设备经营租赁	711	870	314	365	523
文体设备和用品出租	712	37	2	1	1
日用品出租	713				
商务服务业	**72**	**16183**	**3974**	**20016**	**8526**
组织管理服务	721	4011	618	2511	1104
综合管理服务	722	921	153	212	329
法律服务	723	21	39		9
咨询与调查	724	3569	255	329	428
广告业	725	1579	191	145	493
人力资源服务	726	1558	713	2495	4250
安全保护服务	727	3265	1714	1443	1707
会议、展览及相关服务	728	194	94	44	24
其他商务服务业	729	1065	197	12837	182
科学研究和技术服务业	**M**	**4775**	**1252**	**1066**	**2304**
研究和试验发展	**73**	**53**	**6**	**15**	**20**
自然科学研究和试验发展	731	1			
工程和技术研究和试验发展	732	17		1	10
农业科学研究和试验发展	733	8	6	14	10
医学研究和试验发展	734	22			
社会人文科学研究	735	5			
专业技术服务业	**74**	**3398**	**1124**	**968**	**1818**
气象服务	741	19	14	3	4
地震服务	742	1			
海洋服务	743				
测绘地理信息服务	744	120	42	29	57
质检技术服务	745	833	255	333	478
环境与生态监测检测服务	746	86	21	26	74
地质勘查	747	101	42	36	2
工程技术与设计服务	748	1734	568	515	1135
工业与专业设计及其他专业技术服务	749	504	182	26	68
科技推广和应用服务业	**75**	**1324**	**122**	**83**	**466**
技术推广服务	751	814	117	80	334
知识产权服务	752	87			22
科技中介服务	753	9		1	3
创业空间服务	754				28
其他科技推广服务业	759	414	5	2	79
水利、环境和公共设施管理业	**N**	**866**	**174**	**594**	**981**
水利管理业	**76**	**72**	**35**	**14**	**72**
防洪除涝设施管理	761				

2-2 续表 44

行业中类	代码	从业人员数(人)	乌鲁木齐市	克拉玛依市	吐鲁番市
水资源管理	762	603	112		7
天然水收集与分配	763	107	20		
水文服务	764	7	1		
其他水利管理业	769	304	56		1
生态保护和环境治理业	**77**	**1408**	**420**	**154**	
生态保护	771	176	90		
环境治理业	772	1232	330	154	
公共设施管理业	**78**	**6993**	**1402**	**644**	**453**
市政设施管理	781	833	208	40	25
环境卫生管理	782	1121	150	7	60
城乡市容管理	783	130	18		
绿化管理	784	3353	970	531	129
城市公园管理	785	30	3		20
游览景区管理	786	1526	53	66	219
土地管理业	**79**	**706**	**230**	**37**	**2**
土地整治服务	791	244	57		1
土地调查评估服务	792	365	172	24	1
土地登记服务	793	3			
土地登记代理服务	794	1	1		
其他土地管理服务	799	93		13	
居民服务、修理和其他服务业	**O**	**22215**	**7582**	**1619**	**557**
居民服务业	**80**	**6586**	**2621**	**266**	**100**
家庭服务	801	1759	466	81	39
托儿所服务	802	119	2		36
洗染服务	803	476	272	9	
理发及美容服务	804	654	368	34	9
洗浴和保健养生服务	805	815	359	65	4
摄影扩印服务	806	673	448	15	2
婚姻服务	807	257	122	1	1
殡葬服务	808	814	164	16	2
其他居民服务业	809	1019	420	45	7
机动车、电子产品和日用产品修理业	**81**	**12202**	**3937**	**1052**	**410**
汽车、摩托车等修理与维护	811	9836	2805	914	353
计算机和办公设备维修	812	1388	734	57	41
家用电器修理	813	698	275	23	16
其他日用产品修理业	819	280	123	58	
其他服务业	**82**	**3427**	**1024**	**301**	**47**
清洁服务	821	2538	849	207	31
宠物服务	822	38	27		
其他未列明服务业	829	851	148	94	16

2-2 续表 45

行业中类	代码	哈密市	昌吉回族自治州	博尔塔拉蒙古自治州	巴音郭楞蒙古自治州
水资源管理	762	124	52	23	112
天然水收集与分配	763	16		6	
水文服务	764				
其他水利管理业	769	16	44	17	
生态保护和环境治理业	**77**	**35**	**210**	**18**	**82**
生态保护	771	1	6		5
环境治理业	772	34	204	18	77
公共设施管理业	**78**	**155**	**785**	**265**	**446**
市政设施管理	781	29	86	131	17
环境卫生管理	782	3	101	18	111
城乡市容管理	783		17	1	2
绿化管理	784	93	367	107	148
城市公园管理	785				
游览景区管理	786	30	214	8	168
土地管理业	**79**		**35**	**2**	**48**
土地整治服务	791			2	37
土地调查评估服务	792		32		11
土地登记服务	793				
土地登记代理服务	794				
其他土地管理服务	799		3		
居民服务、修理和其他服务业	**O**	**682**	**1578**	**543**	**1235**
居民服务业	**80**	**240**	**488**	**217**	**186**
家庭服务	801	143	178	39	45
托儿所服务	802			13	
洗染服务	803	1	30		8
理发及美容服务	804	5	10		24
洗浴和保健养生服务	805	7	73	83	61
摄影扩印服务	806	12	27	9	12
婚姻服务	807	7	34	3	12
殡葬服务	808	49	95	59	22
其他居民服务业	809	16	41	11	2
机动车、电子产品和日用产品修理业	**81**	**378**	**887**	**248**	**713**
汽车、摩托车等修理与维护	811	339	812	208	612
计算机和办公设备维修	812	20	38	16	53
家用电器修理	813	17	8	24	25
其他日用产品修理业	819	2	29		23
其他服务业	**82**	**64**	**203**	**78**	**336**
清洁服务	821	59	168	71	153
宠物服务	822		11		
其他未列明服务业	829	5	24	7	183

2-2 续表 46

行业中类	代码	阿克苏地区	克孜勒苏柯尔克孜自治州	喀什地区	和田地区
水资源管理	762	28		1	72
天然水收集与分配	763			43	
水文服务	764				
其他水利管理业	769		2	52	23
生态保护和环境治理业	**77**	**101**	**11**	**118**	
生态保护	771	4			
环境治理业	772	97	11	118	
公共设施管理业	**78**	**292**	**13**	**383**	**162**
市政设施管理	781	20	1	3	79
环境卫生管理	782	49		38	46
城乡市容管理	783	3		60	
绿化管理	784	73	11	125	26
城市公园管理	785			4	
游览景区管理	786	147	1	153	11
土地管理业	**79**	**76**	**45**	**41**	**20**
土地整治服务	791	54		16	14
土地调查评估服务	792	17		11	
土地登记服务	793		3		
土地登记代理服务	794				
其他土地管理服务	799	5	42	14	6
居民服务、修理和其他服务业	**O**	**1510**	**331**	**1834**	**1171**
居民服务业	**80**	**315**	**75**	**600**	**261**
家庭服务	801	73	21	287	65
托儿所服务	802			20	39
洗染服务	803			6	1
理发及美容服务	804	91	20	34	37
洗浴和保健养生服务	805	34	3	42	15
摄影扩印服务	806	14	10	75	
婚姻服务	807	28	3	21	2
殡葬服务	808	54		2	42
其他居民服务业	809	21	18	113	60
机动车、电子产品和日用产品修理业	**81**	**738**	**232**	**1003**	**789**
汽车、摩托车等修理与维护	811	615	188	783	679
计算机和办公设备维修	812	76	43	106	56
家用电器修理	813	38	1	97	50
其他日用产品修理业	819	9		17	4
其他服务业	**82**	**457**	**24**	**231**	**121**
清洁服务	821	382	11	130	23
宠物服务	822				
其他未列明服务业	829	75	13	101	98

2-2 续表 47

行业中类	代码				
		伊犁哈萨克自治州	塔城地区	阿勒泰地区	自治区直辖县级市
水资源管理	762	6	3	6	57
天然水收集与分配	763	20	2		
水文服务	764		6		
其他水利管理业	769	46	24	8	15
生态保护和环境治理业	**77**	**216**	**5**	**25**	**13**
生态保护	771	65			5
环境治理业	772	151	5	25	8
公共设施管理业	**78**	**547**	**67**	**493**	**886**
市政设施管理	781	31	5	57	101
环境卫生管理	782	107	7	69	355
城乡市容管理	783		3	8	18
绿化管理	784	231	29	118	395
城市公园管理	785			3	
游览景区管理	786	178	23	238	17
土地管理业	**79**	**31**	**67**	**62**	**10**
土地整治服务	791	1		62	
土地调查评估服务	792	23	67		7
土地登记服务	793				
土地登记代理服务	794				
其他土地管理服务	799	7			3
居民服务、修理和其他服务业	**O**	**1673**	**339**	**470**	**1091**
居民服务业	**80**	**526**	**157**	**204**	**330**
家庭服务	801	79	66	84	93
托儿所服务	802	9			
洗染服务	803	113	18		18
理发及美容服务	804	22			
洗浴和保健养生服务	805	50	13		6
摄影扩印服务	806	25	3	4	17
婚姻服务	807	13	3	2	5
殡葬服务	808	116	33	30	130
其他居民服务业	809	99	21	84	61
机动车、电子产品和日用产品修理业	**81**	**982**	**167**	**231**	**435**
汽车、摩托车等修理与维护	811	790	148	197	393
计算机和办公设备维修	812	77	15	34	22
家用电器修理	813	102	4		18
其他日用产品修理业	819	13			2
其他服务业	**82**	**165**	**15**	**35**	**326**
清洁服务	821	124	5		325
宠物服务	822				
其他未列明服务业	829	41	10	35	1

2-2 续表 48

行业中类	代码	从业人员数(人)	乌鲁木齐市	克拉玛依市	吐鲁番市
卫生和社会工作	**Q**	**1876**	**601**	**18**	**1**
卫生	**84**	**1309**	**503**		
医院	841	1245	503		
其他卫生活动	849	64			
社会工作	**85**	**567**	**98**	**18**	**1**
提供住宿社会工作	851	454	90	7	1
不提供住宿社会工作	852	113	8	11	
文化、体育和娱乐业	**R**	**15580**	**4869**	**309**	**225**
新闻和出版业	**86**	**406**	**208**	**2**	
新闻业	861	4	3		
出版业	862	402	205	2	
广播、电视、电影和录音制作业	**87**	**4781**	**1211**	**44**	**35**
广播	871	334	148	15	
电视	872	160	10		
影视节目制作	873	2537	253	22	
广播电视集成播控	874	72	52		
电影和广播电视节目发行	875	207	37		
电影放映	876	1385	690	4	35
录音制作	877	86	21	3	
文化艺术业	**88**	**1663**	**777**	**39**	**29**
文艺创作与表演	881	857	375	13	
艺术表演场馆	882	1	1		
图书馆与档案馆	883	39	36		
文物及非物质文化遗产保护	884	5	1		
博物馆	885	9		1	1
群众文体活动	887	121	49	4	2
其他文化艺术业	889	631	315	21	26
体育	**89**	**1134**	**533**	**15**	**4**
体育组织	891	222	111		4
体育场地设施管理	892	112	21		
健身休闲活动	893	766	367	15	
其他体育	899	34	34		
娱乐业	**90**	**7596**	**2140**	**209**	**157**
室内娱乐活动	901	5041	1252	97	124
游乐园	902	406	121	24	1
休闲观光活动	903	413	53		
彩票活动	904	3			
文化体育娱乐活动与经纪代理服务	905	1355	711	58	32
其他娱乐业	909	378	3	30	

2-2 续表 49

行业中类	代码	哈密市	昌吉回族自治州	博尔塔拉蒙古自治州	巴音郭楞蒙古自治州
卫生和社会工作	**Q**		**25**	**16**	**66**
卫生	**84**				**64**
医院	841				
其他卫生活动	849				64
社会工作	**85**		**25**	**16**	**2**
提供住宿社会工作	851		24	16	
不提供住宿社会工作	852		1		2
文化、体育和娱乐业	**R**	**586**	**876**	**276**	**262**
新闻和出版业	**86**				
新闻业	861				
出版业	862				
广播、电视、电影和录音制作业	**87**	**128**	**78**	**65**	**77**
广播	871	1			
电视	872	41			
影视节目制作	873	17	26	3	12
广播电视集成播控	874				
电影和广播电视节目发行	875		1		
电影放映	876	69	51	12	63
录音制作	877			50	2
文化艺术业	**88**	**43**	**65**	**6**	**32**
文艺创作与表演	881	29	21	1	11
艺术表演场馆	882				
图书馆与档案馆	883				
文物及非物质文化遗产保护	884				2
博物馆	885		4		
群众文体活动	887	5	22		1
其他文化艺术业	889	9	18	5	18
体育	**89**	**52**	**105**	**51**	**32**
体育组织	891	4	17	1	10
体育场地设施管理	892	26	5	26	7
健身休闲活动	893	22	83	24	15
其他体育	899				
娱乐业	**90**	**363**	**628**	**154**	**121**
室内娱乐活动	901	279	413	126	48
游乐园	902	26	15	10	65
休闲观光活动	903	9	157	12	
彩票活动	904		3		
文化体育娱乐活动与经纪代理服务	905	45	26	3	7
其他娱乐业	909	4	14	3	1

2-2 续表 50

行业中类	代码	阿克苏地区	克孜勒苏柯尔克孜自治州	喀什地区	和田地区
卫生和社会工作	**Q**	**180**	**191**	**115**	**386**
卫生	**84**	**160**	**70**	**115**	**284**
医院	841	160	70	115	284
其他卫生活动	849				
社会工作	**85**	**20**	**121**		**102**
提供住宿社会工作	851	3	121		102
不提供住宿社会工作	852	17			
文化、体育和娱乐业	**R**	**797**	**123**	**1555**	**102**
新闻和出版业	**86**	**91**		**64**	
新闻业	861			1	
出版业	862	91		63	
广播、电视、电影和录音制作业	**87**	**91**	**27**	**586**	**61**
广播	871			19	
电视	872				
影视节目制作	873	26	17	449	16
广播电视集成播控	874				
电影和广播电视节目发行	875	11		5	
电影放映	876	54	10	112	45
录音制作	877			1	
文化艺术业	**88**	**24**	**6**	**126**	**9**
文艺创作与表演	881	9	1	74	1
艺术表演场馆	882				
图书馆与档案馆	883				
文物及非物质文化遗产保护	884			1	
博物馆	885	3			
群众文体活动	887			12	
其他文化艺术业	889	12	5	39	8
体育	**89**	**90**	**3**	**54**	**5**
体育组织	891	3	3	2	5
体育场地设施管理	892				
健身休闲活动	893	87		52	
其他体育	899				
娱乐业	**90**	**501**	**87**	**725**	**27**
室内娱乐活动	901	445	57	489	11
游乐园	902	4		75	9
休闲观光活动	903	10	26	31	
彩票活动	904				
文化体育娱乐活动与经纪代理服务	905	16	2	102	7
其他娱乐业	909	26	2	28	

2-2 续表 51

行业中类	代码	伊犁哈萨克自治州	塔城地区	阿勒泰地区	自治区直辖县级市
卫生和社会工作	**Q**	**39**	**3**	**77**	**158**
卫生	**84**				**113**
医院	841				113
其他卫生活动	849				
社会工作	**85**	**39**	**3**	**77**	**45**
提供住宿社会工作	851	20	3	22	45
不提供住宿社会工作	852	19		55	
文化、体育和娱乐业	**R**	**4159**	**434**	**207**	**800**
新闻和出版业	**86**	**13**			**28**
新闻业	861				
出版业	862	13			28
广播、电视、电影和录音制作业	**87**	**2203**	**55**	**21**	**99**
广播	871	148	3		
电视	872	98		11	
影视节目制作	873	1682	1	2	11
广播电视集成播控	874	20			
电影和广播电视节目发行	875	124	29		
电影放映	876	124	22	6	88
录音制作	877	7		2	
文化艺术业	**88**	**372**	**64**	**23**	**48**
文艺创作与表演	881	217	52	14	39
艺术表演场馆	882				
图书馆与档案馆	883		3		
文物及非物质文化遗产保护	884	1			
博物馆	885				
群众文体活动	887	25			1
其他文化艺术业	889	129	9	9	8
体育	**89**	**138**	**8**	**9**	**35**
体育组织	891	50			12
体育场地设施管理	892	27			
健身休闲活动	893	61	8	9	23
其他体育	899				
娱乐业	**90**	**1433**	**307**	**154**	**590**
室内娱乐活动	901	787	267	108	538
游乐园	902	31	19	6	
休闲观光活动	903	101	3		11
彩票活动	904				
文化体育娱乐活动与经纪代理服务	905	286	18	2	40
其他娱乐业	909	228		38	1

2-3 按行业（大类）、运营状态分组的小微企业法人单位数

行业大类	代码	企业法人单位数（个）	正常运营	停业（歇业）	筹建	当年关闭
总　计		**168800**	**114377**	**30316**	**12159**	**2459**
农、林、牧、渔业	**A**	**1430**	**659**	**473**	**140**	**35**
农业	01	21	16	4		1
林业	02	2	2			
畜牧业	03	7	7			
渔业	04	1	1			
农、林、牧、渔专业及辅助性活动	05	1399	633	469	140	34
采矿业	**B**	**2886**	**1285**	**1091**	**337**	**67**
煤炭开采和洗选业	06	296	129	99	40	14
石油和天然气开采业	07	37	28	3	5	
黑色金属矿采选业	08	421	134	233	37	5
有色金属矿采选业	09	328	81	179	47	7
非金属矿采选业	10	1152	548	394	140	31
开采专业及辅助性活动	11	474	324	80	48	5
其他采矿业	12	178	41	103	20	5
制造业	**C**	**19430**	**11794**	**4283**	**1973**	**529**
农副食品加工业	13	2135	1300	468	191	45
食品制造业	14	933	512	247	110	22
酒、饮料和精制茶制造业	15	631	356	157	75	13
烟草制品业	16	1	1			
纺织业	17	848	427	217	127	27
纺织服装、服饰业	18	1275	763	246	160	42
皮革、毛皮、羽毛及其制品和制鞋业	19	137	70	31	22	2
木材加工和木、竹、藤、棕、草制品业	20	479	301	102	40	13
家具制造业	21	320	159	53	88	12
造纸和纸制品业	22	316	166	80	52	9
印刷和记录媒介复制业	23	354	281	39	14	9
文教、工美、体育和娱乐用品制造业	24	492	252	166	35	17
石油、煤炭及其他燃料加工业	25	279	132	74	47	7
化学原料和化学制品制造业	26	1175	653	287	150	28
医药制造业	27	158	83	36	30	1
化学纤维制造业	28	31	14	12	4	
橡胶和塑料制品业	29	1382	857	300	131	37
非金属矿物制品业	30	3716	2416	793	243	135
黑色金属冶炼和压延加工业	31	151	100	30	10	5
有色金属冶炼和压延加工业	32	143	66	42	25	7
金属制品业	33	1683	1103	357	119	47
通用设备制造业	34	543	347	131	41	10
专用设备制造业	35	730	449	157	86	9

2-3 续表 1

行业大类	代码				
		当年破产	当年注销	当年吊销	其他
总　计		**344**	**6607**	**297**	**2241**
农、林、牧、渔业	**A**	**3**	**83**	**7**	**30**
农业	01				
林业	02				
畜牧业	03				
渔业	04				
农、林、牧、渔专业及辅助性活动	05	3	83	7	30
采矿业	**B**	**5**	**75**	**8**	**18**
煤炭开采和洗选业	06	2	7		5
石油和天然气开采业	07		1		
黑色金属矿采选业	08	1	10		1
有色金属矿采选业	09	1	6	1	6
非金属矿采选业	10	1	28	6	4
开采专业及辅助性活动	11		14	1	2
其他采矿业	12		9		
制造业	**C**	**92**	**524**	**34**	**201**
农副食品加工业	13	11	85	6	29
食品制造业	14	6	26	2	8
酒、饮料和精制茶制造业	15	2	21	1	6
烟草制品业	16				
纺织业	17	1	31	4	14
纺织服装、服饰业	18	8	38	3	15
皮革、毛皮、羽毛及其制品和制鞋业	19	1	9	2	
木材加工和木、竹、藤、棕、草制品业	20	3	14	1	5
家具制造业	21	1	4	1	2
造纸和纸制品业	22		8		1
印刷和记录媒介复制业	23	1	7	1	2
文教、工美、体育和娱乐用品制造业	24	1	15		6
石油、煤炭及其他燃料加工业	25	1	7		11
化学原料和化学制品制造业	26	4	33	2	18
医药制造业	27	1	4		3
化学纤维制造业	28	1			
橡胶和塑料制品业	29	2	40	4	11
非金属矿物制品业	30	24	71	1	33
黑色金属冶炼和压延加工业	31	2	3	1	
有色金属冶炼和压延加工业	32	1			2
金属制品业	33	8	37	2	10
通用设备制造业	34	3	5		6
专用设备制造业	35	4	18	1	6

2-3 续表 2

行业大类	代码	企业法人单位数（个）	正常运营	停业（歇业）	筹建	当年关闭
汽车制造业	36	93	52	16	16	3
铁路、船舶、航空航天和其他运输设备制造业	37	38	24	9	3	2
电气机械和器材制造业	38	600	388	97	71	16
计算机、通信和其他电子设备制造业	39	160	95	24	28	3
仪器仪表制造业	40	46	40	1	2	1
其他制造业	41	89	39	29	9	4
废弃资源综合利用业	42	112	55	25	23	2
金属制品、机械和设备修理业	43	380	293	57	21	1
电力、热力、燃气及水生产和供应业	**D**	**2019**	**1356**	**297**	**251**	**30**
电力、热力生产和供应业	44	1531	1004	244	192	25
燃气生产和供应业	45	182	129	14	34	
水的生产和供应业	46	306	223	39	25	5
建筑业	**E**	**10818**	**7654**	**1767**	**800**	**128**
房屋建筑业	47	2342	1577	430	193	40
土木工程建筑业	48	2687	1937	427	197	26
建筑安装业	49	1853	1395	255	121	12
建筑装饰、装修和其他建筑业	50	3936	2745	655	289	50
批发和零售业	**F**	**60807**	**40934**	**11623**	**3990**	**865**
批发业	51	38015	26352	6961	2258	497
零售业	52	22792	14582	4662	1732	368
交通运输、仓储和邮政业	**G**	**8700**	**6262**	**1371**	**642**	**83**
铁路运输业	53					
道路运输业	54	6223	4496	974	460	55
水上运输业	55	6	5			1
航空运输业	56	62	39	10	6	1
管道运输业	57	18	9	4	4	
多式联运和运输代理业	58	1095	797	175	70	11
装卸搬运和仓储业	59	917	614	175	85	9
邮政业	60	379	302	33	17	6
住宿和餐饮业	**H**	**2511**	**1605**	**436**	**283**	**44**
住宿业	61	1091	804	120	112	14
餐饮业	62	1420	801	316	171	30
信息传输、软件和信息技术服务业	**I**	**8052**	**5741**	**1116**	**488**	**73**
电信、广播电视和卫星传输服务	63	288	222	39	12	4
互联网和相关服务	64	997	660	166	90	12
软件和信息技术服务业	65	6767	4859	911	386	57
金融业	**J**	**2130**	**1604**	**196**	**39**	**14**
货币金融服务	66	758	617	88	15	12
资本市场服务	67	920	574	84	22	

2-3 续表 3

行业大类	代码	当年破产	当年注销	当年吊销	其他
汽车制造业	36	1	3		2
铁路、船舶、航空航天和其他运输设备制造业	37				
电气机械和器材制造业	38	1	20		7
计算机、通信和其他电子设备制造业	39		7		3
仪器仪表制造业	40		2		
其他制造业	41	1	4	2	1
废弃资源综合利用业	42	2	5		
金属制品、机械和设备修理业	43	1	7		
电力、热力、燃气及水生产和供应业	**D**	**5**	**60**	**2**	**18**
电力、热力生产和供应业	44	3	48	2	13
燃气生产和供应业	45	1	2		2
水的生产和供应业	46	1	10		3
建筑业	**E**	**11**	**345**	**11**	**102**
房屋建筑业	47	2	83	2	15
土木工程建筑业	48	2	65	3	30
建筑安装业	49	4	49	3	14
建筑装饰、装修和其他建筑业	50	3	148	3	43
批发和零售业	**F**	**113**	**2550**	**153**	**579**
批发业	51	54	1468	100	325
零售业	52	59	1082	53	254
交通运输、仓储和邮政业	**G**	**13**	**226**	**10**	**93**
铁路运输业	53				
道路运输业	54	7	154	8	69
水上运输业	55				
航空运输业	56		4	1	1
管道运输业	57		1		
多式联运和运输代理业	58	3	26	1	12
装卸搬运和仓储业	59	3	25		6
邮政业	60		16		5
住宿和餐饮业	**H**	**9**	**111**	**1**	**22**
住宿业	61	2	28	1	10
餐饮业	62	7	83		12
信息传输、软件和信息技术服务业	**I**	**7**	**434**	**7**	**186**
电信、广播电视和卫星传输服务	63		7	2	2
互联网和相关服务	64	1	44		24
软件和信息技术服务业	65	6	383	5	160
金融业	**J**	**2**	**89**	**2**	**184**
货币金融服务	66		8	1	17
资本市场服务	67		78	1	161

2-3 续表 4

行业大类	代码	企业法人单位数（个）	正常运营	停业（歇业）	筹建	当年关闭
保险业	68	307	302	3		
其他金融业	69	145	111	21	2	2
房地产业	**K**	**7759**	**5686**	**1145**	**465**	**69**
房地产业	70	7759	5686	1145	465	69
租赁和商务服务业	**L**	**22192**	**15784**	**3551**	**1309**	**237**
租赁业	71	2274	1589	386	177	30
商务服务业	72	19918	14195	3165	1132	207
科学研究和技术服务业	**M**	**9716**	**6718**	**1504**	**795**	**98**
研究和试验发展	73	392	244	77	36	4
专业技术服务业	74	5390	4061	697	333	46
科技推广和应用服务业	75	3934	2413	730	426	48
水利、环境和公共设施管理业	**N**	**1343**	**882**	**242**	**132**	**18**
水利管理业	76	135	86	32	3	4
生态保护和环境治理业	77	194	118	29	41	
公共设施管理业	78	927	606	173	85	12
土地管理业	79	87	72	8	3	2
居民服务、修理和其他服务业	**O**	**4441**	**3192**	**640**	**327**	**56**
居民服务业	80	1347	884	226	129	30
机动车、电子产品和日用产品修理业	81	2582	1941	341	160	21
其他服务业	82	512	367	73	38	5
教育	**P**					
教育	83					
卫生和社会工作	**Q**	**130**	**75**	**26**	**19**	**3**
卫生	84	21	20			
社会工作	85	109	55	26	19	3
文化、体育和娱乐业	**R**	**4436**	**3146**	**555**	**169**	**110**
新闻和出版业	86	25	20	3		1
广播、电视、电影和录音制作业	87	1329	1004	82	34	6
文化艺术业	88	597	360	120	40	9
体育	89	273	185	43	21	6
娱乐业	90	2212	1577	307	74	88
公共管理、社会保障和社会组织	**S**					
中国共产党机关	91					
国家机构	92					
人民政协、民主党派	93					
社会保障	94					
群众团体、社会团体和其他成员组织	95					
基层群众自治组织	96					
国际组织	**T**					
国际组织	97					

2-3 续表 5

行业大类	代码	当年破产	当年注销	当年吊销	其他
保险业	68				2
其他金融业	69	2	3		4
房地产业	**K**	**21**	**222**	**10**	**141**
房地产业	70	21	222	10	141
租赁和商务服务业	**L**	**38**	**910**	**29**	**334**
租赁业	71	3	66	2	21
商务服务业	72	35	844	27	313
科学研究和技术服务业	**M**	**4**	**454**	**13**	**130**
研究和试验发展	73		21	1	9
专业技术服务业	74	2	203	7	41
科技推广和应用服务业	75	2	230	5	80
水利、环境和公共设施管理业	**N**		**52**	**1**	**16**
水利管理业	76		9		1
生态保护和环境治理业	77		5		1
公共设施管理业	78		38	1	12
土地管理业	79				2
居民服务、修理和其他服务业	**O**	**11**	**169**	**5**	**41**
居民服务业	80	4	52	3	19
机动车、电子产品和日用产品修理业	81	7	92	1	19
其他服务业	82		25	1	3
教育	**P**				
教育	83				
卫生和社会工作	**Q**		**4**		**3**
卫生	84				1
社会工作	85		4		2
文化、体育和娱乐业	**R**	**10**	**299**	**4**	**143**
新闻和出版业	86		1		
广播、电视、电影和录音制作业	87		114	1	88
文化艺术业	88		44	1	23
体育	89		15		3
娱乐业	90	10	125	2	29
公共管理、社会保障和社会组织	**S**				
中国共产党机关	91				
国家机构	92				
人民政协、民主党派	93				
社会保障	94				
群众团体、社会团体和其他成员组织	95				
基层群众自治组织	96				
国际组织	**T**				
国际组织	97				

2-4 按行业（大类）、运营状态分组的小微企业法人单位从业人员数

行业大类	代码	从业人员数（人）	正常运营	停业（歇业）	筹建	当年关闭
总　计		**1544935**	**1461646**	**32209**	**39971**	**2071**
农、林、牧、渔业	**A**	**6366**	**5755**	**230**	**342**	**7**
农业	01					
林业	02					
畜牧业	03					
渔业	04					
农、林、牧、渔专业及辅助性活动	05	6366	5755	230	342	7
采矿业	**B**	**42590**	**37403**	**3437**	**1510**	**92**
煤炭开采和洗选业	06	14398	11442	2006	782	71
石油和天然气开采业	07	680	673		7	
黑色金属矿采选业	08	4371	3921	348	100	1
有色金属矿采选业	09	6429	5905	283	237	2
非金属矿采选业	10	7342	6532	603	185	15
开采专业及辅助性活动	11	8884	8596	123	124	1
其他采矿业	12	486	334	74	75	2
制造业	**C**	**374284**	**347662**	**11689**	**12140**	**738**
农副食品加工业	13	35001	33888	530	380	50
食品制造业	14	15449	14526	346	375	2
酒、饮料和精制茶制造业	15	9421	8923	208	216	60
烟草制品业	16	25	25			
纺织业	17	26027	24025	605	1379	6
纺织服装、服饰业	18	61167	59780	584	456	198
皮革、毛皮、羽毛及其制品和制鞋业	19	11672	10015	99	1556	
木材加工和木、竹、藤、棕、草制品业	20	4783	4566	156	36	17
家具制造业	21	2213	2030	41	129	12
造纸和纸制品业	22	5120	4764	224	118	1
印刷和记录媒介复制业	23	4118	3957	102	20	5
文教、工美、体育和娱乐用品制造业	24	5976	5660	172	140	1
石油、煤炭及其他燃料加工业	25	9505	7698	619	1141	3
化学原料和化学制品制造业	26	28372	23067	2376	1782	202
医药制造业	27	4144	3982	118	39	2
化学纤维制造业	28	1232	1047	155	29	
橡胶和塑料制品业	29	17638	16385	794	285	25
非金属矿物制品业	30	69713	66519	2117	896	82
黑色金属冶炼和压延加工业	31	4765	4356	297	26	
有色金属冶炼和压延加工业	32	6891	5309	457	1121	3
金属制品业	33	17517	16483	797	196	13
通用设备制造业	34	4488	4150	274	46	9
专用设备制造业	35	8465	7938	263	244	4

2-4 续表 1

行业大类	代码				
		当年破产	当年注销	当年吊销	其他
总　计		**418**	**4223**	**70**	**4327**
农、林、牧、渔业	**A**	**1**	**24**	**1**	**6**
农业	01				
林业	02				
畜牧业	03				
渔业	04				
农、林、牧、渔专业及辅助性活动	05	1	24	1	6
采矿业	**B**		**47**	**1**	**100**
煤炭开采和洗选业	06		1		96
石油和天然气开采业	07				
黑色金属矿采选业	08				1
有色金属矿采选业	09		1		1
非金属矿采选业	10		4	1	2
开采专业及辅助性活动	11		40		
其他采矿业	12		1		
制造业	**C**	**60**	**728**	**11**	**1256**
农副食品加工业	13		136	1	16
食品制造业	14		163		37
酒、饮料和精制茶制造业	15		9		5
烟草制品业	16				
纺织业	17		11	1	
纺织服装、服饰业	18		54		95
皮革、毛皮、羽毛及其制品和制鞋业	19	1	1		
木材加工和木、竹、藤、棕、草制品业	20	1	7		
家具制造业	21				1
造纸和纸制品业	22		13		
印刷和记录媒介复制业	23		1	9	24
文教、工美、体育和娱乐用品制造业	24		1		2
石油、煤炭及其他燃料加工业	25		1		43
化学原料和化学制品制造业	26		7		938
医药制造业	27	3			
化学纤维制造业	28	1			
橡胶和塑料制品业	29		141		8
非金属矿物制品业	30	34	38		27
黑色金属冶炼和压延加工业	31		86		
有色金属冶炼和压延加工业	32				1
金属制品业	33		23		5
通用设备制造业	34	1			8
专用设备制造业	35	2	6		8

2-4 续表 2

行业大类	代码	从业人员数(人)	正常运营	停业(歇业)	筹建	当年关闭
汽车制造业	36	1210	1110	9	50	9
铁路、船舶、航空航天和其他运输设备制造业	37	558	541	7	10	
电气机械和器材制造业	38	10158	9693	170	238	31
计算机、通信和其他电子设备制造业	39	2670	1625	13	1023	1
仪器仪表制造业	40	489	483	6		
其他制造业	41	1030	991	32	5	
废弃资源综合利用业	42	1912	1695	63	152	2
金属制品、机械和设备修理业	43	2555	2431	55	52	
电力、热力、燃气及水生产和供应业	**D**	**51010**	**47197**	**511**	**2678**	**80**
电力、热力生产和供应业	44	35200	32108	308	2371	34
燃气生产和供应业	45	**5724**	**5373**	**20**	**174**	
水的生产和供应业	46	10086	9716	183	133	46
建筑业	**E**	**115443**	**112468**	**1325**	**1066**	**153**
房屋建筑业	47	46054	45372	294	244	118
土木工程建筑业	48	29903	28794	488	334	9
建筑安装业	49	**17396**	**17104**	**151**	**127**	**1**
建筑装饰、装修和其他建筑业	50	22090	21198	392	361	25
批发和零售业	**F**	**214095**	**200777**	**7382**	**4089**	**409**
批发业	51	134692	126258	4745	2444	276
零售业	52	79403	74519	2637	1645	133
交通运输、仓储和邮政业	**G**	**75615**	**73740**	**956**	**700**	**40**
铁路运输业	53					
道路运输业	54	54129	52952	602	392	29
水上运输业	55	68	68			
航空运输业	56	693	678	2	12	1
管道运输业	57	486	454	3	29	
多式联运和运输代理业	58	**6245**	**5974**	**146**	**110**	**7**
装卸搬运和仓储业	59	8502	8165	184	143	
邮政业	60	5492	5449	19	14	3
住宿和餐饮业	**H**	**35454**	**34003**	**705**	**429**	**33**
住宿业	61	21764	20968	334	219	23
餐饮业	62	13690	13035	371	210	10
信息传输、软件和信息技术服务业	**I**	**34081**	**32436**	**700**	**433**	**35**
电信、广播电视和卫星传输服务	63	3094	3056	15	11	1
互联网和相关服务	64	4056	3797	115	87	4
软件和信息技术服务业	65	26931	25583	570	335	30
金融业	**J**	**159071**	**158553**	**118**	**101**	**34**
货币金融服务	66	25515	25363	86	7	28
资本市场服务	67	1430	1102	13	91	
保险业	68	130804	130800	2		
其他金融业	69	1322	1288	17	3	6

2-4 续表 3

行业大类	代码	当年破产	当年注销	当年吊销	其他
汽车制造业	36				32
铁路、船舶、航空航天和其他运输设备制造业	37				
电气机械和器材制造业	38	17	6		3
计算机、通信和其他电子设备制造业	39		7		1
仪器仪表制造业	40				
其他制造业	41				2
废弃资源综合利用业	42				
金属制品、机械和设备修理业	43		17		
电力、热力、燃气及水生产和供应业	**D**	**49**	**79**		**416**
电力、热力生产和供应业	44	46	72		261
燃气生产和供应业	45	3			154
水的生产和供应业	46		7		1
建筑业	**E**	**4**	**114**	**2**	**311**
房屋建筑业	47	2	22		2
土木工程建筑业	48	2	10		266
建筑安装业	49		8		5
建筑装饰、装修和其他建筑业	50		74	2	38
批发和零售业	**F**	**165**	**853**	**26**	**394**
批发业	51	149	517	19	284
零售业	52	16	336	7	110
交通运输、仓储和邮政业	**G**	**6**	**72**		**101**
铁路运输业	53				
道路运输业	54	1	61		92
水上运输业	55				
航空运输业	56				
管道运输业	57				
多式联运和运输代理业	58	3	5		
装卸搬运和仓储业	59	2	1		7
邮政业	60		5		2
住宿和餐饮业	**H**	**2**	**62**		**220**
住宿业	61		25		195
餐饮业	62	2	37		25
信息传输、软件和信息技术服务业	**I**	**1**	**317**		**159**
电信、广播电视和卫星传输服务	63		4		7
互联网和相关服务	64		19		34
软件和信息技术服务业	65	1	294		118
金融业	**J**		**223**		**42**
货币金融服务	66		10		21
资本市场服务	67		205		19
保险业	68				2
其他金融业	69		8		

2-4 续表 4

行业大类	代码	从业人员数(人)				
			正常运营	停业(歇业)	筹建	当年关闭
房地产业	**K**	**107432**	**104422**	**1122**	**724**	**103**
房地产业	70	107432	104422	1122	724	103
租赁和商务服务业	**L**	222152	205068	2059	13936	123
租赁业	71	9443	8978	319	117	9
商务服务业	72	212709	196090	1740	13819	114
科学研究和技术服务业	**M**	**57517**	**55011**	**871**	**1102**	**115**
研究和试验发展	73	1362	1219	79	53	1
专业技术服务业	74	43490	42273	409	480	95
科技推广和应用服务业	75	12665	11519	383	569	19
水利、环境和公共设施管理业	**N**	**10154**	**9640**	**184**	**154**	**15**
水利管理业	76	1047	908	14	1	1
生态保护和环境治理业	77	1408	1326	24	58	
公共设施管理业	78	6993	6709	144	94	13
土地管理业	79	706	697	2	1	1
居民服务、修理和其他服务业	**O**	**22215**	**21150**	**532**	**289**	**30**
居民服务业	80	6586	6050	253	122	11
机动车、电子产品和日用产品修理业	81	12202	11745	249	133	18
其他服务业	82	3427	3355	30	34	1
教育	**P**					
教育	83					
卫生和社会工作	**Q**	**1876**	**1859**	**7**	**10**	
卫生	84	1309	1309			
社会工作	85	567	550	7	10	
文化、体育和娱乐业	**R**	**15580**	**14502**	**381**	**268**	**64**
新闻和出版业	86	**406**	**377**			**29**
广播、电视、电影和录音制作业	87	4781	4464	56	33	
文化艺术业	88	1663	1500	92	39	2
体育	89	1134	1019	19	88	7
娱乐业	90	7596	7142	214	108	26
公共管理、社会保障和社会组织	**S**					
中国共产党机关	91					
国家机构	92					
人民政协、民主党派	93					
社会保障	94					
群众团体、社会团体和其他成员组织	95					
基层群众自治组织	96					
国际组织	**T**					
国际组织	97					

2-4 续表 5

行业大类	代码	当年破产	当年注销	当年吊销	其他
房地产业	**K**	**93**	**250**	**10**	**708**
房地产业	70	93	250	10	708
租赁和商务服务业	**L**	**27**	**612**	**16**	**311**
租赁业	71		18		2
商务服务业	72	27	594	16	309
科学研究和技术服务业	**M**	**3**	**215**	**1**	**199**
研究和试验发展	73		3		7
专业技术服务业	74	3	127		103
科技推广和应用服务业	75		85	1	89
水利、环境和公共设施管理业	**N**		**131**		**30**
水利管理业	76		123		
生态保护和环境治理业	77				
公共设施管理业	78		8		25
土地管理业	79				5
居民服务、修理和其他服务业	**O**	**2**	**184**	**1**	**27**
居民服务业	80	1	139	1	9
机动车、电子产品和日用产品修理业	81	1	39		17
其他服务业	82		6		1
教育	**P**				
教育	83				
卫生和社会工作	**Q**				
卫生	84				
社会工作	85				
文化、体育和娱乐业	**R**	**5**	**312**	**1**	**47**
新闻和出版业	86				
广播、电视、电影和录音制作业	87		198	1	29
文化艺术业	88		22		8
体育	89				1
娱乐业	90	5	92		9
公共管理、社会保障和社会组织	**S**				
中国共产党机关	91				
国家机构	92				
人民政协、民主党派	93				
社会保障	94				
群众团体、社会团体和其他成员组织	95				
基层群众自治组织	96				
国际组织	**T**				
国际组织	97				

2-5 按行业（中类）、登记注册类型分组的小微企业法人单位数

行业中类	代码	企业法人单位数(个)	内资	国有	集体	股份合作	联营	国有联营	集体联营
总　计		**168800**	**168490**	**1255**	**410**	**45**	**53**	**13**	**13**
农、林、牧、渔业	**A**	**1430**	**1430**	**76**	**7**	**1**	**2**	**1**	**1**
农业	**01**	**21**	**21**	**14**					
谷物种植	011	3	3	2					
豆类、油料和薯类种植	012	1	1	1					
棉、麻、糖、烟草种植	013	12	12	10					
蔬菜、食用菌及园艺作物种植	014	1	1						
中药材种植	017	2	2						
其他农业	019	2	2	1					
林业	**02**	**2**	**2**	**2**					
森林经营、管护和改培	023	2	2	2					
畜牧业	**03**	**7**	**7**	**2**					
牲畜饲养	031	3	3	1					
家禽饲养	032	4	4	1					
渔业	**04**	**1**	**1**						
水产养殖	041	1	1						
农、林、牧、渔专业及辅助性活动	**05**	**1399**	**1399**	**58**	**7**	**1**	**2**	**1**	**1**
农业专业及辅助性活动	051	1228	1228	42	7	1	2	1	1
林业专业及辅助性活动	052	60	60	1					
畜牧专业及辅助性活动	053	94	94	15					
渔业专业及辅助性活动	054	17	17						
采矿业	**B**	**2886**	**2869**	**19**	**13**		**1**		**1**
煤炭开采和洗选业	**06**	**296**	**291**	**9**	**2**				
烟煤和无烟煤开采洗选	061	281	276	8	2				
褐煤开采洗选	062	3	3	1					
其他煤炭采选	069	12	12						
石油和天然气开采业	**07**	**37**	**35**	**1**					
石油开采	071	28	27						
天然气开采	072	9	8	1					
黑色金属矿采选业	**08**	**421**	**420**				**1**		**1**
铁矿采选	081	396	395				1		1
锰矿、铬矿采选	082	14	14						
其他黑色金属矿采选	089	11	11						
有色金属矿采选业	**09**	**328**	**322**	**1**	**4**				
常用有色金属矿采选	091	222	217	1	3				
贵金属矿采选	092	81	81		1				
稀有稀土金属矿采选	093	25	24						
非金属矿采选业	**10**	**1152**	**1152**	**7**	**6**				
土砂石开采	101	995	995	3	3				
化学矿开采	102	13	13	1					

2-5 续表 1

行业中类	代码	国有与集体联营	其他联营	有限责任公司	国有独资	其他有限责任公司	股份有限公司	私营	私营独资
总　计		**13**	**14**	**30154**	**1436**	**28718**	**2315**	**134253**	**4843**
农、林、牧、渔业	**A**			**301**	**14**	**287**	**21**	**1022**	**40**
农业	**01**			**6**	**1**	**5**		**1**	
谷物种植	011			1		1			
豆类、油料和薯类种植	012								
棉、麻、糖、烟草种植	013			2	1	1			
蔬菜、食用菌及园艺作物种植	014			1		1			
中药材种植	017			1		1		1	
其他农业	019			1		1			
林业	**02**								
森林经营、管护和改培	023								
畜牧业	**03**			**1**		**1**		**4**	
牲畜饲养	031			1		1		1	
家禽饲养	032							3	
渔业	04			1		1			
水产养殖	041			1		1			
农、林、牧、渔专业及辅助性活动	**05**			**293**	**13**	**280**	**21**	**1017**	**40**
农业专业及辅助性活动	051			255	12	243	20	901	28
林业专业及辅助性活动	052			14	1	13		45	8
畜牧专业及辅助性活动	053			21		21	1	57	4
渔业专业及辅助性活动	054			3		3		14	
采矿业	**B**			**701**	**32**	**669**	**34**	**2101**	**225**
煤炭开采和洗选业	**06**			**130**	**12**	**118**	**6**	**144**	**18**
烟煤和无烟煤开采洗选	061			126	11	115	6	134	18
褐煤开采洗选	062							2	
其他煤炭采选	069			4	1	3		8	
石油和天然气开采业	**07**			**10**	**2**	**8**	**1**	**23**	
石油开采	071			8	2	6	1	18	
天然气开采	072			2		2		5	
黑色金属矿采选业	**08**			**112**	**4**	**108**		**307**	**6**
铁矿采选	081			104	4	100		290	5
锰矿、铬矿采选	082			3		3		11	1
其他黑色金属矿采选	089			5		5		6	
有色金属矿采选业	**09**			**112**	**4**	**108**	**8**	**197**	**6**
常用有色金属矿采选	091			73	2	71	7	133	4
贵金属矿采选	092			28	1	27	1	51	1
稀有稀土金属矿采选	093			11	1	10		13	1
非金属矿采选业	**10**			**216**	**8**	**208**	**8**	**915**	**192**
土砂石开采	101			182	5	177	7	800	190
化学矿开采	102			5		5		7	

2-5 续表 2

行业中类	代码	私营合伙	私营有限责任公司	私营股份有限公司	其他	港澳台商投资	与港澳台商合资经营	与港澳台商合作经营	港澳台商独资
总　计		1850	125302	2258	5	116	44	2	58
农、林、牧、渔业	A	2	947	33					
农业	01		1						
谷物种植	011								
豆类、油料和薯类种植	012								
棉、麻、糖、烟草种植	013								
蔬菜、食用菌及园艺作物种植	014								
中药材种植	017		1						
其他农业	019								
林业	02								
森林经营、管护和改培	023								
畜牧业	03		4						
牲畜饲养	031		1						
家禽饲养	032		3						
渔业	04								
水产养殖	041								
农、林、牧、渔专业及辅助性活动	05	2	942	33					
农业专业及辅助性活动	051	1	846	26					
林业专业及辅助性活动	052	1	34	2					
畜牧专业及辅助性活动	053		51	2					
渔业专业及辅助性活动	054		11	3					
采矿业	B	14	1828	34		12	3	2	5
煤炭开采和洗选业	06	1	122	3		4	1	1	2
烟煤和无烟煤开采洗选	061	1	113	2		4	1	1	2
褐煤开采洗选	062		2						
其他煤炭采选	069		7	1					
石油和天然气开采业	07	1	20	2		2		1	1
石油开采	071	1	17			1		1	
天然气开采	072		3	2		1			1
黑色金属矿采选业	08	1	295	5		1	1		
铁矿采选	081	1	279	5		1	1		
锰矿、铬矿采选	082		10						
其他黑色金属矿采选	089		6						
有色金属矿采选业	09		186	5		4	1		2
常用有色金属矿采选	091		124	5		3	1		1
贵金属矿采选	092		50						
稀有稀土金属矿采选	093		12			1			1
非金属矿采选业	10	11	701	11					
土砂石开采	101	11	589	10					
化学矿开采	102		6	1					

2-5 续表 3

行业中类	代码	港澳台商投资股份有限公司	其他港澳台商投资	外商投资企业	中外合资经营	中外合作经营	外资企业	外商投资股份有限公司	其他外商投资
总　计		**6**	**6**	**194**	**80**	**4**	**59**	**6**	**45**
农、林、牧、渔业	**A**								
农业	**01**								
谷物种植	011								
豆类、油料和薯类种植	012								
棉、麻、糖、烟草种植	013								
蔬菜、食用菌及园艺作物种植	014								
中药材种植	017								
其他农业	019								
林业	**02**								
森林经营、管护和改培	023								
畜牧业	**03**								
牲畜饲养	031								
家禽饲养	032								
渔业	**04**								
水产养殖	041								
农、林、牧、渔专业及辅助性活动	**05**								
农业专业及辅助性活动	051								
林业专业及辅助性活动	052								
畜牧专业及辅助性活动	053								
渔业专业及辅助性活动	054								
采矿业	**B**	**1**	**1**	**5**	**3**		**2**		
煤炭开采和洗选业	**06**			**1**	**1**				
烟煤和无烟煤开采洗选	061			1	1				
褐煤开采洗选	062								
其他煤炭采选	069								
石油和天然气开采业	**07**								
石油开采	071								
天然气开采	072								
黑色金属矿采选业	**08**								
铁矿采选	081								
锰矿、铬矿采选	082								
其他黑色金属矿采选	089								
有色金属矿采选业	**09**	**1**		**2**	**2**				
常用有色金属矿采选	091	1		2	2				
贵金属矿采选	092								
稀有稀土金属矿采选	093								
非金属矿采选业	**10**								
土砂石开采	101								
化学矿开采	102								

2-5 续表 4

行业中类	代码	企业法人单位数(个)							
			内资	国有	集体	股份合作	联营	国有联营	集体联营
采盐	103	10	10		1				
石棉及其他非金属矿采选	109	134	134	3	2				
开采专业及辅助性活动	**11**	**474**	**471**		**1**				
煤炭开采和洗选专业及辅助性活动	111	27	26						
石油和天然气开采专业及辅助性活动	112	423	421		1				
其他开采专业及辅助性活动	119	24	24						
其他采矿业	**12**	**178**	**178**	**1**					
其他采矿业	120	178	178	1					
制造业	**C**	**19430**	**19349**	**119**	**47**	**7**	**7**	**2**	
农副食品加工业	**13**	**2135**	**2121**	**22**	**6**				
谷物磨制	131	310	310	7	2				
饲料加工	132	171	167	2					
植物油加工	133	333	332	6	2				
制糖业	134	12	12		1				
屠宰及肉类加工	135	314	312	3					
水产品加工	136	17	17						
蔬菜、菌类、水果和坚果加工	137	589	587	1					
其他农副食品加工	139	389	384	3	1				
食品制造业	**14**	**933**	**923**	**11**	**1**	**1**			
焙烤食品制造	141	225	222	3					
糖果、巧克力及蜜饯制造	142	28	28						
方便食品制造	143	108	108	1					
乳制品制造	144	85	84	2		1			
罐头食品制造	145	120	117	2					
调味品、发酵制品制造	146	78	75	1					
其他食品制造	149	289	289	2	1				
酒、饮料和精制茶制造业	**15**	**631**	**619**	**6**		**1**	**1**		
酒的制造	151	367	364	5		1	1		
饮料制造	152	251	242	1					
精制茶加工	153	13	13						
烟草制品业	**16**	**1**	**1**						
其他烟草制品制造	169	1	1						
纺织业	**17**	**848**	**844**	**6**	**3**				
棉纺织及印染精加工	171	482	479	5	1				
毛纺织及染整精加工	172	39	39	1					
麻纺织及染整精加工	173	8	8						
丝绢纺织及印染精加工	174	20	20						
化纤织造及印染精加工	175	21	21						
针织或钩针编织物及其制品制造	176	101	101		1				
家用纺织制成品制造	177	131	130						

2-5 续表 5

行业中类	代码	国有与集体联营	其他联营	有限责任公司	国有独资	其他有限责任公司	股份有限公司	私营	私营独资
采盐	103			6	3	3		3	
石棉及其他非金属矿采选	109			23		23	1	105	2
开采专业及辅助性活动	**11**			**77**	**1**	**76**	**7**	**386**	**1**
煤炭开采和洗选专业及辅助性活动	111			9		9		17	1
石油和天然气开采专业及辅助性活动	112			58		58	7	355	
其他开采专业及辅助性活动	119			10	1	9		14	
其他采矿业	**12**			**44**	**1**	**43**	**4**	**129**	**2**
其他采矿业	120			44	1	43	4	129	2
制造业	**C**	**1**	**4**	**3581**	**94**	**3487**	**268**	**15318**	**1014**
农副食品加工业	**13**			**430**	**19**	**411**	**41**	**1622**	**106**
谷物磨制	131			71	5	66	4	226	50
饲料加工	132			40	5	35	6	119	2
植物油加工	133			71	2	69	4	249	12
制糖业	134			1		1	1	9	
屠宰及肉类加工	135			64	1	63	5	240	22
水产品加工	136			4		4	1	12	
蔬菜、菌类、水果和坚果加工	137			111	4	107	15	460	9
其他农副食品加工	139			68	2	66	5	307	11
食品制造业	**14**			**209**	**12**	**197**	**17**	**684**	**25**
焙烤食品制造	141			35		35	3	181	6
糖果、巧克力及蜜饯制造	142			6		6		22	4
方便食品制造	143			16		16		91	4
乳制品制造	144			25	3	22	2	54	
罐头食品制造	145			38	5	33	6	71	
调味品、发酵制品制造	146			15		15	1	58	6
其他食品制造	149			74	4	70	5	207	5
酒、饮料和精制茶制造业	**15**		**1**	**133**	**7**	**126**	**18**	**460**	**38**
酒的制造	151		1	81	5	76	10	266	19
饮料制造	152			51	2	49	7	183	19
精制茶加工	153			1		1	1	11	
烟草制品业	**16**							**1**	
其他烟草制品制造	169							1	
纺织业	**17**			**174**	**3**	**171**	**11**	**650**	**20**
棉纺织及印染精加工	171			109	3	106	8	356	8
毛纺织及染整精加工	172			10		10	1	27	3
麻纺织及染整精加工	173							8	
丝绢纺织及印染精加工	174			2		2		18	
化纤织造及印染精加工	175			3		3		18	1
针织或钩针编织物及其制品制造	176			20		20		80	2
家用纺织制成品制造	177			24		24	2	104	2

2-5 续表 6

行业中类	代码	私营合伙	私营有限责任公司	私营股份有限公司	其他	港澳台商投资	与港澳台商合资经营	与港澳台商合作经营	港澳台商独资
采盐	103		3						
石棉及其他非金属矿采选	109		103						
开采专业及辅助性活动	**11**		**377**	**8**		**1**			
煤炭开采和洗选专业及辅助性活动	111		16			1			
石油和天然气开采专业及辅助性活动	112		347	8					
其他开采专业及辅助性活动	119		14						
其他采矿业	**12**		**127**						
其他采矿业	120		127						
制造业	**C**	**79**	**13916**	**309**	**2**	**30**	**15**		**12**
农副食品加工业	**13**	**5**	**1480**	**31**		**2**	**1**		**1**
谷物磨制	131	2	168	6					
饲料加工	132		113	4					
植物油加工	133		231	6					
制糖业	134		9						
屠宰及肉类加工	135	3	208	7					
水产品加工	136		12						
蔬菜、菌类、水果和坚果加工	137		446	5		1	1		
其他农副食品加工	139		293	3		1			1
食品制造业	**14**	**4**	**641**	**14**		**2**	**2**		
焙烤食品制造	141		173	2					
糖果、巧克力及蜜饯制造	142		18						
方便食品制造	143	1	85	1					
乳制品制造	144		52	2					
罐头食品制造	145	2	66	3		2	2		
调味品、发酵制品制造	146		52						
其他食品制造	149	1	195	6					
酒、饮料和精制茶制造业	**15**	**4**	**410**	**8**		**3**	**1**		**2**
酒的制造	151	1	240	6		1			1
饮料制造	152	3	159	2		2	1		1
精制茶加工	153		11						
烟草制品业	**16**		**1**						
其他烟草制品制造	169		1						
纺织业	**17**	**1**	**615**	**14**		**4**			**4**
棉纺织及印染精加工	171	1	338	9		3			3
毛纺织及染整精加工	172		23	1					
麻纺织及染整精加工	173		7	1					
丝绢纺织及印染精加工	174		18						
化纤织造及印染精加工	175		17						
针织或钩针编织物及其制品制造	176		75	3					
家用纺织制成品制造	177		102			1			1

2-5 续表 7

行业中类	代码	港澳台商投资股份有限公司	其他港澳台商投资	外商投资企业	中外合资经营	中外合作经营	外资企业	外商投资股份有限公司	其他外商投资
采盐	103								
石棉及其他非金属矿采选	109								
开采专业及辅助性活动	**11**		**1**	**2**			**2**		
煤炭开采和洗选专业及辅助性活动	111		1						
石油和天然气开采专业及辅助性活动	112			2			2		
其他开采专业及辅助性活动	119								
其他采矿业	**12**								
其他采矿业	120								
制造业	**C**	**2**	**1**	**51**	**31**	**1**	**9**	**3**	**7**
农副食品加工业	**13**			**12**	**6**	**1**	**4**		**1**
谷物磨制	131								
饲料加工	132			4	1	1	2		
植物油加工	133			1	1				
制糖业	134								
屠宰及肉类加工	135			2	2				
水产品加工	136								
蔬菜、菌类、水果和坚果加工	137			1	1				
其他农副食品加工	139			4	1		2		1
食品制造业	**14**			**8**	**5**		**3**		
焙烤食品制造	141			3	1		2		
糖果、巧克力及蜜饯制造	142								
方便食品制造	143								
乳制品制造	144			1			1		
罐头食品制造	145			1	1				
调味品、发酵制品制造	146			3	3				
其他食品制造	149								
酒、饮料和精制茶制造业	**15**			**9**	**6**			**2**	**1**
酒的制造	151			2	1			1	
饮料制造	152			7	5			1	1
精制茶加工	153								
烟草制品业	**16**								
其他烟草制品制造	169								
纺织业	**17**								
棉纺织及印染精加工	171								
毛纺织及染整精加工	172								
麻纺织及染整精加工	173								
丝绢纺织及印染精加工	174								
化纤织造及印染精加工	175								
针织或钩针编织物及其制品制造	176								
家用纺织制成品制造	177								

2-5 续表 8

行业中类	代码	企业法人单位数(个)	内资						
				国有	集体	股份合作	联营		
								国有联营	集体联营
产业用纺织制成品制造	178	46	46		1				
纺织服装、服饰业	**18**	**1275**	**1275**	**2**	**6**	**1**	**1**		
机织服装制造	181	455	455	2	3	1	1		
针织或钩针编织服装制造	182	103	103						
服饰制造	183	717	717		3				
皮革、毛皮、羽毛及其制品和制鞋业	**19**	**137**	**137**	**1**					
皮革鞣制加工	191	17	17						
皮革制品制造	192	22	22						
毛皮鞣制及制品加工	193	27	27	1					
羽毛（绒）加工及制品制造	194	12	12						
制鞋业	195	59	59						
木材加工和木、竹、藤、棕、草制品业	**20**	**479**	**477**	**1**	**1**				
木材加工	201	276	274	1					
人造板制造	202	79	79						
木质制品制造	203	108	108		1				
竹、藤、棕、草等制品制造	204	16	16						
家具制造业	**21**	**320**	**320**				**1**		
木质家具制造	211	223	223				1		
金属家具制造	213	36	36						
塑料家具制造	214	9	9						
其他家具制造	219	52	52						
造纸和纸制品业	**22**	**316**	**312**						
纸浆制造	221	4	4						
造纸	222	79	79						
纸制品制造	223	233	229						
印刷和记录媒介复制业	**23**	**354**	**354**	**21**	**4**	**2**			
印刷	231	269	269	16	4	2			
装订及印刷相关服务	232	84	84	5					
记录媒介复制	233	1	1						
文教、工美、体育和娱乐用品制造业	**24**	**492**	**489**	**1**	**1**				
文教办公用品制造	241	36	36						
乐器制造	242	6	6						
工艺美术及礼仪用品制造	243	433	430	1	1				
体育用品制造	244	10	10						
玩具制造	245	5	5						
游艺器材及娱乐用品制造	246	2	2						
石油、煤炭及其他燃料加工业	**25**	**279**	**279**	**1**					
精炼石油产品制造	251	127	127						
煤炭加工	252	131	131	1					
核燃料加工	253	1	1						

2-5 续表 9

行业中类	代码	国有与集体联营	其他联营	有限责任公司	国有独资	其他有限责任公司	股份有限公司	私营	私营独资
产业用纺织制成品制造	178			6		6		39	4
纺织服装、服饰业	**18**		**1**	**248**	**3**	**245**	**16**	**1001**	**42**
机织服装制造	181		1	93	1	92	6	349	16
针织或钩针编织服装制造	182			22		22	2	79	3
服饰制造	183			133	2	131	8	573	23
皮革、毛皮、羽毛及其制品和制鞋业	**19**			**33**		**33**	**1**	**102**	**6**
皮革鞣制加工	191			5		5		12	2
皮革制品制造	192			7		7		15	2
毛皮鞣制及制品加工	193			6		6		20	
羽毛（绒）加工及制品制造	194			2		2		10	1
制鞋业	195			13		13	1	45	1
木材加工和木、竹、藤、棕、草制品业	**20**			**71**		**71**	**3**	**401**	**30**
木材加工	201			42		42	2	229	16
人造板制造	202			16		16		63	5
木质制品制造	203			11		11		96	5
竹、藤、棕、草等制品制造	204			2		2	1	13	4
家具制造业	**21**		**1**	**41**	**1**	**40**	**3**	**275**	**11**
木质家具制造	211		1	28	1	27	2	192	5
金属家具制造	213			7		7	1	28	2
塑料家具制造	214			1		1		8	
其他家具制造	219			5		5		47	4
造纸和纸制品业	**22**			**44**	**1**	**43**	**5**	**263**	**16**
纸浆制造	221			1		1		3	
造纸	222			13		13	2	64	3
纸制品制造	223			30	1	29	3	196	13
印刷和记录媒介复制业	**23**			**65**	**1**	**64**	**6**	**256**	**32**
印刷	231			54	1	53	5	188	20
装订及印刷相关服务	232			11		11	1	67	12
记录媒介复制	233							1	
文教、工美、体育和娱乐用品制造业	**24**			**55**	**3**	**52**	**9**	**421**	**32**
文教办公用品制造	241			5		5	3	28	1
乐器制造	242							6	
工艺美术及礼仪用品制造	243			50	3	47	5	371	31
体育用品制造	244							10	
玩具制造	245							5	
游艺器材及娱乐用品制造	246						1	1	
石油、煤炭及其他燃料加工业	**25**			**65**	**2**	**63**	**7**	**206**	**5**
精炼石油产品制造	251			24		24	5	98	2
煤炭加工	252			38	2	36	2	90	3
核燃料加工	253			1		1			

2-5 续表 10

行业中类	代码	私营合伙	私营有限责任公司	私营股份有限公司	其他	港澳台商投资	与港澳台商合资经营	与港澳台商合作经营	港澳台商独资
产业用纺织制成品制造	178		35						
纺织服装、服饰业	**18**	**1**	**936**	**22**					
机织服装制造	181		325	8					
针织或钩针编织服装制造	182		75	1					
服饰制造	183	1	536	13					
皮革、毛皮、羽毛及其制品和制鞋业	**19**	**2**	**93**	**1**					
皮革鞣制加工	191	1	9						
皮革制品制造	192		13						
毛皮鞣制及制品加工	193		19	1					
羽毛（绒）加工及制品制造	194		9						
制鞋业	195	1	43						
木材加工和木、竹、藤、棕、草制品业	**20**	**3**	**360**	**8**					
木材加工	201	3	206	4					
人造板制造	202		57	1					
木质制品制造	203		88	3					
竹、藤、棕、草等制品制造	204		9						
家具制造业	**21**	**1**	**258**	**5**					
木质家具制造	211	1	183	3					
金属家具制造	213		24	2					
塑料家具制造	214		8						
其他家具制造	219		43						
造纸和纸制品业	**22**		**244**	**3**		**3**	**3**		
纸浆制造	221		3						
造纸	222		60	1					
纸制品制造	223		181	2		3	3		
印刷和记录媒介复制业	**23**	**2**	**218**	**4**					
印刷	231	2	164	2					
装订及印刷相关服务	232		53	2					
记录媒介复制	233		1						
文教、工美、体育和娱乐用品制造业	**24**	**3**	**376**	**10**	**2**	**1**			**1**
文教办公用品制造	241		26	1					
乐器制造	242		6						
工艺美术及礼仪用品制造	243	3	329	8	2	1			1
体育用品制造	244		10						
玩具制造	245		5						
游艺器材及娱乐用品制造	246			1					
石油、煤炭及其他燃料加工业	**25**	**3**	**190**	**8**					
精炼石油产品制造	251	1	91	4					
煤炭加工	252	1	82	4					
核燃料加工	253								

2-5 续表 11

行业中类	代码	港澳台商投资股份有限公司	其他港澳台商投资	外商投资企业	中外合资经营	中外合作经营	外资企业	外商投资股份有限公司	其他外商投资
产业用纺织制成品制造	178								
纺织服装、服饰业	**18**								
机织服装制造	181								
针织或钩针编织服装制造	182								
服饰制造	183								
皮革、毛皮、羽毛及其制品和制鞋业	**19**								
皮革鞣制加工	191								
皮革制品制造	192								
毛皮鞣制及制品加工	193								
羽毛（绒）加工及制品制造	194								
制鞋业	195								
木材加工和木、竹、藤、棕、草制品业	**20**			**2**					**2**
木材加工	201			2					2
人造板制造	202								
木质制品制造	203								
竹、藤、棕、草等制品制造	204								
家具制造业	**21**								
木质家具制造	211								
金属家具制造	213								
塑料家具制造	214								
其他家具制造	219								
造纸和纸制品业	**22**			**1**	**1**				
纸浆制造	221								
造纸	222								
纸制品制造	223			1	1				
印刷和记录媒介复制业	**23**								
印刷	231								
装订及印刷相关服务	232								
记录媒介复制	233								
文教、工美、体育和娱乐用品制造业	**24**			**2**				**1**	**1**
文教办公用品制造	241								
乐器制造	242								
工艺美术及礼仪用品制造	243			2				1	1
体育用品制造	244								
玩具制造	245								
游艺器材及娱乐用品制造	246								
石油、煤炭及其他燃料加工业	**25**								
精炼石油产品制造	251								
煤炭加工	252								
核燃料加工	253								

2-5 续表 12

行业中类	代码	企业法人单位数(个)	内资	国有	集体	股份合作	联营	国有联营	集体联营
生物质燃料加工	254	20	20						
化学原料和化学制品制造业	**26**	**1175**	**1165**	**9**	**3**		**1**		
基础化学原料制造	261	197	193	1	2		1		
肥料制造	262	445	441	4					
农药制造	263	14	14						
涂料、油墨、颜料及类似产品制造	264	115	115	1					
合成材料制造	265	60	60						
专用化学产品制造	266	233	232	2	1				
炸药、火工及焰火产品制造	267	20	20						
日用化学产品制造	268	91	90	1					
医药制造业	**27**	**158**	**155**						
化学药品原料药制造	271	17	17						
化学药品制剂制造	272	8	7						
中药饮片加工	273	47	47						
中成药生产	274	37	36						
兽用药品制造	275	3	3						
生物药品制品制造	276	27	26						
卫生材料及医药用品制造	277	15	15						
药用辅料及包装材料	278	4	4						
化学纤维制造业	**28**	**31**	**31**						
纤维素纤维原料及纤维制造	281	13	13						
合成纤维制造	282	14	14						
生物基材料制造	283	4	4						
橡胶和塑料制品业	**29**	**1382**	**1378**	**4**	**5**	**1**			
橡胶制品业	291	89	88	2					
塑料制品业	292	1293	1290	2	5	1			
非金属矿物制品业	**30**	**3716**	**3712**	**16**	**7**	**1**	**1**	**1**	
水泥、石灰和石膏制造	301	304	303	2					
石膏、水泥制品及类似制品制造	302	1124	1124	3	1		1	1	
砖瓦、石材等建筑材料制造	303	1856	1855	11	6	1			
玻璃制造	304	43	43						
玻璃制品制造	305	67	67						
玻璃纤维和玻璃纤维增强塑料制品制造	306	48	48						
陶瓷制品制造	307	55	55						
耐火材料制品制造	308	46	46						
石墨及其他非金属矿物制品制造	309	173	171						
黑色金属冶炼和压延加工业	**31**	**151**	**150**						
炼铁	311	22	22						
炼钢	312	7	7						
钢压延加工	313	107	107						

2-5 续表 13

行业中类	代码								
		国有与集体联营	其他联营	有限责任公司	国有独资	其他有限责任公司	股份有限公司	私营	私营独资
生物质燃料加工	254			2		2		18	
化学原料和化学制品制造业	**26**		**1**	**264**	**9**	**255**	**22**	**866**	**31**
基础化学原料制造	261		1	46	1	45	5	138	7
肥料制造	262			104	5	99	7	326	10
农药制造	263			5		5		9	1
涂料、油墨、颜料及类似产品制造	264			18		18	1	95	4
合成材料制造	265			18	1	17	3	39	1
专用化学产品制造	266			47	2	45	3	179	5
炸药、火工及焰火产品制造	267			12		12		8	
日用化学产品制造	268			14		14	3	72	3
医药制造业	**27**			**35**	**1**	**34**	**2**	**118**	**2**
化学药品原料药制造	271			4		4		13	
化学药品制剂制造	272			1		1		6	
中药饮片加工	273			7	1	6	1	39	1
中成药生产	274			14		14	1	21	
兽用药品制造	275							3	1
生物药品制品制造	276			8		8		18	
卫生材料及医药用品制造	277							15	
药用辅料及包装材料	278			1		1		3	
化学纤维制造业	**28**			**13**	**1**	**12**	**1**	**17**	
纤维素纤维原料及纤维制造	281			5	1	4		8	
合成纤维制造	282			6		6	1	7	
生物基材料制造	283			2		2		2	
橡胶和塑料制品业	**29**			**228**	**4**	**224**	**12**	**1128**	**78**
橡胶制品业	291			13		13	1	72	11
塑料制品业	292			215	4	211	11	1056	67
非金属矿物制品业	**30**			**684**	**16**	**668**	**41**	**2962**	**416**
水泥、石灰和石膏制造	301			90	3	87	6	205	8
石膏、水泥制品及类似制品制造	302			259	5	254	11	849	35
砖瓦、石材等建筑材料制造	303			245	6	239	15	1577	369
玻璃制造	304			11		11	1	31	
玻璃制品制造	305			14		14		53	1
玻璃纤维和玻璃纤维增强塑料制品制造	306			12		12	1	35	
陶瓷制品制造	307			17		17	3	35	1
耐火材料制品制造	308			5		5	1	40	2
石墨及其他非金属矿物制品制造	309			31	2	29	3	137	
黑色金属冶炼和压延加工业	**31**			**32**	**1**	**31**	**5**	**113**	**5**
炼铁	311			6		6	1	15	
炼钢	312			5		5		2	
钢压延加工	313			16	1	15	2	89	5

2-5 续表 14

行业中类	代码	私营合伙	私营有限责任公司	私营股份有限公司	其他	港澳台商投资	与港澳台商合资经营	与港澳台商合作经营	港澳台商独资
生物质燃料加工	254	1	17						
化学原料和化学制品制造业	**26**	**3**	**800**	**32**		**5**	**3**		**2**
基础化学原料制造	261	1	126	4		2	1		1
肥料制造	262	1	304	11		2	2		
农药制造	263		8						
涂料、油墨、颜料及类似产品制造	264	1	86	4					
合成材料制造	265		33	5					
专用化学产品制造	266		170	4		1			1
炸药、火工及焰火产品制造	267		7	1					
日用化学产品制造	268		66	3					
医药制造业	**27**	**1**	**109**	**6**					
化学药品原料药制造	271		13						
化学药品制剂制造	272		6						
中药饮片加工	273		37	1					
中成药生产	274		19	2					
兽用药品制造	275		2						
生物药品制品制造	276		17	1					
卫生材料及医药用品制造	277	1	13	1					
药用辅料及包装材料	278		2	1					
化学纤维制造业	**28**		**16**	**1**					
纤维素纤维原料及纤维制造	281		7	1					
合成纤维制造	282		7						
生物基材料制造	283		2						
橡胶和塑料制品业	**29**	**4**	**1031**	**15**		**3**	**1**		
橡胶制品业	291	2	57	2					
塑料制品业	292	2	974	13		3	1		
非金属矿物制品业	**30**	**29**	**2458**	**59**		**3**	**3**		
水泥、石灰和石膏制造	301	1	190	6					
石膏、水泥制品及类似制品制造	302	1	803	10					
砖瓦、石材等建筑材料制造	303	23	1159	26		1	1		
玻璃制造	304		31						
玻璃制品制造	305		50	2					
玻璃纤维和玻璃纤维增强塑料制品制造	306		34	1					
陶瓷制品制造	307		31	3					
耐火材料制品制造	308	1	33	4					
石墨及其他非金属矿物制品制造	309	3	127	7		2	2		
黑色金属冶炼和压延加工业	**31**		**105**	**3**					
炼铁	311		15						
炼钢	312		2						
钢压延加工	313		81	3					

2-5 续表 15

行业中类	代码	港澳台商投资股份有限公司	其他港澳台商投资	外商投资企业	中外合资经营	中外合作经营	外资企业	外商投资股份有限公司	其他外商投资
生物质燃料加工	254								
化学原料和化学制品制造业	**26**			**5**	**5**				
基础化学原料制造	261			2	2				
肥料制造	262			2	2				
农药制造	263								
涂料、油墨、颜料及类似产品制造	264								
合成材料制造	265								
专用化学产品制造	266								
炸药、火工及焰火产品制造	267								
日用化学产品制造	268			1	1				
医药制造业	**27**			**3**	**2**		**1**		
化学药品原料药制造	271								
化学药品制剂制造	272			1	1				
中药饮片加工	273								
中成药生产	274			1	1				
兽用药品制造	275								
生物药品制品制造	276			1			1		
卫生材料及医药用品制造	277								
药用辅料及包装材料	278								
化学纤维制造业	**28**								
纤维素纤维原料及纤维制造	281								
合成纤维制造	282								
生物基材料制造	283								
橡胶和塑料制品业	**29**	**2**		**1**					**1**
橡胶制品业	291			1					1
塑料制品业	292	2							
非金属矿物制品业	**30**			**1**			**1**		
水泥、石灰和石膏制造	301			1			1		
石膏、水泥制品及类似制品制造	302								
砖瓦、石材等建筑材料制造	303								
玻璃制造	304								
玻璃制品制造	305								
玻璃纤维和玻璃纤维增强塑料制品制造	306								
陶瓷制品制造	307								
耐火材料制品制造	308								
石墨及其他非金属矿物制品制造	309								
黑色金属冶炼和压延加工业	**31**			**1**	**1**				
炼铁	311								
炼钢	312								
钢压延加工	313								

2-5 续表 16

行业中类	代码	企业法人单位数(个)	内资						
				国有	集体	股份合作	联营		
								国有联营	集体联营
铁合金冶炼	314	15	14						
有色金属冶炼和压延加工业	**32**	**143**	**142**	**1**					
常用有色金属冶炼	321	54	53						
贵金属冶炼	322	11	11						
稀有稀土金属冶炼	323	2	2						
有色金属合金制造	324	30	30						
有色金属压延加工	325	46	46	1					
金属制品业	**33**	**1683**	**1679**	**6**	**5**		**1**	**1**	
结构性金属制品制造	331	1164	1162	2	3				
金属工具制造	332	52	52	2	1				
集装箱及金属包装容器制造	333	61	60						
金属丝绳及其制品制造	334	30	30	1					
建筑、安全用金属制品制造	335	139	138						
金属表面处理及热处理加工	336	21	21						
搪瓷制品制造	337	4	4						
金属制日用品制造	338	37	37						
铸造及其他金属制品制造	339	175	175	1	1		1	1	
通用设备制造业	**34**	**543**	**542**	**5**	**1**		**1**		
锅炉及原动设备制造	341	109	109						
金属加工机械制造	342	92	92						
物料搬运设备制造	343	38	38						
泵、阀门、压缩机及类似机械制造	344	21	21						
轴承、齿轮和传动部件制造	345	4	4						
烘炉、风机、包装等设备制造	346	44	43						
文化、办公用机械制造	347	9	9						
通用零部件制造	348	178	178	5	1		1		
其他通用设备制造业	349	48	48						
专用设备制造业	**35**	**730**	**727**	**3**	**2**				
采矿、冶金、建筑专用设备制造	351	161	160	1					
化工、木材、非金属加工专用设备制造	352	37	37						
食品、饮料、烟草及饲料生产专用设备制造	353	17	17						
印刷、制药、日化及日用品生产专用设备制造	354	15	15						
纺织、服装和皮革加工专用设备制造	355	21	21		1				
电子和电工机械专用设备制造	356	36	36						
农、林、牧、渔专用机械制造	357	205	203	2	1				
医疗仪器设备及器械制造	358	40	40						
环保、邮政、社会公共服务及其他专用设备制造	359	198	198						
汽车制造业	**36**	**93**	**93**	**1**					
汽车整车制造	361	13	13						
汽车用发动机制造	362	3	3						

2-5 续表 17

行业中类	代码	国有与集体联营	其他联营	有限责任公司	国有独资	其他有限责任公司	股份有限公司	私营	私营独资
铁合金冶炼	314			5		5	2	7	
有色金属冶炼和压延加工业	**32**			**52**		**52**	**4**	**85**	**2**
常用有色金属冶炼	321			21		21	2	30	
贵金属冶炼	322			7		7		4	
稀有稀土金属冶炼	323						1	1	
有色金属合金制造	324			11		11	1	18	2
有色金属压延加工	325			13		13		32	
金属制品业	**33**			**238**	**4**	**234**	**9**	**1420**	**47**
结构性金属制品制造	331			166	4	162	3	988	30
金属工具制造	332			7		7		42	5
集装箱及金属包装容器制造	333			6		6	1	53	2
金属丝绳及其制品制造	334			5		5	2	22	
建筑、安全用金属制品制造	335			14		14	2	122	3
金属表面处理及热处理加工	336			5		5		16	2
搪瓷制品制造	337			2		2		2	
金属制日用品制造	338			6		6		31	1
铸造及其他金属制品制造	339			27		27	1	144	4
通用设备制造业	**34**	**1**		**75**		**75**	**12**	**448**	**27**
锅炉及原动设备制造	341			20		20	3	86	7
金属加工机械制造	342			13		13	2	77	6
物料搬运设备制造	343			5		5	2	31	1
泵、阀门、压缩机及类似机械制造	344			5		5		16	
轴承、齿轮和传动部件制造	345							4	
烘炉、风机、包装等设备制造	346			6		6	2	35	1
文化、办公用机械制造	347			2		2		7	
通用零部件制造	348	1		19		19	2	150	11
其他通用设备制造业	349			5		5	1	42	1
专用设备制造业	**35**			**124**	**4**	**120**	**11**	**587**	**21**
采矿、冶金、建筑专用设备制造	351			36	3	33	1	122	8
化工、木材、非金属加工专用设备制造	352			6		6		31	
食品、饮料、烟草及饲料生产专用设备制造	353			3		3		14	
印刷、制药、日化及日用品生产专用设备制造	354			2		2	1	12	1
纺织、服装和皮革加工专用设备制造	355			5		5		15	3
电子和电工机械专用设备制造	356			10		10		26	
农、林、牧、渔专用机械制造	357			25	1	24	3	172	7
医疗仪器设备及器械制造	358			5		5	1	34	1
环保、邮政、社会公共服务及其他专用设备制造	359			32		32	5	161	1
汽车制造业	**36**			**28**		**28**		**64**	
汽车整车制造	361			8		8		5	
汽车用发动机制造	362							3	

2-5 续表 18

行业中类	代码	私营合伙	私营有限责任公司	私营股份有限公司	其他	港澳台商投资	与港澳台商合资经营	与港澳台商合作经营	港澳台商独资
铁合金冶炼	314		7						
有色金属冶炼和压延加工业	**32**	**1**	**77**	**5**		**1**	**1**		
常用有色金属冶炼	321		27	3		1	1		
贵金属冶炼	322		4						
稀有稀土金属冶炼	323		1						
有色金属合金制造	324		15	1					
有色金属压延加工	325	1	30	1					
金属制品业	**33**	**4**	**1344**	**25**		**1**			
结构性金属制品制造	331	2	938	18		1			
金属工具制造	332		37						
集装箱及金属包装容器制造	333		49	2					
金属丝绳及其制品制造	334		20	2					
建筑、安全用金属制品制造	335		118	1					
金属表面处理及热处理加工	336		14						
搪瓷制品制造	337		2						
金属制日用品制造	338		30						
铸造及其他金属制品制造	339	2	136	2					
通用设备制造业	**34**	**6**	**412**	**3**		**1**			**1**
锅炉及原动设备制造	341	4	75						
金属加工机械制造	342		70	1					
物料搬运设备制造	343		30						
泵、阀门、压缩机及类似机械制造	344		15	1					
轴承、齿轮和传动部件制造	345		4						
烘炉、风机、包装等设备制造	346	1	33			1			1
文化、办公用机械制造	347		7						
通用零部件制造	348	1	137	1					
其他通用设备制造业	349		41						
专用设备制造业	**35**		**550**	**16**		**1**			**1**
采矿、冶金、建筑专用设备制造	351		108	6					
化工、木材、非金属加工专用设备制造	352		30	1					
食品、饮料、烟草及饲料生产专用设备制造	353		14						
印刷、制药、日化及日用品生产专用设备制造	354		11						
纺织、服装和皮革加工专用设备制造	355		12						
电子和电工机械专用设备制造	356		25	1					
农、林、牧、渔专用机械制造	357		160	5		1			1
医疗仪器设备及器械制造	358		32	1					
环保、邮政、社会公共服务及其他专用设备制造	359		138	2					
汽车制造业	**36**		**64**						
汽车整车制造	361		5						
汽车用发动机制造	362		3						

2-5 续表 19

行业中类	代码	港澳台商投资股份有限公司	其他港澳台商投资	外商投资企业	中外合资经营	中外合作经营	外资企业	外商投资股份有限公司	其他外商投资
铁合金冶炼	314			1	1				
有色金属冶炼和压延加工业	**32**								
常用有色金属冶炼	321								
贵金属冶炼	322								
稀有稀土金属冶炼	323								
有色金属合金制造	324								
有色金属压延加工	325								
金属制品业	**33**		**1**	**3**	**2**				**1**
结构性金属制品制造	331		1	1					1
金属工具制造	332								
集装箱及金属包装容器制造	333			1	1				
金属丝绳及其制品制造	334								
建筑、安全用金属制品制造	335			1	1				
金属表面处理及热处理加工	336								
搪瓷制品制造	337								
金属制日用品制造	338								
铸造及其他金属制品制造	339								
通用设备制造业	**34**								
锅炉及原动设备制造	341								
金属加工机械制造	342								
物料搬运设备制造	343								
泵、阀门、压缩机及类似机械制造	344								
轴承、齿轮和传动部件制造	345								
烘炉、风机、包装等设备制造	346								
文化、办公用机械制造	347								
通用零部件制造	348								
其他通用设备制造业	349								
专用设备制造业	**35**			**2**	**2**				
采矿、冶金、建筑专用设备制造	351			1	1				
化工、木材、非金属加工专用设备制造	352								
食品、饮料、烟草及饲料生产专用设备制造	353								
印刷、制药、日化及日用品生产专用设备制造	354								
纺织、服装和皮革加工专用设备制造	355								
电子和电工机械专用设备制造	356								
农、林、牧、渔专用机械制造	357			1	1				
医疗仪器设备及器械制造	358								
环保、邮政、社会公共服务及其他专用设备制造	359								
汽车制造业	**36**								
汽车整车制造	361								
汽车用发动机制造	362								

2-5 续表 20

行业中类	代码	企业法人单位数(个)	内资						
				国有	集体	股份合作	联营		
								国有联营	集体联营
改装汽车制造	363	16	16						
电车制造	365	3	3						
汽车车身、挂车制造	366	9	9						
汽车零部件及配件制造	367	49	49	1					
铁路、船舶、航空航天和其他运输设备制造业	**37**	**38**	**38**	**1**					
铁路运输设备制造	371	9	9	1					
城市轨道交通设备制造	372	1	1						
航空、航天器及设备制造	374	9	9						
摩托车制造	375	6	6						
自行车和残疾人座车制造	376	4	4						
助动车制造	377	8	8						
非公路休闲车及零配件制造	378	1	1						
电气机械和器材制造业	**38**	**600**	**600**		**1**				
电机制造	381	27	27						
输配电及控制设备制造	382	285	285						
电线、电缆、光缆及电工器材制造	383	123	123		1				
电池制造	384	16	16						
家用电力器具制造	385	21	21						
非电力家用器具制造	386	16	16						
照明器具制造	387	69	69						
其他电气机械及器材制造	389	43	43						
计算机、通信和其他电子设备制造业	**39**	**160**	**159**						
计算机制造	391	23	23						
通信设备制造	392	13	13						
广播电视设备制造	393	4	4						
非专业视听设备制造	395	4	4						
智能消费设备制造	396	15	15						
电子器件制造	397	15	15						
电子元件及电子专用材料制造	398	73	72						
其他电子设备制造	399	13	13						
仪器仪表制造业	**40**	**46**	**46**						
通用仪器仪表制造	401	26	26						
专用仪器仪表制造	402	12	12						
衡器制造	405	7	7						
其他仪器仪表制造业	409	1	1						
其他制造业	**41**	**89**	**89**	**1**					
日用杂品制造	411	21	21						
核辐射加工	412	2	2						
其他未列明制造业	419	66	66	1					
废弃资源综合利用业	**42**	**112**	**112**						

2-5 续表 21

行业中类	代码	国有与集体联营	其他联营	有限责任公司	国有独资	其他有限责任公司	股份有限公司	私营	私营独资
改装汽车制造	363			9		9		7	
电车制造	365							3	
汽车车身、挂车制造	366			4		4		5	
汽车零部件及配件制造	367			7		7		41	
铁路、船舶、航空航天和其他运输设备制造业	**37**			**11**		**11**	**1**	**25**	
铁路运输设备制造	371			5		5		3	
城市轨道交通设备制造	372			1		1			
航空、航天器及设备制造	374			4		4		5	
摩托车制造	375							6	
自行车和残疾人座车制造	376							4	
助动车制造	377			1		1	1	6	
非公路休闲车及零配件制造	378							1	
电气机械和器材制造业	**38**			**96**	**2**	**94**	**6**	**497**	**10**
电机制造	381			10	1	9	1	16	
输配电及控制设备制造	382			49	1	48	4	232	8
电线、电缆、光缆及电工器材制造	383			17		17	1	104	1
电池制造	384			6		6		10	
家用电力器具制造	385			2		2		19	
非电力家用器具制造	386			2		2		14	
照明器具制造	387			8		8		61	1
其他电气机械及器材制造	389			2		2		41	
计算机、通信和其他电子设备制造业	**39**			**38**		**38**	**1**	**120**	**1**
计算机制造	391			9		9		14	
通信设备制造	392			3		3		10	
广播电视设备制造	393			1		1		3	
非专业视听设备制造	395			1		1	1	2	
智能消费设备制造	396			3		3		12	
电子器件制造	397			4		4		11	
电子元件及电子专用材料制造	398			15		15		57	1
其他电子设备制造	399			2		2		11	
仪器仪表制造业	**40**			**8**		**8**	**1**	**37**	
通用仪器仪表制造	401			2		2	1	23	
专用仪器仪表制造	402			5		5		7	
衡器制造	405			1		1		6	
其他仪器仪表制造业	409							1	
其他制造业	**41**			**12**		**12**		**76**	**4**
日用杂品制造	411			2		2		19	1
核辐射加工	412			1		1		1	
其他未列明制造业	419			9		9		56	3
废弃资源综合利用业	**42**			**27**		**27**		**85**	

2-5 续表 22

行业中类	代码	私营合伙	私营有限责任公司	私营股份有限公司	其他	港澳台商投资	与港澳台商合资经营	与港澳台商合作经营	港澳台商独资
改装汽车制造	363		7						
电车制造	365		3						
汽车车身、挂车制造	366		5						
汽车零部件及配件制造	367		41						
铁路、船舶、航空航天和其他运输设备制造业	**37**		**25**						
铁路运输设备制造	371		3						
城市轨道交通设备制造	372								
航空、航天器及设备制造	374		5						
摩托车制造	375		6						
自行车和残疾人座车制造	376		4						
助动车制造	377		6						
非公路休闲车及零配件制造	378		1						
电气机械和器材制造业	**38**		**478**	**9**					
电机制造	381		16						
输配电及控制设备制造	382		220	4					
电线、电缆、光缆及电工器材制造	383		101	2					
电池制造	384		9	1					
家用电力器具制造	385		19						
非电力家用器具制造	386		14						
照明器具制造	387		60						
其他电气机械及器材制造	389		39	2					
计算机、通信和其他电子设备制造业	**39**		**118**	**1**					
计算机制造	391		14						
通信设备制造	392		10						
广播电视设备制造	393		3						
非专业视听设备制造	395		2						
智能消费设备制造	396		11	1					
电子器件制造	397		11						
电子元件及电子专用材料制造	398		56						
其他电子设备制造	399		11						
仪器仪表制造业	**40**	**1**	**36**						
通用仪器仪表制造	401		23						
专用仪器仪表制造	402		7						
衡器制造	405	1	5						
其他仪器仪表制造业	409		1						
其他制造业	**41**		**70**	**2**					
日用杂品制造	411		18						
核辐射加工	412		1						
其他未列明制造业	419		51	2					
废弃资源综合利用业	**42**		**84**	**1**					

2-5 续表 23

行业中类	代码	港澳台商投资股份有限公司	其他港澳台商投资	外商投资企业	中外合资经营	中外合作经营	外资企业	外商投资股份有限公司	其他外商投资
改装汽车制造	363								
电车制造	365								
汽车车身、挂车制造	366								
汽车零部件及配件制造	367								
铁路、船舶、航空航天和其他运输设备制造业	**37**								
铁路运输设备制造	371								
城市轨道交通设备制造	372								
航空、航天器及设备制造	374								
摩托车制造	375								
自行车和残疾人座车制造	376								
助动车制造	377								
非公路休闲车及零配件制造	378								
电气机械和器材制造业	**38**								
电机制造	381								
输配电及控制设备制造	382								
电线、电缆、光缆及电工器材制造	383								
电池制造	384								
家用电力器具制造	385								
非电力家用器具制造	386								
照明器具制造	387								
其他电气机械及器材制造	389								
计算机、通信和其他电子设备制造业	**39**			**1**	**1**				
计算机制造	391								
通信设备制造	392								
广播电视设备制造	393								
非专业视听设备制造	395								
智能消费设备制造	396								
电子器件制造	397								
电子元件及电子专用材料制造	398			1	1				
其他电子设备制造	399								
仪器仪表制造业	**40**								
通用仪器仪表制造	401								
专用仪器仪表制造	402								
衡器制造	405								
其他仪器仪表制造业	409								
其他制造业	**41**								
日用杂品制造	411								
核辐射加工	412								
其他未列明制造业	419								
废弃资源综合利用业	**42**								

2-5 续表 24

行业中类	代码	企业法人单位数(个)	内资	国有	集体	股份合作	联营	联营：国有联营	联营：集体联营
金属废料和碎屑加工处理	421	50	50						
非金属废料和碎屑加工处理	422	62	62						
金属制品、机械和设备修理业	**43**	**380**	**380**		**1**				
金属制品修理	431	13	13						
通用设备修理	432	49	49						
专用设备修理	433	99	99						
铁路、船舶、航空航天等运输设备修理	434	4	4		1				
电气设备修理	435	49	49						
仪器仪表修理	436	12	12						
其他机械和设备修理业	439	154	154						
电力、热力、燃气及水生产和供应业	**D**	**2019**	**2006**	**112**	**16**	**2**	**5**	**1**	
电力、热力生产和供应业	**44**	**1531**	**1523**	**54**	**9**	**2**	**2**	**1**	
电力生产	441	1065	1057	22	8	2			
电力供应	442	79	79	11			1	1	
热力生产和供应	443	387	387	21	1		1		
燃气生产和供应业	**45**	**182**	**182**	**4**					
燃气生产和供应业	451	177	177	4					
生物质燃气生产和供应业	452	5	5						
水的生产和供应业	46	306	301	54	7		3		
自来水生产和供应	461	187	186	49	6		2		
污水处理及其再生利用	462	115	111	5	1		1		
其他水的处理、利用与分配	469	4	4						
建筑业	**E**	**10818**	**10811**	**43**	**16**	**1**			
房屋建筑业	**47**	**2342**	**2342**	**9**	**3**				
住宅房屋建筑	471	2069	2069	9	3				
体育场馆建筑	472	2	2						
其他房屋建筑业	479	271	271						
土木工程建筑业	**48**	**2687**	**2684**	**22**	**8**				
铁路、道路、隧道和桥梁工程建筑	481	1107	1106	6	1				
水利和水运工程建筑	482	311	311	11	4				
工矿工程建筑	484	96	96	1	1				
架线和管道工程建筑	485	280	280	2	1				
节能环保工程施工	486	61	61						
电力工程施工	487	121	121	1					
其他土木工程建筑	489	711	709	1	1				
建筑安装业	**49**	**1853**	**1850**	**4**	**5**				
电气安装	491	576	576	1	3				
管道和设备安装	492	516	514	3	1				
其他建筑安装业	499	761	760		1				
建筑装饰、装修和其他建筑业	**50**	**3936**	**3935**	**8**		**1**			

2-5 续表 25

行业中类	代码	国有与集体联营	其他联营	有限责任公司	国有独资	其他有限责任公司	股份有限公司	私营	私营独资
金属废料和碎屑加工处理	421			15		15		35	
非金属废料和碎屑加工处理	422			12		12		50	
金属制品、机械和设备修理业	**43**			**48**		**48**	**3**	**328**	**7**
金属制品修理	431			1		1		12	
通用设备修理	432			6		6		43	1
专用设备修理	433			18		18		81	
铁路、船舶、航空航天等运输设备修理	434							3	
电气设备修理	435			6		6	1	42	2
仪器仪表修理	436			3		3	1	8	1
其他机械和设备修理业	439			14		14	1	139	3
电力、热力、燃气及水生产和供应业	**D**	**3**	**1**	**988**	**139**	**849**	**42**	**841**	**20**
电力、热力生产和供应业	**44**		**1**	**762**	**105**	**657**	**31**	**663**	**16**
电力生产	441			586	74	512	20	419	12
电力供应	442			34	5	29	5	28	1
热力生产和供应	443		1	142	26	116	6	216	3
燃气生产和供应业	**45**			**77**	**3**	**74**	**5**	**96**	**2**
燃气生产和供应业	451			75	3	72	5	93	1
生物质燃气生产和供应业	452			2		2		3	1
水的生产和供应业	**46**	**3**		**149**	**31**	**118**	**6**	**82**	**2**
自来水生产和供应	461	2		90	23	67	4	35	2
污水处理及其再生利用	462	1		58	7	51	2	44	
其他水的处理、利用与分配	469			1	1			3	
建筑业	**E**			**2117**	**93**	**2024**	**115**	**8519**	**91**
房屋建筑业	**47**			**539**	**18**	**521**	**34**	**1757**	**35**
住宅房屋建筑	471			484	14	470	33	1540	31
体育场馆建筑	472			1		1		1	
其他房屋建筑业	479			54	4	50	1	216	4
土木工程建筑业	**48**			**659**	**60**	**599**	**31**	**1964**	**16**
铁路、道路、隧道和桥梁工程建筑	481			303	40	263	4	792	3
水利和水运工程建筑	482			96	8	88	3	197	1
工矿工程建筑	484			20		20	1	73	
架线和管道工程建筑	485			57	4	53	8	212	2
节能环保工程施工	486			10		10	2	49	
电力工程施工	487			25	2	23	3	92	2
其他土木工程建筑	489			148	6	142	10	549	8
建筑安装业	**49**			**332**	**1**	**331**	**22**	**1487**	**8**
电气安装	491			111		111	5	456	1
管道和设备安装	492			80	1	79	6	424	6
其他建筑安装业	499			141		141	11	607	1
建筑装饰、装修和其他建筑业	**50**			**587**	**14**	**573**	**28**	**3311**	**32**

2-5 续表 26

行业中类	代码	私营合伙	私营有限责任公司	私营股份有限公司	其他	港澳台商投资	与港澳台商合资经营	与港澳台商合作经营	港澳台商独资
金属废料和碎屑加工处理	421		35						
非金属废料和碎屑加工处理	422		49	1					
金属制品、机械和设备修理业	**43**	**1**	**317**	**3**					
金属制品修理	431		12						
通用设备修理	432		42						
专用设备修理	433	1	78	2					
铁路、船舶、航空航天等运输设备修理	434		3						
电气设备修理	435		40						
仪器仪表修理	436		7						
其他机械和设备修理业	439		135	1					
电力、热力、燃气及水生产和供应业	**D**		**808**	**13**		**7**	**4**		**1**
电力、热力生产和供应业	**44**		**636**	**11**		**4**	**2**		
电力生产	441		397	10		4	2		
电力供应	442		27						
热力生产和供应	443		212	1					
燃气生产和供应业	**45**		**94**						
燃气生产和供应业	451		92						
生物质燃气生产和供应业	452		2						
水的生产和供应业	**46**		**78**	**2**		**3**	**2**		**1**
自来水生产和供应	461		32	1		1			1
污水处理及其再生利用	462		43	1		2	2		
其他水的处理、利用与分配	469		3						
建筑业	**E**	**6**	**8272**	**150**		**2**	**1**		**1**
房屋建筑业	**47**	**1**	**1686**	**35**					
住宅房屋建筑	471	1	1481	27					
体育场馆建筑	472		1						
其他房屋建筑业	479		204	8					
土木工程建筑业	**48**	**2**	**1906**	**40**					
铁路、道路、隧道和桥梁工程建筑	481	2	771	16					
水利和水运工程建筑	482		189	7					
工矿工程建筑	484		72	1					
架线和管道工程建筑	485		208	2					
节能环保工程施工	486		47	2					
电力工程施工	487		89	1					
其他土木工程建筑	489		530	11					
建筑安装业	**49**	**1**	**1451**	**27**		**1**			**1**
电气安装	491		449	6					
管道和设备安装	492		411	7		1			1
其他建筑安装业	499	1	591	14					
建筑装饰、装修和其他建筑业	**50**	**2**	**3229**	**48**		**1**	**1**		

2-5 续表 27

行业中类	代码	港澳台商投资股份有限公司	其他港澳台商投资	外商投资企业	中外合资经营	中外合作经营	外资企业	外商投资股份有限公司	其他外商投资
金属废料和碎屑加工处理	421								
非金属废料和碎屑加工处理	422								
金属制品、机械和设备修理业	**43**								
金属制品修理	431								
通用设备修理	432								
专用设备修理	433								
铁路、船舶、航空航天等运输设备修理	434								
电气设备修理	435								
仪器仪表修理	436								
其他机械和设备修理业	439								
电力、热力、燃气及水生产和供应业	**D**	**2**		**6**	**3**	**2**			**1**
电力、热力生产和供应业	**44**	**2**		**4**	**2**	**1**			**1**
电力生产	441	2		4	2	1			1
电力供应	442								
热力生产和供应	443								
燃气生产和供应业	**45**								
燃气生产和供应业	451								
生物质燃气生产和供应业	452								
水的生产和供应业	**46**			**2**	**1**	**1**			
自来水生产和供应	461								
污水处理及其再生利用	462			2	1	1			
其他水的处理、利用与分配	469								
建筑业	**E**			**5**	**2**		**1**		**2**
房屋建筑业	**47**								
住宅房屋建筑	471								
体育场馆建筑	472								
其他房屋建筑业	479								
土木工程建筑业	**48**			**3**	**2**				**1**
铁路、道路、隧道和桥梁工程建筑	481			1	1				
水利和水运工程建筑	482								
工矿工程建筑	484								
架线和管道工程建筑	485								
节能环保工程施工	486								
电力工程施工	487								
其他土木工程建筑	489			2	1				1
建筑安装业	**49**			**2**			**1**		**1**
电气安装	491								
管道和设备安装	492			1			1		
其他建筑安装业	499			1					1
建筑装饰、装修和其他建筑业	**50**								

2-5 续表 28

行业中类	代码	企业法人单位数(个)	内资	国有	集体	股份合作	联营	国有联营	集体联营
建筑装饰和装修业	501	3164	3163	4					
建筑物拆除和场地准备活动	502	265	265	2		1			
提供施工设备服务	503	69	69						
其他未列明建筑业	509	438	438	2					
批发和零售业	**F**	**60807**	**60753**	**201**	**148**	**6**	**13**	**2**	**4**
批发业	**51**	**38015**	**37980**	**138**	**103**	**3**	**9**	**1**	**3**
农、林、牧、渔产品批发	511	2272	2271	52	13		1	1	
食品、饮料及烟草制品批发	512	3998	3994	21	6				
纺织、服装及家庭用品批发	513	3143	3138		3				
文化、体育用品及器材批发	514	1048	1047	1	1				
医药及医疗器材批发	515	1238	1238	4					
矿产品、建材及化工产品批发	516	13036	13025	44	75	2	7		2
机械设备、五金产品及电子产品批发	517	10551	10543	10	2	1	1		1
贸易经纪与代理	518	911	907	2	1				
其他批发业	519	1818	1817	4	2				
零售业	**52**	**22792**	**22773**	**63**	**45**	**3**	**4**	**1**	**1**
综合零售	521	3393	3393	12	21	2			
食品、饮料及烟草制品专门零售	522	2146	2141	10	5				
纺织、服装及日用品专门零售	523	1698	1692	1	3		1		1
文化、体育用品及器材专门零售	524	1253	1252	10					
医药及医疗器材专门零售	525	1928	1927	4					
汽车、摩托车、零配件和燃料及其他动力销售	526	3719	3714	16	2	1	1	1	
家用电器及电子产品专门零售	527	3160	3159	2					
五金、家具及室内装饰材料专门零售	528	3562	3562	3	4				
货摊、无店铺及其他零售业	529	1933	1933	5	10		2		
交通运输、仓储和邮政业	**G**	**8700**	**8686**	**131**	**16**	**1**	**3**		**1**
道路运输业	**54**	**6223**	**6218**	**75**	**7**	**1**	**3**		**1**
城市公共交通运输	541	244	244	8	4	1			
公路旅客运输	542	205	205	11					
道路货物运输	543	5468	5464	7	3		1		
道路运输辅助活动	544	306	305	49			2		1
水上运输业	**55**	**6**	**6**						
水上旅客运输	551	2	2						
水上货物运输	552	2	2						
水上运输辅助活动	553	2	2						
航空运输业	**56**	**62**	**61**	**1**					
航空客货运输	561	12	11	1					
通用航空服务	562	32	32						
航空运输辅助活动	563	18	18						
管道运输业	**57**	**18**	**16**	**1**					

2-5 续表 29

行业中类	代码	国有与集体联营	其他联营	有限责任公司	国有独资	其他有限责任公司	股份有限公司	私营	私营独资
建筑装饰和装修业	501			463	4	459	22	2674	25
建筑物拆除和场地准备活动	502			46	4	42	1	215	1
提供施工设备服务	503			8		8		61	
其他未列明建筑业	509			70	6	64	5	361	6
批发和零售业	**F**	**6**	**1**	**8262**	**121**	**8141**	**568**	**51554**	**1540**
批发业	**51**	**4**	**1**	**4957**	**97**	**4860**	**328**	**32442**	**655**
农、林、牧、渔产品批发	511			464	35	429	31	1710	44
食品、饮料及烟草制品批发	512			575	17	558	54	3338	53
纺织、服装及家庭用品批发	513			332	3	329	25	2778	25
文化、体育用品及器材批发	514			128		128	7	910	7
医药及医疗器材批发	515			177	3	174	9	1048	16
矿产品、建材及化工产品批发	516	4	1	1753	27	1726	98	11046	363
机械设备、五金产品及电子产品批发	517			1077	5	1072	69	9383	130
贸易经纪与代理	518			144	3	141	17	743	
其他批发业	519			307	4	303	18	1486	17
零售业	**52**	**2**		**3305**	**24**	**3281**	**240**	**19112**	**885**
综合零售	521			488	5	483	40	2830	50
食品、饮料及烟草制品专门零售	522			329	5	324	34	1763	30
纺织、服装及日用品专门零售	523			216	1	215	13	1458	66
文化、体育用品及器材专门零售	524			167		167	13	1062	28
医药及医疗器材专门零售	525			264	2	262	22	1637	356
汽车、摩托车、零配件和燃料及其他动力销售	526			687	2	685	45	2962	201
家用电器及电子产品专门零售	527			392	1	391	25	2739	55
五金、家具及室内装饰材料专门零售	528			434	3	431	32	3089	54
货摊、无店铺及其他零售业	529	2		328	5	323	16	1572	45
交通运输、仓储和邮政业	**G**	**2**		**1710**	**72**	**1638**	**116**	**6709**	**72**
道路运输业	**54**	**2**		**1202**	**47**	**1155**	**81**	**4849**	**43**
城市公共交通运输	541			80	17	63	5	146	1
公路旅客运输	542			75	8	67	5	114	
道路货物运输	543	1		983	9	974	62	4408	39
道路运输辅助活动	544	1		64	13	51	9	181	3
水上运输业	**55**			**2**		**2**		**4**	
水上旅客运输	551			1		1		1	
水上货物运输	552							2	
水上运输辅助活动	553			1		1		1	
航空运输业	**56**			**24**	**3**	**21**		**36**	**2**
航空客货运输	561			2		2		8	
通用航空服务	562			14		14		18	1
航空运输辅助活动	563			8	3	5		10	1
管道运输业	**57**			**8**		**8**	**2**	**5**	

2-5 续表 30

行业中类	代码	私营合伙	私营有限责任公司	私营股份有限公司	其他	港澳台商投资	与港澳台商合资经营	与港澳台商合作经营	港澳台商独资
建筑装饰和装修业	501	2	2613	34		1	1		
建筑物拆除和场地准备活动	502		212	2					
提供施工设备服务	503		60	1					
其他未列明建筑业	509		344	11					
批发和零售业	**F**	**79**	**49135**	**800**	**1**	**8**	**3**		**4**
批发业	**51**	**35**	**31273**	**479**		**6**	**3**		**2**
农、林、牧、渔产品批发	511	5	1626	35					
食品、饮料及烟草制品批发	512	2	3238	45		1	1		
纺织、服装及家庭用品批发	513	1	2706	46					
文化、体育用品及器材批发	514	2	887	14					
医药及医疗器材批发	515		1020	12					
矿产品、建材及化工产品批发	516	18	10482	183		4	2		1
机械设备、五金产品及电子产品批发	517	6	9132	115		1			1
贸易经纪与代理	518		735	8					
其他批发业	519	1	1447	21					
零售业	**52**	**44**	**17862**	**321**	**1**	**2**			**2**
综合零售	521	4	2738	38					
食品、饮料及烟草制品专门零售	522	1	1703	29		1			1
纺织、服装及日用品专门零售	523		1371	21		1			1
文化、体育用品及器材专门零售	524	2	1014	18					
医药及医疗器材专门零售	525	3	1262	16					
汽车、摩托车、零配件和燃料及其他动力销售	526	28	2654	79					
家用电器及电子产品专门零售	527	1	2647	36	1				
五金、家具及室内装饰材料专门零售	528	4	2975	56					
货摊、无店铺及其他零售业	529	1	1498	28					
交通运输、仓储和邮政业	**G**	**6**	**6525**	**106**		**3**	**1**		**2**
道路运输业	**54**	**5**	**4731**	**70**					
城市公共交通运输	541		141	4					
公路旅客运输	542		112	2					
道路货物运输	543	4	4305	60					
道路运输辅助活动	544	1	173	4					
水上运输业	**55**		**4**						
水上旅客运输	551		1						
水上货物运输	552		2						
水上运输辅助活动	553		1						
航空运输业	**56**		**32**	**2**					
航空客货运输	561		8						
通用航空服务	562		15	2					
航空运输辅助活动	563		9						
管道运输业	**57**		**5**						

2-5 续表 31

行业中类	代码	港澳台商投资股份有限公司	其他港澳台商投资	外商投资企业	中外合资经营	中外合作经营	外资企业	外商投资股份有限公司	其他外商投资
建筑装饰和装修业	501								
建筑物拆除和场地准备活动	502								
提供施工设备服务	503								
其他未列明建筑业	509								
批发和零售业	**F**		**1**	**46**	**9**	**1**	**19**	**1**	**16**
批发业	**51**		**1**	**29**	**8**	**1**	**13**		**7**
农、林、牧、渔产品批发	511			1	1				
食品、饮料及烟草制品批发	512			3	1		2		
纺织、服装及家庭用品批发	513			5			4		1
文化、体育用品及器材批发	514			1			1		
医药及医疗器材批发	515								
矿产品、建材及化工产品批发	516		1	7	2	1	3		1
机械设备、五金产品及电子产品批发	517			7	3				4
贸易经纪与代理	518			4	1		3		
其他批发业	519			1					1
零售业	**52**			**17**	**1**		**6**	**1**	**9**
综合零售	521								
食品、饮料及烟草制品专门零售	522			4			2		2
纺织、服装及日用品专门零售	523			5	1		3		1
文化、体育用品及器材专门零售	524			1					1
医药及医疗器材专门零售	525			1					1
汽车、摩托车、零配件和燃料及其他动力销售	526			5			1	1	3
家用电器及电子产品专门零售	527			1					1
五金、家具及室内装饰材料专门零售	528								
货摊、无店铺及其他零售业	529								
交通运输、仓储和邮政业	**G**			**11**	**3**		**3**		**5**
道路运输业	**54**			**5**	**1**				**4**
城市公共交通运输	541								
公路旅客运输	542								
道路货物运输	543			4	1				3
道路运输辅助活动	544			1					1
水上运输业	**55**								
水上旅客运输	551								
水上货物运输	552								
水上运输辅助活动	553								
航空运输业	**56**			**1**			**1**		
航空客货运输	561			1			1		
通用航空服务	562								
航空运输辅助活动	563								
管道运输业	**57**			**2**	**1**		**1**		

2-5 续表 32

行业中类	代码	企业法人单位数(个)							
			内资	国有	集体	股份合作	联营		
								国有联营	集体联营
海底管道运输	571	1	1						
陆地管道运输	572	17	15	1					
多式联运和运输代理业	**58**	**1095**	**1092**	**6**	**1**				
多式联运	581	47	47						
运输代理业	582	1048	1045	6	1				
装卸搬运和仓储业	**59**	**917**	**915**	**31**	**7**				
装卸搬运	591	283	282		1				
通用仓储	592	197	197		2				
低温仓储	593	68	68	2					
危险品仓储	594	22	22						
谷物、棉花等农产品仓储	595	177	177	26	4				
中药材仓储	596	4	4						
其他仓储业	599	166	165	3					
邮政业	**60**	**379**	**378**	**17**	**1**				
邮政基本服务	601	20	20	15	1				
快递服务	602	352	351	2					
其他寄递服务	609	7	7						
住宿和餐饮业	**H**	**2511**	**2501**	**75**	**10**	**1**	**6**	**4**	
住宿业	**61**	**1091**	**1087**	**63**	**10**		**4**	**3**	
旅游饭店	611	412	409	31	3		2	2	
一般旅馆	612	544	543	28	5		1		
民宿服务	613	18	18				1	1	
露营地服务	614	4	4						
其他住宿业	619	113	113	4	2				
餐饮业	**62**	**1420**	**1414**	**12**		**1**	**2**	**1**	
正餐服务	621	1111	1107	11		1	2	1	
快餐服务	622	93	93						
饮料及冷饮服务	623	16	16						
餐饮配送及外卖送餐服务	624	81	81						
其他餐饮业	629	119	117	1					
信息传输、软件和信息技术服务业	**I**	**8052**	**8039**	**23**	**5**		**1**	**1**	
电信、广播电视和卫星传输服务	**63**	**288**	**283**	**14**	**2**		**1**	**1**	
电信	631	235	230	6			1	1	
广播电视传输服务	632	45	45	6	2				
卫星传输服务	633	8	8	2					
互联网和相关服务	**64**	**997**	**997**	**1**					
互联网接入及相关服务	641	132	132						
互联网信息服务	642	439	439						
互联网平台	643	110	110						
互联网安全服务	644	18	18						

2-5 续表 33

行业中类	代码	国有与集体联营	其他联营	有限责任公司	国有独资	其他有限责任公司	股份有限公司	私营	私营独资
海底管道运输	571							1	
陆地管道运输	572			8		8	2	4	
多式联运和运输代理业	**58**			**192**	**5**	**187**	**13**	**880**	**16**
多式联运	581			7		7		40	
运输代理业	582			185	5	180	13	840	16
装卸搬运和仓储业	**59**			**202**	**17**	**185**	**9**	**666**	**9**
装卸搬运	591			51		51	2	228	4
通用仓储	592			44	2	42	1	150	1
低温仓储	593			13	1	12		53	1
危险品仓储	594			5	2	3		17	
谷物、棉花等农产品仓储	595			48	7	41	3	96	2
中药材仓储	596							4	1
其他仓储业	599			41	5	36	3	118	
邮政业	**60**			**80**		**80**	**11**	**269**	**2**
邮政基本服务	601						1	3	
快递服务	602			78		78	10	261	2
其他寄递服务	609			2		2		5	
住宿和餐饮业	**H**	**1**	**1**	**532**	**29**	**503**	**40**	**1837**	**120**
住宿业	**61**	**1**		**294**	**23**	**271**	**21**	**695**	**82**
旅游饭店	611			130	10	120	11	232	13
一般旅馆	612	1		131	12	119	8	370	56
民宿服务	613			4		4		13	1
露营地服务	614							4	
其他住宿业	619			29	1	28	2	76	12
餐饮业	**62**		**1**	**238**	**6**	**232**	**19**	**1142**	**38**
正餐服务	621		1	185	6	179	16	892	25
快餐服务	622			21		21		72	4
饮料及冷饮服务	623							16	5
餐饮配送及外卖送餐服务	624			8		8	2	71	1
其他餐饮业	629			24		24	1	91	3
信息传输、软件和信息技术服务业	**I**			**1296**	**17**	**1279**	**108**	**6606**	**51**
电信、广播电视和卫星传输服务	**63**			**59**	**7**	**52**	**10**	**197**	
电信	631			42	3	39	5	176	
广播电视传输服务	632			15	4	11	5	17	
卫星传输服务	633			2		2		4	
互联网和相关服务	**64**			**166**	**5**	**161**	**13**	**817**	**22**
互联网接入及相关服务	641			17		17		115	2
互联网信息服务	642			88	2	86	5	346	12
互联网平台	643			16	1	15	1	93	
互联网安全服务	644			2		2		16	

2-5 续表 34

行业中类	代码	私营合伙	私营有限责任公司	私营股份有限公司	其他	港澳台商投资	与港澳台商合资经营	与港澳台商合作经营	港澳台商独资
海底管道运输	571		1						
陆地管道运输	572		4						
多式联运和运输代理业	**58**		**851**	**13**					
多式联运	581		40						
运输代理业	582		811	13					
装卸搬运和仓储业	**59**		**643**	**14**		**2**	**1**		**1**
装卸搬运	591		221	3		1	1		
通用仓储	592		143	6					
低温仓储	593		51	1					
危险品仓储	594		17						
谷物、棉花等农产品仓储	595		91	3					
中药材仓储	596		2	1					
其他仓储业	599		118			1			1
邮政业	**60**	**1**	**259**	**7**		**1**			**1**
邮政基本服务	601	1	2						
快递服务	602		252	7		1			1
其他寄递服务	609		5						
住宿和餐饮业	**H**	**14**	**1666**	**37**					
住宿业	**61**	**3**	**594**	**16**					
旅游饭店	611	1	214	4					
一般旅馆	612	2	303	9					
民宿服务	613		12						
露营地服务	614		4						
其他住宿业	619		61	3					
餐饮业	**62**	**11**	**1072**	**21**					
正餐服务	621	8	844	15					
快餐服务	622	2	63	3					
饮料及冷饮服务	623		11						
餐饮配送及外卖送餐服务	624		68	2					
其他餐饮业	629	1	86	1					
信息传输、软件和信息技术服务业	**I**	**49**	**6411**	**95**		**6**	**1**		**3**
电信、广播电视和卫星传输服务	**63**		**192**	**5**		**3**	**1**		
电信	631		171	5		3	1		
广播电视传输服务	632		17						
卫星传输服务	633		4						
互联网和相关服务	**64**	**7**	**766**	**22**					
互联网接入及相关服务	641	1	107	5					
互联网信息服务	642	4	321	9					
互联网平台	643	1	90	2					
互联网安全服务	644		16						

2-5 续表 35

行业中类	代码	港澳台商投资股份有限公司	其他港澳台商投资	外商投资企业	中外合资经营	中外合作经营	外资企业	外商投资股份有限公司	其他外商投资
海底管道运输	571								
陆地管道运输	572			2	1		1		
多式联运和运输代理业	**58**			**3**	**1**		**1**		**1**
多式联运	581								
运输代理业	582			3	1		1		1
装卸搬运和仓储业	**59**								
装卸搬运	591								
通用仓储	592								
低温仓储	593								
危险品仓储	594								
谷物、棉花等农产品仓储	595								
中药材仓储	596								
其他仓储业	599								
邮政业	**60**								
邮政基本服务	601								
快递服务	602								
其他寄递服务	609								
住宿和餐饮业	**H**			**10**	**1**		**5**	**1**	**3**
住宿业	**61**			**4**			**4**		
旅游饭店	611			3			3		
一般旅馆	612			1			1		
民宿服务	613								
露营地服务	614								
其他住宿业	619								
餐饮业	**62**			**6**	**1**		**1**	**1**	**3**
正餐服务	621			4			1	1	2
快餐服务	622								
饮料及冷饮服务	623								
餐饮配送及外卖送餐服务	624								
其他餐饮业	629			2	1				1
信息传输、软件和信息技术服务业	**I**	**1**	**1**	**7**	**3**		**2**		**2**
电信、广播电视和卫星传输服务	**63**	**1**	**1**	**2**			**1**		**1**
电信	631	1	1	2			1		1
广播电视传输服务	632								
卫星传输服务	633								
互联网和相关服务	**64**								
互联网接入及相关服务	641								
互联网信息服务	642								
互联网平台	643								
互联网安全服务	644								

2-5 续表 36

行业中类	代码	企业法人单位数(个)	内资	国有	集体	股份合作	联营	国有联营	集体联营
互联网数据服务	645	91	91						
其他互联网服务	649	207	207	1					
软件和信息技术服务业	**65**	**6767**	**6759**	**8**	**3**				
软件开发	651	2336	2334	1					
集成电路设计	652	24	24						
信息系统集成和物联网技术服务	653	811	811	1					
运行维护服务	654	106	106						
信息处理和存储支持服务	655	76	76						
信息技术咨询服务	656	2884	2878	5	2				
数字内容服务	657	56	56						
其他信息技术服务业	659	474	474	1	1				
金融业	**J**	**2130**	**2106**	**16**	**50**	**16**			
货币金融服务	**66**	**758**	**747**	**3**	**50**	**16**			
货币银行服务	662	143	141	2	50	15			
非货币银行服务	663	615	606	1		1			
资本市场服务	67	920	918	2					
证券市场服务	671	3	3						
非公开募集证券投资基金	673	75	75						
资本投资服务	676	745	743	2					
其他资本市场服务	679	97	97						
保险业	**68**	**307**	**296**	**10**					
人身保险	681	112	101						
财产保险	682	164	164	6					
商业养老金	684	3	3						
保险中介服务	685	18	18	4					
其他保险活动	689	10	10						
其他金融业	**69**	**145**	**145**	**1**					
金融信托与管理服务	691	4	4	1					
控股公司服务	692	1	1						
非金融机构支付服务	693	2	2						
金融信息服务	694	22	22						
金融资产管理公司	695	3	3						
其他未列明金融业	699	113	113						
房地产业	**K**	**7759**	**7749**	**43**	**7**	**2**	**2**	**1**	**1**
房地产业	**70**	**7759**	**7749**	**43**	**7**	**2**	**2**	**1**	**1**
房地产开发经营	701	2920	2915	9	1				
物业管理	702	3208	3204	31	6	2	2	1	1
房地产中介服务	703	1559	1559	2					
其他房地产业	709	72	71	1					
租赁和商务服务业	**L**	**22192**	**22149**	**134**	**45**	**4**	**1**		**1**

2-5 续表 37

行业中类	代码	国有与集体联营	其他联营	有限责任公司	国有独资	其他有限责任公司	股份有限公司	私营	私营独资
互联网数据服务	645			17		17		74	1
其他互联网服务	649			26	2	24	7	173	7
软件和信息技术服务业	**65**			**1071**	**5**	**1066**	**85**	**5592**	**29**
软件开发	651			373		373	19	1941	7
集成电路设计	652			1		1	2	21	2
信息系统集成和物联网技术服务	653			133	1	132	8	669	
运行维护服务	654			15		15	4	87	
信息处理和存储支持服务	655			15		15		61	
信息技术咨询服务	656			455	2	453	47	2369	17
数字内容服务	657			19	2	17	1	36	
其他信息技术服务业	659			60		60	4	408	3
金融业	**J**			**427**	**42**	**385**	**369**	**1227**	**3**
货币金融服务	**66**			**243**	**14**	**229**	**116**	**319**	**2**
货币银行服务	662			22		22	50	2	
非货币银行服务	663			221	14	207	66	317	2
资本市场服务	**67**			**86**	**6**	**80**	**11**	**819**	**1**
证券市场服务	671							3	
非公开募集证券投资基金	673			17		17	4	54	
资本投资服务	676			63	5	58	5	673	
其他资本市场服务	679			6	1	5	2	89	1
保险业	**68**			**27**	**3**	**24**	**234**	**24**	
人身保险	681			22		22	79		
财产保险	682			3	2	1	150	5	
商业养老金	684						3		
保险中介服务	685			1	1		1	12	
其他保险活动	689			1		1	1	7	
其他金融业	**69**			**71**	**19**	**52**	**8**	**65**	
金融信托与管理服务	691			2	1	1	1		
控股公司服务	692							1	
非金融机构支付服务	693			2		2			
金融信息服务	694			7	1	6		15	
金融资产管理公司	695			2		2		1	
其他未列明金融业	699			58	17	41	7	48	
房地产业	**K**			**2013**	**94**	**1919**	**104**	**5578**	**28**
房地产业	**70**			**2013**	**94**	**1919**	**104**	**5578**	**28**
房地产开发经营	701			882	37	845	36	1987	4
物业管理	702			826	52	774	46	2291	15
房地产中介服务	703			286	4	282	18	1253	9
其他房地产业	709			19	1	18	4	47	
租赁和商务服务业	**L**			**4537**	**522**	**4015**	**286**	**17141**	**148**

2-5 续表 38

行业中类	代码	私营合伙	私营有限责任公司	私营股份有限公司	其他	港澳台商投资	与港澳台商合资经营	与港澳台商合作经营	港澳台商独资
互联网数据服务	645		72	1					
其他互联网服务	649	1	160	5					
软件和信息技术服务业	**65**	**42**	**5453**	**68**		**3**			**3**
软件开发	651	8	1906	20					
集成电路设计	652		19						
信息系统集成和物联网技术服务	653	3	654	12					
运行维护服务	654		85	2					
信息处理和存储支持服务	655		60	1					
信息技术咨询服务	656	30	2292	30		3			3
数字内容服务	657		36						
其他信息技术服务业	659	1	401	3					
金融业	**J**	**438**	**755**	**31**	**1**	**8**	**5**		**2**
货币金融服务	**66**	**3**	**296**	**18**		**8**	**5**		**2**
货币银行服务	662		2			1			1
非货币银行服务	663	3	294	18		7	5		1
资本市场服务	**67**	**431**	**379**	**8**					
证券市场服务	671	1	1	1					
非公开募集证券投资基金	673	10	43	1					
资本投资服务	676	354	314	5					
其他资本市场服务	679	66	21	1					
保险业	**68**		**19**	**5**	**1**				
人身保险	681								
财产保险	682			5					
商业养老金	684								
保险中介服务	685		12						
其他保险活动	689		7		1				
其他金融业	**69**	**4**	**61**						
金融信托与管理服务	691								
控股公司服务	692	1							
非金融机构支付服务	693								
金融信息服务	694		15						
金融资产管理公司	695		1						
其他未列明金融业	699	3	45						
房地产业	**K**	**7**	**5436**	**107**		**7**	**5**		**2**
房地产业	**70**	**7**	**5436**	**107**		**7**	**5**		**2**
房地产开发经营	701	1	1944	38		3	2		1
物业管理	702	1	2229	46		3	2		1
房地产中介服务	703	2	1220	22					
其他房地产业	709	3	43	1		1	1		
租赁和商务服务业	**L**	**1082**	**15645**	**266**	**1**	**20**	**5**		**15**

2-5 续表 39

行业中类	代码	港澳台商投资股份有限公司	其他港澳台商投资	外商投资企业	中外合资经营	中外合作经营	外资企业	外商投资股份有限公司	其他外商投资
互联网数据服务	645								
其他互联网服务	649								
软件和信息技术服务业	**65**			**5**	**3**		**1**		**1**
软件开发	651			2	2				
集成电路设计	652								
信息系统集成和物联网技术服务	653								
运行维护服务	654								
信息处理和存储支持服务	655								
信息技术咨询服务	656			3	1		1		1
数字内容服务	657								
其他信息技术服务业	659								
金融业	**J**		**1**	**16**	**13**		**3**		
货币金融服务	**66**		**1**	**3**	**1**		**2**		
货币银行服务	662			1			1		
非货币银行服务	663		1	2	1		1		
资本市场服务	**67**			**2**	**1**		**1**		
证券市场服务	671								
非公开募集证券投资基金	673								
资本投资服务	676			2	1		1		
其他资本市场服务	679								
保险业	**68**			**11**	**11**				
人身保险	681			11	11				
财产保险	682								
商业养老金	684								
保险中介服务	685								
其他保险活动	689								
其他金融业	**69**								
金融信托与管理服务	691								
控股公司服务	692								
非金融机构支付服务	693								
金融信息服务	694								
金融资产管理公司	695								
其他未列明金融业	699								
房地产业	**K**			**3**	**1**				**2**
房地产业	**70**			**3**	**1**				**2**
房地产开发经营	701			2	1				1
物业管理	702			1					1
房地产中介服务	703								
其他房地产业	709								
租赁和商务服务业	**L**			**23**	**6**		**12**	**1**	**4**

2-5 续表 40

行业中类	代码	企业法人单位数(个)	内资	国有	集体	股份合作	联营	国有联营	集体联营
租赁业	**71**	**2274**	**2271**	**2**	**1**				
机械设备经营租赁	711	2217	2214	1	1				
文体设备和用品出租	712	51	51	1					
日用品出租	713	6	6						
商务服务业	**72**	**19918**	**19878**	**132**	**44**	**4**	**1**		**1**
组织管理服务	721	4272	4257	52	9	2			
综合管理服务	722	706	705	15	9	1			
法律服务	723	87	87	3	1				
咨询与调查	724	5930	5916	10	4				
广告业	725	3750	3748	9	2		1		1
人力资源服务	726	1567	1566	10	6				
安全保护服务	727	586	586	5	9				
会议、展览及相关服务	728	520	518		1				
其他商务服务业	729	2500	2495	28	3	1			
科学研究和技术服务业	**M**	**9716**	**9703**	**152**	**16**		**6**	**1**	**4**
研究和试验发展	**73**	**392**	**391**	**3**	**1**				
自然科学研究和试验发展	731	23	23						
工程和技术研究和试验发展	732	194	193	1					
农业科学研究和试验发展	733	102	102	1	1				
医学研究和试验发展	734	66	66						
社会人文科学研究	735	7	7	1					
专业技术服务业	**74**	**5390**	**5386**	**107**	**13**		**5**	**1**	**3**
气象服务	741	27	27	12	1				
地震服务	742	2	2						
海洋服务	743	2	2						
测绘地理信息服务	744	202	202	3	1				
质检技术服务	745	934	933	36	4		2		1
环境与生态监测检测服务	746	156	156	3					
地质勘查	747	232	231	3					
工程技术与设计服务	748	2362	2362	44	6		1	1	
工业与专业设计及其他专业技术服务	749	1473	1471	6	1		2		2
科技推广和应用服务业	**75**	**3934**	**3926**	**42**	**2**		**1**		**1**
技术推广服务	751	3168	3161	41	1		1		1
知识产权服务	752	96	96						
科技中介服务	753	107	107		1				
创业空间服务	754	32	32						
其他科技推广服务业	759	531	530	1					
水利、环境和公共设施管理业	**N**	**1343**	**1340**	**40**	**2**	**1**	**1**		
水利管理业	**76**	**135**	**135**	**16**	**1**		**1**		
防洪除涝设施管理	761	4	4						

2-5 续表 41

行业中类	代码	国有与集体联营	其他联营	有限责任公司	国有独资	其他有限责任公司	股份有限公司	私营	私营独资
租赁业	**71**			**357**	**13**	**344**	**17**	**1894**	**17**
机械设备经营租赁	711			345	13	332	17	1850	17
文体设备和用品出租	712			10		10		40	
日用品出租	713			2		2		4	
商务服务业	**72**			**4180**	**509**	**3671**	**269**	**15247**	**131**
组织管理服务	721			1365	391	974	80	2749	6
综合管理服务	722			179	10	169	15	486	21
法律服务	723			14		14	2	67	5
咨询与调查	724			918	17	901	67	4917	40
广告业	725			560	8	552	39	3137	21
人力资源服务	726			333	12	321	10	1207	12
安全保护服务	727			137	18	119	12	423	5
会议、展览及相关服务	728			87	3	84	5	425	1
其他商务服务业	729			587	50	537	39	1836	20
科学研究和技术服务业	**M**		**1**	**1962**	**68**	**1894**	**144**	**7423**	**63**
研究和试验发展	**73**			**99**	**1**	**98**	**7**	**281**	**2**
自然科学研究和试验发展	731			3		3	1	19	
工程和技术研究和试验发展	732			50		50	3	139	
农业科学研究和试验发展	733			33	1	32	1	66	
医学研究和试验发展	734			11		11	2	53	2
社会人文科学研究	735			2		2		4	
专业技术服务业	**74**		**1**	**1095**	**51**	**1044**	**79**	**4087**	**44**
气象服务	741			8	1	7	1	5	
地震服务	742			1		1		1	
海洋服务	743							2	
测绘地理信息服务	744			40		40	3	155	2
质检技术服务	745		1	209	13	196	15	667	9
环境与生态监测检测服务	746			29	1	28	4	120	1
地质勘查	747			70	3	67	4	154	3
工程技术与设计服务	748			539	31	508	35	1737	8
工业与专业设计及其他专业技术服务	749			199	2	197	17	1246	21
科技推广和应用服务业	**75**			**768**	**16**	**752**	**58**	**3055**	**17**
技术推广服务	751			635	15	620	51	2432	12
知识产权服务	752			20		20	2	74	2
科技中介服务	753			19		19	1	86	
创业空间服务	754			7		7		25	
其他科技推广服务业	759			87	1	86	4	438	3
水利、环境和公共设施管理业	**N**		**1**	**431**	**68**	**363**	**22**	**843**	**7**
水利管理业	**76**		**1**	**63**	**9**	**54**		**54**	
防洪除涝设施管理	761			2		2		2	

2-5 续表 42

行业中类	代码	私营合伙	私营有限责任公司	私营股份有限公司	其他	港澳台商投资	与港澳台商合资经营	与港澳台商合作经营	港澳台商独资
租赁业	**71**	**1**	**1848**	**28**		**2**	**1**		**1**
机械设备经营租赁	711	1	1805	27		2	1		1
文体设备和用品出租	712		39	1					
日用品出租	713		4						
商务服务业	**72**	**1081**	**13797**	**238**	**1**	**18**	**4**		**14**
组织管理服务	721	918	1782	43		1			1
综合管理服务	722	2	457	6		1	1		
法律服务	723	12	50						
咨询与调查	724	129	4675	73		10			10
广告业	725	5	3060	51		1			1
人力资源服务	726	3	1176	16		1			1
安全保护服务	727		406	12					
会议、展览及相关服务	728	2	414	8		1	1		
其他商务服务业	729	10	1777	29	1	3	2		1
科学研究和技术服务业	**M**	**32**	**7172**	**156**		**5**	**1**		**4**
研究和试验发展	**73**		**274**	**5**					
自然科学研究和试验发展	731		18	1					
工程和技术研究和试验发展	732		136	3					
农业科学研究和试验发展	733		65	1					
医学研究和试验发展	734		51						
社会人文科学研究	735		4						
专业技术服务业	**74**	**14**	**3941**	**88**		**1**	**1**		
气象服务	741		5						
地震服务	742		1						
海洋服务	743		2						
测绘地理信息服务	744	1	148	4					
质检技术服务	745	1	637	20					
环境与生态监测检测服务	746		118	1					
地质勘查	747	1	148	2		1	1		
工程技术与设计服务	748	5	1691	33					
工业与专业设计及其他专业技术服务	749	6	1191	28					
科技推广和应用服务业	**75**	**18**	**2957**	**63**		**4**			**4**
技术推广服务	751	9	2354	57		4			4
知识产权服务	752	3	69						
科技中介服务	753	1	84	1					
创业空间服务	754		25						
其他科技推广服务业	759	5	425	5					
水利、环境和公共设施管理业	**N**	**2**	**820**	**14**		**3**			**2**
水利管理业	**76**		**51**	**3**					
防洪除涝设施管理	761		2						

2-5 续表 43

行业中类	代码	港澳台商投资股份有限公司	其他港澳台商投资	外商投资企业	中外合资经营	中外合作经营	外资企业	外商投资股份有限公司	其他外商投资
租赁业	**71**			**1**	**1**				
机械设备经营租赁	711			1	1				
文体设备和用品出租	712								
日用品出租	713								
商务服务业	**72**			**22**	**5**		**12**	**1**	**4**
组织管理服务	721			14	2		10		2
综合管理服务	722								
法律服务	723								
咨询与调查	724			4	1		2		1
广告业	725			1				1	
人力资源服务	726								
安全保护服务	727								
会议、展览及相关服务	728			1	1				
其他商务服务业	729			2	1				1
科学研究和技术服务业	**M**			**8**	**4**		**2**		**2**
研究和试验发展	**73**			**1**			**1**		
自然科学研究和试验发展	731								
工程和技术研究和试验发展	732			1			1		
农业科学研究和试验发展	733								
医学研究和试验发展	734								
社会人文科学研究	735								
专业技术服务业	**74**			**3**	**2**				**1**
气象服务	741								
地震服务	742								
海洋服务	743								
测绘地理信息服务	744								
质检技术服务	745			1	1				
环境与生态监测检测服务	746								
地质勘查	747								
工程技术与设计服务	748								
工业与专业设计及其他专业技术服务	749			2	1				1
科技推广和应用服务业	**75**			**4**	**2**		**1**		**1**
技术推广服务	751			3	2				1
知识产权服务	752								
科技中介服务	753								
创业空间服务	754								
其他科技推广服务业	759			1			1		
水利、环境和公共设施管理业	**N**		**1**						
水利管理业	**76**								
防洪除涝设施管理	761								

2-5 续表 44

行业中类	代码	企业法人单位数(个)	内资					
				国有	集体	股份合作	联营	
							国有联营	集体联营
水资源管理	762	60	60	6	1			
天然水收集与分配	763	12	12					
水文服务	764	4	4					
其他水利管理业	769	55	55	10			1	
生态保护和环境治理业	**77**	**194**	**193**	**6**				
生态保护	771	28	27	4				
环境治理业	772	166	166	2				
公共设施管理业	**78**	**927**	**925**	**17**	**1**	**1**		
市政设施管理	781	149	149	5				
环境卫生管理	782	116	116	2	1			
城乡市容管理	783	21	21	1				
绿化管理	784	475	474	2				
城市公园管理	785	6	6					
游览景区管理	786	160	159	7		1		
土地管理业	**79**	**87**	**87**	**1**				
土地整治服务	791	22	22					
土地调查评估服务	792	45	45					
土地登记服务	793	1	1					
土地登记代理服务	794	1	1					
其他土地管理服务	799	18	18	1				
居民服务、修理和其他服务业	**O**	**4441**	**4441**	**32**	**9**	**2**	**1**	
居民服务业	**80**	**1347**	**1347**	**19**	**5**	**1**	**1**	
家庭服务	801	424	424	1				
托儿所服务	802	15	15	1				
洗染服务	803	41	41					
理发及美容服务	804	188	188	1		1		
洗浴和保健养生服务	805	162	162		1			
摄影扩印服务	806	124	124	1				
婚姻服务	807	123	123					
殡葬服务	808	63	63	8	1			
其他居民服务业	809	207	207	7	3		1	
机动车、电子产品和日用产品修理业	**81**	**2582**	**2582**	**11**	**2**	**1**		
汽车、摩托车等修理与维护	811	1944	1944	11	2			
计算机和办公设备维修	812	371	371					
家用电器修理	813	199	199			1		
其他日用产品修理业	819	68	68					
其他服务业	**82**	**512**	**512**	**2**	**2**			
清洁服务	821	348	348	1	1			
宠物服务	822	11	11					
其他未列明服务业	829	153	153	1	1			

2-5 续表 45

行业中类	代码	国有与集体联营	其他联营	有限责任公司	国有独资	其他有限责任公司	股份有限公司	私营	私营独资
水资源管理	762			36	5	31		17	
天然水收集与分配	763			4	2	2		8	
水文服务	764			2		2		2	
其他水利管理业	769		1	19	2	17		25	
生态保护和环境治理业	**77**			**56**	**3**	**53**	**2**	**129**	**2**
生态保护	771			5		5		18	
环境治理业	772			51	3	48	2	111	2
公共设施管理业	**78**			**280**	**51**	**229**	**20**	**606**	**4**
市政设施管理	781			69	22	47	3	72	
环境卫生管理	782			31	7	24	2	80	
城乡市容管理	783			6		6		14	
绿化管理	784			105	10	95	5	362	3
城市公园管理	785			3		3		3	
游览景区管理	786			66	12	54	10	75	1
土地管理业	**79**			**32**	**5**	**27**		**54**	**1**
土地整治服务	791			10	2	8		12	
土地调查评估服务	792			12		12		33	1
土地登记服务	793							1	
土地登记代理服务	794							1	
其他土地管理服务	799			10	3	7		7	
居民服务、修理和其他服务业	**O**		**1**	**660**	**11**	**649**	**48**	**3689**	**149**
居民服务业	**80**		**1**	**203**	**5**	**198**	**16**	**1102**	**44**
家庭服务	801			64	1	63	4	355	13
托儿所服务	802			1		1	2	11	2
洗染服务	803			9	2	7		32	1
理发及美容服务	804			31		31	1	154	8
洗浴和保健养生服务	805			22		22	2	137	6
摄影扩印服务	806			24		24	1	98	4
婚姻服务	807			14		14		109	1
殡葬服务	808			12	1	11	3	39	1
其他居民服务业	809		1	26	1	25	3	167	8
机动车、电子产品和日用产品修理业	**81**			**372**	**4**	**368**	**29**	**2167**	**95**
汽车、摩托车等修理与维护	811			268	4	264	21	1642	78
计算机和办公设备维修	812			62		62	5	304	7
家用电器修理	813			31		31	2	165	7
其他日用产品修理业	819			11		11	1	56	3
其他服务业	**82**			**85**	**2**	**83**	**3**	**420**	**10**
清洁服务	821			55	2	53	2	289	2
宠物服务	822			5		5	1	5	
其他未列明服务业	829			25		25		126	8

2-5 续表 46

行业中类	代码	私营合伙	私营有限责任公司	私营股份有限公司	其他	港澳台商投资	与港澳台商合资经营	与港澳台商合作经营	港澳台商独资
水资源管理	762		16	1					
天然水收集与分配	763		6	2					
水文服务	764		2						
其他水利管理业	769		25						
生态保护和环境治理业	**77**		**124**	**3**		**1**			
生态保护	771		17	1		1			
环境治理业	772		107	2					
公共设施管理业	**78**		**595**	**7**		**2**			**2**
市政设施管理	781		71	1					
环境卫生管理	782		79	1					
城乡市容管理	783		13	1					
绿化管理	784		358	1		1			1
城市公园管理	785		3						
游览景区管理	786		71	3		1			1
土地管理业	**79**	**2**	**50**	**1**					
土地整治服务	791	1	11						
土地调查评估服务	792	1	30	1					
土地登记服务	793		1						
土地登记代理服务	794		1						
其他土地管理服务	799		7						
居民服务、修理和其他服务业	**O**	**9**	**3476**	**55**					
居民服务业	**80**	**2**	**1033**	**23**					
家庭服务	801		338	4					
托儿所服务	802		9						
洗染服务	803		31						
理发及美容服务	804		143	3					
洗浴和保健养生服务	805		127	4					
摄影扩印服务	806		92	2					
婚姻服务	807	1	105	2					
殡葬服务	808		36	2					
其他居民服务业	809	1	152	6					
机动车、电子产品和日用产品修理业	**81**	**6**	**2037**	**29**					
汽车、摩托车等修理与维护	811	6	1534	24					
计算机和办公设备维修	812		294	3					
家用电器修理	813		156	2					
其他日用产品修理业	819		53						
其他服务业	**82**	**1**	**406**	**3**					
清洁服务	821		284	3					
宠物服务	822		5						
其他未列明服务业	829	1	117						

2-5 续表 47

行业中类	代码	港澳台商投资股份有限公司	其他港澳台商投资	外商投资企业	中外合资经营	中外合作经营	外资企业	外商投资股份有限公司	其他外商投资
水资源管理	762								
天然水收集与分配	763								
水文服务	764								
其他水利管理业	769								
生态保护和环境治理业	**77**		**1**						
生态保护	771		1						
环境治理业	772								
公共设施管理业	**78**								
市政设施管理	781								
环境卫生管理	782								
城乡市容管理	783								
绿化管理	784								
城市公园管理	785								
游览景区管理	786								
土地管理业	**79**								
土地整治服务	791								
土地调查评估服务	792								
土地登记服务	793								
土地登记代理服务	794								
其他土地管理服务	799								
居民服务、修理和其他服务业	**O**								
居民服务业	**80**								
家庭服务	801								
托儿所服务	802								
洗染服务	803								
理发及美容服务	804								
洗浴和保健养生服务	805								
摄影扩印服务	806								
婚姻服务	807								
殡葬服务	808								
其他居民服务业	809								
机动车、电子产品和日用产品修理业	**81**								
汽车、摩托车等修理与维护	811								
计算机和办公设备维修	812								
家用电器修理	813								
其他日用产品修理业	819								
其他服务业	**82**								
清洁服务	821								
宠物服务	822								
其他未列明服务业	829								

2-5 续表 48

行业中类	代码	企业法人单位数(个)	内资						
				国有	集体	股份合作	联营		
								国有联营	集体联营
卫生和社会工作	**Q**	**130**	**130**	**4**					
卫生	**84**	**21**	**21**	**1**					
医院	841	20	20	1					
其他卫生活动	849	1	1						
社会工作	**85**	**109**	**109**	**3**					
提供住宿社会工作	851	89	89	2					
不提供住宿社会工作	852	20	20	1					
文化、体育和娱乐业	**R**	**4436**	**4428**	**35**	**3**	**1**	**4**		
新闻和出版业	**86**	**25**	**25**	**7**					
新闻业	861	3	3						
出版业	862	22	22	7					
广播、电视、电影和录音制作业	**87**	**1329**	**1326**	**22**	**3**				
广播	871	87	87						
电视	872	28	28	1					
影视节目制作	873	1000	998						
广播电视集成播控	874	8	8						
电影和广播电视节目发行	875	48	48	2					
电影放映	876	127	126	19	3				
录音制作	877	31	31						
文化艺术业	**88**	**597**	**596**	**4**					
文艺创作与表演	881	244	244	1					
艺术表演场馆	882	1	1						
图书馆与档案馆	883	8	8						
文物及非物质文化遗产保护	884	8	8	1					
博物馆	885	6	6	1					
群众文体活动	887	62	62						
其他文化艺术业	889	268	267	1					
体育	**89**	**273**	**273**						
体育组织	891	77	77						
体育场地设施管理	892	22	22						
健身休闲活动	893	152	152						
其他体育	899	22	22						
娱乐业	**90**	**2212**	**2208**	**2**		**1**	**4**		
室内娱乐活动	901	1596	1595	2		1	4		
游乐园	902	37	37						
休闲观光活动	903	52	52						
彩票活动	904	3	3						
文化体育娱乐活动与经纪代理服务	905	437	434						

2-5 续表 49

行业中类	代码	国有与集体联营	其他联营	有限责任公司	国有独资	其他有限责任公司	股份有限公司	私营	私营独资
卫生和社会工作	**Q**			**36**	**1**	**35**		**90**	**11**
卫生	**84**			**7**		**7**		**13**	**3**
医院	841			6		6		13	3
其他卫生活动	849			1		1			
社会工作	**85**			**29**	**1**	**28**		**77**	**8**
提供住宿社会工作	851			26	1	25		61	6
不提供住宿社会工作	852			3		3		16	2
文化、体育和娱乐业	**R**		**4**	**600**	**19**	**581**	**30**	**3755**	**1261**
新闻和出版业	**86**			**5**		**5**		**13**	
新闻业	861			2		2		1	
出版业	862			3		3		12	
广播、电视、电影和录音制作业	**87**			**237**	**10**	**227**	**8**	**1056**	**7**
广播	871			10		10	1	76	
电视	872			7	2	5		20	
影视节目制作	873			171	4	167	4	823	2
广播电视集成播控	874			1		1		7	
电影和广播电视节目发行	875			10		10	1	35	
电影放映	876			34	4	30	2	68	5
录音制作	877			4		4		27	
文化艺术业	**88**			**115**	**4**	**111**	**4**	**473**	**4**
文艺创作与表演	881			46	4	42		197	2
艺术表演场馆	882							1	
图书馆与档案馆	883			1		1		7	
文物及非物质文化遗产保护	884			1		1		6	
博物馆	885							5	
群众文体活动	887			11		11	1	50	1
其他文化艺术业	889			56		56	3	207	1
体育	**89**			**45**	**2**	**43**	**4**	**224**	**12**
体育组织	891			15	1	14	3	59	4
体育场地设施管理	892			7		7		15	
健身休闲活动	893			21	1	20	1	130	8
其他体育	899			2		2		20	
娱乐业	**90**		**4**	**198**	**3**	**195**	**14**	**1989**	**1238**
室内娱乐活动	901		4	89		89	6	1493	1231
游乐园	902			6		6	2	29	
休闲观光活动	903			11	1	10		41	4
彩票活动	904			2		2		1	
文化体育娱乐活动与经纪代理服务	905			71	1	70	6	357	3

2-5 续表 50

行业中类	代码								
		私营合伙	私营有限责任公司	私营股份有限公司	其他	港澳台商投资	与港澳台商合资经营	与港澳台商合作经营	港澳台商独资
卫生和社会工作	**Q**		**76**	**3**					
卫生	**84**		**10**						
医院	841		10						
其他卫生活动	849								
社会工作	**85**		**66**	**3**					
提供住宿社会工作	851		52	3					
不提供住宿社会工作	852		14						
文化、体育和娱乐业	**R**	**31**	**2414**	**49**		**5**			**5**
新闻和出版业	**86**		**11**	**2**					
新闻业	861			1					
出版业	862		11	1					
广播、电视、电影和录音制作业	**87**	**6**	**1036**	**7**					
广播	871		75	1					
电视	872		20						
影视节目制作	873	5	811	5					
广播电视集成播控	874		7						
电影和广播电视节目发行	875	1	34						
电影放映	876		62	1					
录音制作	877		27						
文化艺术业	**88**	**1**	**452**	**16**		**1**			**1**
文艺创作与表演	881	1	186	8					
艺术表演场馆	882		1						
图书馆与档案馆	883		7						
文物及非物质文化遗产保护	884		6						
博物馆	885		5						
群众文体活动	887		47	2					
其他文化艺术业	889		200	6		1			1
体育	**89**	**2**	**202**	**8**					
体育组织	891	1	52	2					
体育场地设施管理	892		15						
健身休闲活动	893	1	116	5					
其他体育	899		19	1					
娱乐业	**90**	**22**	**713**	**16**		**4**			**4**
室内娱乐活动	901	21	232	9		1			1
游乐园	902		28	1					
休闲观光活动	903		37						
彩票活动	904		1						
文化体育娱乐活动与经纪代理服务	905	1	347	6		3			3

2-5 续表 51

行业中类	代码	港澳台商投资股份有限公司	其他港澳台商投资	外商投资企业	中外合资经营	中外合作经营	外资企业	外商投资股份有限公司	其他外商投资
卫生和社会工作	**Q**								
卫生	**84**								
医院	841								
其他卫生活动	849								
社会工作	**85**								
提供住宿社会工作	851								
不提供住宿社会工作	852								
文化、体育和娱乐业	**R**			**3**	**1**		**1**		**1**
新闻和出版业	**86**								
新闻业	861								
出版业	862								
广播、电视、电影和录音制作业	**87**			**3**	**1**		**1**		**1**
广播	871								
电视	872								
影视节目制作	873			2			1		1
广播电视集成播控	874								
电影和广播电视节目发行	875								
电影放映	876			1	1				
录音制作	877								
文化艺术业	**88**								
文艺创作与表演	881								
艺术表演场馆	882								
图书馆与档案馆	883								
文物及非物质文化遗产保护	884								
博物馆	885								
群众文体活动	887								
其他文化艺术业	889								
体育	**89**								
体育组织	891								
体育场地设施管理	892								
健身休闲活动	893								
其他体育	899								
娱乐业	**90**								
室内娱乐活动	901								
游乐园	902								
休闲观光活动	903								
彩票活动	904								
文化体育娱乐活动与经纪代理服务	905								

2-6 按行业（中类）、登记注册类型分组的小微企业法人单位从业人员数

行业中类	代码	从业人员数(人)	内资	国有	集体	股份合作	联营	国有联营	集体联营
总　计		**1544935**	**1530303**	**54615**	**17088**	**2323**	**532**	**124**	**52**
农、林、牧、渔业	**A**	**6366**	**6366**	**1879**	**41**		**11**		**11**
农业	**01**								
谷物种植	011								
豆类、油料和薯类种植	012								
棉、麻、糖、烟草种植	013								
蔬菜、食用菌及园艺作物种植	014								
中药材种植	017								
其他农业	019								
林业	**02**								
森林经营、管护和改培	023								
畜牧业	**03**								
牲畜饲养	031								
家禽饲养	032								
渔业	**04**								
水产养殖	041								
农、林、牧、渔专业及辅助性活动	**05**	**6366**	**6366**	**1879**	**41**		**11**		**11**
农业专业及辅助性活动	051	5522	5522	1620	41		11		11
林业专业及辅助性活动	052	150	150						
畜牧专业及辅助性活动	053	629	629	259					
渔业专业及辅助性活动	054	65	65						
采矿业	**B**	**42590**	**40643**	**603**	**322**				
煤炭开采和洗选业	**06**	**14398**	**13728**	**464**	**249**				
烟煤和无烟煤开采洗选	061	14320	13650	439	249				
褐煤开采洗选	062	25	25	25					
其他煤炭采选	069	53	53						
石油和天然气开采业	**07**	**680**	**650**	**5**					
石油开采	071	447	446						
天然气开采	072	233	204	5					
黑色金属矿采选业	**08**	**4371**	**4364**						
铁矿采选	081	4154	4147						
锰矿、铬矿采选	082	169	169						
其他黑色金属矿采选	089	48	48						
有色金属矿采选业	**09**	**6429**	**5462**	**4**	**44**				
常用有色金属矿采选	091	4774	3808	4	41				
贵金属矿采选	092	1401	1401		3				
稀有稀土金属矿采选	093	254	253						
非金属矿采选业	**10**	**7342**	**7342**	**130**	**29**				
土砂石开采	101	6419	6419	21	19				
化学矿开采	102	79	79	55					

2-6 续表 1

行业中类	代码	国有与集体联营	其他联营	有限责任公司	国有独资	其他有限责任公司	股份有限公司	私营	私营独资
总　计		**278**	**78**	**441695**	**42914**	**398781**	**135120**	**878930**	**26700**
农、林、牧、渔业	**A**			**996**	**8**	**988**	**82**	**3357**	**104**
农业	**01**								
谷物种植	011								
豆类、油料和薯类种植	012								
棉、麻、糖、烟草种植	013								
蔬菜、食用菌及园艺作物种植	014								
中药材种植	017								
其他农业	019								
林业	**02**								
森林经营、管护和改培	023								
畜牧业	**03**								
牲畜饲养	031								
家禽饲养	032								
渔业	**04**								
水产养殖	041								
农、林、牧、渔专业及辅助性活动	**05**			**996**	**8**	**988**	**82**	**3357**	**104**
农业专业及辅助性活动	051			845	8	837	82	2923	84
林业专业及辅助性活动	052			39		39		111	4
畜牧专业及辅助性活动	053			106		106		264	16
渔业专业及辅助性活动	054			6		6		59	
采矿业	**B**			**19257**	**1882**	**17375**	**890**	**19571**	**2196**
煤炭开采和洗选业	**06**			**9412**	**705**	**8707**	**74**	**3529**	**913**
烟煤和无烟煤开采洗选	061			9409	704	8705	74	3479	913
褐煤开采洗选	062								
其他煤炭采选	069			3	1	2		50	
石油和天然气开采业	**07**			**476**	**265**	**211**	**7**	**162**	
石油开采	071			351	265	86	7	88	
天然气开采	072			125		125		74	
黑色金属矿采选业	**08**			**2103**	**410**	**1693**		**2261**	**164**
铁矿采选	081			2078	410	1668		2069	163
锰矿、铬矿采选	082			12		12		157	1
其他黑色金属矿采选	089			13		13		35	
有色金属矿采选业	**09**			**3754**	**369**	**3385**	**529**	**1131**	
常用有色金属矿采选	091			2530	147	2383	485	748	
贵金属矿采选	092			990	1	989	44	364	
稀有稀土金属矿采选	093			234	221	13		19	
非金属矿采选业	**10**			**1532**	**75**	**1457**	**27**	**5624**	**1117**
土砂石开采	101			1272	40	1232	26	5081	1110
化学矿开采	102			9		9		15	

2-6 续表 2

行业中类	代码	私营合伙	私营有限责任公司	私营股份有限公司	其他	港澳台商投资	与港澳台商合资经营	与港澳台商合作经营	港澳台商独资
总　计		**3821**	**828547**	**19862**		**3385**	**1405**	**19**	**1436**
农、林、牧、渔业	**A**	**8**	**3171**	**74**					
农业	**01**								
谷物种植	011								
豆类、油料和薯类种植	012								
棉、麻、糖、烟草种植	013								
蔬菜、食用菌及园艺作物种植	014								
中药材种植	017								
其他农业	019								
林业	**02**								
森林经营、管护和改培	023								
畜牧业	03								
牲畜饲养	031								
家禽饲养	032								
渔业	**04**								
水产养殖	041								
农、林、牧、渔专业及辅助性活动	**05**	**8**	**3171**	**74**					
农业专业及辅助性活动	051		2787	52					
林业专业及辅助性活动	052	8	92	7					
畜牧专业及辅助性活动	053		234	14					
渔业专业及辅助性活动	054		58	1					
采矿业	**B**	**65**	**16724**	**586**		**1193**	**211**	**19**	**684**
煤炭开采和洗选业	**06**	**3**	**2604**	**9**		**491**	**3**	**18**	**470**
烟煤和无烟煤开采洗选	061	3	2563			491	3	18	470
褐煤开采洗选	062								
其他煤炭采选	069		41	9					
石油和天然气开采业	**07**	**3**	**91**	**68**		**30**		**1**	**29**
石油开采	071	3	85			1		1	
天然气开采	072		6	68		29			29
黑色金属矿采选业	**08**	**19**	**2051**	**27**		**7**	**7**		
铁矿采选	081	19	1860	27		7	7		
锰矿、铬矿采选	082		156						
其他黑色金属矿采选	089		35						
有色金属矿采选业	**09**		**1071**	**60**		**662**	**201**		**185**
常用有色金属矿采选	091		688	60		661	201		184
贵金属矿采选	092		364						
稀有稀土金属矿采选	093		19			1			1
非金属矿采选业	**10**	**40**	**4405**	**62**					
土砂石开采	101	40	3873	58					
化学矿开采	102		11	4					

2-6 续表 3

行业中类	代码	港澳台商投资股份有限公司	其他港澳台商投资	外商投资企业	中外合资经营	中外合作经营	外资企业	外商投资股份有限公司	其他外商投资
总　计		**413**	**112**	**11247**	**8683**	**315**	**1403**	**356**	**490**
农、林、牧、渔业	**A**								
农业	**01**								
谷物种植	011								
豆类、油料和薯类种植	012								
棉、麻、糖、烟草种植	013								
蔬菜、食用菌及园艺作物种植	014								
中药材种植	017								
其他农业	019								
林业	**02**								
森林经营、管护和改培	023								
畜牧业	**03**								
牲畜饲养	031								
家禽饲养	032								
渔业	**04**								
水产养殖	041								
农、林、牧、渔专业及辅助性活动	**05**								
农业专业及辅助性活动	051								
林业专业及辅助性活动	052								
畜牧专业及辅助性活动	053								
渔业专业及辅助性活动	054								
采矿业	**B**	**276**	**3**	**754**	**484**		**270**		
煤炭开采和洗选业	**06**			**179**	**179**				
烟煤和无烟煤开采洗选	061			179	179				
褐煤开采洗选	062								
其他煤炭采选	069								
石油和天然气开采业	**07**								
石油开采	071								
天然气开采	072								
黑色金属矿采选业	**08**								
铁矿采选	081								
锰矿、铬矿采选	082								
其他黑色金属矿采选	089								
有色金属矿采选业	**09**	**276**		**305**	**305**				
常用有色金属矿采选	091	276		305	305				
贵金属矿采选	092								
稀有稀土金属矿采选	093								
非金属矿采选业	**10**								
土砂石开采	101								
化学矿开采	102								

2-6 续表 4

行业中类	代码	从业人员数（人）							
			内资	国有	集体	股份合作	联营		
								国有联营	集体联营
采盐	103	69	69		3				
石棉及其他非金属矿采选	109	775	775	54	7				
开采专业及辅助性活动	**11**	**8884**	**8611**						
煤炭开采和洗选专业及辅助性活动	111	474	471						
石油和天然气开采专业及辅助性活动	112	8181	7911						
其他开采专业及辅助性活动	119	229	229						
其他采矿业	**12**	**486**	**486**						
其他采矿业	120	486	486						
制造业	**C**	**374284**	**369187**	**4241**	**627**	**47**	**92**		
农副食品加工业	**13**	**35001**	**34281**	**735**	**12**				
谷物磨制	131	5227	5227	178	4				
饲料加工	132	3679	3335	120					
植物油加工	133	5766	5705	91	2				
制糖业	134	698	698						
屠宰及肉类加工	135	4494	4425	155					
水产品加工	136	266	266						
蔬菜、菌类、水果和坚果加工	137	9950	9864						
其他农副食品加工	139	4921	4761	191	6				
食品制造业	**14**	**15449**	**14539**	**40**	**38**				
焙烤食品制造	141	3524	3012						
糖果、巧克力及蜜饯制造	142	404	404						
方便食品制造	143	1237	1237						
乳制品制造	144	2174	2052	1					
罐头食品制造	145	2760	2670						
调味品、发酵制品制造	146	1628	1442	17					
其他食品制造	149	3722	3722	22	38				
酒、饮料和精制茶制造业	**15**	**9421**	**8438**	**109**		**27**	**50**		
酒的制造	151	5428	5144	109		27	50		
饮料制造	152	3747	3048						
精制茶加工	153	246	246						
烟草制品业	**16**	**25**	**25**						
其他烟草制品制造	169	25	25						
纺织业	**17**	**26027**	**25804**	**32**	**2**				
棉纺织及印染精加工	171	18634	18411	32					
毛纺织及染整精加工	172	446	446						
麻纺织及染整精加工	173	99	99						
丝绢纺织及印染精加工	174	67	67						
化纤织造及印染精加工	175	241	241						
针织或钩针编织物及其制品制造	176	3424	3424		2				
家用纺织制成品制造	177	2349	2349						

2-6 续表 5

行业中类	代码	国有与集体联营	其他联营	有限责任公司	国有独资	其他有限责任公司	股份有限公司	私营	私营独资
采盐	103			53	35	18		13	
石棉及其他非金属矿采选	109			198		198	1	515	7
开采专业及辅助性活动	**11**			**1859**	**38**	**1821**	**249**	**6503**	
煤炭开采和洗选专业及辅助性活动	111			212		212		259	
石油和天然气开采专业及辅助性活动	112			1546		1546	249	6116	
其他开采专业及辅助性活动	119			101	38	63		128	
其他采矿业	**12**			**121**	**20**	**101**	**4**	**361**	**2**
其他采矿业	120			121	20	101	4	361	2
制造业	**C**	**24**	**68**	**111605**	**4264**	**107341**	**11311**	**241264**	**11299**
农副食品加工业	**13**			**11765**	**632**	**11133**	**1369**	**20400**	**540**
谷物磨制	131			2121	193	1928	103	2821	230
饲料加工	132			1347	165	1182	171	1697	6
植物油加工	133			2449	130	2319	104	3059	39
制糖业	134			228		228	286	184	
屠宰及肉类加工	135			1490		1490	211	2569	106
水产品加工	136			57		57	56	153	
蔬菜、菌类、水果和坚果加工	137			2751	111	2640	422	6691	37
其他农副食品加工	139			1322	33	1289	16	3226	122
食品制造业	**14**			**5061**	**677**	**4384**	**902**	**8498**	**311**
焙烤食品制造	141			535		535	204	2273	8
糖果、巧克力及蜜饯制造	142			21		21		383	27
方便食品制造	143			287		287		950	27
乳制品制造	144			980	145	835	90	981	
罐头食品制造	145			1442	138	1304	384	844	
调味品、发酵制品制造	146			294		294	11	1120	47
其他食品制造	149			1502	394	1108	213	1947	202
酒、饮料和精制茶制造业	**15**		**50**	**2899**	**192**	**2707**	**776**	**4577**	**278**
酒的制造	151		50	1690	133	1557	547	2721	115
饮料制造	152			1206	59	1147	110	1732	163
精制茶加工	153			3		3	119	124	
烟草制品业	**16**							**25**	
其他烟草制品制造	169							25	
纺织业	**17**			**8433**	**35**	**8398**	**352**	**16985**	**254**
棉纺织及印染精加工	171			6353	35	6318	322	11704	185
毛纺织及染整精加工	172			278		278		168	20
麻纺织及染整精加工	173							99	
丝绢纺织及印染精加工	174			1		1		66	
化纤织造及印染精加工	175							241	1
针织或钩针编织物及其制品制造	176			1397		1397		2025	
家用纺织制成品制造	177			360		360	30	1959	36

2-6 续表 6

行业中类	代码	私营合伙	私营有限责任公司	私营股份有限公司	其他	港澳台商投资	与港澳台商合资经营	与港澳台商合作经营	港澳台商独资
采盐	103		13						
石棉及其他非金属矿采选	109		508						
开采专业及辅助性活动	**11**		**6143**	**360**		**3**			
煤炭开采和洗选专业及辅助性活动	111		259			3			
石油和天然气开采专业及辅助性活动	112		5756	360					
其他开采专业及辅助性活动	119		128						
其他采矿业	**12**		**359**						
其他采矿业	120		359						
制造业	**C**	**569**	**222477**	**6919**		**1625**	**978**		**525**
农副食品加工业	**13**	**35**	**19048**	**777**		**17**	**11**		**6**
谷物磨制	131	21	2481	89					
饲料加工	132		1620	71					
植物油加工	133		2780	240					
制糖业	134		184						
屠宰及肉类加工	135	14	2222	227					
水产品加工	136		153						
蔬菜、菌类、水果和坚果加工	137		6587	67		11	11		
其他农副食品加工	139		3021	83		6			6
食品制造业	**14**	**8**	**7746**	**433**		**70**	**70**		
焙烤食品制造	141		2262	3					
糖果、巧克力及蜜饯制造	142		356						
方便食品制造	143		916	7					
乳制品制造	144		708	273					
罐头食品制造	145	8	801	35		70	70		
调味品、发酵制品制造	146		1073						
其他食品制造	149		1630	115					
酒、饮料和精制茶制造业	**15**	**17**	**4180**	**102**		**269**	**173**		**96**
酒的制造	151	4	2543	59		2			2
饮料制造	152	13	1513	43		267	173		94
精制茶加工	153		124						
烟草制品业	**16**		**25**						
其他烟草制品制造	169		25						
纺织业	**17**		**16561**	**170**		**223**			**223**
棉纺织及印染精加工	171		11421	98		223			223
毛纺织及染整精加工	172		132	16					
麻纺织及染整精加工	173		55	44					
丝绢纺织及印染精加工	174		66						
化纤织造及印染精加工	175		240						
针织或钩针编织物及其制品制造	176		2013	12					
家用纺织制成品制造	177		1923						

2-6 续表 7

行业中类	代码								
		港澳台商投资股份有限公司	其他港澳台商投资	外商投资企业	中外合资经营	中外合作经营	外资企业	外商投资股份有限公司	其他外商投资
采盐	103								
石棉及其他非金属矿采选	109								
开采专业及辅助性活动	**11**		**3**	**270**			**270**		
煤炭开采和洗选专业及辅助性活动	111		3						
石油和天然气开采专业及辅助性活动	112			270			270		
其他开采专业及辅助性活动	119								
其他采矿业	**12**								
其他采矿业	120								
制造业	**C**	**122**		**3472**	**2121**	**190**	**777**	**312**	**72**
农副食品加工业	**13**			**703**	**330**	**190**	**183**		
谷物磨制	131								
饲料加工	132			344	19	190	135		
植物油加工	133			61	61				
制糖业	134								
屠宰及肉类加工	135			69	69				
水产品加工	136								
蔬菜、菌类、水果和坚果加工	137			75	75				
其他农副食品加工	139			154	106		48		
食品制造业	**14**			**840**	**414**		**426**		
焙烤食品制造	141			512	208		304		
糖果、巧克力及蜜饯制造	142								
方便食品制造	143								
乳制品制造	144			122			122		
罐头食品制造	145			20	20				
调味品、发酵制品制造	146			186	186				
其他食品制造	149								
酒、饮料和精制茶制造业	**15**			**714**	**474**			**229**	**11**
酒的制造	151			282	139			143	
饮料制造	152			432	335			86	11
精制茶加工	153								
烟草制品业	**16**								
其他烟草制品制造	169								
纺织业	**17**								
棉纺织及印染精加工	171								
毛纺织及染整精加工	172								
麻纺织及染整精加工	173								
丝绢纺织及印染精加工	174								
化纤织造及印染精加工	175								
针织或钩针编织物及其制品制造	176								
家用纺织制成品制造	177								

2-6 续表 8

行业中类	代码	从业人员数(人)	内资						
				国有	集体	股份合作	联营	国有联营	集体联营
产业用纺织制成品制造	178	767	767						
纺织服装、服饰业	**18**	**61167**	**61167**	**36**	**63**				
机织服装制造	181	23328	23328	36	35				
针织或钩针编织服装制造	182	3414	3414						
服饰制造	183	34425	34425		28				
皮革、毛皮、羽毛及其制品和制鞋业	**19**	**11672**	**11672**						
皮革鞣制加工	191	98	98						
皮革制品制造	192	1906	1906						
毛皮鞣制及制品加工	193	809	809						
羽毛（绒）加工及制品制造	194	65	65						
制鞋业	195	8794	8794						
木材加工和木、竹、藤、棕、草制品业	**20**	**4783**	**4739**	**4**	**11**				
木材加工	201	2114	2070	4					
人造板制造	202	1780	1780						
木质制品制造	203	779	779		11				
竹、藤、棕、草等制品制造	204	110	110						
家具制造业	**21**	**2213**	**2213**				**5**		
木质家具制造	211	1179	1179				5		
金属家具制造	213	689	689						
塑料家具制造	214	52	52						
其他家具制造	219	293	293						
造纸和纸制品业	**22**	**5120**	**4846**						
纸浆制造	221	70	70						
造纸	222	1606	1606						
纸制品制造	223	3444	3170						
印刷和记录媒介复制业	**23**	**4118**	**4118**	**547**	**13**	**19**			
印刷	231	3571	3571	501	13	19			
装订及印刷相关服务	232	545	545	46					
记录媒介复制	233	2	2						
文教、工美、体育和娱乐用品制造业	**24**	**5976**	**5889**	**55**	**80**				
文教办公用品制造	241	351	351						
乐器制造	242	37	37						
工艺美术及礼仪用品制造	243	5353	5266	55	80				
体育用品制造	244	149	149						
玩具制造	245	35	35						
游艺器材及娱乐用品制造	246	51	51						
石油、煤炭及其他燃料加工业	**25**	**9505**	**9505**	**403**					
精炼石油产品制造	251	4434	4434						
煤炭加工	252	4827	4827	403					
核燃料加工	253	2	2						

2-6 续表 9

行业中类	代码	国有与集体联营	其他联营	有限责任公司	国有独资	其他有限责任公司	股份有限公司	私营	私营独资
产业用纺织制成品制造	178			44		44		723	12
纺织服装、服饰业	**18**			**12856**	**12**	**12844**	**1097**	**47115**	**920**
机织服装制造	181			5661	9	5652	153	17443	636
针织或钩针编织服装制造	182			891		891	111	2412	45
服饰制造	183			6304	3	6301	833	27260	239
皮革、毛皮、羽毛及其制品和制鞋业	**19**			**1088**		**1088**	**12**	**10572**	**29**
皮革鞣制加工	191			23		23		75	
皮革制品制造	192			576		576		1330	7
毛皮鞣制及制品加工	193			290		290		519	
羽毛（绒）加工及制品制造	194			5		5		60	2
制鞋业	195			194		194	12	8588	20
木材加工和木、竹、藤、棕、草制品业	**20**			**774**		**774**	**24**	**3926**	**126**
木材加工	201			365		365	22	1679	71
人造板制造	202			367		367		1413	20
木质制品制造	203			30		30		738	8
竹、藤、棕、草等制品制造	204			12		12	2	96	27
家具制造业	**21**		**5**	**404**	**2**	**402**	**42**	**1762**	**91**
木质家具制造	211		5	163	2	161	6	1005	26
金属家具制造	213			186		186	36	467	4
塑料家具制造	214							52	
其他家具制造	219			55		55		238	61
造纸和纸制品业	**22**			**979**	**56**	**923**	**301**	**3566**	**69**
纸浆制造	221			10		10		60	
造纸	222			617		617	93	896	
纸制品制造	223			352	56	296	208	2610	69
印刷和记录媒介复制业	**23**			**1225**	**84**	**1141**	**146**	**2168**	**108**
印刷	231			1122	84	1038	142	1774	68
装订及印刷相关服务	232			103		103	4	392	40
记录媒介复制	233							2	
文教、工美、体育和娱乐用品制造业	**24**			**824**	**72**	**752**	**76**	**4854**	**211**
文教办公用品制造	241			52		52	3	296	7
乐器制造	242							37	
工艺美术及礼仪用品制造	243			772	72	700	27	4332	204
体育用品制造	244							149	
玩具制造	245							35	
游艺器材及娱乐用品制造	246						46	5	
石油、煤炭及其他燃料加工业	**25**			**2897**	**68**	**2829**	**870**	**5335**	**6**
精炼石油产品制造	251			1234		1234	870	2330	
煤炭加工	252			1660	68	1592		2764	6
核燃料加工	253			2		2			

2-6 续表 10

行业中类	代码	私营合伙	私营有限责任公司	私营股份有限公司	其他	港澳台商投资	与港澳台商合资经营	与港澳台商合作经营	港澳台商独资
产业用纺织制成品制造	178		711						
纺织服装、服饰业	**18**	**16**	**45715**	**464**					
机织服装制造	181		16749	58					
针织或钩针编织服装制造	182		2347	20					
服饰制造	183	16	26619	386					
皮革、毛皮、羽毛及其制品和制鞋业	**19**	**18**	**10525**						
皮革鞣制加工	191	8	67						
皮革制品制造	192		1323						
毛皮鞣制及制品加工	193		519						
羽毛（绒）加工及制品制造	194		58						
制鞋业	195	10	8558						
木材加工和木、竹、藤、棕、草制品业	**20**	**6**	**3741**	**53**					
木材加工	201	6	1586	16					
人造板制造	202		1363	30					
木质制品制造	203		723	7					
竹、藤、棕、草等制品制造	204		69						
家具制造业	**21**		**1434**	**237**					
木质家具制造	211		960	19					
金属家具制造	213		245	218					
塑料家具制造	214		52						
其他家具制造	219		177						
造纸和纸制品业	**22**		**3448**	**49**		**193**	**193**		
纸浆制造	221		60						
造纸	222		896						
纸制品制造	223		2492	49		193	193		
印刷和记录媒介复制业	**23**	**6**	**2042**	**12**					
印刷	231	6	1692	8					
装订及印刷相关服务	232		348	4					
记录媒介复制	233		2						
文教、工美、体育和娱乐用品制造业	**24**	**28**	**4477**	**138**					
文教办公用品制造	241		282	7					
乐器制造	242		37						
工艺美术及礼仪用品制造	243	28	3974	126					
体育用品制造	244		149						
玩具制造	245		35						
游艺器材及娱乐用品制造	246			5					
石油、煤炭及其他燃料加工业	**25**	**10**	**5101**	**218**					
精炼石油产品制造	251		2129	201					
煤炭加工	252	10	2731	17					
核燃料加工	253								

2-6 续表 11

行业中类	代码	港澳台商投资股份有限公司	其他港澳台商投资	外商投资企业	中外合资经营	中外合作经营	外资企业	外商投资股份有限公司	其他外商投资
产业用纺织制成品制造	178								
纺织服装、服饰业	**18**								
机织服装制造	181								
针织或钩针编织服装制造	182								
服饰制造	183								
皮革、毛皮、羽毛及其制品和制鞋业	**19**								
皮革鞣制加工	191								
皮革制品制造	192								
毛皮鞣制及制品加工	193								
羽毛（绒）加工及制品制造	194								
制鞋业	195								
木材加工和木、竹、藤、棕、草制品业	**20**			**44**					**44**
木材加工	201			44					44
人造板制造	202								
木质制品制造	203								
竹、藤、棕、草等制品制造	204								
家具制造业	**21**								
木质家具制造	211								
金属家具制造	213								
塑料家具制造	214								
其他家具制造	219								
造纸和纸制品业	**22**			**81**	**81**				
纸浆制造	221								
造纸	222								
纸制品制造	223			81	81				
印刷和记录媒介复制业	**23**								
印刷	231								
装订及印刷相关服务	232								
记录媒介复制	233								
文教、工美、体育和娱乐用品制造业	**24**			**87**				**83**	**4**
文教办公用品制造	241								
乐器制造	242								
工艺美术及礼仪用品制造	243			87				83	4
体育用品制造	244								
玩具制造	245								
游艺器材及娱乐用品制造	246								
石油、煤炭及其他燃料加工业	**25**								
精炼石油产品制造	251								
煤炭加工	252								
核燃料加工	253								

2-6 续表 12

行业中类	代码	从业人员数(人)	内资	国有	集体	股份合作	联营	国有联营	集体联营
生物质燃料加工	254	242	242						
化学原料和化学制品制造业	**26**	**28372**	**27720**	**1467**	**17**		**13**		
基础化学原料制造	261	7662	7385	92	15		13		
肥料制造	262	9747	9565	1285					
农药制造	263	110	110						
涂料、油墨、颜料及类似产品制造	264	835	835	16					
合成材料制造	265	3043	3043						
专用化学产品制造	266	4727	4576	74	2				
炸药、火工及焰火产品制造	267	1033	1033						
日用化学产品制造	268	1215	1173						
医药制造业	**27**	**4144**	**4040**						
化学药品原料药制造	271	193	193						
化学药品制剂制造	272	272	260						
中药饮片加工	273	971	971						
中成药生产	274	2016	1927						
兽用药品制造	275	34	34						
生物药品制品制造	276	527	524						
卫生材料及医药用品制造	277	66	66						
药用辅料及包装材料	278	65	65						
化学纤维制造业	**28**	**1232**	**1232**						
纤维素纤维原料及纤维制造	281	519	519						
合成纤维制造	282	541	541						
生物基材料制造	283	172	172						
橡胶和塑料制品业	**29**	**17638**	**17288**	**47**	**138**				
橡胶制品业	291	755	745	4					
塑料制品业	292	16883	16543	43	138				
非金属矿物制品业	**30**	**69713**	**69528**	**202**	**142**	**1**			
水泥、石灰和石膏制造	301	13151	12986	153					
石膏、水泥制品及类似制品制造	302	24275	24275	18	20				
砖瓦、石材等建筑材料制造	303	24367	24355	31	122	1			
玻璃制造	304	1238	1238						
玻璃制品制造	305	935	935						
玻璃纤维和玻璃纤维增强塑料制品制造	306	973	973						
陶瓷制品制造	307	1327	1327						
耐火材料制品制造	308	711	711						
石墨及其他非金属矿物制品制造	309	2736	2728						
黑色金属冶炼和压延加工业	**31**	**4765**	**4520**						
炼铁	311	894	894						
炼钢	312	245	245						
钢压延加工	313	2680	2680						

2-6 续表 13

行业中类	代码	国有与集体联营	其他联营	有限责任公司	国有独资	其他有限责任公司	股份有限公司	私营	私营独资
生物质燃料加工	254			1		1		241	
化学原料和化学制品制造业	**26**		**13**	**12462**	**763**	**11699**	**1722**	**12039**	**226**
基础化学原料制造	261		13	2772	115	2657	510	3983	107
肥料制造	262			4786	91	4695	306	3188	59
农药制造	263			50		50		60	5
涂料、油墨、颜料及类似产品制造	264			160		160	12	647	7
合成材料制造	265			1636	511	1125	618	789	1
专用化学产品制造	266			1761	46	1715	216	2523	44
炸药、火工及焰火产品制造	267			934		934		99	
日用化学产品制造	268			363		363	60	750	3
医药制造业	**27**			**1809**	**86**	**1723**	**223**	**2008**	**13**
化学药品原料药制造	271			130		130		63	
化学药品制剂制造	272			200		200		60	
中药饮片加工	273			187	86	101	40	744	1
中成药生产	274			979		979	183	765	
兽用药品制造	275							34	12
生物药品制品制造	276			290		290		234	
卫生材料及医药用品制造	277							66	
药用辅料及包装材料	278			23		23		42	
化学纤维制造业	**28**			**855**	**187**	**668**	**10**	**367**	
纤维素纤维原料及纤维制造	281			193	187	6		326	
合成纤维制造	282			507		507	10	24	
生物基材料制造	283			155		155		17	
橡胶和塑料制品业	29			4109	92	4017	336	12658	703
橡胶制品业	291			117		117		624	113
塑料制品业	292			3992	92	3900	336	12034	590
非金属矿物制品业	**30**			**21369**	**673**	**20696**	**1325**	**46489**	**6772**
水泥、石灰和石膏制造	301			7545	372	7173	594	4694	22
石膏、水泥制品及类似制品制造	302			8208	223	7985	261	15768	195
砖瓦、石材等建筑材料制造	303			3188	78	3110	173	20840	6536
玻璃制造	304			563		563	31	644	
玻璃制品制造	305			428		428		507	
玻璃纤维和玻璃纤维增强塑料制品制造	306			253		253	14	706	
陶瓷制品制造	307			566		566	29	732	4
耐火材料制品制造	308			157		157	98	456	15
石墨及其他非金属矿物制品制造	309			461		461	125	2142	
黑色金属冶炼和压延加工业	**31**			**1624**	**123**	**1501**	**383**	**2513**	**16**
炼铁	311			686		686		208	
炼钢	312			102		102		143	
钢压延加工	313			711	123	588	118	1851	16

2-6 续表 14

行业中类	代码	私营合伙	私营有限责任公司	私营股份有限公司	其他	港澳台商投资	与港澳台商合资经营	与港澳台商合作经营	港澳台商独资
生物质燃料加工	254		241						
化学原料和化学制品制造业	**26**	**7**	**11222**	**584**		**461**	**276**		**185**
基础化学原料制造	261	3	3844	29		155	121		34
肥料制造	262	4	2979	146		155	155		
农药制造	263		55						
涂料、油墨、颜料及类似产品制造	264		623	17					
合成材料制造	265		683	105					
专用化学产品制造	266		2204	275		151			151
炸药、火工及焰火产品制造	267		94	5					
日用化学产品制造	268		740	7					
医药制造业	**27**	**7**	**1486**	**502**					
化学药品原料药制造	271		63						
化学药品制剂制造	272		60						
中药饮片加工	273		732	11					
中成药生产	274		322	443					
兽用药品制造	275		22						
生物药品制品制造	276		231	3					
卫生材料及医药用品制造	277	7	52	7					
药用辅料及包装材料	278		4	38					
化学纤维制造业	**28**		**347**	**20**					
纤维素纤维原料及纤维制造	281		306	20					
合成纤维制造	282		24						
生物基材料制造	283		17						
橡胶和塑料制品业	29	40	11675	240		340	218		
橡胶制品业	291	28	466	17					
塑料制品业	292	12	11209	223		340	218		
非金属矿物制品业	**30**	**317**	**37575**	**1825**		**20**	**20**		
水泥、石灰和石膏制造	301		4504	168					
石膏、水泥制品及类似制品制造	302		15241	332					
砖瓦、石材等建筑材料制造	303	270	13369	665		12	12		
玻璃制造	304		644						
玻璃制品制造	305		450	57					
玻璃纤维和玻璃纤维增强塑料制品制造	306		706						
陶瓷制品制造	307		517	211					
耐火材料制品制造	308	40	319	82					
石墨及其他非金属矿物制品制造	309	7	1825	310		8	8		
黑色金属冶炼和压延加工业	**31**		**2433**	**64**					
炼铁	311		208						
炼钢	312		143						
钢压延加工	313		1771	64					

2-6 续表 15

行业中类	代码	港澳台商投资股份有限公司	其他港澳台商投资	外商投资企业	中外合资经营	中外合作经营	外资企业	外商投资股份有限公司	其他外商投资
生物质燃料加工	254								
化学原料和化学制品制造业	**26**			**191**	**191**				
基础化学原料制造	261			122	122				
肥料制造	262			27	27				
农药制造	263								
涂料、油墨、颜料及类似产品制造	264								
合成材料制造	265								
专用化学产品制造	266								
炸药、火工及焰火产品制造	267								
日用化学产品制造	268			42	42				
医药制造业	**27**			**104**	**101**		**3**		
化学药品原料药制造	271								
化学药品制剂制造	272			12	12				
中药饮片加工	273								
中成药生产	274			89	89				
兽用药品制造	275								
生物药品制品制造	276			3			3		
卫生材料及医药用品制造	277								
药用辅料及包装材料	278								
化学纤维制造业	**28**								
纤维素纤维原料及纤维制造	281								
合成纤维制造	282								
生物基材料制造	283								
橡胶和塑料制品业	**29**	**122**		**10**					**10**
橡胶制品业	291			10					10
塑料制品业	292	122							
非金属矿物制品业	**30**			**165**			**165**		
水泥、石灰和石膏制造	301			165			165		
石膏、水泥制品及类似制品制造	302								
砖瓦、石材等建筑材料制造	303								
玻璃制造	304								
玻璃制品制造	305								
玻璃纤维和玻璃纤维增强塑料制品制造	306								
陶瓷制品制造	307								
耐火材料制品制造	308								
石墨及其他非金属矿物制品制造	309								
黑色金属冶炼和压延加工业	**31**			**245**	**245**				
炼铁	311								
炼钢	312								
钢压延加工	313								

2-6 续表 16

行业中类	代码	从业人员数(人)	内资						
				国有	集体	股份合作	联营		
								国有联营	集体联营
铁合金冶炼	314	946	701						
有色金属冶炼和压延加工业	**32**	**6891**	**6874**						
常用有色金属冶炼	321	3952	3935						
贵金属冶炼	322	678	678						
稀有稀土金属冶炼	323	13	13						
有色金属合金制造	324	984	984						
有色金属压延加工	325	1264	1264						
金属制品业	**33**	**17517**	**17483**	**129**	**29**				
结构性金属制品制造	331	11047	11044	29	11				
金属工具制造	332	487	487	33					
集装箱及金属包装容器制造	333	1299	1298						
金属丝绳及其制品制造	334	238	238						
建筑、安全用金属制品制造	335	1418	1388						
金属表面处理及热处理加工	336	208	208						
搪瓷制品制造	337	21	21						
金属制日用品制造	338	207	207						
铸造及其他金属制品制造	339	2592	2592	67	18				
通用设备制造业	**34**	**4488**	**4483**	**216**	**8**		**24**		
锅炉及原动设备制造	341	664	664						
金属加工机械制造	342	552	552						
物料搬运设备制造	343	779	779						
泵、阀门、压缩机及类似机械制造	344	134	134						
轴承、齿轮和传动部件制造	345	21	21						
烘炉、风机、包装等设备制造	346	389	384						
文化、办公用机械制造	347	79	79						
通用零部件制造	348	1690	1690	216	8		24		
其他通用设备制造业	349	180	180						
专用设备制造业	**35**	**8465**	**8216**	**199**	**10**				
采矿、冶金、建筑专用设备制造	351	2316	2273	199					
化工、木材、非金属加工专用设备制造	352	468	468						
食品、饮料、烟草及饲料生产专用设备制造	353	132	132						
印刷、制药、日化及日用品生产专用设备制造	354	102	102						
纺织、服装和皮革加工专用设备制造	355	398	398		3				
电子和电工机械专用设备制造	356	447	447						
农、林、牧、渔专用机械制造	357	2972	2766		7				
医疗仪器设备及器械制造	358	308	308						
环保、邮政、社会公共服务及其他专用设备制造	359	1322	1322						
汽车制造业	**36**	**1210**	**1210**						
汽车整车制造	361	506	506						
汽车用发动机制造	362	5	5						

2-6 续表 17

行业中类	代码	国有与集体联营	其他联营	有限责任公司	国有独资	其他有限责任公司	股份有限公司	私营	私营独资
铁合金冶炼	314			125		125	265	311	
有色金属冶炼和压延加工业	**32**			**3297**		**3297**	**493**	**3084**	**2**
常用有色金属冶炼	321			1675		1675	478	1782	
贵金属冶炼	322			656		656		22	
稀有稀土金属冶炼	323						10	3	
有色金属合金制造	324			630		630	5	349	2
有色金属压延加工	325			336		336		928	
金属制品业	**33**			**4825**	**192**	**4633**	**101**	**12399**	**216**
结构性金属制品制造	331			3289	192	3097	21	7694	127
金属工具制造	332			48		48		406	73
集装箱及金属包装容器制造	333			377		377	52	869	2
金属丝绳及其制品制造	334			97		97	3	138	
建筑、安全用金属制品制造	335			298		298	22	1068	1
金属表面处理及热处理加工	336			50		50		158	
搪瓷制品制造	337			18		18		3	
金属制日用品制造	338			32		32		175	2
铸造及其他金属制品制造	339			616		616	3	1888	11
通用设备制造业	**34**	**24**		**766**		**766**	**91**	**3378**	**70**
锅炉及原动设备制造	341			94		94	6	564	12
金属加工机械制造	342			79		79	48	425	17
物料搬运设备制造	343			359		359	8	412	4
泵、阀门、压缩机及类似机械制造	344			26		26		108	
轴承、齿轮和传动部件制造	345							21	
烘炉、风机、包装等设备制造	346			34		34	9	341	5
文化、办公用机械制造	347			61		61		18	
通用零部件制造	348	24		99		99	6	1337	32
其他通用设备制造业	349			14		14	14	152	
专用设备制造业	**35**			**2530**	**281**	**2249**	**442**	**5035**	**166**
采矿、冶金、建筑专用设备制造	351			837	281	556	15	1222	117
化工、木材、非金属加工专用设备制造	352			227		227		241	
食品、饮料、烟草及饲料生产专用设备制造	353			31		31		101	
印刷、制药、日化及日用品生产专用设备制造	354			32		32		70	14
纺织、服装和皮革加工专用设备制造	355			358		358		37	6
电子和电工机械专用设备制造	356			274		274		173	
农、林、牧、渔专用机械制造	357			463		463	189	2107	20
医疗仪器设备及器械制造	358			2		2	40	266	3
环保、邮政、社会公共服务及其他专用设备制造	359			306		306	198	818	6
汽车制造业	**36**			**802**		**802**		**408**	
汽车整车制造	361			494		494		12	
汽车用发动机制造	362							5	

2-6 续表 18

行业中类	代码	私营合伙	私营有限责任公司	私营股份有限公司	其他	港澳台商投资	与港澳台商合资经营	与港澳台商合作经营	港澳台商独资
铁合金冶炼	314		311						
有色金属冶炼和压延加工业	**32**	**3**	**2994**	**85**		**17**	**17**		
常用有色金属冶炼	321		1718	64		17	17		
贵金属冶炼	322		22						
稀有稀土金属冶炼	323		3						
有色金属合金制造	324		333	14					
有色金属压延加工	325	3	918	7					
金属制品业	**33**	**1**	**11891**	**291**					
结构性金属制品制造	331	1	7296	270					
金属工具制造	332		333						
集装箱及金属包装容器制造	333		866	1					
金属丝绳及其制品制造	334		126	12					
建筑、安全用金属制品制造	335		1067						
金属表面处理及热处理加工	336		158						
搪瓷制品制造	337		3						
金属制日用品制造	338		173						
铸造及其他金属制品制造	339		1869	8					
通用设备制造业	**34**	**36**	**3261**	**11**		**5**			**5**
锅炉及原动设备制造	341	27	525						
金属加工机械制造	342		403	5					
物料搬运设备制造	343		408						
泵、阀门、压缩机及类似机械制造	344		104	4					
轴承、齿轮和传动部件制造	345		21						
烘炉、风机、包装等设备制造	346	4	332			5			5
文化、办公用机械制造	347		18						
通用零部件制造	348	5	1298	2					
其他通用设备制造业	349		152						
专用设备制造业	**35**		**4360**	**509**		**10**			**10**
采矿、冶金、建筑专用设备制造	351		888	217					
化工、木材、非金属加工专用设备制造	352		241						
食品、饮料、烟草及饲料生产专用设备制造	353		101						
印刷、制药、日化及日用品生产专用设备制造	354		56						
纺织、服装和皮革加工专用设备制造	355		31						
电子和电工机械专用设备制造	356		169	4					
农、林、牧、渔专用机械制造	357		1919	168		10			10
医疗仪器设备及器械制造	358		206	57					
环保、邮政、社会公共服务及其他专用设备制造	359		749	63					
汽车制造业	**36**		**408**						
汽车整车制造	361		12						
汽车用发动机制造	362		5						

2-6 续表 19

行业中类	代码	港澳台商投资股份有限公司	其他港澳台商投资	外商投资企业	中外合资经营	中外合作经营	外资企业	外商投资股份有限公司	其他外商投资
铁合金冶炼	314			245	245				
有色金属冶炼和压延加工业	**32**								
常用有色金属冶炼	321								
贵金属冶炼	322								
稀有稀土金属冶炼	323								
有色金属合金制造	324								
有色金属压延加工	325								
金属制品业	**33**			**34**	**31**				**3**
结构性金属制品制造	331			3					3
金属工具制造	332								
集装箱及金属包装容器制造	333			1	1				
金属丝绳及其制品制造	334								
建筑、安全用金属制品制造	335			30	30				
金属表面处理及热处理加工	336								
搪瓷制品制造	337								
金属制日用品制造	338								
铸造及其他金属制品制造	339								
通用设备制造业	**34**								
锅炉及原动设备制造	341								
金属加工机械制造	342								
物料搬运设备制造	343								
泵、阀门、压缩机及类似机械制造	344								
轴承、齿轮和传动部件制造	345								
烘炉、风机、包装等设备制造	346								
文化、办公用机械制造	347								
通用零部件制造	348								
其他通用设备制造业	349								
专用设备制造业	**35**			**239**	**239**				
采矿、冶金、建筑专用设备制造	351			43	43				
化工、木材、非金属加工专用设备制造	352								
食品、饮料、烟草及饲料生产专用设备制造	353								
印刷、制药、日化及日用品生产专用设备制造	354								
纺织、服装和皮革加工专用设备制造	355								
电子和电工机械专用设备制造	356								
农、林、牧、渔专用机械制造	357			196	196				
医疗仪器设备及器械制造	358								
环保、邮政、社会公共服务及其他专用设备制造	359								
汽车制造业	**36**								
汽车整车制造	361								
汽车用发动机制造	362								

2-6 续表 20

行业中类	代码	从业人员数(人)	内资						
				国有	集体	股份合作	联营		
								国有联营	集体联营
改装汽车制造	363	211	211						
电车制造	365	14	14						
汽车车身、挂车制造	366	49	49						
汽车零部件及配件制造	367	425	425						
铁路、船舶、航空航天和其他运输设备制造业	**37**	**558**	**558**	**14**					
铁路运输设备制造	371	262	262	14					
城市轨道交通设备制造	372	42	42						
航空、航天器及设备制造	374	53	53						
摩托车制造	375	88	88						
自行车和残疾人座车制造	376	12	12						
助动车制造	377	101	101						
非公路休闲车及零配件制造	378								
电气机械和器材制造业	**38**	**10158**	**10158**		**23**				
电机制造	381	562	562						
输配电及控制设备制造	382	4563	4563						
电线、电缆、光缆及电工器材制造	383	3756	3756		23				
电池制造	384	362	362						
家用电力器具制造	385	295	295						
非电力家用器具制造	386	39	39						
照明器具制造	387	403	403						
其他电气机械及器材制造	389	178	178						
计算机、通信和其他电子设备制造业	**39**	**2670**	**2655**						
计算机制造	391	210	210						
通信设备制造	392	77	77						
广播电视设备制造	393	19	19						
非专业视听设备制造	395	6	6						
智能消费设备制造	396	95	95						
电子器件制造	397	76	76						
电子元件及电子专用材料制造	398	2117	2102						
其他电子设备制造	399	70	70						
仪器仪表制造业	**40**	**489**	**489**						
通用仪器仪表制造	401	345	345						
专用仪器仪表制造	402	89	89						
衡器制造	405	53	53						
其他仪器仪表制造业	409	2	2						
其他制造业	**41**	**1030**	**1030**	**6**					
日用杂品制造	411	71	71						
核辐射加工	412	7	7						
其他未列明制造业	419	952	952	6					
废弃资源综合利用业	**42**	**1912**	**1912**						

2-6 续表 21

行业中类	代码								
				有限责任公司			股份有限公司	私营	
		国有与集体联营	其他联营		国有独资	其他有限责任公司			私营独资
改装汽车制造	363			201		201		10	
电车制造	365							14	
汽车车身、挂车制造	366			42		42		7	
汽车零部件及配件制造	367			65		65		360	
铁路、船舶、航空航天和其他运输设备制造业	**37**			**347**		**347**		**197**	
铁路运输设备制造	371			240		240		8	
城市轨道交通设备制造	372			42		42			
航空、航天器及设备制造	374			47		47		6	
摩托车制造	375							88	
自行车和残疾人座车制造	376							12	
助动车制造	377			18		18		83	
非公路休闲车及零配件制造	378								
电气机械和器材制造业	**38**			**4901**	**37**	**4864**	**164**	**5070**	**78**
电机制造	381			151	37	114	20	391	
输配电及控制设备制造	382			1687		1687	89	2787	72
电线、电缆、光缆及电工器材制造	383			2756		2756	55	922	
电池制造	384			267		267		95	
家用电力器具制造	385			5		5		290	
非电力家用器具制造	386			11		11		28	
照明器具制造	387			16		16		387	6
其他电气机械及器材制造	389			8		8		170	
计算机、通信和其他电子设备制造业	**39**			**1557**		**1557**	**2**	**1096**	**67**
计算机制造	391			36		36		174	
通信设备制造	392			9		9		68	
广播电视设备制造	393			1		1		18	
非专业视听设备制造	395						2	4	
智能消费设备制造	396			6		6		89	
电子器件制造	397			54		54		22	
电子元件及电子专用材料制造	398			1433		1433		669	67
其他电子设备制造	399			18		18		52	
仪器仪表制造业	**40**			**177**		**177**	**49**	**263**	
通用仪器仪表制造	401			114		114	49	182	
专用仪器仪表制造	402			61		61		28	
衡器制造	405			2		2		51	
其他仪器仪表制造业	409							2	
其他制造业	**41**			**21**		**21**		**1003**	**2**
日用杂品制造	411			4		4		67	
核辐射加工	412							7	
其他未列明制造业	419			17		17		929	2
废弃资源综合利用业	**42**			**482**		**482**		**1430**	

2-6 续表 22

行业中类	代码	私营合伙	私营有限责任公司	私营股份有限公司	其他	港澳台商投资	与港澳台商合资经营	与港澳台商合作经营	港澳台商独资
改装汽车制造	363		10						
电车制造	365		14						
汽车车身、挂车制造	366		7						
汽车零部件及配件制造	367		360						
铁路、船舶、航空航天和其他运输设备制造业	**37**		**197**						
铁路运输设备制造	371		8						
城市轨道交通设备制造	372								
航空、航天器及设备制造	374		6						
摩托车制造	375		88						
自行车和残疾人座车制造	376		12						
助动车制造	377		83						
非公路休闲车及零配件制造	378								
电气机械和器材制造业	**38**		**4961**	**31**					
电机制造	381		391						
输配电及控制设备制造	382		2690	25					
电线、电缆、光缆及电工器材制造	383		920	2					
电池制造	384		95						
家用电力器具制造	385		290						
非电力家用器具制造	386		28						
照明器具制造	387		381						
其他电气机械及器材制造	389		166	4					
计算机、通信和其他电子设备制造业	**39**		**1025**	**4**					
计算机制造	391		174						
通信设备制造	392		68						
广播电视设备制造	393		18						
非专业视听设备制造	395		4						
智能消费设备制造	396		85	4					
电子器件制造	397		22						
电子元件及电子专用材料制造	398		602						
其他电子设备制造	399		52						
仪器仪表制造业	**40**	**4**	**259**						
通用仪器仪表制造	401		182						
专用仪器仪表制造	402		28						
衡器制造	405	4	47						
其他仪器仪表制造业	409		2						
其他制造业	**41**		**938**	**63**					
日用杂品制造	411		67						
核辐射加工	412		7						
其他未列明制造业	419		864	63					
废弃资源综合利用业	**42**		**1409**	**21**					

2-6 续表 23

行业中类	代码	港澳台商投资股份有限公司	其他港澳台商投资	外商投资企业	中外合资经营	中外合作经营	外资企业	外商投资股份有限公司	其他外商投资
改装汽车制造	363								
电车制造	365								
汽车车身、挂车制造	366								
汽车零部件及配件制造	367								
铁路、船舶、航空航天和其他运输设备制造业	**37**								
铁路运输设备制造	371								
城市轨道交通设备制造	372								
航空、航天器及设备制造	374								
摩托车制造	375								
自行车和残疾人座车制造	376								
助动车制造	377								
非公路休闲车及零配件制造	378								
电气机械和器材制造业	**38**								
电机制造	381								
输配电及控制设备制造	382								
电线、电缆、光缆及电工器材制造	383								
电池制造	384								
家用电力器具制造	385								
非电力家用器具制造	386								
照明器具制造	387								
其他电气机械及器材制造	389								
计算机、通信和其他电子设备制造业	**39**			**15**	**15**				
计算机制造	391								
通信设备制造	392								
广播电视设备制造	393								
非专业视听设备制造	395								
智能消费设备制造	396								
电子器件制造	397								
电子元件及电子专用材料制造	398			15	15				
其他电子设备制造	399								
仪器仪表制造业	**40**								
通用仪器仪表制造	401								
专用仪器仪表制造	402								
衡器制造	405								
其他仪器仪表制造业	409								
其他制造业	**41**								
日用杂品制造	411								
核辐射加工	412								
其他未列明制造业	419								
废弃资源综合利用业	**42**								

2-6 续表 24

行业中类	代码	从业人员数(人)	内资	国有	集体	股份合作	联营	国有联营	集体联营
金属废料和碎屑加工处理	421	768	768						
非金属废料和碎屑加工处理	422	1144	1144						
金属制品、机械和设备修理业	**43**	**2555**	**2555**		**41**				
金属制品修理	431	214	214						
通用设备修理	432	185	185						
专用设备修理	433	920	920						
铁路、船舶、航空航天等运输设备修理	434	64	64		41				
电气设备修理	435	185	185						
仪器仪表修理	436	58	58						
其他机械和设备修理业	439	929	929						
电力、热力、燃气及水生产和供应业	**D**	**51010**	**50672**	**6208**	**96**	**22**	**168**		
电力、热力生产和供应业	**44**	**35200**	**35025**	**2726**	**27**	**22**			
电力生产	441	21396	21221	857	7	22			
电力供应	442	2016	2016	759					
热力生产和供应	443	11788	11788	1110	20				
燃气生产和供应业	**45**	**5724**	**5724**	**107**					
燃气生产和供应业	451	5707	5707	107					
生物质燃气生产和供应业	452	17	17						
水的生产和供应业	**46**	**10086**	**9923**	**3375**	**69**		**168**		
自来水生产和供应	461	7851	7815	3166	69		101		
污水处理及其再生利用	462	2200	2073	209			67		
其他水的处理、利用与分配	469	35	35						
建筑业	**E**	**115443**	**115405**	**1004**	**280**	**38**			
房屋建筑业	**47**	**46054**	**46054**	**71**	**28**				
住宅房屋建筑	471	39849	39849	71	28				
体育场馆建筑	472	37	37						
其他房屋建筑业	479	6168	6168						
土木工程建筑业	**48**	**29903**	**29884**	**755**	**170**				
铁路、道路、隧道和桥梁工程建筑	481	12835	12834	23	5				
水利和水运工程建筑	482	4273	4273	491	112				
工矿工程建筑	484	2387	2387	30	35				
架线和管道工程建筑	485	3538	3538	41					
节能环保工程施工	486	603	603						
电力工程施工	487	1134	1134	170					
其他土木工程建筑	489	5133	5115		18				
建筑安装业	**49**	**17396**	**17379**	**28**	**82**				
电气安装	491	7013	7013		69				
管道和设备安装	492	5027	5010	28					
其他建筑安装业	499	5356	5356		13				
建筑装饰、装修和其他建筑业	**50**	**22090**	**22088**	**150**		**38**			

2-6 续表 25

行业中类	代码	国有与集体联营	其他联营	有限责任公司	国有独资	其他有限责任公司	股份有限公司	私营	私营独资
金属废料和碎屑加工处理	421			240		240		528	
非金属废料和碎屑加工处理	422			242		242		902	
金属制品、机械和设备修理业	**43**			**467**		**467**	**3**	**2044**	**25**
金属制品修理	431			7		7		207	
通用设备修理	432			20		20		165	2
专用设备修理	433			371		371		549	
铁路、船舶、航空航天等运输设备修理	434							23	
电气设备修理	435			17		17	3	165	5
仪器仪表修理	436			10		10		48	
其他机械和设备修理业	439			42		42		887	18
电力、热力、燃气及水生产和供应业	**D**	**168**		**32142**	**7372**	**24770**	**1599**	**10437**	**106**
电力、热力生产和供应业	**44**			**23928**	**5448**	**18480**	**1045**	**7277**	**82**
电力生产	441			16473	3519	12954	638	3224	34
电力供应	442			1099	376	723	33	125	
热力生产和供应	443			6356	1553	4803	374	3928	48
燃气生产和供应业	**45**			**2868**	**238**	**2630**	**402**	**2347**	**19**
燃气生产和供应业	451			2867	238	2629	402	2331	9
生物质燃气生产和供应业	452			1		1		16	10
水的生产和供应业	**46**	**168**		**5346**	**1686**	**3660**	**152**	**813**	**5**
自来水生产和供应	461	101		4000	1399	2601	105	374	5
污水处理及其再生利用	462	67		1338	279	1059	47	412	
其他水的处理、利用与分配	469			8	8			27	
建筑业	**E**			**29683**	**1724**	**27959**	**836**	**83564**	**583**
房屋建筑业	**47**			**15193**	**497**	**14696**	**448**	**30314**	**109**
住宅房屋建筑	471			13967	461	13506	447	25336	98
体育场馆建筑	472			37		37			
其他房屋建筑业	479			1189	36	1153	1	4978	11
土木工程建筑业	**48**			**7703**	**1147**	**6556**	**187**	**21069**	**354**
铁路、道路、隧道和桥梁工程建筑	481			3696	803	2893	17	9093	5
水利和水运工程建筑	482			913	28	885	9	2748	
工矿工程建筑	484			768		768		1554	
架线和管道工程建筑	485			863	29	834	78	2556	331
节能环保工程施工	486			56		56	43	504	
电力工程施工	487			217	46	171	8	739	12
其他土木工程建筑	489			1190	241	949	32	3875	6
建筑安装业	**49**			**2811**	**1**	**2810**	**72**	**14386**	**18**
电气安装	491			1110		1110	27	5807	6
管道和设备安装	492			718	1	717	24	4240	8
其他建筑安装业	499			983		983	21	4339	4
建筑装饰、装修和其他建筑业	**50**			**3976**	**79**	**3897**	**129**	**17795**	**102**

2-6 续表 26

行业中类	代码	私营合伙	私营有限责任公司	私营股份有限公司	其他	港澳台商投资	与港澳台商合资经营	与港澳台商合作经营	港澳台商独资
金属废料和碎屑加工处理	421		528						
非金属废料和碎屑加工处理	422		881	21					
金属制品、机械和设备修理业	**43**	**10**	**1993**	**16**					
金属制品修理	431		207						
通用设备修理	432		163						
专用设备修理	433	10	526	13					
铁路、船舶、航空航天等运输设备修理	434		23						
电气设备修理	435		160						
仪器仪表修理	436		48						
其他机械和设备修理业	439		866	3					
电力、热力、燃气及水生产和供应业	**D**		**10093**	**238**		**87**	**36**		**36**
电力、热力生产和供应业	**44**		**6959**	**236**		**47**	**32**		
电力生产	441		3018	172		47	32		
电力供应	442		125						
热力生产和供应	443		3816	64					
燃气生产和供应业	**45**		**2328**						
燃气生产和供应业	451		2322						
生物质燃气生产和供应业	452		6						
水的生产和供应业	**46**		**806**	**2**		**40**	**4**		**36**
自来水生产和供应	461		368	1		36			36
污水处理及其再生利用	462		411	1		4	4		
其他水的处理、利用与分配	469		27						
建筑业	**E**	**30**	**81664**	**1287**		**3**	**2**		**1**
房屋建筑业	**47**	**9**	**29876**	**320**					
住宅房屋建筑	471	9	24945	284					
体育场馆建筑	472								
其他房屋建筑业	479		4931	36					
土木工程建筑业	**48**	**13**	**20119**	**583**					
铁路、道路、隧道和桥梁工程建筑	481	13	8808	267					
水利和水运工程建筑	482		2651	97					
工矿工程建筑	484		1539	15					
架线和管道工程建筑	485		2222	3					
节能环保工程施工	486		493	11					
电力工程施工	487		727						
其他土木工程建筑	489		3679	190					
建筑安装业	**49**	**2**	**14158**	**208**		**1**			**1**
电气安装	491		5781	20					
管道和设备安装	492		4189	43		1			1
其他建筑安装业	499	2	4188	145					
建筑装饰、装修和其他建筑业	**50**	**6**	**17511**	**176**		**2**	**2**		

2-6 续表 27

行业中类	代码	港澳台商投资股份有限公司	其他港澳台商投资	外商投资企业	中外合资经营	中外合作经营	外资企业	外商投资股份有限公司	其他外商投资
金属废料和碎屑加工处理	421								
非金属废料和碎屑加工处理	422								
金属制品、机械和设备修理业	**43**								
金属制品修理	431								
通用设备修理	432								
专用设备修理	433								
铁路、船舶、航空航天等运输设备修理	434								
电气设备修理	435								
仪器仪表修理	436								
其他机械和设备修理业	439								
电力、热力、燃气及水生产和供应业	**D**	**15**		**251**	**117**	**122**			**12**
电力、热力生产和供应业	**44**	**15**		**128**	**112**	**4**			**12**
电力生产	441	15		128	112	4			12
电力供应	442								
热力生产和供应	443								
燃气生产和供应业	**45**								
燃气生产和供应业	451								
生物质燃气生产和供应业	452								
水的生产和供应业	**46**			**123**	**5**	**118**			
自来水生产和供应	461								
污水处理及其再生利用	462			123	5	118			
其他水的处理、利用与分配	469								
建筑业	**E**			**35**	**4**		**16**		**15**
房屋建筑业	**47**								
住宅房屋建筑	471								
体育场馆建筑	472								
其他房屋建筑业	479								
土木工程建筑业	**48**			**19**	**4**				**15**
铁路、道路、隧道和桥梁工程建筑	481			1	1				
水利和水运工程建筑	482								
工矿工程建筑	484								
架线和管道工程建筑	485								
节能环保工程施工	486								
电力工程施工	487								
其他土木工程建筑	489			18	3				15
建筑安装业	**49**			**16**			**16**		
电气安装	491								
管道和设备安装	492			16			16		
其他建筑安装业	499								
建筑装饰、装修和其他建筑业	**50**								

2-6 续表 28

行业中类	代码	从业人员数(人)	内资	国有	集体	股份合作	联营	国有联营	集体联营
建筑装饰和装修业	501	13962	13960	90					
建筑物拆除和场地准备活动	502	1827	1827	2		38			
提供施工设备服务	503	1394	1394						
其他未列明建筑业	509	4907	4907	58					
批发和零售业	**F**	**214095**	**213647**	**1823**	**820**	**30**	**73**	**2**	**35**
批发业	**51**	**134692**	**134376**	**1349**	**618**	**3**	**34**		**3**
农、林、牧、渔产品批发	511	11837	11837	688	18				
食品、饮料及烟草制品批发	512	17964	17955	335	126				
纺织、服装及家庭用品批发	513	12069	12042		24				
文化、体育用品及器材批发	514	3239	3226	3	5				
医药及医疗器材批发	515	7671	7671	50					
矿产品、建材及化工产品批发	516	40130	39963	214	404		32		1
机械设备、五金产品及电子产品批发	517	33807	33714	44	13	3	2		2
贸易经纪与代理	518	2273	2269		3				
其他批发业	519	5702	5699	15	25				
零售业	**52**	**79403**	**79271**	**474**	**202**	**27**	**39**	**2**	**32**
综合零售	521	9901	9901	40	49	21			
食品、饮料及烟草制品专门零售	522	6291	6267	116	12				
纺织、服装及日用品专门零售	523	5428	5365	36	34		32		32
文化、体育用品及器材专门零售	524	3120	3120	112					
医药及医疗器材专门零售	525	7081	7078	46					
汽车、摩托车、零配件和燃料及其他动力销售	526	22047	22008	64	44	6	2	2	
家用电器及电子产品专门零售	527	10218	10215	45					
五金、家具及室内装饰材料专门零售	528	9019	9019	6	32				
货摊、无店铺及其他零售业	529	6298	6298	9	31		5		
交通运输、仓储和邮政业	**G**	**75615**	**75231**	**5504**	**186**	**5**	**50**		
道路运输业	**54**	**54129**	**53939**	**3555**	**39**	**5**	**50**		
城市公共交通运输	541	8267	8267	998	13	5			
公路旅客运输	542	5537	5537	809					
道路货物运输	543	36295	36123	28	26		12		
道路运输辅助活动	544	4030	4012	1720			38		
水上运输业	**55**	**68**	**68**						
水上旅客运输	551	46	46						
水上货物运输	552	19	19						
水上运输辅助活动	553	3	3						
航空运输业	**56**	**693**	**693**	**9**					
航空客货运输	561	47	47	9					
通用航空服务	562	199	199						
航空运输辅助活动	563	447	447						
管道运输业	**57**	**486**	**306**	**25**					

2-6 续表 29

行业中类	代码	国有与集体联营	其他联营	有限责任公司	国有独资	其他有限责任公司	股份有限公司	私营	私营独资
建筑装饰和装修业	501			2638	13	2625	126	11106	82
建筑物拆除和场地准备活动	502			502	54	448	1	1284	
提供施工设备服务	503			142		142		1252	
其他未列明建筑业	509			694	12	682	2	4153	20
批发和零售业	**F**	**36**		**38877**	**1765**	**37112**	**3187**	**168837**	**4968**
批发业	**51**	**31**		**23591**	**1521**	**22070**	**2087**	**106694**	**1913**
农、林、牧、渔产品批发	511			3977	868	3109	519	6635	97
食品、饮料及烟草制品批发	512			3418	310	3108	489	13587	135
纺织、服装及家庭用品批发	513			1558	22	1536	137	10323	166
文化、体育用品及器材批发	514			591		591	52	2575	13
医药及医疗器材批发	515			1507	85	1422	100	6014	58
矿产品、建材及化工产品批发	516	31		6787	145	6642	340	32186	1106
机械设备、五金产品及电子产品批发	517			4094	38	4056	271	29287	281
贸易经纪与代理	518			417	50	367	58	1791	
其他批发业	519			1242	3	1239	121	4296	57
零售业	**52**	**5**		**15286**	**244**	**15042**	**1100**	**62143**	**3055**
综合零售	521			2031	69	1962	111	7649	151
食品、饮料及烟草制品专门零售	522			1221	48	1173	137	4781	75
纺织、服装及日用品专门零售	523			724	1	723	37	4502	211
文化、体育用品及器材专门零售	524			457		457	50	2501	46
医药及医疗器材专门零售	525			1130	26	1104	156	5746	856
汽车、摩托车、零配件和燃料及其他动力销售	526			5552	31	5521	274	16066	1349
家用电器及电子产品专门零售	527			1548		1548	186	8436	115
五金、家具及室内装饰材料专门零售	528			1335	7	1328	73	7573	107
货摊、无店铺及其他零售业	529	5		1288	62	1226	76	4889	145
交通运输、仓储和邮政业	**G**	**50**		**23708**	**2688**	**21020**	**2330**	**43448**	**307**
道路运输业	**54**	**50**		**17811**	**2078**	**15733**	**1153**	**31326**	**230**
城市公共交通运输	541			5576	1033	4543	125	1550	9
公路旅客运输	542			2788	424	2364	346	1594	
道路货物运输	543	12		8251	53	8198	619	27187	214
道路运输辅助活动	544	38		1196	568	628	63	995	7
水上运输业	**55**			**45**		**45**		**23**	
水上旅客运输	551			42		42		4	
水上货物运输	552							19	
水上运输辅助活动	553			3		3			
航空运输业	**56**			**464**	**110**	**354**		**220**	**5**
航空客货运输	561			1		1		37	
通用航空服务	562			94		94		105	
航空运输辅助活动	563			369	110	259		78	5
管道运输业	**57**			**72**		**72**	**204**	**5**	

2-6 续表 30

行业中类	代码	私营合伙	私营有限责任公司	私营股份有限公司	其他	港澳台商投资	与港澳台商合资经营	与港澳台商合作经营	港澳台商独资
建筑装饰和装修业	501	6	10901	117		2	2		
建筑物拆除和场地准备活动	502		1281	3					
提供施工设备服务	503		1246	6					
其他未列明建筑业	509		4083	50					
批发和零售业	**F**	**502**	**160409**	**2958**		**19**	**4**		**10**
批发业	**51**	**226**	**102830**	**1725**		**12**	**4**		**3**
农、林、牧、渔产品批发	511	29	6390	119					
食品、饮料及烟草制品批发	512	25	13247	180		1	1		
纺织、服装及家庭用品批发	513	2	9913	242					
文化、体育用品及器材批发	514	2	2520	40					
医药及医疗器材批发	515		5919	37					
矿产品、建材及化工产品批发	516	101	30395	584		10	3		2
机械设备、五金产品及电子产品批发	517	17	28548	441		1			1
贸易经纪与代理	518		1776	15					
其他批发业	519	50	4122	67					
零售业	**52**	**276**	**57579**	**1233**		**7**			**7**
综合零售	521	4	7383	111					
食品、饮料及烟草制品专门零售	522	5	4633	68		1			1
纺织、服装及日用品专门零售	523		4222	69		6			6
文化、体育用品及器材专门零售	524	11	2364	80					
医药及医疗器材专门零售	525	4	4842	44					
汽车、摩托车、零配件和燃料及其他动力销售	526	187	14052	478					
家用电器及电子产品专门零售	527	3	8211	107					
五金、家具及室内装饰材料专门零售	528	61	7233	172					
货摊、无店铺及其他零售业	529	1	4639	104					
交通运输、仓储和邮政业	**G**	**18**	**42231**	**892**		**13**	**12**		**1**
道路运输业	**54**	**16**	**30693**	**387**					
城市公共交通运输	541		1487	54					
公路旅客运输	542		1587	7					
道路货物运输	543	11	26646	316					
道路运输辅助活动	544	5	973	10					
水上运输业	**55**		**23**						
水上旅客运输	551		4						
水上货物运输	552		19						
水上运输辅助活动	553								
航空运输业	**56**		**209**	**6**					
航空客货运输	561		37						
通用航空服务	562		99	6					
航空运输辅助活动	563		73						
管道运输业	**57**		**5**						

2-6 续表 31

行业中类	代码	港澳台商投资股份有限公司	其他港澳台商投资	外商投资企业	中外合资经营	中外合作经营	外资企业	外商投资股份有限公司	其他外商投资
建筑装饰和装修业	501								
建筑物拆除和场地准备活动	502								
提供施工设备服务	503								
其他未列明建筑业	509								
批发和零售业	**F**		**5**	**429**	**281**	**3**	**50**	**38**	**57**
批发业	**51**		**5**	**304**	**232**	**3**	**33**		**36**
农、林、牧、渔产品批发	511								
食品、饮料及烟草制品批发	512			8	5		3		
纺织、服装及家庭用品批发	513			27			4		23
文化、体育用品及器材批发	514			13			13		
医药及医疗器材批发	515								
矿产品、建材及化工产品批发	516		5	157	143	3	11		
机械设备、五金产品及电子产品批发	517			92	82				10
贸易经纪与代理	518			4	2		2		
其他批发业	519			3					3
零售业	**52**			**125**	**49**		**17**	**38**	**21**
综合零售	521								
食品、饮料及烟草制品专门零售	522			23			8		15
纺织、服装及日用品专门零售	523			57	49		8		
文化、体育用品及器材专门零售	524								
医药及医疗器材专门零售	525			3					3
汽车、摩托车、零配件和燃料及其他动力销售	526			39			1	38	
家用电器及电子产品专门零售	527			3					3
五金、家具及室内装饰材料专门零售	528								
货摊、无店铺及其他零售业	529								
交通运输、仓储和邮政业	**G**			**371**	**129**		**60**		**182**
道路运输业	**54**			**190**	**8**				**182**
城市公共交通运输	541								
公路旅客运输	542								
道路货物运输	543			172	8				164
道路运输辅助活动	544			18					18
水上运输业	**55**								
水上旅客运输	551								
水上货物运输	552								
水上运输辅助活动	553								
航空运输业	**56**								
航空客货运输	561								
通用航空服务	562								
航空运输辅助活动	563								
管道运输业	**57**			**180**	**120**		**60**		

2-6 续表 32

行业中类	代码	从业人员数(人)	内资	国有	集体	股份合作	联营	国有联营	集体联营
海底管道运输	571	1	1						
陆地管道运输	572	485	305	25					
多式联运和运输代理业	**58**	**6245**	**6244**	**150**	**28**				
多式联运	581	492	492						
运输代理业	582	5753	5752	150	28				
装卸搬运和仓储业	**59**	**8502**	**8489**	**706**	**119**				
装卸搬运	591	2927	2915						
通用仓储	592	1389	1389		66				
低温仓储	593	398	398	25					
危险品仓储	594	264	264						
谷物、棉花等农产品仓储	595	2329	2329	608	53				
中药材仓储	596	17	17						
其他仓储业	599	1178	1177	73					
邮政业	**60**	**5492**	**5492**	**1059**					
邮政基本服务	601	1071	1071	1058					
快递服务	602	4263	4263	1					
其他寄递服务	609	158	158						
住宿和餐饮业	**H**	**35454**	**35314**	**3444**	**87**	**45**	**84**	**84**	
住宿业	**61**	**21764**	**21646**	**3062**	**87**		**74**	**74**	
旅游饭店	611	11864	11746	2312	15		74	74	
一般旅馆	612	7932	7932	658	34				
民宿服务	613	196	196						
露营地服务	614	33	33						
其他住宿业	619	1739	1739	92	38				
餐饮业	**62**	**13690**	**13668**	**382**		**45**	**10**	**10**	
正餐服务	621	11707	11687	382		45	10	10	
快餐服务	622	739	739						
饮料及冷饮服务	623	59	59						
餐饮配送及外卖送餐服务	624	414	414						
其他餐饮业	629	771	769						
信息传输、软件和信息技术服务业	**I**	**34081**	**33746**	**698**	**25**				
电信、广播电视和卫星传输服务	**63**	**3094**	**2775**	**591**	**6**				
电信	631	2480	2161	511					
广播电视传输服务	632	509	509	49	6				
卫星传输服务	633	105	105	31					
互联网和相关服务	**64**	**4056**	**4056**						
互联网接入及相关服务	641	661	661						
互联网信息服务	642	1836	1836						
互联网平台	643	491	491						
互联网安全服务	644	66	66						

2-6 续表 33

行业中类	代码	国有与集体联营	其他联营	有限责任公司	国有独资	其他有限责任公司	股份有限公司	私营	私营独资
海底管道运输	571							1	
陆地管道运输	572			72		72	204	4	
多式联运和运输代理业	**58**			**2139**	**139**	**2000**	**188**	**3739**	**32**
多式联运	581			210		210		282	
运输代理业	582			1929	139	1790	188	3457	32
装卸搬运和仓储业	**59**			**2068**	**361**	**1707**	**208**	**5388**	**37**
装卸搬运	591			442		442	32	2441	18
通用仓储	592			324	22	302	4	995	6
低温仓储	593			81	17	64		292	3
危险品仓储	594			133	57	76		131	
谷物、棉花等农产品仓储	595			793	179	614	144	731	10
中药材仓储	596							17	
其他仓储业	599			295	86	209	28	781	
邮政业	**60**			**1109**		**1109**	**577**	**2747**	**3**
邮政基本服务	601						6	7	
快递服务	602			1104		1104	571	2587	3
其他寄递服务	609			5		5		153	
住宿和餐饮业	**H**			**10566**	**1094**	**9472**	**743**	**20345**	**1284**
住宿业	**61**			**7616**	**881**	**6735**	**537**	**10270**	**721**
旅游饭店	611			4444	496	3948	318	4583	176
一般旅馆	612			2700	355	2345	199	4341	434
民宿服务	613			50		50		146	12
露营地服务	614							33	
其他住宿业	619			422	30	392	20	1167	99
餐饮业	**62**			**2950**	**213**	**2737**	**206**	**10075**	**563**
正餐服务	621			2480	213	2267	187	8583	528
快餐服务	622			254		254		485	12
饮料及冷饮服务	623							59	12
餐饮配送及外卖送餐服务	624			52		52	8	354	8
其他餐饮业	629			164		164	11	594	3
信息传输、软件和信息技术服务业	**I**			**6861**	**238**	**6623**	**719**	**25443**	**91**
电信、广播电视和卫星传输服务	**63**			**752**	**55**	**697**	**223**	**1203**	
电信	631			599		599	3	1048	
广播电视传输服务	632			127	55	72	220	107	
卫星传输服务	633			26		26		48	
互联网和相关服务	**64**			**887**	**21**	**866**	**62**	**3107**	**52**
互联网接入及相关服务	641			75		75		586	
互联网信息服务	642			473	9	464	47	1316	37
互联网平台	643			112		112	5	374	
互联网安全服务	644			2		2		64	

2-6 续表 34

行业中类	代码	私营合伙	私营有限责任公司	私营股份有限公司	其他	港澳台商投资	与港澳台商合资经营	与港澳台商合作经营	港澳台商独资
海底管道运输	571		1						
陆地管道运输	572		4						
多式联运和运输代理业	**58**		**3657**	**50**					
多式联运	581		282						
运输代理业	582		3375	50					
装卸搬运和仓储业	**59**		**5003**	**348**		**13**	**12**		**1**
装卸搬运	591		2259	164		12	12		
通用仓储	592		882	107					
低温仓储	593		289						
危险品仓储	594		131						
谷物、棉花等农产品仓储	595		661	60					
中药材仓储	596			17					
其他仓储业	599		781			1			1
邮政业	**60**	**2**	**2641**	**101**					
邮政基本服务	601	2	5						
快递服务	602		2483	101					
其他寄递服务	609		153						
住宿和餐饮业	**H**	**122**	**18522**	**417**					
住宿业	**61**	**55**	**9348**	**146**					
旅游饭店	611	13	4363	31					
一般旅馆	612	42	3792	73					
民宿服务	613		134						
露营地服务	614		33						
其他住宿业	619		1026	42					
餐饮业	**62**	**67**	**9174**	**271**					
正餐服务	621	44	7786	225					
快餐服务	622	23	404	46					
饮料及冷饮服务	623		47						
餐饮配送及外卖送餐服务	624		346						
其他餐饮业	629		591						
信息传输、软件和信息技术服务业	**I**	**44**	**24685**	**623**		**185**	**84**		**2**
电信、广播电视和卫星传输服务	**63**		**1191**	**12**		**183**	**84**		
电信	631		1036	12		183	84		
广播电视传输服务	632		107						
卫星传输服务	633		48						
互联网和相关服务	**64**	**13**	**2835**	**207**					
互联网接入及相关服务	641	3	538	45					
互联网信息服务	642	8	1134	137					
互联网平台	643	1	361	12					
互联网安全服务	644		64						

2-6 续表 35

行业中类	代码	港澳台商投资股份有限公司	其他港澳台商投资	外商投资企业	中外合资经营	中外合作经营	外资企业	外商投资股份有限公司	其他外商投资
海底管道运输	571								
陆地管道运输	572			180	120		60		
多式联运和运输代理业	**58**			**1**	**1**				
多式联运	581								
运输代理业	582			1	1				
装卸搬运和仓储业	**59**								
装卸搬运	591								
通用仓储	592								
低温仓储	593								
危险品仓储	594								
谷物、棉花等农产品仓储	595								
中药材仓储	596								
其他仓储业	599								
邮政业	**60**								
邮政基本服务	601								
快递服务	602								
其他寄递服务	609								
住宿和餐饮业	**H**			**140**	**1**		**119**	**6**	**14**
住宿业	**61**			**118**			**118**		
旅游饭店	611			118			118		
一般旅馆	612								
民宿服务	613								
露营地服务	614								
其他住宿业	619								
餐饮业	**62**			**22**	**1**		**1**	**6**	**14**
正餐服务	621			20			1	6	13
快餐服务	622								
饮料及冷饮服务	623								
餐饮配送及外卖送餐服务	624								
其他餐饮业	629			2	1				1
信息传输、软件和信息技术服务业	**I**		**99**	**150**	**13**		**53**		**84**
电信、广播电视和卫星传输服务	**63**		**99**	**136**			**52**		**84**
电信	631		99	136			52		84
广播电视传输服务	632								
卫星传输服务	633								
互联网和相关服务	**64**								
互联网接入及相关服务	641								
互联网信息服务	642								
互联网平台	643								
互联网安全服务	644								

2-6 续表 36

行业中类	代码	从业人员数(人)	内资	国有	集体	股份合作	联营	国有联营	集体联营
互联网数据服务	645	402	402						
其他互联网服务	649	600	600						
软件和信息技术服务业	**65**	**26931**	**26915**	**107**	**19**				
软件开发	651	9195	9182	14					
集成电路设计	652	100	100						
信息系统集成和物联网技术服务	653	4216	4216	8					
运行维护服务	654	634	634						
信息处理和存储支持服务	655	283	283						
信息技术咨询服务	656	10585	10582	85	10				
数字内容服务	657	333	333						
其他信息技术服务业	659	1585	1585		9				
金融业	**J**	**159071**	**153471**	**857**	**6494**	**2087**			
货币金融服务	**66**	**25515**	**25418**	**20**	**6494**	**2087**			
货币银行服务	662	22065	22008	8	6494	2087			
非货币银行服务	663	3450	3410	12					
资本市场服务	**67**	**1430**	**1430**	**9**					
证券市场服务	671	31	31						
非公开募集证券投资基金	673	333	333						
资本投资服务	676	873	873	9					
其他资本市场服务	679	193	193						
保险业	**68**	**130804**	**125301**	**475**					
人身保险	681	103512	98009						
财产保险	682	24736	24736	441					
商业养老金	684	307	307						
保险中介服务	685	2241	2241	34					
其他保险活动	689	8	8						
其他金融业	**69**	**1322**	**1322**	**353**					
金融信托与管理服务	691	468	468	353					
控股公司服务	692								
非金融机构支付服务	693	22	22						
金融信息服务	694	137	137						
金融资产管理公司	695	7	7						
其他未列明金融业	699	688	688						
房地产业	**K**	**107432**	**107313**	**1866**	**127**	**28**	**30**	**30**	
房地产业	**70**	**107432**	**107313**	**1866**	**127**	**28**	**30**	**30**	
房地产开发经营	701	26273	26198	89	4				
物业管理	702	74424	74382	1768	123	28	30	30	
房地产中介服务	703	6428	6428	3					
其他房地产业	709	307	305	6					
租赁和商务服务业	**L**	**222152**	**222071**	**21968**	**7610**	**11**	**1**		**1**

2-6 续表 37

行业中类	代码	国有与集体联营	其他联营	有限责任公司	国有独资	其他有限责任公司	股份有限公司	私营	私营独资
互联网数据服务	645			88		88		314	1
其他互联网服务	649			137	12	125	10	453	14
软件和信息技术服务业	**65**			**5222**	**162**	**5060**	**434**	**21133**	**39**
软件开发	651			1775		1775	101	7292	12
集成电路设计	652			1		1	7	92	3
信息系统集成和物联网技术服务	653			816	63	753	89	3303	
运行维护服务	654			109		109	117	408	
信息处理和存储支持服务	655			34		34		249	
信息技术咨询服务	656			1971	67	1904	108	8408	19
数字内容服务	657			188	32	156		145	
其他信息技术服务业	659			328		328	12	1236	5
金融业	**J**			**33539**	**296**	**33243**	**105808**	**4686**	**2**
货币金融服务	**66**			**3030**	**70**	**2960**	**11881**	**1906**	**2**
货币银行服务	662			1854		1854	11548	17	
非货币银行服务	663			1176	70	1106	333	1889	2
资本市场服务	**67**			**285**	**14**	**271**	**49**	**1087**	
证券市场服务	671							31	
非公开募集证券投资基金	673			77		77	38	218	
资本投资服务	676			203	13	190	1	660	
其他资本市场服务	679			5	1	4	10	178	
保险业	**68**			**29592**	**93**	**29499**	**93858**	**1376**	
人身保险	681			29496		29496	68513		
财产保险	682			87	84	3	24027	181	
商业养老金	684						307		
保险中介服务	685			9		9	1010	1188	
其他保险活动	689						1	7	
其他金融业	**69**			**632**	**119**	**513**	**20**	**317**	
金融信托与管理服务	691			114	8	106	1		
控股公司服务	692								
非金融机构支付服务	693			22		22			
金融信息服务	694			59	1	58		78	
金融资产管理公司	695			7		7			
其他未列明金融业	699			430	110	320	19	239	
房地产业	**K**			**37878**	**3348**	**34530**	**1924**	**65460**	**233**
房地产业	**70**			**37878**	**3348**	**34530**	**1924**	**65460**	**233**
房地产开发经营	701			8875	448	8427	370	16860	16
物业管理	702			27361	2790	24571	1491	43581	191
房地产中介服务	703			1568	79	1489	42	4815	26
其他房地产业	709			74	31	43	21	204	
租赁和商务服务业	**L**			**71123**	**16234**	**54889**	**3621**	**117737**	**524**

2-6 续表 38

行业中类	代码	私营合伙	私营有限责任公司	私营股份有限公司	其他	港澳台商投资	与港澳台商合资经营	与港澳台商合作经营	港澳台商独资
互联网数据服务	645		310	3					
其他互联网服务	649	1	428	10					
软件和信息技术服务业	**65**	**31**	**20659**	**404**		**2**			**2**
软件开发	651	8	7227	45					
集成电路设计	652		89						
信息系统集成和物联网技术服务	653	3	3080	220					
运行维护服务	654		403	5					
信息处理和存储支持服务	655		247	2					
信息技术咨询服务	656	20	8252	117		2			2
数字内容服务	657		145						
其他信息技术服务业	659		1216	15					
金融业	**J**	**283**	**3965**	**436**		**51**	**16**		**32**
货币金融服务	**66**	**9**	**1666**	**229**		**51**	**16**		**32**
货币银行服务	662		17			32			32
非货币银行服务	663	9	1649	229		19	16		
资本市场服务	**67**	**274**	**787**	**26**					
证券市场服务	671	30	1						
非公开募集证券投资基金	673	33	177	8					
资本投资服务	676	91	551	18					
其他资本市场服务	679	120	58						
保险业	**68**		**1195**	**181**					
人身保险	681								
财产保险	682			181					
商业养老金	684								
保险中介服务	685		1188						
其他保险活动	689		7						
其他金融业	**69**		**317**						
金融信托与管理服务	691								
控股公司服务	692								
非金融机构支付服务	693								
金融信息服务	694		78						
金融资产管理公司	695								
其他未列明金融业	699		239						
房地产业	**K**	**23**	**63199**	**2005**		**87**	**39**		**48**
房地产业	**70**	**23**	**63199**	**2005**		**87**	**39**		**48**
房地产开发经营	701		15944	900		61	15		46
物业管理	702		42385	1005		24	22		2
房地产中介服务	703	23	4673	93					
其他房地产业	709		197	7		2	2		
租赁和商务服务业	**L**	**1881**	**113433**	**1899**		**52**	**19**		**33**

2-6 续表 39

行业中类	代码	港澳台商投资股份有限公司	其他港澳台商投资	外商投资企业	中外合资经营	中外合作经营	外资企业	外商投资股份有限公司	其他外商投资
互联网数据服务	645								
其他互联网服务	649								
软件和信息技术服务业	**65**			**14**	**13**		**1**		
软件开发	651			13	13				
集成电路设计	652								
信息系统集成和物联网技术服务	653								
运行维护服务	654								
信息处理和存储支持服务	655								
信息技术咨询服务	656			1			1		
数字内容服务	657								
其他信息技术服务业	659								
金融业	**J**		**3**	**5549**	**5516**		**33**		
货币金融服务	**66**		**3**	**46**	**13**		**33**		
货币银行服务	662			25			25		
非货币银行服务	663		3	21	13		8		
资本市场服务	**67**								
证券市场服务	671								
非公开募集证券投资基金	673								
资本投资服务	676								
其他资本市场服务	679								
保险业	**68**			**5503**	**5503**				
人身保险	681			5503	5503				
财产保险	682								
商业养老金	684								
保险中介服务	685								
其他保险活动	689								
其他金融业	**69**								
金融信托与管理服务	691								
控股公司服务	692								
非金融机构支付服务	693								
金融信息服务	694								
金融资产管理公司	695								
其他未列明金融业	699								
房地产业	**K**			**32**					**32**
房地产业	**70**			**32**					**32**
房地产开发经营	701			14					14
物业管理	702			18					18
房地产中介服务	703								
其他房地产业	709								
租赁和商务服务业	**L**			**29**	**10**		**15**		**4**

2-6 续表 40

行业中类	代码	从业人员数(人)	内资	国有	集体	股份合作	联营	国有联营	集体联营
租赁业	**71**	**9443**	**9438**	**3**	**5**				
机械设备经营租赁	711	9293	9288		5				
文体设备和用品出租	712	141	141	3					
日用品出租	713	9	9						
商务服务业	**72**	**212709**	**212633**	**21965**	**7605**	**11**	**1**		**1**
组织管理服务	721	25261	25246	5578	1255	2			
综合管理服务	722	7864	7845	291	91	3			
法律服务	723	510	510	19	32				
咨询与调查	724	23056	23022	76	21				
广告业	725	11993	11993	85	4		1		1
人力资源服务	726	60270	60270	1016	33				
安全保护服务	727	57535	57535	2311	6164				
会议、展览及相关服务	728	1835	1834		3				
其他商务服务业	729	24385	24378	12589	2	6			
科学研究和技术服务业	**M**	**57517**	**57472**	**2871**	**196**		**15**	**8**	**5**
研究和试验发展	**73**	**1362**	**1361**	**13**					
自然科学研究和试验发展	731	32	32						
工程和技术研究和试验发展	732	838	837						
农业科学研究和试验发展	733	237	237	11					
医学研究和试验发展	734	241	241						
社会人文科学研究	735	14	14	2					
专业技术服务业	**74**	**43490**	**43469**	**2192**	**192**		**14**	**8**	**4**
气象服务	741	108	108	62	8				
地震服务	742	4	4						
海洋服务	743	1	1						
测绘地理信息服务	744	1643	1643	136	5				
质检技术服务	745	9495	9494	523	11		2		
环境与生态监测检测服务	746	1549	1549	13					
地质勘查	747	1553	1549	95					
工程技术与设计服务	748	22197	22197	1293	130		8	8	
工业与专业设计及其他专业技术服务	749	6940	6924	70	38		4		4
科技推广和应用服务业	**75**	**12665**	**12642**	**666**	**4**		**1**		**1**
技术推广服务	751	10138	10123	626			1		1
知识产权服务	752	442	442						
科技中介服务	753	391	391		4				
创业空间服务	754	129	129						
其他科技推广服务业	759	1565	1557	40					
水利、环境和公共设施管理业	**N**	**10154**	**10105**	**740**	**9**		**4**		
水利管理业	**76**	**1047**	**1047**	**240**			**4**		
防洪除涝设施管理	761	26	26						

2-6 续表 41

行业中类	代码	国有与集体联营	其他联营	有限责任公司	国有独资	其他有限责任公司	股份有限公司	私营	私营独资
租赁业	**71**			**1694**	**90**	**1604**	**90**	**7646**	**38**
机械设备经营租赁	711			1630	90	1540	90	7563	38
文体设备和用品出租	712			64		64		74	
日用品出租	713							9	
商务服务业	**72**			**69429**	**16144**	**53285**	**3531**	**110091**	**486**
组织管理服务	721			9229	3905	5324	758	8424	5
综合管理服务	722			3078	90	2988	218	4164	133
法律服务	723			142		142	18	299	10
咨询与调查	724			5035	184	4851	276	17614	109
广告业	725			2163	64	2099	135	9605	46
人力资源服务	726			19369	3529	15840	42	39810	31
安全保护服务	727			25361	7577	17784	1954	21745	20
会议、展览及相关服务	728			577	11	566	4	1250	2
其他商务服务业	729			4475	784	3691	126	7180	130
科学研究和技术服务业	**M**		**2**	**14708**	**1099**	**13609**	**1101**	**38581**	**310**
研究和试验发展	**73**			**483**		**483**	**24**	**841**	**3**
自然科学研究和试验发展	731						1	31	
工程和技术研究和试验发展	732			304		304	9	524	
农业科学研究和试验发展	733			91		91	5	130	
医学研究和试验发展	734			83		83	9	149	3
社会人文科学研究	735			5		5		7	
专业技术服务业	**74**		**2**	**11210**	**967**	**10243**	**717**	**29144**	**263**
气象服务	741			20	1	19	6	12	
地震服务	742			1		1		3	
海洋服务	743							1	
测绘地理信息服务	744			211		211	36	1255	9
质检技术服务	745		2	2778	285	2493	233	5947	40
环境与生态监测检测服务	746			374	10	364	64	1098	
地质勘查	747			463	66	397	16	975	56
工程技术与设计服务	748			6355	570	5785	310	14101	59
工业与专业设计及其他专业技术服务	749			1008	35	973	52	5752	99
科技推广和应用服务业	**75**			**3015**	**132**	**2883**	**360**	**8596**	**44**
技术推广服务	751			2463	127	2336	251	6782	38
知识产权服务	752			93		93	5	344	5
科技中介服务	753			88		88	77	222	
创业空间服务	754			18		18		111	
其他科技推广服务业	759			353	5	348	27	1137	1
水利、环境和公共设施管理业	**N**		**4**	**3566**	**649**	**2917**	**319**	**5467**	**36**
水利管理业	**76**		**4**	**497**	**30**	**467**		**306**	
防洪除涝设施管理	761			3		3		23	

2-6 续表 42

行业中类	代码	私营合伙	私营有限责任公司	私营股份有限公司	其他	港澳台商投资	与港澳台商合资经营	与港澳台商合作经营	港澳台商独资
租赁业	**71**	**2**	**7532**	**74**		**5**			**5**
机械设备经营租赁	711	2	7449	74		5			5
文体设备和用品出租	712		74						
日用品出租	713		9						
商务服务业	**72**	**1879**	**105901**	**1825**		**47**	**19**		**28**
组织管理服务	721	917	7117	385		4			4
综合管理服务	722	7	3998	26		19	19		
法律服务	723	71	218						
咨询与调查	724	724	16393	388		20			20
广告业	725	12	9356	191					
人力资源服务	726		39623	156					
安全保护服务	727		21172	553					
会议、展览及相关服务	728		1233	15					
其他商务服务业	729	148	6791	111		4			4
科学研究和技术服务业	**M**	**120**	**37136**	**1015**		**11**	**4**		**7**
研究和试验发展	**73**		**818**	**20**					
自然科学研究和试验发展	731		31						
工程和技术研究和试验发展	732		504	20					
农业科学研究和试验发展	733		130						
医学研究和试验发展	734		146						
社会人文科学研究	735		7						
专业技术服务业	**74**	**64**	**28041**	**776**		**4**	**4**		
气象服务	741		12						
地震服务	742		3						
海洋服务	743		1						
测绘地理信息服务	744	15	1180	51					
质检技术服务	745	4	5647	256					
环境与生态监测检测服务	746		1061	37					
地质勘查	747	1	911	7		4	4		
工程技术与设计服务	748	27	13712	303					
工业与专业设计及其他专业技术服务	749	17	5514	122					
科技推广和应用服务业	**75**	**56**	**8277**	**219**		**7**			**7**
技术推广服务	751	6	6530	208		7			7
知识产权服务	752	46	293						
科技中介服务	753	4	218						
创业空间服务	754		111						
其他科技推广服务业	759		1125	11					
水利、环境和公共设施管理业	**N**	**10**	**5338**	**83**		**49**			**47**
水利管理业	**76**		**261**	**45**					
防洪除涝设施管理	761		23						

2-6 续表 43

行业中类	代码								
		港澳台商投资股份有限公司	其他港澳台商投资	外商投资企业	中外合资经营	中外合作经营	外资企业	外商投资股份有限公司	其他外商投资
租赁业	**71**								
机械设备经营租赁	711								
文体设备和用品出租	712								
日用品出租	713								
商务服务业	**72**			**29**	**10**		**15**		**4**
组织管理服务	721			11			10		1
综合管理服务	722								
法律服务	723								
咨询与调查	724			14	8		5		1
广告业	725								
人力资源服务	726								
安全保护服务	727								
会议、展览及相关服务	728			1	1				
其他商务服务业	729			3	1				2
科学研究和技术服务业	**M**			34	7		9		18
研究和试验发展	**73**			**1**			**1**		
自然科学研究和试验发展	731								
工程和技术研究和试验发展	732			1			1		
农业科学研究和试验发展	733								
医学研究和试验发展	734								
社会人文科学研究	735								
专业技术服务业	**74**			**17**	**1**				**16**
气象服务	741								
地震服务	742								
海洋服务	743								
测绘地理信息服务	744								
质检技术服务	745			1	1				
环境与生态监测检测服务	746								
地质勘查	747								
工程技术与设计服务	748								
工业与专业设计及其他专业技术服务	749			16					16
科技推广和应用服务业	**75**			**16**	**6**		**8**		**2**
技术推广服务	751			8	6				2
知识产权服务	752								
科技中介服务	753								
创业空间服务	754								
其他科技推广服务业	759			8			8		
水利、环境和公共设施管理业	**N**		**2**						
水利管理业	**76**								
防洪除涝设施管理	761								

2-6 续表 44

行业中类	代码	从业人员数(人)	内资	国有	集体	股份合作	联营		
								国有联营	集体联营
水资源管理	762	603	603	135					
天然水收集与分配	763	107	107						
水文服务	764	7	7						
其他水利管理业	769	304	304	105			4		
生态保护和环境治理业	**77**	**1408**	**1406**	**155**					
生态保护	771	176	174	93					
环境治理业	772	1232	1232	62					
公共设施管理业	**78**	**6993**	**6946**	**312**	**9**				
市政设施管理	781	833	833	219					
环境卫生管理	782	1121	1121	6	9				
城乡市容管理	783	130	130	8					
绿化管理	784	3353	3331	12					
城市公园管理	785	30	30						
游览景区管理	786	1526	1501	67					
土地管理业	**79**	**706**	**706**	**33**					
土地整治服务	791	244	244						
土地调查评估服务	792	365	365						
土地登记服务	793	3	3						
土地登记代理服务	794	1	1						
其他土地管理服务	799	93	93	33					
居民服务、修理和其他服务业	**O**	**22215**	**22215**	**316**	**147**	**3**			
居民服务业	**80**	**6586**	**6586**	**196**	**77**	**3**			
家庭服务	801	1759	1759						
托儿所服务	802	119	119						
洗染服务	803	476	476						
理发及美容服务	804	654	654			3			
洗浴和保健养生服务	805	815	815		54				
摄影扩印服务	806	673	673	31					
婚姻服务	807	257	257						
殡葬服务	808	814	814	75					
其他居民服务业	809	1019	1019	90	23				
机动车、电子产品和日用产品修理业	**81**	**12202**	**12202**	**120**	**9**				
汽车、摩托车等修理与维护	811	9836	9836	120	9				
计算机和办公设备维修	812	1388	1388						
家用电器修理	813	698	698						
其他日用产品修理业	819	280	280						
其他服务业	**82**	**3427**	**3427**		**61**				
清洁服务	821	2538	2538		56				
宠物服务	822	38	38						
其他未列明服务业	829	851	851		5				

2-6 续表 45

行业中类	代码	国有与集体联营	其他联营	有限责任公司	国有独资	其他有限责任公司	股份有限公司	私营	私营独资
水资源管理	762			369	10	359		99	
天然水收集与分配	763			56	20	36		51	
水文服务	764			6		6		1	
其他水利管理业	769		4	63		63		132	
生态保护和环境治理业	**77**			**567**	**92**	**475**	**4**	**680**	
生态保护	771			15		15		66	
环境治理业	772			552	92	460	4	614	
公共设施管理业	**78**			**2295**	**475**	**1820**	**315**	**4015**	**26**
市政设施管理	781			246	141	105	7	361	
环境卫生管理	782			259	61	198	16	831	
城乡市容管理	783			6		6		116	
绿化管理	784			850	133	717	110	2359	20
城市公园管理	785			24		24		6	
游览景区管理	786			910	140	770	182	342	6
土地管理业	**79**			**207**	**52**	**155**		**466**	**10**
土地整治服务	791			83	32	51		161	
土地调查评估服务	792			82		82		283	10
土地登记服务	793							3	
土地登记代理服务	794							1	
其他土地管理服务	799			42	20	22		18	
居民服务、修理和其他服务业	**O**			**3699**	**145**	**3554**	**336**	**17714**	**674**
居民服务业	**80**			**1246**	**49**	**1197**	**152**	**4912**	**175**
家庭服务	801			278		278	7	1474	51
托儿所服务	802			19		19	35	65	17
洗染服务	803			137	5	132		339	18
理发及美容服务	804			144		144	3	504	17
洗浴和保健养生服务	805			148		148	4	609	39
摄影扩印服务	806			101		101	7	534	9
婚姻服务	807			24		24		233	1
殡葬服务	808			225	2	223	71	443	3
其他居民服务业	809			170	42	128	25	711	20
机动车、电子产品和日用产品修理业	**81**			**1909**	**93**	**1816**	**157**	**10007**	**432**
汽车、摩托车等修理与维护	811			1450	93	1357	101	8156	402
计算机和办公设备维修	812			341		341	33	1014	12
家用电器修理	813			90		90	10	598	12
其他日用产品修理业	819			28		28	13	239	6
其他服务业	**82**			**544**	**3**	**541**	**27**	**2795**	**67**
清洁服务	821			345	3	342	25	2112	1
宠物服务	822			10		10	2	26	
其他未列明服务业	829			189		189		657	66

2-6 续表 46

行业中类	代码	私营合伙	私营有限责任公司	私营股份有限公司	其他	港澳台商投资	与港澳台商合资经营	与港澳台商合作经营	港澳台商独资
水资源管理	762		99						
天然水收集与分配	763		6	45					
水文服务	764		1						
其他水利管理业	769		132						
生态保护和环境治理业	**77**		**676**	**4**		**2**			
生态保护	771		65	1		2			
环境治理业	772		611	3					
公共设施管理业	**78**		**3965**	**24**		**47**			**47**
市政设施管理	781		360	1					
环境卫生管理	782		831						
城乡市容管理	783		116						
绿化管理	784		2334	5		22			22
城市公园管理	785		6						
游览景区管理	786		318	18		25			25
土地管理业	**79**	**10**	**436**	**10**					
土地整治服务	791	8	153						
土地调查评估服务	792	2	261	10					
土地登记服务	793		3						
土地登记代理服务	794		1						
其他土地管理服务	799		18						
居民服务、修理和其他服务业	**O**	**54**	**16738**	**248**					
居民服务业	**80**	**3**	**4626**	**108**					
家庭服务	801		1411	12					
托儿所服务	802		48						
洗染服务	803		321						
理发及美容服务	804		471	16					
洗浴和保健养生服务	805		530	40					
摄影扩印服务	806		521	4					
婚姻服务	807	2	214	16					
殡葬服务	808		432	8					
其他居民服务业	809	1	678	12					
机动车、电子产品和日用产品修理业	**81**	**50**	**9388**	**137**					
汽车、摩托车等修理与维护	811	50	7582	122					
计算机和办公设备维修	812		997	5					
家用电器修理	813		576	10					
其他日用产品修理业	819		233						
其他服务业	**82**	**1**	**2724**	**3**					
清洁服务	821		2108	3					
宠物服务	822		26						
其他未列明服务业	829	1	590						

2-6 续表 47

行业中类	代码	港澳台商投资股份有限公司	其他港澳台商投资	外商投资企业	中外合资经营	中外合作经营	外资企业	外商投资股份有限公司	其他外商投资
水资源管理	762								
天然水收集与分配	763								
水文服务	764								
其他水利管理业	769								
生态保护和环境治理业	**77**		**2**						
生态保护	771		2						
环境治理业	772								
公共设施管理业	**78**								
市政设施管理	781								
环境卫生管理	782								
城乡市容管理	783								
绿化管理	784								
城市公园管理	785								
游览景区管理	786								
土地管理业	**79**								
土地整治服务	791								
土地调查评估服务	792								
土地登记服务	793								
土地登记代理服务	794								
其他土地管理服务	799								
居民服务、修理和其他服务业	**O**								
居民服务业	**80**								
家庭服务	801								
托儿所服务	802								
洗染服务	803								
理发及美容服务	804								
洗浴和保健养生服务	805								
摄影扩印服务	806								
婚姻服务	807								
殡葬服务	808								
其他居民服务业	809								
机动车、电子产品和日用产品修理业	**81**								
汽车、摩托车等修理与维护	811								
计算机和办公设备维修	812								
家用电器修理	813								
其他日用产品修理业	819								
其他服务业	**82**								
清洁服务	821								
宠物服务	822								
其他未列明服务业	829								

2-6 续表 48

行业中类	代码	从业人员数(人)	内资						
				国有	集体	股份合作	联营	国有联营	集体联营
卫生和社会工作	**Q**	**1876**	**1876**	**76**					
卫生	**84**	**1309**	**1309**	**76**					
医院	841	1245	1245	76					
其他卫生活动	849	64	64						
社会工作	**85**	**567**	**567**						
提供住宿社会工作	851	454	454						
不提供住宿社会工作	852	113	113						
文化、体育和娱乐业	**R**	**15580**	**15569**	**517**	**21**	**7**	**4**		
新闻和出版业	**86**	**406**	**406**	**263**					
新闻业	861	4	4						
出版业	862	402	402	263					
广播、电视、电影和录音制作业	**87**	**4781**	**4780**	**251**	**21**				
广播	871	334	334						
电视	872	160	160	4					
影视节目制作	873	2537	2536						
广播电视集成播控	874	72	72						
电影和广播电视节目发行	875	207	207	34					
电影放映	876	1385	1385	213	21				
录音制作	877	86	86						
文化艺术业	**88**	**1663**	**1663**	**2**					
文艺创作与表演	881	857	857	1					
艺术表演场馆	882	1	1						
图书馆与档案馆	883	39	39						
文物及非物质文化遗产保护	884	5	5						
博物馆	885	9	9						
群众文体活动	887	121	121						
其他文化艺术业	889	631	631	1					
体育	**89**	**1134**	**1134**						
体育组织	891	222	222						
体育场地设施管理	892	112	112						
健身休闲活动	893	766	766						
其他体育	899	34	34						
娱乐业	**90**	**7596**	**7586**	**1**		**7**	**4**		
室内娱乐活动	901	5041	5041	1		7	4		
游乐园	902	406	406						
休闲观光活动	903	413	413						
彩票活动	904	3	3						
文化体育娱乐活动与经纪代理服务	905	1355	1345						
其他娱乐业	909	378	378						

2-6 续表 49

行业中类	代码	国有与集体联营	其他联营	有限责任公司	国有独资	其他有限责任公司	股份有限公司	私营	私营独资
卫生和社会工作	**Q**			**529**	**1**	**528**		**1271**	**261**
卫生	**84**			**436**		**436**		**797**	**175**
医院	841			372		372		797	175
其他卫生活动	849			64		64			
社会工作	**85**			**93**	**1**	**92**		**474**	**86**
提供住宿社会工作	851			74	1	73		380	68
不提供住宿社会工作	852			19		19		94	18
文化、体育和娱乐业	**R**		**4**	**2958**	**107**	**2851**	**314**	**11748**	**3722**
新闻和出版业	**86**			**96**		**96**		**47**	
新闻业	861			1		1		3	
出版业	862			95		95		44	
广播、电视、电影和录音制作业	**87**			**1210**	**60**	**1150**	**152**	**3146**	**14**
广播	871			24		24	79	231	
电视	872			78	27	51		78	
影视节目制作	873			641	20	621	30	1865	4
广播电视集成播控	874			6		6		66	
电影和广播电视节目发行	875			37		37	29	107	
电影放映	876			422	13	409	14	715	10
录音制作	877			2		2		84	
文化艺术业	**88**			**424**	**6**	**418**	**10**	**1227**	
文艺创作与表演	881			250	6	244		606	
艺术表演场馆	882							1	
图书馆与档案馆	883							39	
文物及非物质文化遗产保护	884							5	
博物馆	885							9	
群众文体活动	887			36		36	1	84	
其他文化艺术业	889			138		138	9	483	
体育	**89**			**135**	**3**	**132**	**3**	**996**	**73**
体育组织	891			29	3	26	3	190	4
体育场地设施管理	892			32		32		80	
健身休闲活动	893			67		67		699	69
其他体育	899			7		7		27	
娱乐业	**90**		**4**	**1093**	**38**	**1055**	**149**	**6332**	**3635**
室内娱乐活动	901		4	368		368	62	4599	3616
游乐园	902			67		67	61	278	
休闲观光活动	903			200	27	173		213	4
彩票活动	904			3		3			
文化体育娱乐活动与经纪代理服务	905			335	7	328	26	984	15
其他娱乐业	909			120	4	116		258	

2-6 续表 50

行业中类	代码	私营合伙	私营有限责任公司	私营股份有限公司	其他	港澳台商投资	与港澳台商合资经营	与港澳台商合作经营	港澳台商独资
卫生和社会工作	**Q**		**1005**	**5**					
卫生	**84**		**622**						
医院	841		622						
其他卫生活动	849								
社会工作	**85**		**383**	**5**					
提供住宿社会工作	851		307	5					
不提供住宿社会工作	852		76						
文化、体育和娱乐业	**R**	**92**	**7757**	**177**		**10**			**10**
新闻和出版业	**86**		**40**	**7**					
新闻业	861			3					
出版业	862		40	4					
广播、电视、电影和录音制作业	**87**	**3**	**3115**	**14**					
广播	871		229	2					
电视	872		78						
影视节目制作	873	3	1847	11					
广播电视集成播控	874		66						
电影和广播电视节目发行	875		107						
电影放映	876		704	1					
录音制作	877		84						
文化艺术业	**88**		**1184**	**43**					
文艺创作与表演	881		582	24					
艺术表演场馆	882		1						
图书馆与档案馆	883		39						
文物及非物质文化遗产保护	884		5						
博物馆	885		9						
群众文体活动	887		79	5					
其他文化艺术业	889		469	14					
体育	**89**	**2**	**866**	**55**					
体育组织	891		166	20					
体育场地设施管理	892		80						
健身休闲活动	893	2	595	33					
其他体育	899		25	2					
娱乐业	**90**	**87**	**2552**	**58**		**10**			**10**
室内娱乐活动	901	86	854	43					
游乐园	902		276	2					
休闲观光活动	903		209						
彩票活动	904								
文化体育娱乐活动与经纪代理服务	905	1	955	13		10			10
其他娱乐业	909		258						

2-6 续表 51

行业中类	代码	港澳台商投资股份有限公司	其他港澳台商投资	外商投资企业	中外合资经营	中外合作经营	外资企业	外商投资股份有限公司	其他外商投资
卫生和社会工作	**Q**								
卫生	**84**								
医院	841								
其他卫生活动	849								
社会工作	**85**								
提供住宿社会工作	851								
不提供住宿社会工作	852								
文化、体育和娱乐业	**R**			**1**			**1**		
新闻和出版业	**86**								
新闻业	861								
出版业	862								
广播、电视、电影和录音制作业	**87**			**1**			**1**		
广播	871								
电视	872								
影视节目制作	873			1			1		
广播电视集成播控	874								
电影和广播电视节目发行	875								
电影放映	876								
录音制作	877								
文化艺术业	**88**								
文艺创作与表演	881								
艺术表演场馆	882								
图书馆与档案馆	883								
文物及非物质文化遗产保护	884								
博物馆	885								
群众文体活动	887								
其他文化艺术业	889								
体育	**89**								
体育组织	891								
体育场地设施管理	892								
健身休闲活动	893								
其他体育	899								
娱乐业	**90**								
室内娱乐活动	901								
游乐园	902								
休闲观光活动	903								
彩票活动	904								
文化体育娱乐活动与经纪代理服务	905								
其他娱乐业	909								

2-7 按地区、登记注册类型分组的小微企业法人单位数

地　　区	企业法人单位数(个)	内资	国有	集体	股份合作	联营	国有联营	集体联营
总　计	**168800**	**168490**	**1255**	**410**	**45**	**53**	**13**	**13**
乌鲁木齐市	**56922**	**56817**	**244**	**66**	**10**	**12**	**3**	**4**
市辖区	1	1						
天山区	10402	10363	51	14	1	2	1	1
沙依巴克区	8940	8923	75	18	3	3		2
新市区	13271	13257	42	16	1	3	1	
水磨沟区	6142	6138	29	8		1	1	
头屯河区	2634	2632	13	6				
达坂城区	240	240	6	4				
米东区	3617	3614	12		2	2		1
乌鲁木齐县	235	235	5					
乌鲁木齐经济技术开发区	5125	5111	7					
乌鲁木齐高新技术产业开发区	6314	6303	4		3	1		
克拉玛依市	**5295**	**5285**	**16**	**11**	**1**			
市辖区	2	2						
独山子区	692	691	4	2				
克拉玛依区	3801	3792	8	4	1			
白碱滩区	607	607	1	1				
乌尔禾区	193	193	3	4				
吐鲁番市	**3988**	**3982**	**42**	**15**	**3**	**3**	**2**	**1**
高昌区	1764	1760	19	8	1	1	1	
鄯善县	1198	1196	9	5	1			
托克逊县	1026	1026	14	2	1	2	1	1
哈密市	**8741**	**8731**	**51**	**37**	**1**	**2**		**1**
伊州区	7893	7883	37	22		1		1
巴里坤哈萨克自治县	409	409	12	8		1		
伊吾县	437	437	2	7	1			
昌吉回族自治州	**13305**	**13282**	**65**	**19**	**5**	**7**	**3**	**2**
昌吉市	6626	6614	10	4	3	1		1
阜康市	1560	1553	12	6		2	1	1
呼图壁县	1132	1131	8	2		1	1	
玛纳斯县	821	821	19	2				
奇台县	1578	1576	10		1	2	1	
吉木萨尔县	1253	1253	6	5		1		
木垒哈萨克自治县	335	334			1			
博尔塔拉蒙古自治州	**4415**	**4408**	**86**	**16**	**1**	**1**		
博乐市	2599	2595	44	8		1		
阿拉山口市	928	925	3					
精河县	707	707	22	4	1			
温泉县	181	181	17	4				

2-7 续表 1

地　　区	国有与集体联营	其他联营	有限责任公司	国有独资	其他有限责任公司	股份有限公司	私营	私营独资
总　计	**13**	**14**	**30154**	**1436**	**28718**	**2315**	**134253**	**4843**
乌鲁木齐市	**3**	**2**	**6965**	**192**	**6773**	**823**	**48694**	**643**
市辖区						1		
天山区			1165	55	1110	156	8974	98
沙依巴克区		1	1308	31	1277	143	7372	168
新市区	1	1	2067	29	2038	225	10902	195
水磨沟区			327	24	303	65	5708	48
头屯河区			183	6	177	10	2420	4
达坂城区			84	10	74	10	136	11
米东区	1		244	9	235	61	3293	62
乌鲁木齐县			83	5	78	5	141	6
乌鲁木齐经济技术开发区			596	14	582	49	4459	6
乌鲁木齐高新技术产业开发区	1		908	9	899	98	5289	45
克拉玛依市			**629**	**54**	**575**	**73**	**4555**	**97**
市辖区						2		
独山子区			110	6	104	9	566	24
克拉玛依区			389	27	362	43	3347	57
白碱滩区			73	3	70	15	517	11
乌尔禾区			57	18	39	4	125	5
吐鲁番市			**1410**	**94**	**1316**	**67**	**2442**	**134**
高昌区			485	20	465	37	1209	47
鄯善县			363	44	319	19	799	33
托克逊县			562	30	532	11	434	54
哈密市		**1**	**1373**	**81**	**1292**	**103**	**7164**	**91**
伊州区			1122	55	1067	88	6613	71
巴里坤哈萨克自治县		1	124	11	113	4	260	14
伊吾县			127	15	112	9	291	6
昌吉回族自治州	**2**		**2989**	**83**	**2906**	**149**	**10048**	**562**
昌吉市			1372	16	1356	74	5150	115
阜康市			396	9	387	21	1116	109
呼图壁县			331	11	320	22	767	66
玛纳斯县			183	11	172	6	611	56
奇台县	1		317	15	302	16	1230	102
吉木萨尔县	1		292	14	278	6	943	86
木垒哈萨克自治县			98	7	91	4	231	28
博尔塔拉蒙古自治州	**1**		**892**	**63**	**829**	**79**	**3333**	**91**
博乐市	1		498	38	460	45	1999	50
阿拉山口市			231	12	219	22	669	8
精河县			127	11	116	12	541	27
温泉县			36	2	34		124	6

2-7 续表 2

地　　区	私营合伙	私营有限责任公司	私营股份有限公司	其他	港澳台商投资	与港澳台商合资经营	与港澳台商合作经营	港澳台商独资
总　计	**1850**	**125302**	**2258**	**5**	**116**	**44**	**2**	**58**
乌鲁木齐市	**538**	**46668**	**845**	**3**	**29**	**13**		**14**
市辖区								
天山区	38	8709	129		7	2		5
沙依巴克区	26	7028	150	1	5	3		1
新市区	28	10485	194	1	3	1		1
水磨沟区	13	5508	139		4	1		3
头屯河区	4	2403	9					
达坂城区	3	116	6					
米东区	8	3191	32		2	2		
乌鲁木齐县		127	8	1				
乌鲁木齐经济技术开发区	48	4397	8		3	2		1
乌鲁木齐高新技术产业开发区	370	4704	170		5	2		3
克拉玛依市	**89**	**4252**	**117**		**2**	**1**	**1**	
市辖区								
独山子区	2	535	5					
克拉玛依区	78	3105	107		2	1	1	
白碱滩区	7	494	5					
乌尔禾区	2	118						
吐鲁番市	**12**	**2262**	**34**		**1**			**1**
高昌区	4	1136	22		1			1
鄯善县	3	754	9					
托克逊县	5	372	3					
哈密市	**19**	**6959**	**95**		**5**	**3**		**1**
伊州区	16	6444	82		5	3		1
巴里坤哈萨克自治县	1	239	6					
伊吾县	2	276	7					
昌吉回族自治州	**59**	**9254**	**173**		**12**	**8**	**1**	**2**
昌吉市	19	4930	86		3	3		
阜康市	14	967	26		6	4	1	
呼图壁县	2	671	28		1	1		
玛纳斯县	4	545	6					
奇台县	6	1105	17		1			1
吉木萨尔县	11	839	7					
木垒哈萨克自治县	3	197	3		1			1
博尔塔拉蒙古自治州	**128**	**3038**	**76**		**5**	**1**		**3**
博乐市	4	1901	44		3	1		1
阿拉山口市	123	534	4		2			2
精河县	1	489	24					
温泉县		114	4					

2-7 续表 3

地　　区	港澳台商投资股份有限公司	其他港澳台商投资	外商投资企业	中外合资经营	中外合作经营	外资企业	外商投资股份有限公司	其他外商投资
总　计	**6**	**6**	**194**	**80**	**4**	**59**	**6**	**45**
乌鲁木齐市		**2**	**76**	**27**	**2**	**33**	**1**	**13**
市辖区								
天山区			32	3		22	1	6
沙依巴克区		1	12	3		3		6
新市区		1	11	7	1	3		
水磨沟区								
头屯河区			2	1		1		
达坂城区								
米东区			1		1			
乌鲁木齐县								
乌鲁木齐经济技术开发区			11	9		1		1
乌鲁木齐高新技术产业开发区			6	3		3		
克拉玛依市			**8**	**5**		**1**	**1**	**1**
市辖区								
独山子区			1	1				
克拉玛依区			7	4		1	1	1
白碱滩区								
乌尔禾区								
吐鲁番市			**5**	**4**		**1**		
高昌区			3	3				
鄯善县			2	1		1		
托克逊县								
哈密市	**1**		**5**	**2**				**3**
伊州区	1		5	2				3
巴里坤哈萨克自治县								
伊吾县								
昌吉回族自治州		**1**	**11**	**5**		**4**	**1**	**1**
昌吉市			9	3		4	1	1
阜康市		1	1	1				
呼图壁县								
玛纳斯县								
奇台县			1	1				
吉木萨尔县								
木垒哈萨克自治县								
博尔塔拉蒙古自治州		**1**	**2**	**1**		**1**		
博乐市		1	1	1				
阿拉山口市			1			1		
精河县								
温泉县								

2-7 续表 4

地　区	企业法人单位数(个)	内资	国有	集体	股份合作	联营	国有联营	集体联营
巴音郭楞蒙古自治州	**11428**	**11416**	**140**	**49**		**2**	**1**	
库尔勒市	6827	6821	42	11				
轮台县	1037	1034	5	6				
尉犁县	467	467	13	4		1	1	
若羌县	456	456	6	1				
且末县	374	374	17	1				
焉耆回族自治县	598	598	13	6				
和静县	1000	997	24	8		1		
和硕县	440	440	9	8				
博湖县	227	227	11	4				
库尔勒经济技术开发区	2	2						
阿克苏地区	**11744**	**11733**	**33**	**20**	**1**	**5**		**3**
阿克苏市	5150	5145	8			4		2
温宿县	1065	1062	2	2	1			
库车县	2212	2211	3	2				
沙雅县	917	917	3	1				
新和县	566	566	4	1		1		1
拜城县	889	887	8	5				
乌什县	272	272		2				
阿瓦提县	509	509		5				
柯坪县	164	164	5	2				
克孜勒苏柯尔克孜自治州	**2213**	**2209**	**33**	**16**				
阿图什市	1303	1301	8	9				
阿克陶县	453	453	9	4				
阿合奇县	116	116	4	2				
乌恰县	341	339	12	1				
喀什地区	**13412**	**13390**	**123**	**67**	**3**	**8**		**1**
喀什市	5047	5038	31	1	1	1		
疏附县	502	501	11	1				
疏勒县	966	962	2	2				
英吉沙县	391	390	8	3				
泽普县	494	494	10	10		1		
莎车县	1753	1752	9	9		4		
叶城县	1058	1057	16	10	1	1		1
麦盖提县	846	846	14	10				
岳普湖县	429	429	4	2				
伽师县	978	977	5	11		1		
巴楚县	853	852	6	6	1			
塔什库尔干塔吉克自治县	93	91	7	2				

2-7 续表 5

地　　区	国有与集体联营	其他联营	有限责任公司	国有独资	其他有限责任公司	股份有限公司	私营	私营独资
巴音郭楞蒙古自治州	**1**		**1365**	**143**	**1222**	**127**	**9733**	**227**
库尔勒市			751	34	717	84	5933	110
轮台县			74	17	57	1	948	7
尉犁县			82	19	63	7	360	10
若羌县			75	17	58	5	369	2
且末县			61	13	48	5	290	38
焉耆回族自治县			67	12	55	5	507	15
和静县	1		99	10	89	8	857	37
和硕县			94	14	80	7	322	7
博湖县			62	7	55	4	146	1
库尔勒经济技术开发区						1	1	
阿克苏地区	**1**	**1**	**3561**	**161**	**3400**	**169**	**7944**	**598**
阿克苏市	1	1	2104	22	2082	72	2957	100
温宿县			284	41	243	18	755	89
库车县			382	10	372	22	1802	38
沙雅县			271	25	246	17	625	142
新和县			141	22	119	12	407	30
拜城县			128	19	109	12	734	112
乌什县			86	10	76	6	178	40
阿瓦提县			124	6	118	3	377	33
柯坪县			41	6	35	7	109	14
克孜勒苏柯尔克孜自治州			**544**	**47**	**497**	**23**	**1593**	**98**
阿图什市			363	10	353	15	906	42
阿克陶县			121	12	109	2	317	23
阿合奇县			17	10	7	5	88	
乌恰县			43	15	28	1	282	33
喀什地区	**2**	**5**	**4072**	**71**	**4001**	**157**	**8960**	**1016**
喀什市		1	2230	9	2221	56	2718	85
疏附县			151	2	149	5	333	88
疏勒县			190	1	189	18	750	49
英吉沙县			82	8	74	5	292	55
泽普县		1	78		78	10	385	41
莎车县	2	2	359	8	351	11	1360	252
叶城县			189	9	180	15	825	94
麦盖提县			110	9	101	9	703	77
岳普湖县			113	4	109	5	305	20
伽师县		1	487	8	479	22	451	77
巴楚县			59	7	52		780	174
塔什库尔干塔吉克自治县			24	6	18		58	4

2-7 续表 6

地区	私营合伙	私营有限责任公司	私营股份有限公司	其他	港澳台商投资	与港澳台商合资经营	与港澳台商合作经营	港澳台商独资
巴音郭楞蒙古自治州	**32**	**9362**	**112**		**3**	**2**		**1**
库尔勒市	18	5743	62		1	1		
轮台县	3	928	10		2	1		1
尉犁县	2	348						
若羌县		363	4					
且末县	3	247	2					
焉耆回族自治县	1	486	5					
和静县	3	797	20					
和硕县	2	307	6					
博湖县		142	3					
库尔勒经济技术开发区		1						
阿克苏地区	**24**	**7085**	**237**		**5**	**1**		**2**
阿克苏市	9	2715	133		2	1		
温宿县	7	642	17					
库车县	5	1732	27		1			1
沙雅县		463	20					
新和县		370	7					
拜城县	2	611	9		2			1
乌什县		132	6					
阿瓦提县	1	333	10					
柯坪县		87	8					
克孜勒苏柯尔克孜自治州	**3**	**1463**	**29**		**1**	**1**		
阿图什市		850	14					
阿克陶县	1	283	10					
阿合奇县		84	4					
乌恰县	2	246	1		1	1		
喀什地区	**56**	**7749**	**139**		**6**			**5**
喀什市	40	2541	52		3			3
疏附县	1	241	3					
疏勒县		683	18		2			1
英吉沙县	1	233	3					
泽普县		341	3					
莎车县	2	1092	14					
叶城县	6	712	13					
麦盖提县	1	607	18					
岳普湖县	2	280	3					
伽师县	3	363	8					
巴楚县		605	1					
塔什库尔干塔吉克自治县		51	3		1			1

2-7 续表 7

地　　区	港澳台商投资股份有限公司	其他港澳台商投资	外商投资企业	中外合资经营	中外合作经营	外资企业	外商投资股份有限公司	其他外商投资
巴音郭楞蒙古自治州			**9**	**6**	**1**	**2**		
库尔勒市			5	4		1		
轮台县			1	1				
尉犁县								
若羌县								
且末县								
焉耆回族自治县								
和静县			3	1	1	1		
和硕县								
博湖县								
库尔勒经济技术开发区								
阿克苏地区	**2**		**6**	**4**			**1**	**1**
阿克苏市	1		3	2				1
温宿县			3	2			1	
库车县								
沙雅县								
新和县								
拜城县	1							
乌什县								
阿瓦提县								
柯坪县								
克孜勒苏柯尔克孜自治州			**3**	**2**				**1**
阿图什市			2	1				1
阿克陶县								
阿合奇县								
乌恰县			1	1				
喀什地区		**1**	**16**	**3**		**4**		**9**
喀什市			6			2		4
疏附县			1			1		
疏勒县		1	2					2
英吉沙县			1	1				
泽普县								
莎车县			1					1
叶城县			1					1
麦盖提县								
岳普湖县								
伽师县			1					1
巴楚县			1	1				
塔什库尔干塔吉克自治县			1			1		

2-7 续表 8

地　　区	企业法人单位数(个)	内资	国有	集体	股份合作	联营	国有联营	集体联营
和田地区	**6715**	**6710**	**61**	**21**	**12**	**4**	**1**	
和田市	3083	3082	26	4	3			
和田县	722	722	5					
墨玉县	815	813	7	2	1			
皮山县	491	491	5	1	1	1		
洛浦县	454	454	2		1			
策勒县	353	353	4	4	1			
于田县	589	587	5	8	4	3	1	
民丰县	208	208	7	2	1			
伊犁哈萨克自治州直属县（市）	**15801**	**15743**	**137**	**29**	**4**	**3**	**1**	**1**
伊宁市	3424	3415	18	2				
奎屯市	2303	2299	22	2				
霍尔果斯市	5478	5440	3	1				
伊宁县	599	599	9	6				
察布查尔锡伯自治县	635	635	7	5		1		
霍城县	1438	1436	13	2				
巩留县	362	360	24	3	1			
新源县	684	684	11	3	1			
昭苏县	249	247	11	1				
特克斯县	235	235	7	1		1	1	
尼勒克县	394	393	12	3	2	1		1
塔城地区	**4120**	**4113**	**119**	**19**	**2**	**4**	**1**	
塔城市	892	891	12	3	1			
乌苏市	1107	1106	26	3	1			
额敏县	471	469	19	2		2		
沙湾县	952	950	36	4		1		
托里县	223	222	11	1				
裕民县	162	162	8	2				
和布克赛尔蒙古自治县	313	313	7	4		1	1	
阿勒泰地区	**3443**	**3434**	**55**	**23**		**2**	**1**	
阿勒泰市	1385	1385	23	9				
布尔津县	306	302	6	2		1	1	
富蕴县	334	334	8	3		1		
福海县	635	633	8	1				
哈巴河县	291	290	4	3				
青河县	251	250	4	2				
吉木乃县	241	240	2	3				
自治区直辖县级市	**7258**	**7237**	**50**	**2**	**2**			
石河子市	3493	3481	21	1	2			
阿拉尔市	1898	1895	14					
图木舒克市	667	667	6	1				
五家渠市	1152	1146	8					
铁门关市	47	47	1					

2-7 续表 9

地区	国有与集体联营	其他联营	有限责任公司	国有独资	其他有限责任公司	股份有限公司	私营	私营独资
和田地区	**2**	**1**	**855**	**56**	**799**	**78**	**5677**	**164**
和田市			275	16	259	39	2735	30
和田县			147	1	146	8	562	25
墨玉县			116	6	110	2	685	23
皮山县	1		57	4	53	8	418	11
洛浦县			54	4	50	1	396	18
策勒县			75	6	69	5	264	11
于田县	1	1	80	5	75	14	471	32
民丰县			51	14	37	1	146	14
伊犁哈萨克自治州直属县（市）	**1**		**2795**	**165**	**2630**	**182**	**12593**	**327**
伊宁市			1203	39	1164	82	2110	95
奎屯市			261	26	235	23	1991	20
霍尔果斯市			369	10	359	21	5046	19
伊宁县			152	6	146	12	420	25
察布查尔锡伯自治县	1		75	10	65	4	543	31
霍城县			305	15	290	21	1095	38
巩留县			62	8	54	7	263	13
新源县			98	13	85	3	568	30
昭苏县			100	12	88	2	133	13
特克斯县			64	12	52	6	156	9
尼勒克县			106	14	92	1	268	34
塔城地区		**3**	**1034**	**91**	**943**	**112**	**2823**	**279**
塔城市			139	13	126	27	709	38
乌苏市			401	27	374	23	652	70
额敏县		2	150	23	127	20	276	35
沙湾县		1	201	10	191	27	681	82
托里县			43	6	37	5	162	25
裕民县			22	4	18	4	126	14
和布克赛尔蒙古自治县			78	8	70	6	217	15
阿勒泰地区		**1**	**754**	**54**	**700**	**86**	**2514**	**147**
阿勒泰市			215	10	205	27	1111	68
布尔津县			137	2	135	10	146	19
富蕴县		1	98	6	92	10	214	8
福海县			63	6	57	2	559	18
哈巴河县			92	3	89	7	184	11
青河县			75	23	52	20	149	16
吉木乃县			74	4	70	10	151	7
自治区直辖县级市			**916**	**81**	**835**	**87**	**6180**	**369**
石河子市			396	36	360	63	2998	148
阿拉尔市			243	15	228	9	1629	110
图木舒克市			59	14	45	2	599	81
五家渠市			212	16	196	10	916	30
铁门关市			6		6	2	38	

2-7 续表 10

地区	私营合伙	私营有限责任公司	私营股份有限公司	其他	港澳台商投资	与港澳台商合资经营	与港澳台商合作经营	港澳台商独资
和田地区	**27**	**5406**	**80**	**2**	**1**			
和田市	13	2675	17		1			
和田县	6	517	14					
墨玉县		655	7					
皮山县	2	386	19					
洛浦县	2	373	3					
策勒县	3	236	14					
于田县		434	5	2				
民丰县	1	130	1					
伊犁哈萨克自治州直属县（市）	**486**	**11633**	**147**		**30**	**9**		**20**
伊宁市	9	1947	59		2	1		1
奎屯市	4	1938	29					
霍尔果斯市	386	4632	9		25	6		18
伊宁县	6	376	13					
察布查尔锡伯自治县	1	505	6					
霍城县	70	979	8		1			1
巩留县	1	244	5		2	2		
新源县	1	536	1					
昭苏县	4	110	6					
特克斯县	2	141	4					
尼勒克县	2	225	7					
塔城地区	**19**	**2446**	**79**		**5**	**4**		
塔城市	3	658	10		1	1		
乌苏市	3	551	28		1	1		
额敏县	2	229	10		1	1		
沙湾县	5	573	21		2	1		
托里县	4	126	7					
裕民县		112						
和布克赛尔蒙古自治县	2	197	3					
阿勒泰地区	**9**	**2326**	**32**		**2**			**2**
阿勒泰市	2	1035	6					
布尔津县		123	4		1			1
富蕴县		199	7					
福海县	1	531	9					
哈巴河县	2	169	2					
青河县	1	129	3		1			1
吉木乃县	3	140	1					
自治区直辖县级市	**349**	**5399**	**63**		**9**	**1**		**7**
石河子市	343	2469	38		2	1		1
阿拉尔市	4	1510	5		2			2
图木舒克市		511	7					
五家渠市	2	871	13		5			4
铁门关市		38						

2-7 续表 11

地　　区	港澳台商投资股份有限公司	其他港澳台商投资	外商投资企业	中外合资经营	中外合作经营	外资企业	外商投资股份有限公司	其他外商投资
和田地区	**1**		**4**		**1**			**3**
和田市	1							
和田县								
墨玉县			2					2
皮山县								
洛浦县								
策勒县								
于田县			2		1			1
民丰县								
伊犁哈萨克自治州直属县（市）		**1**	**28**	**10**		**8**	**1**	**9**
伊宁市			7	3		1		3
奎屯市			4	1			1	2
霍尔果斯市		1	13	4		7		2
伊宁县								
察布查尔锡伯自治县								
霍城县			1	1				
巩留县								
新源县								
昭苏县			2	1				1
特克斯县								
尼勒克县			1					1
塔城地区	**1**		**2**	**2**				
塔城市								
乌苏市								
额敏县			1	1				
沙湾县	1							
托里县			1	1				
裕民县								
和布克赛尔蒙古自治县								
阿勒泰地区			**7**	**2**		**1**		**4**
阿勒泰市								
布尔津县			3					3
富蕴县								
福海县			2	1		1		
哈巴河县			1					1
青河县								
吉木乃县			1	1				
自治区直辖县级市	**1**		**12**	**7**		**4**	**1**	
石河子市			10	6		4		
阿拉尔市			1	1				
图木舒克市								
五家渠市	1		1				1	
铁门关市								

2-8 按地区、登记注册类型分组的小微企业法人单位从业人员数

地区	从业人员数(人)	内资	国有	集体	股份合作	联营	国有联营	集体联营
总计	**1544935**	**1530303**	**54615**	**17088**	**2323**	**532**	**124**	**52**
乌鲁木齐市	**395347**	**392383**	**9017**	**1359**	**402**	**132**	**8**	**7**
市辖区	8665	8665						
天山区	69524	69171	1720	209	319	9	8	1
沙依巴克区	73272	73073	2777	303	31	9		5
新市区	68234	67753	876	385	3	22		
水磨沟区	46896	46837	502	123				
头屯河区	21735	21723	598	201				
达坂城区	3603	3603	1276	138				
米东区	25951	25388	700		45	25		1
乌鲁木齐县	2372	2372	69					
乌鲁木齐经济技术开发区	47008	46458	397					
乌鲁木齐高新技术产业开发区	27363	27340	102		4	67		
克拉玛依市	**81471**	**81250**	**556**	**54**	**1**			
市辖区	193	193						
独山子区	12246	12246	140	20				
克拉玛依区	54974	54753	396	18	1			
白碱滩区	12197	12197	5					
乌尔禾区	1861	1861	15	16				
吐鲁番市	**44013**	**43397**	**1617**	**710**	**504**	**60**	**60**	
高昌区	19258	18912	1182	629	201	60	60	
鄯善县	13371	13101	261	79	180			
托克逊县	11384	11384	174	2	123			
哈密市	**60544**	**59748**	**2309**	**1255**	**41**	**13**		
伊州区	50270	49474	2141	1141				
巴里坤哈萨克自治县	4719	4719	138	106		13		
伊吾县	4902	4902	30	8	41			
昌吉回族自治州	**134388**	**132148**	**1492**	**514**	**129**	**10**	**2**	**2**
昌吉市	66182	64511	197	45	64	1		1
阜康市	15086	15033	296	17		1		1
呼图壁县	9853	9783	496	6		2	2	
玛纳斯县	8752	8752	118	251				
奇台县	15718	15537	348		38	1		
吉木萨尔县	15628	15628	37	195		5		
木垒哈萨克自治县	3169	2904			27			
博尔塔拉蒙古自治州	**41653**	**40768**	**2304**	**292**	**5**	**4**		
博乐市	27811	26944	849	82		4		
阿拉山口市	4552	4534	11					
精河县	6932	6932	675	127	5			
温泉县	2358	2358	769	83				

2-8 续表 1

地　　区	国有与集体联营	其他联营	有限责任公司	国有独资	其他有限责任公司	股份有限公司	私营	私营独资
总　计	**278**	**78**	**441695**	**42914**	**398781**	**135120**	**878930**	**26700**
乌鲁木齐市	**113**	**4**	**88277**	**5587**	**82690**	**44212**	**248984**	**2826**
市辖区						8665		
天山区			12529	1619	10910	13828	40557	282
沙依巴克区		4	17326	904	16422	7895	44732	940
新市区	22		17415	622	16793	2312	46740	558
水磨沟区			4712	743	3969	6794	34706	172
头屯河区			8547	147	8400	252	12125	14
达坂城区			1064	199	865	89	1036	112
米东区	24		5313	291	5022	1220	18085	583
乌鲁木齐县			1163	159	1004	240	900	7
乌鲁木齐经济技术开发区			13698	723	12975	1863	30500	21
乌鲁木齐高新技术产业开发区	67		6510	180	6330	1054	19603	137
克拉玛依市			**18576**	**4239**	**14337**	**5745**	**56318**	**262**
市辖区						193		
独山子区			6365	3559	2806	636	5085	63
克拉玛依区			7600	311	7289	4456	42282	159
白碱滩区			3926	197	3729	435	7831	20
乌尔禾区			685	172	513	25	1120	20
吐鲁番市			**19420**	**2184**	**17236**	**3598**	**17488**	**787**
高昌区			6603	440	6163	3097	7140	194
鄯善县			5153	1210	3943	283	7145	220
托克逊县			7664	534	7130	218	3203	373
哈密市		**13**	**17613**	**1767**	**15846**	**5045**	**33472**	**518**
伊州区			13813	1153	12660	4013	28366	363
巴里坤哈萨克自治县		13	1732	155	1577	94	2636	139
伊吾县			2068	459	1609	285	2470	16
昌吉回族自治州	**6**		**52317**	**2005**	**50312**	**13249**	**64437**	**2385**
昌吉市			21240	736	20504	11816	31148	365
阜康市			6826	151	6675	416	7477	284
呼图壁县			3576	173	3403	369	5334	354
玛纳斯县			3901	79	3822	82	4400	194
奇台县	1		6540	373	6167	300	8310	551
吉木萨尔县	5		9265	452	8813	118	6008	456
木垒哈萨克自治县			969	41	928	148	1760	181
博尔塔拉蒙古自治州	**4**		**12528**	**1686**	**10842**	**2757**	**22878**	**304**
博乐市	4		9805	1136	8669	2556	13648	184
阿拉山口市			1260	190	1070	81	3182	9
精河县			1138	354	784	120	4867	77
温泉县			325	6	319		1181	34

2-8 续表 2

地　　区	私营合伙	私营有限责任公司	私营股份有限公司	其他	港澳台商投资	与港澳台商合资经营	与港澳台商合作经营	港澳台商独资
总　计	**3821**	**828547**	**19862**		**3385**	**1405**	**19**	**1436**
乌鲁木齐市	**1407**	**239374**	**5377**		**578**	**493**		**78**
市辖区								
天山区	460	38958	857		76	39		37
沙依巴克区	79	42915	798		27	15		10
新市区	75	44928	1179		9	2		2
水磨沟区	59	33650	825		59	32		27
头屯河区	68	11743	300					
达坂城区	30	829	65					
米东区	61	17183	258		373	373		
乌鲁木齐县		840	53					
乌鲁木齐经济技术开发区	124	30113	242		19	19		
乌鲁木齐高新技术产业开发区	451	18215	800		15	13		2
克拉玛依市	**130**	**54096**	**1830**		**1**		**1**	
市辖区								
独山子区	2	4979	41					
克拉玛依区	118	40714	1291		1		1	
白碱滩区	8	7305	498					
乌尔禾区	2	1098						
吐鲁番市	**52**	**16415**	**234**		**6**			**6**
高昌区	13	6783	150		6			6
鄯善县	32	6816	77					
托克逊县	7	2816	7					
哈密市	**85**	**32450**	**419**		**484**	**24**		**184**
伊州区	81	27562	360		484	24		184
巴里坤哈萨克自治县	3	2463	31					
伊吾县	1	2425	28					
昌吉回族自治州	**360**	**60011**	**1681**		**532**	**244**	**18**	267
昌吉市	89	29877	817		162	162		
阜康市	59	6689	445		33	12	18	
呼图壁县	46	4866	68		70	70		
玛纳斯县	2	4068	136					
奇台县	18	7654	87		2			2
吉木萨尔县	133	5359	60					
木垒哈萨克自治县	13	1498	68		265			265
博尔塔拉蒙古自治州	**208**	**21606**	**760**		**108**			**9**
博乐市	34	13286	144		106			7
阿拉山口市	173	2989	11		2			2
精河县	1	4190	599					
温泉县		1141	6					

2-8 续表 3

地　　区								
	港澳台商投资股份有限公司	其他港澳台商投资	外商投资企业	中外合资经营	中外合作经营	外资企业	外商投资股份有限公司	其他外商投资
总　计	**413**	**112**	**11247**	**8683**	**315**	**1403**	**356**	**490**
乌鲁木齐市		**7**	**2386**	**1762**	**308**	**112**	**6**	**198**
市辖区								
天山区			277	200		65	6	6
沙依巴克区		2	172	122		13		37
新市区		5	472	328	118	26		
水磨沟区								
头屯河区			12	12				
达坂城区								
米东区			190		190			
乌鲁木齐县								
乌鲁木齐经济技术开发区			531	373		3		155
乌鲁木齐高新技术产业开发区			8	3		5		
克拉玛依市			**220**	**178**		**1**	**38**	**3**
市辖区								
独山子区								
克拉玛依区			220	178		1	38	3
白碱滩区								
乌尔禾区								
吐鲁番市			**610**	**340**		**270**		
高昌区			340	340				
鄯善县			270			270		
托克逊县								
哈密市	**276**		**312**	**305**				**7**
伊州区	276		312	305				7
巴里坤哈萨克自治县								
伊吾县								
昌吉回族自治州		**3**	**1708**	**1334**		**288**	**86**	
昌吉市			1509	1135		288	86	
阜康市		3	20	20				
呼图壁县								
玛纳斯县								
奇台县			179	179				
吉木萨尔县								
木垒哈萨克自治县								
博尔塔拉蒙古自治州		**99**	**777**	**761**		**16**		
博乐市		99	761	761				
阿拉山口市			16			16		
精河县								
温泉县								

2-8 续表 4

地区	企从业人员数(人)	内资	国有	集体	股份合作	联营	国有联营	集体联营
巴音郭楞蒙古自治州	**91232**	**90230**	**3113**	**994**		**30**	**30**	
库尔勒市	54843	54247	1666	86				
轮台县	9400	9130	142	152				
尉犁县	3653	3653	146	11		30	30	
若羌县	3662	3662	201	87				
且末县	3270	3270	285	91				
焉耆回族自治县	3697	3697	131	204				
和静县	7655	7519	319	170				
和硕县	3217	3217	50	129				
博湖县	1750	1750	173	64				
库尔勒经济技术开发区	85	85						
阿克苏地区	**107178**	**105752**	**777**	**1374**	**6**	**23**		**11**
阿克苏市	47143	46025	611			12		
温宿县	9833	9677	41	10	6			
库车县	20283	20132	68	483				
沙雅县	5958	5958	6	160				
新和县	6109	6109	1	151		11		11
拜城县	8483	8482	7	189				
乌什县	2908	2908		124				
阿瓦提县	4687	4687		222				
柯坪县	1774	1774	43	35				
克孜勒苏柯尔克孜自治州	**21526**	**21240**	**2326**	**320**				
阿图什市	12056	11972	491	141				
阿克陶县	4487	4487	739	98				
阿合奇县	1075	1075	64	43				
乌恰县	3908	3706	1032	38				
喀什地区	**161453**	**160691**	**3062**	**2191**	**11**	**9**		
喀什市	43631	43598	758	12				
疏附县	12674	12657	600	147				
疏勒县	8228	8199	57	181				
英吉沙县	8478	8453	248	146				
泽普县	13107	13107	231	253		5		
莎车县	22739	22739	363	388		4		
叶城县	12545	12507	326	296	11			
麦盖提县	5647	5647	150	216				
岳普湖县	3978	3978	86	107				
伽师县	17056	17056	85	183				
巴楚县	10901	10896	108	229				
塔什库尔干塔吉克自治县	1919	1823	50	33				

2-8 续表 5

地　　区	国有与集体联营	其他联营	有限责任公司	国有独资	其他有限责任公司	股份有限公司	私营	私营独资
巴音郭楞蒙古自治州			**23931**	**3096**	**20835**	**8934**	**53228**	**1073**
库尔勒市			14465	1081	13384	8108	29922	520
轮台县			2186	507	1679		6650	109
尉犁县			552	204	348	116	2798	70
若羌县			1006	210	796	74	2294	10
且末县			988	175	813	10	1896	132
焉耆回族自治县			1035	118	917	4	2323	18
和静县			2403	619	1784	200	4427	175
和硕县			861	115	746	61	2116	36
博湖县			435	67	368	277	801	3
库尔勒经济技术开发区						84	1	
阿克苏地区	**12**		**38649**	**2709**	**35940**	**10294**	**54629**	**2700**
阿克苏市	12		17761	742	17019	8123	19518	532
温宿县			3700	392	3308	440	5480	758
库车县			6870	542	6328	609	12102	194
沙雅县			2322	144	2178	70	3400	232
新和县			909	51	858	83	4954	187
拜城县			3703	506	3197	575	4008	273
乌什县			949	101	848	24	1811	254
阿瓦提县			1941	142	1799	38	2486	237
柯坪县			494	89	405	332	870	33
克孜勒苏柯尔克孜自治州			**6498**	**854**	**5644**	**620**	**11476**	**677**
阿图什市			4645	195	4450	579	6116	228
阿克陶县			870	130	740	28	2752	162
阿合奇县			548	423	125	13	407	
乌恰县			435	106	329		2201	287
喀什地区	**4**	**5**	**58889**	**7026**	**51863**	**8942**	**87587**	**8921**
喀什市			17509	212	17297	5590	19729	1031
疏附县			6628	2844	3784	347	4935	921
疏勒县			2200	1	2199	177	5584	457
英吉沙县			2754	517	2237	166	5139	794
泽普县		5	5957		5957	1208	5453	186
莎车县	4		8121	39	8082	270	13593	2519
叶城县			3967	18	3949	375	7532	460
麦盖提县			1851	1257	594	99	3331	395
岳普湖县			1198	10	1188	12	2575	50
伽师县			5646	3	5643	667	10475	725
巴楚县			2766	2099	667		7793	1372
塔什库尔干塔吉克自治县			292	26	266		1448	11

2-8 续表 6

地区	私营合伙	私营有限责任公司	私营股份有限公司	其他	港澳台商投资	与港澳台商合资经营	与港澳台商合作经营	港澳台商独资
巴音郭楞蒙古自治州	**162**	**50772**	**1221**		**162**	**133**		**29**
库尔勒市	95	28582	725		12	12		
轮台县	43	6482	16		150	121		29
尉犁县	3	2725						
若羌县		2274	10					
且末县	10	1752	2					
焉耆回族自治县		2094	211					
和静县	10	4066	176					
和硕县	1	2004	75					
博湖县		792	6					
库尔勒经济技术开发区		1						
阿克苏地区	**134**	**49799**	**1996**		**403**	**173**		**152**
阿克苏市	49	18406	531		251	173		
温宿县	39	4314	369					
库车县	23	11486	399		151			151
沙雅县		2794	374					
新和县		4717	50					
拜城县	14	3696	25		1			1
乌什县		1354	203					
阿瓦提县	9	2195	45					
柯坪县		837						
克孜勒苏柯尔克孜自治州	**37**	**10316**	**446**		**201**	**201**		
阿图什市		5591	297					
阿克陶县	18	2474	98					
阿合奇县		356	51					
乌恰县	19	1895			201	201		
喀什地区	**290**	**77140**	**1236**		**110**			**110**
喀什市	85	18106	507		11			11
疏附县	4	3965	45					
疏勒县		5019	108		5			5
英吉沙县	13	4216	116					
泽普县		5244	23					
莎车县	15	10957	102					
叶城县	29	6803	240					
麦盖提县	1	2927	8					
岳普湖县	47	2469	9					
伽师县	96	9640	14					
巴楚县		6368	53					
塔什库尔干塔吉克自治县		1426	11		94			94

2-8 续表 7

地　　区	港澳台商投资股份有限公司	其他港澳台商投资	外商投资企业	中外合资经营	中外合作经营	外资企业	外商投资股份有限公司	其他外商投资
巴音郭楞蒙古自治州			**840**	**810**	**4**	**26**		
库尔勒市			584	584				
轮台县			120	120				
尉犁县								
若羌县								
且末县								
焉耆回族自治县								
和静县			136	106	4	26		
和硕县								
博湖县								
库尔勒经济技术开发区								
阿克苏地区	**78**		**1023**	**869**			**143**	**11**
阿克苏市	78		867	856				11
温宿县			156	13			143	
库车县								
沙雅县								
新和县								
拜城县								
乌什县								
阿瓦提县								
柯坪县								
克孜勒苏柯尔克孜自治州			**85**	**1**				**84**
阿图什市			84					84
阿克陶县								
阿合奇县								
乌恰县			1	1				
喀什地区			**652**	**549**		**21**		**82**
喀什市			22			2		20
疏附县			17			17		
疏勒县			24					24
英吉沙县			25	25				
泽普县								
莎车县								
叶城县			38					38
麦盖提县								
岳普湖县								
伽师县								
巴楚县			5	5				
塔什库尔干塔吉克自治县			2			2		

2-8 续表 8

地区	从业人员数(人)	内资						
			国有	集体	股份合作	联营		
							国有联营	集体联营
和田地区	**82262**	**82228**	**2071**	**4050**	**932**	**86**		
和田市	25149	25149	1134	3890	297			
和田县	12364	12364	254					
墨玉县	14934	14903	140	80	147			
皮山县	6809	6809	244	10	117	48		
洛浦县	7791	7791	69		94			
策勒县	7111	7111	45	34	100			
于田县	6753	6750	97	34	130	38		
民丰县	1351	1351	88	2	47			
伊犁哈萨克自治州直属县（市）	**140592**	**139274**	**5416**	**2737**	**4**	**95**	**10**	**32**
伊宁市	43306	42446	564	22				
奎屯市	29256	29152	1340	493				
霍尔果斯市	16413	16296	204	2				
伊宁县	11587	11587	1547	1255				
察布查尔锡伯自治县	8070	8070	82	140		53		
霍城县	11716	11551	233	175				
巩留县	5642	5625	686	121	4			
新源县	6566	6566	262	181				
昭苏县	2050	2007	103	107				
特克斯县	1892	1892	187	85		10	10	
尼勒克县	4094	4082	208	156		32		32
塔城地区	**50440**	**50016**	**2168**	**507**	**24**	**6**		
塔城市	14598	14514	363	18	6			
乌苏市	12216	12216	555	104	18			
额敏县	5259	5179	371	166		4		
沙湾县	10783	10768	379	9		2		
托里县	2855	2610	138	73				
裕民县	1153	1153	127	79				
和布克赛尔蒙古自治县	3576	3576	235	58				
阿勒泰地区	**52044**	**51736**	**17103**	**703**		**64**	**14**	
阿勒泰市	15508	15508	2938	141				
布尔津县	4538	4480	1477	85		14	14	
富蕴县	16078	16078	12492	108		50		
福海县	6403	6363	35	117				
哈巴河县	5029	5029	77	79				
青河县	2935	2730	80	93				
吉木乃县	1553	1548	4	80				
自治区直辖县级市	**80792**	**79442**	**1284**	**28**	**264**			
石河子市	38233	37159	522	3	264			
阿拉尔市	21779	21637	398					
图木舒克市	6996	6996	270	25				
五家渠市	13506	13372	94					
铁门关市	193	193						

2-8 续表 9

地　　区	国有与集体联营	其他联营	有限责任公司	国有独资	其他有限责任公司	股份有限公司	私营	私营独资
和田地区	**86**		**11186**	**797**	**10389**	**1848**	**62055**	**1492**
和田市			3426	186	3240	1410	14992	129
和田县			1230		1230	215	10665	243
墨玉县			1859	133	1726	39	12638	452
皮山县	48		864	99	765	10	5516	64
洛浦县			1275	36	1239	3	6350	167
策勒县			1257	72	1185	50	5625	133
于田县	38		1040	271	769	117	5294	249
民丰县			235		235	4	975	55
伊犁哈萨克自治州直属县（市）	**53**		**41189**	**5083**	**36106**	**12351**	**77482**	**1363**
伊宁市			17117	1834	15283	8931	15812	452
奎屯市			6057	904	5153	2110	19152	143
霍尔果斯市			1533	352	1181	70	14487	29
伊宁县			3239	140	3099	342	5204	39
察布查尔锡伯自治县	53		1060	128	932	54	6681	95
霍城县			4862	607	4255	244	6037	149
巩留县			1129	427	702	359	3326	156
新源县			2439	130	2309	168	3516	107
昭苏县			865	156	709	4	928	24
特克斯县			576	166	410	68	966	31
尼勒克县			2312	239	2073	1	1373	138
塔城地区		**6**	**19255**	**1401**	**17854**	**6899**	**21157**	**1210**
塔城市			3786	169	3617	4554	5787	65
乌苏市			5679	671	5008	871	4989	551
额敏县		4	2307	225	2082	675	1656	132
沙湾县		2	4960	127	4833	621	4797	200
托里县			1116	137	979	82	1201	39
裕民县			198	9	189	17	732	38
和布克赛尔蒙古自治县			1209	63	1146	79	1995	185
阿勒泰地区		**50**	**12341**	**1637**	**10704**	**4146**	**17379**	**613**
阿勒泰市			3141	597	2544	3009	6279	241
布尔津县			1748	80	1668	334	822	86
富蕴县		50	1703	322	1381	308	1417	30
福海县			1122	291	831	56	5033	98
哈巴河县			3213	74	3139	305	1355	21
青河县			776	242	534	114	1667	114
吉木乃县			638	31	607	20	806	23
自治区直辖县级市			**21026**	**2843**	**18183**	**6480**	**50360**	**1569**
石河子市			10488	1442	9046	5032	20850	557
阿拉尔市			4637	343	4294	775	15827	364
图木舒克市			1868	462	1406	46	4787	549
五家渠市			4018	596	3422	542	8718	99
铁门关市			15		15		178	

2-8 续表 10

地区	私营合伙	私营有限责任公司	私营股份有限公司	其他	港澳台商投资	与港澳台商合资经营	与港澳台商合作经营	港澳台商独资
和田地区	**145**	**59420**	**998**					
和田市	54	14629	180					
和田县	46	10057	319					
墨玉县		12152	34					
皮山县	13	5303	136					
洛浦县	12	5970	201					
策勒县	13	5384	95					
于田县		5032	13					
民丰县	7	893	20					
伊犁哈萨克自治州直属县(市)	**418**	**74189**	**1512**		**97**	**29**		**65**
伊宁市	59	14878	423		37	1		36
奎屯市	15	18674	320					
霍尔果斯市	71	14271	116		39	11		25
伊宁县	40	4990	135					
察布查尔锡伯自治县	9	6514	63					
霍城县	183	5502	203		4			4
巩留县	2	3085	83		17	17		
新源县	5	3373	31					
昭苏县	17	811	76					
特克斯县	17	904	14					
尼勒克县		1187	48					
塔城地区	**126**	**19150**	**671**		**118**	**103**		
塔城市	22	5648	52		84	84		
乌苏市		4248	190					
额敏县	27	1406	91		19	19		
沙湾县	11	4285	301		15			
托里县		1139	23					
裕民县		694						
和布克赛尔蒙古自治县	66	1730	14					
阿勒泰地区	**64**	**16456**	**246**		**230**			**230**
阿勒泰市	16	6001	21					
布尔津县		719	17		25			25
富蕴县		1370	17					
福海县	4	4915	16					
哈巴河县		1318	16					
青河县	2	1393	158		205			205
吉木乃县	42	740	1					
自治区直辖县级市	**203**	**47353**	**1235**		**355**	**5**		**306**
石河子市	190	19682	421		93	5		88
阿拉尔市	4	13430	29		128			128
图木舒克市		4122	116					
五家渠市	9	7941	669		134			90
铁门关市		178						

2-8 续表 11

地区	港澳台商投资股份有限公司	其他港澳台商投资	外商投资企业	中外合资经营	中外合作经营	外资企业	外商投资股份有限公司	其他外商投资
和田地区			**34**		**3**			**31**
和田市								
和田县								
墨玉县			31					31
皮山县								
洛浦县								
策勒县								
于田县			3		3			
民丰县								
伊犁哈萨克自治州直属县（市）		**3**	**1221**	**854**		**243**	**83**	**41**
伊宁市			823	646		165		12
奎屯市			104	5			83	16
霍尔果斯市		3	78			78		
伊宁县								
察布查尔锡伯自治县								
霍城县			161	161				
巩留县								
新源县								
昭苏县			43	42				1
特克斯县								
尼勒克县			12					12
塔城地区	**15**		**306**	**306**				
塔城市								
乌苏市								
额敏县			61	61				
沙湾县	15							
托里县			245	245				
裕民县								
和布克赛尔蒙古自治县								
阿勒泰地区			**78**	**23**		**22**		**33**
阿勒泰市								
布尔津县			33					33
富蕴县								
福海县			40	18		22		
哈巴河县								
青河县								
吉木乃县			5	5				
自治区直辖县级市	**44**		**995**	**591**		**404**		
石河子市			981	577		404		
阿拉尔市			14	14				
图木舒克市								
五家渠市	44							
铁门关市								

2-9 按地区、开业（成立）时间分组的小微企业法人单位数

地　　区	企业法人单位数（个）	1949 年以前	1950-1977 年	1978-1991 年	1992-2000 年	2001 年	2002 年
总　计	**168800**	**2**	**203**	**735**	**3728**	**1354**	**1683**
乌鲁木齐市	**56922**		**21**	**177**	**1594**	**567**	**697**
市辖区	1				1		
天山区	10402		4	55	400	148	182
沙依巴克区	8940		6	41	345	126	146
新市区	13271		2	40	383	120	157
水磨沟区	6142		2	11	131	58	75
头屯河区	2634		2	11	39	19	17
达坂城区	240		1	4	11	2	3
米东区	3617		2	7	73	16	22
乌鲁木齐县	235		1	2	4		
乌鲁木齐经济技术开发区	5125		1	4	117	46	44
乌鲁木齐高新技术产业开发区	6314			2	90	32	51
克拉玛依市	**5295**		**1**	**17**	**173**	**64**	**87**
市辖区	2					1	
独山子区	692			2	28	8	9
克拉玛依区	3801		1	10	114	37	65
白碱滩区	607			3	25	17	11
乌尔禾区	193			2	6	1	2
吐鲁番市	**3988**		**3**	**30**	**92**	**31**	**25**
高昌区	1764		3	16	46	21	11
鄯善县	1198			4	35	8	8
托克逊县	1026			10	11	2	6
哈密市	**8741**		**6**	**24**	**158**	**53**	**62**
伊州区	7893		6	11	145	45	51
巴里坤哈萨克自治县	409			10	9	6	10
伊吾县	437			3	3	2	1
昌吉回族自治州	**13305**		**14**	**43**	**282**	**93**	**133**
昌吉市	6626		1	10	153	45	57
阜康市	1560		1	7	32	13	17
呼图壁县	1132		4	4	29	10	15
玛纳斯县	821		2	9	23	7	19
奇台县	1578		4	4	13	8	16
吉木萨尔县	1253		2	6	26	7	5
木垒哈萨克自治县	335			3	6	3	4
博尔塔拉蒙古自治州	**4415**		**13**	**37**	**129**	**37**	**42**
博乐市	2599		6	16	79	25	22
阿拉山口市	928				18	7	5
精河县	707		4	10	17	4	14
温泉县	181		3	11	15	1	1

2-9 续表 1

地　　区	2003 年	2004 年	2005 年	2006 年	2007 年	2008 年	2009 年	2010 年	2011 年
总　计	**2059**	**2442**	**2657**	**3372**	**3499**	**3895**	**4316**	**5173**	**6620**
乌鲁木齐市	**817**	**1047**	**1168**	**1585**	**1635**	**1693**	**1754**	**1857**	**2415**
市辖区									
天山区	220	273	271	395	418	366	396	397	429
沙依巴克区	181	223	265	335	319	322	363	345	376
新市区	157	220	245	354	392	441	392	436	607
水磨沟区	90	125	155	183	165	207	174	177	219
头屯河区	29	32	33	48	45	55	65	84	169
达坂城区	3	2	1	2	4	5	7	8	14
米东区	38	48	34	44	53	45	60	75	100
乌鲁木齐县	3	3	7	6	5	4	8	4	5
乌鲁木齐经济技术开发区	45	47	56	76	85	84	108	102	146
乌鲁木齐高新技术产业开发区	51	74	101	142	149	163	181	229	350
克拉玛依市	**79**	**94**	**85**	**111**	**144**	**121**	**163**	**155**	**193**
市辖区	1								
独山子区	7	20	21	13	24	12	17	28	26
克拉玛依区	60	64	57	87	100	91	124	117	133
白碱滩区	9	9	5	11	17	16	20	8	29
乌尔禾区	2	1	2		3	2	2	2	5
吐鲁番市	**44**	**49**	**65**	**88**	**90**	**90**	**150**	**135**	**141**
高昌区	18	25	18	29	28	28	34	66	63
鄯善县	21	17	28	48	41	41	87	50	46
托克逊县	5	7	19	11	21	21	29	19	32
哈密市	**90**	**73**	**104**	**159**	**154**	**209**	**199**	**248**	**312**
伊州区	79	64	95	143	135	189	185	224	269
巴里坤哈萨克自治县	8	7	8	11	12	11	7	13	19
伊吾县	3	2	1	5	7	9	7	11	23
昌吉回族自治州	**137**	**165**	**178**	**193**	**200**	**260**	**354**	**464**	**564**
昌吉市	76	70	103	110	107	115	180	241	251
阜康市	9	18	17	21	22	35	45	60	75
呼图壁县	19	22	17	11	15	26	31	43	31
玛纳斯县	11	19	18	9	13	20	25	34	43
奇台县	10	17	13	22	24	36	44	60	101
吉木萨尔县	10	13	7	13	16	17	24	21	51
木垒哈萨克自治县	2	6	3	7	3	11	5	5	12
博尔塔拉蒙古自治州	**51**	**48**	**62**	**61**	**62**	**88**	**98**	**130**	**136**
博乐市	27	28	30	31	30	45	51	80	76
阿拉山口市	16	16	15	19	18	23	19	21	21
精河县	5	3	11	9	9	16	22	21	31
温泉县	3	1	6	2	5	4	6	8	8

2-9 续表 2

地　　区	2012 年	2013 年	2014 年	2015 年	2016 年	2017 年	2018 年	无开业年份
总　计	**7592**	**8890**	**12607**	**14996**	**23123**	**30988**	**28684**	**182**
乌鲁木齐市	**2673**	**3181**	**4673**	**5158**	**7185**	**8208**	**8780**	**37**
市辖区								
天山区	472	553	808	1027	1394	1194	994	6
沙依巴克区	436	539	667	791	1007	1221	886	
新市区	603	773	1387	1266	1508	1894	1892	2
水磨沟区	269	334	474	577	850	833	1027	6
头屯河区	187	193	246	211	317	432	400	
达坂城区	10	16	15	20	22	25	51	14
米东区	135	181	186	214	580	753	951	
乌鲁木齐县	13	13	10	15	29	38	58	7
乌鲁木齐经济技术开发区	150	201	322	366	660	957	1508	
乌鲁木齐高新技术产业开发区	398	378	558	671	818	861	1013	2
克拉玛依市	**226**	**263**	**435**	**486**	**709**	**867**	**814**	**8**
市辖区								
独山子区	35	32	54	52	116	95	91	2
克拉玛依区	152	183	312	355	497	632	605	5
白碱滩区	30	32	47	55	68	102	93	
乌尔禾区	9	16	22	24	28	38	25	1
吐鲁番市	**170**	**230**	**322**	**378**	**577**	**669**	**605**	**4**
高昌区	70	101	151	176	264	300	295	1
鄯善县	51	53	77	101	151	170	161	
托克逊县	49	76	94	101	162	199	149	3
哈密市	**379**	**477**	**751**	**849**	**1304**	**1651**	**1477**	**2**
伊州区	314	407	696	775	1197	1525	1336	2
巴里坤哈萨克自治县	34	35	24	30	36	64	55	
伊吾县	31	35	31	44	71	62	86	
昌吉回族自治州	**593**	**728**	**1102**	**1222**	**1771**	**2302**	**2473**	**34**
昌吉市	262	359	524	594	851	1216	1290	11
阜康市	82	92	135	127	209	226	314	3
呼图壁县	48	62	89	94	152	189	215	6
玛纳斯县	41	48	56	71	80	105	168	
奇台县	92	92	152	167	202	292	207	2
吉木萨尔县	54	57	111	132	213	227	230	11
木垒哈萨克自治县	14	18	35	37	64	47	49	1
博尔塔拉蒙古自治州	**188**	**242**	**289**	**363**	**709**	**976**	**653**	**1**
博乐市	112	145	169	238	395	577	417	
阿拉山口市	28	27	50	46	193	264	122	
精河县	37	55	58	69	98	112	101	1
温泉县	11	15	12	10	23	23	13	

2-9 续表 3

地　　区	企业法人单位数(个)						
		1949 年以前	1950-1977 年	1978-1991 年	1992-2000 年	2001 年	2002 年
巴音郭楞蒙古自治州	**11428**	**1**	**22**	**84**	**297**	**102**	**119**
库尔勒市	6827		5	28	188	58	73
轮台县	1037			8	14	11	14
尉犁县	467		1	7	9	3	3
若羌县	456		3		5		
且末县	374			5	8	3	
焉耆回族自治县	598		2	9	25	13	11
和静县	1000	1	9	10	23	7	7
和硕县	440		2	9	11	3	8
博湖县	227			8	14	4	3
库尔勒经济技术开发区	2						
阿克苏地区	**11744**	**1**	**10**	**39**	**146**	**90**	**94**
阿克苏市	5150	1	4	8	74	58	49
温宿县	1065		1	4	12	2	10
库车县	2212		2	4	21	12	17
沙雅县	917			6	11	4	6
新和县	566		1	2	5	5	2
拜城县	889		1	9	14	4	7
乌什县	272				2		1
阿瓦提县	509		1	5	5	4	1
柯坪县	164			1	2	1	1
克孜勒苏柯尔克孜自治州	**2213**		**3**	**10**	**44**	**8**	**10**
阿图什市	1303		1	5	29	5	4
阿克陶县	453		1	2	10	1	2
阿合奇县	116			2	1	1	
乌恰县	341		1	1	4	1	4
喀什地区	**13412**		**35**	**88**	**146**	**67**	**76**
喀什市	5047		5	16	55	38	49
疏附县	502		2	4	7	4	2
疏勒县	966			3	10	2	1
英吉沙县	391		3	3	10		3
泽普县	494		3	5	6	2	2
莎车县	1753		8	16	8	5	4
叶城县	1058		5	9	12	2	6
麦盖提县	846		6	8	13	5	1
岳普湖县	429			1	5	4	3
伽师县	978			14	6	2	3
巴楚县	853		2	7	12	3	2
塔什库尔干塔吉克自治县	93		1	2	2		

2-9 续表 4

地　　区	2003 年	2004 年	2005 年	2006 年	2007 年	2008 年	2009 年	2010 年	2011 年
巴音郭楞蒙古自治州	**169**	**190**	**193**	**291**	**288**	**354**	**397**	**408**	**546**
库尔勒市	113	121	129	213	194	235	235	248	291
轮台县	14	20	24	29	26	39	40	25	59
尉犁县	8	6	6	5	11	12	23	12	16
若羌县	2	1	2	5	7	6	14	13	29
且末县	4	7	4	5	4	10	16	13	20
焉耆回族自治县	12	10	6	7	16	16	25	33	32
和静县	8	15	9	16	16	22	32	34	66
和硕县	5	6	8	6	5	11	10	19	22
博湖县	3	4	5	5	9	3	2	9	11
库尔勒经济技术开发区								2	
阿克苏地区	**137**	**166**	**198**	**200**	**221**	**233**	**255**	**370**	**496**
阿克苏市	67	77	96	101	99	110	127	175	189
温宿县	7	11	9	13	13	20	18	31	56
库车县	34	25	49	38	47	47	42	62	86
沙雅县	7	14	13	10	14	15	18	34	40
新和县	5	11	7	7	8	8	15	24	51
拜城县	5	12	12	21	24	20	21	26	52
乌什县	4	5	2	4	4	1	5	2	7
阿瓦提县	6	7	10	5	5	11	7	11	13
柯坪县	2	4		1	7	1	2	5	2
克孜勒苏柯尔克孜自治州	**21**	**24**	**26**	**36**	**25**	**42**	**41**	**71**	**66**
阿图什市	12	16	18	22	11	26	19	56	51
阿克陶县	5	7	4	3	3	8	6	5	5
阿合奇县				3	1		5	1	1
乌恰县	4	1	4	8	10	8	11	9	9
喀什地区	**119**	**119**	**113**	**120**	**143**	**196**	**181**	**371**	**473**
喀什市	59	44	38	41	47	56	61	113	121
疏附县	2	3	8	5	2	7	8	16	46
疏勒县	4	7	5	20	23	22	12	56	81
英吉沙县		3	1	3	5	6	3	18	26
泽普县	12	8	6	9	12	9	11	17	25
莎车县	14	13	13	11	10	26	26	48	52
叶城县	4	7	10	5	14	20	17	38	31
麦盖提县	8	6	6	1	7	11	15	21	31
岳普湖县	2	5	7	7	5	7	6	13	15
伽师县	4	3	9	10	12	17	6	11	17
巴楚县	9	20	8	7	5	11	12	16	25
塔什库尔干塔吉克自治县	1		2	1	1	3	4	4	3

2-9 续表 5

地　　区	2012 年	2013 年	2014 年	2015 年	2016 年	2017 年	2018 年	无开业年份
巴音郭楞蒙古自治州	**568**	**575**	**720**	**853**	**1324**	**1687**	**2213**	**27**
库尔勒市	272	264	368	457	771	977	1564	23
轮台县	73	74	89	92	106	147	133	
尉犁县	30	28	22	50	76	89	49	1
若羌县	21	23	37	57	65	93	73	
且末县	20	24	37	28	53	68	45	
焉耆回族自治县	26	25	39	39	79	78	95	
和静县	71	78	70	71	94	152	189	
和硕县	35	43	40	43	51	58	44	1
博湖县	20	16	18	16	29	25	21	2
库尔勒经济技术开发区								
阿克苏地区	**624**	**599**	**766**	**946**	**1728**	**2079**	**2328**	**18**
阿克苏市	239	289	343	397	729	845	1061	12
温宿县	74	41	51	78	159	212	241	2
库车县	113	93	151	207	330	389	443	
沙雅县	47	58	58	81	133	151	195	2
新和县	27	32	24	45	86	107	92	2
拜城县	88	52	72	67	129	149	104	
乌什县	8	9	27	16	49	73	53	
阿瓦提县	18	18	23	45	89	108	117	
柯坪县	10	7	17	10	24	45	22	
克孜勒苏柯尔克孜自治州	**108**	**108**	**201**	**268**	**321**	**450**	**330**	
阿图什市	75	72	140	164	179	232	166	
阿克陶县	10	14	31	50	79	114	93	
阿合奇县	1	3	5	17	23	30	22	
乌恰县	22	19	25	37	40	74	49	
喀什地区	**556**	**649**	**806**	**1225**	**2188**	**2702**	**3028**	**11**
喀什市	147	176	258	439	834	1215	1229	6
疏附县	36	40	26	44	61	67	111	1
疏勒县	57	64	74	105	139	125	156	
英吉沙县	36	30	26	39	74	38	64	
泽普县	29	25	34	48	63	71	97	
莎车县	79	78	90	148	307	369	425	3
叶城县	42	46	78	92	161	174	285	
麦盖提县	29	51	57	96	163	161	150	
岳普湖县	13	21	35	58	61	75	86	
伽师县	36	31	74	73	205	224	221	
巴楚县	47	76	45	76	108	175	187	
塔什库尔干塔吉克自治县	4	11	9	7	12	8	17	1

2-9 续表 6

地　　区	企业法人单位数(个)	1949 年以前	1950-1977 年	1978-1991 年	1992-2000 年	2001 年	2002 年
和田地区	**6715**		**3**	**41**	**52**	**25**	**43**
和田市	3083		1	11	23	20	17
和田县	722			4	1	2	4
墨玉县	815		1	4	7		7
皮山县	491			1	8	2	2
洛浦县	454		1	2	4		6
策勒县	353			7	2		
于田县	589			8	5	1	7
民丰县	208			4	2		
伊犁哈萨克自治州直属县（市）	**15801**		**34**	**64**	**247**	**90**	**115**
伊宁市	3424		4	6	98	32	52
奎屯市	2303		5	13	79	32	26
霍尔果斯市	5478			2	6	2	3
伊宁县	599		6	6	7	6	5
察布查尔锡伯自治县	635		1	4	13	2	4
霍城县	1438		3	7	15	8	9
巩留县	362		6	7	4	2	4
新源县	684		3	7	8	3	5
昭苏县	249		3	3	4	1	3
特克斯县	235			3	2		2
尼勒克县	394		3	6	11	2	2
塔城地区	**4120**		**23**	**39**	**125**	**33**	**61**
塔城市	892		4	6	33	8	15
乌苏市	1107		7	9	25	5	10
额敏县	471		6	5	14	3	9
沙湾县	952		1	15	34	10	14
托里县	223		1	2	6	2	6
裕民县	162			2	8	1	2
和布克赛尔蒙古自治县	313		4		5	4	5
阿勒泰地区	**3443**		**7**	**28**	**72**	**46**	**37**
阿勒泰市	1385		3	13	37	22	19
布尔津县	306		2	3	4	3	1
富蕴县	334			2	4	7	5
福海县	635			2	12	6	4
哈巴河县	291		1	3	6	3	4
青河县	251		1	3	6	3	2
吉木乃县	241			2	3	2	2
自治区直辖县级市	**7258**		**8**	**14**	**171**	**48**	**82**
石河子市	3493		2	5	147	44	65
阿拉尔市	1898		5	1	4		6
图木舒克市	667			1	2	1	1
五家渠市	1152		1	6	17	3	9
铁门关市	47			1	1		1

2-9 续表 7

地　　区	2003 年	2004 年	2005 年	2006 年	2007 年	2008 年	2009 年	2010 年	2011 年
和田地区	**49**	**54**	**78**	**56**	**71**	**107**	**104**	**193**	**292**
和田市	27	26	45	26	40	70	61	114	204
和田县	2	5	9	5	2	8	13	10	20
墨玉县	5	4	8	2	9	10	8	27	15
皮山县	2	8	4	4	4	5	5	5	13
洛浦县	3	1	3	5	5	4	2	10	13
策勒县	4	5	1	3	3	4	6	10	7
于田县	5	5	6	6	7	5	6	16	12
民丰县	1		2	5	1	1	3	1	8
伊犁哈萨克自治州直属县（市）	**144**	**184**	**164**	**201**	**184**	**201**	**243**	**300**	**384**
伊宁市	40	53	46	60	60	65	68	93	117
奎屯市	41	35	38	50	41	51	58	86	78
霍尔果斯市	11	8	8	11	11	9	16	19	40
伊宁县	6	16	15	12	15	14	13	13	23
察布查尔锡伯自治县	9	12	6	15	5	7	14	16	20
霍城县	11	22	11	12	7	12	17	18	24
巩留县	4	7	4	6	7	5	19	10	16
新源县	15	15	12	11	14	14	19	21	31
昭苏县	1	6	3	7	9	6	7	7	9
特克斯县	2	3	2	3	5	2	3	3	7
尼勒克县	4	7	19	14	10	16	9	14	19
塔城地区	**75**	**75**	**86**	**71**	**79**	**90**	**114**	**146**	**175**
塔城市	8	11	16	17	15	16	23	22	36
乌苏市	15	14	26	13	17	23	32	51	48
额敏县	4	10	8	9	7	7	15	13	29
沙湾县	33	23	19	18	25	27	30	40	26
托里县	7	9	9	7	4	9	2	5	10
裕民县	6	1	3	1	5	1	4	5	9
和布克赛尔蒙古自治县	2	7	5	6	6	7	8	10	17
阿勒泰地区	**34**	**51**	**53**	**83**	**80**	**81**	**101**	**131**	**143**
阿勒泰市	17	32	22	34	26	27	39	44	54
布尔津县	6	3	6	11	14	10	8	12	14
富蕴县	3	3	10	13	15	6	14	14	15
福海县	3	6	7	10	8	10	17	27	27
哈巴河县	2	1	5	5	7	5	7	13	12
青河县	2	4	1	4	5	9	10	11	14
吉木乃县	1	2	2	6	5	14	6	10	7
自治区直辖县级市	**93**	**103**	**84**	**117**	**123**	**130**	**162**	**194**	**284**
石河子市	70	64	62	77	80	81	86	86	180
阿拉尔市	14	14	9	12	18	19	37	60	55
图木舒克市	2	7	3	12	8	7	12	12	8
五家渠市	7	17	9	15	16	21	26	35	39
铁门关市		1	1	1	1	2	1	1	2

2-9 续表 8

地　　区	2012 年	2013 年	2014 年	2015 年	2016 年	2017 年	2018 年	无开业年份
和田地区	**336**	**334**	**604**	**789**	**1107**	**1060**	**1306**	**11**
和田市	192	182	277	338	424	442	543	
和田县	47	37	68	89	113	109	174	
墨玉县	33	34	84	101	173	108	175	
皮山县	17	15	28	47	92	107	119	3
洛浦县	17	21	54	73	80	78	72	
策勒县	9	14	29	33	64	65	84	3
于田县	14	28	36	85	116	108	110	3
民丰县	7	3	28	23	45	43	29	2
伊犁哈萨克自治州直属县（市）	**496**	**588**	**765**	**980**	**2050**	**5834**	**2517**	**16**
伊宁市	129	157	206	268	492	618	746	14
奎屯市	136	150	184	205	316	370	309	
霍尔果斯市	49	51	79	167	690	3669	627	
伊宁县	37	53	41	33	46	122	110	
察布查尔锡伯自治县	35	33	55	69	113	106	95	1
霍城县	25	45	41	80	136	629	306	
巩留县	15	20	29	31	49	58	59	
新源县	31	33	63	51	88	124	116	
昭苏县	14	10	18	24	37	27	50	
特克斯县	11	20	20	29	30	43	44	1
尼勒克县	14	16	29	23	53	68	55	
塔城地区	**193**	**253**	**319**	**350**	**559**	**689**	**564**	**1**
塔城市	31	44	41	72	125	181	168	
乌苏市	56	85	118	101	149	181	122	
额敏县	32	24	36	31	60	84	65	
沙湾县	39	49	68	91	154	140	96	
托里县	12	15	22	12	16	30	36	1
裕民县	7	16	12	9	18	22	30	
和布克赛尔蒙古自治县	16	20	22	34	37	51	47	
阿勒泰地区	**179**	**220**	**309**	**373**	**487**	**540**	**382**	**6**
阿勒泰市	70	72	128	148	183	224	168	3
布尔津县	25	26	20	28	34	50	24	2
富蕴县	18	28	25	40	37	30	44	1
福海县	27	48	56	70	104	124	67	
哈巴河县	15	27	27	26	51	42	29	
青河县	14	6	18	31	42	42	23	
吉木乃县	10	13	35	30	36	28	27	
自治区直辖县级市	**303**	**443**	**545**	**756**	**1104**	**1274**	**1214**	**6**
石河子市	167	210	277	376	455	532	427	
阿拉尔市	61	113	147	214	374	377	355	3
图木舒克市	19	43	46	59	134	131	159	
五家渠市	54	75	72	104	137	219	267	3
铁门关市	2	2	3	3	4	15	5	

2-10 按地区、开业（成立）时间分组的小微企业法人单位从业人员数

地　　区	从　业人员数(个)	1949 年以前	1950-1977 年	1978-1991 年	1992-2000 年	2001 年	2002 年
总　计	**1544935**	**6**	**13063**	**30367**	**112635**	**25139**	**33133**
乌鲁木齐市	**395347**		**2089**	**4843**	**44528**	**9638**	**12556**
市辖区	8665				8665		
天山区	69524		37	1527	15153	2101	2495
沙依巴克区	73272		111	1012	4519	2307	4183
新市区	68234		214	1002	6221	1500	2391
水磨沟区	46896		119	282	2062	1689	1045
头屯河区	21735		139	329	1086	391	430
达坂城区	3603		1198	120	103	30	4
米东区	25951		74	362	2000	522	363
乌鲁木齐县	2372			9			
乌鲁木齐经济技术开发区	47008		197	170	3309	836	1247
乌鲁木齐高新技术产业开发区	27363			30	1410	262	398
克拉玛依市	**81471**		**98**	**953**	**6505**	**1552**	**3049**
市辖区	193						
独山子区	12246			491	714	34	253
克拉玛依区	54974		98	381	4631	848	2075
白碱滩区	12197			66	1041	665	684
乌尔禾区	1861			15	119	5	37
吐鲁番市	**44013**		**102**	**1403**	**3327**	**758**	**584**
高昌区	19258		102	1176	2092	373	183
鄯善县	13371			84	985	179	72
托克逊县	11384			143	250	206	329
哈密市	**60544**		**322**	**1235**	**4929**	**1050**	**878**
伊州区	50270		322	1028	4187	522	751
巴里坤哈萨克自治县	4719			178	296	369	119
伊吾县	4902			29	119	159	8
昌吉回族自治州	**134388**		**670**	**2700**	**10716**	**1952**	**2298**
昌吉市	66182		70	830	7566	1078	1024
阜康市	15086		39	577	351	311	402
呼图壁县	9853		152	299	620	184	215
玛纳斯县	8752		32	297	234	50	395
奇台县	15718		375	338	1286	193	166
吉木萨尔县	15628		2	189	601	96	38
木垒哈萨克自治县	3169			170	58	40	58
博尔塔拉蒙古自治州	**41653**		**711**	**1460**	**2003**	**550**	**645**
博乐市	27811		10	967	986	418	201
阿拉山口市	4552				130	38	17
精河县	6932		207	363	561	93	421
温泉县	2358		494	130	326	1	6

2-10 续表 1

地　　区	2003 年	2004 年	2005 年	2006 年	2007 年	2008 年	2009 年	2010 年	2011 年
总　计	**46961**	**53948**	**56886**	**45046**	**47298**	**58354**	**51304**	**69764**	**83204**
乌鲁木齐市	**9471**	**19243**	**11742**	**15612**	**14507**	**15186**	**12470**	**15087**	**27044**
市辖区									
天山区	1961	2150	1872	3768	2760	2441	2385	2171	4814
沙依巴克区	1605	7088	2512	2768	2685	2653	2544	1821	7201
新市区	1720	3448	2519	2883	2692	2225	1992	5282	2769
水磨沟区	1257	1436	1441	1492	1639	2588	1153	1276	2476
头屯河区	570	3086	611	993	530	315	792	898	801
达坂城区	36	12	2	18	97	38	79	144	693
米东区	699	570	859	1120	1486	887	824	1001	1227
乌鲁木齐县	20	88	235	48	64	44	451	84	28
乌鲁木齐经济技术开发区	1155	851	1067	1493	1553	1441	1631	1335	5226
乌鲁木齐高新技术产业开发区	448	514	624	1029	1001	1830	619	1075	1809
克拉玛依市	**2856**	**1734**	**13798**	**1683**	**2319**	**3644**	**2432**	**2294**	**3222**
市辖区	193								
独山子区	60	331	694	323	475	1512	553	562	142
克拉玛依区	2255	1285	12868	1107	1272	1684	1334	1387	2286
白碱滩区	337	115	96	253	491	446	505	345	745
乌尔禾区	11	3	140		81	2	40		49
吐鲁番市	**1809**	**747**	**1963**	**982**	**1595**	**2083**	**1563**	**1532**	**2408**
高昌区	869	336	138	548	384	1071	320	993	706
鄯善县	289	111	1194	382	786	647	891	436	1379
托克逊县	651	300	631	52	425	365	352	103	323
哈密市	**1758**	**2122**	**1318**	**2223**	**1721**	**2217**	**2315**	**3820**	**3357**
伊州区	1496	1698	974	1765	1488	1723	2120	3576	2481
巴里坤哈萨克自治县	129	418	306	360	172	263	168	71	174
伊吾县	133	6	38	98	61	231	27	173	376
昌吉回族自治州	**3780**	**2877**	**2899**	**4291**	**3816**	**5494**	**6480**	**6989**	**8950**
昌吉市	2904	1919	1900	2614	2483	2886	3083	2827	2747
阜康市	29	75	176	475	315	400	722	1283	1065
呼图壁县	158	289	138	169	365	697	557	312	240
玛纳斯县	169	197	90	297	178	439	379	990	681
奇台县	51	249	541	298	246	759	800	1283	581
吉木萨尔县	469	62	48	84	219	230	874	220	3434
木垒哈萨克自治县		86	6	354	10	83	65	74	202
博尔塔拉蒙古自治州	**1593**	**1138**	**401**	**470**	**517**	**5186**	**825**	**1996**	**2151**
博乐市	934	1060	302	205	308	4856	385	1687	1559
阿拉山口市	143	54	67	129	146	128	107	127	433
精河县	427	22	11	105	37	160	299	145	140
温泉县	89	2	21	31	26	42	34	37	19

2-10 续表 2

地　　区	2012 年	2013 年	2014 年	2015 年	2016 年	2017 年	2018 年	无开业年份
总　计	**78522**	**85628**	**102152**	**108865**	**147930**	**154160**	**140383**	**187**
乌鲁木齐市	**16688**	**21091**	**23710**	**26012**	**35839**	**32466**	**25491**	**34**
市辖区								
天山区	2026	2617	4433	3689	4653	3651	2818	2
沙依巴克区	3273	4928	3761	4518	6868	4014	2901	
新市区	2487	3078	4355	5766	5586	5487	4612	5
水磨沟区	2598	3792	2695	2773	3849	6307	4926	1
头屯河区	1687	1171	1377	1336	2637	1551	1005	
达坂城区	71	288	195	55	210	94	91	25
米东区	1548	1204	1681	1479	3264	2826	1955	
乌鲁木齐县	101	245	33	116	122	322	362	
乌鲁木齐经济技术开发区	1663	2335	3174	4065	4837	4953	4470	
乌鲁木齐高新技术产业开发区	1234	1433	2006	2215	3813	3261	2351	1
克拉玛依市	**2982**	**4571**	**5422**	**4244**	**8187**	**5124**	**4798**	**4**
市辖区								
独山子区	328	440	551	241	3296	827	418	1
克拉玛依区	2061	2244	3282	2952	3995	3204	3722	3
白碱滩区	390	1695	1384	923	569	885	562	
乌尔禾区	203	192	205	128	327	208	96	
吐鲁番市	**2125**	**3167**	**3501**	**2714**	**5569**	**4101**	**1979**	1
高昌区	793	1466	793	1337	3200	1503	874	1
鄯善县	616	539	1532	610	921	1228	490	
托克逊县	716	1162	1176	767	1448	1370	615	
哈密市	**2632**	**5292**	**4897**	**3971**	**5886**	**5141**	**3460**	
伊州区	1821	4377	4335	3272	5054	4297	2983	
巴里坤哈萨克自治县	274	524	140	209	191	276	82	
伊吾县	537	391	422	490	641	568	395	
昌吉回族自治州	**9372**	**9928**	**12776**	**8856**	**11701**	**10984**	**6826**	**33**
昌吉市	4544	4857	6222	3744	4346	5222	3308	8
阜康市	1348	958	1444	1290	1659	1367	800	
呼图壁县	445	908	1233	599	898	856	516	3
玛纳斯县	598	545	971	422	775	677	336	
奇台县	1541	883	1442	1019	1783	1352	525	7
吉木萨尔县	745	1614	1025	1475	1833	1212	1143	15
木垒哈萨克自治县	151	163	439	307	407	298	198	
博尔塔拉蒙古自治州	**1993**	**2461**	**3600**	**3622**	**3707**	**3933**	**2689**	**2**
博乐市	1366	1635	2339	2253	2154	2225	1961	
阿拉山口市	160	148	230	456	949	718	372	
精河县	244	556	694	864	546	728	307	2
温泉县	223	122	337	49	58	262	49	

2-10 续表 3

地　　区	从业人员数(个)	1949年以前	1950-1977年	1978-1991年	1992-2000年	2001年	2002年
巴音郭楞蒙古自治州	**91232**	**1**	**639**	**2622**	**7316**	**2537**	**2468**
库尔勒市	54843		181	1424	4819	1656	1804
轮台县	9400			280	608	240	290
尉犁县	3653			147	73	62	34
若羌县	3662		221		197		
且末县	3270			148	239	61	
焉耆回族自治县	3697		23	290	320	103	175
和静县	7655	1	214	188	507	218	67
和硕县	3217			125	233	124	63
博湖县	1750			20	320	73	35
库尔勒经济技术开发区	85						
阿克苏地区	**107178**	**5**	**702**	**1856**	**5766**	**1758**	**1332**
阿克苏市	47143	5	373	416	3650	1008	470
温宿县	9833		15	252	211	17	197
库车县	20283		294	489	467	304	514
沙雅县	5958			198	574	30	33
新和县	6109		9	36	174	44	82
拜城县	8483		2	213	238	301	23
乌什县	2908				174		3
阿瓦提县	4687		9	227	218	54	
柯坪县	1774			25	60		10
克孜勒苏柯尔克孜自治州	**21526**		**74**	**476**	**897**	**56**	**101**
阿图什市	12056		41	324	610	10	63
阿克陶县	4487		33	101	188	8	17
阿合奇县	1075			51	43		
乌恰县	3908				56	38	21
喀什地区	**161453**		**420**	**3018**	**3289**	**1318**	**1978**
喀什市	43631		254	906	1090	1050	1006
疏附县	12674		8	230	320	15	42
疏勒县	8228			68	293	14	75
英吉沙县	8478		14	60	481		600
泽普县	13107		40	232	41	57	49
莎车县	22739		59	637	173	42	30
叶城县	12545		26	396	251	12	124
麦盖提县	5647		9	130	67	50	4
岳普湖县	3978			35	170	43	27
伽师县	17056			212	63	25	6
巴楚县	10901		10	72	315	10	15
塔什库尔干塔吉克自治县	1919			40	25		

2-10 续表 4

地　区	2003 年	2004 年	2005 年	2006 年	2007 年	2008 年	2009 年	2010 年	2011 年
巴音郭楞蒙古自治州	**4852**	**3654**	**3399**	**4808**	**2008**	**4335**	**4230**	**5351**	**5179**
库尔勒市	3733	2934	2422	3467	1341	2633	2683	3611	3120
轮台县	524	298	569	728	208	687	566	100	254
尉犁县	31	16	20	1	71	45	169	39	74
若羌县	6		80	161	19	40	251	371	213
且末县	95	31	14	24	5	47	41	418	497
焉耆回族自治县	183	38	13	80	101	102	207	219	297
和静县	185	295	185	175	200	558	266	310	477
和硕县	58	39	83	51	41	147	44	105	124
博湖县	37	3	13	121	22	76	3	93	123
库尔勒经济技术开发区								85	
阿克苏地区	**3499**	**4175**	**3607**	**2707**	**2703**	**5622**	**3201**	**4697**	**6420**
阿克苏市	2478	2217	1155	1030	1033	3577	1420	2534	2590
温宿县	179	160	148	79	316	206	242	447	1069
库车县	258	958	716	970	423	889	450	1092	837
沙雅县	150	306	191	91	221	182	552	125	453
新和县	100	71	80	143	92	4	137	252	303
拜城县	50	214	1121	204	317	408	317	105	980
乌什县	141	115	6	20	144		25	38	25
阿瓦提县	75	68	190	163	18	347	23	97	150
柯坪县	68	66		7	139	9	35	7	13
克孜勒苏柯尔克孜自治州	**1712**	**175**	**971**	**765**	**1201**	**859**	**296**	**978**	**700**
阿图什市	634	133	932	265	209	530	158	878	532
阿克陶县	165	42	20	126	597	146	17	32	54
阿合奇县				333	20		89		
乌恰县	913		19	41	375	183	32	68	114
喀什地区	**3983**	**2204**	**7207**	**2224**	**3320**	**4136**	**2228**	**8088**	**5606**
喀什市	2777	815	509	682	1072	1636	560	1983	894
疏附县	14	84	286	170	10	144	120	156	656
疏勒县	8	61	81	278	402	317	226	560	632
英吉沙县		42	4	17	219	37	8	749	433
泽普县	129	686	151	158	52	85	354	1796	407
莎车县	309	287	77	342	36	322	283	896	625
叶城县	23	81	292	13	75	155	261	988	556
麦盖提县	216	28	10		18	245	141	262	244
岳普湖县	272	7	96	77	126	280	16	296	260
伽师县	29	8	5653	280	210	141	56	179	591
巴楚县	112	105	46	200	57	144	151	178	299
塔什库尔干塔吉克自治县	94		2	7	1043	111	52	45	9

2-10 续表 5

地　　区	2012 年	2013 年	2014 年	2015 年	2016 年	2017 年	2018 年	无开业年份
巴音郭楞蒙古自治州	**4923**	**3826**	**4607**	**4711**	**5643**	**7998**	**6119**	**6**
库尔勒市	2857	1715	2303	2352	2500	4033	3249	6
轮台县	485	302	689	340	622	921	689	
尉犁县	306	315	322	459	605	496	368	
若羌县	79	117	156	359	515	598	279	
且末县	48	188	257	175	260	541	181	
焉耆回族自治县	263	85	115	232	195	420	236	
和静县	454	615	236	426	506	596	976	
和硕县	302	443	205	289	325	313	103	
博湖县	129	46	324	79	115	80	38	
库尔勒经济技术开发区								
阿克苏地区	**6377**	**4824**	**6825**	**8236**	**11544**	**12234**	**9084**	**4**
阿克苏市	2656	2146	3456	3576	4224	4478	2651	
温宿县	1035	1007	404	713	905	1278	951	2
库车县	1199	692	1164	1211	2541	2786	2029	
沙雅县	144	198	229	488	391	622	778	2
新和县	401	235	423	222	1286	988	1027	
拜城县	589	195	698	955	560	544	449	
乌什县	73	144	244	111	707	469	469	
阿瓦提县	163	159	93	876	732	330	695	
柯坪县	117	48	114	84	198	739	35	
克孜勒苏柯尔克孜自治州	**825**	**891**	**1947**	**1728**	**2308**	**2486**	**2080**	
阿图什市	472	515	1181	1083	1494	1148	844	
阿克陶县	155	84	592	315	484	663	648	
阿合奇县	1	16	59	119	137	108	99	
乌恰县	197	276	115	211	193	567	489	
喀什地区	**8320**	**6737**	**8755**	**17464**	**20411**	**20452**	**30287**	**8**
喀什市	1956	1632	2126	2903	5952	8489	5331	8
疏附县	660	415	395	3152	1211	1040	3546	
疏勒县	559	608	330	802	860	1308	746	
英吉沙县	802	955	899	845	1179	669	465	
泽普县	464	321	362	1974	547	1576	3626	
莎车县	1102	783	1841	1007	2636	3094	8158	
叶城县	527	352	938	742	2403	878	3452	
麦盖提县	233	384	378	1659	787	459	323	
岳普湖县	574	87	213	338	422	400	239	
伽师县	697	221	644	1464	2704	1548	2325	
巴楚县	669	871	593	2515	1638	957	1944	
塔什库尔干塔吉克自治县	46	108	36	63	72	34	132	

2-10 续表 6

地　　区	从　业 人员数 (个)	1949 年 以前	1950- 1977 年	1978- 1991 年	1992- 2000 年	2001 年	2002 年
和田地区	**82262**		**68**	**2050**	**2040**	**424**	**651**
和田市	25149		6	1014	1713	75	306
和田县	12364			118	8	214	41
墨玉县	14934		4	199	129		130
皮山县	6809			117	77	105	9
洛浦县	7791		58	122	35		125
策勒县	7111			151	11		
于田县	6753			230	53	30	40
民丰县	1351			99	14		
伊犁哈萨克自治州直属县（市）	**140592**		**3641**	**3254**	**11119**	**1518**	**3164**
伊宁市	43306		21	630	6992	363	1734
奎屯市	29256		282	999	2400	547	476
霍尔果斯市	16413			123	76	33	117
伊宁县	11587		2873	265	327	200	48
察布查尔锡伯自治县	8070		10	292	319	48	28
霍城县	11716		73	204	332	178	304
巩留县	5642		157	55	54	37	87
新源县	6566		129	296	113	99	330
昭苏县	2050		64	38	81	13	21
特克斯县	1892			214	90		19
尼勒克县	4094		32	138	335		
塔城地区	**50440**		**700**	**1736**	**5038**	**640**	**595**
塔城市	14598		259	256	2422	268	72
乌苏市	12216		46	390	815	60	61
额敏县	5259		216	349	799	88	78
沙湾县	10783		6	585	731	147	190
托里县	2855			82	65		
裕民县	1153			74	98	6	13
和布克赛尔蒙古自治县	3576		173		108	71	181
阿勒泰地区	**52044**		**2515**	**1307**	**2059**	**530**	**841**
阿勒泰市	15508		2317	604	1149	366	326
布尔津县	4538		135	110	398	13	1
富蕴县	16078			108	71	39	362
福海县	6403			130	230	47	51
哈巴河县	5029			79	118	18	18
青河县	2935		63	164	69	36	76
吉木乃县	1553			112	24	11	7
自治区直辖县级市	**80792**		**312**	**1454**	**3103**	**858**	**1993**
石河子市	38233		285	852	2667	798	1593
阿拉尔市	21779		4	298	72		217
图木舒克市	6996			2	145	5	
五家渠市	13506		23	302	219	55	175
铁门关市	193						8

2-10 续表 7

地区	2003 年	2004 年	2005 年	2006 年	2007 年	2008 年	2009 年	2010 年	2011 年
和田地区	**993**	**1253**	**1367**	**979**	**1003**	**1285**	**743**	**1931**	**2640**
和田市	698	425	642	150	303	923	340	724	601
和田县	15	140	126	464	12	30	237	113	232
墨玉县	129	115	308	26	224	167	62	323	653
皮山县	55	251	16	164	64	54	5	263	124
洛浦县	36	291	188	84	265	50	26	325	580
策勒县	28	24	26	50	25	58	20	93	128
于田县	32	7	61	24	110	3	19	90	208
民丰县				17			34		114
伊犁哈萨克自治州直属县（市）	**2586**	**5424**	**3229**	**3403**	**4087**	**3461**	**4917**	**5819**	**7441**
伊宁市	454	3257	935	724	814	651	1777	1688	2930
奎屯市	780	907	547	1169	1476	990	685	2382	1250
霍尔果斯市	58	121	20	68	171	267	160	191	533
伊宁县	157	141	166	586	331	349	259	224	184
察布查尔锡伯自治县	103	385	17	142	330	34	259	114	359
霍城县	464	377	439	110	94	240	221	406	569
巩留县	51	61	55	23	131	482	583	360	948
新源县	83	112	235	277	273	174	523	256	404
昭苏县		17	17	8	285	95	160	60	57
特克斯县	6	16	19	39	73	35	146	56	88
尼勒克县	430	30	779	257	109	144	144	82	119
塔城地区	**2805**	**3250**	**2181**	**1370**	**867**	**850**	**2681**	**2492**	**3330**
塔城市	1100	2479	390	328	186	75	836	243	564
乌苏市	546	124	153	79	370	199	562	1373	997
额敏县	17	120	164	38	37	34	156	131	449
沙湾县	656	238	657	406	183	304	900	545	666
托里县	355	259	459	253	8	30	11	21	462
裕民县	79		4	10	37	3	25	97	52
和布克赛尔蒙古自治县	52	30	354	256	46	205	191	82	140
阿勒泰地区	**2158**	**1867**	**743**	**1773**	**3253**	**808**	**2433**	**5270**	**1312**
阿勒泰市	1390	1053	239	739	262	326	232	291	362
布尔津县	105	27	40	211	95	105	1418	152	97
富蕴县	270	262	135	129	402	48	146	4221	111
福海县	26	106	95	103	171	176	372	223	334
哈巴河县	358	73	209	374	2212	34	62	128	99
青河县	8	325	5	183	93	71	179	109	261
吉木乃县	1	21	20	34	18	48	24	146	48
自治区直辖县级市	**3106**	**4085**	**2061**	**1756**	**4381**	**3188**	**4490**	**3420**	**3444**
石河子市	2673	3172	1303	1115	3945	1650	2407	1159	1663
阿拉尔市	348	294	448	138	141	645	1144	1357	532
图木舒克市	7	165	7	184	151	155	82	266	77
五家渠市	78	401	303	319	144	730	857	629	1170
铁门关市		53				8		9	2

2-10 续表 8

地　　区	2012 年	2013 年	2014 年	2015 年	2016 年	2017 年	2018 年	无开业年份
和田地区	**5116**	**2213**	**6016**	**6252**	**9149**	**15053**	**20956**	**80**
和田市	1606	869	2416	2391	2258	5729	1960	
和田县	337	238	645	696	975	894	6829	
墨玉县	1823	476	789	1123	1957	2037	4260	
皮山县	279	89	973	399	872	1943	950	
洛浦县	342	276	416	568	829	2167	1008	
策勒县	397	71	167	656	1595	1501	2034	76
于田县	303	98	210	332	517	594	3790	2
民丰县	29	96	400	87	146	188	125	2
伊犁哈萨克自治州直属县（市）	**8743**	**9779**	**7782**	**8956**	**12637**	**19706**	**9923**	**3**
伊宁市	1744	3635	2934	2366	3864	3708	2085	
奎屯市	3225	2798	1582	1429	2047	1962	1323	
霍尔果斯市	445	403	524	1003	2429	7984	1687	
伊宁县	818	648	423	482	351	763	1992	
察布查尔锡伯自治县	551	421	362	1333	1560	771	629	3
霍城县	448	324	597	1357	940	3097	942	
巩留县	323	579	281	251	402	321	401	
新源县	782	415	473	286	427	602	277	
昭苏县	115	118	210	160	272	109	150	
特克斯县	60	311	132	207	157	175	49	
尼勒克县	232	127	264	82	188	214	388	
塔城地区	**2573**	**2617**	**2784**	**2932**	**5350**	**3577**	**2072**	
塔城市	847	493	386	474	1530	737	653	
乌苏市	459	741	988	936	1780	1203	334	
额敏县	633	303	345	309	279	580	134	
沙湾县	412	574	578	546	1390	572	497	
托里县	119	137	135	167	67	163	62	
裕民县	38	76	216	104	74	76	71	
和布克赛尔蒙古自治县	65	293	136	396	230	246	321	
阿勒泰地区	**2207**	**2564**	**2116**	**2599**	**2819**	**3463**	**9402**	**5**
阿勒泰市	558	745	737	866	853	1614	476	3
布尔津县	393	277	132	100	348	282	97	2
富蕴县	344	434	107	401	118	78	8292	
福海县	434	677	479	814	794	792	349	
哈巴河县	85	243	279	95	285	198	62	
青河县	296	32	155	190	252	305	63	
吉木乃县	97	156	227	133	169	194	63	
自治区直辖县级市	**3646**	**5667**	**7414**	**6568**	**7180**	**7442**	**5217**	**7**
石河子市	1358	1305	2242	2022	2131	2141	1752	
阿拉尔市	536	2073	3671	2962	2825	2222	1852	
图木舒克市	521	1060	546	392	934	1637	660	
五家渠市	1231	1223	935	1186	1261	1405	853	7
铁门关市		6	20	6	29	37	15	

2-11 按行业（大类）、从业人员组距分组的小微企业法人单位数

行业大类	代码	企业法人单位数(个)	7人及以下	8-19人	20-49人	50-99人	100-299人
总　计		**168800**	**136535**	**18635**	**8698**	**2870**	**1704**
农、林、牧、渔业	**A**	**1430**	**1255**	**116**	**48**	**9**	**1**
农业	01	21	21				
林业	02	2	2				
畜牧业	03	7	7				
渔业	04	1	1				
农、林、牧、渔专业及辅助性活动	05	1399	1224	116	48	9	1
采矿业	**B**	**2886**	**2109**	**359**	**218**	**79**	**119**
煤炭开采和洗选业	06	296	148	33	43	22	48
石油和天然气开采业	07	37	22	7	6		2
黑色金属矿采选业	08	421	332	33	33	12	11
有色金属矿采选业	09	328	260	17	14	11	26
非金属矿采选业	10	1152	872	188	72	15	5
开采专业及辅助性活动	11	474	312	75	42	18	27
其他采矿业	12	178	163	6	8	1	
制造业	**C**	**19430**	**12232**	**3042**	**2363**	**972**	**730**
农副食品加工业	13	2135	1287	337	315	132	63
食品制造业	14	933	585	154	106	53	35
酒、饮料和精制茶制造业	15	631	416	82	74	41	18
烟草制品业	16	1			1		
纺织业	17	848	526	100	84	56	74
纺织服装、服饰业	18	1275	717	155	150	89	114
皮革、毛皮、羽毛及其制品和制鞋业	19	137	83	17	7	6	10
木材加工和木、竹、藤、棕、草制品业	20	479	339	79	38	14	9
家具制造业	21	320	248	41	25	4	2
造纸和纸制品业	22	316	198	57	28	23	10
印刷和记录媒介复制业	23	354	228	77	30	16	3
文教、工美、体育和娱乐用品制造业	24	492	351	59	55	14	11
石油、煤炭及其他燃料加工业	25	279	158	35	30	20	34
化学原料和化学制品制造业	26	1175	719	190	138	65	56
医药制造业	27	158	93	16	21	14	14
化学纤维制造业	28	31	16	4	6	1	3
橡胶和塑料制品业	29	1382	856	260	195	50	21
非金属矿物制品业	30	3716	2050	637	669	226	133
黑色金属冶炼和压延加工业	31	151	82	24	15	11	19
有色金属冶炼和压延加工业	32	143	75	15	19	8	25
金属制品业	33	1683	1194	269	139	61	19
通用设备制造业	34	543	392	102	35	9	5
专用设备制造业	35	730	525	106	63	20	16
汽车制造业	36	93	72	11	4	2	4

2-11 续表 1

行业大类	代码					
		300-499 人	500-999 人	1000-4999 人	5000-9999 人	10000 人及以上
总　计		**149**	**124**	**80**	**4**	**1**
农、林、牧、渔业	**A**			**1**		
农业	01					
林业	02					
畜牧业	03					
渔业	04					
农、林、牧、渔专业及辅助性活动	05			1		
采矿业	**B**	**2**				
煤炭开采和洗选业	06	2				
石油和天然气开采业	07					
黑色金属矿采选业	08					
有色金属矿采选业	09					
非金属矿采选业	10					
开采专业及辅助性活动	11					
其他采矿业	12					
制造业	**C**	**47**	**34**	**10**		
农副食品加工业	13	1				
食品制造业	14					
酒、饮料和精制茶制造业	15					
烟草制品业	16					
纺织业	17	4	4			
纺织服装、服饰业	18	25	21	4		
皮革、毛皮、羽毛及其制品和制鞋业	19	9	2	3		
木材加工和木、竹、藤、棕、草制品业	20					
家具制造业	21					
造纸和纸制品业	22					
印刷和记录媒介复制业	23					
文教、工美、体育和娱乐用品制造业	24	2				
石油、煤炭及其他燃料加工业	25	2				
化学原料和化学制品制造业	26	1	4	2		
医药制造业	27					
化学纤维制造业	28	1				
橡胶和塑料制品业	29					
非金属矿物制品业	30	1				
黑色金属冶炼和压延加工业	31					
有色金属冶炼和压延加工业	32	1				
金属制品业	33		1			
通用设备制造业	34					
专用设备制造业	35					
汽车制造业	36					

2-11 续表 2

行业大类	代码	企业法人单位数(个)	7 人及以下	8-19 人	20-49 人	50-99 人	100-299 人
铁路、船舶、航空航天和其他运输设备制造业	37	38	24	6	4	3	1
电气机械和器材制造业	38	600	391	114	62	16	16
计算机、通信和其他电子设备制造业	39	160	133	10	4	7	5
仪器仪表制造业	40	46	32	7	6		1
其他制造业	41	89	74	9	2	2	1
废弃资源综合利用业	42	112	71	10	20	6	5
金属制品、机械和设备修理业	43	380	297	59	18	3	3
电力、热力、燃气及水生产和供应业	**D**	**2019**	**1015**	**376**	**337**	**158**	**131**
电力、热力生产和供应业	44	1531	823	285	229	106	86
燃气生产和供应业	45	182	69	38	43	15	17
水的生产和供应业	46	306	123	53	65	37	28
建筑业	**E**	**10818**	**8387**	**1395**	**619**	**226**	**158**
房屋建筑业	47	2342	1573	379	203	90	76
土木工程建筑业	48	2687	1967	410	204	61	39
建筑安装业	49	1853	1458	232	95	36	31
建筑装饰、装修和其他建筑业	50	3936	3389	374	117	39	12
批发和零售业	**F**	**60807**	**54550**	**4763**	**1313**	**148**	**33**
批发业	51	38015	34127	3045	698	120	25
零售业	52	22792	20423	1718	615	28	8
交通运输、仓储和邮政业	**G**	**8700**	**6756**	**1143**	**533**	**164**	**97**
铁路运输业	53						
道路运输业	54	6223	4864	797	376	109	72
水上运输业	55	6	4	1	1		
航空运输业	56	62	45	10	4		3
管道运输业	57	18	11	1	3	1	2
多式联运和运输代理业	58	1095	931	116	31	9	7
装卸搬运和仓储业	59	917	641	154	86	31	5
邮政业	60	379	260	64	32	14	8
住宿和餐饮业	**H**	**2511**	**1430**	**534**	**354**	**159**	**34**
住宿业	61	1091	464	276	224	101	26
餐饮业	62	1420	966	258	130	58	8
信息传输、软件和信息技术服务业	**I**	**8052**	**7020**	**707**	**253**	**65**	**5**
电信、广播电视和卫星传输服务	63	288	206	46	22	13	
互联网和相关服务	64	997	871	81	35	8	2
软件和信息技术服务业	65	6767	5943	580	196	44	3
金融业	**J**	**2130**	**1537**	**204**	**85**	**58**	**126**
货币金融服务	66	758	492	117	36	27	74
资本市场服务	67	920	868	41	9	1	1
保险业	68	307	66	23	31	30	50
其他金融业	69	145	111	23	9		1

2-11 续表 3

行业大类	代码					
		300-499 人	500-999 人	1000-4999 人	5000-9999 人	10000 人及以上
铁路、船舶、航空航天和其他运输设备制造业	37					
电气机械和器材制造业	38			1		
计算机、通信和其他电子设备制造业	39		1			
仪器仪表制造业	40					
其他制造业	41		1			
废弃资源综合利用业	42					
金属制品、机械和设备修理业	43					
电力、热力、燃气及水生产和供应业	**D**	**2**				
电力、热力生产和供应业	44	2				
燃气生产和供应业	45					
水的生产和供应业	46					
建筑业	**E**	**18**	**9**	**6**		
房屋建筑业	47	11	6	4		
土木工程建筑业	48	4	1	1		
建筑安装业	49		1			
建筑装饰、装修和其他建筑业	50	3	1	1		
批发和零售业	**F**					
批发业	51					
零售业	52					
交通运输、仓储和邮政业	**G**	**5**	**1**	**1**		
铁路运输业	53					
道路运输业	54	3	1	1		
水上运输业	55					
航空运输业	56					
管道运输业	57					
多式联运和运输代理业	58	1				
装卸搬运和仓储业	59					
邮政业	60	1				
住宿和餐饮业	**H**					
住宿业	61					
餐饮业	62					
信息传输、软件和信息技术服务业	**I**	**1**		**1**		
电信、广播电视和卫星传输服务	63	1				
互联网和相关服务	64					
软件和信息技术服务业	65			1		
金融业	**J**	**38**	**45**	**35**	**2**	
货币金融服务	66	9	1	2		
资本市场服务	67					
保险业	68	28	44	33	2	
其他金融业	69	1				

2-11 续表 4

行业大类	代码	企业法人单位数(个)	7 人及以下	8-19 人	20-49 人	50-99 人	100-299 人
房地产业	**K**	**7759**	**4642**	**1683**	**988**	**282**	**162**
房地产业	70	7759	4642	1683	988	282	162
租赁和商务服务业	**L**	**22192**	**19139**	**1918**	**707**	**222**	**108**
租赁业	71	2274	2022	192	43	11	6
商务服务业	72	19918	17117	1726	664	211	102
科学研究和技术服务业	**M**	**9716**	**7751**	**1229**	**542**	**194**	
研究和试验发展	73	392	347	31	11	3	
专业技术服务业	74	5390	3858	922	442	168	
科技推广和应用服务业	75	3934	3546	276	89	23	
水利、环境和公共设施管理业	**N**	**1343**	**1001**	**199**	**100**	**43**	
水利管理业	76	135	106	12	12	5	
生态保护和环境治理业	77	194	147	29	13	5	
公共设施管理业	78	927	690	138	67	32	
土地管理业	79	87	58	20	8	1	
居民服务、修理和其他服务业	**O**	**4441**	**3660**	**600**	**133**	**48**	
居民服务业	80	1347	1139	140	47	21	
机动车、电子产品和日用产品修理业	81	2582	2116	395	61	10	
其他服务业	82	512	405	65	25	17	
教育	**P**						
教育	83						
卫生和社会工作	**Q**	**130**	**93**	**11**	**9**	**17**	
卫生	84	21	2		4	15	
社会工作	85	109	91	11	5	2	
文化、体育和娱乐业	**R**	**4436**	**3958**	**356**	**96**	**26**	
新闻和出版业	86	25	17	2	2	4	
广播、电视、电影和录音制作业	87	1329	1129	159	34	7	
文化艺术业	88	597	547	32	15	3	
体育	89	273	239	21	10	3	
娱乐业	90	2212	2026	142	35	9	
公共管理、社会保障和社会组织	**S**						
中国共产党机关	91						
国家机构	92						
人民政协、民主党派	93						
社会保障	94						
群众团体、社会团体和其他成员组织	95						
基层群众自治组织	96						
国际组织	**T**						
国际组织	97						

2-11 续表 5

行业大类	代码	300-499 人	500-999 人	1000-4999 人	5000-9999 人	10000 人及以上
房地产业	**K**	**1**	**1**			
房地产业	70	1	1			
租赁和商务服务业	**L**	**35**	**34**	**26**	**2**	**1**
租赁业	71					
商务服务业	72	35	34	26	2	1
科学研究和技术服务业	**M**					
研究和试验发展	73					
专业技术服务业	74					
科技推广和应用服务业	75					
水利、环境和公共设施管理业	**N**					
水利管理业	76					
生态保护和环境治理业	77					
公共设施管理业	78					
土地管理业	79					
居民服务、修理和其他服务业	**O**					
居民服务业	80					
机动车、电子产品和日用产品修理业	81					
其他服务业	82					
教育	**P**					
教育	83					
卫生和社会工作	**Q**					
卫生	84					
社会工作	85					
文化、体育和娱乐业	**R**					
新闻和出版业	86					
广播、电视、电影和录音制作业	87					
文化艺术业	88					
体育	89					
娱乐业	90					
公共管理、社会保障和社会组织	**S**					
中国共产党机关	91					
国家机构	92					
人民政协、民主党派	93					
社会保障	94					
群众团体、社会团体和其他成员组织	95					
基层群众自治组织	96					
国际组织	**T**					
国际组织	97					

2-12 按行业（大类）、营业收入组距分组的小微企业法人单位数

行业大类	代码	企业法人单位数（个）	100 万元及以下	100-200 万元	200-500 万元	500-1000 万元
总　计		**168800**	**121097**	**11605**	**13838**	**7703**
农、林、牧、渔业	**A**	**1430**	**1252**	**78**	**100**	
农业	01	21	21			
林业	02	2	2			
畜牧业	03	7	7			
渔业	04	1	1			
农、林、牧、渔专业及辅助性活动	05	1399	1221	78	100	
采矿业	**B**	**2886**	**2018**	**149**	**217**	**140**
煤炭开采和洗选业	06	296	170	5	14	11
石油和天然气开采业	07	37	20	2	5	1
黑色金属矿采选业	08	421	324	10	20	17
有色金属矿采选业	09	328	270	2	6	9
非金属矿采选业	10	1152	805	95	113	60
开采专业及辅助性活动	11	474	265	30	57	38
其他采矿业	12	178	164	5	2	4
制造业	**C**	**19430**	**11921**	**1268**	**1747**	**1182**
农副食品加工业	13	2135	1252	95	137	125
食品制造业	14	933	648	41	62	36
酒、饮料和精制茶制造业	15	631	471	23	27	19
烟草制品业	16	1	1			
纺织业	17	848	547	44	45	36
纺织服装、服饰业	18	1275	995	72	86	51
皮革、毛皮、羽毛及其制品和制鞋业	19	137	109	3	12	6
木材加工和木、竹、藤、棕、草制品业	20	479	316	28	46	36
家具制造业	21	320	251	19	21	13
造纸和纸制品业	22	316	204	25	24	15
印刷和记录媒介复制业	23	354	187	48	60	21
文教、工美、体育和娱乐用品制造业	24	492	445	12	10	7
石油、煤炭及其他燃料加工业	25	279	158	9	17	14
化学原料和化学制品制造业	26	1175	687	62	89	72
医药制造业	27	158	98	3	9	12
化学纤维制造业	28	31	21	2	2	
橡胶和塑料制品业	29	1382	780	103	132	103
非金属矿物制品业	30	3716	1891	297	429	328
黑色金属冶炼和压延加工业	31	151	77	3	10	7
有色金属冶炼和压延加工业	32	143	80	2	4	2
金属制品业	33	1683	977	161	201	111
通用设备制造业	34	543	336	43	81	30
专用设备制造业	35	730	452	55	75	55
汽车制造业	36	93	72	7	3	1

2-12 续表 1

行业大类	代码	1000-2000 万元	2000-5000 万元	5000 万元 -1 亿元	1 亿元以上
总 计		**5807**	**4852**	**1924**	**1974**
农、林、牧、渔业	**A**				
农业	01				
林业	02				
畜牧业	03				
渔业	04				
农、林、牧、渔专业及辅助性活动	05				
采矿业	**B**	**113**	**100**	**64**	**85**
煤炭开采和洗选业	06	17	18	23	38
石油和天然气开采业	07	1	1	1	6
黑色金属矿采选业	08	9	18	9	14
有色金属矿采选业	09	6	8	11	16
非金属矿采选业	10	47	24	5	3
开采专业及辅助性活动	11	31	30	15	8
其他采矿业	12	2	1		
制造业	**C**	**1246**	**1075**	**464**	**527**
农副食品加工业	13	174	159	98	95
食品制造业	14	43	62	20	21
酒、饮料和精制茶制造业	15	25	35	10	21
烟草制品业	16				
纺织业	17	43	57	43	33
纺织服装、服饰业	18	38	27	2	4
皮革、毛皮、羽毛及其制品和制鞋业	19	4	3		
木材加工和木、竹、藤、棕、草制品业	20	28	17	4	4
家具制造业	21	7	4	2	3
造纸和纸制品业	22	19	14	8	7
印刷和记录媒介复制业	23	25	12	1	
文教、工美、体育和娱乐用品制造业	24	8	9	1	
石油、煤炭及其他燃料加工业	25	11	16	13	41
化学原料和化学制品制造业	26	92	78	42	53
医药制造业	27	10	11	11	4
化学纤维制造业	28	1	1	1	3
橡胶和塑料制品业	29	124	86	33	21
非金属矿物制品业	30	304	266	94	107
黑色金属冶炼和压延加工业	31	4	12	13	25
有色金属冶炼和压延加工业	32	8	6	12	29
金属制品业	33	117	76	24	16
通用设备制造业	34	32	17	3	1
专用设备制造业	35	44	27	7	15
汽车制造业	36	3	5		2

2-12 续表 2

行业大类	代码	企业法人单位数（个）	100 万元及以下	100-200 万元	200-500 万元	500-1000 万元
铁路、船舶、航空航天和其他运输设备制造业	37	38	24		5	2
电气机械和器材制造业	38	600	309	50	74	39
计算机、通信和其他电子设备制造业	39	160	114	8	18	7
仪器仪表制造业	40	46	27	4	6	2
其他制造业	41	89	74	4	6	1
废弃资源综合利用业	42	112	68	5	9	8
金属制品、机械和设备修理业	43	380	250	40	47	23
电力、热力、燃气及水生产和供应业	**D**	**2019**	**899**	**71**	**141**	**119**
电力、热力生产和供应业	44	1531	705	46	91	66
燃气生产和供应业	45	182	66	8	11	11
水的生产和供应业	46	306	128	17	39	42
建筑业	**E**	**10818**	**7315**	**821**	**874**	**516**
房屋建筑业	47	2342	1389	151	174	126
土木工程建筑业	48	2687	1627	212	278	180
建筑安装业	49	1853	1199	163	178	104
建筑装饰、装修和其他建筑业	50	3936	3100	295	244	106
批发和零售业	**F**	**60807**	**42998**	**4652**	**5594**	**2944**
批发业	51	38015	25280	3025	3817	2265
零售业	52	22792	17718	1627	1777	679
交通运输、仓储和邮政业	**G**	**8700**	**5684**	**624**	**804**	**582**
铁路运输业	53					
道路运输业	54	6223	3931	453	596	456
水上运输业	55	6	4		1	
航空运输业	56	62	44	6	3	3
管道运输业	57	18	11			
多式联运和运输代理业	58	1095	792	75	76	52
装卸搬运和仓储业	59	917	607	57	100	59
邮政业	60	379	295	33	28	12
住宿和餐饮业	**H**	**2511**	**1726**	**220**	**289**	**168**
住宿业	61	1091	594	128	193	100
餐饮业	62	1420	1132	92	96	68
信息传输、软件和信息技术服务业	**I**	**8052**	**6203**	**501**	**554**	**319**
电信、广播电视和卫星传输服务	63	288	194	22	26	18
互联网和相关服务	64	997	789	44	54	39
软件和信息技术服务业	65	6767	5220	435	474	262
金融业	**J**	**2130**	**1463**	**106**	**120**	**68**
货币金融服务	66	758	432	66	62	36
资本市场服务	67	920	867	14	19	7
保险业	68	307	66	14	18	20
其他金融业	69	145	98	12	21	5

2-12 续表 3

行业大类	代码	1000-2000万元	2000-5000万元	5000万元-1亿元	1亿元以上
铁路、船舶、航空航天和其他运输设备制造业	37	3	3	1	
电气机械和器材制造业	38	49	50	16	13
计算机、通信和其他电子设备制造业	39	2	7	2	2
仪器仪表制造业	40	6	1		
其他制造业	41	4			
废弃资源综合利用业	42	6	7	3	6
金属制品、机械和设备修理业	43	12	7		1
电力、热力、燃气及水生产和供应业	**D**	**229**	**288**	**145**	**127**
电力、热力生产和供应业	44	164	233	117	109
燃气生产和供应业	45	28	27	18	13
水的生产和供应业	46	37	28	10	5
建筑业	**E**	**494**	**561**	**189**	**48**
房屋建筑业	47	158	231	85	28
土木工程建筑业	48	170	164	46	10
建筑安装业	49	99	84	25	1
建筑装饰、装修和其他建筑业	50	67	82	33	9
批发和零售业	**F**	**2007**	**1561**	**526**	**525**
批发业	51	1539	1235	404	450
零售业	52	468	326	122	75
交通运输、仓储和邮政业	**G**	**419**	**342**	**136**	**109**
铁路运输业	53				
道路运输业	54	332	268	109	78
水上运输业	55		1		
航空运输业	56	2	3	1	
管道运输业	57		3	1	3
多式联运和运输代理业	58	44	29	11	16
装卸搬运和仓储业	59	35	35	13	11
邮政业	60	6	3	1	1
住宿和餐饮业	**H**	**95**	**12**	**1**	
住宿业	61	68	7	1	
餐饮业	62	27	5		
信息传输、软件和信息技术服务业	**I**	**159**	**177**	**64**	**75**
电信、广播电视和卫星传输服务	63	9	12	5	2
互联网和相关服务	64	18	26	7	20
软件和信息技术服务业	65	132	139	52	53
金融业	**J**	**60**	**65**	**57**	**191**
货币金融服务	66	26	24	29	83
资本市场服务	67	6	4	1	2
保险业	68	24	34	27	104
其他金融业	69	4	3		2

2-12 续表 4

行业大类	代码	企业法人单位数(个)	100 万元及以下	100-200万元	200-500万元	500-1000万元
房地产业	**K**	**7759**	**5897**	**594**	**658**	**344**
房地产业	70	7759	5897	594	658	344
租赁和商务服务业	**L**	**22192**	**17941**	**1260**	**1325**	**656**
租赁业	71	2274	1726	210	199	78
商务服务业	72	19918	16215	1050	1126	578
科学研究和技术服务业	**M**	**9716**	**7347**	**674**	**813**	**402**
研究和试验发展	73	392	325	17	34	7
专业技术服务业	74	5390	3719	476	568	296
科技推广和应用服务业	75	3934	3303	181	211	99
水利、环境和公共设施管理业	**N**	**1343**	**971**	**92**	**123**	**62**
水利管理业	76	135	101	4	10	8
生态保护和环境治理业	77	194	144	15	9	10
公共设施管理业	78	927	667	67	93	41
土地管理业	79	87	59	6	11	3
居民服务、修理和其他服务业	**O**	**4441**	**3672**	**312**	**297**	**92**
居民服务业	80	1347	1221	42	49	18
机动车、电子产品和日用产品修理业	81	2582	2031	243	200	67
其他服务业	82	512	420	27	48	7
教育	**P**					
教育	83					
卫生和社会工作	**Q**	**130**	**99**	**7**	**8**	**11**
卫生	84	21	2		6	8
社会工作	85	109	97	7	2	3
文化、体育和娱乐业	**R**	**4436**	**3691**	**176**	**174**	**98**
新闻和出版业	86	25	13	2	4	1
广播、电视、电影和录音制作业	87	1329	887	73	94	58
文化艺术业	88	597	507	23	26	17
体育	89	273	259	6	5	1
娱乐业	90	2212	2025	72	45	21
公共管理、社会保障和社会组织	**S**					
中国共产党机关	91					
国家机构	92					
人民政协、民主党派	93					
社会保障	94					
群众团体、社会团体和其他成员组织	95					
基层群众自治组织	96					
国际组织	**T**					
国际组织	97					

2-12 续表 5

行业大类	代码				
		1000-2000万元	2000-5000万元	5000万元-1亿元	1亿元以上
房地产业	**K**	**152**	**74**	**23**	**17**
房地产业	70	152	74	23	17
租赁和商务服务业	**L**	**376**	**327**	**137**	**170**
租赁业	71	34	14	6	7
商务服务业	72	342	313	131	163
科学研究和技术服务业	**M**	**265**	**143**	**46**	**26**
研究和试验发展	73	6	2		1
专业技术服务业	74	185	108	23	15
科技推广和应用服务业	75	74	33	23	10
水利、环境和公共设施管理业	**N**	**48**	**28**	**15**	**4**
水利管理业	76	5	3	4	
生态保护和环境治理业	77	10	2	3	1
公共设施管理业	78	29	21	7	2
土地管理业	79	4	2	1	1
居民服务、修理和其他服务业	**O**	**46**	**12**	**8**	**2**
居民服务业	80	11	3	2	1
机动车、电子产品和日用产品修理业	81	29	6	5	1
其他服务业	82	6	3	1	
教育	**P**				
教育	83				
卫生和社会工作	**Q**	2	3		
卫生	84	2	3		
社会工作	85				
文化、体育和娱乐业	**R**	**96**	**84**	**49**	**68**
新闻和出版业	86	1	2	2	
广播、电视、电影和录音制作业	87	65	60	34	58
文化艺术业	88	9	6	7	2
体育	89	1	1		
娱乐业	90	20	15	6	8
公共管理、社会保障和社会组织	**S**				
中国共产党机关	91				
国家机构	92				
人民政协、民主党派	93				
社会保障	94				
群众团体、社会团体和其他成员组织	95				
基层群众自治组织	96				
国际组织	**T**				
国际组织	97				

2-13 按行业（大类）、资产总计组距分组的小微企业法人单位数

行业大类	代码	企业法人单位数（个）	50 万元及以下	50-100 万元	100-500 万元
总　计		**168800**	92340	**13506**	**28739**
农、林、牧、渔业	**A**	**1430**	867	**99**	**228**
农业	01	21	21		
林业	02	2	2		
畜牧业	03	7	7		
渔业	04	1	1		
农、林、牧、渔专业及辅助性活动	05	1399	836	99	228
采矿业	**B**	**2886**	**1276**	**136**	**439**
煤炭开采和洗选业	06	296	81	3	11
石油和天然气开采业	07	37	11	3	5
黑色金属矿采选业	08	421	201	14	35
有色金属矿采选业	09	328	144	7	30
非金属矿采选业	10	1152	544	81	245
开采专业及辅助性活动	11	474	175	22	97
其他采矿业	12	**178**	**120**	**6**	**16**
制造业	**C**	**19430**	**7922**	**1167**	**3567**
农副食品加工业	13	2135	804	98	351
食品制造业	14	933	450	49	128
酒、饮料和精制茶制造业	15	631	238	35	98
烟草制品业	16	1			1
纺织业	17	848	375	44	112
纺织服装、服饰业	18	1275	697	110	229
皮革、毛皮、羽毛及其制品和制鞋业	19	137	77	5	22
木材加工和木、竹、藤、棕、草制品业	20	479	237	36	102
家具制造业	21	320	182	18	69
造纸和纸制品业	22	316	135	16	67
印刷和记录媒介复制业	23	354	124	38	110
文教、工美、体育和娱乐用品制造业	24	492	315	39	80
石油、煤炭及其他燃料加工业	25	279	99	3	18
化学原料和化学制品制造业	26	1175	425	39	176
医药制造业	27	158	67	4	22
化学纤维制造业	28	31	6		1
橡胶和塑料制品业	29	1382	490	84	314
非金属矿物制品业	30	3716	1185	215	731
黑色金属冶炼和压延加工业	31	151	45	8	23
有色金属冶炼和压延加工业	32	143	50	5	11
金属制品业	33	1683	732	129	335
通用设备制造业	34	543	222	36	115
专用设备制造业	35	730	304	49	145
汽车制造业	36	93	49	14	6

2-13 续表 1

行业大类	代码	500-1000万元	1000-5000万元	5000万元-1亿元	1亿元以上
总　计		**10697**	**14486**	**3499**	**5533**
农、林、牧、渔业	**A**	**99**	**99**	**16**	**22**
农业	01				
林业	02				
畜牧业	03				
渔业	04				
农、林、牧、渔专业及辅助性活动	05	99	99	16	22
采矿业	**B**	**251**	**437**	**115**	**232**
煤炭开采和洗选业	06	14	54	32	101
石油和天然气开采业	07	3	6	1	8
黑色金属矿采选业	08	35	79	23	34
有色金属矿采选业	09	18	57	18	54
非金属矿采选业	10	108	143	20	11
开采专业及辅助性活动	11	62	80	16	22
其他采矿业	12	**11**	**18**	**5**	**2**
制造业	**C**	**1654**	**3263**	**894**	**963**
农副食品加工业	13	171	426	152	133
食品制造业	14	68	144	42	52
酒、饮料和精制茶制造业	15	57	116	43	44
烟草制品业	16				
纺织业	17	47	135	60	75
纺织服装、服饰业	18	92	122	18	7
皮革、毛皮、羽毛及其制品和制鞋业	19	12	18	1	2
木材加工和木、竹、藤、棕、草制品业	20	40	49	9	6
家具制造业	21	27	19	3	2
造纸和纸制品业	22	29	41	8	20
印刷和记录媒介复制业	23	26	44	9	3
文教、工美、体育和娱乐用品制造业	24	23	22	11	2
石油、煤炭及其他燃料加工业	25	19	44	26	70
化学原料和化学制品制造业	26	101	256	73	105
医药制造业	27	10	28	12	15
化学纤维制造业	28	2	8	2	12
橡胶和塑料制品业	29	152	262	52	28
非金属矿物制品业	30	378	824	200	183
黑色金属冶炼和压延加工业	31	5	28	11	31
有色金属冶炼和压延加工业	32	5	23	12	37
金属制品业	33	149	246	51	41
通用设备制造业	34	53	91	17	9
专用设备制造业	35	71	115	20	26
汽车制造业	36	5	7	6	6

2-13 续表 2

行业大类	代码	企业法人单位数（个）	50 万元及以下	50-100 万元	100-500 万元
铁路、船舶、航空航天和其他运输设备制造业	37	38	19	1	6
电气机械和器材制造业	38	600	206	35	129
计算机、通信和其他电子设备制造业	39	160	88	6	27
仪器仪表制造业	40	46	19	2	12
其他制造业	41	89	49	9	14
废弃资源综合利用业	42	112	49	3	16
金属制品、机械和设备修理业	43	380	184	37	97
电力、热力、燃气及水生产和供应业	**D**	**2019**	**553**	**48**	**169**
电力、热力生产和供应业	44	1531	440	33	123
燃气生产和供应业	45	182	34	4	24
水的生产和供应业	46	306	79	11	22
建筑业	**E**	**10818**	**5896**	**828**	**1624**
房屋建筑业	47	2342	1107	135	301
土木工程建筑业	48	2687	1217	190	439
建筑安装业	49	1853	927	174	337
建筑装饰、装修和其他建筑业	50	3936	2645	329	547
批发和零售业	**F**	**60807**	**34222**	**5925**	**12284**
批发业	51	38015	19645	3789	8295
零售业	52	22792	14577	2136	3989
交通运输、仓储和邮政业	**G**	**8700**	**4415**	**635**	**1636**
铁路运输业	53				
道路运输业	54	6223	3093	469	1200
水上运输业	55	6	3		
航空运输业	56	62	30	3	7
管道运输业	57	18	10		
多式联运和运输代理业	58	1095	611	63	240
装卸搬运和仓储业	59	917	405	50	141
邮政业	60	379	263	50	48
住宿和餐饮业	**H**	**2511**	**1372**	**174**	**418**
住宿业	61	1091	386	72	228
餐饮业	62	1420	986	102	190
信息传输、软件和信息技术服务业	**I**	**8052**	**5196**	**615**	**1175**
电信、广播电视和卫星传输服务	63	288	158	21	51
互联网和相关服务	64	997	674	66	100
软件和信息技术服务业	65	6767	4364	528	1024
金融业	**J**	**2130**	**763**	**33**	**154**
货币金融服务	66	758	129	6	21
资本市场服务	67	920	528	13	86
保险业	68	307	68	13	37
其他金融业	69	145	38	1	10

2-13 续表 3

行业大类	代码	500-1000万元	1000-5000万元	5000万元-1亿元	1亿元以上
铁路、船舶、航空航天和其他运输设备制造业	37	1	6	2	3
电气机械和器材制造业	38	51	111	37	31
计算机、通信和其他电子设备制造业	39	12	15	3	9
仪器仪表制造业	40	5	6	1	1
其他制造业	41	8	9		
废弃资源综合利用业	42	8	18	11	7
金属制品、机械和设备修理业	43	27	30	2	3
电力、热力、燃气及水生产和供应业	**D**	**105**	**266**	**145**	**733**
电力、热力生产和供应业	44	78	160	86	611
燃气生产和供应业	45	16	54	20	30
水的生产和供应业	46	11	52	39	92
建筑业	**E**	**727**	**1279**	**239**	**225**
房屋建筑业	47	175	417	103	104
土木工程建筑业	48	237	438	79	87
建筑安装业	49	148	217	35	15
建筑装饰、装修和其他建筑业	50	167	207	22	19
批发和零售业	**F**	**3882**	**3517**	**533**	**444**
批发业	51	2855	2644	407	380
零售业	52	1027	873	126	64
交通运输、仓储和邮政业	**G**	**744**	**919**	**164**	**187**
铁路运输业	53				
道路运输业	54	598	682	93	88
水上运输业	55		3		
航空运输业	56	2	11	6	3
管道运输业	57		2	1	5
多式联运和运输代理业	58	60	76	15	30
装卸搬运和仓储业	59	77	137	48	59
邮政业	60	7	8	1	2
住宿和餐饮业	**H**	**190**	**283**	**36**	**38**
住宿业	61	127	223	28	27
餐饮业	62	63	60	8	11
信息传输、软件和信息技术服务业	**I**	**381**	**472**	**97**	**116**
电信、广播电视和卫星传输服务	63	17	29	6	6
互联网和相关服务	64	51	68	17	21
软件和信息技术服务业	65	313	375	74	89
金融业	**J**	**146**	**433**	**160**	**441**
货币金融服务	66	65	228	77	232
资本市场服务	67	51	129	41	72
保险业	68	25	47	21	96
其他金融业	69	5	29	21	41

2-13 续表 4

行业大类	代码	企业法人单位数（个）	50 万元及以下	50-100 万元	100-500 万元
房地产业	**K**	**7759**	**3778**	**560**	**862**
房地产业	70	7759	3778	560	862
租赁和商务服务业	**L**	**22192**	**13618**	**1596**	**3072**
租赁业	71	2274	1291	263	449
商务服务业	72	19918	12327	1333	2623
科学研究和技术服务业	**M**	**9716**	**5713**	**760**	**1744**
研究和试验发展	73	392	249	24	60
专业技术服务业	74	5390	2821	481	1132
科技推广和应用服务业	75	3934	2643	255	552
水利、环境和公共设施管理业	**N**	**1343**	**675**	**97**	**202**
水利管理业	76	135	63	10	10
生态保护和环境治理业	77	194	98	16	16
公共设施管理业	78	927	478	62	155
土地管理业	79	87	36	9	21
居民服务、修理和其他服务业	**O**	**4441**	**3059**	**466**	**645**
居民服务业	80	1347	1100	84	94
机动车、电子产品和日用产品修理业	81	2582	1606	327	481
其他服务业	82	512	353	55	70
教育	**P**				
教育	83				
卫生和社会工作	**Q**	**130**	**77**	**5**	**21**
卫生	84	21	1	1	7
社会工作	85	109	76	4	14
文化、体育和娱乐业	**R**	**4436**	**2938**	**362**	**499**
新闻和出版业	86	25	13		2
广播、电视、电影和录音制作业	87	1329	637	73	207
文化艺术业	88	597	446	36	54
体育	89	273	211	20	24
娱乐业	90	2212	1631	233	212
公共管理、社会保障和社会组织	**S**				
中国共产党机关	91				
国家机构	92				
人民政协、民主党派	93				
社会保障	94				
群众团体、社会团体和其他成员组织	95				
基层群众自治组织	96				
国际组织	**T**				
国际组织	97				

2-13 续表 5

行业大类	代码	500-1000万元	1000-5000万元	5000万元-1亿元	1亿元以上
房地产业	**K**	**419**	**954**	**438**	**748**
房地产业	70	419	954	438	748
租赁和商务服务业	**L**	**1064**	**1413**	**413**	**1016**
租赁业	71	128	106	15	22
商务服务业	72	936	1307	398	994
科学研究和技术服务业	**M**	**625**	**632**	**114**	**128**
研究和试验发展	73	26	21	3	9
专业技术服务业	74	400	415	67	74
科技推广和应用服务业	75	199	196	44	45
水利、环境和公共设施管理业	**N**	**91**	**148**	**36**	**94**
水利管理业	76	13	13	7	19
生态保护和环境治理业	77	14	30	7	13
公共设施管理业	78	57	97	21	57
土地管理业	79	7	8	1	5
居民服务、修理和其他服务业	**O**	**136**	**110**	**17**	**8**
居民服务业	80	27	32	8	2
机动车、电子产品和日用产品修理业	81	94	63	8	3
其他服务业	82	15	15	1	3
教育	**P**				
教育	83				
卫生和社会工作	**Q**	**9**	**13**	**3**	**2**
卫生	84	6	6		
社会工作	85	3	7	3	2
文化、体育和娱乐业	**R**	**174**	**248**	**79**	**136**
新闻和出版业	86	2	4	1	3
广播、电视、电影和录音制作业	87	90	153	63	106
文化艺术业	88	23	28	4	6
体育	89	5	9	1	3
娱乐业	90	54	54	10	18
公共管理、社会保障和社会组织	**S**				
中国共产党机关	91				
国家机构	92				
人民政协、民主党派	93				
社会保障	94				
群众团体、社会团体和其他成员组织	95				
基层群众自治组织	96				
国际组织	**T**				
国际组织	97				

2-14 按地区、运营状态分组的小微企业法人单位数

地　　区	企业法人单位数（个）	正常运营	停业（歇业）	筹建	当年关闭
总　计	**168800**	**114377**	**30316**	**12159**	**2459**
乌鲁木齐市	**56924**	**41459**	**8892**	**2804**	**639**
市辖区	1	1			
天山区	10404	6958	2379	227	129
沙依巴克区	8939	7838	593	159	43
新市区	13271	8446	2882	369	262
水磨沟区	6142	4594	766	358	108
头屯河区	2639	2126	327	153	6
达坂城区	240	159	27	40	3
米东区	3611	2664	325	551	34
乌鲁木齐县	235	126	36	62	7
乌鲁木齐经济技术开发区	5127	3650	722	669	15
乌鲁木齐高新技术产业开发区	6314	4896	835	216	32
克拉玛依市	**5295**	**4028**	**663**	**422**	**33**
市辖区	2	2			
独山子区	692	579	72	25	5
克拉玛依区	3801	2948	417	306	21
白碱滩区	607	407	132	57	6
乌尔禾区	193	92	42	34	1
吐鲁番市	**3988**	**2446**	**1027**	**413**	**25**
高昌区	1764	1138	397	170	13
鄯善县	1198	778	284	107	10
托克逊县	1026	530	346	136	2
哈密市	**8742**	**4427**	**3020**	**845**	**53**
伊州区	7894	4047	2767	718	43
巴里坤哈萨克自治县	409	175	138	53	8
伊吾县	437	203	115	74	2
昌吉回族自治州	**13301**	**8726**	**2650**	**1182**	**200**
昌吉市	6625	4881	1113	428	48
阜康市	1560	846	299	272	40
呼图壁县	1130	620	271	131	49
玛纳斯县	821	541	135	51	11
奇台县	1578	880	462	132	17
吉木萨尔县	1252	708	346	123	21
木垒哈萨克自治县	335	250	24	45	14
博尔塔拉蒙古自治州	**4414**	**2801**	**1033**	**321**	**55**
博乐市	2599	1647	608	168	36
阿拉山口市	928	685	161	59	
精河县	707	352	213	89	15
温泉县	180	117	51	5	4

2-14 续表 1

地　　区	当年破产	当年注销	当年吊销	其他
总　计	**344**	**6607**	**297**	**2241**
乌鲁木齐市	**73**	**2381**	**156**	**520**
市辖区				
天山区	17	612	35	47
沙依巴克区	3	202	8	93
新市区	18	968	102	224
水磨沟区	19	222	5	70
头屯河区		23		4
达坂城区		3		8
米东区	2	24	1	10
乌鲁木齐县		1		3
乌鲁木齐经济技术开发区	3	46		22
乌鲁木齐高新技术产业开发区	11	280	5	39
克拉玛依市	**5**	**120**	**4**	**20**
市辖区				
独山子区		9		2
克拉玛依区	5	86	4	14
白碱滩区		5		
乌尔禾区		20		4
吐鲁番市	**3**	**53**		**21**
高昌区	1	31		14
鄯善县	2	13		4
托克逊县		9		3
哈密市	**11**	**323**	**4**	**59**
伊州区	9	274	4	32
巴里坤哈萨克自治县		25		10
伊吾县	2	24		17
昌吉回族自治州	**30**	**323**	**6**	**184**
昌吉市	4	60	1	90
阜康市	8	88		7
呼图壁县	7	16	1	35
玛纳斯县	1	58	1	23
奇台县	5	67	2	13
吉木萨尔县	5	33	1	15
木垒哈萨克自治县		1		1
博尔塔拉蒙古自治州	**5**	**159**	**1**	**39**
博乐市	2	121		17
阿拉山口市		18		5
精河县	3	17	1	17
温泉县		3		

2-14 续表 2

地　　区	企业法人单位数(个)	正常运营	停业(歇业)	筹建	当年关闭
巴音郭楞蒙古自治州	**11424**	**7199**	**2053**	**1158**	**121**
库尔勒市	6829	4600	929	715	67
轮台县	1037	625	290	77	4
尉犁县	463	267	102	31	27
若羌县	456	227	136	71	1
且末县	374	233	91	24	7
焉耆回族自治县	598	340	77	64	7
和静县	998	508	274	129	5
和硕县	440	270	95	27	2
博湖县	227	127	59	20	1
库尔勒经济技术开发区	2	2			
阿克苏地区	**11746**	**8084**	**1906**	**965**	**227**
阿克苏市	5152	3755	650	449	102
温宿县	1065	779	170	66	15
库车县	2212	1567	369	202	27
沙雅县	917	540	226	102	4
新和县	566	300	133	39	26
拜城县	889	466	222	58	32
乌什县	272	228	29	9	2
阿瓦提县	509	353	78	32	10
柯坪县	164	96	29	8	9
克孜勒苏柯尔克孜自治州	**2211**	**1188**	**730**	**169**	**34**
阿图什市	1301	580	544	82	26
阿克陶县	453	341	66	36	3
阿合奇县	116	85	20	4	1
乌恰县	341	182	100	47	4
喀什地区	**13375**	**8263**	**2584**	**1284**	**537**
喀什市	5049	3323	1050	359	57
疏附县	502	380	69	46	4
疏勒县	966	556	133	128	56
英吉沙县	353	255	18	27	46
泽普县	494	330	87	43	23
莎车县	1753	1013	362	192	107
叶城县	1058	590	218	146	39
麦盖提县	846	362	255	127	78
岳普湖县	429	251	93	26	28
伽师县	977	477	150	153	80
巴楚县	853	659	130	31	18
塔什库尔干塔吉克自治县	93	65	19	6	1

2-14 续表 3

地　　区	当年破产	当年注销	当年吊销	其他
巴音郭楞蒙古自治州	**24**	**608**	**28**	**233**
库尔勒市	9	329	2	178
轮台县	1	32	4	4
尉犁县	4	17	1	14
若羌县		19	2	
且末县	3	15	1	
焉耆回族自治县	1	90	4	15
和静县	4	61	14	3
和硕县	2	27		17
博湖县		18		2
库尔勒经济技术开发区				
阿克苏地区	**38**	**453**	**40**	**33**
阿克苏市	6	172	15	3
温宿县	3	15	2	15
库车县	3	41	1	2
沙雅县		44		1
新和县	11	51	4	2
拜城县	12	82	17	
乌什县	1	1	1	1
阿瓦提县	1	34		1
柯坪县	1	13		8
克孜勒苏柯尔克孜自治州	**9**	**73**	**2**	**6**
阿图什市	7	59	2	1
阿克陶县	1	4		2
阿合奇县		4		2
乌恰县	1	6		1
喀什地区	**68**	**427**	**21**	**191**
喀什市	32	108	6	114
疏附县		3		
疏勒县	13	75	1	4
英吉沙县	1	6		
泽普县	1	4	1	5
莎车县	9	43	4	23
叶城县		59		6
麦盖提县	2	22		
岳普湖县	1	23		7
伽师县	9	68	9	31
巴楚县		14		1
塔什库尔干塔吉克自治县		2		

2-14 续表 4

地　　区	企业法人单位数(个)	正常运营	停业(歇业)	筹建	当年关闭
和田地区	**6715**	**3618**	**2026**	**746**	**100**
和田市	3083	1676	976	269	36
和田县	722	382	204	106	15
墨玉县	815	529	210	47	7
皮山县	491	272	88	106	16
洛浦县	454	275	102	65	5
策勒县	353	207	66	54	10
于田县	589	180	295	77	10
民丰县	208	97	85	22	1
伊犁哈萨克自治州直属县（市）	**15797**	**11951**	**1361**	**787**	**122**
伊宁市	3434	2883	194	283	15
奎屯市	2303	1909	278	65	8
霍尔果斯市	5503	4280	187	50	2
伊宁县	601	392	112	34	14
察布查尔锡伯自治县	635	368	131	70	17
霍城县	1396	802	147	130	13
巩留县	363	317	22	16	1
新源县	684	493	113	52	7
昭苏县	249	153	48	28	7
特克斯县	235	160	24	35	4
尼勒克县	394	194	105	24	34
塔城地区	**4120**	**2767**	**877**	**202**	**72**
塔城市	892	639	166	45	9
乌苏市	1107	711	278	35	20
额敏县	471	349	76	18	14
沙湾县	950	631	194	35	15
托里县	224	129	51	33	8
裕民县	162	92	60	3	
和布克赛尔蒙古自治县	314	216	52	33	6
阿勒泰地区	**3444**	**2330**	**696**	**230**	**35**
阿勒泰市	1385	954	260	91	8
布尔津县	306	220	66	17	1
富蕴县	334	190	64	44	13
福海县	636	460	102	44	4
哈巴河县	291	163	79	23	4
青河县	251	221	19	3	4
吉木乃县	241	122	106	8	1
自治区直辖县级市	**7304**	**5090**	**798**	**631**	**206**
石河子市	3494	2696	395	133	23
阿拉尔市	1896	1166	189	199	125
图木舒克市	706	485	100	73	12
五家渠市	1156	715	100	222	46
铁门关市	51	27	14	4	

2-14 续表 5

地　　区	当年破产	当年注销	当年吊销	其他
和田地区	**39**	**152**	**11**	**23**
和田市	12	99	3	12
和田县	1	13		1
墨玉县	7	10	3	2
皮山县	3	6		
洛浦县	3	3		1
策勒县	2	7	1	6
于田县	10	12	4	1
民丰县	1	2		
伊犁哈萨克自治州直属县（市）	**21**	**864**	**8**	**683**
伊宁市	4	45	1	9
奎屯市	3	33	3	4
霍尔果斯市		376	3	605
伊宁县	7	23		19
察布查尔锡伯自治县		47		2
霍城县		280	1	23
巩留县	1	5		1
新源县	2	17		
昭苏县	1	11		1
特克斯县	1	11		
尼勒克县	2	16		19
塔城地区	**9**	**131**	**1**	**61**
塔城市		25		8
乌苏市	7	52		4
额敏县	2	11		1
沙湾县		29	1	45
托里县		3		
裕民县		5		2
和布克赛尔蒙古自治县		6		1
阿勒泰地区	**3**	**131**	**1**	**18**
阿勒泰市	1	70		1
布尔津县				2
富蕴县		11	1	11
福海县	1	24		1
哈巴河县		19		3
青河县	1	3		
吉木乃县		4		
自治区直辖县级市	**6**	**409**	**14**	**150**
石河子市	3	171	5	68
阿拉尔市	1	137	1	78
图木舒克市		33		3
五家渠市	1	64	7	1
铁门关市	1	4	1	

2-15 按地区、营业收入组距分组的小微企业法人单位数

地　　区	企业法人单位数（个）	100 万元及以下	100-200 万元	200-500 万元	500-1000 万元
总　计	**168800**	**121097**	**11605**	**13838**	**7703**
乌鲁木齐市	**56922**	**40324**	**4047**	**5115**	**2819**
市辖区	1				
天山区	10402	7898	700	820	421
沙依巴克区	8940	5990	778	957	509
新市区	13271	10312	735	914	505
水磨沟区	6142	4248	491	632	336
头屯河区	2634	1213	230	337	273
达坂城区	240	158	14	14	14
米东区	3617	2134	363	479	243
乌鲁木齐县	235	192	10	7	3
乌鲁木齐经济技术开发区	5125	3272	372	514	293
乌鲁木齐高新技术产业开发区	6314	4907	354	441	222
克拉玛依市	**5295**	**3388**	**477**	**551**	**332**
市辖区	2	1			
独山子区	692	429	69	80	36
克拉玛依区	3801	2455	352	390	249
白碱滩区	607	360	46	71	38
乌尔禾区	193	143	10	10	9
吐鲁番市	**3988**	**2797**	**260**	**319**	**193**
高昌区	1764	1347	107	95	70
鄯善县	1198	768	96	132	68
托克逊县	1026	682	57	92	55
哈密市	**8741**	**6729**	**498**	**569**	**269**
伊州区	7893	6118	463	507	242
巴里坤哈萨克自治县	409	303	15	21	12
伊吾县	437	308	20	41	15
昌吉回族自治州	**13305**	**9602**	**841**	**1041**	**625**
昌吉市	6626	4783	448	556	317
阜康市	1560	1121	82	136	64
呼图壁县	1132	833	73	77	48
玛纳斯县	821	541	51	77	43
奇台县	1578	1185	93	94	64
吉木萨尔县	1253	888	78	80	74
木垒哈萨克自治县	335	251	16	21	15
博尔塔拉蒙古自治州	**4415**	**3290**	**281**	**285**	**167**
博乐市	2599	1902	184	196	101
阿拉山口市	928	705	45	43	33
精河县	707	554	39	31	25
温泉县	181	129	13	15	8

2-15 续表 1

地　　区	1000-2000万元	2000-5000万元	5000 万元-1亿元	1 亿元以上
总　计	**5807**	**4852**	**1924**	**1974**
乌鲁木齐市	**1937**	**1589**	**524**	**567**
市辖区				1
天山区	268	184	57	54
沙依巴克区	343	251	50	62
新市区	353	256	108	88
水磨沟区	188	167	46	34
头屯河区	196	187	75	123
达坂城区	12	17	6	5
米东区	184	126	49	39
乌鲁木齐县	10	4	4	5
乌鲁木齐经济技术开发区	221	248	95	110
乌鲁木齐高新技术产业开发区	162	149	34	45
克拉玛依市	**233**	**178**	**75**	**61**
市辖区			1	
独山子区	37	23	10	8
克拉玛依区	145	125	48	37
白碱滩区	42	21	14	15
乌尔禾区	9	9	2	1
吐鲁番市	**147**	**151**	**62**	**59**
高昌区	58	51	20	16
鄯善县	46	50	22	16
托克逊县	43	50	20	27
哈密市	**262**	**180**	**102**	**132**
伊州区	231	150	81	101
巴里坤哈萨克自治县	14	14	16	14
伊吾县	17	16	4	16
昌吉回族自治州	**431**	**413**	**166**	**186**
昌吉市	215	174	59	74
阜康市	58	52	26	21
呼图壁县	31	40	17	13
玛纳斯县	29	39	25	16
奇台县	47	50	19	26
吉木萨尔县	40	43	16	34
木垒哈萨克自治县	11	15	4	2
博尔塔拉蒙古自治州	**152**	**145**	**47**	**48**
博乐市	93	85	18	20
阿拉山口市	27	35	17	23
精河县	24	20	10	4
温泉县	8	5	2	1

2-15 续表 2

地　　区	企业法人单位数(个)				
		100 万元及以下	100-200 万元	200-500 万元	500-1000 万元
巴音郭楞蒙古自治州	**11428**	**8373**	**781**	**853**	**512**
库尔勒市	6827	4987	505	547	307
轮台县	1037	715	73	78	74
尉犁县	467	331	29	24	17
若羌县	456	338	31	36	15
且末县	374	293	19	27	15
焉耆回族自治县	598	455	39	36	20
和静县	1000	757	54	62	34
和硕县	440	323	24	27	21
博湖县	227	173	7	16	9
库尔勒经济技术开发区	2	1			
阿克苏地区	**11744**	**8404**	**893**	**952**	**523**
阿克苏市	5150	3713	441	428	219
温宿县	1065	625	100	134	72
库车县	2212	1512	177	190	118
沙雅县	917	756	36	41	21
新和县	566	458	22	26	30
拜城县	889	678	48	52	32
乌什县	272	174	20	28	12
阿瓦提县	509	380	35	38	13
柯坪县	164	108	14	15	6
克孜勒苏柯尔克孜自治州	**2213**	**1713**	**125**	**147**	**95**
阿图什市	1303	1040	71	66	53
阿克陶县	453	344	30	29	18
阿合奇县	116	83	10	13	5
乌恰县	341	246	14	39	19
喀什地区	**13412**	**9914**	**947**	**1044**	**509**
喀什市	5047	3575	364	425	242
疏附县	502	335	53	65	15
疏勒县	966	679	58	87	54
英吉沙县	391	244	45	34	15
泽普县	494	362	35	47	17
莎车县	1753	1366	118	117	46
叶城县	1058	854	58	56	18
麦盖提县	846	685	48	56	20
岳普湖县	429	310	44	35	8
伽师县	978	836	43	52	23
巴楚县	853	605	77	59	44
塔什库尔干塔吉克自治县	93	63	3	11	7

2-15 续表 3

地　　区	1000-2000万元	2000-5000万元	5000万元-1亿元	1亿元以上
巴音郭楞蒙古自治州	**379**	**307**	**108**	**115**
库尔勒市	194	159	59	69
轮台县	38	35	10	14
尉犁县	30	22	11	3
若羌县	21	8	3	4
且末县	12	5	2	1
焉耆回族自治县	19	21	4	4
和静县	37	28	9	19
和硕县	19	18	8	
博湖县	9	10	2	1
库尔勒经济技术开发区		1		
阿克苏地区	**381**	**306**	**144**	**141**
阿克苏市	144	104	53	48
温宿县	56	41	21	16
库车县	86	71	29	29
沙雅县	20	14	16	13
新和县	15	6	4	5
拜城县	21	34	6	18
乌什县	15	13	6	4
阿瓦提县	14	15	7	7
柯坪县	10	8	2	1
克孜勒苏柯尔克孜自治州	**47**	**49**	**23**	**14**
阿图什市	27	26	14	6
阿克陶县	9	14	6	3
阿合奇县	1	3		1
乌恰县	10	6	3	4
喀什地区	**363**	**385**	**131**	**119**
喀什市	169	144	74	54
疏附县	11	18	2	3
疏勒县	39	33	7	9
英吉沙县	12	23	3	15
泽普县	6	21	4	2
莎车县	46	41	14	5
叶城县	17	37	10	8
麦盖提县	12	19	3	3
岳普湖县	15	11	3	3
伽师县	6	10	2	6
巴楚县	25	27	8	8
塔什库尔干塔吉克自治县	5	1	1	2

2-15 续表 4

地　　区	企业法人单位数(个)	100 万元及以下	100-200万元	200-500万元	500-1000万元
和田地区	**6715**	**5489**	**326**	**376**	**191**
和田市	3083	2535	152	161	81
和田县	722	566	39	48	24
墨玉县	815	652	41	43	28
皮山县	491	384	26	40	16
洛浦县	454	354	25	30	19
策勒县	353	294	19	17	9
于田县	589	525	15	25	12
民丰县	208	179	9	12	2
伊犁哈萨克自治州直属县（市）	**15801**	**10648**	**1107**	**1420**	**798**
伊宁市	3424	2194	302	386	184
奎屯市	2303	1385	207	266	117
霍尔果斯市	5478	3803	304	417	272
伊宁县	599	402	42	39	36
察布查尔锡伯自治县	635	441	41	44	36
霍城县	1438	1068	66	100	62
巩留县	362	241	32	30	22
新源县	684	471	51	70	30
昭苏县	249	178	21	23	12
特克斯县	235	172	10	21	13
尼勒克县	394	293	31	24	14
塔城地区	**4120**	**2982**	**255**	**299**	**170**
塔城市	892	673	50	56	35
乌苏市	1107	812	69	72	41
额敏县	471	307	38	46	23
沙湾县	952	692	61	68	37
托里县	223	163	8	16	13
裕民县	162	117	12	16	5
和布克赛尔蒙古自治县	313	218	17	25	16
阿勒泰地区	**3443**	**2464**	**226**	**243**	**130**
阿勒泰市	1385	1039	98	99	42
布尔津县	306	203	28	27	13
富蕴县	334	244	16	21	14
福海县	635	377	41	59	27
哈巴河县	291	223	16	13	12
青河县	251	175	19	18	14
吉木乃县	241	203	8	6	8
自治区直辖县级市	**7258**	**4980**	**541**	**624**	**370**
石河子市	3493	2466	238	284	167
阿拉尔市	1898	1227	141	182	119
图木舒克市	667	469	48	62	34
五家渠市	1152	780	111	92	47
铁门关市	47	37	3	4	3

2-15 续表 5

地区	1000-2000万元	2000-5000万元	5000万元-1亿元	1亿元以上
和田地区	**154**	**103**	**50**	**26**
和田市	69	47	28	10
和田县	25	10	5	5
墨玉县	25	18	4	4
皮山县	12	7	5	1
洛浦县	8	10	6	2
策勒县	7	5		2
于田县	3	5	2	2
民丰县	5	1		
伊犁哈萨克自治州直属县（市）	**725**	**574**	**246**	**283**
伊宁市	156	126	41	35
奎屯市	161	101	37	29
霍尔果斯市	224	205	105	148
伊宁县	30	28	14	8
察布查尔锡伯自治县	31	26	9	7
霍城县	50	45	16	31
巩留县	14	13	2	8
新源县	32	11	12	7
昭苏县	7	4	2	2
特克斯县	6	7	3	3
尼勒克县	14	8	5	5
塔城地区	**161**	**119**	**66**	**68**
塔城市	32	19	13	14
乌苏市	50	27	16	20
额敏县	20	20	7	10
沙湾县	30	28	20	16
托里县	5	10	5	3
裕民县	2	8	2	
和布克赛尔蒙古自治县	22	7	3	5
阿勒泰地区	**185**	**116**	**44**	**35**
阿勒泰市	53	35	9	10
布尔津县	9	17	7	2
富蕴县	13	14	5	7
福海县	84	28	9	10
哈巴河县	7	10	8	2
青河县	12	7	4	2
吉木乃县	7	5	2	2
自治区直辖县级市	**250**	**237**	**136**	**120**
石河子市	90	110	71	67
阿拉尔市	95	75	38	21
图木舒克市	22	12	9	11
五家渠市	43	40	18	21
铁门关市				

2-16 按地区、从业人员组距分组的小微企业法人单位数

地　　区	企业法人单位数(个)	7人及以下	8-19人	20-49人	50-99人	100-299人
总　计	**168800**	**136535**	**18635**	**8698**	**2870**	**1704**
乌鲁木齐市	**56922**	**48123**	**5417**	**2268**	**760**	**299**
市辖区	1					
天山区	10402	8943	888	365	145	49
沙依巴克区	8940	7410	975	381	119	42
新市区	13271	11728	1016	344	111	64
水磨沟区	6142	4855	800	361	94	25
头屯河区	2634	2237	222	108	40	25
达坂城区	240	182	20	26	9	2
米东区	3617	3008	327	188	64	29
乌鲁木齐县	235	175	31	19	6	4
乌鲁木齐经济技术开发区	5125	3993	657	311	111	46
乌鲁木齐高新技术产业开发区	6314	5592	481	165	61	13
克拉玛依市	**5295**	**3964**	**720**	**351**	**145**	**94**
市辖区	2	1				1
独山子区	692	516	92	45	19	16
克拉玛依区	3801	2891	511	247	86	52
白碱滩区	607	412	90	47	35	20
乌尔禾区	193	144	27	12	5	5
吐鲁番市	**3988**	**2981**	**560**	**285**	**90**	**62**
高昌区	1764	1352	225	125	32	25
鄯善县	1198	850	210	92	30	13
托克逊县	1026	779	125	68	28	24
哈密市	**8741**	**7446**	**728**	**367**	**106**	**78**
伊州区	7893	6814	636	300	73	57
巴里坤哈萨克自治县	409	305	43	33	20	7
伊吾县	437	327	49	34	13	14
昌吉回族自治州	**13305**	**10729**	**1419**	**706**	**253**	**168**
昌吉市	6626	5548	623	276	98	62
阜康市	1560	1216	187	92	33	31
呼图壁县	1132	894	129	62	29	16
玛纳斯县	821	624	101	58	21	16
奇台县	1578	1249	168	105	32	22
吉木萨尔县	1253	964	155	77	34	18
木垒哈萨克自治县	335	234	56	36	6	3
博尔塔拉蒙古自治州	**4415**	**3582**	**454**	**241**	**77**	**48**
博乐市	2599	2072	290	153	48	26
阿拉山口市	928	822	67	28	6	4
精河县	707	553	75	47	17	13
温泉县	181	135	22	13	6	5

2-16 续 1

地区	300-499 人	500-999 人	1000-4999 人	5000-9999 人	10000 人及以上
总计	**149**	**124**	**80**	**4**	**1**
乌鲁木齐市	**22**	**13**	**18**	**2**	
市辖区				1	
天山区	5	2	4	1	
沙依巴克区	7	1	5		
新市区	4	2	2		
水磨沟区	2	3	2		
头屯河区			2		
达坂城区			1		
米东区		1			
乌鲁木齐县					
乌鲁木齐经济技术开发区	4	2	1		
乌鲁木齐高新技术产业开发区		1	1		
克拉玛依市	**9**	**6**	**5**		**1**
市辖区					
独山子区	2		2		
克拉玛依区	6	5	2		1
白碱滩区	1	1	1		
乌尔禾区					
吐鲁番市	**5**	**4**	**1**		
高昌区	1	3	1		
鄯善县	2	1			
托克逊县	2				
哈密市	**8**	**7**	**1**		
伊州区	5	7	1		
巴里坤哈萨克自治县	1				
伊吾县					
昌吉回族自治州	**9**	**10**	**11**		
昌吉市	5	5	9		
阜康市		1			
呼图壁县	1	1			
玛纳斯县		1			
奇台县		1	1		
吉木萨尔县	3	1	1		
木垒哈萨克自治县					
博尔塔拉蒙古自治州	**6**	**6**	**1**		
博乐市	3	6	1		
阿拉山口市	1				
精河县	2				
温泉县					

2-16 续 2

地　　区	企业法人单位数(个)	7 人及以下	8-19 人	20-49 人	50-99 人	100-299 人
巴音郭楞蒙古自治州	**11428**	**9502**	**1047**	**552**	**187**	**125**
库尔勒市	6827	5814	553	296	81	71
轮台县	1037	819	114	64	22	17
尉犁县	467	362	59	27	14	5
若羌县	456	370	45	25	11	5
且末县	374	304	30	25	10	4
焉耆回族自治县	598	497	60	25	11	5
和静县	1000	817	107	39	22	14
和硕县	440	341	53	36	7	3
博湖县	227	177	26	15	8	1
库尔勒经济技术开发区	2	1			1	
阿克苏地区	**11744**	**9338**	**1483**	**592**	**172**	**135**
阿克苏市	5150	4183	661	192	58	42
温宿县	1065	775	177	83	17	12
库车县	2212	1713	287	138	38	34
沙雅县	917	789	76	32	6	13
新和县	566	448	59	35	15	6
拜城县	889	745	76	37	13	16
乌什县	272	174	57	30	8	3
阿瓦提县	509	389	69	32	13	5
柯坪县	164	122	21	13	4	4
克孜勒苏柯尔克孜自治州	**2213**	**1732**	**259**	**145**	**39**	**32**
阿图什市	1303	1032	146	83	18	21
阿克陶县	453	352	55	27	13	5
阿合奇县	116	89	17	7	2	
乌恰县	341	259	41	28	6	6
喀什地区	**13412**	**10355**	**1743**	**785**	**263**	**203**
喀什市	5047	4064	644	215	59	53
疏附县	502	324	82	56	13	21
疏勒县	966	707	152	83	14	8
英吉沙县	391	234	70	40	27	18
泽普县	494	332	89	42	12	11
莎车县	1753	1335	232	107	32	33
叶城县	1058	816	131	63	22	21
麦盖提县	846	728	62	38	13	3
岳普湖县	429	334	54	26	7	8
伽师县	978	770	91	56	40	15
巴楚县	853	646	121	49	21	12
塔什库尔干塔吉克自治县	93	65	15	9	3	

2-16 续 3

地　　区	300-499 人	500-999 人	1000-4999 人	5000-9999 人	10000 人及以上
巴音郭楞蒙古自治州	**7**	**3**	**5**		
库尔勒市	4	3	5		
轮台县	1				
尉犁县					
若羌县					
且末县	1				
焉耆回族自治县					
和静县	1				
和硕县					
博湖县					
库尔勒经济技术开发区					
阿克苏地区	**8**	**10**	**6**		
阿克苏市	4	4	6		
温宿县	1				
库车县	1	1			
沙雅县	1				
新和县	1	2			
拜城县		2			
乌什县					
阿瓦提县		1			
柯坪县					
克孜勒苏柯尔克孜自治州	**4**	**2**			
阿图什市	2	1			
阿克陶县	1				
阿合奇县	1				
乌恰县		1			
喀什地区	**30**	**24**	**8**	**1**	
喀什市	5	5	2		
疏附县	3	2	1		
疏勒县	2				
英吉沙县	1	1			
泽普县	2	4	2		
莎车县	8	6			
叶城县	3	2			
麦盖提县	1		1		
岳普湖县					
伽师县	3	2		1	
巴楚县	2	1	1		
塔什库尔干塔吉克自治县			1		

2-16 续 4

地　　区	企业法人单位数(个)					
		7 人及以下	8-19 人	20-49 人	50-99 人	100-299 人
和田地区	**6715**	**5038**	**935**	**484**	**139**	**83**
和田市	3083	2508	359	153	39	16
和田县	722	487	130	70	13	14
墨玉县	815	535	143	84	29	18
皮山县	491	349	70	48	13	9
洛浦县	454	277	101	43	21	9
策勒县	353	231	62	33	12	11
于田县	589	476	56	39	8	6
民丰县	208	175	14	14	4	
伊犁哈萨克自治州直属县（市）	**15801**	**12442**	**2003**	**915**	**251**	**162**
伊宁市	3424	2544	513	253	66	37
奎屯市	2303	1612	392	216	41	33
霍尔果斯市	5478	4947	365	122	35	9
伊宁县	599	438	80	39	18	20
察布查尔锡伯自治县	635	472	84	42	18	17
霍城县	1438	1047	260	84	28	19
巩留县	362	221	83	40	9	8
新源县	684	514	93	49	19	9
昭苏县	249	177	39	28	4	1
特克斯县	235	169	43	15	7	1
尼勒克县	394	301	51	27	6	8
塔城地区	**4120**	**3115**	**491**	**314**	**118**	**71**
塔城市	892	708	103	45	16	12
乌苏市	1107	841	130	82	34	18
额敏县	471	343	63	39	20	5
沙湾县	952	698	118	89	26	21
托里县	223	169	22	17	7	8
裕民县	162	130	18	7	7	
和布克赛尔蒙古自治县	313	226	37	35	8	7
阿勒泰地区	**3443**	**2535**	**522**	**249**	**85**	**42**
阿勒泰市	1385	1076	190	73	25	16
布尔津县	306	202	61	32	7	3
富蕴县	334	253	45	17	7	10
福海县	635	401	142	67	22	3
哈巴河县	291	230	25	23	7	4
青河县	251	171	41	23	13	3
吉木乃县	241	202	18	14	4	3
自治区直辖县级市	**7258**	**5653**	**854**	**444**	**185**	**102**
石河子市	3493	2830	372	165	72	41
阿拉尔市	1898	1412	241	143	63	35
图木舒克市	667	515	88	40	14	9
五家渠市	1152	859	144	96	34	17
铁门关市	47	37	9		1	

2-16 续 5

地　　区	300-499 人	500-999 人	1000-4999 人	5000-9999 人	10000 人及以上
和田地区	**18**	**11**	**7**		
和田市	4	3	1		
和田县	6		2		
墨玉县	2	2	2		
皮山县		2			
洛浦县	2		1		
策勒县	2	2			
于田县	1	2	1		
民丰县	1				
伊犁哈萨克自治州直属县（市）	**9**	**12**	**7**		
伊宁市	3	5	3		
奎屯市	3	4	2		
霍尔果斯市					
伊宁县	1	1	2		
察布查尔锡伯自治县	1	1			
霍城县					
巩留县		1			
新源县					
昭苏县					
特克斯县					
尼勒克县	1				
塔城地区	**5**	**4**	**2**		
塔城市	2	4	2		
乌苏市	2				
额敏县	1				
沙湾县					
托里县					
裕民县					
和布克赛尔蒙古自治县					
阿勒泰地区	**3**	**1**	**5**	**1**	
阿勒泰市	2	1	2		
布尔津县			1		
富蕴县			1	1	
福海县					
哈巴河县	1		1		
青河县					
吉木乃县					
自治区直辖县级市	**6**	**11**	**3**		
石河子市	3	7	3		
阿拉尔市	2	2			
图木舒克市		1			
五家渠市	1	1			
铁门关市					

2-17 按地区、资产总计组距分组的小微企业法人单位数

地　　区	企业法人单位数(个)	50 万元及以下	50-100 万元	100-500 万元
总　计	**168800**	**92340**	**13506**	**28739**
乌鲁木齐市	**56922**	**31241**	**4878**	**10422**
市辖区	1			
天山区	10402	6107	843	1839
沙依巴克区	8940	4345	937	2006
新市区	13271	8558	978	2070
水磨沟区	6142	3176	621	1195
头屯河区	2634	932	273	657
达坂城区	240	126	8	29
米东区	3617	1729	374	773
乌鲁木齐县	235	126	11	26
乌鲁木齐经济技术开发区	5125	2575	373	869
乌鲁木齐高新技术产业开发区	6314	3567	460	958
克拉玛依市	**5295**	**2424**	**456**	**1175**
市辖区	2	1		
独山子区	692	315	73	168
克拉玛依区	3801	1730	333	865
白碱滩区	607	266	44	113
乌尔禾区	193	112	6	29
吐鲁番市	**3988**	**1840**	**280**	**683**
高昌区	1764	951	124	262
鄯善县	1198	504	72	217
托克逊县	1026	385	84	204
哈密市	**8741**	**5493**	**533**	**1178**
伊州区	7893	5052	494	1053
巴里坤哈萨克自治县	409	236	16	46
伊吾县	437	205	23	79
昌吉回族自治州	**13305**	**7179**	**932**	**2109**
昌吉市	6626	3594	516	1174
阜康市	1560	855	81	223
呼图壁县	1132	644	60	150
玛纳斯县	821	416	40	115
奇台县	1578	834	122	228
吉木萨尔县	1253	686	81	165
木垒哈萨克自治县	335	150	32	54
博尔塔拉蒙古自治州	**4415**	**2443**	**278**	**686**
博乐市	2599	1456	180	436
阿拉山口市	928	511	48	128
精河县	707	397	38	87
温泉县	181	79	12	35

2-17 续 1

地　　区	500-1000 万元	1000-5000 万元	5000 万元-1 亿元	1 亿元以上
总　计	**10697**	**14486**	**3499**	**5533**
乌鲁木齐市	**3785**	**4382**	**844**	**1370**
市辖区				1
天山区	655	659	121	178
沙依巴克区	738	675	96	143
新市区	643	719	130	173
水磨沟区	434	507	71	138
头屯河区	279	332	57	104
达坂城区	12	32	8	25
米东区	236	322	93	90
乌鲁木齐县	11	22	7	32
乌鲁木齐经济技术开发区	367	562	133	246
乌鲁木齐高新技术产业开发区	410	552	128	239
克拉玛依市	**460**	**535**	**114**	**131**
市辖区				1
独山子区	56	63	10	7
克拉玛依区	337	359	82	95
白碱滩区	59	89	16	20
乌尔禾区	8	24	6	8
吐鲁番市	**333**	**489**	**126**	**237**
高昌区	100	197	48	82
鄯善县	137	155	34	79
托克逊县	96	137	44	76
哈密市	**434**	**617**	**152**	**334**
伊州区	385	533	126	250
巴里坤哈萨克自治县	19	37	14	41
伊吾县	30	47	12	41
昌吉回族自治州	**875**	**1303**	**340**	**567**
昌吉市	444	569	143	186
阜康市	109	156	41	95
呼图壁县	60	115	40	63
玛纳斯县	59	109	31	51
奇台县	96	180	40	78
吉木萨尔县	87	132	36	66
木垒哈萨克自治县	20	42	9	28
博尔塔拉蒙古自治州	**270**	**433**	**112**	**193**
博乐市	163	214	53	97
阿拉山口市	49	110	29	53
精河县	38	89	24	34
温泉县	20	20	6	9

2-17 续 2

地　　区	企业法人单位数（个）	50 万元及以下	50-100 万元	100-500 万元
巴音郭楞蒙古自治州	**11428**	**6581**	**826**	**1738**
库尔勒市	6827	4089	539	1044
轮台县	1037	508	78	184
尉犁县	467	270	25	49
若羌县	456	262	30	58
且末县	374	215	25	46
焉耆回族自治县	598	331	39	102
和静县	1000	575	66	146
和硕县	440	211	20	71
博湖县	227	120	4	37
库尔勒经济技术开发区	2			1
阿克苏地区	**11744**	**6225**	**1156**	**2123**
阿克苏市	5150	2625	642	1009
温宿县	1065	476	94	214
库车县	2212	1059	190	499
沙雅县	917	628	58	81
新和县	566	397	26	53
拜城县	889	538	64	113
乌什县	272	113	31	47
阿瓦提县	509	293	43	82
柯坪县	164	96	8	25
克孜勒苏柯尔克孜自治州	**2213**	**1368**	**150**	**329**
阿图什市	1303	868	80	172
阿克陶县	453	263	40	75
阿合奇县	116	66	10	20
乌恰县	341	171	20	62
喀什地区	**13412**	**7966**	**1077**	**2083**
喀什市	5047	2837	375	852
疏附县	502	245	44	111
疏勒县	966	538	74	174
英吉沙县	391	193	24	64
泽普县	494	278	45	73
莎车县	1753	1180	148	224
叶城县	1058	684	100	132
麦盖提县	846	592	54	98
岳普湖县	429	278	39	50
伽师县	978	676	69	127
巴楚县	853	418	99	162
塔什库尔干塔吉克自治县	93	47	5	16

2-17 续 3

地　　区	500-1000 万元	1000-5000 万元	5000 万元-1 亿元	1 亿元以上
巴音郭楞蒙古自治州	**693**	**951**	**272**	**367**
库尔勒市	370	490	127	168
轮台县	103	112	24	28
尉犁县	25	51	23	24
若羌县	20	47	12	27
且末县	26	36	9	17
焉耆回族自治县	34	48	23	21
和静县	61	79	26	47
和硕县	37	69	14	18
博湖县	17	19	14	16
库尔勒经济技术开发区				1
阿克苏地区	**685**	**952**	**260**	**343**
阿克苏市	335	333	89	117
温宿县	68	129	42	42
库车县	147	204	53	60
沙雅县	31	67	21	31
新和县	19	50	10	11
拜城县	42	73	21	38
乌什县	17	37	10	17
阿瓦提县	20	43	9	19
柯坪县	6	16	5	8
克孜勒苏柯尔克孜自治州	**94**	**157**	**36**	**79**
阿图什市	45	81	20	37
阿克陶县	21	30	6	18
阿合奇县	6	9	1	4
乌恰县	22	37	9	20
喀什地区	**727**	**982**	**237**	**340**
喀什市	307	408	105	163
疏附县	32	45	13	12
疏勒县	65	84	17	14
英吉沙县	31	44	10	25
泽普县	26	52	15	5
莎车县	64	89	20	28
叶城县	49	58	18	17
麦盖提县	34	36	15	17
岳普湖县	18	22	4	18
伽师县	36	53	1	16
巴楚县	61	79	17	17
塔什库尔干塔吉克自治县	4	12	2	7

2-17 续 4

地　　区	企业法人单位数(个)	50 万元及以下	50-100 万元	100-500 万元
和田地区	**6715**	**4151**	**506**	**1060**
和田市	3083	1915	214	503
和田县	722	433	49	115
墨玉县	815	471	87	130
皮山县	491	278	52	91
洛浦县	454	252	44	80
策勒县	353	184	25	75
于田县	589	465	26	44
民丰县	208	153	9	22
伊犁哈萨克自治州直属县（市）	**15801**	**7875**	**1249**	**2704**
伊宁市	3424	1672	323	675
奎屯市	2303	975	290	449
霍尔果斯市	5478	2795	307	915
伊宁县	599	294	35	97
察布查尔锡伯自治县	635	319	56	93
霍城县	1438	898	62	168
巩留县	362	150	42	65
新源县	684	297	69	125
昭苏县	249	127	9	42
特克斯县	235	129	25	27
尼勒克县	394	219	31	48
塔城地区	**4120**	**2189**	**310**	**632**
塔城市	892	515	74	124
乌苏市	1107	579	80	173
额敏县	471	216	43	78
沙湾县	952	513	70	134
托里县	223	135	7	25
裕民县	162	74	15	39
和布克赛尔蒙古自治县	313	157	21	59
阿勒泰地区	**3443**	**1720**	**264**	**521**
阿勒泰市	1385	763	138	215
布尔津县	306	99	36	64
富蕴县	334	191	10	31
福海县	635	272	38	88
哈巴河县	291	173	12	40
青河县	251	99	15	44
吉木乃县	241	123	15	39
自治区直辖县级市	**7258**	**3645**	**611**	**1296**
石河子市	3493	1757	304	610
阿拉尔市	1898	1054	132	290
图木舒克市	667	391	57	99
五家渠市	1152	419	115	283
铁门关市	47	23	3	14

2-17 续 5

地　　区	500-1000 万元	1000-5000 万元	5000 万元-1 亿元	1 亿元以上
和田地区	**362**	**414**	**81**	**141**
和田市	182	171	38	60
和田县	44	55	10	16
墨玉县	39	57	12	19
皮山县	29	27	4	10
洛浦县	28	38	5	7
策勒县	17	34	6	12
于田县	16	20	6	12
民丰县	7	12		5
伊犁哈萨克自治州直属县（市）	**1010**	**1721**	**489**	**753**
伊宁市	225	296	71	162
奎屯市	147	275	69	98
霍尔果斯市	360	637	199	265
伊宁县	29	82	28	34
察布查尔锡伯自治县	40	73	17	37
霍城县	73	141	39	57
巩留县	32	42	9	22
新源县	63	72	25	33
昭苏县	9	38	12	12
特克斯县	12	23	7	12
尼勒克县	20	42	13	21
塔城地区	242	429	125	193
塔城市	45	80	23	31
乌苏市	61	139	22	53
额敏县	39	51	17	27
沙湾县	51	92	44	48
托里县	16	17	3	20
裕民县	15	12	5	2
和布克赛尔蒙古自治县	15	38	11	12
阿勒泰地区	**238**	**413**	**106**	**181**
阿勒泰市	76	105	28	60
布尔津县	28	47	7	25
富蕴县	18	48	11	25
福海县	60	116	36	25
哈巴河县	24	21	6	15
青河县	18	44	12	19
吉木乃县	14	32	6	12
自治区直辖县级市	**489**	**708**	**205**	**304**
石河子市	235	324	100	163
阿拉尔市	126	182	55	59
图木舒克市	42	49	12	17
五家渠市	84	148	38	65
铁门关市	2	5		

附录：普查指标解释

法人单位、产业活动单位和个体经营户的划分规定

一、划分规定

1.法人单位

法人单位是指有权拥有资产、承担负债，并独立从事社会经济活动（或与其他单位进行交易）的组织。法人单位应同时具备以下条件：

（1）依法成立，有自己的名称、组织机构和场所，能够独立承担负债和其他民事责任；

（2）独立拥有和使用（或受权使用）资产，有权与其他单位签订合同；

（3）会计上独立核算，能够编制资产负债表等会计报表。

在统计实践中，法人单位包括五种类型：企业法人、事业单位法人、机关法人、社会团体法人、其他法人。

①企业法人。指依据《中华人民共和国公司登记管理条例》、《中华人民共和国企业法人登记管理条例》等国家法律和法规，经各级市场监管机关登记注册，领取《企业法人营业执照》的企业。包括：

a.公司制企业法人；

b.非公司制企业法人；

不具有法人资格、但依法成立的个人独资企业、合伙企业在统计上视同法人。

②事业单位法人。指经国务院或地方县级以上机构编制管理部门批准、经国家或地方县级以上事业单位登记管理部门登记或备案，领取《事业单位法人证书》，取得法人资格的事业单位。包括：

a.各级党委、政府直属事业单位；

b.中共中央、国务院直属事业单位举办的事业单位；

c.各级人大、政协机关，监察委员会、人民法院、人民检察院和各民主党派机关举办的事业单位；

d.各级党委部门和政府部门举办的事业单位；

e.使用财政性经费的群众团体举办的事业单位；

f.国有企业及其他组织利用国有资产举办的事业单位；

g.依照法律或有关规定，应当由各级登记管理机关登记的其他事业单位。

③机关法人。指各级政党机关和国家机关。包括：

a.县级以上各级中国共产党委员会及其所属各工作部门；

b.县级以上各级人民代表大会机关；

c.县级以上各级人民政府及其所属各工作部门，以及地区行政行署；

d.县级以上各级政治协商会议机关；

e.县级以上各级监察委员会、人民法院、检察院机关；

f.县级以上各民主党派和工商联机关；

g.乡、镇中国共产党委员会和人民政府。

④社会团体法人。指依据《社会团体登记管理条例》，经国家或县级以上民政部门登记注册或备案，领取《社会团体法人登记证书》的各类社会团体，以及由机构编制管理部门管理其编制的群众团体。

⑤其他法人。指除上述类型以外的法人。具体是指依据《中华人民共和国居民委员会组织法》《中华人民共和国村民委员会组织法》《中华人民共和国农民专业合作社法》《民办非企业单位登记管理暂行条例》《基金会管理条例》及其他法律、法规成立，具备法人条件的单位。包括：

a.居民委员会和村民委员会；

b.基金会；

c.民办非企业单位、社会服务机构；

d.宗教活动场所；

e.农民专业合作社；

f.其他未列明法人单位。

2.产业活动单位

产业活动单位是指位于一个地点，从事一种或主要从事一种社会经济活动的组织或组织的一部分。产业活动单位应同时具备以下条件：

（1）在一个场所从事一种或主要从事一种社会经济活动；

（2）相对独立地组织生产活动或经营活动；

（3）能提供收入或者支出等相关资料。

产业活动单位是法人单位的组成部分。仅包含一个产业活动单位的法人单位，称为单产业法人单位，该法人单位同时也是一个产业活动单位；由两个及以上产业活动单位组成的法人单位，称为多产业法人单位，这些产业活动单位接受法人单位的管理和控制。

3.个体经营户

个体经营户包括个体工商户和其他个体经营户。

个体工商户是指按照《个体工商户条例》规定，依法在市场监管机关登记注册、开展经营活动的个人或家庭。

其他个体经营户是指未在市场监管机关登记注册，但有相对固定场所、一年内实际从事二、三产业个体经营活动累计三个月以上的个人和家庭户。但不包括农民家庭以辅助劳力或利用农闲时间进行的一些兼营性的工业、商业及其他活动。

二、普查主要原则

1.社会经济活动所在地（实际经营地、实际运营地等）与行政登记住所在同一地点的普查对象，归入该地点所在县级区域的普查范围。

2.社会经济活动所在地（实际经营地、实际运营地等）与行政登记住所不在同一地点的普查对象，归入社会经济活动所在地（实际经营地、实际运营地等）的县级区域的普查范围。但是，建筑业法人单位归入注册地所在的县级区域的普查范围。

3.有两处或两处以上社会经济活动所在地（实际经营地、实际运营地等）的普查对象，符合条件的，分别作为法人单位和产业活动单位进行普查，否则归入主要社会经济活动所在地的县级区域的普查范围。

4.含有多个法人单位的多法人联合体，应分别对每个法人单位开展普查，不能将多个法人单位作为一个普查对象。

5.视同法人单位与法人单位履行相同的普查义务，填报法人单位普查表。

普查单位划分有关问题的处理办法

鉴于以往经济普查中遇到的一些特殊情况，结合《统计单位划分及具体处理办法》(国统字〔2011〕96号）的规定，特作以下具体处理规定：

1.有关垂直管理单位的跨地区分支机构的处理办法

（1）国有商业银行、国家开发银行及政策性银行、股份制商业银行、中国邮政储蓄银行、城市商业银行、外资银行、农村商业银行等垂直管理单位设立的省（自治区、直辖市）和市（地、州、盟）分支机构（包含直辖市中的区(县)分支机构）视同法人单位；县（区、市、旗）支行及所属的分理处、储蓄所等营业网点作为产业活动单位；

农村信用合作社除独立法人外，都作为产业活动单位；

其他银行业金融机构的分支机构作为产业活动单位。

（2）保险公司垂直管理的省（自治区、直辖市）、市（地、州、盟）保险机构（包含直辖市中的区(县)保险机构）视同法人单位；县（市、区、旗）及以下分支机构作为产业活动单位。

（3）中国电信集团有限公司、中国电信股份有限公司、中国移动通信集团有限公司、中国移动通信有限公司、中国联合网络通信集团有限公司、中国联合网络通信股份有限公司、中国铁通集团有限公司、中移铁通有限公司、中国铁塔股份有限公司等垂直管理单位设立的省（自治区、直辖市)、市（地、州、盟）分支机构（包含直辖市中的区(县)分支机构）视同法人单位，县（市、区、旗）分支机构及营业网点作为产业活动单位。为电信公司提供分销服务且不隶属于电信系统的经营代办网点，根据证照确定单位类型。

（4）中国石油天然气集团有限公司、中国石油天然气股份有限公司、中国石油化工集团公司、中国石油化工股份有限公司、中国海洋石油集团有限公司等垂直管理单位设立的省（自治区、直辖市）、市（地、州、盟）分支机构（包含直辖市中的区(县)分支机构）视同法人单位，省（自治区、直辖市）、市（地、州、盟）石油销售公司视同法人单位，县（市、区、旗）及以下石油销售单位作为产业活动单位。中国石油天然气集团有限公司、中国石油天然气股份有限公司、中国石油化工集团公司、中国石油化工股份有限公司、中国海洋石油集团有限公司下属的加油站作为产业活动单位；其他加油站根据证照确定单位类型。

（5）隶属于中国邮政集团公司的省（自治区、直辖市）、市（地、州、盟）邮政机构视同法人单位；县（市、区、旗）及以下分支机构作为产业活动单位。

（6）隶属于国家烟草专卖局（中国烟草总公司）、中国盐业集团有限公司的市（地、州、盟）及以上烟草、盐业专卖机构视同法人单位；县及以下分支机构作为产业活动单位。

（7）国家电网有限公司、区域电网公司下属的非法人省（自治区、直辖市）分公司视同法人单位；发电公司、供电公司下属的非独立核算电力生产企业视同法人单位；非独立核算的市（地、州、盟）、县（市、区、旗）供电公司作为产业活动单位。

2.派出机构的处理办法

（1）企业法人和事业单位法人的派出机构（办事处、联络处、办公室、销售部、售后服务部等），按照以下情况处理：

①对外从事经营活动的派出机构（如销售部、售后服务部等），在市场监管部门登记注册并具有法人资格的，作为法人单位；符合产业活动单位条件的，作为产业活动单位；否则，不单独作为普查对象。

②未领取相关证照、不直接从事经营活动的派出机构（如办事处、联络处、办公室等），不单独作为普查对象。

（2）城镇街道办事处视同法人单位。

（3）外国企业和港澳台企业在中国境内常驻的从事与该企业业务有关的非营利性活动的办事处、代表处等机构，不具有法人资格的，作为产业活动单位。

3.内设机构的处理办法

（1）住宿业单位（宾馆、饭店）的内设机构，如从事餐饮、娱乐、健身、洗浴、商务服务等活动，符合产业活动单位条件的，作为住宿业单位的产业活动单位，否则不单独作为普查对象。住宿业单位（宾馆、饭店）将内设机构承包或出租给外单位（含个人），从事餐饮、娱乐、健身、洗浴、商务服务等活动，按照证照确定单位类型。

（2）企事业单位、机关下属不具备法人单位条件，以为本单位提供住宿、餐饮、卫生、洗浴、托儿所、运输、建筑、农业（农场、牧场）等服务为主的机构，符合产业活动单位条件的，作为产业活动单位；否则不单独作为普查对象。

（3）购物中心（百货商场、超市、仓储会员店等）内经营单位的划分，按照以下情况处理：

①购物中心自营的商品销售或餐饮经营活动，符合产业活动单位条件的，作为产业活动单位，否则不单独作为普查对象。

②购物中心对外出租店面或柜台的活动。由购物中心统一核算收支的出租店面或柜台，不单独划分单位，其各项指标包含在购物中心法人企业中；不由购物中心统一核算收支，但已进行登记注册的承租单位，根据证照确定单位类型；不由购物中心统一核算收支，且未进行登记注册的承租单位，符合产业活动单位规定的，作为承租方的产业活动单位，符合个体经营户规定的，作为个体经营户。

③百货商场、超市、仓储会员店以及其他商品零售门店或场所内出租店面或柜台的，参照上述情况处理。

④商品交易市场（集贸市场）内的经营单位，已进行登

记注册的单位，根据证照确定单位类型；未进行登记注册的单位，符合产业活动单位规定的，作为承租方的产业活动单位，符合个体经营户规定的，作为个体经营户。

4.企业集团的处理办法

企业集团是指以资本为主要联结纽带的母子公司为主体，以集团章程为共同行为规范的母公司、子公司、参股公司及其他成员企业或机构共同组成的具有一定规模的企业法人联合体。企业集团的母公司（核心企业）、子公司（成员企业），在法律和经济上都是独立的，均是企业法人，应分别单独填报法人单位普查表，其各项指标只包括本法人及其所属的产业活动单位的数据。

对企业集团本部根据下述情况分别处理：

（1）按照《企业集团登记管理暂行规定》登记、并领取《企业集团登记证》的企业集团，不具有法人资格，不单独作为普查对象。如果企业集团本部符合产业活动单位条件，则作为其母公司（核心企业）的产业活动单位。

（2）如果企业集团本部具有法人资格，且自己从事对外经营活动，则企业集团本部按所从事的活动单独填报法人单位普查表，其各项指标只包括企业本部的数据。

（3）如果企业集团本部具有法人资格，但自己不从事对外经营活动，则企业集团本部单独填报法人单位普查表，行业归入“企业总部管理”，其各项指标只包括企业本部的数据。

5.其他有关单位的处理办法

（1）工会。按照国家行政区划在县级行政区域以上成立的各级总工会，以及同行业或相近行业成立的符合法人单位条件的产业工会作为社团法人单位；各单位内部工会组织不单独作为普查对象。

（2）乡镇政府和党委。乡镇政府和党委，如果分别有单独的“三定方案”，且会计上能够单独核算资产，则分别作为法人单位；否则，作为一个法人单位，单位名称填写为“某某某乡（镇）人民政府（党委）”。

（3）乡镇中小学。若领取法人证照，作为单独的法人单位；若未领取法人证照，但能提供收入或者支出等相关资料，作为产业活动单位；不能提供收入或者支出等相关资料的，不单独作为普查对象；乡村教学点不单独作为普查对象。

（4）村和社区医疗服务等单位。若领取市场监管或民政部门的法人证照，作为单独的法人单位。若未在市场监管、民政部门领取证照，仅领取卫生部门颁发的许可证，如能提供收入或者支出等相关资料，作为个体经营户；若不能提供收入或者支出等相关资料（例如，医院或乡镇卫生院派出医务人员的村和社区医疗服务单位，派出医务人员工资由派出单位负责），不单独作为普查对象。

（5）跨地区水利系统的分支机构。凡跨县级以上行政区划的流域水利管理机构的县级及以上分支机构（河务局、处、所）视同法人单位。

（6）彩票销售网点。彩票销售网点是各级彩票中心下属的彩票投注站点，一般依附于其他单位存在，不作为单独的单位填报普查表。

（7）未领取证照的从事建筑业活动的个体经营者。在城镇、乡村从事建筑业活动的个体劳动者（如：泥瓦工、木工、油漆工、水电工等），对外承接工程、单独从事建筑业活动或雇佣人员进行施工、年累计经营活动达三个月以上、完成施工项目并同业主进行财务结算的，作为建筑业个体经营户。

普查主要指标解释

法人单位 是指有权拥有资产、承担负债，并独立从事社会经济活动（或与其他单位进行交易）的组织。法人单位应同时具备以下条件：

1. 依法成立，有自己的名称、组织机构和场所，能够独立承担民事责任；

2. 独立拥有（或受权使用）资产，有权与其他单位签订合同；

3. 会计上独立核算，能够编制资产负债表等会计报表。

在统计实践中，法人单位包括：企业法人、事业单位法人、机关法人、社会团体法人、民办非企业单位、基金会、居委会、村委会、其他法人。

企业法人 是指依据《中华人民共和国公司登记管理条例》《中华人民共和国企业法人登记管理条例》等国家法律和法规，经各级市场监管机关登记注册，领取《企业法人营业执照》的企业。包括：

1. 公司制企业法人；

2. 非公司制企业法人。

不具有法人资格、但依法成立的个人独资企业、合伙企业在统计上视同法人。

事业单位法人 是指经国务院或地方县级以上机构编制管理部门批准、经国家或地方县级以上事业单位登记管理部门登记或备案，领取《事业单位法人证书》，取得法人资格的事业单位。包括：

1. 各级党委、政府直属事业单位；

2. 中共中央、国务院直属事业单位举办的事业单位；

3. 各级人大、政协机关，监察委员会、人民法院、人民检察院和各民主党派机关举办的事业单位；

4. 各级党委部门和政府部门举办的事业单位；

5. 使用财政性经费的群众团体举办的事业单位；

6. 国有企业及其他组织利用国有资产举办的事业单位；

7. 依照法律或有关规定，应当由各级登记管理机关登记的其他事业单位。

机关法人 是指各级政党机关和国家机关。包括：

1. 县级以上各级中国共产党委员会及其所属各工作部门；

2. 县级以上各级人民代表大会机关；

3. 县级以上各级人民政府及其所属各工作部门，以及地区行政行署；

4. 县级以上各级政治协商会议机关；

5. 县级以上各级监察委员会、人民法院、检察院机关；

6. 县级以上各民主党派和工商联机关；

7. 乡、镇中国共产党委员会和人民政府。

社会团体法人 是指依据《社会团体登记管理条例》，经国家或县级以上民政部门登记注册或备案，领取《社会团体法人登记证书》的各类社会团体，以及由机构编制管理部门管理其编制的群众团体。

民办非企业单位 指企业单位、事业单位、社会团体和其他社会力量以及公民个人利用非国有资产举办的，从事非营利性社会服务的社会组织。民办非企业法人指经各级民政部门核准登记，领取《民办非企业单位登记证书》的民办非企业单位。

基金会 指民政部、省级、地级或市级民政部门核准登记的，颁发《基金会法人登记证书》的基金会。

居委会 由不设区的市、市辖区的人民政府决定设立的社区（居委会）。

村委会 由乡、民族乡、镇的人民政府提出，经村民会议讨论同意后，报县级人民政府批准，设立的村民委员会。

其他法人 是指除上述类型以外的法人。具体是指依据《中华人民共和国农民专业合作社法》及其他法律、法规成立，具备法人条件的单位。

单产业法人 是指仅包含一个产业活动单位的法人单位，称为单产业法人单位，该法人单位同时也是一个产业活动单位。

多产业法人 是指由两个及以上产业活动单位组成的法人单位，称为多产业法人单位，这些产业活动单位接受法人单位的管理和控制。

从业人员期末人数 指报告期最后一日在本单位工作，并取得工资或其他形式劳动报酬的人员数。该指标为时点指标，不包括最后一日当天及以前已经与单位解除劳动合同关系的人员，是在岗职工、劳务派遣人员及其他从业人员之和。从业人员不包括：

1. 离开本单位仍保留劳动关系，并定期领取生活费的人员；

2. 在本单位实习的各类在校学生；

3. 本单位因劳务外包而使用的人员，如：建筑业整建制使用的人员。

营业收入 指企业经营主要业务和其他业务所确认的收入总额。营业收入包括"主营业务收入"和"其他业务收入"。根据会计"利润表"中"营业收入"项目的本年累计数填报。

资产总计 指企业过去的交易或者事项形成的、由企业拥有或者控制的、预期会给企业带来经济利益的资源。资产一般按流动性（资产的变现或耗用时间长短）分为流动资产和非流动资产。其中流动资产可分为货币资金、交易性金融资产、应收票据、应收账款、预付款项、其他应收款、存货等；非流动资产可分为长期股权投资、固定资产、无形资产及其他非流动资产等。

登记注册类型 指企业或企业产业活动单位的登记注册类型，市场监管部门对企业（单位）登记注册的类型分为以下几种：

1. 国有企业：指企业全部资产归国家所有，并按《中华人民共和国企业法人登记管理条例》规定登记注册的非公司制的经济组织。不包括有限责任公司中的国有独资公司。

2．集体企业：指企业资产归集体所有，并按《中华人民共和国企业法人登记管理条例》规定登记注册的经济组织。

3．股份合作企业：指以合作制为基础，由企业职工共同出资入股，吸收一定比例的社会资产投资组建，实行自主经营，自负盈亏，共同劳动，民主管理，按劳分配与按股分红相结合的一种集体经济组织。

4．联营企业：指两个及两个以上相同或不同所有制性质的企业法人或事业单位法人，按自愿、平等、互利的原则，共同投资组成的经济组织。联营企业包括国有联营企业、集体联营企业、国有与集体联营企业和其他联营企业。

国有联营企业 指所有联营单位均为国有。

集体联营企业 指所有联营单位均为集体。

国有与集体联营企业 指联营单位既有国有也有集体。

其他联营企业 指上述三种联营企业之外的其他联营形式的企业。

5．有限责任公司：指根据《中华人民共和国公司登记管理条例》规定登记注册，由两个以上，五十个以下的股东共同出资，每个股东以其所认缴的出资额对公司承担有限责任，公司以其全部资产对其债务承担责任的经济组织。有限责任公司包括国有独资公司以及其他有限责任公司。

国有独资公司 指国家授权的投资机构或者国家授权的部门单独投资设立的有限责任公司。

其他有限责任公司 指国有独资公司以外的其他有限责任公司。

6．股份有限公司：指根据《中华人民共和国公司登记管理条例》规定登记注册，其全部注册资本由等额股份构成并通过发行股票筹集资本，股东以其认购的股份对公司承担有限责任，公司以其全部资产对其债务承担责任的经济组织。

7．私营企业：指由自然人投资设立或由自然人控股，以雇佣劳动为基础的营利性经济组织。包括按照《公司法》《合伙企业法》《私营企业暂行条例》以及《个人独资企业法》规定登记注册的私营独资企业、私营合伙企业、私营有限责任公司、私营股份有限公司和个人独资企业。

私营独资企业 指按《私营企业暂行条例》的规定，由一名自然人投资经营，以雇佣劳动为基础，投资者对企业债务承担无限责任的企业。

私营合伙企业 指按《合伙企业法》或《私营企业暂行条例》的规定，由两个以上自然人按照协议共同投资、共同经营、共负盈亏，以雇佣劳动为基础，对债务承担无限责任的企业。

私营有限责任公司 指按《公司法》《私营企业暂行条例》的规定，由两个以上自然人投资或由单个自然人控股的有限责任公司。

私营股份有限公司 指按《公司法》的规定，由五个以上自然人投资，或由单个自然人控股的股份有限公司。

8．其他企业：指上述第1条至第7条之外的其他内资经济组织。

9．合资经营企业（港或澳、台资）：指港澳台地区投资者与内地的企业依照《中华人民共和国中外合资经营企业法》及有关法律的规定，按合同规定的比例投资设立，分享利润和分担风险的企业。

10．合作经营企业（港或澳、台资）：指港澳台地区投资者与内地企业依照《中华人民共和国中外合作经营企业法》及有关法律的规定，依照合作合同的约定进行投资或提供条件设立，分配利润、分担风险和亏损的企业。

11．港、澳、台商独资经营企业：指依照《中华人民共和国外资企业法》及有关法律的规定，在内地由港澳台地区投资者全额投资设立的企业。

12．港、澳、台商投资股份有限公司：指根据国家有关规定，经商务部（原外经贸部）批准设立，并且其中港、澳、台商的股本占公司注册资本的比例达25%以上的股份有限公司。凡其中港、澳、台商的股本占公司注册资本的比例小于25%的，属于内资中的股份有限公司。

13．其他港、澳、台商投资企业：指在中国境内参照《外国企业或个人在中国境内设立合伙企业管理办法》和《外商投资合伙企业登记管理规定》，依法设立的港、澳、台商投资合伙企业。

14．中外合资经营企业：指外国企业或外国人与中国内地企业依照《中华人民共和国中外合资经营企业法》及有关法律的规定，按合同规定的比例投资设立，分享利润和分担风险的企业。

15．中外合作经营企业：指外国企业或外国人与中国内地企业依照《中华人民共和国中外合作经营企业法》及有关法律的规定，依照合作合同的约定进行投资或提供条件设立，分配利润、分担风险和亏损的企业。

16．外资企业：指依照《中华人民共和国外资企业法》及有关法律的规定，在中国内地由外国投资者全额投资设立的企业。

17．外商投资股份有限公司：指根据国家有关规定，经商务部（原外经贸部）批准设立，并且其中外资的股本占公司注册资本的比例达25%以上的股份有限公司。凡其中外资股本占公司注册资本的比例小于25%的，属于内资中的股份有限公司。

18．其他外商投资企业：指在中国境内依照《外国企业或个人在中国境内设立合伙企业管理办法》和《外商投资合伙企业登记管理规定》，依法设立的外商投资合伙企业。

企业控股情况 根据企业实收资本中某种经济成分的出资人的实际投资情况，或出资人对企业资产的实际控制、支配程度进行分类。具体分为国有控股、集体控股、私人控股、港澳台商控股、外商控股和其他六类。

国有控股 包括：（1）在企业的全部实收资本中，国有经济成分的出资人拥有的实收资本（股本）所占企业全部实收资本（股本）的比例大于50%的国有绝对控股。（2）在企业的全部实收资本中，国有经济成分的出资人拥有的实收资本（股本）所占比例虽未大于50%，但相对大于其他任何一方经济成分的出资人所占比例的国有相对控股；或者虽不大于其他经济成分，但根据协议规定拥有企业实际控制权的国有协议控股。（3）投资双方各占50%，且未明确由谁绝对控股的企业，若其中一方为国有经济成分的，一律按国有控股处理。

集体控股 包括：（1）在企业的全部实收资本中，集体经济成分的出资人拥有的实收资本（股本）所占企业全部实收资本（股本）的比例大于50%的集体绝对控股。（2）在企业的全部实收资本中，集体经济成分的出资人拥有的实收资本（股本）所占比例虽未大于50%，但相对大于其他任何一方经济成分的出资人所占比例的集体相对控股；或者虽不大于其他经济成分，但根据协议规定拥有企业实际控制权的集体协议控股。

私人控股 包括：（1）在企业的全部实收资本中，私人经济成分的出资人拥有的实收资本（股本）所占企业全部实收资本（股本）的比例大于50%的私人绝对控股。（2）在企业的全部实收资本中，私人经济成分的出资人拥有的实收资本（股本）所占比例虽未大于50%，但相对大于其他任何一方经济成分的出资人所占比例的私人相对控股；或者虽不大于其他经济成分，但根据协议规定拥有企业实际控制权的私人协议控股。

港澳台商控股 包括：（1）在企业的全部实收资本中，港澳台商经济成分的出资人拥有的实收资本（股本）所占企业全部实收资本（股本）的比例大于50%的港澳台商绝对控股。（2）在企业的全部实收资本中，港澳台商经济成分的出资人拥有的实收资本（股本）所占比例虽未大于50%，但相对大于其他任何一方经济成分的出资人所占比例的港澳台商相对控股；或者虽不大于其他经济成分，但根据协议规定拥有企业实际控制权的港澳台商协议控股。

外商控股 包括：（1）在企业的全部实收资本中，外商经济成分的出资人拥有的实收资本（股本）所占企业全部实收资本（股本）的比例大于50%的外商绝对控股。（2）在企业的全部实收资本中，外商经济成分的出资人拥有的实收资本（股本）所占比例虽未大于50%，但相对大于其他任何一方经济成分的出资人所占比例的外商相对控股；或者虽不大于其他经济成分，但根据协议规定拥有企业实际控制权的外商协议控股。

其他控股情况 除上述五类以外的企业控股情况。

资产总计 指企业过去的交易或者事项形成的、由企业拥有或者控制的、预期会给企业带来经济利益的资源。资产一般按流动性（资产的变现或耗用时间长短）分为流动资产和非流动资产。其中流动资产可分为货币资金、交易性金融资产、应收票据、应收账款、预付款项、其他应收款、存货等；非流动资产可分为长期股权投资、固定资产、无形资产及其他非流动资产等。根据会计“资产负债表”中“资产总计”项目的期末余额数填报。包括企业拥有的土地、办公楼、厂房、机器、运输工具、存货等实物资产和现金、存款、应收账款和预付账款等金融资产。

流动资产合计 资产满足以下条件之一应归为流动资产：（1）预计在一个正常营业周期中变现、出售或耗用，主要包括存货、应收账款等；（2）主要为交易目的而持有；（3）预计在资产负债表日起一年内（含一年）变现；（4）自资产负债日起一年内，交换其他资产或清偿负债的能力不受限制的现金或现金等价物。包括货币资金、应收票据、应收账款、存货等项目。根据会计“资产负债表”中“流动资产合计”项目的期末余额数填报。

应收账款 指企业因销售商品、提供劳务等经营活动所形成的债权，包括应向客户收取的货款、增值税款和为客户代垫的运杂费等。根据会计“资产负债表”中“应收账款”项目的期末余额数填报。

存货 指企业在日常活动中持有以备出售的产成品或商品、处在生产过程中的在产品、在生产过程或提供劳务过程中耗用的材料或物料等，通常包括原材料、在产品、半成品、产成品、商品以及周转材料等。根据会计“资产负债表”中“存货”项目的期末余额数填报。其中：“年初存货”根据会计“资产负债表”中“存货”项目的年初余额数填报。注意：“存货”具有实物形态，不属于无形资产，由于企业持有存货的最终目的是为了出售，所以房地产开发企业（单位）购置的土地、尚未销售的商品房等均计入“存货”。

产成品 指企业已经完成全部生产过程并验收入库，可以按照合同规定的条件送交订货单位，或者可以作为商品对外销售的产品。根据会计“产成品”科目的借方余额填报。

固定资产原价 指固定资产的成本，包括企业在购置、自行建造、安装、改建、扩建、技术改造某项固定资产时所发生的全部支出总额。根据会计“固定资产”科目的期末借方余额填报。

累计折旧 指企业在报告期末提取的历年固定资产折旧累计数。根据会计“累计折旧”科目的期末贷方余额填报。

固定资产净额 指固定资产原价减去累计折旧、固定资产减值准备后的金额。当会计“资产负债表”列示“固定资产净额”项目时，根据“固定资产净额”项目的期末余额数填报；当会计“资产负债表”列示“固定资产”项目，且含义及核算范围与本指标解释一致时，根据“固定资产”项目的期末余额数填报；其他情况，根据会计“固定资产”科目的期末余额，减去“累计折旧”和“固定资产减值准备”科目的期末余额后的金额填报。

负债合计 指企业过去的交易或者事项形成的，预期会导致经济利益流出企业的现时义务。负债一般按偿还期长短分为流动负债和非流动负债。根据会计资产负债表中“负债合计”项目的期末余额数填报。包括银行贷款、借款、应付账款、应付职工工资、应付职工福利费、应交税金等企业负有偿还责任的债务。

执行企业会计准则或《小企业会计准则》的企业：负债合计=流动负债合计+非流动负债合计；执行其他企业会计制度的企业负债包括流动负债和长期负债。

流动负债合计 负债满足下列条件之一的应归为流动负债：（1）预计在一个正常营业周期中清偿；（2）主要为交易目的而持有；（3）自资产负债表日起一年内到期应予清偿；

（4）企业无权自主地将清偿推迟至资产负债表日后一年以上。包括短期借款、应付票据、应付账款、应付职工薪酬、应交税费等项目。根据会计资产负债表中“流动负债合计”项目的期末余额数填报。

应付账款 指企业因购买材料、商品和接受劳务供应等经营活动应支付的款项。根据会计资产负债表中“应付账款”项目的期末余额数填报。

所有者权益合计 指企业资产扣除负债后由所有者享有的剩余权益。公司的所有者权益又称股东权益。包括实收资本、资本公积、盈余公积、未分配利润等。根据会计资产负债表中“所有者权益合计”项目的期末余额数填报。

实收资本 指企业各投资者实际投入的资本（或股本）总额，包括货币、实物、无形资产等各种形式的投入。实收资本按投资主体可分为国家资本、集体资本、法人资本、个人资本、港澳台资本和外商资本。根据会计资产负债表中“所有者权益”项下“实收资本”的期末余额数填报。

国家资本 指有权代表国家投资的政府部门或机构、直属事业单位对企业形成的资本金。根据会计“实收资本”科目计算填报。

集体资本 指由本企业职工等自然人集体投资或各种机构对企业进行扶持形成的集体性质的资本金。根据会计“实收资本”科目计算填报。

法人资本 指其他法人单位以其依法可支配的资产投入企业形成的资本金。根据会计“实收资本”科目计算填报。

个人资本 指自然人实际投入企业的资本金。根据会计“实收资本”科目计算填报。

港澳台资本 指我国香港、澳门和台湾地区投资者实际投入企业的资本金。根据会计“实收资本”科目计算填报。

外商资本 指外国投资者实际投入企业的资本金。根据会计“实收资本”科目计算填报。

营业收入 指企业经营主要业务和其他业务所确认的收入总额。营业收入包括“主营业务收入”和“其他业务收入”。根据会计“利润表”中“营业收入”项目的本年累计数填报。

营业成本 指企业经营主要业务和其他业务所发生的成本总额。包括企业（单位）在报告期内从事销售商品、提供劳务等日常活动发生的各种耗费。包括“主营业务成本”和“其他业务成本”。根据会计“利润表”中“营业成本”项目的本年累计数填报。

销售费用 指企业在销售商品和材料、提供劳务的过程中发生的各种费用，包括保险费、包装费、展览费和广告费、商品维修费、预计产品质量保证损失、运输费、装卸费等以及为销售本企业商品而专设的销售机构（含销售网点、售后服务网点等）的职工薪酬、业务费、折旧费等经营费用。建筑业企业销售费用指企业从事施工生产活动过程中发生的各项费用，包括应由企业负担的运输费、装卸费、包装费、保险费、维修费、展览费、差旅费、广告费和其他经费。房地产企业销售费用指企业在从事主要经营业务过程中所发生的各项销售费用，包括转让、销售、结算和出租开发产品等。执行企业会计准则或《小企业会计准则》的企业，根据会计“利润表”中“销售费用”项目的本年累计数填报。执行其他企业会计制度的企业，根据会计“利润表”中“营业费用（或经营费用）”项目的本年累计数填报。

管理费用 指企业为组织和管理企业生产经营所发生的费用，包括企业在筹建期间内发生的开办费、董事会和行政管理部门在企业经营管理中发生的，或者应当由企业统一负担的公司经费等。根据会计“利润表”中“管理费用”项目的本年累计数填报。执行财政部《关于修订印发 2018 年度一般企业财务报表格式的通知》（财会〔2018〕15 号）的企业，应把研发费用项目的本年累计数归并到管理费用项目中填报。

财务费用 指企业为筹集生产经营所需资金等而发生的筹资费用，包括企业生产经营期间发生的利息支出（减利息收入）、汇兑损失（减汇兑收益）以及相关的手续费等。根据会计“利润表”中“财务费用”项目的本年累计数填报。

利息收入 指非金融企业存款业务所确认的利息金额。根据企业“财务费用明细账”中“财务费用——利息收入”科目的本期发生额填报。如果未设置该科目，填“0”。

利息支出 指企业短期借款利息、长期借款利息、应付票据利息、票据贴现利息、应付债券利息、长期应付引进国外设备款利息等利息支出。根据企业“财务费用明细账”中“财务费用——利息支出”科目的本期发生额填报。如果企业没有单独设立“利息收入”科目，应填报利息支出减去银行存款等的利息收入后的净额。

投资收益 指企业确认的投资收益或投资损失，反映企业以各种方式对外投资所取得的收益。根据会计“利润表”中“投资收益”项目的本年累计数填报。如为投资损失以“-”号记。

营业利润 指企业从事生产经营活动所取得的利润。执行企业会计准则或《小企业会计准则》的企业，营业利润为营业收入减去营业成本、税金及附加、销售费用、管理费用、财务费用、资产减值损失，再加上公允价值变动收益、投资收益和其他收益后的金额，根据会计“利润表”中“营业利润”项目的本年累计数填报；执行其他企业会计制度的企业，营业利润为营业收入减去营业成本、税金及附加、销售费用、管理费用、财务费用，再加上投资收益后的金额，根据会计“损益表”中“营业利润”项目、“投资收益”项目的本年累计数之和填报。

利润总额 指企业在一定会计期间的经营成果，是生产经营过程中各种收入扣除各种耗费后的盈余，反映企业在报告期内实现的盈亏总额。利润总额为营业利润加上营业外收入，减去营业外支出后的金额，根据会计“利润表”中“利润总额”项目的本年累计数填报。

平均用工人数 指报告期企业平均实际拥有的、参与本企业生产经营活动的人员数。

原煤 指煤矿生产的、经过验收符合质量标准的原煤。即：从毛煤中选出规定粒度的矸石（包括黄铁矿等杂物）并且绝对干燥灰分在40%以下的原煤。绝对干燥灰分虽在40%以上，但经有关部门批准开采，并有消费需求的劣质煤，亦应计入原煤产量。原煤分为无烟煤、烟煤、褐煤，在烟煤中又分为炼焦烟煤和一般烟煤两种。原煤不包括石煤、泥煤（泥炭）和伴随原煤生产过程而采出的煤矸石。

原油 指各种碳氢化合物的复杂混合物，通常呈暗褐色或者黑色液态，少数呈黄色、淡红色、淡褐色。包括自油井开采的原油；因事故、自然灾害以及探井、未交采油单位或未具备生产条件的井中产生的落地油（产量按已销售、利用、回收的量计算）；油（气）井井口直接回收和经处理装置回收的凝析油等。

天然气 指以气态碳氢化合物为主的各种气体的混合物，由有机物质经生物化学作用分解而成，或与石油共存于岩石的裂缝和空洞中，或以溶解状态存在于地下水中；主要成分为甲烷（约占85%-95%），还有乙烷、丙烷、丁烷等，是一种优质燃料和化工原料。天然气分为常规天然气和非常规天然气，常规天然气包括气田天然气、油田天然气（分为油田气层气、油田伴生溶解气），非常规天然气包括煤层气、页岩气、致密砂岩气等。天然气产量是指进入集输管网和就地利用的全部气量。

液化天然气 指液体状态的天然气，由气态天然气在一定温度和压力条件下液化而成，无毒、无色、无味，在-161℃下的密度约为425千克/立方米。天然气在常温、常压状态为气态，占有的体积大，不利于储存，液化后体积只有气态的1/600左右。天然气的主要成分——甲烷的临界温度为-82℃，故在常温下不可能通过压缩而将其液化。而当将甲烷冷却到-161℃以下时，在常压下即转化为液体，即液化天然气（LNG）。

原油加工量 指直接进入蒸馏装置及二次加工装置加工的原油量。该指标是衡量炼化企业生产规模、能力的一项基础指标，也是炼化企业计算各项技术经济指标的重要依据。因此，原油加工量作为一个特殊的指标在产品产量中统计。

汽油 指直馏汽油和二次加工（如催化裂化、加氢裂化，催化重整和经精制的热裂化、焦化等）汽油，按不同比例调和，加入适量抗氧防胶剂及金属钝化剂，必要时加入适量的抗爆剂（如加入抗爆剂还要加入着色剂）而制成。本品为易燃、易挥发液体，具有良好的抗爆性能和燃烧性能，其蒸发性好，燃烧完全，积炭少，对发动机部件及储油容器无腐蚀性，由于加有抗氧剂，产品具有较好的安定性，不易过早氧化。包括航空汽油和车用汽油。

煤油 是一种精制的燃料，挥发度在车用汽油和轻柴油之间，不含诸如粗柴油、润滑油之类的重碳氢化合物。包括灯用煤油、航空煤油。

柴油 指直馏柴油和经过精制的二次加工（如催化裂化、加氢裂化、热裂化、加氢精制的焦化的柴油等），以不同比例调和而成的成品油。柴油分为轻柴油、重柴油。

燃料油 包括船用燃料油、重油或其他燃料油。燃料油分为商品燃料油和自用燃料油。商品燃料油指企业作为商品销售的燃料油；自用燃料油指本企业用作燃料和化肥、化工原料的自用油。

石脑油 属一部分石油轻馏分的泛称；用途不同，各种馏程亦不同。馏程自初馏点至220℃左右，主要用作重整和化工原料；70-145℃馏分，称轻石脑油，生产芳烃的重整原料；70-180℃馏分，称重石脑油，用作生产高辛烷值汽油。用作溶剂时，称作溶剂石脑油；来自煤焦油的芳香族溶剂油也称作重石脑油或溶剂石脑油。

液化石油气 亦称液化气或压缩汽油，是炼油精制过程中产生并回收的气体在常温下经加压而成的液态产品。主要成分是丙烷、丁烷、丙烯、丁烯，主要用作石油化工原料，脱硫后可直接用作燃料。

石油焦 指以原油经常减压装置蒸馏所得的渣油或以重油为原料，经焦化装置生产。产品按用途分为三个牌号，每个牌号按质量分为A、B两类，牌号有1#A、1#B、2#A、2#B、3#A、3#B石油焦等。主要用于制造石墨电极、碳素、碳化硅、碳化钙等产品的原料，也可直接用于冶炼、铸煅工艺作燃料。

石油沥青 指由原油经常减压装置蒸馏直接获得的渣油制品，也可以用减压渣油为原料经氧化，溶剂脱出的沥青再经适度氧化或调合而成。是来自原油中的最重的组分，是高度缩合的多环烃类混合物，具有良好的粘结性、绝缘性、不渗水性，并能抵抗许多化学药物的侵蚀，广泛用于道路工程、建筑工程、水利工程、防护涂料以及保持水土、改良土壤等领域。沥青按用途可分为普通沥青、道路沥青、建筑沥青、专用沥青，其中以道路沥青的用量最大。

焦炭 指将各种经过洗选的煤炭按一定比例配合后，在隔绝空气的高温炭化室内经过热解、缩聚、固化、收缩等复杂的物理化学过程形成的固体燃料，呈黑灰色块状、有光泽，燃烧时烟气少，具有不粘结、不结块、低硫、低灰、坚硬、耐磨、耐压、富于气孔性等特点，主要用于冶金、化工、铸造等工艺的燃料和原料。它包括各种生产方式生产的焦炭，即包括机械化焦炉、简易焦炉、土焦炉、煤气发生炉等装置生产的所有焦炭和半焦炭。

发电量 指电厂（发电机组）在报告期内生产的电能量。它是发电机组经过对一次能源的加工转换而生产出的有功电能数量，即发电机实际发出的有功功率（千瓦）与发电机实际运行时间的乘积。发电量包括全部电力工业企业、自备电厂的产量。新装发电设备在未正式投入生产以前所发的电量以及发电设备大修或改进后试运转期间所发的电量，凡被本厂或用户利用的，均应计入发电量中，未被利用的，则不应计入。发电量中不包括电动的交直流变换、励磁机和周波变换的电量。

火力发电 指利用煤炭、燃油、燃气、生物质等燃料燃烧时产生的热能，通过火电动力装置转换成电能的发电方式，包括燃煤发电，燃气发电，燃油发电，余热、余压、余气发电，生物质发电等。

水力发电 指利用水位落差，配合水轮发电机产生电力的一种发电方式，也就是利用水的势能转为水轮机的机械能，再以机械能推动发电机产生电能，包括抽水蓄能发电。

核能发电 指利用原子反应堆中核燃料(例如铀)缓慢裂变所释放的热能产生蒸汽驱动汽轮机再带动发电机发电的一种发电方式。

风力发电 指把风的动能转变成机械动能，再把机械能转化为电力动能的发电方式。

太阳能发电 指先将太阳光或能转化为热能，再将热能转化成电能或者直接将太阳能转换成电能的发电方式，主要包括太阳能光伏发电和太阳能光热发电。

煤气 指煤、焦炭、半焦等固体燃料与燃料油等液体燃料干馏或气化所产生的可燃气体。包括焦炉煤气、高炉煤气、发生炉煤气和油煤气等。

房屋施工面积 指报告期内施工的全部房屋建筑面积。包括本期新开工的房屋建筑面积、上期跨入本期继续施工的房屋建筑面积、上期停缓建在本期恢复施工的房屋建筑面积、本期竣工的房屋建筑面积以及本期施工后又停缓建的房屋建筑面积。多层建筑应填各层建筑面积之和。

房屋新开工面积 指报告期内新开工建设的房屋建筑面积，以单位工程为核算对象，即整栋房屋的全部建筑面积，不能分割计算。不包括在上期开工跨入本期继续施工的房屋建筑面积和上期停缓建而在本期复工的房屋建筑面积。房屋的开工应以房屋正式开始破土刨槽（地基处理或打永久桩）的日期为准。

房屋竣工面积 指报告期内房屋建筑按照设计要求已全部完工，达到住人和使用条件，经验收鉴定合格或达到竣工验收标准，可正式移交使用的各栋房屋建筑面积的总和。

竣工面积以房屋单位工程（栋）为核算对象，在整栋房屋符合竣工条件后按其全部建筑面积一次性计算，而不是按各栋施工房屋中已完成的部分或层次分割计算。

商品房销售面积 指报告期内出售商品房屋的合同总面积（即双方签署的正式买卖合同中所确定的建筑面积）。商品房销售面积由现房销售面积和期房销售面积两部分组成。

（1）现房销售面积：指在报告期内正式签订买卖合同、已经竣工达到入住条件的商品房屋建筑面积。包括以一次性付款方式和分期付款方式销售的现房建筑面积。

（2）期房销售面积：指在报告期内正式签订买卖合同、正在建设尚未竣工交付使用的商品房屋建筑面积。包括以一次性付款方式和分期付款方式销售的商品房屋建筑面积。期房销售建筑面积竣工后不再结转为现房销售建筑面积。

商品房销售额 指报告期内出售商品房屋的合同总价款（即双方签署的正式买卖合同中所确定的合同总价）。该指标与商品房销售面积同口径，由现房销售额和期房销售额两部分组成。

（1）现房销售额：指报告期内销售的已竣工商品房屋的合同总价款。包括现房销售前期预收的定金、预收款、首付款及全部按揭贷款的本金等款项。该指标与现房销售面积同口径。

（2）期房销售额：指报告期内销售的正在建设尚未竣工的商品房屋的合同总价款。包括预售房屋前期预收的定金、预收款、首付款及全部按揭贷款的本金等项。该指标与期房销售面积同口径。

房屋竣工价值 指报告期内按规定已经上报竣工的房屋本身的建造价值。一般按房屋设计和预算规定的内容计算。包括竣工房屋本身的基础、结构、屋面、装修以及水、电、卫等附属工程的建筑价值；也包括作为房屋建筑组成部分而列入房屋建筑工程预算内的设备（如电梯、通风设备等）的购置和安装费用。不包括厂房内的工艺设备、工艺管线的购置和安装，工艺设备基础的建造；室外的水、暖、电、卫、道路工程、挡土墙等环境工程的费用；办公和生活用家具的购置等费用；购置土地的费用；迁移补偿费和场地平整的费用及城市建设配套投资。

房屋竣工价值不仅包括该竣工房屋在报告期内完成的价值，也包括跨年施工的房屋在本期以前完成的价值。未竣工而转让给其他单位的房屋建筑工程，出让单位不计算竣工价值，待接受单位继续施工并符合竣工条件后，由接受单位计算其竣工价值，包括出让单位在出让前所完成的价值。房屋竣工价值一般按结算价格（或中标价）计算。

待开发土地面积 指经有关部门批准，通过各种方式获得土地使用权，但尚未开工建设的土地面积。

本年土地购置面积 指在本年内通过各种方式获得土地使用权的土地面积。

资产总计 指企业过去的交易或者事项形成的、由企业拥有或者控制的、预期会给企业带来经济利益的资源。包括企业拥有的土地、办公楼、厂房、机器、运输工具、存货等实物资产和现金、存款、应收账款和预付账款等金融资产。资产一般按流动性（资产的变现或耗用时间长短）分为流动资产和非流动资产。其中流动资产可分为货币资金、交易性金融资产、应收票据、应收账款、预付款项、其他应收款、存货等；非流动资产可分为长期股权投资、固定资产、无形资产及其他非流动资产等。根据会计“资产负债表”中“资产总计”项目的期末余额数填报。

负债合计 指企业过去的交易或者事项形成的，预期会导致经济利益流出企业的现时义务。包括银行贷款、借款、应付账款、应付职工工资、应付职工福利费、应交税金等企业负有偿还责任的债务。

负债一般按偿还期长短分为流动负债和非流动负债。根据会计资产负债表中“负债合计”项目的期末余额数填报。执行企业会计准则或《小企业会计准则》的企业：负债合计=流动负债合计+非流动负债合计；执行其他企业会计制度的企业负债包括流动负债和长期负债。

主营业务收入 指企业确认的销售商品、提供劳务等主营业务的收入。根据会计“主营业务收入”科目的期末贷方余额填报。执行 2006 年《企业会计准则》的企业，如未设置该科目，以"营业收入"代替填报。

土地转让收入　指房地产开发企业按国家规定在报告期转让已经开发的土地和未经开发的土地所得到的收入。根据会计"利润表"和相关核算资料计算填报。

商品房屋销售收入　指房地产开发企业在报告期售出商品房屋的收入，一次收款的，一次性全部计入销售收入，按合同规定分期收款的，可按合同规定的时间分次计入收入。根据会计"利润表"和相关核算资料计算填报。

房屋出租收入　指房地产开发企业在报告期内，在不改变现有财产所有权关系的条件下，将企业的全部或部分房屋出租给其他单位或个人使用所得到的租金收入。根据会计"利润表"和相关核算资料计算填报。

其他（主营业务）收入　指房地产开发企业在报告期内从事除以上收入外的其他业务活动所得到的收入，包括配套设施销售收入、代建工程结算收入等。根据会计"利润表"和相关核算资料计算填报。

年末从业人数　指报告期末最后一日在本单位工作，并取得工资或其他形式劳动报酬的人员数。

年末零售营业面积　指批发和零售业企业用于本企业从事零售业务的对外营业的面积，不包括其办公用房、仓库、加工场地以及对外出租场地。按年末实有建筑面积统计。

年末餐饮营业面积　指住宿和餐饮业企业对外提供餐饮服务的就餐面积和从事食品加工、烹饪、调制的厨房面积，不包括办公用房和仓库等面积。按年末实有建筑面积统计。

营业收入　指企业经营主要业务和其他业务所确认的收入总额。营业收入包括"主营业务收入"和"其他业务收入"。根据会计"利润表"中"营业收入"项目的本年累计数填报。

研究与试验发展(R&D)　指在科学技术领域，为增加知识总量，以及运用这些知识去创造新的应用进行的系统的创造性的活动，包括基础研究、应用研究、试验发展三类活动。国际上通常采用R&D活动的规模和强度指标反映一国的科技实力和核心竞争力。

R&D人员　指参与研究与试验发展项目研究、管理和辅助工作的人员，包括项目(课题)组人员，企业科技行政管理人员和直接为项目(课题)活动提供服务的辅助人员。反映投入从事拥有自主知识产权的研究开发活动的人力规模。

R&D人员全时当量　指全时人员数加非全时人员按工作量折算为全时人员数的总和。例如：有两个全时人员和三个非全时人员(工作时间分别为20%、30%和70%)，则全时当量为2+0.2+0.3+0.7=3.2人年。为国际上比较科技人力投入而制定的可比指标。

R&D经费内部支出　指调查单位用于内部开展R&D活动（基础研究、应用研究和试验发展）的实际支出。包括用于R&D项目（课题）活动的直接支出，以及间接用于R&D活动的管理费、服务费、与R&D有关的基本建设支出以及外协加工费等。不包括生产性活动支出、归还贷款支出以及与外单位合作或委托外单位进行R&D活动而转拨给对方的经费支出。

R&D经费支出中政府资金　指R&D经费内部支出中来自各级政府部门的各类资金，包括财政科学技术拨款、科学基金、教育等部门事业费以及政府部门预算外资金的实际支出。

R&D经费支出中企业资金　指R&D经费内部支出中来自本企业的自有资金和接受其他企业委托而获得的经费，以及科研院所、高校等事业单位从企业获得的资金的实际支出。

R&D项目数　指在当年立项并开展研究工作、以前年份立项仍继续进行研究的研发项目（课题）数，包括当年完成和年内研究工作已告失败的研发项目（课题），但不包括委托外单位进行的研发项目（课题）数。

R&D项目人员全时当量　指实际参加研发项目（课题）活动人员折合的全时当量。

R&D项目经费支出　指调查单位内部在报告年度进行研发项目（课题）研究和试制等的实际支出。包括劳务费、其他日常支出、固定资产购建费、外协加工费等，不包括委托或与外单位合作进行项目（课题）研究而拨付给对方使用的经费。

新产品销售收入　指报告期企业销售新产品实现的销售收入。新产品是指采用新技术原理、新设计构思研制、生产的全新产品，或在结构、材质、工艺等某一方面比原有产品有明显改进，从而显著提高了产品性能或扩大了使用功能的产品。既包括经政府有关部门认定并在有效期内的新产品，也包括企业自行研制开发，未经政府有关部门认定，从投产之日起一年之内的新产品。

技术改造经费支出　指报告期内企业进行技术改造而发生的费用支出。技术改造指企业在坚持科技进步的前提，将科技成果应用于生产的各个领域（产品、设备、工艺等），用先进工艺、设备代替落后工艺、设备，实现以内涵为主的扩大再生产，从而提高产品质量、促进产品更新换代、节约能源、降低消耗，全面提高综合经济效益。

购买境内技术经费支出　指报告期内企业购买境内其他单位科技成果的经费支出。包括购买产品设计、工艺流程、图纸、配方、专利、技术诀窍及设备的费用支出。

引进境外技术经费支出　指报告期内企业用于购买国外或港澳台技术的费用支出，包括产品设计、工艺流程、图纸、配方、专利等技术资料的费用支出，以及购买设备、仪器、样机和样件等的费用支出。

引进境外技术的消化吸收经费支出　指报告期内企业引进国外或港澳台技术的消化吸收经费支出。引进技术的消化吸收指对引进技术的掌握、应用、复制而开展的工作，以及在此基础上的创新。引进技术的消化吸收经费支出包括：人员培训费、测绘费、参加消化吸收人员的工资、工装、工艺开发费、必备的配套设备费、翻版费等。

统计上大中小微型企业划分办法

一、根据工业和信息化部、国家统计局、国家发展改革委、财政部《关于印发中小企业划型标准规定的通知》（工信部联企业〔2011〕300 号），以《国民经济行业分类》（GB/T4754-2017）为基础，结合统计工作的实际情况，制定本办法。

二、本办法适用对象为在中华人民共和国境内依法设立的各种组织形式的法人企业或单位。个体工商户参照本办法进行划分。

三、本办法适用范围包括：农、林、牧、渔业，采矿业，制造业，电力、热力、燃气及水生产和供应业，建筑业，批发和零售业，交通运输、仓储和邮政业，住宿和餐饮业，信息传输、软件和信息技术服务业，房地产业，租赁和商务服务业，科学研究和技术服务业，水利、环境和公共设施管理业，居民服务、修理和其他服务业，文化、体育和娱乐业等 15 个行业门类以及社会工作行业大类。

四、本办法按照行业门类、大类、中类和组合类别，依据从业人员、营业收入、资产总额等指标或替代指标，将我国的企业划分为大型、中型、小型、微型等四种类型。具体划分标准见附表。

五、企业划分由政府综合统计部门根据统计年报每年确定一次，定报统计原则上不进行调整。

六、本办法自印发之日起执行，国家统计局 2011 年印发的《统计上大中小微型企业划分办法》（国统字〔2011〕75 号）同时废止。

附表：

统计上大中小微型企业划分标准

行业名称	指标名称	计量单位	大型	中型	小型	微型
农、林、牧、渔业	营业收入(Y)	万元	Y≥20000	500≤Y＜20000	50≤Y＜500	Y＜50
工业*	从业人员(X)	人	X≥1000	300≤X＜1000	20≤X＜300	X＜20
	营业收入(Y)	万元	Y≥40000	2000≤Y＜40000	300≤Y＜2000	Y＜300
建筑业	营业收入(Y)	万元	Y≥80000	6000≤Y＜80000	300≤Y＜6000	Y＜300
	资产总额(Z)	万元	Z≥80000	5000≤Z＜80000	300≤Z＜5000	Z＜300
批发业	从业人员(X)	人	X≥200	20≤X＜200	5≤X＜20	X＜5
	营业收入(Y)	万元	Y≥40000	5000≤Y＜40000	1000≤Y＜5000	Y＜1000
零售业	从业人员(X)	人	X≥300	50≤X＜300	10≤X＜50	X＜10
	营业收入(Y)	万元	Y≥20000	500≤Y＜20000	100≤Y＜500	Y＜100
交通运输业*	从业人员(X)	人	X≥1000	300≤X＜1000	20≤X＜300	X＜20
	营业收入(Y)	万元	Y≥30000	3000≤Y＜30000	200≤Y＜3000	Y＜200
仓储业	从业人员(X)	人	X≥200	100≤X＜200	20≤X＜100	X＜20
	营业收入(Y)	万元	Y≥30000	1000≤Y＜30000	100≤Y＜1000	Y＜100
邮政业	从业人员(X)	人	X≥1000	300≤X＜1000	20≤X＜300	X＜20
	营业收入(Y)	万元	Y≥30000	2000≤Y＜30000	100≤Y＜2000	Y＜100
住宿业	从业人员(X)	人	X≥300	100≤X＜300	10≤X＜100	X＜10
	营业收入(Y)	万元	Y≥10000	2000≤Y＜10000	100≤Y＜2000	Y＜100
餐饮业	从业人员(X)	人	X≥300	100≤X＜300	10≤X＜100	X＜10
	营业收入(Y)	万元	Y≥10000	2000≤Y＜10000	100≤Y＜2000	Y＜100
信息传输业*	从业人员(X)	人	X≥2000	100≤X＜2000	10≤X＜100	X＜10
	营业收入(Y)	万元	Y≥100000	1000≤Y＜100000	100≤Y＜1000	Y＜100
软件和信息技术服务业	从业人员(X)	人	X≥300	100≤X＜300	10≤X＜100	X＜10
	营业收入(Y)	万元	Y≥10000	1000≤Y＜10000	50≤Y＜1000	Y＜50
房地产开发经营	营业收入(Y)	万元	Y≥200000	1000≤Y＜200000	100≤Y＜1000	Y＜100
	资产总额(Z)	万元	Z≥10000	5000≤Z＜10000	2000≤Z＜5000	Z＜2000
物业管理	从业人员(X)	人	X≥1000	300≤X＜1000	100≤X＜300	X＜100
	营业收入(Y)	万元	Y≥5000	1000≤Y＜5000	500≤Y＜1000	Y＜500
租赁和商务服务业	从业人员(X)	人	X≥300	100≤X＜300	10≤X＜100	X＜10
	资产总额(Z)	万元	Z≥120000	8000≤Z＜120000	100≤Z＜8000	Z＜100
其他未列明行业*	从业人员(X)	人	X≥300	100≤X＜300	10≤X＜100	X＜10

说明：

1．大型、中型和小型企业须同时满足所列指标的下限，否则下划一档；微型企业只须满足所列指标中的一项即可。

2．附表中各行业的范围以《国民经济行业分类》（GB/T4754-2017）为准。带*的项为行业组合类别，其中，工业包括采矿业，制造业，电力、热力、燃气及水生产和供应业；交通运输业包括道路运输业，水上运输业，航空运输业，管道运输业，多式联运和运输代理业、装卸搬运，不包括铁路运输业；仓储业包括通用仓储，低温仓储，危险品仓储，谷物、棉花等农产品仓储，中药材仓储和其他仓储业;信息传输业包括电信、广播电视和卫星传输服务，互联网和相关服务；其他未列明行业包括科学研究和技术服务业，水利、环境和公共设施管理业，居民服务、修理和其他服务业，社会工作，文化、体育和娱乐业，以及房地产中介服务，其他房地产业等，不包括自有房地产经营活动。

3．企业划分指标以现行统计制度为准。（1）从业人员，是指期末从业人员数，没有期末从业人员数的，采用全年平均人员数代替。（2）营业收入，工业、建筑业、限额以上批发和零售业、限额以上住宿和餐饮业以及其他设置主营业务收入指标的行业，采用主营业务收入；限额以下批发与零售业企业采用商品销售额代替；限额以下住宿与餐饮业企业采用营业额代替；农、林、牧、渔业企业采用营业总收入代替；其他未设置主营业务收入的行业，采用营业收入指标。（3）资产总额，采用资产总计代替。

2018

新疆经济普查年鉴

产业卷

图书在版编目（CIP）数据

新疆经济普查年鉴. 2018. 产业卷 / 新疆维吾尔自治区人民政府第四次全国经济普查领导小组办公室编. -- 北京 : 中国统计出版社，2020.10
ISBN 978-7-5037-9191-8

Ⅰ. ①新… Ⅱ. ①新… Ⅲ. ①经济－普查－新疆－2018－年鉴②产业经济－普查－新疆－2018－年鉴 Ⅳ. ① F127.45-54

中国版本图书馆 CIP 数据核字(2020)第 112037 号

新疆经济普查年鉴–2018/产业卷

作　　者/新疆维吾尔自治区人民政府第四次全国经济普查领导小组办公室
责任编辑/冯诗萌
封面设计/杨生艳
出版发行/中国统计出版社
通信地址/北京市丰台区西三环南路甲 6 号　邮政编码/100073
电　　话/邮购（010）63376909　书店（010）68783171
网　　址/http://www.zgtjcbs.com
印　　刷/新疆统计印刷厂
经　　销/新华书店
开　　本/880×1230mm　1/16
印　　张/22.5
字　　数/708 千字
版　　别/2020 年 10 月第 1 版
版　　次/2020 年 10 月第 1 次印刷
定　　价/880.00 元（全四册）

如有印装差错，由本社发行部调换。

产业卷 目录

第一篇 工业篇

第二篇 建筑业篇

第三篇　批发零售住宿和餐饮业篇

第四篇　房地产业篇

第五篇　服务业篇

第六篇　科技研发篇

第1篇

工业篇

1-1 全部工业企业主要经济指标

行业	企业单位数（个）	资产总计（万元）	负债合计（万元）	营业收入（万元）	从业人员（人）
一、按登记注册类型分组:	**27018**	**258864389**	**158204880**	**114534525**	**976089**
内资企业	26893	255147057	156352916	112420095	960738
国有企业	273	11598930	7806033	6970668	55713
集体企业	76	68199	38338	36709	1045
股份合作企业	9	20191	12541	2492	69
联营企业	13	222693	176888	11949	260
国有联营企业	3	506	485	368	
集体联营企业	1				
国有与集体联营企业	4	220305	175784	9828	192
其他联营企业	5	1882	619	1754	68
有限责任公司	5496	130223224	87469079	44245176	387307
国有独资公司	298	22615565	14516179	6691044	61289
其他有限责任公司	5198	107607659	72952900	37554132	326018
股份有限公司	404	61309484	26938906	34754723	148346
私营企业	18372	51430264	33816552	26162508	351055
私营独资企业	1260	550347	563500	238144	13951
私营合伙企业	93	35938	18946	19069	634
私营有限责任公司	16653	48839802	32152140	24846718	321487
私营股份有限公司	366	2004177	1081966	1058577	14983
其他企业	2250	274072	94580	235869	16943
港、澳、台商投资企业	57	1769861	844703	794879	7318
合资经营企业(港或澳、台资)	25	585058	334226	284724	2433
合作经营企业(港或澳、台资)	2	183002	31011		19
港澳台商独资经营企业	23	768954	306398	453826	4450
港澳台商投资股份有限公司	5	215607	159778	56329	413
其他港澳台商投资企业	2	17240	13289		3
外商投资企业	68	1947471	1007262	1319551	8033
中外合资经营企业	41	1072051	583822	907937	4605
中外合作经营企业	3	66841	25473	46042	312
外资企业	12	212103	128146	135836	1358
外商投资股份有限公司	4	586759	261444	227951	1674
其他外商投资企业	8	9718	8377	1784	84
二、在总计中:国有控股企业	**1484**	**139334724**	**81446263**	**62717733**	**378639**
在总计中:轻工业	11852	32307045	19517790	18084632	339625
重工业	15166	226557344	138687090	96449893	636464
在总计中:大型企业	103	107476549	58542249	64236891	322819
中型企业	320	39354152	26100082	16175051	167748
小型企业	4030	65939382	43826790	27603096	310936
微型企业	22565	46094306	29735759	6519487	174586
在总计中:中央企业	485	85810515	46225387	46260974	236523
地方企业	26533	173053874	111979493	68273551	739566

1-2 全部工业企业分行业主要经济指标

行　业	企业单位数（个）	资产总计（万元）	负债合计（万元）	营业收入（万元）	从业人员（人）
总　计	**27018**	**258864389**	**158204880**	**114534525**	**976089**
采矿业	**2956**	**53952356**	**26170952**	**22259689**	**174219**
煤炭开采和洗选业	327	15115280	11333457	3980764	44839
烟煤和无烟煤开采洗选	312	15101184	11323544	3976927	44761
烟煤和无烟煤开采洗选	312	15101184	11323544	3976927	44761
褐煤开采洗选	3	624	101	408	25
褐煤开采洗选	3	624	101	408	25
其他煤炭采选	12	13473	9811	3429	53
其他煤炭采选	12	13473	9811	3429	53
石油和天然气开采业	42	27803746	8107957	12651166	59237
石油开采	31	19094697	5503987	8076667	46620
陆地石油开采	31	19094697	5503987	8076667	46620
天然气开采	11	8709049	2603970	4574499	12617
陆地天然气开采	11	8709049	2603970	4574499	12617
黑色金属矿采选业	428	2568523	1695238	1163002	8071
铁矿采选	403	2400957	1632653	1123520	7854
铁矿采选	403	2400957	1632653	1123520	7854
锰矿、铬矿采选	14	163860	60540	38818	169
锰矿、铬矿采选	14	163860	60540	38818	169
其他黑色金属矿采选	11	3706	2045	665	48
其他黑色金属矿采选	11	3706	2045	665	48
有色金属矿采选业	335	3813397	2079993	1134018	10645
常用有色金属矿采选	227	2687358	1472601	941739	7931
铜矿采选	125	1818456	1021570	627557	5277
铅锌矿采选	51	452001	201736	225401	1513
镍钴矿采选	8	349528	220606	86076	976
锡矿采选	1	1167	1167		5
镁矿采选	2	13160	1936	768	46
其他常用有色金属矿采选	40	53046	25585	1938	114
贵金属矿采选	82	713912	466040	110646	1928
金矿采选	78	713884	465999	110646	1902
其他贵金属矿采选	4	28	41		26
稀有稀土金属矿采选	26	412127	141352	81633	786
钨钼矿采选	12	145688	7523	193	19
稀土金属矿采选	4	3887			2
放射性金属矿采选	1	137851	62228	76994	532
其他稀有金属矿采选	9	124702	71601	4446	233
非金属矿采选业	1154	828747	602403	367549	7997
土砂石开采	996	624631	454572	265701	6739
石灰石、石膏开采	177	199903	202743	83467	1321
建筑装饰用石开采	158	163700	86378	59028	1589

1-2 续表 1

行　业	企业单位数（个）	资产总计（万元）	负债合计（万元）	营业收入（万元）	从业人员（人）
耐火土石开采	12	16301	13279	7126	85
粘土及其他土砂石开采	649	244728	152172	116080	3744
化学矿开采	13	39845	27839	2703	79
化学矿开采	13	39845	27839	2703	79
采盐	11	66924	16881	39384	404
采盐	11	66924	16881	39384	404
石棉及其他非金属矿采选	134	97348	103111	59761	775
石棉、云母矿采选	14	19764	12173	21015	316
石墨、滑石采选	7	2438	2451	262	38
宝石、玉石采选	57	28937	54931	3062	117
其他未列明非金属矿采选	56	46208	33555	35422	304
开采专业及辅助性活动	492	3706916	2278495	2952830	42944
煤炭开采和洗选专业及辅助性活动	27	172017	138202	41434	474
煤炭开采和洗选专业及辅助性活动	27	172017	138202	41434	474
石油和天然气开采专业及辅助性活动	441	3516378	2128147	2903921	42241
石油和天然气开采专业及辅助性活动	441	3516378	2128147	2903921	42241
其他开采专业及辅助性活动	24	18521	12146	7475	229
其他开采专业及辅助性活动	24	18521	12146	7475	229
其他采矿业	178	115746	73409	10360	486
其他采矿业	178	115746	73409	10360	486
其他采矿业	178	115746	73409	10360	486
制造业	**21977**	**130191595**	**80622648**	**76589363**	**689121**
农副食品加工业	2734	6444645	4215020	4740786	50303
谷物磨制	364	892343	539681	816775	5402
稻谷加工	94	153503	105286	136820	1069
小麦加工	197	691605	404150	658314	3978
玉米加工	30	26651	19632	4204	112
杂粮加工	15	8017	5068	12042	120
其他谷物磨制	28	12567	5545	5396	123
饲料加工	208	832111	513367	826140	4712
宠物饲料加工	9	2448	1513	2244	37
其他饲料加工	199	829663	511854	823897	4675
植物油加工	350	1258985	1012510	1237700	6610
食用植物油加工	337	1231434	987352	1232548	6485
非食用植物油加工	13	27551	25158	5152	125
制糖业	23	503962	405472	359647	7405
制糖业	23	503962	405472	359647	7405
屠宰及肉类加工	365	688727	444070	394222	5770
牲畜屠宰	159	480103	303388	281556	3502
禽类屠宰	23	26837	16673	44530	415
肉制品及副产品加工	183	181788	124009	68136	1853

1-2 续表 2

行　　业	企业单位数（个）	资产总计（万元）	负债合计（万元）	营业收入（万元）	从业人员（人）
水产品加工	18	26358	15431	7224	266
水产品冷冻加工	11	18564	11106	6565	245
鱼糜制品及水产品干腌制加工	2	42	-73	21	4
其他水产品加工	5	7752	4398	638	17
蔬菜、水果和坚果加工	967	1457248	803444	694277	14572
蔬菜加工	113	142246	138525	35704	728
食用菌加工	13	1702	1020	2184	127
水果和坚果加工	841	1313299	663899	656389	13717
其他农副食品加工	439	784910	481044	404800	5566
淀粉及淀粉制品制造	51	213900	122867	95175	1176
豆制品制造	52	18557	15489	9592	357
蛋品加工	3	5174	1477	7942	103
其他未列明农副食品加工	333	547279	341211	292091	3930
食品制造业	1046	3553823	2146042	2198589	29771
焙烤食品制造	260	168944	96152	72650	3730
糕点、面包制造	188	120807	56297	56778	2670
饼干及其他焙烤食品制造	72	48136	39856	15873	1060
糖果、巧克力及蜜饯制造	30	22953	7177	4360	404
糖果、巧克力制造	20	18710	4752	3876	318
蜜饯制作	10	4243	2425	484	86
方便食品制造	126	212448	115449	239775	3901
米、面制品制造	92	69032	42538	28652	906
速冻食品制造	16	15332	7015	4291	145
方便面制造	9	113167	60830	190167	2176
其他方便食品制造	9	14917	5066	16665	674
乳制品制造	106	691240	372944	442610	5558
液体乳制造	39	592019	308057	402997	4557
乳粉制造	22	82160	48656	34031	751
其他乳制品制造	45	17061	16230	5583	250
罐头食品制造	120	758719	666085	380284	2760
肉、禽类罐头制造	3	2102	1101	1186	61
蔬菜、水果罐头制造	115	756136	664402	379098	2697
其他罐头食品制造	2	481	582	0	2
调味品、发酵制品制造	83	997723	530335	641190	6312
味精制造	3	2789	90	352	28
酱油、食醋及类似制品制造	25	39248	20668	24571	651
其他调味品、发酵制品制造	55	955686	509577	616267	5633
其他食品制造	321	701795	357899	417719	7106
营养食品制造	56	33730	16460	7245	425
保健食品制造	42	64860	30021	9485	360
冷冻饮品及食用冰制造	17	31467	16391	35677	806

1-2 续表 3

行　业	企业单位数（个）	资产总计（万元）	负债合计（万元）	营业收入（万元）	从业人员（人）
盐加工	15	62091	31089	27562	1067
食品及饲料添加剂制造	40	430649	237682	308330	3263
其他未列明食品制造	151	78998	26255	29420	1185
酒、饮料和精制茶制造业	652	2348339	1155309	1034548	13714
酒的制造	377	1729666	821376	699816	8799
酒精制造	1	37327	31320	27701	320
白酒制造	127	576977	185974	282864	3800
啤酒制造	21	233880	89499	174796	2084
葡萄酒制造	193	834315	495256	208070	2375
其他酒制造	35	47167	19328	6385	220
饮料制造	261	596890	331555	332949	4665
碳酸饮料制造	14	43658	22532	42075	631
瓶（罐）装饮用水制造	133	148883	69913	65303	1420
果菜汁及果菜汁饮料制造	61	248158	155065	77317	1192
含乳饮料和植物蛋白饮料制造	15	52862	30869	34295	491
固体饮料制造	2	3282	1875	2682	52
茶饮料及其他饮料制造	36	100048	51300	111278	879
精制茶加工	14	21784	2378	1783	250
精制茶加工	14	21784	2378	1783	250
烟草制品业	2	510480	156743	443437	777
卷烟制造	1	510149	156399	443353	752
卷烟制造	1	510149	156399	443353	752
其他烟草制品制造	1	331	345	84	25
其他烟草制品制造	1	331	345	84	25
纺织业	1079	8915431	5685705	4761216	81830
棉纺织及印染精加工	545	8063374	5256766	4486163	69026
棉纺纱加工	427	7747242	5055939	4233787	65133
棉织造加工	110	256281	151956	172329	3257
棉印染精加工	8	59851	48871	80047	636
毛纺织及染整精加工	51	306908	162469	94428	2202
毛条和毛纱线加工	25	251878	125848	68679	1436
毛织造加工	25	52850	35029	22412	758
毛染整精加工	1	2180	1592	3338	8
麻纺织及染整精加工	8	9997	7433	4743	99
麻纤维纺前加工和纺纱	6	9809	7433	4740	98
麻织造加工	2	188		3	1
丝绢纺织及印染精加工	25	1339	-317	339	117
缫丝加工	4	223	-373	60	16
绢纺和丝织加工	19	1116	56	279	101
丝印染精加工	2				
化纤织造及印染精加工	21	21154	12781	3351	241

1-2 续表 4

行　　业	企业单位数(个)	资产总计(万元)	负债合计(万元)	营业收入(万元)	从业人员(人)
化纤织造加工	14	20640	12575	3151	180
化纤织物染整精加工	7	515	207	199	61
针织或钩针编织物及其制品制造	211	160621	61277	38499	4487
针织或钩针编织物织造	99	53295	36031	31139	2716
针织或钩针编织物印染精加工	6	8965	11393	1727	9
针织或钩针编织品制造	106	98361	13853	5633	1762
家用纺织制成品制造	170	267730	133442	78034	4075
床上用品制造	86	42667	27549	14872	1064
毛巾类制品制造	14	208354	95298	60355	1519
窗帘、布艺类产品制造	25	1777	834	1157	619
其他家用纺织制成品制造	45	14932	9760	1650	873
产业用纺织制成品制造	48	84309	51853	55658	1583
非织造布制造	18	58914	36027	36616	229
纺织带和帘子布制造	3	116	60	72	41
篷、帆布制造	13	20778	13467	16111	807
其他产业用纺织制成品制造	14	4501	2299	2859	506
纺织服装、服饰业	1694	839727	475769	465484	77439
机织服装制造	575	314013	189037	174012	31660
运动机织服装制造	82	41447	20972	40837	5676
其他机织服装制造	493	272565	168066	133175	25984
针织或钩针编织服装制造	161	105058	48684	66595	5765
运动休闲针织服装制造	40	27487	12329	13459	2700
其他针织或钩针编制服装制造	121	77572	36355	53136	3065
服饰制造	958	420656	238048	224876	40014
服饰制造	958	420656	238048	224876	40014
皮革、毛皮、羽毛及其制品和制鞋业	151	120686	79897	27058	11770
皮革鞣制加工	19	63947	55506	5038	98
皮革鞣制加工	19	63947	55506	5038	98
皮革制品制造	25	6359	1949	1848	1929
皮革服装制造	6	300	101	16	21
皮箱、包(袋)制造	8	1754	1422	1300	811
皮手套及皮装饰制品制造	4	297	191	83	707
其他皮革制品制造	7	4009	235	449	390
毛皮鞣制及制品加工	32	10268	4081	3316	868
毛皮鞣制加工	10	1004	380	776	13
毛皮服装加工	16	8367	3132	2540	813
其他毛皮制品加工	6	897	569	42	42
羽毛(绒)加工及制品制造	13	8728	5116	5523	70
羽毛(绒)加工	9	5850	2590	4517	27
羽毛(绒)制品加工	4	2878	2526	1005	43
制鞋业	62	31385	13245	11334	8805

1-2 续表 5

行　业	企业单位数（个）	资产总计（万元）	负债合计（万元）	营业收入（万元）	从业人员（人）
纺织面料鞋制造	4	2919	588	256	191
皮鞋制造	34	11969	6833	4160	5292
塑料鞋制造	2	2661	1582	446	14
橡胶鞋制造	3	2639	669	1257	452
其他制鞋业	19	11197	3572	5216	2856
木材加工和木、竹、藤、棕、草制品业	599	350520	207544	230848	5690
木材加工	348	89862	62745	88806	2691
锯材加工	90	21303	16201	21744	692
木片加工	88	22794	16158	27912	762
单板加工	9	7463	2314	4289	56
其他木材加工	161	38302	28071	34861	1181
人造板制造	79	191784	98164	109454	1780
胶合板制造	31	21487	10059	14913	342
纤维板制造	20	113132	58730	75612	811
刨花板制造	9	24963	7595	12063	204
其他人造板制造	19	32202	21780	6866	423
木制品制造	131	57970	40027	27184	1006
建筑用木料及木材组件加工	67	42137	31242	21161	603
木门窗制造	29	14299	7838	5188	243
木地板制造	1	72	49	16	2
木制容器制造	3	21	163	286	3
软木制品及其他木制品制造	31	1442	734	533	155
竹、藤、棕、草等制品制造	41	10904	6608	5404	213
竹制品制造	2	22	5	33	15
草及其他制品制造	39	10881	6603	5371	198
家具制造业	421	139854	80809	101426	3264
木质家具制造	311	77392	48070	55621	2119
木质家具制造	311	77392	48070	55621	2119
金属家具制造	36	46025	24399	38486	689
金属家具制造	36	46025	24399	38486	689
塑料家具制造	9	541	218	517	52
塑料家具制造	9	541	218	517	52
其他家具制造	65	15896	8123	6802	404
其他家具制造	65	15896	8123	6802	404
造纸和纸制品业	318	640194	478540	269324	5648
纸浆制造	5	66240	32763	3672	598
木竹浆制造	1				
非木竹浆制造	4	66240	32763	3672	598
造纸	80	276438	256141	66831	1606
机制纸及纸板制造	39	257323	173375	54668	1340
手工纸制造	6	2840	2373	19	7

1-2 续表 6

行　业	企业单位数（个）	资产总计（万元）	负债合计（万元）	营业收入（万元）	从业人员（人）
加工纸制造	35	16275	80393	12144	259
纸制品制造	233	297516	189636	198821	3444
纸和纸板容器制造	143	161654	110667	116742	1968
其他纸制品制造	90	135863	78969	82079	1476
印刷和记录媒介复制业	356	287305	147166	138241	4684
印刷	271	273306	138140	125475	4137
书、报刊印刷	103	143172	65413	63298	2245
本册印制	34	10414	7267	7216	195
包装装潢及其他印刷	134	119721	65461	54960	1697
装订及印刷相关服务	84	13999	9026	12736	545
装订及印刷相关服务	84	13999	9026	12736	545
记录媒介复制	1			30	2
记录媒介复制	1			30	2
文教、工美、体育和娱乐用品制造业	1164	315617	126569	81321	12501
文教办公用品制造	37	120182	29752	13203	354
文具制造	8	732	390	2028	17
笔的制造	7	3792	1141	321	127
教学用模型及教具制造	10	112707	27353	9300	108
其他文教办公用品制造	12	2952	868	1553	102
乐器制造	15	431	93	644	111
中乐器制造	4	104		37	10
其他乐器及零件制造	11	328	93	607	101
工艺美术品制造	1094	185893	94324	63642	11795
雕塑工艺品制造	71	11087	10284	3080	288
金属工艺品制造	23	1861	1381	1572	194
漆器工艺品制造	1	15	5	16	2
花画工艺品制造	12	1293	606	742	253
天然植物纤维编织工艺品制造	15	8259	7086	334	154
抽纱刺绣工艺品制造	532	21038	9045	8405	3399
地毯、挂毯制造	290	108257	51021	24580	3587
珠宝首饰及有关物品制造	43	7031	2300	2217	259
其他工艺美术及礼仪用品制造	107	27053	12596	22696	3659
体育用品制造	11	6460	575	2678	155
专项运动器材及配件制造	4	5989	450	2267	116
健身器材制造	3	450	116	389	33
其他体育用品制造	4	21	9	21	6
玩具制造	5	14	24		35
塑胶玩具制造	1				
娃娃玩具制造	2	2	12		1
其他玩具制造	2	12	12		34
游艺器材及娱乐用品制造	2	2636	1801	1154	51

1-2 续表 7

行　　业	企业单位数（个）	资产总计（万元）	负债合计（万元）	营业收入（万元）	从业人员（人）
露天游乐场所游乐设备制造	2	2636	1801	1154	51
石油、煤炭及其他燃料加工业	306	15499619	8490396	16684346	55090
精炼石油产品制造	137	8624385	3350518	14360097	38540
原油加工及石油制品制造	132	7871712	2743716	14252764	36510
其他原油制造	5	752673	606802	107333	2030
煤炭加工	148	6842069	5115130	2315574	16306
炼焦	73	3899822	3109591	1763896	11863
煤制合成气生产	4	10487	488	271	23
煤制液体燃料生产	6	2407465	1552365	495460	3222
煤制品制造	23	100589	86950	25157	588
其他煤炭加工	42	423706	365736	30790	610
核燃料加工	1	731	130	4	2
核燃料加工	1	731	130	4	2
生物质燃料加工	20	32434	24618	8671	242
生物质液体燃料生产	10	30787	23522	7464	96
生物质致密成型燃料加工	10	1647	1096	1207	146
化学原料和化学制品制造业	1217	24515840	14784113	9935622	78368
基础化学原料制造	209	6258828	4253845	2618385	22855
无机酸制造	6	79628	33767	23946	619
无机碱制造	3	139265	136777	51	542
无机盐制造	35	2275928	1689798	994252	11556
有机化学原料制造	88	3314198	2164631	1507839	8418
其他基础化学原料制造	77	449809	228872	92297	1720
肥料制造	454	3858135	2227478	1608785	16630
氮肥制造	22	2317148	1421558	722863	8416
磷肥制造	4	49	29		2
钾肥制造	24	738923	368013	464590	2956
复混肥料制造	137	412474	248099	238774	2506
有机肥料及微生物肥料制造	222	331633	162940	155460	2463
其他肥料制造	45	57906	26839	27099	287
农药制造	14	11145	4768	5665	110
化学农药制造	13	11145	4768	5665	110
生物化学农药及微生物农药制造	1				
涂料、油墨、颜料及类似产品制造	115	77568	48758	39406	835
涂料制造	95	71440	45887	36435	713
油墨及类似产品制造	3	30		38	15
工业颜料制造	2	105	29	119	3
工艺美术颜料制造	1				
染料制造	7	3670	1030	717	75
密封用填料及类似品制造	7	2323	1811	2097	29
合成材料制造	72	9894492	5973628	3999613	22573

1-2 续表 8

行　　业	企业单位数(个)	资产总计(万元)	负债合计(万元)	营业收入(万元)	从业人员(人)
初级形态塑料及合成树脂制造	39	6806083	3873281	3578452	17495
合成橡胶制造	4	56372	43436	70634	764
合成纤维单(聚合)体制造	9	2530746	1704158	339343	3788
其他合成材料制造	20	501292	352752	11184	526
专用化学产品制造	239	3893005	2022374	1501100	12562
化学试剂和助剂制造	113	1256811	574235	582847	5504
专项化学用品制造	53	175463	103235	130583	1337
林产化学产品制造	18	32001	8474	9256	248
文化用信息化学品制造	3	2333798	1278903	753698	5049
环境污染处理专用药剂材料制造	11	11635	10173	7151	79
动物胶制造	5	31574	22670	3354	64
其他专用化学产品制造	36	51723	24686	14211	281
炸药、火工及焰火产品制造	21	388292	163696	105981	1582
炸药及火工产品制造	19	387998	163533	105981	1582
焰火、鞭炮产品制造	2	294	163		
日用化学产品制造	93	134375	89566	56687	1221
肥皂及洗涤剂制造	31	36798	32661	20079	534
化妆品制造	19	24182	15187	4449	176
口腔清洁用品制造	2	54	75	37	6
香料、香精制造	29	68843	37338	30564	448
其他日用化学产品制造	12	4498	4305	1557	57
医药制造业	167	2363520	1372504	786630	10734
化学药品原料药制造	18	988590	539010	339978	3279
化学药品原料药制造	18	988590	539010	339978	3279
化学药品制剂制造	10	122693	64193	42809	1160
化学药品制剂制造	10	122693	64193	42809	1160
中药饮片加工	48	88349	49377	59358	1094
中药饮片加工	48	88349	49377	59358	1094
中成药生产	39	335255	180404	168824	2752
中成药生产	39	335255	180404	168824	2752
兽用药品制造	4	35740	27940	20845	474
兽用药品制造	4	35740	27940	20845	474
生物药品制品制造	28	697703	449846	115249	1194
生物药品制造	28	697703	449846	115249	1194
卫生材料及医药用品制造	15	6909	2298	2917	66
卫生材料及医药用品制造	15	6909	2298	2917	66
药用辅料及包装材料	5	88282	59435	36650	715
药用辅料及包装材料	5	88282	59435	36650	715
化学纤维制造业	40	2504422	1776411	1305841	10748
纤维素纤维原料及纤维制造	22	2270475	1614346	1279803	10035
化纤浆粕制造	11	252242	178559	255670	1960

1-2 续表 9

行　业	企业单位数（个）	资产总计（万元）	负债合计（万元）	营业收入（万元）	从业人员（人）
人造纤维（纤维素纤维）制造	11	2018233	1435787	1024133	8075
合成纤维制造	14	89566	67702	9346	541
锦纶纤维制造	2	5056	1540	2	412
涤纶纤维制造	8	37557	21019	3197	53
丙纶纤维制造	1	7682	6409	5579	47
其他合成纤维制造	3	39270	38734	568	29
生物基材料制造	4	144381	94363	16692	172
生物基化学纤维制造	2	20830	5428	133	40
生物基、淀粉基新材料制造	2	123551	88935	16558	132
橡胶和塑料制品业	1409	2928188	1389620	1646568	21029
橡胶制品业	92	306678	154430	212834	2833
轮胎制造	5	221149	118545	189001	2072
橡胶板、管、带制造	49	52103	22813	12426	450
橡胶零件制造	6	18809	1856	2052	54
再生橡胶制造	7	5336	3763	2273	73
日用及医用橡胶制品制造	1	56		102	8
其他橡胶制品制造	24	9226	7453	6980	176
塑料制品业	1317	2621510	1235190	1433733	18196
塑料薄膜制造	165	573573	192700	171867	1748
塑料板、管、型材制造	593	1015591	524133	770520	8839
塑料丝、绳及编织品制造	65	705954	331204	272465	2978
泡沫塑料制造	66	86425	43043	69670	909
塑料人造革、合成革制造	1				
塑料包装箱及容器制造	89	54872	43386	34834	963
日用塑料制品制造	116	53859	22554	38336	929
塑料零件及其他塑料制品制造	222	131236	78170	76041	1830
非金属矿物制品业	3750	15178239	9376132	6192770	84526
水泥、石灰和石膏制造	317	6738765	3939444	1589015	18339
水泥制造	206	6373888	3574817	1436785	16446
石灰和石膏制造	111	364877	364627	152230	1893
石膏、水泥制品及类似制品制造	1129	3673460	2243765	2034019	26453
水泥制品制造	857	3111716	1882990	1832517	22999
砼结构构件制造	77	384968	246293	117326	1627
石棉水泥制品制造	7	7582	4560	1470	42
轻质建筑材料制造	136	112945	76234	45493	1117
其他水泥类似制品制造	52	56251	33687	37212	668
砖瓦、石材等建筑材料制造	1857	1740469	1042562	684275	24375
粘土砖瓦及建筑砌块制造	850	622856	399631	272748	14808
建筑用石加工	430	604934	349265	146507	4990
防水建筑材料制造	100	105983	57297	56389	940
隔热和隔音材料制造	180	185155	114741	108306	1506

1-2 续表 10

行　业	企业单位数（个）	资产总计（万元）	负债合计（万元）	营业收入（万元）	从业人员（人）
其他建筑材料制造	297	221542	121627	100326	2131
玻璃制造	43	157343	94641	96949	1238
平板玻璃制造	18	122950	73421	55713	810
特种玻璃制造	18	19391	11878	10585	245
其他玻璃制造	7	15002	9341	30651	183
玻璃制品制造	71	143762	87651	55119	2063
技术玻璃制品制造	13	4958	3108	1813	79
光学玻璃制造	2	172	211	48	5
玻璃仪器制造	3	633	761	634	21
日用玻璃制品制造	19	8085	5549	5413	255
玻璃包装容器制造	12	43714	23248	34057	1104
玻璃保温容器制造	5	63809	43223	9515	479
制镜及类似品加工	1	105	91	42	3
其他玻璃制品制造	16	22287	11459	3596	117
玻璃纤维和玻璃纤维增强塑料制品制造	48	117025	84982	83399	973
玻璃纤维及制品制造	22	34325	23332	19791	584
玻璃纤维增强塑料制品制造	26	82700	61650	63608	389
陶瓷制品制造	58	143558	111278	55595	2180
建筑陶瓷制品制造	23	119495	96567	47128	1699
卫生陶瓷制品制造	16	7069	2219	4749	118
特种陶瓷制品制造	3	2443	1659	1494	11
日用陶瓷制品制造	8	11523	10480	1647	262
陈设艺术陶瓷制造	4	2135	350	206	60
其他陶瓷制品制造	4	894	3	370	30
耐火材料制品制造	46	105380	49716	46118	711
石棉制品制造	7	14565	6957	8253	117
耐火陶瓷制品及其他耐火材料制造	39	90814	42759	37865	594
石墨及其他非金属矿物制品制造	181	2358477	1722092	1548283	8194
石墨及碳素制品制造	57	1867124	1301608	1146520	5564
其他非金属矿物制品制造	124	491353	420484	401763	2630
黑色金属冶炼和压延加工业	165	6160537	4922878	5265975	24579
炼铁	24	225585	222045	194409	1820
炼铁	24	225585	222045	194409	1820
炼钢	7	95209	73596	58702	245
炼钢	7	95209	73596	58702	245
钢压延加工	118	5613663	4413980	4865925	21026
钢压延加工	118	5613663	4413980	4865925	21026
铁合金冶炼	16	226080	213257	146939	1488
铁合金冶炼	16	226080	213257	146939	1488
有色金属冶炼和压延加工业	167	18959165	12516088	13042185	41359
常用有色金属冶炼	70	12774520	8648379	7625101	26860

1-2 续表 11

行　业	企业单位数（个）	资产总计（万元）	负债合计（万元）	营业收入（万元）	从业人员（人）
铜冶炼	11	570431	440812	596591	1406
铅锌冶炼	4	75902	83892	191	120
镍钴冶炼	2	237280	61788	201681	1184
铝冶炼	8	10561232	7040710	5585594	13941
镁冶炼	8	216431	156357	119384	1704
硅冶炼	25	1087655	843187	1112379	7860
其他常用有色金属冶炼	12	25590	21635	9281	645
贵金属冶炼	14	455111	162106	291865	2567
金冶炼	10	452963	159934	291839	2552
其他贵金属冶炼	4	2149	2172	26	15
稀有稀土金属冶炼	2	12477	-637		13
稀土金属冶炼	1	83	205		10
其他稀有金属冶炼	1	12394	-843		3
有色金属合金制造	31	2902948	1512056	2142916	5126
有色金属合金制造	31	2902948	1512056	2142916	5126
有色金属压延加工	50	2814109	2194183	2982303	6793
铜压延加工	8	156521	134189	194005	107
铝压延加工	25	2623794	2052180	2787139	6328
贵金属压延加工	1				1
其他有色金属压延加工	16	33794	7813	1158	357
金属制品业	1710	2549415	1482122	1128521	18390
结构性金属制品制造	1168	1338332	860944	705981	11067
金属结构制造	686	1108710	732724	577902	7971
金属门窗制造	482	229622	128220	128079	3096
金属工具制造	70	33524	16250	17969	576
切削工具制造	2	749	676	1376	10
手工具制造	19	434	229	662	95
农用及园林用金属工具制造	17	20405	9612	7502	272
刀剪及类似日用金属工具制造	3	440	367	2170	45
其他金属工具制造	29	11496	5367	6259	154
集装箱及金属包装容器制造	62	268637	185823	70366	1701
集装箱制造	8	12472	8480	8028	106
金属压力容器制造	15	111057	84958	24635	471
金属包装容器及材料制造	39	145108	92384	37703	1124
金属丝绳及其制品制造	30	118437	53045	107320	238
金属丝绳及其制品制造	30	118437	53045	107320	238
建筑、安全用金属制品制造	139	110764	67816	66811	1418
建筑、家具用金属配件制造	26	25089	10643	7344	162
建筑装饰及水暖管道零件制造	63	52659	29423	38803	725
安全、消防用金属制品制造	27	21374	16409	15494	339
其他建筑、安全用金属制品制造	23	11641	11342	5170	192

1-2 续表 12

行　　业	企业单位数（个）	资产总计（万元）	负债合计（万元）	营业收入（万元）	从业人员（人）
金属表面处理及热处理加工	21	49765	36985	14598	208
金属表面处理及热处理加工	21	49765	36985	14598	208
搪瓷制品制造	5	5019	3011	145	36
建筑装饰搪瓷制品制造	1	105	105	109	14
搪瓷卫生洁具制造	3	4414	2506	36	18
搪瓷日用品及其他搪瓷制品制造	1	500	400		4
金属制日用品制造	38	12388	8060	4424	207
金属制厨房用器具制造	9	7421	3785	3697	72
金属制餐具和器皿制造	8	186	345	27	17
其他金属制日用品制造	21	4782	3929	700	118
铸造机其他金属制品制造	177	612548	250188	140906	2939
黑色金属铸造	39	495999	179436	29391	837
有色金属铸造	5	136	126	41	2
锻件及粉末冶金制品制造	19	24293	22469	5439	100
交通及公共管理用金属标牌制造	40	31139	8472	22983	367
其他未列明金属制品制造	74	60981	39685	83052	1633
通用设备制造业	543	582585	335290	188486	4488
锅炉及原动设备制造	109	111564	40894	32112	664
锅炉及辅助设备制造	91	52651	32641	25097	582
水轮机及辅机制造	1	102	2	136	6
风能原动设备制造	11	57123	6604	5191	71
其他原动设备制造	6	1687	1647	1688	5
金属加工机械制造	92	48803	35525	22033	552
金属切削机床制造	4	1277	1145	879	25
金属成形机床制造	1				
铸造机械制造	10	7239	2894	2917	75
金属切割及焊接设备制造	10	3471	1941	2102	63
机床功能部件及附件制造	1	3		4	1
其他金属加工机械制造	66	36814	29545	16132	388
物料搬运设备制造	38	152739	111364	19843	779
轻小型起重设备制造	6	255	202	129	8
生产专用起重机制造	15	82366	60330	9561	372
生产专用车辆制造	1				
连续搬运设备制造	3	44553	36365	7740	223
电梯、自动扶梯及升降机制造	10	25331	14229	2234	168
机械式停车设备制造	2	230	236	180	7
其他物料搬运设备制造	1	4	1		1
泵、阀门、压缩机及类似机械制造	21	12697	11951	5182	134
泵及真空设备制造	3	2509	1950	697	10
气体压缩机械制造	2	554	110	148	11
阀门和旋塞制造	12	7924	4727	3175	93

1-2 续表 13

行　　业	企业单位数（个）	资产总计（万元）	负债合计（万元）	营业收入（万元）	从业人员（人）
液压动力机械及原件制造	3	915	640	812	9
气压动力机械及原件制造	1	795	4523	349	11
轴承、齿轮和传动部件制造	4	14418	11317	618	21
滚动轴承制造	3	5871	2425	618	16
其他传动部件制造	1	8548	8892		5
烘炉、风机、衡器、包装等设备制造	44	51730	23640	34881	389
烘炉、熔炉及电炉制造	5	4654	2558	11855	35
风机、风扇制造	15	19833	8916	6697	118
气体、液体分离及纯净设备制造	7	15652	8082	7746	72
制冷、空调设备制造	15	10578	3174	5790	158
喷枪及类似器具制造	1	1014	911	2793	6
包装专用设备制造	1				
文化、办公用机械制造	9	1041	1043	725	79
复印和胶印设备制造	4	332	862	187	10
计算器及货币专用设备制造	1	16	6	51	2
其他文化、办公用机械制造	4	692	175	487	67
通用零部件制造	178	176552	92674	67966	1690
金属密封件制造	7	13088	4030	5847	185
紧固件制造	8	18722	13601	3858	82
弹簧制造	1	304	267	81	8
机械零部件加工	154	130173	74254	55956	1334
其他通用零部件制造	8	14265	522	2224	81
其他通用设备制造业	48	13042	6882	5126	180
工业机器人制造	3	298	226	84	4
其他未列明通用设备制造业	45	12744	6657	5042	176
专用设备制造业	742	1504045	937292	641066	9321
采矿、冶金、建筑专用设备制造	161	580615	377656	188578	2316
矿山机械制造	47	94085	79260	22549	415
石油钻采专用设备制造	62	202245	64730	77041	1158
深海石油钻探设备制造	3	3571	2395	4239	62
建筑工程用机械制造	28	125841	112123	61221	331
建筑材料生产专用机械制造	18	24993	23071	5053	101
冶金专用设备制造	2	3538	2216	385	23
隧道施工专用机械制造	1	126341	93861	18089	226
化工、木材、非金属加工专用设备制造	38	155668	102866	41046	483
炼油、化工生产专用设备制造	10	138728	94352	31085	326
塑料加工专用设备制造	6	1857	527	390	28
木竹材加工机械制造	3	9692	4585	3223	77
模具制造	13	1144	544	459	10
其他非金属加工专用设备制造	6	4247	2858	5889	42
食品、饮料、烟草及饲料生产专用设备制造	19	16192	10465	9299	134

1-2 续表 14

行业	企业单位数（个）	资产总计（万元）	负债合计（万元）	营业收入（万元）	从业人员（人）
食品、酒、饮料及茶生产专用设备制造	7	289	123	26	15
农副食品加工专用设备制造	11	12752	10318	6334	94
饲料生产专用设备制造	1	3150	24	2939	25
印刷、制药、日化及日用品生产专用设备制造	15	18155	14565	4077	102
制浆和造纸专用设备制造	1	5487	6458		
印刷专用设备制造	3	3543	3451	953	43
日用化工专用设备制造	2	775		729	7
照明器具生产专用设备制造	4	5413	3852	889	22
玻璃、陶瓷和搪瓷制品生产专用设备制造	1	2859	724	1418	25
其他日用品生产专用设备制造	4	79	81	87	5
纺织、服装和皮革加工专用设备制造	22	176560	148034	92986	406
纺织专用设备制造	14	173668	147895	92715	396
皮革、毛皮及其制品加工专用设备制造	5	844	1		7
缝制机械制造	3	2047	138	271	3
电子和电工机械专用设备制造	36	17373	5121	7015	447
电工机械专用设备制造	10	4932	1708	2073	51
半导体器件专用设备制造	3	93	58	28	3
电子元器件与机电组件设备制造	10	8165	1299	1514	60
其他电子专用设备制造	13	4183	2057	3400	333
农、林、牧、渔专用机械制造	212	313857	192657	207962	3798
拖拉机制造	5	15518	601	9096	48
机械化农业及园艺机具制造	121	207822	133106	126408	2376
畜牧机械制造	11	10175	3112	6416	295
渔业机械制造	1	587	587	470	12
农林牧渔机械配件制造	31	8661	4620	5626	203
棉花加工机械制造	23	58667	42251	46684	609
其他农、林、牧、渔业机械制造	20	12427	8380	13263	255
医疗仪器设备及器械制造	40	31060	5782	4496	308
医疗诊断、监护及治疗设备制造	10	25224	2460	2122	96
口腔科用设备及器具制造	5	336	330	344	70
医疗实验室及医用消毒设备和器具制造	1				
医疗、外科及兽医用器械制造	4	2856	1678	215	11
机械治疗及病房护理设备制造	1				
康复辅具制造	7	537	123	116	18
眼镜制造	3	62	17	65	4
其他医疗设备及器械制造	9	2045	1173	1634	109
环保、社会公共服务及其他专用设备制造	199	194566	80147	85608	1327
环境保护专用设备制造	111	151741	51941	58744	809
商业、饮食、服务专用设备制造	2	359	20	144	17
社会公共安全设备及器材制造	15	13824	11717	11311	183
交通安全、管制及类似专用设备制造	7	3001	1670	1519	44

1-2 续表 15

行　业	企业单位数（个）	资产总计（万元）	负债合计（万元）	营业收入（万元）	从业人员（人）
水资源专用机械制造	8	8101	6059	2995	34
其他专用设备制造	56	17539	8740	10897	240
汽车制造业	95	413344	348534	334924	2366
汽车整车制造	15	307419	277817	311829	1662
汽柴油车整车制造	9	201680	193130	248387	1168
新能源车整车制造	6	105738	84687	63442	494
汽车用发动机制造	3	115	38	91	5
汽车用发动机制造	3	115	38	91	5
改装汽车制造	16	56220	45511	6962	211
改装汽车制造	16	56220	45511	6962	211
电车制造	3	1414	764	1027	14
电车制造	3	1414	764	1027	14
汽车车身、挂车制造	9	12534	4548	4274	49
汽车车身、挂车制造	9	12534	4548	4274	49
汽车零部件及配件制造	49	35642	19856	10740	425
汽车零部件及配件制造	49	35642	19856	10740	425
铁路、船舶、航空航天和其他运输设备制造业	38	88935	35097	22311	558
铁路运输设备制造	9	58441	17994	15442	262
高铁车组制造	1	26740	1370	4303	74
铁路机车车辆制造	1	515	360	62	2
铁路专用设备及器材、配件制造	6	6750	5471	5756	76
其他铁路运输设备制造	1	24437	10794	5321	110
城市轨道交通设备制造	1	1861	688	1129	42
城市轨道交通设备制造	1	1861	688	1129	42
航空、航天器及设备制造	9	7329	3649	408	53
飞机制造	3	18	178	10	4
航空相关设备制造	2				1
其他航空航天器制造	4	7311	3470	399	48
摩托车制造	6	19329	11185	4247	88
摩托车整车制造	2	8497	7055	3059	62
摩托车零部件及配件制造	4	10832	4130	1188	26
自行车制造	4	592	579	61	12
自行车制造	4	592	579	61	12
助动车制造	8	1383	1004	1024	101
助动车制造	8	1383	1004	1024	101
非公路休闲车及零配件制造	1				
非公路休闲车及零配件制造	1				
电气机械和器材制造业	605	10258323	6506933	4064237	18762
电机制造	28	5379375	3570779	1991127	2530
发电机及发电机组制造	21	5370124	3565705	1985902	2435
电动机制造	2	8140	4589	4953	82

1-2 续表 16

行　业	企业单位数（个）	资产总计（万元）	负债合计（万元）	营业收入（万元）	从业人员（人）
微特电机及组件制造	1	577	287		3
其他电机制造	4	535	198	272	10
输配电及控制设备制造	289	4339061	2705074	1737773	11199
变压器、整流器和电感器制造	49	863085	466592	543116	4572
电容器及其配套设备制造	8	6195	3466	5522	71
配电开关控制设备制造	142	392074	220959	172947	2312
电力电子元器件制造	23	22337	14196	10851	587
光伏设备及元器件制造	25	2252060	1487826	912311	2284
其他输配电及控制设备制造	42	803310	512035	93026	1373
电线、电缆、光缆及电工器材制造	123	422763	174838	288026	3756
电线、电缆制造	114	412121	168750	277000	3678
光缆制造	1	7248	4220	9732	46
绝缘制品制造	4	1903	383	449	18
其他电工器材制造	4	1491	1485	845	14
电池制造	16	29197	5191	6136	362
锂离子电池制造	7	13594	1497	1447	114
铅蓄电池制造	2	12929	3544	4077	136
其他电池制造	7	2674	150	613	112
家用电力器具制造	21	17159	7252	4716	295
家用制冷电器具制造	1	28			1
家用通风电器具制造	4	7455	59	2401	33
家用厨房电器具制造	5	1886	-5	363	184
家用清洁卫生电器具制造	1	3888	4233	1479	17
家用电力器具专用配件制造	1	300			5
其他家用电力器具制造	9	3601	2964	473	55
非电力家用器具制造	16	3711	2878	2365	39
燃气及类似能源家用器具制造	6	193	80	9	3
太阳能器具制造	9	3518	2798	2356	36
其他非电力家用器具制造	1				
照明器具制造	69	54908	35884	27532	403
电光源制造	3	1575	1098	2263	60
照明灯具制造	51	44240	27940	19291	302
舞台及场地用灯制造	1	81	132		3
智能照明器具制造	2	1043	899	60	4
灯用电器附件及其他照明器具制造	12	7968	5814	5919	34
其他电气机械及器材制造	43	12150	5038	6562	178
电气信号设备装置制造	3	40	198	189	15
其他未列明电气机械及器材制造	40	12110	4840	6373	163
计算机、通信和其他电子设备制造业	162	1503285	918763	305431	4682
计算机制造	23	81805	15540	34457	210
计算机整机制造	3	7767	814	900	25

1-2 续表 17

行　　业	企业单位数（个）	资产总计（万元）	负债合计（万元）	营业收入（万元）	从业人员（人）
计算机零部件制造	2				2
计算机外围设备制造	2	19804	1399	32661	109
工业控制计算机及系统制造	1	17989	12005		5
信息安全设备制造	7	1033	233	522	34
其他计算机制造	8	35212	1088	375	35
通信设备制造	13	2780	283	2196	77
通信系统设备制造	9	2747	270	2180	74
通信终端设备制造	4	33	13	16	3
广播电视设备制造	4	2354	988	1677	19
广播电视节目制作及发射设备制造	2	1374	480	1363	6
应用电视设备及其他广播电视设备制造	2	980	509	313	13
非专业视听设备制造	4	1294	662	455	6
电视机制造	1	629	305	229	1
音响设备制造	2	10	3	21	3
影视录放设备制造	1	654	354	205	2
智能消费设备制造	15	5640	2211	5144	95
智能车载设备制造	1	695	659	301	70
智能无人机飞行器制造	3	1520	1179	4514	11
服务消费机器人制造	4	130	39	28	5
其他智能消费设备制造	7	3295	333	301	9
电子器件制造	15	17095	10925	4453	76
集成电路制造	2	48		87	5
显示器件制造	2	423	310	16	3
光电子器件制造	5	16236	10370	3735	57
其他电子器件制造	6	389	245	614	11
电子元件及电子专用材料制造	74	1363459	857556	246609	3479
电子电容电感元件制造	2				1
电子电路板制造	1	699	601	156	2
敏感元件及传感器制造	1	1855	606	236	33
电声器件及零件制造	1				1
电子专用材料制造	22	1345207	847523	227606	2931
其他电子元件制造	47	15698	8826	18610	511
其他电子设备制造	14	28858	30598	10441	720
其他电子设备制造	14	28858	30598	10441	720
仪器仪表制造业	46	52842	32102	16058	489
通用仪器仪表制造	26	44512	27312	12267	345
工业自动控制系统装置制造	13	32378	20505	6153	231
电工仪器仪表制造	4	7244	4343	1688	53
绘图、计算及测量仪器制造	1	260		200	6
实验分析仪器制造	1	34	13	4	1
供应用仪器仪表制造	1	9	23	15	2

1-2 续表 18

行业	企业单位数（个）	资产总计（万元）	负债合计（万元）	营业收入（万元）	从业人员（人）
其他通用仪器制造	6	4588	2428	4206	52
专用仪器仪表制造	12	4353	3058	2802	89
环境监测专用仪器仪表制造	1	3162	2362	1720	8
地质勘探和地震专用仪器制造	1	477	82	577	39
教学专用仪器制造	5	59	72	26	15
核子及核辐射测量仪器制造	1	28	1	26	4
电子测量仪器制造	2	483	376	358	9
其他专用仪器制造	2	144	165	95	14
衡器制造	7	3357	1339	892	53
衡器制造	7	3357	1339	892	53
其他仪器仪表制造业	1	620	393	97	2
其他仪器仪表制造业	1	620	393	97	2
其他制造业	93	33477	11873	10312	1040
日用杂品制造	25	3183	577	390	81
鬃毛加工、制刷及清扫工具制造	7	191	135	14	13
其他日用杂品制造	18	2992	442	376	68
核辐射加工	2	467	361	49	7
核辐射加工	2	467	361	49	7
其他未列明制造业	66	29827	10935	9873	952
其他未列明制造业	66	29827	10935	9873	952
废弃资源综合利用业	113	443923	322264	412699	1914
金属废料和碎屑加工处理	50	194616	122512	314769	768
金属废料和碎屑加工处理	50	194616	122512	314769	768
非金属废料和碎屑加工处理	63	249306	199752	97929	1146
非金属废料和碎屑加工处理	63	249306	199752	97929	1146
金属制品、机械和设备修理业	393	185271	109121	113103	3287
金属制品修理	13	2712	5721	2822	214
金属制品修理	13	2712	5721	2822	214
通用设备修理	49	8539	5126	7323	185
通用设备修理	49	8539	5126	7323	185
专用设备修理	105	69628	38100	34151	931
专用设备修理	105	69628	38100	34151	931
铁路、船舶、航空航天等运输设备修理	4	5276	3613	5142	64
铁路运输设备修理	1	4461	3111	4410	41
其他运输设备修理	3	815	503	731	23
电气设备修理	50	41840	19849	26630	881
电气设备修理	50	41840	19849	26630	881
仪器仪表修理	12	1842	930	2081	58
仪器仪表修理	12	1842	930	2081	58
其他机械和设备修理业	160	55434	35781	34953	954
其他机械和设备修理业	160	55434	35781	34953	954

1-2 续表 19

行　业	企业单位数（个）	资产总计（万元）	负债合计（万元）	营业收入（万元）	从业人员（人）
电力、热力、燃气及水生产和供应业	**2085**	**74720438**	**51411281**	**15685472**	**112749**
电力、热力生产和供应业	1581	62917168	44169412	13920728	88124
电力生产	1095	49285178	35017053	6460185	37214
火力发电	64	8172794	6324831	957940	7905
热电联产	43	11125445	7644495	2525832	14572
水力发电	230	6541681	4621043	589705	6535
核力发电	2	100	12		1
风力发电	264	14572528	10238296	1505847	4693
太阳能发电	461	8373424	5796435	852692	2834
生物质能发电	11	244254	196107	17218	353
其他电力生产	20	254952	195834	10950	321
电力供应	88	9369667	6394920	6475489	34267
电力供应	88	9369667	6394920	6475489	34267
热力生产和供应	398	4262323	2757440	985054	16643
热力生产和供应	398	4262323	2757440	985054	16643
燃气生产和供应业	189	5595239	4334254	1332424	12416
燃气生产和供应业	184	5594026	4333087	1331869	12399
天然气生产和供应业	159	2066325	1164894	1097035	8494
液化石油气生产和供应业	20	16968	14481	14021	246
煤气生产和供应业	5	3510734	3153712	220813	3659
生物质燃气生产和供应业	5	1212	1167	555	17
生物质燃气生产和供应业	5	1212	1167	555	17
水的生产和供应业	315	6208031	2907615	432321	12209
自来水生产和供应	196	4249023	2063749	324015	9974
自来水生产和供应	196	4249023	2063749	324015	9974
污水处理及其再生利用	115	1867244	788168	107079	2200
污水处理及其再生利用	115	1867244	788168	107079	2200
其他水的处理、利用与分配	4	91764	55698	1226	35
其他水的处理、利用与分配	4	91764	55698	1226	35

1-3 全部工业企业分地县主要经济指标

地区名称	法人单位数（个）	资产总计（万元）	负债合计（万元）	营业收入（万元）	从业人员（人）
总　计	**27018**	**258864389**	**158204880**	**114534525**	**976089**
乌鲁木齐市	**2905**	**51656165**	**31382670**	**26192776**	**144580**
天山区	63	1341738	984495	352829	3554
沙依巴克区	212	2761129	1396057	928513	9297
新市区	942	14058401	7998745	5119083	32343
水磨沟区	242	8210846	5364251	5707901	29455
头屯河区	617	11959239	7648203	7038817	33029
达坂城区	91	3325583	1977902	305347	6577
米东区	689	8908606	5254516	6615560	29186
乌鲁木齐县	49	1090623	758501	124727	1139
克拉玛依市	**772**	**23635824**	**7565697**	**17323490**	**101710**
独山子区	51	3624716	952183	5738196	19453
克拉玛依区	514	18954343	5954779	11117697	74876
白碱滩区	170	676621	354308	380350	6385
乌尔禾区	37	380144	304427	87248	996
吐鲁番市	**1285**	**11570615**	**8107721**	**4409722**	**45455**
高昌区	442	2094539	1438440	505319	7771
鄯善县	464	4609323	2811225	2176265	22388
托克逊县	379	4866752	3858056	1728139	15296
哈密市	**1653**	**23865818**	**16226187**	**5485906**	**38747**
哈密伊州区	1346	16406837	11129754	3638171	27995
巴里坤哈萨克自治县	182	3319071	2368165	600833	4264
伊吾县	125	4139910	2728268	1246903	6488
昌吉回族自治州	**3228**	**38137405**	**25623142**	**15237548**	**103211**
昌吉市	1133	5027351	3120544	2614979	24549
阜康市	603	6567314	4508695	3504660	22488
呼图壁县	392	2255282	1506409	931331	9860
玛纳斯县	244	5032241	3050111	1645851	10611
奇台县	361	4328515	2988293	765925	7772
吉木萨尔县	349	14075065	9761288	5697642	26064
木垒哈萨克自治县	146	851635	687803	77161	1867
伊犁哈萨克自治州	**3985**	**33676444**	**23580399**	**10626093**	**132770**
伊犁哈萨克自治州直属县（市）	**2077**	**22448902**	**16402980**	**6308917**	**82892**
伊宁市	297	5466999	4511351	811354	12578
奎屯市	314	5475385	3641888	1940373	19007
霍尔果斯市	141	622669	396067	283414	3607
伊宁县	202	3361247	2577689	728134	14628
察布查尔锡伯自治县	222	1431734	1035717	196329	4192
霍城县	263	1185832	879786	425021	7067
巩留县	135	1308194	881841	407517	4818

1-3 续表 1

地区名称	法人单位数（个）	资产总计（万元）	负债合计（万元）	营业收入（万元）	从业人员（人）
新源县	195	1778763	1102828	1069319	11510
昭苏县	103	351834	290419	62038	1086
特克斯县	53	270607	216535	48802	737
尼勒克县	151	1057789	806632	259622	3130
塔城地区	**1054**	**6081392**	**3863747**	**2565786**	**32788**
塔城市	106	184113	122515	70788	1240
乌苏市	259	1723570	914106	1006417	8957
额敏县	134	577815	429532	231634	3163
沙湾县	286	1467474	1048132	823009	11261
托里县	116	750110	585620	158393	3051
裕民县	50	138967	99029	21034	540
和布克赛尔蒙古自治县	103	1239342	664813	254511	4576
阿勒泰地区	**854**	**5146150**	**3313672**	**1751389**	**17090**
阿勒泰市	189	820305	635057	151561	2299
布尔津县	104	722053	557086	89103	1058
富蕴县	98	1295047	678651	544761	4342
福海县	220	623677	369357	361926	4154
哈巴河县	91	812139	519206	335409	2807
青河县	83	465455	310968	119999	1754
吉木乃县	69	407473	243346	148630	676
博尔塔拉蒙古自治州	**836**	**2927487**	**2211934**	**1141481**	**15026**
博乐市	476	1610330	1247475	499749	9167
阿拉山口市	68	589325	429374	451859	1424
精河县	238	654965	487655	167727	3794
温泉县	54	72867	47430	22146	641
巴音郭楞蒙古自治州	**2381**	**22745321**	**11898679**	**10741178**	**71551**
库尔勒市	830	14927933	6712597	7784293	44121
轮台县	321	1794856	1243645	499496	5751
尉犁县	169	453127	240897	171785	2503
若羌县	162	1301940	734424	580149	4531
且末县	108	410816	243294	31629	1523
焉耆回族自治县	151	441752	307403	147206	1763
和静县	391	2900247	2102669	1358121	8954
和硕县	176	328122	197052	126544	1775
博湖县	73	186528	116698	41954	630
阿克苏地区	**2111**	**12232665**	**7596905**	**5998461**	**63410**
阿克苏市	624	2933154	1555341	1231484	20039
温宿县	276	1212219	738384	306076	4731
库车县	422	3775702	2165698	2892123	14672
沙雅县	131	849655	401494	380667	5821

1-3 续表 2

地区名称	法人单位数（个）	资产总计（万元）	负债合计（万元）	营业收入（万元）	从业人员（人）
新和县	135	235716	159442	172418	4327
拜城县	262	2391905	1983841	837544	8231
乌什县	76	251887	164500	44051	1196
阿瓦提县	120	302996	214264	94409	3180
柯坪县	65	279431	213940	39690	1213
克孜勒苏柯尔克孜自治州	**814**	**2982496**	**1841971**	**652770**	**9414**
阿图什市	402	1010940	551686	221514	4664
阿克陶县	236	832551	570763	158998	2778
阿合奇县	35	164744	150637	26060	307
乌恰县	141	974260	568885	246198	1665
喀什地区	**3689**	**5463071**	**3520949**	**2415608**	**100993**
喀什市	445	1320115	969742	508442	19667
疏附县	270	220460	134880	68925	9899
疏勒县	360	452133	257718	236574	4654
英吉沙县	417	341672	160169	102525	8143
泽普县	170	153418	145661	519621	11972
莎车县	508	613500	385136	185051	14863
叶城县	355	405589	239536	197301	8713
麦盖提县	257	363020	203908	112516	2892
岳普湖县	143	372979	173890	128340	2529
伽师县	458	571837	312241	155097	11115
巴楚县	272	292879	203525	167530	6012
塔什库尔干塔吉克自治县	34	355470	334542	33685	534
和田地区	**1897**	**2776119**	**1734109**	**678152**	**51439**
和田市	410	659994	502556	158377	7474
和田县	282	727135	476324	122272	8901
墨玉县	329	577373	331089	139069	11210
皮山县	205	215959	156113	63481	4126
洛浦县	234	204720	71981	118398	8022
策勒县	174	139675	106564	17586	5769
于田县	207	210062	75073	50966	5203
民丰县	56	41201	14411	8003	734
自治区直辖市	**1462**	**27194959**	**16914517**	**13631340**	**97783**
石河子市	412	14267391	8704001	6887769	47928
阿拉尔市	577	4500292	2877959	1578268	23139
图木舒克市	167	1725727	1026399	855397	10231
五家渠市	281	6676974	4294960	4281608	15846

1-4 规模以上工业企业主要经济指标

单位：万元

分 组	企业单位数（个）	工业总产值（当年价格）	工业销售产值（当年价格）	资产总计
总 计	**2957**	**99743769.1**	**97934576.2**	**209601484.70**
一、按登记注册类型分组:				
内资企业	2883	97846449.3	96054681.5	206446365.40
国有企业	48	5573520.5	5572177.7	10534063.30
中央企业	15	4995089.3	4992743.6	8037527.70
地方企业	33	578431.2	579434.1	2496535.60
集体企业	2	17594.5	18526.7	18597.60
有限责任公司	1334	40246082.0	39769454.5	103566205.50
国有独资公司	149	5976161.8	5977366.5	18390696.00
其他有限责任公司	1185	34269920.2	33792088.0	85175509.50
股份有限公司	146	32544430.2	31900527.1	59453296.10
私营企业	1329	19322469.7	18656965.9	32775034.20
私营独资企业	11	80574.2	83747.3	182717.70
私营合伙企业	2	4480.9	4425.6	6115.90
私营有限责任公司	1253	18367101.6	17740285.4	31242256.30
私营股份有限公司	63	870313.0	828507.6	1343944.30
其他企业	24	142352.4	137029.6	99168.70
港、澳、台商投资企业	26	648860.5	640196.6	1279479.20
合资经营企业(港或澳、台资)	10	239619.1	238826.9	410062.60
合作经营企业(港或澳、台资)				
港澳台商独资经营企业	12	358899.0	350444.4	653809.40
港澳台商投资股份有限公司	4	50342.4	50925.3	215607.20
其他港澳台商投资企业				
外商投资企业	48	1248459.3	1239698.1	1875640.10
中外合资经营企业	32	834411.6	839682.7	1027895.80
中外合作经营企业	2	42889.3	41464.9	50028.60
外资企业	9	134456.3	133540.7	207821.00
外商投资股份有限公司	4	235788.5	224096.2	586758.80
其他外商投资企业	1	913.6	913.6	3135.90
二、在总计中:亏损企业	**872**	**17569849.6**	**17236753.6**	**50655177.40**
在总计中:国有控股企业	796	57932850.9	57399523.1	124406734.50
在总计中:大型企业	101	58883329.3	57902292.0	107295491.70
中型企业	296	14664356.3	14443334.7	36128421.50
小型企业	2030	23495668.7	22894699.1	53374140.20
微型企业	530	2700414.8	2694250.4	12803431.30
在总计中:轻工业	1097	14921632.8	14321999.3	23945167.90
重工业	1860	84822136.3	83612576.9	185656316.80

1-4 续表1

单位：万元

分组	固定资产净额	固定资产原价	累计折旧	流动资产合计	应收账款
总计	**87261346**	**142323383**	**55071739.2**	**67054814.9**	**13266812.9**
一、按登记注册类型分组:					
内资企业	85938147	140030135	54250100.1	65859381.2	12932343.0
国有企业	7706119	13638151	5845837.8	1337318.4	191905.2
中央企业	6373786	11372682	4921332.9	515429.8	122479.2
地方企业	1332333	2265469	924504.9	821888.6	69426.0
集体企业	4624	8804	4180.0	13793.1	1396.8
有限责任公司	51976287	75890982	21559556.5	32606062.3	6844682.2
国有独资公司	9189091	14381030	4671244.4	5705247.2	1482626.7
其他有限责任公司	42787196	61509952	16888312.1	26900815.1	5362055.5
股份有限公司	13232961	32045167	21956333.2	17748854.5	2375868.5
私营企业	12987007	18393195	4873922.4	14104246.4	3509519.5
私营独资企业	49939	94587	43751.7	122534.5	7592.4
私营合伙企业	412	727	314.9	5159.4	2242.4
私营有限责任公司	12641193	17780045	4644783.6	13197705.8	3354208.0
私营股份有限公司	295464	517836	185072.2	778846.7	145476.7
其他企业	31149	53837	10270.2	49106.5	8970.8
港、澳、台商投资企业	380589	771050	305838.4	477115.4	179224.8
合资经营企业(港或澳、台资)	248931	365283	115452.0	119323.5	29150.6
合作经营企业(港或澳、台资)					
港澳台商独资经营企业	118835	271917	153079.3	327408.8	145452.2
港澳台商投资股份有限公司	12823	133850	37307.1	30383.1	4622.0
其他港澳台商投资企业					
外商投资企业	942609	1522198	515800.7	718318.3	155245.1
中外合资经营企业	435299	833337	334299.6	485170.8	136782.2
中外合作经营企业	25570	57325	31753.9	17223.6	6923.0
外资企业	82660	128486	45776.8	97215.0	9388.0
外商投资股份有限公司	396182	498772	102589.9	118617.0	2151.9
其他外商投资企业	2898	4278	1380.5	91.9	
二、在总计中:亏损企业	20952268	35832482	12466251.2	17286090.5	3415753.6
在总计中:国有控股企业	56088587	97330665	42449363.8	31034292.0	5364454.5
在总计中:大型企业	41212166	72721898	34085160.6	32786008.3	4825591.8
中型企业	14797787	24040872	8428287.2	11974107.1	1899806.7
小型企业	24785498	36670324	10472437.5	18469768.8	4994325.9
微型企业	6465896	8890289	2085853.9	3824930.7	1547088.5
在总计中:轻工业	7751322	12107353	3947912.9	12042396.7	1657378
重工业	79510024	130216029	51123826.3	55012418.2	11609434.9

1-4 续表 2

单位：万元

分组	存货	产成品	负债合计	流动负债合计	应付账款
总计	**13489867.0**	**4932475.9**	**126153443.4**	**83382825.3**	**22370076.9**
一、按登记注册类型分组:					
内资企业	13201958.3	4810621.8	124600837.2	82237280.3	22055866.4
国有企业	54130.5	15239.0	7130562.4	3667613.6	2018429.2
中央企业	18897.5	8209.2	5401153.0	3374841.8	1891350.4
地方企业	35233.0	7029.8	1729409.4	292771.8	127078.8
集体企业	1485.2	1484.9	5481.4	5481.4	643.5
有限责任公司	6254055.5	2238802.7	70224977.7	45223258.9	11342819.0
国有独资公司	604129.5	160047.3	11804013.7	6747838.7	1730025.7
其他有限责任公司	5649926.0	2078755.4	58420964.0	38475420.2	9612793.3
股份有限公司	3341117.4	1134712.2	25639014.5	17974816.8	4887876.0
私营企业	3542098.8	1413900.9	21559220.8	15343013.1	3803772.1
私营独资企业	66868.9	2110.2	151592.9	150085.6	16121.4
私营合伙企业	1107.0	1086.4	4786.3	4686.3	3318.1
私营有限责任公司	3229784.7	1311854.3	20691613.2	14534812.5	3520125.6
私营股份有限公司	244338.2	98850.0	711228.4	653428.7	264207.0
其他企业	9070.9	6482.1	41580.4	23096.5	2326.6
港、澳、台商投资企业	122553.3	51561.2	584539.4	464636.0	110344.9
合资经营企业(港或澳、台资)	40781.2	19736.7	204049.6	137338.3	53853.4
合作经营企业(港或澳、台资)					
港澳台商独资经营企业	69135.7	27140.8	220711.6	191512.1	46481.8
港澳台商投资股份有限公司	12636.4	4683.7	159778.2	135785.6	10009.7
其他港澳台商投资企业					
外商投资企业	165355.4	70292.9	968066.8	680909.0	203865.6
中外合资经营企业	115465.4	51099.1	565549.1	431715.1	168390.9
中外合作经营企业	3280.1	925.4	10958.9	10358.9	1022.8
外资企业	26182.3	8634.4	126524.0	111485.1	25409.2
外商投资股份有限公司	20364.1	9634.0	261443.5	123758.6	9010.0
其他外商投资企业	63.5		3591.3	3591.3	32.7
二、在总计中:亏损企业	**4055628.2**	**1672104.3**	**37624546.7**	**25619568.0**	**6803262.0**
在总计中:国有控股企业	5196104.3	1940142.0	71405627.9	41404320.6	11449761.0
在总计中:大型企业	6301371.8	1778608.0	58408404.3	40222941.8	11892101.2
中型企业	2561419.5	1014276.8	23351456.5	16305191.1	4270001.4
小型企业	4234475.8	1932981.6	35593366.4	22693364.5	5334851.0
微型企业	392599.9	206609.5	8800216.2	4161327.9	873123.3
在总计中:轻工业	4018789.7	1861884.7	14482220.9	11940701.3	2460394.6
重工业	9471077.3	3070591.2	111671222.5	71442124	19909682.3

1-4 续表 3

单位：万元

分组	所有者权益合计	实收资本	国家资本	集体资本	法人资本
总　计	**83447933.1**	**64597150.5**	**25062295.3**	**911186.8**	**34516166.4**
一、按登记注册类型分组:					
内资企业	81845420.4	63608141.3	24913500.3	884881.6	34260308.6
国有企业	3403500.2	2431000.3	2363960.3		66822.0
中央企业	2636374.6	1663388.6	1649792.9		13387.7
地方企业	767125.6	767611.7	714167.4		53434.3
集体企业	13116.1	355.0		355.0	
有限责任公司	33341220.8	27263009.6	11018578.1	259428.7	14957617.6
国有独资公司	6586682.5	6746516.3	3784233.1	7383.4	2944830.8
其他有限责任公司	26754538.3	20516493.3	7234345.0	252045.3	12012786.8
股份有限公司	33814279.7	27404473.4	11305965.3	524838.3	15060302.7
私营企业	11215715.3	6496191.3	224996.6	98619.6	4169103.3
私营独资企业	31124.7	35117.7			
私营合伙企业	1329.5	949.1			100.0
私营有限责任公司	10550545.7	6142198.0	217080.5	93519.6	4089880.0
私营股份有限公司	632715.4	317926.5	7916.1	5100.0	79123.3
其他企业	57588.3	13111.7		1640.0	6463.0
港、澳、台商投资企业	694939.7	363607.9	83340.0		62034.1
合资经营企业(港或澳、台资)	206013.0	147802.6	33340.0		55434.1
合作经营企业(港或澳、台资)					
港澳台商独资经营企业	433097.7	151031.6			
港澳台商投资股份有限公司	55829.0	64773.7	50000.0		6600.0
其他港澳台商投资企业					
外商投资企业	907573.0	625401.3	65455.0	26305.2	193823.7
中外合资经营企业	462346.8	379118.1	64901.6	26305.2	167393.0
中外合作经营企业	39069.5	18792.0			6525.0
外资企业	81296.9	67058.1			3000.0
外商投资股份有限公司	325315.2	159134.9	553.4		16905.7
其他外商投资企业	-455.4	1298.2			
二、在总计中:亏损企业	**13030626.2**	**14732925.5**	**5552608.1**	**672203.6**	**7381730.7**
在总计中:国有控股企业	53001102.0	48011031.0	23861634.5	643577.3	22988271.4
在总计中:大型企业	48887086.4	38928152.3	16587598.9	48800.0	21744287.4
中型企业	12776963.4	8923772.7	2397808.6	526849.7	4950094.6
小型企业	17780760.7	13532710.5	4898671.3	308526.1	6093409.0
微型企业	4003122.6	3212515.0	1178216.5	27011.0	1728375.4
在总计中:轻工业	9462852.3	6299297.4	1481119.5	80530.3	3391159.1
重工业	73985080.8	58297853.1	23581175.8	830656.5	31125007.3

1-4 续表 4

单位：万元

分　组	个人资本	港澳台资本	外商资本	营业收入	营业成本
总　计	**3362432.7**	**304108.9**	**440460.3**	**106294204.8**	**84217093.6**
一、按登记注册类型分组:					
内资企业	3359832.7	84579.6	104538.5	104223119.4	82645337.9
国有企业	218.0			6391757.9	6036693.0
中央企业	208.0			5775182.5	5625590.7
地方企业	10.0			616575.4	411102.3
集体企业				18526.7	7078.9
有限责任公司	944086.7	2000.0	81298.5	41884452.2	33982259.9
国有独资公司	10069.0			6553795.4	5300615.8
其他有限责任公司	934017.7	2000.0	81298.5	35330656.8	28681644.1
股份有限公司	407547.4	82579.6	23240.0	34648825.0	24593537.7
私营企业	2002971.9			21139616.5	17908995.8
私营独资企业	35117.7			87052.4	58341.7
私营合伙企业	849.1			4643.1	3621.9
私营有限责任公司	1741218.0			20095922.8	17052997.5
私营股份有限公司	225787.1			951998.2	794034.7
其他企业	5008.7			139941.1	116772.6
港、澳、台商投资企业	2600.0	191530.7	24103.0	759811.3	538510.5
合资经营企业(港或澳、台资)	2600.0	48378.5	8050.0	260582.4	194283.3
合作经营企业(港或澳、台资)					
港澳台商独资经营企业		134978.5	16053.0	442899.9	299224.1
港澳台商投资股份有限公司		8173.7		56329.0	45003.1
其他港澳台商投资企业					
外商投资企业		27998.6	311818.8	1311274.1	1033245.2
中外合资经营企业		2616.0	117902.3	903494.4	732487.5
中外合作经营企业		0.0	12267.0	43876.2	32223.4
外资企业		24084.4	39973.7	134938.7	112149.8
外商投资股份有限公司			141675.8	227951.2	155047.2
其他外商投资企业		1298.2		1013.6	1337.3
二、在总计中:亏损企业	**943807.1**	**93862.7**	**88713.5**	**18416255.3**	**17248828.4**
在总计中:国有控股企业	396627.6	17250.0	103670.2	61238046.0	46252546.4
在总计中:大型企业	319866.0	89812.1	137787.8	63697619.4	49999598.8
中型企业	849340.5	70542.6	129136.4	15813527.5	12654893.2
小型企业	1943718.4	137056.0	150829.9	24005154.0	19432223.0
微型企业	249507.8	6698.2	22706.2	2777903.9	2130378.6
在总计中:轻工业	1015729.3	141993.5	188765.6	15745409.4	13272141.1
重工业	2346703.4	162115.4	251694.7	90548795.4	70944952.5

1-4 续表 5

单位：万元

分组	销售费用	管理费用	财务费用		
				利息收入	利息支出
总　计	**2485441.7**	**4835692.0**	**2825417.2**	**211227.5**	**2921679.2**
一、按登记注册类型分组:					
内资企业	2362310.9	4749520.2	2797471.8	207815.5	2891268.9
国有企业	21667.6	63753.8	98912.1	2712.9	100609.4
中央企业	3643.4	20955.2	77786.0	1330.4	78891.4
地方企业	18024.2	42798.6	21126.1	1382.5	21718.0
集体企业	519.0	637.2	-21.9	-1.7	0.3
有限责任公司	1110676.1	1694510.7	1823080.8	81401.2	1794687.1
国有独资公司	125213.2	363421.3	286193.6	11872.0	273679.5
其他有限责任公司	985462.9	1331089.4	1536887.2	69529.2	1521007.6
股份有限公司	604198.6	2337508.0	351928.4	114979.0	508048.9
私营企业	623440.0	650922.7	523385.2	8703.3	487770.9
私营独资企业	2912.0	7892.1	498.8	7.1	398.3
私营合伙企业	711.6	81.6	8.6	-2.6	0.3
私营有限责任公司	579781.6	596099.2	514676.6	8337.7	480086.8
私营股份有限公司	40034.8	46849.8	8201.2	361.1	7285.5
其他企业	1809.6	2187.8	187.2	20.8	152.3
港、澳、台商投资企业	60691.3	30239.8	11317.5	160.8	12289.1
合资经营企业(港或澳、台资)	17196.6	10386.2	6215.2	54.9	6253.6
合作经营企业(港或澳、台资)					
港澳台商独资经营企业	42638.0	17076.7	279.2	99.3	1203.1
港澳台商投资股份有限公司	856.7	2776.9	4823.1	6.6	4832.4
其他港澳台商投资企业					
外商投资企业	62439.5	55932.0	16627.9	3251.2	18121.2
中外合资经营企业	50618.1	36816.6	7976.5	572.6	7559.8
中外合作经营企业	1980.5	2618.9	97.5	191.5	247.1
外资企业	4969.2	6610.9	1595.2	783.0	1652.7
外商投资股份有限公司	4871.7	9885.6	6859.9	1704.0	8562.9
其他外商投资企业			98.8	0.1	98.7
二、在总计中:亏损企业	**554658.7**	**930940.4**	**879096.3**	**53470.3**	**885959.3**
在总计中:国有控股企业	1076528.6	3260709.2	1731941.9	204984.5	1889772.3
在总计中:大型企业	1235031.2	2859099.7	1152541.7	120923.6	1227919.3
中型企业	503640.2	724356.6	552220.0	47243.7	606521.7
小型企业	695784.7	1140544.1	857312.8	34697.6	835996.8
微型企业	50985.6	111691.6	263342.7	8362.6	251241.4
在总计中:轻工业	652185.4	590373.3	201602.8	27925.3	218838
重工业	1833256.3	4245318.7	2623814.4	183302.2	2702841.2

1-4 续表 6

单位：万元

分　组	投资收益（损失以“-”号记）	营业利润	利润总额	亏损企业亏损额	平均用工人数（人）
总　计	**339728.0**	**7694961.0**	**7687747.5**	**1999397.7**	**679583**
一、按登记注册类型分组:					
内资企业	338055.9	7470041.3	7446731.9	1979290.0	665124
国有企业	805.4	153891.0	197486.6	40768.4	37470
中央企业	626.9	34558.3	50081.9	2658.1	30965
地方企业	178.5	119332.7	147404.7	38110.3	6505
集体企业		8727.0	7460.2		277
有限责任公司	109224.2	2021793.5	2139658.8	1342924.6	320824
国有独资公司	46783.5	144953.1	132129.6	230877.9	62263
其他有限责任公司	62440.7	1876840.4	2007529.2	1112046.7	258561
股份有限公司	187035.2	3959853.5	3671718.5	366784.5	145702
私营企业	40953.3	1306791.2	1411422.7	228811.0	159410
私营独资企业		12852.2	11760.8	3654.8	1491
私营合伙企业		191.3	229.8	37.9	29
私营有限责任公司	40161.8	1235814.5	1337954.1	217884.6	146997
私营股份有限公司	791.5	57933.2	61478.0	7233.7	10893
其他企业	37.8	18985.1	18985.1	1.5	1441
港、澳、台商投资企业	-2130.9	106227.2	110654.4	5671.4	6551
合资经营企业(港或澳、台资)	657.3	28375.7	29627.6	3303.9	1943
合作经营企业(港或澳、台资)					
港澳台商独资经营企业	-2788.2	76337.0	79452.2	2228.4	4193
港澳台商投资股份有限公司		1514.5	1574.6	139.1	415
其他港澳台商投资企业					
外商投资企业	3803.0	118692.5	130361.2	14436.3	7908
中外合资经营企业	697.9	57973.3	58231.0	11760.0	4503
中外合作经营企业		6168.7	7617.4		298
外资企业	2966.8	6780.3	7642.9	1461.5	1468
外商投资股份有限公司	138.3	48192.8	57290.1	794.6	1628
其他外商投资企业		-422.6	-420.2	420.2	11
二、在总计中:亏损企业	**-1127.1**	**-1865007.1**	**-1999397.7**	1999397.7	**173788**
在总计中:国有控股企业	256879.7	5015052.6	4738632.8	1383122.6	352332
在总计中:大型企业	105008.8	4837112.0	4633898.0	766392.7	313283
中型企业	172848.7	1087960.6	1151850.8	418090.9	151938
小型企业	59536.3	1577682.3	1698470.2	699468.8	197571
微型企业	2334.2	192206.1	203528.5	115445.3	16791
在总计中:轻工业	45766.1	741114.9	897423.7	238863.1	183488
重工业	293961.9	6953846.1	6790323.8	1760534.6	496095

1-5 规模以上工业企业分行业主要经济指标

单位：万元

行业名称	企业单位数（个）	工业总产值（当年价格）	工业销售产值（当年价格）	资产总计
总　计	**2957**	**99743769.1**	**97934576.2**	**209601484.70**
采矿业	**253**	**18686474.0**	**18601734.3**	**44700293.40**
煤炭开采和洗选业	96	2958995.0	2942069.8	9768798.30
烟煤和无烟煤开采洗选	96	2958995.0	2942069.8	9768798.30
石油和天然气开采业	10	11061196.6	10917767.4	27406519.70
石油开采	6	6630992.3	6535168.8	18707234.00
陆地石油开采	6	6630992.3	6535168.8	18707234.00
天然气开采	4	4430204.3	4382598.6	8699285.70
陆地天然气开采	4	4430204.3	4382598.6	8699285.70
黑色金属矿采选业	37	933029.2	974567.3	1783302.20
铁矿采选	36	888789.2	938014.6	1714581.70
锰矿、铬矿采选	1	44240.0	36552.7	68720.50
有色金属矿采选业	43	962628.4	996414.5	2473563.30
常用有色金属矿采选	36	892053.5	931754.4	2153352.50
铜矿采选	20	592517.9	626479.4	1449466.00
铅锌矿采选	10	220785.5	221674.6	367203.40
镍钴矿采选	6	78750.1	83600.4	336683.10
贵金属矿采选	6	64433.9	60617.4	252963.90
金矿采选	6	64433.9	60617.4	252963.90
稀有稀土金属矿采选	1	6141.0	4042.7	67246.90
其他稀有金属矿采选	1	6141.0	4042.7	67246.90
非金属矿采选业	24	145971.2	145794.8	214625.40
土砂石开采	17	69290.1	70712.4	120274.90
石灰石、石膏开采	10	34334.0	38072.2	72332.90
建筑装饰用石开采	4	24894.3	22989.5	35778.20
耐火土石开采	1	3208.1	3208.1	1209.40
粘土及其他土砂石开采	2	6853.7	6442.6	10954.40
采盐	3	28309.6	26284.2	58422.50
石棉及其他非金属矿采选	4	48371.5	48798.2	35928.00
石棉、云母矿采选	1	15592.8	16029.3	14418.90
其他未列明非金属矿采选	3	32778.7	32768.9	21509.10
开采专业及辅助性活动	43	2624653.6	2625120.5	3053484.50
煤炭开采和洗选专业及辅助性活动	1	5712.8	5712.8	6360.10
石油和天然气开采专业及辅助性活动	41	2616142.7	2616609.6	3043733.90
其他开采专业及辅助性活动	1	2798.1	2798.1	3390.50
制造业	**2167**	**67001836.6**	**65296769.2**	**105697781.30**
农副食品加工业	407	3995005.1	3818331.2	4195782.40
谷物磨制	71	696826.2	690919.3	620684.40
稻谷加工	15	96332.0	95843.0	87891.90
小麦加工	54	595600.8	590284.5	525608.20
其他谷物磨制	2	4893.4	4791.8	7184.30

1-5 续表1

单位：万元

行业名称	固定资产净额	固定资产原价	累计折旧	流动资产合计	应收账款
总　计	**87261346**	**142323383**	**55071739.2**	**67054814.9**	**13266812.9**
采矿业	**8598406**	**22467664**	**17091595.8**	**10340689.9**	**1781791.1**
煤炭开采和洗选业	2616886	4617925	1509471.0	3271955.7	449348.1
烟煤和无烟煤开采洗选	2616886	4617925	1509471.0	3271955.7	449348.1
石油和天然气开采业	3839256	12976636	13435781.0	3959234.0	430780.3
石油开采	3095306	10978100	12408557.2	3251564.8	290940.2
陆地石油开采	3095306	10978100	12408557.2	3251564.8	290940.2
天然气开采	743950	1998537	1027223.8	707669.2	139840.1
陆地天然气开采	743950	1998537	1027223.8	707669.2	139840.1
黑色金属矿采选业	631066	1099045	393554.4	770085.2	88813.4
铁矿采选	621289	1086917	391237.0	742043.2	73179.7
锰矿、铬矿采选	9777	12128	2317.4	28042.0	15633.7
有色金属矿采选业	889717	1726801	583638.0	532851.1	55544.7
常用有色金属矿采选	773187	1495786	498109.0	451130.8	26653.8
铜矿采选	588862	1058996	334454.5	306496.7	19326.7
铅锌矿采选	118344	202786	84441.5	81243.7	4168.2
镍钴矿采选	65982	234004	79213.0	63390.4	3158.9
贵金属矿采选	80009	183181	75357.8	70621.6	28632.0
金矿采选	80009	183181	75357.8	70621.6	28632.0
稀有稀土金属矿采选	36520	47834	10171.2	11098.7	258.9
其他稀有金属矿采选	36520	47834	10171.2	11098.7	258.9
非金属矿采选业	57387	107617	47270.6	123496.7	27821.6
土砂石开采	35237	60575	22935.6	64860.3	19032.2
石灰石、石膏开采	26183	41959	13373.8	31110.0	7243.3
建筑装饰用石开采	5110	10607	5496.7	27822.9	9684.1
耐火土石开采	459	1129	670.2	650.7	572.4
粘土及其他土砂石开采	3486	6881	3394.9	5276.7	1532.4
采盐	9368	18437	8723.2	39924.5	7850.7
石棉及其他非金属矿采选	12782	28605	15611.8	18711.9	938.7
石棉、云母矿采选	7367	18783	11416.5	6766.0	251.5
其他未列明非金属矿采选	5415	9822	4195.3	11945.9	687.2
开采专业及辅助性活动	564095	1939640	1121880.8	1683067.2	729483.0
煤炭开采和洗选专业及辅助性活动	668	868	199.4	4991.2	1403.3
石油和天然气开采专业及辅助性活动	562044	1937160	1121520.5	1676137.6	727105.1
其他开采专业及辅助性活动	1382	1613	160.9	1938.4	974.6
制造业	**39767499**	**64481553**	**22269856.1**	**44634307.1**	**7896293.6**
农副食品加工业	1018444	1867569	767191.4	2521422.2	319028.0
谷物磨制	120940	225826	99986.8	343408.9	22588.0
稻谷加工	18738	33943	13165.6	57302.8	3616.8
小麦加工	99520	187449	85068.2	281715.2	18080.5
其他谷物磨制	2682	4435	1753.0	4390.9	890.7

1-5 续表 2

单位：万元

行业名称	存货	产成品	负债合计	流动负债合计	应付账款
总　计	**13489867.0**	**4932475.9**	**126153443.4**	**83382825.3**	**22370076.9**
采矿业	**1258422.2**	**351972.9**	**19486406.6**	**14026602.4**	**4383157.8**
煤炭开采和洗选业	153583.8	74132.6	7003711.8	5837581.4	942853.7
烟煤和无烟煤开采洗选	153583.8	74132.6	7003711.8	5837581.4	942853.7
石油和天然气开采业	354061.1	113426.3	8013993.9	4287026.3	2009844.8
石油开采	255725.8	86750.7	5416893.4	3442140.7	1455853.0
陆地石油开采	255725.8	86750.7	5416893.4	3442140.7	1455853.0
天然气开采	98335.3	26675.6	2597100.5	844885.6	553991.8
陆地天然气开采	98335.3	26675.6	2597100.5	844885.6	553991.8
黑色金属矿采选业	244019.4	86818.7	1136437.7	1059916.8	277034.4
铁矿采选	232115.1	75030.9	1090953.9	1015706.1	250547.2
锰矿、铬矿采选	11904.3	11787.8	45483.8	44210.7	26487.2
有色金属矿采选业	169079.7	53087.8	1272512.1	915908.0	135816.9
常用有色金属矿采选	151222.0	49354.4	1073278.9	733842.1	121330.4
铜矿采选	104979.5	29516.9	731525.1	462713.1	80689.8
铅锌矿采选	31373.8	15621.1	122351.1	97495.8	27699.6
镍钴矿采选	14868.7	4216.4	219402.7	173633.2	12941.0
贵金属矿采选	13176.3	1039.1	177436.9	175464.8	12042.1
金矿采选	13176.3	1039.1	177436.9	175464.8	12042.1
稀有稀土金属矿采选	4681.4	2694.3	21796.3	6601.1	2444.4
其他稀有金属矿采选	4681.4	2694.3	21796.3	6601.1	2444.4
非金属矿采选业	22389.4	16938.0	151616.7	144924.0	24927.7
土砂石开采	11169.8	9005.6	112599.7	109547.3	17543.3
石灰石、石膏开采	2934.4	1853.4	89093.7	86148.7	13300.8
建筑装饰用石开采	7155.0	6438.1	20265.0	20265.0	3255.6
耐火土石开采	1.8		227.5	227.5	
粘土及其他土砂石开采	1078.6	714.1	3013.5	2906.1	986.9
采盐	5832.6	4614.0	12666.3	10763.4	5798.7
石棉及其他非金属矿采选	5387.0	3318.4	26350.7	24613.3	1585.7
石棉、云母矿采选	2646.8	1638.7	6867.7	6474.7	198.5
其他未列明非金属矿采选	2740.2	1679.7	19483.0	18138.6	1387.2
开采专业及辅助性活动	315288.8	7569.5	1908134.4	1781245.9	992680.3
煤炭开采和洗选专业及辅助性活动	0.3		1311.4	1311.4	63.5
石油和天然气开采专业及辅助性活动	314607.8	7266.7	1905188.7	1778494.6	991343.5
其他开采专业及辅助性活动	680.7	302.8	1634.3	1439.9	1273.3
制造业	**11927807.1**	**4561230.1**	**65336589.9**	**52739614.8**	**12444330.4**
农副食品加工业	1098846.8	585262.6	2752720.7	2493091.3	356927.9
谷物磨制	139790.0	26090.7	362997.5	332845.2	36689.9
稻谷加工	25563.7	3515.9	63740.9	62675.9	5139.1
小麦加工	112792.6	21943.4	295056.6	266396.1	29355.4
其他谷物磨制	1433.7	631.4	4200.0	3773.2	2195.4

1-5 续表 3

单位：万元

行业名称	所有者权益合计	实收资本	国家资本	集体资本	法人资本
总　计	**83447933.1**	**64597150.5**	**25062295.3**	**911186.8**	**34516166.4**
采矿业	**25213884.9**	**25220293.5**	**9017583.6**	**114333.1**	**15650694.5**
煤炭开采和洗选业	2765085.8	2275739.7	385237.5	36270.0	1726488.0
烟煤和无烟煤开采洗选	2765085.8	2275739.7	385237.5	36270.0	1726488.0
石油和天然气开采业	19392525.6	20152117.7	6836320.0		13315797.7
石油开采	13290340.5	15264458.9	1971961.2		13292497.7
陆地石油开采	13290340.5	15264458.9	1971961.2		13292497.7
天然气开采	6102185.1	4887658.8	4864358.8		23300.0
陆地天然气开采	6102185.1	4887658.8	4864358.8		23300.0
黑色金属矿采选业	646864.5	366575.2	139534.8	1260.0	163658.3
铁矿采选	623627.8	361575.2	139534.8	1260.0	163658.3
锰矿、铬矿采选	23236.7	5000.0			
有色金属矿采选业	1201051.0	685464.3	170661.8	53825.6	332704.2
常用有色金属矿采选	1080073.4	585841.4	161161.8	47485.6	248924.2
铜矿采选	717940.8	340265.1	84761.8	35325.6	117941.2
铅锌矿采选	244852.2	141983.3		160.0	121226.0
镍钴矿采选	117280.4	103593.0	76400.0	12000.0	9757.0
贵金属矿采选	75527.0	35822.9	9500.0	6340.0	19980.0
金矿采选	75527.0	35822.9	9500.0	6340.0	19980.0
稀有稀土金属矿采选	45450.6	63800.0			63800.0
其他稀有金属矿采选	45450.6	63800.0			63800.0
非金属矿采选业	63008.7	43969.0	15519.9	7290.0	14061.1
土砂石开采	7675.2	25360.0	4000.0	7290.0	7330.0
石灰石、石膏开采	-16760.9	12380.0		7290.0	4880.0
建筑装饰用石开采	15513.2	7480.0			1400.0
耐火土石开采	982.0	500.0			50.0
粘土及其他土砂石开采	7940.9	5000.0	4000.0		1000.0
采盐	45756.3	8881.1	8000.0		881.1
石棉及其他非金属矿采选	9577.2	9727.9	3519.9		5850.0
石棉、云母矿采选	7551.1	2999.9	2999.9		
其他未列明非金属矿采选	2026.1	6728.0	520.0		5850.0
开采专业及辅助性活动	1145349.3	1696427.6	1470309.6	15687.5	97985.2
煤炭开采和洗选专业及辅助性活动	5048.7	2886.0			2886.0
石油和天然气开采专业及辅助性活动	1138544.4	1692541.6	1469309.6	15687.5	95099.2
其他开采专业及辅助性活动	1756.2	1000.0	1000.0		
制造业	**40361089.7**	**26159525.3**	**8743846.3**	**266818.1**	**13822338.5**
农副食品加工业	1443061.3	860135.0	165904.6	22975.7	371909.1
谷物磨制	257687.0	119966.7	22995.5	225.0	56082.9
稻谷加工	24150.8	12390.4	3696.2		7064.2
小麦加工	230551.9	106376.3	19299.3	225.0	47818.7
其他谷物磨制	2984.3	1200.0			1200.0

1-5 续表 4

单位：万元

行业名称	个人资本	港澳台资本	外商资本	营业收入	营业成本
总　计	**3362432.7**	**304108.9**	**440460.3**	**106294204.8**	**84217093.6**
采矿业	**350660.3**	**43242.9**	**43779.1**	**21313449.6**	**13893835.4**
煤炭开采和洗选业	103102.7	24641.5		3817728.1	2737830.3
烟煤和无烟煤开采洗选	103102.7	24641.5		3817728.1	2737830.3
石油和天然气开采业				12541211.0	7320104.7
石油开采				7972607.6	5408312.3
陆地石油开采				7972607.6	5408312.3
天然气开采				4568603.4	1911792.4
陆地天然气开采				4568603.4	1911792.4
黑色金属矿采选业	62122.1			1049229.8	595041.0
铁矿采选	57122.1			1012650.4	578491.8
锰矿、铬矿采选	5000.0			36579.4	16549.2
有色金属矿采选业	66392.2	18101.4	43779.1	1039390.9	613076.8
常用有色金属矿采选	66389.3	18101.4	43779.1	930553.4	520102.0
铜矿采选	42192.0	16265.4	43779.1	620849.2	365282.4
铅锌矿采选	20597.3			223628.5	94870.8
镍钴矿采选	3600.0	1836.0		86075.7	59948.8
贵金属矿采选	2.9			104427.7	90643.7
金矿采选	2.9			104427.7	90643.7
稀有稀土金属矿采选				4409.8	2331.1
其他稀有金属矿采选				4409.8	2331.1
非金属矿采选业	7098.0			170239.3	115700.4
土砂石开采	6740.0			85618.4	66789.9
石灰石、石膏开采	210.0			47344.4	40010.4
建筑装饰用石开采	6080.0			28151.5	22896.0
耐火土石开采	450.0			3352.2	813.4
粘土及其他土砂石开采				6770.3	3070.1
采盐				35822.8	7664.1
石棉及其他非金属矿采选	358.0			48798.1	41246.4
石棉、云母矿采选				16029.2	14956.1
其他未列明非金属矿采选	358.0			32768.9	26290.3
开采专业及辅助性活动	111945.3	500.0		2695650.5	2512082.2
煤炭开采和洗选专业及辅助性活动				17725.8	15316.0
石油和天然气开采专业及辅助性活动	111945.3	500.0		2675056.5	2494362.0
其他开采专业及辅助性活动				2868.2	2404.2
制造业	**2699924.0**	**255466.0**	**370632.4**	**70266598.0**	**57916671.1**
农副食品加工业	200426.2	23034.4	75885.0	4106659.4	3565503.9
谷物磨制	40663.3			713159.0	646007.7
稻谷加工	1630.0			98577.0	76239.0
小麦加工	39033.3			609790.2	566148.2
其他谷物磨制				4791.8	3620.5

1-5 续表 5

单位：万元

行业名称	销售费用	管理费用	财务费用	利息收入	利息支出
总　计	**2485441.7**	**4835692.0**	**2825417.2**	**211227.5**	**2921679.2**
采矿业	**293601.0**	**2112174.5**	**279183.4**	**86552.9**	**356132.2**
煤炭开采和洗选业	74554.0	276049.5	115670.8	3955.4	115176.1
烟煤和无烟煤开采洗选	74554.0	276049.5	115670.8	3955.4	115176.1
石油和天然气开采业	86451.7	1587940.9	95347.4	78535.9	174254.3
石油开采	73477.5	979467.6	49953.3	59414.7	115725.1
陆地石油开采	73477.5	979467.6	49953.3	59414.7	115725.1
天然气开采	12974.2	608473.3	45394.1	19121.2	58529.2
陆地天然气开采	12974.2	608473.3	45394.1	19121.2	58529.2
黑色金属矿采选业	90732.5	59402.4	23733.6	360.0	22988.8
铁矿采选	90725.6	58152.2	23001.2	315.7	22213.0
锰矿、铬矿采选	6.9	1250.2	732.4	44.3	775.8
有色金属矿采选业	11365.5	69008.3	29042.7	46.1	29970.8
常用有色金属矿采选	11287.3	56083.7	23767.4	-53.5	24564.7
铜矿采选	8121.1	32821.2	17130.2	-169.1	17388.6
铅锌矿采选	718.4	15905.6	960.4	-133.5	1270.4
镍钴矿采选	2447.8	7356.9	5676.8	249.1	5905.7
贵金属矿采选	15.9	11049.3	3759.5	80.9	3872.2
金矿采选	15.9	11049.3	3759.5	80.9	3872.2
稀有稀土金属矿采选	62.3	1875.3	1515.8	18.7	1533.9
其他稀有金属矿采选	62.3	1875.3	1515.8	18.7	1533.9
非金属矿采选业	20352.1	15784.5	2893.3	205.1	3078.4
土砂石开采	7018.1	6905.7	2605.7	61.6	2665.8
石灰石、石膏开采	2042.2	3490.1	2535.5	9.2	2545.9
建筑装饰用石开采	782.2	2126.0	26.6	31.7	56.1
耐火土石开采	2281.8	116.8			
粘土及其他土砂石开采	1911.9	1172.8	43.6	20.7	63.8
采盐	12549.7	6137.4	-30.2	89.7	60.8
石棉及其他非金属矿采选	784.3	2741.4	317.8	53.8	351.8
石棉、云母矿采选	43.8	1060.4	-28.3	51.8	23.5
其他未列明非金属矿采选	740.5	1681.0	346.1	2.0	328.3
开采专业及辅助性活动	10145.2	103988.9	12495.6	3450.4	10663.8
煤炭开采和洗选专业及辅助性活动	28.5	316.6	64.6		64.7
石油和天然气开采专业及辅助性活动	10066.1	103352.1	12430.8	3450.4	10598.9
其他开采专业及辅助性活动	50.6	320.2	0.2		0.2
制造业	**2037102.4**	**2325475.5**	**1295110.1**	**64095.6**	**1322555.1**
农副食品加工业	134795.5	123044.7	49962.7	4881.7	47551.9
谷物磨制	10724.7	14876.6	6624.3	205.2	6271.3
稻谷加工	2179.2	2332.2	838.7	13.2	845.0
小麦加工	8521.9	12436.6	5647.3	53.6	5425.8
其他谷物磨制	23.6	107.8	138.3	138.4	0.5

1-5 续表 6　　　　单位：万元

行业名称	投资收益（损失以“-”号记）	营业利润	利润总额	亏损企业亏损额	平均用工人数（人）
总　计	**339728.0**	**7694961.0**	**7687747.5**	**1999397.7**	**679583**
采矿业	**39388.3**	**3558941.9**	**3155024.6**	**410392.0**	**150795**
煤炭开采和洗选业	35008.3	435255.3	400701.0	84452.4	38937
烟煤和无烟煤开采洗选	35008.3	435255.3	400701.0	84452.4	38937
石油和天然气开采业	806.1	2618388.3	2254743.6	243399.7	61243
石油开采	796.0	924828.7	752811.4	243399.7	48506
陆地石油开采	796.0	924828.7	752811.4	243399.7	48506
天然气开采	10.1	1693559.6	1501932.2		12737
陆地天然气开采	10.1	1693559.6	1501932.2		12737
黑色金属矿采选业	-1011.6	225160.0	216775.1	9295.3	7435
铁矿采选	-1011.6	209548.4	201481.2	9295.3	7325
锰矿、铬矿采选		15611.6	15293.9		110
有色金属矿采选业	1730.0	273085.0	272421.5	16135.4	9156
常用有色金属矿采选	1750.5	278476.3	273838.7	9114.1	7518
铜矿采选	1374.6	178817.1	175166.5	7605.8	5094
铅锌矿采选	0.1	92167.1	90902.8	1508.3	1444
镍钴矿采选	375.8	7492.1	7769.4		980
贵金属矿采选	-19.8	-3819.6	-1100.4	6704.5	1268
金矿采选	-19.8	-3819.6	-1100.4	6704.5	1268
稀有稀土金属矿采选	-0.7	-1571.7	-316.8	316.8	370
其他稀有金属矿采选	-0.7	-1571.7	-316.8	316.8	370
非金属矿采选业	50.0	9831.9	9293.8	4344.4	2016
土砂石开采		-923.1	-1448.1	3924.6	1004
石灰石、石膏开采		-2505.7	-2511.0	3212.1	295
建筑装饰用石开采		1065.7	469.8	712.5	470
耐火土石开采		41.1	41.1		17
粘土及其他土砂石开采		475.8	552.0		222
采盐		7394.6	7531.9	280.9	385
石棉及其他非金属矿采选	50.0	3360.4	3210.0	138.9	627
石棉、云母矿采选		-10.7	14.7		490
其他未列明非金属矿采选	50.0	3371.1	3195.3	138.9	137
开采专业及辅助性活动	2805.5	-2778.6	1089.6	52764.8	32008
煤炭开采和洗选专业及辅助性活动		1948.4	1957.1		74
石油和天然气开采专业及辅助性活动	2805.5	-4793.1	-938.6	52764.8	31896
其他开采专业及辅助性活动		66.1	71.1		38
制造业	**249040.3**	**3748741.1**	**3998526.8**	**863012.2**	**436686**
农副食品加工业	4157.0	208539.6	228648.4	64026.2	31506
谷物磨制	1268.5	34276.9	40002.0	4875.1	3474
稻谷加工	339.9	16654.0	17115.4	1304.1	751
小麦加工	928.6	16721.9	21972.7	3556.8	2676
其他谷物磨制		901.0	913.9	14.2	47

1-5续表7 单位：万元

行业名称	企业单位数（个）	工业总产值（当年价格）	工业销售产值（当年价格）	资产总计
饲料加工	55	806197.5	766310.1	554246.30
宠物饲料加工	2	2130.0	2130.0	1936.40
其他饲料加工	53	804067.5	764180.1	552309.90
植物油加工	76	860365.1	896649.4	908696.00
食用植物油加工	76	860365.1	896649.4	908696.00
制糖业	12	354326.0	335580.1	479452.80
屠宰及肉类加工	31	294487.9	293044.8	371341.90
牲畜屠宰	22	245294.6	243584.3	307074.40
禽类屠宰	2	21951.1	22439.3	11245.00
肉制品及副产品加工	7	27242.2	27021.2	53022.50
水产品加工	2	4936.9	3497.6	14689.50
水产品冷冻加工	2	4936.9	3497.6	14689.50
蔬菜、菌类、水果和坚果加工	112	637231.9	518591.9	830420.60
蔬菜加工	2	10108.0	9876.5	19262.80
水果和坚果加工	110	627123.9	508715.4	811157.80
其他农副食品加工	48	340633.6	313738.0	416250.90
淀粉及淀粉制品制造	11	93256.4	81554.5	179410.90
豆制品制造	2	2633.6	2580.3	4227.40
蛋品加工	2	7419.9	7340.4	4373.80
其他未列明农副食品加工	33	237323.7	222262.8	228238.80
食品制造业	114	1900815.6	1951551.0	2772140.20
焙烤食品制造	12	50276.0	49856.6	110842.80
糕点、面包制造	9	37099.5	36713.0	66519.30
饼干及其他焙烤食品制造	3	13176.5	13143.6	44323.50
糖果、巧克力及蜜饯制造	1	2980.1	2940.2	10480.00
糖果、巧克力制造	1	2980.1	2940.2	10480.00
方便食品制造	9	138441.6	139099.6	133031.30
米、面制品制造	4	10760.4	10540.4	11849.40
方便面制造	4	112299.5	113177.5	107230.90
其他方便食品制造	1	15381.7	15381.7	13951.00
乳制品制造	19	421741.5	412469.3	511335.60
液体乳制造	14	391386.7	383181.0	462827.80
乳粉制造	5	30354.8	29288.3	48507.80
罐头食品制造	42	271676.9	370261.0	592426.70
蔬菜、水果罐头制造	42	271676.9	370261.0	592426.70
调味品、发酵制品制造	12	640189.0	618935.7	936144.20
酱油、食醋及类似制品制造	3	24660.0	24321.1	27323.70
其他调味品、发酵制品制造	9	615529.0	594614.6	908820.50
其他食品制造	19	375510.5	357988.6	477879.60
冷冻饮品及食用冰制造	3	33432.6	33391.7	25475.80
盐加工	4	23509.5	21532.9	53700.70

1-5 续表8 单位：万元

行业名称	固定资产净额	固定资产原价	累计折旧	流动资产合计	应收账款
饲料加工	115747	223942	86385.8	357159.2	34893.2
宠物饲料加工	25	187	133.3	1741.0	-112.2
其他饲料加工	115722	223755	86252.5	355418.2	35005.4
植物油加工	178826	310506	125996.6	625781.0	46218.5
食用植物油加工	178826	310506	125996.6	625781.0	46218.5
制糖业	126332	354814	219387.2	315388.3	17650.5
屠宰及肉类加工	113069	152382	38587.5	197607.6	47653.8
牲畜屠宰	105380	138176	32242.8	155443.7	34245.6
禽类屠宰	2694	5991	3296.8	7072.2	3119.7
肉制品及副产品加工	4995	8215	3047.9	35091.7	10288.5
水产品加工	4167	6937	2769.3	7075.2	249.7
水产品冷冻加工	4167	6937	2769.3	7075.2	249.7
蔬菜、菌类、水果和坚果加工	210575	373108	126492.0	462845.2	108517.1
蔬菜加工	1743	2279	452.7	4530.3	685.2
水果和坚果加工	208832	370828	126039.3	458314.9	107831.9
其他农副食品加工	148787	220054	67586.2	212156.8	41257.2
淀粉及淀粉制品制造	83111	115445	32130.2	78185.2	11481.0
豆制品制造	1621	2470	849.7	1776.3	446.7
蛋品加工	2487	3323	836.4	1886.8	353.6
其他未列明农副食品加工	61569	98816	33769.9	130308.5	28975.9
食品制造业	1281089	2255283	912152.9	1130641.4	214159.6
焙烤食品制造	21387	40272	18885.6	81275.6	18352.3
糕点、面包制造	6952	16714	9761.7	52915.1	18064.3
饼干及其他焙烤食品制造	14435	23559	9123.9	28360.5	288.0
糖果、巧克力及蜜饯制造	5685	8605	2919.9	2115.9	457.8
糖果、巧克力制造	5685	8605	2919.9	2115.9	457.8
方便食品制造	45513	95972	49391.7	68704.8	10180.4
米、面制品制造	1779	2573	763.0	7472.6	2425.3
方便面制造	39809	87339	46493.9	51328.1	2131.5
其他方便食品制造	3925	6060	2134.8	9904.1	5623.6
乳制品制造	150756	273180	115781.3	193488.7	40380.5
液体乳制造	138762	248331	103062.7	167437.1	35858.5
乳粉制造	11994	24849	12718.6	26051.6	4522.0
罐头食品制造	170478	432931	212556.9	369091.8	77418.8
蔬菜、水果罐头制造	170478	432931	212556.9	369091.8	77418.8
调味品、发酵制品制造	656331	1047887	391395.9	229751.7	39728.4
酱油、食醋及类似制品制造	14959	24248	9289.4	10525.3	2022.7
其他调味品、发酵制品制造	641372	1023639	382106.5	219226.4	37705.7
其他食品制造	230940	356435	121221.6	186212.9	27641.4
冷冻饮品及食用冰制造	12749	24677	11928.0	11561.7	4139.2
盐加工	14729	27300	10412.2	16910.0	1833.3

1-5 续表 9

单位：万元

行业名称	存货	产成品	负债合计	流动负债合计	应付账款
饲料加工	143792.3	65790.5	341116.0	330201.3	58427.6
宠物饲料加工	1492.7	155.0	1432.3	1432.3	832.1
其他饲料加工	142299.6	65635.5	339683.7	328769.0	57595.5
植物油加工	274023.8	118146.8	715704.5	682417.3	90411.2
食用植物油加工	274023.8	118146.8	715704.5	682417.3	90411.2
制糖业	253015.2	211444.4	382569.3	374385.8	52175.4
屠宰及肉类加工	70337.1	42071.7	244738.6	203142.3	23233.6
牲畜屠宰	64402.7	38915.4	199045.8	163262.7	11817.5
禽类屠宰	3689.9	2743.9	8910.8	7890.1	2147.3
肉制品及副产品加工	2244.5	412.4	36782.0	31989.5	9268.8
水产品加工	4618.5	4488.7	8548.4	7279.6	48.8
水产品冷冻加工	4618.5	4488.7	8548.4	7279.6	48.8
蔬菜、菌类、水果和坚果加工	134880.6	78736.1	445510.7	340825.8	56033.8
蔬菜加工	3706.5	3668.5	6096.7	6096.7	2259.7
水果和坚果加工	131174.1	75067.6	439414.0	334729.1	53774.1
其他农副食品加工	78389.3	38493.7	251535.7	221994.0	39907.6
淀粉及淀粉制品制造	31384.2	11922.5	105528.3	83522.0	13617.5
豆制品制造	699.0	88.8	5309.7	5317.0	226.2
蛋品加工	294.3	276.4	1477.2	1477.2	
其他未列明农副食品加工	46011.8	26206.0	139220.5	131677.8	26063.9
食品制造业	437306.2	276396.2	1647119.5	1309758.3	331036.1
焙烤食品制造	4716.2	1113.0	70692.8	64461.2	22851.5
糕点、面包制造	3389.8	859.8	32057.2	26144.3	7356.2
饼干及其他焙烤食品制造	1326.4	253.2	38635.6	38316.9	15495.3
糖果、巧克力及蜜饯制造	604.0	306.0	4053.8	2814.3	2394.5
糖果、巧克力制造	604.0	306.0	4053.8	2814.3	2394.5
方便食品制造	8805.8	4565.9	64595.9	64527.3	19729.4
米、面制品制造	706.7	249.9	4151.8	4151.8	438.1
方便面制造	7917.1	4316.0	55978.8	55910.2	17414.6
其他方便食品制造	182.0		4465.3	4465.3	1876.7
乳制品制造	39439.8	15903.4	268973.0	238683.3	94434.4
液体乳制造	33469.0	10755.3	243771.0	214339.1	87380.6
乳粉制造	5970.8	5148.1	25202.0	24344.2	7053.8
罐头食品制造	208390.6	195360.2	507617.9	479956.7	106541.6
蔬菜、水果罐头制造	208390.6	195360.2	507617.9	479956.7	106541.6
调味品、发酵制品制造	76853.8	19833.3	492964.7	227148.2	43837.8
酱油、食醋及类似制品制造	4470.1	1527.3	15494.9	9208.1	2138.8
其他调味品、发酵制品制造	72383.7	18306.0	477469.8	217940.1	41699.0
其他食品制造	98496.0	39314.4	238221.4	232167.3	41246.9
冷冻饮品及食用冰制造	3624.6	1141.5	13158.4	12798.1	9409.8
盐加工	8269.4	4452.9	28532.2	26040.0	3107.2

1-5 续表 10

单位：万元

行业名称	所有者权益合计	实收资本	国家资本	集体资本	法人资本
饲料加工	213130.1	92936.3	9470.0	2000.0	55078.4
宠物饲料加工	504.1				
其他饲料加工	212626.0	92936.3	9470.0	2000.0	55078.4
植物油加工	192991.8	224241.3	16035.2		99363.3
食用植物油加工	192991.8	224241.3	16035.2		99363.3
制糖业	96883.6	79880.9	64320.9		13000.0
屠宰及肉类加工	126603.3	104786.5	18329.3	19017.3	52128.2
牲畜屠宰	108028.5	94096.9	18329.3	19017.3	49232.9
禽类屠宰	2334.2	1533.3			1533.3
肉制品及副产品加工	16240.6	9156.3			1362.0
水产品加工	6141.1	3000.0	600.0		1884.0
水产品冷冻加工	6141.1	3000.0	600.0		1884.0
蔬菜、菌类、水果和坚果加工	384909.4	142065.7	30585.1	1733.4	55705.1
蔬菜加工	13166.0	2500.0			
水果和坚果加工	371743.4	139565.7	30585.1	1733.4	55705.1
其他农副食品加工	164715.0	93257.6	3568.6		38667.2
淀粉及淀粉制品制造	73882.4	49205.1			18150.3
豆制品制造	-1082.3	2884.0			2484.0
蛋品加工	2896.6	1201.8			1001.8
其他未列明农副食品加工	89018.3	39966.7	3568.6		17031.1
食品制造业	1125020.0	877173.4	142777.5	27514.0	562874.8
焙烤食品制造	40149.9	24634.0	2706.1		5787.7
糕点、面包制造	34462.0	13693.8	2706.1		5787.7
饼干及其他焙烤食品制造	5687.9	10940.2			
糖果、巧克力及蜜饯制造	6426.1	5600.0			4100.4
糖果、巧克力制造	6426.1	5600.0			4100.4
方便食品制造	68435.6	39335.9	1000.0		6052.5
米、面制品制造	7697.7	5759.7			
方便面制造	51252.1	32576.2			6052.5
其他方便食品制造	9485.8	1000.0	1000.0		
乳制品制造	242362.3	161172.4	96507.0	4000.0	23007.2
液体乳制造	219056.5	139817.9	94007.0		21987.2
乳粉制造	23305.8	21354.5	2500.0	4000.0	1020.0
罐头食品制造	84808.5	234994.8	23510.1	4514.0	170774.6
蔬菜、水果罐头制造	84808.5	234994.8	23510.1	4514.0	170774.6
调味品、发酵制品制造	443179.7	304132.0		19000.0	270262.4
酱油、食醋及类似制品制造	11828.8	3020.0			74.4
其他调味品、发酵制品制造	431350.9	301112.0		19000.0	270188.0
其他食品制造	239657.9	107304.3	19054.3		82890.0
冷冻饮品及食用冰制造	12317.4	9760.0			9000.0
盐加工	25168.5	17590.0	16900.0		690.0

1-5 续表 11

单位：万元

行业名称				营业收入	营业成本
	个人资本	港澳台资本	外商资本		
饲料加工	20939.2		5448.7	792286.7	700084.1
宠物饲料加工				2130.0	1369.4
其他饲料加工	20939.2		5448.7	790156.7	698714.7
植物油加工	44652.2		64190.6	1075254.2	981184.1
食用植物油加工	44652.2		64190.6	1075254.2	981184.1
制糖业	2560.0			357454.7	289940.5
屠宰及肉类加工	15291.1		20.6	306737.2	271506.5
牲畜屠宰	7517.4			246756.1	217448.3
禽类屠宰				36680.1	33041.9
肉制品及副产品加工	7773.7		20.6	23301.0	21016.3
水产品加工	516.0			3467.4	1346.7
水产品冷冻加工	516.0			3467.4	1346.7
蔬菜、菌类、水果和坚果加工	53917.1		125.0	532554.9	429011.4
蔬菜加工	2500.0			9971.5	9526.7
水果和坚果加工	51417.1		125.0	522583.4	419484.7
其他农副食品加工	21887.3	23034.4	6100.1	325745.3	246422.9
淀粉及淀粉制品制造	8800.4	22254.4		90195.1	73401.7
豆制品制造	400.0			2580.3	2286.1
蛋品加工	200.0			7340.4	4897.9
其他未列明农副食品加工	12486.9	780.0	6100.1	225629.5	165837.2
食品制造业	75405.0	46080.0	22521.9	2014747.6	1644243.7
焙烤食品制造	8200.0	1830.0	6110.2	50978.1	39686.9
糕点、面包制造	5200.0			37260.2	27148.0
饼干及其他焙烤食品制造	3000.0	1830.0	6110.2	13717.9	12538.9
糖果、巧克力及蜜饯制造	1499.6			2940.2	2292.3
糖果、巧克力制造	1499.6			2940.2	2292.3
方便食品制造	6679.7	24982.5	621.0	215126.4	155363.3
米、面制品制造	5759.7			11011.6	9369.9
方便面制造	920.0	24982.5	621.0	187460.0	135935.1
其他方便食品制造				16654.8	10058.3
乳制品制造	32691.5		4966.7	429640.8	366449.7
液体乳制造	23823.7			399989.0	339872.6
乳粉制造	8867.8		4966.7	29651.8	26577.1
罐头食品制造	16928.6	19267.5		333697.2	302182.7
蔬菜、水果罐头制造	16928.6	19267.5		333697.2	302182.7
调味品、发酵制品制造	4045.6		10824.0	625148.9	503254.1
酱油、食醋及类似制品制造	2945.6			23914.4	16400.5
其他调味品、发酵制品制造	1100.0		10824.0	601234.5	486853.6
其他食品制造	5360.0			357216.0	275014.7
冷冻饮品及食用冰制造	760.0			33453.3	26333.7
盐加工				22187.4	13991.7

1-5 续表 12

单位：万元

行业名称	销售费用	管理费用	财务费用	利息收入	利息支出
饲料加工	30862.5	20734.9	4089.4	211.0	3077.1
宠物饲料加工	25.6	52.7	0.9		
其他饲料加工	30836.9	20682.2	4088.5	211.0	3077.1
植物油加工	33406.9	24295.8	17735.7	1777.8	16173.4
食用植物油加工	33406.9	24295.8	17735.7	1777.8	16173.4
制糖业	23784.9	21582.7	6223.3	958.2	7156.9
屠宰及肉类加工	9550.1	7999.6	3241.4	608.5	3277.1
牲畜屠宰	6860.6	5792.8	2122.2	594.3	2250.4
禽类屠宰	1946.4	943.0	131.8	14.1	135.1
肉制品及副产品加工	743.1	1263.8	987.4	0.1	891.6
水产品加工	230.5	1914.9	191.0	1.2	137.7
水产品冷冻加工	230.5	1914.9	191.0	1.2	137.7
蔬菜、菌类、水果和坚果加工	14353.4	17522.0	7205.1	830.1	6792.3
蔬菜加工	121.3	168.5	40.1	1.0	40.1
水果和坚果加工	14232.1	17353.5	7165.0	829.1	6752.2
其他农副食品加工	11882.5	14118.2	4652.5	289.7	4666.1
淀粉及淀粉制品制造	3086.4	4093.2	1476.3	20.2	1479.1
豆制品制造	120.2	364.0	17.5	0.6	17.7
蛋品加工	43.7	147.0	61.5	0.6	62.1
其他未列明农副食品加工	8632.2	9514.0	3097.2	268.3	3107.2
食品制造业	132337.6	91938.8	32965.6	1134.0	34805.2
焙烤食品制造	4163.1	3900.4	431.8	265.6	630.2
糕点、面包制造	3875.9	2397.5	636.6	26.3	625.7
饼干及其他焙烤食品制造	287.2	1502.9	-204.8	239.3	4.5
糖果、巧克力及蜜饯制造	717.8	892.7	109.5	-3.8	112.8
糖果、巧克力制造	717.8	892.7	109.5	-3.8	112.8
方便食品制造	40235.8	6511.3	-266.4	485.6	111.9
米、面制品制造	71.4	378.9	28.6	-96.4	27.7
方便面制造	36743.7	4106.5	-282.7	569.5	84.2
其他方便食品制造	3420.7	2025.9	-12.3	12.5	
乳制品制造	31368.1	17180.6	2945.3	299.1	3871.4
液体乳制造	30314.6	15252.3	3092.4	-77.2	3644.5
乳粉制造	1053.5	1928.3	-147.1	376.3	226.9
罐头食品制造	32684.2	21644.2	10400.1	-21.8	9876.0
蔬菜、水果罐头制造	32684.2	21644.2	10400.1	-21.8	9876.0
调味品、发酵制品制造	12243.6	19594.2	18740.1	141.0	19048.3
酱油、食醋及类似制品制造	1750.3	2768.1	36.2	9.0	45.1
其他调味品、发酵制品制造	10493.3	16826.1	18703.9	132.0	19003.2
其他食品制造	10925.0	22215.4	605.2	-31.7	1154.6
冷冻饮品及食用冰制造	2218.7	2436.7	10.0	-2.7	11.8
盐加工	943.6	4786.3	202.7	-13.3	278.5

1-5 续表 13　　　　单位：万元

行业名称	投资收益（损失以"-"号记）	营业利润	利润总额	亏损企业亏损额	平均用工人数（人）
饲料加工	803.8	35667.4	36506.1	13298.4	3916
宠物饲料加工		681.4	681.4		8
其他饲料加工	803.8	34986.0	35824.7	13298.4	3908
植物油加工	2006.8	12662.2	13750.7	22410.3	4421
食用植物油加工	2006.8	12662.2	13750.7	22410.3	4421
制糖业	8.5	4098.3	6834.3	8556.3	5893
屠宰及肉类加工	49.1	13681.3	14650.3	3915.7	2949
牲畜屠宰	49.1	14172.4	14810.5	2414.2	2018
禽类屠宰		383.7	546.2		257
肉制品及副产品加工		-874.8	-706.4	1501.5	674
水产品加工	2.6	-219.6	379.9	268.5	140
水产品冷冻加工	2.6	-219.6	379.9	268.5	140
蔬菜、菌类、水果和坚果加工	17.7	63149.9	70738.7	4546.8	7690
蔬菜加工	0.0	39.2	39.1	357.1	100
水果和坚果加工	17.7	63110.7	70699.6	4189.7	7590
其他农副食品加工		45223.2	45786.4	6155.1	3023
淀粉及淀粉制品制造		7087.4	7227.1	1941.6	1037
豆制品制造		-221.2	-186.9	200.4	45
蛋品加工		2190.3	2190.3		81
其他未列明农副食品加工		36166.7	36555.9	4013.1	1860
食品制造业	1565.4	96106.8	100904.9	65311.0	22780
焙烤食品制造		2202.2	2273.5	1613.5	1746
糕点、面包制造		2851.4	2906.0	689.9	1208
饼干及其他焙烤食品制造		-649.2	-632.5	923.6	538
糖果、巧克力及蜜饯制造	-84.7	-1187.6	-1079.2	1079.2	215
糖果、巧克力制造	-84.7	-1187.6	-1079.2	1079.2	215
方便食品制造	-2827.0	8878.6	8976.4	640.8	2661
米、面制品制造		1126.2	1145.6		64
方便面制造	-2827.0	6802.6	6923.6	640.8	1943
其他方便食品制造		949.8	907.2		654
乳制品制造	952.8	10866.2	12571.3	10086.6	4775
液体乳制造	952.8	10938.8	12478.9	9155.7	4318
乳粉制造		-72.6	92.4	930.9	457
罐头食品制造	260.9	-38735.1	-38004.6	45922.2	3615
蔬菜、水果罐头制造	260.9	-38735.1	-38004.6	45922.2	3615
调味品、发酵制品制造	3171.2	68671.2	69434.9	1418.5	5265
酱油、食醋及类似制品制造	0.0	3093.4	3200.5	341.9	469
其他调味品、发酵制品制造	3171.2	65577.8	66234.4	1076.6	4796
其他食品制造	92.2	45411.3	46732.6	4550.2	4503
冷冻饮品及食用冰制造		2204.5	2295.6	9.0	645
盐加工	92.2	2506.5	2564.5	548.9	867

1-5续表14

单位：万元

行业名称	企业单位数（个）	工业总产值（当年价格）	工业销售产值（当年价格）	资产总计
食品及饲料添加剂制造	11	316251.8	300747.4	396722.60
其他未列明食品制造	1	2316.6	2316.6	1980.50
酒、饮料和精制茶制造业	77	978661.8	942952.1	1598660.90
酒的制造	45	655892.9	639670.2	1165050.70
酒精制造	1	27013.5	26487.7	37326.70
白酒制造	11	270869.2	266206.4	404611.30
啤酒制造	11	166161.5	164548.5	209850.70
葡萄酒制造	22	191848.7	182427.6	513262.00
饮料制造	32	322768.9	303281.9	433610.20
碳酸饮料制造	3	28300.7	25569.5	36037.10
瓶（罐）装饮用水制造	8	49900.4	48894.4	68996.60
果菜汁及果菜汁饮料制造	12	91158.5	70117.4	200124.20
含乳饮料和植物蛋白饮料制造	5	34263.6	33520.9	39587.20
固体饮料制造	1	2685.8	2681.4	3281.50
茶饮料及其他饮料制造	3	116459.9	122498.3	85583.60
烟草制品业	1	421643.2	443235.4	510148.50
卷烟制造	1	421643.2	443235.4	510148.50
纺织业	178	4255138.5	3897024.9	7522018.60
棉纺织及印染精加工	156	4035034.4	3691094.9	6966611.50
棉纺纱加工	144	3837698.0	3508925.5	6844681.30
棉织造加工	10	132568.3	108702.7	74189.30
棉印染精加工	2	64768.1	73466.7	47740.90
毛纺织及染整精加工	8	71795.6	70960.5	268998.30
毛条和毛纱线加工	6	55038.6	54895.3	226236.50
毛织造加工	2	16757.0	16065.2	42761.80
麻纺织及染整精加工	2	4631.1	4158.0	4970.50
麻纤维纺前加工和纺纱	2	4631.1	4158.0	4970.50
针织或钩针编织物及其制品制造	2	25550.4	22390.1	24324.90
针织或钩针编织物织造	2	25550.4	22390.1	24324.90
家用纺织制成品制造	5	67684.5	63394.4	213101.40
床上用品制造	2	6775.0	6172.8	8018.80
毛巾类制品制造	3	60909.5	57221.6	205082.60
产业用纺织制成品制造	5	50442.5	45027.0	44012.00
非织造布制造	4	39798.3	34464.2	24123.20
篷、帆布制造	1	10644.2	10562.8	19888.80
纺织服装、服饰业	48	220427.0	207257.3	321079.10
机织服装制造	24	114109.5	102981.5	140856.30
运动机织服装制造	5	33316.5	30623.3	16279.20
其他机织服装制造	19	80793.0	72358.2	124577.10
针织或钩针编织服装制造	8	38136.6	38894.4	44368.40
运动休闲针织服装制造	2	7512.8	6878.9	15837.00

1-5 续表15

单位：万元

行业名称	固定资产净额	固定资产原价	累计折旧	流动资产合计	应收账款
食品及饲料添加剂制造	203387	304296	98867.3	156002.5	19975.6
其他未列明食品制造	75	161	14.1	1738.7	1693.3
酒、饮料和精制茶制造业	452525	842889	376522.8	874135.3	54781.4
酒的制造	235398	450115	205602.2	703860.5	16865.6
酒精制造	10368	15212	4843.8	18891.9	109.4
白酒制造	44464	108703	58500.6	283654.0	-5893.9
啤酒制造	78223	149479	70437.0	74942.8	5439.5
葡萄酒制造	102343	176722	71820.8	326371.8	17210.6
饮料制造	217127	392774	170920.6	170274.8	37915.8
碳酸饮料制造	13221	23790	10569.1	18233.5	1124.2
瓶（罐）装饮用水制造	32370	80057	46658.7	26939.8	17158.7
果菜汁及果菜汁饮料制造	92120	129915	34097.2	85358.6	12065.5
含乳饮料和植物蛋白饮料制造	16950	34942	17991.7	16959.7	3955.3
固体饮料制造	384	1403	1018.5	2828.2	2413.7
茶饮料及其他饮料制造	62082	122667	60585.4	19955.0	1198.4
烟草制品业	189689	274527	84838.1	292299.4	96704.7
卷烟制造	189689	274527	84838.1	292299.4	96704.7
纺织业	2473681	3456209	775612.5	3751203.4	342742.5
棉纺织及印染精加工	2289790	3204623	708492.7	3571350.4	302161.8
棉纺纱加工	2255963	3152005	698282.6	3498367.9	292299.5
棉织造加工	20724	34413	5108.1	44450.0	9020.1
棉印染精加工	13103	18205	5102.0	28532.5	842.2
毛纺织及染整精加工	58347	102184	43261.4	82382.7	14772.6
毛条和毛纱线加工	43518	84414	40896.9	58840.5	10164.2
毛织造加工	14830	17770	2364.5	23542.2	4608.4
麻纺织及染整精加工	2671	6961	4289.9	1731.4	21.2
麻纤维纺前加工和纺纱	2671	6961	4289.9	1731.4	21.2
针织或钩针编织物及其制品制造	10914	11777	863.7	11902.4	1723.6
针织或钩针编织物织造	10914	11777	863.7	11902.4	1723.6
家用纺织制成品制造	102298	119268	16969.6	57408.5	10698.7
床上用品制造	2524	3254	729.7	5269.0	920.4
毛巾类制品制造	99774	116014	16239.9	52139.5	9778.3
产业用纺织制成品制造	9660	11396	1735.2	26428.0	13364.6
非织造布制造	7649	9039	1389.8	13008.6	4618.4
篷、帆布制造	2012	2357	345.4	13419.4	8746.2
纺织服装、服饰业	33362	59168	18702.9	185278.5	60164.2
机织服装制造	23300	37568	13097.3	93601.2	28557.1
运动机织服装制造	4985	6141	1156.6	9683.9	2015.7
其他机织服装制造	18315	31426	11940.7	83917.3	26541.4
针织或钩针编织服装制造	6510	10995	4232.5	36617.9	16961.2
运动休闲针织服装制造	315	966	441.1	15255.1	5165.6

1-5 续表 16

单位：万元

行业名称	存货	产成品	负债合计	流动负债合计	应付账款
食品及饲料添加剂制造	86584.6	33720.0	195018.6	191817.0	28729.9
其他未列明食品制造	17.4		1512.2	1512.2	
酒、饮料和精制茶制造业	400810.5	119041.9	729023.8	529888.4	176568.3
酒的制造	325817.6	74855.9	480096.5	291321.4	96705.6
酒精制造	15687.8	823.9	31319.7	31319.7	3558.3
白酒制造	58883.6	16702.5	104727.8	95158.3	47154.7
啤酒制造	37475.3	12325.5	76192.9	48322.7	17487.7
葡萄酒制造	213770.9	45004.0	267856.1	116520.7	28504.9
饮料制造	74992.9	44186.0	248927.3	238567.0	79862.7
碳酸饮料制造	5157.8	3401.0	21341.0	21341.0	7050.4
瓶（罐）装饮用水制造	6864.9	2044.8	24094.0	24094.0	11438.8
果菜汁及果菜汁饮料制造	51086.4	35583.3	128458.7	118323.1	13732.4
含乳饮料和植物蛋白饮料制造	5637.4	1909.6	25133.3	24908.6	8982.6
固体饮料制造	275.1	56.1	1875.2	1875.2	1112.0
茶饮料及其他饮料制造	5971.3	1191.2	48025.1	48025.1	37546.5
烟草制品业	59269.8	3584.7	156398.8	133298.8	76652.9
卷烟制造	59269.8	3584.7	156398.8	133298.8	76652.9
纺织业	1166512.6	522902.6	4819278.0	3696768.9	716659.6
棉纺织及印染精加工	1105697.7	497075.3	4540266.9	3509492.3	641132.0
棉纺纱加工	1059333.2	473594.4	4456750.6	3432611.8	617788.1
棉织造加工	26135.1	9604.7	45401.3	38819.9	8954.0
棉印染精加工	20229.4	13876.2	38115.0	38060.6	14389.9
毛纺织及染整精加工	29174.0	9434.7	135649.7	91026.8	24838.0
毛条和毛纱线加工	22122.3	6463.1	111080.7	69051.8	20082.2
毛织造加工	7051.7	2971.6	24569.0	21975.0	4755.8
麻纺织及染整精加工	1445.4	34.4	2790.2	2158.4	1261.3
麻纤维纺前加工和纺纱	1445.4	34.4	2790.2	2158.4	1261.3
针织或钩针编织物及其制品制造	7418.8	4435.2	19306.3	18406.6	7338.8
针织或钩针编织物织造	7418.8	4435.2	19306.3	18406.6	7338.8
家用纺织制成品制造	13903.6	7429.6	99686.6	55965.7	38141.1
床上用品制造	1011.9	534.6	5569.6	2723.2	985.9
毛巾类制品制造	12891.7	6895.0	94117.0	53242.5	37155.2
产业用纺织制成品制造	8873.1	4493.4	21578.3	19719.1	3948.4
非织造布制造	4604.6	2706.0	8575.9	6716.7	1506.7
篷、帆布制造	4268.5	1787.4	13002.4	13002.4	2441.7
纺织服装、服饰业	52440.0	23865.5	205903.4	135886.2	41487.9
机织服装制造	23388.1	11779.0	91848.6	81528.3	24449.8
运动机织服装制造	3377.8	1504.0	7122.2	7027.6	3701.5
其他机织服装制造	20010.3	10275.0	84726.4	74500.7	20748.3
针织或钩针编织服装制造	16025.7	7038.5	28006.9	24847.6	9066.9
运动休闲针织服装制造	9877.7	4714.4	7918.9	7918.9	3750.7

1-5 续表 17

单位：万元

行业名称	所有者权益合计	实收资本	国家资本	集体资本	法人资本
食品及饲料添加剂制造	201703.8	79904.3	2154.3		73200.0
其他未列明食品制造	468.2	50.0			
酒、饮料和精制茶制造业	869636.1	517038.3	78922.0	1037.6	292623.5
酒的制造	684953.3	395269.9	74922.0	1037.6	244559.0
酒精制造	6007.0	5000.0			
白酒制造	299882.7	70144.8	4020.6	558.0	42566.2
啤酒制造	133657.7	119713.0	68365.0		33800.0
葡萄酒制造	245405.9	200412.1	2536.4	479.6	168192.8
饮料制造	184682.8	121768.4	4000.0		48064.5
碳酸饮料制造	14696.0	12841.2			4200.0
瓶（罐）装饮用水制造	44902.6	24020.1			5000.0
果菜汁及果菜汁饮料制造	71665.4	48284.6	4000.0		29058.2
含乳饮料和植物蛋白饮料制造	14453.9	7588.9			3626.6
固体饮料制造	1406.3	880.0			880.0
茶饮料及其他饮料制造	37558.6	28153.6			5299.7
烟草制品业	353749.6	353749.6	353749.6		
卷烟制造	353749.6	353749.6	353749.6		
纺织业	2702740.6	1919833.1	301532.8	1010.0	1237211.2
棉纺织及印染精加工	2426345.1	1808948.1	300126.2	1010.0	1144573.9
棉纺纱加工	2387931.2	1780998.5	300000.3	1010.0	1122701.8
棉织造加工	28788.0	24949.6	125.9		18872.1
棉印染精加工	9625.9	3000.0			3000.0
毛纺织及染整精加工	133348.5	69655.7	1406.6		62957.3
毛条和毛纱线加工	115155.7	51703.7	1406.6		45005.3
毛织造加工	18192.8	17952.0			17952.0
麻纺织及染整精加工	2180.2	4400.0			4400.0
麻纤维纺前加工和纺纱	2180.2	4400.0			4400.0
针织或钩针编织物及其制品制造	5018.5	5025.5			5000.0
针织或钩针编织物织造	5018.5	5025.5			5000.0
家用纺织制成品制造	113414.8	14048.8			12100.0
床上用品制造	2449.2	1006.0			100.0
毛巾类制品制造	110965.6	13042.8			12000.0
产业用纺织制成品制造	22433.5	17755.0			8180.0
非织造布制造	15547.1	13005.0			3430.0
篷、帆布制造	6886.4	4750.0			4750.0
纺织服装、服饰业	115175.1	68168.9	7888.0		48520.8
机织服装制造	49007.3	35445.3	6315.2		20343.1
运动机织服装制造	9156.8	3930.5	1000.0		2930.5
其他机织服装制造	39850.5	31514.8	5315.2		17412.6
针织或钩针编织服装制造	16361.4	9675.5	1572.8		6500.0
运动休闲针织服装制造	7918.0	1602.7			

1-5 续表 18 单位：万元

行业名称	个人资本	港澳台资本	外商资本	营业收入	营业成本
食品及饲料添加剂制造	4550.0			299258.7	232605.2
其他未列明食品制造	50.0			2316.6	2084.1
酒、饮料和精制茶制造业	84974.3	14009.2	45471.8	953077.0	650682.8
酒的制造	59203.3		15548.0	647177.3	415395.2
酒精制造	5000.0			27700.9	22012.7
白酒制造	23000.0			271690.6	144093.5
啤酒制造	2000.0		15548.0	173506.4	132390.1
葡萄酒制造	29203.3			174279.4	116898.9
饮料制造	25771.0	14009.2	29923.8	305899.7	235287.6
碳酸饮料制造	3841.2		4800.0	39607.1	25978.0
瓶（罐）装饮用水制造	6203.4	1298.2	11518.6	51451.8	39530.0
果菜汁及果菜汁饮料制造	15226.4			68815.7	53180.0
含乳饮料和植物蛋白饮料制造	500.0		3462.3	33517.9	26614.9
固体饮料制造				2681.6	2366.1
茶饮料及其他饮料制造		12711.0	10142.9	109825.6	87618.6
烟草制品业				443353.0	183691.0
卷烟制造				443353.0	183691.0
纺织业	314829.8	49196.2	16053.0	4367508.1	4035537.8
棉纺织及印染精加工	297988.7	49196.2	16053.0	4140771.6	3840325.5
棉纺纱加工	293199.1	48034.2	16053.0	3951197.9	3676969.5
棉织造加工	4789.6	1162.0		112351.5	93616.9
棉印染精加工				77222.2	69739.1
毛纺织及染整精加工	5291.8			87474.0	79999.9
毛条和毛纱线加工	5291.8			65868.2	61101.1
毛织造加工				21605.8	18898.8
麻纺织及染整精加工				4243.0	3370.0
麻纤维纺前加工和纺纱				4243.0	3370.0
针织或钩针编织物及其制品制造	25.5			22094.5	21325.8
针织或钩针编织物织造	25.5			22094.5	21325.8
家用纺织制成品制造	1948.8			65306.8	51392.1
床上用品制造	906.0			5679.6	4689.2
毛巾类制品制造	1042.8			59627.2	46702.9
产业用纺织制成品制造	9575.0			47618.2	39124.5
非织造布制造	9575.0			32402.2	25842.9
篷、帆布制造				15216.0	13281.6
纺织服装、服饰业	11760.1			284400.1	255507.1
机织服装制造	8787.0			108298.3	94359.1
运动机织服装制造				31839.6	28338.6
其他机织服装制造	8787.0			76458.7	66020.5
针织或钩针编织服装制造	1602.7			35746.5	34725.9
运动休闲针织服装制造	1602.7			5568.2	5146.2

1-5 续表 19

单位：万元

行业名称	销售费用	管理费用	财务费用		
				利息收入	利息支出
食品及饲料添加剂制造	7762.7	14946.8	392.5	-15.7	864.3
其他未列明食品制造		45.6			
酒、饮料和精制茶制造业	80126.2	40909.1	5091.1	2139.1	6755.6
酒的制造	38524.7	27940.4	4253.2	2308.0	5411.7
酒精制造	2787.9	1621.3	711.3	-4.3	655.9
白酒制造	14180.1	7297.8	-277.8	1970.8	1397.3
啤酒制造	11330.4	8103.7	826.2	310.2	363.3
葡萄酒制造	10226.3	10917.6	2993.5	31.3	2995.2
饮料制造	41601.5	12968.7	837.9	-168.9	1343.9
碳酸饮料制造	11196.4	1443.1	83.3	7.7	85.4
瓶（罐）装饮用水制造	7953.3	2371.9	125.2	0.9	122.6
果菜汁及果菜汁饮料制造	5273.2	4356.1	721.0	117.6	945.3
含乳饮料和植物蛋白饮料制造	3046.5	1415.5	135.7	0.1	131.7
固体饮料制造	64.4	149.1	29.4	0.4	29.3
茶饮料及其他饮料制造	14067.7	3233.0	-256.7	-295.6	29.6
烟草制品业	3517.2	32551.0	-1208.8	1212.2	
卷烟制造	3517.2	32551.0	-1208.8	1212.2	
纺织业	112603.8	105434.7	76983.5	3378.7	83177.8
棉纺织及印染精加工	103509.3	89464.5	71378.1	2842.3	76916.2
棉纺纱加工	99852.7	84652.3	71237.3	2814.4	76763.2
棉织造加工	3276.4	2640.9	140.0	29.0	153.0
棉印染精加工	380.2	2171.3	0.8	-1.1	
毛纺织及染整精加工	2834.1	7048.1	2121.9	492.8	2626.7
毛条和毛纱线加工	2343.1	4936.1	1837.4	493.6	2342.4
毛织造加工	491.0	2112.0	284.5	-0.8	284.3
麻纺织及染整精加工	107.8	655.3	84.9		84.9
麻纤维纺前加工和纺纱	107.8	655.3	84.9		84.9
针织或钩针编织物及其制品制造	592.0	592.4	-92.4	0.5	102.1
针织或钩针编织物织造	592.0	592.4	-92.4	0.5	102.1
家用纺织制成品制造	1801.4	4130.8	3122.3	41.3	3078.4
床上用品制造	63.6	248.4	205.9	0.4	203.1
毛巾类制品制造	1737.8	3882.4	2916.4	40.9	2875.3
产业用纺织制成品制造	3759.2	3543.6	368.7	1.8	369.5
非织造布制造	3124.5	2278.6	27.3	1.2	27.5
篷、帆布制造	634.7	1265.0	341.4	0.6	342.0
纺织服装、服饰业	5917.6	21786.0	3580.6	24.3	1996.9
机织服装制造	3222.4	11604.4	1279.2	17.0	1219.4
运动机织服装制造	1023.0	1147.4	38.2	1.6	39.5
其他机织服装制造	2199.4	10457.0	1241.0	15.4	1179.9
针织或钩针编织服装制造	694.8	1703.8	127.9	7.9	181.9
运动休闲针织服装制造	216.1	511.0	-5.8		-5.8

1-5 续表 20

单位：万元

行业名称	投资收益（损失以“-”号记）	营业利润	利润总额	亏损企业亏损额	平均用工人数（人）
食品及饲料添加剂制造		40513.5	41685.7	3992.3	2977
其他未列明食品制造		186.8	186.8		14
酒、饮料和精制茶制造业	3908.5	123166.7	123801.2	21057.3	9305
酒的制造	3887.6	109193.7	109412.8	12868.9	6322
酒精制造	30.5	385.9	652.6		325
白酒制造	883.3	76676.9	76736.2	1210.6	2736
啤酒制造	2966.8	9445.5	8729.7	9369.7	2113
葡萄酒制造	7.0	22685.4	23294.3	2288.6	1148
饮料制造	20.9	13973.0	14388.4	8188.4	2983
碳酸饮料制造		478.7	537.0		537
瓶（罐）装饮用水制造		1203.1	141.0	2867.6	529
果菜汁及果菜汁饮料制造	20.9	5076.7	5363.3	4359.9	766
含乳饮料和植物蛋白饮料制造		2249.0	3257.1	282.2	351
固体饮料制造		61.3	56.7		52
茶饮料及其他饮料制造		4904.2	5033.3	678.7	748
烟草制品业		17620.6	-3115.0	3115.0	755
卷烟制造		17620.6	-3115.0	3115.0	755
纺织业	6441.9	42031.0	169788.3	37888.5	68825
棉纺织及印染精加工	2843.0	38087.5	153027.5	36930.8	63166
棉纺纱加工	2843.0	19032.8	132121.8	36511.2	61125
棉织造加工		12545.7	14422.7	419.6	1552
棉印染精加工		6509.0	6483.0		489
毛纺织及染整精加工	3835.6	-90.4	1403.4	615.4	2036
毛条和毛纱线加工	3835.6	211.6	817.0	615.4	1299
毛织造加工		-302.0	586.4		737
麻纺织及染整精加工		18.3	-106.7	241.5	87
麻纤维纺前加工和纺纱		18.3	-106.7	241.5	87
针织或钩针编织物及其制品制造		-342.7	240.0		616
针织或钩针编织物织造		-342.7	240.0		616
家用纺织制成品制造	-240.5	3574.1	13703.4	53.2	2198
床上用品制造		586.0	583.4	47.6	156
毛巾类制品制造	-240.5	2988.1	13120.0	5.6	2042
产业用纺织制成品制造	3.8	784.2	1520.7	47.6	722
非织造布制造	3.8	1101.3	1216.0	47.6	213
篷、帆布制造		-317.1	304.7		509
纺织服装、服饰业	138.8	-2583.4	6031.3	6968.1	13407
机织服装制造		-1960.1	3323.4	4948.0	7216
运动机织服装制造		1211.2	2135.7		1377
其他机织服装制造		-3171.3	1187.7	4948.0	5839
针织或钩针编织服装制造		-1628.1	889.3	615.9	1615
运动休闲针织服装制造		-308.5	79.5	67.5	735

1-5 续表21

单位：万元

行业名称	企业单位数（个）	工业总产值（当年价格）	工业销售产值（当年价格）	资产总计
其他针织或钩针编织服装制造	6	30623.8	32015.5	28531.40
服饰制造	16	68180.9	65381.4	135854.40
皮革、毛皮、羽毛及其制品和制鞋业	3	12864.8	4470.0	66035.50
皮革鞣制加工	2	8479.6	84.8	60677.50
羽毛（绒）加工及制品制造	1	4385.2	4385.2	5358.00
羽毛（绒）加工	1	4385.2	4385.2	5358.00
木材加工和木、竹、藤、棕、草制品业	17	115397.7	107194.7	115664.40
木材加工	4	25808.9	21354.8	9665.70
锯材加工	1	1625.2	1625.2	994.60
木片加工	2	17683.7	16129.6	7188.00
其他木材加工	1	6500.0	3600.0	1483.10
人造板制造	12	87936.8	84188.0	101851.20
胶合板制造	2	5392.4	4802.2	9146.50
纤维板制造	8	73480.1	70252.5	83382.10
刨花板制造	2	9064.3	9133.3	9322.60
木质制品制造	1	1652.0	1651.9	4147.50
建筑用木料及木材组件加工	1	1652.0	1651.9	4147.50
家具制造业	10	44227.9	48442.4	63380.40
木质家具制造	4	18459.6	18459.6	24126.80
金属家具制造	6	25768.3	29982.8	39253.60
造纸和纸制品业	28	174820.8	167333.6	290294.40
造纸	10	57714.3	52187.1	139869.70
机制纸及纸板制造	9	54168.5	48641.3	137769.80
加工纸制造	1	3545.8	3545.8	2099.90
纸制品制造	18	117106.5	115146.5	150424.70
纸和纸板容器制造	15	88996.4	88241.5	96485.20
其他纸制品制造	3	28110.1	26905.0	53939.50
印刷和记录媒介复制业	12	42042.8	40706.1	102304.20
印刷	12	42042.8	40706.1	102304.20
书、报刊印刷	5	19274.6	19620.8	50693.00
本册印制	1	2871.7	2871.7	4904.30
包装装潢及其他印刷	6	19896.5	18213.6	46706.90
文教、工美、体育和娱乐用品制造业	9	34030.5	32198.6	63873.90
工艺美术及礼仪用品制造	8	30780.5	28948.6	58193.90
地毯、挂毯制造	5	22881.0	21049.1	45553.30
其他工艺美术及礼仪用品制造	3	7899.5	7899.5	12640.60
体育用品制造	1	3250.0	3250.0	5680.00
专项运动器材及配件制造	1	3250.0	3250.0	5680.00
石油、煤炭及其他燃料加工业	82	15946757.8	15621309.7	12603588.20
精炼石油产品制造	42	13788145.1	13494467.3	7536230.70
原油加工及石油制品制造	39	13655406.0	13375466.2	6885951.60

1-5 续表22

单位：万元

行业名称	固定资产净额	固定资产原价	累计折旧	流动资产合计	应收账款
其他针织或钩针编织服装制造	6195	10029	3791.4	21362.8	11795.6
服饰制造	3552	10606	1373.1	55059.4	14645.9
皮革、毛皮、羽毛及其制品和制鞋业	8678	15494	6815.9	49548.8	10442.0
皮革鞣制加工	8556	15190	6633.9	44313.3	9636.8
羽毛（绒）加工及制品制造	123	305	182.0	5235.5	805.2
羽毛（绒）加工	123	305	182.0	5235.5	805.2
木材加工和木、竹、藤、棕、草制品业	42056	65827	22538.1	55509.2	8906.6
木材加工	1938	3670	515.4	6158.8	1353.2
锯材加工	30	48	18.0	964.7	
木片加工	1639	3351	495.7	3982.0	943.9
其他木材加工	269	271	1.7	1212.1	409.3
人造板制造	40064	61991	21916.3	45322.0	5979.8
胶合板制造	3059	3835	776.5	4446.3	246.5
纤维板制造	33083	51081	17998.4	36673.6	5327.6
刨花板制造	3923	7075	3141.4	4202.1	405.7
木质制品制造	53	166	106.4	4028.4	1573.6
建筑用木料及木材组件加工	53	166	106.4	4028.4	1573.6
家具制造业	9417	14269	4851.0	46824.7	12666.9
木质家具制造	3294	4211	917.1	19806.4	3177.2
金属家具制造	6123	10057	3933.9	27018.3	9489.7
造纸和纸制品业	110650	153959	40730.9	128688.4	40213.4
造纸	51319	67294	15974.3	53380.9	6345.1
机制纸及纸板制造	50985	66886	15901.3	51615.6	5742.9
加工纸制造	335	408	73.0	1765.3	602.2
纸制品制造	59331	86666	24756.6	75307.5	33868.3
纸和纸板容器制造	38005	57075	16491.6	46620.3	15263.7
其他纸制品制造	21326	29591	8265.0	28687.2	18604.6
印刷和记录媒介复制业	38476	77493	38798.5	57353.5	22032.0
印刷	38476	77493	38798.5	57353.5	22032.0
书、报刊印刷	16222	45505	29083.9	31259.5	12719.8
本册印制	2514	3704	1190.6	1509.3	527.7
包装装潢及其他印刷	19740	28284	8524.0	24584.7	8784.5
文教、工美、体育和娱乐用品制造业	23190	36937	8946.7	28595.0	4637.3
工艺美术及礼仪用品制造	18055	31572	8716.7	28050.0	4457.3
地毯、挂毯制造	17964	31462	8697.7	15979.8	2479.9
其他工艺美术及礼仪用品制造	91	110	19.0	12070.2	1977.4
体育用品制造	5135	5365	230.0	545.0	180.0
专项运动器材及配件制造	5135	5365	230.0	545.0	180.0
石油、煤炭及其他燃料加工业	5531698	13118632	6529250.1	4528519.4	254969.3
精炼石油产品制造	3015361	9106521	5282070.4	3392330.0	58083.8
原油加工及石油制品制造	2599421	8607132	5200600.0	3272470.8	40606.2

1-5 续表 23 单位：万元

行业名称	存货	产成品	负债合计	流动负债合计	应付账款
其他针织或钩针编织服装制造	6148.0	2324.1	20088.0	16928.7	5316.2
服饰制造	13026.2	5048.0	86047.9	29510.3	7971.2
皮革、毛皮、羽毛及其制品和制鞋业	28866.7	6399.2	55179.2	53979.1	17261.1
皮革鞣制加工	28513.6	6046.1	52877.0	52877.0	16286.8
羽毛（绒）加工及制品制造	353.1	353.1	2302.2	1102.1	974.3
羽毛（绒）加工	353.1	353.1	2302.2	1102.1	974.3
木材加工和木、竹、藤、棕、草制品业	25705.5	11757.4	55802.8	41475.5	11649.7
木材加工	2621.4	1642.2	6828.9	6050.6	1243.7
锯材加工	641.1	641.1	751.7	751.7	580.8
木片加工	1683.4	799.8	4771.0	4169.6	633.3
其他木材加工	296.9	201.3	1306.2	1129.3	29.6
人造板制造	22657.0	10115.2	45886.6	33745.7	10314.4
胶合板制造	439.6	439.6	768.8	768.8	671.6
纤维板制造	19809.2	8226.6	40303.6	28162.7	8273.2
刨花板制造	2408.2	1449.0	4814.2	4814.2	1369.6
木质制品制造	427.1		3087.3	1679.2	91.6
建筑用木料及木材组件加工	427.1		3087.3	1679.2	91.6
家具制造业	14341.4	2260.5	37208.0	35941.5	13895.8
木质家具制造	6127.5	1132.5	18157.8	16932.8	9769.9
金属家具制造	8213.9	1128.0	19050.2	19008.7	4125.9
造纸和纸制品业	49549.3	37270.3	174029.6	162459.6	42533.1
造纸	24668.2	20418.5	97685.1	89847.1	12393.4
机制纸及纸板制造	24633.7	20418.5	95900.2	88062.2	10930.4
加工纸制造	34.5		1784.9	1784.9	1463.0
纸制品制造	24881.1	16851.8	76344.5	72612.5	30139.7
纸和纸板容器制造	16805.3	9510.9	53001.7	49269.7	14843.4
其他纸制品制造	8075.8	7340.9	23342.8	23342.8	15296.3
印刷和记录媒介复制业	10845.6	6317.3	50457.1	45675.5	11399.1
印刷	10845.6	6317.3	50457.1	45675.5	11399.1
书、报刊印刷	4712.7	2670.6	18625.5	16054.2	4535.5
本册印制	43.2	3.5	4061.9	3028.5	198.8
包装装潢及其他印刷	6089.7	3643.2	27769.7	26592.8	6664.8
文教、工美、体育和娱乐用品制造业	9742.6	3321.9	31688.1	29555.7	7916.8
工艺美术及礼仪用品制造	9377.6	2956.9	31323.1	29190.7	7916.8
地毯、挂毯制造	7180.6	2410.8	24011.6	21879.2	7916.8
其他工艺美术及礼仪用品制造	2197.0	546.1	7311.5	7311.5	
体育用品制造	365.0	365.0	365.0	365.0	
专项运动器材及配件制造	365.0	365.0	365.0	365.0	
石油、煤炭及其他燃料加工业	1428180.3	658032.5	6281645.0	5419592.0	1083055.0
精炼石油产品制造	1146234.4	521329.9	2699747.3	2355175.7	354442.3
原油加工及石油制品制造	1106730.1	497996.9	2136091.9	1925684.2	305711.9

1-5 续表 24

单位：万元

行业名称	所有者权益合计	实收资本			
			国家资本	集体资本	法人资本
其他针织或钩针编织服装制造	8443.4	8072.8	1572.8		6500.0
服饰制造	49806.4	23048.1			21677.7
皮革、毛皮、羽毛及其制品和制鞋业	10856.3	12055.8			
皮革鞣制加工	7800.5	9000.0			
羽毛（绒）加工及制品制造	3055.8	3055.8			
羽毛（绒）加工	3055.8	3055.8			
木材加工和木、竹、藤、棕、草制品业	59861.6	44378.1			15571.1
木材加工	2836.8	737.0			30.0
锯材加工	242.9	330.0			
木片加工	2417.0	407.0			30.0
其他木材加工	176.9				
人造板制造	55964.6	43141.1			15041.1
胶合板制造	8377.7	5500.0			500.0
纤维板制造	43078.5	31641.1			14541.1
刨花板制造	4508.4	6000.0			
木质制品制造	1060.2	500.0			500.0
建筑用木料及木材组件加工	1060.2	500.0			500.0
家具制造业	26172.3	17262.2			6275.0
木质家具制造	5969.0	3604.4			10.0
金属家具制造	20203.3	13657.8			6265.0
造纸和纸制品业	116264.6	83835.4	1000.0	200.0	59654.6
造纸	42184.5	41202.0		100.0	34112.0
机制纸及纸板制造	41869.5	41102.0		100.0	34112.0
加工纸制造	315.0	100.0			
纸制品制造	74080.1	42633.4	1000.0	100.0	25542.6
纸和纸板容器制造	43483.4	25583.4		100.0	11842.6
其他纸制品制造	30596.7	17050.0	1000.0		13700.0
印刷和记录媒介复制业	51847.1	20857.6	16477.1	670.0	1580.5
印刷	51847.1	20857.6	16477.1	670.0	1580.5
书、报刊印刷	32067.5	10382.4	9382.4		700.0
本册印制	842.4	1000.0			
包装装潢及其他印刷	18937.2	9475.2	7094.7	670.0	880.5
文教、工美、体育和娱乐用品制造业	32185.9	22400.8			5586.0
工艺美术及礼仪用品制造	26870.9	17400.8			5586.0
地毯、挂毯制造	21541.8	12188.0			600.0
其他工艺美术及礼仪用品制造	5329.1	5212.8			4986.0
体育用品制造	5315.0	5000.0			
专项运动器材及配件制造	5315.0	5000.0			
石油、煤炭及其他燃料加工业	6321943.1	5836403.7	3585152.6		1960954.4
精炼石油产品制造	4836483.3	3754065.7	3397704.6		200471.3
原油加工及石油制品制造	4749859.7	3711929.5	3397704.6		158335.1

1-5 续表 25 单位：万元

行业名称	个人资本	港澳台资本	外商资本	营业收入	营业成本
其他针织或钩针编织服装制造				30178.3	29579.7
服饰制造	1370.4			140355.3	126422.1
皮革、毛皮、羽毛及其制品和制鞋业	12055.8			9324.6	8729.8
皮革鞣制加工	9000.0			4939.4	4803.9
羽毛（绒）加工及制品制造	3055.8			4385.2	3925.9
羽毛（绒）加工	3055.8			4385.2	3925.9
木材加工和木、竹、藤、棕、草制品业	28807.0			110758.6	91237.3
木材加工	707.0			22348.8	17886.7
锯材加工	330.0			1625.2	1585.3
木片加工	377.0			17265.8	12944.2
其他木材加工				3457.8	3357.2
人造板制造	28100.0			86757.9	71848.9
胶合板制造	5000.0			5392.4	4182.8
纤维板制造	17100.0			72232.2	59935.5
刨花板制造	6000.0			9133.3	7730.6
木质制品制造				1651.9	1501.7
建筑用木料及木材组件加工				1651.9	1501.7
家具制造业	10987.2			68012.4	56217.3
木质家具制造	3594.4			33891.8	29743.6
金属家具制造	7392.8			34120.6	26473.7
造纸和纸制品业	21600.0		1380.9	191820.1	168449.7
造纸	6990.0			53192.9	48092.2
机制纸及纸板制造	6890.0			49647.1	45045.0
加工纸制造	100.0			3545.8	3047.2
纸制品制造	14610.0		1380.9	138627.2	120357.5
纸和纸板容器制造	12260.0		1380.9	94095.6	81347.2
其他纸制品制造	2350.0			44531.6	39010.3
印刷和记录媒介复制业	2130.0			41534.7	34381.2
印刷	2130.0			41534.7	34381.2
书、报刊印刷	300.0			20722.4	15837.0
本册印制	1000.0			2753.8	2265.9
包装装潢及其他印刷	830.0			18058.5	16278.3
文教、工美、体育和娱乐用品制造业	10926.8	2000.0	3888.0	25895.9	22578.7
工艺美术及礼仪用品制造	5926.8	2000.0	3888.0	23845.9	21078.7
地毯、挂毯制造	5700.0	2000.0	3888.0	15946.4	13130.3
其他工艺美术及礼仪用品制造	226.8			7899.5	7948.4
体育用品制造	5000.0			2050.0	1500.0
专项运动器材及配件制造	5000.0			2050.0	1500.0
石油、煤炭及其他燃料加工业	290296.7			16003812.0	11758314.9
精炼石油产品制造	155889.8			13771904.4	10035989.7
原油加工及石油制品制造	155889.8			13664611.9	9949333.9

1-5 续表 26 单位：万元

行业名称	销售费用	管理费用	财务费用	利息收入	利息支出
其他针织或钩针编织服装制造	478.7	1192.8	133.7	7.9	187.7
服饰制造	2000.4	8477.8	2173.5	-0.6	595.6
皮革、毛皮、羽毛及其制品和制鞋业	82.1	132.0	112.7	5.0	117.7
皮革鞣制加工	2.8	78.4	105.4		105.4
羽毛（绒）加工及制品制造	79.3	53.6	7.3	5.0	12.3
羽毛（绒）加工	79.3	53.6	7.3	5.0	12.3
木材加工和木、竹、藤、棕、草制品业	1558.4	4764.2	2065.0	27.5	2096.7
木材加工	417.3	596.2	26.3	0.2	26.3
锯材加工	55.6	55.7	25.2		25.2
木片加工	350.8	477.1	1.0		1.0
其他木材加工	10.9	63.4	0.1	0.2	0.1
人造板制造	1089.2	4149.5	2037.1	27.3	2068.8
胶合板制造	75.6	366.1	12.4	0.0	12.4
纤维板制造	601.4	3128.9	2034.7	37.6	2056.1
刨花板制造	412.2	654.5	-10.0	-10.3	0.3
木质制品制造	51.9	18.5	1.6		1.6
建筑用木料及木材组件加工	51.9	18.5	1.6		1.6
家具制造业	2287.0	5225.6	489.4	3.7	547.7
木质家具制造	487.5	804.4	-50.5	2.2	27.5
金属家具制造	1799.5	4421.2	539.9	1.5	520.2
造纸和纸制品业	4620.3	9290.6	3033.6	30.1	2554.1
造纸	1927.5	3763.6	1484.0	2.4	1205.1
机制纸及纸板制造	1650.1	3661.4	1481.0	1.4	1201.1
加工纸制造	277.4	102.2	3.0	1.0	4.0
纸制品制造	2692.8	5527.0	1549.6	27.7	1349.0
纸和纸板容器制造	2266.6	4019.2	1273.8	27.8	1226.8
其他纸制品制造	426.2	1507.8	275.8	-0.1	122.2
印刷和记录媒介复制业	935.9	6353.6	606.2	199.0	612.2
印刷	935.9	6353.6	606.2	199.0	612.2
书、报刊印刷	498.2	4816.7	415.1	121.0	483.4
本册印制	36.7	349.0	127.3	0.2	127.1
包装装潢及其他印刷	401.0	1187.9	63.8	77.8	1.7
文教、工美、体育和娱乐用品制造业	1006.2	2192.0	476.1	19.7	405.1
工艺美术及礼仪用品制造	1006.2	1741.4	458.1	1.7	405.1
地毯、挂毯制造	991.3	1566.6	445.3	1.7	400.5
其他工艺美术及礼仪用品制造	14.9	174.8	12.8		4.6
体育用品制造		450.6	18.0	18.0	
专项运动器材及配件制造		450.6	18.0	18.0	
石油、煤炭及其他燃料加工业	123678.1	514899.8	101021.8	23992.3	116340.3
精炼石油产品制造	86007.0	448086.7	-4572.7	24172.9	18253.7
原油加工及石油制品制造	83599.2	431139.8	-24071.6	24496.2	-539.2

1-5 续表 27

单位：万元

行业名称	投资收益（损失以“-”号记）	营业利润	利润总额	亏损企业亏损额	平均用工人数（人）
其他针织或钩针编织服装制造		-1319.6	809.8	548.4	880
服饰制造	138.8	1004.8	1818.6	1404.2	4576
皮革、毛皮、羽毛及其制品和制鞋业		264.5	267.5	50.4	105
皮革鞣制加工		-53.4	-50.4	50.4	70
羽毛（绒）加工及制品制造		317.9	317.9		35
羽毛（绒）加工		317.9	317.9		35
木材加工和木、竹、藤、棕、草制品业		10518.7	12975.3	1831.3	1020
木材加工		3411.9	3534.3	98.4	154
锯材加工		-98.4	-98.4	98.4	7
木片加工		3491.6	3615.0		120
其他木材加工		18.7	17.7		27
人造板制造		7028.6	9362.8	1732.9	841
胶合板制造		572.7	572.7	44.3	97
纤维板制造		6170.6	8686.4	1524.2	647
刨花板制造		285.3	103.7	164.4	97
木质制品制造		78.2	78.2		25
建筑用木料及木材组件加工		78.2	78.2		25
家具制造业	2.7	3539.1	5619.3	447.9	763
木质家具制造	2.7	2876.7	3089.7	281.8	134
金属家具制造		662.4	2529.6	166.1	629
造纸和纸制品业	33.3	5614.5	6164.0	4337.3	2587
造纸	1.6	-2621.2	-2476.3	4196.9	1017
机制纸及纸板制造	1.6	-2723.5	-2578.6	4196.9	969
加工纸制造		102.3	102.3		48
纸制品制造	31.7	8235.7	8640.3	140.4	1570
纸和纸板容器制造	31.7	5178.2	5581.7	140.4	1098
其他纸制品制造		3057.5	3058.6		472
印刷和记录媒介复制业	743.7	392.9	1475.2	2120.9	1383
印刷	743.7	392.9	1475.2	2120.9	1383
书、报刊印刷	43.1	-889.4	-252.9	1880.5	842
本册印制		-31.5	-5.4	5.4	40
包装装潢及其他印刷	700.6	1313.8	1733.5	235.0	501
文教、工美、体育和娱乐用品制造业		-558.1	-32.2	922.9	764
工艺美术及礼仪用品制造		-639.5	-113.6	922.9	664
地毯、挂毯制造		-332.5	-86.6	839.7	506
其他工艺美术及礼仪用品制造		-307.0	-27.0	83.2	158
体育用品制造		81.4	81.4		100
专项运动器材及配件制造		81.4	81.4		100
石油、煤炭及其他燃料加工业	1631.7	983240.4	1019616.0	66077.4	44001
精炼石油产品制造	1321.5	692415.5	725819.5	43629.4	29941
原油加工及石油制品制造	1342.5	715895.8	748139.6	7550.6	28248

1-5 续表28 单位：万元

行业名称	企业单位数（个）	工业总产值（当年价格）	工业销售产值（当年价格）	资产总计
其他原油制造	3	132739.1	119001.1	650279.10
煤炭加工	39	2153953.9	2122478.0	5040021.60
炼焦	34	1605442.6	1583660.1	3306500.50
煤制液体燃料生产	2	516735.4	507075.6	1706279.30
煤制品制造	1	20985.7	20985.7	17473.90
其他煤炭加工	2	10790.2	10756.6	9767.90
生物质燃料加工	1	4658.8	4364.4	27335.90
生物质液体燃料生产	1	4658.8	4364.4	27335.90
化学原料和化学制品制造业	206	9458541.4	9270416.9	20605790.60
基础化学原料制造	59	2463068.5	2397027.1	5239992.10
无机酸制造	4	23310.8	23666.5	77878.10
无机盐制造	19	983232.8	967896.9	2249737.90
有机化学原料制造	28	1394150.9	1345970.2	2750320.70
其他基础化学原料制造	8	62374.0	59493.5	162055.40
肥料制造	70	1501873.7	1494053.4	2996709.40
氮肥制造	10	690647.9	699978.9	1818923.80
钾肥制造	4	469044.7	458151.9	705382.40
复混肥料制造	23	201263.8	197118.3	286964.40
有机肥料及微生物肥料制造	29	124787.7	118443.9	155435.90
其他肥料制造	4	16129.6	20360.4	30002.90
农药制造	1	2363.2	2353.6	2971.70
化学农药制造	1	2363.2	2353.6	2971.70
涂料、油墨、颜料及类似产品制造	3	14102.6	13177.0	24586.30
涂料制造	3	14102.6	13177.0	24586.30
合成材料制造	23	4066961.3	4019969.4	8867421.80
初级形态塑料及合成树脂制造	17	3526572.8	3525355.1	6766513.80
合成橡胶制造	1	64536.8	70598.1	56309.70
合成纤维单（聚合）体制造	4	473649.4	421813.9	2043294.70
其他合成材料制造	1	2202.3	2202.3	1303.60
专用化学产品制造	36	1279094.9	1212266.6	3060632.70
化学试剂和助剂制造	20	374604.8	365471.3	559825.60
专项化学用品制造	10	88812.3	86468.7	134967.20
林产化学产品制造	1	5801.8	5448.4	22710.20
文化用信息化学品制造	3	802175.6	747289.4	2333797.80
动物胶制造	1	2918.5	2918.5	5546.30
其他专用化学产品制造	1	4781.9	4670.3	3785.60
炸药、火工及焰火产品制造	8	91268.0	92328.4	344313.70
炸药及火工产品制造	8	91268.0	92328.4	344313.70
日用化学产品制造	6	39809.2	39241.4	69162.90
肥皂及洗涤剂制造	2	17766.9	17227.4	32493.90
香料、香精制造	4	22042.3	22014.0	36669.00

1-5 续表29

单位：万元

行业名称	固定资产净额	固定资产原价	累计折旧	流动资产合计	应收账款
其他原油制造	415940	499389	81470.4	119859.2	17477.6
煤炭加工	2506204	4000389	1245901.8	1125243.8	196595.6
炼焦	1281937	2474499	944278.7	830906.5	145742.0
煤制液体燃料生产	1214068	1515184	301116.1	281330.5	42413.6
煤制品制造	9425	9618	192.7	4918.9	3955.9
其他煤炭加工	773	1088	314.3	8087.9	4484.1
生物质燃料加工	10134	11722	1277.9	10945.6	289.9
生物质液体燃料生产	10134	11722	1277.9	10945.6	289.9
化学原料和化学制品制造业	10380400	15046779	4235284.0	4925463.5	887898.0
基础化学原料制造	2460200	3412951	892103.3	1114733.7	220497.4
无机酸制造	50518	87944	30634.8	23226.7	4476.2
无机盐制造	1007272	1410537	350545.6	393388.6	84027.1
有机化学原料制造	1353014	1852288	499273.4	659420.8	125477.5
其他基础化学原料制造	49395	62183	11649.5	38697.6	6516.6
肥料制造	1989737	2971014	957625.4	653491.1	76447.4
氮肥制造	1342366	1813936	465403.0	275547.7	10850.1
钾肥制造	470220	903995	433774.6	151676.6	5798.9
复混肥料制造	113846	151154	30824.9	140002.2	36356.8
有机肥料及微生物肥料制造	52807	88990	25183.0	67423.3	19202.9
其他肥料制造	10499	12939	2439.9	18841.3	4238.7
农药制造	213	1098	285.2	2748.1	2598.2
化学农药制造	213	1098	285.2	2748.1	2598.2
涂料、油墨、颜料及类似产品制造	5372	8009	2637.9	14484.9	4819.7
涂料制造	5372	8009	2637.9	14484.9	4819.7
合成材料制造	4592248	6860368	1928639.6	1983908.6	421943.1
初级形态塑料及合成树脂制造	3929087	5984330	1724416.5	1801697.2	416714.4
合成橡胶制造	44236	87270	34380.4	7570.4	69.7
合成纤维单（聚合）体制造	618920	788763	169842.7	173342.4	4577.3
其他合成材料制造	5	5		1298.6	581.7
专用化学产品制造	1218340	1634397	410143.3	996017.4	143740.8
化学试剂和助剂制造	191988	263575	65709.4	264445.3	82206.7
专项化学用品制造	39389	67918	28492.5	82447.5	38112.6
林产化学产品制造	15653	17295	1642.6	5744.9	580.5
文化用信息化学品制造	967613	1279906	312293.6	638394.6	21631.7
动物胶制造	2283	3224	940.6	2759.3	172.7
其他专用化学产品制造	1415	2480	1064.6	2225.8	1036.6
炸药、火工及焰火产品制造	82631	113972	30576.9	135275.2	14199.8
炸药及火工产品制造	82631	113972	30576.9	135275.2	14199.8
日用化学产品制造	31660	44971	13272.4	24804.5	3651.6
肥皂及洗涤剂制造	22898	30666	7729.1	7219.9	2106.7
香料、香精制造	8762	14305	5543.3	17584.6	1544.9

1-5 续表 30

单位：万元

行业名称	存货	产成品	负债合计	流动负债合计	应付账款
其他原油制造	39504.3	23333.0	563655.4	429491.5	48730.4
煤炭加工	278132.2	133419.7	3559883.8	3042402.4	728612.7
炼焦	261616.0	129574.1	2561652.7	2266809.1	647832.3
煤制液体燃料生产	15823.6	3202.8	980804.5	758166.7	76379.3
煤制品制造	68.2	18.4	11881.7	11881.7	3504.6
其他煤炭加工	624.4	624.4	5544.9	5544.9	896.5
生物质燃料加工	3813.7	3282.9	22013.9	22013.9	
生物质液体燃料生产	3813.7	3282.9	22013.9	22013.9	
化学原料和化学制品制造业	945298.8	373214.8	12533384.6	8322435.8	1856693.8
基础化学原料制造	263396.2	130350.4	3571423.9	2475451.2	477193.5
无机酸制造	8698.6	3913.7	32205.9	29758.1	6233.1
无机盐制造	65152.7	21265.3	1675565.7	1191622.8	244550.1
有机化学原料制造	178362.0	98416.4	1753319.1	1156145.5	194933.8
其他基础化学原料制造	11182.9	6755.0	110333.2	97924.8	31476.5
肥料制造	235561.3	76385.8	1895798.4	1409014.5	266958.5
氮肥制造	51937.2	18899.5	1256244.7	923379.8	166342.2
钾肥制造	100710.4	17718.3	362311.0	256063.0	35660.7
复混肥料制造	51475.4	21325.1	178920.7	145740.2	53374.1
有机肥料及微生物肥料制造	25803.7	15983.0	79966.7	65976.2	9276.6
其他肥料制造	5634.6	2459.9	18355.3	17855.3	2304.9
农药制造	149.9		1574.9	1351.3	
化学农药制造	149.9		1574.9	1351.3	
涂料、油墨、颜料及类似产品制造	4403.8	2629.7	17172.6	14232.5	7202.4
涂料制造	4403.8	2629.7	17172.6	14232.5	7202.4
合成材料制造	278437.8	126898.2	5223349.1	2880201.7	816112.1
初级形态塑料及合成树脂制造	218915.3	98894.4	3834080.8	2053386.2	617293.9
合成橡胶制造	6947.1	3836.1	43405.2	40982.3	2595.6
合成纤维单（聚合）体制造	52176.2	23768.5	1344975.6	784945.7	195636.9
其他合成材料制造	399.2	399.2	887.5	887.5	585.7
专用化学产品制造	145970.7	30624.2	1631765.3	1402882.4	276944.0
化学试剂和助剂制造	41654.1	14863.7	262956.3	244739.2	62561.9
专项化学用品制造	8749.8	3933.4	83027.4	79500.9	37956.4
林产化学产品制造	2005.1	985.1	1036.9	1036.9	598.6
文化用信息化学品制造	91593.4	9830.4	1278902.7	1071763.4	175175.5
动物胶制造	1368.7	599.7	4799.5	4799.5	276.2
其他专用化学产品制造	599.6	411.9	1042.5	1042.5	375.4
炸药、火工及焰火产品制造	10353.7	2907.8	141652.5	91773.3	7261.8
炸药及火工产品制造	10353.7	2907.8	141652.5	91773.3	7261.8
日用化学产品制造	7025.4	3418.7	50647.9	47528.9	5021.5
肥皂及洗涤剂制造	4060.9	1307.0	30129.8	30129.8	3440.9
香料、香精制造	2964.5	2111.7	20518.1	17399.1	1580.6

1-5 续表 31

单位：万元

行业名称	所有者权益合计	实收资本			
			国家资本	集体资本	法人资本
其他原油制造	86623.6	42136.2			42136.2
煤炭加工	1480137.8	2077338.0	187448.0		1760483.1
炼焦	744847.9	1607938.0	22448.0		1456083.1
煤制液体燃料生产	725474.7	468400.0	165000.0		303400.0
煤制品制造	5592.2	500.0			500.0
其他煤炭加工	4223.0	500.0			500.0
生物质燃料加工	5322.0	5000.0			
生物质液体燃料生产	5322.0	5000.0			
化学原料和化学制品制造业	8072404.5	5463742.7	1936689.2	51789.0	3204203.6
基础化学原料制造	1668567.5	1325374.2	493382.8	28785.2	727529.2
无机酸制造	45672.1	77380.0		1980.0	74000.0
无机盐制造	574172.0	408518.5	174588.6	500.0	216247.0
有机化学原料制造	997001.3	802846.9	306868.4	26305.2	421624.2
其他基础化学原料制造	51722.1	36628.8	11925.8		15658.0
肥料制造	1100910.8	838852.2	94486.8	17113.7	630799.0
氮肥制造	562679.3	614306.0	88077.6		469428.4
钾肥制造	343071.4	97845.0	2928.0	1805.6	90137.2
复混肥料制造	108043.4	78387.9	3311.2	13308.1	43888.4
有机肥料及微生物肥料制造	75469.1	40292.0	170.0	2000.0	24560.0
其他肥料制造	11647.6	8021.3			2785.0
农药制造	1396.8	1000.0			
化学农药制造	1396.8	1000.0			
涂料、油墨、颜料及类似产品制造	7413.7	4100.0	2000.0		1100.0
涂料制造	7413.7	4100.0	2000.0		1100.0
合成材料制造	3644072.8	2706288.6	1318878.6	3890.1	1373596.4
初级形态塑料及合成树脂制造	2932433.1	1959698.5	1296878.6	1890.1	653006.3
合成橡胶制造	12904.5	24000.0	22000.0	2000.0	
合成纤维单（聚合）体制造	698319.1	722251.8			720251.8
其他合成材料制造	416.1	338.3			338.3
专用化学产品制造	1428867.0	483326.1	5225.0	2000.0	436538.4
化学试剂和助剂制造	296868.8	208206.6	225.0		180349.9
专项化学用品制造	51939.9	28610.0		2000.0	15800.0
林产化学产品制造	21673.3	9804.0	5000.0		4804.0
文化用信息化学品制造	1054895.1	234600.5			234600.5
动物胶制造	746.8	1105.0			884.0
其他专用化学产品制造	2743.1	1000.0			100.0
炸药、火工及焰火产品制造	202660.9	90901.6	22716.0		24640.6
炸药及火工产品制造	202660.9	90901.6	22716.0		24640.6
日用化学产品制造	18515.0	13900.0			10000.0
肥皂及洗涤剂制造	2364.1	4000.0			4000.0
香料、香精制造	16150.9	9900.0			6000.0

1-5 续表 32

单位：万元

行业名称				营业收入	营业成本
	个人资本	港澳台资本	外商资本		
其他原油制造				107292.5	86655.8
煤炭加工	129406.9			2227543.2	1718627.5
炼焦	129406.9			1705899.6	1439736.6
煤制液体燃料生产				492343.5	258442.9
煤制品制造				18496.1	12265.7
其他煤炭加工				10804.0	8182.3
生物质燃料加工	5000.0			4364.4	3697.7
生物质液体燃料生产	5000.0			4364.4	3697.7
化学原料和化学制品制造业	228873.2	14212.9	27474.9	9603880.1	7370456.0
基础化学原料制造	44388.4	10100.0	21188.6	2548988.4	2200607.8
无机酸制造	1400.0			23921.9	17963.6
无机盐制造	17182.9			980876.8	858021.2
有机化学原料制造	16760.5	10100.0	21188.6	1483359.6	1279230.6
其他基础化学原料制造	9045.0			60830.1	45392.4
肥料制造	88266.4	1400.0	6286.3	1522485.0	921118.9
氮肥制造	56800.0			719716.6	471731.8
钾肥制造	2974.2			458675.6	166392.3
复混肥料制造	13080.2		4800.0	202691.4	174464.4
有机肥料及微生物肥料制造	11662.0	1400.0		119935.6	91270.0
其他肥料制造	3750.0		1486.3	21465.8	17260.4
农药制造	1000.0			2353.6	1652.4
化学农药制造	1000.0			2353.6	1652.4
涂料、油墨、颜料及类似产品制造	1000.0			13881.1	9653.6
涂料制造	1000.0			13881.1	9653.6
合成材料制造	9923.6			3985120.3	3013415.0
初级形态塑料及合成树脂制造	7923.6			3572977.0	2660279.2
合成橡胶制造				70598.3	67538.5
合成纤维单（聚合）体制造	2000.0			339342.7	283764.5
其他合成材料制造				2202.3	1832.8
专用化学产品制造	36849.8	2712.9		1393452.1	1127740.6
化学试剂和助剂制造	24918.8	2712.9		507093.4	421579.8
专项化学用品制造	10810.0			119751.8	104297.3
林产化学产品制造				5567.5	5253.6
文化用信息化学品制造				753698.3	591177.0
动物胶制造	221.0			2670.8	2188.0
其他专用化学产品制造	900.0			4670.3	3244.9
炸药、火工及焰火产品制造	43545.0			98279.5	66167.2
炸药及火工产品制造	43545.0			98279.5	66167.2
日用化学产品制造	3900.0			39320.1	30100.5
肥皂及洗涤剂制造				18224.3	16023.0
香料、香精制造	3900.0			21095.8	14077.5

1-5 续表 33

单位：万元

行业名称	销售费用	管理费用	财务费用	利息收入	利息支出
其他原油制造	2407.8	16946.9	19498.9	-323.3	18792.9
煤炭加工	37635.5	66745.4	105571.4	-189.4	98063.6
炼焦	34306.9	52795.7	63115.3	-616.7	55270.2
煤制液体燃料生产	3005.4	13794.8	42282.9	425.9	42647.4
煤制品制造		30.8	0.4	0.1	
其他煤炭加工	323.2	124.1	172.8	1.3	146.0
生物质燃料加工	35.6	67.7	23.1	8.8	23.0
生物质液体燃料生产	35.6	67.7	23.1	8.8	23.0
化学原料和化学制品制造业	377881.1	428516.1	349081.1	10579.9	336579.5
基础化学原料制造	97048.9	104802.3	103939.4	636.7	96919.0
无机酸制造	1338.4	5235.6	341.3	4.0	29.2
无机盐制造	31221.0	52068.3	44190.7	414.3	42435.0
有机化学原料制造	61518.2	43254.3	56747.1	-20.8	52276.0
其他基础化学原料制造	2971.3	4244.1	2660.3	239.2	2178.8
肥料制造	146369.8	82472.1	60786.1	871.8	55993.5
氮肥制造	55425.8	42407.1	47193.9	229.1	44528.5
钾肥制造	81507.6	23152.1	8720.3	287.3	6485.1
复混肥料制造	4551.5	9202.3	2235.7	345.9	2438.1
有机肥料及微生物肥料制造	4562.7	6219.6	1771.1	7.6	1676.2
其他肥料制造	322.2	1491.0	865.1	1.9	865.6
农药制造	50.5	149.1	-1.2	1.2	
化学农药制造	50.5	149.1	-1.2	1.2	
涂料、油墨、颜料及类似产品制造	764.1	2689.9	258.0	-2.9	261.7
涂料制造	764.1	2689.9	258.0	-2.9	261.7
合成材料制造	89617.0	162285.4	157595.3	5991.8	155069.8
初级形态塑料及合成树脂制造	51603.9	149740.8	129685.8	6177.1	127857.0
合成橡胶制造	3795.2	418.0	1682.5	8.9	1690.1
合成纤维单（聚合）体制造	34217.9	11842.8	26226.4	-194.2	25522.7
其他合成材料制造		283.8	0.6		
专用化学产品制造	39810.3	61641.7	24818.5	1956.3	25670.2
化学试剂和助剂制造	26821.6	23921.5	5210.7	1605.7	5898.5
专项化学用品制造	3458.2	7641.2	1374.4	51.4	1206.6
林产化学产品制造	255.9	516.6	-8.8	-9.2	0.4
文化用信息化学品制造	8756.4	28657.5	18228.6	305.8	18553.1
动物胶制造	70.7	208.1	2.9	2.1	0.6
其他专用化学产品制造	447.5	696.8	10.7	0.5	11.0
炸药、火工及焰火产品制造	2514.9	10987.2	1367.8	1115.0	2393.2
炸药及火工产品制造	2514.9	10987.2	1367.8	1115.0	2393.2
日用化学产品制造	1705.6	3488.4	317.2	10.0	272.1
肥皂及洗涤剂制造	1509.2	2740.1	88.2	9.2	95.7
香料、香精制造	196.4	748.3	229.0	0.8	176.4

1-5 续表 34

单位：万元

行业名称	投资收益（损失以“-”号记）	营业利润	利润总额	亏损企业亏损额	平均用工人数（人）
其他原油制造	-21.0	-23480.3	-22320.1	36078.8	1693
煤炭加工	310.2	290307.7	293279.3	22448.0	14002
炼焦	310.2	111997.5	112023.4	22448.0	10777
煤制液体燃料生产		170395.9	173353.6		2960
煤制品制造		5990.5	5990.2		93
其他煤炭加工		1923.8	1912.1		172
生物质燃料加工		517.2	517.2		58
生物质液体燃料生产		517.2	517.2		58
化学原料和化学制品制造业	50239.4	992774.9	1004279.8	93721.7	64020
基础化学原料制造	6664.9	27819.0	26685.0	43716.1	20735
无机酸制造	-76.2	-1432.4	-484.8	2238.1	654
无机盐制造	1284.7	-12593.9	-13396.1	22078.8	12135
有机化学原料制造	5456.4	36800.0	35519.9	18157.4	7365
其他基础化学原料制造		5045.3	5046.0	1241.8	581
肥料制造	2785.2	260085.9	262248.0	10416.3	10314
氮肥制造	2972.3	100559.4	101640.2	2650.4	4287
钾肥制造	369.8	131168.6	129977.3	243.0	2810
复混肥料制造	86.6	12165.8	13571.7	4625.2	1758
有机肥料及微生物肥料制造	-653.0	14778.0	15225.4	2884.1	1317
其他肥料制造	9.5	1414.1	1833.4	13.6	142
农药制造		492.0	492.0		40
化学农药制造		492.0	492.0		40
涂料、油墨、颜料及类似产品制造		348.4	272.5	26.1	232
涂料制造		348.4	272.5	26.1	232
合成材料制造	32828.0	549541.4	553039.4	33211.3	20744
初级形态塑料及合成树脂制造	32828.0	573106.8	576534.3	6307.8	17069
合成橡胶制造		-3764.8	-3765.5	3765.5	790
合成纤维单（聚合）体制造		-19878.4	-19807.2	23138.0	2765
其他合成材料制造		77.8	77.8		120
专用化学产品制造	1114.9	129124.6	136585.8	3928.0	9958
化学试剂和助剂制造	1051.1	25683.1	26342.6	1646.2	3636
专项化学用品制造	63.8	2588.8	3450.3	1766.5	1281
林产化学产品制造		-486.2	-515.3	515.3	117
文化用信息化学品制造		100876.3	106844.0		4804
动物胶制造		200.8	202.4		60
其他专用化学产品制造		261.8	261.8		60
炸药、火工及焰火产品制造	6846.4	21916.5	21361.1		1441
炸药及火工产品制造	6846.4	21916.5	21361.1		1441
日用化学产品制造		3447.1	3596.0	2423.9	556
肥皂及洗涤剂制造		-2364.9	-2237.7	2237.7	363
香料、香精制造		5812.0	5833.7	186.2	193

1-5续表35

单位：万元

行业名称	企业单位数（个）	工业总产值（当年价格）	工业销售产值（当年价格）	资产总计
医药制造业	36	765688.7	723510.2	2190117.50
化学药品原料药制造	3	322507.8	322859.1	977072.00
化学药品制剂制造	3	47703.5	48998.2	113401.20
中药饮片加工	8	44948.9	45760.0	56081.40
中成药生产	15	189302.2	156514.7	292150.20
兽用药品制造	1	22648.6	20443.4	35073.90
生物药品制品制造	3	102057.8	93686.8	628490.10
生物药品制造	3	102057.8	93686.8	628490.10
药用辅料及包装材料	3	36519.9	35248.0	87848.70
化学纤维制造业	16	1123073.6	1113110.7	2300137.60
纤维素纤维原料及纤维制造	12	1078473.5	1088010.7	2166530.80
化纤浆粕制造	5	158794.3	164477.2	187162.10
人造纤维（纤维素纤维）制造	7	919679.2	923533.5	1979368.70
合成纤维制造	3	9024.1	8931.2	11045.50
涤纶纤维制造	2	3226.7	3226.7	3363.50
丙纶纤维制造	1	5797.4	5704.5	7682.00
生物基材料制造	1	35576.0	16168.8	122561.30
生物基、淀粉基新材料制造	1	35576.0	16168.8	122561.30
橡胶和塑料制品业	140	1021254.7	985925.3	1925303.60
橡胶制品业	5	210979.8	185039.3	266297.70
轮胎制造	2	203569.2	179129.0	220901.80
橡胶板、管、带制造	1	5304.5	3804.2	26471.60
橡胶零件制造	1	1896.1	1896.1	17802.80
其他橡胶制品制造	1	210.0	210.0	1121.50
塑料制品业	135	810274.9	800886.0	1659005.90
塑料薄膜制造	19	130059.6	110261.4	238106.10
塑料板、管、型材制造	75	449772.4	462459.5	635424.60
塑料丝、绳及编织品制造	19	136479.0	134057.2	663873.20
泡沫塑料制造	11	55956.9	54696.6	63082.90
塑料包装箱及容器制造	6	14559.7	12579.9	23604.30
日用塑料制品制造	2	5888.5	5888.5	3889.30
塑料零件及其他塑料制品制造	3	17558.8	20942.9	31025.50
非金属矿物制品业	436	4831454.4	4746759.7	11550027.30
水泥、石灰和石膏制造	91	1504185.6	1474820.0	6243944.30
水泥制造	80	1374693.3	1356992.8	6038737.80
石灰和石膏制造	11	129492.3	117827.2	205206.50
石膏、水泥制品及类似制品制造	223	1450335.1	1440400.2	2378965.10
水泥制品制造	209	1394190.2	1387899.2	2073385.70
砼结构构件制造	7	32607.9	30062.8	257335.50
轻质建筑材料制造	4	16347.8	15249.0	39504.00
其他水泥类似制品制造	3	7189.2	7189.2	8739.90

1-5 续表36 单位：万元

行业名称	固定资产净额	固定资产原价	累计折旧	流动资产合计	应收账款
医药制造业	860115	1125153	263971.4	963295.5	200362.0
化学药品原料药制造	613392	725755	112362.8	283762.2	87090.0
化学药品制剂制造	37174	58624	20708.5	61753.3	17857.3
中药饮片加工	12057	18623	6558.5	36144.3	11581.6
中成药生产	64881	106950	41751.7	159139.4	44355.5
兽用药品制造	25066	33934	8868.4	7174.9	908.6
生物药品制品制造	64241	116657	52414.9	376011.1	28128.7
生物药品制造	64241	116657	52414.9	376011.1	28128.7
药用辅料及包装材料	43304	64610	21306.6	39310.3	10440.3
化学纤维制造业	811180	1144875	326815.1	964440.7	72809.1
纤维素纤维原料及纤维制造	745137	1073933	321915.8	905937.7	55140.7
化纤浆粕制造	65451	100477	35025.3	84051.5	12267.1
人造纤维（纤维素纤维）制造	679686	973457	286890.5	821886.2	42873.6
合成纤维制造	2331	2953	621.3	4845.1	2450.7
涤纶纤维制造	1584	1692	108.3	1552.3	542.3
丙纶纤维制造	747	1260	513.0	3292.8	1908.4
生物基材料制造	63711	67989	4278.0	53657.9	15217.7
生物基、淀粉基新材料制造	63711	67989	4278.0	53657.9	15217.7
橡胶和塑料制品业	453504	794911	318052.4	1042021.3	194590.8
橡胶制品业	99188	147864	45596.5	121994.9	12600.0
轮胎制造	83973	127622	40571.0	101502.4	4379.7
橡胶板、管、带制造	7646	10264	2618.6	14984.3	7789.0
橡胶零件制造	7517	9889	2371.7	4456.1	215.3
其他橡胶制品制造	53	88	35.2	1052.1	216.0
塑料制品业	354315	647048	272455.9	920026.4	181990.8
塑料薄膜制造	103217	141710	37036.3	111742.6	20452.1
塑料板、管、型材制造	161032	284809	113886.0	407512.7	114039.1
塑料丝、绳及编织品制造	56390	153999	90092.2	322713.1	20142.0
泡沫塑料制造	18173	25083	6909.6	38409.9	9522.4
塑料包装箱及容器制造	9906	27549	17429.7	11667.4	6149.7
日用塑料制品制造	4	2945	1741.5	2685.6	472.5
塑料零件及其他塑料制品制造	5593	10954	5360.6	25295.1	11213.0
非金属矿物制品业	3876341	6436049	2368908.6	5206636.8	1364448.8
水泥、石灰和石膏制造	2440693	3964134	1384548.7	2175814.7	98106.4
水泥制造	2331694	3803766	1333179.3	2138587.8	85928.6
石灰和石膏制造	108999	160368	51369.4	37226.9	12177.8
石膏、水泥制品及类似制品制造	382655	974812	563550.6	1586468.4	929163.6
水泥制品制造	347765	900627	537945.5	1455922.6	871540.9
砼结构构件制造	22118	39581	14802.8	108836.6	51005.7
轻质建筑材料制造	11330	31247	8887.6	14434.9	1978.3
其他水泥类似制品制造	1443	3358	1914.7	7274.3	4638.7

1-5 续表 37

单位：万元

行业名称	存货	产成品	负债合计	流动负债合计	应付账款
医药制造业	232442.5	86840.6	1192812.9	974758.5	144604.7
化学药品原料药制造	100783.6	16381.5	530178.4	529176.4	58567.6
化学药品制剂制造	15972.6	11244.3	58888.9	52989.5	15448.1
中药饮片加工	13863.4	7936.8	28205.5	27959.0	8355.3
中成药生产	54252.8	32866.9	158197.8	130223.3	14425.9
兽用药品制造	5864.7	2168.0	27163.2	22067.6	4061.9
生物药品制品制造	30149.6	8409.8	330929.4	159477.1	5113.4
生物药品制造	30149.6	8409.8	330929.4	159477.1	5113.4
药用辅料及包装材料	11555.8	7833.3	59249.7	52865.6	38632.5
化学纤维制造业	202075.6	61706.7	1652464.4	1507071.9	382148.4
纤维素纤维原料及纤维制造	193526.3	58315.1	1554413.4	1409020.9	340663.5
化纤浆粕制造	31437.4	7540.9	146744.7	143044.7	41552.8
人造纤维（纤维素纤维）制造	162088.9	50774.2	1407668.7	1265976.2	299110.7
合成纤维制造	908.0	200.5	9545.0	9545.0	5149.8
涤纶纤维制造	425.8	194.0	3135.8	3135.8	528.9
丙纶纤维制造	482.2	6.5	6409.2	6409.2	4620.9
生物基材料制造	7641.3	3191.1	88506.0	88506.0	36335.1
生物基、淀粉基新材料制造	7641.3	3191.1	88506.0	88506.0	36335.1
橡胶和塑料制品业	271853.1	135795.3	962505.8	852621.8	142618.9
橡胶制品业	54214.6	32765.9	133879.8	125506.6	32056.3
轮胎制造	49364.7	29243.0	118348.9	112598.6	26234.6
橡胶板、管、带制造	1185.7	1185.7	13167.2	10544.3	4639.8
橡胶零件制造	3365.7	2106.2	1420.7	1420.7	966.4
其他橡胶制品制造	298.5	231.0	943.0	943.0	215.5
塑料制品业	217638.5	103029.4	828626.0	727115.2	110562.6
塑料薄膜制造	34790.5	10740.1	122867.3	121546.2	15045.6
塑料板、管、型材制造	137300.0	74511.1	331069.3	318195.2	67485.1
塑料丝、绳及编织品制造	23846.8	10941.9	303006.7	218460.4	12614.7
泡沫塑料制造	6968.0	1088.3	27005.4	24715.8	5596.7
塑料包装箱及容器制造	1186.9	699.1	21741.2	21263.1	4732.2
日用塑料制品制造	1195.0	483.3	503.0	503.0	395.3
塑料零件及其他塑料制品制造	12351.3	4565.6	22433.1	22431.5	4693.0
非金属矿物制品业	804259.1	271493.0	7146516.8	6358459.8	1644048.5
水泥、石灰和石膏制造	226717.7	65991.5	3613313.7	3003122.3	330851.4
水泥制造	214518.9	59760.5	3376108.0	2857990.2	310947.4
石灰和石膏制造	12198.8	6231.0	237205.7	145132.1	19904.0
石膏、水泥制品及类似制品制造	101030.6	35594.9	1489577.5	1394412.2	611919.1
水泥制品制造	81445.7	23484.5	1284121.4	1244822.5	577031.4
砼结构构件制造	9149.1	5332.1	168893.4	113608.5	27453.7
轻质建筑材料制造	9647.9	6778.3	31522.8	31522.8	4028.4
其他水泥类似制品制造	787.9		5039.9	4458.4	3405.6

1-5 续表 38

单位：万元

行业名称	所有者权益合计				
		实收资本			
			国家资本	集体资本	法人资本
医药制造业	997304.4	667472.0	97916.6	26400.0	463703.1
化学药品原料药制造	446893.7	404367.6			403367.6
化学药品制剂制造	54512.3	13960.7	9658.9		1168.1
中药饮片加工	27875.6	15170.6	4151.0	600.0	4629.0
中成药生产	133952.4	84275.1	33242.2		38189.0
兽用药品制造	7910.7	8000.0	2400.0		
生物药品制品制造	297560.7	113898.0	48164.5		15449.4
生物药品制造	297560.7	113898.0	48164.5		15449.4
药用辅料及包装材料	28599.0	27800.0	300.0	25800.0	900.0
化学纤维制造业	647672.7	413518.7	275141.8		118904.9
纤维素纤维原料及纤维制造	612117.0	412406.7	275141.8		117904.9
化纤浆粕制造	40417.3	32450.0	9290.0		10000.0
人造纤维（纤维素纤维）制造	571699.7	379956.7	265851.8		107904.9
合成纤维制造	1500.5	1112.0			1000.0
涤纶纤维制造	227.7	112.0			
丙纶纤维制造	1272.8	1000.0			1000.0
生物基材料制造	34055.2				
生物基、淀粉基新材料制造	34055.2				
橡胶和塑料制品业	962706.9	510381.8	128873.1	723.0	187484.5
橡胶制品业	132417.9	125221.0	105221.0		3000.0
轮胎制造	102552.9	105221.0	105221.0		
橡胶板、管、带制造	13304.4	3000.0			3000.0
橡胶零件制造	16382.1	17000.0			
其他橡胶制品制造	178.5				
塑料制品业	830289.0	385160.8	23652.1	723.0	184484.5
塑料薄膜制造	115238.8	44472.0	9032.1	576.0	12871.1
塑料板、管、型材制造	304264.7	191358.5	13780.0		106866.9
塑料丝、绳及编织品制造	360866.3	112245.7			49240.0
泡沫塑料制造	36077.3	21534.9	840.0		9996.5
塑料包装箱及容器制造	1863.0	6300.0		147.0	5000.0
日用塑料制品制造	3386.4	3283.7			510.0
塑料零件及其他塑料制品制造	8592.5	5966.0			
非金属矿物制品业	4403507.7	2778824.3	726562.2	23890.9	1518443.2
水泥、石灰和石膏制造	2630630.8	1826163.0	474060.8	20022.0	1166654.1
水泥制造	2662630.1	1801763.0	474060.8	20022.0	1147354.1
石灰和石膏制造	-31999.3	24400.0			19300.0
石膏、水泥制品及类似制品制造	889385.6	569950.0	224175.4	2748.9	143993.4
水泥制品制造	789262.4	538579.0	212071.0	2748.9	140793.4
砼结构构件制造	88442.1	18771.0	5104.4		1200.0
轻质建筑材料制造	7981.1	9600.0	7000.0		1000.0
其他水泥类似制品制造	3700.0	3000.0			1000.0

1-5 续表 39

单位：万元

行业名称	个人资本	港澳台资本	外商资本	营业收入	营业成本
医药制造业	76127.3		3325.0	741656.7	464751.7
化学药品原料药制造	1000.0			336988.4	247939.5
化学药品制剂制造	3133.7			42091.6	22103.1
中药饮片加工	5790.6			47486.2	39688.0
中成药生产	9518.9		3325.0	164223.8	71081.5
兽用药品制造	5600.0			20443.4	15831.8
生物药品制品制造	50284.1			93882.6	37252.1
生物药品制造	50284.1			93882.6	37252.1
药用辅料及包装材料	800.0			36540.7	30855.7
化学纤维制造业	19472.0			1303578.1	1185393.4
纤维素纤维原料及纤维制造	19360.0			1278640.2	1167690.9
化纤浆粕制造	13160.0			254581.8	228723.7
人造纤维（纤维素纤维）制造	6200.0			1024058.4	938967.2
合成纤维制造	112.0			8609.5	8120.2
涤纶纤维制造	112.0			3030.1	3152.3
丙纶纤维制造				5579.4	4967.9
生物基材料制造				16328.4	9582.3
生物基、淀粉基新材料制造				16328.4	9582.3
橡胶和塑料制品业	165387.5	7673.7	20240.0	1247246.9	1076645.0
橡胶制品业	17000.0			191491.4	169081.5
轮胎制造				188951.7	167468.2
橡胶板、管、带制造				473.6	246.7
橡胶零件制造	17000.0			1896.1	1242.6
其他橡胶制品制造				170.0	124.0
塑料制品业	148387.5	7673.7	20240.0	1055755.5	907563.5
塑料薄膜制造	21992.8			135254.1	110435.0
塑料板、管、型材制造	45571.6	4900.0	20240.0	576628.7	502861.3
塑料丝、绳及编织品制造	63005.7			245966.7	215657.7
泡沫塑料制造	10698.4			55390.7	43558.7
塑料包装箱及容器制造	1153.0			13904.5	11738.5
日用塑料制品制造		2773.7		5316.4	4787.8
塑料零件及其他塑料制品制造	5966.0			23294.4	18524.5
非金属矿物制品业	499928.1		10000.0	4931592.8	3976592.7
水泥、石灰和石膏制造	155426.1		10000.0	1501407.2	1100492.3
水泥制造	150326.1		10000.0	1378037.9	995494.1
石灰和石膏制造	5100.0			123369.3	104998.2
石膏、水泥制品及类似制品制造	199032.4			1447815.5	1217518.7
水泥制品制造	182965.8			1378629.3	1158505.7
砼结构构件制造	12466.6			48465.2	41560.2
轻质建筑材料制造	1600.0			13531.9	11058.5
其他水泥类似制品制造	2000.0			7189.1	6394.3

1-5 续表 40

单位：万元

行业名称	销售费用	管理费用	财务费用	利息收入	利息支出
医药制造业	90022.6	63253.7	6372.4	3992.2	10965.0
化学药品原料药制造	5842.8	19436.7	-1356.7	123.9	96.2
化学药品制剂制造	13698.3	6711.4	631.3	494.9	1091.2
中药饮片加工	1280.4	2757.3	518.2	63.2	414.4
中成药生产	54802.4	15261.8	2910.4	50.0	2591.4
兽用药品制造	246.2	2052.4	1110.1	0.3	1095.6
生物药品制品制造	11972.1	15345.4	2121.4	3184.4	5305.8
生物药品制造	11972.1	15345.4	2121.4	3184.4	5305.8
药用辅料及包装材料	2180.4	1688.7	437.7	75.5	370.4
化学纤维制造业	29205.9	25921.6	13480.1	719.5	9934.6
纤维素纤维原料及纤维制造	28622.6	22576.7	13346.2	693.7	9925.9
化纤浆粕制造	6888.0	5008.4	1603.4	10.8	2343.0
人造纤维（纤维素纤维）制造	21734.6	17568.3	11742.8	682.9	7582.9
合成纤维制造	12.3	369.3	-0.8	-5.5	
涤纶纤维制造		115.6	-0.9	-5.8	
丙纶纤维制造	12.3	253.7	0.1	0.3	
生物基材料制造	571.0	2975.6	134.7	31.3	8.7
生物基、淀粉基新材料制造	571.0	2975.6	134.7	31.3	8.7
橡胶和塑料制品业	46969.3	55176.2	8363.8	10210.2	18529.7
橡胶制品业	9561.4	8326.8	416.0	120.6	885.0
轮胎制造	8925.3	6899.6	410.6	119.3	883.6
橡胶板、管、带制造	255.9	712.6	2.1	0.7	1.4
橡胶零件制造	371.4	695.0	3.0	0.6	
其他橡胶制品制造	8.8	19.6	0.3		
塑料制品业	37407.9	46849.4	7947.8	10089.6	17644.7
塑料薄膜制造	4118.4	6080.4	2766.3	2.2	2763.9
塑料板、管、型材制造	17217.1	24568.7	4299.8	103.8	4280.7
塑料丝、绳及编织品制造	14646.8	11895.4	-7.2	9933.6	9896.6
泡沫塑料制造	741.2	1848.5	615.8	39.8	410.5
塑料包装箱及容器制造	326.1	744.9	211.2	1.9	206.8
日用塑料制品制造	88.4	309.7	-2.7	-2.3	
塑料零件及其他塑料制品制造	269.9	1401.8	64.6	10.6	86.2
非金属矿物制品业	151801.1	234764.2	117753.3	5006.7	155635.2
水泥、石灰和石膏制造	64289.2	111570.0	75700.0	6284.4	112445.2
水泥制造	40453.8	108483.6	69629.4	6284.8	106396.7
石灰和石膏制造	23835.4	3086.4	6070.6	-0.4	6048.5
石膏、水泥制品及类似制品制造	40318.8	77494.5	14675.8	-2743.1	17516.6
水泥制品制造	38926.8	71112.5	12020.2	-2844.7	14814.0
砼结构构件制造	534.7	4628.9	2269.8	101.4	2317.6
轻质建筑材料制造	839.2	1402.7	386.0	0.4	385.0
其他水泥类似制品制造	18.1	350.4	-0.2	-0.2	

1-5 续表 41 单位：万元

行业名称	投资收益（损失以“-”号记）	营业利润	利润总额	亏损企业亏损额	平均用工人数（人）
医药制造业	1040.8	114391.7	115495.8	5511.7	9595
化学药品原料药制造	31.5	63568.8	63243.4	409.7	3056
化学药品制剂制造	11.0	-1644.1	-1646.8	2903.1	1121
中药饮片加工		2688.2	2696.6	69.4	716
中成药生产	491.1	18059.5	19047.8	2075.1	2670
兽用药品制造		686.3	944.4		424
生物药品制品制造	507.2	27539.7	27717.1		895
生物药品制造	507.2	27539.7	27717.1		895
药用辅料及包装材料		3493.3	3493.3	54.4	713
化学纤维制造业	17546.1	59447.4	66674.7	10250.8	9303
纤维素纤维原料及纤维制造	17546.1	56052.1	59069.6	10247.0	9065
化纤浆粕制造	99.0	11881.5	12323.7	796.7	1666
人造纤维（纤维素纤维）制造	17447.1	44170.6	46745.9	9450.3	7399
合成纤维制造		373.4	382.0	3.8	112
涤纶纤维制造		45.5	45.1	3.8	77
丙纶纤维制造		327.9	336.9		35
生物基材料制造		3021.9	7223.1		126
生物基、淀粉基新材料制造		3021.9	7223.1		126
橡胶和塑料制品业	10108.1	64593.1	66993.8	12432.3	11711
橡胶制品业		3012.9	3079.0	1162.0	2155
轮胎制造		4180.6	4241.0		1966
橡胶板、管、带制造		-748.3	-748.3	748.3	57
橡胶零件制造		-418.0	-412.3	412.3	108
其他橡胶制品制造		-1.4	-1.4	1.4	24
塑料制品业	10108.1	61580.2	63914.8	11270.3	9556
塑料薄膜制造	1.2	10970.9	11509.4	1929.6	756
塑料板、管、型材制造	-47.6	26395.4	27366.3	8415.5	5322
塑料丝、绳及编织品制造	10154.5	12583.1	12893.1	629.5	2204
泡沫塑料制造		7917.4	8403.5	295.7	539
塑料包装箱及容器制造		752.8	853.9		264
日用塑料制品制造		111.1	108.2		91
塑料零件及其他塑料制品制造		2849.5	2780.4		380
非金属矿物制品业	107472.4	501354.4	474266.4	192067.7	48909
水泥、石灰和石膏制造	113250.0	237660.1	206318.6	153931.4	16777
水泥制造	113106.7	252830.5	221609.5	136373.8	15535
石灰和石膏制造	143.3	-15170.4	-15290.9	17557.6	1242
石膏、水泥制品及类似制品制造	-6431.4	73828.5	75768.8	24660.2	16462
水泥制品制造	-6432.4	74640.2	76249.0	21953.0	15471
砼结构构件制造		-738.9	-637.3	1721.9	626
轻质建筑材料制造	1.0	-411.7	-185.6	985.3	249
其他水泥类似制品制造		338.9	342.7		116

1-5续表42

单位：万元

行业名称	企业单位数（个）	工业总产值（当年价格）	工业销售产值（当年价格）	资产总计
砖瓦、石材等建筑材料制造	60	231206.3	224444.4	356301.30
粘土砖瓦及建筑砌块制造	23	110001.2	106475.3	155890.70
建筑用石加工	18	45827.0	45420.1	87185.10
防水建筑材料制造	6	17100.1	16021.6	33900.50
隔热和隔音材料制造	10	34110.8	32451.2	68156.00
其他建筑材料制造	3	24167.2	24076.2	11169.00
玻璃制造	6	82924.6	73127.7	125231.70
平板玻璃制造	3	54373.3	44576.4	111996.40
其他玻璃制造	3	28551.3	28551.3	13235.30
玻璃制品制造	4	46633.9	38968.8	93928.30
玻璃包装容器制造	3	36387.7	32159.1	33352.70
玻璃保温容器制造	1	10246.2	6809.7	60575.60
玻璃纤维和玻璃纤维增强塑料制品制造	11	66615.4	65517.1	70972.40
玻璃纤维及制品制造	4	13980.4	12878.4	6763.70
玻璃纤维增强塑料制品制造	7	52635.0	52638.7	64208.70
陶瓷制品制造	6	43552.7	40596.0	81448.80
建筑陶瓷制品制造	6	43552.7	40596.0	81448.80
耐火材料制品制造	5	35650.7	31418.2	51962.40
石棉制品制造	1	7881.0	7881.0	8813.80
耐火陶瓷制品及其他耐火材料制造	4	27769.7	23537.2	43148.60
石墨及其他非金属矿物制品制造	30	1370350.1	1357467.3	2147273.00
石墨及碳素制品制造	19	1007841.0	1018317.1	1718617.70
其他非金属矿物制品制造	11	362509.1	339150.2	428655.30
黑色金属冶炼和压延加工业	60	4988465.2	4991793.3	5964953.20
炼铁	9	175049.4	172767.4	204959.90
炼钢	1	21849.7	20624.3	24362.20
钢压延加工	42	4645108.5	4656416.3	5550759.40
铁合金冶炼	8	146457.6	141985.3	184871.70
有色金属冶炼和压延加工业	69	11439426.5	11159401.4	17790144.70
常用有色金属冶炼	38	6205015.3	6119043.0	12627874.60
铜冶炼	5	594966.9	585012.2	566753.40
镍钴冶炼	2	186899.9	204989.9	237279.50
铝冶炼	6	4246159.9	4221543.6	10559707.00
镁冶炼	4	107931.6	111713.4	202200.50
硅冶炼	20	1062526.9	989793.6	1047547.50
其他常用有色金属冶炼	1	6530.1	5990.3	14386.70
贵金属冶炼	7	298689.1	288971.4	442169.40
金冶炼	7	298689.1	288971.4	442169.40
有色金属合金制造	14	1963956.9	1912202.7	2087019.50
有色金属压延加工	10	2971765.2	2839184.3	2633081.20
铜压延加工	2	190412.0	193722.9	18164.00

1-5 续表43

单位：万元

行业名称	固定资产净额	固定资产原价	累计折旧	流动资产合计	应收账款
砖瓦、石材等建筑材料制造	95922	185155	79575.8	193963.9	56234.0
粘土砖瓦及建筑砌块制造	49878	112636	53114.7	67444.7	14171.9
建筑用石加工	19290	34184	14893.9	61957.7	22420.2
防水建筑材料制造	3659	5086	1414.3	22833.4	11544.9
隔热和隔音材料制造	20315	27317	7001.8	35195.3	7890.0
其他建筑材料制造	2780	5931	3151.1	6532.8	207.0
玻璃制造	56936	97200	30626.1	34603.2	2875.4
平板玻璃制造	53929	85299	21731.7	26306.6	1250.7
其他玻璃制造	3007	11901	8894.4	8296.6	1624.7
玻璃制品制造	27775	50496	22721.5	31465.5	1962.3
玻璃包装容器制造	17808	34069	16261.1	13001.6	1891.9
玻璃保温容器制造	9967	16427	6460.4	18463.9	70.4
玻璃纤维和玻璃纤维增强塑料制品制造	6297	10268	2172.5	56689.2	32965.5
玻璃纤维及制品制造	902	1394	491.8	5556.2	3149.2
玻璃纤维增强塑料制品制造	5395	8874	1680.7	51133.0	29816.3
陶瓷制品制造	33587	54857	20293.3	38303.6	-584.7
建筑陶瓷制品制造	33587	54857	20293.3	38303.6	-584.7
耐火材料制品制造	21645	28153	6508.3	24800.2	7962.3
石棉制品制造	4196	4582	386.2	4076.7	1146.5
耐火陶瓷制品及其他耐火材料制造	17449	23571	6122.1	20723.5	6815.8
石墨及其他非金属矿物制品制造	810831	1070976	258911.8	1064528.1	235764.0
石墨及碳素制品制造	611708	823137	211171.3	863645.7	137020.0
其他非金属矿物制品制造	199123	247839	47740.5	200882.4	98744.0
黑色金属冶炼和压延加工业	2807941	4767609	1876593.2	2477803.9	335077.0
炼铁	51750	108467	36103.0	123724.1	73821.7
炼钢	3427	6778	3351.2	20935.1	17177.8
钢压延加工	2672666	4515388	1783038.2	2251916.1	237283.3
铁合金冶炼	80098	136976	54100.8	81228.6	6794.2
有色金属冶炼和压延加工业	7499316	10292384	2668831.8	8512016.1	1354347.3
常用有色金属冶炼	4939995	6254678	1227076.9	6338122.8	1149316.6
铜冶炼	216585	272435	55850.8	327510.8	19371.8
镍钴冶炼	61357	118797	57439.8	160537.2	178.7
铝冶炼	4310454	5217022	868785.8	5236431.7	1072435.6
镁冶炼	25016	45459	20443.1	33951.1	8214.9
硅冶炼	317464	586186	218898.3	575105.4	48598.8
其他常用有色金属冶炼	9120	14780	5659.1	4586.6	516.8
贵金属冶炼	161032	256181	91889.3	197600.9	20132.2
金冶炼	161032	256181	91889.3	197600.9	20132.2
有色金属合金制造	1345171	1955347	610069.0	666338.0	105977.0
有色金属压延加工	1053117	1826177	739796.6	1309954.4	78921.5
铜压延加工	3609	4914	1304.6	13681.9	6612.0

1-5 续表 44　　　　单位：万元

行业名称	存货	产成品	负债合计	流动负债合计	应付账款
砖瓦、石材等建筑材料制造	53303.3	37886.6	186317.4	169836.5	53824.1
粘土砖瓦及建筑砌块制造	17865.0	13819.2	93698.4	80772.4	24159.7
建筑用石加工	23302.8	17222.2	33022.6	32785.7	13709.3
防水建筑材料制造	3693.4	1770.9	13235.4	12977.8	4131.2
隔热和隔音材料制造	7311.9	4644.3	44437.8	41377.4	10951.5
其他建筑材料制造	1130.2	430.0	1923.2	1923.2	872.4
玻璃制造	23638.9	7029.5	72375.7	65959.7	24535.9
平板玻璃制造	20930.2	6087.2	64285.2	57989.2	23096.3
其他玻璃制造	2708.7	942.3	8090.5	7970.5	1439.6
玻璃制品制造	15280.5	10500.6	56394.8	19035.3	8561.0
玻璃包装容器制造	9141.2	6305.6	15809.2	15529.1	8440.3
玻璃保温容器制造	6139.3	4195.0	40585.6	3506.2	120.7
玻璃纤维和玻璃纤维增强塑料制品制造	5305.4	2020.8	51943.7	47824.0	11305.5
玻璃纤维及制品制造	1412.1	205.1	4206.5	4034.5	2995.1
玻璃纤维增强塑料制品制造	3893.3	1815.7	47737.2	43789.5	8310.4
陶瓷制品制造	19167.7	13517.5	62509.5	61087.3	14343.7
建筑陶瓷制品制造	19167.7	13517.5	62509.5	61087.3	14343.7
耐火材料制品制造	10498.4	6396.4	20860.0	20711.4	3631.2
石棉制品制造	766.4		5838.7	5690.1	1239.1
耐火陶瓷制品及其他耐火材料制造	9732.0	6396.4	15021.3	15021.3	2392.1
石墨及其他非金属矿物制品制造	349316.6	92555.2	1593224.5	1576471.1	585076.6
石墨及碳素制品制造	297587.0	70628.6	1212481.7	1195758.0	540945.9
其他非金属矿物制品制造	51729.6	21926.6	380742.8	380713.1	44130.7
黑色金属冶炼和压延加工业	1065273.2	434001.5	4796358.2	4471955.6	914823.3
炼铁	20581.3	5041.9	203669.9	199432.1	106630.6
炼钢	3329.7	2950.3	19750.0	19750.0	300.6
钢压延加工	1009853.2	414583.9	4378698.2	4064461.0	741121.2
铁合金冶炼	31509.0	11425.4	194240.1	188312.5	66770.9
有色金属冶炼和压延加工业	2367001.0	729817.4	11687025.5	8939147.2	2380352.5
常用有色金属冶炼	1609489.6	474687.6	8530539.1	6081405.6	1479802.7
铜冶炼	157349.8	36276.0	437382.6	336682.1	21257.3
镍钴冶炼	103471.0	36084.8	61788.2	51710.9	2381.1
铝冶炼	1127240.8	206691.7	7039489.0	4733229.5	1245856.3
镁冶炼	11586.3	3139.3	150474.7	130867.8	10599.4
硅冶炼	207920.0	191276.9	824567.7	812281.3	198782.3
其他常用有色金属冶炼	1921.7	1218.9	16836.9	16634.0	926.3
贵金属冶炼	111691.4	15050.5	157971.5	139255.3	82302.7
金冶炼	111691.4	15050.5	157971.5	139255.3	82302.7
有色金属合金制造	176492.7	28639.7	940791.8	917403.9	72247.7
有色金属压延加工	469327.3	211439.6	2057723.1	1801082.4	745999.4
铜压延加工	4133.9	4033.4	10878.9	10878.9	4167.7

1-5 续表 45

单位：万元

行业名称	所有者权益合计	实收资本	国家资本	集体资本	法人资本
砖瓦、石材等建筑材料制造	169983.5	106799.3	6130.3	1120.0	30179.5
粘土砖瓦及建筑砌块制造	62191.9	25554.6	4040.3		7731.9
建筑用石加工	54162.4	39938.5		1120.0	3880.0
防水建筑材料制造	20665.1	14098.6			5144.9
隔热和隔音材料制造	23718.3	20607.6	2090.0		6822.7
其他建筑材料制造	9245.8	6600.0			6600.0
玻璃制造	52855.9	46696.5			43985.0
平板玻璃制造	47711.2	42845.0			42845.0
其他玻璃制造	5144.7	3851.5			1140.0
玻璃制品制造	37533.3	19111.1	6020.1		8765.0
玻璃包装容器制造	17543.3	15520.1	6020.1		8765.0
玻璃保温容器制造	19990.0	3591.0			
玻璃纤维和玻璃纤维增强塑料制品制造	19028.6	8731.7	1000.0		1750.0
玻璃纤维及制品制造	2557.2	2380.9			
玻璃纤维增强塑料制品制造	16471.4	6350.8	1000.0		1750.0
陶瓷制品制造	18939.3	23850.0			12850.0
建筑陶瓷制品制造	18939.3	23850.0			12850.0
耐火材料制品制造	31102.4	19843.8	7994.3		4599.5
石棉制品制造	2975.1	2450.0			
耐火陶瓷制品及其他耐火材料制造	28127.3	17393.8	7994.3		4599.5
石墨及其他非金属矿物制品制造	554048.3	157678.9	7181.3		105666.7
石墨及碳素制品制造	506135.8	123240.9	1181.3		97928.7
其他非金属矿物制品制造	47912.5	34438.0	6000.0		7738.0
黑色金属冶炼和压延加工业	1168595.0	1022863.0	124743.7	35332.0	608287.0
炼铁	1290.0	24729.4	5461.4		13000.0
炼钢	4612.2	4612.2			4612.2
钢压延加工	1172061.1	946716.4	119282.3	35332.0	572969.8
铁合金冶炼	-9368.3	46805.0			17705.0
有色金属冶炼和压延加工业	6103118.9	2431952.2	505553.6	67916.8	1668826.1
常用有色金属冶炼	4097335.5	1575296.8	471667.6	54453.4	875612.0
铜冶炼	129370.9	108364.9		3000.0	104884.7
镍钴冶炼	175491.3	67250.0	28546.0	3653.4	14144.9
铝冶炼	3520218.0	1153735.6	441621.6		663903.1
镁冶炼	51725.8	59344.7	1500.0		37442.7
硅冶炼	222979.7	176601.6		47800.0	45236.6
其他常用有色金属冶炼	-2450.2	10000.0			10000.0
贵金属冶炼	284197.8	83920.1	33886.0		50034.1
金冶炼	284197.8	83920.1	33886.0		50034.1
有色金属合金制造	1146227.6	576205.3		10163.4	562350.0
有色金属压延加工	575358.0	196530.0		3300.0	180830.0
铜压延加工	7285.1	7200.0			6000.0

1-5 续表 46　　　　单位：万元

行业名称				营业收入	营业成本
	个人资本	港澳台资本	外商资本		
砖瓦、石材等建筑材料制造	69369.5			222984.5	181042.8
粘土砖瓦及建筑砌块制造	13782.4			112638.0	87640.0
建筑用石加工	34938.5			37944.7	31162.9
防水建筑材料制造	8953.7			17224.1	13925.3
隔热和隔音材料制造	11694.9			33690.5	28316.9
其他建筑材料制造				21487.2	19997.7
玻璃制造	2711.5			81575.6	66928.7
平板玻璃制造				52838.4	45925.4
其他玻璃制造	2711.5			28737.2	21003.3
玻璃制品制造	4326.0			37750.1	29332.1
玻璃包装容器制造	735.0			30937.3	23688.3
玻璃保温容器制造	3591.0			6812.8	5643.8
玻璃纤维和玻璃纤维增强塑料制品制造	5981.7			68628.7	56399.8
玻璃纤维及制品制造	2380.9			12909.8	11081.5
玻璃纤维增强塑料制品制造	3600.8			55718.9	45318.3
陶瓷制品制造	11000.0			41055.7	35607.8
建筑陶瓷制品制造	11000.0			41055.7	35607.8
耐火材料制品制造	7250.0			34333.4	27420.6
石棉制品制造	2450.0			7588.6	6739.6
耐火陶瓷制品及其他耐火材料制造	4800.0			26744.8	20681.0
石墨及其他非金属矿物制品制造	44830.9			1496042.1	1261849.9
石墨及碳素制品制造	24130.9			1122827.9	922238.7
其他非金属矿物制品制造	20700.0			373214.2	339611.2
黑色金属冶炼和压延加工业	254500.3			5176306.6	4585587.7
炼铁	6268.0			192356.1	187373.1
炼钢				1997.9	1617.6
钢压延加工	219132.3			4835212.9	4273349.6
铁合金冶炼	29100.0			146739.7	123247.4
有色金属冶炼和压延加工业	151570.0	34430.0	3655.7	13004637.1	11951891.5
常用有色金属冶炼	135478.1	34430.0	3655.7	7619632.9	6953837.3
铜冶炼	480.2			596590.7	570822.8
镍钴冶炼		17250.0	3655.7	201681.2	188220.4
铝冶炼	48210.9			5585593.7	5059482.5
镁冶炼	3222.0	17180.0		117066.0	108411.4
硅冶炼	83565.0			1112349.9	1020737.1
其他常用有色金属冶炼				6351.4	6163.1
贵金属冶炼				290224.3	230881.1
金冶炼				290224.3	230881.1
有色金属合金制造	3691.9			2137298.5	1942731.8
有色金属压延加工	12400.0			2957481.4	2824441.3
铜压延加工	1200.0			193741.2	190388.9

1-5 续表 47

单位：万元

行业名称	销售费用	管理费用	财务费用	利息收入	利息支出
砖瓦、石材等建筑材料制造	9916.7	13330.0	2238.9	36.3	2278.9
粘土砖瓦及建筑砌块制造	5688.1	5040.1	749.6	7.3	759.4
建筑用石加工	1781.6	4164.3	447.1	18.3	466.8
防水建筑材料制造	905.8	1336.2	177.5	3.9	179.5
隔热和隔音材料制造	932.1	2418.7	828.2	6.2	836.1
其他建筑材料制造	609.1	370.7	36.5	0.6	37.1
玻璃制造	2613.6	4001.8	1034.1	112.6	1144.1
平板玻璃制造	2305.7	3264.4	875.9	2.7	877.1
其他玻璃制造	307.9	737.4	158.2	109.9	267.0
玻璃制品制造	2389.8	3207.5	1076.1	1.5	1077.6
玻璃包装容器制造	2316.9	2053.6	130.8	1.5	132.3
玻璃保温容器制造	72.9	1153.9	945.3	0.0	945.3
玻璃纤维和玻璃纤维增强塑料制品制造	2277.3	2423.8	1580.1	9.8	1586.2
玻璃纤维及制品制造	831.5	562.6	0.9		0.3
玻璃纤维增强塑料制品制造	1445.8	1861.2	1579.2	9.8	1585.9
陶瓷制品制造	2242.9	3284.9	1200.9	0.2	986.7
建筑陶瓷制品制造	2242.9	3284.9	1200.9	0.2	986.7
耐火材料制品制造	1864.0	1717.9	255.9	81.8	176.1
石棉制品制造	231.5	506.6	80.9	81.2	0.0
耐火陶瓷制品及其他耐火材料制造	1632.5	1211.3	175.0	0.6	176.1
石墨及其他非金属矿物制品制造	25888.8	17733.8	19991.5	1223.2	18423.8
石墨及碳素制品制造	13079.0	11717.0	16399.1	1215.7	15250.1
其他非金属矿物制品制造	12809.8	6016.8	3592.4	7.5	3173.7
黑色金属冶炼和压延加工业	202054.5	95818.4	91310.8	7777.2	95139.2
炼铁	1972.2	3081.0	1719.1	26.1	1682.6
炼钢	24.9	390.1	-1.6	1.7	0.1
钢压延加工	195878.9	85395.0	88053.7	7711.9	91956.1
铁合金冶炼	4178.5	6952.3	1539.6	37.5	1500.4
有色金属冶炼和压延加工业	326945.8	170377.7	349481.0	4371.6	323764.9
常用有色金属冶炼	158208.0	105319.5	279274.8	720.7	258970.4
铜冶炼	8501.1	5198.3	14405.4	168.0	14654.9
镍钴冶炼	670.6	2914.6	898.1	4.9	798.6
铝冶炼	105211.7	75236.4	254630.7	921.8	234085.4
镁冶炼	995.8	3271.8	3409.0	3.8	3412.8
硅冶炼	42716.4	18154.2	5513.0	-379.7	5598.5
其他常用有色金属冶炼	112.4	544.2	418.6	1.9	420.2
贵金属冶炼	1157.2	18450.7	2405.7	-0.5	2430.4
金冶炼	1157.2	18450.7	2405.7	-0.5	2430.4
有色金属合金制造	61074.6	22171.9	23132.7	1766.6	19772.7
有色金属压延加工	106506.0	24435.6	44667.8	1884.8	42591.4
铜压延加工		548.3	1438.3	1.8	1243.7

1-5 续表 48　　单位：万元

行业名称	投资收益（损失以“-”号记）	营业利润	利润总额	亏损企业亏损额	平均用工人数（人）
砖瓦、石材等建筑材料制造	170.6	13886.4	15803.4	3955.2	4053
粘土砖瓦及建筑砌块制造		12365.1	13714.4	856.0	2097
建筑用石加工	99.9	-505.6	-20.4	1410.1	1346
防水建筑材料制造	30.3	698.6	789.6	90.5	166
隔热和隔音材料制造		914.6	926.4	1598.6	328
其他建筑材料制造	40.4	413.7	393.4		116
玻璃制造		6992.2	7085.7	677.1	1009
平板玻璃制造		556.1	629.7	625.1	730
其他玻璃制造		6436.1	6456.0	52.0	279
玻璃制品制造	80.9	1342.5	1284.2	951.3	1272
玻璃包装容器制造	32.9	2321.5	2235.5		872
玻璃保温容器制造	48.0	-979.0	-951.3	951.3	400
玻璃纤维和玻璃纤维增强塑料制品制造		5647.7	5600.3	1069.2	668
玻璃纤维及制品制造		367.8	338.8	100.1	305
玻璃纤维增强塑料制品制造		5279.9	5261.5	969.1	363
陶瓷制品制造	402.3	-1041.3	-700.0	1395.2	1148
建筑陶瓷制品制造	402.3	-1041.3	-700.0	1395.2	1148
耐火材料制品制造		2629.6	2610.9		483
石棉制品制造		-11.2	6.5		92
耐火陶瓷制品及其他耐火材料制造		2640.8	2604.4		391
石墨及其他非金属矿物制品制造		160408.7	160494.5	5428.1	7037
石墨及碳素制品制造		151826.1	151797.2	1049.6	5017
其他非金属矿物制品制造		8582.6	8697.3	4378.5	2020
黑色金属冶炼和压延加工业	5293.0	177234.0	173667.4	55522.5	25744
炼铁		-1158.1	-1188.2	8446.6	2072
炼钢		-261.2	-270.1	270.1	133
钢压延加工	5293.0	169734.5	167138.3	43703.1	22104
铁合金冶炼		8918.8	7987.4	3102.7	1435
有色金属冶炼和压延加工业	25834.9	147515.6	179158.4	156121.3	41260
常用有色金属冶炼	18342.5	75031.8	104791.5	76102.7	27091
铜冶炼	1545.2	-1668.9	-982.5	1423.0	1376
镍钴冶炼		7751.7	7773.0	207.3	1203
铝冶炼	196.5	32481.9	57047.4	45124.6	14650
镁冶炼		189.2	266.7	4882.1	1725
硅冶炼	16600.8	38234.4	42627.3	22525.3	7944
其他常用有色金属冶炼		-1956.5	-1940.4	1940.4	193
贵金属冶炼	682.0	30127.7	31051.7	3336.3	2343
金冶炼	682.0	30127.7	31051.7	3336.3	2343
有色金属合金制造		80726.9	82011.0	2097.9	5254
有色金属压延加工	6810.4	-38370.8	-38695.8	74584.4	6572
铜压延加工		1199.2	1335.7		107

1-5续表49 单位：万元

行业名称	企业单位数（个）	工业总产值（当年价格）	工业销售产值（当年价格）	资产总计
铝压延加工	8	2781353.2	2645461.4	2614917.20
金属制品业	82	582040.6	567804.6	1271634.10
结构性金属制品制造	53	337117.5	327007.4	507743.80
金属结构制造	50	326414.3	316570.6	487204.20
金属门窗制造	3	10703.2	10436.8	20539.60
集装箱及金属包装容器制造	12	40753.7	43389.6	185618.90
集装箱制造	2	6314.3	6144.0	9941.70
金属压力容器制造	4	13695.0	16375.0	63638.70
金属包装容器及材料制造	6	20744.4	20870.6	112038.50
金属丝绳及其制品制造	3	98433.0	98795.8	110686.90
建筑、安全用金属制品制造	2	5129.7	5143.0	11082.90
建筑装饰及水暖管道零件制造	1	2338.7	2352.0	5607.70
其他建筑、安全用金属制品制造	1	2791.0	2791.0	5475.20
金属表面处理及热处理加工	3	8110.9	6868.5	36912.40
金属制日用品制造	1	1665.5	1564.4	5211.30
金属制厨房用器具制造	1	1665.5	1564.4	5211.30
铸造及其他金属制品制造	8	90830.3	85035.9	414377.90
黑色金属铸造	3	15884.8	15952.8	376272.20
其他未列明金属制品制造	5	74945.5	69083.1	38105.70
通用设备制造业	12	49246.1	45117.2	166663.70
锅炉及原动设备制造	2	6051.2	6051.2	2191.50
锅炉及辅助设备制造	2	6051.2	6051.2	2191.50
物料搬运设备制造	4	13055.9	11666.2	119299.10
生产专用起重机制造	2	2967.8	2828.2	50418.70
连续搬运设备制造	1	8888.9	7606.7	44341.10
电梯、自动扶梯及升降机制造	1	1199.2	1231.3	24539.30
烘炉、风机、包装等设备制造	3	18149.5	18347.4	15961.30
烘炉、熔炉及电炉制造	1	11646.0	11646.0	3940.50
风机、风扇制造	1	3287.1	3485.0	7109.00
制冷、空调设备制造	1	3216.4	3216.4	4911.80
通用零部件制造	3	11989.5	9052.4	29211.80
金属密封件制造	1	6754.4	4043.0	11506.60
机械零部件加工	2	5235.1	5009.4	17705.20
专用设备制造业	39	353170.5	329977.1	900478.90
采矿、冶金、建筑专用设备制造	11	126614.5	125895.8	421778.70
矿山机械制造	2	6993.9	6993.9	61652.40
石油钻采专用设备制造	6	57397.0	57112.6	120675.30
建筑工程用机械制造	2	10943.6	10509.3	113109.60
隧道施工专用机械制造	1	51280.0	51280.0	126341.40
化工、木材、非金属加工专用设备制造	2	34489.6	21940.8	64891.00
炼油、化工生产专用设备制造	1	31538.3	18867.0	55635.80

1-5 续表50 单位：万元

行业名称	固定资产净额	固定资产原价	累计折旧	流动资产合计	应收账款
铝压延加工	1049508	1821263	738492.0	1296272.5	72309.5
金属制品业	268548	399423	128459.4	492310.4	127258.0
结构性金属制品制造	110936	173090	62054.3	322815.9	87904.6
金属结构制造	108642	167559	58817.2	306343.6	81600.2
金属门窗制造	2294	5531	3237.1	16472.3	6304.4
集装箱及金属包装容器制造	53303	83639	28057.4	49809.8	18918.6
集装箱制造	591	753	161.9	8336.0	3778.2
金属压力容器制造	41942	59755	17608.8	15584.6	5811.0
金属包装容器及材料制造	10771	23131	10286.7	25889.2	9329.4
金属丝绳及其制品制造	17017	28302	11285.2	51820.7	6927.8
建筑、安全用金属制品制造	4243	5971	1727.5	5868.9	2743.1
建筑装饰及水暖管道零件制造	2093	2512	418.3	3514.3	2387.4
其他建筑、安全用金属制品制造	2150	3459	1309.2	2354.6	355.7
金属表面处理及热处理加工	19273	25397	6086.8	10252.1	2075.9
金属制日用品制造	530	1175	644.5	3602.8	610.2
金属制厨房用器具制造	530	1175	644.5	3602.8	610.2
铸造及其他金属制品制造	63246	81850	18603.7	48140.2	8077.8
黑色金属铸造	50801	62648	11846.9	24192.1	5564.1
其他未列明金属制品制造	12445	19202	6756.8	23948.1	2513.7
通用设备制造业	39061	55100	16038.0	110130.1	46235.5
锅炉及原动设备制造	98	401	302.4	1664.2	187.6
锅炉及辅助设备制造	98	401	302.4	1664.2	187.6
物料搬运设备制造	31282	42416	11134.1	75087.3	32015.6
生产专用起重机制造	8808	12916	4107.4	33558.4	23253.9
连续搬运设备制造	12369	17836	5467.0	30869.1	4734.1
电梯、自动扶梯及升降机制造	10105	11665	1559.7	10659.8	4027.6
烘炉、风机、包装等设备制造	3478	4270	792.1	11381.3	2913.6
烘炉、熔炉及电炉制造	1509	1642	133.0	2431.4	140.1
风机、风扇制造	1052	1400	348.0	5257.0	2514.3
制冷、空调设备制造	916	1227	311.1	3692.9	259.2
通用零部件制造	4204	8013	3809.4	21997.3	11118.7
金属密封件制造	1672	3464	1791.2	7352.7	2839.7
机械零部件加工	2532	4550	2018.2	14644.6	8279.0
专用设备制造业	232604	329491	95947.5	484126.2	176454.2
采矿、冶金、建筑专用设备制造	123425	170490	47066.0	219663.4	89022.3
矿山机械制造	15498	19530	4031.6	1951.0	677.4
石油钻采专用设备制造	24213	45451	21238.7	90915.8	32928.5
建筑工程用机械制造	49322	67283	17960.9	39718.0	27947.8
隧道施工专用机械制造	34391	38226	3834.8	87078.6	27468.6
化工、木材、非金属加工专用设备制造	32995	39335	6340.0	28221.0	
炼油、化工生产专用设备制造	30765	32972	2207.2	23755.2	

1-5 续表 51

单位：万元

行业名称	存货	产成品	负债合计	流动负债合计	应付账款
铝压延加工	465193.4	207406.2	2046844.2	1790203.5	741831.7
金属制品业	160774.1	57724.9	719419.4	631159.0	149882.4
结构性金属制品制造	108554.9	23500.8	343513.0	319549.4	93155.0
金属结构制造	101357.2	22447.0	326209.5	305365.4	89874.8
金属门窗制造	7197.7	1053.8	17303.5	14184.0	3280.2
集装箱及金属包装容器制造	15167.8	5983.8	147095.4	123645.9	18746.0
集装箱制造	2337.4	1271.7	6923.4	5623.4	1400.7
金属压力容器制造	5631.0	390.1	72151.8	70262.3	6692.5
金属包装容器及材料制造	7199.4	4322.0	68020.2	47760.2	10652.8
金属丝绳及其制品制造	9148.6	6544.5	50266.5	44564.4	4810.2
建筑、安全用金属制品制造	2295.2	1914.1	6834.4	6124.4	2307.1
建筑装饰及水暖管道零件制造	1011.4	887.1	1595.4	1595.4	400.2
其他建筑、安全用金属制品制造	1283.8	1027.0	5239.0	4529.0	1906.9
金属表面处理及热处理加工	3667.9	1785.5	31330.7	27790.8	15519.0
金属制日用品制造	2413.2	762.3	1993.7	1277.9	676.9
金属制厨房用器具制造	2413.2	762.3	1993.7	1277.9	676.9
铸造及其他金属制品制造	19526.5	17233.9	138385.7	108206.2	14668.2
黑色金属铸造	7941.5	7354.0	114460.7	84281.2	10153.1
其他未列明金属制品制造	11585.0	9879.9	23925.0	23925.0	4515.1
通用设备制造业	33464.4	15132.4	125197.0	122110.1	45182.1
锅炉及原动设备制造	665.4		2337.5	2337.4	-31.7
锅炉及辅助设备制造	665.4		2337.5	2337.4	-31.7
物料搬运设备制造	23717.7	11520.9	98928.7	98270.4	37484.0
生产专用起重机制造	4999.5	614.3	48633.1	48633.1	33439.7
连续搬运设备制造	18280.9	10735.2	36183.3	36183.3	2774.6
电梯、自动扶梯及升降机制造	437.3	171.4	14112.3	13454.0	1269.7
烘炉、风机、包装等设备制造	4547.9	1113.9	8664.5	7901.7	1658.4
烘炉、熔炉及电炉制造			1947.9	1185.1	
风机、风扇制造	1968.3	670.9	4441.3	4441.3	654.2
制冷、空调设备制造	2579.6	443.0	2275.3	2275.3	1004.2
通用零部件制造	4533.4	2497.6	15266.3	13600.6	6071.4
金属密封件制造	503.3	202.7	3479.2	2813.5	1123.0
机械零部件加工	4030.1	2294.9	11787.1	10787.1	4948.4
专用设备制造业	103610.6	29177.3	596310.6	531789.8	137941.9
采矿、冶金、建筑专用设备制造	38359.9	4503.6	298850.4	285190.9	60556.6
矿山机械制造	63.5	60.5	59695.6	53843.6	6413.8
石油钻采专用设备制造	12642.2	3170.9	41240.9	37052.4	21588.4
建筑工程用机械制造	10775.1	1272.2	104053.4	100572.4	19101.2
隧道施工专用机械制造	14879.1		93860.5	93722.5	13453.2
化工、木材、非金属加工专用设备制造	20169.5	13336.7	49133.3	46130.4	12464.0
炼油、化工生产专用设备制造	19181.6	12671.3	44616.8	43885.1	11481.8

1-5 续表 52

单位：万元

行业名称	所有者权益合计	实收资本			
			国家资本	集体资本	法人资本
铝压延加工	568072.9	189330.0		3300.0	174830.0
金属制品业	552214.0	394120.1	81327.7	5124.3	222188.8
结构性金属制品制造	164230.3	87838.3	17500.0	4790.0	12455.3
金属结构制造	160994.2	84908.3	15350.0	4490.0	12455.3
金属门窗制造	3236.1	2930.0	2150.0	300.0	
集装箱及金属包装容器制造	38523.3	49930.7	5152.4		28743.8
集装箱制造	3018.3	2500.0			300.0
金属压力容器制造	-8513.1	22479.5	4399.5		17125.5
金属包装容器及材料制造	44018.1	24951.2	752.9		11318.3
金属丝绳及其制品制造	60420.4	56348.0	55848.0		500.0
建筑、安全用金属制品制造	4248.5	5260.7	2137.3		
建筑装饰及水暖管道零件制造	4012.3	4000.7	2137.3		
其他建筑、安全用金属制品制造	236.2	1260.0			
金属表面处理及热处理加工	5581.7	4910.1	50.0		500.0
金属制日用品制造	3217.6	3000.0			
金属制厨房用器具制造	3217.6	3000.0			
铸造及其他金属制品制造	275992.2	186832.3	640.0	334.3	179989.7
黑色金属铸造	261811.5	180989.7			178989.7
其他未列明金属制品制造	14180.7	5842.6	640.0	334.3	1000.0
通用设备制造业	41466.5	40570.4	6000.0		16305.0
锅炉及原动设备制造	-146.0	3015.0			
锅炉及辅助设备制造	-146.0	3015.0			
物料搬运设备制造	20370.4	26453.6	6000.0		14000.0
生产专用起重机制造	1785.6	6453.6			
连续搬运设备制造	8157.8	10000.0			10000.0
电梯、自动扶梯及升降机制造	10427.0	10000.0	6000.0		4000.0
烘炉、风机、包装等设备制造	7296.7	5772.6			1280.0
烘炉、熔炉及电炉制造	1992.6	1992.6			
风机、风扇制造	2667.7	2500.0			
制冷、空调设备制造	2636.4	1280.0			1280.0
通用零部件制造	13945.4	5329.2			1025.0
金属密封件制造	8027.3	2000.0			1025.0
机械零部件加工	5918.1	3329.2			
专用设备制造业	304167.5	159875.5	65550.1		71871.3
采矿、冶金、建筑专用设备制造	122928.0	60710.2	39300.0		13625.8
矿山机械制造	1956.8	3000.0	3000.0		
石油钻采专用设备制造	79434.1	21192.2	6300.0		7512.8
建筑工程用机械制造	9056.2	6518.0			6113.0
隧道施工专用机械制造	32480.9	30000.0	30000.0		
化工、木材、非金属加工专用设备制造	15757.7	19608.0			15000.0
炼油、化工生产专用设备制造	11019.0	15000.0			15000.0

1-5 续表 53

单位：万元

行业名称				营业收入	营业成本
	个人资本	港澳台资本	外商资本		
铝压延加工	11200.0			2763740.2	2634052.4
金属制品业	85327.7		151.6	594746.0	530872.9
结构性金属制品制造	52941.4		151.6	334082.0	291306.5
金属结构制造	52461.4		151.6	323557.9	282858.9
金属门窗制造	480.0			10524.1	8447.6
集装箱及金属包装容器制造	16034.5			48826.7	43332.1
集装箱制造	2200.0			6086.2	5397.7
金属压力容器制造	954.5			17276.8	16103.9
金属包装容器及材料制造	12880.0			25463.7	21830.5
金属丝绳及其制品制造				102136.1	96987.9
建筑、安全用金属制品制造	3123.4			5143.0	4536.7
建筑装饰及水暖管道零件制造	1863.4			2352.0	2109.1
其他建筑、安全用金属制品制造	1260.0			2791.0	2427.6
金属表面处理及热处理加工	4360.1			10590.0	8801.5
金属制日用品制造	3000.0			2980.0	2454.1
金属制厨房用器具制造	3000.0			2980.0	2454.1
铸造及其他金属制品制造	5868.3			90988.2	83454.1
黑色金属铸造	2000.0			20472.5	18129.5
其他未列明金属制品制造	3868.3			70515.7	65324.6
通用设备制造业	18265.4			48950.6	38207.7
锅炉及原动设备制造	3015.0			4809.9	3076.9
锅炉及辅助设备制造	3015.0			4809.9	3076.9
物料搬运设备制造	6453.6			13220.1	9688.2
生产专用起重机制造	6453.6			3615.9	1839.7
连续搬运设备制造				7737.5	6513.2
电梯、自动扶梯及升降机制造				1866.7	1335.3
烘炉、风机、包装等设备制造	4492.6			17449.8	15400.6
烘炉、熔炉及电炉制造	1992.6			11646.0	10216.7
风机、风扇制造	2500.0			2405.6	2430.8
制冷、空调设备制造				3398.2	2753.1
通用零部件制造	4304.2			13470.8	10042.0
金属密封件制造	975.0			3949.9	2613.5
机械零部件加工	3329.2			9520.9	7428.5
专用设备制造业	19657.2		2796.8	344430.5	279499.4
采矿、冶金、建筑专用设备制造	4987.5		2796.8	132859.8	110423.1
矿山机械制造				6097.1	6059.0
石油钻采专用设备制造	4582.5		2796.8	57132.0	43826.7
建筑工程用机械制造	405.0			51541.8	46822.9
隧道施工专用机械制造				18088.9	13714.5
化工、木材、非金属加工专用设备制造	4608.0			22252.1	22395.2
炼油、化工生产专用设备制造				19178.3	19522.7

1-5 续表 54 单位：万元

行业名称	销售费用	管理费用	财务费用		
				利息收入	利息支出
铝压延加工	106506.0	23887.3	43229.5	1883.0	41347.7
金属制品业	10593.6	36279.0	6637.4	5687.5	11163.7
结构性金属制品制造	4073.0	21086.9	5281.6	295.5	5387.3
金属结构制造	3521.4	20342.5	4921.0	295.5	5026.8
金属门窗制造	551.6	744.4	360.6		360.5
集装箱及金属包装容器制造	1625.0	6364.3	4199.6	-2.2	3474.3
集装箱制造	77.6	361.1	98.3	0.3	98.6
金属压力容器制造	629.7	2972.3	1685.7	1.2	985.3
金属包装容器及材料制造	917.7	3030.9	2415.6	-3.7	2390.4
金属丝绳及其制品制造	1316.5	1607.5	-328.3	46.3	-283.4
建筑、安全用金属制品制造	240.1	574.5	67.6	1.7	69.2
建筑装饰及水暖管道零件制造	67.1	133.9	43.0	1.4	44.3
其他建筑、安全用金属制品制造	173.0	440.6	24.6	0.3	24.9
金属表面处理及热处理加工	234.6	1394.8	289.5	0.7	286.2
金属制日用品制造	194.1	209.4	74.7	0.2	73.1
金属制厨房用器具制造	194.1	209.4	74.7	0.2	73.1
铸造及其他金属制品制造	2910.3	5041.6	-2947.3	5345.3	2157.0
黑色金属铸造	923.3	3207.7	-3091.2	5290.5	1959.9
其他未列明金属制品制造	1987.0	1833.9	143.9	54.8	197.1
通用设备制造业	5399.3	8730.7	949.4	11.7	957.5
锅炉及原动设备制造	1919.3	1459.1	-0.2	-0.2	
锅炉及辅助设备制造	1919.3	1459.1	-0.2	-0.2	
物料搬运设备制造	937.6	3976.8	781.4	6.9	790.9
生产专用起重机制造	498.4	976.5	35.7	4.0	56.0
连续搬运设备制造	401.4	1700.8	331.8		318.5
电梯、自动扶梯及升降机制造	37.8	1299.5	413.9	2.9	416.4
烘炉、风机、包装等设备制造	1988.6	1215.3	6.0	1.6	7.6
烘炉、熔炉及电炉制造	119.3	177.7	0.4	0.4	0.8
风机、风扇制造	1774.5	566.8	6.1		6.1
制冷、空调设备制造	94.8	470.8	-0.5	1.2	0.7
通用零部件制造	553.8	2079.5	162.2	3.4	159.0
金属密封件制造	278.7	739.9	70.6	0.2	70.3
机械零部件加工	275.1	1339.6	91.6	3.2	88.7
专用设备制造业	11830.7	30630.5	1694.4	595.1	2814.4
采矿、冶金、建筑专用设备制造	5557.6	13840.1	-504.6	879.7	169.6
矿山机械制造	93.9	1027.5	12.7	0.5	5.1
石油钻采专用设备制造	4496.8	7380.6	39.5	310.6	138.8
建筑工程用机械制造	403.9	3040.9	7.8	0.5	25.7
隧道施工专用机械制造	563.0	2391.1	-564.6	568.1	
化工、木材、非金属加工专用设备制造	89.8	1229.1	180.1	1.2	180.2
炼油、化工生产专用设备制造	70.4	1071.5	30.2	0.9	30.0

1-5 续表 55

单位：万元

行业名称	投资收益（损失以“-”号记）	营业利润	利润总额	亏损企业亏损额	平均用工人数（人）
铝压延加工	6810.4	-39570.0	-40031.5	74584.4	6465
金属制品业	-77.0	3465.9	5931.3	13853.7	6465
结构性金属制品制造	770.1	10476.0	10285.5	4200.2	3687
金属结构制造	620.9	9975.7	9771.5	4200.2	3451
金属门窗制造	149.2	500.3	514.0		236
集装箱及金属包装容器制造	1597.2	-7851.3	-6665.0	8039.6	1184
集装箱制造		110.3	102.9		80
金属压力容器制造		-4568.1	-3532.1	3772.5	306
金属包装容器及材料制造	1597.2	-3393.5	-3235.8	4267.1	798
金属丝绳及其制品制造	371.4	2424.1	2454.3	101.0	372
建筑、安全用金属制品制造		-298.0	-297.7	297.7	138
建筑装饰及水暖管道零件制造		-12.4	-12.4	12.4	56
其他建筑、安全用金属制品制造		-285.6	-285.3	285.3	82
金属表面处理及热处理加工	114.0	-171.1	-136.4	207.2	118
金属制日用品制造		17.0	6.3		53
金属制厨房用器具制造		17.0	6.3		53
铸造及其他金属制品制造	-2929.7	-1130.8	284.3	1008.0	913
黑色金属铸造	-2929.7	-2119.1	-713.7	721.1	367
其他未列明金属制品制造		988.3	998.0	286.9	546
通用设备制造业	-42.6	-1244.3	726.6	2953.1	1180
锅炉及原动设备制造		-357.6	1543.4		81
锅炉及辅助设备制造		-357.6	1543.4		81
物料搬运设备制造		-2468.9	-2620.0	2951.8	682
生产专用起重机制造		245.2	210.5	121.3	294
连续搬运设备制造		-1367.3	-1534.9	1534.9	245
电梯、自动扶梯及升降机制造		-1346.8	-1295.6	1295.6	143
烘炉、风机、包装等设备制造		1195.2	1254.5		131
烘炉、熔炉及电炉制造		1122.0	1122.0		23
风机、风扇制造		15.4	15.2		19
制冷、空调设备制造		57.8	117.3		89
通用零部件制造	-42.6	387.0	548.7	1.3	286
金属密封件制造		113.1	127.1		147
机械零部件加工	-42.6	273.9	421.6	1.3	139
专用设备制造业	142.9	9932.2	20711.5	12795.7	4157
采矿、冶金、建筑专用设备制造	4.0	382.8	3269.0	3870.0	958
矿山机械制造		-1980.5	240.6		52
石油钻采专用设备制造	4.0	960.0	1656.5	3437.8	531
建筑工程用机械制造		-382.9	-414.8	432.2	143
隧道施工专用机械制造		1786.2	1786.7		232
化工、木材、非金属加工专用设备制造	-0.3	-3411.1	-3195.2	3212.0	275
炼油、化工生产专用设备制造	-0.3	-3211.9	-3212.0	3212.0	198

1-5续表56

单位：万元

行业名称	企业单位数（个）	工业总产值（当年价格）	工业销售产值（当年价格）	资产总计
木竹材加工机械制造	1	2951.3	3073.8	9255.20
纺织、服装和皮革加工专用设备制造	1	25199.2	25199.2	119367.00
纺织专用设备制造	1	25199.2	25199.2	119367.00
电子和电工机械专用设备制造	1	2067.4	2044.1	1733.50
电工机械专用设备制造	1	2067.4	2044.1	1733.50
农、林、牧、渔专用机械制造	19	132527.8	122667.7	175998.80
拖拉机制造	1	8132.2	8132.2	15278.00
机械化农业及园艺机具制造	14	112361.1	102869.9	137658.90
畜牧机械制造	1	4265.9	4210.7	6218.20
棉花加工机械制造	3	7768.6	7454.9	16843.70
医疗仪器设备及器械制造	1	750.6	809.7	20209.10
医疗诊断、监护及治疗设备制造	1	750.6	809.7	20209.10
环保、邮政、社会公共服务及其他专用设备制造	4	31521.4	31419.8	96500.80
环境保护专用设备制造	4	31521.4	31419.8	96500.80
汽车制造业	8	292092.0	287044.9	298920.00
汽车整车制造	3	278064.7	274189.0	239888.20
汽柴油车整车制造	2	210703.7	210676.4	136277.10
新能源车整车制造	1	67361.0	63512.6	103611.10
改装汽车制造	3	5781.7	5153.2	41582.30
汽车车身、挂车制造	1	3770.0	3770.0	5639.10
汽车零部件及配件制造	1	4475.6	3932.7	11810.40
铁路、船舶、航空航天和其他运输设备制造业	3	7862.4	7556.9	34300.10
铁路运输设备制造	2	5076.2	4795.4	27216.30
铁路专用设备及器材、配件制造	1	2235.6	1954.8	2779.80
其他铁路运输设备制造	1	2840.6	2840.6	24436.50
摩托车制造	1	2786.2	2761.5	7083.80
摩托车整车制造	1	2786.2	2761.5	7083.80
电气机械和器材制造业	50	3421780.7	3276300.3	9424277.20
电机制造	8	1701024.7	1586513.3	5252602.60
发电机及发电机组制造	7	1698098.7	1583587.3	5244482.10
电动机制造	1	2926.0	2926.0	8120.50
输配电及控制设备制造	23	1484552.5	1460364.7	3975940.40
变压器、整流器和电感器制造	9	456863.5	432232.8	831985.30
配电开关控制设备制造	10	96941.1	98947.6	150216.50
光伏设备及元器件制造	3	864024.8	868274.8	2222418.30
其他输配电及控制设备制造	1	66723.1	60909.5	771320.30
电线、电缆、光缆及电工器材制造	14	218502.9	213362.5	169108.70
电线、电缆制造	13	207244.9	202104.5	161860.80
光缆制造	1	11258.0	11258.0	7247.90
电池制造	1	4324.9	4016.7	12929.40
铅蓄电池制造	1	4324.9	4016.7	12929.40

1-5 续表57　　　　单位：万元

行业名称	固定资产净额	固定资产原价	累计折旧	流动资产合计	应收账款
木竹材加工机械制造	2230	6363	4132.8	4465.8	
纺织、服装和皮革加工专用设备制造	604	747	142.7	66047.0	27390.4
纺织专用设备制造	604	747	142.7	66047.0	27390.4
电子和电工机械专用设备制造	1021	1046	25.6	687.1	417.1
电工机械专用设备制造	1021	1046	25.6	687.1	417.1
农、林、牧、渔专用机械制造	60010	97972	37023.1	96492.7	28896.8
拖拉机制造	9245	10997	1752.0	3824.9	1345.9
机械化农业及园艺机具制造	44189	76667	31537.8	78374.1	22976.6
畜牧机械制造	1216	2169	953.0	3926.4	898.6
棉花加工机械制造	5359	8140	2780.3	10367.3	3675.7
医疗仪器设备及器械制造	2831	3429	597.7	11128.6	5162.2
医疗诊断、监护及治疗设备制造	2831	3429	597.7	11128.6	5162.2
环保、邮政、社会公共服务及其他专用设备制造	11720	16472	4752.4	61886.4	25565.4
环境保护专用设备制造	11720	16472	4752.4	61886.4	25565.4
汽车制造业	109685	240105	63197.8	137302.1	19975.4
汽车整车制造	94758	218863	56876.0	114730.0	16650.6
汽柴油车整车制造	71222	182393	44268.7	49134.8	16517.4
新能源车整车制造	23536	36470	12607.3	65595.2	133.2
改装汽车制造	8643	12812	4168.8	11729.9	1413.0
汽车车身、挂车制造	4216	4398	181.3	1241.6	166.0
汽车零部件及配件制造	2068	4033	1971.7	9600.6	1745.8
铁路、船舶、航空航天和其他运输设备制造业	2154	3375	1220.5	21096.7	6945.7
铁路运输设备制造	2000	3209	1209.2	14291.4	6873.0
铁路专用设备及器材、配件制造	236	645	408.1	2543.4	1458.3
其他铁路运输设备制造	1763	2565	801.1	11748.0	5414.7
摩托车制造	155	166	11.3	6805.3	72.7
摩托车整车制造	155	166	11.3	6805.3	72.7
电气机械和器材制造业	695309	939821	176266.8	5293493.2	1529702.4
电机制造	45500	76661	31160.3	2667554.9	979876.7
发电机及发电机组制造	44651	74548	29897.3	2661088.4	975301.1
电动机制造	849	2112	1263.0	6466.5	4575.6
输配电及控制设备制造	621961	824824	134697.4	2493587.2	479460.4
变压器、整流器和电感器制造	90475	246276	87635.0	622792.5	125742.9
配电开关控制设备制造	22752	32347	9594.6	115467.0	43616.1
光伏设备及元器件制造	488516	520086	31570.1	1486381.6	303619.5
其他输配电及控制设备制造	20218	26115	5897.7	268946.1	6481.9
电线、电缆、光缆及电工器材制造	20026	29555	9529.6	123261.7	67874.0
电线、电缆制造	19367	28652	9284.9	116747.0	64761.6
光缆制造	659	904	244.7	6514.7	3112.4
电池制造	3722	3817	95.8	2117.5	344.7
铅蓄电池制造	3722	3817	95.8	2117.5	344.7

1-5 续表 58

单位：万元

行业名称	存货	产成品	负债合计	流动负债合计	应付账款
木竹材加工机械制造	987.9	665.4	4516.5	2245.3	982.2
纺织、服装和皮革加工专用设备制造	1284.4		104086.2	74066.3	26091.6
纺织专用设备制造	1284.4		104086.2	74066.3	26091.6
电子和电工机械专用设备制造	260.3		387.0	387.0	310.2
电工机械专用设备制造	260.3		387.0	387.0	310.2
农、林、牧、渔专用机械制造	37408.3	11229.9	106736.0	95336.7	28723.6
拖拉机制造	1145.1	696.8	532.7	532.7	
机械化农业及园艺机具制造	31067.3	8419.7	94058.3	83612.0	26731.6
畜牧机械制造	802.0	265.6	773.2	623.2	88.3
棉花加工机械制造	4393.9	1847.8	11371.8	10568.8	1903.7
医疗仪器设备及器械制造	507.0	40.0	1684.5	1684.5	1406.8
医疗诊断、监护及治疗设备制造	507.0	40.0	1684.5	1684.5	1406.8
环保、邮政、社会公共服务及其他专用设备制造	5621.2	67.1	35433.2	28994.0	8389.1
环境保护专用设备制造	5621.2	67.1	35433.2	28994.0	8389.1
汽车制造业	24047.3	9859.2	224676.1	163730.9	63698.3
汽车整车制造	14780.2	7193.9	198131.3	143062.8	56222.2
汽柴油车整车制造	6112.3	18.3	114217.8	70799.8	26177.4
新能源车整车制造	8667.9	7175.6	83913.5	72263.0	30044.8
改装汽车制造	5842.6	1309.6	20699.0	20189.0	6997.0
汽车车身、挂车制造	931.4	144.2	715.1	479.1	479.1
汽车零部件及配件制造	2493.1	1211.5	5130.7		
铁路、船舶、航空航天和其他运输设备制造业	1745.7	708.6	18963.3	12769.8	5199.3
铁路运输设备制造	1455.6	578.5	12903.3	12709.8	5168.4
铁路专用设备及器材、配件制造	803.8	561.8	2109.7	2109.7	1263.7
其他铁路运输设备制造	651.8	16.7	10793.6	10600.1	3904.7
摩托车制造	290.1	130.1	6060.0	60.0	30.9
摩托车整车制造	290.1	130.1	6060.0	60.0	30.9
电气机械和器材制造业	872056.3	80284.5	6073134.6	5331254.0	1595502.0
电机制造	252825.9	13893.1	3469550.5	3194865.0	1115852.6
发电机及发电机组制造	252026.0	13264.0	3464984.8	3190299.3	1113151.5
电动机制造	799.9	629.1	4565.7	4565.7	2701.1
输配电及控制设备制造	592104.6	52600.9	2498165.4	2031622.8	444397.3
变压器、整流器和电感器制造	74032.3	38827.9	447733.5	444743.0	106288.1
配电开关控制设备制造	19560.8	7705.1	85547.3	84081.0	24134.4
光伏设备及元器件制造	486212.4	1289.8	1473228.1	1413458.9	300479.9
其他输配电及控制设备制造	12299.1	4778.1	491656.5	89339.9	13494.9
电线、电缆、光缆及电工器材制造	23746.8	11954.6	91128.4	90527.7	28560.0
电线、电缆制造	22687.5	11885.9	86908.6	86307.9	24416.7
光缆制造	1059.3	68.7	4219.8	4219.8	4143.3
电池制造	1768.2	225.1	3544.1	3544.1	3544.1
铅蓄电池制造	1768.2	225.1	3544.1	3544.1	3544.1

1-5 续表 59

单位：万元

行业名称	所有者权益合计	实收资本	国家资本	集体资本	法人资本
木竹材加工机械制造	4738.7	4608.0			
纺织、服装和皮革加工专用设备制造	15280.8	5000.0			5000.0
纺织专用设备制造	15280.8	5000.0			5000.0
电子和电工机械专用设备制造	1346.5	1000.0			800.0
电工机械专用设备制造	1346.5	1000.0			800.0
农、林、牧、渔专用机械制造	69262.5	55469.1	26250.1		24176.9
拖拉机制造	14745.2	16000.0	16000.0		
机械化农业及园艺机具制造	43600.6	36851.1	9250.1		22676.9
畜牧机械制造	5445.0	200.0			200.0
棉花加工机械制造	5471.7	2418.0	1000.0		1300.0
医疗仪器设备及器械制造	18524.6	6834.2			2014.6
医疗诊断、监护及治疗设备制造	18524.6	6834.2			2014.6
环保、邮政、社会公共服务及其他专用设备制造	61067.4	11254.0			11254.0
环境保护专用设备制造	61067.4	11254.0			11254.0
汽车制造业	74244.0	133045.6	3652.0		127865.8
汽车整车制造	41757.0	99873.4			99873.4
汽柴油车整车制造	22059.4	76873.4			76873.4
新能源车整车制造	19697.6	23000.0			23000.0
改装汽车制造	20883.3	21430.0			21430.0
汽车车身、挂车制造	4924.0	5179.8	3652.0		
汽车零部件及配件制造	6679.7	6562.4			6562.4
铁路、船舶、航空航天和其他运输设备制造业	15336.8	23989.9	22989.9		
铁路运输设备制造	14313.0	22989.9	22989.9		
铁路专用设备及器材、配件制造	670.1	279.7	279.7		
其他铁路运输设备制造	13642.9	22710.2	22710.2		
摩托车制造	1023.8	1000.0			
摩托车整车制造	1023.8	1000.0			
电气机械和器材制造业	3351142.1	1291212.0	102056.2	295.2	1022524.9
电机制造	1783051.9	373570.3	92173.5		200685.2
发电机及发电机组制造	1779497.2	372520.3	92173.5		199635.2
电动机制造	3554.7	1050.0			1050.0
输配电及控制设备制造	1477775.1	821698.9	6854.6	295.2	778203.3
变压器、整流器和电感器制造	384251.8	371798.4	5600.0		362706.4
配电开关控制设备制造	64669.3	46543.6	1254.6	295.2	22700.0
光伏设备及元器件制造	749190.2	395856.9			392796.9
其他输配电及控制设备制造	279663.8	7500.0			
电线、电缆、光缆及电工器材制造	77979.9	73399.1	3028.1		28350.0
电线、电缆制造	74951.8	70371.0			28350.0
光缆制造	3028.1	3028.1	3028.1		
电池制造	9385.3	15000.0			15000.0
铅蓄电池制造	9385.3	15000.0			15000.0

1-5 续表 60　　　　单位：万元

行业名称				营业收入	营业成本
	个人资本	港澳台资本	外商资本		
木竹材加工机械制造	4608.0			3073.8	2872.5
纺织、服装和皮革加工专用设备制造				25199.2	20314.0
纺织专用设备制造				25199.2	20314.0
电子和电工机械专用设备制造	200.0			1477.8	1271.9
电工机械专用设备制造	200.0			1477.8	1271.9
农、林、牧、渔专用机械制造	5042.1			124046.0	96352.0
拖拉机制造				8971.5	8509.7
机械化农业及园艺机具制造	4924.1			103408.9	79897.3
畜牧机械制造				4210.7	2405.0
棉花加工机械制造	118.0			7454.9	5540.0
医疗仪器设备及器械制造	4819.6			809.7	451.6
医疗诊断、监护及治疗设备制造	4819.6			809.7	451.6
环保、邮政、社会公共服务及其他专用设备制造				37785.9	28291.6
环境保护专用设备制造				37785.9	28291.6
汽车制造业	1527.8			288571.7	249429.5
汽车整车制造				275371.0	238690.7
汽柴油车整车制造				211928.7	177292.1
新能源车整车制造				63442.3	61398.6
改装汽车制造				5330.3	5015.2
汽车车身、挂车制造	1527.8			3760.0	2115.0
汽车零部件及配件制造				4110.4	3608.6
铁路、船舶、航空航天和其他运输设备制造业	1000.0			10504.7	9140.3
铁路运输设备制造				7842.4	6826.5
铁路专用设备及器材、配件制造				2521.5	2030.8
其他铁路运输设备制造				5320.9	4795.7
摩托车制造	1000.0			2662.3	2313.8
摩托车整车制造	1000.0			2662.3	2313.8
电气机械和器材制造业	101506.1	64829.6		3810837.3	3309137.5
电机制造	15882.0	64829.6		1985277.5	1749004.4
发电机及发电机组制造	15882.0	64829.6		1980331.4	1744137.0
电动机制造				4946.1	4867.4
输配电及控制设备制造	36345.8			1602667.0	1351764.7
变压器、整流器和电感器制造	3492.0			528303.0	483145.2
配电开关控制设备制造	22293.8			98947.1	84750.6
光伏设备及元器件制造	3060.0			906702.2	728124.0
其他输配电及控制设备制造	7500.0			68714.7	55744.9
电线、电缆、光缆及电工器材制造	42021.0			209303.1	196186.0
电线、电缆制造	42021.0			199570.8	186933.6
光缆制造				9732.3	9252.4
电池制造				4076.6	4553.0
铅蓄电池制造				4076.6	4553.0

1-5 续表 61

单位：万元

行业名称	销售费用	管理费用	财务费用		
				利息收入	利息支出
木竹材加工机械制造	19.4	157.6	149.9	0.3	150.2
纺织、服装和皮革加工专用设备制造		990.9	-123.6	-344.0	220.4
纺织专用设备制造		990.9	-123.6	-344.0	220.4
电子和电工机械专用设备制造	107.5	68.5	1.8		
电工机械专用设备制造	107.5	68.5	1.8		
农、林、牧、渔专用机械制造	5440.1	11432.0	1759.5	4.6	1707.2
拖拉机制造	80.0	519.5	-4.7	-5.4	
机械化农业及园艺机具制造	4944.8	9142.4	1701.2	5.7	1643.5
畜牧机械制造	158.8	774.6	7.1	4.5	11.6
棉花加工机械制造	256.5	995.5	55.9	-0.2	52.1
医疗仪器设备及器械制造	6.4	148.7	-12.1	-12.1	
医疗诊断、监护及治疗设备制造	6.4	148.7	-12.1	-12.1	
环保、邮政、社会公共服务及其他专用设备制造	629.3	2921.2	393.3	65.7	537.0
环境保护专用设备制造	629.3	2921.2	393.3	65.7	537.0
汽车制造业	1085.9	23384.3	1815.0	401.4	2022.0
汽车整车制造	551.1	22088.4	1714.3	400.7	1938.0
汽柴油车整车制造	317.5	17151.0	1298.4	277.5	1501.9
新能源车整车制造	233.6	4937.4	415.9	123.2	436.1
改装汽车制造	66.0	720.4	78.8	-0.4	61.0
汽车车身、挂车制造	392.7	371.4	22.5	0.5	23.0
汽车零部件及配件制造	76.1	204.1	-0.6	0.6	
铁路、船舶、航空航天和其他运输设备制造业	74.1	1998.1	97.9	2.7	99.8
铁路运输设备制造		1693.7	97.3	2.7	99.2
铁路专用设备及器材、配件制造		128.9	-0.2	0.3	0.1
其他铁路运输设备制造		1564.8	97.5	2.4	99.1
摩托车制造	74.1	304.4	0.6		0.6
摩托车整车制造	74.1	304.4	0.6		0.6
电气机械和器材制造业	169389.9	172226.8	59327.8	-24039.5	44720.4
电机制造	91478.1	96921.9	-4358.5	-27818.1	17249.6
发电机及发电机组制造	91478.1	96380.8	-4461.6	-27818.6	17147.6
电动机制造		541.1	103.1	0.5	102.0
输配电及控制设备制造	73409.3	70026.7	60953.8	3749.2	24731.0
变压器、整流器和电感器制造	33315.1	19462.7	5318.9	654.4	5363.9
配电开关控制设备制造	3387.4	5244.9	534.0	64.9	576.1
光伏设备及元器件制造	35221.8	39557.0	43639.7	2522.7	6822.6
其他输配电及控制设备制造	1485.0	5762.1	11461.2	507.2	11968.4
电线、电缆、光缆及电工器材制造	4339.3	3761.7	2518.9	26.0	2523.7
电线、电缆制造	4226.0	3614.5	2521.3	23.1	2523.7
光缆制造	113.3	147.2	-2.4	2.9	
电池制造	0.1	898.9	-2.1	3.0	
铅蓄电池制造	0.1	898.9	-2.1	3.0	

1-5 续表 62

单位：万元

行业名称	投资收益（损失以“-”号记）	营业利润	利润总额	亏损企业亏损额	平均用工人数（人）
木竹材加工机械制造		-199.2	16.8		77
纺织、服装和皮革加工专用设备制造		3856.8	10789.2		199
纺织专用设备制造		3856.8	10789.2		199
电子和电工机械专用设备制造		24.6	24.6		38
电工机械专用设备制造		24.6	24.6		38
农、林、牧、渔专用机械制造		7232.9	7801.8	5187.8	2322
拖拉机制造		-292.6	-293.3	293.3	35
机械化农业及园艺机具制造		6188.1	6677.2	4894.5	1874
畜牧机械制造		830.9	829.8		191
棉花加工机械制造		506.5	588.1		222
医疗仪器设备及器械制造	-1.1	238.2	244.7		51
医疗诊断、监护及治疗设备制造	-1.1	238.2	244.7		51
环保、邮政、社会公共服务及其他专用设备制造	140.3	1608.0	1777.4	525.9	314
环境保护专用设备制造	140.3	1608.0	1777.4	525.9	314
汽车制造业	235.2	8935.2	8432.6	2943.4	1719
汽车整车制造	261.6	8603.5	8143.3	2185.7	1433
汽柴油车整车制造		8032.6	8375.3	1953.7	934
新能源车整车制造	261.6	570.9	-232.0	232.0	499
改装汽车制造	-26.4	-716.8	-757.7	757.7	234
汽车车身、挂车制造		850.0	848.5		21
汽车零部件及配件制造		198.5	198.5		31
铁路、船舶、航空航天和其他运输设备制造业	1500.0	627.2	606.1	30.9	219
铁路运输设备制造	1500.0	658.1	637.0		166
铁路专用设备及器材、配件制造		337.0	334.0		50
其他铁路运输设备制造	1500.0	321.1	303.0		116
摩托车制造		-30.9	-30.9	30.9	53
摩托车整车制造		-30.9	-30.9	30.9	53
电气机械和器材制造业	10985.8	101226.6	110713.3	27637.3	10890
电机制造	5579.6	59553.8	59794.6	1909.5	2591
发电机及发电机组制造	5579.6	60139.5	59668.0	1909.5	2513
电动机制造		-585.7	126.6		78
输配电及控制设备制造	5382.2	40394.7	50432.9	23279.6	7400
变压器、整流器和电感器制造	-233.3	-15373.0	-12393.4	20889.4	3799
配电开关控制设备制造		3839.4	4699.8		990
光伏设备及元器件制造	-9890.5	42998.1	48523.3	2390.2	1533
其他输配电及控制设备制造	15506.0	8930.2	9603.2		1078
电线、电缆、光缆及电工器材制造	24.0	2058.9	1268.1	817.2	560
电线、电缆制造	24.0	1870.3	1072.0	817.2	514
光缆制造		188.6	196.1		46
电池制造		-1633.9	-1631.0	1631.0	159
铅蓄电池制造		-1633.9	-1631.0	1631.0	159

1-5 续表63

单位：万元

行业名称	企业单位数（个）	工业总产值（当年价格）	工业销售产值（当年价格）	资产总计
照明器具制造	4	13375.7	12043.1	13696.10
电光源制造	1	2262.6	2262.6	1575.20
照明灯具制造	3	11113.1	9780.5	12120.90
计算机、通信和其他电子设备制造业	10	286697.2	273568.8	690795.80
计算机制造	1	36490.0	32476.0	19765.90
计算机外围设备制造	1	36490.0	32476.0	19765.90
电子器件制造	1	1963.5	2295.8	15275.40
光电子器件制造	1	1963.5	2295.8	15275.40
电子元件及电子专用材料制造	6	238611.5	229270.4	644100.40
电子专用材料制造	5	233289.3	224692.8	641630.60
其他电子元件制造	1	5322.2	4577.6	2469.80
其他电子设备制造	2	9632.2	9526.6	11654.10
仪器仪表制造业	1	2224.8	2099.8	26535.10
通用仪器仪表制造	1	2224.8	2099.8	26535.10
工业自动控制系统装置制造	1	2224.8	2099.8	26535.10
废弃资源综合利用业	11	205945.5	204265.0	301502.20
金属废料和碎屑加工处理	7	156685.6	155005.1	108254.20
非金属废料和碎屑加工处理	4	49259.9	49259.9	193248.00
金属制品、机械和设备修理业	2	31038.8	30110.1	31229.00
专用设备修理	1	12013.7	11085.0	22918.20
电气设备修理	1	19025.1	19025.1	8310.80
电力、热力、燃气及水生产和供应业	537	14055458.5	14036072.7	59203410.00
电力、热力生产和供应业	455	12605154.4	12586175.8	51440678.80
电力生产	360	6179804.8	6187092.4	38800802.80
火力发电	19	918249.8	918450.6	4256295.60
热电联产	32	2645039.4	2657037.5	10957740.50
水力发电	40	468903.1	467121.2	4633304.10
风力发电	141	1470218.9	1467513.9	13444406.40
太阳能发电	126	666546.7	666375.1	5481010.30
生物质能发电	1	5702.0	5702.0	12677.30
其他电力生产	1	5144.9	4892.1	15368.60
电力供应	16	5663455.0	5638811.2	9108645.40
热力生产和供应	79	761894.6	760272.2	3531230.60
燃气生产和供应业	53	1194062.8	1193735.4	5106917.70
燃气生产和供应业	53	1194062.8	1193735.4	5106917.70
天然气生产和供应业	50	978714.2	978394.0	1691314.80
液化石油气生产和供应业	1	4190.0	4367.5	1252.60
煤气生产和供应业	2	211158.6	210973.9	3414350.30
水的生产和供应业	29	256241.3	256161.5	2655813.50
自来水生产和供应	22	221455.7	221375.9	2437211.10
污水处理及其再生利用	7	34785.6	34785.6	218602.40

1-5 续表64 单位：万元

行业名称	固定资产净额	固定资产原价	累计折旧	流动资产合计	应收账款
照明器具制造	4100	4963	783.7	6971.9	2146.6
电光源制造	327	436	109.0	1248.2	482.3
照明灯具制造	3773	4527	674.7	5723.7	1664.3
计算机、通信和其他电子设备制造业	450246	564264	113901.2	150663.4	7194.0
计算机制造	6883	7302	419.6	12636.2	3365.2
计算机外围设备制造	6883	7302	419.6	12636.2	3365.2
电子器件制造	6935	9903	2967.2	2509.2	346.0
光电子器件制造	6935	9903	2967.2	2509.2	346.0
电子元件及电子专用材料制造	428191	536943	108635.1	132114.3	2745.2
电子专用材料制造	428191	536656	108465.1	129980.5	2379.0
其他电子元件制造		287	170.0	2133.8	366.2
其他电子设备制造	8237	10117	1879.3	3403.7	737.6
仪器仪表制造业	1270	1768	497.7	12453.3	6459.4
通用仪器仪表制造	1270	1768	497.7	12453.3	6459.4
工业自动控制系统装置制造	1270	1768	497.7	12453.3	6459.4
废弃资源综合利用业	65127	96694	25167.0	162192.5	104179.7
金属废料和碎屑加工处理	33635	51545	12309.3	57503.6	26937.3
非金属废料和碎屑加工处理	31492	45148	12857.7	104688.9	77242.4
金属制品、机械和设备修理业	1745	5497	3751.9	28842.2	20908.4
专用设备修理	1401	4889	3487.7	20972.1	14337.0
电气设备修理	344	608	264.2	7870.1	6571.4
电力、热力、燃气及水生产和供应业	38895441	55374166	15710287.3	12079817.9	3588728.2
电力、热力生产和供应业	34731940	49824665	14341637.5	9963214.9	3335655.8
电力生产	25943793	34634939	8017895.3	8075774.3	3043393.0
火力发电	3293479	4463595	1120650.6	502672.0	146244.3
热电联产	6715523	9506490	2692921.5	2590846.6	515546.7
水力发电	3720853	4806568	1085715.9	600356.2	35408.7
风力发电	8707249	11388457	2337663.3	2906671.4	1529494.2
太阳能发电	3483551	4431895	766148.9	1470592.1	815597.6
生物质能发电	10694	18653	7958.9	1898.5	549.7
其他电力生产	12444	19280	6836.2	2737.5	551.8
电力供应	7078307	12381311	5276695.2	779757.5	156082.3
热力生产和供应	1709841	2808415	1047047.0	1107683.1	136180.5
燃气生产和供应业	2804286	3551839	730203.1	1425712.4	209825.8
燃气生产和供应业	2804286	3551839	730203.1	1425712.4	209825.8
天然气生产和供应业	540775	984107	425982.3	822307.5	75378.7
液化石油气生产和供应业	520	823	303.1	733.0	
煤气生产和供应业	2262991	2566909	303917.7	602671.9	134447.1
水的生产和供应业	1359215	1997662	638446.7	690890.6	43246.6
自来水生产和供应	1255295	1827074	571779.3	646483.9	35864.4
污水处理及其再生利用	103920	170588	66667.4	44406.7	7382.2

1-5 续表 65

单位：万元

行业名称	存货	产成品	负债合计	流动负债合计	应付账款
照明器具制造	1610.8	1610.8	10746.2	10694.4	3148.0
电光源制造	414.8	414.8	1097.5	1097.5	670.2
照明灯具制造	1196.0	1196.0	9648.7	9596.9	2477.8
计算机、通信和其他电子设备制造业	29107.7	13574.3	333475.2	193582.0	19868.9
计算机制造	4593.0	493.0	1326.3	1326.3	
计算机外围设备制造	4593.0	493.0	1326.3	1326.3	
电子器件制造	1750.8	840.2	10342.0	10342.0	2390.5
光电子器件制造	1750.8	840.2	10342.0	10342.0	2390.5
电子元件及电子专用材料制造	21788.9	11758.9	311264.7	171371.5	14504.0
电子专用材料制造	20206.1	11027.5	309121.9	169228.7	12597.8
其他电子元件制造	1582.8	731.4	2142.8	2142.8	1906.2
其他电子设备制造	975.0	482.2	10542.2	10542.2	2974.4
仪器仪表制造业	2377.9	814.6	17905.2	11846.6	4184.5
通用仪器仪表制造	2377.9	814.6	17905.2	11846.6	4184.5
工业自动控制系统装置制造	2377.9	814.6	17905.2	11846.6	4184.5
废弃资源综合利用业	27979.3	3963.3	234640.9	202205.8	61746.4
金属废料和碎屑加工处理	16063.5	3960.3	69051.3	66616.2	29109.8
非金属废料和碎屑加工处理	11915.8	3.0	165589.6	135589.6	32636.6
金属制品、机械和设备修理业	2023.2	709.1	25345.4	25345.4	8791.2
专用设备修理	2012.2	709.1	20009.7	20009.7	8791.2
电气设备修理	11.0		5335.7	5335.7	
电力、热力、燃气及水生产和供应业	303637.7	19272.9	41330446.9	16616608.1	5542588.7
电力、热力生产和供应业	241645.1	6392.9	36125800.1	14026500.2	4746293.5
电力生产	170702.3	5053.3	27604079.9	9708838.8	2477327.7
火力发电	53437.7	2825.5	3306200.0	1495458.2	374416.4
热电联产	99830.7	785.4	7602916.2	3210262.5	976691.6
水力发电	2461.1	541.8	3493489.9	1104303.5	159846.6
风力发电	12843.9	879.4	9413839.6	2577738.9	737734.1
太阳能发电	770.5	21.2	3761925.2	1297966.7	226276.3
生物质能发电	1091.6		11587.5	8987.5	854.4
其他电力生产	266.8		14121.5	14121.5	1508.3
电力供应	24611.8	323.1	6190677.1	3341262.1	1937683.7
热力生产和供应	46331.0	1016.5	2331043.1	976399.3	331282.1
燃气生产和供应业	56450.8	10124.2	4015600.0	2150679.6	659913.0
燃气生产和供应业	56450.8	10124.2	4015600.0	2150679.6	659913.0
天然气生产和供应业	39096.2	5893.2	931889.0	829087.3	406842.8
液化石油气生产和供应业	41.7	41.7	69.7	35.2	
煤气生产和供应业	17312.9	4189.3	3083641.3	1321557.1	253070.2
水的生产和供应业	5541.8	2755.8	1189046.8	439428.3	136382.2
自来水生产和供应	4912.1	2755.8	1091483.4	375749.7	118875.2
污水处理及其再生利用	629.7		97563.4	63678.6	17507.0

1-5 续表 66

单位：万元

行业名称	所有者权益合计	实收资本	国家资本	集体资本	法人资本
照明器具制造	2949.9	7543.7			286.4
电光源制造	477.7	286.4			286.4
照明灯具制造	2472.2	7257.3			
计算机、通信和其他电子设备制造业	357320.2	168417.8	7553.4	200.0	16475.7
计算机制造	18439.6	80.9			
计算机外围设备制造	18439.6	80.9			
电子器件制造	4933.3	3600.0			1080.0
光电子器件制造	4933.3	3600.0			1080.0
电子元件及电子专用材料制造	332835.6	163736.9	7553.4	200.0	15395.7
电子专用材料制造	332508.6	163251.2	7553.4	200.0	14910.0
其他电子元件制造	327.0	485.7			485.7
其他电子设备制造	1111.7	1000.0			
仪器仪表制造业	8629.9	5000.0	2550.0		1800.0
通用仪器仪表制造	8629.9	5000.0	2550.0		1800.0
工业自动控制系统装置制造	8629.9	5000.0	2550.0		1800.0
废弃资源综合利用业	66861.4	16847.4	2700.0	600.0	8197.0
金属废料和碎屑加工处理	39203.0	12325.9	2700.0	600.0	6097.0
非金属废料和碎屑加工处理	27658.4	4521.5			2100.0
金属制品、机械和设备修理业	5883.6	4400.0	582.6	1139.6	2496.6
专用设备修理	2908.5	2000.0	582.6	1139.6	96.6
电气设备修理	2975.1	2400.0			2400.0
电力、热力、燃气及水生产和供应业	17872958.5	13217331.7	7300865.4	530035.6	5043133.4
电力、热力生产和供应业	15314875.3	10918891.8	6756607.9	513085.6	3459783.7
电力生产	11196720.7	8314121.4	4469456.9	503361.2	3232183.7
火力发电	950095.2	954912.6	410580.9	70000.0	460499.9
热电联产	3354823.6	2155063.6	896110.9	424686.6	821416.1
水力发电	1139814.1	1137620.3	902116.7	20.0	202943.2
风力发电	4030566.4	2828006.0	1776152.6	8654.6	1023734.8
太阳能发电	1719084.6	1225818.9	476795.8		718589.7
生物质能发电	1089.7	5000.0			5000.0
其他电力生产	1247.1	7700.0	7700.0		
电力供应	2917968.1	1854125.6	1844125.6		10000.0
热力生产和供应	1200186.5	750644.8	443025.4	9724.4	217600.0
燃气生产和供应业	1091316.7	1062790.7	100288.3	16950.0	802096.3
燃气生产和供应业	1091316.7	1062790.7	100288.3	16950.0	802096.3
天然气生产和供应业	759424.7	302911.1	100288.3	16950.0	93399.6
液化石油气生产和供应业	1182.9	1182.9			
煤气生产和供应业	330709.1	758696.7			708696.7
水的生产和供应业	1466766.5	1235649.2	443969.2		781253.4
自来水生产和供应	1345727.8	1143356.6	376503.2		766853.4
污水处理及其再生利用	121038.7	92292.6	67466.0		14400.0

1-5 续表 67

单位：万元

行业名称	个人资本	港澳台资本	外商资本	营业收入	营业成本
照明器具制造	7257.3			9513.1	7629.4
电光源制造				2262.6	1887.6
照明灯具制造	7257.3			7250.5	5741.8
计算机、通信和其他电子设备制造业	6400.9		137787.8	276594.1	199418.7
计算机制造	80.9			32476.0	28413.5
计算机外围设备制造	80.9			32476.0	28413.5
电子器件制造	2520.0			3530.4	2536.8
光电子器件制造	2520.0			3530.4	2536.8
电子元件及电子专用材料制造	2800.0		137787.8	231060.9	160033.0
电子专用材料制造	2800.0		137787.8	226183.3	155552.3
其他电子元件制造				4877.6	4480.7
其他电子设备制造	1000.0			9526.8	8435.4
仪器仪表制造业	650.0			2456.0	1507.8
通用仪器仪表制造	650.0			2456.0	1507.8
工业自动控制系统装置制造	650.0			2456.0	1507.8
废弃资源综合利用业	5350.4			227416.0	185137.2
金属废料和碎屑加工处理	2928.9			156000.5	129998.8
非金属废料和碎屑加工处理	2421.5			71415.5	55138.4
金属制品、机械和设备修理业	181.2			32289.3	27926.9
专用设备修理	181.2			13226.3	11089.8
电气设备修理				19063.0	16837.1
电力、热力、燃气及水生产和供应业	311848.4	5400.0	26048.8	14714157.2	12406587.1
电力、热力生产和供应业	167032.8	5400.0	16981.8	13248355.1	11165015.2
电力生产	86737.8	5400.0	16981.8	6052378.4	4273417.6
火力发电	5600.0		8231.8	918609.5	838275.3
热电联产	7450.0	5400.0		2525598.4	2144568.5
水力发电	32540.4			482267.9	246866.8
风力发电	16214.0		3250.0	1476857.3	726689.6
太阳能发电	24933.4		5500.0	639108.8	305493.6
生物质能发电				5044.5	6535.0
其他电力生产				4892.0	4988.8
电力供应				6415127.0	6082263.7
热力生产和供应	80295.0			780849.7	809333.9
燃气生产和供应业	143456.0			1206254.9	1037229.9
燃气生产和供应业	143456.0			1206254.9	1037229.9
天然气生产和供应业	92273.1			990555.1	753344.8
液化石油气生产和供应业	1182.9			2631.0	1886.4
煤气生产和供应业	50000.0			213068.8	281998.7
水的生产和供应业	1359.6		9067.0	259547.2	204342.0
自来水生产和供应				224254.7	175372.7
污水处理及其再生利用	1359.6		9067.0	35292.5	28969.3

1-5 续表 68

单位：万元

行业名称	销售费用	管理费用	财务费用	利息收入	利息支出
照明器具制造	163.1	617.6	215.7	0.4	216.1
电光源制造		262.9	-0.2	0.2	
照明灯具制造	163.1	354.7	215.9	0.2	216.1
计算机、通信和其他电子设备制造业	4884.8	12134.2	7907.2	1704.9	9566.3
计算机制造	623.5	250.6	242.1		242.1
计算机外围设备制造	623.5	250.6	242.1		242.1
电子器件制造	21.7	694.0	425.1		380.7
光电子器件制造	21.7	694.0	425.1		380.7
电子元件及电子专用材料制造	3685.0	10409.3	7171.2	1704.9	8875.5
电子专用材料制造	3615.8	9984.0	7156.9	1704.9	8861.7
其他电子元件制造	69.2	425.3	14.3		13.8
其他电子设备制造	554.6	780.3	68.8		68.0
仪器仪表制造业	167.6	688.2	728.5	5.8	734.3
通用仪器仪表制造	167.6	688.2	728.5	5.8	734.3
工业自动控制系统装置制造	167.6	688.2	728.5	5.8	734.3
废弃资源综合利用业	5184.5	4205.4	4758.4	16.3	2798.9
金属废料和碎屑加工处理	5129.5	1565.7	1693.6	4.9	841.7
非金属废料和碎屑加工处理	55.0	2639.7	3064.8	11.4	1957.2
金属制品、机械和设备修理业	145.8	2848.3	172.1	5.1	168.5
专用设备修理	145.8	1554.7	163.3	1.2	155.8
电气设备修理		1293.6	8.8	3.9	12.7
电力、热力、燃气及水生产和供应业	154738.3	398042.0	1251123.7	60579.0	1242991.9
电力、热力生产和供应业	40769.4	275014.2	1129528.3	46251.1	1103901.2
电力生产	31735.4	200716.7	1010562.8	37252.1	980539.9
火力发电	66.9	37241.3	122557.2	1582.4	120306.7
热电联产	17840.2	103587.6	260714.1	27839.6	254162.8
水力发电	11857.5	21699.3	127026.4	330.6	124228.1
风力发电	1777.9	27618.4	359773.7	4673.1	358290.5
太阳能发电	192.9	10570.1	140346.5	2824.8	123406.2
生物质能发电			144.7	0.9	144.7
其他电力生产			0.2	0.7	0.9
电力供应	2603.4	26732.7	92638.0	2430.2	92364.4
热力生产和供应	6430.6	47564.8	26327.5	6568.8	30996.9
燃气生产和供应业	91216.7	70390.6	112711.0	12439.3	127030.3
燃气生产和供应业	91216.7	70390.6	112711.0	12439.3	127030.3
天然气生产和供应业	90430.5	40010.1	-7691.9	12446.4	6570.0
液化石油气生产和供应业	483.2	207.6	0.9	0.8	1.7
煤气生产和供应业	303.0	30172.9	120402.0	-7.9	120458.6
水的生产和供应业	22752.2	52637.2	8884.4	1888.6	12060.4
自来水生产和供应	21140.3	48751.8	7983.6	1673.9	10917.5
污水处理及其再生利用	1611.9	3885.4	900.8	214.7	1142.9

1-5 续表 69

单位：万元

行业名称	投资收益（损失以"-"号记）	营业利润	利润总额	亏损企业亏损额	平均用工人数（人）
照明器具制造		853.1	848.7		180
电光源制造		101.8	101.8		60
照明灯具制造		751.3	746.9		120
计算机、通信和其他电子设备制造业	138.3	49774.5	60064.8	2738.6	2643
计算机制造		2946.2	2946.2		112
计算机外围设备制造		2946.2	2946.2		112
电子器件制造		-172.0	12.7		53
光电子器件制造		-172.0	12.7		53
电子元件及电子专用材料制造	138.3	47340.9	56800.3	2269.6	1888
电子专用材料制造	138.3	47463.2	56921.5	2148.4	1762
其他电子元件制造		-122.3	-121.2	121.2	126
其他电子设备制造		-340.6	305.6	469.0	590
仪器仪表制造业		-651.5	126.5		104
通用仪器仪表制造		-651.5	126.5		104
工业自动控制系统装置制造		-651.5	126.5		104
废弃资源综合利用业		30753.1	37841.3	277.3	739
金属废料和碎屑加工处理		15215.6	24032.9	277.3	448
非金属废料和碎屑加工处理		15537.5	13808.4		291
金属制品、机械和设备修理业		717.8	692.3		827
专用设备修理		158.4	127.7		207
电气设备修理		559.4	564.6		620
电力、热力、燃气及水生产和供应业	51299.4	387278.0	534196.1	725993.5	92102
电力、热力生产和供应业	30174.6	519886.3	654556.2	457678.8	75561
电力生产	28423.8	414539.8	447874.8	402766.4	29764
火力发电		-115008.2	-108629.3	137845.0	5365
热电联产	1460.6	-93394.8	-83621.0	221344.3	15452
水力发电	23.4	70023.6	71663.9	21557.3	3051
风力发电	26749.6	383688.5	396692.1	16419.0	3890
太阳能发电	190.2	170486.6	172521.7	4552.7	1738
生物质能发电		-1124.8	-1048.1	1048.1	130
其他电力生产		-131.1	295.5		138
电力供应	898.6	203692.8	225637.5	4278.5	33596
热力生产和供应	852.2	-98346.3	-18956.1	50633.9	12201
燃气生产和供应业	11652.1	-114650.5	-109796.6	235747.9	10495
燃气生产和供应业	11652.1	-114650.5	-109796.6	235747.9	10495
天然气生产和供应业	11652.1	116529.0	120544.2	5386.2	6872
液化石油气生产和供应业		23.7	20.9		15
煤气生产和供应业		-231203.2	-230361.7	230361.7	3608
水的生产和供应业	9472.7	-17957.8	-10563.5	32566.8	6046
自来水生产和供应	9472.7	-17177.6	-12439.9	28935.9	5517
污水处理及其再生利用		-780.2	1876.4	3630.9	529

1-6 规模以上工业企业分地县主要经济指标

单位：万元

地　　区	企业单位数（个）	工业总产值（当年价格）	工业销售产值（当年价格）	资产总计
总　计	**2957**	**99743769.1**	**97934576.2**	**209601485.0**
乌鲁木齐市	**345**	**22757911.5**	**22412536.9**	**46092916.0**
天山区	9	276588.5	328972.4	1215297.0
沙依巴克区	29	780990.9	796831.3	2550658.0
新市区	89	4717134.8	4478867.9	12386854.0
水磨沟区	10	4880963.9	4880345.0	8000351.0
头屯河区	108	6141372.4	6019046.2	10554262.0
达坂城区	24	275080.5	272033.5	3172427.0
米东区	68	5572329.8	5522454.3	7270986.0
乌鲁木齐县	8	113450.7	113986.3	942081.0
克拉玛依市	**107**	**15391117.1**	**15287587.1**	**22532172.0**
独山子区	9	5502272.2	5517980.2	3404735.0
克拉玛依区	77	9569872.6	9450991.8	18309171.0
白碱滩区	16	247866.5	247924.9	491660.0
乌尔禾区	5	71105.8	70690.2	326607.0
吐鲁番市	**138**	**3750895.2**	**3735311.7**	**8763638.0**
高昌区	45	393127.8	409324.3	1344905.0
鄯善县	41	1773548.7	1731320.2	3338778.0
托克逊县	52	1584218.7	1594667.2	4079955.0
哈密市	**200**	**4921086.8**	**4890853.0**	**18480359.0**
哈密伊州区	146	3236314.8	3220251.1	12394807.0
巴里坤哈萨克自治县	35	558566.2	563596.2	2851813.0
伊吾县	19	1126205.8	1107005.7	3233739.0
昌吉回族自治州	**361**	**13100697.4**	**12832422.7**	**27690397.0**
昌吉市	110	1932796.0	1913056.5	3536431.0
阜康市	57	3158615.8	3145633.7	4999121.0
呼图壁县	47	793308.7	749702.8	1311541.0
玛纳斯县	51	1384804.4	1399140.5	4631554.0
奇台县	38	656095.8	653119.6	2180228.0
吉木萨尔县	46	5117970.2	4914750.0	10632840.0
木垒哈萨克自治县	12	57106.5	57019.6	398683.0
伊犁哈萨克自治州	**553**	**9087457.7**	**8940766.1**	**24198804.0**
伊犁哈萨克自治州直属县（市）	**268**	**5303145.4**	**5251956.3**	**15052355.0**
伊宁市	30	684621.5	686788.1	3412694.0
奎屯市	63	1551315.7	1557175.6	3468175.0
霍尔果斯市	20	245980.6	236100.9	445642.0
伊宁县	38	662327.1	656609.9	2956499.0
察布查尔锡伯自治县	20	134379.4	134314.4	386670.0
霍城县	29	332010.2	311790.9	486888.0
巩留县	19	369202.9	367265.9	1158570.0

1-6 续表1 单位：万元

地　　区	固定资产净额	固定资产原价	累计折旧	流动资产合计	应收账款
总　计	**87261346.0**	**142323383.0**	**55071739.2**	**67054814.9**	**13266812.9**
乌鲁木齐市	**18637923.0**	**32905715.0**	**19509582.0**	**15142488.7**	**3348427.3**
天山区	647433.0	1529460.0	876975.8	425421.3	80885.8
沙依巴克区	1070890.0	1615241.0	543247.0	1138696.5	125706.3
新市区	3539415.0	5927770.0	8607323.7	3926337.2	731226.4
水磨沟区	6465381.0	11344508.0	4878158.5	483873.2	123009.0
头屯河区	2489188.0	4365768.0	1778485.0	4881989.9	1452612.7
达坂城区	1032927.0	1445920.0	340002.0	1074163.1	127607.2
米东区	2800905.0	5897263.0	2297391.2	2985205.4	612700.8
乌鲁木齐县	591784.0	779785.0	187998.8	226802.1	94679.1
克拉玛依市	**5010421.0**	**12664917.0**	**6708672.4**	**7154858.6**	**1104464.4**
独山子区	1526638.0	4700193.0	2880358.7	1353499.6	18313.3
克拉玛依区	3215487.0	7586847.0	3719106.9	5382483.5	874889.7
白碱滩区	143340.0	220164.0	76449.1	271144.3	112009.4
乌尔禾区	124956.0	157714.0	32757.7	147731.2	99252.0
吐鲁番市	**3165239.0**	**8993921.0**	**4131352.4**	**2603408.9**	**557490.2**
高昌区	541051.0	940132.0	304156.4	479558.4	145910.4
鄯善县	844617.0	5643893.0	3199869.4	786848.8	163755.2
托克逊县	1779571.0	2409896.0	627326.6	1337001.7	247824.6
哈密市	**10765043.0**	**14273887.0**	**3090984.8**	**4504173.0**	**1716943.0**
哈密伊州区	7019731.0	9476660.0	2232189.3	3169873.7	1188752.9
巴里坤哈萨克自治县	1917629.0	2544439.0	435669.4	611987.8	328931.8
伊吾县	1827683.0	2252788.0	423126.1	722311.5	199258.3
昌吉回族自治州	**11485977.0**	**16270313.0**	**4182754.6**	**10549633.9**	**2145807.1**
昌吉市	1081277.0	1892502.0	685868.0	1752466.9	333053.1
阜康市	2738308.0	3882591.0	986601.4	1266387.8	246684.9
呼图壁县	591627.0	832854.0	231921.2	456793.7	40915.3
玛纳斯县	1287237.0	1991497.0	693401.5	2945742.3	300828.3
奇台县	1293369.0	1563102.0	234509.0	437543.0	81663.1
吉木萨尔县	4222016.0	5788108.0	1302938.2	3606919.1	1096872.4
木垒哈萨克自治县	272144.0	319659.0	47515.3	83781.1	45790.0
伊犁哈萨克自治州	**12308638.0**	**18472485.0**	**5514736.9**	**7287874.0**	**1377041.1**
伊犁哈萨克自治州直属县（市）	**8113427.0**	**11522950.0**	**3201734.9**	**4294743.9**	**644304.1**
伊宁市	2508595.0	2998783.0	490187.0	676425.1	173906.2
奎屯市	1719386.0	2676360.0	863324.6	1025622.7	109488.0
霍尔果斯市	259562.0	357681.0	91315.8	102562.2	38372.0
伊宁县	1290590.0	1769636.0	471100.8	905856.5	156979.9
察布查尔锡伯自治县	124040.0	201159.0	74922.7	204450.4	30051.5
霍城县	243096.0	373822.0	129822.4	221649.7	72295.9
巩留县	492178.0	866749.0	310889.2	384244.8	21079.2

1-6 续表 2

单位：万元

地　　区	存货	产成品	负债合计	流动负债合计	应付账款
总　计	**13489867.0**	**4932475.9**	**126153443.4**	**83382825.3**	**22370076.9**
乌鲁木齐市	**2512258.0**	**594086.0**	**28153429.1**	**20095362.0**	**5871445.3**
天山区	43844.4	21663.9	913177.4	381426.1	101597.9
沙依巴克区	136055.3	36994.7	1241732.8	867543.4	427246.1
新市区	895467.7	204179.7	7148841.6	5098700.0	903522.0
水磨沟区	19193.7	2369.9	5252540.5	3295007.3	1861722.7
头屯河区	875512.2	165026.0	6885663.2	6403441.0	1804862.1
达坂城区	26903.5	6350.3	1905208.0	1212084.9	134443.1
米东区	508108.2	155698.5	4158562.9	2607466.5	618800.7
乌鲁木齐县	7173.0	1803.0	647702.7	229692.8	19250.7
克拉玛依市	**1115592.1**	**336937.7**	**7038060.1**	**4955900.9**	**2388281.1**
独山子区	297678.1	102563.6	858699.3	695229.6	142323.9
克拉玛依区	774974.0	232303.5	5661128.5	3857533.4	2051803.3
白碱滩区	31081.6	1903.9	253067.3	236570.6	123075.8
乌尔禾区	11858.4	166.7	265165.0	166567.3	71078.1
吐鲁番市	**451769.6**	**269068.7**	**5838366.5**	**3790713.1**	**1097159.5**
高昌区	50156.4	13304.5	907356.5	490121.3	109495.9
鄯善县	317163.1	226721.3	1866362.7	1443498.6	446500.9
托克逊县	84450.1	29042.9	3064647.3	1857093.2	541162.7
哈密市	**428393.0**	**178907.0**	**13093400.8**	**6195697.6**	**1438028.9**
哈密伊州区	358623.1	139945.2	8761867.4	3610214.4	971321.6
巴里坤哈萨克自治县	9916.3	6866.7	2094251.5	788356.0	141782.2
伊吾县	59853.6	32095.1	2237281.9	1797127.2	324925.1
昌吉回族自治州	**2490236.7**	**857097.9**	**18434413.9**	**14064923.9**	**3102233.2**
昌吉市	402389.3	213808.0	2219932.0	1871901.0	437323.5
阜康市	445332.8	169146.0	3490191.0	2675738.6	635310.7
呼图壁县	178720.6	86715.8	924419.8	598394.5	168138.1
玛纳斯县	780399.1	217412.2	2785228.4	2230271.4	788279.0
奇台县	95348.3	33998.6	1475452.5	805858.1	202860.1
吉木萨尔县	585312.5	134292.0	7221725.1	5773737.3	858054.9
木垒哈萨克自治县	2734.1	1725.3	317465.1	109023.0	12266.9
伊犁哈萨克自治州	**1697019.3**	**619641.0**	**16743697.9**	**10165445.7**	**2367227.1**
伊犁哈萨克自治州直属县（市）	**998519.6**	**341589.0**	**10959198.3**	**6535458.1**	**1449171.5**
伊宁市	169998.4	27409.8	2696559.5	1599922.7	210431.9
奎屯市	281869.6	90054.4	2443130.6	1382522.3	470394.6
霍尔果斯市	12070.0	7143.0	280435.0	141391.9	43746.4
伊宁县	135117.1	51722.2	2322369.2	1312406.6	347531.1
察布查尔锡伯自治县	60911.3	27018.3	299788.5	270866.7	29708.0
霍城县	78596.3	51012.1	302124.7	242699.2	40330.6
巩留县	16596.7	6838.3	782692.1	279566.3	38124.0

1-6 续表 3 单位：万元

地　　区	所有者权益合计	实收资本			
			国家资本	集体资本	法人资本
总　计	**83447933.1**	**64597150.5**	**25062295.3**	**911186.8**	**34516166.4**
乌鲁木齐市	**17939483.8**	**11519473.6**	**7228668.0**	**32046.6**	**3570415.8**
天山区	302119.3	418849.3	271054.7		146794.6
沙依巴克区	1308925.3	963656.2	175364.0		753657.3
新市区	5238011.2	3000756.8	1983749.2	5310.0	815600.7
水磨沟区	2747810.5	1653092.1	1627892.1		18000.0
头屯河区	3668597.6	1705692.8	801905.9	12763.4	683593.9
达坂城区	1267218.1	585712.8	296066.7	1973.2	253041.9
米东区	3112423.3	3001548.5	2003899.2	12000.0	819800.2
乌鲁木齐县	294378.5	190165.1	68736.2		79927.2
克拉玛依市	**15494110.2**	**17044135.3**	**4529063.2**	**22266.5**	**12334924.9**
独山子区	2546035.4	2536785.9	2366987.9	2000.0	167798.0
克拉玛依区	12648041.7	14375360.6	2111292.7	14636.9	12145314.4
白碱滩区	238591.7	85368.8	20782.6	5629.6	8692.5
乌尔禾区	61441.4	46620.0	30000.0		13120.0
吐鲁番市	**2925271.6**	**2532419.7**	**370620.8**	**523211.6**	**1485860.1**
高昌区	437548.3	329208.4	83920.1		193438.0
鄯善县	1472415.9	1319048.3	76946.0	52960.0	1148081.9
托克逊县	1015307.4	884163.0	209754.7	470251.6	144340.2
哈密市	**5386957.5**	**4155607.3**	**1419909.6**	**19842.5**	**2532143.9**
哈密伊州区	3632939.3	2931678.3	1011320.1	15926.8	1769586.6
巴里坤哈萨克自治县	757560.8	562203.6	380489.5	3915.7	157856.3
伊吾县	996457.4	661725.4	28100.0		604701.0
昌吉回族自治州	**9255981.9**	**6130535.0**	**903992.4**	**47565.0**	**4657791.7**
昌吉市	1316498.8	963101.5	12152.5	300.0	736687.2
阜康市	1508929.4	1244750.6	278678.7	20245.0	868631.4
呼图壁县	387120.8	343856.4	51065.9	25800.0	162953.8
玛纳斯县	1846324.5	669898.3	53200.0	100.0	544889.6
奇台县	704775.9	558206.2	11853.2	1120.0	515699.8
吉木萨尔县	3411114.8	2280489.0	473532.1		1788666.9
木垒哈萨克自治县	81217.7	70233.0	23510.0		40263.0
伊犁哈萨克自治州	**7455104.0**	**6387223.1**	**1974354.2**	**68074.1**	**3579833.1**
伊犁哈萨克自治州直属县（市）	**4093155.1**	**3782223.1**	**997950.1**	**8186.5**	**2370156.0**
伊宁市	716134.6	854665.5	91631.8		731012.7
奎屯市	1025044.4	859267.9	273648.9		448416.1
霍尔果斯市	165207.2	95462.6	41569.1	3500.0	37324.3
伊宁县	634129.3	818526.8	81905.9	1199.6	670727.4
察布查尔锡伯自治县	86881.7	69340.0	3105.0		50405.0
霍城县	184762.8	142362.7	42014.1		64524.3
巩留县	375877.8	360838.0	274238.4		84444.6

1-6 续表 4

单位：万元

地　　区	个人资本	港澳台资本	外商资本	营业收入	营业成本
总　计	**3362432.7**	**304108.9**	**440460.3**	**106294204.8**	**84217093.6**
乌鲁木齐市	**515358.4**	**132617.9**	**40366.9**	**24924500.4**	**20619035.6**
天山区	1000.0			333295.2	369665.7
沙依巴克区	17384.9	17250.0		819427.1	701696.6
新市区	139466.5	44238.3	12392.0	4917379.2	3531851.6
水磨沟区	7200.0			5655870.6	5537600.3
头屯河区	114625.2	64829.6	27974.9	6641531.0	5553383.8
达坂城区	34631.0			280263.6	180859.6
米东区	159549.1	6300.0		6160435.6	4679609.4
乌鲁木齐县	41501.7			116298.1	64368.6
克拉玛依市	**155083.9**		**2796.8**	**16899114.9**	**12948305.7**
独山子区				5634911.0	4261733.7
克拉玛依区	101319.8		2796.8	10884220.0	8363160.5
白碱滩区	50264.1			305882.5	256903.3
乌尔禾区	3500.0			74101.4	66508.2
吐鲁番市	**135745.4**	**16856.8**	**125.0**	**4009111.1**	**3280939.8**
高昌区	34868.5	16856.8	125.0	426837.7	336712.9
鄯善县	41060.4			1908319.7	1600132.5
托克逊县	59816.5			1673953.7	1344094.4
哈密市	**139395.7**	**35281.4**	**9034.2**	**5162116.8**	**3554202.9**
哈密伊州区	90529.2	35281.4	9034.2	3378303.6	2458474.4
巴里坤哈萨克自治县	19942.1			569221.4	301192.7
伊吾县	28924.4			1214591.8	794535.8
昌吉回族自治州	**409423.8**	**26097.5**	**85664.6**	**14122102.5**	**12375867.2**
昌吉市	126467.2	1830.0	85664.6	2293485.8	2015830.7
阜康市	77195.5			3303788.1	2930056.5
呼图壁县	84769.2	19267.5		808547.2	723208.9
玛纳斯县	71708.7			1479502.4	1252203.3
奇台县	29533.2			669168.2	517788.9
吉木萨尔县	16290.0	2000.0		5510302.2	4897678.3
木垒哈萨克自治县	3460.0	3000.0		57308.6	39100.6
伊犁哈萨克自治州	**644605.5**	**49295.9**	**71060.3**	**9333548.3**	**7204165.6**
伊犁哈萨克自治州直属县（市）	**379810.8**		**26119.7**	**5553564.3**	**4465937.9**
伊宁市	20021.0		12000.0	713806.0	696264.1
奎屯市	133314.9		3888.0	1747704.0	1342287.2
霍尔果斯市	13069.2			238216.6	188101.6
伊宁县	64693.9			664097.0	537110.8
察布查尔锡伯自治县	15830.0			131792.7	104681.8
霍城县	25592.6		10231.7	334120.7	259050.3
巩留县	2155.0			379261.9	295783.7

1-6 续表 5

单位：万元

地区	销售费用	管理费用	财务费用		
				利息收入	利息支出
总计	**2485441.7**	**4835692.0**	**2825417.2**	**211227.5**	**2921679.2**
乌鲁木齐市	**607771.3**	**1043778.6**	**458149.8**	**246.9**	**501206.0**
天山区	8739.3	24455.3	17702.9	1162.0	18696.6
沙依巴克区	59286.8	73364.0	-5133.3	14767.8	10745.9
新市区	188306.3	412806.1	190624.9	12835.5	166498.6
水磨沟区	652.5	6727.5	78682.7	2563.8	80949.0
头屯河区	306338.7	259918.0	55631.4	-27064.2	81187.7
达坂城区	4777.1	21262.7	36163.0	-16189.8	52898.2
米东区	37158.1	235441.6	63081.2	11102.6	67673.0
乌鲁木齐县	2512.5	9803.4	21397.0	1069.2	22557.0
克拉玛依市	**126285.7**	**1019606.4**	**14777.5**	**80122.0**	**87450.7**
独山子区	56531.2	213705.5	1676.1	12627.8	14204.9
克拉玛依区	66005.7	779652.6	7976.8	67108.2	69308.9
白碱滩区	3625.9	23099.6	2628.5	607.8	2428.4
乌尔禾区	122.9	3148.7	2496.1	-221.8	1508.5
吐鲁番市	**99552.7**	**211067.6**	**155095.1**	**12194.7**	**166583.4**
高昌区	20962.7	26338.8	25212.9	181.8	23847.3
鄯善县	47441.1	94674.2	37114.9	-346.1	38199.3
托克逊县	31148.9	90054.6	92767.3	12359.0	104536.8
哈密市	**76399.4**	**167638.5**	**431822.3**	**3455.7**	**409752.2**
哈密伊州区	62278.4	123712.5	283051.0	3326.4	262616.1
巴里坤哈萨克自治县	8848.1	11559.8	84466.2	640.4	83959.3
伊吾县	5272.9	32366.2	64305.1	-511.1	63176.8
昌吉回族自治州	**391678.3**	**433523.3**	**469275.3**	**9609.9**	**450478.8**
昌吉市	98955.8	97882.3	48142.3	1571.6	46667.2
阜康市	57764.5	85011.2	114649.5	6213.7	110943.1
呼图壁县	19288.3	24903.8	15745.6	115.5	15854.6
玛纳斯县	62471.2	88848.8	46867.1	128.7	38989.9
奇台县	15868.0	29224.0	52854.0	892.8	48462.5
吉木萨尔县	136681.7	105947.1	181399.6	479.3	179757.1
木垒哈萨克自治县	648.8	1706.1	9617.2	208.3	9804.4
伊犁哈萨克自治州	**299329.8**	**488380.0**	**417486.5**	**18877.1**	**414157.5**
伊犁哈萨克自治州直属县（市）	**169726.8**	**254241.2**	**276440.6**	**13181.7**	**284442.5**
伊宁市	10605.6	46307.0	87623.2	531.2	87534.5
奎屯市	57124.8	59485.4	42399.2	3847.5	46036.0
霍尔果斯市	6698.7	13351.6	6737.1	99.0	6773.5
伊宁县	19321.5	52961.6	72577.5	4965.6	77069.2
察布查尔锡伯自治县	3158.1	5210.4	3363.3	36.7	3343.5
霍城县	14818.4	14148.0	5078.7	253.4	5458.9
巩留县	15868.7	15109.5	18484.4	84.1	18453.8

1-6 续表 6 单位：万元

地　区	投资收益（损失以“-”号记）	营业利润	利润总额	亏损企业亏损额	平均用工人数（人）
总　计	**339728.0**	**7694961.0**	**7687747.5**	**1999397.7**	**679583**
乌鲁木齐市	**208595.5**	**1218362.9**	**1318587.5**	**191578.9**	**125584**
天山区	103.8	-95813.6	-63466.0	64974.6	3711
沙依巴克区	1223.1	-11976.3	16458.3	33432.3	7606
新市区	15588.6	520898.9	550585.4	33159.3	27494
水磨沟区	804.1	24700.9	45109.6	525.6	28484
头屯河区	3479.5	232225.1	226632.9	40185.5	28749
达坂城区	110673.5	142346.8	147404.0	2196.3	4848
米东区	70633.7	381978.4	372419.7	16640.1	23914
乌鲁木齐县	6089.2	24002.7	23443.6	465.2	778
克拉玛依市	**9471.7**	**1145003.9**	**1197679.2**	**94515.9**	**96882**
独山子区	2873.2	351039.9	341431.3	4108.5	16311
克拉玛依区	5609.7	768378.1	831138.7	87060.6	75637
白碱滩区	988.8	18680.5	19972.4	47.7	4346
乌尔禾区		6905.4	5136.8	3299.1	588
吐鲁番市	**1944.5**	**64761.7**	**-114117.0**	**322184.3**	**30702**
高昌区	2432.3	15874.2	16138.8	11319.8	5003
鄯善县	-855.6	-8701.0	-189321.1	256635.6	13034
托克逊县	367.8	57588.5	59065.3	54228.9	12665
哈密市	**25563.4**	**838549.6**	**826010.9**	**58313.7**	**30496**
哈密伊州区	25383.4	398542.0	384871.8	42929.2	22945
巴里坤哈萨克自治县	175.6	143422.7	142942.9	796.1	2331
伊吾县	4.4	296584.9	298196.2	14588.4	5220
昌吉回族自治州	**27565.2**	**338695.9**	**375459.8**	**244022.4**	**76088**
昌吉市	11604.3	12084.1	13945.9	67743.1	17491
阜康市	-1415.5	95500.1	123993.3	40833.1	18244
呼图壁县	111.7	21227.4	19618.4	21417.5	6463
玛纳斯县	16900.0	36331.4	42594.9	45506.3	9619
奇台县	143.1	42022.3	43396.1	9011.9	4014
吉木萨尔县	221.6	125858.0	128181.5	56919.9	19806
木垒哈萨克自治县		5672.6	3729.7	2590.6	451
伊犁哈萨克自治州	**12195.3**	**729673.1**	**730482.3**	**524996.3**	**91294**
伊犁哈萨克自治州直属县（市）	**13239.4**	**278045.1**	**304339.7**	**382821.0**	**54914**
伊宁市	3852.0	-133033.4	-128679.5	206418.3	8584
奎屯市	1621.0	234814.5	252197.3	23672.1	14601
霍尔果斯市	107.1	18305.6	20051.3	1942.3	2038
伊宁县	626.5	-69511.3	-67077.9	110711.4	9224
察布查尔锡伯自治县	35.2	14487.7	15399.3	7560.2	1433
霍城县	700.6	40698.7	40744.6	2370.8	3099
巩留县		32708.3	32885.5	2147.5	3357

1-6续表7

单位：万元

地　区	企业单位数（个）	工业总产值（当年价格）	工业销售产值（当年价格）	资产总计
新源县	25	1016183.9	999617.8	1519133.0
昭苏县	7	50546.8	43490.1	157704.0
特克斯县	7	36411.5	39693.9	237937.0
尼勒克县	10	220165.8	219108.8	822443.0
塔城地区	**168**	**2371982.0**	**2244505.7**	**4946229.0**
塔城市	8	59257.3	56546.3	69477.0
乌苏市	43	987731.3	847264.1	1344722.0
额敏县	23	196913.1	198783.6	497218.0
沙湾县	60	750305.4	776197.6	1232461.0
托里县	17	162117.9	151693.1	662859.0
裕民县	3	12543.0	12170.0	109831.0
和布克赛尔蒙古自治县	14	203114.0	201851.0	1029661.0
阿勒泰地区	**117**	**1412330.3**	**1444304.1**	**4200221.0**
阿勒泰市	18	122798.0	119700.3	715110.0
布尔津县	17	76779.0	77072.3	586161.0
富蕴县	19	485558.1	523992.9	1217586.0
福海县	34	226734.8	223604.4	381482.0
哈巴河县	14	276595.9	280787.0	729651.0
青河县	9	89119.3	84380.8	265350.0
吉木乃县	6	134745.2	134766.4	304882.0
博尔塔拉蒙古自治州	**120**	**980712.6**	**899625.7**	**2117060.0**
博乐市	60	432387.6	405936.5	1124628.0
阿拉山口市	29	307116.0	305863.8	540206.0
精河县	25	229203.5	177332.2	414284.0
温泉县	6	12005.5	10493.2	37942.0
巴音郭楞蒙古自治州	**251**	**9672338.7**	**9582517.6**	**19344866.0**
库尔勒市	96	7223286.5	7124594.6	13748758.0
轮台县	18	301501.7	293852.7	991761.0
尉犁县	32	125308.3	120863.2	341614.0
若羌县	11	546451.8	539955.8	1027587.0
且末县	4	16240.3	13540.0	91532.0
焉耆回族自治县	19	116012.7	109658.6	251033.0
和静县	45	1258890.8	1281872.3	2610927.0
和硕县	17	68036.0	75758.5	184979.0
博湖县	9	16610.6	22421.9	96676.0
阿克苏地区	**259**	**5249237.9**	**5125518.3**	**9076044.0**
阿克苏市	72	951159.3	911405.6	2059830.0
温宿县	29	234538.0	219581.9	744901.0
库车县	58	2750923.7	2703632.5	3119493.0
沙雅县	24	292422.8	279442.4	531808.0

1-6 续表8

单位：万元

地　　区	固定资产净额	固定资产原价	累计折旧	流动资产合计	应收账款
新源县	521292	912616	359190.7	619416.8	17967.8
昭苏县	110060	127078	17018.0	18799.5	4464.8
特克斯县	165566	231748	66181.2	33503.8	5045.1
尼勒克县	679061	1007320	327782.5	102212.4	14653.7
塔城地区	**1973557**	**3650673**	**1407173.8**	**1878466.7**	**492267.8**
塔城市	21194	40817	18685.8	33259.5	9640.4
乌苏市	601710	1262313	626280.9	588388.6	204562.0
额敏县	238205	403765	161304.3	209673.9	50047.3
沙湾县	287580	564504	215329.9	623873.4	110423.2
托里县	263740	472571	154144.4	235916.4	62708.9
裕民县	86315	91066	4751.7	21952.8	11550.1
和布克赛尔蒙古自治县	474815	815637	226676.8	165402.1	43335.9
阿勒泰地区	**2221654**	**3298863**	**905828.2**	**1114663.4**	**240469.2**
阿勒泰市	408149	526635	115344.2	136984.8	33010.3
布尔津县	423297	556276	132934.1	130535.0	62712.7
富蕴县	649879	959608	282211.3	325018.4	24340.6
福海县	194017	311145	114586.1	127964.5	39962.2
哈巴河县	288826	591766	164806.8	133621.2	22442.3
青河县	106475	144787	38311.8	132587.4	23131.8
吉木乃县	151011	208645	57633.9	127952.1	34869.3
博尔塔拉蒙古自治州	**973053**	**1481949**	**392588.0**	**763420.2**	**258220.3**
博乐市	533255	821885	225840.0	371665.0	102358.8
阿拉山口市	266540	398607	111702.5	226164.3	101908.7
精河县	152504	233631	47974.5	153372.5	48775.5
温泉县	20755	27826	7071.0	12218.4	5177.3
巴音郭楞蒙古自治州	**5750983**	**9377639**	**3281999.9**	**4557788.9**	**748152.5**
库尔勒市	3092920	5306980	1972506.9	2627350.7	250335.4
轮台县	399004	550681	135916.1	360667.5	161357.6
尉犁县	105821	136105	29762.7	209972.8	56630.8
若羌县	694066	1171361	472752.1	229534.8	26254.4
且末县	57803	70081	12278.3	7218.4	184.8
焉耆回族自治县	63220	110471	47250.9	133808.0	26962.1
和静县	1231746	1864957	553840.7	856658.5	191294.5
和硕县	58242	98019	36870.6	97607.3	21826.4
博湖县	48162	68984	20821.6	34970.9	13306.5
阿克苏地区	**3910355**	**6497253**	**2380358.4**	**3182374.6**	**466487.5**
阿克苏市	704390	1079733	361518.1	1006011.6	138090.0
温宿县	457116	620912	130728.3	164355.3	31093.3
库车县	1397234	2235855	828039.0	1195718.4	95743.3
沙雅县	211471	353865	142092.7	239322.8	40972.5

1-6 续表 9 单位：万元

地　　区	存货	产成品	负债合计	流动负债合计	应付账款
新源县	198875.6	69231.7	912682.7	842299.6	180744.8
昭苏县	3470.8	2717.1	133399.0	122306.6	2943.4
特克斯县	3767.8	1585.5	196312.0	97113.5	7688.7
尼勒克县	37246.0	6856.6	589705.0	244362.7	77528.0
塔城地区	**492340.2**	**198015.3**	**3086340.7**	**2261424.6**	**608451.3**
塔城市	6428.9	3317.4	49583.4	43694.4	24349.0
乌苏市	138498.9	78000.1	607027.5	496601.9	119482.8
额敏县	90926.2	50305.7	372995.3	217410.0	45425.2
沙湾县	152289.4	51362.2	886342.9	691255.1	162993.9
托里县	81298.2	6680.5	528479.5	398288.9	119504.5
裕民县	1210.8	715.1	84777.0	62809.9	16697.4
和布克赛尔蒙古自治县	21687.8	7634.3	557135.1	351364.4	119998.5
阿勒泰地区	**206159.5**	**80036.7**	**2698158.9**	**1368563.0**	**309604.3**
阿勒泰市	15172.0	1705.7	569208.8	231861.8	78397.2
布尔津县	4351.3	111.6	453881.9	152966.3	20543.9
富蕴县	100659.4	37192.1	618754.0	388428.6	61212.8
福海县	38322.1	23832.3	218146.7	156496.4	29956.1
哈巴河县	25844.8	7038.1	471750.1	218861.4	42772.7
青河县	19786.8	9337.9	181268.7	149453.7	67870.4
吉木乃县	2023.1	819.0	185148.7	70494.8	8851.2
博尔塔拉蒙古自治州	**194731.7**	**98016.9**	**1614336.1**	**1008339.6**	**251613.0**
博乐市	93368.0	34766.8	878346.8	533850.4	141580.9
阿拉山口市	56350.2	31957.2	402683.2	223482.4	70782.9
精河县	41804.3	28381.1	314488.8	233395.2	39082.0
温泉县	3209.2	2911.8	18817.3	17611.6	167.2
巴音郭楞蒙古自治州	**1282821.9**	**566822.6**	**9730686.8**	**5935997.0**	**1508163.5**
库尔勒市	557916.3	214615.3	6014022.9	3352793.4	964016.7
轮台县	46993.7	10054.3	695205.6	641835.6	95990.0
尉犁县	60283.5	15262.4	166515.9	77275.5	10063.1
若羌县	104443.3	18580.9	572056.8	327107.0	54114.8
且末县	3388.4	2873.0	52301.2	51815.2	8003.7
焉耆回族自治县	67493.4	22801.5	165317.1	89614.4	24368.3
和静县	390344.0	257141.7	1890264.1	1286022.4	308998.6
和硕县	40016.0	14290.0	106939.6	71345.5	34136.8
博湖县	11943.3	11203.5	68063.6	38188.0	8471.5
阿克苏地区	**736240.0**	**366720.4**	**6010174.4**	**4568009.9**	**943094.2**
阿克苏市	249521.5	126536.1	1138434.5	890860.1	151605.6
温宿县	48578.9	32243.5	584464.3	253781.1	87201.2
库车县	190519.0	83314.5	1812369.3	1494468.9	234130.1
沙雅县	69176.4	35397.7	321900.8	245042.7	52066.5

1-6 续表 10

单位：万元

地　　区	所有者权益合计	实收资本	国家资本	集体资本	法人资本
新源县	606450.7	300327.0	27399.0	558.0	208245.8
昭苏县	24304.4	27260.0	18760.0	2000.0	6500.0
特克斯县	41624.6	72504.7	11800.0	928.9	36575.8
尼勒克县	232737.6	181667.9	131877.9		31980.0
塔城地区	**1859887.8**	**1629037.3**	**632852.4**	**19182.0**	**760995.2**
塔城市	19893.8	9229.2	4529.2		3180.0
乌苏市	737694.6	523669.1	6943.3	10360.4	458619.4
额敏县	124223.1	150880.8	106996.6		32804.0
沙湾县	346118.3	309466.4	24508.2	676.0	151861.3
托里县	134378.7	124873.5	70624.3	6340.0	31915.0
裕民县	25053.9	20810.0	14510.0		
和布克赛尔蒙古自治县	472525.4	490108.3	404740.8	1805.6	82615.5
阿勒泰地区	**1502061.1**	**975962.7**	**343551.7**	**40705.6**	**448681.9**
阿勒泰市	145901.2	127393.2	57428.1		62283.8
布尔津县	132279.2	106387.1	70599.8	2300.0	28487.3
富蕴县	598831.1	355869.9	92052.4	35325.6	184391.3
福海县	163334.8	141730.1	60114.0		46531.1
哈巴河县	257900.9	86952.0	16546.0	2000.0	61460.0
青河县	84081.4	99795.3	36953.8	1080.0	18400.0
吉木乃县	119732.5	57835.1	9857.6		47128.4
博尔塔拉蒙古自治州	**502723.8**	**475384.6**	**109321.5**	**561.0**	**246477.6**
博乐市	246281.3	234579.9	39270.5	561.0	129620.4
阿拉山口市	137523.1	142738.8	63961.0		55566.7
精河县	99795.2	85895.9	5090.0		50740.5
温泉县	19124.2	12170.0	1000.0		10550.0
巴音郭楞蒙古自治州	**9614176.4**	**7184167.5**	**5835485.3**	**58437.2**	**971218.9**
库尔勒市	7734734.3	6129731.2	5552554.5	26305.2	400395.7
轮台县	296555.1	126863.5	18105.0		64024.7
尉犁县	175097.8	108425.4	4000.0		87413.5
若羌县	455530.2	173369.9	29334.9		131057.2
且末县	39230.5	61913.3	10713.3		31200.0
焉耆回族自治县	85715.2	58402.4	5738.5	2800.0	30095.0
和静县	720661.7	454370.0	197708.3	27332.0	208905.4
和硕县	78039.3	44862.9	7580.8		5658.5
博湖县	28612.3	26228.9	9750.0	2000.0	12468.9
阿克苏地区	**3065869.0**	**3090588.4**	**834847.5**	**84915.0**	**1918736.4**
阿克苏市	921395.6	670641.5	344682.5		242501.6
温宿县	160436.5	171041.0	49409.2	70920.0	28237.5
库车县	1307122.8	790528.7	350625.5	1195.0	391212.6
沙雅县	209908.3	125980.6	21827.2		84671.3

1-6 续表 11 单位：万元

地　　区	个人资本	港澳台资本	外商资本	营业收入	营业成本
新源县	64124.2			1038402.6	833604.4
昭苏县				43304.7	27331.0
特克斯县	23200.0			41809.8	32591.3
尼勒克县	17810.0			221048.3	149131.7
塔城地区	**204357.7**	**5400.0**	**6250.0**	**2256558.0**	**1834325.1**
塔城市	1520.0			49699.8	46493.7
乌苏市	44746.0		3000.0	874310.2	668619.0
额敏县	7830.2		3250.0	207847.2	179542.8
沙湾县	127020.9	5400.0		751796.1	671370.1
托里县	15994.2			143440.3	112558.7
裕民县	6300.0			12170.0	7164.1
和布克赛尔蒙古自治县	946.4			217294.4	148576.7
阿勒泰地区	**60437.0**	**43895.9**	**38690.6**	**1523426.0**	**903902.6**
阿勒泰市	7681.3			119687.1	104414.2
布尔津县	5000.0			80327.3	54644.1
富蕴县	5700.0		38400.6	535659.1	271474.7
福海县	12540.6	22254.4	290.0	224881.4	160497.8
哈巴河县	6946.0			327816.7	180397.7
青河县	21720.0	21641.5		102491.7	71308.5
吉木乃县	849.1			132562.7	61165.6
博尔塔拉蒙古自治州	**119024.5**			**854183.0**	**697366.7**
博乐市	65128.0			412256.7	353459.1
阿拉山口市	23211.1			299981.4	239987.3
精河县	30065.4			131430.3	95772.6
温泉县	620.0			10514.6	8147.7
巴音郭楞蒙古自治州	**280357.5**	**11380.0**	**27288.7**	**10040643.3**	**6371326.8**
库尔勒市	128787.3	500.0	21188.6	7548940.3	4579850.9
轮台县	34633.8	10100.0		298865.3	233473.3
尉犁县	17011.9			129862.6	110065.7
若羌县	12977.8			544484.5	224106.7
且末县	20000.0			13842.1	12350.8
焉耆回族自治县	19768.9			107645.0	85077.3
和静县	13544.2	780.0	6100.1	1291457.1	1047547.6
和硕县	31623.6			78357.5	57012.9
博湖县	2010.0			27188.9	21841.6
阿克苏地区	**231611.9**	**16722.1**	**3755.4**	**5452136.4**	**4104175.2**
阿克苏市	67179.0	14009.2	2269.1	1058381.0	930370.4
温宿县	20988.0		1486.3	237702.2	196762.4
库车县	44782.7	2712.9		2793550.8	1877721.7
沙雅县	19482.1			275267.4	212966.7

1-6 续表 12 单位：万元

地　　区	销售费用	管理费用	财务费用		
				利息收入	利息支出
新源县	38943.7	34636.3	9771.1	3160.3	9644.6
昭苏县	962.5	1217.5	4978.1	9.9	4905.2
特克斯县	524.4	4485.1	6253.5	8.9	5967.4
尼勒克县	1700.4	7328.8	19174.5	185.1	19255.9
塔城地区	**60880.9**	**168555.8**	**56010.2**	**5317.5**	**50537.9**
塔城市	1788.1	2550.6	1218.8	-6.5	831.7
乌苏市	18677.9	97348.4	9251.1	295.1	7887.1
额敏县	5871.6	9328.4	8374.6	1261.5	8776.4
沙湾县	25185.7	20947.7	11514.2	953.2	11587.2
托里县	1090.6	15554.8	14043.4	44.3	14199.0
裕民县	216.8	365.7	2518.1	2462.3	56.7
和布克赛尔蒙古自治县	8050.2	22460.2	9090.0	307.6	7199.8
阿勒泰地区	**68722.1**	**65583.0**	**85035.7**	**377.9**	**79177.1**
阿勒泰市	1824.2	6263.2	12849.2	239.9	12973.6
布尔津县	877.1	4476.8	18260.6	-123.9	18047.3
富蕴县	46499.1	21106.3	19345.2	434.2	19577.4
福海县	6954.3	12985.6	5235.3	54.8	3920.1
哈巴河县	4207.5	15124.6	15006.1	-351.9	15695.1
青河县	8113.4	5105.1	3183.1	62.3	3442.9
吉木乃县	246.5	521.4	11156.2	62.5	5520.7
博尔塔拉蒙古自治州	**49291.3**	**35342.3**	**39152.7**	**623.4**	**31907.3**
博乐市	24357.7	19903.5	20786.4	282.0	15151.4
阿拉山口市	7749.8	6284.5	10578.5	335.4	10176.0
精河县	16933.4	8242.7	7588.5	5.7	6434.4
温泉县	250.4	911.6	199.3	0.3	145.5
巴音郭楞蒙古自治州	**280772.4**	**774505.6**	**215301.6**	**28421.5**	**231889.5**
库尔勒市	100997.2	686625.9	113609.6	22365.5	129284.4
轮台县	15032.5	11803.5	14639.5	115.5	13839.8
尉犁县	3571.2	5510.9	3979.3	56.4	4017.8
若羌县	82562.8	28391.6	17918.3	356.5	15749.7
且末县	717.6	2101.1	1773.5	11.4	1784.6
焉耆回族自治县	6898.8	5858.7	4147.4	312.5	4409.3
和静县	67174.3	27464.6	53524.1	5170.4	57211.4
和硕县	1553.8	4250.3	3120.9	21.2	3200.8
博湖县	2264.2	2499.0	2589.0	12.1	2391.7
阿克苏地区	**104816.7**	**235959.8**	**133689.1**	**15482.1**	**130930.4**
阿克苏市	25313.3	41497.9	19410.5	4293.5	24478.9
温宿县	6545.2	10876.5	16162.3	189.5	16365.7
库车县	30934.8	110244.5	27474.7	11246.6	18610.3
沙雅县	10200.5	12927.8	7478.9	25.8	7388.6

1-6 续表 13　　单位：万元

地　　区	投资收益（损失以“-”号记）	营业利润	利润总额	亏损企业亏损额	平均用工人数（人）
新源县	6338.8	93868.4	93066.5	18665.1	9976
昭苏县		8124.7	7999.6	2189.9	341
特克斯县	9.8	-2541.8	-2721.3	3609.4	534
尼勒克县	-51.6	40123.7	40474.3	3534.0	1727
塔城地区	**-3048.5**	**86516.5**	**60631.0**	**109616.9**	**24758**
塔城市		-2512.1	-2158.7	2529.2	574
乌苏市		52103.6	42042.7	37722.8	6821
额敏县	-13.7	4890.7	7414.0	10833.6	2132
沙湾县	471.4	17155.3	20953.7	5495.1	8960
托里县		-2480.5	-25012.5	41429.0	2129
裕民县		1883.3	1893.7	271.2	181
和布克赛尔蒙古自治县	-3506.2	15476.2	15498.1	11336.0	3961
阿勒泰地区	**2004.4**	**365111.5**	**365511.6**	**32558.4**	**11622**
阿勒泰市	73.9	-5591.1	-4193.9	12831.0	1653
布尔津县	1200.8	2950.2	5208.6	4022.7	566
富蕴县	17.6	153214.0	151422.6	5620.0	4086
福海县	2.4	36763.0	38107.2	5916.8	2060
哈巴河县	643.6	104784.1	101193.8	2405.1	2276
青河县	66.1	14459.3	15243.1	438.0	818
吉木乃县		58532.0	58530.2	1324.8	163
博尔塔拉蒙古自治州	**432.1**	**35548.9**	**56706.7**	**31999.5**	**10469**
博乐市	328.9	-1812.0	7877.1	21234.8	6459
阿拉山口市		33902.7	43499.4	3674.5	1537
精河县	103.0	2521.0	3816.5	7000.4	2300
温泉县	0.2	937.2	1513.7	89.8	173
巴音郭楞蒙古自治州	**23384.8**	**2023533.7**	**1853427.8**	**101649.6**	**55212**
库尔勒市	21121.6	1764185.9	1592589.4	35221.5	37053
轮台县	1410.6	22390.5	23601.6	19862.5	2266
尉犁县	50.0	5786.4	6928.6	2539.2	1781
若羌县	369.8	142508.1	141779.3	3574.8	3670
且末县		-3432.3	-3511.4	3859.8	360
焉耆回族自治县	53.5	3620.3	3882.2	2805.7	1210
和静县	184.6	79612.8	78617.0	27621.9	7712
和硕县	194.7	11147.7	11505.2	2659.9	795
博湖县		-2285.7	-1964.1	3504.3	365
阿克苏地区	**12201.7**	**358198.3**	**371506.8**	**123478.9**	**42414**
阿克苏市	11632.1	49557.0	62673.4	15392.3	14957
温宿县	201.2	3784.4	5411.8	25890.9	2522
库车县	-2053.8	245508.0	240221.7	50295.4	10803
沙雅县	1665.5	31511.1	31364.6	312.4	4024

1-6续表14

单位：万元

地　　区	企业单位数（个）	工业总产值（当年价格）	工业销售产值（当年价格）	资产总计
新和县	13	153773.9	142023.5	132432.0
拜城县	37	726808.4	738241.2	2040655.0
乌什县	10	39836.9	29794.0	102574.0
阿瓦提县	11	77033.4	78879.1	167472.0
柯坪县	5	22741.5	22518.1	176879.0
克孜勒苏柯尔克孜自治州	**28**	**493939.3**	**483388.8**	**1868742.0**
阿图什市	13	107815.3	100841.6	560753.0
阿克陶县	6	139129.3	133291.1	598037.0
阿合奇县	1	18409.2	18409.2	142022.0
乌恰县	8	228585.5	230846.9	567930.0
喀什地区	**183**	**1381059.8**	**1333242.8**	**2793780.0**
喀什市	25	364094.2	366161.4	793272.0
疏附县	5	18767.7	18310.7	28226.0
疏勒县	23	160354.9	158651.8	229398.0
英吉沙县	14	74649.7	67663.2	159166.0
泽普县	10	36919.2	34298.1	42906.0
莎车县	15	111305.0	108484.0	194236.0
叶城县	36	173034.9	169586.2	314781.0
麦盖提县	16	97885.6	84283.5	206305.0
岳普湖县	11	94153.8	89917.1	164068.0
伽师县	13	117182.8	107636.0	274114.0
巴楚县	13	107499.5	103038.3	78074.0
塔什库尔干塔吉克自治县	2	25212.5	25212.5	309234.0
和田地区	**54**	**413670.6**	**392728.7**	**1436872.0**
和田市	17	99666.3	97589.6	263595.0
和田县	7	61404.1	58939.9	465803.0
墨玉县	14	103676.0	86722.5	371005.0
皮山县	3	23002.2	24132.2	46215.0
洛浦县	7	80679.4	80242.9	105668.0
策勒县	1	3753.4	3729.5	31807.0
于田县	5	41489.2	41372.1	152781.0
自治区直辖市	**358**	**12543644.5**	**12018076.8**	**25205834.0**
石河子市	109	5706472.4	5650583.3	13839705.0
阿拉尔市	145	1464809.2	1376701.2	3529679.0
图木舒克市	47	1033802.6	794934.1	1562469.0
五家渠市	53	4312138.4	4169908.5	6258421.0

1-6 续表15 单位：万元

地 区	固定资产净额	固定资产原价	累计折旧	流动资产合计	应收账款
新和县	35793	61054	24532.8	83264.4	16376.3
拜城县	819916	1772360	813727.6	352948.3	87752.7
乌什县	58503	78231	15113.5	38732.9	13060.6
阿瓦提县	101251	148597	47293.1	62284.7	14746.0
柯坪县	124681	146645	17313.3	39736.2	28652.8
克孜勒苏柯尔克孜自治州	**1047631**	**1311020**	**259867.3**	**535041.8**	**84857.5**
阿图什市	232833	312487	79559.3	249430.7	29663.6
阿克陶县	439563	513118	70743.9	110617.4	33975.0
阿合奇县	138185	177958	39772.9	3238.7	463.0
乌恰县	237051	307458	69791.2	171755.0	20755.9
喀什地区	**1329247**	**1986456**	**609640.7**	**1112782.9**	**248023.4**
喀什市	383561	669901	243405.8	274726.6	96198.3
疏附县	10126	15173	3829.9	12886.5	3402.3
疏勒县	64759	101653	36893.1	126168.9	32228.0
英吉沙县	77157	107969	30792.4	67291.2	23235.4
泽普县	11905	27290	15385.1	29611.9	6997.1
莎车县	75387	112588	37200.5	107497.5	13906.5
叶城县	157834	231729	73099.2	132754.0	28576.7
麦盖提县	53106	77020	22445.2	100517.8	15117.2
岳普湖县	59802	76778	16839.9	80166.2	6805.6
伽师县	134270	199427	64946.3	101262.3	11118.4
巴楚县	25695	40027	13546.9	50093.4	8823.6
塔什库尔干塔吉克自治县	275646	326902	51256.4	29806.6	1614.3
和田地区	**906787**	**1226683**	**299451.5**	**458684.0**	**125119.5**
和田市	159066	191806	31288.1	84265.9	33796.7
和田县	335993	469509	133515.7	120670.2	25575.4
墨玉县	155230	221341	49155.5	183402.0	45289.7
皮山县	25913	40871	13217.7	17731.9	7871.1
洛浦县	76870	105428	28260.8	23305.0	3257.3
策勒县	24274	31935	7661.4	7085.1	6198.4
于田县	129441	165794	36352.3	22223.9	3130.9
自治区直辖市	**11970050**	**16861145**	**4709750.3**	**9202285.4**	**1085779.1**
石河子市	6964676	9544241	2522586.7	4807068.1	312718.3
阿拉尔市	1325321	1956760	583263.6	1268285.4	206549.4
图木舒克市	803681	1019597	186479.4	621697.1	99250.8
五家渠市	2865655	4324245	1411833.9	2500391.2	466166.0

1-6 续表 16

单位：万元

地　　区	存货	产成品	负债合计	流动负债合计	应付账款
新和县	27135.8	24162.6	106055.2	81401.6	26491.4
拜城县	101127.5	43916.3	1725940.6	1448308.3	375440.7
乌什县	17439.2	16366.7	54578.5	32994.4	3363.1
阿瓦提县	30713.6	4146.0	118203.4	71483.8	452.7
柯坪县	2028.1	637.0	148227.8	49669.0	12342.9
克孜勒苏柯尔克孜自治州	**135264.5**	**26995.7**	**1094295.7**	**668309.5**	**123354.9**
阿图什市	36786.1	4638.1	194690.8	158053.6	35849.9
阿克陶县	23741.9	17349.2	427145.9	171954.2	51336.7
阿合奇县	63.5	63.5	142021.9	140578.3	414.9
乌恰县	74673.0	4944.9	330437.1	197723.4	35753.4
喀什地区	**320203.9**	**163581.2**	**1885859.9**	**1236652.4**	**295463.1**
喀什市	41686.8	16999.5	581932.3	361516.0	127282.7
疏附县	5308.7	2703.2	20360.9	17719.1	3174.7
疏勒县	24665.1	7621.1	153010.1	143685.8	27883.8
英吉沙县	14360.5	6864.3	60685.7	42838.7	11157.1
泽普县	10314.4	5065.2	24768.8	23606.6	1603.7
莎车县	28199.6	10296.7	147839.4	103837.3	20832.1
叶城县	29898.4	18305.9	190361.9	132524.5	42808.3
麦盖提县	47091.0	34046.0	135650.1	131885.1	17107.1
岳普湖县	51275.5	25149.3	93883.1	92925.5	9596.0
伽师县	39265.0	19418.9	99687.1	89456.2	11024.2
巴楚县	28138.9	17111.1	66038.7	65994.7	14368.3
塔什库尔干塔吉克自治县			311641.8	30662.9	8625.1
和田地区	**62566.5**	**22426.8**	**863615.9**	**324923.4**	**94590.4**
和田市	19679.8	5064.6	214325.7	92768.3	47965.2
和田县	4914.8	679.0	276739.7	64658.8	5903.1
墨玉县	17840.9	6766.6	243521.6	83588.1	27899.7
皮山县	1649.0	492.4	20837.8	6977.0	3021.4
洛浦县	8977.3	3750.1	33564.5	33402.7	7148.1
策勒县			23357.4	6001.8	605.6
于田县	9504.7	5674.1	51269.2	37526.7	2047.3
自治区直辖市	**2062769.8**	**832174.0**	**15653106.3**	**10372550.3**	**2889422.7**
石河子市	925692.6	318455.8	8340647.2	4857684.8	800282.3
阿拉尔市	319899.8	158535.0	2242260.2	1508102.4	415719.0
图木舒克市	152906.0	91231.7	969741.8	572870.3	130428.6
五家渠市	662619.5	263336.4	4092952.1	3426387.8	1541326.5

1-6 续表 17

单位：万元

地 区	所有者权益合计	实收资本	国家资本	集体资本	法人资本
新和县	26376.7	16832.1			1700.0
拜城县	314714.1	1196132.1	32460.0	12800.0	1117309.9
乌什县	47995.2	36663.8	10600.0		2000.0
阿瓦提县	49268.5	51175.5			46103.5
柯坪县	28651.3	31593.1	25243.1		5000.0
克孜勒苏柯尔克孜自治州	**774444.5**	**567701.8**	**148161.5**		**356054.0**
阿图什市	366061.8	278824.0	35650.0		238154.0
阿克陶县	170891.0	131711.5	88711.5		6000.0
阿合奇县					
乌恰县	237491.7	157166.3	23800.0		111900.0
喀什地区	**907918.2**	**505514.0**	**126505.2**	**20750.0**	**214157.0**
喀什市	211339.7	145121.7	43539.4	15750.0	63557.0
疏附县	7865.1	4015.0			
疏勒县	76387.2	52273.7	6900.0		33841.1
英吉沙县	98480.6	60751.6	13800.0		36458.9
泽普县	18136.8	15902.0		20.0	2004.0
莎车县	46396.1	45887.6	10550.0		20661.4
叶城县	124419.2	88003.2	27511.8	1980.0	21292.4
麦盖提县	70654.3	19474.7	4000.0		12169.7
岳普湖县	70185.1	25370.8			8583.0
伽师县	174426.7	20585.5	6954.0	3000.0	8109.5
巴楚县	12035.2	17928.2	8050.0		7480.0
塔什库尔干塔吉克自治县	-2407.8	10200.0	5200.0		
和田地区	**573256.2**	**483227.6**	**322614.9**	**1670.0**	**99143.2**
和田市	49269.0	66032.0	10283.7	1000.0	44050.0
和田县	189062.9	204481.7	184481.7		20000.0
墨玉县	127483.0	45317.3	6352.1	670.0	19772.0
皮山县	25376.9	15098.0			14100.0
洛浦县	72103.5	48680.0	43000.0		1700.0
策勒县	8449.4	7168.7	7168.7		
于田县	101511.5	96449.9	71328.7		-478.8
自治区直辖市	**9552636.0**	**4521172.6**	**1258751.2**	**31847.3**	**2549409.8**
石河子市	5499057.6	2331276.2	548057.3	23100.0	1309437.7
阿拉尔市	1287327.6	701076.8	214467.0	1640.0	413743.3
图木舒克市	592727.0	366937.8	269145.4	90.0	90193.8
五家渠市	2165468.9	1120131.8	227081.5	7017.3	734285.0

1-6 续表 18

单位：万元

地　　区	个人资本	港澳台资本	外商资本	营业收入	营业成本
新和县	15132.1			136426.6	106392.8
拜城县	33562.2			815157.1	665976.6
乌什县	24063.8			30335.8	20827.6
阿瓦提县	5072.0			79759.8	77531.2
柯坪县	1350.0			25555.7	15625.8
克孜勒苏柯尔克孜自治州	**63486.3**			**494831.7**	**250668.4**
阿图什市	5020.0			108567.7	73355.7
阿克陶县	37000.0			134180.3	69743.1
阿合奇县				18409.2	8303.3
乌恰县	21466.3			233674.5	99266.3
喀什地区	**138601.8**		**5500.0**	**1367931.8**	**1110550.0**
喀什市	22275.3			380707.0	314755.7
疏附县	4015.0			18331.2	16969.5
疏勒县	11532.6			164972.4	142175.3
英吉沙县	10492.7			66215.6	46875.7
泽普县	13878.0			34885.4	31961.8
莎车县	14676.2			113088.8	100941.1
叶城县	31719.0		5500.0	173575.7	121941.9
麦盖提县	3305.0			80965.7	74469.1
岳普湖县	16787.8			95454.3	83403.8
伽师县	2522.0			110386.0	86485.7
巴楚县	2398.2			104137.2	78462.4
塔什库尔干塔吉克自治县	5000.0			25212.5	12108.0
和田地区	**59799.5**			**399882.3**	**299355.9**
和田市	10698.3			106345.6	104732.2
和田县				56663.1	39795.6
墨玉县	18523.2			89394.0	61450.8
皮山县	998.0			18370.8	13706.7
洛浦县	3980.0			83187.3	46164.5
策勒县				3846.6	2054.9
于田县	25600.0			42074.9	31451.2
自治区直辖市	**469938.5**	**15857.3**	**194868.4**	**13234102.3**	**11401133.8**
石河子市	259450.8	1162.0	190068.4	6806722.7	5645266.0
阿拉尔市	54004.9	11921.6	4800.0	1393170.6	1192076.9
图木舒克市	7508.5			803969.5	718988.4
五家渠市	148974.3	2773.7		4204289.8	3823356.5

1-6 续表 19 单位：万元

地　　区	销售费用	管理费用	财务费用	利息收入	利息支出
新和县	6874.7	3200.9	1119.5	2.8	1037.9
拜城县	22118.0	53887.5	51558.7	-304.2	52493.2
乌什县	1077.5	1239.2	893.8	9.7	954.9
阿瓦提县	1475.6	1725.0	3023.6	13.1	3031.1
柯坪县	277.1	360.5	6567.1	5.3	6569.8
克孜勒苏柯尔克孜自治州	**8602.5**	**26995.3**	**32619.0**	**1115.7**	**32707.9**
阿图什市	2266.1	6333.5	4420.8	1114.5	5227.1
阿克陶县	2418.0	7770.7	15841.1	117.3	14955.8
阿合奇县			5359.0	2.2	5360.8
乌恰县	3918.4	12891.1	6998.1	-118.3	7164.2
喀什地区	**40579.9**	**61753.4**	**42975.2**	**1359.6**	**43660.7**
喀什市	16453.6	17326.7	14935.9	415.0	14672.0
疏附县	631.1	1372.3	99.6	0.5	97.6
疏勒县	5655.5	7552.2	2963.0	61.0	2990.0
英吉沙县	1572.4	4943.7	1530.3	39.5	1569.5
泽普县	392.8	1739.4	555.2	8.0	560.8
莎车县	2537.0	4887.6	2774.5	59.1	2717.8
叶城县	4255.5	7509.5	4711.6	751.2	5498.3
麦盖提县	1499.5	1953.6	196.1	14.4	177.8
岳普湖县	2105.5	2693.9	1017.8	6.8	985.8
伽师县	1047.9	6036.7	1201.0	-13.0	1388.3
巴楚县	4429.1	1963.6	277.9	4.4	277.8
塔什库尔干塔吉克自治县	0.0	3774.2	12712.3	12.7	12725.0
和田地区	**11299.9**	**22688.7**	**22405.8**	**574.9**	**22112.2**
和田市	2687.0	7602.4	848.1	138.0	991.6
和田县	460.6	4887.5	10009.8	191.6	9759.2
墨玉县	1610.2	3862.0	8183.1	158.9	7904.5
皮山县	395.1	883.6	675.8	2.3	677.2
洛浦县	5754.0	3610.6	152.4	7.6	163.3
策勒县			1119.7	10.7	1130.4
于田县	393.0	1842.6	1416.9	65.8	1486.0
自治区直辖市	**389061.8**	**314452.5**	**392667.3**	**39144.0**	**398842.6**
石河子市	208031.3	191103.7	264049.0	19357.1	256500.3
阿拉尔市	45249.0	38761.8	37535.6	15384.6	50841.4
图木舒克市	19456.1	25782.0	12477.8	1091.0	12680.4
五家渠市	116031.9	58289.0	78564.6	3310.5	78820.5

1-6 续表 20　　单位：万元

地　　区	投资收益（损失以“-”号记）	营业利润	利润总额	亏损企业亏损额	平均用工人数（人）
新和县		17725.2	18628.0		1408
拜城县	703.5	4863.2	7206.9	27913.7	6352
乌什县	23.4	6107.6	6091.0	126.4	395
阿瓦提县	29.8	-2645.2	-2045.6	3270.7	1804
柯坪县		1787.0	1955.0	277.1	149
克孜勒苏柯尔克孜自治州	**3408.1**	**155088.3**	**160930.8**	**1635.1**	**2824**
阿图什市	3408.1	22426.8	28517.5	1635.1	978
阿克陶县		33318.1	32755.3		831
阿合奇县		4415.4	4517.2		33
乌恰县		94928.0	95140.8		982
喀什地区	**613.9**	**70443.9**	**100040.7**	**41278.6**	**21750**
喀什市	191.1	-5058.4	4765.2	24539.2	5947
疏附县		-813.4	-223.2	469.0	821
疏勒县	3.0	5763.6	12273.1	586.3	1559
英吉沙县		10953.1	12538.2	163.1	2326
泽普县		177.4	1106.2	982.4	741
莎车县		1581.3	3269.7	1527.2	1275
叶城县		33840.2	35076.0	1297.1	3311
麦盖提县	1.2	2655.7	3015.3	3816.9	844
岳普湖县	0.1	6284.7	7745.8	332.3	1256
伽师县	418.5	14209.6	15926.5	2111.4	2205
巴楚县		4397.8	7918.6	1895.4	1264
塔什库尔干塔吉克自治县		-3547.7	-3370.7	3558.3	201
和田地区	**37.6**	**40912.9**	**51082.6**	**22833.1**	**7575**
和田市		-10225.1	-8470.9	10737.8	3929
和田县	1.6	958.5	2145.2	9445.1	632
墨玉县	10.2	13679.1	17053.1	1170.4	1189
皮山县	6.5	2987.4	3470.9		301
洛浦县	19.3	26292.9	26877.3	505.9	1044
策勒县		620.2	729.0		9
于田县		6599.9	9278.0	973.9	471
自治区直辖市	**14314.2**	**676187.9**	**759949.4**	**240911.4**	**88293**
石河子市	13081.1	426236.1	467252.7	103427.5	45789
阿拉尔市	1323.9	119570.4	143203.3	35775.0	18858
图木舒克市	-33.5	24899.8	38689.2	20496.9	9018
五家渠市	-57.3	101850.3	107172.9	81212.0	14091

1-7 全区工业主要产品产量

产品名称	计量单位	产品产量
铁矿石原矿	吨	24243446.01
铁矿石成品矿	吨	12648310.16
#铁精矿	吨	9764931.00
锰矿石原矿	吨	453124.46
铜金属含量	吨	145226.54
铅金属含量	吨	27633.83
锌金属含量	吨	152581.83
稀有稀土金属矿	吨	723.00
#钨精矿折合量(折三氧化钨 65%)	吨	723.00
砂石	吨	385685.62
化学矿	吨	225482.00
#硫铁矿石(折含硫 35%)	吨	225482.00
原盐	吨	2555647.27
小麦粉	吨	2761172.85
大米	吨	312802.73
饲料	吨	4160327.13
#配合饲料	吨	1376022.90
混合饲料	吨	2325002.10
食用植物油	吨	1017246.35
#精制食用植物油	吨	1387650.88
成品糖	吨	553666.90
鲜、冷藏肉	吨	144161.63
冷冻水产品	吨	2470.01
豆腐及豆制品	吨	197.56
糕点	吨	1880.61
膨化食品	吨	2067.75
焙烤松脆食品	吨	30798.22
糖果	吨	3559.04
速冻食品	吨	6066.72
#速冻米面食品	吨	2535.77
乳制品	吨	506161.49
#液体乳	吨	486064.65
固体及半固体乳制品	吨	14787.68
罐头	吨	561714.79
味精(谷氨酸钠)	吨	167952.12
酱油	吨	12671.18
食醋	吨	53924.39
复合调味品	吨	3653.92
冷冻饮品	吨	37366.69
食用盐	吨	76979.75
食品添加剂	吨	80145.20

1-7 续表 1

产品名称	计量单位	产品产量
发酵酒精(折 96 度，商品量)	千升	38958.23
饮料酒	千升	679075.68
#白酒(折 65 度，商品量)	千升	65132.66
啤酒	千升	486325.37
葡萄酒	千升	120401.94
果酒及配制酒	千升	1462.59
饮料	吨	1579264.10
#碳酸型饮料(汽水)	吨	104883.99
包装饮用水	吨	971129.84
精制茶	吨	435.50
卷烟	万支	1768260.00
#一类烟	万支	28750.00
二类烟	万支	105500.00
三类烟	万支	1102720.00
四类烟	万支	531290.00
纱	吨	1821794.45
#棉纱	吨	1389066.65
棉混纺纱	吨	40615.02
化学纤维纱	吨	407531.78
布	万米	30158.32
#棉布	万米	29964.47
棉混纺布	万米	1028.00
印染布	万米	246.00
毛机织物(呢绒)	万米	170.15
亚麻纱	吨	261.40
蚕丝及交织机织物(含蚕丝≥50%)	万米	1.00
蚕丝被	万条	6.22
帘子布	吨	151.00
非织造布(无纺布)	吨	11292.98
服装	万件	7796.83
#针织服装	万件	1509.40
梭织服装	万件	4958.62
#羽绒服装	万件	41.26
西服套装	万件	295.37
衬衫	万件	242.45
鞋	万双	658.87
人造板	立方米	1410278.89
家具	件	1077900.40
#金属家具	件	348100.40

1-7 续表 2

产品名称	计量单位	产品产量
纸浆(原生浆及废纸浆)	吨	24616.30
机制纸及纸板(外购原纸加工除外)	吨	99547.55
#新闻纸	吨	1511.00
涂布类印刷用纸	吨	65.00
卫生用纸原纸	吨	3543.00
包装用纸及纸板	吨	23315.80
#箱纸板	吨	23755.99
纸制品	吨	422471.42
硫酸(折 100%)	吨	841052.88
浓硝酸(折 100%)	吨	151178.00
盐酸(氯化氢，含量 31%)	吨	384498.58
烧碱(折 100%)	吨	2589261.18
#离子膜法烧碱(折 100%)	吨	2582253.18
碳化钙(电石，折 300 升/千克)	吨	5864953.00
乙烯	吨	1318273.00
纯苯	吨	271683.05
精甲醇	吨	1521323.21
甲醛	吨	12580.00
硫磺	吨	9737.00
硅	吨	567066.83
合成氨(无水氨)	吨	2574364.17
农用氮、磷、钾化学肥料(折纯)	吨	2957364.08
#氮肥(折含氮 100%)	吨	2005818.48
#尿素(折含氮 100%)	吨	1996279.86
钾肥(折氧化钾 100%)	吨	930474.60
化学农药原药(折有效成分 100%)	吨	5924.00
#杀虫剂(杀螨剂)原药	吨	5785.00
涂料	吨	84853.21
初级形态塑料	吨	6477545.35
#低密度聚乙烯树脂(LDPE)	吨	237570.00
线型低密度聚乙烯树脂(LLDPE)	吨	235325.00
聚丙烯树脂	吨	1136534.00
聚氯乙烯树脂	吨	3744608.21
合成橡胶	吨	67400.00
合成纤维单体	吨	135603.00
#精对苯二甲酸(PTA)	吨	85985.00
乙二醇	吨	213177.00
合成纤维聚合物	吨	104761.00
#聚酯	吨	104761.00
合成洗涤剂	吨	93687.23

1-7 续表 3

产品名称	计量单位	产品产量
#合成洗衣粉	吨	18517.00
液体洗涤剂	吨	23545.00
化学药品原药	吨	17217.51
中成药	吨	7675.80
化学纤维	吨	770967.97
#人造纤维(纤维素纤维)	吨	763853.27
#粘胶短纤维	吨	763853.27
合成纤维	吨	7114.70
涤纶纤维	吨	3130.70
丙纶纤维	吨	3984.00
橡胶轮胎外胎	吨	1741217.00
塑料制品	吨	1307242.19
#塑料薄膜	吨	189938.01
泡沫塑料	吨	62879.78
硅酸盐水泥熟料	吨	28775766.82
#窑外分解窑水泥熟料	吨	28601041.72
水泥	吨	35556633.93
商品混凝土	立方米	41565178.92
水泥混凝土压力管	千米	6.00
水泥混凝土电杆	根	267424.10
水泥混凝土预制构件	立方米	126204.00
石膏板	万平方米	663.65
瓦	万片	908.30
瓷质砖	平方米	18827827.00
陶质砖	平方米	6253655.00
天然大理石建筑板材	平方米	498422.10
平板玻璃	重量箱	7989411.25
钢化玻璃	平方米	1431549.19
夹层玻璃	平方米	38383.89
中空玻璃	平方米	272301.28
玻璃包装容器	吨	174466.40
玻璃保温容器	万个	335.10
玻璃纤维纱	吨	3383.80
耐火材料制品	吨	116953.39
生铁	吨	11168601.50
粗钢	吨	11552967.78
钢材	吨	12947326.58
中小型型钢	吨	371785.00
棒材	吨	2226683.00
钢筋	吨	3245682.42

1-7 续表 4

产品名称	计量单位	产品产量
线材(盘条)	吨	2328354.89
特厚板	吨	5427.00
厚钢板	吨	284093.00
中板	吨	627750.00
冷轧薄板	吨	582.00
中厚宽钢带	吨	1284537.00
热轧薄宽钢带	吨	859902.87
冷轧薄宽钢带	吨	92272.00
热轧窄钢带	吨	12422.00
镀层板(带)	吨	195926.00
涂层板(带)	吨	191689.00
焊接钢管	吨	936271.50
铁合金	吨	190166.68
#电炉硅铁(折合含硅 75%)	吨	20300.00
锰硅合金(折合含锰硅量合计 82%)	吨	106245.06
十种有色金属	吨	6620687.09
#精炼铜(电解铜)	吨	126709.77
镍	吨	20254.00
原铝(电解铝)	吨	6403600.22
镁	吨	61586.10
铝合金	吨	691353.03
铜材	吨	44128.70
铝材	吨	1521716.29
金属丝	吨	235542.12
#钢丝	吨	235697.12
钢绞线	吨	25081.37
金属紧固件	吨	1561.00
电站锅炉	蒸发量吨	1186.00
工业锅炉	蒸发量吨	424.71
金属切削机床	台	5.00
起重机	吨	1133.00
电梯、自动扶梯及升降机	台	174.00
#升降机	台	12.00
泵	台	2370.00
#制冷设备用压缩机	台	24.00
阀门	吨	15.00
齿轮	吨	35.00
风机	台	3852.00
#鼓风机	台	2566.00
衡器(秤)	台	78.00

1-7 续表 5

产品名称	计量单位	产品产量
铸铁件	吨	40273.35
铸钢件	吨	16111.00
锻件	吨	1000.00
矿山专用设备	吨	9782.00
石油钻探、开采专用设备	台(套)	245700
建筑工程用机械	台	856.00
炼油、化工生产专用设备	吨	7018.35
大型拖拉机	台	355.00
中型拖拉机	台	35200
收获后处理机械	台	728.00
农产品初加工机械	台	577.00
工业机器人	套	809.00
汽车	辆	24756.00
#基本型乘用车(轿车)	辆	19994.00
轿车(1 升＜排量≤1.6 升)	辆	19994.00
载货汽车	辆	4762.00
改装汽车	辆	834.00
摩托车整车	辆	14684.00
#两轮摩托车	辆	5687.00
电动自行车	辆	11563.00
民用无人机	架	48.00
发电机组(发电设备)	千瓦	5145880.00
#水轮发电机组	千瓦	8158.13
风力发电机组	千瓦	5142600.00
低压开关板	面	38942.00
电力电缆	千米	266541.06
光缆	芯千米	580900.00
蓄电池	千伏安时	142326.14
#太阳能电池(光伏电池)	千瓦	2708.20
家用电热水器	台	4000.00
家用燃气热水器	台	10000.00
移动通信手持机(手机)	台	7010.00
半导体分立器件	万只	55.40
光电子器件	万只(片、套)	54343.90
#发光二极管(LED 管)	万只	54343.90
工业自动调节仪表与控制系统	台(套)	13.00
电工仪器仪表	台	27514.00
工业仪表	台（个）	24200.00
自来水生产量	万立方米	162197.71

1-8 分地区工业主要产品产量(2018年)

地　区	纱(万吨)	布(万米)	绒线(万吨)	呢绒(万米)	机制纸及纸板(万吨)
总　计	**182.18**	**30158.32**	**435.25**	**146.00**	**9.95**
乌鲁木齐市	0.42		184.25		0.42
克拉玛依市					
吐鲁番市	2.49				
哈密市	0.97				
昌吉回族自治州	6.59				2.54
伊犁哈萨克自治州	25.44	800.70	170.00		
伊犁哈萨克自治州直属县（市）	13.05				
塔城地区	12.39	800.70	170.00		
阿勒泰地区					
博尔塔拉蒙古自治州	7.01	11451.94			
巴音郭楞蒙古自治州	48.53	761.90			
阿克苏地区	26.38	4803.30			
克孜勒苏柯尔克孜自治州	0.06				
喀什地区	7.37	32.00			0.15
和田地区	0.92				0.01
新疆生产建设兵团	56.01	12308.48	81.00	146.00	6.84

1-8 续表 1

地　区	原盐(万吨)	成品糖(万吨)	饮料酒(万升)	卷烟(亿支)
总　计	**255.56**	**55.37**	**67.91**	**176.83**
乌鲁木齐市	6.31		16.71	176.83
克拉玛依市	0.01			
吐鲁番市	78.87		0.39	
哈密市	1.23		0.22	
昌吉回族自治州		11.52	2.15	
伊犁哈萨克自治州	155.54	16.54	15.48	
伊犁哈萨克自治州直属县（市）		15.43	4.72	
塔城地区	155.54		10.72	
阿勒泰地区		1.11	0.03	
博尔塔拉蒙古自治州	11.16	3.69	0.37	
巴音郭楞蒙古自治州	2.25		4.67	
阿克苏地区	0.20	1.42	5.55	
克孜勒苏柯尔克孜自治州				
喀什地区		0.00	0.64	
和田地区			0.11	
新疆生产建设兵团		22.20	21.62	

1-8 续表 2

地　　区	化学纤维（万吨）	塑料制品（万吨）	水泥（万吨）	平板玻璃（万重量箱）	天然大理石建筑板材（万平方米）
总　计	**77.10**	**130.72**	**3555.66**	**798.94**	**49.84**
乌鲁木齐市		22.07	231.94		0.60
克拉玛依市		1.81			
吐鲁番市		0.21	169.00		
哈密市		0.02	60.43		
昌吉回族自治州	15.43	13.56	183.49	240.00	
伊犁哈萨克自治州	6.07	7.62	473.61		23.86
伊犁哈萨克自治州直属县（市）		2.15	197.83		
塔城地区	6.07	5.25	171.81		
阿勒泰地区		0.22	103.96		23.86
博尔塔拉蒙古自治州		3.89	139.64		15.24
巴音郭楞蒙古自治州	39.06	3.33	159.29	301.65	
阿克苏地区		5.29	293.51		
克孜勒苏柯尔克孜自治州		0.44	171.06		0.63
喀什地区		5.10	466.21		
和田地区		1.85	250.87		
新疆生产建设兵团	16.54	65.51	956.62	257.29	9.52

1-8 续表 3

地　　区	生铁（万吨）	粗钢（万吨）	钢材（万吨）	已二酸（万吨）	浓硝酸（折 100%）（万吨）
总　计	**1116.86**	**1155.30**	**1294.73**	**12.23**	**15.12**
乌鲁木齐市	522.22	560.85	629.40		
克拉玛依市			4.95	12.23	
吐鲁番市	36.89		17.19		
哈密市					
昌吉回族自治州	41.44	26.15	63.81		
伊犁哈萨克自治州	174.58	197.07	198.78		
伊犁哈萨克自治州直属县（市）	174.58		192.55		
塔城地区		189.95	6.23		
阿勒泰地区		7.13			
博尔塔拉蒙古自治州					
巴音郭楞蒙古自治州	194.97	208.57	208.90		
阿克苏地区			11.58		15.12
克孜勒苏柯尔克孜自治州					
喀什地区			0.74		
和田地区			0.07		
新疆生产建设兵团	146.76	162.66	159.32		

1-8 续表 4

地　　区	铁合金（万吨）	农用氮、磷、钾化学肥料总计（折纯）（万吨）	烧碱（万吨）	硫酸（万吨）	十种有色金属（万吨）
总　计	**19.02**	**295.74**	**258.93**	**84.11**	**662.07**
乌鲁木齐市		24.12	58.00	0.95	18.29
克拉玛依市					
吐鲁番市	1.79		38.00	7.84	
哈密市	4.16				2.61
昌吉回族自治州		48.61	65.55	42.18	349.56
伊犁哈萨克自治州	4.13	1.98		28.72	0.02
伊犁哈萨克自治州直属县（市）	2.82			16.12	0.02
塔城地区	1.32	1.98		0.37	
阿勒泰地区				12.23	
博尔塔拉蒙古自治州					
巴音郭楞蒙古自治州	0.63	124.66	0.12	1.62	
阿克苏地区	5.39	43.30			
克孜勒苏柯尔克孜自治州					
喀什地区		1.44		2.78	0.80
和田地区		0.02			
新疆生产建设兵团	2.92	51.61	97.26		290.80

1-8 续表 5

地　　区	原铝（电解铝）（万吨）	镁（万吨）	碳化钙（电石，折300升/千克）（万吨）	石灰石（万吨）
总　计	**640.36**	**6.16**	**586.50**	**655.72**
乌鲁木齐市	18.29		7.41	46.59
克拉玛依市				1.81
吐鲁番市			205.95	308.85
哈密市		2.61	0.01	
昌吉回族自治州	334.82		137.72	0.33
伊犁哈萨克自治州			0.26	4.00
伊犁哈萨克自治州直属县（市）				4.00
塔城地区			0.26	
阿勒泰地区				
博尔塔拉蒙古自治州				199.50
巴音郭楞蒙古自治州				32.55
阿克苏地区				
克孜勒苏柯尔克孜自治州				
喀什地区				3.06
和田地区				
新疆生产建设兵团	287.25	3.55	235.15	59.03

1-8 续表 6

地　　区	乙烯（万吨）	碳黑（万吨）	发电机组（发电设备）（万千瓦）	变压器（万伏安）
总　计	**131.83**	**6.52**	**514.59**	**6246.69**
乌鲁木齐市			451.50	226.07
克拉玛依市	131.83			
吐鲁番市				
哈密市			62.76	
昌吉回族自治州		3.03		6020.62
伊犁哈萨克自治州			0.26	
伊犁哈萨克自治州直属县（市）				
塔城地区			0.26	
阿勒泰地区				
博尔塔拉蒙古自治州				
巴音郭楞蒙古自治州				
阿克苏地区		3.49		
克孜勒苏柯尔克孜自治州				
喀什地区			0.06	
和田地区				
新疆生产建设兵团				

1-8 续表 7

地　　区	高压开关板（面）	低压开关板（面）	电力电缆（万米）	光缆（芯万米）
总　计	**9597.00**	**38942.00**	**26.65**	**58.09**
乌鲁木齐市	647.00	8853.00	21.10	
克拉玛依市				
吐鲁番市				
哈密市				
昌吉回族自治州	2789.00	14910.00	3.06	
伊犁哈萨克自治州	508.00	4675.00	1.65	
伊犁哈萨克自治州直属县（市）	508.00	4675.00	1.65	
塔城地区				
阿勒泰地区				
博尔塔拉蒙古自治州				
巴音郭楞蒙古自治州			0.00	
阿克苏地区				
克孜勒苏柯尔克孜自治州				
喀什地区	800.00	814.00	0.54	
和田地区			0.10	
新疆生产建设兵团	4853.00	9690.00	0.20	58.09

1-9 分地区主要能源产品产量(2018 年)

地区	原煤（万吨）	原油（万吨）	天然气（亿立方米）	煤制天然气（万吨）	液化天然气（万吨）	原油加工量（万吨）
总计	**21352.17**	**2647.39**	**321.85**	**15.33**	**113.04**	**2349.56**
乌鲁木齐市	689.50	625.26	16.44		12.40	611.19
克拉玛依市		1147.01	32.65			1227.09
吐鲁番市	1683.80	185.00	5.02			64.32
哈密市	5136.58	5.48			50.24	
昌吉回族自治州	8745.71	10.74	0.55			
伊犁哈萨克自治州	2422.92	109.56		14.30	33.71	7.56
伊犁哈萨克自治州直属县（市）	1400.69			14.30		1.01
塔城地区	1022.23	109.56				6.55
阿勒泰地区					33.71	
博尔塔拉蒙古自治州						
巴音郭楞蒙古自治州	83.45	551.53	266.21		10.69	6.43
阿克苏地区	1713.80	12.83	0.99			432.97
克孜勒苏柯尔克孜自治州						
喀什地区	14.05					
和田地区	34.71					
新疆生产建设兵团	827.63			1.03	6.00	

1-9 续表 1

地区	汽油（万吨）	煤油（万吨）	柴油（万吨）	润滑油（万吨）	燃料油（万吨）	石脑油（万吨）
总计	**395.17**	**96.34**	**849.09**	**41.28**	**45.32**	**20.94**
乌鲁木齐市	148.32	21.61	274.02	0.80	1.00	4.01
克拉玛依市	201.38	61.99	378.06	39.23	42.93	
吐鲁番市						
哈密市						
昌吉回族自治州						
伊犁哈萨克自治州				0.59	0.08	
伊犁哈萨克自治州直属县（市）				0.59	0.08	
塔城地区						
阿勒泰地区						
博尔塔拉蒙古自治州						
巴音郭楞蒙古自治州					0.12	
阿克苏地区	45.46	12.74	197.02		1.19	16.93
克孜勒苏柯尔克孜自治州						
喀什地区						
和田地区						
新疆生产建设兵团				0.66		

1-9 续表 2

地　　区	液　化 石油气 (万吨)	石油焦 (万吨)	石油沥青 (万吨)	焦炭 (万吨)	发电量 (亿千瓦小时)
总　计	**49.04**	**190.94**	**206.96**	**1764.83**	**3292.65**
乌鲁木齐市	1.92	37.25	4.56	168.88	311.62
克拉玛依市	29.74	56.10	84.55		74.97
吐鲁番市			54.98	172.00	148.36
哈密市				293.67	434.70
昌吉回族自治州			17.96	171.34	854.61
伊犁哈萨克自治州	5.30		5.99	142.34	242.83
伊犁哈萨克自治州直属县（市）			0.54	46.81	145.16
塔城地区	5.30		5.45	95.53	42.35
阿勒泰地区					55.33
博尔塔拉蒙古自治州					16.63
巴音郭楞蒙古自治州			6.24		139.09
阿克苏地区	12.08	97.59	32.67	332.97	87.14
克孜勒苏柯尔克孜自治州					29.73
喀什地区					47.49
和田地区					24.34
新疆生产建设兵团				483.64	881.15

1-9 续表 3

地　　区					煤气 (亿立方米)
	火力 发电量	水力 发电量	风力 发电量	太阳能 发电量	
总　计	**2572.95**	**251.42**	**339.14**	**129.14**	**166.06**
乌鲁木齐市	249.01		62.60	0.00	96.80
克拉玛依市	74.07			0.90	
吐鲁番市	101.51	1.25	29.91	15.70	5.88
哈密市	245.84	0.35	165.79	22.72	0.07
昌吉回族自治州	837.72	6.08	8.78	2.04	3.62
伊犁哈萨克自治州	85.96	117.51	34.21	5.14	17.01
伊犁哈萨克自治州直属县（市）	61.27	81.25		2.63	17.00
塔城地区	24.54	2.76	14.54	0.50	0.01
阿勒泰地区	0.15	33.50	19.67	2.01	
博尔塔拉蒙古自治州	0.25	1.18	8.35	6.85	
巴音郭楞蒙古自治州	89.35	38.22	2.27	9.26	35.49
阿克苏地区	59.53	17.84		9.76	4.71
克孜勒苏柯尔克孜自治州	0.33	25.63		3.76	
喀什地区	25.90	14.39		7.19	
和田地区	4.41	14.27		5.66	
新疆生产建设兵团	799.09	14.71	27.23	40.13	2.48

注：调查范围为全部有能源生产的法人单位。

1-10 主要能源产品产量（2018年）

产品名称	计量单位	产品产量
原煤	万吨	21352.2
原油	万吨	2647.4
天然气	亿立方米	321.8
煤制天然气	万吨	15.3
液化天然气	万吨	113.0
原油加工量	万吨	2349.6
汽油	万吨	395.2
煤油	万吨	96.3
柴油	万吨	849.1
润滑油	万吨	41.3
燃料油	万吨	45.3
石脑油	万吨	20.9
液化石油气	万吨	49.0
石油焦	万吨	190.9
石油沥青	万吨	207.0
焦炭	万吨	1764.8
发电量	亿千瓦小时	3292.6
火力发电量	亿千瓦小时	2573.0
水力发电量	亿千瓦小时	251.4
风力发电量	亿千瓦小时	339.1
太阳能发电量	亿千瓦小时	129.1
煤气	亿立方米	166.1

注：调查范围为全部有能源生产的法人单位。

1-11 规模以上工业主要产品生产能力（2018年）

产品名称	计量单位	产品产量
天然原油	万吨	2775.15
卷烟	亿支	324.00
原油加工能力	万吨	3296.00
焦炭	万吨	3973.00
烧碱	万吨	262.00
碳化钙(电石，折300升/千克)	万吨	638.00
农用氮、磷、钾化学肥料总计(折纯)	万吨	422.35
初级形态塑料	万吨	656.80
化学纤维	万吨	106.75
水泥	万吨	9353.40
平板玻璃	万重量箱	1095.00
生铁	万吨	1654.56
粗钢	万吨	1693.00
钢材	万吨	2310.60
原铝(电解铝)	万吨	711.47
汽车	万辆	3.00
发电设备容量总计	万千瓦	8315.31
#火电设备容量	万千瓦	5297.86
水电设备容量	万千瓦	625.67
风电设备容量	万千瓦	1758.91

第2篇

建筑业篇

2-1 建筑企业亏损情况

分组	企业个数（个）	从业人员（人）	资产总计（亿元）	负债合计（亿元）	营业收入（亿元）
总计	**11411**	**427668**	**46237.66**	**33613.93**	**28360.03**
按登记注册类型分组					
内资企业	11404	427630	46202.09	33570.75	28354.62
国有企业	50	9700	513.93	403.87	276.44
集体企业	19	712	100.15	69.73	72.90
股份合作企业	1	38	1.84	1.31	3.53
联营企业			0.00	0.00	0.00
有限责任公司	2438	203531	28161.30	21766.08	15136.15
股份有限公司	129	14911	3065.76	2263.24	1619.99
私营企业	8767	198738	14359.12	9066.51	11245.60
其他内资企业					
港、澳、台商投资企业	2	3	2.29	2.03	0.02
外商投资企业	5	35	33.28	41.15	5.40
房屋建筑业	2702	229127	21224.44	17475.76	15041.87
土木工程建筑业	2853	136876	19858.78	13137.06	9858.56
建筑安装业	1890	26013	2198.35	1374.10	1556.68
建筑装饰、装修和其他建筑业	3966	35652	2956.09	1627.02	1902.93
按地区分组					
乌鲁木齐市	3449	203556	20373.11	14692.35	12439.85
克拉玛依市	453	16717	1895.12	1567.53	1102.13
吐鲁番市	254	4851	660.50	433.71	483.70
哈密市	807	8479	1362.12	1028.57	617.37
昌吉回族自治州	1141	26893	3713.83	2427.02	1726.52
伊犁哈萨克自治州	277	6416	1948.07	889.85	437.69
塔城地区	664	14012	1853.08	1269.74	1603.70
阿勒泰地区	1117	21800	3549.83	1981.82	1382.65
博尔塔拉蒙古自治州	216	5192	360.32	208.77	332.98
巴音郭楞蒙古自治州	917	21541	2334.12	1554.48	1523.32
阿克苏地区	549	10699	1026.36	2449.83	690.43
克孜勒苏柯尔克孜自治州	593	25662	2863.84	1900.42	2412.51
喀什地区	270	13397	701.48	499.47	706.10
和田地区	226	4991	912.07	578.89	566.14
石河子市	224	27229	1612.12	1272.46	928.53
阿拉尔市	105	7718	366.69	291.16	445.46
图木舒克市	68	3243	168.73	115.80	256.36
五家渠市	81	5272	536.26	452.06	704.58

注：1. 建筑业公报包含总包企业、专包企业、劳务分包企业。
2. 根据我区建筑特点，建筑业公报中从业人员为期末人数。

2-2 建筑企业概况

地　　区	企业个数(个)			
	合 计	国 有	集 体	其 他
总　计	**1275**	**63**	**11**	**1201**
乌鲁木齐市	418	25	4	389
克拉玛依市	56	2	2	52
吐鲁番市	20	2		18
哈密市	39	4	1	34
昌吉回族自治州	121	1		120
伊犁哈萨克自治州	83	9		74
塔城地区	42	2	2	38
阿勒泰地区	47	3		44
博尔塔拉蒙古自治州	44	2	1	41
巴音郭楞蒙古自治州	98	5	1	92
阿克苏地区	79	2		77
克孜勒苏柯尔克孜自治州	19	1		18
喀什地区	75	2		73
和田地区	44	1		43
石河子市	37	1		36
阿拉尔市	25			25
图木舒克市	5			5
五家渠市	23	1		22

2-2 续表 1

地　　区	从业人员(人)			
	合 计	国 有	集 体	其 他
总　计	**630000**	**74364**	**733**	**554903**
乌鲁木齐市	280070	31497	130	248443
克拉玛依市	21932	1140	30	20762
吐鲁番市	7462	114		7348
哈密市	12913	5673	233	7007
昌吉回族自治州	31282	900		30382
伊犁哈萨克自治州	42931	12163		30768
塔城地区	16931	1300	99	15532
阿勒泰地区	8752	459		8293
博尔塔拉蒙古自治州	14065	6719	230	7116
巴音郭楞蒙古自治州	41131	558	11	40562
阿克苏地区	23466	579		22887
克孜勒苏柯尔克孜自治州	6605	79		6526
喀什地区	22874	105		22769
和田地区	13206	2755		10451
石河子市	38854	4445		34409
阿拉尔市	15112			15112
图木舒克市	7075			7075
五家渠市	25339	5878		19461

注：1. 根据我区建筑特点，建筑业从业人员为年平均人数。2、四经普建筑业企业不含劳务分包企业。

2-3 按登记注册类型分建筑企业总产值

单位：万元

地区	合计	国有经济	集体经济	其他经济
总计	**21340420.70**	**2612377.30**	**42544.40**	**18685499.00**
乌鲁木齐市	8892795.20	1234292.00	5925.40	7652577.80
克拉玛依市	843569.30	15686.00	543.50	827339.80
吐鲁番市	277890.80	7555.30		270335.50
哈密市	408388.70	108369.00	15068.00	284951.70
昌吉回族自治州	1045702.60	12153.40		1033549.20
伊犁哈萨克自治州	2036935.30	592832.40		1444102.90
塔城地区	578748.50	40184.60	2950.00	535613.90
阿勒泰地区	433393.40	21287.10		412106.30
博尔塔拉蒙古自治州	390134.80	105842.90	17924.00	266367.90
巴音郭楞蒙古自治州	1520050.50	47122.10	133.50	1472794.90
阿克苏地区	830021.90	14704.40		815317.50
克孜勒苏柯尔克孜自治州	182045.50	5979.20		176066.30
喀什地区	877949.60	71658.80		806290.80
和田地区	433102.20	48700.30		384401.90
石河子市	1075588.00	133181.00		942407.00
阿拉尔市	531329.80			531329.80
图木舒克市	238373.40			238373.40
五家渠市	744401.20	152828.80		591572.40

2-4 按构成分建筑企业总产值

单位：万元

地区	总产值	建筑工程	安装工程	其他
总计	**21340420.70**	**17816304.50**	**1532386.00**	**1991730.20**
乌鲁木齐市	8892795.20	6464083.80	764297.20	1664414.20
克拉玛依市	843569.30	568239.60	203198.00	72131.70
吐鲁番市	277890.80	206105.20	69173.20	2612.40
哈密市	408388.70	372607.10	18656.80	17124.80
昌吉回族自治州	1045702.60	887737.20	65496.30	92469.10
伊犁哈萨克自治州	2036935.30	1996944.00	34705.50	5285.80
塔城地区	578748.50	544605.90	17524.90	16617.70
阿勒泰地区	433393.40	404174.50	28015.90	1203.00
博尔塔拉蒙古自治州	390134.80	336655.00	30974.10	22505.70
巴音郭楞蒙古自治州	1520050.50	1400358.90	86834.70	32856.90
阿克苏地区	830021.90	802280.10	13665.00	14076.80
克孜勒苏柯尔克孜自治州	182045.50	164528.30	12808.60	4708.60
喀什地区	877949.60	812834.50	55897.10	9218.00
和田地区	433102.20	361875.90	48980.80	22245.50
石河子市	1075588.00	998284.40	72405.00	4898.60
阿拉尔市	531329.80	514522.50	7903.30	8904.00
图木舒克市	238373.40	238373.40		
五家渠市	744401.20	742094.20	1849.60	457.40

2-5 按行业和登记注册类型分建筑企业总产值

单位：万元

分 组	总产值
总 计	**21340420.70**
#一、二级企业	17567831.80
#国有及国有控股	2612377.30
按登记注册类型分组	
内资企业	21340405.00
#国有企业	302992.70
集体企业	42544.40
有限责任公司	12414814.40
国有独资公司	2309384.60
其他有限责任公司	10105429.80
股份有限公司	1612546.90
私营企业	6967506.60
#私营独资企业	0.00
私营有限责任公司	6906663.50
私营股份有限公司	60843.10
港、澳、台商投资企业	15.70
#合资经营企业(港或澳、台资)	15.70
外商投资企业	
按国民经济行业分组	
房屋工程建筑业	**12096492.80**
土木工程建筑业	**8023237.40**
铁路、道路、隧道和桥梁	5146231.70
水利和水运工程建筑	1849490.70
工矿工程建筑	148670.00
架线和管道工程建筑	609550.60
节能环保工程施工	17081.90
电力工程施工	120309.80
其他土木工程建筑	131902.70
建筑安装业	**762368.20**
电气安装	342100.10
管道和设备安装	187245.70
其他建筑安装业	233022.40
建筑装饰和其他建筑业	**458322.30**
建筑装饰业	116725.10
工程准备活动	185059.60
提供施工设备服务	2751.10
其他未列明建筑业	153786.50
按隶属关系分组	
中 央	5658566.70
地 方	15681854.00
按企业资质等级分组	
施工总承包	20052629.40
特 级	1679482.50
一 级	9857377.30
二 级	5237153.90
三级及以下	3278615.70
专业承包	1287791.30
一 级	471501.10
二 级	322317.00
三级及以下	493973.20

2-6　建筑企业利税总额

单位：万元

地　　区	利税总额合　计	利润总额	主营业务税金及附加
总　计	**683661.10**	**499729.30**	**183931.80**
乌鲁木齐市	351554.90	308354.50	43200.40
克拉玛依市	21137.10	16642.80	4494.30
吐鲁番市	16068.70	8151.20	7917.50
哈密市	14510.70	12578.70	1932.00
昌吉回族自治州	28488.30	14502.90	13985.40
伊犁哈萨克自治州	33479.10	22742.20	10736.90
塔城地区	19312.70	14453.80	4858.90
阿勒泰地区	12719.70	7940.30	4779.40
博尔塔拉蒙古自治州	8616.50	1280.30	7336.20
巴音郭楞蒙古自治州	10131.30	-14729.00	24860.30
阿克苏地区	38066.30	27883.00	10183.30
克孜勒苏柯尔克孜自治州	13520.00	9733.60	3786.40
喀什地区	34800.80	22594.20	12206.60
和田地区	20704.10	16929.40	3774.70
石河子市	5006.10	1679.90	3326.20
阿拉尔市	24477.60	18744.00	5733.60
图木舒克市	1514.90	551.30	963.60
五家渠市	29552.30	9696.20	19856.10

2-7　建筑企业劳动生产率

单位：元/人

地　　区	按总产值计算的劳动生产率	#国有经济	#集体经济
总　计	**319520**	**242569**	**610109**
乌鲁木齐市	304077	163086	455800
克拉玛依市	383258	231170	181167
吐鲁番市	372308	656983	
哈密市	299200	202211	
昌吉回族自治州	310841		
伊犁哈萨克自治州	458152	484891	
塔城地区	297968	309112	
阿勒泰地区	494741		
博尔塔拉蒙古自治州	276548	166762	779304
巴音郭楞蒙古自治州	342191	184049	121364
阿克苏地区	310520	127107	
克孜勒苏柯尔克孜自治州	275618	756861	
喀什地区	306222	127659	
和田地区	318837		
石河子市	255593	226946	
阿拉尔市	327194		
图木舒克市	341998		
五家渠市	276293	288881	

2-8 建筑企业签订合同情况

单位：万元

地区	合同总额	上年结转合同	本年新签合同
总计	**55992124.00**	**25908423.60**	**30083700.40**
乌鲁木齐市	30778983.60	16578098.40	14200885.20
克拉玛依市	1999977.40	1042116.30	957861.10
吐鲁番市	449858.10	191310.00	258548.10
哈密市	593804.30	283401.80	310402.50
昌吉回族自治州	1948306.70	866654.80	1081651.90
伊犁哈萨克自治州	3126228.40	1030962.20	2095266.20
塔城地区	873354.30	460267.10	413087.20
阿勒泰地区	994891.80	594301.80	400590.00
博尔塔拉蒙古自治州	559209.10	152043.70	407165.40
巴音郭楞蒙古自治州	2098116.50	610158.00	1487958.50
阿克苏地区	1373436.40	678241.00	695195.40
克孜勒苏柯尔克孜自治州	271994.50	86692.10	185302.40
喀什地区	6610705.60	1914737.20	4695968.40
和田地区	615564.20	191608.90	423955.30
石河子市	1783108.00	718675.30	1064432.70
阿拉尔市	658137.50	143357.10	514780.40
图木舒克市	385763.40	190979.00	194784.40
五家渠市	870684.20	174818.90	695865.30

2-9 建筑企业承包工程完成情况

单位：万元

地区	直接从建设单位承揽工程完成产值	自行完成施工产值	从建设单位以外承揽工程完成产值
总计	**21160684.80**	**20954844.00**	**385576.70**
乌鲁木齐市	8801246.60	8747819.10	144976.10
克拉玛依市	867923.40	834538.70	9030.60
吐鲁番市	278216.30	277167.40	723.40
哈密市	408172.60	407856.60	532.10
昌吉回族自治州	1048607.60	1041055.60	4647.00
伊犁哈萨克自治州	2036935.30	2036935.30	
塔城地区	578748.50	578748.50	
阿勒泰地区	433393.40	433393.40	
博尔塔拉蒙古自治州	386806.60	386806.60	3328.20
巴音郭楞蒙古自治州	1518380.70	1515934.30	4116.20
阿克苏地区	769883.00	764759.40	65262.50
克孜勒苏柯尔克孜自治州	185085.90	182045.50	
喀什地区	877432.40	822751.10	55198.50
和田地区	421083.40	420756.70	12345.50
石河子市	1035012.20	1035012.20	40575.80
阿拉尔市	531329.80	488872.60	42457.20
图木舒克市	238373.40	238373.40	
五家渠市	744053.70	742017.60	2383.60

2-10 建筑企业资产及资本金

单位：万元

地　　区	资产合计	流动资产合　计	固定资产净值	本年折旧	资本金合　计	#国　家资本金
总　计	**32321216.40**	**26536332.30**	**1661907.50**	**194600.30**	**4524739.40**	**1326849.10**
乌鲁木齐市	17019750.50	13589837.20	794514.60	91050.30	2087211.10	762063.40
克拉玛依市	1736426.90	1411873.20	66379.10	10526.00	233904.10	43929.10
吐鲁番市	384225.90	356565.70	10647.60	1300.60	89878.60	47112.60
哈密市	912625.70	754445.60	41241.90	9175.20	102986.30	39461.30
昌吉回族自治州	1539814.80	1260855.70	81651.50	8845.20	290484.10	11180.00
伊犁哈萨克自治州	1814695.50	1455058.10	139701.50	11178.60	221027.70	68457.10
塔城地区	576461.50	524653.00	22197.00	2005.50	102626.80	7243.30
阿勒泰地区	502309.80	453717.00	25730.60	2355.60	89691.60	1989.50
博尔塔拉蒙古自治州	453809.40	369163.30	35887.30	1803.10	102039.90	11003.80
巴音郭楞蒙古自治州	1549190.10	1381513.10	77121.70	15211.50	295925.10	29796.60
阿克苏地区	1153411.10	1030556.00	61042.10	8573.30	163596.30	8002.20
克孜勒苏柯尔克孜自治州	286570.10	229667.20	15034.70	2840.00	61925.60	4010.00
喀什地区	1445844.70	1190144.30	61519.70	6340.70	189857.90	16044.70
和田地区	394865.00	346487.80	22924.60	5015.50	78583.40	5182.30
石河子市	1524986.60	1259604.70	162373.80	4084.70	287904.00	227161.20
阿拉尔市	338404.70	276523.60	30651.80	12984.20	54708.80	10712.00
图木舒克市	162400.40	141563.10	7777.10	689.00	39615.10	31800.00
五家渠市	525423.70	504103.70	5510.90	621.30	32773.00	1700.00

2-11 建筑企业负债及所有者权益

单位：万元

地　　区	负债合计	所有者权益
总　计	**24390272.70**	**7922676.60**
乌鲁木齐市	12699722.60	4320027.90
克拉玛依市	1460969.80	275457.10
吐鲁番市	253334.10	130891.80
哈密市	742392.30	170233.40
昌吉回族自治州	1065906.20	473908.60
伊犁哈萨克自治州	1451241.60	363453.90
塔城地区	408458.40	168003.10
阿勒泰地区	406326.30	95983.50
博尔塔拉蒙古自治州	320354.60	133454.80
巴音郭楞蒙古自治州	1129576.70	412232.50
阿克苏地区	835188.50	318222.60
克孜勒苏柯尔克孜自治州	171230.80	115339.30
喀什地区	1094972.50	349986.00
和田地区	276999.00	117866.00
石河子市	1239081.50	285905.10
阿拉尔市	269116.30	69288.40
图木舒克市	112571.00	49829.40
五家渠市	452830.50	72593.20

2-12　建筑企业总收入

单位：万元

地　　区	营业收入	主营业务收　入	#主营业务成　本	其他业务收　入	#其他业务利　润
总　计	**23049261.90**	**22752107.10**	**21194725.10**	**84603.50**	**20260.10**
乌鲁木齐市	10035199.00	9956574.90	9137823.20	31707.60	6253.90
克拉玛依市	986270.50	941298.80	871678.00	9598.50	2922.90
吐鲁番市	348294.60	347536.80	323116.00	375.80	292.40
哈密市	479773.50	478757.00	442619.50	365.70	564.10
昌吉回族自治州	1254208.50	1250875.20	1172049.10	2904.20	1863.70
伊犁哈萨克自治州	2106031.20	2096879.40	2008787.80	2783.60	583.70
塔城地区	568240.80	567984.00	527340.30	249.60	195.60
阿勒泰地区	491279.40	489996.10	462155.00	298.70	-11.80
博尔塔拉蒙古自治州	380251.00	370013.50	355577.90	136.30	1.80
巴音郭楞蒙古自治州	1518418.00	1477284.90	1416340.30	1026.00	2869.00
阿克苏地区	893975.50	876392.00	814635.10	455.90	461.90
克孜勒苏柯尔克孜自治州	267033.50	249913.40	232970.30	28788.90	-35.00
喀什地区	1014220.40	988045.20	926115.10	1088.20	521.80
和田地区	461941.00	439983.20	409287.40	1512.90	158.60
石河子市	855253.90	836989.30	803735.30	2789.60	2988.30
阿拉尔市	435570.90	432046.80	389328.40	94.10	629.20
图木舒克市	252469.80	252453.20	241583.40	59.20	
五家渠市	700830.40	699083.40	659583.00	368.70	

2-13 建筑企业亏损额情况

分 组	企业数（个）	#亏损企业个数	亏损企业亏损额（万元）
总 计	**1275**	**405**	**196913.20**
#一、二级企业	548	147	106472.10
#国有及国有控股	63	13	15970.10
按登记注册类型分组			
内资企业	1273	404	196884.90
国有企业	17	5	796.20
集体企业	11	3	444.60
有限责任公司	497	136	115684.20
国有独资公司	46	8	15173.90
其他有限责任公司	451	128	100510.30
股份有限公司	19	5	2265.20
私营企业	729	255	77694.70
#私营独资企业	1	1	0.40
私营有限责任公司	718	249	77142.80
私营股份有限公司	10	5	551.50
港、澳、台商投资企业	1		
#合资经营企业(港或澳、台资)	1		
外商投资企业	1	1	28.30
中外合资经营企业	1	1	28.30
按国民经济行业分组			
房屋建筑业	694	225	130821.60
土木工程建筑业	312	93	50464.70
铁路、道路、隧道和桥梁工程建筑业	140	38	8904.40
水利和水运工程建筑	51	17	16578.90
工矿工程建筑业	19	6	9540.30
架线和管道工程建筑业	66	17	1335.10
节能环保工程施工	5	1	147.50
电力工程施工	11	7	13467.80
其他土木工程建筑业	20	7	490.70
建筑安装业	147	42	8969.30
建筑装饰和其他建筑业	122	45	6657.60
按隶属关系分组			
中 央	75	18	60284.10
地 方	1200	387	136629.10
按企业资质等级分组			
施工总承包	964	306	180242.40
特 级	5	1	4171.80
一 级	81	12	60815.60
二 级	347	94	33175.10
三级及以下	531	199	82079.90
专业承包	311	99	16670.80
一 级	31	10	3453.90
二 级	84	30	4855.70
三级及以下	196	59	8361.20

2-14 建筑企业工程施工情况

单位：万平方米

地　　区	房屋建筑施工面积	#本年新开工新开工	房屋建筑竣工面积
总　计	**8491.69**	**3204.64**	**3101.40**
乌鲁木齐市	3209.42	964.93	703.26
克拉玛依市	396.62	120.40	98.37
吐鲁番市	136.43	29.22	87.84
哈密市	314.10	76.98	111.70
昌吉回族自治州	384.50	184.03	215.51
伊犁哈萨克自治州	645.58	305.77	192.05
塔城地区	210.01	82.64	139.25
阿勒泰地区	105.13	73.53	74.51
博尔塔拉蒙古自治州	185.06	117.96	93.06
巴音郭楞蒙古自治州	594.68	192.81	176.17
阿克苏地区	452.12	169.29	268.39
克孜勒苏柯尔克孜自治州	103.63	40.26	64.62
喀什地区	458.68	327.44	237.69
和田地区	198.65	105.65	129.22
石河子市	636.99	211.31	216.87
阿拉尔市	282.85	145.81	193.96
图木舒克市	70.79	37.17	58.33
五家渠市	106.45	19.45	40.59

2-15 按登记注册类型分建筑企业工程施工情况

单位：万平方米

分 组	房屋建筑施工面积	#本年新开工新开工	房屋建筑竣工面积
总 计	**8491.69**	**3204.64**	**3101.40**
#一、二级企业	7112.52	2500.34	2345.68
#国有及国有控股	871.43	328.52	222.77
按登记注册类型分组			
内资企业	8491.69	3204.64	3101.40
国有企业	176.99	67.95	29.00
集体企业	4.29	1.97	3.61
有限责任公司	5620.95	2018.09	2089.66
国有独资公司	694.44	260.57	193.77
其他有限责任公司	4926.51	1757.53	1895.89
股份有限公司	259.62	86.45	72.90
私营企业	2429.83	1030.19	906.24
私营有限责任公司	2377.69	1004.22	885.09
私营股份有限公司	52.14	25.97	21.14
按国民经济行业分组			
房屋建筑业	**7672.43**	**2909.42**	**2778.57**
土木工程建筑业	**704.55**	**259.12**	**274.14**
铁路、道路、隧道和桥梁工程建筑业	395.27	166.55	98.69
水利和水运工程建筑	282.86	69.44	158.98
工矿工程建筑业	6.05	5.65	5.92
架线和管道工程建筑业	10.02	9.97	3.84
节能环保工程施工			
电力工程施工			
其他土木工程建筑	10.35	7.51	6.72
建筑安装业	**103.41**	**29.44**	**41.05**
建筑装饰和其他建筑业	**11.29**	**6.66**	**7.64**
按隶属关系分组			
中 央	2722.61	795.71	766.64
地 方	5769.07	2408.94	2334.76
按企业资质等级分组			
施工总承包	8313.78	3163.07	2986.31
特 级	642.41	214.10	89.78
一 级	4163.41	1363.05	1192.08
二 级	2231.91	918.75	991.68
三级及以下	1276.06	667.16	712.77
专业承包	177.90	41.58	115.10
一 级	66.83	0.94	66.78
二 级	7.96	3.50	5.35
三级及以下	103.11	37.14	42.96

2-16 按登记注册类型分建筑企业竣工房屋建筑面积

单位：平方米

分　　组	合　　计	住宅用房	商业、居民服务业用房	办公用房
总　　计	**3101.40**	**1632.46**	**233.62**	**314.51**
#一、二级企业	2345.68	1312.94	164.64	206.25
#国有及国有控股	222.77	115.68	21.23	33.13
按登记注册类型分组				
内资企业	3101.40	1632.46	233.62	314.51
#国有企业	29.00	6.12	17.47	0.09
集体企业	3.61	2.14	0.55	0.12
有限责任公司	2089.66	1172.02	145.31	233.04
国有独资公司	193.77	109.57	3.77	33.03
其他有限责任公司	1895.89	1062.46	141.54	200.00
股份有限公司	72.90	29.89		31.16
私营企业	906.24	422.29	70.30	50.10
#私营有限责任公司	885.09	402.69	70.30	50.10
私营股份有限公司	21.14	19.60		
按国民经济行业分组				
房屋工程建筑业	2778.57	1462.31	222.43	252.44
土木工程建筑业	274.14	168.76	2.74	27.09
铁路、道路、隧道和桥梁工程建筑业	98.69	16.10		20.19
水利和内河港口工程建筑业	158.98	140.12	2.56	6.19
工矿工程建筑业	5.92	5.25	0.18	
架线和管道工程建筑业	3.84	3.70		
其他土木工程建筑	6.72	3.60		0.72
建筑安装业	41.05	0.05	2.79	34.86
建筑装饰和其他建筑业	7.64	1.33	5.67	0.11
按隶属关系分组				
中　央	766.64	474.47	52.46	72.65
地　方	2334.76	1157.99	181.16	241.86
按企业资质等级分组				
施工总承包	2986.31	1560.80	223.13	284.20
特　级	89.78	78.23	7.05	4.48
一　级	1192.08	624.26	87.34	126.04
二　级	991.68	550.08	59.77	75.59
三级及以下	712.77	308.23	68.98	78.09
专业承包	115.10	71.66	10.49	30.31
一　级	66.78	60.32	5.51	
二　级	5.35	0.05	4.98	0.14
三级及以下	42.96	11.29		30.17

2-16 续表 1

分　　组	科研、教育、医疗用　房	文化、体育、娱乐用　房	厂房及建筑物用　房	仓　库	其　他
总　　计	**267.98**	**33.45**	**332.47**	**16.69**	**270.22**
#一、二级企业	212.05	24.00	216.75	5.54	203.50
#国有及国有控股	14.52	4.00	28.70		5.51
按登记注册类型分组					
内资企业	267.98	33.45	332.47	16.69	270.22
#国有企业	3.04				2.28
集体企业	0.80				
有限责任公司	183.80	17.27	208.67	7.64	121.91
国有独资公司	11.47	4.00	28.70		3.23
其他有限责任公司	172.33	13.27	179.97	7.64	118.68
股份有限公司	7.09	0.69	3.31		0.76
私营企业	73.25	15.48	120.49	9.05	145.28
#私营有限责任公司	72.54	15.48	119.65	9.05	145.28
私营股份有限公司	0.71		0.84		
按国民经济行业分组					
房屋工程建筑业	254.08	31.68	281.90	16.59	257.15
土木工程建筑业	12.90	1.36	48.12	0.10	13.07
铁路、道路、隧道和桥梁工程建筑业	9.55	1.16	39.04	0.10	12.55
水利和内河港口工程建筑业	1.30	0.20	8.18		0.43
工矿工程建筑业	0.40				0.09
架线和管道工程建筑业			0.14		
其他土木工程建筑	1.65		0.75		
建筑安装业	0.68	0.20	2.46		
建筑装饰和其他建筑业	0.32	0.20			
按隶属关系分组					
中　央	48.75	6.44	63.04	0.36	48.46
地　方	219.23	27.00	269.43	16.33	221.76
按企业资质等级分组					
施工总承包	266.58	33.45	331.33	16.59	270.22
特　级		0.02			
一　级	119.13	12.89	131.75	2.25	88.42
二　级	91.92	11.09	84.86	3.29	115.08
三级及以下	55.53	9.44	114.72	11.05	66.72
专业承包	1.40		1.14	0.10	
一　级	0.82		0.14		
二　级	0.18				
三级及以下	0.40		1.00	0.10	

第3篇

批发和零售业、住宿和餐饮业篇

3-1 批发业法人企业基本情况

分　组	法人单位数（人）	从业人员期末人数（人）
批发业	**41488**	**212733**
按国民经济行业分组		
农、林、牧、渔产品批发	3760	33684
谷物、豆及薯类批发	319	4339
种子批发	728	4728
畜牧渔业饲料批发	117	491
棉、麻批发	702	15884
林业产品批发	236	1386
牲畜批发	750	3461
渔业产品批发	30	70
其他农牧产品批发	878	3325
食品、饮料及烟草制品批发	5259	33642
米、面制品及食用油批发	398	3191
糕点、糖果及糖批发	131	771
果品、蔬菜批发	1923	13118
肉、禽、蛋、奶及水产品批发	511	3541
盐及调味品批发	131	1088
营养和保健品批发	214	636
酒、饮料及茶叶批发	671	3255
烟草制品批发	25	2963
其他食品批发	1255	5079
纺织、服装及家庭用品批发	3234	16215
纺织品、针织品及原料批发	431	1529
服装批发	761	6406
鞋帽批发	66	304
化妆品及卫生用品批发	377	1761
厨具卫具及日用杂品批发	672	2115
灯具、装饰物品批发	151	454
家用视听设备批发	43	81
日用家电批发	311	2048
其他家庭用品批发	422	1517
文化、体育用品及器材批发	1075	3955
文具用品批发	559	1531
体育用品及器材批发	129	377
图书批发	89	841
报刊批发	2	2

3-1 续表 1

分　　组	法人单位数 （人）	从业人员期末人数 （人）
音像制品、电子和数字出版物批发	21	98
首饰、工艺品及收藏品批发	152	652
乐器批发	12	37
其他文化用品批发	111	417
医药及医疗器材批发	1318	13583
西药批发	186	6269
中药批发	101	1427
动物用药品批发	29	103
医疗用品及器材批发	1002	5784
矿产品、建材及化工产品批发	13374	61840
煤炭及制品批发	1133	5407
石油及制品批发	863	18657
非金属矿及制品批发	288	781
金属及金属矿批发	2012	7221
建材批发	5175	15466
化肥批发	2226	7558
农药批发	611	1905
农用薄膜批发	110	263
其他化工产品批发	956	4582
机械设备、五金产品及电子产品批发	10673	40594
农业机械批发	791	3294
汽车及零配件批发	1491	5438
摩托车及零配件批发	182	456
五金产品批发	2617	6540
电气设备批发	879	2651
计算机、软件及辅助设备批发	601	3261
通讯设备批发	277	3726
广播影视设备批发	33	131
其他机械设备及电子产品批发	3802	15097
贸易经纪与代理	937	2412
贸易代理	774	1795
一般物品拍卖	66	256
艺术品、收藏品拍卖	8	23
其他贸易经纪与代理	89	338
其他批发业	1858	6808
再生物资回收与批发	365	1515

3-1 续表 2

分　组	法人单位数（人）	从业人员期末人数（人）
宠物食品用品批发	11	31
互联网批发	31	126
其他未列明批发业	1451	5136
按登记注册类型分组		
内资企业	41448	211602
国有企业	175	7042
集体企业	108	1350
股份合作企业	3	3
联营企业	9	34
国有联营企业	1	
集体联营企业	3	3
国有与集体联营企业	4	31
其他联营企业	1	
有限责任公司	5247	54470
国有独资公司	153	8646
其他有限责任公司	5094	45824
股份有限公司	360	8571
私营企业	32720	125424
私营独资企业	655	1913
私营合伙企业	35	226
私营有限责任公司	31538	120537
私营股份有限公司	492	2748
其他企业	2826	14708
港、澳、台商投资企业	10	627
与港澳台商合资经营企业	3	4
港澳台商独资经营企业	5	546
港澳台商投资股份有限公司	1	72
其他港澳台投资企业	1	5
外商投资企业	30	504
中外合资经营企业	8	232
中外合作经营企业	2	203
外资企业	13	33
其他外商投资	7	36

3-2 限额以上批发业法人单位经营情况

单位：个、人、万元、平方米

分　　组	法人企业数	从业人员期末人数	商品购进额	进口	商品销售额
批发业	**1486**	**66750**	**77792338.6**	**1720163.2**	**84778281.1**
按登记注册类型分组					
内资企业	1479	65792	77635174.2	1720163.2	84616305.2
国有企业	61	6245	6142778.9	293025	6842596.6
集体企业	8	191	59313.2		36834.3
有限责任公司	475	29984	38111669.8	815251.1	42093453.6
国有独资公司	83	7630	10155103.6	23.3	10738056.2
其他有限责任公司	392	22354	27956566.2	815227.8	31355397.4
股份有限公司	48	7067	20992717.0	115294.4	21715007.8
私营企业	864	21273	12153992.3	496592.7	13709526.1
私营独资企业	1	4	1159.7		1207.7
私营合伙企业	2	30	2107.1		2519.0
私营有限责任公司	845	20218	11845042.7	491071.4	13364830.1
私营股份有限公司	16	1021	305682.8	5521.3	340969.3
其他企业	23	1032	174703.0		218886.8
港、澳、台商投资企业	4	615	140262.3		133221.6
港、澳、台商独资经营企业	3	543	127886.2		118933.1
港、澳、台商投资股份有限公司	1	72	12376.1		14288.5
外商投资企业	3	343	16902.1		28754.3
中外合资经营企业	2	143	3884.6		7058.4
中外合作经营企业	1	200	13017.5		21695.9
按国民经济行业分组					
农、林、牧、渔产品批发	342	17343	10649090.9	187548.5	12369390.8
谷物、豆及薯类批发	51	2651	470601.4		409340.5
种子批发	38	1724	259709.7	274.9	338309.3
畜牧渔业饲料批发	1	7	2708.0	2708.0	4880.8
棉、麻批发	229	12048	9746938.8	160325.9	11386216.5
林业产品批发	3	61	26847.9	24239.7	58043.5
牲畜批发	8	682	62536.2		76767.4
其他农牧产品批发	12	170	79748.9		95832.8
食品、饮料及烟草制品批发	169	9448	4553512.8	6739.5	5351879.0
米、面制品及食用油批发	26	1158	261175.5		256325.3
糕点、糖果及糖批发	2	56	12532.7		14731.6

3-2 续表 1

单位：个、人、万元、平方米

分　组	通过公共网络实现的商品销售额	通过非自营平台实现的商品销售额	批发额	出口	零售额
批发业	**1436491.3**	**211177.6**	**83004577.6**	**674491.9**	**1773703.5**
按登记注册类型分组					
内资企业	1436491.3	211177.6	82843160.2	674491.9	1773145.0
国有企业	775287	189463.3	6663101.8	297.7	179494.8
集体企业			33939.4		2894.9
有限责任公司	637543.1	3750.4	41359519.0	269638.4	733934.6
国有独资公司	423801.5		10486295.5	23840.7	251760.7
其他有限责任公司	213741.6	3750.4	30873223.5	245797.7	482173.9
股份有限公司			21047087.5	48367.6	667920.3
私营企业	23661.2	17963.9	13521199.0	356188.2	188327.1
私营独资企业			344.9		862.8
私营合伙企业			267.3		2251.7
私营有限责任公司	23590.8	17963.9	13182055.0	328187.0	182775.1
私营股份有限公司	70.4		338531.8	28001.2	2437.5
其他企业			218313.5		573.3
港、澳、台商投资企业			133221.6		
港、澳、台商独资经营企业			118933.1		
港、澳、台商投资股份有限公司			14288.5		
外商投资企业			28195.8		558.5
中外合资经营企业			6499.9		558.5
中外合作经营企业			21695.9		
按国民经济行业分组					
农、林、牧、渔产品批发	3457.2	2578.4	12357789	4983.8	11601.8
谷物、豆及薯类批发			402188.1		7152.4
种子批发			336730.7		1578.6
畜牧渔业饲料批发			4880.8		
棉、麻批发	3457.2	2578.4	11384453.7		1762.8
林业产品批发			58043.5		
牲畜批发			76194.1		573.3
其他农牧产品批发			95298.1	4983.8	534.7
食品、饮料及烟草制品批发	1268124.1	190635.3	5286470.4	131340.2	65408.6
米、面制品及食用油批发			253134.7		3190.6
糕点、糖果及糖批发			14731.6		

3-2 续表 2　　　　单位：个、人、万元、平方米

分　组	通过公共网络实现的商品销售额	通过非自营平台实现的商品销售额	期末商品库存额	服务营业额	年末零售营业面积
批发业	**5443.2**	**1154.0**	**5887731**	**83934.9**	**5413401**
按登记注册类型分组					
内资企业	5443.2	1154.0	5857206.5	83934.9	5373332
国有企业	47.7		495104.2	13083.8	851660
集体企业			32386		215468
有限责任公司	5071.6	1154.0	2762142.8	13092.7	2455549
国有独资公司	3917.6		745215	3106.7	901784
其他有限责任公司	1154.0	1154.0	2016927.8	9986.0	1553765
股份有限公司			1111035.4	665.7	633878
私营企业	323.9		1443300.7	57092.7	1215497
私营独资企业			53.7		400
私营合伙企业			111.0		1940
私营有限责任公司	323.9		1389076.1	57092.7	1187956
私营股份有限公司			54059.9		25201
其他企业			13237.4		1280
港、澳、台商投资企业			26393.5		39282
港、澳、台商独资经营企业			26393.5		39282
港、澳、台商投资股份有限公司					
外商投资企业			4131.0		787
中外合资经营企业			1889.0		787
中外合作经营企业			2242.0		
按国民经济行业分组					
农、林、牧、渔产品批发			2981062.8	19003.6	2129882
谷物、豆及薯类批发			441986.3		997399
种子批发			136161.4		24349
畜牧渔业饲料批发			9.7		30
棉、麻批发			2369893.6	19000.2	1105514
林业产品批发			766.6		360
牲畜批发			30608.4		1300
其他农牧产品批发			1636.8	3.4	930
食品、饮料及烟草制品批发	5071.6	1154.0	480461.1	453.4	612706
米、面制品及食用油批发			155818.8		152550
糕点、糖果及糖批发			2215.4	453.4	

3-2 续表 3

单位：个、人、万元、平方米

分　组	法人企业数	从业人员期末人数	商品购进额	进口	商品销售额
果品、蔬菜批发	67	2189	683677.5		761412.4
肉、禽、蛋、奶及水产品批发	17	1433	253785.2		304334.4
盐及调味品批发	8	442	73187.5	6236.4	88305.6
营养和保健品批发	2	35	3211.3		3505.1
酒、饮料及茶叶批发	22	811	137677.1		183963.1
烟草制品批发	17	2934	3084996.7		3691590.5
其他食品批发	8	390	43269.3	503.1	47711.0
纺织、服装及家庭用品批发	49	2735	461625.2		604304.5
纺织品、针织品及原料批发	10	175	92433.4		151236.9
服装批发	13	1173	134440.0		168733.3
化妆品及卫生用品批发	7	518	50047.7		59570.8
厨具卫具及日用杂品批发	2	35	3422		4034.9
日用家电批发	14	811	176605.2		215511.8
其他家庭用品批发	3	23	4676.9		5216.8
文化、体育用品及器材批发	6	667	90429.9		258355.0
文具用品批发	1	13	5975.8		5650.3
图书批发	1	522	23070.2		184906.0
首饰、工艺品及收藏品批发	1	25	1953.7		2601.0
其他文化用品批发	3	107	59430.2		65197.7
医药及医疗器材批发	96	6056	1550941.3		1740294.2
西药批发	67	5039	1206666.7		1343912.7
中药批发	10	577	245977.3		264206.2
医疗用品及器材批发	19	440	98297.3		132175.3
矿产品、建材及化工产品批发	614	22700	56897853.6	1509449.9	60581105.7
煤炭及制品批发	54	1028	2188371.5		2446979.8
石油及制品批发	157	14402	38566967.7	32974.5	40712301.7
非金属矿及制品批发	4	42	357900.9		355664.3
金属及金属矿批发	197	2425	6790513.2	1161590.6	7469125.9
建材批发	83	983	1156669.9	5474.5	1279111.2
化肥批发	56	2307	1816967.6		1937464.8
农药批发	4	98	15790.9		18031.7
其他化工产品批发	59	1415	6004671.9	309410.3	6362426.3
机械设备、五金产品及电子产品批发	188	7254	3459633.5	13907.2	3718295.9
农业机械批发	33	618	215548.9	230.8	255550.8
汽车及零配件批发	51	1048	607019.6	4311.9	636910.3
摩托车及零配件批发	3	25	3877.1		6748.9
五金产品批发	4	167	33198.5		43660.3
电气设备批发	3	47	9653.3		10773.8
计算机、软件及辅助设备批发	12	352	87571.3		95059.2
通讯设备批发	20	2667	959340.5		1053843.9

3-2 续表 4　　　　单位：个、人、万元、平方米

分　组	通过公共网络实现的商品销售额	通过非自营平台实现的商品销售额	批发额	出口	零售额
果品、蔬菜批发	72672.3	1172.0	745479.3	93626.1	15933.1
肉、禽、蛋、奶及水产品批发			278424.6		25909.8
盐及调味品批发			86272.9	23379.0	2032.7
营养和保健品批发			3505.1		
酒、饮料及茶叶批发			175143.2		8819.9
烟草制品批发	1195451.8	189463.3	3683186.3	6104.0	8404.2
其他食品批发			46592.7	8231.1	1118.3
纺织、服装及家庭用品批发	443.2		579355	53677.5	24949.5
纺织品、针织品及原料批发			151236.9	33048.1	
服装批发			161474.9	15422.1	7258.4
化妆品及卫生用品批发			58456.6		1114.2
厨具卫具及日用杂品批发			3494.1	2093.4	540.8
日用家电批发	443.2		199475.7	3113.9	16036.1
其他家庭用品批发			5216.8		
文化、体育用品及器材批发			236483.6		21871.4
文具用品批发			5650.3		
图书批发			179591.2		5314.8
首饰、工艺品及收藏品批发			2601.0		
其他文化用品批发			48641.1		16556.6
医药及医疗器材批发	3707.1		1712375.6		27918.6
西药批发	3707.1		1316740.6		27172.1
中药批发			264206.2		
医疗用品及器材批发			131428.8		746.5
矿产品、建材及化工产品批发	137612.0		59040506.7	258454.1	1540599.0
煤炭及制品批发			2431674.5		15305.3
石油及制品批发			39224590.2	9462.9	1487711.5
非金属矿及制品批发			355664.3		
金属及金属矿批发			7459664.1	85287.7	9461.8
建材批发	137612.0		1261099.2	28376.6	18012
化肥批发			1931480.6		5984.2
农药批发			18031.7		
其他化工产品批发			6358302.1	135326.9	4124.2
机械设备、五金产品及电子产品批发	23147.6	17963.9	3636941.3	211596.0	81354.6
农业机械批发			252120.2	14306.8	3430.6
汽车及零配件批发	344.0	304.0	611113	93700.4	25797.3
摩托车及零配件批发			6477.7		271.2
五金产品批发	17659.9	17659.9	41515.5		2144.8
电气设备批发			10773.8		
计算机、软件及辅助设备批发	5095.3		86796.7		8262.5
通讯设备批发	48.4		1034091.8		19752.1

3-2 续表 5　　单位：个、人、万元、平方米

分　　组	通过公共网络实现的零售额	通过非自营平台实现的零售额	期末商品库存额	服务营业额	年末零售营业面积
果品、蔬菜批发	1154.0	1154.0	51175.4		370688
肉、禽、蛋、奶及水产品批发			9436.0		59520
盐及调味品批发			6197.3		2833
营养和保健品批发			496.4		100
酒、饮料及茶叶批发			20104.5		23195
烟草制品批发	3917.6		225883.3		3165
其他食品批发			9134.0		655
纺织、服装及家庭用品批发	283.9		89748.8	269.9	10587
纺织品、针织品及原料批发			32920.5		240
服装批发			25066.0	52.1	857
化妆品及卫生用品批发			9209.5		1450
厨具卫具及日用杂品批发			244.3		150
日用家电批发	283.9		21486.2	8.9	7890
其他家庭用品批发			822.3	208.9	
文化、体育用品及器材批发			25737.3		25519
文具用品批发			675.3		
图书批发			7452.3		16916
首饰、工艺品及收藏品批发			5415.5		
其他文化用品批发			12194.2		8603
医药及医疗器材批发	47.7		203241.1	540.0	155923
西药批发	47.7		151265.6	540.0	139234
中药批发			39217.9		12300
医疗用品及器材批发			12757.6		4389
矿产品、建材及化工产品批发			1790469.6	54887.1	2354570
煤炭及制品批发			44711.3	2821.9	4370
石油及制品批发			1096646.3	6907.1	1989534
非金属矿及制品批发			37063.5		177
金属及金属矿批发			325543.1	1182.8	71482
建材批发			72370.0	746.7	78322
化肥批发			157353.4	705.8	197657
农药批发			7835.8		
其他化工产品批发			48946.2	42522.8	13028
机械设备、五金产品及电子产品批发	40.0		301471.3	8555.5	107769
农业机械批发			52110.2	725.1	21523
汽车及零配件批发	40.0		99304.1	453.0	26264
摩托车及零配件批发			2349.4		900
五金产品批发			4714.0	14.7	900
电气设备批发			301.6		197
计算机、软件及辅助设备批发			4968.6	1446.0	3565
通讯设备批发			19574.7	1301.8	410

3-2 续表 6　　单位：个、人、万元、平方米

分　　组	法人企业数	从业人员期末人数	商品购进额	进口	商品销售额
广播影视设备批发	2	38	2818.5		5933.4
其他机械设备及电子产品批发	60	2292	1540605.8	9364.5	1609815.3
贸易经纪与代理	22	547	129251.4	2518.1	154656.0
贸易代理	7	68	16541.7		21466.2
再生物资回收与批发	7	271	84708.8		92557.3
互联网批发	1	24	7048.4		10968.3
其他未列明批发业	7	184	20952.5	2518.1	29664.2
按单位规模分组					
大型	49	22421	19006548.0	118357.7	20917400.0
中型	457	31165	40424460.4	1417285.2	44301016.8
小型	700	11579	9500206.9	167501.3	10402862.2
微型	280	1585	8861123.3	17019.0	9157002.1
按地区分组					
乌鲁木齐市	567	21594	55944931.0	1231419.6	59468892.0
克拉玛依市	46	2584	1017464.3		1110748.3
吐鲁番市	22	1435	567772.8		629014.1
哈密市	43	2158	2057709.0		2273671.7
昌吉回族自治州	54	2937	1167919.1	274.9	1317688.7
伊犁哈萨克自治州	172	7426	3629603.4	15807.0	3935313.9
伊犁哈萨克自治州直属县（市）	117	5207	2889779.2	2708.0	3069020.4
塔城地区	25	1037	420291.5	13099.0	477345.5
阿勒泰地区	30	1182	319532.7		388948.0
博尔塔拉蒙古自治州	63	2459	2016145.1	472661.7	2324011.5
巴音郭楞蒙古自治州	137	6271	2114552.1		2596410.8
阿克苏地区	168	5901	2960868.6		3203302.2
克孜勒苏柯尔克孜自治州	19	523	163758.1		174397.2
喀什地区	76	5390	2647210.4		2981864.7
和田地区	22	1265	485700.2		562655.3
自治区直辖县级市	97	6807	3018704.5		4200310.7
石河子市	58	1183	1553370.3		2272922.3
阿拉尔市	13	1942	623799.6		842426.1
图木舒克市	17	2564	650021.0		742011.3
五家渠市	9	1118	191513.6		342951.0

3-2 续表 7

单位：个、人、万元、平方米

分　　组	通过公共网络实现的商品销售额	通过非自营平台实现的商品销售额	批发额	出口	零售额
广播影视设备批发			2935.9		2997.5
其他机械设备及电子产品批发			1591116.7	103588.8	18698.6
贸易经纪与代理	0.1		154656.0	14440.3	
贸易代理			21466.2	13536.5	
再生物资回收与批发			92557.3		
互联网批发	0.1		10968.3		
其他未列明批发业			29664.2	903.8	
按单位规模分组					
大型	992644.8	190635.3	19604164.0	29247.6	1313236.0
中型	293172.9	17659.9	43939907.1	301509.0	361109.7
小型	144764.3	2578.4	10315985.7	294827.6	86876.5
微型	5909.3	304.0	9144520.8	48907.7	12481.3
按地区分组					
乌鲁木齐市	580737.0	18831.9	59233069.9	519910.0	235822.1
克拉玛依市	53336.2		1047205.2		63543.1
吐鲁番市	70990.3		502455.2		126558.9
哈密市	80173.8		2094160.2		179511.5
昌吉回族自治州			1160508.0	10071.1	157180.7
伊犁哈萨克自治州	285028.5	304.0	3680086.5	118627.4	255227.4
伊犁哈萨克自治州直属县（市）	158801.1		2882569.0	90629.9	186451.4
塔城地区	55454.4		476429.5	25061.2	916.0
阿勒泰地区	70773.0	304.0	321088.0	2936.3	67860.0
博尔塔拉蒙古自治州	10.0		2263676.8	513.8	60334.7
巴音郭楞蒙古自治州	167949.8	2578.4	2448954.3	642.6	147456.5
阿克苏地区	189533.7	189463.3	2965193.2	6902.6	238109.0
克孜勒苏柯尔克孜自治州			174397.2		
喀什地区			2792410.6		189454.1
和田地区			502852.8		59802.5
自治区直辖县级市	8732.0		4139607.7	17824.4	60703.0
石河子市	5095.3		2225973.5	17824.4	46948.8
阿拉尔市			832003.6		10422.5
图木舒克市			738727.3		3284.0
五家渠市	3636.7		342903.3		47.7

3-2 续表 8　　　　单位：个、人、万元、平方米

分　　组			期末商品库存额	服务营业额	年末零售营业面积
	通过公共网络实现的零售额	通过非自营平台实现的零售额			
广播影视设备批发			825.0		260
其他机械设备及电子产品批发			117323.7	4614.9	53750
贸易经纪与代理			15539	225.4	16445
贸易代理			4133.7	225.4	102
再生物资回收与批发			9539.2		1144
互联网批发			473.2		
其他未列明批发业			1392.9		15199
按单位规模分组					
大型	5071.6	1154.0	1044418.7	13200.0	1801421
中型	313.9		2742058.7	14051.3	1980430
小型	57.7		1179335.6	53410.8	1050289
微型			921918.0	3272.8	581261
按地区分组					
乌鲁木齐市	5355.5	1154.0	2298127.9	24080.5	497429
克拉玛依市			46342.0	3784.2	98891
吐鲁番市			51405.7	2821.9	506894
哈密市			124148.8		273642
昌吉回族自治州			182492.3		165463
伊犁哈萨克自治州			592626.3	569.7	960978
伊犁哈萨克自治州直属县（市）			472085.7	569.7	840967
塔城地区			104121.2		84970
阿勒泰地区			16419.4		35041
博尔塔拉蒙古自治州	10.0		259330.0		232533
巴音郭楞蒙古自治州	30.0		431567.3	3583.3	955860
阿克苏地区			872333.3	672.0	47162
克孜勒苏柯尔克孜自治州			86097.4		354344
喀什地区			469550.1	5896.5	1135346
和田地区			35576.1		100645
自治区直辖县级市	47.7		438133.8	42526.8	84214
石河子市			96194.4	42339.5	7620
阿拉尔市			187766.9	187.3	65474
图木舒克市			8423.5		9820
五家渠市	47.7		145749.0		1300

3-3 批发业法人企业财务状况

单位：万元

分　组	资产总计	负债合计	营业收入
批发业	**62460157.3**	**43739315.0**	**95774736.0**
按国民经济行业分组			
农、林、牧、渔产品批发	14190104.6	11255618.2	14154374.0
谷物、豆及薯类批发	1666654.9	1347511.5	689169.4
种子批发	1020990.9	552658.2	485403.3
畜牧渔业饲料批发	42226.9	38934.8	89609.2
棉、麻批发	10577627.3	8787366.4	12362959.7
林业产品批发	192134.0	96217.4	140675.8
牲畜批发	304472.6	165579.9	149725.1
渔业产品批发	3127.9	3240.8	840.7
其他农牧产品批发	382870.1	264109.4	235990.7
食品、饮料及烟草制品批发	5355181.1	2594824.5	5957549.4
米、面制品及食用油批发	612258.9	460640.5	402379.5
糕点、糖果及糖批发	106975.8	70271.2	40123.8
果品、蔬菜批发	2140340.0	1162444.7	1099009.5
肉、禽、蛋、奶及水产品批发	197187.8	141293.0	374257.4
盐及调味品批发	211831.3	76198.6	128204.3
营养和保健品批发	118467.8	19085.0	21723.0
酒、饮料及茶叶批发	610344.2	217039.8	380775.9
烟草制品批发	970078.1	178189.4	3200982.8
其他食品批发	387697.3	269662.3	310093.1
纺织、服装及家庭用品批发	1418153.0	1067641.4	1586473.2
纺织品、针织品及原料批发	415333.4	321337.9	437279.0
服装批发	392611.4	312162.0	470613.4
鞋帽批发	29960.0	33469.1	31050.7
化妆品及卫生用品批发	76794.4	59192.2	107793.4
厨具卫具及日用杂品批发	155107.8	110880.0	110998.7
灯具、装饰物品批发	25099.6	16843.6	27632.3
家用视听设备批发	5660.2	2685.5	3566.2
日用家电批发	209031.0	152198.1	325355.9
其他家庭用品批发	108555.2	58872.8	72183.6
文化、体育用品及器材批发	468712.5	331082.8	351614.5
文具用品批发	85369.1	59457.6	77920.3
体育用品及器材批发	21133.8	15386.2	15868.4
图书批发	266842.5	187567.8	154831.2
报刊批发	27.1	38.9	53.1

3-3 续表 1

单位：万元

分　组	资产总计	负债合计	营业收入
音像制品、电子和数字出版物批发	7104.3	3276.0	7037.4
首饰、工艺品及收藏品批发	32726.5	21981.5	25149.0
乐器批发	2847.0	812.3	1410.1
其他文化用品批发	52662.2	42562.7	69345.2
医药及医疗器材批发	1977493.8	1324729.6	2260952.5
西药批发	1005892.4	727618.3	1299329.2
中药批发	283736.5	195561.3	295098.2
动物用药品批发	4783.0	3249.1	4788.4
医疗用品及器材批发	683081.9	398300.9	661736.7
矿产品、建材及化工产品批发	30616282.1	21368568.9	63703008.1
煤炭及制品批发	4650781.2	2640926.6	3637956.9
石油及制品批发	8721358.9	7510771.7	37806861.8
非金属矿及制品批发	260658.8	168810.3	446958.7
金属及金属矿批发	5171070.7	4063741.2	9207759.4
建材批发	4700312.2	2178123.8	3110105.8
化肥批发	1943310.3	1585668.9	2263431.7
农药批发	115372.4	68387.4	105800.3
农用薄膜批发	25983.0	5221.9	5218.1
其他化工产品批发	5027434.7	3146917.1	7118915.5
机械设备、五金产品及电子产品批发	5593448.0	3865316.7	6723742.4
农业机械批发	660802.8	424177.6	519792.5
汽车及零配件批发	1135014.5	883033.2	1166186.3
摩托车及零配件批发	41488.3	22112.5	34644.1
五金产品批发	811500.6	574351.7	877789.1
电气设备批发	263105.5	139202.5	216726.4
计算机、软件及辅助设备批发	231612.5	131470.1	293376.7
通讯设备批发	189402.7	102860.0	1109364.7
广播影视设备批发	15993.9	8310.7	11811.8
其他机械设备及电子产品批发	2244527.1	1579798.3	2494050.9
贸易经纪与代理	1900680.8	1277190.1	384726.9
贸易代理	1832154.9	1241799.9	360733.4
一般物品拍卖	37710.9	18032.7	2695.8
艺术品、收藏品拍卖	3749.9	2950.2	232.3
其他贸易经纪与代理	27065.1	14407.2	21065.3
其他批发业	940101.3	654342.6	652295.0
再生物资回收与批发	194816.2	138493.6	217188.1

3-3 续表 2

单位：万元

分　组	资产总计	负债合计	营业收入
宠物食品用品批发	1557.8	361.3	1034.9
互联网批发	187412.5	167621.7	85871.6
其他未列明批发业	556314.9	347866.0	348200.3
按登记注册类型分组			
内资企业	61586217.0	43336495.0	95592961.9
国有企业	3066038.4	2081893.1	7023939.9
集体企业	202396.6	149826.5	184193.5
股份合作企业	50.0	20.0	80.0
联营企业	1833.8	2074.8	631.0
国有联营企业			
集体联营企业	100.0	71.0	32.8
国有与集体联营企业	1733.8	2003.9	598.2
其他联营企业			
有限责任公司	24628170.3	19069769.1	42844353.6
国有独资公司	5395559.1	4068171.9	10344127.1
其他有限责任公司	19232611.1	15001597.2	32500226.5
股份有限公司	10092352.9	7044712.9	19582151.3
私营企业	23155130.9	14838752.6	25483512.5
私营独资企业	71405.6	41043.2	79662.0
私营合伙企业	5979.1	3900.4	6767.4
私营有限责任公司	22332673.7	14295718.0	24905357.3
私营股份有限公司	745072.4	498091.0	491725.8
其他企业	440244.1	149445.9	474100.0
港、澳、台商投资企业	844362.6	369888.3	148990.5
与港澳台商合资经营企业	1946.9	1250.8	132.3
港澳台商独资经营企业	65221.4	58511.1	122495.4
港澳台商投资股份有限公司	777094.3	310106.4	26342.8
其他港澳台投资企业	100.0	20.0	20.0
外商投资企业	29577.7	32931.7	32783.6
中外合资经营企业	12555.1	2384.0	10282.9
中外合作经营企业	8239.7	21789.4	18200.9
外资企业	7484.5	7801.2	1430.3
其他外商投资	1298.4	957.0	2869.5

3-4 限额以上批发业法人单位主要财务状况

单位：个、人、万元

分　组	法人单位数	年初存货	流动资产合计	应收账款	存货	固定资产原价
批发业	**1486**	**6389054.0**	**28928579.7**	**4885465.4**	**5743508.6**	**3592872.6**
按登记注册类型分组						
内资企业	1479	6368575.4	28448427.9	4869047.8	5711641.0	3545367.4
国有企业	61	522807.7	2318436.6	171621.4	499792.6	493183.1
集体企业	8	20862.5	67696.9	3023.4	33019.4	19662.4
有限责任公司	475	3186260.5	14829628.3	2731079.8	2725967.4	1729654.3
国有独资公司	83	668507.9	2990791.2	594149.5	727731.6	470892.9
其他有限责任公司	392	2517752.6	11838837.1	2136930.3	1998235.8	1258761.4
股份有限公司	48	1076027.8	5127952.4	501903.0	912755.6	535157.5
私营企业	864	1550791.4	6052597.1	1453392.7	1528379.5	737363.3
私营独资企业	1	86.9	328.9	8.5	45.5	39.9
私营合伙企业	2	231.2	391.6	180.7	132.8	347.6
私营有限责任公司	845	1486815.5	5772429.8	1379447.3	1454584.9	607852.8
私营股份有限公司	16	63657.8	279446.8	73756.2	73616.3	129123.0
其他企业	23	11825.5	52116.6	8027.5	11726.5	30346.8
港、澳、台商投资企业	4	14774.9	464836.1	15481.5	27724.7	36795.8
港、澳、台商独资经营企业	3	14595.2	52341.9	15424.9	27367.7	17920.6
港、澳、台商投资股份有限公司	1	179.7	412494.2	56.6	357.0	18875.2
外商投资企业	3	5703.7	15315.7	936.1	4142.9	10709.4
中外合资经营企业	2	32.2	7331.3	145.5	1859.2	10211.9
中外合作经营企业	1	5671.5	7984.4	790.6	2283.7	497.5
按国民经济行业分组						
农、林、牧、渔产品批发	342	3670312.5	8802967.9	498342.4	3103849.3	1175470.3
谷物、豆及薯类批发	51	346703.2	748447.1	24242.6	454748.8	230447.6
种子批发	38	172834.8	458853.7	54545.3	174867.2	172135.4
畜牧渔业饲料批发	1	151.7	293.3	8.5	23.5	4.7
棉、麻批发	229	3124325.5	7465980.1	398057.7	2439025.7	729234.2
林业产品批发	3	749.4	11174.0	5100.5	885.4	312.4
牲畜批发	8	19151.1	75189.7	2550.6	32134.6	34103.9
其他农牧产品批发	12	6396.8	43030.0	13837.2	2164.1	9232.1
食品、饮料及烟草制品批发	169	431197.1	2144663.4	226644.1	438966.5	444884.6
米、面制品及食用油批发	26	137748.4	286236.5	8185.4	136912.4	65085.9
糕点、糖果及糖批发	2	2326.5	3888.9	1478.8	1909.8	261.9
果品、蔬菜批发	67	66787.8	626123.4	173593.7	49415.1	155882.3
肉、禽、蛋、奶及水产品批发	17	12075.7	50140.6	11534.2	9484.1	17836.4
盐及调味品批发	8	3500.7	82129.2	7136.6	11593.6	16011.3
营养和保健品批发	2	335.9	1351.1	302.6	428.1	103.1

3-4 续表 1

单位：个、人、万元

分组	期末资产负债					
	固定资产净值	累计折旧	本年折旧	在建工程	资产总计	流动负债合计
批发业	**2148503.6**	**1438231.4**	**187342.3**	**510036.5**	**38706116.4**	**26752899.3**
按登记注册类型分组						
内资企业	2126275.5	1412954.3	185012.8	481794.4	37845701.7	26504639.1
国有企业	267629.9	225553.3	24204.7	91117.3	2880420.6	1772279.9
集体企业	7287.6	12374.8	-1709.6	1187.7	82889.0	61448.5
有限责任公司	1035330.3	689596.5	92723.2	245966.8	18281287.3	13950706.1
国有独资公司	283761.1	186624.9	31676.2	45142.5	4037508.9	2841532.3
其他有限责任公司	751569.2	502971.6	61047.0	200824.3	14243778.4	11109173.8
股份有限公司	352344.9	182789.0	21571.9	56157.9	9340769.4	5635789.2
私营企业	443637.9	292535.8	45258.0	87364.7	7174396.3	5054797.6
私营独资企业	22.5	17.4	4.0		351.4	4.3
私营合伙企业	250.0	97.6	26.3		644.5	786.7
私营有限责任公司	354581.6	252081.6	36832.7	60075.2	6711173.7	4782686.6
私营股份有限公司	88783.8	40339.2	8395.0	27289.5	462226.7	271320.0
其他企业	20044.9	10104.9	2964.6		85939.1	29617.8
港、澳、台商投资企业	19506.9	17288.9	1945.6	28242.1	841644.9	225477.5
港、澳、台商独资经营企业	8396.8	9523.8	875.5		64550.6	45941.1
港、澳、台商投资股份有限公司	11110.1	7765.1	1070.1	28242.1	777094.3	179536.4
外商投资企业	2721.2	7988.2	383.9		18769.8	22782.7
中外合资经营企业	2564.6	7647.3	285.2		10543.9	1008.8
中外合作经营企业	156.6	340.9	98.7		8225.9	21773.9
按国民经济行业分组						
农、林、牧、渔产品批发	652763.7	522703.5	65578.8	91104.3	10608935.9	8290206.0
谷物、豆及薯类批发	140638.4	89809.2	10822.4	24768.8	981911.5	735017.8
种子批发	110102.9	62032.5	9485.4	27634.6	665287.6	335940.2
畜牧渔业饲料批发	0.9	3.8	1.0		294.2	255.1
棉、麻批发	363638.5	365592.6	43299.1	33070.8	8732282.6	7063222.0
林业产品批发	295.3	17.1	6.7		12123.7	13586.3
牲畜批发	30715.0	3388.9	1125.1	724.9	154346.3	96388.8
其他农牧产品批发	7372.7	1859.4	839.1	4905.2	62690.0	45795.8
食品、饮料及烟草制品批发	272308.1	172097.4	27397.8	75631.6	3208976.2	1239749.5
米、面制品及食用油批发	37583.3	27502.6	3004.0	17336.1	389882.1	278070.4
糕点、糖果及糖批发	26.1	235.8	10.8		3915.0	3600.5
果品、蔬菜批发	109885.8	45532.2	9000.1	44400.1	1109506.1	506766.7
肉、禽、蛋、奶及水产品批发	10109.5	7726.9	932.7	1134.9	67577.6	72837.2
盐及调味品批发	8858.1	7153.2	814.5	293.0	178045.0	55296.9
营养和保健品批发	66.5	36.6	0.1		1429.7	1226.1

3-4 续表 2 单位：个、人、万元

分组	期末资产负债					
	非流动负债合计	负债合计	所有者权益	实收资本	国家资本	集体资本
批发业	**2173216.7**	**28938138.9**	**9766977.5**	**6128115.6**	**1440802.2**	**122808.8**
按登记注册类型分组						
内资企业	2030077.2	28546739.2	9297962.5	5660058.6	1431725.6	122808.8
国有企业	76502.8	1848777.1	1030643.5	260734.4	253730.3	
集体企业	2393.1	63102.8	19786.2	11904.3		11513.8
有限责任公司	763829.0	14715956.6	3565330.7	2035844.3	1003968.5	76345.1
国有独资公司	489559.4	3331033.3	706475.6	551456.3	505237.8	
其他有限责任公司	274269.6	11384923.3	2858855.1	1484388.0	498730.7	76345.1
股份有限公司	840597.3	6476386.4	2864383.0	1316156.4	168700.8	22171.1
私营企业	346116.9	5411999.1	1762397.2	2023393.0	4326.0	7329.7
私营独资企业		4.3	347.1	31.3		
私营合伙企业		786.7	-142.2	50.0		
私营有限责任公司	286405.4	5080176.6	1630997.1	1959719.1	4326.0	2877.2
私营股份有限公司	59711.5	331031.5	131195.2	63592.6		4452.5
其他企业	638.1	30517.2	55421.9	12026.2	1000.0	5449.1
港、澳、台商投资企业	143139.5	368617.0	473027.9	447057.0	6576.6	
港、澳、台商独资经营企业	12569.5	58510.6	6040.0	10034.5		
港、澳、台商投资股份有限公司	130570.0	310106.4	466987.9	437022.5	6576.6	
外商投资企业		22782.7	-4012.9	21000.0	2500.0	
中外合资经营企业		1008.8	9535.1	8000.0	2500.0	
中外合作经营企业		21773.9	-13548.0	13000.0		
按国民经济行业分组						
农、林、牧、渔产品批发	424041.5	8714726.7	1893209.2	1032862.9	428415.8	63647.3
谷物、豆及薯类批发	62745.1	797762.9	184148.6	73942.4	57850.7	
种子批发	44996.2	380936.4	284351.2	145986.1	33694.7	10043.0
畜牧渔业饲料批发		255.1	39.1	200.0		
棉、麻批发	313095.9	7376585.8	1354696.8	761961.7	310551.4	50504.3
林业产品批发		13586.3	-1462.6	603.2		
牲畜批发	3153.0	99753.1	54593.2	33626.3	19168.0	100.0
其他农牧产品批发	51.3	45847.1	16842.9	16543.2	7151.0	3000.0
食品、饮料及烟草制品批发	330171.7	1573891.2	1635085.0	507161.0	189208.2	9178.4
米、面制品及食用油批发	46461.6	328452.7	61429.4	43265.0	20324.1	120.0
糕点、糖果及糖批发		3600.5	314.5	375.0		
果品、蔬菜批发	276230.4	783047.1	326459.0	130314.9	58747.1	8960.0
肉、禽、蛋、奶及水产品批发	604.9	73442.1	-5864.5	21983.4	1389.6	49.1
盐及调味品批发	5147.8	60444.7	117600.3	92524.0	24263.7	49.3
营养和保健品批发		1226.1	203.6	150.0		

3-4 续表 3

单位：个、人、万元

分组	期末资产负债					
	法人资本	个人资本	港澳台资本	外商资本	营业收入	主营业务收入
批发业	**3161854.4**	**931837.3**	**440480.4**	**30332.5**	**75931824.7**	**75113644.9**
按登记注册类型分组						
内资企业	3161854.4	931087.3		12582.5	75758161.0	74953378.0
国有企业	5016.1	497.7		1490.3	6075768.5	6041005.6
集体企业		390.5			44667.8	44628.7
有限责任公司	707480.0	248050.7			38055904.5	37495157.4
国有独资公司	43454.1	2764.4			9715589.8	9332546.9
其他有限责任公司	664025.9	245286.3			28340314.7	28162610.5
股份有限公司	996471.9	117720.4		11092.2	19011661.4	18886997.6
私营企业	1448489.7	563247.6			12351781.3	12267372.5
私营独资企业		31.3			1041.1	1041.1
私营合伙企业		50.0			2171.4	2171.4
私营有限责任公司	1408679.6	543836.3			12044553.4	11962799.9
私营股份有限公司	39810.1	19330.0			304015.4	301360.1
其他企业	4396.7	1180.4			218377.5	218216.2
港、澳、台商投资企业			440480.4		148838.2	135441.5
港、澳、台商独资经营企业			10034.5		122495.4	122495.4
港、澳、台商投资股份有限公司			430445.9		26342.8	12946.1
外商投资企业		750.0		17750.0	24825.5	24825.4
中外合资经营企业				5500.0	6624.6	6624.6
中外合作经营企业		750.0		12250.0	18200.9	18200.8
按国民经济行业分组						
农、林、牧、渔产品批发	328160.8	210323.4	2315.6		11616386.1	11559582.1
谷物、豆及薯类批发	7750.0	8341.7			414042.4	391768.9
种子批发	64467.8	37780.6			355548.3	353461.7
畜牧渔业饲料批发	200.0				4880.8	4880.8
棉、麻批发	241498.9	157091.5	2315.6		10612801.7	10580716.7
林业产品批发	303.2	300.0			56746.1	56746.1
牲畜批发	11120.9	3237.4			76767.4	76767.4
其他农牧产品批发	2820.0	3572.2			95599.4	95240.5
食品、饮料及烟草制品批发	246237.9	50286.5		12250.0	4773883.9	4761881.1
米、面制品及食用油批发	10947.3	11873.6			245942.4	243484.3
糕点、糖果及糖批发		375.0			13127.5	12699.8
果品、蔬菜批发	36488.1	26119.7			727723.0	725816.5
肉、禽、蛋、奶及水产品批发	2129.5	6165.2		12250.0	282587.0	281689.7
盐及调味品批发	68111.0	100.0			85957.4	82644.7
营养和保健品批发		150.0			3009.0	3009.0

3-4 续表 4

单位：个、人、万元

分组	损益及分配					
	营业成本	税金及附加	其他业务利润	销售费用	管理费用	财务费用
批发业	**72640769.7**	**324520.3**	**51293.8**	**1234379.6**	**554750.6**	**366209.2**
按登记注册类型分组						
内资企业	72492208.5	323709.6	53087.9	1228882.2	544210.3	361231.2
国有企业	5594646.6	153348.0	3272.9	102651.2	76765.1	10106.0
集体企业	41944.1	36.1	39.0	10628.7	1812.7	63.3
有限责任公司	36788612.7	138880.5	29001.0	425527.3	239408.9	160810.1
国有独资公司	9272391.3	104848.3	1576.1	97663.2	73360.0	41776.3
其他有限责任公司	27516221.4	34032.2	27424.9	327864.1	166048.9	119033.8
股份有限公司	18455998.0	13006.2	7448.0	343152.3	53419.4	107410.0
私营企业	11446777.7	18238.8	13327.0	336005.6	170845.0	82206.6
私营独资企业	984.8	1.1		40.6	16.0	0.1
私营合伙企业	1932.2	3.7		65.2	124.0	-0.2
私营有限责任公司	11167241.1	17637.4	13050.2	325285.5	158353.4	76855.8
私营股份有限公司	276619.6	596.6	276.8	10614.3	12351.6	5350.9
其他企业	164229.4	200.0		10917.1	1959.2	635.2
港、澳、台商投资企业	124678.6	716.8		4110.2	7523.8	4995.3
港、澳、台商独资经营企业	109792.2	222.5		3842.1	3532.7	319.9
港、澳、台商投资股份有限公司	14886.4	494.3		268.1	3991.1	4675.4
外商投资企业	23882.6	93.9	-1794.1	1387.2	3016.5	-17.3
中外合资经营企业	5318.8	27.2		286.6	868.7	-17.9
中外合作经营企业	18563.8	66.7	-1794.1	1100.6	2147.8	0.6
按国民经济行业分组						
农、林、牧、渔产品批发	11143931.6	7707.6	9644.3	156729.8	127106.9	128058.2
谷物、豆及薯类批发	377697.8	304.5	3156.4	23358.4	25704.5	12534.9
种子批发	291249.2	732.4	841.3	10047.3	29092.0	5302.8
畜牧渔业饲料批发	3829.9	2.0		928.0	53.2	-1.7
棉、麻批发	10278925.8	6535.6	5643.5	118938.3	68881.4	108222.5
林业产品批发	54042.1	16.7		1674.6	235.4	481.2
牲畜批发	55465.3	34.1		407.3	1667.1	625.5
其他农牧产品批发	82721.5	82.3	3.1	1375.9	1473.3	893.0
食品、饮料及烟草制品批发	4051561.3	253141.4	2264.6	127280.0	122261.6	11395.6
米、面制品及食用油批发	229603.1	377.6	873.5	8867.8	9593.2	7834.9
糕点、糖果及糖批发	12222.8	10.1	235.0	970.8	122.6	2.0
果品、蔬菜批发	642645.6	1731.9	422.5	20434.6	16583.2	18939.7
肉、禽、蛋、奶及水产品批发	242096.1	1213.6	-1289.8	26559.6	12613.0	600.5
盐及调味品批发	70574.4	402.6	208.3	5773.0	8552.1	-3348.0
营养和保健品批发	2497.3	8.4		263.6	141.3	5.9

3-4 续表 5

单位：个、人、万元

分　组	损益及分配				工人成本及增值税	
	营业利润	营业外收入	利润总额	所得税费用	应付职工薪酬（本年贷方累计发生额）	应交增值税
批发业	**1330285.7**	**96179.0**	**1364797.0**	**175736.4**	**715757.2**	**579594.9**
按登记注册类型分组						
内资企业	1325181.2	96133.9	1359726.6	174404.2	708818.5	576882.2
国有企业	155126.3	18193.6	161498.0	43542.7	79892.3	72268.3
集体企业	433.6	741.7	492.2	1.0	667.9	98.4
有限责任公司	458698.7	43208.8	479811.2	93546.8	312336.9	235950.1
国有独资公司	236738.6	11410.0	243861.1	13229.7	83808.9	38426.0
其他有限责任公司	221960.1	31798.8	235950.1	80317.1	228528.0	197524.1
股份有限公司	393147.2	6449.6	386392.2	8737.8	66523.0	142622.4
私营企业	278204.4	27540.2	291965.6	28574.6	244101.0	125781.6
私营独资企业	-1.5		-1.5	2.9	22.7	14.0
私营合伙企业	-6.0		-8.0	12.2	86.8	18.1
私营有限责任公司	279848.2	27196.4	293366.0	28394.1	236480.5	123954.7
私营股份有限公司	-1636.3	343.8	-1390.9	165.4	7511.0	1794.8
其他企业	39571.0		39567.4	1.3	5297.4	161.4
港、澳、台商投资企业	10149.2	20.3	10138.9	1373.1	4630.9	2414.4
港、澳、台商独资经营企业	3959.9	18.3	3947.7	10.1	3126.2	645.1
港、澳、台商投资股份有限公司	6189.3	2.0	6191.2	1363.0	1504.7	1769.3
外商投资企业	-5044.7	24.8	-5068.5	-40.9	2307.8	298.3
中外合资经营企业	427.5		427.5	-40.9	655.4	298.3
中外合作经营企业	-5472.2	24.8	-5496.0		1652.4	
按国民经济行业分组						
农、林、牧、渔产品批发	96964.4	45325.9	130197.4	11249.0	91525.1	12073.3
谷物、豆及薯类批发	-10077.8	17517.7	6998.1	820.7	15356.1	165.5
种子批发	20200.8	3470.5	20596.0	644.8	13654.6	1519.7
畜牧渔业饲料批发	69.2	12.0	79.7		36.5	
棉、麻批发	59515.0	22060.4	73901.5	9770.4	57628.6	9896.0
林业产品批发	-217.6	159.7	-59.3	17.5	219.0	66.4
牲畜批发	18695.4	1062.3	18877.4	0.3	2840.4	
其他农牧产品批发	8779.4	1043.3	9804.0	-4.7	1789.9	425.7
食品、饮料及烟草制品批发	208898.6	14649.2	213171.2	51228.6	123562.5	119773.4
米、面制品及食用油批发	-7284.9	6529.2	-1008.1	960.5	7090.5	18963.6
糕点、糖果及糖批发	-200.8	11.6	-190.5		276.6	962.4
果品、蔬菜批发	31856.0	5866.9	36753.4	3490.0	16035.6	5632.0
肉、禽、蛋、奶及水产品批发	-2569.5	418.0	-2141.9	448.6	10215.8	2428.8
盐及调味品批发	-1799.7	366.6	-1620.3	633.9	6889.0	4043.9
营养和保健品批发	92.5	0.2	91.8	9.8	173.7	63.3

3-4 续表 6 单位：个、人、万元

分组	法人单位数	年初存货	流动资产合计	应收账款	存货	固定资产原价
酒、饮料及茶叶批发	22	23340.6	270883.5	13850.5	20661.9	42857.6
烟草制品批发	17	175906.2	795640.9	5635.1	198819.6	129374.4
其他食品批发	8	9175.3	28269.3	4927.2	9741.9	17471.7
纺织、服装及家庭用品批发	49	105742.6	369650.2	58858.9	101661.4	24591.1
纺织品、针织品及原料批发	10	46945.7	192831.7	22652.8	46282.4	8435.5
服装批发	13	24174.5	73147.6	12003.6	23622.9	1095.3
化妆品及卫生用品批发	7	9513.8	19709.9	7119.7	7217.6	3729.6
厨具卫具及日用杂品批发	2	743.5	915.1	446.1	243.3	543.1
日用家电批发	14	23817.6	79500.3	14891.2	23850.3	10292.1
其他家庭用品批发	3	547.5	3545.6	1745.5	444.9	495.5
文化、体育用品及器材批发	6	28789.6	204427.0	74796.4	17811.2	33295.2
文具用品批发	1	120.1	1577.3	711.7	696.9	0.6
图书批发	1	12234.1	167329.0	69593.7	2549.4	29160.9
首饰、工艺品及收藏品批发	1	5075.7	4568.0	54.4	4465.1	3.8
其他文化用品批发	3	11359.7	30952.7	4436.6	10099.8	4129.9
医药及医疗器材批发	96	162552.3	1067749.1	574746.1	196003.5	115290.2
西药批发	67	127903.2	773631.7	415867.0	149073.2	93497.6
中药批发	10	22374.8	185098.1	108522.1	35126.7	8448.0
医疗用品及器材批发	19	12274.3	109019.3	50357.0	11803.6	13344.6
矿产品、建材及化工产品批发	614	1692603.0	14707390.9	2928700.8	1562555.6	1586488.3
煤炭及制品批发	54	70588.5	2013399.5	240498.7	40298.0	33950.5
石油及制品批发	157	972083.1	5660448.7	1324544.0	864795.8	1214267.2
非金属矿及制品批发	4	33431.4	81014.6	8851.5	36710.3	1095.0
金属及金属矿批发	197	386510.1	2876187.8	474063.9	335879.1	95675.2
建材批发	83	67135.4	760168.2	178087.2	71627.3	21492.5
化肥批发	56	102162.3	1303311.0	424226.9	155881.1	116377.7
农药批发	4	7463.9	15472.9	1497.5	7835.7	2831.5
其他化工产品批发	59	53228.3	1997388.2	276931.1	49528.3	100798.7
机械设备、五金产品及电子产品批发	188	281858.5	1551931.3	496320.5	307406.2	163151.0
农业机械批发	33	51396.8	160659.2	49212.1	54752.9	28667.2
汽车及零配件批发	51	102036.2	577588.8	130485.0	95864.7	53145.2
摩托车及零配件批发	3	2737.5	3921.2	808.7	2200.7	284.1
五金产品批发	4	5979.3	34478.9	23188.6	4438.9	3943.7
电气设备批发	3	279.5	3831.9	3077.3	320.7	364.9
计算机、软件及辅助设备批发	12	6046.2	28763.4	11824.3	5156.4	8941.9
通讯设备批发	20	14776.3	83986.3	18496.8	16329.4	438.6
广播影视设备批发	2	633.4	6489.9	3043.5	476.3	220.9

3-4 续表 7

单位：个、人、万元

分组	期末资产负债					
	固定资产净值	累计折旧	本年折旧	在建工程	资产总计	流动负债合计
酒、饮料及茶叶批发	28983.4	13859.4	2458.4	6027.5	448090.1	112905.7
烟草制品批发	66875.0	62499.4	6697.7	5452.7	966102.5	175067.4
其他食品批发	9920.4	7551.3	4479.5	987.3	44428.1	33978.6
纺织、服装及家庭用品批发	11962.6	12628.5	1020.8	17505.2	454189.9	312275.6
纺织品、针织品及原料批发	3767.7	4667.8	353.2	13625.8	245500.5	156932.9
服装批发	248.0	847.3	111.9	1866.0	80897.7	70598.7
化妆品及卫生用品批发	1855.9	1873.7	183.8	1800.3	23549.9	12558.2
厨具卫具及日用杂品批发	289.4	253.7	31.9	65.5	3494.7	2597.7
日用家电批发	5335.5	4956.6	326.2	147.6	96684.2	68271.1
其他家庭用品批发	466.1	29.4	13.8		4062.9	1317.0
文化、体育用品及器材批发	15318.8	17976.4	1452.1	43255.9	278776.7	199468.1
文具用品批发	0.3	0.3	0.2		1577.6	1095.8
图书批发	13461.4	15699.5	1239.4	40829.6	235562.3	164073
首饰、工艺品及收藏品批发	2.4	1.4	0.9		4570.5	4621.9
其他文化用品批发	1854.7	2275.2	211.6	2426.3	37066.3	29677.4
医药及医疗器材批发	67798.5	47491.7	9881.9	13672.0	1221718.3	829733.6
西药批发	54581.9	38915.7	7095.2	13347.6	899685.8	632590.2
中药批发	6067.3	2380.7	597.6	303.0	194353.4	129894.2
医疗用品及器材批发	7149.3	6195.3	2189.1	21.4	127679.1	67249.2
矿产品、建材及化工产品批发	981664.7	599169.1	67545.8	258973.7	20935970.5	14473326.5
煤炭及制品批发	23303.7	10635.6	2616.8	16785.7	3133288.0	1403407.6
石油及制品批发	755285.0	454260.4	45274.3	136436.1	7687811.0	6478849.2
非金属矿及制品批发	920.2	174.8	60.9		81943.8	76332.2
金属及金属矿批发	57358.1	38249.1	6500.9	38569.1	3236621.3	2418010.4
建材批发	11193.5	10299.0	1193.8	1740.6	833625.0	630808.2
化肥批发	61604.9	53919.3	5273.1	61944.9	1537249.8	1203455.2
农药批发	1134.8	1696.7	111.2		18170.9	12319.0
其他化工产品批发	70864.5	29934.2	6514.8	3497.3	4407260.7	2250144.7
机械设备、五金产品及电子产品批发	112111.1	51039.0	10103.1	9278.1	1844796.9	1300597.9
农业机械批发	18880.5	9785.9	2363.7	594.8	191897.4	140003.5
汽车及零配件批发	46261.7	6883.5	1085.9	3727.8	679536.4	475200.3
摩托车及零配件批发	39.8	244.3	15.5		3965.9	4021.6
五金产品批发	2688.2	1255.5	319.2	13.1	37810.3	21786.5
电气设备批发	231.5	133.4	50.5		4067.4	662.0
计算机、软件及辅助设备批发	7816.8	1125.1	231.3	4.6	37373.4	20172.2
通讯设备批发	82.6	356.0	29.3		84623.2	39777.0
广播影视设备批发	60.9	160.0	30.0	22.0	6572.9	4593.5

3-4 续表 8　　　　单位：个、人、万元

分　组	期末资产负债					
	非流动负债合计	负债合计	所有者权益	实收资本	国家资本	集体资本
酒、饮料及茶叶批发	644.0	113549.0	334541.1	124508.3	930.4	
烟草制品批发		175067.4	791035.1	87614.4	80772.3	
其他食品批发	1083.0	35061.6	9366.5	6426.0	2781.0	
纺织、服装及家庭用品批发	47625.1	360587.3	93602.6	87870.7	5355.2	16358.6
纺织品、针织品及原料批发	29733.9	186666.8	58833.7	52726.3	5015.2	15858.6
服装批发	2724.1	73316.3	7581.4	5065.0		
化妆品及卫生用品批发	1170.4	13771.0	9778.9	8380.0		
厨具卫具及日用杂品批发	250.0	2847.7	647.0	529.2		500.0
日用家电批发	13273.9	81545.0	15139.2	20094.0		
其他家庭用品批发	472.8	2440.5	1622.4	1076.2	340.0	
文化、体育用品及器材批发	6847.6	206315.7	72461.0	16019.4	12969.4	
文具用品批发		1095.8	481.8	500.0		
图书批发	6373.6	170446.6	65115.7	11600.0	11600.0	
首饰、工艺品及收藏品批发		4621.9	-51.4	50.0		
其他文化用品批发	474.0	30151.4	6914.9	3869.4	1369.4	
医药及医疗器材批发	18915.5	848649.1	373069.2	198358.6	40879.3	764.0
西药批发	17263.7	649853.9	249831.9	162572.5	29184.3	764.0
中药批发	1305.2	131199.4	63154.0	15078.6	5450.0	
医疗用品及器材批发	346.6	67595.8	60083.3	20707.5	6245.0	
矿产品、建材及化工产品批发	1257743.7	15738772.7	5197197.8	3953668.9	736109.8	25055.6
煤炭及制品批发	335638.7	1738221.9	1395066.1	825226.7	45733.1	
石油及制品批发	177539.2	6656392.2	1031418.8	1225488.5	424416.0	4952.5
非金属矿及制品批发		76332.2	5611.6	5100.0		
金属及金属矿批发	161170.3	2579223.8	657397.5	1378196.3	90259.6	39.0
建材批发	62974.1	693782.3	139842.7	135633.7	59662.0	2125.0
化肥批发	78145.2	1290296.2	246953.6	99994.5	46883.4	17822.3
农药批发		12319.0	5851.9	2271.5	1171.5	
其他化工产品批发	442276.2	2692205.1	1715055.6	281757.7	67984.2	116.8
机械设备、五金产品及电子产品批发	87100.7	1386883.2	457913.7	296940.9	26709.5	2229.0
农业机械批发	5663.0	143331.0	48566.4	24157.6	278.7	1376.0
汽车及零配件批发	5957.7	482678.1	196858.3	149310.8	23000.0	13.0
摩托车及零配件批发		4021.6	-55.7	650.0		
五金产品批发		21786.5	16023.8	11138.0		
电气设备批发		662.0	3405.4	1500.0		
计算机、软件及辅助设备批发	1532.3	21704.5	15668.9	8645.0	1400.2	
通讯设备批发		39777.0	44846.2	9150.0		800.0
广播影视设备批发		4593.5	1979.4	2000.0		

3-4 续表 9　　单位：个、人、万元

分组	期末资产负债				营业收入	主营业务收入
	法人资本	个人资本	港澳台资本	外商资本		
酒、饮料及茶叶批发	121240.9	2337.0			171074.0	169921.6
烟草制品批发	4256.1	2586.0			3200033.4	3198250.7
其他食品批发	3065.0	580.0			44430.2	44364.8
纺织、服装及家庭用品批发	17636.0	48520.9			530045.6	520789.0
纺织品、针织品及原料批发	1494.0	30358.5			153190.4	145341.4
服装批发	2353.0	2712.0			149420.9	149371.7
化妆品及卫生用品批发	5920.0	2460.0			52985.2	52676.1
厨具卫具及日用杂品批发		29.2			3845.9	3845.9
日用家电批发	7869.0	12225.0			166410.8	165558.6
其他家庭用品批发		736.2			4192.4	3995.3
文化、体育用品及器材批发	72.5	2977.5			202807.9	201066.0
文具用品批发		500.0			5420.6	5420.6
图书批发					138543.3	137357.4
首饰、工艺品及收藏品批发	50.0				2252.3	2252.3
其他文化用品批发	22.5	2477.5			56591.7	56035.7
医药及医疗器材批发	117269.2	39446.1			1533264.3	1527585.3
西药批发	105111.7	27512.5			1185052.5	1181046.4
中药批发	7300.0	2328.6			228660.4	228634.6
医疗用品及器材批发	4857.5	9605.0			119551.4	117904.3
矿产品、建材及化工产品批发	2348398.5	395576.6	430445.9	18082.5	53818428.0	53114741.7
煤炭及制品批发	769130.6	10363.0			2299173.4	2282659.8
石油及制品批发	269063.6	91110.5	430445.9	5500.0	36036461.2	35533555.7
非金属矿及制品批发	2065.0	3035.0			350009.5	350009.5
金属及金属矿批发	1124350.3	163547.4			6466088.3	6461394.3
建材批发	24280.1	49566.6			1113839.4	1112794.3
化肥批发	28152.9	5645.6		1490.3	1878765.6	1804311.5
农药批发	1100.0				18170.1	18031.7
其他化工产品批发	130256.0	72308.5		11092.2	5655920.5	5551984.9
机械设备、五金产品及电子产品批发	94379.0	165904.5	7718.9		3316262.1	3289467.8
农业机械批发	12843.3	9659.6			252293.4	251777.8
汽车及零配件批发	26046.0	100251.8			568296.0	562314.6
摩托车及零配件批发	550.0	100.0			6009.2	6009.2
五金产品批发	1000.0	10138.0			39536.7	39522.8
电气设备批发	200.0	1300.0			9396.9	9290.1
计算机、软件及辅助设备批发	2708.0	4536.8			88354.8	88265.5
通讯设备批发	2226.0	6124.0			928686.4	928395.6
广播影视设备批发	2000.0				5528.0	5528.0

3-4 续表 10　　单位：个、人、万元

分　组	损益及分配					
	营业成本	税金及附加	其他业务利润	销售费用	管理费用	财务费用
酒、饮料及茶叶批发	134031.7	2921.4	784.7	19740.2	8115.6	2211.5
烟草制品批发	2681193.8	246289.0	1030.4	39912.5	63964.5	-15094.5
其他食品批发	36696.5	186.8		4757.9	2576.1	243.6
纺织、服装及家庭用品批发	473055.4	933.8	3758.9	34567.9	15555.4	4179.8
纺织品、针织品及原料批发	149331.7	212.0	2802.6	447.7	2408.5	2596.3
服装批发	117127.2	357.4	0.1	21096.6	6669.5	78.5
化妆品及卫生用品批发	45834.8	170.5		4762.9	2376.3	320.2
厨具卫具及日用杂品批发	3395.9	10.0		225.9	123.7	71.5
日用家电批发	154275.0	166.2	820.4	7804.8	3467.2	1064.7
其他家庭用品批发	3090.8	17.7	135.8	230.0	510.2	48.6
文化、体育用品及器材批发	180399.0	575.4	471.4	10054.6	6856.2	-490.8
文具用品批发	5164.6	24.6		179.8	24.4	-0.1
图书批发	120367.9	396.9		8500.9	5206.9	-584.7
首饰、工艺品及收藏品批发	2020.2	0.1		166.3	70.3	-0.1
其他文化用品批发	52846.3	153.8	471.4	1207.6	1554.6	94.1
医药及医疗器材批发	1370341.1	4468.1	1360.1	64737.8	43382.0	11617.2
西药批发	1064108.3	3379.6	1060.3	51181.7	34381.1	8191.8
中药批发	206931.2	625.9	0.1	6797.7	4725.7	1713.3
医疗用品及器材批发	99301.6	462.6	299.7	6758.4	4275.2	1712.1
矿产品、建材及化工产品批发	52246457.1	50904.5	28662.8	728636.2	189153.7	199758.6
煤炭及制品批发	2207565.9	4238.1	3462.3	25308.1	20532.9	22471.1
石油及制品批发	35312995.2	29948.3	21916.6	358858.1	77660.8	84234.3
非金属矿及制品批发	348207.2	257.0		871.8	123.5	481.2
金属及金属矿批发	6114232.0	5989.7	542.9	85242.8	35292.3	36493.2
建材批发	1073928.8	1185.7	53.7	14472.7	9997.0	9196.9
化肥批发	1820819.3	1667.5	1234.1	27825.6	22153.8	21332.4
农药批发	15419.1	74.2	124.4	625.0	672.5	56.9
其他化工产品批发	5353289.6	7544.0	1328.8	215432.1	22720.9	25492.6
机械设备、五金产品及电子产品批发	3050675.1	5644.6	4271.2	107902.8	43919.9	9202.2
农业机械批发	228929.5	326.0	64.3	12646.1	4913.3	1651.0
汽车及零配件批发	542207.4	480.6	243.0	11977.4	8172.4	896.5
摩托车及零配件批发	5276.5	29.3		791.4	53.2	-1.9
五金产品批发	30856.7	345.9		2528.3	1526.7	137.0
电气设备批发	8297.7	25.4		271.1	500.7	10.1
计算机、软件及辅助设备批发	79896.6	195.4	89.4	1861.1	3087.0	484.9
通讯设备批发	847435.0	1868.0	290.8	32571.7	4179.2	-10.1
广播影视设备批发	5043.5	5.4		5.6	249.5	1.1

3-4 续表 11 单位：个、人、万元

分组	损益及分配				工人成本及增值税	
	营业利润	营业外收入	利润总额	所得税费用	应付职工薪酬（本年贷方累计发生额）	应交增值税
酒、饮料及茶叶批发	5014.3	497.9	5485.3	1922.5	7151.4	5425.5
烟草制品批发	184198.2	218.3	175474.2	43625.8	73800.7	81170.2
其他食品批发	-407.5	740.5	327.3	137.5	1929.2	1083.7
纺织、服装及家庭用品批发	8559.4	809.5	8164.2	1772.2	15355.7	6265.2
纺织品、针织品及原料批发	4674.5	436.5	4010.4	1591.9	1070.7	45.2
服装批发	4136.8	36.0	4146.5	51.6	6209.8	3755.2
化妆品及卫生用品批发	-120.2	276.6	96.9	31.2	2507.8	1290.3
厨具卫具及日用杂品批发	18.9	7.5	26.4	4.8	184.9	25.4
日用家电批发	-448.9	52.7	-414.5	41.9	4921.4	1047.7
其他家庭用品批发	298.3	0.2	298.5	50.8	461.1	101.4
文化、体育用品及器材批发	5632.8	21.7	5397.1	1010.4	8724.4	792.8
文具用品批发	27.3		22.7		73.8	146.1
图书批发	4847.8	17.7	4636.9	824.6	6935.8	197.5
首饰、工艺品及收藏品批发	-5.3		-5.3		131.7	
其他文化用品批发	763.0	4.0	742.8	185.8	1583.1	449.2
医药及医疗器材批发	38036.1	1126.7	37441.3	4946.3	49213.1	41301.9
西药批发	23638.5	889.3	22902.9	4224.5	41510.2	30627.6
中药批发	7440.7	83.6	7511.1	886.2	3697.0	3283.3
医疗用品及器材批发	6956.9	153.8	7027.3	-164.4	4005.9	7391.0
矿产品、建材及化工产品批发	885705.7	21266.2	876849.0	89001.2	279960.3	363889.5
煤炭及制品批发	186128.7	548.9	185894.1	7471.4	9904.5	67730.7
石油及制品批发	296942.9	6667.6	277950.9	59139.7	174825.6	195623.6
非金属矿及制品批发	68.5		68.5	151.9	254.3	78.6
金属及金属矿批发	188140.4	3541.1	191028.3	9370.7	35211.8	54317.6
建材批发	2393.5	675.8	2665.3	1363.9	5763.9	14009.5
化肥批发	-444.2	9360.2	8445.7	2650.6	15720.3	2491.4
农药批发	22.3	18.4	40.4	32.0	343.2	
其他化工产品批发	212453.6	454.2	210755.8	8821.0	37936.7	29638.1
机械设备、五金产品及电子产品批发	84595.9	11338.8	90153.8	15808.2	105566.8	30799.6
农业机械批发	3771.6	1431.8	4002.4	770.2	3518.3	1647.4
汽车及零配件批发	7231.1	1033.3	8055.2	880.6	4915.9	3826.9
摩托车及零配件批发	-139.4	5.7	-133.7		222.9	188.0
五金产品批发	4046.4	36.1	4073.2	918.0	2089.4	3712.1
电气设备批发	280.6	0.2	279.1	47.3	284.2	192.0
计算机、软件及辅助设备批发	2829.7	40.8	2836.5	387.7	1990.3	1556.3
通讯设备批发	42900.7	7196.4	50091.5	10552.4	70446.0	12723.2
广播影视设备批发	40.9		40.9	13.2	93.6	41.6

3-4 续表 12 单位：个、人、万元

分　组	法人单位数	年初存货	流动资产合计	应收账款	存货	固定资产原价
其他机械设备及电子产品批发	60	97973.3	652211.7	256184.2	127866.2	67144.5
贸易经纪与代理	22	15998.4	79799.9	27056.2	15254.9	49701.9
贸易代理	7	5175.9	20298.0	8197.3	3734.6	19269.7
再生物资回收与批发	7	7325.3	41377.4	11495.8	8389.2	20998.0
互联网批发	1	19.1	2346.3	573.5	473.2	1197.4
其他未列明批发业	7	3478.1	15778.2	6789.6	2657.9	8236.8
按单位规模分组						
大型	49	1110142.2	6280790.6	1451888.6	956263.9	1280210.5
中型	457	3093829.6	15138985.2	2073214.7	2681245.8	1535364.3
小型	700	1306446.5	4927100.8	1003639.0	1222010.2	571470.4
微型	280	878635.7	2581703.1	356723.1	883988.7	205827.4
按地区分组						
乌鲁木齐市	567	2158247.5	15303842.1	2741856.3	2031304.5	1041019.0
克拉玛依市	46	51410.5	263728.2	59516.8	52446.7	203997.2
吐鲁番市	22	45690.9	247720.6	32703.3	55076.6	68855.5
哈密市	43	121128.8	816329.6	249132.6	165585.5	131995.1
昌吉回族自治州	54	190686.4	769123.3	111931.9	200979.1	202123.7
伊犁哈萨克自治州	172	490643.7	2583360.3	338454.7	584744.4	496226.7
伊犁哈萨克自治州直属县（市）	117	370065.3	1767457.0	250678.9	443445.7	386583.6
塔城地区	25	95987.3	735128.8	60804.3	121868.1	56388.9
阿勒泰地区	30	24591.1	80774.5	26971.5	19430.6	53254.2
博尔塔拉蒙古自治州	63	239819.0	925721.3	193802.4	269802.1	191410.7
巴音郭楞蒙古自治州	137	453928.1	1606388.7	367005.5	495238.7	367078.8
阿克苏地区	168	991276.9	2025057.3	231599.3	937550.5	381313.6
克孜勒苏柯尔克孜自治州	19	105297.0	183582.8	24621.2	94901.7	21700.0
喀什地区	76	505749.8	1903609.3	318630.8	488788.5	271648.6
和田地区	22	31560.5	179165.7	30169.0	33564.7	45605.2
自治区直辖县级市	97	1003614.9	2120950.5	186041.6	333525.6	169898.5
石河子市	58	552462.2	1054828.2	127164.5	105019.3	78437.4
阿拉尔市	13	267143.7	693050.9	20212.6	77317.8	57953.4
图木舒克市	17	10874.9	67559.4	12921.3	10041.5	6767.4
五家渠市	9	173134.1	305512.0	25743.2	141147.0	26740.3

3-4 续表 13

单位：个、人、万元

分　　组	期末资产负债					
	固定资产净值	累计折旧	本年折旧	在建工程	资产总计	流动负债合计
其他机械设备及电子产品批发	36049.1	31095.3	5977.7	4915.8	798950	594381.3
贸易经纪与代理	34576.1	15125.8	4362	615.7	152752	107542.1
贸易代理	15259.4	4010.3	853.7	100.6	40661.1	26658.6
再生物资回收与批发	14656.6	6341.4	461.3	492.2	84911.6	68041.2
互联网批发	600.1	597.3	268.8		3629.6	981.3
其他未列明批发业	4060.0	4176.8	2778.2	22.9	23549.7	11861.0
按单位规模分组						
大型	771351.8	504976.5	55347.3	197444.7	10177266.4	6361560.6
中型	907707.6	627123.6	89879.1	194258.6	19543544.2	13079818.6
小型	339805.0	231159.3	33961.4	114450.2	5972669.9	4449625.4
微型	129639.2	74972.0	8154.5	3883.0	3012635.9	2861894.7
按地区分组						
乌鲁木齐市	613381.3	423718.9	50120.5	261261.6	21562841.9	14142534
克拉玛依市	117918.2	85239.4	1644.0	11468.4	449013.1	271695.7
吐鲁番市	41936.9	26918.6	3312.7	11067.8	345643.5	278631.7
哈密市	80486.9	51508.2	6926.9	34449.6	989226.2	764331.7
昌吉回族自治州	125675.8	76447.9	15379.9	21243.6	1141789.2	640452.1
伊犁哈萨克自治州	291702.6	203669.8	35065.5	43453.5	3237934.8	2289521.8
伊犁哈萨克自治州直属县（市）	226308.9	160274.7	27781.8	30635.4	2167042.6	1707855.9
塔城地区	32099.3	23436.1	4049.2	2292.4	922991.4	494542.9
阿勒泰地区	33294.4	19959.0	3234.5	10525.7	147900.8	87123.0
博尔塔拉蒙古自治州	124209.9	66995.1	8570.0	23494.1	1111528.5	848126.7
巴音郭楞蒙古自治州	224477.3	142563.9	19388.1	10442.3	2044286.1	1614292.2
阿克苏地区	228499.9	152810.6	15757.0	21377.5	2442522.4	1887870.7
克孜勒苏柯尔克孜自治州	9704.2	11995.8	1310.9	1406.6	198993.0	160733.2
喀什地区	158245.6	113403.0	13403.7	34201.2	2501144.8	1772371.4
和田地区	29590.0	15747.9	1557.8	4235.6	241533.0	166090.2
自治区直辖县级市	102675.0	67212.3	14905.3	31934.7	2439659.9	1916247.9
石河子市	46250.0	32176.2	2775.4	4111.7	1242720.7	959987.8
阿拉尔市	36616.1	21337.3	4242.0	25654.5	795061.9	688928.6
图木舒克市	4731.3	2036.1	524.5	437.5	73179.3	33799.3
五家渠市	15077.6	11662.7	7363.4	1731.0	328698.0	233532.2

3-4 续表 14　　　　单位：个、人、万元

分　组	期末资产负债					
	非流动负债合计	负债合计	所有者权益			
				实收资本		
					国家资本	集体资本
其他机械设备及电子产品批发	73947.7	668329.0	130621.0	90389.5	2030.6	40.0
贸易经纪与代理	770.9	108313.0	44439.0	35233.2	1155.0	5575.9
贸易代理	345.6	27004.2	13656.9	5081.0		
再生物资回收与批发	227.4	68268.6	16643.0	21507.2	20.0	5486.3
互联网批发		981.3	2648.3	800.0	800.0	
其他未列明批发业	197.9	12058.9	11490.8	7845.0	335.0	89.6
按单位规模分组						
大型	592156.2	6953716.7	3223549.7	842172.7	420143.1	28300.0
中型	1217814.5	14298408.8	5244135.4	2851721.7	718577.1	60696.3
小型	317377.6	4767789.6	1204880.3	1941480.9	228429.1	27837.6
微型	45868.4	2918223.8	94412.1	492740.3	73652.9	5974.9
按地区分组						
乌鲁木齐市	1432073.9	15574067.4	5988774.5	4147924.0	664026.5	46681.4
克拉玛依市	5706.2	277401.9	171611.2	77126.3	27214.0	500.0
吐鲁番市	1312.7	279944.4	65699.1	51078.0	28960.6	116.8
哈密市	18293.2	786545.6	202680.6	138146.9	66065.3	
昌吉回族自治州	60447.1	700899.2	440890.0	228154.6	14261.5	4291.7
伊犁哈萨克自治州	165672.2	2461617.5	776317.3	337890.0	170692.9	8211.1
伊犁哈萨克自治州直属县（市）	57522.0	1765377.2	401665.4	231257.6	141097.4	5311.1
塔城地区	103399.9	606702.5	316288.9	62015.4	21551.3	2760.0
阿勒泰地区	4750.3	89537.8	58363.0	44617.0	8044.2	140.0
博尔塔拉蒙古自治州	25108.0	873279.0	237249.5	133796.1	39276.1	13038.7
巴音郭楞蒙古自治州	62769.8	1679975.7	364310.4	243794.6	105245.9	4162.2
阿克苏地区	34813.9	1922684.6	519837.8	252878.1	28746.7	11731.2
克孜勒苏柯尔克孜自治州	776.0	161509.2	37483.8	29975.7	366.5	4847.8
喀什地区	254721.4	2026354.0	474790.8	295658.8	212371.4	25827.9
和田地区	19105.8	185196.0	56337.0	32446.4	18294.3	2000.0
自治区直辖县级市	92416.5	2008664.4	430995.5	159246.1	65280.5	1400.0
石河子市	36591.2	996579.0	246141.7	69696.4	21825.6	
阿拉尔市	24882.4	713811.0	81250.9	53813.2	24925.4	
图木舒克市	2214.9	36014.2	37165.1	10490.6	3033.0	800.0
五家渠市	28728.0	262260.2	66437.8	25245.9	15496.5	600.0

3-4 续表 15 单位：个、人、万元

分组	期末资产负债					
	法人资本	个人资本	港澳台资本	外商资本	营业收入	主营业务收入
其他机械设备及电子产品批发	46805.7	33794.3	7718.9		1418160.7	1398364.2
贸易经纪与代理	9700.5	18801.8			140746.8	138531.9
贸易代理	2531.0	2550.0			21244.2	20676.4
再生物资回收与批发	5636.0	10364.9			81157.4	79956.5
互联网批发					9435.0	9412.6
其他未列明批发业	1533.5	5886.9			28910.2	28486.4
按单位规模分组						
大型	314215.1	59213.1	7718.9	12582.5	18746435.2	18504350.2
中型	1277253.7	350183.1	432761.5	12250.0	39870027.7	39371624.4
小型	1340644.6	339069.6		5500.0	9330969.8	9272811.9
微型	229741.0	183371.5			7984392.0	7964858.4
按地区分组						
乌鲁木齐市	2461107.8	525351.3	438164.8	12592.2	52605245.7	52360981.8
克拉玛依市	20605.0	28807.3			1018865.1	640537.6
吐鲁番市	18945.2	3055.4			593625.4	583491.7
哈密市	55389.6	16692.0			2029750.7	2026306.5
昌吉回族自治州	127449.2	69902.2		12250.0	1175364.7	1158151.5
伊犁哈萨克自治州	114771.1	44214.9			3588849.0	3559391.4
伊犁哈萨克自治州直属县（市）	51692.3	33156.8			2772983.1	2752529.8
塔城地区	31006.7	6697.4			465150.7	464757.7
阿勒泰地区	32072.1	4360.7			350715.2	342103.9
博尔塔拉蒙古自治州	34333.7	47147.6			2099199.8	2093536
巴音郭楞蒙古自治州	68109.8	62276.7		4000.0	2429103.0	2399474.7
阿克苏地区	133138.5	76946.1	2315.6		2866114.3	2847291.4
克孜勒苏柯尔克孜自治州	18286.4	6475.0			170796.4	170756.8
喀什地区	35337.1	20632.1		1490.3	2907188.5	2884718.0
和田地区	6673.0	5479.1			493942.3	488796.7
自治区直辖县级市	67708.0	24857.6			3953779.8	3900210.8
石河子市	34058.0	13812.8			2198183.7	2153577.3
阿拉尔市	24280.0	4607.8			787002.5	778087.5
图木舒克市	2850.6	3807.0			638599.7	638599.7
五家渠市	6519.4	2630.0			329993.9	329946.3

3-4 续表 16 单位：个、人、万元

分组	损益及分配					
	营业成本	税金及附加	其他业务利润	销售费用	管理费用	财务费用
其他机械设备及电子产品批发	1302732.2	2368.6	3583.7	45250.1	21237.9	6033.6
贸易经纪与代理	124349.1	1144.9	860.5	4470.5	6514.9	2488.4
贸易代理	17800.5	124.8	516.6	810.3	1258.1	1222.4
再生物资回收与批发	76728.9	857.1	118.4	515.7	2943.0	1046.6
互联网批发	7048.5	52.1		633.5	452.3	-3.6
其他未列明批发业	22771.2	110.9	225.5	2511.0	1861.5	223.0
按单位规模分组						
大型	17528896.6	209108.8	6417.4	566593.8	122116.1	62876.3
中型	38337980.2	102432.2	39112.9	431840.2	285979.9	177010.2
小型	8949630.6	10705.7	4870.6	163422.4	120202.3	56188.2
微型	7824262.3	2273.6	892.9	72523.2	26452.3	70134.5
按地区分组						
乌鲁木齐市	51014802.6	109126.2	32622.6	646718.2	228269.8	189468.8
克拉玛依市	937547.0	8699.1	3313.3	26329.8	15190.4	21461.7
吐鲁番市	551783.9	8668.5	178.2	26851.3	8359.3	1268.7
哈密市	1915357.4	13794.1	516.3	38383.6	23586.3	7480.1
昌吉回族自治州	1076332.7	23668.5	1623.4	32224.9	33764.4	11357
伊犁哈萨克自治州	3317883.1	48844.1	2923.8	117803.2	63390.7	31687.6
伊犁哈萨克自治州直属县（市）	2582728.0	23164.6	2437.1	88736.0	43911.2	22671.5
塔城地区	426404.0	15753.4	211.0	11052.0	11919.6	7472.9
阿勒泰地区	308751.1	9926.1	275.7	18015.2	7559.9	1543.2
博尔塔拉蒙古自治州	1849208.2	8099.6	542.3	40299.7	18151.8	16935.6
巴音郭楞蒙古自治州	2224835.6	23362.7	1153.0	73102.2	51010.7	15934.3
阿克苏地区	2684656.9	26130.0	1453.9	77440.8	38859.9	24384.1
克孜勒苏柯尔克孜自治州	164712.9	110.7		3196.3	3270.5	839.1
喀什地区	2720299.9	30064.7	5373.1	73394.3	31831.8	25181.6
和田地区	433541.4	10699.4	467.0	19055.9	6696.7	185.2
自治区直辖县级市	3749808.1	13252.7	1126.9	59579.4	32368.3	20025.4
石河子市	2124779.0	10862.9	654.1	25358.8	13455.8	5202.9
阿拉尔市	741494.0	390.2	434.4	5153.9	9799.7	9085.0
图木舒克市	582233.2	1588.2		24902.2	2741.9	72.7
五家渠市	301301.9	411.4	38.4	4164.5	6370.9	5664.8

3-4 续表 17

单位：个、人、万元

分组	损益及分配				工人成本及增值税	
	营业利润	营业外收入	利润总额	所得税费用	应付职工薪酬（本年贷方累计发生额）	应交增值税
其他机械设备及电子产品批发	23634.3	1594.5	20908.7	2238.8	22006.2	6912.1
贸易经纪与代理	1892.8	1641.0	3423.0	720.5	41849.3	4699.2
贸易代理	37.6	25.9	42.5	0.3	29914.3	337.3
再生物资回收与批发	-908.9	1530.4	566.4	52.7	1278.2	3361.5
互联网批发	1240.8	0.1	1234.3	294.7	9435.0	291.7
其他未列明批发业	1523.3	84.6	1579.8	372.8	1221.8	708.7
按单位规模分组						
大型	564719.1	16910.9	544574.3	56284.4	230607.6	211171.2
中型	738506.0	52618.4	774178.7	102962.1	268569.3	247587.4
小型	42032.5	20092.5	56322.8	13480.4	144615.8	92295.2
微型	-14971.9	6557.2	-10278.8	3009.5	71964.5	28541.1
按地区分组						
乌鲁木齐市	925676.7	29792.9	933887.6	122629.6	326288.5	259769.8
克拉玛依市	-5004.8	2234.4	-11145.0	2522.2	32147.6	9467.5
吐鲁番市	-3412.8	1392.2	-3962.7	1003.2	11939.6	3545.5
哈密市	31442.5	2371.1	31762.8	6290.2	19597.5	16307.4
昌吉回族自治州	-936.2	3255.6	-1972.2	2025.3	29940.9	71549.0
伊犁哈萨克自治州	11279.7	15941.4	23155.8	5991.8	59807.6	40774.9
伊犁哈萨克自治州直属县（市）	12918.9	10447.7	20514	4854.8	43149.4	32260.1
塔城地区	-8349.2	4900.1	-4238.7	155.9	4791.0	3742.2
阿勒泰地区	6710.0	593.6	6880.5	981.1	11867.2	4772.6
博尔塔拉蒙古自治州	165959.8	7658.4	169957.0	2622.1	17638.4	38620.4
巴音郭楞蒙古自治州	46837.7	4586.3	50523.7	3890.6	47817.3	25298.1
阿克苏地区	19852.9	8432.5	25203.4	3291.3	32865.5	24762.3
克孜勒苏柯尔克孜自治州	-1549.2	1082.0	-498.7	313.7	1910.3	2511.3
喀什地区	35464.3	7396.1	39523.1	7769.1	83560.1	16909.1
和田地区	23786.9	490.9	21651.3	696.4	9836.0	4595.4
自治区直辖县级市	80888.2	11545.2	86710.9	16690.9	42407.9	65484.2
石河子市	17766.9	1500.2	17822.8	4697.4	11849.9	54481.7
阿拉尔市	20504.3	4218.6	20604.1	3122.3	10773.2	2431.2
图木舒克市	27087.7	4979.6	32058.0	7292.2	12991.5	7916.0
五家渠市	15529.3	846.8	16226.0	1579.0	6793.3	655.3

3-5 零售业法人企业基本情况

分　组	法人单位数（个）	从业人员期末人数（人）
零售业	**24324**	**136363**
按国民经济行业分组		
综合零售	3516	24365
百货零售	2718	15469
超级市场零售	138	7125
便利店零售	66	359
其他综合零售	594	1412
食品、饮料及烟草制品专门零售	2748	9997
粮油零售	166	898
糕点、面包零售	108	972
果品、蔬菜零售	686	2718
肉、禽、蛋、奶及水产品零售	351	978
营养和保健品零售	208	482
酒、饮料及茶叶零售	328	1067
烟草制品零售	78	220
其他食品零售	823	2662
纺织、服装及日用品专门零售	2003	9896
纺织品及针织品零售	383	1451
服装零售	639	5013
鞋帽零售	34	644
化妆品及卫生用品零售	257	550
厨具卫具及日用杂品零售	116	356
钟表、眼镜零售	191	655
箱包零售	11	30
自行车等代步设备零售	40	113
其他日用品零售	332	1084
文化、体育用品及器材专门零售	1413	5887
文具用品零售	529	1135
体育用品及器材零售	136	326
图书、报刊零售	53	2053
音像制品、电子和数字出版物零售	17	55
珠宝首饰零售	224	1010
工艺美术品及收藏品零售	248	782
乐器零售	49	97
照相器材零售	7	22
其他文化用品零售	150	407

3-5 续表 1

分　组	法人单位数（个）	从业人员期末人数（人）
医药及医疗器材专门零售	1974	16687
西药零售	1261	13143
中药零售	158	1836
动物用药品零售	37	93
医疗用品及器材零售	491	1550
保健辅助治疗器材零售	27	65
汽车、摩托车、零配件和燃料及其他动力销售	3869	36363
汽车新车零售	1696	20523
汽车旧车零售	311	668
汽车零配件零售	966	2713
摩托车及零配件零售	178	517
机动车燃油零售	541	8160
机动车燃气零售	169	3772
机动车充电销售	8	10
家用电器及电子产品专门零售	3172	12100
家用视听设备零售	49	506
日用家电零售	618	3539
计算机、软件及辅助设备零售	1119	3795
通信设备零售	327	1546
其他电子产品零售	1059	2714
五金、家具及室内装饰材料专门零售	3592	13330
五金零售	1982	4693
灯具零售	100	241
家具零售	365	5341
涂料零售	46	146
卫生洁具零售	50	137
木质装饰材料零售	87	271
陶瓷、石材装饰材料零售	159	501
其他室内装饰材料零售	803	2000
货摊、无店铺及其他零售业	2037	7738
流动货摊零售	14	28
互联网零售	224	585
邮购及电视、电话零售	5	15
自动售货机零售	9	15
旧货零售	8	41

3-5 续表 2

分　　组	法人单位数（个）	从业人员期末人数（人）
生活用燃料零售	238	2223
宠物食品用品零售	13	32
其他未列明零售业	1526	4799
按登记注册类型分组		
内资企业	24295	134669
国有企业	77	2295
集体企业	45	202
股份合作企业	3	27
联营企业	4	39
国有联营企业	1	2
集体联营企业	1	32
国有与集体联营企业	2	5
有限责任公司	3414	27901
国有独资公司	25	450
其他有限责任公司	3389	27451
股份有限公司	255	12258
私营企业	19281	86131
私营独资企业	885	3055
私营合伙企业	44	276
私营有限责任公司	18026	81068
私营股份有限公司	326	1732
其他企业	1216	5816
港、澳、台商投资企业	8	721
港澳台商独资经营企业	8	721
外商投资企业	21	973
中外合资经营企业	4	415
外资企业	7	499
外商投资股份有限公司	1	38
其他外商投资	9	21

3-6 限额以上零售业法人单位经营情况

单位：个、人、万元、平方米

分组	法人企业数	从业人员期末人数	商品购进额	进口	商品销售额
零售业	**957**	**60273**	**9601458.6**	**327731.2**	**11452967.7**
按登记注册类型分组					
内资企业	946	58824	9198847.4	322487.6	11032802.1
国有企业	18	1936	207342.1		219064.5
集体企业	2	65	8565.5		11208.2
联营企业	1	32	5509.1		5504.8
集体联营企业	1	32	5509.1		5504.8
有限责任公司	290	16145	3543925.2	25878.7	3946670.5
国有独资公司	6	344	33739.2		37315.2
其他有限责任公司	284	15801	3510186.0	25878.7	3909355.3
股份有限公司	20	11217	1957464.3	261716.1	2623757.2
私营企业	615	29429	3476041.2	34892.8	4226596.9
私营独资企业	10	176	7024.5		8333.8
私营合伙企业	2	32	1626.5		2011.4
私营有限责任公司	590	28597	3409958.7	34073.6	4141844.4
私营股份有限公司	13	624	57431.5	819.2	74407.3
港、澳、台商投资企业	5	514	217363.8		223877.6
港、澳、台商独资经营企业	5	514	217363.8		223877.6
外商投资企业	6	935	185247.4	5243.6	196288.0
中外合资经营企业	4	415	145889.6	1858.0	152124.1
外资企业	1	482	30127.8		35177.7
外商投资股份有限公司	1	38	9230.0	3385.6	8986.2
按国民经济行业分组					
综合零售	106	14687	1257411.8	39.8	2004923.8
百货零售	41	8073	782095.0		1310918.7
超级市场零售	59	6350	454449.8	39.8	662187.6
便利店零售	1	192	14759.4		25686.4
其他综合零售	5	72	6107.6		6131.1
食品、饮料及烟草制品专门零售	19	826	74365.4		64931.6
粮油零售	2	24	3307.6		3739.9
果品、蔬菜零售	5	545	14666.4		17103.0
肉、禽、蛋、奶及水产品零售	3	20	12955.9		13156.8
营养和保健品零售	1	3			90.7
酒、饮料及茶叶零售	6	140	12652.3		13628.6
烟草制品零售	1	35	835.8		1081.5
其他食品零售	1	59	29947.4		16131.1
纺织、服装及日用品专门零售	29	2731	243026.5		335757.4

3-6 续表 1　　　　　　　　　　　　　　　　　　　　单位：个、人、万元、平方米

分组	通过公共网络实现的商品销售额	通过非自营平台实现的商品销售额	批发额	出口	零售额
零售业	**50659.8**	**14710.6**	**1232948.0**	**273.9**	**10220019.7**
按登记注册类型分组					
内资企业	44820.5	14710.6	1232948.0	273.9	9799854.1
国有企业					219064.5
集体企业	23.0	23.0	2757.5		8450.7
联营企业			5504.8		
集体联营企业			5504.8		
有限责任公司	1253.6		505476.3		3441194.2
国有独资公司					37315.2
其他有限责任公司	1253.6		505476.3		3403879.0
股份有限公司	8197.8		512782.1		2110975.1
私营企业	35346.1	14687.6	206427.3	273.9	4020169.6
私营独资企业	194.5		425.9		7907.9
私营合伙企业					2011.4
私营有限责任公司	34755.6	14687.6	206001.4	273.9	3935843.0
私营股份有限公司	396.0				74407.3
港、澳、台商投资企业					223877.6
港、澳、台商独资经营企业					223877.6
外商投资企业	5839.3				196288.0
中外合资经营企业	5543.2				152124.1
外资企业	296.1				35177.7
外商投资股份有限公司					8986.2
按国民经济行业分组					
综合零售	531.3	2.3	17127.0		1987796.8
百货零售			11209.9		1299708.8
超级市场零售	520.7	2.3	5917.1		656270.5
便利店零售					25686.4
其他综合零售	10.6				6131.1
食品、饮料及烟草制品专门零售	383.7		9835.7		55095.9
粮油零售					3739.9
果品、蔬菜零售	2.9		1987.2		15115.8
肉、禽、蛋、奶及水产品零售	375.9		6760.7		6396.1
营养和保健品零售					90.7
酒、饮料及茶叶零售			1087.8		12540.8
烟草制品零售					1081.5
其他食品零售	4.9				16131.1
纺织、服装及日用品专门零售	194.5		46085.2		289672.2

3-6 续表 2

单位：个、人、万元、平方米

分　组	通过公共网络实现的零售额	通过非自营平台实现的零售额	期末商品库存额	服务营业额	年末零售营业面积
零售业	**49952.9**	**14679.8**	**1458753.8**	**51888.8**	**6809538**
按登记注册类型分组					
内资企业	44113.6	14679.8	1405910.4	44331.0	6737741
国有企业			80358.9		132242
集体企业	23.0	23.0	628.7		3345
联营企业			68.1		
集体联营企业			68.1		
有限责任公司	877.7		406991	23259.2	1523848
国有独资公司			872.1	4434.3	13138
其他有限责任公司	877.7		406118.9	18824.9	1510710
股份有限公司	8197.8		192028.2		3423700
私营企业	35015.1	14656.8	725835.5	21071.8	1654606
私营独资企业	85.9		2351.1		40975
私营合伙企业			60.3		7546
私营有限责任公司	34533.2	14656.8	687089.9	20247.7	1584986
私营股份有限公司	396.0		36334.2	824.1	21099
港、澳、台商投资企业			31320.4	2895.1	35443
港、澳、台商独资经营企业			31320.4	2895.1	35443
外商投资企业	5839.3		21523	4662.7	36354
中外合资经营企业	5543.2		17525.8	1351.7	10724
外资企业	296.1		2958.5	2480.0	20630
外商投资股份有限公司			1038.7	831.0	5000
按国民经济行业分组					
综合零售	531.3	2.3	102525.5	3493.6	1792588
百货零售			43995.3	677.2	1344996
超级市场零售	520.7	2.3	56180.5	2816.4	434033
便利店零售			1407.2		5999
其他综合零售	10.6		942.5		7560
食品、饮料及烟草制品专门零售	7.8		23290.8	0.1	25921
粮油零售			142.1		180
果品、蔬菜零售	2.9		559.6		21695
肉、禽、蛋、奶及水产品零售			238.9	0.1	1380
营养和保健品零售			16.1		78
酒、饮料及茶叶零售			7564.5		1808
烟草制品零售			240.0		300
其他食品零售	4.9		14529.6		480
纺织、服装及日用品专门零售	85.9		15928.8	9287.2	253873

3-6 续表 3

单位：个、人、万元、平方米

分　组	法人企业数	从业人员期末人数	商品购进额	进口	商品销售额
纺织品及针织品零售	1	6	1998.2		2854.5
服装零售	18	1921	186159.2		250746.1
鞋帽零售	2	446	19302.8		26359.1
化妆品及卫生用品零售	1	7	750.6		781.2
厨具卫具及日用杂品零售	2	42	1713.4		1969.4
钟表、眼镜零售	2	143	3958.9		16986.6
其他日用品零售	3	166	29143.4		36060.5
文化、体育用品及器材专门零售	30	2442	240324.3		257089.9
文具用品零售	3	52	4375.3		5757.0
图书、报刊零售	18	1970	212024.8		223625.8
珠宝首饰零售	9	420	23924.2		27707.1
医药及医疗器材专门零售	54	9430	1357159.7		1366300.8
西药零售	49	7983	1305897.9		1296471.6
中药零售	2	1389	43938.0		59311.0
医疗用品及器材零售	3	58	7323.8		10518.2
汽车、摩托车、零配件和燃料及其他动力销售	554	21426	5759907.3	154968.2	6394945.3
汽车新车零售	447	14379	3839462.8	154968.2	4240357.8
汽车零配件零售	7	52	5961.9		6682.6
摩托车及零配件零售	3	23	3985.7		4797.6
机动车燃油零售	53	4538	1787879.9		1964272.4
机动车燃气零售	44	2434	122617.0		178834.9
家用电器及电子产品专门零售	119	3525	373891.3	492.6	491220.1
家用视听设备零售	4	367	72381.9		79965.5
日用家电零售	45	1620	138689.0		212128.7
计算机、软件及辅助设备零售	50	849	100016.0	492.6	113706.3
通信设备零售	11	524	48025.7		56713.0
其他电子产品零售	9	165	14778.7		28706.6
五金、家具及室内装饰材料专门零售	17	4206	217901.8	172230.6	441282.8
五金零售	6	51	15510.6		16105.5
家具零售	2	4075	194937.3	172230.6	409907.3
陶瓷、石材装饰材料零售	1	15	1966.8		2521.8
其他室内装饰材料零售	8	65	5487.1		12748.2
货摊、无店铺及其他零售业	29	1000	77470.5		96516.0
互联网零售	2	77	6955.9		8056.0
生活用燃料零售	18	843	56722.9		72002.1
其他未列明零售业	9	80	13791.7		16457.9

3-6 续表 4 计量单位：个、人、万元、平方米

分　组	通过公共网络实现的商品销售额	通过非自营平台实现的商品销售额	批发额	出口	零售额
纺织品及针织品零售					2854.5
服装零售			8495.7		242250.4
鞋帽零售			16963.8		9395.3
化妆品及卫生用品零售					781.2
厨具卫具及日用杂品零售	194.5		425.9		1543.5
钟表、眼镜零售			14695		2291.6
其他日用品零售			5504.8		30555.7
文化、体育用品及器材专门零售			3004.5		254085.4
文具用品零售					5757.0
图书、报刊零售			3004.5		220621.3
珠宝首饰零售					27707.1
医药及医疗器材专门零售	12333.8	9602.1	325573.1		1040727.7
西药零售	2731.7		325312.9		971158.7
中药零售	9602.1	9602.1			59311.0
医疗用品及器材零售			260.2		10258.0
汽车、摩托车、零配件和燃料及其他动力销售	19418.8	5106.2	746258.6		5648686.7
汽车新车零售	13776.8	5083.2	70597.3		4169760.5
汽车零配件零售			0.2		6682.4
摩托车及零配件零售					4797.6
机动车燃油零售	23.0	23.0	641467		1322805.4
机动车燃气零售	5619.0		34194.1		144640.8
家用电器及电子产品专门零售	1147.9		52234.0	273.9	438986.1
家用视听设备零售					79965.5
日用家电零售	1147.9		5055.4		207073.3
计算机、软件及辅助设备零售			29565.4		84140.9
通信设备零售			17135.8		39577.2
其他电子产品零售			477.4	273.9	28229.2
五金、家具及室内装饰材料专门零售	8197.8		2498.2		438784.6
五金零售					16105.5
家具零售	8197.8				409907.3
陶瓷、石材装饰材料零售			2463.2		58.6
其他室内装饰材料零售			35.0		12713.2
货摊、无店铺及其他零售业	8452.0		30331.7		66184.3
互联网零售	8056.0				8056.0
生活用燃料零售			23715.8		48286.3
其他未列明零售业	396.0		6615.9		9842.0

3-6 续表 5　　单位：个、人、万元、平方米

分　　组	通过公共网络实现的零售额	通过非自营平台实现的零售额	期末商品库存额	服务营业额	年末零售营业面积
纺织品及针织品零售			17.9		15
服装零售			8045.1	9287.2	213840
鞋帽零售			6014.3		7090
化妆品及卫生用品零售			39.9		4605
厨具卫具及日用杂品零售	85.9		317.3		3174
钟表、眼镜零售			416.4		3845
其他日用品零售			1077.9		21304
文化、体育用品及器材专门零售			121716.3		139333
文具用品零售			1018.7		925
图书、报刊零售			63906.0		129733
珠宝首饰零售			56791.6		8675
医药及医疗器材专门零售	12333.8	9602.1	243665.5	507.9	233168
西药零售	2731.7		231147.2	507.9	196325
中药零售	9602.1	9602.1	11499.6		36103
医疗用品及器材零售			1018.7		740
汽车、摩托车、零配件和燃料及其他动力销售	19281.1	5075.4	737730.0	30142.5	3863185
汽车新车零售	13639.1	5052.4	704656.9	29311.8	807332
汽车零配件零售			2417.3		2798
摩托车及零配件零售			571.9		1117
机动车燃油零售	23.0	23.0	28253.6	5.8	2839771
机动车燃气零售	5619.0		1830.3	824.9	212167
家用电器及电子产品专门零售	1063.2		64539.7	1623.0	196393
家用视听设备零售			4608.4		37074
日用家电零售	1063.2		38095.4		139496
计算机、软件及辅助设备零售			14822.2	813.3	6471
通信设备零售			3957.9	809.7	9944
其他电子产品零售			3055.8		3408
五金、家具及室内装饰材料专门零售	8197.8		146640.7		281346
五金零售			746.9		975
家具零售	8197.8		145489.6		279197
陶瓷、石材装饰材料零售			0.1		200
其他室内装饰材料零售			404.1		974
货摊、无店铺及其他零售业	8452.0		2716.5	6834.5	23731
互联网零售	8056.0		971.8		4100
生活用燃料零售			1121.1	6834.5	15130
其他未列明零售业	396.0		623.6		4501

3-6 续表 6　　单位：个、人、万元、平方米

分　　组	法人企业数	从业人员期末人数	商品购进额	进口	商品销售额
按单位规模分组					
大型	22	20892	3338183.1	172270.4	4249359.6
中型	246	25942	3995208.5	138417.7	4546791.3
小型	485	12362	1996456.6	14541.9	2338396.2
微型	204	1077	271610.4	2501.2	318420.6
按零售业态分组					
有店铺零售	847	56313	9004574.0	324345.6	10778886.0
食杂店	3	36	1736.3		2042.3
便利店	23	3850	1245059.9		1372504.3
折扣店	2	17	4065.5		5001.0
超市	65	2897	147084.4		180228.9
大型超市	31	7123	1518076.4	39.8	1688761.3
仓储会员店	3	180	14500.6		15497.6
百货店	34	6735	693261.5		1219785.4
专业店	256	17758	2320415.5	1059.3	2654589.3
专卖店	421	18829	3306535.0	324065.7	3933534.7
家居建材商店	7	65	5085.7		7558.9
购物中心	23	2166	211062.7		265233.8
厂家直销中心	30	1043	218383.4		229232.0
无店铺零售	130	5014	799184.9	4204.8	915623.6
电视购物	1	10	689.5		722.9
网上商店	5	166	37117.6		24593.7
其他	126	4907	792014.7	4204.8	907161.0
按地区分组					
乌鲁木齐市	235	31310	5533460.5	304954.4	6742372.2
克拉玛依市	42	2060	229294.7	3615.8	270102.9
吐鲁番市	19	420	36127.7		40665.2
哈密市	52	2360	211073		260777.2
昌吉回族自治州	42	2301	362254.0	6899.0	379998.6
伊犁哈萨克自治州	173	6905	845274.7		939171.5
伊犁哈萨克自治州直属县（市）	104	5042	582866.2		625226.6
塔城地区	32	1125	193223.6		224126.9
阿勒泰地区	37	738	69184.9		89818.0
博尔塔拉蒙古自治州	20	531	33641.5	1056.0	75905.3
巴音郭楞蒙古自治州	82	4368	936117.7	3751.3	1161018.5
阿克苏地区	123	3701	619673.1	3506.4	667603.5
克孜勒苏柯尔克孜自治州	4	173	5468.8		8004.8
喀什地区	80	2475	381976.0	3708.2	446184.2
和田地区	22	905	90865.0		97923.9
自治区直辖县级市	63	2764	316231.9	240.1	363239.9
石河子市	51	1839	199142.0	240.1	242926.3
阿拉尔市	2	93	7700.0		9157.7
图木舒克市	2	49	1996.2		1922.3
五家渠市	8	783	107393.7		109233.6

3-6 续表 7 单位：个、人、万元、平方米

分　　组	通过公共网络实现的商品销售额	通过非自营平台实现的商品销售额	批发额	出口	零售额
按单位规模分组					
大型	21047.7	9602.1	837666.7		3411692.9
中型	18611.8	4335.5	227609.8		4319181.5
小型	8211.5	773.0	138190.7		2200205.5
微型	2788.8		29480.8	273.9	288939.8
按零售业态分组					
有店铺零售	42404.4	14710.6	1192314.6		9586571.4
食杂店	782.5		1635.7		406.6
便利店			370363.0		1002141.3
折扣店					5001.0
超市	4.6	2.3	2386.0		177842.9
大型超市	516.1		288163.0		1400598.3
仓储会员店	396.0				15497.6
百货店	36.5	23.0	8640.1		1211145.3
专业店	19659.5	9602.1	449926.9		2204662.4
专卖店	21415.8	5083.2	153470.5		3780064.2
家居建材商店			35.0		7523.9
购物中心			18398.3		246835.5
厂家直销中心	643.5		13120.5		216111.5
无店铺零售	8685.0	23.0	135022.8	273.9	780600.8
电视购物					722.9
网上商店	8467.5				24593.7
其他	222.4	23.0	135022.8	273.9	772138.2
按地区分组					
乌鲁木齐市	30704.1	13935.3	660526.6	273.9	6081845.6
克拉玛依市	87.0	2.3	909.5		269193.4
吐鲁番市	643.5		0.8		40664.4
哈密市	406.8		8875.2		251902.0
昌吉回族自治州	6494.7		66.3		379932.3
伊犁哈萨克自治州	8445.2		145100.5		794071.0
伊犁哈萨克自治州直属县（市）	8445.2		36380.0		588846.6
塔城地区			102770.7		121356.2
阿勒泰地区			5949.8		83868.2
博尔塔拉蒙古自治州	396.0		14395.8		61509.5
巴音郭楞蒙古自治州	197.7		304470.3		856548.2
阿克苏地区	879.9	773.0	44569.4		623034.1
克孜勒苏柯尔克孜自治州					8004.8
喀什地区	2404.9		21068.8		425115.4
和田地区			10617.3		87306.6
自治区直辖县级市			22347.5		340892.4
石河子市			10786.8		232139.5
阿拉尔市					9157.7
图木舒克市					1922.3
五家渠市			11560.7		97672.9

3-6 续表 8　　　　单位：个、人、万元、平方米

分　　组			期末商品库存额	服务营业额	年末零售营业面积
	通过公共网络实现的零售额	通过非自营平台实现的零售额			
按单位规模分组					
大型	21047.7	9602.1	404300.6	10990.6	3871151
中型	18581.0	4304.7	498312.1	29115.1	1893427
小型	7911.3	773.0	318106.1	11615.9	892987
微型	2412.9		238035.0	167.2	151973
按零售业态分组					
有店铺零售	41806.1	14679.8	1378424.7	38977.5	6616771
食杂店	406.6		42.8		5400
便利店			21671.2		2717642
折扣店			365.0		1200
超市	4.6	2.3	28116.1	706.7	145148
大型超市	516.1		213842.1	2854.1	546335
仓储会员店	396.0		4393.8		23900
百货店	36.5	23.0	25380.1	75.0	1171545
专业店	19659.5	9602.1	250220.4	13482.0	1402126
专卖店	21193.4	5052.4	823924.2	21926.9	998990
家居建材商店			456.3		1262
购物中心			26448.4	1987.9	256416
厂家直销中心	643.5		31112.9	782.1	32572
无店铺零售	8576.4	23.0	92970.1	12911.3	285967
电视购物			191.8		1000
网上商店	8467.5		15544.2		8980
其他	113.8	23.0	91955.5	12911.3	277467
按地区分组					
乌鲁木齐市	30673.3	13904.5	757166.4	19864.5	4508426
克拉玛依市	2.3	2.3	46817.6	1845.0	171519
吐鲁番市	643.5		4069.7	0.3	48660
哈密市	406.8		36247.8	122.9	145369
昌吉回族自治州	6494.7		46395.5	882.0	180537
伊犁哈萨克自治州	8069.3		86285.4	9110.7	717067
伊犁哈萨克自治州直属县（市）	8069.3		65565.4	9110.7	568489
塔城地区			10018.8		94944
阿勒泰地区			10701.2		53634
博尔塔拉蒙古自治州	396.0		8080.7	5.1	34556
巴音郭楞蒙古自治州	89.1		81039.0	2577.7	354569
阿克苏地区	773.0	773.0	87979.9	9697.2	141778
克孜勒苏柯尔克孜自治州			779.5		9835
喀什地区	2404.9		265421.6	2567.8	202072
和田地区			9129.9	4434.3	26631
自治区直辖县级市			29340.8	781.3	268519
石河子市			22674.5	331.3	221218
阿拉尔市			307.9		7000
图木舒克市			421.9		6118
五家渠市			5936.5	450.0	34183

3-7 零售业法人企业财务状况

单位：万元

分　组	资产总计	负债合计	营业收入
零售业	**11689148.8**	**7866842.9**	**13740357.4**
按国民经济行业分组			
综合零售	1891838.0	1506091.4	2060836.0
百货零售	1501237.9	1175645.9	1340334.5
超级市场零售	276415.7	276902.2	654010.5
便利店零售	16870.1	10792.9	27241.2
其他综合零售	97314.3	42750.3	39249.8
食品、饮料及烟草制品专门零售	674391.1	396638.5	304230.1
粮油零售	36343.9	21612.8	42654.9
糕点、面包零售	13111.7	6094.7	11596.7
果品、蔬菜零售	171266.2	111257.5	88260.9
肉、禽、蛋、奶及水产品零售	89466.9	33507.5	36235.9
营养和保健品零售	20725.2	16433.8	5426.2
酒、饮料及茶叶零售	91020.5	50246.8	34011.4
烟草制品零售	13467.2	8827.0	7627.7
其他食品零售	238989.5	148658.4	78416.3
纺织、服装及日用品专门零售	507147.1	401776.8	396828.1
纺织品及针织品零售	43990.3	29963.4	18587.6
服装零售	233328.6	204444.1	256047.8
鞋帽零售	15282.4	12184.6	29699.8
化妆品及卫生用品零售	11834.0	7109.8	8525.1
厨具卫具及日用杂品零售	15228.4	8772.6	8984.0
钟表、眼镜零售	9164.3	5848.0	18236.6
箱包零售	854.3	893.5	255.9
自行车等代步设备零售	6821.5	3516.4	3488.5
其他日用品零售	170643.5	129044.2	53002.7
文化、体育用品及器材专门零售	563444.6	321383.7	330610.9
文具用品零售	68783.2	46507.1	43272.4
体育用品及器材零售	24614.6	17213.4	13470.0
图书、报刊零售	273784.9	109476.4	207495.1
音像制品、电子和数字出版物零售	1440.8	746.0	713.3
珠宝首饰零售	158795.3	128076.7	43789.8
工艺美术品及收藏品零售	12862.4	2458.3	3518.0
乐器零售	3896.1	2760.5	3388.0
照相器材零售	465.6	330.4	863.5
其他文化用品零售	18801.6	13814.8	14100.8

3-7 续表 1

单位：万元

分　　组	资产总计	负债合计	营业收入
医药及医疗器材专门零售	1113978.9	753678.4	1388101.9
西药零售	955958.2	650446.7	1249980.4
中药零售	45241.5	44302.2	61320.1
动物用药品零售	2144.6	619.8	1007.2
医疗用品及器材零售	108224.4	57820.2	74961.1
保健辅助治疗器材零售	2410.1	489.6	833.1
汽车、摩托车、零配件和燃料及其他动力销售	4112650.8	2776955.7	7343180.5
汽车新车零售	2790542.3	1975116.0	4619933.4
汽车旧车零售	29209.5	11139.0	17202.3
汽车零配件零售	136076.5	78172.1	104145.3
摩托车及零配件零售	30152.1	26451.3	26291.9
机动车燃油零售	723837.7	431141.9	2280843.6
机动车燃气零售	402804.4	254905.3	294753.8
机动车充电销售	28.3	30.2	10.3
家用电器及电子产品专门零售	806730.7	542174.2	767990.8
家用视听设备零售	42157.1	21960.4	71340.1
日用家电零售	231898.7	175755.1	268952.7
计算机、软件及辅助设备零售	261081.4	176085.5	209792.3
通信设备零售	57659.5	43863.2	88869.1
其他电子产品零售	213934.0	124510.0	129036.7
五金、家具及室内装饰材料专门零售	1432310.7	783178.2	744468.4
五金零售	323526.2	220654.5	201879.2
灯具零售	12389.2	6096.7	6216.3
家具零售	940457.3	450364.6	401474.9
涂料零售	5177.8	4461.8	3619.4
卫生洁具零售	8305.3	7125.6	3507.1
木质装饰材料零售	10840.3	6221.5	11077.9
陶瓷、石材装饰材料零售	17696.8	12709.2	14631.8
其他室内装饰材料零售	113917.9	75544.4	102061.8
货摊、无店铺及其他零售业	586656.9	384965.9	404110.6
流动货摊零售	41.1	17.9	36.6
互联网零售	30318.9	19240.4	19658.4
邮购及电视、电话零售	282.5	1256.7	245.6
自动售货机零售	647.7	154.6	980.0
旧货零售	1236.4	1071.2	115.9

3-7 续表 2

单位：万元

分组	资产总计	负债合计	营业收入
生活用燃料零售	245580.2	150739.9	153618.8
宠物食品用品零售	683.4	62.6	185.4
其他未列明零售业	307866.7	212422.6	229269.9
按登记注册类型分组			
内资企业	11480919.5	7749099.3	13349819.1
国有企业	316541.7	136185.9	215972.3
集体企业	25078.2	16594.8	12195.2
股份合作企业	965.2	170.1	1351.2
联营企业	2835.4	1079.0	5665.4
国有联营企业	306.3		22.2
集体联营企业	2088.0	759.0	5299.0
国有与集体联营企业	441.2	320.0	344.2
有限责任公司	3258053.8	2099481.6	4363603.2
国有独资公司	87768.4	45055.9	77897.9
其他有限责任公司	3170285.4	2054425.8	4285705.3
股份有限公司	2025852.7	1216443.2	2353280.6
私营企业	5739314.8	4230272.3	6337892.7
私营独资企业	73830.1	41350.3	86574.2
私营合伙企业	8118.3	3242.6	6445.6
私营有限责任公司	5454653.1	4033579.8	6120272.9
私营股份有限公司	202713.3	152099.7	124600.0
其他企业	112277.7	48872.2	59858.5
港、澳、台商投资企业	108171.9	70911.4	214577.5
港澳台商独资经营企业	108171.9	70911.4	214577.5
外商投资企业	100057.4	46832.2	175960.8
中外合资经营企业	63100.4	29111.0	131857.0
外资企业	31171.1	15266.1	34826.3
外商投资股份有限公司	5643.0	2401.7	9049.4
其他外商投资	143.0	53.4	228.1

3-8 限额以上零售业法人单位主要财务状况

单位：个、人、万元

分组	法人单位数	年初存货	流动资产合计	应收账款	存货	固定资产原价
零售业	**957**	**1061078.7**	**4896027.4**	**879707.5**	**1192414.7**	**1794124.7**
按登记注册类型分组						
内资企业	946	1029373.6	4743378.4	856169.1	1144579.8	1749822.3
国有企业	18	53042.5	143607.2	33277.5	48053.5	101860.3
集体企业	2	2358.7	619.0	318.4	148.7	578.2
联营企业	1	63.8	1742.0	142.0	618.0	381.0
集体联营企业	1	63.8	1742.0	142.0	618.0	381.0
有限责任公司	290	311258.7	1727236.0	451233.0	393453.8	559806.6
国有独资公司	6	1073.9	25963.0	438.4	3849.2	6170.7
其他有限责任公司	284	310184.8	1701273.0	450794.6	389604.6	553635.9
股份有限公司	20	161683.2	909573.0	113340.6	202649.7	574974.0
私营企业	615	500966.7	1960601.2	257857.6	499656.1	512222.2
私营独资企业	10	2275.7	7282.0	463.2	2370.2	4531.8
私营合伙企业	2	134.2	1238.4	0.6	143.5	495.6
私营有限责任公司	590	466181.1	1845971.0	254885.5	462924.6	491644.4
私营股份有限公司	13	32375.7	106109.8	2508.3	34217.8	15550.4
港、澳、台商投资企业	5	22563.3	75569.4	4080.1	27079.6	10596.0
港、澳、台商独资经营企业	5	22563.3	75569.4	4080.1	27079.6	10596.0
外商投资企业	6	9141.8	77079.6	19458.3	20755.3	33706.4
中外合资经营企业	4	5191.9	48337	3784.0	15698.6	20998.1
外资企业	1	2911.2	23651.2	15477.0	2958.5	11548.2
外商投资股份有限公司	1	1038.7	5091.4	197.3	2098.2	1160.1
按国民经济行业分组						
综合零售	106	104338.1	701863.2	57437.5	112967.0	549711.0
百货零售	41	50083.3	529605.8	30529.5	54590.0	453190.9
超级市场零售	59	48252.9	156422.1	27751.4	50317.7	92522.9
便利店零售	1	4789.7	11035.6	-3095.7	7711.9	3611.9
其他综合零售	5	1212.2	4799.7	2252.3	347.4	385.3
食品、饮料及烟草制品专门零售	19	19894.4	80458.4	15552.9	42525.9	16024.0
粮油零售	2	9.7	669.6	266.5	129.2	29.7
果品、蔬菜零售	5	2401.7	18177.4	6203.4	3597.5	8533.7
肉、禽、蛋、奶及水产品零售	3	92.7	2177.2	769.1	188.9	2687.2
营养和保健品零售	1	143.9	159.7	83.3	30.1	1.2
酒、饮料及茶叶零售	6	6718.1	15728.9	615.6	5397.3	3081.9
烟草制品零售	1	245.7	972.9		206.9	564.4
其他食品零售	1	10282.6	42572.7	7615.0	32976.0	1125.9

3-8 续表 1

单位：个、人、万元

分组	期末资产负债					
	固定资产净值	累计折旧	本年折旧	在建工程	资产总计	流动负债合计
零售业	**1142472.4**	**649410.2**	**133119.7**	**229243.0**	**7348254.6**	**4624764.9**
按登记注册类型分组						
内资企业	1123485.4	624094.8	130453.4	227843.2	7148550.9	4516842.9
国有企业	63491.5	38368.8	7223.3	32272.8	281084.6	99583.9
集体企业	306.5	271.7	33.9		1153.7	1039.7
联营企业	305.0	76.0	8.1		2088.0	712.0
集体联营企业	305.0	76.0	8.1		2088.0	712.0
有限责任公司	374515.7	184415.8	48822.6	75680.3	2423790.9	1503744.5
国有独资公司	3490.2	2680.5	559.5	35613.9	74782.4	14060.0
其他有限责任公司	371025.5	181735.3	48263.1	40066.4	2349008.5	1489684.5
股份有限公司	357383.8	217590.3	26303.8	62012.3	1910311.6	975820.3
私营企业	327482.9	183372.2	48061.7	57877.8	2530122.1	1935942.5
私营独资企业	3054.9	1476.9	984.4	3.7	11344.3	6621.6
私营合伙企业	327.5	168.1	10.7	11.6	1690.5	1135.1
私营有限责任公司	312626.3	177651.0	46084.0	57805.8	2381893.0	1872292.6
私营股份有限公司	11474.2	4076.2	982.6	56.7	135194.3	55893.2
港、澳、台商投资企业	5337.6	5258.4	1112.0	1012.9	104397.9	69913.1
港、澳、台商独资经营企业	5337.6	5258.4	1112.0	1012.9	104397.9	69913.1
外商投资企业	13649.4	20057.0	1554.3	386.9	95305.8	38008.9
中外合资经营企业	9897.8	11100.3	299.7	213.3	63100.4	25188.6
外资企业	3200.0	8348.2	646.1	173.6	26562.4	10456.8
外商投资股份有限公司	551.6	608.5	608.5		5643.0	2363.5
按国民经济行业分组						
综合零售	361175.0	188536.0	22996.9	43364.7	1431607.3	1032125.2
百货零售	306400.6	146790.3	14440.4	38241.9	1160875.9	776280.7
超级市场零售	52948.7	39574.2	8215.3	529.1	246890.8	243533.2
便利店零售	1506.1	2105.8	301.6		13051.3	7383.5
其他综合零售	319.6	65.7	39.6	4593.7	10789.3	4927.8
食品、饮料及烟草制品专门零售	10351.5	5672.5	679.5	1748.5	124940.5	86456.2
粮油零售	10.4	19.3	8.3		680.0	552.6
果品、蔬菜零售	7059.6	1474.1	355.3	1612.4	29203.4	16472.8
肉、禽、蛋、奶及水产品零售	1624.7	1062.5	127.4	136.1	29947.6	1252.2
营养和保健品零售		1.2	0.3		159.7	163.1
酒、饮料及茶叶零售	577.1	2504.8	101.9		16794.1	17802.4
烟草制品零售	170.9	393.5	24.8		4572.2	2277.2
其他食品零售	908.8	217.1	61.5		43583.5	47935.9

3-8 续表 2

单位：个、人、万元

分组	期末资产负债					
	非流动负债合计	负债合计	所有者权益	实收资本	国家资本	集体资本
零售业	**445499.3**	**5077368.2**	**2270886.4**	**3654257.9**	**316466.6**	**16830.9**
按登记注册类型分组						
内资企业	441154.7	4965101.6	2183449.3	3616046.8	315749.9	16114.2
国有企业	17317.2	116901.1	164183.5	23728.4	22028.4	
集体企业	94.7	1134.4	19.3	136.9		130.9
联营企业	47.0	759.0	1329.0	693.0		693.0
集体联营企业	47.0	759.0	1329.0	693.0		693.0
有限责任公司	63093.2	1582456.7	841334.2	1914150.7	226101.1	10088.0
国有独资公司	23465.9	37525.9	37256.5	23306.6	21807.6	
其他有限责任公司	39627.3	1544930.8	804077.7	1890844.1	204293.5	10088.0
股份有限公司	207360.1	1172438.6	737873.0	282838.0	67390.4	4246.0
私营企业	153242.5	2091411.8	438710.3	1394499.8	230.0	956.3
私营独资企业	496.1	7147.7	4196.6	2758.5		
私营合伙企业		1135.1	555.4	621.5		
私营有限责任公司	99256.0	1973745.4	408147.6	1368223.4	230.0	800.0
私营股份有限公司	53490.4	109383.6	25810.7	22896.4		156.3
港、澳、台商投资企业	384.0	70297.1	34100.8	12860.0		
港、澳、台商独资经营企业	384.0	70297.1	34100.8	12860.0		
外商投资企业	3960.6	41969.5	53336.3	25351.1	716.7	716.7
中外合资经营企业	3922.4	29111.0	33989.4	11270.0		
外资企业		10456.8	16105.6	9781.1		
外商投资股份有限公司	38.2	2401.7	3241.3	4300.0	716.7	716.7
按国民经济行业分组						
综合零售	188245.8	1220371.0	211236.3	148211.1	6948.5	6403.6
百货零售	172272.0	948552.7	212323.2	97765.2	6948.5	1746.0
超级市场零售	13867.6	257400.8	-10510.0	43939.3		
便利店零售	1614.6	8998.1	4053.2	600.0		
其他综合零售	491.6	5419.4	5369.9	5906.6		4657.6
食品、饮料及烟草制品专门零售	1891.9	87386.8	37553.7	19576.1	2600.0	
粮油零售		552.6	127.4	100.0		
果品、蔬菜零售		16472.8	12730.6	11170.4		
肉、禽、蛋、奶及水产品零售	930.6	2182.8	27764.8	1630.0	1600.0	
营养和保健品零售		163.1	-3.4	150.0		
酒、饮料及茶叶零售	961.3	17802.4	-1008.3	4286.7		
烟草制品零售		2277.2	2295.0	1239.0		
其他食品零售		47935.9	-4352.4	1000.0	1000.0	

3-8 续表 3　　　　单位：个、人、万元

分　组	期末资产负债				营业收入	主营业务收入
	法人资本	个人资本	港澳台资本	外商资本		
零售业	**2980297.3**	**307855.8**	**13631.6**	**19175.7**	**10312854.0**	**10017095.8**
按登记注册类型分组						
内资企业	2971778.6	307139.1	55.0	5210.0	9926944.9	9641401.9
国有企业	1700.0				200598.7	196521.2
集体企业	5.8	0.2			10257.9	10237.9
联营企业					5299.0	5299.0
集体联营企业					5299.0	5299.0
有限责任公司	1620032.6	56904.0	5.0	1020.0	3553795.5	3485912.6
国有独资公司	1499.0				41613.2	41070.5
其他有限责任公司	1618533.6	56904.0	5.0	1020.0	3512182.3	3444842.1
股份有限公司	135508.9	71602.7		4090.0	2294145.9	2174205.6
私营企业	1214531.3	178632.2	50.0	100.0	3862847.9	3769225.6
私营独资企业	794.4	1964.1			7964.5	7964.5
私营合伙企业		621.5			1841.6	1841.6
私营有限责任公司	1206386.9	160656.5	50.0	100.0	3787051.2	3693608.3
私营股份有限公司	7350.0	15390.1			65990.6	65811.2
港、澳、台商投资企业			12860.0		210411.2	204770.9
港、澳、台商独资经营企业			12860.0		210411.2	204770.9
外商投资企业	8518.7	716.7	716.6	13965.7	175497.9	170923.0
中外合资经营企业	7802.0			3468.0	131857.0	130841.8
外资企业				9781.1	34591.5	31031.8
外商投资股份有限公司	716.7	716.7	716.6	716.6	9049.4	9049.4
按国民经济行业分组						
综合零售	57490.8	66567.1		10801.1	1805409.7	1680845.9
百货零售	32864.6	55186.1		1020.0	1136199.3	1040911.6
超级市场零售	23777.2	10381.0		9781.1	639765.2	611532.3
便利店零售	600.0				23682.2	22639.9
其他综合零售	249.0	1000.0			5763.0	5762.1
食品、饮料及烟草制品专门零售	6245.7	10730.4			60620.5	59184.5
粮油零售	50.0	50.0			3479.3	3479.3
果品、蔬菜零售	1600.0	9570.4			14891.7	14028.8
肉、禽、蛋、奶及水产品零售	20.0	10.0			12688.2	12414.9
营养和保健品零售		150.0			90.7	90.7
酒、饮料及茶叶零售	3336.7	950.0			12663.6	12587.7
烟草制品零售	1239.0				1152.0	928.1
其他食品零售					15655.0	15655.0

3-8 续表 4　　单位：个、人、万元

分组	损益及分配					
	营业成本	税金及附加	其他业务利润	销售费用	管理费用	财务费用
零售业	**8957383.1**	**43252.9**	**67333.2**	**688862.7**	**359246.4**	**96868.5**
按登记注册类型分组						
内资企业	8615618.0	42468.8	59841.7	673796.8	348821.4	96380.7
国有企业	149332.5	1731.4	2119.3	26862.3	11157.1	-108.0
集体企业	9039.8	18.0		380.8	392.6	270.1
联营企业	4913.0	3.0		33.0	205.0	
集体联营企业	4913.0	3.0		33.0	205.0	
有限责任公司	3184775.0	11628.9	15575.6	186314.8	69567.7	29354.5
国有独资公司	31037.2	160.3	1779.7	6262.4	2631.2	-171.3
其他有限责任公司	3153737.8	11468.6	13795.9	180052.4	66936.5	29525.8
股份有限公司	1851579.7	16059.5	13845.3	226897.4	121786.4	32141.7
私营企业	3415978.0	13028.0	28301.5	233308.5	145712.6	34722.4
私营独资企业	5984.7	91.4		702.6	926.8	3.7
私营合伙企业	1713.2	5.2		64.8	68.1	0.1
私营有限责任公司	3350430.2	12513.8	28194.5	227638.7	141603.7	29323.5
私营股份有限公司	57849.9	417.6	107.0	4902.4	3114.0	5395.1
港、澳、台商投资企业	187755.6	425.0	3090.9	6988.8	5422.6	584.2
港、澳、台商独资经营企业	187755.6	425.0	3090.9	6988.8	5422.6	584.2
外商投资企业	154009.5	359.1	4400.6	8077.1	5002.4	-96.4
中外合资经营企业	119349.8	286.8	840.8	1991.9	2951.2	537.0
外资企业	26137.8	60.5	3559.8	5697.3	1876.2	-671.8
外商投资股份有限公司	8521.9	11.8		387.9	175.0	38.4
按国民经济行业分组						
综合零售	1473148.1	16618.4	30608.6	140812.4	130588.0	33522.3
百货零售	886877.1	14479.7	15547.4	83642.0	106010.5	29586.3
超级市场零售	560543.0	2050.1	14018.9	54337.3	24148.4	3792.4
便利店零售	21693.4	16.3	1042.3	2512.5	19.3	74.1
其他综合零售	4034.6	72.3		320.6	409.8	69.5
食品、饮料及烟草制品专门零售	54720.0	156.4	897.7	4595.0	2256.4	1801.5
粮油零售	3232.4	1.1		65.8	146.0	3.2
果品、蔬菜零售	12791.6	24.0		1180.8	640.1	276.5
肉、禽、蛋、奶及水产品零售	12062.1	8.6	0.3	127.8	324.1	13.1
营养和保健品零售	122.0	0.8		4.2	14.8	-0.1
酒、饮料及茶叶零售	9369.8	77.9	24.3	1903.7	680.7	-23.1
烟草制品零售	834.4	32.1	873.1	303.3	155.0	-4.0
其他食品零售	16107.7	11.9		1009.4	295.7	1535.9

3-8 续表 5　　单位：个、人、万元

分　组	损益及分配				工人成本及增值税	
	营业利润	营业外收入	利润总额	所得税费用	应付职工薪酬（本年贷方累计发生额）	应交增值税
零售业	**170097.4**	**19328.9**	**169769.4**	**50125.8**	**493514.7**	**242489.2**
按登记注册类型分组						
内资企业	152569.0	18803.7	154890.6	47314.4	482331.7	239325.8
国有企业	11079.5	2495.2	13153.1	12728.0	23189.1	3896.9
集体企业	156.6	58.2	210.6	2.8	425.8	5.0
联营企业	145.0		145.0		92.5	33.0
集体联营企业	145.0		145.0		92.5	33.0
有限责任公司	65455.0	4858.9	66977.5	13910.8	131142.4	55896.1
国有独资公司	1691.0	176.8	1759.9	142.3	3629.2	749.9
其他有限责任公司	63764.0	4682.1	65217.6	13768.5	127513.2	55146.2
股份有限公司	57222.4	4460.2	52539.2	9324.5	146613.1	100103.3
私营企业	18510.5	6931.2	21865.2	11348.3	180868.8	79391.5
私营独资企业	251.3	14.7	263.4	142.4	563.9	131.5
私营合伙企业	-9.7		-9.7	6.0	174.2	18.7
私营有限责任公司	24035.1	6825.5	27314.6	11069.6	176652.6	78040.3
私营股份有限公司	-5766.2	91.0	-5703.1	130.3	3478.1	1201.0
港、澳、台商投资企业	9149.1	265.9	6272.5	1292.3	4867.1	806.8
港、澳、台商独资经营企业	9149.1	265.9	6272.5	1292.3	4867.1	806.8
外商投资企业	8379.3	259.3	8606.3	1519.1	6315.9	2356.6
中外合资经营企业	7014.5	97.7	7080.0	1277.5	4037.4	2084.3
外资企业	1491.5	161.1	1652.6	241.6	2256.8	271.2
外商投资股份有限公司	-126.7	0.5	-126.3		21.7	1.1
按国民经济行业分组						
综合零售	14894.8	3817.6	12183.7	5788.4	92495.6	37874.4
百货零售	20486.3	2185.2	16962.0	4298.6	67092.7	33269.2
超级市场零售	-4891.6	1353.1	-4353.9	1447.6	24580.4	4479.5
便利店零售	-633.4	187.3	-448.8		544.1	115.1
其他综合零售	-66.5	92.0	24.4	42.2	278.4	10.6
食品、饮料及烟草制品专门零售	-4013.1	1135.7	-2862.1	229.3	10913.1	177.1
粮油零售	30.9		30.9	5.5	78.2	2.2
果品、蔬菜零售	-21.7	56.0	22.0		2026.7	56.5
肉、禽、蛋、奶及水产品零售	181.4	32.8	214.0		6996.3	2.7
营养和保健品零售	-51.3	0.1	-51.2		13.6	
酒、饮料及茶叶零售	1676.5	168.4	1833.3	190.5	997.8	79.2
烟草制品零售	-168.7	53.4	-115.3		240.0	36.5
其他食品零售	-5660.2	825.0	-4795.8	33.3	560.5	

3-8 续表 6

单位：个、人、万元

分　组	法人单位数	年初存货	流动资产合计	应收账款	存货	固定资产原价
纺织、服装及日用品专门零售	29	19856.9	156083.7	19768.2	19523.4	84214.6
纺织品及针织品零售	1	8.1	23.7	1.1	16.0	52.9
服装零售	18	11518.1	133851.2	13062.7	10521.3	53776.9
鞋帽零售	2	6697.7	8547.5	1215.4	4965.5	6489.6
化妆品及卫生用品零售	1	37.2	102.7	53.9		48.7
厨具卫具及日用杂品零售	2	179.2	4213.4	530.1	2047.0	430.4
钟表、眼镜零售	2	456.4	3913.9	3286.8	416.4	430.4
其他日用品零售	3	960.2	5431.3	1618.2	1557.2	22985.7
文化、体育用品及器材专门零售	30	92062.0	251009.6	38176.2	87480.1	111683.6
文具用品零售	3	989.2	4450.5	1611.9	1296.4	92.2
图书、报刊零售	18	37051.0	130708.0	33961.1	32279.8	102189.5
珠宝首饰零售	9	54021.8	115851.1	2603.2	53903.9	9401.9
医药及医疗器材专门零售	54	173119.3	812380.7	361805.5	225386.0	75085.4
西药零售	49	158940.9	775038.4	347972.1	214368.9	69512.4
中药零售	2	13004.1	28367.7	8318.2	10034.1	5354.4
医疗用品及器材零售	3	1174.3	8974.6	5515.2	983.0	218.6
汽车、摩托车、零配件和燃料及其他动力销售	554	495703.7	1989976.7	213000.7	508713.1	802944.2
汽车新车零售	447	456666.4	1726285.3	171036.1	473579.8	391271.8
汽车零配件零售	7	2238.8	6549.8	2388.8	2379.5	1097.7
摩托车及零配件零售	3	621.4	1334.9	268.1	566.6	315.8
机动车燃油零售	53	33973.1	178038.1	29979.4	30600.0	242225.7
机动车燃气零售	44	2204.0	77768.6	9328.3	1587.2	168033.2
家用电器及电子产品专门零售	119	43104.6	259023.6	65938.1	42233.7	16673.1
家用视听设备零售	4	2721.6	25775.6	8797.3	3131.0	1309.7
日用家电零售	45	17667.3	108160.6	7932.3	17060.6	3668.5
计算机、软件及辅助设备零售	50	13561.5	66066.0	26673.1	14247.0	3636.0
通信设备零售	11	3838.5	18787.8	1335.5	3385.6	1347.4
其他电子产品零售	9	5315.7	40233.6	21199.9	4409.5	6711.5
五金、家具及室内装饰材料专门零售	17	107381.3	594277.5	102301.4	147574.1	90723.2
五金零售	6	665.1	6108.9	2568.3	1087.1	660.2
家具零售	2	106225.6	579859.0	93271.2	146250.8	88784.2
陶瓷、石材装饰材料零售	1		891.7	890.5		1021.0
其他室内装饰材料零售	8	490.6	7417.9	5571.4	236.2	257.8
货摊、无店铺及其他零售业	29	5618.4	50954.0	5727.0	6011.4	47065.6
互联网零售	2	2435.4	2351.7	553.6	996.3	6901.5
生活用燃料零售	18	2013.4	44215.5	4446.9	4397.0	39053.3
其他未列明零售业	9	1169.6	4386.8	726.5	618.1	1110.8

3-8 续表 7 单位：个、人、万元

分组	期末资产负债					
	固定资产净值	累计折旧	本年折旧	在建工程	资产总计	流动负债合计
纺织、服装及日用品专门零售	43418.8	40795.8	3238.6	2279.4	230045.6	165037.5
纺织品及针织品零售	33.3	19.6	17.3		57.0	
服装零售	26179.1	27597.8	2749.7	213.3	179530.6	136880.2
鞋帽零售	665.0	5824.6	294.0		9301.3	6716.2
化妆品及卫生用品零售	18.7	30.0	9.7		131.3	778.5
厨具卫具及日用杂品零售	248.1	182.3	23.2		4464.1	2793.4
钟表、眼镜零售	125.9	304.5	21.3		4531.9	2932.4
其他日用品零售	16148.7	6837.0	123.4	2066.1	32029.4	14936.8
文化、体育用品及器材专门零售	70093.0	41590.6	7595.8	32272.8	406822.9	149105.5
文具用品零售	18.6	73.6	2.3		4473.9	3223.8
图书、报刊零售	63761.1	38428.4	7216.6	32272.8	268427.5	88939.2
珠宝首饰零售	6313.3	3088.6	376.9		133921.5	56942.5
医药及医疗器材专门零售	48034.9	27050.5	5403.3	7450.4	926488.9	641547.1
西药零售	43693.6	25818.8	5204.6	7450.4	882084.1	601968.0
中药零售	4283.1	1071.3	163.1		35351.6	35774.6
医疗用品及器材零售	58.2	160.4	35.6		9053.2	3804.5
汽车、摩托车、零配件和燃料及其他动力销售	515603.1	285098.9	85238.1	82742.6	2888086.1	1942866.7
汽车新车零售	256675.4	133721.2	48864.2	33301.6	2194425.0	1520287.9
汽车零配件零售	463.6	634.1	91.1	42.0	7055.4	5092.0
摩托车及零配件零售	263.9	51.9	1.6	376.9	2229.6	1244.2
机动车燃油零售	146785.5	94073.2	19337.5	19946.8	440691.3	273182.1
机动车燃气零售	111414.7	56618.5	16943.7	29075.3	243684.8	143060.5
家用电器及电子产品专门零售	7626.8	9046.4	2506.9	9658.6	297468.3	207198.8
家用视听设备零售	418.5	891.2	105.3		31057.7	14056.0
日用家电零售	1175.6	2492.9	465.7	14.1	116022.0	93000.3
计算机、软件及辅助设备零售	1188.0	2448.1	405.7	9644.5	77888.6	50650.1
通信设备零售	698.9	648.5	146.4		19622.6	13983.2
其他电子产品零售	4145.8	2565.7	1383.8		52877.4	35509.2
五金、家具及室内装饰材料专门零售	55809.8	34913.4	2021.6	11529.7	903485.2	355628.6
五金零售	84.3	575.9	56.7		6223.6	4957.9
家具零售	54572.8	34211.4	1870.2	11529.7	887734.5	343060.4
陶瓷、石材装饰材料零售	922.8	98.2	87.9		1814.5	1238.0
其他室内装饰材料零售	229.9	27.9	6.8		7712.6	6372.3
货摊、无店铺及其他零售业	30359.5	16706.1	3439.0	38196.3	139309.8	44799.3
互联网零售	5911.0	990.5	166.4		14468.9	6121.5
生活用燃料零售	23794.4	15258.9	3189.8	38196.3	119255.5	36603.5
其他未列明零售业	654.1	456.7	82.8		5585.4	2074.3

3-8 续表 8

单位：个、人、万元

分组	期末资产负债					
	非流动负债合计	负债合计	所有者权益	实收资本		
					国家资本	集体资本
纺织、服装及日用品专门零售	14246.9	195454.7	34590.9	23361.8		693.0
纺织品及针织品零售			57.0	50.0		
服装零售	13990.0	167040.5	12490.1	18964.0		
鞋帽零售		6716.2	2585.1	1500.0		
化妆品及卫生用品零售		778.5	-647.2	50.0		
厨具卫具及日用杂品零售		2793.4	1670.7	1008.0		
钟表、眼镜零售	94.7	3027.1	1504.8	705.8		
其他日用品零售	162.2	15099.0	16930.4	1084.0		693.0
文化、体育用品及器材专门零售	70681.8	219787.3	187035.6	43097.4	21978.4	
文具用品零售		3223.8	1250.1	1120.0		
图书、报刊零售	17496.7	106435.9	161991.6	24976.8	21776.8	
珠宝首饰零售	53185.1	110127.6	23793.9	17000.6	201.6	
医药及医疗器材专门零售	2746.6	644293.7	282195.2	122975.6	79633.7	633.5
西药零售	2746.6	604714.6	277369.5	119839.6	79553.7	633.5
中药零售		35774.6	-423.0	585.0	80.0	
医疗用品及器材零售		3804.5	5248.7	2551.0		
汽车、摩托车、零配件和燃料及其他动力销售	51232.7	1985994.3	902091.8	3019043.5	159045.9	8729.5
汽车新车零售	44279.0	1564565.2	629859.8	2790975.0	10992.7	8498.6
汽车零配件零售	271.7	5363.7	1691.7	1315.0		
摩托车及零配件零售		1244.2	985.4	1050.0		
机动车燃油零售	5830.0	268300.3	172391.0	138411.1	106600.0	230.9
机动车燃气零售	852.0	146520.9	97163.9	87292.4	41453.2	
家用电器及电子产品专门零售	3533.0	210731.9	86736.4	62361.1	10.0	15.0
家用视听设备零售	239.0	14295.0	16762.7	13299.1		
日用家电零售	2780.2	95780.5	20241.5	12982.6		
计算机、软件及辅助设备零售	401.8	51051.9	26836.7	21485.6		
通信设备零售	82.0	14065.2	5557.4	7806.9		
其他电子产品零售	30.0	35539.3	17338.1	6786.9	10.0	15.0
五金、家具及室内装饰材料专门零售	78796.3	434424.9	469060.3	180426.2	26296.1	200.0
五金零售		4957.9	1265.7	1115.0		
家具零售	78796.3	421856.7	465877.8	177705.3	26296.1	200.0
陶瓷、石材装饰材料零售		1238.0	576.5	253.7		
其他室内装饰材料零售		6372.3	1340.3	1352.2		
货摊、无店铺及其他零售业	34124.3	78923.6	60386.2	35205.1	19954.0	156.3
互联网零售	5230.0	11351.5	3117.4	3400.0		
生活用燃料零售	28166.4	64769.9	54485.6	29850.8	19954.0	
其他未列明零售业	727.9	2802.2	2783.2	1954.3		156.3

3-8 续表 9　　　　单位：个、人、万元

分组	期末资产负债				营业收入	
	法人资本	个人资本	港澳台资本	外商资本		主营业务收入
织、服装及日用品专门零售	7164.8	12704.0	800.0	2000.0	307384.4	287335.5
纺织品及针织品零售		50.0			2854.4	2854.4
服装零售	5018.0	11146.0	800.0	2000.0	228414.0	209749.4
鞋帽零售	1000.0	500.0			25849.1	25582.8
化妆品及卫生用品零售	50.0				968.9	968.9
厨具卫具及日用杂品零售		1008.0			1850.4	1850.4
钟表、眼镜零售	705.8				14686.7	14671.5
其他日用品零售	391.0				32760.9	31658.1
文化、体育用品及器材专门零售	8128.0	12991.0			236455.3	232138.7
文具用品零售	520.0	600.0			5442.1	5442.1
图书、报刊零售	1700.0	1500.0			205412.7	201105.9
珠宝首饰零售	5908.0	10891.0			25600.5	25590.7
医药及医疗器材专门零售	30669.3	12039.1			1194799.1	1188897.8
西药零售	29144.3	10508.1			1133777.9	1127876.6
中药零售	505.0				51925.0	51925.0
医疗用品及器材零售	1020.0	1531.0			9096.2	9096.2
汽车、摩托车、零配件和燃料及其他动力销售	2710591.1	125565.8	12826.6	2284.6	5773217.8	5671345.0
汽车新车零售	2646244.7	110277.8	12776.6	2184.6	3849185.7	3798627.1
汽车零配件零售	255.0	1060.0			6175.6	5958.5
摩托车及零配件零售	535.0	515.0			4167.4	4167.4
机动车燃油零售	23934.4	7495.8	50.0	100.0	1742974.5	1696354.0
机动车燃气零售	39622.0	6217.2			170714.6	166238.0
家用电器及电子产品专门零售	31679.7	30651.4	5.0		443688.0	421518.4
家用视听设备零售	11259.7	2039.4			65155.9	64634.2
日用家电零售	9177.0	3805.6			196172.5	179512.9
计算机、软件及辅助设备零售	8049.1	13436.5			99964.3	98774.3
通信设备零售	40.0	7766.9			56689.3	52958.8
其他电子产品零售	3153.9	3603.0	5.0		25706.0	25638.2
五金、家具及室内装饰材料专门零售	118010.0	31830.1		4090.0	395251.4	381367.3
五金零售	350.0	765.0			15227.5	15227.5
家具零售	116114.1	31005.1		4090.0	366833.2	352949.1
陶瓷、石材装饰材料零售	253.7				2521.8	2521.8
其他室内装饰材料零售	1292.2	60.0			10668.9	10668.9
货摊、无店铺及其他零售业	10317.9	4776.9			96027.8	94462.7
互联网零售	3000.0	400.0			7959.5	7958.1
生活用燃料零售	6196.8	3700.0			72396.2	70880.4
其他未列明零售业	1121.1	676.9			15672.1	15624.2

3-8 续表 10

单位：个、人、万元

分组	损益及分配					
	营业成本	税金及附加	其他业务利润	销售费用	管理费用	财务费用
纺织、服装及日用品专门零售	246710.7	2434.5	5381.3	31488.9	17081.3	6219.5
纺织品及针织品零售	1689.9	0.1		513.8	58.3	0.9
服装零售	183987.4	1654.3	5185.6	21979.1	13805.4	5845.1
鞋帽零售	18515.6	182.1	194.3	5204.1	1526.7	21.2
化妆品及卫生用品零售	1060.8	0.3		10.4	143.4	
厨具卫具及日用杂品零售	1658.6	7.9		218.9	65.9	0.8
钟表、眼镜零售	12326.5	62.3	1.4	1652.3	273.8	15.5
其他日用品零售	27471.9	527.5		1910.3	1207.8	336.0
文化、体育用品及器材专门零售	177355.9	2064.5	2306.6	30787.6	13532.6	4654.8
文具用品零售	4845.1	11.9		285.8	236.5	13.0
图书、报刊零售	153825.0	1694.6	2303.5	27028.3	11333.0	-109.2
珠宝首饰零售	18685.8	358.0	3.1	3473.5	1963.1	4751.0
医药及医疗器材专门零售	1041365.0	3177.0	4650.2	64958.8	38464.9	10145.9
西药零售	995544.7	2938.1	4650.2	63540.5	26570.6	9880.7
中药零售	39383.1	184.3		837.2	11454.7	160.3
医疗用品及器材零售	6437.2	54.6		581.1	439.6	104.9
汽车、摩托车、零配件和燃料及其他动力销售	5312604.8	13589.4	16949.2	251461.5	95272.8	34174.4
汽车新车零售	3539047.6	9693.2	12748.1	121149.1	87144.5	29386.3
汽车零配件零售	5541.4	7.1		101.9	444.5	16.7
摩托车及零配件零售	3997.8	3.9		6.9	148.3	5.7
机动车燃油零售	1645993.2	3013.1	3051.3	99597.1	-2861.1	3002.4
机动车燃气零售	118024.8	872.1	1149.8	30606.5	10396.6	1763.3
家用电器及电子产品专门零售	383016.7	1137.1	553.8	39861.8	17567.4	1343.2
家用视听设备零售	58232.7	154.2	12.1	7157.3	2034.2	152.9
日用家电零售	167176.3	457.9	53.1	22005.2	6587.2	652.5
计算机、软件及辅助设备零售	89671.8	249.9	271.2	3400.7	5390.6	295.0
通信设备零售	47481.1	125.7	217.4	6225.2	2250.8	246.7
其他电子产品零售	20454.8	149.4		1073.4	1304.6	-3.9
五金、家具及室内装饰材料专门零售	189916.0	3551.2	5067.1	119058.9	38897.0	4618.4
五金零售	13402.4	12.4		450.7	1373.2	0.8
家具零售	164731.4	3269.9	5067.1	118372.1	37013.9	4584.0
陶瓷、石材装饰材料零售	1687.5	156.8		89.0	215.8	25.0
其他室内装饰材料零售	10094.7	112.1		147.1	294.1	8.6
货摊、无店铺及其他零售业	78545.9	524.4	918.7	5837.8	5586.0	388.5
互联网零售	7220.0	238.1		66.3	254.1	267.0
生活用燃料零售	57559.2	211.6	918.7	5500.5	4547.6	102.6
其他未列明零售业	13766.7	74.7		271.0	784.3	18.9

3-8 续表 11　　　　单位：个、人、万元

分　组	损益及分配				工人成本及增值税	
	营业利润	营业外收入	利润总额	所得税费用	应付职工薪酬（本年贷方累计发生额）	应交增值税
纺织、服装及日用品专门零售	2635.2	137.7	-641.0	1586.4	14688.5	5732.6
纺织品及针织品零售	591.4	0.3	591.5		20.8	0.1
服装零售	529.8	106.2	-2752.0	1175.1	9737.9	3948.9
鞋帽零售	327.4	2.7	325.0	78.1	2661.3	1022.6
化妆品及卫生用品零售	-246.3		-246.6		27.4	3.1
厨具卫具及日用杂品零售	-101.8	3.4	-99.0	1.2	73.1	34.6
钟表、眼镜零售	212.3	16.4	218.8	79.5	919.1	430.6
其他日用品零售	1322.4	8.7	1321.3	252.5	1248.9	292.7
文化、体育用品及器材专门零售	6390.1	2498.1	8449.3	12877.9	25792.7	4672.5
文具用品零售	50.1	2.4	52.5	38.7	163.5	82.6
图书、报刊零售	11097.1	2495.1	13156.0	12726.2	23290.8	3740.4
珠宝首饰零售	-4757.1	0.6	-4759.2	113.0	2338.4	849.5
医药及医疗器材专门零售	34475.8	1529.2	35162.4	6499.6	48565.8	16103.7
西药零售	33098.6	817.6	33102.8	6020.9	42725.2	14143.8
中药零售	-95.2	711.1	591.3	94.6	5012.6	1244.8
医疗用品及器材零售	1472.4	0.5	1468.3	384.1	828.0	715.1
汽车、摩托车、零配件和燃料及其他动力销售	65409.5	9104.3	66922.7	13693.3	205095.0	138160.1
汽车新车零售	61475.8	5118.2	64471.7	12140.5	139797.6	68157.6
汽车零配件零售	63.4	19.8	74.7	15.1	186.5	34.4
摩托车及零配件零售	4.8		4.8	5.5	76.3	10.4
机动车燃油零售	-4781.7	3637.8	-5736.0	282.8	46629.5	65771.9
机动车燃气零售	8647.2	328.5	8107.5	1249.4	18405.1	4185.8
家用电器及电子产品专门零售	331.7	372.4	407.6	648.3	22150.9	9646.4
家用视听设备零售	-2620.4	59.0	-2582.0	5.4	3857.8	1094.2
日用家电零售	-990.3	112.7	-895.8	173.5	7580.3	4530.5
计算机、软件及辅助设备零售	996.3	64.4	998.8	228.7	4652.7	1791.9
通信设备零售	207.2	43.6	60.8	76.7	3039.1	1053.0
其他电子产品零售	2738.9	92.7	2825.8	164.0	3021	1176.8
五金、家具及室内装饰材料专门零售	44900.0	525.5	45117.0	7526,6	67773.8	28214.3
五金零售	-12.6		-12.6	10.1	226.1	99.5
家具零售	44552.7	525.5	44796.2	7505.7	66636.6	28078.0
陶瓷、石材装饰材料零售	347.7		321.2	10.2	102.0	11.2
其他室内装饰材料零售	12.2		12.2	0.6	809.1	25.6
货摊、无店铺及其他零售业	5073.4	208.4	5029.8	1276.0	6039.3	1908.1
互联网零售	-90.0	24.2	-65.8	33.7	299.1	138.4
生活用燃料零售	4473.7	183.8	4420.7	1058.0	5361.1	1483.1
其他未列明零售业	689.7	0.4	674.9	184.3	379.1	286.6

3-8 续表 12

单位：个、人、万元

分组	法人单位数	年初存货	流动资产合计	应收账款	存货	固定资产原价
按单位规模分组						
大型	22	305352.9	1711417.9	457839.4	394379.0	723887.0
中型	246	406387.6	1768000.6	172141.0	474643.8	735151.3
小型	485	310424.1	1251304.9	217811.7	285512.4	302800.5
微型	204	38914.1	165304.0	31915.4	37879.5	32285.9
按零售业态分组						
有店铺零售	847	987506.0	4540226.8	808271.0	1088418.6	1662302.9
食杂店	3	46.2	1914.1	88.1	49.8	263.7
便利店	23	26482.1	101394.7	-580.3	29677.5	155193.5
折扣店	2	422.9	4800.8	1003.0	357.5	78.4
超市	65	28799.9	98637.1	13553.0	35464.3	56671.3
大型超市	31	139688.9	710640.7	317008.7	184247.1	194979.9
仓储会员店	3	2362.5	8728.1	4200.6	2926.3	887.0
百货店	34	41710.0	413643.8	32533.8	42662.8	453829.1
专业店	256	206194.8	927006.0	177047.7	217441.7	468838.7
专卖店	421	536512.5	2075338.4	257802.1	569360.5	471493.3
家居建材商店	7	393.3	2170.5	1365.6	405.8	606.4
购物中心	23	26278.7	287460.1	3918.8	25834.8	108535.2
厂家直销中心	30	24414.2	94821.2	16169.8	30514.0	20319.4
无店铺零售	130	90173.7	401621.3	73562.6	116521.7	193321.9
电视购物	1	257.6	216.6		178.7	3.9
网上商店	5	12760.9	46569.4	8168.6	34022.1	8223.0
其他	126	87695.4	397624.6	73009.0	115475.6	186224.8
按地区分组						
乌鲁木齐市	235	642263.4	3229874.7	603215.6	735782.7	937347.5
克拉玛依市	42	30122.8	130456.8	25093.5	30399.5	30735.3
吐鲁番市	19	4081.3	26854.7	10566.4	4808.2	13093.3
哈密市	52	35557.5	109977.4	21533.2	37013.5	71626.7
昌吉回族自治州	42	31561.2	177483.0	24864.6	40329.4	49060.2
伊犁哈萨克自治州	173	82826.7	288758.5	50264.8	77561.1	206822.9
伊犁哈萨克自治州直属县（市）	104	61474.3	220396.0	35681.6	56944.6	132173.3
塔城地区	32	10189.6	39079.7	9293.2	10582.0	60907.2
阿勒泰地区	37	11162.8	29282.8	5290.0	10034.5	13742.4
博尔塔拉蒙古自治州	20	7735.9	30138.8	3418.7	6327.2	11270.8
巴音郭楞蒙古自治州	82	73171.3	258409.8	39918.2	80488.4	193318.8
阿克苏地区	123	66258.7	236080.8	37372.8	65894.6	133056.3
克孜勒苏柯尔克孜自治州	4	605.9	2864.2	884.9	336.9	8194.6
喀什地区	80	51953.4	227631.3	45511.1	78810.5	62455.2
和田地区	22	7394.7	60148.0	10483.7	10070.1	22302.5
自治区直辖县级市	63	27545.9	117349.4	6580.0	24592.6	54840.6
石河子市	51	22714.1	71460.4	4674.4	19776.5	35469.6
阿拉尔市	2	262.1	2511.7	426.5	300.2	3721.6
图木舒克市	2	218.0	354.3	100.7	253.6	237.0
五家渠市	8	4351.7	43023.0	1378.4	4262.3	15412.4

3-8 续表 13

单位：个、人、万元

分组	期末资产负债					
	固定资产净值	累计折旧	本年折旧	在建工程	资产总计	流动负债合计
按单位规模分组						
大型	453526.7	270360.3	35258.4	81376.0	2909308.1	1724889.9
中型	485312.6	249699.2	53185.7	93149.4	2621957.1	1670378.6
小型	183579.0	117854.6	40490.2	52580.7	1616836.3	1097317
微型	20054.1	11496.1	4185.4	2136.9	200153.1	132179.4
按零售业态分组						
有店铺零售	1055723.3	605704.5	122337.2	182726.7	6811129.7	4289025.9
食杂店	197.2	66.5	31.5		2780.6	1387.8
便利店	93950.1	61243.4	13995.3	9750.0	271740.8	154803.0
折扣店	42.1	36.3	36.3		4890.0	4026.7
超市	35470.1	21201.2	3621.0	5124.4	145569.6	127315.0
大型超市	136359.1	58620.8	10949.9	257.0	946859.2	711701.9
仓储会员店	462.8	424.2	92.1		10784.4	11567.1
百货店	310270.0	143559.1	13363.9	40113.0	1055799.7	669251.4
专业店	295295.6	173543.1	37018.4	87399.3	1456098.0	920128.3
专卖店	296974.8	173643.4	46800.6	41138.6	2848795.7	1647489.7
家居建材商店	523.9	82.5	29.5	376.9	3104.0	1446.8
购物中心	77341.0	31194.2	3478.3	63.6	388298.8	286678.8
厂家直销中心	14419.7	5899.7	1810.7	348.0	118596.5	88530.1
无店铺零售	130518.7	61436.2	20505.7	47982.0	634605.0	388819.9
电视购物		3.9	3.9		216.6	200.8
网上商店	6985.4	1237.6	246.3		60532.3	55121.0
其他	124442.1	60415.7	20320.9	47982.0	617656.2	381634.8
按地区分组						
乌鲁木齐市	565981.9	371226.0	57667.5	77503.8	4639306.0	2830193.7
克拉玛依市	18847.2	11888.1	3024.8	214.9	159458.0	111544.8
吐鲁番市	7329.1	5764.2	914.9	2045.3	42855.5	27407.9
哈密市	52732.7	17527	4558.3	18500.6	186525.8	125914.0
昌吉回族自治州	33920.6	15139.6	4662.3	4085.4	253341.6	177963.3
伊犁哈萨克自治州	141906.6	64180.7	23782.9	31568.7	545650.1	332124.1
伊犁哈萨克自治州直属县（市）	91279.4	40893.9	11151.8	25599.7	396444.1	259610.6
塔城地区	40474.8	19696.8	11608.6	4839.6	103850.2	48951.8
阿勒泰地区	10152.4	3590.0	1022.5	1129.4	45355.8	23561.7
博尔塔拉蒙古自治州	7304.3	3966.5	489.5	4316.5	44150.9	19558.8
巴音郭楞蒙古自治州	134194.6	59124.2	10298.3	9249.4	458169.5	345841.0
阿克苏地区	88502.5	44553.8	11153.4	10467.5	393957.4	261704.3
克孜勒苏柯尔克孜自治州	5729.9	2464.7	508.7	1366.8	12105.3	6496.1
喀什地区	39558.0	22897.3	7210.3	3493.5	297842.8	207746.3
和田地区	15760.0	6542.5	2485.4	41639.9	128026.4	42078.0
自治区直辖县级市	30705.0	24135.6	6363.4	24790.7	186865.3	136192.6
石河子市	15890.6	19579.0	5503.1	8211.6	104027.9	69077.7
阿拉尔市	2615.6	1106.0	314.9	3.8	5148.0	4094.8
图木舒克市	208.7	28.3	17.7		569.5	228.5
五家渠市	11990.1	3422.3	527.7	16575.3	77119.9	62791.6

3-8 续表 14

单位：个、人、万元

分　　组	期末资产负债					
	非流动负债合计	负债合计	所有者权益	实收资本		
					国家资本	集体资本
按单位规模分组						
大型	217239.7	1931387.8	977920.3	412923.0	144055.4	1746.0
中型	131000.2	1817549.1	804408.0	453286.7	157440.5	1960.0
小型	89208.3	1188202.6	428633.7	2738084.3	14465.7	13124.9
微型	8051.1	140228.7	59924.4	49963.9	505.0	
按零售业态分组						
有店铺零售	403777.8	4699372.4	2111757.3	3524328.0	284515.9	12806.2
食杂店	300.0	1687.8	1092.8	1586.3		156.3
便利店	4465.5	148526.7	123214.1	84274.8	62581.7	
折扣店		4026.7	863.3	436.8		
超市	17261.2	144576.2	993.4	25313.5	157.8	4657.6
大型超市	10838.2	722540.1	224319.1	122416.2	78063.7	
仓储会员店	539.0	12106.1	-1321.7	1947.3		156.3
百货店	128204.1	797455.5	258344.2	91043.3	6948.5	1876.9
专业店	32998.6	954268.7	501829.3	1327120.2	159692.2	833.5
专卖店	126932.6	1774420.6	1074375.1	1931207.2	38153.7	5281.9
家居建材商店		1446.8	1657.2	1670.8		
购物中心	101849.3	404698.4	-16399.6	29402.7		
厂家直销中心	3243.7	91773.9	26822.6	22758.0		
无店铺零售	45010.6	434365.8	200239.2	155956.6	47649.4	4311.9
电视购物		200.8	15.8	15.8		
网上商店	5530.0	60651.0	-118.7	5986.3	1000.0	156.3
其他	39480.6	421650.7	196005.5	150970.3	47649.4	4155.6
按地区分组						
乌鲁木齐市	334483.3	3170103.8	1469202.2	2074380.4	141652.3	6567.9
克拉玛依市	1329.2	112874.1	46583.9	28682.2	716.7	1216.7
吐鲁番市	2965.2	30373.1	12482.4	9002.1	1225.0	
哈密市	6545.5	132459.5	54066.3	57179.5	21150.9	100.0
昌吉回族自治州	12248.2	190211.5	63130.1	39509.8	1430.0	1000.0
伊犁哈萨克自治州	16375.0	348872.8	196777.3	135104.4	42456.1	826.5
伊犁哈萨克自治州直属县（市）	12830.1	272440.7	124003.4	101119.9	18083.8	693.0
塔城地区	2541.5	51867.0	51983.2	21545.4	17413.9	133.5
阿勒泰地区	1003.4	24565.1	20790.7	12439.1	6958.4	
博尔塔拉蒙古自治州	1506.4	21065.2	23085.7	14412.2	8852.1	156.3
巴音郭楞蒙古自治州	11089.7	358110.5	100059.0	88217.3	44937.8	
阿克苏地区	25148.8	286853.1	107104.3	65579.4	12829.0	1090.9
克孜勒苏柯尔克孜自治州	620.8	7116.9	4988.4	2163.0	725.0	
喀什地区	1764.6	209510.9	88331.9	57530.7	3498.6	1015.0
和田地区	26994.5	69196.1	58830.3	36952.7	20524.0	4857.6
自治区直辖县级市	4428.1	140620.7	46244.6	1045544.2	16469.1	
石河子市	3372.0	72449.7	31578.2	32008.9	16469.1	
阿拉尔市	783.0	4877.8	270.2	785.4		
图木舒克市	250.9	479.4	90.1	90.1		
五家渠市	22.2	62813.8	14306.1	1012659.8		

3-8 续表 15 单位：个、人、万元

分组	期末资产负债				营业收入	
	法人资本	个人资本	港澳台资本	外商资本		主营业务收入
按单位规模分组						
大型	179883.0	73367.5		13871.1	3765926.1	3601243.6
中型	179573.4	98964.8	12860.0	2488.0	4122123.0	4028525.8
小型	2596483.3	110422.2	771.6	2816.6	2131775.1	2097186.8
微型	24357.6	25101.3			293029.8	290139.6
按零售业态分组						
有店铺零售	2921354.3	276432.5	12860.0	16359.1	9679357.7	9393044.4
食杂店	450.0	980.0			2013.5	2012.6
便利店	21588.1	105.0			1215758.4	1181189.3
折扣店		436.8			5226.6	4316.6
超市	11382.6	9115.5			165694.6	158335.7
大型超市	22669.4	11902.0		9781.1	1526858	1486387.8
仓储会员店	450.0	1341.0			16366.3	16366.3
百货店	22610.3	58587.6		1020.0	1062937.5	972803.8
专业店	1115398.2	42896.3	8300.0		2396513.6	2331511.3
专卖店	1731872.7	145780.9	4560.0	5558.0	3556053.7	3492080.2
家居建材商店	1380.0	290.8			6929.0	6929.0
购物中心	12902.2	16500.5			248526.5	224699.6
厂家直销中心	13732.4	9025.6			215686.8	213286.0
无店铺零售	65637.6	34769.5	771.6	2816.6	856634.9	840643.9
电视购物	15.8				699.6	699.6
网上商店	3450.0	1380.0			24022.0	24019.7
其他	62187.6	33389.5	771.6	2816.6	848267.9	832279.2
按地区分组						
乌鲁木齐市	1739526.6	155414.5	12860.0	18359.1	5984449.7	5784096.0
克拉玛依市	18166.2	7149.4	716.6	716.6	240486.4	236976.8
吐鲁番市	6016.6	1760.5			39334.6	39200.8
哈密市	16963.3	18815.3	50.0	100.0	233606.4	227773.6
昌吉回族自治州	18667.9	18411.9			343482.1	337302.8
伊犁哈萨克自治州	66401.6	25420.2			859688.7	832672.7
伊犁哈萨克自治州直属县（市）	61327.4	21015.7			577378.4	560233.4
塔城地区	1939.5	2058.5			196434.8	187713.3
阿勒泰地区	3134.7	2346.0			85875.5	84726.0
博尔塔拉蒙古自治州	3933.3	1470.5			67431.7	66050.8
巴音郭楞蒙古自治州	21137.0	22142.5			1090704.0	1061000.7
阿克苏地区	29942.2	21717.3			580909.7	571227.9
克孜勒苏柯尔克孜自治州	838.0	600.0			7614.2	7541.9
喀什地区	34253.8	18758.3			422803.6	419173.0
和田地区	7726.6	3844.5			105605.2	104201.6
自治区直辖县级市	1016724.2	12350.9			336737.7	329877.2
石河子市	6884.0	8655.8			220050.6	216055.4
阿拉尔市	685.4	100.0			8381.9	8381.9
图木舒克市	50.0	40.1			1866.4	1866.4
五家渠市	1009104.8	3555.0			106438.8	103573.5

3-8 续表 16

单位：个、人、万元

分组	损益及分配					
	营业成本	税金及附加	其他业务利润	销售费用	管理费用	财务费用
按单位规模分组						
大型	3129542.9	20280.0	29122.1	326333.0	165626.6	43553.5
中型	3643545.1	15810.1	31180.2	263132.5	107173.4	28874.3
小型	1910738.3	6538.0	6947.8	91442.4	77283.1	22753.8
微型	273556.8	624.8	83.1	7954.8	9163.3	1686.9
按零售业态分组						
有店铺零售	8390714.4	41249.6	61678.9	657732.5	336943.5	89368.1
食杂店	1845.6	14.5		21.2	348.3	1.0
便利店	1146477.7	2109.2	1619.5	71859.3	-5104.9	1082.6
折扣店	4074.5	12.2		180.4	200.8	130.8
超市	140180.8	580.5	4712.0	19497.5	9726.3	2819.3
大型超市	1371304.4	5366.5	16966.5	71168.9	33793.3	11772.3
仓储会员店	15298.1	18.4		1274.1	311.9	75.2
百货店	823117.0	14949.7	12432.0	74185.8	97793.2	29052.5
专业店	2096370.6	7915.9	13168.3	202458.8	64181.5	9134.5
专卖店	3055452.3	12341.5	14148.8	238915.1	120815.8	29825.0
家居建材商店	6254.7	111.0		166.6	210.4	17.8
购物中心	191904.3	2774.1	5890.8	23519.1	21965.7	9889.0
厂家直销中心	197493.9	348.7	87.5	10212.8	4959.9	1999.2
无店铺零售	766946.8	2535.8	6638.6	45634.4	26718.5	9183.9
电视购物	621.2			0.3	95.2	
网上商店	23651.3	264.5		1090.0	814.5	1803.9
其他	759403.2	2283.2	6638.6	45553.8	26199.7	8915.9
按地区分组						
乌鲁木齐市	5086977.2	27664.5	40082.4	412998.5	239321.5	67472.3
克拉玛依市	209021.1	1243.0	1929.1	18319.6	6612.3	1300.5
吐鲁番市	32953.1	151.5	132.3	3702.1	1720.7	355.8
哈密市	197279.7	989.7	4057.9	20571.0	8573.0	2871.8
昌吉回族自治州	304597.7	1590.1	2735.9	20665.4	12248.4	4417.7
伊犁哈萨克自治州	751932.8	3248.6	6577.3	68680.7	25337.4	4945.4
伊犁哈萨克自治州直属县（市）	499260.9	2090.0	6088.2	47892.4	19492.3	3966.2
塔城地区	176601.0	615.6	92.1	15441.8	3874.4	442.4
阿勒泰地区	76070.9	543.0	397.0	5346.5	1970.7	536.8
博尔塔拉蒙古自治州	61594.7	187.5	111.8	5125.3	482.4	207.1
巴音郭楞蒙古自治州	1004397.4	4019.1	4864.7	58120.7	24071.0	4517.3
阿克苏地区	519012.4	1677.4	4006.4	30104.5	18808.8	5813.9
克孜勒苏柯尔克孜自治州	5691.3	47.1	44.3	736.2	738.3	-1.3
喀什地区	387902.4	953.7	1048.9	18372.8	9076.3	3306.0
和田地区	90925.6	294.4	1095.4	7675.5	4402.7	113.2
自治区直辖县级市	305097.7	1186.3	646.8	23790.4	7853.6	1548.8
石河子市	196544.1	561.6	512.7	17754.9	6614.1	1029.3
阿拉尔市	7193.8	5.7		1155.4	74.8	50.8
图木舒克市	1236.3	41.0		41.6	50.4	5.0
五家渠市	100123.5	578.0	134.1	4838.5	1114.3	463.7

3-8 续表 17

单位：个、人、万元

分组	损益及分配				工人成本及增值税	
	营业利润	营业外收入	利润总额	所得税费用	应付职工薪酬（本年贷方累计发生额）	应交增值税
按单位规模分组						
大型	92595.5	5941.4	88102.1	16238.6	194863.9	117404.9
中型	60907.8	10326.2	64078.7	27256.7	167686.9	72494.6
小型	17605.4	2687.8	18616.5	6451.1	117812.8	50566.1
微型	-1011.3	373.5	-1027.9	179.4	13151.1	2023.6
按零售业态分组						
有店铺零售	169207.9	17677.6	167569.4	47700.2	467539.4	231795.3
食杂店	-216.2	92.0	-124.8		6921.6	0.1
便利店	-263.5	3536.7	-451.7	266.9	34628.0	4160.6
折扣店	627.8	8.2	635.7	0.3	99.8	43.2
超市	-7156.7	1083.1	-6248.1	88.5	10350.8	2172.8
大型超市	33589.6	1698.1	33943.3	7022.5	34795.5	25397.4
仓储会员店	-610.4		-610.4		919.4	31.2
百货店	28142.1	1575.3	24006.0	4045.7	65495.1	32395.7
专业店	13562.9	5171.6	11304.2	16175.0	120559.9	92200.9
专卖店	103570.9	5336.3	106729.5	19103.8	204940.1	90715.5
家居建材商店	168.6		168.6	8.2	750.1	52.4
购物中心	-2553.6	148.0	-2616.2	2042.8	11953.6	19172.1
厂家直销中心	477.9	91.0	512.3	250.0	6187.8	1445.6
无店铺零售	2331.7	1857.2	3476.0	2613.5	33905.1	13284.6
电视购物	-17.1		-17.1		42.9	5.1
网上商店	-5959.9	941.2	-4979.9	67.0	930.6	138.4
其他	2631.4	1741.0	3660.1	2579.8	33535.0	13146.2
按地区分组						
乌鲁木齐市	161794.3	10576.2	158526.6	26977.1	266386.4	116986.1
克拉玛依市	4142.7	435.7	4506.8	987.5	8466.2	3400.0
吐鲁番市	365.4	113.0	392.0	72.5	2405.4	561.5
哈密市	2822.6	309.3	2779.9	880.0	12065.5	4381.2
昌吉回族自治州	-1213.1	722.0	-751.2	916.8	14247.8	3390.8
伊犁哈萨克自治州	2875.5	1306.0	2674.6	2106.9	49850.2	7874.7
伊犁哈萨克自治州直属县（市）	2922.8	553.5	2553.9	1679.7	34232.2	5082.3
塔城地区	-1093.2	456.4	-1070.5	337.4	10918.8	1690.6
阿勒泰地区	1045.9	296.1	1191.2	89.8	4699.2	1101.8
博尔塔拉蒙古自治州	-136.7	167.4	-9.9	99.6	3542.5	745.1
巴音郭楞蒙古自治州	-4611.1	1381.0	-4522.5	1476.8	29294.5	79643.2
阿克苏地区	4817.1	1732.4	5946.6	3766.0	66922.8	7759.7
克孜勒苏柯尔克孜自治州	401.1	144.2	512.0	128.1	1044.9	148.8
喀什地区	-631.6	1548.1	559.6	11826.7	18501.2	3571.3
和田地区	2265.7	145.4	2140.4	571.1	5288.1	1387.2
自治区直辖县级市	-2794.5	748.2	-2985.5	316.7	15499.2	12639.6
石河子市	-2500.7	386.0	-2416.4	223.3	11078.7	11949.2
阿拉尔市	-97.2	116.4	19.1		296.8	44.6
图木舒克市	496.5		496.5		192.2	55.9
五家渠市	-693.1	245.8	-1084.7	93.4	3931.5	589.9

3-9 分地区批发业法人企业基本情况

地　　区	法人单位数 （个）	从业人员期末人数 （人）
总　计	**41488**	**212733**
乌鲁木齐市	19610	87167
克拉玛依市	725	5741
吐鲁番市	502	3469
哈密市	1696	6091
昌吉回族自治州	1941	9416
伊犁哈萨克自治州	3579	20673
伊犁哈萨克自治州直属县（市）	2410	14346
塔城地区	640	3710
阿勒泰地区	529	2617
博尔塔拉蒙古自治州	995	5455
巴音郭楞蒙古自治州	2660	12907
阿克苏地区	3429	18966
克孜勒苏柯尔克孜自治州	307	1688
喀什地区	3208	18404
和田地区	1200	10639
自治区直辖县级市	1636	12117
石河子市	720	3285
阿拉尔市	555	3906
图木舒克市	143	3044
五家渠市	195	1814
铁门关市	23	68

3-10 分地区批发业法人企业财务状况

单位：万元

地　　区	资产总计	负债合计	营业收入
总　计	**62460157.3**	**43739315.0**	**95774736.0**
乌鲁木齐市	33366026.1	23780626.0	64446765.3
克拉玛依市	704334.0	433142.4	1288528.6
吐鲁番市	689233.0	554416.0	772923.6
哈密市	1640719.3	1153232.9	2526232.6
昌吉回族自治州	2511500.9	1616606.7	2429197.3
伊犁哈萨克自治州	5761469.0	4374215.0	5712366.0
伊犁哈萨克自治州直属县（市）	4202477.6	3427564.5	4655407.9
塔城地区	1265242.8	777450.9	645702.2
阿勒泰地区	293748.6	169199.7	411255.9
博尔塔拉蒙古自治州	1534089.6	1163837.5	2392456.5
巴音郭楞蒙古自治州	4612193.9	2189811.8	3006660.9
阿克苏地区	3964042.9	2609915.7	3819554.7
克孜勒苏柯尔克孜自治州	288872.3	204472.0	254294.9
喀什地区	3777829.1	2817338.0	3796346.6
和田地区	645421.4	481708.1	710378.4
自治区直辖县级市	2964425.9	2359992.9	4619030.6
石河了市	1511130.5	1230860.1	2541337.2
阿拉尔市	898438.5	779858.3	1000246.3
图木舒克市	120990.6	76462.8	694001.8
五家渠市	429707.4	271824.3	381169.4
铁门关市	4158.9	987.6	2275.9

3-11 分地区零售业法人企业基本情况

地区	法人单位数（个）	从业人员期末人数（人）
总计	24324	136363
乌鲁木齐市	6236	47486
克拉玛依市	979	5293
吐鲁番市	553	2332
哈密市	1669	6309
昌吉回族自治州	1388	5987
伊犁哈萨克自治州	2689	16847
伊犁哈萨克自治州直属县（市）	1512	11022
塔城地区	704	3483
阿勒泰地区	473	2342
博尔塔拉蒙古自治州	587	2326
巴音郭楞蒙古自治州	2125	10270
阿克苏地区	2588	13409
克孜勒苏柯尔克孜自治州	363	1155
喀什地区	2588	11919
和田地区	1584	7291
自治区直辖县级市	975	5739
石河子市	592	3282
阿拉尔市	193	703
图木舒克市	92	512
五家渠市	97	1238
铁门关市	1	4

3-12 分地区零售业法人企业财务状况

单位：万元

地区	资产总计	负债合计	营业收入
总计	**11689148.8**	**7866842.9**	**13740357.4**
乌鲁木齐市	5860101.8	3929612.3	6956868.6
克拉玛依市	422247.0	314152.3	360840.0
吐鲁番市	190324.3	144578.3	141270.8
哈密市	421624.0	292652.3	440219.9
昌吉回族自治州	511958.1	367817.3	820664.5
伊犁哈萨克自治州	1112678.7	769543.8	1264868.7
伊犁哈萨克自治州直属县（市）	744808.8	534660.6	860903.1
塔城地区	250706.6	157108.8	261456.5
阿勒泰地区	117163.2	77774.4	142509.1
博尔塔拉蒙古自治州	172010.7	95519.3	127202.4
巴音郭楞蒙古自治州	830307.3	589313.1	1309244.7
阿克苏地区	808459.1	542877.7	895040.0
克孜勒苏柯尔克孜自治州	33305.2	25412.2	27302.5
喀什地区	583470.9	366118.6	690372.8
和田地区	416979.0	211397.8	248574.8
自治区直辖县级市	325682.6	217847.9	457887.8
石河子市	177330.4	123809.6	286488.6
阿拉尔市	32225.5	17778.5	34890.8
图木舒克市	8249.9	4756.0	13765.3
五家渠市	107841.9	71503.1	122645.2
铁门关市	35.0	0.5	98.0

3-13　住宿业法人企业基本情况

分　　组	法人单位数（个）	从业人员期末人数（人）
住宿业	**1166**	**34286**
按国民经济行业分组		
旅游饭店	468	21857
旅游饭店	468	21857
一般旅馆	555	9297
经济型连锁酒店	97	1954
其他一般旅馆	458	7343
民宿服务	22	270
民宿服务	22	270
露营地服务	5	36
露营地服务	5	36
其他住宿业	116	2826
其他住宿业	116	2826
按登记注册类型分组		
内资企业	1162	34168
国有企业	78	5518
集体企业	10	87
联营企业	4	74
国有联营企业	3	74
国有与集体联营企业	1	
有限责任公司	317	13775
国有独资公司	28	1690
其他有限责任公司	289	12085
股份有限公司	23	965
私营企业	708	13538
私营独资企业	82	721
私营合伙企业	3	55
私营有限责任公司	607	12616
私营股份有限公司	16	146
其他企业	22	211
外商投资企业	4	118
外资企业	4	118
按星级分组		
一星	20	377
二星	47	972
三星	212	8651
四星	81	5924
五星	18	3287
其他	788	15072

3-14 限额以上住宿业法人单位经营情况

单位：个、间、位、万元、平方米

分组	法人单位数（个）	从业人员期末人数（人）	营业额	客房收入	通过公共网络实现的客房收入	通过非自营平台实现的客房收入
住宿业	**275**	**22314**	**380941.2**	**215248.2**	**12396.0**	**2463.0**
按登记注册类型分组						
内资企业	273	22198	379228.6	213585.9	12182.5	2463.0
国有企业	47	5027	70272.3	33674.7	826.7	122.8
联营企业	1	60	493.7	341.9		
国有联营企业	1	60	493.7	341.9		
有限责任公司	115	10176	182766.9	100032.2	4964.6	777.7
国有独资公司	17	1490	25763.1	12841.2	662.0	25.8
其他有限责任公司	98	8686	157003.8	87191.0	4302.6	751.9
股份有限公司	6	650	8973.5	4773.0	235.9	
私营企业	103	6257	116448.9	74571.6	6116.3	1523.5
私营独资企业	5	168	1671.5	1093.6	43.7	9.1
私营合伙企业	1	35	279.2	192.3	2.5	
私营有限责任公司	96	6048	114277.5	73065.0	6070.1	1514.4
私营股份有限公司	1	6	220.7	220.7		
其他企业	1	28	273.3	192.5	39.0	39.0
外商投资企业	2	116	1712.6	1662.3	213.5	
外资企业	2	116	1712.6	1662.3	213.5	
按国民经济行业分组						
旅游饭店	207	18605	320347.2	171957.6	9769.4	1766.4
旅游饭店	207	18605	320347.2	171957.6	9769.4	1766.4
一般旅馆	62	3480	56284.0	40839.0	2511.0	696.6
经济型连锁酒店	11	647	14867.7	13282.3	505.7	
其他一般旅馆	51	2833	41416.1	27556.8	2005.4	696.6
其他住宿业	6	229	4310.2	2451.5	115.5	
其他住宿业	6	229	4310.2	2451.5	115.5	
按单位规模分组						
大型	1	1168	27247.7	17695.3		
中型	44	9367	183251.4	86890.2	5042.2	621.2
小型	218	11672	169305.2	109731.2	7347.0	1841.8
微型	12	107	1136.9	931.5	6.8	

3-14 续表 1　　　　单位：个、间、位、万元、平方米

分　组	餐饮收入	通过公共网络实现的餐费收入	通过非自营平台实现的餐费收入	商品销售收入	其他收入
住宿业	**122932.6**	**2371.2**	**429.1**	**5039.1**	**37721.3**
按登记注册类型分组					
内资企业	122932.6	2371.2	429.1	5039.1	37671.0
国有企业	24226.3	90.4	29.7	878.8	11492.5
联营企业	151.8				
国有联营企业	151.8				
有限责任公司	59548.4	719.1	8.9	3022.3	20164.0
国有独资公司	10696.0			165.4	2060.5
其他有限责任公司	48852.4	719.1	8.9	2856.9	18103.5
股份有限公司	3426.5	1.2		96.0	678.0
私营企业	35502.8	1560.5	390.5	1042.0	5332.5
私营独资企业	311.5	9.3	1.8	4.6	261.8
私营合伙企业	63.0			0.6	23.3
私营有限责任公司	35128.3	1551.2	388.7	1036.8	5047.4
私营股份有限公司					
其他企业	76.8				4.0
外商投资企业					50.3
外资企业					50.3
按国民经济行业分组					
旅游饭店	109770.4	2185.9	298.8	4511.0	34108.2
旅游饭店	109770.4	2185.9	298.8	4511.0	34108.2
一般旅馆	12497.0	185.3	130.3	491	2457
经济型连锁酒店	698.2			130.7	756.5
其他一般旅馆	11798.3	185.3	130.3	360.4	1700.6
其他住宿业	665.7			37.0	1156.0
其他住宿业	665.7			37.0	1156.0
按单位规模分组					
大型	6478.0			938.0	2136.4
中型	68689.0	1251.5	120.0	3133.8	24538.4
小型	47723.2	1119.7	309.1	951.5	10899.3
微型	42.4			15.8	147.2

3-14 续表 2 单位：个、间、位、万元、平方米

分组	外卖送餐服务收入	客房数	床位数	餐位数	年末餐饮营业面积
住宿业	**7.9**	**56389**	**100498**	**95514**	**716950**
按登记注册类型分组					
内资企业	7.9	56105	100034	95514	714158
国有企业		7514	13779	19603	131734
联营企业		60	120		500
国有联营企业		60	120		500
有限责任公司		21181	36885	42114	339313
国有独资公司		2357	4163	4920	43930
其他有限责任公司		18824	32722	37194	295383
股份有限公司		1241	2183	3870	11223
私营企业	7.9	26053	46958	29667	227888
私营独资企业		413	769	1170	6801
私营合伙企业		214	345	465	880
私营有限责任公司	7.9	25344	45735	28032	220207
私营股份有限公司		82	109		
其他企业		56	109	260	3500
外商投资企业		284	464		2792
外资企业		284	464		2792
按国民经济行业分组					
旅游饭店		38152	67145	81545	582971
旅游饭店		38152	67145	81545	582971
一般旅馆	7.9	17617	32330	13484	122859
经济型连锁酒店		2695	3787	1612	18636
其他一般旅馆	7.9	14922	28543	11872	104223
其他住宿业		620	1023	485	11120
其他住宿业		620	1023	485	11120
按单位规模分组					
大型		2648	4247	5922	42428
中型		14383	24084	34401	151524
小型	7.9	38776	71172	54954	495515
微型		582	995	237	27483

3-14 续表 3　　　　单位：个、间、位、万元、平方米

分　　组	法人单位数（个）	从业人员期末人数（人）	营业额	客房收入	通过公共网络实现的客房收入	通过非自营平台实现的客房收入
按星级分组						
五星	11	3024	74052.8	39124.3	1996.3	
四星	45	4262	70641.2	37852.8	2612.6	471.8
三星	100	6762	96784.7	53932.2	1158.7	235.5
二星	10	584	7282.7	4022.6	2.3	
一星	1	65	849.5	847.4		
其他	108	7617	131330.3	79468.9	6626.1	1755.7
按地区分组						
乌鲁木齐市	67	8505	178763.2	97626.5	5755.4	499.1
克拉玛依市	6	375	4154.9	2252.5	40.8	
吐鲁番市	13	913	11455.8	8770.5	1091.9	355.4
哈密市	18	1179	16136.1	8634.2	646.7	139.5
昌吉回族自治州	8	417	11837.0	6141.6	104.0	
伊犁哈萨克自治州	69	4102	56330.0	32796.0	2162.0	550.0
伊犁哈萨克自治州直属县（市）	39	2286	32157.8	18554.1	1122.7	162.8
塔城地区	11	575	7136.9	3953.6	16.5	
阿勒泰地区	19	1241	17035.0	10288.1	1022.9	386.8
博尔塔拉蒙古自治州	6	391	5997.7	2531.2	16.0	16.0
巴音郭楞蒙古自治州	22	1550	30421.8	15376.9	702.2	122.8
阿克苏地区	17	1173	16875.9	10174.3	690.8	609.0
克孜勒苏柯尔克孜自治州	4	339	4200.6	2841.2	29.2	
喀什地区	22	1703	21405.1	13064.9	169.2	
和田地区	14	848	12659.3	9346.9	378.8	171.6
自治区直辖县级市	9	819	10704.1	5691.7	608.9	
石河子市	5	503	5867.7	3336.7	562.0	
阿拉尔市	1	13	339.7	339.7		
图木舒克市	2	195	880.9	625.9	6.0	
五家渠市	1	108	3615.8	1389.4	40.9	

3-14 续表 4

单位：个、间、位、万元、平方米

分组	餐饮收入	通过公共网络实现的餐费收入	通过非自营平台实现的餐费收入	商品销售收入	其他收入
按星级分组					
五星	25094.4	279.2		1752.4	8081.7
四星	27873.3	846.1	31.5	796.7	4118.4
三星	31865.5	167.0	40.0	1117.2	9869.8
二星	2313.6				946.5
一星					2.1
其他	35785.8	1078.9	357.6	1372.8	14702.8
按地区分组					
乌鲁木齐市	51230.2	491.2	90.3	3553.3	26353.2
克拉玛依市	1431.7	8.9		2.6	468.1
吐鲁番市	2497.9	224.2		8.0	179.4
哈密市	6803.7	68.0		46.4	651.8
昌吉回族自治州	4637.4			129.1	928.9
伊犁哈萨克自治州	19587.0	539.0	78.0	239.0	3708.0
伊犁哈萨克自治州直属县（市）	10619.4	394.1	68.9	85.7	2898.6
塔城地区	2989.1			44.4	149.8
阿勒泰地区	5978.1	145.2	8.9	109.0	659.8
博尔塔拉蒙古自治州	2620.8			519.5	326.2
巴音郭楞蒙古自治州	13631.6	92.5	29.7	255.3	1158.0
阿克苏地区	5894.9	196.7	191.3	101.8	704.9
克孜勒苏柯尔克孜自治州	1204.5			15.1	139.8
喀什地区	5844.3	1.2		72.6	2423.3
和田地区	2956.2	45.3	40.0	17.2	339.0
自治区直辖县级市	4592.8	703.9		79.1	340.5
石河子市	2318.6	659.7		79.1	133.3
阿拉尔市					
图木舒克市	255.0				
五家渠市	2019.2	44.2			207.2

3-14 续表 5

单位：个、间、位、万元、平方米

分　组	外卖送餐服务收入	客房数	床位数	餐位数	年末餐饮营业面积
按星级分组					
五星		5408	8599	16895	90480
四星		8188	14508	19189	144993
三星		13886	25015	31090	280221
二星		1268	2149	2870	11845
一星		110	187		6800
其他	7.9	27529	50040	25470	182611
按地区分组					
乌鲁木齐市	7.9	15641	26043	29432	193754
克拉玛依市		629	1100	1730	11704
吐鲁番市		1996	3714	2127	17960
哈密市		2111	3570	5442	45825
昌吉回族自治州		1218	1922	1386	21531
伊犁哈萨克自治州		20578	40095	21711	152579
伊犁哈萨克自治州直属县（市）		7431	14542	12147	88228
塔城地区		10084	19953	3185	29160
阿勒泰地区		3063	5600	6379	35191
博尔塔拉蒙古自治州		636	1074	2748	19675
巴音郭楞蒙古自治州		3326	5613	10519	69998
阿克苏地区		2698	4380	8693	28372
克孜勒苏柯尔克孜自治州		492	862	1380	11898
喀什地区		4332	7543	5360	73698
和田地区		1539	2677	662	39622
自治区直辖县级市		1193	1905	4324	30334
石河子市		550	799	2184	23474
阿拉尔市		92	182		
图木舒克市		322	662	940	5260
五家渠市		229	262	1200	1600

3-15 住宿业法人企业财务状况

单位：万元

分组	资产总计	负债合计	营业收入
住宿业	**2095066.6**	**1424624.7**	**543669.9**
按国民经济行业分组			
旅游饭店	1545022.7	1011383.5	360370.6
旅游饭店	1545022.7	1011383.5	360370.6
一般旅馆	409507.6	332151.3	132665.9
经济型连锁酒店	67825.6	57975.7	32475.8
其他一般旅馆	341682.0	274175.6	100190.2
民宿服务	3938.9	3159.8	1807.8
民宿服务	3938.9	3159.8	1807.8
露营地服务	16520.7	4651.5	304.8
露营地服务	16520.7	4651.5	304.8
其他住宿业	120076.8	73278.7	48520.8
其他住宿业	120076.8	73278.7	48520.8
按登记注册类型分组			
内资企业	2093749.0	1424000.1	541903.7
国有企业	279871.4	127962.2	74288.6
集体企业	1466.9	1113.9	898.3
联营企业	3117.5	3453.1	1480.2
国有联营企业	3117.5	3453.1	1480.2
国有与集体联营企业			
有限责任公司	891777.6	603747.6	231306.5
国有独资公司	121378.5	77874.6	27365.4
其他有限责任公司	770399.1	525873.0	203941.2
股份有限公司	51725.8	33326.9	12528.2
私营企业	862555.7	653004.3	220345.2
私营独资企业	39787.5	39100.8	5862.4
私营合伙企业	2214.1	4605.0	262.3
私营有限责任公司	817425.6	605184.2	212583.9
私营股份有限公司	3128.5	4114.4	1636.5
其他企业	3234.0	1392.1	1056.7
外商投资企业	1317.7	624.6	1766.2
外资企业	1317.7	624.6	1766.2
按星级分组			
一星	11678.7	8447.3	2388.6
二星	44199.4	35988.7	10716.6
三星	445710.0	288422.8	117001.4
四星	520978.8	351511.5	109812.1
五星	207346.9	154584.7	73916.3
其他	865152.9	585669.6	229834.9

3-16 限额以上住宿业法人单位主要财务状况

单位：万元

分组	法人单位数	年初存货				
			流动资产合计			固定资产原价
				应收账款	存货	
住宿业	**275**	**20624.4**	**429701.1**	**55417.2**	**19957.7**	**1029127.7**
按登记注册类型分组						
内资企业	273	20240.2	428781.3	55385.0	19515.8	1029000.9
国有企业	47	2947.2	75638.5	6993.8	2982.3	232056.9
联营企业	1		405.8	26.2	1.0	1954.9
国有联营企业	1		405.8	26.2	1.0	1954.9
有限责任公司	115	11642.7	230897.3	26366.2	11151.1	517678.9
国有独资公司	17	2760.7	20108.7	1962.9	2235.4	78802.2
其他有限责任公司	98	8882.0	210788.6	24403.3	8915.7	438876.7
股份有限公司	6	269.3	4833.4	934.8	259.3	16994.8
私营企业	103	5378.9	116776.1	20936.2	5120.0	259398.5
私营独资企业	5	493.6	6062.8	192.2	326.1	15339.4
私营合伙企业	1	41.4	186.0		39.7	4997.3
私营有限责任公司	96	4843.9	110498.8	20740.7	4754.2	239061.8
私营股份有限公司	1		28.5	3.3		
其他企业	1	2.1	230.2	127.8	2.1	916.9
外商投资企业	2	384.2	919.8	32.2	441.9	126.8
外资企业	2	384.2	919.8	32.2	441.9	126.8
按国民经济行业分组						
旅游饭店	207	17509.0	371301.6	45408.8	17576.3	929054.7
旅游饭店	207	17509.0	371301.6	45408.8	17576.3	929054.7
一般旅馆	62	3036.0	54768.0	9750.0	2343.0	85542.0
经济型连锁酒店	11	518.1	10137.0	355.2	456.8	24773.7
其他一般旅馆	51	2517.9	44630.5	9394.9	1886.6	60768.6
其他住宿业	6	79.4	3632.0	258.3	38.0	14530.7
其他住宿业	6	79.4	3632.0	258.3	38.0	14530.7
按单位规模分组						
大型	1	616.2	15531.0	2523.3	689.9	9247.2
中型	44	7855.8	179030.0	17961.5	7693.2	469482.9
小型	218	12105.8	234410.8	34782.4	11496.3	547601.8
微型	12	46.6	729.3	147.0	78.3	2795.8

3-16 续表 1

单位：万元

分组	期末资产负债					
	固定资产净值	累计折旧	本年折旧	在建工程	资产总计	流动负债合计
住宿业	**602055.6**	**427072.0**	**55886.4**	**61333.1**	**1255854.8**	**650129.0**
按登记注册类型分组						
内资企业	601963.0	427037.8	55874.8	61333.1	1254824.4	649849.7
国有企业	150500.1	81556.8	10981.7	6716.0	265245.9	77255.2
联营企业	685.9	1269.0	1251.0		1091.7	951.2
国有联营企业	685.9	1269.0	1251.0		1091.7	951.2
有限责任公司	282033.7	235645.2	23203.9	27713.3	627197.6	338465.3
国有独资公司	60683.8	18118.4	5693.6	8862.9	97800.5	32017.4
其他有限责任公司	221349.9	217526.8	17510.3	18850.4	529397.1	306447.9
股份有限公司	9111.9	7882.9	502.1	16968.6	36427.8	7132.9
私营企业	158988.5	100409.9	19795.8	9399.4	323429.5	224729.3
私营独资企业	12123.7	3215.7	562.4		19953.6	18080.2
私营合伙企业	1796.2	3201.1	186.3	1.6	2166.0	4520.0
私营有限责任公司	145068.6	93993.1	19047.1	9397.8	301281.4	202007.4
私营股份有限公司					28.5	121.7
其他企业	642.9	274.0	140.3	535.8	1431.9	1315.8
外商投资企业	92.6	34.2	11.6		1030.4	279.3
外资企业	92.6	34.2	11.6		1030.4	279.3
按国民经济行业分组						
旅游饭店	538567.9	390486.7	51053.9	59178.3	1120881.6	549485.0
旅游饭店	538567.9	390486.7	51053.9	59178.3	1120881.6	549485.0
一般旅馆	49803.0	35739.0	4497.0	2155.0	116997.0	97869.0
经济型连锁酒店	16615.1	8158.6	1176.5	269.9	31632.0	23411.2
其他一般旅馆	33187.9	27580.7	3320.3	1884.9	85365.2	74457.9
其他住宿业	13684.7	846.0	335.7		17976.0	2774.9
其他住宿业	13684.7	846.0	335.7		17976.0	2774.9
按单位规模分组						
大型	5431.5	3815.7	864.5	46.1	25374.0	9670.7
中型	266813.7	202669.2	24704.1	28187.8	523341.6	185970.0
小型	328374.0	219227.7	30146.5	31675.5	703278.6	452983.7
微型	1436.4	1359.4	171.3	1423.7	3860.6	1504.6

3-16 续表 2

单位：万元

分组	期末资产负债					
	非流动负债合计	负债合计	所有者权益	实收资本		
					国家资本	集体资本
住宿业	**184913.8**	**835042.8**	**420812.0**	**545185.0**	**287182.2**	**19008.1**
按登记注册类型分组						
内资企业	184913.8	834763.5	420060.9	545105.0	287182.2	19008.1
国有企业	45449.8	122704.9	142541.0	112577.4	102734.4	4442.4
联营企业	345.0	1296.2	-204.5	1808.3	719.7	
国有联营企业	345.0	1296.2	-204.5	1808.3	719.7	
有限责任公司	53088.9	391554.2	235643.4	294428.0	169345.7	14045.6
国有独资公司	30919.7	62937.1	34863.4	28233.2	27011.7	
其他有限责任公司	22169.2	328617.1	200780.0	266194.8	142334.0	14045.6
股份有限公司	16597.2	23730.1	12697.7	18966.1	13921.1	
私营企业	69432.9	294162.3	29267.2	116863.9		520.1
私营独资企业	8333.0	26413.2	-6459.6	659.4		
私营合伙企业		4520.0	-2354.0	698.9		
私营有限责任公司	61099.9	263107.4	38174.0	115455.6		520.1
私营股份有限公司		121.7	-93.2	50.0		
其他企业		1315.8	116.1	461.3	461.3	
外商投资企业		279.3	751.1	80.0		
外资企业		279.3	751.1	80.0		
按国民经济行业分组						
旅游饭店	174700.5	724185.5	396696.1	493834.6	253694.2	19008.1
旅游饭店	174700.5	724185.5	396696.1	493834.6	253694.2	19008.1
一般旅馆	10193.0	108062.0	8935.0	36241.0	21439.0	
经济型连锁酒店	1193.1	24604.3	7027.7	7418.0	3528.0	
其他一般旅馆	9000.2	83458.1	1907.1	28822.6	17911.0	
其他住宿业	20.0	2794.9	15181.1	15109.8	12049.0	
其他住宿业	20.0	2794.9	15181.1	15109.8	12049.0	
按单位规模分组						
大型		9670.7	15703.3	16300.0	16300.0	
中型	80292.2	266262.2	257079.4	284514.5	159978.3	
小型	104515.2	557498.9	145779.7	240780.5	110903.9	19008.1
微型	106.4	1611.0	2249.6	3590.0		

3-16 续表 3

单位：万元

分组	期末资产负债				营业收入	
	法人资本	个人资本	港澳台资本	外商资本		主营业务收入
住宿业	**204069.5**	**34845.2**		**80.0**	**370728.2**	**358439.6**
按登记注册类型分组						
内资企业	204069.5	34845.2			369021.5	356732.9
国有企业	5363.3	37.3			69638.1	65832.8
联营企业	1088.6				493.7	493.7
国有联营企业	1088.6				493.7	493.7
有限责任公司	95883.4	15153.3			175674.9	171283.8
国有独资公司	1221.5				25109.4	24499.0
其他有限责任公司	94661.9	15153.3			150565.5	146784.8
股份有限公司	4965.0	80.0			9043.4	8312.3
私营企业	96769.2	19574.6			113906.0	110548.8
私营独资企业		659.4			1603.0	1543.4
私营合伙企业	698.9				218.3	194.8
私营有限责任公司	96070.3	18865.2			111870.4	108596.3
私营股份有限公司		50.0			214.3	214.3
其他企业					265.4	261.5
外商投资企业				80.0	1706.7	1706.7
外资企业				80.0	1706.7	1706.7
按国民经济行业分组						
旅游饭店	193614.7	27437.6		80.0	311471.6	300282.4
旅游饭店	193614.7	27437.6		80.0	311471.6	300282.4
一般旅馆	9202.0	5600.0			55001.0	53902.0
经济型连锁酒店	600.0	3290.0			14614.9	13972.7
其他一般旅馆	8602.0	2309.6			40386.0	39928.8
其他住宿业	1252.8	1808.0			4255.7	4255.7
其他住宿业	1252.8	1808.0			4255.7	4255.7
按单位规模分组						
大型					25539.8	25398.4
中型	117041.2	7495.0			177081.6	170767.4
小型	83568.3	27220.2		80.0	166973.1	161266.0
微型	3460.0	130.0			1133.7	1007.8

3-16 续表 4　　　　单位：万元

分组	损益及分配					
	营业成本	税金及附加	其他业务利润	销售费用	管理费用	财务费用
住宿业	**179846.7**	**7461.2**	**4483.9**	**103368.7**	**105042.1**	**8777.6**
按登记注册类型分组						
内资企业	179426.7	7339.3	4483.9	103228.9	104351.4	8772.9
国有企业	37270.2	1440.5	801.9	22485.1	18763.4	-66.9
联营企业	165.7	2.9		4.8	319.5	0.8
国有联营企业	165.7	2.9		4.8	319.5	0.8
有限责任公司	95157.0	4709.8	510.1	39442.3	49453.2	2715.4
国有独资公司	10114.7	665.8	288.9	8532.9	8086.9	111.6
其他有限责任公司	85042.3	4044.0	221.2	30909.4	41366.3	2603.8
股份有限公司	2824.9	202.4	376.1	5359.4	1155.4	661.2
私营企业	43670.3	968.1	2795.8	35937.0	34623.0	5462.1
私营独资企业	568.6	28.3		1068.8	335.4	851.9
私营合伙企业	289.8	0.9		43.2	172.1	0.6
私营有限责任公司	42623.5	938.2	2795.8	34825.0	34108.2	4609.6
私营股份有限公司	188.4	0.7			7.3	
其他企业	338.6	15.6		0.3	36.9	0.3
外商投资企业	420.0	121.9		139.8	690.7	4.7
外资企业	420.0	121.9		139.8	690.7	4.7
按国民经济行业分组						
旅游饭店	152234.9	6682.2	3195.7	88476.9	86724.8	6824.4
旅游饭店	152234.9	6682.2	3195.7	88476.9	86724.8	6824.4
一般旅馆	25945.0	638.0	1288.0	14510.0	16587.0	1945.0
经济型连锁酒店	3035.2	84.7	971.1	5408.6	6245.8	914.6
其他一般旅馆	22909.9	552.8	317.1	9101.6	10341.2	1030.7
其他住宿业	1666.7	141.5		381.6	1730.3	7.9
其他住宿业	1666.7	141.5		381.6	1730.3	7.9
按单位规模分组						
大型	19288.9	209.8			5914.7	-2.0
中型	77495.4	3710.7	654.6	52558.3	46244.1	2153.9
小型	82509.7	3511.4	3829.3	50728.0	52356.6	6614.1
微型	552.7	29.3		82.4	526.7	11.6

3-16 续表 5 单位：万元

分组	损益及分配				工人成本及增值税	
	营业利润	营业外收入	利润总额	所得税费用	应付职工薪酬（本年贷方累计发生额）	应交增值税
住宿业	**-29956.5**	**7703.6**	**-24391.8**	**2787.1**	**120788.1**	**11601.3**
按登记注册类型分组						
内资企业	-30286.0	7700.7	-24715.5	2786.7	120274.8	11577.9
国有企业	-6200.4	3332.8	-4205.6	266.6	30939.1	2165.4
联营企业	0.1	0.2	0.1		188.4	29.6
国有联营企业	0.1	0.2	0.1		188.4	29.6
有限责任公司	-14664.6	2939.5	-12126.3	1677.7	61865.1	5033.0
国有独资公司	-2496.6	1133.2	-1449.4	553.1	7124.5	855.2
其他有限责任公司	-12168.0	1806.3	-10676.9	1124.6	54740.6	4177.8
股份有限公司	-850.3	68.3	-798.2	0.8	2545.2	192.1
私营企业	-8444.5	1340.7	-7471.9	841.6	24625.7	4157.0
私营独资企业	-1247.2	0.1	-1252.2	2.1	499.5	40.2
私营合伙企业	-288.4		-288.4		125.7	
私营有限责任公司	-6926.8	1340.6	-5949.1	839.5	23978.9	4110.4
私营股份有限公司	17.9		17.8		21.6	6.4
其他企业	-126.3	19.2	-113.6		111.3	0.8
外商投资企业	329.5	2.9	323.7	0.4	513.3	23.4
外资企业	329.5	2.9	323.7	0.4	513.3	23.4
按国民经济行业分组						
旅游饭店	-25667.0	7036.8	-20652.1	1873.1	102134.0	8930.0
旅游饭店	-25667.0	7036.8	-20652.1	1873.1	102134.0	8930.0
一般旅馆	-4367.0	647.0	-3835.0	711.0	15591.0	2544.0
经济型连锁酒店	-1076.9	78.6	-1052.0	237.9	2523.1	1343
其他一般旅馆	-3289.8	568.6	-2782.9	473.2	13067.9	1201.1
其他住宿业	77.2	19.6	95.2	202.9	3063.1	127.2
其他住宿业	77.2	19.6	95.2	202.9	3063.1	127.2
按单位规模分组						
大型	94.7	72.3	147.0	93.7	9749.4	603.6
中型	-4090.2	3520.8	-915.1	1945.6	55509.8	5818.2
小型	-25802.7	4109.7	-23465.2	739.8	55005.7	5160.4
微型	-158.3	0.8	-158.5	8.0	523.2	19.1

3-16 续表 6　　　　单位：万元

分　组	法人单位数	年初存货	流动资产合计	应收账款	存货	固定资产原价
按星级分组						
五星	11	2556.2	58165.1	5702.2	3405.2	206148.3
四星	45	5073.7	134852.3	13448.0	4338.4	239555.4
三星	100	5804.4	82571.2	15714.5	5609.8	302718.4
二星	10	416.1	8277.6	1054.8	384.0	29912.0
一星	1	50.1	1558.3	169.0	69.3	3206.3
其他	108	6723.9	144276.6	19328.7	6151.0	247587.3
按地区分组						
乌鲁木齐市	67	7705.4	169521.4	14220.7	8520.2	356457.3
克拉玛依市	6	173.6	1615.7	202.9	105.1	57565.9
吐鲁番市	13	1219.5	26599.6	2328.7	886.5	32102.6
哈密市	18	1318.7	20586.5	2761.3	1233.1	34903.3
昌吉回族自治州	8	366.9	7337.2	2635.9	293.9	18172.0
伊犁哈萨克自治州	69	3941.3	68498.7	16415.4	3129.7	176762.8
伊犁哈萨克自治州直属县（市）	39	1980.3	36346.7	5647.3	1909.8	107317.0
塔城地区	11	491.1	12843.1	8395.4	365.5	19582.3
阿勒泰地区	19	1469.9	19308.9	2372.7	854.4	49863.5
博尔塔拉蒙古自治州	6	148.1	22488.8	913.5	304.2	28472.3
巴音郭楞蒙古自治州	22	1063.3	24562.8	5484.8	1066.6	92527.5
阿克苏地区	17	1973.5	19961.2	980.0	1847.0	74325.3
克孜勒苏柯尔克孜自治州	4	280.0	2540.6	1176.2	295.0	10640.5
喀什地区	22	1000.5	32310.8	1615.1	732.7	50752.6
和田地区	14	580.7	13729.9	1971.5	546.3	37299.1
自治区直辖县级市	9	852.9	19947.9	4711.2	997.4	59146.5
石河子市	5	711.9	10676.7	340.0	868.2	29302.7
阿拉尔市	1	0.9	421.3	0.9	0.7	833.1
图木舒克市	2	75.0	1558.3	130.1	85.7	1340.1
五家渠市	1	65.1	7291.6	4240.2	42.8	27670.6

3-16 续表 7

单位：万元

分组	期末资产负债					
	固定资产净值	累计折旧	本年折旧	在建工程	资产总计	流动负债合计
按星级分组						
五星	101836.0	104312.3	7865.3	16937.1	190362.3	88318.7
四星	136367.4	103188.0	12823.0	11893.2	325073.4	199129.0
三星	196097.3	106621.1	15028.7	7884.4	348967.5	172561.2
二星	18908.7	11003.3	2908.8	276.0	28296.7	9127.7
一星	2883.3	323.0	120.0		4495.1	4395.1
其他	145962.9	101624.3	17140.6	24342.4	358659.8	176597.3
按地区分组						
乌鲁木齐市	186720.1	169737.2	14753.7	3074.4	401551.9	154165.2
克拉玛依市	28978.9	28587.0	2539.8		31444.4	58339.8
吐鲁番市	24227.2	7875.4	3222.6	4404.0	62953.1	49808.2
哈密市	18557.5	16345.8	1816.8	6780.7	61763.4	34660.5
昌吉回族自治州	13920.0	4252.0	944.2		25471.9	14471.6
伊犁哈萨克自治州	104427.9	72334.9	9973.8	22563.9	224462.7	121465.4
伊犁哈萨克自治州直属县（市）	65239.7	42077.3	4426.1	11118.9	133056.3	62492.0
塔城地区	11924.9	7657.4	2117.9	156.7	26055.8	19552.2
阿勒泰地区	27263.3	22600.2	3429.8	11288.3	65350.6	39421.2
博尔塔拉蒙古自治州	19130.7	9341.6	1447.7	40.3	44922.9	17788.7
巴音郭楞蒙古自治州	45994.6	46532.9	5178.6	310.6	83269.6	49113.4
阿克苏地区	53824.4	20500.9	3016.9	16930.4	111183.2	34218.4
克孜勒苏柯尔克孜自治州	6519.2	4121.3	270.7	70.4	9621.0	4110.3
喀什地区	31451.9	19300.7	2552.2	1194.7	72448.8	54475.9
和田地区	24804.1	12494.9	2859.3	1113.5	41220.3	21201.5
自治区直辖县级市	43499.1	15647.4	7310.1	4850.2	85541.6	36310.1
石河子市	20847.0	8455.7	684.3	4737.3	51056.6	30352.0
阿拉尔市	687.3	145.8	55.4		1108.6	42.4
图木舒克市	801.9	538.2	62.7		2707.3	2696.3
五家渠市	21162.9	6507.7	6507.7	112.9	30669.1	3219.4

3-16 续表 8　　单位：万元

分　组	期末资产负债					
	非流动负债合计	负债合计	所有者权益	实收资本	国家资本	集体资本
按星级分组						
五星	41609.9	129928.6	60433.7	140369.6	113844.8	
四星	49351.7	248480.8	76592.6	111360.2	51085.5	10336.7
三星	56156.4	228717.5	120250.0	130963.4	90634.5	6975.1
二星	15087.1	24214.8	4081.9	5908.4	2236.9	31.2
一星		4395.1	100.0	100.0		
其他	22708.7	199306.0	159353.8	156483.4	29380.5	1665.1
按地区分组						
乌鲁木齐市	28120.7	182285.9	219266.0	223587.8	143032.8	2418.4
克拉玛依市		58339.8	-26895.4	11535.0	10000.0	
吐鲁番市	3802.5	53610.8	9342.3	18411.3	5719.7	95.0
哈密市	5228.9	39889.4	21874.0	22954.1	13521.6	
昌吉回族自治州	2314.3	16785.9	8686.0	6740.0	5200.0	50.0
伊犁哈萨克自治州	24610.2	146075.6	78387.1	87444.8	39718.7	3306.8
伊犁哈萨克自治州直属县（市）	17999.5	80491.5	52564.8	51336.8	24090.0	1306.8
塔城地区	1343.5	20895.7	5160.1	5636.9	4189.6	
阿勒泰地区	5267.2	44688.4	20662.2	30471.1	11439.1	2000
博尔塔拉蒙古自治州	14006.2	31794.9	13128.0	14710.5	6211.5	
巴音郭楞蒙古自治州	31639.2	80752.6	2517.0	27493.7	12519.5	8336.7
阿克苏地区	58247.3	92465.7	18717.5	30802.4	20780.1	
克孜勒苏柯尔克孜自治州	99.6	4209.9	5411.1	3179.3	2169.3	
喀什地区	10451.6	64927.5	7521.3	23656.0	4380.2	
和田地区	4613.5	25814.9	15405.4	7713.9	1422.8	390.0
自治区直辖县级市	1779.8	38089.9	47451.7	66956.2	22506.0	4411.2
石河子市	1212.5	31564.5	19492.1	28726.2	22356.0	4411.2
阿拉尔市	567.3	609.7	498.9	30.0		
图木舒克市		2696.3	11.0	200.0	150.0	
五家渠市		3219.4	27449.7	38000.0		

3-16 续表 9　　单位：万元

分组	期末资产负债				营业收入	
	法人资本	个人资本	港澳台资本	外商资本		主营业务收入
按星级分组						
五星	24524.8	2000.0			69843.5	67674.1
四星	42795.6	7142.4			68344.9	66613.8
三星	23401.5	9872.3		80.0	95698.0	91048.9
二星	1748.6	1891.7			7136.8	7055.5
一星	100.0				821.6	821.6
其他	111499.0	13938.8			128883.4	125225.7
按地区分组						
乌鲁木齐市	68813.7	9242.9		80.0	172901.0	165309.6
克拉玛依市	1425.0	110.0			4459.2	4157.1
吐鲁番市	10828.6	1768.0			11304.2	11261.5
哈密市	3850.4	5582.1			15096.8	14980.7
昌吉回族自治州	850.0	640.0			11247.1	11160.7
伊犁哈萨克自治州	34598.8	9820.5			55287.5	53650.7
伊犁哈萨克自治州直属县（市）	16996.7	8943.3			31522.6	30391.8
塔城地区	1252.1	195.2			7048.7	7011.0
阿勒泰地区	16350.0	682.0			16716.2	16247.9
博尔塔拉蒙古自治州	7999.0	500.0			5973.1	5973.1
巴音郭楞蒙古自治州	4422.5	2215.0			29616.9	28395.8
阿克苏地区	8432.3	1590.0			15827.9	15598.7
克孜勒苏柯尔克孜自治州	1010.0				4188.3	4069.6
喀什地区	19019.2	256.6			21549.7	20823.1
和田地区	4740.0	1161.1			12696.5	12479.0
自治区直辖县级市	38080.0	1959.0			10580.0	10580.0
石河子市		1959.0			5750.4	5750.4
阿拉尔市	30.0				332.9	332.9
图木舒克市	50.0				880.9	880.9
五家渠市	38000.0				3615.8	3615.8

3-16 续表 10

单位：万元

分组	损益及分配					
	营业成本	税金及附加	其他业务利润	销售费用	管理费用	财务费用
按星级分组						
五星	45728.3	1198.5	64.6	8655.0	18556.2	1346.4
四星	26153.1	1691.1	185.0	25177.4	17531.5	2454.0
三星	45548.5	2153.6	1837.2	34113.5	25020.4	2720.3
二星	4359.4	83.6		1635.7	2139.4	238.4
一星	70.0	5.9		11.6	617.6	27.0
其他	57987.4	2328.5	2397.1	33775.5	41177.0	1991.5
按地区分组						
乌鲁木齐市	83327.5	3484.3	3505.3	39636.6	49289.6	2593.6
克拉玛依市	6361.1	265.4	198.2	394.7	998.6	10.1
吐鲁番市	4078.8	190.2	0.7	4171.2	4728.6	531.1
哈密市	6530.9	293.6		4822.3	4909.4	806.4
昌吉回族自治州	5091.3	219.2	14.4	2976.7	2689.8	180.3
伊犁哈萨克自治州	26854.0	1308.2	354.2	20253.3	12609.5	1411.1
伊犁哈萨克自治州直属县（市）	14482.8	706.2		12117.0	7715.1	906.1
塔城地区	5218.1	81.3	274.0	1224.3	1696.4	81.9
阿勒泰地区	7153.1	520.7	80.2	6912.0	3198.0	423.1
博尔塔拉蒙古自治州	4708.2	101.7		337.3	1650.5	58.1
巴音郭楞蒙古自治州	12521.6	475.9	39.5	8847.0	8439.2	314.5
阿克苏地区	6532.9	263.6	114.0	7004.4	4842.7	2113.7
克孜勒苏柯尔克孜自治州	2124.4	114.2	1.4	1573.0	1197.8	7.5
喀什地区	8368.9	391.0	76	8749.7	5625.2	487.6
和田地区	8202.9	137.2	180.2	2565.9	4115.0	71.0
自治区直辖县级市	5144.2	216.7		2036.6	3946.2	192.6
石河子市	3639.2	186.9		790.4	1407.7	186.9
阿拉尔市	239.7	1.3		0.3	12.7	0.1
图木舒克市	327.5	27.6		168.3	376.2	5.6
五家渠市	937.8	0.9		1077.6	2149.6	

3-16 续表 11　　单位：万元

分组	损益及分配				工人成本及增值税	
	营业利润	营业外收入	利润总额	所得税费用	应付职工薪酬（本年贷方累计发生额）	应交增值税
按星级分组						
五星	-4354.8	205.8	-4224.7	540.4	22935.9	1524.5
四星	-6345.4	1710.3	-4882.3	637.2	22332.4	1989.3
三星	-10441.9	3473.5	-8013.7	417.0	33464.6	3223.2
二星	-1312.2	713.2	-620.7	2.7	2489.1	130.7
一星	58.6		58.6		288.0	49.2
其他	-7560.8	1600.8	-6709.0	1189.8	39278.1	4684.4
按地区分组						
乌鲁木齐市	-3522.7	1861.1	-2414.6	1533.1	55921.3	5657.6
克拉玛依市	-3593.8	88.1	-3556.5	10.4	3794.8	164.1
吐鲁番市	-2399.4	87.6	-2324.7	8.7	3640.9	277.2
哈密市	-2268.2	1059.4	-1324.4	35.6	5948.8	332.9
昌吉回族自治州	106.3	44.8	140.7	170.5	2061.5	204.5
伊犁哈萨克自治州	-7204.0	836.4	-6879.2	184.9	17845.3	1950.4
伊犁哈萨克自治州直属县（市）	-4556.2	475.4	-4170.9	137.2	9951.8	1025.6
塔城地区	-1251.4	149.4	-1282.3	48.0	1929.4	170.9
阿勒泰地区	-1396.4	211.6	-1426.0	-0.3	5964.1	753.9
博尔塔拉蒙古自治州	-883.0	210.6	-689.1		2108.9	190.2
巴音郭楞蒙古自治州	-948.5	639.2	-526.6	384.9	8739.2	1023.6
阿克苏地区	-4714.6	965.0	-3820.9	95.1	4605.9	370.9
克孜勒苏柯尔克孜自治州	377.0	0.0	361.5	69.2	1679.5	132.1
喀什地区	-2325.1	994.3	-1429.5	201.1	7564.4	740.6
和田地区	-642.6	888.8	89.3	67.1	3848.1	404.8
自治区直辖县级市	-1937.9	28.3	-2017.8	26.5	3029.5	152.4
石河子市	-1443.4	28.3	-1523.3		1274.8	17.4
阿拉尔市	78.8		78.8		54.6	3.1
图木舒克市	-23.3		-23.3	26.5	1102.5	50.9
五家渠市	-550.0		-550.0		597.6	81.0

3-17 餐饮业法人企业基本情况

分　组	法人单位数（个）	从业人员期末人数（人）	年末餐饮营业面积（平方米）
餐饮业	**1520**	**20258**	**1267141**
按国民经济行业分组			
正餐服务	1179	15655	1116380
正餐服务	1179	15655	1116380
快餐服务	103	3263	68541
快餐服务	103	3263	68541
饮料及冷饮服务	16	59	2565
茶馆服务	6	17	965
咖啡馆服务	4	6	325
酒吧服务	2	5	200
其他饮料及冷饮服务	4	31	1075
餐饮配送及外卖送餐服务	82	414	12241
餐饮配送服务	67	332	11501
外卖送餐服务	15	82	740
其他餐饮业	140	867	67414
小吃服务	59	215	30762
其他未列明餐饮业	81	652	36652
按登记注册类型分组			
内资企业	1512	19225	1254394
国有企业	16	1581	43053
股份合作企业	1	45	2000
联营企业	2	10	720
国有联营企业	1	10	720
其他联营企业	1		
有限责任公司	244	4193	225384
国有独资公司	6	213	5265
其他有限责任公司	238	3980	220119
股份有限公司	20	356	21000
私营企业	1152	12780	904599
私营独资企业	39	708	110710
私营合伙企业	11	67	2439
私营有限责任公司	1080	10547	751572
私营股份有限公司	22	1458	39878
其他企业	77	260	57638
外商投资企业	8	1033	12747
中外合资经营企业	2	194	2000
外资企业	2	819	10422
外商投资股份有限公司	1	6	85
其他外商投资企业	3	14	240
按单位规模分组			
大型	2	2005	29898
中型	20	4303	95063
小型	230	8602	478213
微型	1268	5348	663967

3-18 限额以上餐饮业法人单位经营情况

单位：个、间、位、万元、平方米

分组	法人单位数（个）	从业人员期末人数（人）	营业额	客房收入	通过公共网络实现的客房收入	通过非自营平台实现的客房收入
餐饮业	**94**	**9350**	**178858.1**	**19258.1**	**1078.8**	**287.4**
按登记注册类型分组						
内资企业	92	8339	142889.9	18629.2	1030.4	287.4
国有企业	9	1546	20446.3	3004.5	183.6	
有限责任公司	23	1573	29143.1	4386.0	280.8	
国有独资公司	3	186	2013.9	847.0		
其他有限责任公司	20	1387	27129.2	3539.0	280.8	
股份有限公司	3	280	6238.6	264.4		
私营企业	57	4940	87061.9	10974.3	566.0	287.4
私营独资企业	6	503	6253.3	1112.4	147.1	145.2
私营有限责任公司	47	3177	53378.6	9323.0	408.3	142.2
私营股份有限公司	4	1260	27430.0	538.9	10.6	
外商投资企业	2	1011	35968.2	628.9	48.4	
中外合资经营企业	1	193	6229.5	628.9	48.4	
外资企业	1	818	29738.7			
按国民经济行业分组						
正餐服务	85	6769	106658.7	18629.2	1030.4	287.4
正餐服务	85	6769	106658.7	18629.2	1030.4	287.4
快餐服务	7	2580	71968.2	628.9	48.4	
快餐服务	7	2580	71968.2	628.9	48.4	
其他餐饮业	2	1	231.2			
小吃服务	1	1				
其他未列明餐饮业	1		231.2			
按单位规模分组						
大型	2	2005	55447.5			
中型	18	3694	68643.0	5783.6	445.6	142.2
小型	66	3637	53125.6	13306.5	633.2	145.2
微型	8	14	1642.0	168.0		
按地区分组						
乌鲁木齐市	25	4955	111484.2	3936.6	345.9	
克拉玛依市	2	174	2557.0	111.0		
吐鲁番市	4	130	2598.6			
哈密市	5	239	4079.3			
昌吉回族自治州	5	428	5794.2	2438.5	36.4	
伊犁哈萨克自治州	24	1643	29541.2	6391.9	371.3	
伊犁哈萨克自治州直属县（市）	16	1323	23859.0	4349.4	154.9	
塔城地区	3	110	1541.3	618.3	213.0	
阿勒泰地区	5	210	4140.9	1424.2	3.4	
博尔塔拉蒙古自治州	1	30	175.8			
巴音郭楞蒙古自治州	11	808	7815.1	1920.9	6.4	
阿克苏地区	5	406	5849.8	2515.3	318.8	287.4
克孜勒苏柯尔克孜自治州	1	93	868.2	566.5		
喀什地区	4	124	2489.4			
和田地区	1	25	613.8			
自治区直辖县级市	6	295	4991.5	1377.4		
石河子市	1	43	672.6	348.0		
阿拉尔市	2	49	2294.0	240.0		
五家渠市	3	203	2025.1	789.6		

3-18 续表 1　　　　单位：个、间、位、万元、平方米

分　组	餐饮收入	通过公共网络实现的餐费收入	通过非自营平台实现的餐费收入	商品销售收入	其他收入
餐饮业	**154757.6**	**27709.5**	**268.4**	**782.3**	**4060.1**
按登记注册类型分组					
内资企业	119502.8	11610.8	268.4	782.3	3975.6
国有企业	15559.1	29.2		56.5	1826.2
有限责任公司	24049.3	525.2		81.8	626.0
国有独资公司	1154.9			11.8	0.2
其他有限责任公司	22894.4	525.2		70.0	625.8
股份有限公司	5367.7	2087.5		38.1	568.4
私营企业	74526.7	8968.9	268.4	605.9	955.0
私营独资企业	5078.9	231.3	215.6	50.8	11.2
私营有限责任公司	42740.4	1468.0	52.8	555.1	760.1
私营股份有限公司	26707.4	7269.6			183.7
外商投资企业	35254.8	16098.7			84.5
中外合资经营企业	5516.1	430.0			84.5
外资企业	29738.7	15668.7			
按国民经济行业分组					
正餐服务	83911.3	2253.7	268.4	782.3	3335.9
正餐服务	83911.3	2253.7	268.4	782.3	3335.9
快餐服务	70615.1	25455.8			724.2
快餐服务	70615.1	25455.8			724.2
其他餐饮业	231.2				
小吃服务					
其他未列明餐饮业	231.2				
按单位规模分组					
大型	55263.8	22938.3			183.7
中型	59480.9	3503.2	52.8	346.1	3032.4
小型	38795.6	1268.0	215.6	436.2	587.3
微型	1217.3				256.7
按地区分组					
乌鲁木齐市	105233.5	26926.9		262.8	2051.3
克拉玛依市	2446.0	53.2			
吐鲁番市	2598.6				
哈密市	4063.9	370.1		11.7	3.7
昌吉回族自治州	2979.7			4.0	372.0
伊犁哈萨克自治州	21991.0	63.1		74.8	1083.5
伊犁哈萨克自治州直属县（市）	18372.1	4.5		74.0	1063.5
塔城地区	902.2	58.6		0.8	20.0
阿勒泰地区	2716.7				
博尔塔拉蒙古自治州	175.8				
巴音郭楞蒙古自治州	5632.2	21.3		143.9	118.1
阿克苏地区	3066.7	274.9	268.4	101.9	165.9
克孜勒苏柯尔克孜自治州	301.0			0.7	
喀什地区	2489.4				
和田地区	613.8				
自治区直辖县级市	3166.0			182.5	265.6
石河子市	320.2				4.4
阿拉尔市	1791			114.0	149.0
五家渠市	1054.8			68.1	112.6

3-18 续表 2　　　　单位：个、间、位、万元、平方米

分　组	外卖送餐服务收入	客房数	床位数	餐位数	年末餐饮营业面积
餐饮业	**162.5**	**5754**	**10057**	**69507**	**336054**
按登记注册类型分组					
内资企业	162.5	5647	9850	64746	323692
国有企业		1285	2238	6650	33800
有限责任公司		1404	2326	16918	86464
国有独资公司		286	451	1580	4845
其他有限责任公司		1118	1875	15338	81619
股份有限公司		145	254	2920	12752
私营企业	162.5	2813	5032	38258	190676
私营独资企业		238	370	2244	9707
私营有限责任公司		2439	4425	30002	151515
私营股份有限公司	162.5	136	237	6012	29454
外商投资企业		107	207	4761	12362
中外合资经营企业		107	207	1500	2000
外资企业				3261	10362
按国民经济行业分组					
正餐服务		5647	9850	57087	276441
正餐服务		5647	9850	57087	276441
快餐服务	162.5	107	207	11917	44947
快餐服务	162.5	107	207	11917	44947
其他餐饮业				503	14666
小吃服务					12666
其他未列明餐饮业				503	2000
按单位规模分组					
大型	162.5			7373	29898
中型		1433	2433	22221	94443
小型		4019	7065	37626	181177
微型		302	559	2287	30536
按地区分组					
乌鲁木齐市	162.5	983	1755	25957	125779
克拉玛依市		70	138	1592	2628
吐鲁番市				1589	3700
哈密市				2336	11152
昌吉回族自治州		435	723	1673	42636
伊犁哈萨克自治州		2305	4123	17104	88148
伊犁哈萨克自治州直属县（市）		1664	2942	10794	57430
塔城地区		200	400	3160	7700
阿勒泰地区		441	781	3150	23018
博尔塔拉蒙古自治州				400	2184
巴音郭楞蒙古自治州		552	996	6975	23323
阿克苏地区		551	823	5077	14036
克孜勒苏柯尔克孜自治州		200	340	500	6210
喀什地区				1774	2479
和田地区				1000	1852
自治区直辖县级市		658	1159	3530	11927
石河子市		272	479	650	2712
阿拉尔市		80	160	2000	6750
五家渠市		306	520	880	2465

3-19 餐饮业法人企业财务状况

单位：万元

分　组	资产总计	负债合计	营业收入
餐饮业	**767978.1**	**469436.9**	**291903.4**
按国民经济行业分组			
正餐服务	668145.3	431027.8	197582.4
正餐服务	668145.3	431027.8	197582.4
快餐服务	63325.5	18185.6	75065.4
快餐服务	63325.5	18185.6	75065.4
饮料及冷饮服务	2737.6	2194.4	1247.5
茶馆服务	684.6	163.3	148.8
咖啡馆服务	7.7	13.0	10.4
酒吧服务	136.2	130.3	86.2
其他饮料及冷饮服务	1909.2	1887.8	1002.1
餐饮配送及外卖送餐服务	12951.7	10350.7	4832.6
餐饮配送服务	12677.4	9599.4	3813.2
外卖送餐服务	274.3	751.3	1019.3
其他餐饮业	20818.0	7678.5	13175.4
小吃服务	3485.3	1400.1	1709.9
其他未列明餐饮业	17332.7	6278.4	11465.5
按登记注册类型			
内资企业	743684.4	465446.3	257662.5
国有企业	144582.2	33978.3	21273.3
股份合作企业	129.1	124.9	531.3
联营企业	448.6	123.1	423.1
国有联营企业	448.6	123.1	423.1
有限责任公司	160321.2	122035.4	51657.2
国有独资公司	30134.0	26397.4	1980.6
其他有限责任公司	130187.2	95638.0	49676.6
股份有限公司	57193.0	47427.8	7138.7
私营企业	367046.6	261513.2	175959.9
私营独资企业	8496.8	5599.2	7858.2
私营合伙企业	105.4	316.6	661.1
私营有限责任公司	327499.6	242142.4	138548.6
私营股份有限公司	30944.7	13455.0	28892.0
其他企业	13963.8	243.6	679.1
外商投资企业	24293.7	3990.6	34240.9
中外合资经营企业	16608.8	970.5	6111.9
外资企业	7634.9	3002.5	28081.2
外商投资股份有限公司	37.3	1.3	28.4
其他外商投资企业	12.7	16.3	19.4

3-20 限额以上餐饮业法人单位主要财务状况

单位：万元

分组	法人单位数	年初存货	流动资产合计	应收账款	存货	固定资产原价
餐饮业	**94**	**6475.6**	**127147.5**	**17096.4**	**8344.0**	**208859.2**
按登记注册类型分组						
内资企业	92	6256.7	124129.1	16854.3	8124.2	194877.2
国有企业	9	666.4	12711.6	2779.0	750.4	48943.4
有限责任公司	23	1224.2	17011.7	4552.1	1682.6	57248.9
国有独资公司	3	65.0	1105.1	296.5	112.1	16990.7
其他有限责任公司	20	1159.2	15906.6	4255.6	1570.5	40258.2
股份有限公司	3	398.5	14044.1	2750.1	1447.0	23077.7
私营企业	57	3967.6	80361.7	6773.1	4244.2	65607.2
私营独资企业	6	238.2	1560.9	383.9	126.0	2526.9
私营有限责任公司	47	3014.2	73651.6	5878.1	3337.7	46297.4
私营股份有限公司	4	715.2	5149.2	511.1	780.5	16782.9
外商投资企业	2	218.9	3018.4	242.1	219.8	13982.0
中外合资经营企业	1		1622.7	236.1	2.5	10449.0
外资企业	1	218.9	1395.7	6.0	217.3	3533.0
按国民经济行业分组						
正餐服务	85	5260.1	114245.8	15040.6	7149.8	178702.2
正餐服务	85	5260.1	114245.8	15040.6	7149.8	178702.2
快餐服务	7	1215.5	12846.4	2047.1	1194.2	30133.3
快餐服务	7	1215.5	12846.4	2047.1	1194.2	30133.3
其他餐饮业	2		55.3	8.7		23.7
小吃服务	1		55.3	8.7		23.7
其他未列明餐饮业	1					
按单位规模分组						
大型	2	858.6	4855.7	467.3	911.2	19044.7
中型	18	2287.1	63107.5	5437.3	2903.2	66928.7
小型	66	2644.0	52385.1	10659.1	3862.2	118202.3
微型	8	685.9	6799.2	532.7	667.4	4683.5
按地区分组						
乌鲁木齐市	25	2826.7	62289.8	3916.3	2831.6	75291.2
克拉玛依市	2	30.4	2302.9	210.5	57.4	282.8
吐鲁番市	4	129.4	996.0	568.6		9.8
哈密市	5	336.4	4401.3	161.8	189.3	1262.8
昌吉回族自治州	5	246.8	3721.2	362.1	422.5	14312.6
伊犁哈萨克自治州	24	1260.9	19327.1	4857.2	1244.2	68119.4
伊犁哈萨克自治州直属县（市）	16	884.2	12861.2	3552.6	1048.7	50035.9
塔城地区	3	214.2	889.1	82.1	33.8	4872.8
阿勒泰地区	5	162.5	5576.8	1222.5	161.7	13210.7
博尔塔拉蒙古自治州	1	33.2	77.9	23.1	42.6	55.8
巴音郭楞蒙古自治州	11	437.8	9729.3	3409.5	300.3	4909.0
阿克苏地区	5	819.2	12171.7	1084.5	1883.9	10474.0
克孜勒苏柯尔克孜自治州	1	0.6	359.6	70.1	0.6	421.4
喀什地区	4	45.1	725.6	109.6	39.7	162.9
和田地区	1	0.0	647.0	494.5	23.5	13.7
自治区直辖县级市	6	309.1	10398.1	1828.6	1308.4	33543.8
石河子市	1	133.0	181.4	47.5	62.5	41.0
阿拉尔市	2	78	947.1	50.7	14.8	4284.6
五家渠市	3	99	9269.6	1730.4	1231.1	29218.2

3-20 续表 1

单位：万元

分　组	期末资产负债					
	固定资产净值	累计折旧	本年折旧	在建工程	资产总计	流动负债合计
餐饮业	**151931.1**	**60854.2**	**12079.8**	**114606.5**	**440738.0**	**218296.8**
按登记注册类型分组						
内资企业	140590.4	58212.9	10800.9	113843.2	416543.0	215837.3
国有企业	41950.8	11055.7	2626.1	86796.7	144216.6	26340.1
有限责任公司	42006.6	15242.3	3060.3	6354.1	71985.5	53262.8
国有独资公司	12526.5	4464.2	892.1	3.4	14946.2	11270.1
其他有限责任公司	29480.1	10778.1	2168.2	6350.7	57039.3	41992.7
股份有限公司	18878.3	4199.4	567.6	8535.7	50288.9	32329.8
私营企业	37754.7	27715.5	4546.9	12156.7	150052.0	103904.6
私营独资企业	541.3	1985.6	106.4		2340.5	2739.1
私营有限责任公司	26610.4	19550.0	3630.4	11074.3	124289.5	90191.7
私营股份有限公司	10603.0	6179.9	810.1	1082.4	23422.0	10973.8
外商投资企业	11340.7	2641.3	1278.9	763.3	24195.0	2459.5
中外合资经营企业	9678.7	770.3	362.7	33.1	16560.9	
外资企业	1662.0	1871.0	916.2	730.2	7634.1	2459.5
按国民经济行业分组						
正餐服务	130102.4	52525.9	10015.3	112149.6	389230.0	204617.0
正餐服务	130102.4	52525.9	10015.3	112149.6	389230.0	204617.0
快餐服务	21816.3	8317.0	2060.1	1539.9	50220.1	13672.6
快餐服务	21816.3	8317.0	2060.1	1539.9	50220.1	13672.6
其他餐饮业	12.4	11.3	4.4	917.0	1287.9	7.2
小吃服务	12.4	11.3	4.4	917.0	1287.9	7.2
其他未列明餐饮业						
按单位规模分组						
大型	11953.0	7091.7	1664.2	1499.0	26711.2	9210.5
中型	54295.5	16696.3	4389.3	100293.3	228904.0	92637.3
小型	82790.7	35274.6	5891.8	11745.6	174059.5	112823.6
微型	2891.9	1791.6	134.5	1068.6	11063.3	3625.4
按地区分组						
乌鲁木齐市	58893.6	20460.7	4069.8	80578.5	220115.6	71386.6
克拉玛依市	120.7	162.1	13.1		2869.4	2440.7
吐鲁番市	4.2	5.6	3.1		1000.3	1448.9
哈密市	349.2	913.6	132.4		6962.7	7404.9
昌吉回族自治州	13498.0	814.6	483.0	917.0	20805.9	21111.4
伊犁哈萨克自治州	43314.0	24805.4	5055.5	14193.4	88733.2	57616.7
伊犁哈萨克自治州直属县（市）	30605.1	19430.8	3934.9	14156.5	63499.8	46433.6
塔城地区	3351.5	1521.3	249.7	36.9	5055.9	5023.6
阿勒泰地区	9357.4	3853.3	870.9		20177.5	6159.5
博尔塔拉蒙古自治州	48.0	7.8	5.5		125.9	24.5
巴音郭楞蒙古自治州	1448.0	3324.0	270.8	386.5	12891.3	12238.5
阿克苏地区	6857.5	3616.5	759.3	9974.7	30325.3	11413.5
克孜勒苏柯尔克孜自治州	308.5	112.9			668.1	206.0
喀什地区	113.7	49.2	26.7	8.7	1009.1	448.5
和田地区	9.3	4.4	4.4		688.5	229.2
自治区直辖县级市	26966.4	6577.4	1256.2	8547.7	54542.7	32327.4
石河子市	33.3	7.7	7.7		214.7	72.5
阿拉尔市	3049.5	1235.1	343.6		3996.6	1128
五家渠市	23883.6	5334.6	904.9	8547.7	50331.4	31126.9

3-20 续表 2

单位：万元

分组	期末资产负债					
	非流动负债合计	负债合计	所有者权益	实收资本	国家资本	集体资本
餐饮业	**48564.5**	**266797.2**	**173940.8**	**87065.4**	**4945.0**	**124.1**
按登记注册类型分组						
内资企业	47346.5	263119.7	153423.3	71819.5	4945.0	124.1
国有企业	7549.9	33890.0	110326.6	2944.3	2944.3	
有限责任公司	4435.5	57698.3	14287.2	7378.2	2000.7	124.0
国有独资公司	249.9	11520.0	3426.2	1900.7	1900.7	
其他有限责任公司	4185.6	46178.3	10861.0	5477.5	100.0	124.0
股份有限公司	8450.0	40779.8	9509.1	23079.0		
私营企业	26911.1	130751.6	19300.4	38418.0		0.1
私营独资企业		2739.1	-398.6	609.9		
私营有限责任公司	26911.1	117038.7	7250.8	31209.9		0.1
私营股份有限公司		10973.8	12448.2	6598.2		
外商投资企业	1218.0	3677.5	20517.5	15245.9		
中外合资经营企业	676.9	676.9	15884.0	14625.2		
外资企业	541.1	3000.6	4633.5	620.7		
按国民经济行业分组						
正餐服务	47046.5	251599.4	137630.6	64251.6	4945.0	124.1
正餐服务	47046.5	251599.4	137630.6	64251.6	4945.0	124.1
快餐服务	1518.0	15190.6	35029.5	21406.4		
快餐服务	1518.0	15190.6	35029.5	21406.4		
其他餐饮业		7.2	1280.7	1407.4		
小吃服务		7.2	1280.7	1407.4		
其他未列明餐饮业						
按单位规模分组						
大型	541.1	9751.6	16959.6	6543.9		
中型	22892.9	115530.2	113373.8	22922.5	955.0	35.0
小型	20830.5	133590.0	40469.5	50411.6	3990.0	89.1
微型	4300.0	7925.4	3137.9	7187.4		
按地区分组						
乌鲁木齐市	6414.2	77800.8	142314.8	32492.9	2021.5	35.0
克拉玛依市		2440.7	428.7	65.8		
吐鲁番市		1448.9	-448.6	50.8		
哈密市	500.0	7904.9	-942.2	1970.0		
昌吉回族自治州	2580.0	23691.4	-2885.5	1457.4		
伊犁哈萨克自治州	13121.3	70730.3	18002.9	19763.4	2869.8	89.0
伊犁哈萨克自治州直属县（市）	13023.1	59456.7	4043.1	12912.7	2869.8	
塔城地区	98.2	5121.8	-65.9	600.6		89.0
阿勒泰地区		6151.8	14025.7	6250.1		
博尔塔拉蒙古自治州		24.5	101.4	53.0		
巴音郭楞蒙古自治州		12238.5	652.8	5290.1	0.1	0.1
阿克苏地区	16166.0	27579.5	2745.8	1140.5		
克孜勒苏柯尔克孜自治州		206.0	462.1			
喀什地区	356.4	748.5	260.6	150.0		
和田地区		229.2	459.3	156.0		
自治区直辖县级市	9426.6	41754.0	12788.7	24475.5	53.6	
石河子市		72.5	142.2	173.0		
阿拉尔市	958.7	2086.7	1909.9	648.9		
五家渠市	8467.9	39594.8	10736.6	23653.6	53.6	

3-20 续表 3　　　　单位：万元

分　组	期末资产负债					
	法人资本	个人资本	港澳台资本	外商资本	营业收入	主营业务收入
餐饮业	**51121.7**	**27703.3**		**3171.3**	**172230.2**	**171055.5**
按登记注册类型分组						
内资企业	39047.1	27703.3			138069.5	136978.3
国有企业					20111.5	20062.9
有限责任公司	2395.0	2858.5			28146.8	27965.6
国有独资公司					1975.6	1975.6
其他有限责任公司	2395.0	2858.5			26171.2	25990.0
股份有限公司	22800.0	279.0			6238.8	5780.7
私营企业	13852.1	24565.8			83572.4	83169.1
私营独资企业	330.0	279.9			5962.8	5962.8
私营有限责任公司	13522.1	17687.7			51152.8	50749.5
私营股份有限公司		6598.2			26456.8	26456.8
外商投资企业	12074.6			3171.3	34160.7	34077.2
中外合资经营企业	12074.6			2550.6	6105.4	6021.9
外资企业				620.7	28055.3	28055.3
按国民经济行业分组						
正餐服务	37525.4	21657.1			103264.3	102629.1
正餐服务	37525.4	21657.1			103264.3	102629.1
快餐服务	12188.9	6046.2		3171.3	68965.9	68426.4
快餐服务	12188.9	6046.2		3171.3	68965.9	68426.4
其他餐饮业	1407.4					
小吃服务	1407.4					
其他未列明餐饮业						
按单位规模分组						
大型		5923.2		620.7	52790.9	52790.9
中型	17201.9	2180.0		2550.6	66499.9	65433.0
小型	32412.4	13920.1			51666.6	51558.8
微型	1507.4	5680.0			1272.8	1272.8
按地区分组						
乌鲁木齐市	16851.9	10413.2		3171.3	106644.4	105514.4
克拉玛依市	59.8	6.0			2557.0	2555.1
吐鲁番市	49.7	1.1			2576.9	2576.9
哈密市	1220.0	750.0			3896.4	3895.7
昌吉回族自治州	1457.4				5223.4	5209.6
伊犁哈萨克自治州	3309.1	13495.5			29105.0	29084.5
伊犁哈萨克自治州直属县（市）	2060	7982.9			23528.2	23528.2
塔城地区	511.0	0.6			1529.9	1509.4
阿勒泰地区	738.1	5512.0			4046.9	4046.9
博尔塔拉蒙古自治州		53.0			175.8	175.8
巴音郭楞蒙古自治州	3524.9	1765.0			7669.6	7663.9
阿克苏地区	300.0	840.5			5522.6	5522.6
克孜勒苏柯尔克孜自治州					819.0	819.0
喀什地区	150.0				2500.3	2500.3
和田地区		156.0			613.8	613.8
自治区直辖县级市	24198.9	223.0			4926.0	4923.9
石河子市		173			672.6	672.6
阿拉尔市	598.9	50.0			2269.5	2269.5
五家渠市	23600				1983.9	1981.8

3-20 续表 4 单位：万元

分　组	损益及分配					
	营业成本	税金及附加	其他业务利润	销售费用	管理费用	财务费用
餐饮业	**87614.4**	**1505.9**	**317.6**	**51623.5**	**25840.1**	**3962.9**
按登记注册类型分组						
内资企业	70592.6	1477.5	317.6	44880.4	21193.3	3953.9
国有企业	14947.5	28.0		6355.9	2249.8	109.1
有限责任公司	12815.7	644.4	53.3	10688.8	5045.2	428.1
国有独资公司	1719.6	21.1		46.9	966.9	3.9
其他有限责任公司	11096.1	623.3	53.3	10641.9	4078.3	424.2
股份有限公司	837.4	3.0		1132.9	1031.7	276.3
私营企业	41992.0	802.1	264.3	26702.8	12866.6	3140.4
私营独资企业	3538.2	94.3		1016.3	1349.2	10.1
私营有限责任公司	27131.6	627.9	264.3	14677.3	9162.7	2972.1
私营股份有限公司	11322.2	79.9		11009.2	2354.7	158.2
外商投资企业	17021.8	28.4		6743.1	4646.8	9.0
中外合资经营企业	3050.8	2.2		102.6	2029.9	33.8
外资企业	13971.0	26.2		6640.5	2616.9	-24.8
按国民经济行业分组						
正餐服务	56330.2	1398.2	317.6	32147.9	19307.5	3836.7
正餐服务	56330.2	1398.2	317.6	32147.9	19307.5	3836.7
快餐服务	31284.2	107.7		19475.6	6513.8	126.2
快餐服务	31284.2	107.7		19475.6	6513.8	126.2
其他餐饮业					18.8	
小吃服务					18.8	
其他未列明餐饮业						
按单位规模分组						
大型	24627.6	96.7		17591.3	4014.6	58.1
中型	33643.4	514.7	259.4	20929.4	9732.0	1983.9
小型	27720.0	880.0	58.2	12944.5	11683.9	1531.1
微型	1623.4	14.5		158.3	409.6	389.8
按地区分组						
乌鲁木齐市	49270.7	285.6	293.8	34972.1	12710.1	1088.5
克拉玛依市	1432.0	22.5		628.7	216.1	8.9
吐鲁番市	2717.9	35.0		362.5	54.3	5.1
哈密市	1765.1	7.1		2513.6	133.9	151.0
昌吉回族自治州	2911.8	428.1		1188.4	1297.8	244.7
伊犁哈萨克自治州	17965.1	218.1	20.5	6514.7	5953.1	502.8
伊犁哈萨克自治州直属县（市）	15056.5	130.9		5597.4	4563.8	345.9
塔城地区	581.2	45.4	20.5	723.6	112.7	46.5
阿勒泰地区	2327.4	41.8		193.7	1276.6	110.4
博尔塔拉蒙古自治州	125.2	0.7		16.5	8.8	0.1
巴音郭楞蒙古自治州	3758.0	321.7	3.3	2503.5	1502.3	207.2
阿克苏地区	2346.2	113.2		1406.7	1540.4	1368.7
克孜勒苏柯尔克孜自治州	451.3	3.4		348.8	13.8	2.1
喀什地区	1234.1	4.7		316.9	734.9	103.1
和田地区	181.3	2.4			238.9	1.2
自治区直辖县级市	3455.7	63.4		851.1	1435.7	279.5
石河子市	625.5	3.9			42.3	0.2
阿拉尔市	1764.8	58.2		1.0	61.0	2.7
五家渠市	1065.4	1.3		850.1	1332.4	276.6

3-20 续表 5

单位：万元

分　组	损益及分配				工人成本及增值税	
	营业利润	营业外收入	利润总额	所得税费用	应付职工薪酬（本年贷方累计发生额）	应交增值税
餐饮业	**-2566.1**	**983.5**	**-75.7**	**1950.1**	**45352.6**	**3291.9**
按登记注册类型分组						
内资企业	-8277.3	875.2	-5787.2	521.8	35535.6	2379.0
国有企业	-2531.5	623.9	-934.6	1.0	7258.4	248.8
有限责任公司	-1776.6	98.6	-1721.8	136.0	6613.6	610.1
国有独资公司	-782.8	22.1	-761.5		761.2	69.5
其他有限责任公司	-993.8	76.5	-960.3	136.0	5852.4	540.6
股份有限公司	-1739.2	14.9	-1734.3	4.7	1280.6	6.5
私营企业	-2230.0	137.8	-1396.5	380.1	20383.0	1513.6
私营独资企业	-129.6	1.0	-132.4	12.1	1908.2	147.2
私营有限责任公司	-3662.1	134.2	-2813.1	123.6	12524.0	1219.0
私营股份有限公司	1561.7	2.6	1549.0	244.4	5950.8	147.4
外商投资企业	5711.2	108.3	5711.5	1428.3	9817.0	912.9
中外合资经营企业	885.9	43.5	929.4	232.3	904.3	15.8
外资企业	4825.3	64.8	4782.1	1196.0	8912.7	897.1
按国民经济行业分组						
正餐服务	-9337.3	829.8	-6870.9	272.4	28067.6	2249.6
正餐服务	-9337.3	829.8	-6870.9	272.4	28067.6	2249.6
快餐服务	6790.0	153.7	6814.0	1677.7	17281.0	1042.3
快餐服务	6790.0	153.7	6814.0	1677.7	17281.0	1042.3
其他餐饮业	-18.8		-18.8		4.0	
小吃服务	-18.8		-18.8		4.0	
其他未列明餐饮业						
按单位规模分组						
大型	6431.5	67.4	6375.6	1435.0	14594.0	953.1
中型	-4005.6	716.0	-2368.4	377.3	16976.4	1059.8
小型	-3514.5	184.2	-3385.2	137.6	13588.9	1256.1
微型	-1477.5	15.9	-697.7	0.2	193.3	22.9
按地区分组						
乌鲁木齐市	5081.0	283.2	6150.3	1816.6	29834.8	1962.1
克拉玛依市	248.9	29.7	278.6	1.8	797.2	87.8
吐鲁番市	-646.3		137.9	3.9	390.5	53.6
哈密市	-703.8	3.8	-700.9	4.7	1357.0	55.7
昌吉回族自治州	-847.8	31.0	-830.4	31.7	1426.0	47.8
伊犁哈萨克自治州	-2873.8	579.5	-2305.7	1.9	5322.1	589.1
伊犁哈萨克自治州直属县（市）	-2983.7	579.2	-2411.3	1.9	4499.3	526.4
塔城地区	12.8	0.3	8.5		378.9	52.1
阿勒泰地区	97.1		97.1		443.9	10.6
博尔塔拉蒙古自治州	24.2		24.2		60.0	1.7
巴音郭楞蒙古自治州	-732.3	43.7	-706.5		2508.6	123.8
阿克苏地区	-1252.6	0.8	-1263.7	20.4	1842.6	185
克孜勒苏柯尔克孜自治州	-0.4		-0.4		61.3	49.2
喀什地区	106.4		106.2	10.2	500.7	50.7
和田地区	190.0		190.0	4.7	22.8	
自治区直辖县级市	-1159.6	11.8	-1155.3	54.2	1229.0	85.4
石河子市	0.7		0.2		216.7	0.6
阿拉尔市	381.7		381.7	54.2	317.6	39.6
五家渠市	-1542	11.8	-1537.2		694.7	45.2

3-21 分地区住宿业法人企业基本情况

地　区	法人单位数（个）	从业人员期末人数（人）
总　计	**1166**	**34286**
乌鲁木齐市	271	12372
克拉玛依市	35	1597
吐鲁番市	53	1341
哈密市	57	1572
昌吉回族自治州	89	1168
伊犁哈萨克自治州	266	6446
伊犁哈萨克自治州直属县（市）	152	3752
塔城地区	23	875
阿勒泰地区	91	1819
博尔塔拉蒙古自治州	28	641
巴音郭楞蒙古自治州	108	2457
阿克苏地区	58	1550
克孜勒苏柯尔克孜自治州	12	428
喀什地区	94	2482
和田地区	55	1154
自治区直辖县级市	40	1078
石河子市	19	658
阿拉尔市	11	89
图木舒克市	6	214
五家渠市	4	117

3-22 分地区住宿业法人企业财务状况

单位：万元

地　区	资产总计	负债合计	营业收入
总　计	**2095066.6**	**1424624.7**	**543669.9**
乌鲁木齐市	777823.8	461563.9	250865.9
克拉玛依市	55607.8	80448.8	33761.1
吐鲁番市	104556.4	76507.6	14455.5
哈密市	80469.6	52607.9	18923.7
昌吉回族自治州	76853.5	56531.9	19331.2
伊犁哈萨克自治州	387417.0	248298.3	79988.3
伊犁哈萨克自治州直属县（市）	228711.4	137325.3	44984.5
塔城地区	49891.5	33858.8	10734.9
阿勒泰地区	108814.1	77114.2	24268.9
博尔塔拉蒙古自治州	59365.0	39545.0	8347.9
巴音郭楞蒙古自治州	126618.8	128687.5	39613.7
阿克苏地区	132094.4	100647.3	18754.1
克孜勒苏柯尔克孜自治州	24775.7	17980.9	4996.9
喀什地区	95048.3	72991.9	26241.0
和田地区	77155.4	45149.0	15389.9
自治区直辖县级市	97280.9	43664.8	13000.6
石河子市	56357.3	35650.1	7092.5
阿拉尔市	3454.5	789.2	1017.1
图木舒克市	5730.0	3991.1	1157.8
五家渠市	31739.1	3234.4	3733.2

3-23 分地区餐饮业法人企业基本情况

地 区	法人单位数（个）	从业人员期末人数（人）
总 计	**1520**	**20258**
乌鲁木齐市	533	8742
克拉玛依市	46	739
吐鲁番市	43	467
哈密市	75	644
昌吉回族自治州	85	750
伊犁哈萨克自治州	132	3039
伊犁哈萨克自治州直属县（市）	81	2326
塔城地区	24	339
阿勒泰地区	27	374
博尔塔拉蒙古自治州	30	147
巴音郭楞蒙古自治州	155	1498
阿克苏地区	102	1121
克孜勒苏柯尔克孜自治州	28	304
喀什地区	158	1430
和田地区	72	767
自治区直辖县级市	61	610
石河子市	22	163
阿拉尔市	25	195
图木舒克市	9	45
五家渠市	5	207

3-24 分地区餐饮业法人企业财务状况

单位：万元

地 区	资产总计	负债合计	营业收入
总 计	**767978.1**	**469436.9**	**291903.4**
乌鲁木齐市	356804.6	173504.9	154039.0
克拉玛依市	10925.9	8765.6	12217.6
吐鲁番市	8727.9	9809.3	7158.4
哈密市	28566.0	19633.5	7694.5
昌吉回族自治州	42642.5	37211.7	8429.1
伊犁哈萨克自治州	131821.2	109445.7	47112.0
伊犁哈萨克自治州直属县（市）	83102.4	74934.6	38233.2
塔城地区	25160.8	25472.1	3534.8
阿勒泰地区	23558.0	9039.0	5343.9
博尔塔拉蒙古自治州	4141.2	454.8	916.0
巴音郭楞蒙古自治州	24800.6	17995.4	10918.9
阿克苏地区	47841.5	33018.5	15209.1
克孜勒苏柯尔克孜自治州	13325.2	461.7	1524.4
喀什地区	24889.3	10502.3	15116.6
和田地区	10258.0	4452.6	4575.7
自治区直辖县级市	63234.3	44181.0	6992.1
石河子市	3844.8	1096.2	1809.3
阿拉尔市	7979.9	3412.5	2687.5
图木舒克市	848.2	77.5	497.6
五家渠市	50561.4	39594.8	1997.7

第4篇

房地产业篇

4-1 房地产开发经营业主要指标

单位：个、人、万元

分 组	企业个数	从业人员	资产总计	负债合计	营业收入
总 计	**3549**	**46278**	**79615178**	**65381092**	**8079945**
一、按登记注册类型分组					
内资	3543	46144	77061674	63841886	8014007
国有	11	175	573283	194962	6144
集体	1	4	4109	4391	204
有限责任公司	1178	19175	44800184	35855888	4113733
国有独资公司	61	1701	13208683	10787523	294948
其他有限责任公司	1117	17474	31591500	25068365	3818785
股份有限公司	41	492	1002538	837665	280984
私营	2312	26298	30681560	26948979	3612942
私营独资企业	4	16	633	601	
私营合伙企业	1				
私营有限责任公司	2257	25069	29384400	25749575	3524278
私营股份有限公司	50	1213	1296527	1198804	88664
港、澳、台商投资企业	4	120	2545522	1532451	65938
与港澳台商合资经营	3	74	2536830	1525742	65937
港澳台商独资经营	1	46	8692	6709	
外商投资	2	14	7982	6755	
中外合资经营企业	1				
其他外商投资	1	14	7982	6755	
二、按地区分组					
乌鲁木齐市	843	16309	45971407	36453639	4828410
克拉玛依市	70	949	1333834	1146369	165915
吐鲁番市	111	960	1145297	1038628	70104
哈密市	207	1638	2065339	1886566	216667
昌吉回族自治州	410	5065	5896308	4893515	658413
伊犁哈萨克自治州	398	5589	6130596	5380338	573559
塔城地区	131	1222	1136937	954519	198481
阿勒泰地区	125	1015	833013	736097	60919
博尔塔拉蒙古自治州	113	908	1086462	1009670	65557
巴音郭楞蒙古自治州	237	2568	3340498	2795674	302725
阿克苏地区	301	2794	2730618	2299833	324365
克孜勒苏柯尔克孜自治州	46	289	265789	209563	27587
喀什地区	268	2337	2721617	2209393	162508
和田地区	104	1128	635889	531937	78157
石河子市	94	1303	1507882	1226694	177258
阿拉尔市	36	420	333600	292235	91127
图木舒克市	5	3			
五家渠市	50	1781	2480090	2316421	78193

注：统计范围为辖区内有开发经营活动的全部房地产开发经营业法人单位及所属的产业活动单位；辖区内除有开发经营活动的全部房地产开发经营业法人单位及所属的产业活动单位、金融和铁路部门负责普查的单位以外的全部房地产开发经营业法人单位，以及所属的除金融和铁路部门负责普查的产业活动单位。

4-2 房地产开发企业基本情况

指　　标	总　　计
企业单位数(个)	**1865**
#亏损企业	1223
主要财务指标（万元）	
年末资产负债情况	
资产总计	66075056
固定资产累计折旧	649502
#本年折旧	115131
负债总计	55103275
所有者权益合计	10971781
实收资本	6698069
损益情况	
主营业务收入	7143800
#土地转让收入	2351
商品房销售收入	6868959
房屋出租收入	114896
其他收入	143779
主营业务成本	5368503
主营业务税金及附加	354818
销售费用	429698
其他业务利润	27520
管理费用及财务费用	716521
投资收益及营业外收入	108510
营业外支出	56305
利润总额	563766

注：统计范围为辖区内有开发经营活动的全部房地产开发经营业法人单位及所属的产业活动单位。

4-3 房地产开发投资主要指标

指　　标	总　　计
本年购置土地面积(万平方米)	**666.52**
房地产开发投资额(万元)	**10333596**
按中央和地方分	
中央企业	158502
地方企业	10175094
按投资构成分	
建筑工程	6115165
安装工程	818091
设备工器具购置	153278
其他费用	3247062
#土地购置费	2738244
按工程用途分	
住　宅	6433489
办公楼	440333
商业营业用房	1952494
其　他	1507280
本年资金来源小计（万元）	**12431212**
国内贷款	840445
利用外资	
自筹资金	5348304
其它资金	6242463

注：统计范围为辖区内有开发经营活动的全部房地产开发经营业法人单位及所属的产业活动单位。

4-4 按用途分房地产开发企业（单位）投资完成额

单位：万元

地区	企业个数（个）	本年完成投资	住宅	#别墅、高档公寓
总计	**1865**	**10333596**	**6433489**	**311143**
乌鲁木齐市	422	6610990	4141217	225356
克拉玛依市	43	221418	178422	28170
吐鲁番市	67	179295	111804	1000
哈密市	91	129203	97161	3804
昌吉回族自治州	206	564239	340965	15198
伊犁哈萨克自治州	260	595043	366370	13308
塔城地区	80	199449	160910	575
阿勒泰地区	75	66924	37573	1541
博尔塔拉蒙古自治州	69	154387	112282	478
巴音郭楞蒙古自治州	156	175571	111097	7167
阿克苏地区	126	487959	219785	5342
克孜勒苏柯尔克孜自治州	14	6829	4310	
喀什地区	81	187671	138178	1185
和田地区	32	200510	82587	
石河子市	71	152400	95571	
阿拉尔市	25	57085	39894	
图木舒克市	10	2218		
五家渠市	37	342405	195363	8019

4-4 续表 1

单位：万元

地　　区	办公楼	商业营业用房	其 他
总　计	**440333**	**1952494**	**1507280**
乌鲁木齐市	350153	852509	1267111
克拉玛依市	8090	30082	4824
吐鲁番市	1383	62451	3657
哈密市	240	28049	3753
昌吉回族自治州	38929	150913	33432
伊犁哈萨克自治州	12575	167876	48222
塔城地区	777	33668	4094
阿勒泰地区		27773	1578
博尔塔拉蒙古自治州	30	33191	8884
巴音郭楞蒙古自治州	1259	58308	4907
阿克苏地区	16175	204661	47338
克孜勒苏柯尔克孜自治州	2	1977	540
喀什地区	6373	30420	12700
和田地区	763	104662	12498
石河子市	3584	23726	29519
阿拉尔市		15602	1589
图木舒克市		1968	250
五家渠市		124658	22384

注：统计范围为辖区内有开发经营活动的全部房地产开发经营业法人单位及所属的产业活动单位。

4-5　房地产开发企业（单位）施工、销售和待售情况

单位：万平方米

地　　区	本年施工房屋面积	#住宅	#商业营业用房	本年新开工房屋面积	#住宅	#商业营业用房
总　计	**11530.53**	**6879.84**	**2732.88**	**2334.68**	**1583.82**	**392.59**
乌鲁木齐市	4713.50	2880.36	649.48	1143.65	754.42	125.47
克拉玛依市	368.00	280.31	53.50	34.24	25.42	7.28
吐鲁番市	382.09	216.69	138.38	73.47	50.41	19.08
哈密市	349.39	204.37	112.05	51.25	43.65	4.56
昌吉回族自治州	951.42	613.71	205.67	181.39	144.43	23.08
伊犁哈萨克自治州	1296.74	703.26	441.68	228.91	146.72	56.23
塔城地区	404.65	233.41	142.01	63.54	52.49	10.52
阿勒泰地区	157.16	81.87	68.05	36.54	21.11	14.46
博尔塔拉蒙古自治州	307.01	199.89	89.57	59.32	50.04	7.76
巴音郭楞蒙古自治州	611.70	312.52	206.73	27.59	14.51	11.49
阿克苏地区	511.61	324.60	147.20	168.64	101.39	56.38
克孜勒苏柯尔克孜自治州	39.05	18.70	14.77	1.34	1.01	0.27
喀什地区	196.57	104.65	53.64	83.24	59.59	13.94
和田地区	118.88	47.45	60.29	44.5	19.81	20.04
石河子市	518.04	340.14	94.74	58.42	36.97	6.71
阿拉尔市	80.81	48.91	28.18	27.42	21.25	5.45
图木舒克市	17.47	7.55	9.74	0.24		0.24
五家渠市	506.44	261.45	217.2	50.98	40.6	9.63

4-5 续表 1　　单位：万平方米

地　区	本年竣工房屋面积	#住宅	#商业营业用房	商品房销售面积	#住宅	#商业营业用房
总　计	1210.41	687.72	280.35	1477.67	1220.72	170.31
乌鲁木齐市	549.05	287.41	90.08	616.15	518.77	42.66
克拉玛依市	36.69	24.02	11.50	16.8	13.61	1.70
吐鲁番市	27.22	17.21	9.92	22.54	20.09	2.36
哈密市	80.92	50.58	18.53	45.85	37.25	8.14
昌吉回族自治州	63.49	39.04	20.06	123.63	112.03	8.24
伊犁哈萨克自治州	120.59	65.53	27.56	198.39	162.69	28.8
塔城地区	13.33	12.27	1.06	47.26	44.08	1.70
阿勒泰地区	13.97	7.03	6.89	30.04	20.24	8.59
博尔塔拉蒙古自治州	79.12	47.29	31.16	60.72	50.35	8.44
巴音郭楞蒙古自治州	53.44	20.76	18.36	83.86	66.46	11.47
阿克苏地区	66.98	53.15	10.09	49.87	45.16	3.75
克孜勒苏柯尔克孜自治州	1.32	1.01	0.27	1.55	1.39	0.16
喀什地区	18.05	10.6	6.99	18.97	15.20	3.68
和田地区	25.09	12.81	11.71	9.13	7.40	1.69
石河子市	12.48	8.32	1.47	33.65	31.18	2.08
阿拉尔市	35.31	20.51	11.62	29.91	27.04	2.20
图木舒克市	1.07		1.07	0.96	0.85	0.12
五家渠市	12.29	10.18	2.01	88.39	46.93	34.53

4-5 续表 2　　单位：万平方米

地　　区	商品房销售额(万元)	#住宅	#商业营业用房	商品房待售面积	#住宅	#商业营业用房
总　计	8693431	6547126	1576205	1315.88	569.68	481.78
乌鲁木齐市	5108743	3990860	683728	337.35	113.89	68.18
克拉玛依市	83117	68492	9603	14.44	2.67	10.31
吐鲁番市	51520	36192	14896	38.82	11.86	25.65
哈密市	188044	138304	49044	77.91	34.36	36.64
昌吉回族自治州	534474	441610	75409	104.31	63.02	32.89
伊犁哈萨克自治州	847721	616020	205529	154.94	73.34	54.01
塔城地区	198023	173127	10886	46.96	37.72	9.17
阿勒泰地区	126816	54500	67887	36.87	10.87	24.32
博尔塔拉蒙古自治州	231330	160526	60576	70.26	19.51	42.52
巴音郭楞蒙古自治州	306665	215501	68733	188.71	109.53	46.62
阿克苏地区	160108	135311	24156	98.39	51.42	43.83
克孜勒苏柯尔克孜自治州	4780	3407	1373	2.23	1.26	0.97
喀什地区	44849	32659	11948	33.96	14.95	18.96
和田地区	38739	24563	13516	3.36	2.41	0.94
石河子市	165338	146601	17057	47.24	12.63	27.21
阿拉尔市	90411	72731	15212	22.9	1.83	17.85
图木舒克市	2628	1889	739	8.59	1.04	7.54
五家渠市	510125	234833	245913	28.64	7.37	14.17

注：统计范围为辖区内有开发经营活动的全部房地产开发经营业法人单位及所属的产业活动单位。

4-6 房地产开发企业（单位）资金来源

单位：万元

地区	合计	国内贷款	自筹资金	其他资金来源
总计	12431212	840445	5348304	6242463
乌鲁木齐市	8152161	627047	3455749	4069365
克拉玛依市	175344	1830	52159	121355
吐鲁番市	165007	7424	53927	103656
哈密市	252200	3200	58160	190840
昌吉回族自治州	676121	72291	231556	372274
伊犁哈萨克自治州	840142	45398	299401	495343
塔城地区	186795	1997	136154	48644
阿勒泰地区	74969	5020	53690	16259
博尔塔拉蒙古自治州	175863	3200	85064	87599
巴音郭楞蒙古自治州	318602	17491	86429	214682
阿克苏地区	456282	19250	308159	128873
克孜勒苏柯尔克孜自治州	10327		5239	5088
喀什地区	174782	2600	66445	105737
和田地区	158037	3947	103853	50237
石河子市	176894	29650	26698	120546
阿拉尔市	69149		45676	23473
图木舒克市	5756		4968	788
五家渠市	362781	100	274977	87704

注：统计范围为辖区内有开发经营活动的全部房地产开发经营业法人单位及所属的产业活动单位。

第5篇

服务业篇

5-1 服务业法人单位基本情况

行 业	单位数（个）	从业人员（人）
总 计	**124782**	**2545985**
交通运输、仓储和邮政业	**9152**	**221996**
企业	8889	204531
行政事业及非企业法人	263	17465
信息传输、软件和信息技术服务业	**8380**	**72899**
企业	8155	69145
行政事业及非企业法人	225	3754
房地产业	**5949**	**115100**
企业	5902	114380
行政事业及非企业法人	47	720
租赁和商务服务业	**24191**	**263499**
企业	23338	253248
行政事业及非企业法人	853	10251
科学研究和技术服务业	**12119**	**125369**
企业	10163	90033
行政事业及非企业法人	1956	35336
水利、环境和公共设施管理业	**2276**	**67279**
企业	1438	31005
行政事业及非企业法人	838	36274
居民服务、修理和其他服务业	**4829**	**29609**
企业	4562	27927
行政事业及非企业法人	267	1682
教育	**9428**	**516900**
企业	2258	26308
行政事业及非企业法人	7170	490592
卫生和社会工作	**3810**	**226172**
企业	897	22006
行政事业及非企业法人	2913	204166
文化、体育和娱乐业	**5679**	**43997**
企业	4517	21900
行政事业及非企业法人	1162	22097
公共管理、社会保障和社会组织	**38969**	**863165**
企业		
行政事业及非企业法人	38969	863165

5-2 交通运输、仓储和邮政业企业法人单位主要指标

行　业	单位数（个）	资产总计（万元）	负债合计（万元）	营业收入（万元）	从业人员（人）
总　计	**8889**	**44198886.7**	**17955729.9**	**14736614.7**	**204531**
铁路运输业	**8**	**10525918.4**	**3990072.9**	**2478239.9**	**55607**
道路运输业	**6284**	**11083701.3**	**7012464.9**	**6757416.8**	**102501**
城市公共交通运输	254	4416001.9	3018895.0	188717.7	22815
公路旅客运输	206	448640.4	209555.3	153284.5	6249
道路货物运输	5511	5580366.4	3391330.1	6260808.2	68662
道路运输辅助活动	313	638692.6	392684.5	154606.4	4775
水上运输业	**7**	**5690.1**	**3139.9**	**2546.6**	**69**
水上旅客运输	2	3086.8	767.8	2106.6	46
水上货物运输	3	2597.7	2368.5	431.0	20
水上运输辅助活动	2	5.6	3.7	9.0	3
航空运输业	**66**	**2166490.4**	**967318.8**	**414729.7**	**8535**
航空客货运输	13	141201.9	89582.2	181384.9	1238
通用航空服务	33	112437.6	25341.3	10394.5	517
航空运输辅助活动	20	1912850.9	852395.3	222950.4	6780
管道运输业	**19**	**13332442.8**	**952939.1**	**2549956.8**	**3628**
海底管道运输	1				1
陆地管道运输	18	13332442.8	952939.1	2549956.8	3627
多式联运和运输代理业	**1095**	**2507247.5**	**1484596.1**	**1583040.8**	**6245**
多式联运	47	97253.7	60836.3	15180.1	492
运输代理业	1048	2409993.9	1423759.8	1567860.7	5753
装卸搬运和仓储业	**1015**	**4215342.6**	**3282664.8**	**609015.5**	**12076**
装卸搬运	291	152911.5	78803.0	112727.2	5898
通用仓储	201	561418.9	351385.7	46727.3	1391
低温仓储	92	250329.9	183505.2	19857.0	720
危险品仓储	21	273550.6	260800.8	17719.7	191
谷物、棉花等农产品仓储	234	1770250.5	1436591.8	342439.1	2667
中药材仓储	4	1638.6	313.6	6.2	17
其他仓储业	172	1205242.5	971264.7	69539.0	1192
邮政业	**395**	**362053.6**	**262533.4**	**341668.7**	**15870**
邮政基本服务	32	250234.9	183453.9	193190.7	7604
快递服务	356	110202.7	78027.7	147668.2	8108
其他寄递服务	7	1616.1	1051.8	809.9	158

5-3 信息传输、软件和信息技术服务业企业法人单位主要指标

行业	单位数（个）	资产总计（万元）	负债合计（万元）	营业收入（万元）	从业人员（人）
总计	**8155**	**11595194.5**	**8441177.0**	**7848052.0**	**69145**
电信、广播电视和卫星传输服务	**346**	**2899971.9**	**3258817.3**	**2526335.2**	**29157**
电信	289	2663250.0	3150020.0	2434867.4	26892
广播电视传输服务	49	229052.6	106514.8	89133.6	2160
卫星传输服务	8	7669.3	2282.5	2334.3	105
互联网和相关服务	**1002**	**2800978.8**	**2054859.5**	**1043547.7**	**5171**
互联网接入及相关服务	135	147708.0	108069.6	32551.4	876
互联网信息服务	441	549650.0	136663.0	281221.1	2736
互联网平台	110	1838691.8	1709635.2	403349.0	491
互联网安全服务	18	3865.8	3177.3	4050.5	66
互联网数据服务	91	184312.4	70161.4	261618.0	402
其他互联网服务	207	76750.8	27153.0	60757.7	600
软件和信息技术服务业	**6807**	**5894243.8**	**3127500.3**	**4278169.1**	**34817**
软件开发	2348	1688297.2	822895.8	1395263.6	10386
集成电路设计	24	17349.8	13318.7	8292.3	100
信息系统集成和物联网技术服务	819	1129064.3	815943.1	715639.0	5995
运行维护服务	107	267725.5	71418.6	120943.4	1170
信息处理和存储支持服务	75	47711.9	28708.6	21317.3	283
信息技术咨询服务	2905	1968261.3	868759.6	1262980.7	14593
数字内容服务	56	542443.1	376892.9	582134.5	333
其他信息技术服务业	473	233390.7	129563.0	171598.4	1957

5-4 信息传输、软件和信息技术服务业企业法人单位分地区主要指标

地 区	单位数（个）	资产总计（万元）	负债合计（万元）	营业收入（万元）	从业人员（人）
总 计	**8155**	**11595194.5**	**8441177.0**	**7848052.0**	**69145**
乌鲁木齐市	3831	2528565.0	2943884.1	2057876.1	35744
克拉玛依市	248	327745.5	140170.9	132697.2	3337
吐鲁番市	55	133150.6	69581.6	83828.8	995
哈密市	201	226466.2	107234.0	78763.5	1164
昌吉回族自治州	466	691192.6	296949.6	297172.4	3266
博尔塔拉蒙古自治州	131	152258.6	79558.0	62067.7	828
巴音郭楞蒙古自治州	328	241309.5	172122.1	181663.1	1952
阿克苏地区	267	433702.8	245547.4	238799.4	2900
克孜勒苏柯尔克孜自治州	46	84305.2	66562.0	48072.1	606
喀什地区	606	1151990.6	542908.7	744085.5	3988
和田地区	136	237199.2	177237.0	138077.7	1559
伊犁哈萨克自治州直属县（市）	1502	4872172.9	3224056.3	3405671.7	8433
塔城地区	74	104176.7	82655.8	108948.6	1117
阿勒泰地区	79	169122.5	108468.3	90091.9	1218
自治区直辖县级市	185	241836.7	184241.0	180236.3	2038
石河子市	106	221209.1	162052.5	126475.9	1446
阿拉尔市	33	4870.3	4278.2	2654.2	97
图木舒克市	9	541.8	125.2	426.3	23
五家渠市	37	15215.6	17785.2	50679.9	472

5-5 信息传输、软件和信息技术服务业企业法人单位分登记注册类型主要指标

登记注册类型	单位数（个）	资产总计（万元）	负债合计（万元）	营业收入（万元）	从业人员（人）
总　计	**8155**	**11595194.5**	**8441177.0**	**7848052.0**	**69145**
内资企业	**8126**	**9040132.3**	**7703262.7**	**7010354.1**	**62980**
国有企业	28	249367.1	538186.1	61228.7	1033
集体企业	6	17775.2	3239.8	1929.3	25
股份合作企业					
联营企业	1				
有限责任公司	1324	843749.3	2682268.0	2002941.5	17314
股份有限公司	137	2195971.5	761720.3	1274140.6	15396
私营企业	6611	5731808.7	3717275.5	3668565.3	29121
其他企业	19	1460.5	573.0	1548.8	91
港、澳、台商投资企业	**9**	**227791.0**	**138314.2**	**106103.8**	**824**
外商投资企业	**20**	**2327271.3**	**599600.2**	**731594.1**	**5341**

5-6 金融业企业法人单位主要指标

分　组	单位数（个）	资产总计（万元）	营业收入（万元）	从业人员（人）
总　计	**2283**	**307760989.5**	**29804462.8**	**200236**
货币金融服务	906	285914629.7	8124636.9	64983
资本市场服务	923	5796908.8	262301.8	3067
保险业	307	11516046.6	21329595.4	130861
其他金融业	147	4533404.5	87928.8	1325

5-7 房地产业企业法人单位主要指标

分　组	单位数（个）	资产总计（万元）	负债合计（万元）	营业收入（万元）	从业人员（人）
总　计	**5902**	**12478938.3**	**6958728.7**	**1499654.8**	**114380**
物业管理	3248	2010691.7	1489540.6	985055.6	97516
房地产中介服务	1564	735526.9	463582.4	90765.2	7065
房地产租赁经营	1016	9217518.5	4611595.0	417871.2	9486
其他房地产业	74	515201.1	394010.7	5962.9	313

5-8 房地产业企业法人单位分地区主要指标

地　区	单位数（个）	资产总计（万元）	负债合计（万元）	营业收入（万元）	从业人员（人）
总　计	**5902**	**12478938.3**	**6958728.7**	**1499654.8**	**114380**
乌鲁木齐市	2056	5987073.9	3617315.9	932403.5	42583
克拉玛依市	166	349353.0	140324.2	102290.4	12064
吐鲁番市	155	86396.4	89579.7	9011.2	1988
哈密市	268	2531832.9	593680.3	40090.5	4249
昌吉回族自治州	523	625140.0	431048.7	81564.0	9093
博尔塔拉蒙古自治州	170	87711.8	81032.2	9958.3	2326
巴音郭楞蒙古自治州	368	229869.2	177724.4	41114.8	4908
阿克苏地区	427	290435.9	180476.3	56916.0	6206
克孜勒苏柯尔克孜自治州	68	19272.8	16417.3	5004.4	1196
喀什地区	490	629283.9	512640.6	65124.6	7803
和田地区	186	413222.3	156353.0	14144.9	2320
伊犁哈萨克自治州直属县（市）	456	452816.3	325616.9	62859.5	9976
塔城地区	173	398487.3	321930.7	16845.4	1932
阿勒泰地区	120	60017.6	39509.0	14403.2	1853
自治区直辖县级市	276	318024.9	275079.4	47924.1	5883
石河子市	134	61983.8	39344.5	30735.0	3270
阿拉尔市	63	16891.0	10340.4	7503.2	1434
图木舒克市	30	10677.5	3634.6	2274.4	343
五家渠市	49	228472.6	221759.8	7411.4	836

5-9 房地产业企业法人单位分登记注册类型主要指标

登记注册类型	单位数（个）	资产总计（万元）	负债合计（万元）	营业收入（万元）	从业人员（人）
总　计	**5902**	**12478938.3**	**6958728.7**	**1499654.8**	**114380**
内资企业	**5895**	**12470382.5**	**6957654.8**	**1498822.2**	**114329**
国有企业	86	103888.3	80146.7	21308.8	2367
集体企业	51	48299.8	27274.6	5589.3	492
股份合作企业	5	382.5	372.4	55.8	41
联营企业	5	1870.5	440.1	476.6	75
有限责任公司	1408	6439526.2	2945323.3	681134.1	44961
股份有限公司	94	1275621.4	378361.0	24490.9	2930
私营企业	4238	4600035.9	3525297.8	765577.2	63447
其他企业	8	757.9	439.0	189.5	16
港、澳、台商投资企业	**6**	**8546.8**	**1073.9**	**742.7**	**33**
外商投资企业	**1**	**9.0**	**0.0**	**90.0**	**18**

5-10 租赁和商务服务业企业法人单位主要指标

行　业	单位数（个）	资产总计（万元）	负债合计（万元）	营业收入（万元）	从业人员（人）
总　计	**23338**	**179887854.0**	**101021497.0**	**9408136.2**	**253248**
租赁业	**2406**	**3685008.4**	**2357571.2**	**691541.1**	**10838**
机械设备经营租赁	2351	3668440.3	2351172.3	682887.9	10688
文体设备和用品出租	49	15967.7	5616.8	8499.4	141
日用品出租	6	600.4	782.1	153.8	9
商务服务业	**20932**	**176202845.6**	**98663925.8**	**8716595.1**	**242410**
组织管理服务	4427	151838314.7	86281912.8	2483205.2	36440
综合管理服务	724	4895197.3	3261882.2	333039.3	8817
法律服务	684	69854.8	35311.8	101474.1	5603
咨询与调查	5962	12733383.6	5760386.1	1325006.5	26729
广告业	3746	1079317.2	514942.1	1177200.8	11990
人力资源服务	1715	1458786.5	848605.7	2050014.9	64387
安全保护服务	591	514969.8	266049.5	520799.3	61098
会议、展览及相关服务	523	310445.4	169592.9	114178.1	1850
其他商务服务业	2560	3302576.3	1525242.8	611677.0	25496

5-11 租赁和商务服务业企业法人单位分地区主要指标

地　区	单位数（个）	资产总计（万元）	负债合计（万元）	营业收入（万元）	从业人员（人）
总　计	**23338**	**179887854.0**	**101021497.0**	**9408136.2**	**253248**
乌鲁木齐市	9010	98877640.6	50988365.2	4321068.4	68282
克拉玛依市	762	3818333.2	1352285.2	411013.4	35227
吐鲁番市	501	2855165.8	2219577.0	77800.2	4330
哈密市	943	3825607.4	1467183.7	168196.6	7530
昌吉回族自治州	1638	11621836.2	7196764.8	285548.4	16309
博尔塔拉蒙古自治州	665	4476653.9	2752435.5	105696.3	4927
巴音郭楞蒙古自治州	1212	6496205.8	3082012.3	236857.9	9876
阿克苏地区	1190	5504316.7	2893103.6	273745.9	10271
克孜勒苏柯尔克孜自治州	194	1053632.9	198571.9	45342.4	3776
喀什地区	1542	5060324.5	2696061.4	858630.3	27309
和田地区	639	4022769.5	891411.7	149551.5	8054
伊犁哈萨克自治州直属县（市）	2923	13837323.2	7800773.8	1751598.7	20931
塔城地区	516	2986653.3	1614808.2	113940.6	4520
阿勒泰地区	490	2100743.1	1252640.2	68645.4	21103
自治区直辖县级市	1113	13350648.0	14615502.4	540500.2	10803
石河子市	692	8208100.4	4152149.4	385374.8	7220
阿拉尔市	177	1898110.6	918977.5	45095.8	1468
图木舒克市	75	556765.9	443403.8	48449.9	663
五家渠市	167	2687671.1	9100971.8	61579.7	1452
铁门关市	2				

5-12 租赁和商务服务业企业法人单位分登记注册类型主要指标

登记注册类型	单位数（个）	资产总计（万元）	负债合计（万元）	营业收入（万元）	从业人员（人）
总　计	**23338**	**179887854.0**	**101021497.0**	**9408136.2**	**253248**
内资企业	**23294**	**179738743.7**	**100971218.0**	**9384002.9**	**252920**
国有企业	217	3851393.8	2568723.2	263542.7	24581
集体企业	47	58996.7	18772.5	43817.4	7663
股份合作企业	4	81.8	63.6	84.8	11
联营企业	1	7.4	50.3	1.0	1
有限责任公司	4562	141004160.3	81919040.3	4140210.6	82957
股份有限公司	292	6668783.2	2035272.8	265117.5	5082
私营企业	17362	28088048.4	14405553.9	4605126.0	127488
其他企业	809	67272.1	23741.4	66103.0	5137
港、澳、台商投资企业	**20**	**22334.1**	**15052.1**	**14535.7**	**52**
外商投资企业	**24**	**126776.3**	**35226.9**	**9597.6**	**276**

5-13 科学研究和技术服务业企业法人单位主要指标

行业	单位数(个)	资产总计(万元)	负债合计(万元)	营业收入(万元)	从业人员(人)
总计	**10163**	**14039230.4**	**12001495.2**	**3559589.2**	**90033**
研究和试验发展	**404**	**360051.5**	**206037.2**	**65162.2**	**1773**
自然科学研究和试验发展	23	1976.9	1144.0	709.5	32
工程和技术研究和试验发展	196	231746.8	151264.9	50254.8	1088
农业科学研究和试验发展	107	74521.0	36414.0	8296.3	279
医学研究和试验发展	69	51421.9	17037.4	5695.4	353
社会人文科学研究	9	384.8	176.8	206.2	21
专业技术服务业	**5567**	**9946863.9**	**9955240.8**	**2448574.2**	**72609**
气象服务	30	4776.0	2139.8	2500.1	123
地震服务	3	49.7	63.4	73.2	4
海洋服务	2	0.9	0.9		1
测绘地理信息服务	205	124718.3	61108.6	57731.4	2071
质检技术服务	952	891628.8	744274.4	186674.1	10983
环境与生态监测检测服务	157	101044.2	21186.6	37372.7	1552
地质勘查	238	346323.1	185050.1	115184.0	2618
工程技术与设计服务	2436	6675299.1	3706628.2	1649804.7	43682
工业与专业设计及其他专业技术服务	1544	1803023.9	5234788.8	399234.1	11575
科技推广和应用服务业	**4192**	**3732315.1**	**1840217.2**	**1045852.8**	**15651**
技术推广服务	3417	3072919.8	1525386.3	515851.3	13116
知识产权服务	96	343318.8	161220.9	269605.9	442
科技中介服务	108	66052.5	30304.7	42136.4	391
创业空间服务	33	11324.0	3969.9	5062.6	129
其他科技推广服务业	538	238700.0	119335.5	213196.7	1573

5-14 科学研究和技术服务业企业法人单位分地区主要指标

地区	单位数(个)	资产总计(万元)	负债合计(万元)	营业收入(万元)	从业人员(人)
总计	**10163**	**14039230.4**	**12001495.2**	**3559589.2**	**90033**
乌鲁木齐市	4650	6394215.1	8244694.9	1758103.0	43103
克拉玛依市	429	692336.2	419640.5	258162.6	8922
吐鲁番市	129	147920.6	90595.5	30915.6	1038
哈密市	348	236864.9	132120.4	37873.6	1844
昌吉回族自治州	728	766934.4	240640.7	88677.7	3731
博尔塔拉蒙古自治州	184	83883.4	43418.6	21058.3	1013
巴音郭楞蒙古自治州	593	489896.1	315409.6	121394.5	5631
阿克苏地区	624	505783.8	153105.1	77166.3	4989
克孜勒苏柯尔克孜自治州	73	101738.6	24439.8	8717.1	465
喀什地区	589	1588710.5	904474.2	294266.9	3894
和田地区	252	1189741.6	329552.8	42768.7	2485
伊犁哈萨克自治州直属县（市）	946	1492260.6	886624.7	701654.5	7087
塔城地区	172	86497.6	46877.6	30297.4	1286
阿勒泰地区	163	49859.0	35478.2	14542.8	1073
自治区直辖县级市	283	212588.0	134422.7	73990.3	3472
石河子市	144	137229.6	94798.6	31426.2	1463
阿拉尔市	67	16646.6	8120.2	25774.0	1129
图木舒克市	19	25689.6	22797.0	5679.8	250
五家渠市	53	33022.2	8707.0	11110.3	630

5-15 科学研究和技术服务业企业法人单位分登记注册类型主要指标

登记注册类型	单位数（个）	资产总计（万元）	负债合计（万元）	营业收入（万元）	从业人员（人）
总　计	**10163**	**14039230.4**	**12001495.2**	**3559589.2**	**90033**
内资企业	**10150**	**14019985.0**	**11997578.3**	**3554976.8**	**89988**
国有企业	199	1476773.8	683068.1	256376.0	7627
集体企业	19	53927.4	8432.8	15069.7	461
股份合作企业					
联营企业	6	1080.9	195.4	108.2	15
有限责任公司	2018	6932408.9	4195745.4	1283711.4	32340
股份有限公司	145	220165.7	88357.2	61132.3	1607
私营企业	7452	5310457.8	7015323.4	1925851.1	46061
其他企业	311	25170.6	6456.1	12728.1	1877
港、澳、台商投资企业	**5**	**5270.3**	**625.2**	**325.6**	**11**
外商投资企业	**8**	**13975.2**	**3291.7**	**4286.7**	**34**

5-16 水利、环境和公共设施管理业企业法人单位主要指标

分　组	单位数（个）	资产总计（万元）	负债合计（万元）	营业收入（万元）	从业人员（人）
总　计	**1438**	**7893691.9**	**4059381.6**	**708779.4**	**31005**
水利管理业	**183**	**2217895.3**	**1118498.7**	**183492.2**	**6754**
防洪除涝设施管理	6	57942.8	54880.2	1255.1	216
水资源管理	90	1405516.7	731841.2	80537.9	3263
天然水收集与分配	18	383191.6	170486.2	52830.4	2050
水文服务	5	37.6	1.3	46.8	7
其他水利管理业	64	371206.6	161289.7	48822.1	1218
生态保护和环境治理业	**197**	**398519.5**	**267674.5**	**69249.6**	**1706**
生态保护	30	62113.1	41190.4	6778.0	474
环境治理业	167	336406.4	226484.1	62471.6	1232
公共设施管理业	**968**	**5006754.6**	**2514109.8**	**407229.4**	**21792**
市政设施管理	158	3371878.3	1645217.3	68461.0	3200
环境卫生管理	127	121721.4	73095.1	75322.5	8886
城乡市容管理	21	24968.1	24406.8	4429.4	130
绿化管理	487	839860.8	429556.6	213370.7	7028
城市公园管理	8	2046.8	432.5	184.8	58
游览景区管理	167	646279.2	341401.5	45461.0	2490
土地管理业	**90**	**270522.6**	**159098.7**	**48808.1**	**753**
土地整治服务	25	46223.7	30282.2	9860.7	291
土地调查评估服务	44	9479.8	4513.8	8666.0	365
土地登记服务	1	28.5	31.2	2.6	3
土地登记代理服务	1				1
其他土地管理服务	19	214790.6	124271.5	30278.9	93

5-17 水利、环境和公共设施管理业企业法人单位分地区主要指标

地　　区	单位数（个）	资产总计（万元）	负债合计（万元）	营业收入（万元）	从业人员期末人数（人）
总　　计	**1438**	**7893691.9**	**4059381.6**	**708779.4**	**31005**
乌鲁木齐市	315	1225799.6	711928.5	230791.3	6877
克拉玛依市	89	379095.0	272251.3	49346.7	2206
吐鲁番市	44	262201.3	98928.8	11452.1	605
哈密市	61	197861.4	160228.6	16377.1	1879
昌吉回族自治州	179	2139062.3	797375.0	55729.3	1890
博尔塔拉蒙古自治州	54	393226.1	237853.9	24945.4	1651
巴音郭楞蒙古自治州	97	346356.3	225094.6	31850.0	1632
阿克苏地区	118	550942.8	328910.8	50474.9	1428
克孜勒苏柯尔克孜自治州	12	7727.3	2634.9	2943.9	346
喀什地区	91	649063.8	315657.2	41241.1	2008
和田地区	31	109648.2	57712.2	6647.9	651
伊犁哈萨克自治州直属县（市）	113	678112.3	310230.2	66422.8	3398
塔城地区	55	115661.6	36804.1	17498.0	1143
阿勒泰地区	77	514422.8	372793.4	36351.4	1214
自治区直辖县级市	102	324511.3	130978.4	66707.7	4077
石河子市	21	70862.3	27721.7	22028.5	891
阿拉尔市	35	76662.8	44883.7	9141.5	773
图木舒克市	23	8442.0	3922.4	8370.8	338
五家渠市	22	166582.2	52488.6	27152.4	2058
铁门关市	1	1961.9	1961.9	14.4	17

5-18 水利、环境和公共设施管理业企业法人单位分登记注册类型主要指标

登记注册类型	单位数（个）	资产总计（万元）	负债合计（万元）	营业收入（万元）	从业人员（人）
总　　计	**1438**	**7893691.9**	**4059381.6**	**708779.4**	**31005**
内资企业	**1435**	**7890137.8**	**4058434.3**	**706302.2**	**30956**
国有企业	75	769965.0	331885.3	111011.9	5336
集体企业	2	221.1	280.5	303.4	9
股份合作企业	1	897.4	333.4	287.8	
联营企业	1	1.7			4
有限责任公司	458	5853432.0	3050605.3	350992.6	17602
股份有限公司	22	216778.6	71800.3	12499.5	319
私营企业	852	1047746.8	603213.5	230092.1	7557
其他企业	24	1095.3	316.0	1115.0	129
港、澳、台商投资企业	**3**	**3554.1**	**947.3**	**2477.2**	**49**
外商投资企业					

5-19 居民服务、修理和其他服务业企业法人单位主要指标

分　组	单位数(个)	资产总计(万元)	负债合计(万元)	营业收入(万元)	从业人员(人)
总　计	**4562**	**854684.1**	**505102.6**	**541589.6**	**27927**
居民服务业	**1428**	**210315.9**	**121114.6**	**131668.1**	**7983**
家庭服务	429	16986.3	7266.3	12634.9	1942
托儿所服务	23	342.6	102.6	532.1	207
洗染服务	41	10735.7	5861.5	6384.0	476
理发及美容服务	189	7531.3	3623.4	31646.4	659
洗浴和保健养生服务	164	28677.0	24072.8	11951.9	1003
摄影扩印服务	125	13944.4	11164.3	5250.4	673
婚姻服务	123	4529.8	1899.1	1501.1	257
殡葬服务	71	69256.0	36228.1	38162.9	1193
其他居民服务业	263	58312.9	30896.5	23604.5	1573
机动车、电子产品和日用产品修理业	**2592**	**460484.0**	**285844.6**	**323173.7**	**13313**
汽车、摩托车等修理与维护	1951	303867.1	201166.4	202752.5	9847
计算机和办公设备维修	372	117281.3	63609.1	98574.7	2476
家用电器修理	199	22669.4	12133.3	14664.9	698
其他日用产品修理业	70	16666.3	8935.9	7181.6	292
其他服务业	**542**	**183884.2**	**98143.5**	**86747.8**	**6631**
清洁服务	360	74027.5	49532.3	63365.9	5560
宠物服务	11	250.6	124.7	354.0	38
其他未列明服务业	171	109606.2	48486.5	23027.9	1033

5-20 居民服务、修理和其他服务业企业法人单位分地区主要指标

地　区	单位数(个)	资产总计(万元)	负债合计(万元)	营业收入(万元)	从业人员(人)
总　计	**4562**	**854684.1**	**505102.6**	**541589.6**	**27927**
乌鲁木齐市	1590	406047.0	225848.7	289138.9	11035
克拉玛依市	234	70519.1	42984.4	57445.8	2886
吐鲁番市	116	13225.5	9127.1	6380.6	558
哈密市	204	19892.4	11879.0	9325.9	682
昌吉回族自治州	333	77467.0	56447.3	35564.4	1608
博尔塔拉蒙古自治州	103	13890.1	5964.8	10597.1	587
巴音郭楞蒙古自治州	335	39491.1	28860.6	24986.9	1327
阿克苏地区	311	37629.9	24788.1	21927.6	1732
克孜勒苏柯尔克孜自治州	117	2481.5	1355.7	2762.8	332
喀什地区	419	53283.7	34206.7	23425.1	2329
和田地区	227	22099.1	12256.3	13725.2	1207
伊犁哈萨克自治州直属县（市）	257	47266.8	28364.7	21275.4	1696
塔城地区	83	8900.3	7100.3	3115.2	375
阿勒泰地区	70	15706.4	4645.0	4382.6	470
自治区直辖县级市	163	26784.1	11273.9	17536.1	1103
石河子市	92	14127.3	8135.9	12341.8	623
阿拉尔市	37	5085.6	1472.2	2551.8	229
图木舒克市	16	417.3	344.8	756.3	136
五家渠市	18	7153.9	1321.0	1886.1	115

5-21 居民服务、修理和其他服务业企业法人单位分登记注册类型主要指标

登记注册类型	单位数(个)	资产总计(万元)	负债合计(万元)	营业收入(万元)	从业人员(人)
总　计	**4562**	**854684.1**	**505102.6**	**541589.6**	**27927**
内资企业	**4562**	**854684.1**	**505102.6**	**541589.6**	**27927**
国有企业	40	48066.9	36878.8	14364.3	389
集体企业	10	1973.2	570.4	1664.0	147
股份合作企业	2	0.1	0.9		3
联营企业	1				
有限责任公司	664	241425.4	140392.4	112703.8	5166
股份有限公司	49	18537.2	14226.7	11476.6	371
私营企业	3700	540946.7	312139.0	398472.2	21147
其他企业	96	3734.6	894.4	2908.6	704
港、澳、台商投资企业					
外商投资企业					

5-22 教育企业法人单位主要指标

行　业	单位数(个)	资产总计(万元)	负债合计(万元)	营业收入(万元)	从业人员(人)
总　计	**2258**	**554054.2**	**337721.9**	**229446.0**	**26308**
学前教育	294	61001.4	30586.8	26174.7	5578
初等教育	17	3643.8	272.9	185.6	466
中等教育	16	14275.2	6402.3	10846.4	851
高等教育	1	5596.9	3894.7	3612.3	155
特殊教育	3	80.0	181.1	33.4	11
技能培训、教育辅助及其他教育	1927	469456.9	296384.1	188593.6	19247

5-23 教育企业法人单位分地区主要指标

地 区	单位数（个）	资产总计（万元）	负债合计（万元）	营业收入（万元）	从业人员（人）
总 计	**2258**	**554054.2**	**337721.9**	**229446.0**	**26308**
乌鲁木齐市	615	104693.3	61665.0	63208.2	6451
克拉玛依市	82	21866.0	16929.2	4048.3	555
吐鲁番市	82	12819.8	28576.1	14215.0	3473
哈密市	74	18591.1	13008.3	6965.5	693
昌吉回族自治州	251	28221.6	30571.1	10923.6	1781
博尔塔拉蒙古自治州	83	20872.6	7471.6	4575.2	612
巴音郭楞蒙古自治州	206	21801.0	17170.5	8226.2	1183
阿克苏地区	165	36168.2	22482.5	18923.5	1950
克孜勒苏柯尔克孜自治州	24	8984.2	7313.4	3202.5	438
喀什地区	166	52449.7	20696.5	17742.5	2352
和田地区	70	41018.0	10282.3	7097.1	929
伊犁哈萨克自治州直属县（市）	148	82297.1	44796.7	36167.8	2519
塔城地区	100	36232.0	20829.0	6047.9	1046
阿勒泰地区	43	7774.4	7837.5	2081.0	309
自治区直辖县级市	149	60265.6	28092.3	26021.9	2017
石河子市	92	43803.0	21192.7	17967.7	1170
阿拉尔市	19	3972.1	1137.6	2689.6	387
图木舒克市	9	2733.4	890.4	443.5	94
五家渠市	29	9757.1	4871.5	4921.1	366

5-24 教育企业法人单位分登记注册类型主要指标

登记注册类型	单位数（个）	资产总计（万元）	负债合计（万元）	营业收入（万元）	从业人员（人）
总 计	**2258**	**554054.2**	**337721.9**	**229446.0**	**26308**
内资企业	**2257**	**554053.6**	**337721.9**	**229446.0**	**26308**
国有企业	47	55047.2	24594.8	6714.9	1144
集体企业	10	27875.0	2018.5	2167.6	160
股份合作企业	4	606.4	390.6	715.7	113
联营企业	2	49.7	2.2		
有限责任公司	297	128874.6	80943.9	55259.6	6049
股份有限公司	26	13068.0	15306.3	3074.6	254
私营企业	1286	252205.6	181273.1	112989.4	12174
其他企业	585	76327.1	33192.4	48524.3	6414
港、澳、台商投资企业	**1**	**0.7**			
外商投资企业					

5-25 卫生和社会工作企业法人单位主要指标

行　业	单位数（个）	资产总计（万元）	负债合计（万元）	营业收入（万元）	从业人员（人）
总　计	**897**	**583471.4**	**361508.0**	**329222.6**	**22006**
卫生	**722**	**463100.3**	**300669.7**	**316385.8**	**20495**
医院	366	340475.3	228106.6	226455.2	15289
基层医疗卫生服务	269	34579.5	20372.8	36390.6	2788
专业公共卫生服务	33	52350.7	31678.8	30033.8	973
其他卫生活动	54	35694.8	20511.5	23506.3	1445
社会工作	**175**	**120371.1**	**60838.3**	**12836.7**	**1511**
提供住宿社会工作	145	101502.0	52874.1	9979.3	1239
不提供住宿社会工作	30	18869.1	7964.1	2857.4	272

5-26 卫生和社会工作企业法人单位分地区主要指标

地　区	单位数（个）	资产总计（万元）	负债合计（万元）	营业收入（万元）	从业人员（人）
总　计	**897**	**583471.4**	**361508.0**	**329222.6**	**22006**
乌鲁木齐市	267	175352.4	122091.5	153459.1	8027
克拉玛依市	25	39318.9	26565.1	8007.1	366
吐鲁番市	9	3106.1	854.4	751.5	88
哈密市	22	11158.8	7603.6	6358.4	472
昌吉回族自治州	83	31715.3	22584.7	9062.9	946
博尔塔拉蒙古自治州	27	16823.4	19674.0	5365.1	455
巴音郭楞蒙古自治州	63	12229.1	4310.4	8078.6	758
阿克苏地区	51	31634.3	14875.4	13039.8	1023
克孜勒苏柯尔克孜自治州	17	4531.1	1680.2	5710.3	624
喀什地区	98	85223.5	40117.0	40603.9	2917
和田地区	68	64001.9	40800.1	47142.8	3307
伊犁哈萨克自治州直属县（市）	66	29509.5	18144.3	15312.1	1242
塔城地区	35	22994.8	6004.8	4457.5	569
阿勒泰地区	19	9015.0	4585.2	2750.6	311
自治区直辖县级市	47	46857.3	31617.4	9122.9	901
石河子市	29	37082.6	25876.9	6928.9	576
阿拉尔市	6	701.2	83.6	336.7	137
图木舒克市	2	3936.9	1908.9	444.2	75
五家渠市	10	5136.6	3748.1	1413.1	113

5-27 卫生和社会工作企业法人单位分登记注册类型主要指标

登记注册类型	单位数（个）	资产总计（万元）	负债合计（万元）	营业收入（万元）	从业人员（人）
总　计	**897**	**583471.4**	**361508.0**	**329222.6**	**22006**
内资企业	**897**	**583471.4**	**361508.0**	**329222.6**	**22006**
国有企业	52	29352.4	15335.8	36756.6	1779
集体企业	5	12.1		29.2	10
股份合作企业	1	149.8	38.6	146.5	11
联营企业	1	4.5		0.3	3
有限责任公司	115	205272.5	121049.6	70466.6	3564
股份有限公司	9	8015.8	3399.5	2914.2	243
私营企业	557	285326.4	178324.1	200932.8	14639
其他企业	157	55337.8	43360.4	17976.4	1757
港、澳、台商投资企业					
外商投资企业					

5-28 文化、体育和娱乐业企业法人单位主要指标

行　业	单位数（个）	资产总计（万元）	负债合计（万元）	营业收入（万元）	从业人员（人）
总　计	**4517**	**6546740.0**	**3831503.4**	**3232123.7**	**21900**
新闻和出版业	**41**	**274213.7**	**104129.4**	**129488.2**	**2305**
新闻业	4	2213.9	2225.3	13.1	4
出版业	37	271999.9	101904.1	129475.1	2301
广播、电视、电影和录音制作业	**1334**	**4880855.4**	**2898516.4**	**2526728.6**	**5097**
广播	87	279322.9	191760.8	205970.2	334
电视	28	88160.3	36633.2	35081.7	160
影视节目制作	1001	3765847.8	2186438.7	1785161.6	2537
广播电视集成播控	9	6759.4	5012.0	1788.6	72
电影和广播电视节目发行	49	588135.1	379579.2	376015.8	329
电影放映	129	135141.8	85414.7	58033.2	1579
录音制作	31	17488.1	13677.8	64677.5	86
文化艺术业	**618**	**312724.8**	**131898.4**	**151839.3**	**2726**
文艺创作与表演	249	142775.2	54703.7	87971.1	888
艺术表演场馆	4	88807.9	38430.7	10476.1	940
图书馆与档案馆	9	600.6	372.8	1154.5	41
文物及非物质文化遗产保护	11	3570.1	584.4	482.1	8
博物馆	7	10609.1	1707.6	28.0	9
烈士陵园、纪念馆					
群众文体活动	66	8541.6	4013.4	3474.7	163
其他文化艺术业	272	57820.4	32085.7	48252.7	677
体育	**285**	**116287.6**	**79303.5**	**22440.1**	**1405**
体育组织	82	34365.3	48045.9	14995.6	463
体育场地设施管理	22	42227.2	1998.8	473.0	112
健身休闲活动	158	38155.9	28383.8	6814.5	790
其他体育	23	1539.1	875.0	157.0	40
娱乐业	**2239**	**962658.5**	**617655.7**	**401627.6**	**10367**
室内娱乐活动	1599	143603.2	72032.7	67654.8	7548
游乐园	37	73324.0	33314.0	13126.6	406
休闲观光活动	73	178978.8	140734.9	17166.6	652
彩票活动	3	197.8	37.9	155.7	3
文化体育娱乐活动与经纪代理服务	437	245593.5	147588.7	122438.2	1355
其他娱乐业	90	320961.3	223947.5	181085.7	403

5-29 文化、体育和娱乐业企业法人单位分地区主要指标

地　区	单位数（个）	资产总计（万元）	负债合计（万元）	营业收入（万元）	从业人员（人）
总　　计	**4517**	**6546740.0**	**3831503.4**	**3232123.7**	**21900**
乌鲁木齐市	1096	651784.7	341433.6	220072.4	7227
克拉玛依市	80	7428.6	2380.6	1865.6	309
吐鲁番市	65	23948.6	10577.8	4353.6	225
哈密市	147	18915.0	9169.6	8645.9	596
昌吉回族自治州	286	185399.3	123205.9	11148.9	1579
博尔塔拉蒙古自治州	79	43895.7	1091.4	1907.7	276
巴音郭楞蒙古自治州	106	14307.0	6306.4	3792.9	388
阿克苏地区	192	29784.1	7252.8	9089.2	800
克孜勒苏柯尔克孜自治州	44	3626.6	1310.8	689.6	154
喀什地区	422	368585.9	220437.8	204422.2	1745
和田地区	42	3301.9	1450.8	1583.7	197
伊犁哈萨克自治州直属县（市）	1488	5070910.8	3016800.9	2753470.2	6949
塔城地区	172	29968.9	18393.0	2430.3	443
阿勒泰地区	80	14442.1	8320.6	1911.8	207
自治区直辖县级市	218	80440.9	63371.6	6739.6	805
石河子市	72	5184.1	3672.0	2276.9	329
阿拉尔市	74	4888.8	739.6	2110.6	217
图木舒克市	30	43045.3	41639.1	550.7	89
五家渠市	41	27322.7	17321.0	1801.5	170
铁门关市	1				

5-30 文化、体育和娱乐业企业法人单位分登记注册类型主要指标

登记注册类型	单位数（个）	资产总计（万元）	负债合计（万元）	营业收入（万元）	从业人员（人）
总　计	**4517**	**6546740.0**	**3831503.4**	**3232123.7**	**21900**
内资企业	**4509**	**6544008.2**	**3830799.2**	**3230652.7**	**21889**
国有企业	55	237851.4	90311.6	113595.3	2113
集体企业	4	1500.2	24.0	110.3	21
股份合作企业	1	50.0	1.0	2.0	7
联营企业	4	15.0	0.1	15.0	4
有限责任公司	604	1546985.1	993023.5	678260.8	4147
股份有限公司	31	107999.2	41777.6	21988.2	560
私营企业	3758	4633794.6	2704033.9	2415081.0	14758
其他企业	52	15812.6	1627.4	1600.2	279
港、澳、台商投资企业	**5**	**1019.6**	**533.0**	**818.5**	**10**
外商投资企业	**3**	**1712.2**	**171.3**	**652.6**	**1**

5-31 国有控股企业分行业主要指标

行业	单位数（个）	资产总计（万元）	负债合计（万元）	营业收入（万元）	从业人员（人）
总计	**2807**	**158197306.1**	**88003319.0**	**12517685.7**	**221993**
交通运输、仓储和邮政业	**367**	**23804738.6**	**7160867.8**	**5962803.7**	**74282**
道路运输业	214	6365973.8	3807219.5	2332293.3	51612
水上运输业					
航空运输业	10	1961099.4	846419.8	223651.1	7029
管道运输业	6	13241765.0	858678.7	2503802.4	3167
多式联运和运输代理业	33	627464.2	375212.6	399554.7	795
装卸搬运和仓储业	71	1311995.1	1070113.3	267050.5	1562
邮政业	33	296441.0	203224.0	236451.7	10117
信息传输、软件和信息技术服务业	**158**	**1461370.2**	**3198737.8**	**2147364.3**	**23995**
电信、广播电视和卫星传输服务	85	594782.7	2622030.0	1736541.6	21403
互联网和相关服务	17	127371.8	66131.0	15944.2	150
软件和信息技术服务业	56	739215.8	510576.7	394878.5	2442
房地产业	**312**	**5185487.3**	**2071456.7**	**288152.3**	**17100**
物业管理	183	366783.6	231029.7	158949.2	14841
房地产中介服务	8	44789.5	23695.2	2336.8	126
房地产租赁经营	115	4386292.7	1524144.5	126040.8	2073
其他房地产业	6	387621.5	292587.3	825.6	60
租赁和商务服务业	**1176**	**117685559.4**	**70554097.9**	**2739616.7**	**67717**
租赁业	37	590094.7	371747.6	84419.5	501
商务服务业	1139	117095464.7	70182350.4	2655197.2	67216
科学研究和技术服务业	**388**	**4067542.8**	**2111987.9**	**886781.1**	**19814**
研究和试验发展	10	24595.3	7886.1	11355.0	323
专业技术服务业	297	3137803.7	1648147.8	816584.3	17245
科技推广和应用服务业	81	905143.8	455954.0	58841.8	2246
水利、环境和公共设施管理业	**206**	**5192897.2**	**2457507.8**	**271308.3**	**13666**
水利管理业	49	1493840.5	766343.5	81253.0	3071
生态保护和环境治理业	16	86159.3	47549.7	15896.1	710
公共设施管理业	129	3394185.9	1516810.8	143489.6	9773
土地管理业	12	218711.6	126803.8	30669.7	112
居民服务、修理和其他服务业	**59**	**98535.8**	**68657.9**	**32161.1**	**1502**
居民服务业	33	41906.7	36799.2	5834.4	417
机动车、电子产品和日用产品修理业	17	31263.2	24124.4	14387.7	226
其他服务业	9	25365.9	7734.3	11939.0	859
教育	**37**	**69411.9**	**26285.6**	**16571.5**	**741**
学前教育	1	637.0		77.4	33
初等教育					
中等教育					
高等教育					
技能培训、教育辅助及其他教育	36	68774.9	26285.6	16494.1	708
卫生和社会工作	**19**	**65612.9**	**49496.2**	**14326.8**	**644**
卫生	11	9261.0	3820.8	13317.0	610
社会工作	8	56351.9	45675.4	1009.9	34
文化、体育和娱乐业	**85**	**566149.8**	**304223.5**	**158600.0**	**2532**
新闻和出版业	12	144909.8	43552.0	63300.5	1147
广播、电视、电影和录音制作业	44	185263.6	115447.6	81464.9	726
文化艺术业	15	76865.5	33151.0	7076.0	402
体育	4	39490.6	1413.6	11.4	31
娱乐业	10	119620.4	110659.2	6747.1	226

注：不含铁路运输业、金融业、房地产开发经营。

5-32 非公有控股企业分行业主要指标

行　　业	单位数（个）	资产总计（万元）	负债合计（万元）	营业收入（万元）	从业人员（人）
总　计	**66883**	**107470405.1**	**62131949.7**	**26731609.1**	**564973.0**
交通运输、仓储和邮政业	**8467**	**9682489.9**	**6691193.8**	**6183599.6**	**72533.0**
道路运输业	6038	4595886.2	3137982.7	4338530.7	49209.0
水上运输业	7	5690.1	3139.9	2546.6	69.0
航空运输业	56	205390.9	120899.0	191078.6	1506.0
管道运输业	12	89203.6	93453.6	43773.7	257.0
多式联运和运输代理业	1058	1861708.0	1105990.0	1167264.8	5358.0
装卸搬运和仓储业	935	2858998.6	2170419.2	335188.2	10381.0
邮政业	361	65612.6	59309.4	105217.0	5753.0
信息传输、软件和信息技术服务业	**7979**	**10076372.4**	**5226524.8**	**5693683.1**	**45015.0**
电信、广播电视和卫星传输服务	258	2305139.6	636777.7	789728.1	7748.0
互联网和相关服务	981	2671794.6	1988702.3	1027589.2	4996.0
软件和信息技术服务业	6740	5099438.2	2601044.7	3876365.8	32271.0
房地产业	**5499**	**7164448.9**	**4843760.4**	**1187845.8**	**95807.0**
物业管理	3036	1594027.0	1255748.1	810891.2	81881.0
房地产中介服务	1555	690732.1	439885.4	88418.7	6934.0
房地产租赁经营	840	4752110.1	3046703.4	283398.6	6739.0
其他房地产业	68	127579.6	101423.5	5137.3	253.0
租赁和商务服务业	**22040**	**60636352.7**	**29666629.5**	**6523891.2**	**174189.0**
租赁业	2363	3081336.2	1980699.8	604596.6	10285.0
商务服务业	19677	57555016.5	27685929.8	5919294.6	163904.0
科学研究和技术服务业	**9712**	**9532003.2**	**9530121.5**	**2612216.6**	**68528.0**
研究和试验发展	393	335456.2	198151.1	53807.2	1450.0
专业技术服务业	5223	6373891.2	7949134.1	1571786.3	53737.0
科技推广和应用服务业	4096	2822655.8	1382836.3	986623.0	13341.0
水利、环境和公共设施管理业	**1215**	**2690578.1**	**1597197.7**	**435113.7**	**17059.0**
水利管理业	129	717757.1	348901.3	102239.3	3671.0
生态保护和环境治理业	181	312360.2	220124.8	53353.5	996.0
公共设施管理业	827	1608649.9	995876.7	261382.4	11751.0
土地管理业	78	51810.9	32294.9	18138.4	641.0
居民服务、修理和其他服务业	**4483**	**750571.3**	**433477.9**	**506471.4**	**26163.0**
居民服务业	1385	166300.1	83510.6	125110.3	7471.0
机动车、电子产品和日用产品修理业	2569	427708.8	260557.0	307475.8	12985.0
其他服务业	529	156562.4	89410.3	73885.4	5707.0
教育	**2200**	**453716.8**	**306897.0**	**208070.6**	**25170.0**
学前教育	293	60364.4	30586.8	26097.3	5545.0
初等教育	17	3643.8	272.9	185.6	466.0
中等教育	16	14275.2	6402.3	10846.4	851.0
高等教育	1	5596.9	3894.7	3612.3	155.0
特殊教育	3	80.0	181.1	33.4	11.0
技能培训、教育辅助及其他教育	1870	369756.5	265559.2	167295.6	18142.0
卫生和社会工作	**872**	**516305.4**	**310946.0**	**313433.7**	**21303.0**
卫生	705	452286.3	295783.2	301606.8	19826.0
社会工作	167	64019.2	15162.8	11826.9	1477.0
文化、体育和娱乐业	**4416**	**5967566.3**	**3525201.1**	**3067283.5**	**19206.0**
新闻和出版业	29	129304.0	60577.4	66187.7	1158.0
广播、电视、电影和录音制作业	1284	4693259.8	2782201.9	2441219.0	4338.0
文化艺术业	602	235810.0	98747.3	144763.3	2323.0
体育	279	76783.4	77867.3	22427.8	1371.0
娱乐业	2222	832409.2	505807.2	392685.8	10016.0

注：不含铁路运输业、金融业、房地产开发经营。

5-33 规模以上交通运输、仓储和邮政业企业法人单位主要指标

行　　业	固定资产原　　价（万元）	累计折旧（万元）	资产总计（万元）	负债合计（万元）	所有者权益合计（万元）
总　计	**16991271.1**	**5022821.7**	**22756627.0**	**6331818.7**	**16424808.3**
道路运输业	2849545.0	1458966.2	4954107.1	2518713.3	2435393.8
城市公共交通运输	525948.6	254654.9	1446919.1	740319.7	706599.4
公路旅客运输	216565.8	100433.1	320087.0	134344.6	185742.4
道路货物运输	1994655.5	1066085.8	3043046.6	1580584.3	1462462.3
道路运输辅助活动	112375.1	37792.4	144054.4	63464.7	80589.7
水上运输业	2509.7	856.7	3048.8	767.8	2281.0
水上旅客运输	2509.7	856.7	3048.8	767.8	2281.0
水上货物运输					
水上运输辅助活动					
航空运输业	1358780.8	411729.4	2014022.0	876824.9	1137197.1
航空客货运输	43527.0	22084.8	130973.7	84594.7	46379.0
通用航空服务	60477.9	18138.4	68107.7	5560.5	62547.2
航空运输辅助活动	1254775.9	371506.2	1814940.6	786669.7	1028270.9
管道运输业	12035941.0	2870044.0	13321816.7	946724.2	12375092.5
海底管道运输					
陆地管道运输	12035941.0	2870044.0	13321816.7	946724.2	12375092.5
多式联运和运输代理业	106431.6	33763.3	670767.8	486369.3	184398.5
多式联运					
运输代理业	106431.6	33763.3	670767.8	486369.3	184398.5
装卸搬运和仓储业	430585.2	137543.1	1508362.6	1276957.6	231405.0
装卸搬运	32554.8	16153.2	42991.7	30663.7	12328.0
通用仓储	67804.0	18379.6	93238.1	60492.9	32745.2
低温仓储	49874.9	10074.9	128362.6	108559.3	19803.3
危险品仓储	2676.3	1372.4	4052.7	1817.5	2235.2
谷物、棉花等农产品仓储	222860.9	77075.9	1147525.0	1021863.5	125661.5
中药材仓储					
其他仓储业	54814.3	14487.1	92192.5	53560.7	38631.8
邮政业	207477.8	109919.0	284502.0	225461.6	59040.4
邮政基本服务	184245.0	101103.2	218881.6	170456.2	48425.4
快递服务	23232.8	8815.8	65620.4	55005.4	10615.0
其他寄递服务					

5-33 续表 1

行　业	营业收入（万元）	营业成本（万元）	税金及附加（万元）	销售费用、管理费用、财务费用合计（万元）	投资收益（万元）
总　计	**8856372.4**	**7207583.9**	**54161.9**	**451659.2**	**15554.5**
道路运输业	4090931.6	3802015.1	24103.4	251505.6	4974.9
城市公共交通运输	146332.4	260294.8	1018.3	36691.6	3788.0
公路旅客运输	114282.6	74889.8	1456.0	20232.1	1881.5
道路货物运输	3756656.9	3396914.2	21221.6	187205.3	-1094.6
道路运输辅助活动	73659.7	69916.3	407.5	7376.6	400.0
水上运输业	2097.4	766.5	21.2	49.9	
水上旅客运输	2097.4	766.5	21.2	49.9	
水上货物运输					
水上运输辅助活动					
航空运输业	386511.0	401065.2	6971.2	39480.4	9954.5
航空客货运输	176212.8	194908.8	306.7	11293.7	0.1
通用航空服务	7335.3	11707.8	58.0	1719.4	796.7
航空运输辅助活动	202962.9	194448.6	6606.5	26467.3	9157.7
管道运输业	2547088.5	1253743.2	17564.1	14558.4	114.3
海底管道运输					
陆地管道运输	2547088.5	1253743.2	17564.1	14558.4	114.3
多式联运和运输代理业	1239816.0	1213229.4	1362.5	22976.5	436.5
多式联运					
运输代理业	1239816.0	1213229.4	1362.5	22976.5	436.5
装卸搬运和仓储业	331272.2	280678.8	1847.0	74322.3	74.3
装卸搬运	47210.3	37950.0	134.6	6678.8	42.1
通用仓储	16773.6	10441.3	684.7	7595.8	
低温仓储	10789.1	4756.0	247.2	6438.1	
危险品仓储	1652.1	1364.0	43.6	193.7	
谷物、棉花等农产品仓储	233336.8	214424.6	320.6	42949.7	-17.5
中药材仓储					
其他仓储业	21510.3	11742.9	416.3	10466.2	49.7
邮政业	258655.7	256085.7	2292.5	48766.1	
邮政基本服务	160230.0	158970.0	1898.7	33916.2	
快递服务	98425.7	97115.7	393.8	14849.9	
其他寄递服务					

5-33 续表 2

行业	营业利润（万元）	利润总额（万元）	应付职工薪酬（万元）	应交增值税（万元）	平均用工人数（人）
总计	**1457512.4**	**1455755.0**	**1111439.3**	**230831.6**	**94286**
道路运输业	197316.3	190658.0	701068.5	87394.3	67139
城市公共交通运输	16775.2	42963.9	158767.3	3947.6	18556
公路旅客运输	35521.9	40015.0	25087.2	3011.8	4387
道路货物运输	148574.5	109320.1	506549.9	79979.2	42197
道路运输辅助活动	-3555.3	-1641.0	10664.1	455.7	1999
水上运输业	1259.5	1391.1	377.4	0.2	42
水上旅客运输	1259.5	1391.1	377.4	0.2	42
水上货物运输					
水上运输辅助活动					
航空运输业	-30213.6	-32387.4	148148.0	2145.3	7441
航空客货运输	-29055.5	-28629.8	16900.8	1460.2	1054
通用航空服务	-1522.4	-1046.1	5800.7	-43.2	357
航空运输辅助活动	364.3	-2711.5	125446.5	728.3	6030
管道运输业	1335429.9	1334874.5	95674.6	133070.1	3561
海底管道运输					
陆地管道运输	1335429.9	1334874.5	95674.6	133070.1	3561
多式联运和运输代理业	5828.1	6370.2	14041.7	74.3	1314
多式联运					
运输代理业	5828.1	6370.2	14041.7	74.3	1314
装卸搬运和仓储业	-3592.6	3483.5	33567.0	4129.3	4493
装卸搬运	2489.7	2402.0	14730.3	947.6	2692
通用仓储	-1908.1	402.2	1575.0	344.1	226
低温仓储	-133.0	178.4	1695.0	581.9	206
危险品仓储	50.8	50.2	235.7	32.0	13
谷物、棉花等农产品仓储	-3026.6	506.6	13419.9	611.3	1127
中药材仓储					
其他仓储业	-1065.4	-55.9	1911.1	1612.4	229
邮政业	-48515.2	-48634.9	118562.1	4018.1	10296
邮政基本服务	-34548.9	-34885.6	91141.7	2392.7	7054
快递服务	-13966.3	-13749.3	27420.4	1625.4	3242
其他寄递服务					

注：不含规模以上铁路运输业。

5-34 规模以上信息传输、软件和信息技术服务业企业法人单位主要指标

行业	固定资产原价（万元）	累计折旧（万元）	资产总计（万元）	负债合计（万元）	所有者权益合计（万元）
总计	**7593365.8**	**4188964.5**	**4577565.5**	**6336643.2**	**-1759077.7**
电信、广播电视和卫星传输服务	7531729.3	4164983.4	1068240.3	3471840.9	-2403600.6
电信	7397743.2	4101846.8	880499.6	3393981.3	-2513481.7
广播电视传输服务	132912.0	62553.7	182270.8	76687.1	105583.7
卫星传输服务	1074.1	582.9	5469.9	1172.5	4297.4
互联网和相关服务	4320.2	2581.0	1853885.8	1702891.6	150994.2
互联网接入及相关服务	1551.6	1237.0	6841.4	673.0	6168.4
互联网信息服务	1014.4	738.5	52176.4	4629.5	47546.9
互联网平台	1419.0	494.4	1764373.3	1694206.3	70167.0
互联网安全服务					
互联网数据服务	32.8	0.9	8715.9	718.6	7997.3
其他互联网服务	302.4	110.2	21778.8	2664.2	19114.6
软件和信息技术服务业	57316.3	21400.1	1655439.4	1161910.7	493528.7
软件开发	6373.6	3026.2	523554.7	382653.6	140901.1
集成电路设计	9801.0	3876.7	9481.5	8208.5	1273.0
信息系统集成和物联网技术服务	34951.6	10845.4	645872.1	516315.5	129556.6
运行维护服务	2668.7	1277.3	28629.9	16600.4	12029.5
信息处理和存储支持服务	0.2	0.1	4588.0	1136.9	3451.1
信息技术咨询服务	3468.0	2348.8	323240.0	149494.2	173745.8
数字内容服务	15.1	0.6	26834.7	13151.3	13683.4
其他信息技术服务业	38.1	25.0	93238.5	74350.3	18888.2

5-34 续表 1

行　业	营业收入（万元）	营业成本（万元）	税金及附加（万元）	销售费用、管理费用、财务费用合计（万元）	投资收益（万元）
总　计	**3922628.3**	**2929716.8**	**16099.0**	**869391.8**	**8716.3**
电信、广播电视和卫星传输服务	2094417.3	1756740.6	9253.2	475248.8	3719.6
电信	2030252.0	1710077.7	8892.9	461970.9	3719.6
广播电视传输服务	62591.5	46041.4	347.3	13053.1	
卫星传输服务	1573.8	621.5	13.0	224.8	
互联网和相关服务	507857.3	256095.9	2503.7	194245.9	1432.9
互联网接入及相关服务	3964.0	3501.8	29.8	452.1	
互联网信息服务	94870.4	68468.7	146.7	3511.5	110.1
互联网平台	369211.0	159374.2	2180.7	185927.8	1322.8
互联网安全服务					
互联网数据服务	17933.5	10371.7	54.8	205.6	
其他互联网服务	21878.4	14379.5	91.7	4148.9	
软件和信息技术服务业	1320353.7	916880.3	4342.1	199897.1	3563.8
软件开发	520383.5	319522.5	1081.1	115887.9	716.1
集成电路设计	3491.8	3200.8	11.6	180.5	
信息系统集成和物联网技术服务	423753.7	317711.9	2138.8	48247.7	575.9
运行维护服务	44709.2	35046.2	180.5	4042.7	
信息处理和存储支持服务	3130.1	729.1	21.1	35.6	
信息技术咨询服务	236686.2	167366.7	748.0	28356.8	2367.5
数字内容服务	29251.3	20512.4	94.1	36.4	-95.7
其他信息技术服务业	58947.9	52790.7	66.9	3109.5	

5-34 续表 2

行　业	营业利润（万元）	利润总额（万元）	应付职工薪酬（万元）	应交增值税（万元）	平均用工人数（人）
总　计	**99569.1**	**101973.9**	**398532.1**	**-220299.6**	**27480**
电信、广播电视和卫星传输服务	-166004.4	-170145.5	328552.8	-269933.4	20921
电信	-169826.4	-173399.6	308710.3	-269933.4	19176
广播电视传输服务	3129.2	2406.7	19714.4		1726
卫星传输服务	692.8	847.4	128.1		19
互联网和相关服务	55193.0	57367.3	2415.0	21318.3	430
互联网接入及相关服务	-19.7	-19.9	1113.7	180.3	219
互联网信息服务	22813.4	22810.1	518.2	1131.2	89
互联网平台	21839.6	23763.2	291.1	18531.8	52
互联网安全服务					
互联网数据服务	7301.4	7301.4	68.1	432.1	13
其他互联网服务	3258.3	3512.5	423.9	1042.9	57
软件和信息技术服务业	210380.5	214752.1	67564.3	28315.5	6129
软件开发	94332.3	95392.6	18598.9	7144.6	1339
集成电路设计	98.9	95.7	94.3	83.2	15
信息系统集成和物联网技术服务	56343.1	57367.4	26543.3	12653.4	2350
运行维护服务	5652.1	5618.2	3929.9	1115.8	479
信息处理和存储支持服务	2344.3	2344.0	14.0	163.1	3
信息技术咨询服务	40911.4	43289.7	15821.0	5071.4	1501
数字内容服务	7806.4	7781.4	24.6	1523.6	4
其他信息技术服务业	2892.0	2863.1	2538.3	560.4	438

5-35 规模以上物业管理、房地产中介服务、房地产租赁经营和其他房地产业企业法人单位主要指标

行　业	固定资产原　价（万元）	累计折旧（万元）	资产总计（万元）	负债合计（万元）	所有者权益合计（万元）
总　计	**571284.7**	**170500.8**	**1846422.9**	**1396965.2**	**449457.7**
房地产业	571284.7	170500.8	1846422.9	1396965.2	449457.7
物业管理	201708.3	84793.6	822457.7	610466.3	211991.4
房地产中介服务	118.0		578.8	529.3	49.5
房地产租赁经营	369458.4	85707.2	1023386.4	785969.6	237416.8
其他房地产业					

5-35 续表 1

行　业	营业收入（万元）	营业成本（万元）	税金及附加（万元）	销售费用、管理费用、财务费用合计（万元）	投资收益（万元）
总　计	**577490.7**	**420078.6**	**8477.1**	**144664.4**	**3451.0**
房地产业	577490.7	420078.6	8477.1	144664.4	3451.0
物业管理	527847.9	405818.1	4984.2	100791.1	412.1
房地产中介服务	1440.3	1073.0	8.7	378.9	
房地产租赁经营	48197.5	13182.5	3484.2	43494.4	3038.9
其他房地产业	5.0	5.0			

5-35 续表 2

行　业	营业利润（万元）	利润总额（万元）	应付职工薪　酬（万元）	应　交增值税（万元）	平　均用工人数（人）
总　计	**11446.0**	**19537.8**	**193180.5**	**23270.3**	**38736**
房地产业	11446.0	19537.8	193180.5	23270.3	38736
物业管理	20649.2	25147.5	185853.2	19828.8	37745
房地产中介服务	-20.3	-20.9	22.2	74.2	21
房地产租赁经营	-9182.9	-5588.8	7303.1	3367.3	968
其他房地产业			2.0		2

5-36 规模以上租赁和商务服务业企业法人单位主要指标

行业	固定资产原价（万元）	累计折旧（万元）	资产总计（万元）	负债合计（万元）	所有者权益合计（万元）
总计	**2306396.4**	**546224.4**	**55710652.7**	**30142890.0**	**25567762.7**
租赁业	195820.6	61341.8	578357.7	323354.8	255002.9
机械设备经营租赁	195820.6	61341.8	578357.7	323354.8	255002.9
文体设备和用品出租					
日用品出租					
商务服务业	2110575.8	484882.6	55132295.0	29819535.2	25312759.8
组织管理服务	1415287.9	217932.2	51925675.1	27636361.3	24289313.8
综合管理服务	441662.6	177104.5	1844164.7	1494352.3	349812.4
法律服务					
咨询与调查	7549.0	3074.0	376235.3	175773.1	200462.2
广告业	10859.9	7181.4	203622.1	46689.2	156932.9
人力资源服务	21529.6	9483.5	243301.2	173745.3	69555.9
安全保护服务	77202.6	35741.3	230783.8	121454.5	109329.3
会议、展览及相关服务	216.9	137.2	3821.0	1772.4	2048.6
其他商务服务业	136267.3	34228.5	304691.8	169387.1	135304.7

5-36 续表 1

行　业	营业收入（万元）	营业成本（万元）	税金及附加（万元）	销售费用、管理费用、财务费用合计（万元）	投资收益（万元）
总　计	**2877683.5**	**2168804.3**	**39682.7**	**861947.1**	**463969.7**
租赁业	79865.9	56718.7	279.4	13158.2	7553.3
机械设备经营租赁	79865.9	56718.7	279.4	13158.2	7553.3
文体设备和用品出租					
日用品出租					
商务服务业	2797817.6	2112085.6	39403.3	848788.9	456416.4
组织管理服务	684784.6	359286.8	21652.0	588218.4	444665.6
综合管理服务	153563.7	72167.4	9513.8	109093.6	8291.9
法律服务					
咨询与调查	78981.4	31155.8	816.2	23218.1	915.0
广告业	428639.0	354295.5	1527.7	12341.7	122.7
人力资源服务	967760.0	931254.8	4035.3	26876.7	346.9
安全保护服务	281411.6	204933.9	1047.2	58417.4	1432.2
会议、展览及相关服务	6136.2	1890.8	37.9	4058.8	
其他商务服务业	196541.1	157100.6	773.2	26564.2	642.1

5-36 续表 2

行　业	营业利润（万元）	利润总额（万元）	应付职工薪　酬（万元）	应　交增值税（万元）	平　均用工人数（人）
总　计	**210127.0**	**222780.2**	**697576.3**	**81893.0**	**110491**
租赁业	17269.8	17743.4	9384.6	2155.9	1089
机械设备经营租赁	17269.8	17743.4	9384.6	2155.9	1089
文体设备和用品出租					
日用品出租					
商务服务业	192857.2	205036.8	688191.7	79737.1	109402
组织管理服务	93695.6	103415.0	117792.9	33437.6	9540
综合管理服务	-26097.5	-27839.7	20530.1	7913.7	3090
法律服务					
咨询与调查	24767.3	24510.6	13300.0	2347.2	1282
广告业	61875.6	61185.8	7666.5	3846.4	566
人力资源服务	8300.0	10651.0	326863.2	22283.2	52019
安全保护服务	18587.4	22523.3	180388.7	7214.2	40366
会议、展览及相关服务	144.9	112.8	1381.7	323.6	120
其他商务服务业	11583.9	10478	20268.6	2371.2	2419

5-37 规模以上科学研究和技术服务业企业法人单位主要指标

行　业	固定资产原　价（万元）	累计折旧（万元）	资产总计（万元）	负债合计（万元）	所有者权益合计（万元）
总　计	**327830.3**	**161664.2**	**2156394.8**	**1201201.5**	**955193.3**
研究和试验发展	1865.0	963.6	20368.9	4434.6	15934.3
自然科学研究和试验发展					
工程和技术研究和试验发展	1865.0	963.6	20368.9	4434.6	15934.3
农业科学研究和试验发展					
医学研究和试验发展					
社会人文科学研究					
专业技术服务业	306617.1	156254.2	1726964.6	1002909.6	724055.0
气象服务					
地震服务					
海洋服务					
测绘地理信息服务	6595.3	4171.1	28025.1	8681.5	19343.6
质检技术服务	33866.3	12188.3	51188.5	15051.0	36137.5
环境与生态监测检测服务	1438.3	688.0	3802.8	834.5	2968.3
地质勘查	21000.9	14771.8	71445.5	28981.3	42464.2
工程技术与设计服务	204660.7	102159.2	1468940.5	897698.4	571242.1
工业与专业设计及其他专业技术服务	39055.6	22275.8	103562.2	51662.9	51899.3
科技推广和应用服务业	19348.2	4446.4	409061.3	193857.3	215204.0
技术推广服务	17829.7	3707.1	36031.0	27476.0	8555.0
知识产权服务	117.6	13.6	299464.5	145426.2	154038.3
科技中介服务	1336.9	724.6	26572.0	11221.4	15350.6
创业空间服务					
其他科技推广服务业	64.0	1.1	46993.8	9733.7	37260.1

5-37 续表 1

行　业	营业收入（万元）	营业成本（万元）	税金及附加（万元）	销售费用、管理费用、财务费用合计（万元）	投资收益（万元）
总　计	**1409163.5**	**1048815.3**	**8025.5**	**213099.9**	**7549.4**
研究和试验发展	10877.0	5972.0	60.0	1885.1	-40.0
自然科学研究和试验发展					
工程和技术研究和试验发展	10877.0	5972.0	60.0	1885.1	-40.0
农业科学研究和试验发展					
医学研究和试验发展					
社会人文科学研究					
专业技术服务业	1040379.7	786563.0	6783.0	194954.6	7539.2
气象服务					
地震服务					
海洋服务					
测绘地理信息服务	18048.8	8986.4	114.7	5277.0	
质检技术服务	37373.5	22251.0	265.0	10819.9	92.4
环境与生态监测检测服务	7091.6	4363.9	32.6	1148.4	0.8
地质勘查	41165.2	28659.2	543.0	3892.0	99.6
工程技术与设计服务	882950.4	680778.2	5457.4	166107.2	7346.4
工业与专业设计及其他专业技术服务	53750.2	41524.3	370.3	7710.1	
科技推广和应用服务业	357906.8	256280.3	1182.5	16260.2	50.2
技术推广服务	16879.3	14477.9	55.8	2585.0	2.3
知识产权服务	242717.6	184101.8	620.5	9439.8	
科技中介服务	13819.8	9535.5	126.9	2207.0	1.6
创业空间服务					
其他科技推广服务业	84490.1	48165.1	379.3	2028.4	46.3

5-37 续表 2

行　业	营业利润（万元）	利润总额（万元）	应付职工薪　酬（万元）	应　交增值税（万元）	平　均用工人数（人）
总　计	**135081.6**	**136350.0**	**322562.8**	**57048.1**	**26320**
研究和试验发展	2913.6	3019.0	4270.1	462.8	286
自然科学研究和试验发展					
工程和技术研究和试验发展	2913.6	3019.0	4270.1	462.8	286
农业科学研究和试验发展					
医学研究和试验发展					
社会人文科学研究					
专业技术服务业	51844.8	52660.6	312213.2	39317.6	25558
气象服务					
地震服务					
海洋服务					
测绘地理信息服务	3671.3	3739.2	5434.1	758.3	446
质检技术服务	4087.3	4126.7	14784.3	1670.8	1446
环境与生态监测检测服务	1548.0	1573.9	931.5	193.5	127
地质勘查	8056.5	8012.8	7666.4	926.2	709
工程技术与设计服务	30575.9	31320.5	269714.9	33773.8	21695
工业与专业设计及其他专业技术服务	3905.8	3887.5	13682.0	1995.0	1135
科技推广和应用服务业	80323.2	80670.4	6079.5	17267.7	476
技术推广服务	277.1	446.8	3170.8	276.9	187
知识产权服务	44524.3	44524.3	481.5	14789.2	142
科技中介服务	2088.5	2261.6	1667.9	906.8	71
创业空间服务					
其他科技推广服务业	33433.3	33437.7	759.3	1294.8	76

5-38 规模以上水利、环境和公共设施管理业企业法人单位主要指标

行　业	固定资产原　价（万元）	累计折旧（万元）	资产总计（万元）	负债合计（万元）	所有者权益合计（万元）
总　计	**525622.4**	**89257.4**	**1266261.7**	**659008.4**	**607253.3**
水利管理业	333741.0	31554.7	404650.3	151706.0	252944.3
防洪除涝设施管理					
水资源管理	148860.2	9310.6	196418.7	59409.7	137009.0
天然水收集与分配	148475.3	17089.1	176910.9	60975.6	115935.3
水文服务					
其他水利管理业	36405.5	5155.0	31320.7	31320.7	
生态保护和环境治理业	24374.9	10419.5	31159.0	18997.0	12162.0
生态保护	10864.6	6580.4	8303.1	7180.3	1122.8
环境治理业	13510.3	3839.1	22855.9	11816.7	11039.2
公共设施管理业	167506.5	47283.2	830452.4	488305.4	342147.0
市政设施管理	19674.9	2904.9	287119.6	177556.2	109563.4
环境卫生管理	31838.8	8597.7	39796.3	27231.1	12565.2
城乡市容管理	126.8	66.5	641.1	1115.5	-474.4
绿化管理	44951.6	17595.3	310546.8	162973.2	147573.6
城市公园管理					
游览景区管理	70914.4	18118.8	192348.6	119429.4	72919.2
土地管理业					
土地整治服务					
土地调查评估服务					
土地登记服务					
土地登记代理服务					
其他土地管理服务					

5-38 续表 1

行　业	营业收入（万元）	营业成本（万元）	税金及附加（万元）	销售费用、管理费用、财务费用合计（万元）	投资收益（万元）
总　计	**245468.7**	**202637.1**	**1945.9**	**45239.6**	**-411.2**
水利管理业	40417.0	28742.2	207.2	8991.5	-1147.7
防洪除涝设施管理					
水资源管理	18434.7	12946.5	177.5	3249.0	-1147.7
天然水收集与分配	20708.3	14811.1	29.7	5608.2	
水文服务					
其他水利管理业	1274.0	984.6		134.3	
生态保护和环境治理业	20974.5	12642.0	208.0	7395.6	
生态保护	3126.6	832.5	13.3	2928.7	
环境治理业	17847.9	11809.5	194.7	4466.9	
公共设施管理业	184077.2	161252.9	1530.7	28852.5	736.5
市政设施管理	21360.8	16456.7	342.7	3137.0	45.5
环境卫生管理	28449.0	33076.0	122.5	5844.8	
城乡市容管理	418.5	447.3	2.5	158.9	
绿化管理	109917.7	96889.6	824.0	13384.9	671.2
城市公园管理					
游览景区管理	23931.2	14383.3	239.0	6326.9	19.8
土地管理业					
土地整治服务					
土地调查评估服务					
土地登记服务					
土地登记代理服务					
其他土地管理服务					

5-38 续表 2

行　业	营业利润（万元）	利润总额（万元）	应付职工薪酬（万元）	应交增值税（万元）	平均用工人数（人）
总　计	**-3180.4**	**4644.0**	**54792.9**	**5539.8**	**11283**
水利管理业	1246.6	3057.5	11051.5	696.9	1485
防洪除涝设施管理					
水资源管理	914.0	2608.9	3790.2	454.8	257
天然水收集与分配	177.5	293.5	7081.7	242.1	1177
水文服务					
其他水利管理业	155.1	155.1	179.6		51
生态保护和环境治理业	1369.6	1472.3	2978.4	1200.1	322
生态保护	-647.9	-648.3	728.3	118.7	160
环境治理业	2017.5	2120.6	2250.1	1081.4	162
公共设施管理业	-5796.6	114.2	40763.0	3642.8	9476
市政设施管理	1462.7	2049.1	5048.5	592.2	1217
环境卫生管理	-10596.3	-5917.9	7684.8	131.9	3911
城乡市容管理	-190.2	-190.2	32.1	13.4	10
绿化管理	462.7	696.8	22735.7	2362.3	3309
城市公园管理					
游览景区管理	3064.5	3476.4	5261.9	543.0	1029
土地管理业					
土地整治服务					
土地调查评估服务					
土地登记服务					
土地登记代理服务					
其他土地管理服务					

5-39 规模以上居民服务、修理和其他服务业企业法人单位主要指标

行业	固定资产原价（万元）	累计折旧（万元）	资产总计（万元）	负债合计（万元）	所有者权益合计（万元）
总计	**83171.9**	**29380.8**	**174567.6**	**99407.8**	**75159.8**
居民服务业	45061.3	20408.8	58637.7	37280.2	21357.5
家庭服务	212.8	11.3	689.3	281.5	407.8
托儿所服务					
洗染服务	399.2	302.2	1122.0	105.5	1016.5
理发及美容服务					
洗浴和保健养生服务	14174.5	4020.4	11601.3	16116.0	-4514.7
摄影扩印服务					
婚姻服务					
殡葬服务	29681.3	15973.6	44070.9	20351.9	23719.0
其他居民服务业	593.5	101.3	1154.2	425.3	728.9
机动车、电子产品和日用产品修理业	8152.7	3830.8	38500.3	24807.3	13693.0
汽车、摩托车等修理与维护	7334.9	3510.4	30680.9	20412.6	10268.3
计算机和办公设备维修	542.4	98.3	5712.9	3372.9	2340.0
家用电器修理	275.4	222.1	2106.5	1021.8	1084.7
其他日用产品修理业	275.4	222.1	2106.5	1021.8	1084.7
其他服务业	29957.9	5141.2	77429.6	37320.3	40109.3
清洁服务	1517.1	1224.0	7988.4	3792.1	4196.3
宠物服务					
其他未列明服务业	28440.8	3917.2	69441.2	33528.2	35913.0

5-39 续表 1

行　业	营业收入（万元）	营业成本（万元）	税金及附加（万元）	销售费用、管理费用、财务费用合计（万元）	投资收益（万元）
总　计	**99193.4**	**71780.0**	**1211.1**	**18893.6**	**11716.9**
居民服务业	35783.4	18169.7	247.9	11951.5	76.6
家庭服务	1641.2	1079.3	7.4	458.8	
托儿所服务					
洗染服务	556.5	393.1	5.1	152.6	1.9
理发及美容服务					
洗浴和保健养生服务	3805.9	2651.0	143.5	1728.9	
摄影扩印服务		398.4			
婚姻服务					
殡葬服务	28569.3	12831.0	73.8	9424.0	45.7
其他居民服务业	1210.5	816.9	18.1	187.2	29.0
机动车、电子产品和日用产品修理业	34998.9	31023.2	377.4	3060.4	
汽车、摩托车等修理与维护	27686.6	25146.1	294.9	1804.6	
计算机和办公设备维修	5549.9	4357.1	58.0	1006.5	
家用电器修理	1762.4	1520.0	24.5	249.3	
其他日用产品修理业	1762.4	1520.0	24.5	249.3	
其他服务业	28411.1	22587.1	585.8	3881.7	11640.3
清洁服务	12557.2	11212.6	62.4	1202.7	
宠物服务					
其他未列明服务业	15853.9	11374.5	523.4	2679.0	11640.3

5-39 续表 2

行　业	营业利润（万元）	利润总额（万元）	应付职工薪　酬（万元）	应　交增值税（万元）	平　均用工人数（人）
总　计	**19027.9**	**19467.5**	**23540.1**	**3036.6**	**3796**
居民服务业	5506.5	5562.9	9153.8	400.3	1375
家庭服务	95.7	128.7	868.3	49.4	258
托儿所服务					
洗染服务	7.6	7.5	251.7	29.4	68
理发及美容服务					
洗浴和保健养生服务	-717.7	-716.2	1826.2	92.3	362
摄影扩印服务	-398.4	-398.4	398.4		
婚姻服务					
殡葬服务	6286.2	6289.6	5475.4	164.1	625
其他居民服务业	233.1	251.7	333.8	65.1	62
机动车、电子产品和日用产品修理业	538.1	512.9	4382.8	1467.8	576
汽车、摩托车等修理与维护	441.2	416.0	3707.7	894.4	487
计算机和办公设备维修	128.3	128.3	455.0	370.1	54
家用电器修理	-31.4	-31.4	220.1	203.3	35
其他日用产品修理业	-31.4	-31.4	220.1	203.3	35
其他服务业	12983.3	13391.7	10003.5	1168.5	1845
清洁服务	248.3	258.4	7796.4	361.5	1526
宠物服务					
其他未列明服务业	12735.0	13133.3	2207.1	807.0	319

5-40 规模以上教育企业法人单位分行业主要指标

行　业	固定资产原　价(万元)	累计折旧(万元)	资产总计(万元)	负债合计(万元)	所有者权益合计(万元)
总　计	**45102.5**	**23448.7**	**58063.4**	**28233.9**	**29829.5**
学前教育					
初等教育					
中等教育					
高等教育					
特殊教育					
技能培训、教育辅助及其他教育	45102.5	23448.7	58063.4	28233.9	29829.5

5-40 续表 1

行　业	营业收入(万元)	营业成本(万元)	税金及附加(万元)	销售费用、管理费用、财务费用合计(万元)	投资收益(万元)
总　计	**29659.8**	**15820.7**	**481.5**	**8750.1**	**5.0**
学前教育					
初等教育					
中等教育					
高等教育					
特殊教育					
技能培训、教育辅助及其他教育	29659.8	15820.7	481.5	8750.1	5.0

5-40 续表 2

行　业	营业利润(万元)	利润总额(万元)	应付职工薪　酬(万元)	应　交增值税(万元)	平　均用工人数(人)
总　计	**4614.9**	**4802.4**	**7295.0**	**690.0**	**1233**
学前教育					
初等教育					
中等教育					
高等教育					
特殊教育					
技能培训、教育辅助及其他教育	4614.9	4802.4	7295.0	690.0	1233

5-41 规模以上卫生和社会工作企业法人单位分行业主要指标

行　业	固定资产原　价（万元）	累计折旧（万元）	资产总计（万元）	负债合计（万元）	所有者权益合计（万元）
总　计	**84183.5**	**45523.1**	**141745.6**	**99250.6**	**42495.0**
卫生	84079.9	45490.4	141495.4	98971.2	42524.2
医院	76838.0	42011.8	130643.5	94597.8	36045.7
基层医疗卫生服务	1463.7	1115.2	1622.0	1124.4	497.6
专业公共卫生服务					
其他卫生活动	5778.2	2363.4	9229.9	3249.0	5980.9
社会工作	103.6	32.7	250.2	279.4	-29.2
提供住宿社会工作	103.6	32.7	250.2	279.4	-29.2
不提供住宿社会工作					

5-41 续表 1

行　业	营业收入（万元）	营业成本（万元）	税金及附加（万元）	销售费用、管理费用、财务费用合计（万元）	投资收益（万元）
总　计	**132486.6**	**85340.7**	**263.1**	**36682.3**	**-4.1**
卫生	131668.8	84906.5	263.1	36220.9	-4.1
医院	121631.7	79015.5	254.1	32858.0	-4.1
基层医疗卫生服务	2994.0	1540.8		1407.6	
专业公共卫生服务					
其他卫生活动	7043.1	4350.2	9.0	1955.3	
社会工作	817.8	434.2		461.4	
提供住宿社会工作	817.8	434.2		461.4	
不提供住宿社会工作					

5-41 续表 2

行　业	营业利润（万元）	利润总额（万元）	应付职工薪　酬（万元）	应　交增值税（万元）	平　均用工人数（人）
总　计	**10097.3**	**10014.9**	**42041.3**	**297.9**	**5870**
卫生	10175.1	10030.8	41658.8	297.9	5774
医院	9476.4	9333.5	38080.9	297.9	5225
基层医疗卫生服务	45.6	45.6	520.9		115
专业公共卫生服务					
其他卫生活动	653.1	651.7	3057.0		434
社会工作	-77.8	-15.9	382.5		96
提供住宿社会工作	-77.8	-15.9	382.5		96
不提供住宿社会工作					

5-42 规模以上文化、体育和娱乐业法人单位主要指标

行业	固定资产原价（万元）	累计折旧（万元）	资产总计（万元）	负债合计（万元）	所有者权益合计（万元）
总计	**79151.3**	**34089.0**	**1489725.0**	**908497.1**	**581227.9**
新闻和出版业	25942.5	9556.7	145851.2	50843.1	95008.1
新闻业					
出版业	25942.5	9556.7	145851.2	50843.1	95008.1
广播、电视、电影和录音制作业	24953.2	9683.6	1131390.3	684843.7	446546.6
广播	206.5	100.3	42496.2	19678.2	22818.0
电视	1275.3	405.5	54764.8	18758.1	36006.7
影视节目制作	3584.4	1776.0	691398.4	399467.5	291930.9
广播电视集成播控					
电影和广播电视节目发行	8968.2	3499.6	319534.2	227703.6	91830.6
电影放映	10918.8	3902.2	23196.7	19236.3	3960.4
录音制作					
文化艺术业	2352.8	776.8	88760.4	39198.1	49562.3
文艺创作与表演	221.2	73.4	327.9	190.1	137.8
艺术表演场馆	2131.5	703.4	86547.4	37054.6	49492.8
图书馆与档案馆					
文物及非物质文化遗产保护					
博物馆					
烈士陵园、纪念馆					
群众文体活动					
其他文化艺术业	0.1		1885.1	1953.4	-68.3
体育	12214.6	7063.2	25435.4	62153.9	-36718.5
体育组织	354.1	291.3	6541.7	43583.6	-37041.9
体育场地设施管理					
健身休闲活动	11860.5	6771.9	18893.7	18570.3	323.4
其他体育					
娱乐业	13688.2	7008.7	98287.7	71458.3	26829.4
室内娱乐活动	3860.8	1373.8	4005.5	289.6	3715.9
游乐园	1298.9	303.3	9705.2	2743.8	6961.4
休闲观光活动	8524.6	5330.5	83158.6	68106.5	15052.1
彩票活动					
文化体育娱乐活动与经纪代理服务	3.9	1.1	1418.4	318.4	1100.0
其他娱乐业					

5-42 续表 1

行　　业	营业收入（万元）	营业成本（万元）	税金及附加（万元）	销售费用、管理费用、财务费用合计（万元）	投资收益（万元）
总　计	**796506.1**	**516525.8**	**4006.8**	**99895.3**	**852.2**
新闻和出版业	66838.8	55856.3	543.1	14203.6	266.0
新闻业					
出版业	66838.8	55856.3	543.1	14203.6	266.0
广播、电视、电影和录音制作业	694478.4	445613.2	3025.2	59468.0	426.0
广播	30174.3	18159.2	147.7	1038.5	
电视	27317.6	18725.4	92.8	1562.4	31.6
影视节目制作	371241.3	203802.5	1179.7	36848.0	507.1
广播电视集成播控					
电影和广播电视节目发行	249496.2	192618.9	1009.9	16672.9	-112.7
电影放映	16249.0	12307.2	595.1	3346.2	
录音制作					
文化艺术业	16126.8	8775.4	210.6	5944.1	
文艺创作与表演	572.3	361.8	1.8	170.0	
艺术表演场馆	10451.2	3247.4	208.1	5769.4	
图书馆与档案馆					
文物及非物质文化遗产保护					
博物馆					
烈士陵园、纪念馆					
群众文体活动					
其他文化艺术业	5103.3	5166.2		4.7	
体育	9459.4	1096.9	54.7	15764.2	160.2
体育组织	9008.1	104.4	47.4	15475.3	160.2
体育场地设施管理					
健身休闲活动	451.3	992.5	7.3	288.9	
其他体育					
娱乐业	9602.7	5184.0	173.2	4515.4	
室内娱乐活动	2515.5	1457.9	148.0	194.5	
游乐园	3618.7	1812.3	16.1	843.7	
休闲观光活动	1916.6	859.8	2.6	3026.8	
彩票活动					
文化体育娱乐活动与经纪代理服务	1551.9	1054.0	6.5	450.4	
其他娱乐业					

5-42 续表 2

行　业	营业利润（万元）	利润总额（万元）	应付职工薪　酬（万元）	应　交增值税（万元）	平　均用工人数（人）
总　计	**133708.9**	**133076.9**	**42302.5**	**14756.7**	**3521**
新闻和出版业	5438.3	6248.3	15423.5	310.9	1454
新闻业					
出版业	5438.3	6248.3	15423.5	310.9	1454
广播、电视、电影和录音制作业	134652.9	132732.0	7637.7	13641.5	927
广播	10669.8	10668.3	38.8	896.5	12
电视	6605.8	6647.7	669.5	572.9	95
影视节目制作	91093.4	89015.2	3801.3	6939.6	326
广播电视集成播控					
电影和广播电视节目发行	26285.0	26383.5	1315.0	4792.8	184
电影放映	-1.1	17.3	1813.1	439.7	310
录音制作					
文化艺术业	1212.6	1199.1	3660.6	178.9	514
文艺创作与表演	38.7	40.9	71.4	14.6	20
艺术表演场馆	1242.2	1226.5	3586.6	158.0	493
图书馆与档案馆					
文物及非物质文化遗产保护					
博物馆					
烈士陵园、纪念馆					
群众文体活动					
其他文化艺术业	-68.3	-68.3	2.6	6.3	1
体育	-7325.9	-6862.7	13468.8	281.3	198
体育组织	-6488.5	-6020.7	13020.8	281.3	125
体育场地设施管理					
健身休闲活动	-837.4	-842.0	448.0		73
其他体育					
娱乐业	-269.0	-239.8	2111.9	344.1	428
室内娱乐活动	715.9	715.9	325.9	111.6	76
游乐园	946.5	945.2	683.7	186.4	152
休闲观光活动	-1972.4	-1941.9	1010.5	-1.7	187
彩票活动					
文化体育娱乐活动与经纪代理服务	41.0	41.0	91.8	47.8	13
其他娱乐业					

5-43 服务业行政事业及非企业法人单位分行业主要指标

行　业	单位数（个）	资产总计（万元）	非企业单位支出（费用）（万元）	从业人员（人）
总　计	**54663**	**139712144.5**	**53409952.3**	**1685502**
交通运输、仓储和邮政业	**263**	**31758613.1**	**567764.2**	**17465**
道路运输业	244	31593719.7	497231.3	16270
水上运输业				
航空运输业	2	158700.7	67563.4	1068
多式联运和运输代理业				
装卸搬运和仓储业	17	6192.7	2969.5	127
邮政业				
信息传输、软件和信息技术服务业	**225**	**399379.9**	**143099.3**	**3754**
电信、广播电视和卫星传输服务	159	226014.3	76611.5	2968
互联网和相关服务	27	73929.7	29299.5	252
软件和信息技术服务业	39	99435.9	37188.3	534
房地产业	**47**	**201178.7**	**37837.3**	**720**
物业管理	20	73412.1	2676.3	95
房地产中介服务	11	88564.3	4358.9	150
房地产租赁经营	5	33442.4	9624.6	101
其他房地产业	11	5759.9	21177.5	374
租赁和商务服务业	**853**	**1094921.9**	**380150.1**	**10251**
租赁业	3	558.2	421.8	24
机械设备经营租赁	2	497.9	355.5	18
文体设备和用品出租	1	60.25	66.3	
商务服务业	850	1094363.8	379728.2	10227
组织管理服务	249	533022.9	137896.3	3855
综合管理服务	84	318806.6	127797.4	1086
法律服务	192	18847.4	9786.7	567
咨询与调查	145	111412.1	48457.0	921
广告业	7	1447.6	2680.0	161
人力资源服务	114	35551.8	29940.5	2810
安全保护服务	8	327.3	777.8	47
会议、展览及相关服务	19	31673.6	10150.5	476
其他商务服务业	32	43274.4	12241.9	304
科学研究和技术服务业	**1956**	**4251846.4**	**1315645.8**	**35336**
研究和试验发展	115	414875.6	140420.3	3507
专业技术服务业	1189	2583405.2	850642.2	23087
科技推广和应用服务业	652	1253565.6	324583.2	8742
水利、环境和公共设施管理业	**838**	**6264819.3**	**1225785.3**	**36274**
水利管理业	388	2900537.7	580192.6	12226
防洪除涝设施管理	23	16844.1	1628.6	99
水资源管理	214	1672860.2	287125.6	7549

5-43 续表 1

行　业	单位数(个)	资产总计(万元)	非企业单位支出(费用)(万元)	从业人员(人)
天然水收集与分配	56	807776.3	161040.5	2017
水文服务	16	39758.9	23019.6	581
其他水利管理业	79	363298.2	107378.4	1980
生态保护和环境治理业	157	141479.0	89762.4	2422
生态保护	152	140198.6	87774.5	2210
环境治理业	5	1280.3	1988.0	212
公共设施管理业	252	2249045.9	464301.1	21337
市政设施管理	56	945692.7	119032.8	1599
环境卫生管理	63	320735.5	134468.4	12118
城乡市容管理	24	549874.2	20587.1	514
绿化管理	68	174108.0	99072.3	4830
城市公园管理	13	15724.6	14486.3	909
游览景区管理	28	242910.9	76654.3	1367
土地管理业	41	973756.7	91529.1	289
土地整治服务	7	6959.7	48436.4	92
土地调查评估服务	2	15615.1	2293.1	28
土地登记服务	9	2657.5	9046.7	92
土地登记代理服务	4			
其他土地管理服务	19	948524.4	31752.9	77
居民服务、修理和其他服务业	**267**	**232262.7**	**55185.8**	**1682**
居民服务业	247	204121.0	52801.9	1545
机动车、电子产品和日用产品修理业	1			
其他服务业	19	28141.7	2383.8	137
教育	**7170**	**16382857.1**	**8264759.0**	**490592**
学前教育	2320	854163.2	687630.2	66259
初等教育	2028	3694822.0	2263931.4	174362
中等教育	1395	7091068.9	3264555.7	190752
高等教育	69	3342607.1	1104355.1	30234
特殊教育	32	43476.3	26527.0	1171
技能培训、教育辅助及其他教育	1326	1356719.6	917759.5	27814
卫生和社会工作	**2913**	**13401267.6**	**6774758.9**	**204166**
卫生	2416	13117334.0	6635215.1	197340
医院	432	11474811.8	5424423.8	138451
基层医疗卫生服务	1366	1000357.0	801217.3	42223
专业公共卫生服务	596	640546.5	408571.0	16525
其他卫生活动	22	1618.8	1003.0	141
社会工作	497	283933.6	139543.9	6826
提供住宿社会工作	367	248029.3	108938.0	6050
不提供住宿社会工作	130	35904.3	30605.9	776
文化、体育和娱乐业	**1162**	**1364765.4**	**580684.0**	**22097**
新闻和出版业	103	263138.4	102950.8	3439

5-43 续表 2

行　业	单位数（个）	资产总计（万元）	非企业单位支出(费用)（万元）	从业人员（人）
新闻业	25	161450.7	24862.2	919
出版业	78	101687.7	78088.6	2520
广播、电视、电影和录音制作业	209	353746.2	168060.7	6974
广播	93	107019.6	54254.2	2253
电视	50	186069.1	83783.3	3150
影视节目制作	16	38457.4	21100.8	1005
广播电视集成播控	9	5681.0	1746.5	134
电影和广播电视节目发行	5	3590.9	1598.6	142
电影放映	36	12928.2	5577.4	290
录音制作				
文化艺术业	679	462722.7	219963.4	9202
文艺创作与表演	80	50522.7	78836.8	3766
艺术表演场馆	3	1758.3	3020.5	100
图书馆与档案馆	172	142389.3	48731.2	1653
文物及非物质文化遗产保护	45	73430.5	23963.4	638
博物馆	55	73594.3	23025.7	700
烈士陵园、纪念馆	5	11925.8	1217.4	52
群众文体活动	293	102781.1	36441.9	2037
其他文化艺术业	26	6320.5	4726.6	256
体育	94	27693.0	25255.0	495
体育组织	47	20286.7	13012.3	247
体育场地设施管理	14	4074.7	1760.7	126
健身休闲活动	30	672.0	1286.0	96
其他体育	3	2659.7	9196.1	26
娱乐业	77	257465.1	64454.2	1987
室内娱乐活动	8	567.7	660.5	31
游乐园	2	10091.9	3341.1	161
休闲观光活动	2	7462.5	6477.4	143
彩票活动	13	166165.4	35836.2	339
文化体育娱乐活动与经纪代理服务	51	72880.7	18009.7	1305
其他娱乐业	1	296.9	129.4	8
公共管理、社会保障和社会组织	**38969**	**64360232.3**	**34064282.7**	**863165**
中国共产党机关	1474	1416000.5	1814951.8	30809
国家机构	12311	57332182.4	30390396.6	640410
人民政协、民主党派	136	47609.4	58491.8	2150
社会保障	183	67541.5	355678.7	4486
群众团体、社会团体和其他成员组织	10657	816916.3	271459.9	23365
基层群众自治组织	14208	4679982.16	1173303.92	161945

5-44　交通运输、仓储和邮政业行政事业及非企业法人单位分地区主要指标

地　　区	单位数（个）	资产总计（万元）	非企业单位支出（费用）（万元）	从业人员（人）
总　　计	**263**	**31758613.2**	**567764.2**	**17465**
乌鲁木齐市	34	2427927.3	109206.4	2591
克拉玛依市	6	1306155.9	8412.8	626
吐鲁番市	8	2339382.3	9947.3	537
哈密市	13	4778037.3	28143.4	1581
昌吉回族自治州	24	3618732.5	21718.1	651
博尔塔拉蒙古自治州	12	1700100.8	16744.7	1074
巴音郭楞蒙古自治州	27	3670014.9	32317.6	1219
阿克苏地区	13	4117722.4	89903.9	1764
克孜勒苏柯尔克孜自治州	7	40919.2	29893.5	451
喀什地区	20	3003783.2	26606.0	1888
和田地区	17	25651.8	13341.0	529
伊犁哈萨克自治州直属县（市）	21	2315099.4	93970.6	1662
塔城地区	20	723523.8	27719.9	926
阿勒泰地区	30	66111.6	26441.6	672
自治区直辖县级市	11	1625450.7	33397.5	1294
石河子市	3	1583519.8	20150.9	1141
阿拉尔市	4	9255.5	4189.0	106
图木舒克市	3	32162.2	8957.1	37
五家渠市	1	513.2	100.5	10

5-45 信息传输、软件和信息技术服务业行政事业及非企业业法人单位分地区主要指标

地　　区	单位数（个）	资产总计（万元）	非企业单位支出（费用）（万元）	从业人员（人）
总　　计	**225**	**399379.9**	**143099.3**	**3754**
乌鲁木齐市	40	144424.2	62431.4	668
克拉玛依市	5	9115.2	9156.4	257
吐鲁番市	4	10.2	86.5	8
哈密市	11	4930.4	2485.7	155
昌吉回族自治州	20	58611.8	13443.0	477
博尔塔拉蒙古自治州	8	8672.1	6306.4	200
巴音郭楞蒙古自治州	22	33190.7	4376.9	214
阿克苏地区	15	9149.1	5060.6	216
克孜勒苏柯尔克孜自治州	4	2355.1	1928.1	72
喀什地区	14	7959.0	2610.9	123
和田地区	9	20444.1	7661.6	203
伊犁哈萨克自治州直属县（市）	28	47034.5	7494.1	338
塔城地区	16	20357.9	5596.9	364
阿勒泰地区	19	20572.9	11574.4	305
自治区直辖县级市	10	12552.7	2886.5	154
石河子市	7	2224.5	610.4	45
阿拉尔市	1	3084.6	61.6	8
图木舒克市	1	200.0	131.4	9
五家渠市	1	7043.5	2083.1	92

5-46 租赁和商务服务业行政事业及非企业法人单位分地区主要指标

地　区	单位数（个）	资产总计（万元）	非企业单位支出（费用）（万元）	从业人员（人）
总　计	**853**	**1094921.9**	**380150.1**	**10251**
乌鲁木齐市	152	192738.0	73058.0	2535
克拉玛依市	17	18888.2	2383.5	109
吐鲁番市	16	50402.7	7273.0	66
哈密市	37	10312.9	9970.6	261
昌吉回族自治州	87	101946.1	34224.7	363
博尔塔拉蒙古自治州	22	18349.4	12126.3	225
巴音郭楞蒙古自治州	66	97491.6	25477.1	922
阿克苏地区	59	31277.0	53877.1	349
克孜勒苏柯尔克孜自治州	26	6528.6	10661.4	2453
喀什地区	64	134318.6	34176.3	668
和田地区	30	24998.1	14081.0	161
伊犁哈萨克自治州直属县（市）	122	151752.1	23712.0	764
塔城地区	68	131026.5	44328.4	386
阿勒泰地区	44	56839.3	15707.1	345
自治区直辖县级市	43	68053.1	19093.7	644
石河子市	18	25582.6	5410.8	371
阿拉尔市	13	4066.8	2887.4	97
图木舒克市	6	37075.6	8948.1	106
五家渠市	6	1328.1	1847.4	70

5-47　科学研究和技术服务业行政事业及非企业法人单位分地区主要指标

地　区	单位数（个）	资产总计（万元）	非企业单位支出(费用)（万元）	从业人员（人）
总　计	**1956**	**4251846.4**	**1315645.8**	**35336**
乌鲁木齐市	247	1818158.8	539019.2	11363
克拉玛依市	25	39381.4	6808.9	194
吐鲁番市	64	61520.4	17712.3	732
哈密市	99	180952.3	54524.6	2132
昌吉回族自治州	170	511171.8	123951.3	3370
博尔塔拉蒙古自治州	58	50069.1	14132.2	644
巴音郭楞蒙古自治州	181	294935.8	64276.4	2019
阿克苏地区	131	122097.0	81748.3	2363
克孜勒苏柯尔克孜自治州	78	26967.6	24807.0	1447
喀什地区	133	79503.8	43162.5	1237
和田地区	65	37372.9	45000.5	942
伊犁哈萨克自治州直属县（市）	263	303898.4	77607.8	3527
塔城地区	192	229247.4	73901.9	2092
阿勒泰地区	148	112289.1	48613.8	1933
自治区直辖县级市	102	384280.8	100379.1	1341
石河子市	33	149135.3	39512.6	754
阿拉尔市	40	177059.0	35753.8	183
图木舒克市	11	36052.1	4894.5	139
五家渠市	18	22034.5	20218.2	265

5-48 水利、环境和公共设施管理业行政事业及非企业法人单位分地区主要指标

地区	单位数（个）	资产总计（万元）	非企业单位支出(费用)（万元）	从业人员（人）
总计	**838**	**6264819.3**	**1225785.3**	**36274**
乌鲁木齐市	89	1177530.2	222276.1	3573
克拉玛依市	1			
吐鲁番市	19	4077.8	3286.3	169
哈密市	34	198194.2	30323.6	4409
昌吉回族自治州	111	596551.6	82589.8	2686
博尔塔拉蒙古自治州	30	222751.0	59206.7	1972
巴音郭楞蒙古自治州	81	519082.2	77290.8	4095
阿克苏地区	47	381107.6	94282.9	2117
克孜勒苏柯尔克孜自治州	26	65178.1	32089.6	803
喀什地区	47	611938.2	134910.2	4994
和田地区	44	162647.4	77247.0	1850
伊犁哈萨克自治州直属县（市）	98	719276.8	111849.1	3734
塔城地区	100	342164.7	127677.3	2688
阿勒泰地区	66	293402.8	84664.3	1662
自治区直辖县级市	45	970916.7	88091.5	1522
石河子市	12	213511.6	29602.8	690
阿拉尔市	19	601472.8	34337.4	308
图木舒克市	6	86818.1	11974.3	253
五家渠市	8	69114.2	12176.9	271

5-49 居民服务、修理和其他服务业行政事业及非企业法人单位分地区主要指标

地　区	单位数（个）	资产总计（万元）	非企业单位支出(费用)（万元）	从业人员（人）
总　计	267	232262.7	55185.8	1682
乌鲁木齐市	**14**	**63818.7**	**25981.5**	**446**
克拉玛依市	10	9180.9	5749.4	364
吐鲁番市	2	18.5	2.5	16
哈密市	6	2765.7	978.1	95
昌吉回族自治州	10	4804.1	2686.6	51
博尔塔拉蒙古自治州	11	864.9	250.7	26
巴音郭楞蒙古自治州	19	88096.6	5621.1	109
阿克苏地区	8	1075.9	168.6	35
克孜勒苏柯尔克孜自治州	1	1291.4	123.5	14
喀什地区	10	153.9	312.4	47
和田地区	7	1778.5	2742.6	56
伊犁哈萨克自治州直属县（市）	110	17450.4	1769.6	109
塔城地区	6	757.4	727.8	32
阿勒泰地区	16	7408.9	4464.7	171
自治区直辖县级市	37	32797.0	3606.9	111
石河子市	29	63.9	147.5	59
阿拉尔市	6	29945.6	3330.9	43
图木舒克市				
五家渠市	2	2787.5	128.4	9

5-50 教育行政事业及非企业业法人单位分地区主要指标

地　　区	单位数（个）	资产总计（万元）	非企业单位支出（费用）（万元）	从业人员（人）
总　　计	**7170**	**16382857.1**	**8264759.0**	**490592**
乌鲁木齐市	833	4778065.0	1544700.0	63560
克拉玛依市	204	351855.0	185311.9	8689
吐鲁番市	232	263031.7	209635.9	13836
哈密市	254	337184.2	200859.9	12724
昌吉回族自治州	463	917161.6	484894.1	23776
博尔塔拉蒙古自治州	141	274592.4	159000.3	10363
巴音郭楞蒙古自治州	413	1699425.0	405008.3	28629
阿克苏地区	695	939871.8	693617.6	44966
克孜勒苏柯尔克孜自治州	285	302467.5	288853.9	16872
喀什地区	1048	1585532.6	1479682.5	97267
和田地区	494	831312.7	759212.9	57316
伊犁哈萨克自治州直属县（市）	1308	1218222.4	866155.4	58560
塔城地区	335	1182869.9	281866.7	19838
阿勒泰地区	259	716098.0	250409.1	15200
自治区直辖县级市	206	985167.3	455550.5	18996
石河子市	104	471218.1	226104.8	7919
阿拉尔市	45	301133.7	116580.7	5345
图木舒克市	25	121486.9	63086.9	3427
五家渠市	30	88759.8	47683.7	2175
铁门关市	2	2568.9	2094.4	130

5-51 卫生和社会工作行政事业及非企业法人单位分地区主要指标

地　　区	单位数 (个)	资产总计 (万元)	非企业单位 支出(费用) (万元)	从业人员 (人)
总　　计	**2913**	**13401267.6**	**6774758.9**	**204166**
乌鲁木齐市	350	6403860.3	2520142.9	39112
克拉玛依市	47	213854.1	246645.2	4344
吐鲁番市	66	158638.9	125558.3	5564
哈密市	123	300667.8	191098.0	6663
昌吉回族自治州	273	528041.9	334938.9	14343
博尔塔拉蒙古自治州	88	175048.5	119614.7	5042
巴音郭楞蒙古自治州	283	1203138.5	341726.9	14183
阿克苏地区	202	836201.0	524482.3	17707
克孜勒苏柯尔克孜自治州	79	154106.3	125104.0	4974
喀什地区	321	917185.9	637733.2	24421
和田地区	198	471624.5	317796.1	13162
伊犁哈萨克自治州直属县（市）	359	909416.8	554856.0	26145
塔城地区	239	379929.6	239580.4	10278
阿勒泰地区	175	263034.4	192205.6	7730
自治区直辖县级市	110	486519.2	303276.5	10498
石河子市	41	331291.4	197895.6	5785
阿拉尔市	34	73838.6	43415.1	1983
图木舒克市	14	50001.5	25067.9	1109
五家渠市	20	30876.6	36355.3	1587
铁门关市	1	511.2	542.7	34

5-52 文化、体育和娱乐业行政事业及非企业法人单位分地区主要指标

地　　区	单位数（个）	资产总计（万元）	非企业单位支出(费用)（万元）	从业人员（人）
总　　计	**1162**	**1364765.4**	**580684.0**	**22097**
乌鲁木齐市	154	633769.0	282379.6	7642
克拉玛依市	19	12994.4	14684.2	464
吐鲁番市	34	44161.1	14401.0	578
哈密市	62	44760.1	18088.8	1025
昌吉回族自治州	98	58284.0	26458.4	1322
博尔塔拉蒙古自治州	29	27037.4	10509.1	620
巴音郭楞蒙古自治州	101	151210.0	15801.8	1022
阿克苏地区	115	96529.5	28127.3	1432
克孜勒苏柯尔克孜自治州	39	29531.9	13339.3	754
喀什地区	101	39631.4	38522.0	1579
和田地区	68	30927.4	20318.5	796
伊犁哈萨克自治州直属县（市）	117	65782.0	40951.9	2401
塔城地区	81	25708.1	20701.3	729
阿勒泰地区	75	39655.7	16597.8	994
自治区直辖县级市	69	64783.4	19803.0	739
石河子市	21	17162.0	6980.3	360
阿拉尔市	36	38648.6	6550.9	259
图木舒克市	6	6591.4	4588.0	44
五家渠市	6	2381.3	1683.8	76

5-53 公共管理、社会保障和社会组织行政事业及非企业法人单位分地区主要指标

地　区	单位数（个）	资产总计（万元）	非企业单位支出(费用)（万元）	从业人员（人）
总　计	**38969**	**64360232.3**	**34064282.7**	**863165**
乌鲁木齐市	3797	28016530.3	6697575.2	115488
克拉玛依市	653	1636257.0	848085.3	17516
吐鲁番市	1100	1002093.6	1125432.5	27556
哈密市	1461	1563879.5	1057512.5	26398
昌吉回族自治州	2614	4361091.5	2005702.7	56008
博尔塔拉蒙古自治州	1193	1862819.3	1250054.6	26708
巴音郭楞蒙古自治州	2583	3216111.2	2180295.5	63002
阿克苏地区	4020	3001139.2	2949667.9	90414
克孜勒苏柯尔克孜自治州	1130	1115571.6	1136452.2	31701
喀什地区	6899	4258395.5	5046255.3	122436
和田地区	4133	3309851.4	3568353.6	90629
伊犁哈萨克自治州直属县（市）	3239	3782113.6	2383736.2	94846
塔城地区	2812	2341792.8	1370144.5	44950
阿勒泰地区	2009	2240952.0	1263084.9	34242
自治区直辖县级市	1326	2651634.0	1181929.8	21271
石河子市	315	380713.5	308641.6	6442
阿拉尔市	547	1219536.9	471621.1	7195
图木舒克市	286	805987.1	181107.7	4051
五家渠市	168	245396.4	220559.4	3534
铁门关市	10			49

第6篇

科技研发篇

6-1 企业R&D及相关活动主要指标

分组	单位	总计	大型	中型	小微型
基本情况					
有R&D活动的企业	个	175	36	40	99
有研发机构的企业	个	80	25	12	43
有新产品销售的企业	个	97	18	25	54
R&D人员情况					
R&D人员合计	人	10400	6718	2149	1533
#女性	人	2205	1187	537	481
#研究人员	人	3922	2777	711	434
#全时人员	人	6475	4098	1286	1091
R&D人员折合全时当量	人年	5806	4090	996	720
R&D经费情况					
R&D经费内部支出	万元	448778.8	369722.8	42439.3	36616.7
按支出用途分					
1.日常性支出	万元	424921.3	357743.3	38843.1	28334.9
#人员劳务费	万元	119079.1	101907.6	11218.7	5952.8
2.资产性支出	万元	23857.5	11979.5	3596.2	8281.8
#仪器和设备	万元	23456.2	11782.3	3515.9	8158.0
按资金来源分					
政府资金	万元	20275.7	15937.6	1949.3	2388.8
企业资金	万元	416217.7	341930.8	40351.1	33935.8
国外资金	万元	1620.2	1434.6	138.9	46.7
其他资金	万元	10665.2	10419.8		245.4
R&D经费外部支出	万元	72470.4	69806.2	1648.0	1016.2
#对境内研究机构支出	万元	25044.7	24622.7	165.4	256.6
对境内高等学校支出	万元	26872.2	25954.2	640.0	278.0
对境内企业支出	万元	20486.1	19227.0	799.8	459.3
对境外支出	万元	67.4	2.3	42.8	22.3
R&D项目情况					
项目数	项	1081	635	210	236
参加项目人员	人	9304	6057	1900	1347
项目人员折合全时当量	人年	5253	3740	872	640
项目经费内部支出	万元	308069.8	237590.0	38880.9	31598.9

6-1 续表 1

分 组	单位	总计	大型	中型	小微型
企业办研发机构情况					
机构数	个	124	42	18	64
机构人员数	人	6443	5176	493	774
#博士	人	187	129	22	36
硕士	人	1316	1168	65	83
机构经费支出	万元	294451.3	269530.6	6217.2	18703.5
仪器和设备原价	万元	242936.5	210041.8	15058.7	17836.0
#进口	万元	54245.7	51903.8	1889.1	452.8
新产品开发及生产情况					
新产品开发项目数	项	936	441	196	299
新产品开发经费支出	万元	412821.1	319065.6	55883.3	37872.2
新产品销售收入	万元	4328588.7	3572070.3	560388.9	196129.5
#新产品出口	万元	247616.7	221380.8	16235.6	10000.3
自主知识产权及相关情况					
专利申请数	件	3568	2836	291	441
#发明专利	件	1244	950	100	194
有效发明专利数	件	3252	2083	371	798
#境外授权	件	66	49	7	10
拥有注册商标数	件	1788	644	214	930
#境外注册	件	56	45		11
形成国家或行业标准数	项	124	72	31	21
政府相关政策落实情况					
来自政府部门的研究开发经费	万元	18298.5	13986.1	1440.5	2871.9
研究开发费用加计扣除减免税	万元	35781.3	32602.4	286.2	2892.7
高新技术企业减免税	万元	52428.9	49171.0	197.5	3060.4
技术获取和技术改造情况					
引进技术经费支出	万元	7105.3	983.0	6122.3	
消化吸收经费支出	万元	5155.6	5155.6		
购买国内技术经费支出	万元	2278.4	1206.8	677.5	394.1
技术改造经费支出	万元	245751.0	176734.9	65982.6	3033.5

6-2 按登记注册类型分组的企业 R&D 及相关活动主要指标

分 组	单位	内资企业	国有企业	集体企业	有限责任公司
基本情况					
有 R&D 活动的企业	个	169	2		76
有研发机构的企业	个	79	2		36
有新产品销售的企业	个	95	2		42
R&D 人员情况					
R&D 人员合计	人	10039	168		4747
#女性	人	2129	35		731
#研究人员	人	3883	72		1479
#全时人员	人	6281	151		2240
R&D 人员折合全时当量	人年	5689	65		2505
R&D 经费情况					
R&D 经费内部支出	万元	443044.1	823.7		120141.3
按支出用途分					
1.日常性支出	万元	419186.6	772.7		111388.6
#人员劳务费	万元	118150.3	437.2		24852.9
2.资产性支出	万元	23857.5	51.0		8752.7
#仪器和设备	万元	23456.2	22.4		8487.3
按资金来源分					
政府资金	万元	20210.7	70.6		2673.3
企业资金	万元	410548.0	753.1		105453.6
国外资金	万元	1620.2			1361.5
其他资金	万元	10665.2			10652.9
R&D 经费外部支出	万元	72455.0	4105.9		2843.4
#对境内研究机构支出	万元	25044.7	1874.7		790.0
对境内高等学校支出	万元	26872.2	1319.1		1075.4
对境内企业支出	万元	20470.7	912.1		976.2
对境外支出	万元	67.4			1.8
R&D 项目情况					
项目数	项	1049	49		409
参加项目人员	人	8979	160		4248
项目人员折合全时当量	人年	5150	62		2281
项目经费内部支出	万元	302347.2	795.6		113204.4

6-2 续表 1

分　组	单位			港澳台商投资企业	外　商投资企业
		股份有限公司	私营企业		
基本情况					
有 R&D 活动的企业	个	36	55	4	2
有研发机构的企业	个	23	18		1
有新产品销售的企业	个	20	31	1	1
R&D 人员情况					
R&D 人员合计	人	4182	942	157	204
#女性	人	1076	287	59	17
#研究人员	人	2073	259	16	23
#全时人员	人	3241	649	89	105
R&D 人员折合全时当量	人年	2697	422	48	68
R&D 经费情况					
R&D 经费内部支出	万元	304697.6	17381.5	3051.4	2683.3
按支出用途分					
1.日常性支出	万元	291732.8	15292.5	3051.4	2683.3
#人员劳务费	万元	88102.2	4758.0	421.2	507.6
2.资产性支出	万元	12964.8	2089.0		
#仪器和设备	万元	12868.4	2078.1		
按资金来源分					
政府资金	万元	16155.6	1311.2		65.0
企业资金	万元	288330.0	16011.3	3051.4	2618.3
国外资金	万元	212.0	46.7		
其他资金	万元		12.3		
R&D 经费外部支出	万元	64372.6	1133.1	15.4	
#对境内研究机构支出	万元	22062.7	317.3		
对境内高等学校支出	万元	24243.2	234.5		
对境内企业支出	万元	18021.6	560.8	15.4	
对境外支出	万元	45.1	20.5		
R&D 项目情况					
项目数	项	461	130	14	18
参加项目人员	人	3742	829	131	194
项目人员折合全时当量	人年	2432	375	36	66
项目经费内部支出	万元	174112.3	14234.9	3039.4	2683.2

6-2 续表 2

分　　组	单位	内资企业	国有企业	集体企业	有限责任公司
企业办研发机构情况					
机构数	个	120	5		52
机构人员数	人	6384	216		1844
#博士	人	187	4		49
硕士	人	1308	106		170
机构经费支出	万元	294308.5	1245.4		77087.7
仪器和设备原价	万元	242621.9	4654.0		69507.1
#进口	万元	54245.7			7481.2
新产品开发及生产情况					
新产品开发项目数	项	905	51		367
新产品开发经费支出	万元	408794.3	474.0		115965.3
新产品销售收入	万元	4267671.1	4314.2		795719.0
#新产品出口	万元	244977.3			95400.8
自主知识产权及相关情况					
专利申请数	件	3523	313		573
#发明专利	件	1229	83		210
有效发明专利数	件	3092	234		652
#境外授权	件	66	5		14
拥有注册商标数	件	1784	3		503
#境外注册	件	56			1
形成国家或行业标准数	项	124	2		31
政府相关政策落实情况					
来自政府部门的研究开发经费	万元	18298.5	70.6		2687.2
研究开发费用加计扣除减免税	万元	35742.2	235.0		8237.4
高新技术企业减免税	万元	52428.9			2775.6
技术获取和技术改造情况					
引进技术经费支出	万元	7105.3			6000.0
消化吸收经费支出	万元	5155.6			
购买国内技术经费支出	万元	2278.4			658.7
技术改造经费支出	万元	244718.9			71078.1

6-2 续表 3

分组	单位			港澳台商投资企业	外商投资企业
		股份有限公司	私营企业		
企业办研发机构情况					
机构数	个	45	18		4
机构人员数	人	4000	324		59
#博士	人	128	6		
硕士	人	998	34		8
机构经费支出	万元	210469.5	5505.9		142.8
仪器和设备原价	万元	166152.0	2308.8		314.6
#进口	万元	46764.4	0.1		
新产品开发及生产情况					
新产品开发项目数	项	335	152	11	20
新产品开发经费支出	万元	268435.7	23919.3	820.7	3206.1
新产品销售收入	万元	3342737.1	124900.8	24362.5	36555.1
#新产品出口	万元	148657.3	919.2	2639.4	
自主知识产权及相关情况					
专利申请数	件	2332	305	23	22
#发明专利	件	801	135	11	4
有效发明专利数	件	1695	511	70	90
#境外授权	件	41	6		
拥有注册商标数	件	741	537	2	2
#境外注册	件	45	10		
形成国家或行业标准数	项	79	12		
政府相关政策落实情况					
来自政府部门的研究开发经费	万元	14284.4	1256.3		
研究开发费用加计扣除减免税	万元	25480.6	1789.2		39.1
高新技术企业减免税	万元	46982.3	2671.0		
技术获取和技术改造情况					
引进技术经费支出	万元	1105.3			
消化吸收经费支出	万元	5155.6			
购买国内技术经费支出	万元	825.1	794.6		
技术改造经费支出	万元	169505.6	4135.2	599.6	432.5

6-3　制造业企业R&D及相关活动主要指标

分　组	单位	制造业合　计	农副食品加工业	食　品制造业	酒、饮料和精制茶制造业	纺织业
基本情况						
有R&D活动的企业	个	155	5	11	4	8
有研发机构的企业	个	68	1	4	3	3
有新产品销售的企业	个	91		9	3	5
R&D人员情况						
R&D人员合计	人	7149	219	349	111	278
#女性	人	1621	65	163	23	138
#研究人员	人	2259	36	141	39	30
#全时人员	人	4202	153	258	76	160
R&D人员折合全时当量	人年	3336	24	104	36	103
R&D经费情况						
R&D经费内部支出	万元	322538.3	889.3	8175.8	1090.6	2239.0
按支出用途分						
1.日常性支出	万元	301529.1	869.8	7434.3	1078.5	2084.0
#人员劳务费	万元	43425.4	406.9	1794.4	537.6	613.1
2.资产性支出	万元	21009.2	19.5	741.5	12.1	155.0
#仪器和设备	万元	20635.2	19.5	536.8	12.1	155.0
按资金来源分						
政府资金	万元	11683.4	36.0	480.9	102.0	20.0
企业资金	万元	309088.1	853.3	7694.9	915.5	2219.0
国外资金	万元	1521.4			73.1	
其他资金	万元	245.4				
R&D经费外部支出	万元	6716.6		113.7	66.2	15.4
#对境内研究机构支出	万元	1132.1		36.4	6.5	
对境内高等学校支出	万元	4614.1		24.5	58.6	
对境内企业支出	万元	905.3		52.8	1.1	15.4
对境外支出	万元	65.1				
R&D项目情况						
项目数	项	793	11	50	11	31
参加项目人员	人	6414	193	330	81	230
项目人员折合全时当量	人年	3036	20	99	27	82
项目经费内部支出	万元	244125.1	804.4	7356.5	676.8	1893.8

6-3 续表 1

分　组	单位	纺　织服装、服饰业	文教、工美、体育和娱乐用品制造业	石油、煤炭及其他燃料加工业	化学原料和化学制品制造业	医　药制造业
基本情况						
有 R&D 活动的企业	个	1	1	10	37	14
有研发机构的企业	个	1		7	18	4
有新产品销售的企业	个	1		3	26	7
R&D 人员情况						
R&D 人员合计	人	13	5	313	2229	515
#女性	人	11	1	105	315	251
#研究人员	人	7	1	126	566	211
#全时人员	人	3	2	204	817	384
R&D 人员折合全时当量	人年	13	1	169	896	384
R&D 经费情况						
R&D 经费内部支出	万元	130.0	2.0	9782.4	75028.2	21591.3
按支出用途分						
1.日常性支出	万元	105.0	2.0	9093.0	72746.5	20093.8
#人员劳务费	万元	27.2	1.0	4024.7	13762.8	4741.9
2.资产性支出	万元	25.0		689.4	2281.7	1497.5
#仪器和设备	万元	25.0		646.8	2183.9	1495.3
按资金来源分						
政府资金	万元	30.0		299.7	1177.3	1081.5
企业资金	万元	100.0	2.0	9436.0	72603.2	20509.8
国外资金	万元			46.7	1235.4	
其他资金	万元				12.3	
R&D 经费外部支出	万元	9.0		501.3	727.1	1919.0
#对境内研究机构支出	万元			138.4	375.3	567.0
对境内高等学校支出	万元	9.0		303.0	134.7	729.7
对境内企业支出	万元			39.4	174.3	622.3
对境外支出	万元			20.5	42.8	
R&D 项目情况						
项目数	项	1	1	50	183	162
参加项目人员	人	8	5	266	2081	470
项目人员折合全时当量	人年	8	1	143	847	352
项目经费内部支出	万元	130.0	2.0	6948.5	71512.8	19722.9

6-3 续表 2

分　组	单位	化学纤维制造业	橡胶和塑料制品业	非金属矿物制品业	黑色金属冶炼和压延加工业	有色金属冶炼和压延加工业	金属制品业	通用设备制造业
基本情况								
有 R&D 活动的企业	个	2	10	12	5	6	2	3
有研发机构的企业	个	1	5	4	2	3	1	2
有新产品销售的企业	个	1	9	5	2	4	1	3
R&D 人员情况								
R&D 人员合计	人	182	349	490	399	283	14	30
#女性	人	62	89	86	31	96	4	4
#研究人员	人	22	142	137	177	68	1	8
#全时人员	人	137	204	193	348	240	13	25
R&D 人员折合全时当量	人年	58	200	154	213	230	1	8
R&D 经费情况								
R&D 经费内部支出	万元	8287.9	5512.3	17965.7	36508.4	20219.6	233.1	407.4
按支出用途分								
1.日常性支出	万元	3433.8	4953.5	14971.8	36409.4	19108.0	233.1	320.1
#人员劳务费	万元	769.3	2197.6	2349.4	607.9	2000.6	125.0	219.6
2.资产性支出	万元	4854.1	558.8	2993.9	99.0	1111.6		87.3
#仪器和设备	万元	4854.1	543.9	2993.9	90.0	1111.6		87.3
按资金来源分								
政府资金	万元		704.4	88.9	350.0	305.7		
企业资金	万元	8287.9	4786.8	17575.1	36158.4	19913.9	233.1	407.4
国外资金	万元		21.1	145.1				
其他资金	万元			156.6				
R&D 经费外部支出	万元		5.1		261.5	35.7		
#对境内研究机构支出	万元		5.1			2.4		
对境内高等学校支出	万元				261.5	33.3		
对境内企业支出	万元							
对境外支出	万元							
R&D 项目情况								
项目数	项	2	35	37	52	25	2	3
参加项目人员	人	175	319	385	382	258	13	25
项目人员折合全时当量	人年	56	181	132	205	212	1	6
项目经费内部支出	万元	8287.9	4704.4	16296.4	25583.0	20169.0	26.7	246.7

6-3 续表 3

分组	单位	专用设备制造业	汽车制造业	电气机械和器材制造业	计算机、通信和其他电子设备制造业	仪器仪表制造业	废弃资源综合利用业	金属制品、机械和设备修理业
基本情况								
有 R&D 活动的企业	个	10	1	8	3	1		1
有研发机构的企业	个	5		1	2	1		
有新产品销售的企业	个	5	1	4	2			
R&D 人员情况								
R&D 人员合计	人	152	21	988	168	24		17
#女性	人	15	4	132	15	5		6
#研究人员	人	29	10	480	20	6		2
#全时人员	人	137	19	730	66	18		15
R&D 人员折合全时当量	人年	51	19	585	67	15		5
R&D 经费情况								
R&D 经费内部支出	万元	2029.8	597.2	108286.6	3159.6	232.1		170.0
按支出用途分								
1.日常性支出	万元	2002.9	597.2	102488.4	3114.9	222.4		166.7
#人员劳务费	万元	694.3	290.4	7658.9	443.3	112.3		47.2
2.资产性支出	万元	26.9		5798.2	44.7	9.7		3.3
#仪器和设备	万元	24.1		5798.2	44.7	9.7		3.3
按资金来源分								
政府资金	万元	233.1		6345.1	388.8	40.0		
企业资金	万元	1796.7	597.2	101941.5	2770.8	192.1		93.5
国外资金	万元							
其他资金	万元							76.5
R&D 经费外部支出	万元			3059.8				2.8
#对境内研究机构支出	万元							1.0
对境内高等学校支出	万元			3059.8				
对境内企业支出	万元							
对境外支出	万元							1.8
R&D 项目情况								
项目数	项	27	5	83	16	2		4
参加项目人员	人	141	20	831	163	22		16
项目人员折合全时当量	人年	48	18	514	65	14		5
项目经费内部支出	万元	1909.1	82.9	54214.3	3159.6	232.1		165.3

6-3 续表 4

分　组	单位	制造业合　计	农副食品加工业	食　品制造业	酒、饮料和精制茶制造业	纺织业
企业办研发机构情况						
机构数	个	106	1	8	3	3
机构人员数	人	3193	3	248	98	470
#博士	人	115		7	2	5
硕士	人	469		29	4	12
机构经费支出	万元	128910.1	5.0	441.2	2436.5	8368.2
仪器和设备原价	万元	123062.2	2.0	8851.5	2918.8	4991.2
#进口	万元	19320.1			460.0	0.1
新产品开发及生产情况						
新产品开发项目数	项	825	14	56	22	20
新产品开发经费支出	万元	392423.5	975.0	13079.0	4294.7	5264.9
新产品销售收入	万元	4312346.7		165981.3	37505.2	61148.7
#新产品出口	万元	246066.7		57314.7		9818.6
自主知识产权及相关情况						
专利申请数	件	1949	17	80	4	53
#发明专利	件	687	3	29	2	28
有效发明专利数	件	2437	26	68	17	77
#境外授权	件	52				
拥有注册商标数	件	1704	9	262	14	4
#境外注册	件	56		1		
形成国家或行业标准数	项	97		6	2	
政府相关政策落实情况						
来自政府部门的研究开发经费	万元	11333.2	260.0	96.0	85.0	65.0
研究开发费用加计扣除减免税	万元	17129.2	213.0	3932.2		7.5
高新技术企业减免税	万元	50930.8	113.3	18.1	24.3	
技术获取和技术改造情况						
引进技术经费支出	万元	7105.3				
消化吸收经费支出	万元	5155.6				
购买国内技术经费支出	万元	2278.1		210.0	0.5	0.8
技术改造经费支出	万元	226151.4		10565.6	0.5	2728.6

6-3 续表 5

分组	单位	纺织服装、服饰业	文教、工美、体育和娱乐用品制造业	石油、煤炭及其他燃料加工业	化学原料和化学制品制造业	医药制造业
企业办研发机构情况						
机构数	个	1		11	30	4
机构人员数	人	24		448	463	318
#博士	人	2		11	11	10
硕士	人	1		55	89	60
机构经费支出	万元	118.0		22801.0	19945.2	20187.5
仪器和设备原价	万元	104.1		31101.7	36038.7	8982.4
#进口	万元			11213.5	2103.9	1638.9
新产品开发及生产情况						
新产品开发项目数	项	1		88	211	105
新产品开发经费支出	万元	130.0		19694.1	80522.3	12307.2
新产品销售收入	万元	1800.0		9820.8	1212368.5	159242.8
#新产品出口	万元			667.0	18584.0	
自主知识产权及相关情况						
专利申请数	件			83	368	69
#发明专利	件			39	157	31
有效发明专利数	件			305	481	108
#境外授权	件			12	1	3
拥有注册商标数	件	13		92	169	525
#境外注册	件			10		
形成国家或行业标准数	项			3	33	2
政府相关政策落实情况						
来自政府部门的研究开发经费	万元	30.0		267.9	1414.4	1011.9
研究开发费用加计扣除减免税	万元			264.0	5708.3	375.9
高新技术企业减免税	万元				10057.4	241.4
技术获取和技术改造情况						
引进技术经费支出	万元			983.0	6122.3	
消化吸收经费支出	万元					
购买国内技术经费支出	万元			665.1	501.7	800.7
技术改造经费支出	万元	51.6		88446.5	55278.2	1216.9

6-3 续表 6

分　组	单位	化学纤维制造业	橡胶和塑料制品业	非金属矿物制品业	黑色金属冶炼和压延加工业	有色金属冶炼和压延加工业	金属制品业	通用设备制造业
企业办研发机构情况								
机构数	个	2	8	12	2	3	1	3
机构人员数	人	45	67	202	72	194	6	40
#博士	人		3	23	1	3		2
硕士	人		6	46	9	28		1
机构经费支出	万元	1156.0	1075.1	5894.7	1876.1	35931.9	25.9	462.7
仪器和设备原价	万元	4854.1	764.1	10911.7	226.8	9544.3	157.0	237.3
#进口	万元			763.4		1865.7		
新产品开发及生产情况								
新产品开发项目数	项		36	50	32	50	4	2
新产品开发经费支出	万元		8455.8	22722.0	23208.2	30318.3	482.2	90.1
新产品销售收入	万元	16168.8	121211.6	304483.8	79343.5	315375.2	2044.8	4235.9
#新产品出口	万元	8084.4	8757.4			29204.6		
自主知识产权及相关情况								
专利申请数	件		70	47	663	53	9	17
#发明专利	件		18	32	111	29	9	5
有效发明专利数	件	11	140	75	78	89	6	129
#境外授权	件			5				1
拥有注册商标数	件	2	35	18	14	111	1	4
#境外注册	件					22		
形成国家或行业标准数	项		5	11		2		
政府相关政策落实情况								
来自政府部门的研究开发经费	万元		520.2	58.9	350.0	370.7		32.0
研究开发费用加计扣除减免税	万元		310.6	127.9		859.3		1.2
高新技术企业减免税	万元		10.7	187.2	48.0	451.5		10.7
技术获取和技术改造情况								
引进技术经费支出	万元							
消化吸收经费支出	万元							
购买国内技术经费支出	万元					99.3		
技术改造经费支出	万元	865.0	621.3	40429.9	445.8	192.0		25.0

6-3 续表 7

分　组	单位							
		专用设备制造业	汽车制造业	电气机械和器材制造业	计算机、通信和其他电子设备制造业	仪器仪表制造业	废弃资源综合利用业	金属制品、机械和设备修理业
企业办研发机构情况								
机构数	个	5		3	5	1		
机构人员数	人	84		312	70	29		
#博士	人	4		25	1	5		
硕士	人	14		106	9			
机构经费支出	万元	1959.9		5634.3	322.9	268.0		
仪器和设备原价	万元	478.5		2261.4	625.4	11.2		
#进口	万元	73.8		1200.8				
新产品开发及生产情况								
新产品开发项目数	项	37	5	75	11	2		3
新产品开发经费支出	万元	2728.9	597.2	164290.5	2615.9	232.1		374.6
新产品销售收入	万元	24081.0	21420.2	1771954.7	4159.9			
#新产品出口	万元			113636.0				
自主知识产权及相关情况								
专利申请数	件	65		308	31		7	4
#发明专利	件	39		148	6			
有效发明专利数	件	70		626	107	16	7	
#境外授权	件	5		25				
拥有注册商标数	件	4	1	423	2			1
#境外注册	件			23				
形成国家或行业标准数	项			33				
政府相关政策落实情况								
来自政府部门的研究开发经费	万元	252.3		6145.1	333.8	40.0		
研究开发费用加计扣除减免税	万元	56.6		4884.2	388.5			
高新技术企业减免税	万元	654.6		39113.6				
技术获取和技术改造情况								
引进技术经费支出	万元							
消化吸收经费支出	万元			5155.6				
购买国内技术经费支出	万元							
技术改造经费支出	万元	62.4		25120.9	101.2			

6-4 采矿业企业 R&D 及相关活动主要指标

分 组	单位	采矿业	煤炭开采和洗选业	石油和天然气开采业	黑色金属矿采选业	有色金属矿采选业	非金属矿采选业	开采专业及辅助性活动
基本情况								
有 R&D 活动的企业	个	16	3	3		1		9
有研发机构的企业	个	10	2	2				6
有新产品销售的企业	个	4						4
R&D 人员情况								
R&D 人员合计	人	2767	115	1317		17		1318
#女性	人	525	4	412				109
#研究人员	人	1419	39	751		5		624
#全时人员	人	1870	26	1091		2		751
R&D 人员折合全时当量	人年	2120	68	955		15		1081
R&D 经费情况								
R&D 经费内部支出	万元	120769.1	1305.4	90066.8		374.3		29022.6
按支出用途分								
1. 日常性支出	万元	117947.3	1285.2	87807.5		374.3		28480.3
#人员劳务费	万元	74648.6	449.8	63688.2		179.5		10331.1
2. 资产性支出	万元	2821.8	20.2	2259.3				542.3
#仪器和设备	万元	2821.0	20.2	2258.5				542.3
按资金来源分								
政府资金	万元	7872.3	72.3	6702.5				1097.5
企业资金	万元	102378.2	1233.1	83364.3		374.3		17406.5
国外资金	万元	98.8						98.8
其他资金	万元	10419.8						10419.8
R&D 经费外部支出	万元	60472.8	234.1	58705.8		58.3		1474.6
#对境内研究机构支出	万元	22026.9	45.3	21954.8				26.8
对境内高等学校支出	万元	20479.4	133.8	19855.7		58.3		431.6
对境内企业支出	万元	17964.2	55.0	16893.0				1016.2
对境外支出	万元	2.3		2.3				
R&D 项目情况								
项目数	项	241	6	160		1		74
参加项目人员	人	2439	84	1176		15		1164
项目人员折合全时当量	人年	1893	52	854		13		974
项目经费内部支出	万元	58499.3	1138.8	29371.6		374.3		27614.6

6-4 续表 1

分　组	单位	采矿业	煤炭开采和洗选业	石油和天然气开采业	黑色金属矿采选业	有色金属矿采选业	非金属矿采选业	开采专业及辅助性活动
企业办研发机构情况								
机构数	个	15	2	5				8
机构人员数	人	2972	36	2489				447
#博士	人	52		49				3
硕士	人	724	2	694				28
机构经费支出	万元	160093.2	662.5	135815.1				23615.6
仪器和设备原价	万元	118874.3	1555.1	106266.9				11052.3
#进口	万元	34925.6	63.0	31103.0				3759.6
新产品开发及生产情况								
新产品开发项目数	项	77	11	1			1	64
新产品开发经费支出	万元	17171.1	840.3	445.5			118.5	15766.8
新产品销售收入	万元	11092.0						11092.0
#新产品出口	万元							
自主知识产权及相关情况								
专利申请数	件	1278	6	1006	13			253
#发明专利	件	471	3	371				97
有效发明专利数	件	597	9	289				299
#境外授权	件	14		1				13
拥有注册商标数	件	82	1	37				44
#境外注册	件							
形成国家或行业标准数	项	16		11				5
政府相关政策落实情况								
来自政府部门的研究开发经费	万元	6925.3	72.3	5719.0				1134.0
研究开发费用加计扣除减免税	万元	18416.9		16832.3	108.4			1476.2
高新技术企业减免税	万元	1498.1			1371.6			126.5
技术获取和技术改造情况								
引进技术经费支出	万元							
消化吸收经费支出	万元							
购买国内技术经费支出	万元							
技术改造经费支出	万元	12746.4		12580.0				166.4

6-5 电力、热力、燃气及水生产和供应业企业 R&D 及相关活动主要指标

分组	单位	电力、热力、燃气及水生产和供应业	电力、热力生产和供应业	燃气生产和供应业	水的生产和供应业
基本情况					
有 R&D 活动的企业	个	4	3	1	
有研发机构的企业	个	2	2		
有新产品销售的企业	个	2	2		
R&D 人员情况					
R&D 人员合计	人	484	220	264	
#女性	人	59	46	13	
#研究人员	人	244	94	150	
#全时人员	人	403	165	238	
R&D 人员折合全时当量	人年	350	86	264	
R&D 经费情况					
R&D 经费内部支出	万元	5471.4	3795.4	1676.0	
按支出用途分					
1.日常性支出	万元	5444.9	3768.9	1676.0	
#人员劳务费	万元	1005.1	720.1	285.0	
2.资产性支出	万元	26.5	26.5		
#仪器和设备	万元				
按资金来源分					
政府资金	万元	720.0	720.0		
企业资金	万元	4751.4	3075.4	1676.0	
国外资金	万元				
其他资金	万元				
R&D 经费外部支出	万元	5281.0	5230.0	51.0	
#对境内研究机构支出	万元	1885.7	1874.7	11.0	
对境内高等学校支出	万元	1778.7	1768.7	10.0	
对境内企业支出		1616.6	1586.6	30.0	
对境外支出	万元				
R&D 项目情况					
项目数	项	47	46	1	
参加项目人员	人	451	209	242	
项目人员折合全时当量	人年	324	82	242	
项目经费内部支出	万元	5445.4	3769.4	1676.0	

6-5 续表 1

分　组	单位	电力、热力、燃气及水生产和供应业	电力、热力生产和供应业	燃气生产和供应业	水的生产和供应业
企业办研发机构情况					
机构数	个	3	3		
机构人员数	人	278	278		
#博士	人	20	20		
硕士	人	123	123		
机构经费支出	万元	5448.0	5448.0		
仪器和设备原价	万元	1000.0	1000.0		
#进口	万元				
新产品开发及生产情况					
新产品开发项目数	项	34	33	1	
新产品开发经费支出	万元	3226.5	1550.5	1676.0	
新产品销售收入	万元	5150.0	5150.0		
#新产品出口	万元	1550.0	1550.0		
自主知识产权及相关情况					
专利申请数	件	341	341		
#发明专利	件	86	86		
有效发明专利数	件	218	218		
#境外授权	件				
拥有注册商标数	件	2	2		
#境外注册	件				
形成国家或行业标准数	项	11	11		
政府相关政策落实情况					
来自政府部门的研究开发经费	万元	40.0	40.0		
研究开发费用加计扣除减免税	万元	235.2	235.2		
高新技术企业减免税	万元				
技术获取和技术改造情况					
引进技术经费支出	万元				
消化吸收经费支出	万元	0.3	0.3		
购买国内技术经费支出	万元	6853.2	6853.2		
技术改造经费支出	万元				

6-6 分地区企业R&D及相关活动主要指标

分　组	单位	乌鲁木齐市	克拉玛依市	吐鲁番市	哈密市	昌吉回族自治州
基本情况						
有R&D活动的企业	个	55	19	5	5	17
有研发机构的企业	个	29	10	1	2	10
有新产品销售的企业	个	34	9		1	18
R&D人员情况						
R&D人员合计	人	2963	1879	712	81	705
#女性	人	720	286	207	6	174
#研究人员	人	1198	861	377	15	233
#全时人员	人	2202	1145	585	47	394
R&D人员折合全时当量	人年	1687	1389	566	26	256
R&D经费情况						
R&D经费内部支出	万元	186547.1	51156.4	24448.8	1403.0	33985.6
按支出用途分						
1.日常性支出	万元	180198.5	48923.1	22204.1	1301.6	28164.7
#人员劳务费	万元	14114.4	19963.2	7763.0	288.4	6933.7
2.资产性支出	万元	6348.6	2233.3	2244.7	101.4	5820.9
#仪器和设备	万元	6109.6	2133.1	2244.7	101.4	5805.2
按资金来源分						
政府资金	万元	2506.5	6906.2	207.0	0.3	6637.3
企业资金	万元	183738.9	33642.8	24241.8	1356.0	27348.3
国外资金	万元	145.1	98.8		46.7	
其他资金	万元	156.6	10508.6			
R&D经费外部支出	万元	6073.1	4245.6	2006.0	39.7	3195.7
#对境内研究机构支出	万元	2297.2	118.5	422.0	11.5	31.2
对境内高等学校支出	万元	2140.4	858.6	1258.0	2.9	3137.7
对境内企业支出	万元	1615.0	3221.6	326.0	25.3	26.8
对境外支出	万元	20.5	46.9			
R&D项目情况						
项目数	项	384	138	93	5	57
参加项目人员	人	2647	1663	635	70	537
项目人员折合全时当量	人年	1542	1247	505	25	194
项目经费内部支出	万元	119816.3	45151.3	15481.1	1384.8	29049.6

6-6 续表 1

分　组	单位	博尔塔拉蒙古自治州	巴音郭楞蒙古自治州	阿克苏地区	克孜勒苏柯尔克孜自治州	喀什地区
基本情况						
有 R&D 活动的企业	个	3	14	7	1	3
有研发机构的企业	个	1	7	2		1
有新产品销售的企业	个	1	4	3		1
R&D 人员情况						
R&D 人员合计	人	26	976	273	5	45
#女性	人	9	327	41	2	14
#研究人员	人	7	381	103	1	12
#全时人员	人	10	698	187	5	27
R&D 人员折合全时当量	人年	8	449	106	3	21
R&D 经费情况						
R&D 经费内部支出	万元	103.9	69892.8	2869.2	10.4	495.2
按支出用途分						
1.日常性支出	万元	84.8	69156.3	2869.2	10.4	495.2
#人员劳务费	万元	52.9	56371.4	938.6	9.9	275.6
2.资产性支出	万元	19.1	736.5			
#仪器和设备	万元	19.0	727.0			
按资金来源分						
政府资金	万元	5.0	1367.9	1.0		4.0
企业资金	万元	98.9	68310.0	2868.2	10.4	491.2
国外资金	万元		214.9			
其他资金	万元					
R&D 经费外部支出	万元	10.3	54544.2	297.1		58.3
#对境内研究机构支出	万元	10.3	21801.4			
对境内高等学校支出	万元		18349.3	124.8		58.3
对境内企业支出	万元		14393.5	172.3		
对境外支出	万元					
R&D 项目情况						
项目数	项	3	99	17	1	6
参加项目人员	人	23	885	211	5	40
项目人员折合全时当量	人年	7	408	80	3	18
项目经费内部支出	万元	103.8	20149.8	2450.3	10.4	495.2

6-6 续表 2

分　组	单位	和田地区	伊犁哈萨克自治州	塔城地区	阿勒泰地区	自治区直辖县级行政区划
基本情况						
有 R&D 活动的企业	个		14	7	3	22
有研发机构的企业	个		7	4		6
有新产品销售的企业	个		8	4	1	13
R&D 人员情况						
R&D 人员合计	人		804	115	27	1789
#女性	人		171	47	6	195
#研究人员	人		282	32	10	410
#全时人员	人		627	99	18	431
R&D 人员折合全时当量	人年		536	61	7	693
R&D 经费情况						
R&D 经费内部支出	万元		25397.7	6699.8	151.9	45617.0
按支出用途分						
1.日常性支出	万元		24487.8	1796.1	131.9	45097.6
#人员劳务费	万元		4354.9	478.2	101.7	7433.2
2.资产性支出	万元		909.9	4903.7	20.0	519.4
#仪器和设备	万元		884.5	4903.2	20.0	508.5
按资金来源分						
政府资金	万元		549.0	55.9	10.0	2025.6
企业资金	万元		24775.6	6643.9	141.9	42549.8
国外资金	万元		73.1			1041.6
其他资金	万元					
R&D 经费外部支出	万元		876.0	0.3		1124.1
#对境内研究机构支出	万元		352.3	0.3		
对境内高等学校支出	万元		492.6			449.6
对境内企业支出	万元		31.1			674.5
对境外支出	万元					
R&D 项目情况						
项日数	项		109	8	5	156
参加项目人员	人		753	104	17	1714
项目人员折合全时当量	人年		500	55	3	666
项目经费内部支出	万元		22250.0	6401.2	77.5	45248.5

6-6 续表 3

分　组	单位	乌鲁木齐市	克拉玛依市	吐鲁番市	哈密市	昌吉回族自治州
企业办研发机构情况						
机构数	个	52	14	2	2	20
机构人员数	人	1285	2671	617	28	520
#博士	人	60	51	4		29
硕士	人	306	620	133	2	144
机构经费支出	万元	54521.1	155482.3	20652.0	873.5	11736.4
仪器和设备原价	万元	47256.3	119785.5	20158.0	2055.9	12648.2
#进口	万元	4220.5	30616.5	13776.0		2794.7
新产品开发及生产情况						
新产品开发项目数	项	430	125	3	9	77
新产品开发经费支出	万元	234550.0	31728.5	216.6	5436.5	50017.8
新产品销售收入	万元	3075520.5	266488.4		3500.0	585499.8
#新产品出口	万元	148720.7	3599.7			71714.2
自主知识产权及相关情况						
专利申请数	件	1753	575	38	22	193
#发明专利	件	591	242	16	1	45
有效发明专利数	件	1672	703	21	17	214
#境外授权	件	42	23	1		
拥有注册商标数	件	1092	38	38	2	456
#境外注册	件	56				
形成国家或行业标准数	项	77	8	11		6
政府相关政策落实情况						
来自政府部门的研究开发经费	万元	8483.6	1341.0	177.0	80.0	6666.9
研究开发费用加计扣除减免税	万元	11299.9	2456.3	1018.8	108.4	2931.0
高新技术企业减免税	万元	39888.4	126.5		1371.6	9799.8
技术获取和技术改造情况						
引进技术经费支出	万元		1105.3			6000.0
消化吸收经费支出	万元	5155.6				
购买国内技术经费支出	万元	1120.7	715.1			341.7
技术改造经费支出	万元	138998.0	17641.3	97.1		46352.2

6-6 续表 4

分　组	单位	博尔塔拉蒙古自治州	巴音郭楞蒙古自治州	阿克苏地区	克孜勒苏柯尔克孜自治州	喀什地区
企业办研发机构情况						
机构数	个	1	7	2		1
机构人员数	人	10	108	45		17
#博士	人		4			
硕士	人		10	1		3
机构经费支出	万元	111.2	6975.2	361.1		111.5
仪器和设备原价	万元	15.2	14936.6	649.0		231.1
#进口	万元		251.6			
新产品开发及生产情况						
新产品开发项目数	项	2	29	4	1	9
新产品开发经费支出	万元	56.1	5765.5	1245.1	10.4	504.7
新产品销售收入	万元	157.0	33663.6	41447.5		12176.6
#新产品出口	万元		4536.0			
自主知识产权及相关情况						
专利申请数	件	5	685	22		7
#发明专利	件		237	6		7
有效发明专利数	件	11	159	22		21
#境外授权	件					
拥有注册商标数	件	3	38	2		22
#境外注册	件					
形成国家或行业标准数	项	3	6	2		
政府相关政策落实情况						
来自政府部门的研究开发经费	万元	265.0	30.0			
研究开发费用加计扣除减免税	万元	213.0	16640.7			
高新技术企业减免税	万元	113.3				
技术获取和技术改造情况						
引进技术经费支出	万元					
消化吸收经费支出	万元					
购买国内技术经费支出	万元		0.3			
技术改造经费支出	万元		9962.3	1050.0		

6-6 续表 5

分　组	单位	和田地区	伊犁哈萨克自治州	塔城地区	阿勒泰地区	自治区直辖县级行政区划
企业办研发机构情况						
机构数	个		9	5		9
机构人员数	人		414	147		581
#博士	人		15	3		21
硕士	人		49	3		45
机构经费支出	万元		28524.8	2205.9		12896.3
仪器和设备原价	万元		13124.0	6985.5		5091.2
#进口	万元		2098.9	487.4		0.1
新产品开发及生产情况						
新产品开发项目数	项	2	70	13	5	157
新产品开发经费支出	万元	122.2	22544.0	3194.1	152.5	57277.1
新产品销售收入	万元		182069.1	28839.3	931.5	98295.4
#新产品出口	万元		2391.7	8084.4		8570.0
自主知识产权及相关情况						
专利申请数	件		70	18	2	178
#发明专利	件		12	6	1	80
有效发明专利数	件	1	66	66		279
#境外授权	件					
拥有注册商标数	件	1	30	4		62
#境外注册	件					
形成国家或行业标准数	项		5	2		4
政府相关政策落实情况						
来自政府部门的研究开发经费	万元	60.0	246.0	25.0	5.0	919.0
研究开发费用加计扣除减免税	万元		496.8	6.2		610.2
高新技术企业减免税	万元		571.0	10.7		547.6
技术获取和技术改造情况						
引进技术经费支出	万元					
消化吸收经费支出	万元					
购买国内技术经费支出	万元			100.6		
技术改造经费支出	万元	142.0	2030.5	236.5		29241.1

2018
新疆经济普查年鉴
综合卷

图书在版编目（CIP）数据

新疆经济普查年鉴. 2018. 综合卷 / 新疆维吾尔自治区人民政府第四次全国经济普查领导小组办公室编. -- 北京 : 中国统计出版社，2020.10
ISBN 978-7-5037-9191-8

Ⅰ. ①新… Ⅱ. ①新… Ⅲ. ①经济－普查－新疆－2018－年鉴 Ⅳ. ①F127.45-54

中国版本图书馆 CIP 数据核字（2020）第 112031 号

新疆经济普查年鉴–2018/综合卷

作　　者/新疆维吾尔自治区人民政府第四次全国经济普查领导小组办公室
责任编辑/冯诗萌
封面设计/杨生艳
出版发行/中国统计出版社
通信地址/北京市丰台区西三环南路甲 6 号　邮政编码/100073
电　　话/邮购（010）63376909　书店（010）68783171
网　　址/http://www.zgtjcbs.com
印　　刷/新疆统计印刷厂
经　　销/新华书店
开　　本/880×1230mm　1/16
印　　张/24.75
字　　数/776 千字
版　　别/2020 年 10 月第 1 版
版　　次/2020 年 10 月第 1 次印刷
定　　价/880.00 元（全四册）

编辑委员会人员

编者说明

第四次全国经济普查是国务院统一部署的、一项重大的国情国力调查。普查的主要目的是全面调查我国第二产业和第三产业的发展规模、布局和效益，了解产业组织、产业结构、产业技术、产业形态的现状以及各生产要素的构成，摸清全部法人单位资产负债状况和新兴产业发展情况，进一步查实各类单位的基本情况和主要产品产量、服务活动，全面准确反映供给侧结构性改革、新动能培育壮大、经济结构优化升级等方面的新进展。通过普查，完善覆盖国民经济各行业的基本单位名录库以及部门共建共享、持续维护更新的机制，进一步夯实统计基础，完善“三新”统计，推进国民经济核算改革，推动加快构建现代化统计调查体系，为加强和改善宏观调控、深化供给侧结构性改革、科学制定中长期发展规划、推进国家治理体系和治理能力现代化提供科学准确的统计支持。

为便于社会各界共同分享第四次全国经济普查成果，更方便地开发利用普查资料，我们将经济普查资料编辑整理，汇编成《新疆经济普查年鉴—2018》一书。全书共三卷四册，即综合卷、企业卷和产业卷，并随书配备同版本光盘一张。第一卷是《综合卷》；第二卷《企业卷》，按内容分为上、下两册，上册为“企业篇”，下册为“小微企业篇”；第三卷是《产业卷》，按内容分为六篇：第一篇为“工业篇”，第二篇为“建筑业篇”，第三篇为“贸易篇”，第四篇为“房地产业篇”，第五篇为“服务业篇”，第六篇为“工业企业科技研发篇”。为使读者能够更好地使用本资料，现对有关问题做如下说明：

一、第四次全国经济普查的标准时点为2018年12月31日，时期资料为2018年度；

二、综合卷和企业卷汇总表，均不包含少量无分组标识的单位数据，其中单位数包含兼营二、三产业的农、林、牧、渔业法人单位，从业人员数不包含兼营二、三产业的农、林、牧、渔业法人单位，不包括保密单位相关数据。

三、本资料建筑业按法人单位注册地，其他行业按法人单位经营地进行汇总；

四、本资料对部分数据由于计量单位取舍不同或四舍五入而产生的误差数均未作机械调整；

五、表中空格表示该项统计指标数值为零、不足最小单位、数据不详或无该项数据，“#”表示其中的主要项；

六、为了更准确地使用本年鉴，第二卷附有详细的指标解释。

我们希望此书的面世，能使社会各界对新疆第四次全国经济普查有一个全面的了解，更愿本书的内容，能为社会经济研究工作者提供有价值的参考。

新疆维吾尔自治区第四次全国经济普查资料是全区普查工作者共同辛勤工作的成果，也是广大普查对象积极支持配合的结果。在此，我们向全区所有普查工作者、普查对象和所有参与和支持普查工作的人员致以崇高的敬意和衷心的感谢！

新疆维吾尔自治区第四次全国经济普查领导小组办公室

2020年5月

综合卷 目录

第一篇 综合篇

第1篇

综 合 篇

1-1 按登记注册类型分组的法人单位数及从业人员数

登记注册类型	法人单位数(个)	单产业法人单位	多产业法人单位	从业人员数(人)	其中：女性
总　计	**243402**	**235157**	**8245**	**4653809**	**1850368**
内资	**243037**	**234842**	**8195**	**4618697**	**1835247**
国有	30828	28266	2562	1647885	763658
集体	654	534	120	21654	8577
股份合作	56	42	14	2542	1177
联营	85	80	5	1015	425
国有联营	15	15		153	74
集体联营	19	16	3	91	28
国有与集体联营	21	19	2	646	257
其他联营	30	30		125	66
有限责任公司	32434	30794	1640	1101014	329801
国有独资公司	1683	1501	182	189763	41822
其他有限责任公司	30751	29293	1458	911251	287979
股份有限公司	2638	2180	458	343763	152441
私营	138664	135297	3367	1217768	447792
私营独资	5554	5501	53	38148	17282
私营合伙	2033	2025	8	6691	3041
私营有限责任公司	128704	125465	3239	1138309	415606
私营股份有限公司	2373	2306	67	34620	11863
其他	37678	37649	29	283056	131376
港、澳、台商投资	**144**	**128**	**16**	**12812**	**4538**
与港澳台商合资经营	53	44	9	6133	1810
与港澳台商合作经营	2	2		19	7
港澳台商独资	75	71	4	5905	2465
港澳台商投资股份有限公司	8	6	2	643	198
其他港澳台商投资	6	5	1	112	58
外商投资	**221**	**187**	**34**	**22300**	**10583**
中外合资经营	91	75	16	12841	6245
中外合作经营	5	5		515	123
外资企业	64	57	7	4388	2327
外商投资股份有限公司	9	6	3	2135	584
其他外商投资	52	44	8	2421	1304

1-2 按行业（小类）分组的法人单位数及从业人员数

行业小类	代码	法人单位数(个)	单产业法人单位	多产业法人单位	从业人员数(人)	其中：女性
总　计		**243402**	**235157**	**8245**	**4653809**	**1850368**
农、林、牧、渔业	**A**	**5584**	**5472**	**112**	**53712**	**12413**
农业	**01**	**21**		**21**		
谷物种植	011	3		3		
小麦种植	0112	2		2		
其他谷物种植	0119	1		1		
豆类、油料和薯类种植	012	1		1		
油料种植	0122	1		1		
棉、麻、糖、烟草种植	013	12		12		
棉花种植	0131	12		12		
蔬菜、食用菌及园艺作物种植	014	1		1		
蔬菜种植	0141	1		1		
中药材种植	017	2		2		
中草药种植	0171	2		2		
其他农业	019	2		2		
其他农业	0190	2		2		
林业	**02**	**3**		**3**		
造林和更新	022	1		1		
造林和更新	0220	1		1		
森林经营、管护和改培	023	2		2		
森林经营和管护	0231	2		2		
畜牧业	**03**	**12**		**12**		
牲畜饲养	031	7		7		
牛的饲养	0311	3		3		
猪的饲养	0313	2		2		
羊的饲养	0314	2		2		
家禽饲养	032	5		5		
鸡的饲养	0321	5		5		
渔业	**04**	**1**		**1**		
水产养殖	041	1		1		
内陆养殖	0412	1		1		
农、林、牧、渔专业及辅助性活动	**05**	**5547**	**5472**	**75**	**53712**	**12413**
农业专业及辅助性活动	051	4799	4729	70	48613	10850
种子种苗培育活动	0511	134	132	2	1962	497
农业机械活动	0512	1262	1257	5	6022	927
灌溉活动	0513	304	299	5	3389	673
农产品初加工活动	0514	2013	1966	47	32618	7378
农作物病虫害防治活动	0515	36	36		112	50
其他农业专业及辅助性活动	0519	1050	1039	11	4510	1325
林业专业及辅助性活动	052	255	252	3	1847	693
林业有害生物防治活动	0521	63	62	1	462	199
森林防火活动	0522	8	8		4	1
林产品初级加工活动	0523	22	22		198	88
其他林业专业及辅助性活动	0529	162	160	2	1183	405

1-2 续表 1

行业小类	代码	法人单位数(个)	单产业法人单位	多产业法人单位	从业人员数(人)	其中：女性
畜牧专业及辅助性活动	053	450	448	2	2989	793
畜牧良种繁殖活动	0531	233	232	1	1651	368
畜禽粪污处理活动	0532	2	2		1	
其他畜牧专业及辅助性活动	0539	215	214	1	1337	425
渔业专业及辅助性活动	054	43	43		263	77
鱼苗及鱼种场活动	0541	26	26		168	46
其他渔业专业及辅助性活动	0549	17	17		95	31
采矿业	**B**	**2955**	**2893**	**62**	**173687**	**38138**
煤炭开采和洗选业	**06**	**327**	**309**	**18**	**44839**	**6661**
烟煤和无烟煤开采洗选	061	312	294	18	44761	6650
烟煤和无烟煤开采洗选	0610	312	294	18	44761	6650
褐煤开采洗选	062	3	3		25	1
褐煤开采洗选	0620	3	3		25	1
其他煤炭采选	069	12	12		53	10
其他煤炭采选	0690	12	12		53	10
石油和天然气开采业	**07**	**42**	**41**	**1**	**59237**	**19910**
石油开采	071	31	30	1	46620	16204
陆地石油开采	0711	31	30	1	46620	16204
天然气开采	072	11	11		12617	3706
陆地天然气开采	0721	11	11		12617	3706
黑色金属矿采选业	**08**	**428**	**419**	**9**	**8071**	**1179**
铁矿采选	081	403	394	9	7854	1127
铁矿采选	0810	403	394	9	7854	1127
锰矿、铬矿采选	082	14	14		169	38
锰矿、铬矿采选	0820	14	14		169	38
其他黑色金属矿采选	089	11	11		48	14
其他黑色金属矿采选	0890	11	11		48	14
有色金属矿采选业	**09**	**334**	**327**	**7**	**10113**	**1670**
常用有色金属矿采选	091	227	222	5	7931	1237
铜矿采选	0911	125	121	4	5277	697
铅锌矿采选	0912	51	50	1	1513	316
镍钴矿采选	0913	8	8		976	193
锡矿采选	0914	1	1		5	1
镁矿采选	0917	2	2		46	20
其他常用有色金属矿采选	0919	40	40		114	10
贵金属矿采选	092	82	81	1	1928	381
金矿采选	0921	78	77	1	1902	378
其他贵金属矿采选	0929	4	4		26	3
稀有稀土金属矿采选	093	25	24	1	254	52
钨钼矿采选	0931	12	12		19	6
稀土金属矿采选	0932	4	4		2	1
其他稀有金属矿采选	0939	9	8	1	233	45
非金属矿采选业	**10**	**1154**	**1135**	**19**	**7997**	**1386**
土砂石开采	101	996	983	13	6739	1047

1-2 续表 2

行业小类	代码	法人单位数(个)	单产业法人单位	多产业法人单位	从业人员数(人)	其中：女性
石灰石、石膏开采	1011	177	173	4	1321	213
建筑装饰用石开采	1012	158	157	1	1589	164
耐火土石开采	1013	12	11	1	85	11
粘土及其他土砂石开采	1019	649	642	7	3744	659
化学矿开采	102	13	12	1	79	17
化学矿开采	1020	13	12	1	79	17
采盐	103	11	10	1	404	111
采盐	1030	11	10	1	404	111
石棉及其他非金属矿采选	109	134	130	4	775	211
石棉、云母矿采选	1091	14	13	1	316	122
石墨、滑石采选	1092	7	7		38	9
宝石、玉石采选	1093	57	56	1	117	23
其他未列明非金属矿采选	1099	56	54	2	304	57
开采专业及辅助性活动	**11**	**492**	**486**	**6**	**42944**	**7245**
煤炭开采和洗选专业及辅助性活动	111	27	27		474	60
煤炭开采和洗选专业及辅助性活动	1110	27	27		474	60
石油和天然气开采专业及辅助性活动	112	441	435	6	42241	7150
石油和天然气开采专业及辅助性活动	1120	441	435	6	42241	7150
其他开采专业及辅助性活动	119	24	24		229	35
其他开采专业及辅助性活动	1190	24	24		229	35
其他采矿业	**12**	**178**	**176**	**2**	**486**	**87**
其他采矿业	120	178	176	2	486	87
其他采矿业	1200	178	176	2	486	87
制造业	**C**	**21977**	**21628**	**349**	**689121**	**265093**
农副食品加工业	**13**	**2734**	**2672**	**62**	**50303**	**18759**
谷物磨制	131	364	358	6	5402	1553
稻谷加工	1311	94	93	1	1069	259
小麦加工	1312	197	193	4	3978	1194
玉米加工	1313	30	29	1	112	24
杂粮加工	1314	15	15		120	41
其他谷物磨制	1319	28	28		123	35
饲料加工	132	208	200	8	4712	1147
宠物饲料加工	1321	9	9		37	15
其他饲料加工	1329	199	191	8	4675	1132
植物油加工	133	350	341	9	6610	1937
食用植物油加工	1331	337	328	9	6485	1895
非食用植物油加工	1332	13	13		125	42
制糖业	134	23	21	2	7405	2021
制糖业	1340	23	21	2	7405	2021
屠宰及肉类加工	135	365	352	13	5770	2274
牲畜屠宰	1351	159	149	10	3502	1194
禽类屠宰	1352	23	21	2	415	131
肉制品及副产品加工	1353	183	182	1	1853	949
水产品加工	136	18	18		266	130

1-2 续表 3

行业小类	代码	法人单位数(个)	单产业法人单位	多产业法人单位	从业人员数(人)	其中：女性
水产品冷冻加工	1361	11	11		245	126
鱼糜制品及水产品干腌制加工	1362	2	2		4	1
其他水产品加工	1369	5	5		17	3
蔬菜、菌类、水果和坚果加工	137	967	952	15	14572	7301
蔬菜加工	1371	113	108	5	728	298
食用菌加工	1372	13	13		127	74
水果和坚果加工	1373	841	831	10	13717	6929
其他农副食品加工	139	439	430	9	5566	2396
淀粉及淀粉制品制造	1391	51	49	2	1176	452
豆制品制造	1392	52	52		357	174
蛋品加工	1393	3	3		103	77
其他未列明农副食品加工	1399	333	326	7	3930	1693
食品制造业	**14**	**1046**	**1025**	**21**	**29771**	**13085**
焙烤食品制造	141	260	256	4	3730	2340
糕点、面包制造	1411	188	184	4	2670	1677
饼干及其他焙烤食品制造	1419	72	72		1060	663
糖果、巧克力及蜜饯制造	142	30	30		404	268
糖果、巧克力制造	1421	20	20		318	199
蜜饯制作	1422	10	10		86	69
方便食品制造	143	126	123	3	3901	1843
米、面制品制造	1431	92	90	2	906	456
速冻食品制造	1432	16	16		145	76
方便面制造	1433	9	8	1	2176	975
其他方便食品制造	1439	9	9		674	336
乳制品制造	144	106	102	4	5558	2527
液体乳制造	1441	39	36	3	4557	2088
乳粉制造	1442	22	21	1	751	304
其他乳制品制造	1449	45	45		250	135
罐头食品制造	145	120	116	4	2760	947
肉、禽类罐头制造	1451	3	3		61	38
蔬菜、水果罐头制造	1453	115	111	4	2697	908
其他罐头食品制造	1459	2	2		2	1
调味品、发酵制品制造	146	83	81	2	6312	2463
味精制造	1461	3	3		28	8
酱油、食醋及类似制品制造	1462	25	23	2	651	338
其他调味品、发酵制品制造	1469	55	55		5633	2117
其他食品制造	149	321	317	4	7106	2697
营养食品制造	1491	56	56		425	190
保健食品制造	1492	42	42		360	134
冷冻饮品及食用冰制造	1493	17	17		806	462
盐加工	1494	15	13	2	1067	379
食品及饲料添加剂制造	1495	40	40		3263	916
其他未列明食品制造	1499	151	149	2	1185	616
酒、饮料和精制茶制造业	**15**	**652**	**630**	**22**	**13714**	**5400**

1-2 续表 4

行业小类	代码	法人单位数(个)	单产业法人单位	多产业法人单位	从业人员数(人)	其中：女性
酒的制造	151	377	362	15	8799	3431
酒精制造	1511	1	1		320	93
白酒制造	1512	127	120	7	3800	1515
啤酒制造	1513	21	20	1	2084	863
葡萄酒制造	1515	193	186	7	2375	865
其他酒制造	1519	35	35		220	95
饮料制造	152	261	255	6	4665	1842
碳酸饮料制造	1521	14	13	1	631	224
瓶（罐）装饮用水制造	1522	133	129	4	1420	544
果菜汁及果菜汁饮料制造	1523	61	61		1192	531
含乳饮料和植物蛋白饮料制造	1524	15	14	1	491	246
固体饮料制造	1525	2	2		52	28
茶饮料及其他饮料制造	1529	36	36		879	269
精制茶加工	153	14	13	1	250	127
精制茶加工	1530	14	13	1	250	127
烟草制品业	**16**	**2**	**2**		**777**	**218**
卷烟制造	162	1	1		752	210
卷烟制造	1620	1	1		752	210
其他烟草制品制造	169	1	1		25	8
其他烟草制品制造	1690	1	1		25	8
纺织业	**17**	**1079**	**1070**	**9**	**81830**	**47991**
棉纺织及印染精加工	171	545	536	9	69026	39769
棉纺纱加工	1711	427	419	8	65133	37662
棉织造加工	1712	110	109	1	3257	1905
棉印染精加工	1713	8	8		636	202
毛纺织及染整精加工	172	51	51		2202	1480
毛条和毛纱线加工	1721	25	25		1436	895
毛织造加工	1722	25	25		758	581
毛染整精加工	1723	1	1		8	4
麻纺织及染整精加工	173	8	8		99	17
麻纤维纺前加工和纺纱	1731	6	6		98	16
麻织造加工	1732	2	2		1	1
丝绢纺织及印染精加工	174	25	25		117	91
缫丝加工	1741	4	4		16	12
绢纺和丝织加工	1742	19	19		101	79
丝印染精加工	1743	2	2			
化纤织造及印染精加工	175	21	21		241	96
化纤织造加工	1751	14	14		180	52
化纤织物染整精加工	1752	7	7		61	44
针织或钩针编织物及其制品制造	176	211	211		4487	3141
针织或钩针编织物织造	1761	99	99		2716	1545
针织或钩针编织物印染精加工	1762	6	6		9	8
针织或钩针编织品制造	1763	106	106		1762	1588
家用纺织制成品制造	177	170	170		4075	2699

1-2 续表 5

行业小类	代码	法人单位数(个)	单产业法人单位	多产业法人单位	从业人员数(人)	其中：女性
床上用品制造	1771	86	86		1064	591
毛巾类制品制造	1772	14	14		1519	771
窗帘、布艺类产品制造	1773	25	25		619	598
其他家用纺织制成品制造	1779	45	45		873	739
产业用纺织制成品制造	178	48	48		1583	698
非织造布制造	1781	18	18		229	61
纺织带和帘子布制造	1783	3	3		41	34
篷、帆布制造	1784	13	13		807	189
其他产业用纺织制成品制造	1789	14	14		506	414
纺织服装、服饰业	**18**	**1694**	**1679**	**15**	**77439**	**61920**
机织服装制造	181	575	571	4	31660	26046
运动机织服装制造	1811	82	81	1	5676	4481
其他机织服装制造	1819	493	490	3	25984	21565
针织或钩针编织服装制造	182	161	159	2	5765	5052
运动休闲针织服装制造	1821	40	38	2	2700	2403
其他针织或钩针编织服装制造	1829	121	121		3065	2649
服饰制造	183	958	949	9	40014	30822
服饰制造	1830	958	949	9	40014	30822
皮革、毛皮、羽毛及其制品和制鞋业	**19**	**151**	**148**	**3**	**11770**	**4072**
皮革鞣制加工	191	19	18	1	98	46
皮革鞣制加工	1910	19	18	1	98	46
皮革制品制造	192	25	25		1929	1548
皮革服装制造	1921	6	6		21	16
皮箱、包（袋）制造	1922	8	8		811	741
皮手套及皮装饰制品制造	1923	4	4		707	660
其他皮革制品制造	1929	7	7		390	131
毛皮鞣制及制品加工	193	32	32		868	625
毛皮鞣制加工	1931	10	10		13	4
毛皮服装加工	1932	16	16		813	598
其他毛皮制品加工	1939	6	6		42	23
羽毛（绒）加工及制品制造	194	13	12	1	70	38
羽毛（绒）加工	1941	9	9		27	10
羽毛（绒）制品加工	1942	4	3	1	43	28
制鞋业	195	62	61	1	8805	1815
纺织面料鞋制造	1951	4	4		191	156
皮鞋制造	1952	34	33	1	5292	367
塑料鞋制造	1953	2	2		14	5
橡胶鞋制造	1954	3	3		452	413
其他制鞋业	1959	19	19		2856	874
木材加工和木、竹、藤、棕、草制品业	**20**	**599**	**593**	**6**	**5690**	**1869**
木材加工	201	348	346	2	2691	941
锯材加工	2011	90	89	1	692	208
木片加工	2012	88	87	1	762	268
单板加工	2013	9	9		56	14

1-2 续表 6

行业小类	代码	法人单位数(个)	单产业法人单位	多产业法人单位	从业人员数(人)	其中：女性
其他木材加工	2019	161	161		1181	451
人造板制造	202	79	78	1	1780	563
胶合板制造	2021	31	31		342	97
纤维板制造	2022	20	19	1	811	207
刨花板制造	2023	9	9		204	44
其他人造板制造	2029	19	19		423	215
木质制品制造	203	131	128	3	1006	294
建筑用木料及木材组件加工	2031	67	66	1	603	136
木门窗制造	2032	29	27	2	243	87
木地板制造	2034	1	1		2	1
木制容器制造	2035	3	3		3	2
软木制品及其他木制品制造	2039	31	31		155	68
竹、藤、棕、草等制品制造	204	41	41		213	71
竹制品制造	2041	2	2		15	8
草及其他制品制造	2049	39	39		198	63
家具制造业	**21**	**421**	**415**	**6**	**3264**	**1115**
木质家具制造	211	311	310	1	2119	804
木质家具制造	2110	311	310	1	2119	804
金属家具制造	213	36	32	4	689	166
金属家具制造	2130	36	32	4	689	166
塑料家具制造	214	9	9		52	39
塑料家具制造	2140	9	9		52	39
其他家具制造	219	65	64	1	404	106
其他家具制造	2190	65	64	1	404	106
造纸和纸制品业	**22**	**318**	**316**	**2**	**5648**	**2033**
纸浆制造	221	5	5		598	150
木竹浆制造	2211	1	1			
非木竹浆制造	2212	4	4		598	150
造纸	222	80	79	1	1606	490
机制纸及纸板制造	2221	39	38	1	1340	400
手工纸制造	2222	6	6		7	5
加工纸制造	2223	35	35		259	85
纸制品制造	223	233	232	1	3444	1393
纸和纸板容器制造	2231	143	143		1968	760
其他纸制品制造	2239	90	89	1	1476	633
印刷和记录媒介复制业	**23**	**356**	**350**	**6**	**4684**	**1976**
印刷	231	271	266	5	4137	1716
书、报刊印刷	2311	103	102	1	2245	885
本册印制	2312	34	34		195	104
包装装潢及其他印刷	2319	134	130	4	1697	727
装订及印刷相关服务	232	84	83	1	545	259
装订及印刷相关服务	2320	84	83	1	545	259
记录媒介复制	233	1	1		2	1
记录媒介复制	2330	1	1		2	1

1-2 续表 7

行业小类	代码	法人单位数(个)	单产业法人单位	多产业法人单位	从业人员数(人)	其中：女性
文教、工美、体育和娱乐用品制造业	**24**	**1164**	**1162**	**2**	**12501**	**10036**
文教办公用品制造	241	37	37		354	185
文具制造	2411	8	8		17	4
笔的制造	2412	7	7		127	115
教学用模型及教具制造	2413	10	10		108	31
其他文教办公用品制造	2419	12	12		102	35
乐器制造	242	15	15		111	47
中乐器制造	2421	4	4		10	1
其他乐器及零件制造	2429	11	11		101	46
工艺美术及礼仪用品制造	243	1094	1092	2	11795	9741
雕塑工艺品制造	2431	71	71		288	98
金属工艺品制造	2432	23	23		194	46
漆器工艺品制造	2433	1	1		2	
花画工艺品制造	2434	12	12		253	198
天然植物纤维编织工艺品制造	2435	15	15		154	108
抽纱刺绣工艺品制造	2436	532	531	1	3399	2980
地毯、挂毯制造	2437	290	289	1	3587	2942
珠宝首饰及有关物品制造	2438	43	43		259	112
其他工艺美术及礼仪用品制造	2439	107	107		3659	3257
体育用品制造	244	11	11		155	16
专项运动器材及配件制造	2442	4	4		116	4
健身器材制造	2443	3	3		33	10
其他体育用品制造	2449	4	4		6	2
玩具制造	245	5	5		35	33
塑胶玩具制造	2452	1	1			
娃娃玩具制造	2455	2	2		1	
其他玩具制造	2459	2	2		34	33
游艺器材及娱乐用品制造	246	2	2		51	14
露天游乐场所游乐设备制造	2461	2	2		51	14
石油、煤炭及其他燃料加工业	**25**	**306**	**298**	**8**	**55090**	**16293**
精炼石油产品制造	251	137	132	5	38540	12505
原油加工及石油制品制造	2511	132	127	5	36510	12244
其他原油制造	2519	5	5		2030	261
煤炭加工	252	148	145	3	16306	3728
炼焦	2521	73	70	3	11863	2747
煤制合成气生产	2522	4	4		23	6
煤制液体燃料生产	2523	6	6		3222	804
煤制品制造	2524	23	23		588	63
其他煤炭加工	2529	42	42		610	108
核燃料加工	253	1	1		2	
核燃料加工	2530	1	1		2	
生物质燃料加工	254	20	20		242	60
生物质液体燃料生产	2541	10	10		96	34
生物质致密成型燃料加工	2542	10	10		146	26

1-2 续表 8

行业小类	代码	法人单位数(个)	单产业法人单位	多产业法人单位	从业人员数(人)	其中：女性
化学原料和化学制品制造业	**26**	**1217**	**1193**	**24**	**78368**	**19833**
基础化学原料制造	261	209	207	2	22855	5540
无机酸制造	2611	6	6		619	133
无机碱制造	2612	3	3		542	141
无机盐制造	2613	35	34	1	11556	2736
有机化学原料制造	2614	88	87	1	8418	2131
其他基础化学原料制造	2619	77	77		1720	399
肥料制造	262	454	446	8	16630	4054
氮肥制造	2621	22	20	2	8416	2173
磷肥制造	2622	4	4		2	
钾肥制造	2623	24	24		2956	500
复混肥料制造	2624	137	135	2	2506	706
有机肥料及微生物肥料制造	2625	222	219	3	2463	600
其他肥料制造	2629	45	44	1	287	75
农药制造	263	14	14		110	31
化学农药制造	2631	13	13		110	31
生物化学农药及微生物农药制造	2632	1	1			
涂料、油墨、颜料及类似产品制造	264	115	111	4	835	245
涂料制造	2641	95	91	4	713	215
油墨及类似产品制造	2642	3	3		15	10
工业颜料制造	2643	2	2		3	1
工艺美术颜料制造	2644	1	1			
染料制造	2645	7	7		75	13
密封用填料及类似品制造	2646	7	7		29	6
合成材料制造	265	72	72		22573	5810
初级形态塑料及合成树脂制造	2651	39	39		17495	4455
合成橡胶制造	2652	4	4		764	448
合成纤维单（聚合）体制造	2653	9	9		3788	797
其他合成材料制造	2659	20	20		526	110
专用化学产品制造	266	239	231	8	12562	3071
化学试剂和助剂制造	2661	113	106	7	5504	1779
专项化学用品制造	2662	53	52	1	1337	302
林产化学产品制造	2663	18	18		248	61
文化用信息化学品制造	2664	3	3		5049	812
环境污染处理专用药剂材料制造	2666	11	11		79	19
动物胶制造	2667	5	5		64	24
其他专用化学产品制造	2669	36	36		281	74
炸药、火工及焰火产品制造	267	21	20	1	1582	444
炸药及火工产品制造	2671	19	18	1	1582	444
焰火、鞭炮产品制造	2672	2	2			
日用化学产品制造	268	93	92	1	1221	638
肥皂及洗涤剂制造	2681	31	31		534	315
化妆品制造	2682	19	19		176	129
口腔清洁用品制造	2683	2	2		6	3

1-2 续表 9

行业小类	代码	法人单位数(个)	单产业法人单位	多产业法人单位	从业人员数(人)	其中：女性
香料、香精制造	2684	29	28	1	448	181
其他日用化学产品制造	2689	12	12		57	10
医药制造业	**27**	**167**	**162**	**5**	**10734**	**4781**
化学药品原料药制造	271	18	18		3279	1031
化学药品原料药制造	2710	18	18		3279	1031
化学药品制剂制造	272	10	10		1160	577
化学药品制剂制造	2720	10	10		1160	577
中药饮片加工	273	48	46	2	1094	512
中药饮片加工	2730	48	46	2	1094	512
中成药生产	274	39	39		2752	1334
中成药生产	2740	39	39		2752	1334
兽用药品制造	275	4	4		474	171
兽用药品制造	2750	4	4		474	171
生物药品制品制造	276	28	25	3	1194	694
生物药品制造	2761	28	25	3	1194	694
卫生材料及医药用品制造	277	15	15		66	27
卫生材料及医药用品制造	2770	15	15		66	27
药用辅料及包装材料	278	5	5		715	435
药用辅料及包装材料	2780	5	5		715	435
化学纤维制造业	**28**	**40**	**40**		**10748**	**3445**
纤维素纤维原料及纤维制造	281	22	22		10035	3289
化纤浆粕制造	2811	11	11		1960	787
人造纤维（纤维素纤维）制造	2812	11	11		8075	2502
合成纤维制造	282	14	14		541	119
锦纶纤维制造	2821	2	2		412	83
涤纶纤维制造	2822	8	8		53	11
丙纶纤维制造	2825	1	1		47	17
其他合成纤维制造	2829	3	3		29	8
生物基材料制造	283	4	4		172	37
生物基化学纤维制造	2831	2	2		40	13
生物基、淀粉基新材料制造	2832	2	2		132	24
橡胶和塑料制品业	**29**	**1409**	**1395**	**14**	**21029**	**5989**
橡胶制品业	291	92	92		2833	544
轮胎制造	2911	5	5		2072	351
橡胶板、管、带制造	2912	49	49		450	97
橡胶零件制造	2913	6	6		54	19
再生橡胶制造	2914	7	7		73	12
日用及医用橡胶制品制造	2915	1	1		8	6
其他橡胶制品制造	2919	24	24		176	59
塑料制品业	292	1317	1303	14	18196	5445
塑料薄膜制造	2921	165	164	1	1748	443
塑料板、管、型材制造	2922	593	587	6	8839	2240
塑料丝、绳及编织品制造	2923	65	61	4	2978	1303
泡沫塑料制造	2924	66	65	1	909	284

1-2 续表 10

行业小类	代码	法人单位数(个)	单产业法人单位	多产业法人单位	从业人员数(人)	其中：女性
塑料人造革、合成革制造	2925	1	1			
塑料包装箱及容器制造	2926	89	89		963	335
日用塑料制品制造	2927	116	116		929	300
塑料零件及其他塑料制品制造	2929	222	220	2	1830	540
非金属矿物制品业	**30**	**3750**	**3681**	**69**	**84526**	**19233**
水泥、石灰和石膏制造	301	317	305	12	18339	4922
水泥制造	3011	206	195	11	16446	4513
石灰和石膏制造	3012	111	110	1	1893	409
石膏、水泥制品及类似制品制造	302	1129	1089	40	26453	4951
水泥制品制造	3021	857	825	32	22999	4226
砼结构构件制造	3022	77	72	5	1627	334
石棉水泥制品制造	3023	7	7		42	9
轻质建筑材料制造	3024	136	136		1117	255
其他水泥类似制品制造	3029	52	49	3	668	127
砖瓦、石材等建筑材料制造	303	1857	1840	17	24375	5647
粘土砖瓦及建筑砌块制造	3031	850	844	6	14808	3674
建筑用石加工	3032	430	425	5	4990	849
防水建筑材料制造	3033	100	98	2	940	222
隔热和隔音材料制造	3034	180	180		1506	343
其他建筑材料制造	3039	297	293	4	2131	559
玻璃制造	304	43	43		1238	417
平板玻璃制造	3041	18	18		810	311
特种玻璃制造	3042	18	18		245	72
其他玻璃制造	3049	7	7		183	34
玻璃制品制造	305	71	71		2063	742
技术玻璃制品制造	3051	13	13		79	17
光学玻璃制造	3052	2	2		5	2
玻璃仪器制造	3053	3	3		21	5
日用玻璃制品制造	3054	19	19		255	106
玻璃包装容器制造	3055	12	12		1104	388
玻璃保温容器制造	3056	5	5		479	184
制镜及类似品加工	3057	1	1		3	1
其他玻璃制品制造	3059	16	16		117	39
玻璃纤维和玻璃纤维增强塑料制品制造	306	48	48		973	240
玻璃纤维及制品制造	3061	22	22		584	177
玻璃纤维增强塑料制品制造	3062	26	26		389	63
陶瓷制品制造	307	58	58		2180	971
建筑陶瓷制品制造	3071	23	23		1699	843
卫生陶瓷制品制造	3072	16	16		118	29
特种陶瓷制品制造	3073	3	3		11	4
日用陶瓷制品制造	3074	8	8		262	54
陈设艺术陶瓷制造	3075	4	4		60	38
其他陶瓷制品制造	3079	4	4		30	3
耐火材料制品制造	308	46	46		711	155

1-2 续表 11

行业小类	代码	法人单位数(个)	单产业法人单位	多产业法人单位	从业人员数(人)	其中：女性
石棉制品制造	3081	7	7		117	17
耐火陶瓷制品及其他耐火材料制造	3089	39	39		594	138
石墨及其他非金属矿物制品制造	309	181	181		8194	1188
石墨及碳素制品制造	3091	57	57		5564	845
其他非金属矿物制品制造	3099	124	124		2630	343
黑色金属冶炼和压延加工业	**31**	**165**	**164**	**1**	**24579**	**5156**
炼铁	311	24	24		1820	268
炼铁	3110	24	24		1820	268
炼钢	312	7	7		245	31
炼钢	3120	7	7		245	31
钢压延加工	313	118	117	1	21026	4516
钢压延加工	3130	118	117	1	21026	4516
铁合金冶炼	314	16	16		1488	341
铁合金冶炼	3140	16	16		1488	341
有色金属冶炼和压延加工业	**32**	**167**	**159**	**8**	**41359**	**6320**
常用有色金属冶炼	321	70	66	4	26860	4090
铜冶炼	3211	11	11		1406	268
铅锌冶炼	3212	4	4		120	30
镍钴冶炼	3213	2	1	1	1184	197
铝冶炼	3216	8	5	3	13941	1979
镁冶炼	3217	8	8		1704	264
硅冶炼	3218	25	25		7860	1256
其他常用有色金属冶炼	3219	12	12		645	96
贵金属冶炼	322	14	13	1	2567	437
金冶炼	3221	10	9	1	2552	434
其他贵金属冶炼	3229	4	4		15	3
稀有稀土金属冶炼	323	2	2		13	4
稀土金属冶炼	3232	1	1		10	4
其他稀有金属冶炼	3239	1	1		3	
有色金属合金制造	324	31	29	2	5126	594
有色金属合金制造	3240	31	29	2	5126	594
有色金属压延加工	325	50	49	1	6793	1195
铜压延加工	3251	8	8		107	30
铝压延加工	3252	25	24	1	6328	1117
贵金属压延加工	3253	1	1		1	
其他有色金属压延加工	3259	16	16		357	48
金属制品业	**33**	**1710**	**1686**	**24**	**18390**	**4282**
结构性金属制品制造	331	1168	1153	15	11067	2456
金属结构制造	3311	686	676	10	7971	1696
金属门窗制造	3312	482	477	5	3096	760
金属工具制造	332	70	69	1	576	156
切削工具制造	3321	2	2		10	
手工具制造	3322	19	19		95	42
农用及园林用金属工具制造	3323	17	16	1	272	53

1-2 续表 12

行业小类	代码	法人单位数(个)	单产业法人单位	多产业法人单位	从业人员数(人)	其中：女性
刀剪及类似日用金属工具制造	3324	3	3		45	22
其他金属工具制造	3329	29	29		154	39
集装箱及金属包装容器制造	333	62	60	2	1701	621
集装箱制造	3331	8	8		106	19
金属压力容器制造	3332	15	14	1	471	86
金属包装容器及材料制造	3333	39	38	1	1124	516
金属丝绳及其制品制造	334	30	29	1	238	42
金属丝绳及其制品制造	3340	30	29	1	238	42
建筑、安全用金属制品制造	335	139	139		1418	363
建筑、家具用金属配件制造	3351	26	26		162	41
建筑装饰及水暖管道零件制造	3352	63	63		725	178
安全、消防用金属制品制造	3353	27	27		339	84
其他建筑、安全用金属制品制造	3359	23	23		192	60
金属表面处理及热处理加工	336	21	21		208	40
金属表面处理及热处理加工	3360	21	21		208	40
搪瓷制品制造	337	5	5		36	12
建筑装饰搪瓷制品制造	3372	1	1		14	
搪瓷卫生洁具制造	3373	3	3		18	11
搪瓷日用品及其他搪瓷制品制造	3379	1	1		4	1
金属制日用品制造	338	38	38		207	61
金属制厨房用器具制造	3381	9	9		72	23
金属制餐具和器皿制造	3382	8	8		17	4
其他金属制日用品制造	3389	21	21		118	34
铸造及其他金属制品制造	339	177	172	5	2939	531
黑色金属铸造	3391	39	38	1	837	180
有色金属铸造	3392	5	5		2	1
锻件及粉末冶金制品制造	3393	19	18	1	100	30
交通及公共管理用金属标牌制造	3394	40	39	1	367	104
其他未列明金属制品制造	3399	74	72	2	1633	216
通用设备制造业	**34**	**543**	**539**	**4**	**4488**	**1144**
锅炉及原动设备制造	341	109	108	1	664	168
锅炉及辅助设备制造	3411	91	90	1	582	138
水轮机及辅机制造	3414	1	1		6	4
风能原动设备制造	3415	11	11		71	23
其他原动设备制造	3419	6	6		5	3
金属加工机械制造	342	92	92		552	146
金属切削机床制造	3421	4	4		25	5
金属成形机床制造	3422	1	1			
铸造机械制造	3423	10	10		75	16
金属切割及焊接设备制造	3424	10	10		63	23
机床功能部件及附件制造	3425	1	1		1	
其他金属加工机械制造	3429	66	66		388	102
物料搬运设备制造	343	38	37	1	779	179
轻小型起重设备制造	3431	6	6		8	

1-2 续表 13

行业小类	代码	法人单位数(个)	单产业法人单位	多产业法人单位	从业人员数(人)	其中：女性
生产专用起重机制造	3432	15	14	1	372	91
生产专用车辆制造	3433	1	1			
连续搬运设备制造	3434	3	3		223	59
电梯、自动扶梯及升降机制造	3435	10	10		168	28
机械式停车设备制造	3437	2	2		7	
其他物料搬运设备制造	3439	1	1		1	1
泵、阀门、压缩机及类似机械制造	344	21	21		134	42
泵及真空设备制造	3441	3	3		10	3
气体压缩机械制造	3442	2	2		11	2
阀门和旋塞制造	3443	12	12		93	33
液压动力机械及元件制造	3444	3	3		9	2
气压动力机械及元件制造	3446	1	1		11	2
轴承、齿轮和传动部件制造	345	4	4		21	4
滚动轴承制造	3451	3	3		16	3
其他传动部件制造	3459	1	1		5	1
烘炉、风机、包装等设备制造	346	44	43	1	389	109
烘炉、熔炉及电炉制造	3461	5	5		35	8
风机、风扇制造	3462	15	15		118	35
气体、液体分离及纯净设备制造	3463	7	6	1	72	21
制冷、空调设备制造	3464	15	15		158	42
喷枪及类似器具制造	3466	1	1		6	3
包装专用设备制造	3467	1	1			
文化、办公用机械制造	347	9	9		79	14
复印和胶印设备制造	3474	4	4		10	5
计算器及货币专用设备制造	3475	1	1		2	1
其他文化、办公用机械制造	3479	4	4		67	8
通用零部件制造	348	178	177	1	1690	429
金属密封件制造	3481	7	7		185	64
紧固件制造	3482	8	8		82	33
弹簧制造	3483	1	1		8	3
机械零部件加工	3484	154	153	1	1334	316
其他通用零部件制造	3489	8	8		81	13
其他通用设备制造业	349	48	48		180	53
工业机器人制造	3491	3	3		4	1
其他未列明通用设备制造业	3499	45	45		176	52
专用设备制造业	**35**	**742**	**732**	**10**	**9321**	**2296**
采矿、冶金、建筑专用设备制造	351	161	160	1	2316	443
矿山机械制造	3511	47	47		415	93
石油钻采专用设备制造	3512	62	61	1	1158	227
深海石油钻探设备制造	3513	3	3		62	8
建筑工程用机械制造	3514	28	28		331	61
建筑材料生产专用机械制造	3515	18	18		101	24
冶金专用设备制造	3516	2	2		23	6
隧道施工专用机械制造	3517	1	1		226	24

1-2 续表 14

行业小类	代码	法人单位数(个)	单产业法人单位	多产业法人单位	从业人员数(人)	其中：女性
化工、木材、非金属加工专用设备制造	352	38	38		483	127
炼油、化工生产专用设备制造	3521	10	10		326	86
塑料加工专用设备制造	3523	6	6		28	6
木竹材加工机械制造	3524	3	3		77	21
模具制造	3525	13	13		10	5
其他非金属加工专用设备制造	3529	6	6		42	9
食品、饮料、烟草及饲料生产专用设备制造	353	19	19		134	32
食品、酒、饮料及茶生产专用设备制造	3531	7	7		15	4
农副食品加工专用设备制造	3532	11	11		94	23
饲料生产专用设备制造	3534	1	1		25	5
印刷、制药、日化及日用品生产专用设备制造	354	15	15		102	28
制浆和造纸专用设备制造	3541	1	1			
印刷专用设备制造	3542	3	3		43	15
日用化工专用设备制造	3543	2	2		7	3
照明器具生产专用设备制造	3545	4	4		22	5
玻璃、陶瓷和搪瓷制品生产专用设备制造	3546	1	1		25	4
其他日用品生产专用设备制造	3549	4	4		5	1
纺织、服装和皮革加工专用设备制造	355	22	21	1	406	78
纺织专用设备制造	3551	14	14		396	75
皮革、毛皮及其制品加工专用设备制造	3552	5	5		7	2
缝制机械制造	3553	3	2	1	3	1
电子和电工机械专用设备制造	356	36	36		447	188
电工机械专用设备制造	3561	10	10		51	12
半导体器件专用设备制造	3562	3	3		3	
电子元器件与机电组件设备制造	3563	10	10		60	20
其他电子专用设备制造	3569	13	13		333	156
农、林、牧、渔专用机械制造	357	212	207	5	3798	882
拖拉机制造	3571	5	5		48	16
机械化农业及园艺机具制造	3572	121	119	2	2376	556
畜牧机械制造	3574	11	11		295	90
渔业机械制造	3575	1		1	12	4
农林牧渔机械配件制造	3576	31	31		203	37
棉花加工机械制造	3577	23	22	1	609	113
其他农、林、牧、渔业机械制造	3579	20	19	1	255	66
医疗仪器设备及器械制造	358	40	39	1	308	135
医疗诊断、监护及治疗设备制造	3581	10	10		96	44
口腔科用设备及器具制造	3582	5	5		70	29
医疗实验室及医用消毒设备和器具制造	3583	1	1			
医疗、外科及兽医用器械制造	3584	4	4		11	4
机械治疗及病房护理设备制造	3585	1	1			
康复辅具制造	3586	7	7		18	10
眼镜制造	3587	3	2	1	4	3
其他医疗设备及器械制造	3589	9	9		109	45
环保、邮政、社会公共服务及其他专用设备制造	359	199	197	2	1327	383

1-2 续表 15

行业小类	代码	法人单位数(个)	单产业法人单位	多产业法人单位	从业人员数(人)	其中：女性
环境保护专用设备制造	3591	111	110	1	809	208
商业、饮食、服务专用设备制造	3594	2	2		17	8
社会公共安全设备及器材制造	3595	15	15		183	66
交通安全、管制及类似专用设备制造	3596	7	7		44	13
水资源专用机械制造	3597	8	8		34	10
其他专用设备制造	3599	56	55	1	240	78
汽车制造业	**36**	**95**	**94**	**1**	**2366**	**603**
汽车整车制造	361	15	15		1662	283
汽柴油车整车制造	3611	9	9		1168	171
新能源车整车制造	3612	6	6		494	112
汽车用发动机制造	362	3	3		5	3
汽车用发动机制造	3620	3	3		5	3
改装汽车制造	363	16	16		211	44
改装汽车制造	3630	16	16		211	44
电车制造	365	3	3		14	4
电车制造	3650	3	3		14	4
汽车车身、挂车制造	366	9	9		49	7
汽车车身、挂车制造	3660	9	9		49	7
汽车零部件及配件制造	367	49	48	1	425	262
汽车零部件及配件制造	3670	49	48	1	425	262
铁路、船舶、航空航天和其他运输设备制造业	**37**	**38**	**36**	**2**	**558**	**168**
铁路运输设备制造	371	9	8	1	262	75
高铁车组制造	3711	1	1		74	5
铁路机车车辆制造	3712	1	1		2	
铁路专用设备及器材、配件制造	3716	6	6		76	39
其他铁路运输设备制造	3719	1		1	110	31
城市轨道交通设备制造	372	1	1		42	19
城市轨道交通设备制造	3720	1	1		42	19
航空、航天器及设备制造	374	9	9		53	18
飞机制造	3741	3	3		4	2
航空相关设备制造	3744	2	2		1	
其他航空航天器制造	3749	4	4		48	16
摩托车制造	375	6	5	1	88	31
摩托车整车制造	3751	2	2		62	29
摩托车零部件及配件制造	3752	4	3	1	26	2
自行车和残疾人座车制造	376	4	4		12	5
自行车制造	3761	4	4		12	5
助动车制造	377	8	8		101	20
助动车制造	3770	8	8		101	20
非公路休闲车及零配件制造	378	1	1			
非公路休闲车及零配件制造	3780	1	1			
电气机械和器材制造业	**38**	**605**	**593**	**12**	**18762**	**3970**
电机制造	381	28	27	1	2530	234
发电机及发电机组制造	3811	21	20	1	2435	220

1-2 续表 16

行业小类	代码	法人单位数(个)	单产业法人单位	多产业法人单位	从业人员数(人)	其中：女性
电动机制造	3812	2	2		82	10
微特电机及组件制造	3813	1	1		3	
其他电机制造	3819	4	4		10	4
输配电及控制设备制造	382	289	283	6	11199	2899
变压器、整流器和电感器制造	3821	49	48	1	4572	797
电容器及其配套设备制造	3822	8	8		71	17
配电开关控制设备制造	3823	142	141	1	2312	653
电力电子元器件制造	3824	23	22	1	587	352
光伏设备及元器件制造	3825	25	25		2284	604
其他输配电及控制设备制造	3829	42	39	3	1373	476
电线、电缆、光缆及电工器材制造	383	123	121	2	3756	357
电线、电缆制造	3831	114	112	2	3678	341
光缆制造	3833	1	1		46	6
绝缘制品制造	3834	4	4		18	6
其他电工器材制造	3839	4	4		14	4
电池制造	384	16	16		362	170
锂离子电池制造	3841	7	7		114	35
铅蓄电池制造	3843	2	2		136	36
其他电池制造	3849	7	7		112	99
家用电力器具制造	385	21	21		295	129
家用制冷电器具制造	3851	1	1		1	1
家用通风电器具制造	3853	4	4		33	10
家用厨房电器具制造	3854	5	5		184	83
家用清洁卫生电器具制造	3855	1	1		17	10
家用电力器具专用配件制造	3857	1	1		5	3
其他家用电力器具制造	3859	9	9		55	22
非电力家用器具制造	386	16	16		39	12
燃气及类似能源家用器具制造	3861	6	6		3	1
太阳能器具制造	3862	9	9		36	11
其他非电力家用器具制造	3869	1	1			
照明器具制造	387	69	67	2	403	128
电光源制造	3871	3	2	1	60	35
照明灯具制造	3872	51	50	1	302	82
舞台及场地用灯制造	3873	1	1		3	1
智能照明器具制造	3874	2	2		4	
灯用电器附件及其他照明器具制造	3879	12	12		34	10
其他电气机械及器材制造	389	43	42	1	178	41
电气信号设备装置制造	3891	3	3		15	6
其他未列明电气机械及器材制造	3899	40	39	1	163	35
计算机、通信和其他电子设备制造业	**39**	**162**	**162**		**4682**	**1472**
计算机制造	391	23	23		210	100
计算机整机制造	3911	3	3		25	9
计算机零部件制造	3912	2	2		2	
计算机外围设备制造	3913	2	2		109	69

1-2 续表 17

行业小类	代码	法人单位数(个)	单产业法人单位	多产业法人单位	从业人员数(人)	其中：女性
工业控制计算机及系统制造	3914	1	1		5	1
信息安全设备制造	3915	7	7		34	13
其他计算机制造	3919	8	8		35	8
通信设备制造	392	13	13		77	21
通信系统设备制造	3921	9	9		74	20
通信终端设备制造	3922	4	4		3	1
广播电视设备制造	393	4	4		19	4
广播电视节目制作及发射设备制造	3931	2	2		6	2
应用电视设备及其他广播电视设备制造	3939	2	2		13	2
非专业视听设备制造	395	4	4		6	4
电视机制造	3951	1	1		1	1
音响设备制造	3952	2	2		3	2
影视录放设备制造	3953	1	1		2	1
智能消费设备制造	396	15	15		95	75
智能车载设备制造	3962	1	1		70	67
智能无人飞行器制造	3963	3	3		11	4
服务消费机器人制造	3964	4	4		5	3
其他智能消费设备制造	3969	7	7		9	1
电子器件制造	397	15	15		76	22
集成电路制造	3973	2	2		5	1
显示器件制造	3974	2	2		3	
光电子器件制造	3976	5	5		57	16
其他电子器件制造	3979	6	6		11	5
电子元件及电子专用材料制造	398	74	74		3479	874
电阻电容电感元件制造	3981	2	2		1	
电子电路制造	3982	1	1		2	1
敏感元件及传感器制造	3983	1	1		33	27
电声器件及零件制造	3984	1	1		1	
电子专用材料制造	3985	22	22		2931	579
其他电子元件制造	3989	47	47		511	267
其他电子设备制造	399	14	14		720	372
其他电子设备制造	3990	14	14		720	372
仪器仪表制造业	**40**	**46**	**45**	**1**	**489**	**121**
通用仪器仪表制造	401	26	25	1	345	91
工业自动控制系统装置制造	4011	13	13		231	44
电工仪器仪表制造	4012	4	4		53	14
绘图、计算及测量仪器制造	4013	1	1		6	2
实验分析仪器制造	4014	1	1		1	
供应用仪器仪表制造	4016	1	1		2	
其他通用仪器制造	4019	6	5	1	52	31
专用仪器仪表制造	402	12	12		89	20
环境监测专用仪器仪表制造	4021	1	1		8	2
地质勘探和地震专用仪器制造	4025	1	1		39	7
教学专用仪器制造	4026	5	5		15	3

1-2 续表 18

行业小类	代码	法人单位数(个)			从业人员数(人)	
			单产业法人单位	多产业法人单位		其中：女性
核子及核辐射测量仪器制造	4027	1	1		4	3
电子测量仪器制造	4028	2	2		9	3
其他专用仪器制造	4029	2	2		14	2
衡器制造	405	7	7		53	10
衡器制造	4050	7	7		53	10
其他仪器仪表制造业	409	1	1		2	
其他仪器仪表制造业	4090	1	1		2	
其他制造业	**41**	**93**	**92**	**1**	**1040**	**339**
日用杂品制造	411	25	25		81	26
鬃毛加工、制刷及清扫工具制造	4111	7	7		13	1
其他日用杂品制造	4119	18	18		68	25
核辐射加工	412	2	2		7	5
核辐射加工	4120	2	2		7	5
其他未列明制造业	419	66	65	1	952	308
其他未列明制造业	4190	66	65	1	952	308
废弃资源综合利用业	**42**	**113**	**110**	**3**	**1914**	**415**
金属废料和碎屑加工处理	421	50	48	2	768	158
金属废料和碎屑加工处理	4210	50	48	2	768	158
非金属废料和碎屑加工处理	422	63	62	1	1146	257
非金属废料和碎屑加工处理	4220	63	62	1	1146	257
金属制品、机械和设备修理业	**43**	**393**	**385**	**8**	**3287**	**759**
金属制品修理	431	13	13		214	57
金属制品修理	4310	13	13		214	57
通用设备修理	432	49	48	1	185	58
通用设备修理	4320	49	48	1	185	58
专用设备修理	433	105	103	2	931	246
专用设备修理	4330	105	103	2	931	246
铁路、船舶、航空航天等运输设备修理	434	4	4		64	16
铁路运输设备修理	4341	1	1		41	11
其他运输设备修理	4349	3	3		23	5
电气设备修理	435	50	49	1	881	121
电气设备修理	4350	50	49	1	881	121
仪器仪表修理	436	12	12		58	25
仪器仪表修理	4360	12	12		58	25
其他机械和设备修理业	439	160	156	4	954	236
其他机械和设备修理业	4390	160	156	4	954	236
电力、热力、燃气及水生产和供应业	**D**	**2096**	**1954**	**142**	**113033**	**29178**
电力、热力生产和供应业	**44**	**1586**	**1522**	**64**	**88184**	**21460**
电力生产	441	1095	1059	36	37214	8067
火力发电	4411	64	61	3	7905	1615
热电联产	4412	43	37	6	14572	3556
水力发电	4413	230	221	9	6535	1519
核力发电	4414	2	2		1	
风力发电	4415	264	254	10	4693	780

1-2 续表 19

行业小类	代码	法人单位数(个)	单产业法人单位	多产业法人单位	从业人员数(人)	其中：女性
太阳能发电	4416	461	453	8	2834	429
生物质能发电	4417	11	11		353	104
其他电力生产	4419	20	20		321	64
电力供应	442	88	73	15	34267	8588
电力供应	4420	88	73	15	34267	8588
热力生产和供应	443	403	390	13	16703	4805
热力生产和供应	4430	403	390	13	16703	4805
燃气生产和供应业	**45**	**190**	**139**	**51**	**12421**	**3904**
燃气生产和供应业	451	185	134	51	12404	3902
天然气生产和供应业	4511	160	110	50	8499	2861
液化石油气生产和供应业	4512	20	19	1	246	51
煤气生产和供应业	4513	5	5		3659	990
生物质燃气生产和供应业	452	5	5		17	2
生物质燃气生产和供应业	4520	5	5		17	2
水的生产和供应业	**46**	**320**	**293**	**27**	**12428**	**3814**
自来水生产和供应	461	199	176	23	10053	3171
自来水生产和供应	4610	199	176	23	10053	3171
污水处理及其再生利用	462	117	113	4	2340	633
污水处理及其再生利用	4620	117	113	4	2340	633
其他水的处理、利用与分配	469	4	4		35	10
其他水的处理、利用与分配	4690	4	4		35	10
建筑业	**E**	**11412**	**10669**	**743**	**427668**	**61361**
房屋建筑业	**47**	**2702**	**2317**	**385**	**229127**	**31210**
住宅房屋建筑	471	2412	2041	371	219998	29904
住宅房屋建筑	4710	2412	2041	371	219998	29904
体育场馆建筑	472	2	2		37	8
体育场馆建筑	4720	2	2		37	8
其他房屋建筑业	479	288	274	14	9092	1298
其他房屋建筑业	4790	288	274	14	9092	1298
土木工程建筑业	**48**	**2853**	**2651**	**202**	**136876**	**18596**
铁路、道路、隧道和桥梁工程建筑	481	1194	1107	87	88872	10530
铁路工程建筑	4811	22	20	2	5651	423
公路工程建筑	4812	428	387	41	28004	3152
市政道路工程建筑	4813	661	623	38	51271	6354
城市轨道交通工程建筑	4814	4	4		13	1
其他道路、隧道和桥梁工程建筑	4819	79	73	6	3933	600
水利和水运工程建筑	482	336	299	37	18210	2674
水源及供水设施工程建筑	4821	300	269	31	15581	1973
河湖治理及防洪设施工程建筑	4822	28	22	6	2615	696
港口及航运设施工程建筑	4823	8	8		14	5
工矿工程建筑	484	107	100	7	7328	1305
工矿工程建筑	4840	107	100	7	7328	1305
架线和管道工程建筑	485	303	269	34	11468	1715
架线及设备工程建筑	4851	195	169	26	7072	1256

1-2 续表 20

行业小类	代码	法人单位数(个)	单产业法人单位	多产业法人单位	从业人员数(人)	其中：女性
管道工程建筑	4852	104	96	8	4364	455
地下综合管廊工程建筑	4853	4	4		32	4
节能环保工程施工	486	63	62	1	729	135
节能工程施工	4861	8	8		194	29
环保工程施工	4862	53	52	1	535	106
生态保护工程施工	4863	2	2			
电力工程施工	487	127	116	11	3057	506
火力发电工程施工	4871	12	9	3	953	141
水力发电工程施工	4872	6	4	2	260	25
风能发电工程施工	4874	5	5		76	21
太阳能发电工程施工	4875	4	4		43	5
其他电力工程施工	4879	100	94	6	1725	314
其他土木工程建筑	489	723	698	25	7212	1731
园林绿化工程施工	4891	402	391	11	3951	1159
体育场地设施工程施工	4892	10	9	1	147	41
游乐设施工程施工	4893	1	1		2	
其他土木工程建筑施工	4899	310	297	13	3112	531
建筑安装业	**49**	**1891**	**1801**	**90**	**26013**	**5476**
电气安装	491	589	548	41	9749	2136
电气安装	4910	589	548	41	9749	2136
管道和设备安装	492	524	509	15	6830	1185
管道和设备安装	4920	524	509	15	6830	1185
其他建筑安装业	499	778	744	34	9434	2155
体育场地设施安装	4991	14	13	1	314	57
其他建筑安装	4999	764	731	33	9120	2098
建筑装饰、装修和其他建筑业	**50**	**3966**	**3900**	**66**	**35652**	**6079**
建筑装饰和装修业	501	3169	3136	33	14654	3700
公共建筑装饰和装修	5011	415	403	12	4158	709
住宅装饰和装修	5012	2597	2577	20	9259	2740
建筑幕墙装饰和装修	5013	157	156	1	1237	251
建筑物拆除和场地准备活动	502	278	267	11	3122	511
建筑物拆除活动	5021	140	136	4	1522	243
场地准备活动	5022	138	131	7	1600	268
提供施工设备服务	503	70	69	1	1487	286
提供施工设备服务	5030	70	69	1	1487	286
其他未列明建筑业	509	449	428	21	16389	1582
其他未列明建筑业	5090	449	428	21	16389	1582
批发和零售业	**F**	**65814**	**64078**	**1736**	**349096**	**157672**
批发业	**51**	**41489**	**40515**	**974**	**212733**	**86541**
农、林、牧、渔产品批发	511	3760	3568	192	33684	10227
谷物、豆及薯类批发	5111	319	282	37	4339	1124
种子批发	5112	728	660	68	4728	1598
畜牧渔业饲料批发	5113	117	116	1	491	186
棉、麻批发	5114	702	634	68	15884	4305

1-2 续表 21

行业小类	代码	法人单位数(个)	单产业法人单位	多产业法人单位	从业人员数(人)	其中：女性
林业产品批发	5115	236	234	2	1386	515
牲畜批发	5116	750	747	3	3461	1115
渔业产品批发	5117	30	30		70	27
其他农牧产品批发	5119	878	865	13	3325	1357
食品、饮料及烟草制品批发	512	5260	5192	68	33642	14828
米、面制品及食用油批发	5121	398	382	16	3191	1262
糕点、糖果及糖批发	5122	131	129	2	771	370
果品、蔬菜批发	5123	1924	1912	12	13118	6237
肉、禽、蛋、奶及水产品批发	5124	511	507	4	3541	1394
盐及调味品批发	5125	131	127	4	1088	421
营养和保健品批发	5126	214	212	2	636	333
酒、饮料及茶叶批发	5127	671	662	9	3255	1335
烟草制品批发	5128	25	18	7	2963	966
其他食品批发	5129	1255	1243	12	5079	2510
纺织、服装及家庭用品批发	513	3234	3205	29	16215	10503
纺织品、针织品及原料批发	5131	431	429	2	1529	817
服装批发	5132	761	753	8	6406	5098
鞋帽批发	5133	66	65	1	304	209
化妆品及卫生用品批发	5134	377	374	3	1761	1197
厨具卫具及日用杂品批发	5135	672	667	5	2115	1043
灯具、装饰物品批发	5136	151	150	1	454	217
家用视听设备批发	5137	43	42	1	81	35
日用家电批发	5138	311	309	2	2048	1120
其他家庭用品批发	5139	422	416	6	1517	767
文化、体育用品及器材批发	514	1075	1058	17	3955	1949
文具用品批发	5141	559	550	9	1531	621
体育用品及器材批发	5142	129	126	3	377	167
图书批发	5143	89	86	3	841	444
报刊批发	5144	2	2		2	2
音像制品、电子和数字出版物批发	5145	21	20	1	98	54
首饰、工艺品及收藏品批发	5146	152	152		652	448
乐器批发	5147	12	12		37	20
其他文化用品批发	5149	111	110	1	417	193
医药及医疗器材批发	515	1318	1263	55	13583	6690
西药批发	5151	186	153	33	6269	2933
中药批发	5152	101	95	6	1427	719
动物用药品批发	5153	29	27	2	103	43
医疗用品及器材批发	5154	1002	988	14	5784	2995
矿产品、建材及化工产品批发	516	13374	12922	452	61840	22805
煤炭及制品批发	5161	1133	1125	8	5407	1612
石油及制品批发	5162	863	795	68	18657	7349
非金属矿及制品批发	5163	288	286	2	781	223
金属及金属矿批发	5164	2012	2001	11	7221	3030
建材批发	5165	5175	5157	18	15466	5442

1-2 续表 22

行业小类	代码	法人单位数(个)	单产业法人单位	多产业法人单位	从业人员数(人)	其中：女性
化肥批发	5166	2226	1983	243	7558	2541
农药批发	5167	611	521	90	1905	651
农用薄膜批发	5168	110	104	6	263	88
其他化工产品批发	5169	956	950	6	4582	1869
机械设备、五金产品及电子产品批发	517	10673	10562	111	40594	15990
农业机械批发	5171	791	770	21	3294	980
汽车及零配件批发	5172	1491	1477	14	5438	2060
摩托车及零配件批发	5173	182	177	5	456	171
五金产品批发	5174	2617	2603	14	6540	2584
电气设备批发	5175	879	875	4	2651	1055
计算机、软件及辅助设备批发	5176	601	592	9	3261	1395
通讯设备批发	5177	277	273	4	3726	2056
广播影视设备批发	5178	33	31	2	131	57
其他机械设备及电子产品批发	5179	3802	3764	38	15097	5632
贸易经纪与代理	518	937	927	10	2412	1085
贸易代理	5181	774	769	5	1795	749
一般物品拍卖	5182	66	62	4	256	130
艺术品、收藏品拍卖	5183	8	8		23	11
其他贸易经纪与代理	5189	89	88	1	338	195
其他批发业	519	1858	1818	40	6808	2464
再生物资回收与批发	5191	365	346	19	1515	428
宠物食品用品批发	5192	11	11		31	20
互联网批发	5193	31	31		126	53
其他未列明批发业	5199	1451	1430	21	5136	1963
零售业	**52**	**24325**	**23563**	**762**	**136363**	**71131**
综合零售	521	3517	3432	85	24365	16203
百货零售	5211	2718	2673	45	15469	10160
超级市场零售	5212	138	119	19	7125	5053
便利店零售	5213	66	62	4	359	223
其他综合零售	5219	595	578	17	1412	767
食品、饮料及烟草制品专门零售	522	2748	2708	40	9997	4537
粮油零售	5221	166	164	2	898	307
糕点、面包零售	5222	108	103	5	972	583
果品、蔬菜零售	5223	686	683	3	2718	1160
肉、禽、蛋、奶及水产品零售	5224	351	345	6	978	344
营养和保健品零售	5225	208	202	6	482	250
酒、饮料及茶叶零售	5226	328	323	5	1067	535
烟草制品零售	5227	78	75	3	220	121
其他食品零售	5229	823	813	10	2662	1237
纺织、服装及日用品专门零售	523	2003	1945	58	9896	7079
纺织品及针织品零售	5231	383	381	2	1451	1087
服装零售	5232	639	623	16	5013	3867
鞋帽零售	5233	34	33	1	644	591
化妆品及卫生用品零售	5234	257	257		550	360

1-2 续表 23

行业小类	代码	法人单位数(个)	单产业法人单位	多产业法人单位	从业人员数(人)	其中：女性
厨具卫具及日用杂品零售	5235	116	114	2	356	152
钟表、眼镜零售	5236	191	163	28	655	438
箱包零售	5237	11	11		30	21
自行车等代步设备零售	5238	40	39	1	113	45
其他日用品零售	5239	332	324	8	1084	518
文化、体育用品及器材专门零售	524	1413	1378	35	5887	3281
文具用品零售	5241	529	527	2	1135	515
体育用品及器材零售	5242	136	132	4	326	154
图书、报刊零售	5243	53	36	17	2053	1063
音像制品、电子和数字出版物零售	5244	17	17		55	23
珠宝首饰零售	5245	224	218	6	1010	715
工艺美术品及收藏品零售	5246	248	247	1	782	575
乐器零售	5247	49	47	2	97	37
照相器材零售	5248	7	7		22	11
其他文化用品零售	5249	150	147	3	407	188
医药及医疗器材专门零售	525	1974	1765	209	16687	12651
西药零售	5251	1261	1083	178	13143	10372
中药零售	5252	158	149	9	1836	1370
动物用药品零售	5253	37	34	3	93	42
医疗用品及器材零售	5254	491	473	18	1550	823
保健辅助治疗器材零售	5255	27	26	1	65	44
汽车、摩托车、零配件和燃料及其他动力销售	526	3869	3686	183	36363	13184
汽车新车零售	5261	1696	1633	63	20523	7579
汽车旧车零售	5262	311	306	5	668	181
汽车零配件零售	5263	966	947	19	2713	1070
摩托车及零配件零售	5264	178	175	3	517	160
机动车燃油零售	5265	541	481	60	8160	3029
机动车燃气零售	5266	169	136	33	3772	1163
机动车充电销售	5267	8	8		10	2
家用电器及电子产品专门零售	527	3172	3101	71	12100	5358
家用视听设备零售	5271	49	47	2	506	239
日用家电零售	5272	618	596	22	3539	1797
计算机、软件及辅助设备零售	5273	1119	1100	19	3795	1437
通信设备零售	5274	327	312	15	1546	856
其他电子产品零售	5279	1059	1046	13	2714	1029
五金、家具及室内装饰材料专门零售	528	3592	3562	30	13330	5963
五金零售	5281	1982	1966	16	4693	1749
灯具零售	5282	100	100		241	101
家具零售	5283	365	358	7	5341	3015
涂料零售	5284	46	46		146	50
卫生洁具零售	5285	50	49	1	137	58
木质装饰材料零售	5286	87	86	1	271	108
陶瓷、石材装饰材料零售	5287	159	158	1	501	165
其他室内装饰材料零售	5289	803	799	4	2000	717

1-2 续表 24

行业小类	代码	法人单位数(个)	单产业法人单位	多产业法人单位	从业人员数(人)	其中：女性
货摊、无店铺及其他零售业	529	2037	1986	51	7738	2875
流动货摊零售	5291	14	14		28	20
互联网零售	5292	224	221	3	585	273
邮购及电视、电话零售	5293	5	5		15	5
自动售货机零售	5294	9	9		15	10
旧货零售	5295	8	8		41	8
生活用燃料零售	5296	238	223	15	2223	706
宠物食品用品零售	5297	13	13		32	16
其他未列明零售业	5299	1526	1493	33	4799	1837
交通运输、仓储和邮政业	**G**	**9158**	**8762**	**396**	**221638**	**54749**
铁路运输业	**53**	**8**	**7**	**1**	**55173**	**10807**
铁路旅客运输	531	2	2		28	6
高速铁路旅客运输	5311	1	1		25	5
普通铁路旅客运输	5313	1	1		3	1
铁路货物运输	532	6	5	1	55145	10801
铁路货物运输	5320	6	5	1	55145	10801
道路运输业	**54**	**6532**	**6335**	**197**	**118774**	**28537**
城市公共交通运输	541	258	238	20	23075	6444
公共电汽车客运	5411	66	56	10	16462	4174
城市轨道交通	5412	9	9		2263	649
出租车客运	5413	157	148	9	1869	626
公共自行车服务	5414	3	3		3	1
其他城市公共交通运输	5419	23	22	1	2478	994
公路旅客运输	542	207	170	37	6564	1962
长途客运	5421	112	88	24	4537	1343
旅游客运	5422	35	32	3	913	333
其他公路客运	5429	60	50	10	1114	286
道路货物运输	543	5524	5412	112	68723	12701
普通货物道路运输	5431	5215	5109	106	35110	8542
冷藏车道路运输	5432	4	4		4	2
集装箱道路运输	5433	7	7		21	8
大型货物道路运输	5434	29	28	1	285	72
危险货物道路运输	5435	74	73	1	31894	3793
邮件包裹道路运输	5436	12	11	1	105	32
城市配送	5437	56	56		249	59
搬家运输	5438	24	23	1	125	52
其他道路货物运输	5439	103	101	2	930	141
道路运输辅助活动	544	543	515	28	20412	7430
客运汽车站	5441	96	77	19	3553	1533
货运枢纽（站）	5442	4	4		149	7
公路管理与养护	5443	346	338	8	16061	5693
其他道路运输辅助活动	5449	97	96	1	649	197
水上运输业	**55**	**7**	**7**		**69**	**6**
水上旅客运输	551	2	2		46	3

1-2 续表 25

行业小类	代码	法人单位数（个）	单产业法人单位	多产业法人单位	从业人员数（人）	其中：女性
内河旅客运输	5512	1	1		42	3
客运轮渡运输	5513	1	1		4	
水上货物运输	552	3	3		20	2
远洋货物运输	5521	3	3		20	2
水上运输辅助活动	553	2	2		3	1
货运港口	5532	1	1		3	1
其他水上运输辅助活动	5539	1	1			
航空运输业	**56**	**68**	**66**	**2**	**9603**	**3136**
航空客货运输	561	13	12	1	1238	373
航空旅客运输	5611	5	5		1214	367
航空货物运输	5612	8	7	1	24	6
通用航空服务	562	34	34		555	97
通用航空生产服务	5621	21	21		478	75
观光游览航空服务	5622	2	2		7	2
体育航空运动服务	5623	4	4		39	11
其他通用航空服务	5629	7	7		31	9
航空运输辅助活动	563	21	20	1	7810	2666
机场	5631	10	9	1	6506	2263
空中交通管理	5632	1	1		1030	275
其他航空运输辅助活动	5639	10	10		274	128
管道运输业	**57**	**19**	**18**	**1**	**3628**	**735**
海底管道运输	571	1	1		1	
海底管道运输	5710	1	1		1	
陆地管道运输	572	18	17	1	3627	735
陆地管道运输	5720	18	17	1	3627	735
多式联运和运输代理业	**58**	**1095**	**1050**	**45**	**6245**	**2109**
多式联运	581	47	47		492	110
多式联运	5810	47	47		492	110
运输代理业	582	1048	1003	45	5753	1999
货物运输代理	5821	908	870	38	5137	1682
旅客票务代理	5822	101	94	7	439	260
其他运输代理业	5829	39	39		177	57
装卸搬运和仓储业	**59**	**1033**	**1019**	**14**	**12276**	**3096**
装卸搬运	591	291	289	2	5898	972
装卸搬运	5910	291	289	2	5898	972
通用仓储	592	202	200	2	1425	439
通用仓储	5920	202	200	2	1425	439
低温仓储	593	92	92		720	299
低温仓储	5930	92	92		720	299
危险品仓储	594	22	22		264	98
油气仓储	5941	17	17		233	90
危险化学品仓储	5942	4	4		17	6
其他危险品仓储	5949	1	1		14	2
谷物、棉花等农产品仓储	595	249	242	7	2760	8[illegible]

1-2 续表 26

行业小类	代码	法人单位数(个)	单产业法人单位	多产业法人单位	从业人员数(人)	其中：女性
谷物仓储	5951	88	82	6	1188	375
棉花仓储	5952	34	34		728	214
其他农产品仓储	5959	127	126	1	844	266
中药材仓储	596	4	4		17	7
中药材仓储	5960	4	4		17	7
其他仓储业	599	173	170	3	1192	426
其他仓储业	5990	173	170	3	1192	426
邮政业	**60**	**396**	**260**	**136**	**15870**	**6323**
邮政基本服务	601	32	17	15	7604	3828
邮政基本服务	6010	32	17	15	7604	3828
快递服务	602	357	238	119	8108	2466
快递服务	6020	357	238	119	8108	2466
其他寄递服务	609	7	5	2	158	29
其他寄递服务	6090	7	5	2	158	29
住宿和餐饮业	**H**	**2693**	**2578**	**115**	**54653**	**30311**
住宿业	**61**	**1170**	**1108**	**62**	**34371**	**19985**
旅游饭店	611	468	437	31	21857	12739
旅游饭店	6110	468	437	31	21857	12739
一般旅馆	612	556	528	28	9355	5701
经济型连锁酒店	6121	97	91	6	1954	1233
其他一般旅馆	6129	459	437	22	7401	4468
民宿服务	613	22	21	1	270	159
民宿服务	6130	22	21	1	270	159
露营地服务	614	5	5		36	16
露营地服务	6140	5	5		36	16
其他住宿业	619	119	117	2	2853	1370
其他住宿业	6190	119	117	2	2853	1370
餐饮业	**62**	**1523**	**1470**	**53**	**20282**	**10326**
正餐服务	621	1182	1141	41	15679	7907
正餐服务	6210	1182	1141	41	15679	7907
快餐服务	622	103	97	6	3263	1810
快餐服务	6220	103	97	6	3263	1810
饮料及冷饮服务	623	16	15	1	59	36
茶馆服务	6231	6	6		17	13
咖啡馆服务	6232	4	4		6	4
酒吧服务	6233	2	2		5	2
其他饮料及冷饮服务	6239	4	3	1	31	17
饮配送及外卖送餐服务	624	82	81	1	414	164
配送服务	6241	67	67		332	138
服务	6242	15	14	1	82	26
	629	140	136	4	867	409
	6291	59	57	2	215	101
	6299	81	79	2	652	308
服务业	**I**	**8390**	**8219**	**171**	**72899**	**30422**

1-2 续表 27

行业小类	代码	法人单位数(个)	单产业法人单位	多产业法人单位	从业人员数(人)	其中：女性
电信、广播电视和卫星传输服务	**63**	**506**	**432**	**74**	**32125**	**15473**
电信	631	292	229	63	26910	13230
固定电信服务	6311	73	47	26	11962	5050
移动电信服务	6312	123	90	33	13114	7163
其他电信服务	6319	96	92	4	1834	1017
广播电视传输服务	632	203	192	11	5038	2175
有线广播电视传输服务	6321	163	153	10	4308	1864
无线广播电视传输服务	6322	40	39	1	730	311
卫星传输服务	633	11	11		177	68
广播电视卫星传输服务	6331	7	7		129	51
其他卫星传输服务	6339	4	4		48	17
互联网和相关服务	**64**	**1029**	**1015**	**14**	**5423**	**1977**
互联网接入及相关服务	641	135	134	1	876	266
互联网接入及相关服务	6410	135	134	1	876	266
互联网信息服务	642	456	451	5	2918	1032
互联网搜索服务	6421	15	15		79	27
互联网游戏服务	6422	11	11		42	11
互联网其他信息服务	6429	430	425	5	2797	994
互联网平台	643	112	111	1	491	218
互联网生产服务平台	6431	15	14	1	172	67
互联网生活服务平台	6432	68	68		189	74
互联网科技创新平台	6433	9	9		5	4
互联网公共服务平台	6434	13	13		68	45
其他互联网平台	6439	7	7		57	28
互联网安全服务	644	26	26		136	54
互联网安全服务	6440	26	26		136	54
互联网数据服务	645	92	90	2	402	171
互联网数据服务	6450	92	90	2	402	171
其他互联网服务	649	208	203	5	600	236
其他互联网服务	6490	208	203	5	600	236
软件和信息技术服务业	**65**	**6855**	**6772**	**83**	**35351**	**12972**
软件开发	651	2352	2327	25	10409	3913
基础软件开发	6511	1228	1220	8	5703	2194
支撑软件开发	6512	14	14		82	31
应用软件开发	6513	766	758	8	2947	1065
其他软件开发	6519	344	335	9	1677	623
集成电路设计	652	24	24		100	38
集成电路设计	6520	24	24		100	38
信息系统集成和物联网技术服务	653	822	803	19	6018	1990
信息系统集成服务	6531	793	774	19	5871	1948
物联网技术服务	6532	29	29		147	42
运行维护服务	654	109	105	4	1170	328
运行维护服务	6540	109	105	4	1170	328
信息处理和存储支持服务	655	79	79		355	150

1-2 续表 28

行业小类	代码	法人单位数(个)	单产业法人单位	多产业法人单位	从业人员数(人)	其中：女性
信息处理和存储支持服务	6550	79	79		355	150
信息技术咨询服务	656	2932	2902	30	14871	5392
信息技术咨询服务	6560	2932	2902	30	14871	5392
数字内容服务	657	58	58		394	192
地理遥感信息服务	6571	13	13		130	39
动漫、游戏数字内容服务	6572	31	31		104	42
其他数字内容服务	6579	14	14		160	111
其他信息技术服务业	659	479	474	5	2034	969
呼叫中心	6591	3	3		375	351
其他未列明信息技术服务业	6599	476	471	5	1659	618
金融业	**J**	**2287**	**1823**	**464**	**200176**	**123744**
货币金融服务	**66**	**908**	**665**	**243**	**64983**	**34258**
中央银行服务	661	15	2	13	3492	1513
中央银行服务	6610	15	2	13	3492	1513
货币银行服务	662	276	56	220	57930	31038
商业银行服务	6621	184	43	141	47139	26126
政策性银行服务	6622	22	5	17	2379	1052
信用合作社服务	6623	63	1	62	8271	3786
农村资金互助社服务	6624	1	1		46	28
其他货币银行服务	6629	6	6		95	46
非货币银行服务	663	617	607	10	3561	1707
融资租赁服务	6631	31	31		234	97
财务公司服务	6632	2	2		50	23
典当	6633	234	224	10	1172	574
小额贷款公司服务	6635	323	323		2020	979
网络借贷服务	6637	7	7		20	8
其他非货币银行服务	6639	20	20		65	26
资本市场服务	**67**	**925**	**915**	**10**	**3064**	**1293**
证券市场服务	671	5	3	2	1435	691
证券市场管理服务	6711	1	1		30	17
证券经纪交易服务	6712	4	2	2	1405	674
非公开募集证券投资基金	673	75	71	4	333	113
期货市场服务	674	2		2	181	91
其他期货市场服务	6749	2		2	181	91
证券期货监管服务	675	1	1		49	20
证券期货监管服务	6750	1	1		49	20
资本投资服务	676	745	743	2	873	310
资本投资服务	6760	745	743	2	873	310
其他资本市场服务	679	97	97		193	68
其他资本市场服务	6790	97	97		193	68
保险业	**68**	**307**	**100**	**207**	**130804**	**87582**
人身保险	681	112	22	90	103512	73738
人寿保险	6811	108	21	87	102719	73169
健康保险	6813	4	1	3	793	569

1-2 续表 29

行业小类	代码	法人单位数(个)	单产业法人单位	多产业法人单位	从业人员数(人)	其中：女性
财产保险	682	164	51	113	24736	12315
财产保险	6820	164	51	113	24736	12315
商业养老金	684	3	3		307	199
商业养老金	6840	3	3		307	199
保险中介服务	685	18	14	4	2241	1325
保险经纪服务	6851	1	1		8	3
保险代理服务	6852	17	13	4	2233	1322
其他保险活动	689	10	10		8	5
其他保险活动	6890	10	10		8	5
其他金融业	**69**	**147**	**143**	**4**	**1325**	**611**
金融信托与管理服务	691	4	4		468	189
信托公司	6911	2	2		459	184
其他金融信托与管理服务	6919	2	2		9	5
控股公司服务	692	1	1			
控股公司服务	6920	1	1			
非金融机构支付服务	693	2	2		22	11
非金融机构支付服务	6930	2	2		22	11
金融信息服务	694	22	22		137	71
金融信息服务	6940	22	22		137	71
金融资产管理公司	695	3	3		7	2
金融资产管理公司	6950	3	3		7	2
其他未列明金融业	699	115	111	4	691	338
其他未包括金融业	6999	115	111	4	691	338
房地产业	**K**	**9504**	**8888**	**616**	**161386**	**72469**
房地产业	**70**	**9504**	**8888**	**616**	**161386**	**72469**
房地产开发经营	701	3549	3241	308	46278	19659
房地产开发经营	7010	3549	3241	308	46278	19659
物业管理	702	3272	3141	131	97611	45267
物业管理	7020	3272	3141	131	97611	45267
房地产中介服务	703	1576	1448	128	7223	3218
房地产中介服务	7030	1576	1448	128	7223	3218
房地产租赁经营	704	1022	976	46	9587	3990
房地产租赁经营	7040	1022	976	46	9587	3990
其他房地产业	709	85	82	3	687	335
其他房地产业	7090	85	82	3	687	335
租赁和商务服务业	**L**	**24225**	**23744**	**481**	**263541**	**93208**
租赁业	**71**	**2413**	**2383**	**30**	**10866**	**2946**
机械设备经营租赁	711	2355	2325	30	10710	2864
汽车租赁	7111	719	705	14	2962	1029
农业机械经营租赁	7112	205	204	1	1161	169
建筑工程机械与设备经营租赁	7113	1116	1103	13	5168	1216
计算机及通讯设备经营租赁	7114	18	18		68	25
医疗设备经营租赁	7115	16	16		44	22
其他机械与设备经营租赁	7119	281	279	2	1307	403

1-2 续表 30

行业小类	代码	法人单位数(个)	单产业法人单位	多产业法人单位	从业人员数(人)	其中：女性
文体设备和用品出租	712	52	52		147	78
休闲娱乐用品设备出租	7121	14	14		48	24
体育用品设备出租	7122	3	3		12	4
文化用品设备出租	7123	20	20		46	23
图书出租	7124	4	4		19	17
音像制品出租	7125	1	1			
其他文体设备和用品出租	7129	10	10		22	10
日用品出租	713	6	6		9	4
日用品出租	7130	6	6		9	4
商务服务业	**72**	**21812**	**21361**	**451**	**252675**	**90262**
组织管理服务	721	4680	4591	89	40295	16173
企业总部管理	7211	398	367	31	11314	4130
投资与资产管理	7212	3560	3516	44	16818	6548
资源与产权交易服务	7213	33	32	1	460	142
单位后勤管理服务	7214	169	167	2	5334	2009
农村集体经济组织管理	7215	149	146	3	3740	2157
其他组织管理服务	7219	371	363	8	2629	1187
综合管理服务	722	811	776	35	9911	4108
园区管理服务	7221	50	50		645	247
商业综合体管理服务	7222	68	64	4	1114	420
市场管理服务	7223	521	494	27	6813	2706
供应链管理服务	7224	64	64		244	107
其他综合管理服务	7229	108	104	4	1095	628
法律服务	723	880	876	4	6196	2968
律师及相关法律服务	7231	727	723	4	5301	2438
公证服务	7232	75	75		571	398
其他法律服务	7239	78	78		324	132
咨询与调查	724	6114	6008	106	27651	14923
会计、审计及税务服务	7241	1420	1377	43	7798	5169
市场调查	7242	59	59		304	120
社会经济咨询	7243	3200	3162	38	9996	5039
健康咨询	7244	256	252	4	1775	846
环保咨询	7245	124	121	3	592	276
体育咨询	7246	13	13		29	12
其他专业咨询与调查	7249	1042	1024	18	7157	3461
广告业	725	3757	3728	29	12154	5165
互联网广告服务	7251	431	430	1	1389	573
其他广告服务	7259	3326	3298	28	10765	4592
人力资源服务	726	1832	1781	51	67197	23087
公共就业服务	7261	69	69		263	143
职业中介服务	7262	114	111	3	1470	629
劳务派遣服务	7263	1426	1384	42	61395	19774
创业指导服务	7264	70	69	1	206	100
其他人力资源服务	7269	153	148	5	3863	2441

1-2 续表 31

行业小类	代码	法人单位数(个)	单产业法人单位	多产业法人单位	从业人员数(人)	其中：女性
安全保护服务	727	600	554	46	61145	10721
安全服务	7271	218	180	38	54530	9423
安全系统监控服务	7272	295	290	5	1368	433
其他安全保护服务	7279	87	84	3	5247	865
会议、展览及相关服务	728	543	539	4	2326	1071
科技会展服务	7281	45	45		143	66
旅游会展服务	7282	50	47	3	270	124
体育会展服务	7283	5	5		23	2
文化会展服务	7284	202	201	1	694	346
其他会议、展览及相关服务	7289	241	241		1196	533
其他商务服务业	729	2595	2508	87	25800	12046
旅行社及相关服务	7291	1103	1044	59	7113	3466
包装服务	7292	85	84	1	235	104
办公服务	7293	137	136	1	559	265
翻译服务	7294	48	47	1	140	91
信用服务	7295	21	20	1	81	31
非融资担保服务	7296	87	86	1	409	199
商务代理代办服务	7297	367	354	13	1343	687
票务代理服务	7298	24	24		56	34
其他未列明商务服务业	7299	723	713	10	15864	7169
科学研究和技术服务业	**M**	**12135**	**11760**	**375**	**125373**	**42141**
研究和试验发展	**73**	**520**	**515**	**5**	**5280**	**1991**
自然科学研究和试验发展	731	32	32		276	106
自然科学研究和试验发展	7310	32	32		276	106
工程和技术研究和试验发展	732	210	206	4	1363	431
工程和技术研究和试验发展	7320	210	206	4	1363	431
农业科学研究和试验发展	733	174	173	1	2523	922
农业科学研究和试验发展	7330	174	173	1	2523	922
医学研究和试验发展	734	77	77		452	240
医学研究和试验发展	7340	77	77		452	240
社会人文科学研究	735	27	27		666	292
社会人文科学研究	7350	27	27		666	292
专业技术服务业	**74**	**6768**	**6452**	**316**	**95700**	**30525**
气象服务	741	231	212	19	3058	1150
气象服务	7410	231	212	19	3058	1150
地震服务	742	38	37	1	637	189
地震服务	7420	38	37	1	637	189
海洋服务	743	3	3		19	6
海洋环境服务	7432	1	1		1	
其他海洋服务	7439	2	2		18	6
测绘地理信息服务	744	221	202	19	3222	1078
遥感测绘服务	7441	93	87	6	1391	436
其他测绘地理信息服务	7449	128	115	13	1831	642
质检技术服务	745	1215	1172	43	15611	5957

1-2 续表 32

行业小类	代码	法人单位数(个)	单产业法人单位	多产业法人单位	从业人员数(人)	其中：女性
检验检疫服务	7451	139	139		1547	732
检测服务	7452	756	725	31	11128	4078
计量服务	7453	140	134	6	667	238
标准化服务	7454	3	3		31	17
认证认可服务	7455	30	28	2	163	86
其他质检技术服务	7459	147	143	4	2075	806
环境与生态监测检测服务	746	262	257	5	2908	1182
环境保护监测	7461	234	230	4	2628	1090
生态资源监测	7462	28	27	1	280	92
地质勘查	747	289	278	11	9059	1873
能源矿产地质勘查	7471	56	53	3	2176	380
固体矿产地质勘查	7472	61	59	2	1653	320
水、二氧化碳等矿产地质勘查	7473	4	4		196	36
基础地质勘查	7474	27	26	1	1518	311
地质勘查技术服务	7475	141	136	5	3516	826
工程技术与设计服务	748	2705	2504	201	46363	14350
工程管理服务	7481	1219	1137	82	14150	4986
工程监理服务	7482	173	134	39	7311	1579
工程勘察活动	7483	207	186	21	9624	2634
工程设计活动	7484	802	754	48	12422	4159
规划设计管理	7485	258	249	9	2447	850
土地规划服务	7486	46	44	2	409	142
工业与专业设计及其他专业技术服务	749	1804	1787	17	14823	4740
工业设计服务	7491	64	63	1	663	205
专业设计服务	7492	745	740	5	4863	1782
兽医服务	7493	315	312	3	3085	1072
其他未列明专业技术服务业	7499	680	672	8	6212	1681
科技推广和应用服务业	**75**	**4847**	**4793**	**54**	**24393**	**9625**
技术推广服务	751	4035	3988	47	21619	8403
农林牧渔技术推广服务	7511	1738	1714	24	13274	5508
生物技术推广服务	7512	482	476	6	1282	565
新材料技术推广服务	7513	106	105	1	206	76
节能技术推广服务	7514	364	358	6	1034	362
新能源技术推广服务	7515	228	226	2	1220	323
环保技术推广服务	7516	324	322	2	1147	398
三维（3D）打印技术推广服务	7517	4	4		5	2
其他技术推广服务	7519	789	783	6	3451	1169
知识产权服务	752	102	100	2	470	292
知识产权服务	7520	102	100	2	470	292
科技中介服务	753	118	117	1	426	155
科技中介服务	7530	118	117	1	426	155
创业空间服务	754	36	35	1	148	81
创业空间服务	7540	36	35	1	148	81
其他科技推广服务业	759	556	553	3	1730	694

1-2 续表 33

行业小类	代码	法人单位数(个)	单产业法人单位	多产业法人单位	从业人员数(人)	其中：女性
其他科技推广服务业	7590	556	553	3	1730	694
水利、环境和公共设施管理业	**N**	**2277**	**2177**	**100**	**67279**	**27754**
水利管理业	**76**	**571**	**523**	**48**	**18980**	**5116**
防洪除涝设施管理	761	29	28	1	315	92
防洪除涝设施管理	7610	29	28	1	315	92
水资源管理	762	304	273	31	10812	2924
水资源管理	7620	304	273	31	10812	2924
天然水收集与分配	763	74	64	10	4067	1010
天然水收集与分配	7630	74	64	10	4067	1010
水文服务	764	21	21		588	213
水文服务	7640	21	21		588	213
其他水利管理业	769	143	137	6	3198	877
其他水利管理业	7690	143	137	6	3198	877
生态保护和环境治理业	**77**	**354**	**349**	**5**	**4128**	**1220**
生态保护	771	182	179	3	2684	817
自然生态系统保护管理	7711	146	143	3	2257	658
野生动物保护	7713	15	15		273	100
野生植物保护	7714	3	3		21	8
动物园、水族馆管理服务	7715	1	1		30	13
植物园管理服务	7716	2	2		57	18
其他自然保护	7719	15	15		46	20
环境治理业	772	172	170	2	1444	403
水污染治理	7721	53	52	1	505	200
大气污染治理	7722	16	15	1	150	32
固体废物治理	7723	47	47		293	55
危险废物治理	7724	18	18		397	87
土壤污染治理与修复服务	7726	3	3		22	3
其他污染治理	7729	35	35		77	26
公共设施管理业	**78**	**1220**	**1183**	**37**	**43129**	**20993**
市政设施管理	781	214	208	6	4799	1857
市政设施管理	7810	214	208	6	4799	1857
环境卫生管理	782	190	187	3	21004	11493
环境卫生管理	7820	190	187	3	21004	11493
城乡市容管理	783	45	45		644	335
城乡市容管理	7830	45	45		644	335
绿化管理	784	555	534	21	11858	5377
绿化管理	7840	555	534	21	11858	5377
城市公园管理	785	21	21		967	396
城市公园管理	7850	21	21		967	396
游览景区管理	786	195	188	7	3857	1535
名胜风景区管理	7861	49	48	1	1965	721
森林公园管理	7862	14	12	2	125	57
其他游览景区管理	7869	132	128	4	1767	757
土地管理业	**79**	**132**	**122**	**10**	**1042**	**425**

1-2 续表 34

行业小类	代码	法人单位数(个)	单产业法人单位	多产业法人单位	从业人员数(人)	其中：女性
土地整治服务	791	32	30	2	383	113
土地整治服务	7910	32	30	2	383	113
土地调查评估服务	792	47	41	6	393	176
土地调查评估服务	7920	47	41	6	393	176
土地登记服务	793	10	10		95	49
土地登记服务	7930	10	10		95	49
土地登记代理服务	794	5	5		1	
土地登记代理服务	7940	5	5		1	
其他土地管理服务	799	38	36	2	170	87
其他土地管理服务	7990	38	36	2	170	87
居民服务、修理和其他服务业	**O**	**4839**	**4767**	**72**	**29627**	**12629**
居民服务业	**80**	**1680**	**1660**	**20**	**9542**	**5385**
家庭服务	801	433	431	2	1958	1258
家庭服务	8010	433	431	2	1958	1258
托儿所服务	802	32	32		273	232
托儿所服务	8020	32	32		273	232
洗染服务	803	41	40	1	476	292
洗染服务	8030	41	40	1	476	292
理发及美容服务	804	192	186	6	688	516
理发及美容服务	8040	192	186	6	688	516
洗浴和保健养生服务	805	170	166	4	1139	720
洗浴服务	8051	12	12		325	205
足浴服务	8052	10	9	1	128	78
养生保健服务	8053	148	145	3	686	437
摄影扩印服务	806	126	124	2	676	277
摄影扩印服务	8060	126	124	2	676	277
婚姻服务	807	124	122	2	258	132
婚姻服务	8070	124	122	2	258	132
殡葬服务	808	211	209	2	1963	844
殡葬服务	8080	211	209	2	1963	844
其他居民服务业	809	351	350	1	2111	1114
其他居民服务业	8090	351	350	1	2111	1114
机动车、电子产品和日用产品修理业	**81**	**2597**	**2549**	**48**	**13317**	**3550**
汽车、摩托车等修理与维护	811	1954	1919	35	9847	2594
汽车修理与维护	8111	1889	1855	34	9478	2500
大型车辆装备修理与维护	8112	42	42		308	78
摩托车修理与维护	8113	16	15	1	42	14
助动车等修理与维护	8114	7	7		19	2
计算机和办公设备维修	812	374	364	10	2480	684
计算机和辅助设备修理	8121	200	197	3	845	345
通讯设备修理	8122	69	63	6	1113	201
其他办公设备维修	8129	105	104	1	522	138
家用电器修理	813	199	198	1	698	195
家用电子产品修理	8131	75	75		274	54

1-2 续表 35

行业小类	代码	法人单位数(个)	单产业法人单位	多产业法人单位	从业人员数(人)	其中：女性
日用电器修理	8132	124	123	1	424	141
其他日用产品修理业	819	70	68	2	292	77
自行车修理	8191	1	1			
鞋和皮革修理	8192	1	1			
家具和相关物品修理	8193	9	9		21	6
其他未列明日用产品修理业	8199	59	57	2	271	71
其他服务业	**82**	**562**	**558**	**4**	**6768**	**3694**
清洁服务	821	363	360	3	5574	3269
建筑物清洁服务	8211	57	57		675	210
其他清洁服务	8219	306	303	3	4899	3059
宠物服务	822	15	15		41	29
宠物饲养	8221	2	2		3	2
宠物医院服务	8222	6	6		11	7
宠物美容服务	8223	4	4		14	10
宠物寄托收养服务	8224	1	1		2	1
其他宠物服务	8229	2	2		11	9
其他未列明服务业	829	184	183	1	1153	396
其他未列明服务业	8290	184	183	1	1153	396
教育	**P**	**9446**	**9072**	**374**	**516964**	**333572**
教育	**83**	**9446**	**9072**	**374**	**516964**	**333572**
学前教育	831	2617	2516	101	71879	60586
学前教育	8310	2617	2516	101	71879	60586
初等教育	832	2045	1880	165	174828	117105
普通小学教育	8321	2041	1877	164	174539	116866
成人小学教育	8322	4	3	1	289	239
中等教育	833	1411	1367	44	191603	119208
普通初中教育	8331	992	951	41	120468	76973
职业初中教育	8332	2	2		121	68
普通高中教育	8334	274	274		57578	35286
成人高中教育	8335	2	2		9	6
中等职业学校教育	8336	141	138	3	13427	6875
高等教育	834	70	67	3	30389	14821
普通高等教育	8341	39	38	1	26222	12552
成人高等教育	8342	31	29	2	4167	2269
特殊教育	835	35	35		1182	843
特殊教育	8350	35	35		1182	843
技能培训、教育辅助及其他教育	839	3268	3207	61	47083	21009
职业技能培训	8391	1613	1575	38	28702	11697
体校及体育培训	8392	105	105		859	311
文化艺术培训	8393	573	569	4	2436	1663
教育辅助服务	8394	413	405	8	2838	1719
其他未列明教育	8399	564	553	11	12248	5619
卫生和社会工作	**Q**	**3834**	**3773**	**61**	**226203**	**160542**
卫生	**84**	**3157**	**3099**	**58**	**217858**	**154666**

1-2 续表 36

行业小类	代码	法人单位数(个)	单产业法人单位	多产业法人单位	从业人员数(人)	其中：女性
医院	841	799	767	32	153740	108053
综合医院	8411	536	516	20	127127	89948
中医医院	8412	64	60	4	8140	5856
中西医结合医院	8413	12	11	1	285	220
民族医院	8414	42	42		5888	3939
专科医院	8415	125	118	7	11773	7779
疗养院	8416	20	20		527	311
基层医疗卫生服务	842	1652	1638	14	45034	32827
社区卫生服务中心（站）	8421	492	489	3	7119	5601
街道卫生院	8422	2	2		52	41
乡镇卫生院	8423	892	883	9	32659	23525
村卫生室	8424	71	71		986	727
门诊部（所）	8425	195	193	2	4218	2933
专业公共卫生服务	843	630	623	7	17498	12719
疾病预防控制中心	8431	206	204	2	6790	4285
专科疾病防治院（所、站）	8432	10	9	1	818	487
妇幼保健院（所、站）	8433	92	92		5411	4555
急救中心（站）服务	8434	13	13		179	69
采供血机构服务	8435	30	30		1215	884
计划生育技术服务活动	8436	279	275	4	3085	2439
其他卫生活动	849	76	71	5	1586	1067
健康体检服务	8491	17	14	3	1090	817
临床检验服务	8492	12	12		174	81
其他未列明卫生服务	8499	47	45	2	322	169
社会工作	**85**	**677**	**674**	**3**	**8345**	**5876**
提供住宿社会工作	851	513	510	3	7289	5227
干部休养所	8511	53	53		719	464
精神康复服务	8513	12	12		915	658
老年人、残疾人养护服务	8514	395	392	3	4940	3619
临终关怀服务	8515	2	2		4	2
孤残儿童收养和庇护服务	8516	38	38		575	386
其他提供住宿社会救助	8519	13	13		136	98
不提供住宿社会工作	852	164	164		1056	649
社会看护与帮助服务	8521	79	79		545	312
康复辅具适配服务	8522	15	15		202	156
其他不提供住宿社会工作	8529	70	70		309	181
文化、体育和娱乐业	**R**	**5684**	**5602**	**82**	**43997**	**21360**
新闻和出版业	**86**	**144**	**142**	**2**	**5744**	**2876**
新闻业	861	29	29		923	372
新闻业	8610	29	29		923	372
出版业	862	115	113	2	4821	2504
图书出版	8621	20	20		907	464
报纸出版	8622	52	50	2	3594	1878
期刊出版	8623	31	31		260	123

1-2 续表 37

行业小类	代码	法人单位数(个)	单产业法人单位	多产业法人单位	从业人员数(人)	其中：女性
音像制品出版	8624	3	3		36	22
数字出版	8626	3	3		1	1
其他出版业	8629	6	6		23	16
广播、电视、电影和录音制作业	**87**	**1543**	**1515**	**28**	**12071**	**5569**
广播	871	180	175	5	2587	1246
广播	8710	180	175	5	2587	1246
电视	872	78	77	1	3310	1482
电视	8720	78	77	1	3310	1482
影视节目制作	873	1017	1008	9	3542	1652
影视节目制作	8730	1017	1008	9	3542	1652
广播电视集成播控	874	18	16	2	206	77
广播电视集成播控	8740	18	16	2	206	77
电影和广播电视节目发行	875	54	52	2	471	167
电影和广播电视节目发行	8750	54	52	2	471	167
电影放映	876	165	157	8	1869	905
电影放映	8760	165	157	8	1869	905
录音制作	877	31	30	1	86	40
录音制作	8770	31	30	1	86	40
文化艺术业	**88**	**1299**	**1278**	**21**	**11928**	**6292**
文艺创作与表演	881	329	327	2	4654	2219
文艺创作与表演	8810	329	327	2	4654	2219
艺术表演场馆	882	7	6	1	1040	522
艺术表演场馆	8820	7	6	1	1040	522
图书馆与档案馆	883	181	179	2	1694	1188
图书馆	8831	84	83	1	821	619
档案馆	8832	97	96	1	873	569
文物及非物质文化遗产保护	884	56	55	1	646	285
文物及非物质文化遗产保护	8840	56	55	1	646	285
博物馆	885	62	62		709	379
博物馆	8850	62	62		709	379
烈士陵园、纪念馆	886	5	5		52	25
烈士陵园、纪念馆	8860	5	5		52	25
群众文体活动	887	360	347	13	2200	1176
群众文体活动	8870	360	347	13	2200	1176
其他文化艺术业	889	299	297	2	933	498
其他文化艺术业	8890	299	297	2	933	498
体育	**89**	**380**	**374**	**6**	**1900**	**730**
体育组织	891	129	129		710	201
体育竞赛组织	8911	74	74		449	123
体育保障组织	8912	13	13		37	17
其他体育组织	8919	42	42		224	61
体育场地设施管理	892	36	36		238	101
体育场馆管理	8921	32	32		225	94
其他体育场地设施管理	8929	4	4		13	7

1-2 续表 38

行业小类	代码	法人单位数(个)	单产业法人单位	多产业法人单位	从业人员数(人)	其中：女性
健身休闲活动	893	189	183	6	886	390
健身休闲活动	8930	189	183	6	886	390
其他体育	899	26	26		66	38
体育中介代理服务	8991	10	10		13	10
体育健康服务	8992	14	14		53	28
其他未列明体育	8999	2	2			
娱乐业	**90**	**2318**	**2293**	**25**	**12354**	**5893**
室内娱乐活动	901	1609	1595	14	7579	3808
歌舞厅娱乐活动	9011	67	67		351	147
电子游艺厅娱乐活动	9012	34	34		96	36
网吧活动	9013	1439	1428	11	4289	1466
其他室内娱乐活动	9019	69	66	3	2843	2159
游乐园	902	39	37	2	567	246
游乐园	9020	39	37	2	567	246
休闲观光活动	903	75	75		795	279
休闲观光活动	9030	75	75		795	279
彩票活动	904	16	15	1	342	124
体育彩票服务	9041	1		1	79	24
福利彩票服务	9042	15	15		263	100
文化体育娱乐活动与经纪代理服务	905	488	481	7	2660	1298
文化活动服务	9051	390	386	4	2035	1116
体育表演服务	9052	41	40	1	469	106
文化娱乐经纪人	9053	15	14	1	65	37
体育经纪人	9054	4	4		4	2
其他文化艺术经纪代理	9059	38	37	1	87	37
其他娱乐业	909	91	90	1	411	138
其他娱乐业	9090	91	90	1	411	138
公共管理、社会保障和社会组织	**S**	**39092**	**37298**	**1794**	**863756**	**283612**
中国共产党机关	**91**	**1474**	**1317**	**157**	**30809**	**9556**
中国共产党机关	910	1474	1317	157	30809	9556
中国共产党机关	9100	1474	1317	157	30809	9556
国家机构	**92**	**12324**	**10717**	**1607**	**640734**	**194957**
国家权力机构	921	143	140	3	2912	791
国家权力机构	9210	143	140	3	2912	791
国家行政机构	922	11827	10252	1575	617900	186256
综合事务管理机构	9221	3877	3207	670	173231	73654
对外事务管理机构	9222	49	47	2	727	289
公共安全管理机构	9223	522	401	121	262672	37253
社会事务管理机构	9224	3012	2679	333	76430	36541
经济事务管理机构	9225	3092	2701	391	82199	30639
行政监督检查机构	9226	1275	1217	58	22641	7880
人民法院和人民检察院	923	307	280	27	19187	7769
人民法院	9231	152	127	25	12023	5080
人民检察院	9232	155	153	2	7164	2689

1-2 续表 39

行业小类	代码	法人单位数（个）	单产业法人单位	多产业法人单位	从业人员数（人）	其中：女性
其他国家机构	929	47	45	2	735	141
消防管理机构	9291	18	16	2	450	42
其他未列明国家机构	9299	29	29		285	99
人民政协、民主党派	**93**	**136**	**135**	**1**	**2150**	**530**
人民政协	931	117	116	1	2058	480
人民政协	9310	117	116	1	2058	480
民主党派	932	19	19		92	50
民主党派	9320	19	19		92	50
社会保障	**94**	**185**	**183**	**2**	**4491**	**3028**
基本保险	941	69	69		2652	1925
基本养老保险	9411	51	51		1367	969
基本医疗保险	9412	16	16		1285	956
生育保险	9415	1	1			
其他基本保险	9419	1	1			
其他社会保障	949	116	114	2	1839	1103
其他社会保障	9490	116	114	2	1839	1103
群众团体、社会团体和其他成员组织	**95**	**10741**	**10714**	**27**	**23459**	**5775**
群众团体	951	636	610	26	4022	2232
工会	9511	187	181	6	1357	655
妇联	9512	116	109	7	562	477
共青团	9513	117	110	7	512	259
其他群众团体	9519	216	210	6	1591	841
社会团体	952	3452	3451	1	7462	3176
专业性团体	9521	1619	1618	1	3617	1453
行业性团体	9522	1080	1080		1976	630
其他社会团体	9529	753	753		1869	1093
基金会	953	23	23		78	40
基金会	9530	23	23		78	40
宗教组织	954	6630	6630		11897	327
宗教团体服务	9541	125	125		297	29
宗教活动场所服务	9542	6505	6505		11600	298
基层群众自治组织及其他组织	**96**	**14232**	**14232**		**162113**	**69766**
社区居民自治组织	961	3079	3079		68641	43637
社区居民自治组织	9610	3079	3079		68641	43637
村民自治组织	962	11153	11153		93472	26129
村民自治组织	9620	11153	11153		93472	26129

1-3 按地区分组的法人单位数及从业人员数

地 区	法人单位数(个)	单产业法人单位	多产业法人单位	从业人员数(人)	其中：女性
总 计	**243402**	**235157**	**8245**	**4653809**	**1850368**
乌鲁木齐市	**65325**	**63810**	**1515**	**1187003**	**444976**
市辖区	1		1	8665	5498
天山区	12307	11936	371	212331	98196
沙依巴克区	10423	10135	288	175679	79196
新市区	14735	14499	236	312279	92019
水磨沟区	7248	7125	123	151370	58843
头屯河区	2876	2822	54	43911	16209
达坂城区	577	568	9	10822	3511
米东区	4368	4308	60	80889	29214
乌鲁木齐县	542	521	21	8154	3243
乌鲁木齐经济技术开发区	5706	5451	255	125982	39687
乌鲁木齐高新技术产业开发区	6536	6444	92	54563	18080
克拉玛依市	**6634**	**6314**	**320**	**246817**	**85195**
市辖区	2		2	193	178
独山子区	873	833	40	40325	15667
克拉玛依区	4725	4492	233	168208	57594
白碱滩区	750	721	29	32735	10262
乌尔禾区	284	268	16	5356	1494
吐鲁番市	**6045**	**5885**	**160**	**131982**	**47672**
高昌区	2742	2678	64	52022	21085
鄯善县	1807	1743	64	45988	15178
托克逊县	1496	1464	32	33972	11409
哈密市	**11628**	**11221**	**407**	**151484**	**60004**
伊州区	9988	9667	321	124678	51258
巴里坤哈萨克自治县	940	903	37	12583	4334
伊吾县	698	650	48	13570	3986
昌吉回族自治州	**18996**	**18388**	**608**	**331104**	**123560**
昌吉市	8393	8034	359	138260	58479
阜康市	2166	2124	42	45169	14607
呼图壁县	1887	1830	57	28421	11288
玛纳斯县	1655	1622	33	29764	11228
奇台县	2342	2278	64	35383	13045
吉木萨尔县	1895	1856	39	43675	10685
木垒哈萨克自治县	658	644	14	10432	4228
博尔塔拉蒙古自治州	**6531**	**6146**	**385**	**104812**	**44280**
博乐市	3807	3562	245	67056	29410
阿拉山口市	1020	1003	17	7208	2280
精河县	1217	1135	82	20532	8665
温泉县	487	446	41	10016	3925

1-3 续表 1

地　区	法人单位数（个）	单产业法人单位	多产业法人单位	从业人员数（人）	其中：女性
巴音郭楞蒙古自治州	**16788**	**16099**	**689**	**283456**	**116233**
库尔勒市	8289	7952	337	159708	67564
轮台县	1522	1464	58	25660	8569
尉犁县	985	920	65	16131	6768
若羌县	756	726	30	12320	3771
且末县	828	791	37	12076	4456
焉耆回族自治县	1235	1192	43	14742	7148
和静县	1695	1641	54	24049	9718
和硕县	814	777	37	10257	4411
博湖县	662	635	27	8428	3776
库尔勒经济技术开发区	2	1	1	85	52
阿克苏地区	**20008**	**19005**	**1003**	**341662**	**142189**
阿克苏市	6707	6384	323	117099	55511
温宿县	1933	1861	72	28040	10769
库车县	3638	3516	122	70697	25713
沙雅县	2185	2091	94	28806	11459
新和县	1283	1179	104	22178	9757
拜城县	1745	1617	128	30885	10457
乌什县	878	827	51	14394	6085
阿瓦提县	1175	1105	70	22222	9113
柯坪县	464	425	39	7341	3325
克孜勒苏柯尔克孜自治州	**4314**	**4184**	**130**	**90521**	**36432**
阿图什市	2161	2107	54	44497	18572
阿克陶县	1196	1171	25	24346	8931
阿合奇县	327	305	22	9002	4143
乌恰县	630	601	29	12676	4786
喀什地区	**25671**	**24701**	**970**	**495080**	**221866**
喀什市	6608	6423	185	126015	62561
疏附县	1136	1073	63	31046	16075
疏勒县	2047	1975	72	28607	13510
英吉沙县	1353	1291	62	31940	14261
泽普县	1090	1043	47	35335	14808
莎车县	3701	3618	83	75286	31935
叶城县	2631	2511	120	46368	18135
麦盖提县	1609	1499	110	24584	9931
岳普湖县	1051	1034	17	16349	6976
伽师县	2236	2122	114	41216	18138
巴楚县	1791	1720	71	32240	13513
塔什库尔干塔吉克自治县	416	391	25	5544	1771
和田地区	**12830**	**12445**	**385**	**278014**	**118185**

1-3 续表 2

地　　区	法人单位数（个）	单产业法人单位	多产业法人单位	从业人员数（人）	其中：女性
和田市	4313	4183	130	75123	31279
和田县	1478	1461	17	25628	12071
墨玉县	2096	2034	62	63000	24652
皮山县	1204	1177	27	29069	11984
洛浦县	1217	1192	25	32527	15594
策勒县	779	767	12	19862	8496
于田县	1283	1202	81	26832	11221
民丰县	460	429	31	5973	2888
伊犁哈萨克自治州直属县（市）	**22707**	**21904**	**803**	**433579**	**187395**
伊宁市	4683	4401	282	126439	59730
奎屯市	2893	2783	110	72431	26540
霍尔果斯市	5726	5647	79	28350	13240
伊宁县	1414	1365	49	43391	20969
察布查尔锡伯自治县	1104	1063	41	23047	10587
霍城县	2282	2238	44	44027	17372
巩留县	736	679	57	19118	7546
新源县	1403	1379	24	32337	12940
昭苏县	855	835	20	13927	6039
特克斯县	735	710	25	12171	5736
尼勒克县	876	804	72	18341	6696
塔城地区	**9025**	**8756**	**269**	**180640**	**71523**
塔城市	1753	1650	103	40101	19213
乌苏市	2091	2017	74	47439	14562
额敏县	1278	1257	21	17661	7830
沙湾县	2245	2215	30	43304	17009
托里县	533	531	2	11081	4156
裕民县	437	431	6	6484	2907
和布克赛尔蒙古自治县	688	655	33	14570	5846
阿勒泰地区	**6799**	**6473**	**326**	**130627**	**55141**
阿勒泰市	2612	2513	99	44752	20637
布尔津县	639	577	62	12577	4994
富蕴县	653	604	49	27077	11057
福海县	1130	1102	28	15680	6299
哈巴河县	706	677	29	14978	5565
青河县	582	578	4	8889	3480
吉木乃县	476	422	54	6364	2957
自治区直辖县级市	**10101**	**9826**	**275**	**267028**	**95717**
石河子市	4379	4245	134	137209	47843
阿拉尔市	3014	2946	68	61426	22506
图木舒克市	1087	1059	28	25053	10425
五家渠市	1546	1503	43	42505	14529
铁门关市	74	73	1	750	375

1-4 按机构类型、从业人员组距、开业（成立）时间分组的法人单位数及从业人员数

分组	法人单位数(个)	单产业法人单位	多产业法人单位	从业人员数(人)	其中：女性
按机构类型分组	**243402**	**235157**	**8245**	**4653809**	**1850368**
企业法人	175572	169658	5914	2875164	1003400
事业法人	20073	19428	645	882796	534998
机关法人	8144	6523	1621	603691	175043
社会团体	4233	4206	27	11811	5453
民办非企业单位	3165	3163	2	39664	30572
基金会	23	23		78	40
居委会	3079	3079		68641	43637
村委会	11153	11153		93472	26129
农民专业合作社	10643	10623	20	57790	26673
其他组织机构	7317	7301	16	20702	4423
按从业人员组距分组	**243402**	**235157**	**8245**	**4653809**	**1850368**
7人及以下	178004	175918	2086	360364	139269
8-19人	33492	32045	1447	400321	162893
20-49人	17470	15843	1627	531587	239031
50-99人	7226	6090	1136	500915	233554
100-299人	5253	4032	1221	860568	399587
300-499人	882	614	268	332097	148787
500-999人	626	382	244	424298	175590
1000-4999人	408	217	191	774252	258460
5000-9999人	28	10	18	184606	39860
10000人及以上	13	6	7	284801	53337
按开业（成立）时间分组	**243402**	**235157**	**8245**	**4653809**	**1850368**
1949年以前	1457	1388	69	99791	56647
1950-1977年	11048	10275	773	711542	275106
1978-1991年	12764	11829	935	446748	183149
1992-2000年	9525	8670	855	563267	204014
2001年	2539	2312	227	128985	41281
2002年	3420	3065	355	126723	44585
2003年	3297	2990	307	102819	44619
2004年	3842	3592	250	132200	54776
2005年	3930	3699	231	107124	35760
2006年	4617	4365	252	104576	40991
2007年	4715	4479	236	114522	38662
2008年	6257	5990	267	119375	50916
2009年	5764	5501	263	113618	45672
2010年	6831	6514	317	163967	62392
2011年	8390	8072	318	154860	58683
2012年	10005	9632	373	156556	58756
2013年	11531	11231	300	155267	60337
2014年	15204	14861	343	173248	65955
2015年	18458	18078	380	194930	86688
2016年	28664	28155	509	260825	116377
2017年	35812	35345	467	286719	124674
2018年	35112	34894	218	235933	100259
无开业年份	220	220		214	69

1-5 按地区、机构类型分组的法人单位数

地　区	法　人 单位数 (个)	企业 法人	事业 法人	机关 法人	社会 团体	民办非 企业单位
总　计	**243402**	**175572**	**20073**	**8144**	**4233**	**3165**
乌鲁木齐市	**65325**	**59020**	**2115**	**877**	**756**	**884**
市辖区	1	1				
天山区	12307	10845	501	184	277	207
沙依巴克区	10423	9296	458	135	116	166
新市区	14735	13717	306	130	115	198
水磨沟区	7248	6347	293	143	117	115
头屯河区	2876	2708	47	19	5	17
达坂城区	577	249	132	65	37	10
米东区	4368	3757	154	80	25	97
乌鲁木齐县	542	241	101	56	28	3
乌鲁木齐经济技术开发区	5706	5423	93	53	26	51
乌鲁木齐高新技术产业开发区	6536	6431	29	12	10	20
克拉玛依市	**6634**	**5582**	**228**	**235**	**208**	**180**
市辖区	2	2				
独山子区	873	727	42	39	25	15
克拉玛依区	4725	4007	153	122	167	139
白碱滩区	750	644	20	31	7	26
乌尔禾区	284	202	13	43	9	
吐鲁番市	**6045**	**4182**	**646**	**238**	**142**	**73**
高昌区	2742	1871	340	128	85	30
鄯善县	1807	1256	145	58	26	17
托克逊县	1496	1055	161	52	31	26
哈密市	**11628**	**8976**	**915**	**342**	**234**	**165**
伊州区	9988	8105	565	216	188	161
巴里坤哈萨克自治县	940	419	278	69	30	3
伊吾县	698	450	72	57	16	1
昌吉回族自治州	**18996**	**13933**	**1574**	**558**	**427**	**337**
昌吉市	8393	6966	481	144	147	232
阜康市	2166	1608	186	78	27	35
呼图壁县	1887	1187	191	70	74	17
玛纳斯县	1655	883	281	72	63	8
奇台县	2342	1632	178	75	65	25
吉木萨尔县	1895	1308	170	58	45	15
木垒哈萨克自治县	658	349	87	61	6	5
博尔塔拉蒙古自治州	**6531**	**4578**	**573**	**332**	**150**	**128**
博乐市	3807	2710	307	166	89	113
阿拉山口市	1020	936	18	57	5	
精河县	1217	745	172	56	44	12
温泉县	487	187	76	53	12	3

1-5 续表 1

地　区	基金会	居委会	村委会	农民专业合作社	其他组织机构
总　计	**23**	**3079**	**11153**	**10643**	**7317**
乌鲁木齐市	**14**	**902**	**198**	**56**	**503**
市辖区					
天山区	7	196	1	2	87
沙依巴克区	5	188	9	3	47
新市区		143	23	11	92
水磨沟区	1	156	5	2	69
头屯河区		47	14	3	16
达坂城区		19	23	14	28
米东区		75	81	11	88
乌鲁木齐县		12	42	10	49
乌鲁木齐经济技术开发区		46			14
乌鲁木齐高新技术产业开发区	1	20			13
克拉玛依市	**1**	**117**	**42**	**18**	**23**
市辖区					
独山子区		20		1	4
克拉玛依区	1	77	32	14	13
白碱滩区		18		1	3
乌尔禾区		2	10	2	3
吐鲁番市		**77**	**178**	**267**	**242**
高昌区		38	67	77	106
鄯善县		26	67	127	85
托克逊县		13	44	63	51
哈密市	**1**	**94**	**274**	**431**	**196**
伊州区		79	160	357	157
巴里坤哈萨克自治县	1	9	72	39	20
伊吾县		6	42	35	19
昌吉回族自治州	**1**	**172**	**725**	**960**	**309**
昌吉市	1	67	97	176	82
阜康市		23	79	89	41
呼图壁县		19	104	182	43
玛纳斯县		19	212	99	18
奇台县		24	102	168	73
吉木萨尔县		13	71	184	31
木垒哈萨克自治县		7	60	62	21
博尔塔拉蒙古自治州		**96**	**359**	**234**	**81**
博乐市		65	192	122	43
阿拉山口市		3			1
精河县		16	92	55	25
温泉县		12	75	57	12

1-5 续表 2

地　区	法人单位数(个)	企业法人	事业法人	机关法人	社会团体	民办非企业单位
巴音郭楞蒙古自治州	**16788**	**11938**	**1581**	**706**	**396**	**310**
库尔勒市	8289	7130	332	201	81	241
轮台县	1522	1063	140	57	25	11
尉犁县	985	518	122	58	72	10
若羌县	756	460	101	62	25	2
且末县	828	389	106	71	16	4
焉耆回族自治县	1235	624	214	74	81	6
和静县	1695	1056	202	70	29	20
和硕县	814	461	138	58	30	12
博湖县	662	235	226	55	37	4
库尔勒经济技术开发区	2	2				
阿克苏地区	**20008**	**12223**	**1561**	**674**	**229**	**225**
阿克苏市	6707	5333	334	149	95	135
温宿县	1933	1107	220	67	17	16
库车县	3638	2315	135	80	14	22
沙雅县	2185	961	173	69	18	13
新和县	1283	602	114	62	14	3
拜城县	1745	923	213	66	26	9
乌什县	878	278	178	59	8	5
阿瓦提县	1175	536	97	65	27	20
柯坪县	464	168	97	57	10	2
克孜勒苏柯尔克孜自治州	**4314**	**2296**	**726**	**309**	**102**	**13**
阿图什市	2161	1354	287	126	70	13
阿克陶县	1196	472	258	63	7	
阿合奇县	327	120	84	52	16	
乌恰县	630	350	97	68	9	
喀什地区	**25671**	**13930**	**2234**	**963**	**515**	**130**
喀什市	6608	5221	362	188	106	55
疏附县	1136	521	87	66	26	
疏勒县	2047	1008	325	75	8	9
英吉沙县	1353	424	100	70	21	2
泽普县	1090	519	92	58	38	10
莎车县	3701	1810	289	96	102	21
叶城县	2631	1098	199	81	27	4
麦盖提县	1609	883	117	61	16	1
岳普湖县	1051	448	189	60	15	3
伽师县	2236	1008	128	63	34	1
巴楚县	1791	893	210	79	98	18
塔什库尔干塔吉克自治县	416	95	136	66	24	6
和田地区	**12830**	**6911**	**1255**	**621**	**216**	**61**

1-5 续表 3

地　区	基金会	居委会	村委会	农民专业合作社	其他组织机构
巴音郭楞蒙古自治州	**2**	**200**	**547**	**810**	**298**
库尔勒市	2	76	81	95	50
轮台县		15	65	94	52
尉犁县		14	78	95	18
若羌县		9	27	62	8
且末县		5	63	152	22
焉耆回族自治县		24	56	89	67
和静县		45	101	128	44
和硕县		9	45	48	13
博湖县		3	31	47	24
库尔勒经济技术开发区					
阿克苏地区		**223**	**1247**	**2330**	**1296**
阿克苏市		60	142	216	243
温宿县		15	140	232	119
库车县		66	206	613	187
沙雅县		19	166	593	173
新和县		15	129	217	127
拜城县		16	157	144	191
乌什县		11	109	121	109
阿瓦提县		15	161	139	115
柯坪县		6	37	55	32
克孜勒苏柯尔克孜自治州		**55**	**274**	**312**	**227**
阿图什市		25	90	118	78
阿克陶县		19	124	156	97
阿合奇县		3	23	11	18
乌恰县		8	37	27	34
喀什地区	**2**	**356**	**2514**	**2895**	**2132**
喀什市	1	65	172	288	150
疏附县		12	132	171	121
疏勒县		21	234	152	215
英吉沙县		20	180	456	80
泽普县		18	137	61	157
莎车县		74	492	306	511
叶城县		53	323	521	325
麦盖提县		24	170	205	132
岳普湖县		11	99	130	96
伽师县	1	18	327	509	147
巴楚县		35	201	71	186
塔什库尔干塔吉克自治县		5	47	25	12
和田地区		**199**	**1625**	**756**	**1186**

1-5 续表 4

地　区	法　人单位数(个)	企业法人	事业法人	机关法人	社会团体	民办非企业单位
和田市	4313	3178	312	213	89	41
和田县	1478	735	76	12	5	2
墨玉县	2096	836	198	85	33	7
皮山县	1204	507	171	76	22	1
洛浦县	1217	471	180	58	10	6
策勒县	779	366	87	55	14	1
于田县	1283	604	134	69	32	3
民丰县	460	214	97	53	11	
伊犁哈萨克自治州直属县（市）	**22707**	**16370**	**2839**	**848**	**298**	**293**
伊宁市	4683	3637	457	137	87	132
奎屯市	2893	2439	192	97	39	49
霍尔果斯市	5726	5522	61	47	4	4
伊宁县	1414	627	438	67	15	14
察布查尔锡伯自治县	1104	658	137	61	22	16
霍城县	2282	1489	372	118	38	23
巩留县	736	382	133	55	16	3
新源县	1403	715	322	69	27	17
昭苏县	855	255	302	72	14	4
特克斯县	735	239	252	62	16	11
尼勒克县	876	407	173	63	20	20
塔城地区	**9025**	**4414**	**1538**	**574**	**242**	**105**
塔城市	1753	933	250	131	78	29
乌苏市	2091	1218	276	87	35	16
额敏县	1278	501	302	108	32	15
沙湾县	2245	1039	407	81	32	33
托里县	533	230	83	53	22	4
裕民县	437	168	83	48	22	3
和布克赛尔蒙古自治县	688	325	137	66	21	5
阿勒泰地区	**6799**	**3576**	**1427**	**533**	**188**	**61**
阿勒泰市	2612	1451	612	187	99	41
布尔津县	639	317	109	64	20	6
富蕴县	653	348	92	56	20	2
福海县	1130	655	203	68	14	3
哈巴河县	706	301	145	53	17	6
青河县	582	256	175	55	8	1
吉木乃县	476	247	91	50	10	2
自治区直辖县级市	**10101**	**7643**	**861**	**334**	**130**	**200**
石河子市	4379	3692	216	101	68	167
阿拉尔市	3014	1972	361	113	40	9
图木舒克市	1087	705	142	61	5	2
五家渠市	1546	1225	138	59	17	22
铁门关市	74	48	4			

1-5 续表 5

地　　区					
	基金会	居委会	村委会	农民专业合作社	其他组织机构
和田市		88	149	98	145
和田县			258	228	162
墨玉县		31	419	149	338
皮山县		22	204	53	148
洛浦县		16	229	56	191
策勒县		13	128	79	36
于田县		19	205	69	148
民丰县		10	33	24	18
伊犁哈萨克自治州直属县（市）		**262**	**887**	**475**	**435**
伊宁市		108	49	6	70
奎屯市		42	18	3	14
霍尔果斯市		7	31	38	12
伊宁县		11	143	24	75
察布查尔锡伯自治县		12	93	72	33
霍城县		21	125	57	39
巩留县		10	66	29	42
新源县		19	98	90	46
昭苏县		13	110	56	29
特克斯县		13	68	44	30
尼勒克县		6	86	56	45
塔城地区		**133**	**1287**	**551**	**181**
塔城市		20	178	89	45
乌苏市		27	297	95	40
额敏县		10	184	101	25
沙湾县		44	408	147	54
托里县		11	73	53	4
裕民县		6	63	43	1
和布克赛尔蒙古自治县		15	84	23	12
阿勒泰地区		**74**	**574**	**245**	**121**
阿勒泰市		23	117	46	36
布尔津县		7	74	32	10
富蕴县		12	77	30	16
福海县		10	99	65	13
哈巴河县		7	103	44	30
青河县		11	57	10	9
吉木乃县		4	47	18	7
自治区直辖县级市	**2**	**119**	**422**	**303**	**87**
石河子市	2	66	32	5	30
阿拉尔市		20	249	226	24
图木舒克市		22	105	20	25
五家渠市		11	27	42	5
铁门关市			9	10	3

1-6 按地区、机构类型分组的法人单位从业人员数

地　　区	从　业人员数(人)	企业法人	事业法人	机关法人	社会团体	民办非企业单位
总　计	**4653809**	**2875164**	**882796**	**603691**	**11811**	**39664**
乌鲁木齐市	**1187003**	**928867**	**134887**	**59266**	**3080**	**16414**
市辖区	8665	8665				
天山区	212331	137636	41812	18124	1614	2890
沙依巴克区	175679	123885	32982	9260	395	3881
新市区	312279	271002	25431	7148	331	3639
水磨沟区	151370	112627	13854	9994	403	2035
头屯河区	43911	36040	3271	2030	12	264
达坂城区	10822	7562	1040	1360	51	183
米东区	80889	60527	8434	4680	30	2310
乌鲁木齐县	8154	3365	1971	1796	10	49
乌鲁木齐经济技术开发区	125982	114569	4120	3912	219	909
乌鲁木齐高新技术产业开发区	54563	50680	1923	962	15	254
克拉玛依市	**246817**	**213765**	**14410**	**14425**	**443**	**1593**
市辖区	193	193				
独山子区	40325	36246	1912	1451	59	188
克拉玛依区	168208	144113	10241	10910	345	1180
白碱滩区	32735	29513	1936	834	23	225
乌尔禾区	5356	3700	321	1230	16	
吐鲁番市	**131982**	**81410**	**23731**	**21530**	**296**	**479**
高昌区	52022	28485	11936	9668	130	160
鄯善县	45988	31255	7039	5393	103	143
托克逊县	33972	21670	4756	6469	63	176
哈密市	**151484**	**93547**	**31530**	**19374**	**403**	**1619**
伊州区	124678	78143	26273	14497	333	1610
巴里坤哈萨克自治县	12583	5810	3708	2345	30	1
伊吾县	13570	8941	1549	2532	40	8
昌吉回族自治州	**331104**	**222340**	**49852**	**41050**	**1127**	**3357**
昌吉市	138260	100402	19471	12220	352	2534
阜康市	45169	31951	5540	5677	48	175
呼图壁县	28421	15453	5954	4395	308	157
玛纳斯县	29764	16884	5675	5263	122	148
奇台县	35383	19846	6865	6192	127	197
吉木萨尔县	43675	33935	3883	4096	156	108
木垒哈萨克自治县	10432	3869	2464	3207	14	38
博尔塔拉蒙古自治州	**104812**	**55259**	**23426**	**18193**	**362**	**925**
博乐市	67056	38161	13803	10106	221	839
阿拉山口市	7208	5440	329	1393	8	
精河县	20532	8489	6425	4033	111	75
温泉县	10016	3169	2869	2661	22	11

1-6 续表 1

地　　区	基金会	居委会	村委会	农民专业合作社	其他组织机构
总　计	**78**	**68641**	**93472**	**57790**	**20702**
乌鲁木齐市	**62**	**37512**	**2901**	**166**	**3848**
市辖区					
天山区	50	8727	48	5	1425
沙依巴克区	7	4858	85	8	318
新市区		3763	520	32	413
水磨沟区	4	11509	178	1	765
头屯河区		2117	119	5	53
达坂城区		330	191	51	54
米东区		3384	1211	32	281
乌鲁木齐县		184	549	32	198
乌鲁木齐经济技术开发区		2117			136
乌鲁木齐高新技术产业开发区	1	523			205
克拉玛依市	**5**	**1656**	**238**	**44**	**238**
市辖区					
独山子区		454		2	13
克拉玛依区	5	985	178	36	215
白碱滩区		196		1	7
乌尔禾区		21	60	5	3
吐鲁番市		**1130**	**1766**	**698**	**942**
高昌区		456	524	218	445
鄯善县		470	934	359	292
托克逊县		204	308	121	205
哈密市	**3**	**1058**	**2039**	**1423**	**488**
伊州区		961	1229	1187	445
巴里坤哈萨克自治县	3	49	491	130	16
伊吾县		48	319	106	27
昌吉回族自治州	**1**	**3157**	**5387**	**3653**	**1180**
昌吉市	1	1485	781	393	621
阜康市		406	991	249	132
呼图壁县		258	779	1030	87
玛纳斯县		239	1229	161	43
奇台县		526	770	663	197
吉木萨尔县		149	513	753	82
木垒哈萨克自治县		94	324	404	18
博尔塔拉蒙古自治州		**1952**	**3188**	**879**	**628**
博乐市		1442	1744	442	298
阿拉山口市		38			
精河县		237	743	129	290
温泉县		235	701	308	40

1-6 续表 2

地　　区	从　业人员数(人)	企业法人	事业法人	机关法人	社会团体	民办非企业单位
巴音郭楞蒙古自治州	**283456**	**161410**	**58862**	**48434**	**835**	**2576**
库尔勒市	159708	108324	28024	18069	425	1836
轮台县	25660	12558	4282	7584	56	103
尉犁县	16131	7349	3692	3714	77	213
若羌县	12320	6471	1943	2955	35	11
且末县	12076	3689	3963	3353	19	
焉耆回族自治县	14742	3904	5431	4004	38	86
和静县	24049	12781	5734	3628	87	201
和硕县	10257	3673	3057	2503	54	101
博湖县	8428	2576	2736	2624	44	25
库尔勒经济技术开发区	85	85				
阿克苏地区	**341662**	**168045**	**75764**	**65134**	**865**	**1817**
阿克苏市	117099	75470	21773	14415	326	981
温宿县	28040	13444	7065	4819	59	199
库车县	70697	33476	15295	13485	92	307
沙雅县	28806	11670	6694	5625	60	56
新和县	22178	8320	4713	5770	22	11
拜城县	30885	13319	7202	8098	93	64
乌什县	14394	3016	5245	3994	60	77
阿瓦提县	22222	7533	5687	6082	109	118
柯坪县	7341	1797	2090	2846	44	4
克孜勒苏柯尔克孜自治州	**90521**	**28614**	**30621**	**25389**	**211**	**157**
阿图什市	44497	15744	15689	10350	122	157
阿克陶县	24346	6652	6902	8583	21	
阿合奇县	9002	1692	4739	2125	30	
乌恰县	12676	4526	3291	4331	38	
喀什地区	**495080**	**218278**	**137625**	**89548**	**841**	**1470**
喀什市	126015	72891	30689	15141	220	920
疏附县	31046	15093	8852	4122	33	
疏勒县	28607	10383	10239	4269	25	129
英吉沙县	31940	12714	7092	5772	26	11
泽普县	35335	19963	8205	4892	77	42
莎车县	75286	25588	24268	19114	83	82
叶城县	46368	14536	13501	11504	21	11
麦盖提县	24584	7547	6122	7819	71	
岳普湖县	16349	4514	5305	4587	45	22
伽师县	41216	19042	12446	4123	97	
巴楚县	32240	13526	9492	6527	127	220
塔什库尔干塔吉克自治县	5544	1931	1414	1678	16	33
和田地区	**278014**	**104144**	**84028**	**58462**	**443**	**870**

1-6 续表 3

地　　区	基金会	居委会	村委会	农民专业合作社	其他组织机构
巴音郭楞蒙古自治州	**4**	**2692**	**4068**	**3716**	**859**
库尔勒市	4	1269	700	499	558
轮台县		244	522	280	31
尉犁县		204	432	428	22
若羌县		135	429	324	17
且末县		71	507	466	8
焉耆回族自治县		276	449	472	82
和静县		334	597	652	35
和硕县		145	222	469	33
博湖县		14	210	126	73
库尔勒经济技术开发区					
阿克苏地区		**4347**	**12650**	**10633**	**2407**
阿克苏市		1040	1365	990	739
温宿县		220	921	1100	213
库车县		1971	3796	1921	354
沙雅县		264	1419	2742	276
新和县		195	1570	1411	166
拜城县		253	1169	506	181
乌什县		174	847	753	228
阿瓦提县		153	1322	976	242
柯坪县		77	241	234	8
克孜勒苏柯尔克孜自治州		**786**	**2482**	**1279**	**982**
阿图什市		329	1173	551	382
阿克陶县		335	782	580	491
阿合奇县		50	227	95	44
乌恰县		72	300	53	65
喀什地区	**3**	**4028**	**21081**	**19699**	**2507**
喀什市		1186	1902	2419	647
疏附县		70	866	1846	164
疏勒县		302	1877	1184	199
英吉沙县		237	1552	4452	84
泽普县		164	1438	381	173
莎车县		836	3647	1321	347
叶城县		544	2668	3138	445
麦盖提县		168	2004	754	99
岳普湖县		132	1079	635	30
伽师县	3	129	2347	2826	203
巴楚县		208	1384	645	111
塔什库尔干塔吉克自治县		52	317	98	5
和田地区		**2933**	**16833**	**6994**	**3307**

1-6 续表 4

地　区	从　业人员数(人)	企业法人	事业法人	机关法人	社会团体	民办非企业单位
和田市	75123	38279	17223	15166	156	460
和田县	25628	13071	5708	1431	9	12
墨玉县	63000	16658	24783	11164	56	309
皮山县	29069	7193	10642	8793	22	32
洛浦县	32527	11098	10859	6503	67	25
策勒县	19862	7886	5152	5125	37	32
于田县	26832	8584	8121	7688	83	
民丰县	5973	1375	1540	2592	13	
伊犁哈萨克自治州直属县（市）	**433579**	**236666**	**104406**	**72154**	**951**	**3434**
伊宁市	126439	70620	30263	19623	323	1689
奎屯市	72431	55925	9773	5191	131	599
霍尔果斯市	28350	23203	1963	2641	17	48
伊宁县	43391	19428	12252	9822	41	214
察布查尔锡伯自治县	23047	9086	7493	4751	76	86
霍城县	44027	25257	9203	7801	75	217
巩留县	19118	7117	5916	4800	110	11
新源县	32337	13590	10314	6431	57	225
昭苏县	13927	2848	5876	3910	36	14
特克斯县	12171	2201	6278	2526	26	195
尼勒克县	18341	7391	5075	4658	59	136
塔城地区	**180640**	**94139**	**41156**	**31629**	**1287**	**1265**
塔城市	40101	19566	8642	8533	951	312
乌苏市	47439	29914	7845	7109	82	216
额敏县	17661	7633	5900	2437	37	172
沙湾县	43304	25390	9385	4932	62	348
托里县	11081	4105	2727	3288	22	59
裕民县	6484	1261	2458	2084	61	32
和布克赛尔蒙古自治县	14570	6270	4199	3246	72	126
阿勒泰地区	**130627**	**65133**	**33987**	**25248**	**443**	**489**
阿勒泰市	44752	21337	13823	7742	187	382
布尔津县	12577	4716	3678	3374	70	34
富蕴县	27077	18942	3641	3651	77	
福海县	15680	7953	4006	2825	14	31
哈巴河县	14978	6641	3999	3396	60	28
青河县	8889	3542	2706	2140	12	7
吉木乃县	6364	1692	2134	2120	23	7
自治区直辖县级市	**267028**	**203547**	**38511**	**13855**	**224**	**3199**
石河子市	137209	111578	17607	4614	81	2154
阿拉尔市	61426	41885	9882	4361	84	287
图木舒克市	25053	15612	5708	2583	5	60
五家渠市	42505	33905	5150	2297	54	698
铁门关市	750	482	164			

1-6 续表 5

地　　区	基金会	居委会	村委会	农民专业合作社	其他组织机构
和田市		1238	1200	488	913
和田县			1920	3226	251
墨玉县		638	7413	1515	464
皮山县		290	1723	287	87
洛浦县		195	2007	537	1236
策勒县		205	888	504	33
于田县		255	1484	322	295
民丰县		112	198	115	28
伊犁哈萨克自治州直属县（市）		**4103**	**8129**	**2126**	**1610**
伊宁市		2138	1027	2	754
奎屯市		560	100	19	133
霍尔果斯市		41	281	138	18
伊宁县		161	1216	78	179
察布查尔锡伯自治县		249	1093	151	62
霍城县		165	975	203	131
巩留县		209	756	147	52
新源县		170	772	644	134
昭苏县		162	659	345	77
特克斯县		106	604	219	16
尼勒克县		142	646	180	54
塔城地区		**1433**	**7002**	**2143**	**586**
塔城市		221	1148	421	307
乌苏市		382	1499	292	100
额敏县		61	936	440	45
沙湾县		340	2245	525	77
托里县		196	466	203	15
裕民县		81	333	173	1
和布克赛尔蒙古自治县		152	375	89	41
阿勒泰地区		**781**	**3161**	**712**	**673**
阿勒泰市		140	674	80	387
布尔津县		112	419	151	23
富蕴县		219	371	96	80
福海县		107	536	161	47
哈巴河县		72	569	130	83
青河县		99	348	18	17
吉木乃县		32	244	76	36
自治区直辖县级市		**1073**	**2547**	**3625**	**447**
石河子市		711	155	13	296
阿拉尔市		164	1498	3216	49
图木舒克市		122	693	217	53
五家渠市		76	152	152	21
铁门关市			49	27	28

1-7 按地区、行业门类分组的法人单位数

地区	法人单位数(个)	农、林、牧、渔业	采矿业	制造业	电力、燃气及水的生产和供应业
总计	**243402**	**5584**	**2955**	**21977**	**2096**
乌鲁木齐市	**65325**	**86**	**93**	**2631**	**180**
市辖区	1				
天山区	12307	11	4	53	7
沙依巴克区	10423	10	5	183	22
新市区	14735	24	16	524	28
水磨沟区	7248	9	4	227	12
头屯河区	2876	4		247	2
达坂城区	577	6	20	48	23
米东区	4368		16	662	11
乌鲁木齐县	542	4	10	25	13
乌鲁木齐经济技术开发区	5706	6	7	339	22
乌鲁木齐高新技术产业开发区	6536	12	11	323	40
克拉玛依市	**6634**	**34**	**232**	**496**	**50**
市辖区	2				
独山子区	873	5		47	5
克拉玛依区	4725	20	167	309	28
白碱滩区	750	3	61	118	6
乌尔禾区	284	6	4	22	11
吐鲁番市	**6045**	**85**	**338**	**842**	**105**
高昌区	2742	53	49	345	48
鄯善县	1807	32	137	300	27
托克逊县	1496		152	197	30
哈密市	**11628**	**241**	**417**	**942**	**295**
伊州区	9988	199	347	778	220
巴里坤哈萨克自治县	940	21	48	88	47
伊吾县	698	21	22	76	28
昌吉回族自治州	**18996**	**807**	**224**	**2741**	**265**
昌吉市	8393	238	38	1048	47
阜康市	2166	44	58	512	34
呼图壁县	1887	144	31	331	30
玛纳斯县	1655	89	14	210	20
奇台县	2342	230	46	271	45
吉木萨尔县	1895	43	29	265	55
木垒哈萨克自治县	658	19	8	104	34
博尔塔拉蒙古自治州	**6531**	**185**	**48**	**684**	**104**
博乐市	3807	110	22	406	48
阿拉山口市	1020		2	57	9
精河县	1217	49	18	184	36
温泉县	487	26	6	37	11

1-7 续表 1

地　　区	建筑业	交通运输、仓储和邮政业	信息传输、计算机服务和软件业	批发和零售业	住宿和餐饮业
总　计	**11412**	**65814**	**9158**	**2693**	**8390**
乌鲁木齐市	**3449**	**25846**	**1711**	**806**	**3878**
市辖区					
天山区	422	4609	203	227	838
沙依巴克区	524	4440	265	139	571
新市区	877	6903	376	173	785
水磨沟区	422	2303	97	97	386
头屯河区	65	1890	164	10	28
达坂城区	27	52	17	3	8
米东区	214	1920	179	14	42
乌鲁木齐县	20	28	12	21	2
乌鲁木齐经济技术开发区	420	1869	280	65	428
乌鲁木齐高新技术产业开发区	458	1832	118	57	790
克拉玛依市	**454**	**1704**	**339**	**81**	**253**
市辖区					
独山子区	55	271	91	14	19
克拉玛依区	326	1257	187	54	214
白碱滩区	45	146	49	7	16
乌尔禾区	28	30	12	6	4
吐鲁番市	**254**	**1055**	**421**	**96**	**59**
高昌区	115	430	151	58	40
鄯善县	64	384	96	28	12
托克逊县	75	241	174	10	7
哈密市	**807**	**3365**	**739**	**132**	**212**
伊州区	757	3153	611	109	201
巴里坤哈萨克自治县	18	111	37	6	5
伊吾县	32	101	91	17	6
昌吉回族自治州	**1141**	**3329**	**1419**	**175**	**487**
昌吉市	722	1693	700	77	317
阜康市	87	340	157	17	23
呼图壁县	73	247	90	10	24
玛纳斯县	37	219	143	9	17
奇台县	113	413	165	29	54
吉木萨尔县	79	358	131	28	39
木垒哈萨克自治县	30	59	33	5	13
博尔塔拉蒙古自治州	**277**	**1582**	**335**	**58**	**139**
博乐市	206	907	172	31	88
阿拉山口市	33	387	115	7	38
精河县	27	215	41	13	13
温泉县	11	73	7	7	

1-7 续表 2

地 区	金融业	房地产业	租赁和商务服务业	科学研究、技术服务和地质勘查业	水利、环境和公共设施管理业
总 计	**2287**	**9504**	**24225**	**12135**	**2277**
乌鲁木齐市	**474**	**2911**	**9179**	**4908**	**405**
市辖区	1				
天山区	155	675	2174	825	70
沙依巴克区	55	460	1445	740	96
新市区	73	632	1620	983	53
水磨沟区	66	362	1184	795	49
头屯河区	11	76	125	37	10
达坂城区	1	4	28	18	7
米东区	11	174	290	110	28
乌鲁木齐县	2	51	39	28	12
乌鲁木齐经济技术开发区	60	291	878	445	43
乌鲁木齐高新技术产业开发区	33	186	1396	927	37
克拉玛依市	**77**	**236**	**779**	**454**	**90**
市辖区	2				
独山子区	3	29	92	31	15
克拉玛依区	68	180	568	349	49
白碱滩区	2	17	89	57	13
乌尔禾区	2	10	30	17	13
吐鲁番市	**42**	**266**	**518**	**193**	**63**
高昌区	29	156	277	128	24
鄯善县	9	58	123	41	16
托克逊县	4	52	118	24	23
哈密市	**84**	**476**	**982**	**448**	**95**
伊州区	70	445	891	387	73
巴里坤哈萨克自治县	6	14	46	41	16
伊吾县	6	17	45	20	6
昌吉回族自治州	**138**	**936**	**1729**	**899**	**290**
昌吉市	80	432	845	539	88
阜康市	9	121	160	66	39
呼图壁县	17	81	166	90	43
玛纳斯县	12	55	110	63	34
奇台县	10	127	167	58	41
吉木萨尔县	6	96	232	61	36
木垒哈萨克自治县	4	24	49	22	9
博尔塔拉蒙古自治州	**64**	**286**	**687**	**242**	**84**
博乐市	41	198	342	165	57
阿拉山口市	7	7	243	19	4
精河县	10	77	76	35	18
温泉县	6	4	26	23	5

1-7 续表 3

地　　区	居民服务和其他服务业	教育	卫生、社会保障和社会福利业	文化、教育和娱乐业	公共管理和社会组织
总　计	**4839**	**9446**	**3834**	**5684**	**39092**
乌鲁木齐市	**1607**	**1448**	**624**	**1251**	**3838**
市辖区					
天山区	321	324	148	394	847
沙依巴克区	270	269	117	199	613
新市区	398	312	149	231	578
水磨沟区	243	156	68	167	601
头屯河区	39	40	8	16	104
达坂城区	7	33	15	4	256
米东区	61	148	47	55	386
乌鲁木齐县	8	33	12	2	220
乌鲁木齐经济技术开发区	151	87	29	105	181
乌鲁木齐高新技术产业开发区	109	46	31	78	52
克拉玛依市	**244**	**286**	**72**	**99**	**654**
市辖区					
独山子区	42	29	13	15	97
克拉玛依区	178	221	49	73	428
白碱滩区	18	30	7	7	59
乌尔禾区	6	6	3	4	70
吐鲁番市	**118**	**314**	**75**	**99**	**1102**
高昌区	53	138	32	55	561
鄯善县	45	94	25	23	293
托克逊县	20	82	18	21	248
哈密市	**210**	**338**	**147**	**210**	**1488**
伊州区	197	278	103	177	992
巴里坤哈萨克自治县	6	44	29	23	334
伊吾县	7	16	15	10	162
昌吉回族自治州	**343**	**715**	**356**	**385**	**2617**
昌吉市	167	318	161	171	712
阜康市	41	70	21	49	318
呼图壁县	29	63	37	35	346
玛纳斯县	18	65	47	41	452
奇台县	54	110	37	39	333
吉木萨尔县	28	59	34	38	278
木垒哈萨克自治县	6	30	19	12	178
博尔塔拉蒙古自治州	**114**	**224**	**115**	**108**	**1195**
博乐市	89	146	67	63	649
阿拉山口市		4	3	11	74
精河县	16	53	27	26	283
温泉县	9	21	18	8	189

1-7 续表 4

地　　区	法　人单位数(个)	农、林、牧、渔业	采矿业	制造业	电力、燃气及水的生产和供应业
巴音郭楞蒙古自治州	**16788**	**494**	**508**	**1686**	**193**
库尔勒市	8289	70	115	668	46
轮台县	1522	42	132	164	25
尉犁县	985	99	21	136	16
若羌县	756	8	89	50	23
且末县	828	38	52	42	14
焉耆回族自治县	1235	73	7	129	16
和静县	1695	66	72	288	33
和硕县	814	51	14	152	10
博湖县	662	47	6	57	10
库尔勒经济技术开发区	2				
阿克苏地区	**20008**	**1013**	**176**	**1773**	**161**
阿克苏市	6707	121	20	565	27
温宿县	1933	61	20	247	20
库车县	3638	96	53	343	26
沙雅县	2185	420	5	111	15
新和县	1283	90	6	116	13
拜城县	1745	64	64	174	24
乌什县	878	49	4	58	14
阿瓦提县	1175	72		111	9
柯坪县	464	40	4	48	13
克孜勒苏柯尔克孜自治州	**4314**	**83**	**157**	**603**	**56**
阿图什市	2161	53	61	315	27
阿克陶县	1196	21	33	192	11
阿合奇县	327	4	2	29	4
乌恰县	630	5	61	67	14
喀什地区	**25671**	**811**	**150**	**3409**	**157**
喀什市	6608	97	9	424	12
疏附县	1136	32	22	231	17
疏勒县	2047	85	7	346	7
英吉沙县	1353	61	15	404	24
泽普县	1090	40	5	154	11
莎车县	3701	95	13	481	14
叶城县	2631	124	47	293	15
麦盖提县	1609	106		244	13
岳普湖县	1051	71		130	13
伽师县	2236	53	6	444	9
巴楚县	1791	41	19	238	15
塔什库尔干塔吉克自治县	416	6	7	20	7
和田地区	**12830**	**380**	**157**	**1662**	**79**

1-7 续表 5

地区	建筑业	交通运输、仓储和邮政业	信息传输、计算机服务和软件业	批发和零售业	住宿和餐饮业
巴音郭楞蒙古自治州	**664**	**4785**	**765**	**263**	**351**
库尔勒市	404	3184	386	144	272
轮台县	53	331	119	9	17
尉犁县	20	187	14	7	13
若羌县	25	193	47	4	7
且末县	13	201	48	15	5
焉耆回族自治县	44	210	47	16	15
和静县	58	296	72	42	14
和硕县	22	131	24	14	5
博湖县	24	52	8	12	3
库尔勒经济技术开发区	1				
阿克苏地区	**1117**	**6018**	**555**	**161**	**282**
阿克苏市	511	2470	239	58	166
温宿县	90	577	41	6	17
库车县	228	1296	125	29	43
沙雅县	72	584	37	7	15
新和县	41	312	23	10	8
拜城县	66	328	55	33	14
乌什县	29	155	4	4	12
阿瓦提县	46	253	17	11	4
柯坪县	34	43	14	3	3
克孜勒苏柯尔克孜自治州	**216**	**670**	**157**	**40**	**50**
阿图什市	106	371	103	22	38
阿克陶县	46	210	12	7	6
阿合奇县	16	23	3	5	2
乌恰县	48	66	39	6	4
喀什地区	**917**	**5796**	**716**	**254**	**620**
喀什市	288	1631	335	70	537
疏附县	30	206	37	6	4
疏勒县	50	417	43	17	12
英吉沙县	25	178	14	12	3
泽普县	24	185	27	12	9
莎车县	198	726	94	51	11
叶城县	64	793	43	24	10
麦盖提县	71	391	19	14	13
岳普湖县	29	216	12	10	6
伽师县	78	690	31	12	5
巴楚县	52	336	52	15	8
塔什库尔干塔吉克自治县	8	27	9	11	2
和田地区	**549**	**2784**	**229**	**127**	**145**

1-7 续表 6

地　　区	金融业	房地产业	租赁和商务服务业	科学研究、技术服务和地质勘查业	水利、环境和公共设施管理业
巴音郭楞蒙古自治州	**117**	**608**	**1278**	**774**	**178**
库尔勒市	73	380	746	433	48
轮台县	8	44	113	81	19
尉犁县	7	23	55	39	18
若羌县	4	11	53	24	15
且末县	4	10	42	44	9
焉耆回族自治县	5	47	75	36	15
和静县	6	53	119	49	24
和硕县	4	28	42	29	12
博湖县	5	12	33	39	18
库尔勒经济技术开发区	1				
阿克苏地区	**87**	**729**	**1249**	**756**	**165**
阿克苏市	59	358	453	303	48
温宿县	6	60	122	42	17
库车县	5	138	248	177	32
沙雅县	4	46	156	63	17
新和县	2	46	65	35	13
拜城县	4	39	92	70	15
乌什县	3	11	41	38	12
阿瓦提县	4	29	58	20	8
柯坪县		2	14	8	3
克孜勒苏柯尔克孜自治州	**21**	**115**	**220**	**151**	**38**
阿图什市	15	86	127	112	23
阿克陶县	1	18	37	15	6
阿合奇县	2	5	22	16	3
乌恰县	3	6	34	8	6
喀什地区	**99**	**763**	**1611**	**722**	**138**
喀什市	54	323	954	413	37
疏附县	2	34	43	14	2
疏勒县	5	40	51	44	5
英吉沙县	3	26	47	10	7
泽普县	4	30	42	17	17
莎车县	4	91	163	43	15
叶城县	4	52	68	29	11
麦盖提县	7	34	74	31	8
岳普湖县	3	28	31	22	10
伽师县	3	43	55	35	11
巴楚县	5	60	70	41	11
塔什库尔干塔吉克自治县	3	2	13	23	4
和田地区	**39**	**292**	**671**	**318**	**75**

1-7 续表 7

地　　区	居民服务和其他服务业	教育	卫生、社会保障和社会福利业	文化、教育和娱乐业	公共管理和社会组织
巴音郭楞蒙古自治州	**356**	**620**	**357**	**207**	**2584**
库尔勒市	252	295	142	78	553
轮台县	25	28	23	8	281
尉犁县	7	35	26	7	255
若羌县	10	19	15	10	149
且末县	10	31	25	18	207
焉耆回族自治县	15	59	36	24	366
和静县	23	95	39	26	320
和硕县	7	28	30	15	196
博湖县	7	30	21	21	257
库尔勒经济技术开发区					
阿克苏地区	**319**	**860**	**253**	**307**	**4027**
阿克苏市	118	263	59	109	760
温宿县	22	127	36	24	398
库车县	68	102	35	26	568
沙雅县	23	58	22	34	496
新和县	23	54	24	25	377
拜城县	31	106	24	38	504
乌什县	6	44	22	23	349
阿瓦提县	26	57	21	19	410
柯坪县	2	49	10	9	165
克孜勒苏柯尔克孜自治州	**118**	**310**	**96**	**83**	**1130**
阿图什市	85	58	42	50	467
阿克陶县	16	198	25	11	331
阿合奇县	10	23	12	10	136
乌恰县	7	31	17	12	196
喀什地区	**431**	**1216**	**419**	**525**	**6917**
喀什市	111	175	71	283	784
疏附县	11	51	16	9	369
疏勒县	17	256	30	13	602
英吉沙县	37	49	32	14	392
泽普县	11	47	21	20	414
莎车县	99	198	82	29	1294
叶城县	51	109	41	14	839
麦盖提县	23	46	28	56	431
岳普湖县	12	93	28	22	315
伽师县	25	71	28	17	620
巴楚县	32	94	24	26	652
塔什库尔干塔吉克自治县	2	27	18	22	205
和田地区	**235**	**567**	**268**	**110**	**4143**

1-7 续表 8

地　　区	法　人 单位数 (个)	农、林、牧、渔业	采矿业	制造业	电力、燃气及水的生产和供应业
和田市	4313	44	19	379	13
和田县	1478	42	49	225	8
墨玉县	2096	109	3	312	14
皮山县	1204	36	26	168	11
洛浦县	1217	23	7	222	5
策勒县	779	52	19	141	14
于田县	1283	49	19	178	10
民丰县	460	25	15	37	4
伊犁哈萨克自治州直属县（市）	**22707**	**336**	**162**	**1772**	**146**
伊宁市	4683	4	13	267	16
奎屯市	2893	50	3	284	27
霍尔果斯市	5726	21		123	13
伊宁县	1414	10	13	171	14
察布查尔锡伯自治县	1104	74	18	196	8
霍城县	2282	42	10	247	22
巩留县	736	17	20	103	11
新源县	1403	53	24	158	12
昭苏县	855	26	16	79	8
特克斯县	735	10	3	45	5
尼勒克县	876	29	42	99	10
塔城地区	**9025**	**610**	**104**	**838**	**109**
塔城市	1753	86	3	92	11
乌苏市	2091	210	14	226	16
额敏县	1278	58	3	111	20
沙湾县	2245	187	7	254	26
托里县	533	35	42	57	16
裕民县	437	21	7	38	6
和布克赛尔蒙古自治县	688	13	28	60	14
阿勒泰地区	**6799**	**203**	**167**	**552**	**135**
阿勒泰市	2612	48	42	119	29
布尔津县	639	18	17	64	23
富蕴县	653	15	33	44	21
福海县	1130	58	18	186	15
哈巴河县	706	30	19	52	20
青河县	582	21	30	43	10
吉木乃县	476	13	8	44	17
自治区直辖县级市	**10101**	**216**	**22**	**1346**	**61**
石河子市	4379	31	5	391	15
阿拉尔市	3014	144	9	554	15
图木舒克市	1087	21	7	123	9
五家渠市	1546	17	1	259	20
铁门关市	74	3		19	2

1-7 续表 9

地　区	建筑业	交通运输、仓储和邮政业	信息传输、计算机服务和软件业	批发和零售业	住宿和餐饮业
和田市	308	1298	140	60	92
和田县	33	520	13	10	1
墨玉县	52	302	18	14	6
皮山县	28	153	10	13	13
洛浦县	37	129	12	10	7
策勒县	20	121	10	6	11
于田县	47	192	17	9	12
民丰县	24	69	9	5	3
伊犁哈萨克自治州直属县（市）	**593**	**3922**	**787**	**233**	**1530**
伊宁市	226	1381	198	83	141
奎屯市	130	1013	201	32	73
霍尔果斯市	48	397	132	2	1115
伊宁县	23	211	31	8	8
察布查尔锡伯自治县	28	164	32	13	12
霍城县	53	244	57	19	137
巩留县	11	82	24	11	10
新源县	37	191	62	28	8
昭苏县	7	70	18	7	6
特克斯县	19	62	12	18	5
尼勒克县	11	107	20	12	15
塔城地区	**270**	**1345**	**267**	**48**	**90**
塔城市	73	335	59	14	37
乌苏市	82	347	58	9	18
额敏县	23	185	43	4	6
沙湾县	52	284	49	12	16
托里县	12	49	22	2	4
裕民县	7	70	9	3	1
和布克赛尔蒙古自治县	21	75	27	4	8
阿勒泰地区	**226**	**1002**	**238**	**118**	**99**
阿勒泰市	128	484	71	37	43
布尔津县	13	51	21	41	4
富蕴县	19	48	38	15	9
福海县	27	213	38	7	13
哈巴河县	9	88	24	7	9
青河县	15	47	30	4	8
吉木乃县	15	71	16	7	13
自治区直辖县级市	**478**	**2611**	**480**	**101**	**195**
石河子市	224	1312	221	41	113
阿拉尔市	105	748	108	36	34
图木舒克市	68	235	33	15	10
五家渠市	81	292	110	9	38
铁门关市		24	8		

1-7 续表 10

地　　区	金融业	房地产业	租赁和商务服务业	科学研究、技术服务和地质勘查业	水利、环境和公共设施管理业
和田市	22	205	372	194	17
和田县	5	4	23	15	2
墨玉县	5	19	64	34	11
皮山县	1	15	52	16	8
洛浦县	3	10	32	17	9
策勒县	1	17	20	12	6
于田县	1	17	70	19	14
民丰县	1	5	38	11	8
伊犁哈萨克自治州直属县（市）	**801**	**864**	**3046**	**1209**	**211**
伊宁市	61	357	514	198	43
奎屯市	31	163	247	116	27
霍尔果斯市	611	63	1546	479	12
伊宁县	4	28	79	25	16
察布查尔锡伯自治县	3	30	105	24	21
霍城县	78	66	232	157	27
巩留县	3	34	52	27	8
新源县	4	58	91	62	24
昭苏县	1	14	71	48	11
特克斯县	2	28	45	43	13
尼勒克县	3	23	64	30	9
塔城地区	**68**	**308**	**584**	**364**	**155**
塔城市	28	49	136	90	29
乌苏市	10	90	133	66	26
额敏县	8	41	94	56	16
沙湾县	7	81	131	99	54
托里县	4	11	17	12	3
裕民县	4	16	22	10	12
和布克赛尔蒙古自治县	7	20	51	31	15
阿勒泰地区	**76**	**246**	**535**	**311**	**143**
阿勒泰市	42	124	229	147	56
布尔津县	7	22	38	14	10
富蕴县	6	28	69	15	10
福海县	8	35	73	44	22
哈巴河县	4	13	58	32	13
青河县	4	15	40	33	15
吉木乃县	4	9	28	26	17
自治区直辖县级市	**100**	**468**	**1157**	**386**	**147**
石河子市	70	231	711	178	33
阿拉尔市	4	102	190	107	54
图木舒克市	3	35	81	30	29
五家渠市	21	100	173	71	30
铁门关市	1		2		1

1-7 续表 11

地　　区	居民服务和其他服务业	教育	卫生、社会保障和社会福利业	文化、教育和娱乐业	公共管理和社会组织
和田市	125	130	63	43	789
和田县	7	47	31	3	440
墨玉县	35	96	41	12	949
皮山县	17	85	35	14	503
洛浦县	15	58	37	14	570
策勒县	9	37	18	8	257
于田县	20	74	29	9	497
民丰县	7	40	14	7	138
伊犁哈萨克自治州直属县（市）	**368**	**1456**	**425**	**1605**	**3241**
伊宁市	111	290	103	152	525
奎屯市	60	103	35	49	249
霍尔果斯市	10	52	13	978	111
伊宁县	107	260	36	28	342
察布查尔锡伯自治县	6	62	28	27	253
霍城县	14	184	38	220	435
巩留县	14	69	26	10	204
新源县	23	137	49	69	313
昭苏县	6	80	32	25	330
特克斯县	7	126	31	26	235
尼勒克县	10	93	34	21	244
塔城地区	**89**	**435**	**275**	**253**	**2813**
塔城市	28	76	43	56	508
乌苏市	18	97	60	51	560
额敏县	10	62	43	39	456
沙湾县	21	119	66	71	709
托里县	4	28	19	10	186
裕民县	2	20	15	7	167
和布克赛尔蒙古自治县	6	33	29	19	227
阿勒泰地区	**86**	**302**	**194**	**155**	**2011**
阿勒泰市	41	102	73	69	728
布尔津县	6	35	17	8	230
富蕴县	12	30	17	15	209
福海县	12	36	29	22	274
哈巴河县	9	41	25	22	231
青河县	6	40	18	10	193
吉木乃县		18	15	9	146
自治区直辖县级市	**201**	**355**	**158**	**287**	**1332**
石河子市	122	196	71	93	321
阿拉尔市	43	64	40	110	547
图木舒克市	16	34	16	36	286
五家渠市	20	59	30	47	168
铁门关市		2	1	1	10

1-8 按地区、行业门类分组的法人单位从业人员数

地区	从业人员数(人)	农、林、牧、渔业	采矿业	制造业	电力、燃气及水的生产和供应业
总计	**4653809**	**53712**	**173687**	**689121**	**113033**
乌鲁木齐市	**1187003**	**462**	**12190**	**89560**	**41904**
市辖区	8665				
天山区	212331	71	15	666	2924
沙依巴克区	175679	92	371	3299	4519
新市区	312279	81	4104	21222	2410
水磨沟区	151370	61	6	1478	28305
头屯河区	43911	27		13827	46
达坂城区	10822	17	2639	3219	719
米东区	80889		4805	23767	753
乌鲁木齐县	8154	38	86	131	373
乌鲁木齐经济技术开发区	125982	26	90	18287	1002
乌鲁木齐高新技术产业开发区	54563	49	74	3664	853
克拉玛依市	**246817**	**753**	**66611**	**35112**	**1500**
市辖区	193				
独山子区	40325	232		19173	337
克拉玛依区	168208	481	61423	8136	686
白碱滩区	32735	1	4745	7254	409
乌尔禾区	5356	39	443	549	68
吐鲁番市	**131982**	**305**	**17430**	**24039**	**3986**
高昌区	52022	214	662	5649	1460
鄯善县	45988	91	13865	7231	1292
托克逊县	33972		2903	11159	1234
哈密市	**151484**	**1164**	**13706**	**19393**	**5542**
伊州区	124678	929	11146	12318	4378
巴里坤哈萨克自治县	12583	128	1674	1910	715
伊吾县	13570	107	886	5165	449
昌吉回族自治州	**331104**	**4219**	**6824**	**87951**	**9742**
昌吉市	138260	770	1181	21201	2167
阜康市	45169	250	1289	20858	1267
呼图壁县	28421	942	1726	7325	809
玛纳斯县	29764	1122	41	9651	919
奇台县	35383	858	916	5855	1381
吉木萨尔县	43675	156	1313	21875	2876
木垒哈萨克自治县	10432	121	358	1186	323
博尔塔拉蒙古自治州	**104812**	**1923**	**323**	**11721**	**2982**
博乐市	67056	1358	147	7134	1886
阿拉山口市	7208		60	1214	150
精河县	20532	439	106	3002	686
温泉县	10016	126	10	371	260

1-8 续表 1

地　区	建筑业	交通运输、仓储和邮政业	信息传输、计算机服务和软件业	批发和零售业	住宿和餐饮业
总　计	**427668**	**349096**	**221638**	**54653**	**72899**
乌鲁木齐市	**203556**	**134653**	**130520**	**21124**	**36412**
市辖区					
天山区	32567	23089	1162	6262	3758
沙依巴克区	21246	28465	9621	4199	5513
新市区	70205	27686	98733	5830	5032
水磨沟区	21647	11491	3373	2026	7966
头屯河区	1366	7248	2872	130	783
达坂城区	137	289	223	7	5
米东区	11188	7799	1018	607	94
乌鲁木齐县	468	116	102	346	2
乌鲁木齐经济技术开发区	32824	20575	11544	1267	5908
乌鲁木齐高新技术产业开发区	11908	7895	1872	450	7351
克拉玛依市	**16717**	**11034**	**7547**	**2336**	**3594**
市辖区					
独山子区	2907	2063	1411	306	122
克拉玛依区	9373	7034	4578	1905	3291
白碱滩区	3777	1875	1114	105	162
乌尔禾区	660	62	444	20	19
吐鲁番市	**4851**	**5801**	**5585**	**1808**	**1003**
高昌区	1558	2916	2253	1062	928
鄯善县	1725	1770	1364	581	55
托克逊县	1568	1115	1968	165	20
哈密市	**8479**	**12400**	**5772**	**2216**	**1319**
伊州区	7357	11845	4800	1668	1272
巴里坤哈萨克自治县	469	273	284	241	23
伊吾县	653	282	688	307	24
昌吉回族自治州	**26893**	**15403**	**11095**	**1918**	**3743**
昌吉市	16311	9480	4926	1007	3030
阜康市	1630	1007	1503	307	48
呼图壁县	1202	1095	408	176	259
玛纳斯县	1122	983	892	67	71
奇台县	3586	1409	1319	205	170
吉木萨尔县	2238	1103	1816	116	97
木垒哈萨克自治县	804	326	231	40	68
博尔塔拉蒙古自治州	**6416**	**7781**	**5293**	**788**	**1028**
博乐市	4294	4997	3076	465	886
阿拉山口市	190	1217	1534	41	54
精河县	870	1201	534	179	88
温泉县	1062	366	149	103	

1-8 续表 2

地　区	金融业	房地产业	租赁和商务服务业	科学研究、技术服务和地质勘查业	水利、环境和公共设施管理业
总　计	**200176**	**161386**	**263541**	**125373**	**67279**
乌鲁木齐市	**62495**	**59118**	**70824**	**54470**	**10450**
市辖区	8665				
天山区	28743	13041	14137	9794	1051
沙依巴克区	11795	11193	12099	11251	1862
新市区	1622	11989	11847	9932	711
水磨沟区	7166	8912	8805	9972	1285
头屯河区	65	1944	6359	386	651
达坂城区		18	183	91	209
米东区	123	3296	4498	1387	393
乌鲁木齐县	234	409	745	128	443
乌鲁木齐经济技术开发区	1482	6507	7023	5034	1203
乌鲁木齐高新技术产业开发区	242	1809	5128	6495	2642
克拉玛依市	**6448**	**13013**	**35336**	**9116**	**2206**
市辖区	193				
独山子区	26	2159	5524	1154	356
克拉玛依区	6181	9253	21800	7064	1493
白碱滩区	32	1363	7082	807	272
乌尔禾区	16	238	930	91	85
吐鲁番市	**5166**	**2948**	**4403**	**1770**	**774**
高昌区	4805	1592	2091	1014	387
鄯善县	223	804	1650	564	315
托克逊县	138	552	662	192	72
哈密市	**8076**	**5967**	**7811**	**3976**	**6288**
伊州区	7258	5720	7332	3586	6057
巴里坤哈萨克自治县	101	151	175	332	130
伊吾县	64	96	304	58	101
昌吉回族自治州	**19383**	**14161**	**16672**	**7101**	**4576**
昌吉市	17784	8758	8872	5310	1501
阜康市	295	1172	1609	280	1080
呼图壁县	310	743	1390	297	601
玛纳斯县	275	746	892	388	504
奇台县	356	1933	1981	495	477
吉木萨尔县	209	554	1634	200	259
木垒哈萨克自治县	154	255	294	131	154
博尔塔拉蒙古自治州	**8150**	**3274**	**5152**	**1657**	**3623**
博乐市	7889	2770	2467	1192	2603
阿拉山口市	20	87	801	69	13
精河县	141	406	960	278	791
温泉县	100	11	924	118	216

1-8 续表 3

地 区	居民服务和其他服务业	教育	卫生、社会保障和社会福利业	文化、教育和娱乐业	公共管理和社会组织
总 计	**29627**	**516964**	**226203**	**43997**	**863756**
乌鲁木齐市	**11489**	**70011**	**47145**	**14869**	**115751**
市辖区					
天山区	1238	18477	16034	7910	31392
沙依巴克区	3517	15398	11358	2388	17493
新市区	2019	15178	9529	1133	13016
水磨沟区	2193	5184	4105	1969	25426
头屯河区	361	2238	1202	41	4365
达坂城区	3	491	314	7	2251
米东区	381	7693	2713	249	10125
乌鲁木齐县	30	1292	358	1	2852
乌鲁木齐经济技术开发区	1300	3549	659	756	6946
乌鲁木齐高新技术产业开发区	447	511	873	415	1885
克拉玛依市	**3250**	**9244**	**4710**	**773**	**17517**
市辖区					
独山子区	427	1532	303	124	2169
克拉玛依区	2255	6176	3580	623	12876
白碱滩区	534	1318	754	10	1121
乌尔禾区	34	218	73	16	1351
吐鲁番市	**574**	**17309**	**5652**	**803**	**27775**
高昌区	230	9447	2619	643	12492
鄯善县	215	4682	1803	131	7627
托克逊县	129	3180	1230	29	7656
哈密市	**777**	**13430**	**7143**	**1621**	**26404**
伊州区	715	11100	6255	1387	19555
巴里坤哈萨克自治县	5	1615	547	165	3645
伊吾县	57	715	341	69	3204
昌吉回族自治州	**1659**	**25557**	**15289**	**2901**	**56017**
昌吉市	901	9672	6210	2028	17151
阜康市	219	2710	1390	239	8016
呼图壁县	99	3278	1593	128	6040
玛纳斯县	50	2839	1875	152	7175
奇台县	245	3678	2306	177	8036
吉木萨尔县	128	1933	1309	98	5761
木垒哈萨克自治县	17	1447	606	79	3838
博尔塔拉蒙古自治州	**613**	**10975**	**5497**	**896**	**26720**
博乐市	522	6028	3545	686	15111
阿拉山口市		129	89	10	1530
精河县	57	3396	1244	143	6011
温泉县	34	1422	619	57	4068

1-8 续表 4

地　　区	从业人员数(人)	农、林、牧、渔业	采矿业	制造业	电力、燃气及水的生产和供应业
巴音郭楞蒙古自治州	**283456**	**3684**	**23697**	**42872**	**5588**
库尔勒市	159708	713	18441	22953	2478
轮台县	25660	468	2635	2486	630
尉犁县	16131	1224	91	2873	146
若羌县	12320	54	838	3282	411
且末县	12076	222	586	705	232
焉耆回族自治县	14742	160	23	1515	269
和静县	24049	337	1021	6996	1141
和硕县	10257	343	29	1601	145
博湖县	8428	163	33	461	136
库尔勒经济技术开发区	85				
阿克苏地区	**341662**	**5526**	**8691**	**50485**	**4227**
阿克苏市	117099	657	97	18680	1007
温宿县	28040	629	278	4003	698
库车县	70697	874	4919	8914	839
沙雅县	28806	1819	57	5318	446
新和县	22178	662	99	4054	174
拜城县	30885	234	3202	4591	438
乌什县	14394	205	14	1006	176
阿瓦提县	22222	305		2914	266
柯坪县	7341	141	25	1005	183
克孜勒苏柯尔克孜自治州	**90521**	**950**	**1796**	**6337**	**1329**
阿图什市	44497	870	202	3662	843
阿克陶县	24346	60	590	1948	240
阿合奇县	9002	2	9	211	87
乌恰县	12676	18	995	516	159
喀什地区	**495080**	**5143**	**2097**	**97120**	**5548**
喀什市	126015	526	17	18223	1427
疏附县	31046	136	145	9223	531
疏勒县	28607	556	33	4504	117
英吉沙县	31940	395	125	10455	1285
泽普县	35335	385	43	11584	345
莎车县	75286	677	293	14138	432
叶城县	46368	815	436	8009	268
麦盖提县	24584	527		2666	226
岳普湖县	16349	367		2393	136
伽师县	41216	317	798	10219	148
巴楚县	32240	433	180	5403	429
塔什库尔干塔吉克自治县	5544	9	27	303	204
和田地区	**278014**	**2925**	**687**	**48807**	**1950**

1-8 续表 5

地　　区	建筑业	交通运输、仓储和邮政业	信息传输、计算机服务和软件业	批发和零售业	住宿和餐饮业
巴音郭楞蒙古自治州	**14012**	**23177**	**8134**	**3955**	**2166**
库尔勒市	10171	15419	4389	2969	1952
轮台县	1207	945	1530	172	51
尉犁县	628	1754	219	78	27
若羌县	106	682	623	83	24
且末县	166	792	275	177	57
焉耆回族自治县	331	975	294	103	17
和静县	369	1173	558	195	22
和硕县	299	960	196	116	2
博湖县	734	477	50	62	14
库尔勒经济技术开发区	1				
阿克苏地区	**21800**	**32375**	**7646**	**2688**	**3116**
阿克苏市	10548	13591	4596	1163	2593
温宿县	2535	3616	215	104	39
库车县	4347	6330	1306	714	145
沙雅县	825	3013	390	63	126
新和县	553	1846	206	67	17
拜城县	909	1266	608	348	42
乌什县	473	952	125	59	128
阿瓦提县	1445	1434	59	126	23
柯坪县	165	327	141	44	3
克孜勒苏柯尔克孜自治州	**5192**	**2843**	**2501**	**732**	**678**
阿图什市	2374	1467	1719	433	637
阿克陶县	1878	1033	145	114	19
阿合奇县	586	65	22	88	21
乌恰县	354	278	615	97	1
喀什地区	**21541**	**30323**	**8629**	**3936**	**4111**
喀什市	9189	9481	5095	2008	3807
疏附县	242	1742	346	69	10
疏勒县	1201	2888	190	147	16
英吉沙县	1399	1349	194	174	
泽普县	1044	1077	345	148	76
莎车县	1580	3136	832	391	39
叶城县	2452	3464	582	234	34
麦盖提县	1284	1087	97	106	27
岳普湖县	397	882	72	98	28
伽师县	380	2721	218	36	20
巴楚县	1299	2424	582	421	25
塔什库尔干塔吉克自治县	1074	72	76	104	29
和田地区	**10699**	**17930**	**2905**	**1921**	**1762**

1-8 续表 6

地　区	金融业	房地产业	租赁和商务服务业	科学研究、技术服务和地质勘查业	水利、环境和公共设施管理业
巴音郭楞蒙古自治州	**13891**	**7486**	**10798**	**7650**	**5727**
库尔勒市	12624	5223	7260	5302	2321
轮台县	257	391	1037	900	940
尉犁县	146	295	159	226	518
若羌县	95	178	436	99	273
且末县	96	163	544	261	227
焉耆回族自治县	168	408	199	239	368
和静县	175	483	850	198	547
和硕县	121	271	212	277	233
博湖县	125	74	101	148	300
库尔勒经济技术开发区	84				
阿克苏地区	**14422**	**9096**	**10620**	**7352**	**3545**
阿克苏市	13116	4616	4286	2513	778
温宿县	217	950	917	436	257
库车县	319	1614	1704	2436	712
沙雅县	170	670	861	503	413
新和县	156	508	446	305	310
拜城县	149	398	1226	480	212
乌什县	127	88	278	331	76
阿瓦提县	168	184	868	289	672
柯坪县		68	34	59	115
克孜勒苏柯尔克孜自治州	**1485**	**1525**	**6229**	**1912**	**1149**
阿图什市	1304	1016	1585	1536	811
阿克陶县	95	222	655	161	222
阿合奇县	43	120	2756	121	28
乌恰县	43	167	1233	94	88
喀什地区	**11213**	**10148**	**27977**	**5131**	**7002**
喀什市	8716	5081	8102	3022	2420
疏附县	151	677	3483	158	26
疏勒县	184	512	485	351	28
英吉沙县	149	434	526	70	295
泽普县	141	703	3584	311	307
莎车县	361	1065	1796	491	1729
叶城县	241	421	388	183	617
麦盖提县	200	162	1427	92	568
岳普湖县	110	193	100	109	282
伽师县	160	484	5781	196	213
巴楚县	216	383	2265	68	489
塔什库尔干塔吉克自治县	34	33	40	80	28
和田地区	**3207**	**3451**	**8215**	**3427**	**2501**

1-8 续表 7

地　区	居民服务和其他服务业	教育	卫生、社会保障和社会福利业	文化、教育和娱乐业	公共管理和社会组织
巴音郭楞蒙古自治州	**1436**	**29813**	**14958**	**1410**	**63002**
库尔勒市	1028	13117	7222	841	25285
轮台县	169	2289	905	57	8591
尉犁县	23	2056	906	91	4671
若羌县	31	899	440	49	3717
且末县	24	2382	782	78	4307
焉耆回族自治县	43	2643	1830	63	5094
和静县	57	3448	1506	85	4888
和硕县	19	1498	691	57	3187
博湖县	42	1481	676	89	3262
库尔勒经济技术开发区					
阿克苏地区	**1767**	**46916**	**18730**	**2232**	**90428**
阿克苏市	472	10619	7486	956	19325
温宿县	77	4703	1412	187	6767
库车县	577	11233	3207	194	20313
沙雅县	88	4883	910	130	8121
新和县	127	2858	1632	149	8009
拜城县	85	4546	1229	295	10627
乌什县	52	3271	1206	123	5704
阿瓦提县	273	3567	1283	89	8257
柯坪县	16	1236	365	109	3305
克孜勒苏柯尔克孜自治州	**346**	**17310**	**5598**	**908**	**31701**
阿图什市	234	8607	3564	622	13011
阿克陶县	65	5385	953	77	10484
阿合奇县	37	1490	461	126	2729
乌恰县	10	1828	620	83	5477
喀什地区	**2376**	**99661**	**27338**	**3324**	**122462**
喀什市	791	17121	9067	1700	20222
疏附县	28	7546	1006	59	5468
疏勒县	102	8589	1661	94	6949
英吉沙县	315	5036	1755	108	7876
泽普县	150	6419	1375	120	7178
莎车县	367	18311	4915	494	24239
叶城县	208	10188	2190	118	15520
麦盖提县	49	4233	1159	206	10468
岳普湖县	40	4219	768	77	6078
伽师县	121	10140	1676	129	7459
巴楚县	200	7141	1449	94	8739
塔什库尔干塔吉克自治县	5	718	317	125	2266
和田地区	**1263**	**58253**	**16469**	**993**	**90649**

1-8 续表 8

地　　区	从业人员数(人)	农、林、牧、渔业	采矿业	制造业	电力、燃气及水的生产和供应业
和田市	75123	166	17	6794	668
和田县	25628	419	341	8163	397
墨玉县	63000	1262	12	10908	290
皮山县	29069	206	198	3736	192
洛浦县	32527	316	35	7915	72
策勒县	19862	299	25	5606	138
于田县	26832	162	45	5022	136
民丰县	5973	95	14	663	57
伊犁哈萨克自治州直属县（市）	**433579**	**3094**	**5702**	**63679**	**13392**
伊宁市	126439	69	841	8152	3521
奎屯市	72431	661	694	15363	2950
霍尔果斯市	28350	91		2006	359
伊宁县	43391	27	1223	9243	2143
察布查尔锡伯自治县	23047	235	225	3831	136
霍城县	44027	387	601	10294	1803
巩留县	19118	73	262	3374	1131
新源县	32337	464	665	8496	507
昭苏县	13927	691	81	809	196
特克斯县	12171	58	72	384	281
尼勒克县	18341	338	1038	1727	365
塔城地区	**180640**	**18176**	**6618**	**21601**	**2916**
塔城市	40101	454	5	885	350
乌苏市	47439	13143	2091	5348	450
额敏县	17661	488	45	2469	649
沙湾县	43304	3583	792	10039	438
托里县	11081	227	987	1704	302
裕民县	6484	114	37	301	202
和布克赛尔蒙古自治县	14570	167	2661	855	525
阿勒泰地区	**130627**	**2126**	**6565**	**7680**	**2881**
阿勒泰市	44752	323	187	1010	1249
布尔津县	12577	1353	126	524	408
富蕴县	27077	76	3360	686	296
福海县	15680	173	156	3623	264
哈巴河县	14978	120	1904	574	329
青河县	8889	37	700	860	194
吉木乃县	6364	44	132	403	141
自治区直辖县级市	**267028**	**3262**	**750**	**82764**	**9546**
石河子市	137209	255	522	40736	6662
阿拉尔市	61426	2441	101	21383	1662
图木舒克市	25053	246	92	6247	77
五家渠市	42505	292	35	14302	1129
铁门关市	750	28		96	16

1-8 续表 9

地　　区	建筑业	交通运输、仓储和邮政业	信息传输、计算机服务和软件业	批发和零售业	住宿和餐饮业
和田市	5546	6343	2147	1120	1532
和田县	335	5727	41	88	
墨玉县	1095	2034	213	98	15
皮山县	507	648	46	171	54
洛浦县	1178	854	96	262	33
策勒县	805	788	46	33	46
于田县	1113	1359	233	35	53
民丰县	120	177	83	114	29
伊犁哈萨克自治州直属县（市）	**25662**	**25368**	**12020**	**6078**	**8771**
伊宁市	5079	11613	4080	2007	2574
奎屯市	11505	5918	3948	761	687
霍尔果斯市	985	881	717	56	4267
伊宁县	629	1331	299	986	28
察布查尔锡伯自治县	1399	710	623	315	70
霍城县	3458	2292	753	729	907
巩留县	51	506	265	182	137
新源县	268	1008	592	504	33
昭苏县	67	303	263	198	30
特克斯县	389	336	248	155	19
尼勒克县	1832	470	232	185	19
塔城地区	**13397**	**7193**	**4300**	**1272**	**1481**
塔城市	2365	1972	1928	332	1078
乌苏市	3588	1517	631	368	26
额敏县	725	1184	467	79	71
沙湾县	6062	1598	400	283	102
托里县	345	159	240	64	34
裕民县	114	243	156	73	10
和布克赛尔蒙古自治县	198	520	478	73	160
阿勒泰地区	**4991**	**4959**	**2991**	**2193**	**1523**
阿勒泰市	2603	2623	1222	922	1076
布尔津县	218	250	507	583	28
富蕴县	213	317	154	108	90
福海县	1036	1014	360	134	55
哈巴河县	127	337	261	213	126
青河县	650	217	283	97	77
吉木乃县	144	201	204	136	71
自治区直辖县级市	**43462**	**17856**	**6700**	**1688**	**2192**
石河子市	27229	6567	4785	821	1491
阿拉尔市	7718	4609	801	284	105
图木舒克市	3243	3556	171	259	32
五家渠市	5272	3052	924	324	564
铁门关市		72	19		

1-8 续表 10

地　　区	金融业	房地产业	租赁和商务服务业	科学研究、技术服务和地质勘查业	水利、环境和公共设施管理业
和田市	2482	2155	5988	2365	1275
和田县	72	8	89	71	6
墨玉县	169	497	391	284	910
皮山县	117	214	1055	181	15
洛浦县	98	231	181	100	32
策勒县	100	124	91	141	103
于田县	122	119	364	223	112
民丰县	47	103	56	62	48
伊犁哈萨克自治州直属县（市）	**20183**	**15707**	**21703**	**10614**	**7132**
伊宁市	15025	8228	4655	3739	925
奎屯市	3375	3801	2484	1864	3382
霍尔果斯市	415	789	6325	1644	19
伊宁县	193	325	2923	150	375
察布查尔锡伯自治县	126	277	1220	119	422
霍城县	410	724	1602	707	479
巩留县	117	379	820	432	42
新源县	182	609	668	613	722
昭苏县	107	129	414	223	383
特克斯县	89	216	122	589	257
尼勒克县	144	230	470	534	126
塔城地区	**10122**	**3189**	**4906**	**3378**	**3831**
塔城市	8393	353	1961	1108	1080
乌苏市	386	806	708	626	820
额敏县	682	499	701	520	245
沙湾县	430	1050	860	664	924
托里县	82	41	62	138	138
裕民县	81	131	71	98	287
和布克赛尔蒙古自治县	68	309	543	224	337
阿勒泰地区	**4879**	**2875**	**21448**	**3006**	**2876**
阿勒泰市	3839	1356	4963	1913	1219
布尔津县	111	258	187	94	283
富蕴县	150	272	13033	58	371
福海县	170	577	230	377	402
哈巴河县	113	149	2659	300	346
青河县	96	123	272	179	71
吉木乃县	90	140	104	85	184
自治区直辖县级市	**11056**	**9428**	**11447**	**4813**	**5599**
石河子市	8892	4573	7591	2217	1581
阿拉尔市	710	1859	1565	1312	1081
图木舒克市	10	346	769	389	591
五家渠市	1070	2650	1522	895	2329
铁门关市	289				17

1-8 续表 11

地　　区	居民服务和其他服务业	教育	卫生、社会保障和社会福利业	文化、教育和娱乐业	公共管理和社会组织
和田市	699	9308	5990	470	20058
和田县	18	3453	1078	99	5223
墨玉县	230	16982	4184	167	23259
皮山县	77	8862	1486	60	11244
洛浦县	130	8654	1448	18	10874
策勒县	35	3666	974	71	6771
于田县	60	6428	950	45	10251
民丰县	14	900	359	63	2969
伊犁哈萨克自治州直属县（市）	**1805**	**61079**	**27387**	**9350**	**94853**
伊宁市	948	14722	10405	2621	27235
奎屯市	510	4555	2957	326	6690
霍尔果斯市	37	1320	363	4772	3304
伊宁县	30	8956	2856	69	11605
察布查尔锡伯自治县	19	4563	1375	172	7210
霍城县	25	6099	2396	682	9679
巩留县	49	3681	1326	40	6251
新源县	77	6411	2193	371	7954
昭苏县	44	3343	1191	113	5342
特克斯县	29	3779	1210	123	3815
尼勒克县	37	3650	1115	61	5768
塔城地区	**407**	**20884**	**10847**	**1172**	**44950**
塔城市	142	3625	2105	404	11561
乌苏市	113	4515	2400	244	9659
额敏县	42	2506	1785	185	4319
沙湾县	85	5367	2324	156	8147
托里县	12	1629	715	36	4166
裕民县	5	1206	543	19	2793
和布克赛尔蒙古自治县	8	2036	975	128	4305
阿勒泰地区	**641**	**15509**	**8041**	**1201**	**34242**
阿勒泰市	302	5384	3530	730	10301
布尔津县	46	1802	724	68	5007
富蕴县	22	2226	1025	28	4592
福海县	152	1795	930	132	4100
哈巴河县	16	1992	804	169	4439
青河县	103	1287	547	29	3067
吉木乃县		1023	481	45	2736
自治区直辖县级市	**1224**	**21013**	**11399**	**1544**	**21285**
石河子市	692	9089	6361	689	6456
阿拉尔市	272	5732	2120	476	7195
图木舒克市	136	3521	1184	133	4051
五家渠市	124	2541	1700	246	3534
铁门关市		130	34		49

1-9 按行业（中类）、地区分组的法人单位数

行业中类	代码	法人单位数(个)	乌鲁木齐市	克拉玛依市	吐鲁番市	哈密市
总计		**243402**	**65325**	**6634**	**6045**	**11628**
农、林、牧、渔业	**A**	**5584**	**86**	**34**	**85**	**241**
农业	01	21				
谷物种植	011	3				
豆类、油料和薯类种植	012	1				
棉、麻、糖、烟草种植	013	12				
蔬菜、食用菌及园艺作物种植	014	1				
中药材种植	017	2				
其他农业	019	2				
林业	02	3				
造林和更新	022	1				
森林经营、管护和改培	023	2				
畜牧业	03	12		4		
牲畜饲养	031	7		2		
家禽饲养	032	5		2		
渔业	04	1				
水产养殖	041	1				
农、林、牧、渔专业及辅助性活动	05	5547	86	30	85	241
农业专业及辅助性活动	051	4799	67	29	82	213
林业专业及辅助性活动	052	255	7		1	6
畜牧专业及辅助性活动	053	450	11	1	2	21
渔业专业及辅助性活动	054	43	1			1
采矿业	**B**	**2955**	**93**	**232**	**338**	**417**
煤炭开采和洗选业	06	327	15	2	36	36
烟煤和无烟煤开采洗选	061	312	14	2	35	33
褐煤开采洗选	062	3				2
其他煤炭采选	069	12	1		1	1
石油和天然气开采业	07	42	2	17	1	3
石油开采	071	31	2	14	1	2
天然气开采	072	11		3		1
黑色金属矿采选业	08	428	4		89	150
铁矿采选	081	403	4		85	148
锰矿、铬矿采选	082	14			1	1
其他黑色金属矿采选	089	11			3	1
有色金属矿采选业	09	334	7		61	74
常用有色金属矿采选	091	227	4		43	47
贵金属矿采选	092	82	1		14	21
稀有稀土金属矿采选	093	25	2		4	6
非金属矿采选业	10	1154	45	5	121	106

1-9 续表 1

行业中类	代码	昌吉回族自治州	博尔塔拉蒙古自治州	巴音郭楞蒙古自治州	阿克苏地区	克孜勒苏柯尔克孜自治州
总　计		**18996**	**6531**	**16788**	**20008**	**4314**
农、林、牧、渔业	**A**	**807**	**185**	**494**	**1013**	**83**
农业	01	2	4	3	2	1
谷物种植	011	1		1		
豆类、油料和薯类种植	012					
棉、麻、糖、烟草种植	013		4	1	1	
蔬菜、食用菌及园艺作物种植	014	1				
中药材种植	017					1
其他农业	019			1	1	
林业	02	1				
造林和更新	022					
森林经营、管护和改培	023	1				
畜牧业	03	1		1	4	
牲畜饲养	031	1			3	
家禽饲养	032			1	1	
渔业	04					
水产养殖	041					
农、林、牧、渔专业及辅助性活动	05	803	181	490	1007	82
农业专业及辅助性活动	051	703	161	433	882	63
林业专业及辅助性活动	052	30	13	21	44	14
畜牧专业及辅助性活动	053	64	4	30	78	5
渔业专业及辅助性活动	054	6	3	6	3	
采矿业	**B**	**224**	**48**	**508**	**176**	**157**
煤炭开采和洗选业	06	88		15	60	2
烟煤和无烟煤开采洗选	061	85		14	59	1
褐煤开采洗选	062					
其他煤炭采选	069	3		1	1	1
石油和天然气开采业	07	6		6	4	1
石油开采	071	3		4	4	
天然气开采	072	3		2		1
黑色金属矿采选业	08	2	9	43	11	45
铁矿采选	081	2	8	41	6	39
锰矿、铬矿采选	082			1	3	6
其他黑色金属矿采选	089		1	1	2	
有色金属矿采选业	09	9	10	39	7	39
常用有色金属矿采选	091	5	5	27	4	33
贵金属矿采选	092	4	3	9		4
稀有稀土金属矿采选	093		2	3	3	2
非金属矿采选业	10	97	23	178	66	63

1-9 续表 2

行业中类	代码						
		喀什地区	和田地区	伊犁哈萨克自治州	塔城地区	阿勒泰地区	自治区直辖县级市
总　计		**25671**	**12830**	**22707**	**9025**	**6799**	**10101**
农、林、牧、渔业	**A**	**811**	**380**	**336**	**610**	**203**	**216**
农业	01	2	1		2	2	2
谷物种植	011					1	
豆类、油料和薯类种植	012					1	
棉、麻、糖、烟草种植	013	2			2		2
蔬菜、食用菌及园艺作物种植	014						
中药材种植	017		1				
其他农业	019						
林业	02			1		1	
造林和更新	022			1			
森林经营、管护和改培	023					1	
畜牧业	03					2	
牲畜饲养	031					1	
家禽饲养	032					1	
渔业	04					1	
水产养殖	041					1	
农、林、牧、渔专业及辅助性活动	05	809	379	335	608	197	214
农业专业及辅助性活动	051	693	291	296	551	140	195
林业专业及辅助性活动	052	26	23	6	23	26	15
畜牧专业及辅助性活动	053	84	62	25	33	26	4
渔业专业及辅助性活动	054	6	3	8	1	5	
采矿业	**B**	**150**	**157**	**162**	**104**	**167**	**22**
煤炭开采和洗选业	06	3	8	41	16	2	3
烟煤和无烟煤开采洗选	061	3	7	40	15	1	3
褐煤开采洗选	062		1				
其他煤炭采选	069			1	1	1	
石油和天然气开采业	07				1	1	
石油开采	071				1		
天然气开采	072					1	
黑色金属矿采选业	08	19	5	20	3	28	
铁矿采选	081	17	4	18	3	28	
锰矿、铬矿采选	082			2			
其他黑色金属矿采选	089	2	1				
有色金属矿采选业	09	11	14	23	13	25	2
常用有色金属矿采选	091	9	9	22	1	16	2
贵金属矿采选	092	2	3	1	12	8	
稀有稀土金属矿采选	093		2			1	
非金属矿采选业	10	107	92	71	62	103	15

1-9 续表 3

行业中类	代码	法人单位数(个)	乌鲁木齐市	克拉玛依市	吐鲁番市	哈密市
土砂石开采	101	996	42	3	108	87
化学矿开采	102	13			2	4
采盐	103	11			5	1
石棉及其他非金属矿采选	109	134	3	2	6	14
开采专业及辅助性活动	11	492	13	208	22	4
煤炭开采和洗选专业及辅助性活动	111	27			6	1
石油和天然气开采专业及辅助性活动	112	441	11	208	12	1
其他开采专业及辅助性活动	119	24	2		4	2
其他采矿业	12	178	7		8	44
其他采矿业	120	178	7		8	44
制造业	**C**	**21977**	**2631**	**496**	**842**	**942**
农副食品加工业	13	2734	95	27	73	105
谷物磨制	131	364	8	2	2	4
饲料加工	132	208	9	1		7
植物油加工	133	350	11	4	1	8
制糖业	134	23				
屠宰及肉类加工	135	365	21	5	5	28
水产品加工	136	18	1	1	1	1
蔬菜、菌类、水果和坚果加工	137	967	24	4	48	25
其他农副食品加工	139	439	21	10	16	32
食品制造业	14	1046	98	8	61	38
焙烤食品制造	141	260	31	7	21	15
糖果、巧克力及蜜饯制造	142	30	3			1
方便食品制造	143	126	10			6
乳制品制造	144	106	6	1	2	5
罐头食品制造	145	120	5			2
调味品、发酵制品制造	146	83	11		1	1
其他食品制造	149	321	32		37	8
酒、饮料和精制茶制造业	15	652	30	8	66	28
酒的制造	151	377	11	3	55	21
饮料制造	152	261	17	5	11	7
精制茶加工	153	14	2			
烟草制品业	16	2	1			
卷烟制造	162	1	1			
其他烟草制品制造	169	1				
纺织业	17	1079	48	8	38	27

1-9 续表 4

行业中类	代码	昌吉回族自治州	博尔塔拉蒙古自治州	巴音郭楞蒙古自治州	阿克苏地区	克孜勒苏柯尔克孜自治州
土砂石开采	101	92	21	114	64	59
化学矿开采	102		2	2		
采盐	103			4		
石棉及其他非金属矿采选	109	5		58	2	4
开采专业及辅助性活动	11	13		203	15	1
煤炭开采和洗选专业及辅助性活动	111	9		6	1	1
石油和天然气开采专业及辅助性活动	112	2		193	10	
其他开采专业及辅助性活动	119	2		4	4	
其他采矿业	12	9	6	24	13	6
其他采矿业	120	9	6	24	13	6
制造业	**C**	**2741**	**684**	**1686**	**1773**	**603**
农副食品加工业	13	251	99	221	303	51
谷物磨制	131	33	13	16	52	11
饲料加工	132	29	21	17	15	1
植物油加工	133	49	28	34	38	4
制糖业	134	3	1	2	3	
屠宰及肉类加工	135	39	15	21	27	9
水产品加工	136		1	2	2	
蔬菜、菌类、水果和坚果加工	137	46	9	62	128	22
其他农副食品加工	139	52	11	67	38	4
食品制造业	14	155	28	102	51	24
焙烤食品制造	141	40	6	14	10	13
糖果、巧克力及蜜饯制造	142	4	1	2	3	1
方便食品制造	143	36	3	4	5	6
乳制品制造	144	19	2	3	3	1
罐头食品制造	145	21	5	38	5	
调味品、发酵制品制造	146	10		14	4	
其他食品制造	149	25	11	27	21	3
酒、饮料和精制茶制造业	15	86	18	81	40	22
酒的制造	151	58	11	68	20	2
饮料制造	152	28	5	11	20	20
精制茶加工	153		2	2		
烟草制品业	16	1				
卷烟制造	162					
其他烟草制品制造	169	1				
纺织业	17	77	59	111	150	40

1-9 续表 5

行业中类	代码	喀什地区	和田地区	伊犁哈萨克自治州	塔城地区	阿勒泰地区	自治区直辖县级市
土砂石开采	101	96	71	68	60	96	15
化学矿开采	102	2		1			
采盐	103				1		
石棉及其他非金属矿采选	109	9	21	2	1	7	
开采专业及辅助性活动	11	2	3	3	3		2
煤炭开采和洗选专业及辅助性活动	111		1	1	1		
石油和天然气开采专业及辅助性活动	112	1			2		1
其他开采专业及辅助性活动	119	1	2	2			1
其他采矿业	12	8	35	4	6	8	
其他采矿业	120	8	35	4	6	8	
制造业	**C**	**3409**	**1662**	**1772**	**838**	**552**	**1346**
农副食品加工业	13	528	165	278	147	98	293
谷物磨制	131	80	10	74	28	10	21
饲料加工	132	24	11	34	10	8	21
植物油加工	133	34	22	39	39	5	34
制糖业	134	1	2	8	2	1	
屠宰及肉类加工	135	40	25	53	34	25	18
水产品加工	136	1	3	1		4	
蔬菜、菌类、水果和坚果加工	137	300	53	40	13	11	182
其他农副食品加工	139	48	39	29	21	34	17
食品制造业	14	78	137	126	50	34	56
焙烤食品制造	141	19	42	25	4	4	9
糖果、巧克力及蜜饯制造	142		9	5	1		
方便食品制造	143	18	7	8	9	5	9
乳制品制造	144	3	4	26	10	14	7
罐头食品制造	145	4	4	10	17	1	8
调味品、发酵制品制造	146	6	11	10	4		11
其他食品制造	149	28	60	42	5	10	12
酒、饮料和精制茶制造业	15	62	39	61	32	35	44
酒的制造	151	16	14	36	24	13	25
饮料制造	152	44	22	24	8	20	19
精制茶加工	153	2	3	1		2	
烟草制品业	16						
卷烟制造	162						
其他烟草制品制造	169						
纺织业	17	204	95	49	63	14	96

1-9 续表 6

行业中类	代码	法　人 单位数 (个)	乌鲁木齐市	克拉玛依市	吐鲁番市	哈密市
棉纺织及印染精加工	171	545	12	5	8	15
毛纺织及染整精加工	172	51	6		2	
麻纺织及染整精加工	173	8				
丝绢纺织及印染精加工	174	25				
化纤织造及印染精加工	175	21	1	1	1	
针织或钩针编织物及其制品制造	176	211	7		12	5
家用纺织制成品制造	177	170	7	2	14	5
产业用纺织制成品制造	178	48	15		1	2
纺织服装、服饰业	18	1694	47	8	61	23
机织服装制造	181	575	22	5	24	12
针织或钩针编织服装制造	182	161	2	2	6	1
服饰制造	183	958	23	1	31	10
皮革、毛皮、羽毛及其制品和制鞋业	19	151	12	2	4	1
皮革鞣制加工	191	19	2			
皮革制品制造	192	25	2			1
毛皮鞣制及制品加工	193	32	5	1	3	
羽毛（绒）加工及制品制造	194	13	1			
制鞋业	195	62	2	1	1	
木材加工和木、竹、藤、棕、草制品业	20	599	30	3	8	11
木材加工	201	348	7	1	4	5
人造板制造	202	79	5			2
木质制品制造	203	131	12	2	4	4
竹、藤、棕、草等制品制造	204	41	6			
家具制造业	21	421	109		5	6
木质家具制造	211	311	77		1	5
金属家具制造	213	36	8			
塑料家具制造	214	9	2			
其他家具制造	219	65	22		4	1
造纸和纸制品业	22	318	50		8	4
纸浆制造	221	5	1			
造纸	222	80	8		2	1
纸制品制造	223	233	41		6	3
印刷和记录媒介复制业	23	356	136	19	5	5
印刷	231	271	119	12	4	4
装订及印刷相关服务	232	84	16	7	1	1
记录媒介复制	233	1	1			
文教、工美、体育和娱乐用品制造业	24	1164	64	8	34	41
文教办公用品制造	241	37	11	1		1
乐器制造	242	15				
工艺美术及礼仪用品制造	243	1094	49	6	34	40
体育用品制造	244	11	2	1		
玩具制造	245	5				
游艺器材及娱乐用品制造	246	2	2			

1-9 续表 7

行业中类	代码	昌吉回族自治州	博尔塔拉蒙古自治州	巴音郭楞蒙古自治州	阿克苏地区	克孜勒苏柯尔克孜自治州
棉纺织及印染精加工	171	41	41	69	98	7
毛纺织及染整精加工	172	4	3	2	2	3
麻纺织及染整精加工	173	1			2	
丝绢纺织及印染精加工	174			3		
化纤织造及印染精加工	175	6			1	
针织或钩针编织物及其制品制造	176	10	5	17	22	14
家用纺织制成品制造	177	10	7	13	22	16
产业用纺织制成品制造	178	5	3	7	3	
纺织服装、服饰业	18	60	25	67	246	114
机织服装制造	181	14	3	20	113	21
针织或钩针编织服装制造	182	14	4	7	18	16
服饰制造	183	32	18	40	115	77
皮革、毛皮、羽毛及其制品和制鞋业	19	7	6	8	14	10
皮革鞣制加工	191		1	1		8
皮革制品制造	192	1	2		1	
毛皮鞣制及制品加工	193	2	2	1	4	
羽毛（绒）加工及制品制造	194	1	1	5	1	
制鞋业	195	3		1	8	2
木材加工和木、竹、藤、棕、草制品业	20	55	24	49	61	23
木材加工	201	30	19	30	33	16
人造板制造	202	10	2	10	13	1
木质制品制造	203	12	3	8	13	3
竹、藤、棕、草等制品制造	204	3		1	2	3
家具制造业	21	68	6	15	8	7
木质家具制造	211	48	3	13	6	5
金属家具制造	213	5	2	1	1	
塑料家具制造	214	1		1	1	1
其他家具制造	219	14	1			1
造纸和纸制品业	22	57	7	35	32	4
纸浆制造	221	1		1	2	
造纸	222	12	2	11	6	3
纸制品制造	223	44	5	23	24	1
印刷和记录媒介复制业	23	26	4	25	16	6
印刷	231	15	3	18	13	3
装订及印刷相关服务	232	11	1	7	3	3
记录媒介复制	233					
文教、工美、体育和娱乐用品制造业	24	91	15	54	55	130
文教办公用品制造	241	2			2	2
乐器制造	242				1	2
工艺美术及礼仪用品制造	243	89	12	52	51	126
体育用品制造	244		2	1	1	
玩具制造	245		1	1		
游艺器材及娱乐用品制造	246					

1-9 续表 8

行业中类	代码						
		喀什地区	和田地区	伊犁哈萨克自治州	塔城地区	阿勒泰地区	自治区直辖县级市
棉纺织及印染精加工	171	89	19	15	51		75
毛纺织及染整精加工	172	7	7	4	5	3	3
麻纺织及染整精加工	173			5			
丝绢纺织及印染精加工	174	2	19	1			
化纤织造及印染精加工	175	2	8	1			
针织或钩针编织物及其制品制造	176	67	23	10	4	9	6
家用纺织制成品制造	177	33	16	11	2	1	11
产业用纺织制成品制造	178	4	3	2	1	1	1
纺织服装、服饰业	18	570	334	107	9	6	17
机织服装制造	181	205	92	34	3	3	4
针织或钩针编织服装制造	182	51	23	13	1	2	1
服饰制造	183	314	219	60	5	1	12
皮革、毛皮、羽毛及其制品和制鞋业	19	18	48	12	5	4	
皮革鞣制加工	191	1	1	3	2		
皮革制品制造	192	7	4	4		3	
毛皮鞣制及制品加工	193	3	7	2	2		
羽毛（绒）加工及制品制造	194	1		1	1	1	
制鞋业	195	6	36	2			
木材加工和木、竹、藤、棕、草制品业	20	154	66	60	27	4	24
木材加工	201	89	44	34	20	2	14
人造板制造	202	12	2	14	4		4
木质制品制造	203	35	19	8	1	2	5
竹、藤、棕、草等制品制造	204	18	1	4	2		1
家具制造业	21	141	28	17		4	7
木质家具制造	211	113	19	13		3	5
金属家具制造	213	12	4	3			
塑料家具制造	214		1	1			1
其他家具制造	219	16	4			1	1
造纸和纸制品业	22	28	16	14	10	5	48
纸浆制造	221						
造纸	222	4	7	5	3	4	12
纸制品制造	223	24	9	9	7	1	36
印刷和记录媒介复制业	23	42	14	23	4	4	27
印刷	231	27	9	14	4	3	23
装订及印刷相关服务	232	15	5	9		1	4
记录媒介复制	233						
文教、工美、体育和娱乐用品制造业	24	231	215	127	25	62	12
文教办公用品制造	241	10	2	5			1
乐器制造	242	8	4				
工艺美术及礼仪用品制造	243	212	207	119	25	61	11
体育用品制造	244		2	1		1	
玩具制造	245	1		2			
游艺器材及娱乐用品制造	246						

1-9 续表 9

行业中类	代码	法 人 单位数 (个)	乌鲁木齐市	克拉玛依市	吐鲁番市	哈密市
石油、煤炭及其他燃料加工业	25	306	17	29	19	58
精炼石油产品制造	251	137	14	28	4	4
煤炭加工	252	148	3		15	53
核燃料加工	253	1				
生物质燃料加工	254	20		1		1
化学原料和化学制品制造业	26	1217	153	71	46	83
基础化学原料制造	261	209	15	15	13	32
肥料制造	262	454	30	6	11	26
农药制造	263	14				
涂料、油墨、颜料及类似产品制造	264	115	28	2	6	5
合成材料制造	265	72	21	6	2	2
专用化学产品制造	266	239	38	42	10	10
炸药、火工及焰火产品制造	267	21	3		3	4
日用化学产品制造	268	93	18		1	4
医药制造业	27	167	39	3		5
化学药品原料药制造	271	18	3	2		
化学药品制剂制造	272	10	5			
中药饮片加工	273	48	7			2
中成药生产	274	39	8			1
兽用药品制造	275	4	3			
生物药品制品制造	276	28	11	1		2
卫生材料及医药用品制造	277	15	2			
药用辅料及包装材料	278	5				
化学纤维制造业	28	40	3		1	1
纤维素纤维原料及纤维制造	281	22				
合成纤维制造	282	14	3		1	
生物基材料制造	283	4				1
橡胶和塑料制品业	29	1409	151	23	15	36
橡胶制品业	291	92	17	1	2	3
塑料制品业	292	1317	134	22	13	33
非金属矿物制品业	30	3750	305	65	257	228
水泥、石灰和石膏制造	301	317	18	4	27	16
石膏、水泥制品及类似制品制造	302	1129	101	21	36	58
砖瓦、石材等建筑材料制造	303	1857	126	32	172	115
玻璃制造	304	43	11		1	3
玻璃制品制造	305	71	17	3	3	
玻璃纤维和玻璃纤维增强塑料制品制造	306	48	6			5
陶瓷制品制造	307	58	5	2	4	
耐火材料制品制造	308	46	8	2	1	2
石墨及其他非金属矿物制品制造	309	181	13	1	13	29
黑色金属冶炼和压延加工业	31	165	36	6	17	9
炼铁	311	24	2		9	2
炼钢	312	7			3	1

1-9 续表 10

行业中类	代码					
		昌吉回族自治州	博尔塔拉蒙古自治州	巴音郭楞蒙古自治州	阿克苏地区	克孜勒苏柯尔克孜自治州
石油、煤炭及其他燃料加工业	25	61	3	34	24	1
精炼石油产品制造	251	20	1	23	11	
煤炭加工	252	38		9	8	1
核燃料加工	253	1				
生物质燃料加工	254	2	2	2	5	
化学原料和化学制品制造业	26	205	38	120	98	10
基础化学原料制造	261	42	9	21	17	1
肥料制造	262	75	19	47	48	2
农药制造	263				3	
涂料、油墨、颜料及类似产品制造	264	29	2	5	4	3
合成材料制造	265	11	3	5	1	
专用化学产品制造	266	39	2	36	17	1
炸药、火工及焰火产品制造	267	2		2	1	1
日用化学产品制造	268	7	3	4	7	2
医药制造业	27	13	1	16	12	
化学药品原料药制造	271			1	1	
化学药品制剂制造	272			3		
中药饮片加工	273	3		2	5	
中成药生产	274	3		6	2	
兽用药品制造	275					
生物药品制品制造	276	4		3		
卫生材料及医药用品制造	277	1	1	1	3	
药用辅料及包装材料	278	2			1	
化学纤维制造业	28	9	3	6	2	
纤维素纤维原料及纤维制造	281	7	1	3	1	
合成纤维制造	282	2	2	2	1	
生物基材料制造	283			1		
橡胶和塑料制品业	29	236	62	104	111	21
橡胶制品业	291	16	3	10	6	2
塑料制品业	292	220	59	94	105	19
非金属矿物制品业	30	545	166	267	291	62
水泥、石灰和石膏制造	301	31	32	19	25	12
石膏、水泥制品及类似制品制造	302	161	52	76	114	15
砖瓦、石材等建筑材料制造	303	271	63	126	117	27
玻璃制造	304	4	2	5	4	1
玻璃制品制造	305	7	3	8	3	1
玻璃纤维和玻璃纤维增强塑料制品制造	306	9	1	5	5	
陶瓷制品制造	307	8	4	1	8	5
耐火材料制品制造	308	10	2	9	1	
石墨及其他非金属矿物制品制造	309	44	7	18	14	1
黑色金属冶炼和压延加工业	31	16	6	9	10	7
炼铁	311	4	1			3
炼钢	312				1	

1-9 续表 11

行业中类	代码	喀什地区	和田地区	伊犁哈萨克自治州	塔城地区	阿勒泰地区	自治区直辖县级市
石油、煤炭及其他燃料加工业	25	6	3	28	14	1	8
精炼石油产品制造	251	3		18	8		3
煤炭加工	252		2	8	6	1	4
核燃料加工	253						
生物质燃料加工	254	3	1	2			1
化学原料和化学制品制造业	26	89	29	109	43	16	107
基础化学原料制造	261	13	3	8	10	1	9
肥料制造	262	34	11	42	21	8	74
农药制造	263	4	2	1		1	3
涂料、油墨、颜料及类似产品制造	264	15	3	7	1	2	3
合成材料制造	265	4	1	6	3		7
专用化学产品制造	266	9	2	15	5	3	10
炸药、火工及焰火产品制造	267			2	1	1	1
日用化学产品制造	268	10	7	28	2		
医药制造业	27	8	28	21	5	2	14
化学药品原料药制造	271	1	1	5	1		3
化学药品制剂制造	272		1	1			
中药饮片加工	273	4	11	8	2	1	3
中成药生产	274	2	10	1	1	1	4
兽用药品制造	275						1
生物药品制品制造	276		3	4			
卫生材料及医药用品制造	277	1	1	2			3
药用辅料及包装材料	278		1		1		
化学纤维制造业	28			3	8		4
纤维素纤维原料及纤维制造	281			3	4		3
合成纤维制造	282				2		1
生物基材料制造	283				2		
橡胶和塑料制品业	29	184	41	106	122	59	138
橡胶制品业	291	8	1	5	8	5	5
塑料制品业	292	176	40	101	114	54	133
非金属矿物制品业	30	570	209	310	166	128	181
水泥、石灰和石膏制造	301	38	30	25	18	8	14
石膏、水泥制品及类似制品制造	302	133	76	119	56	38	73
砖瓦、石材等建筑材料制造	303	377	90	131	82	63	65
玻璃制造	304	4	2	3	1	1	1
玻璃制品制造	305	6	7	6	2		5
玻璃纤维和玻璃纤维增强塑料制品制造	306	7	1		2	2	5
陶瓷制品制造	307	3	1	12		2	3
耐火材料制品制造	308	2		5			4
石墨及其他非金属矿物制品制造	309		2	9	5	14	11
黑色金属冶炼和压延加工业	31	16	13	11	2	4	3
炼铁	311	1	1			1	
炼钢	312	1			1		

1-9 续表 12

行业中类	代码	法人单位数(个)				
			乌鲁木齐市	克拉玛依市	吐鲁番市	哈密市
钢压延加工	313	118	34	5	2	3
铁合金冶炼	314	16		1	3	3
有色金属冶炼和压延加工业	32	167	14	4	17	26
常用有色金属冶炼	321	70		2	9	14
贵金属冶炼	322	14	2		1	3
稀有稀土金属冶炼	323	2	1			
有色金属合金制造	324	31	2		3	5
有色金属压延加工	325	50	9	2	4	4
金属制品业	33	1710	372	34	33	79
结构性金属制品制造	331	1168	260	23	21	58
金属工具制造	332	70	4		2	2
集装箱及金属包装容器制造	333	62	12	2	1	2
金属丝绳及其制品制造	334	30	5	1		
建筑、安全用金属制品制造	335	139	32	3	4	2
金属表面处理及热处理加工	336	21	4	2	1	2
搪瓷制品制造	337	5	2			
金属制日用品制造	338	38	8			
铸造及其他金属制品制造	339	177	45	3	4	13
通用设备制造业	34	543	150	32	22	20
锅炉及原动设备制造	341	109	17	1	10	5
金属加工机械制造	342	92	20	6	3	2
物料搬运设备制造	343	38	11	1	2	1
泵、阀门、压缩机及类似机械制造	344	21	12			
轴承、齿轮和传动部件制造	345	4	1		1	
烘炉、风机、包装等设备制造	346	44	16	1		4
文化、办公用机械制造	347	9	1			
通用零部件制造	348	178	59	18	5	7
其他通用设备制造业	349	48	13	5	1	1
专用设备制造业	35	742	162	52	18	29
采矿、冶金、建筑专用设备制造	351	161	30	27	4	13
化工、木材、非金属加工专用设备制造	352	38	7	10	1	3
食品、饮料、烟草及饲料生产专用设备制造	353	19	1			1
印刷、制药、日化及日用品生产专用设备制造	354	15	5		1	
纺织、服装和皮革加工专用设备制造	355	22	5		1	
电子和电工机械专用设备制造	356	36	6	2		1
农、林、牧、渔专用机械制造	357	212	19	3	2	5
医疗仪器设备及器械制造	358	40	25			
环保、邮政、社会公共服务及其他专用设备制造	359	199	64	10	9	6
汽车制造业	36	95	44	2		1
汽车整车制造	361	15	9			
汽车用发动机制造	362	3	3			
改装汽车制造	363	16	4	1		
电车制造	365	3				

1-9 续表 13

行业中类	代码					
		昌吉回族自治州	博尔塔拉蒙古自治州	巴音郭楞蒙古自治州	阿克苏地区	克孜勒苏柯尔克孜自治州
钢压延加工	313	11	5	7	8	3
铁合金冶炼	314	1		2	1	1
有色金属冶炼和压延加工业	32	40	4	3	2	5
常用有色金属冶炼	321	12	3	2		3
贵金属冶炼	322			1		
稀有稀土金属冶炼	323	1				
有色金属合金制造	324	14			1	
有色金属压延加工	325	13	1		1	2
金属制品业	33	246	48	138	105	35
结构性金属制品制造	331	160	33	73	70	19
金属工具制造	332	9	1	6	8	5
集装箱及金属包装容器制造	333	17		7	4	
金属丝绳及其制品制造	334	2	2	3	4	
建筑、安全用金属制品制造	335	20	3	22	7	8
金属表面处理及热处理加工	336		1	1		1
搪瓷制品制造	337	1				
金属制日用品制造	338	3	2	8	2	
铸造及其他金属制品制造	339	34	6	18	10	2
通用设备制造业	34	103	9	34	28	5
锅炉及原动设备制造	341	15	4	5	7	2
金属加工机械制造	342	28	3	4	2	
物料搬运设备制造	343	10		3	1	
泵、阀门、压缩机及类似机械制造	344	5			1	
轴承、齿轮和传动部件制造	345	1				
烘炉、风机、包装等设备制造	346	8		1	2	
文化、办公用机械制造	347			3	1	
通用零部件制造	348	21	2	15	13	3
其他通用设备制造业	349	15		3	1	
专用设备制造业	35	114	15	74	48	11
采矿、冶金、建筑专用设备制造	351	17		39	6	2
化工、木材、非金属加工专用设备制造	352	7		2	4	1
食品、饮料、烟草及饲料生产专用设备制造	353	3	1	4	2	2
印刷、制药、日化及日用品生产专用设备制造	354			3	1	
纺织、服装和皮革加工专用设备制造	355	1	1	1	2	2
电子和电工机械专用设备制造	356	6		1	5	1
农、林、牧、渔专用机械制造	357	36	10	13	18	1
医疗仪器设备及器械制造	358	5	2	2		
环保、邮政、社会公共服务及其他专用设备制造	359	39	1	9	10	2
汽车制造业	36	5	6	8	4	
汽车整车制造	361		3			
汽车用发动机制造	362					
改装汽车制造	363		1	1	2	
电车制造	365					

1-9 续表 14

行业中类	代码	喀什地区	和田地区	伊犁哈萨克自治州	塔城地区	阿勒泰地区	自治区直辖县级市
钢压延加工	313	14	12	8		3	3
铁合金冶炼	314			3	1		
有色金属冶炼和压延加工业	32	9	3	24	4	1	11
常用有色金属冶炼	321	3		17	1	1	3
贵金属冶炼	322	1	1	3	2		
稀有稀土金属冶炼	323						
有色金属合金制造	324	3	2				1
有色金属压延加工	325	2		4	1		7
金属制品业	33	234	80	143	38	40	85
结构性金属制品制造	331	182	50	101	30	30	58
金属工具制造	332	16	9	4		2	2
集装箱及金属包装容器制造	333	3		9			5
金属丝绳及其制品制造	334	4		4	2	2	1
建筑、安全用金属制品制造	335	12	7	12		2	5
金属表面处理及热处理加工	336	3	4				2
搪瓷制品制造	337		2				
金属制日用品制造	338	4	4	2			5
铸造及其他金属制品制造	339	10	4	11	6	4	7
通用设备制造业	34	40	15	35	15	9	26
锅炉及原动设备制造	341	15	6	16	3	3	
金属加工机械制造	342	4	3	4	1	4	8
物料搬运设备制造	343		2	4	2		1
泵、阀门、压缩机及类似机械制造	344	1		1			1
轴承、齿轮和传动部件制造	345			1			
烘炉、风机、包装等设备制造	346	7	1		2	1	1
文化、办公用机械制造	347	1	1	2			
通用零部件制造	348	7	1	6	7	1	13
其他通用设备制造业	349	5	1	1			2
专用设备制造业	35	55	31	33	25	13	62
采矿、冶金、建筑专用设备制造	351	8	6	6		1	2
化工、木材、非金属加工专用设备制造	352	1			2		
食品、饮料、烟草及饲料生产专用设备制造	353		1	4			
印刷、制药、日化及日用品生产专用设备制造	354	3		1	1		
纺织、服装和皮革加工专用设备制造	355	1	3	1		1	3
电子和电工机械专用设备制造	356	7	3	2		1	1
农、林、牧、渔专用机械制造	357	17	8	13	15	8	44
医疗仪器设备及器械制造	358	2	1	1	1		1
环保、邮政、社会公共服务及其他专用设备制造	359	16	9	5	6	2	11
汽车制造业	36	5	6	6	3	1	4
汽车整车制造	361	1		2			
汽车用发动机制造	362						
改装汽车制造	363		1	3	1		2
电车制造	365	3					

1-9 续表 15

行业中类	代码	法人单位数(个)	乌鲁木齐市	克拉玛依市	吐鲁番市	哈密市
汽车车身、挂车制造	366	9	3			
汽车零部件及配件制造	367	49	25	1		1
铁路、船舶、航空航天和其他运输设备制造业	37	38	13	1		1
铁路运输设备制造	371	9	5			
城市轨道交通设备制造	372	1	1			
航空、航天器及设备制造	374	9	1	1		
摩托车制造	375	6	3			
自行车和残疾人座车制造	376	4	2			
助动车制造	377	8	1			
非公路休闲车及零配件制造	378	1				1
电气机械和器材制造业	38	605	218	7	13	38
电机制造	381	28	4	1	1	13
输配电及控制设备制造	382	289	102	4	8	18
电线、电缆、光缆及电工器材制造	383	123	58			
电池制造	384	16	5		1	1
家用电力器具制造	385	21	7	1	1	1
非电力家用器具制造	386	16	5			1
照明器具制造	387	69	22		2	4
其他电气机械及器材制造	389	43	15	1		
计算机、通信和其他电子设备制造业	39	162	57	5		4
计算机制造	391	23	6			1
通信设备制造	392	13	3			
广播电视设备制造	393	4	1	1		
非专业视听设备制造	395	4	3			
智能消费设备制造	396	15	4	2		1
电子器件制造	397	15	6			
电子元件及电子专用材料制造	398	74	32	1		2
其他电子设备制造	399	14	2	1		
仪器仪表制造业	40	46	13	5	1	2
通用仪器仪表制造	401	26	11	4		
专用仪器仪表制造	402	12			1	1
衡器制造	405	7	2			1
其他仪器仪表制造业	409	1		1		
其他制造业	41	93	14	2		2
日用杂品制造	411	25	6			
核辐射加工	412	2				
其他未列明制造业	419	66	8	2		2
废弃资源综合利用业	42	113	9	9	8	4
金属废料和碎屑加工处理	421	50	7	4	3	1
非金属废料和碎屑加工处理	422	63	2	5	5	3
金属制品、机械和设备修理业	43	393	141	55	12	27
金属制品修理	431	13	4		1	
通用设备修理	432	49	19	2		3

1-9 续表 16

行业中类	代码					
		昌吉回族自治州	博尔塔拉蒙古自治州	巴音郭楞蒙古自治州	阿克苏地区	克孜勒苏柯尔克孜自治州
汽车车身、挂车制造	366	3		1		
汽车零部件及配件制造	367	2	2	6	2	
铁路、船舶、航空航天和其他运输设备制造业	37	4		3	2	2
铁路运输设备制造	371			1		
城市轨道交通设备制造	372					
航空、航天器及设备制造	374	4		2		
摩托车制造	375				1	
自行车和残疾人座车制造	376					1
助动车制造	377				1	1
非公路休闲车及零配件制造	378					
电气机械和器材制造业	38	109	15	25	20	7
电机制造	381	3	1			
输配电及控制设备制造	382	64	7	9	7	4
电线、电缆、光缆及电工器材制造	383	22	1	3	7	
电池制造	384	2		1		
家用电力器具制造	385	1		1		
非电力家用器具制造	386			3	2	
照明器具制造	387	8	5	4	1	1
其他电气机械及器材制造	389	9	1	4	3	2
计算机、通信和其他电子设备制造业	39	24		7	8	2
计算机制造	391	3		1	2	2
通信设备制造	392	3		2	1	
广播电视设备制造	393	1				
非专业视听设备制造	395					
智能消费设备制造	396	3		1		
电子器件制造	397	1		2	1	
电子元件及电子专用材料制造	398	9			4	
其他电子设备制造	399	4		1		
仪器仪表制造业	40	13		2	2	
通用仪器仪表制造	401	7		1	1	
专用仪器仪表制造	402	5		1	1	
衡器制造	405	1				
其他仪器仪表制造业	409					
其他制造业	41	11		7	8	1
日用杂品制造	411	1		2	2	1
核辐射加工	412	1				
其他未列明制造业	419	9		5	6	
废弃资源综合利用业	42	15	12	12	9	3
金属废料和碎屑加工处理	421	5	8	5	3	2
非金属废料和碎屑加工处理	422	10	4	7	6	1
金属制品、机械和设备修理业	43	38	5	49	13	
金属制品修理	431		1	1	2	
通用设备修理	432	9		7	2	

1-9 续表 17

行业中类	代码	喀什地区	和田地区	伊犁哈萨克自治州	塔城地区	阿勒泰地区	自治区直辖县级市
汽车车身、挂车制造	366				1	1	
汽车零部件及配件制造	367	1	5	1	1		2
铁路、船舶、航空航天和其他运输设备制造业	37	7	3	1			1
铁路运输设备制造	371	1	1	1			
城市轨道交通设备制造	372						
航空、航天器及设备制造	374	1					
摩托车制造	375	2					
自行车和残疾人座车制造	376		1				
助动车制造	377	3	1				1
非公路休闲车及零配件制造	378						
电气机械和器材制造业	38	63	11	28	7	2	42
电机制造	381	2		2	1		
输配电及控制设备制造	382	22	3	14	3	1	23
电线、电缆、光缆及电工器材制造	383	12	3	2			15
电池制造	384	3	1	2			
家用电力器具制造	385	6	1		1		1
非电力家用器具制造	386	3		1	1		
照明器具制造	387	12	2	6			2
其他电气机械及器材制造	389	3	1	1	1	1	1
计算机、通信和其他电子设备制造业	39	24	11	10	1		9
计算机制造	391	6	2				
通信设备制造	392	1	2	1			
广播电视设备制造	393			1			
非专业视听设备制造	395	1					
智能消费设备制造	396	2	1	1			
电子器件制造	397	2	1				2
电子元件及电子专用材料制造	398	10	4	4	1		7
其他电子设备制造	399	2	1	3			
仪器仪表制造业	40	2		4			2
通用仪器仪表制造	401			2			
专用仪器仪表制造	402	2		1			
衡器制造	405			1			2
其他仪器仪表制造业	409						
其他制造业	41	14	14	1	3	5	11
日用杂品制造	411	6	6	1			
核辐射加工	412	1					
其他未列明制造业	419	7	8		3	5	11
废弃资源综合利用业	42	8	1	14	6		3
金属废料和碎屑加工处理	421	5	1	3	2		1
非金属废料和碎屑加工处理	422	3		11	4		2
金属制品、机械和设备修理业	43	19	7	11	4	1	11
金属制品修理	431	2		1		1	
通用设备修理	432	1		4			2

1-9 续表 18

行业中类	代码	法人单位数(个)	乌鲁木齐市	克拉玛依市	吐鲁番市	哈密市
专用设备修理	433	105	37	11	6	7
铁路、船舶、航空航天等运输设备修理	434	4	2	1		
电气设备修理	435	50	21	1	3	4
仪器仪表修理	436	12	5	7		
其他机械和设备修理业	439	160	53	33	2	13
电力、热力、燃气及水生产和供应业	**D**	**2096**	**180**	**50**	**105**	**295**
电力、热力生产和供应业	44	1586	138	24	78	279
电力生产	441	1095	71	10	67	251
电力供应	442	88	14	4	2	3
热力生产和供应	443	403	53	10	9	25
燃气生产和供应业	45	190	9	13	16	2
燃气生产和供应业	451	185	9	13	16	2
生物质燃气生产和供应业	452	5				
水的生产和供应业	46	320	33	13	11	14
自来水生产和供应	461	199	7	1	10	9
污水处理及其再生利用	462	117	26	12	1	5
其他水的处理、利用与分配	469	4				
建筑业	**E**	**11412**	**3449**	**454**	**254**	**807**
房屋建筑业	47	2702	504	67	56	206
住宅房屋建筑	471	2412	416	62	51	178
体育场馆建筑	472	2	2			
其他房屋建筑业	479	288	86	5	5	28
土木工程建筑业	48	2853	835	90	83	168
铁路、道路、隧道和桥梁工程建筑	481	1194	308	25	36	66
水利和水运工程建筑	482	336	54	2	10	12
工矿工程建筑	484	107	29	8	6	7
架线和管道工程建筑	485	303	108	16	9	19
节能环保工程施工	486	63	35	2		
电力工程施工	487	127	53	1	2	9
其他土木工程建筑	489	723	248	36	20	55
建筑安装业	49	1891	720	96	33	113
电气安装	491	589	258	20	6	26
管道和设备安装	492	524	180	19	9	47
其他建筑安装业	499	778	282	57	18	40
建筑装饰、装修和其他建筑业	50	3966	1390	201	82	320
建筑装饰和装修业	501	3169	1104	165	55	239
建筑物拆除和场地准备活动	502	278	100	4	17	24
提供施工设备服务	503	70	30	2	4	7
其他未列明建筑业	509	449	156	30	6	50
批发和零售业	**F**	**65814**	**25846**	**1704**	**1055**	**3365**
批发业	51	41489	19610	725	502	1696
农、林、牧、渔产品批发	511	3760	428	21	35	106
食品、饮料及烟草制品批发	512	5260	1766	103	104	228

1-9 续表 19

行业中类	代码	昌吉回族自治州	博尔塔拉蒙古自治州	巴音郭楞蒙古自治州	阿克苏地区	克孜勒苏柯尔克孜自治州
专用设备修理	433	7	1	17	2	
铁路、船舶、航空航天等运输设备修理	434		1			
电气设备修理	435	6		2	2	
仪器仪表修理	436					
其他机械和设备修理业	439	16	2	22	5	
电力、热力、燃气及水生产和供应业	**D**	**265**	**104**	**193**	**161**	**56**
电力、热力生产和供应业	44	189	82	135	116	40
电力生产	441	108	48	95	76	30
电力供应	442	13	6	5	7	1
热力生产和供应	443	68	28	35	33	9
燃气生产和供应业	45	34	7	25	16	6
燃气生产和供应业	451	33	7	24	16	5
生物质燃气生产和供应业	452	1		1		1
水的生产和供应业	46	42	15	33	29	10
自来水生产和供应	461	24	12	22	18	6
污水处理及其再生利用	462	15	3	11	11	4
其他水的处理、利用与分配	469	3				
建筑业	**E**	**1141**	**277**	**664**	**1117**	**216**
房屋建筑业	47	244	98	172	376	71
住宅房屋建筑	471	234	94	157	349	62
体育场馆建筑	472					
其他房屋建筑业	479	10	4	15	27	9
土木工程建筑业	48	345	65	171	264	77
铁路、道路、隧道和桥梁工程建筑	481	169	25	67	127	44
水利和水运工程建筑	482	25	11	26	62	19
工矿工程建筑	484	25	2	10	9	1
架线和管道工程建筑	485	36	5	14	18	4
节能环保工程施工	486	6		4	7	
电力工程施工	487	16	2	6	5	2
其他土木工程建筑	489	68	20	44	36	7
建筑安装业	49	254	43	86	164	26
电气安装	491	92	12	18	46	5
管道和设备安装	492	57	13	37	48	6
其他建筑安装业	499	105	18	31	70	15
建筑装饰、装修和其他建筑业	50	298	71	235	313	42
建筑装饰和装修业	501	222	57	208	255	29
建筑物拆除和场地准备活动	502	27	6	7	27	12
提供施工设备服务	503	2	5	2	1	
其他未列明建筑业	509	47	3	18	30	1
批发和零售业	**F**	**3329**	**1582**	**4785**	**6018**	**670**
批发业	51	1941	995	2660	3430	307
农、林、牧、渔产品批发	511	349	148	232	679	48
食品、饮料及烟草制品批发	512	264	120	377	564	45

1-9 续表 20

行业中类	代码	喀什地区	和田地区	伊犁哈萨克自治州	塔城地区	阿勒泰地区	自治区直辖县级市
专用设备修理	433	7	2	2	2		4
铁路、船舶、航空航天等运输设备修理	434						
电气设备修理	435	2	4	2	1		2
仪器仪表修理	436						
其他机械和设备修理业	439	7	1	2	1		3
电力、热力、燃气及水生产和供应业	**D**	**157**	**79**	**146**	**109**	**135**	**61**
电力、热力生产和供应业	44	113	55	104	79	110	44
电力生产	441	70	38	76	48	83	24
电力供应	442	7	8	5	5	4	4
热力生产和供应	443	36	9	23	26	23	16
燃气生产和供应业	45	18	7	9	9	11	8
燃气生产和供应业	451	17	7	9	8	11	8
生物质燃气生产和供应业	452	1			1		
水的生产和供应业	46	26	17	33	21	14	9
自来水生产和供应	461	21	14	22	16	12	5
污水处理及其再生利用	462	5	3	10	5	2	4
其他水的处理、利用与分配	469			1			
建筑业	**E**	**917**	**549**	**593**	**270**	**226**	**478**
房屋建筑业	47	304	216	125	81	75	107
住宅房屋建筑	471	278	177	105	77	72	100
体育场馆建筑	472						
其他房屋建筑业	479	26	39	20	4	3	7
土木工程建筑业	48	243	98	184	64	69	97
铁路、道路、隧道和桥梁工程建筑	481	97	41	71	31	42	45
水利和水运工程建筑	482	54	17	16	8	9	11
工矿工程建筑	484	2		3	1	1	3
架线和管道工程建筑	485	17	15	19	1	8	14
节能环保工程施工	486	2	3	3	1		
电力工程施工	487	11	4	10	5	1	
其他土木工程建筑	489	60	18	62	17	8	24
建筑安装业	49	96	64	71	30	20	75
电气安装	491	18	19	28	13	6	22
管道和设备安装	492	27	12	27	9	6	27
其他建筑安装业	499	51	33	16	8	8	26
建筑装饰、装修和其他建筑业	50	274	171	213	95	62	199
建筑装饰和装修业	501	240	117	189	82	45	162
建筑物拆除和场地准备活动	502	10	10	7	3	11	13
提供施工设备服务	503	3	1	1	2		10
其他未列明建筑业	509	21	43	16	8	6	14
批发和零售业	**F**	**5796**	**2784**	**3922**	**1345**	**1002**	**2611**
批发业	51	3208	1200	2410	640	529	1636
农、林、牧、渔产品批发	511	707	161	319	160	118	249
食品、饮料及烟草制品批发	512	588	363	299	80	78	281

1-9 续表 21

行业中类	代码	法人单位数(个)	乌鲁木齐市	克拉玛依市	吐鲁番市	哈密市
纺织、服装及家庭用品批发	513	3234	2115	43	11	55
文化、体育用品及器材批发	514	1075	624	17	7	17
医药及医疗器材批发	515	1318	816	13	3	21
矿产品、建材及化工产品批发	516	13374	5196	261	238	857
机械设备、五金产品及电子产品批发	517	10673	7355	218	71	303
贸易经纪与代理	518	937	440	10	3	43
其他批发业	519	1858	870	39	30	66
零售业	52	24325	6236	979	553	1669
综合零售	521	3517	628	75	60	364
食品、饮料及烟草制品专门零售	522	2748	633	113	156	176
纺织、服装及日用品专门零售	523	2003	683	88	33	63
文化、体育用品及器材专门零售	524	1413	476	64	25	74
医药及医疗器材专门零售	525	1974	391	76	43	93
汽车、摩托车、零配件和燃料及其他动力销售	526	3869	835	87	82	282
家用电器及电子产品专门零售	527	3172	1103	119	48	173
五金、家具及室内装饰材料专门零售	528	3592	984	255	66	350
货摊、无店铺及其他零售业	529	2037	503	102	40	94
交通运输、仓储和邮政业	**G**	**9158**	**1711**	**339**	**421**	**739**
铁路运输业	53	8	7			
铁路旅客运输	531	2	1			
铁路货物运输	532	6	6			
道路运输业	54	6532	900	280	370	629
城市公共交通运输	541	258	32	4	13	7
公路旅客运输	542	207	21	3	14	4
道路货物运输	543	5524	764	257	324	596
道路运输辅助活动	544	543	83	16	19	22
水上运输业	55	7	2			
水上旅客运输	551	2				
水上货物运输	552	3	1			
水上运输辅助活动	553	2	1			
航空运输业	56	68	27	2	2	
航空客货运输	561	13	5			
通用航空服务	562	34	12	2	2	
航空运输辅助活动	563	21	10			
管道运输业	57	19	10			2
海底管道运输	571	1	1			
陆地管道运输	572	18	9			2
多式联运和运输代理业	58	1095	448	19	12	32
多式联运	581	47	11		2	4
运输代理业	582	1048	437	19	10	28
装卸搬运和仓储业	59	1033	216	23	24	62
装卸搬运	591	291	76	11	11	24
通用仓储	592	202	63	1	1	7

1-9 续表 22

行业中类	代码	昌吉回族自治州	博尔塔拉蒙古自治州	巴音郭楞蒙古自治州	阿克苏地区	克孜勒苏柯尔克孜自治州
纺织、服装及家庭用品批发	513	75	66	122	168	37
文化、体育用品及器材批发	514	33	19	86	59	7
医药及医疗器材批发	515	59	19	36	94	4
矿产品、建材及化工产品批发	516	758	413	1006	1355	111
机械设备、五金产品及电子产品批发	517	250	143	655	377	32
贸易经纪与代理	518	52	31	21	22	7
其他批发业	519	101	36	125	112	16
零售业	52	1388	587	2125	2588	363
综合零售	521	159	86	205	229	78
食品、饮料及烟草制品专门零售	522	137	58	306	365	47
纺织、服装及日用品专门零售	523	75	41	146	336	44
文化、体育用品及器材专门零售	524	48	20	92	218	32
医药及医疗器材专门零售	525	295	45	141	148	19
汽车、摩托车、零配件和燃料及其他动力销售	526	241	104	380	443	17
家用电器及电子产品专门零售	527	108	85	239	313	53
五金、家具及室内装饰材料专门零售	528	142	90	388	324	50
货摊、无店铺及其他零售业	529	183	58	228	212	23
交通运输、仓储和邮政业	**G**	**1419**	**335**	**765**	**555**	**157**
铁路运输业	53					
铁路旅客运输	531					
铁路货物运输	532					
道路运输业	54	1239	205	562	369	116
城市公共交通运输	541	23	12	19	29	12
公路旅客运输	542	13	8	9	15	6
道路货物运输	543	1159	159	489	292	79
道路运输辅助活动	544	44	26	45	33	19
水上运输业	55	1				
水上旅客运输	551	1				
水上货物运输	552					
水上运输辅助活动	553					
航空运输业	56	5		8	3	
航空客货运输	561	1		3	2	
通用航空服务	562	4		1	1	
航空运输辅助活动	563			4		
管道运输业	57	1		2	1	
海底管道运输	571					
陆地管道运输	572	1		2	1	
多式联运和运输代理业	58	54	60	60	56	12
多式联运	581	7		2	5	1
运输代理业	582	47	60	58	51	11
装卸搬运和仓储业	59	78	58	111	91	26
装卸搬运	591	28	21	19	23	5
通用仓储	592	13	5	20	13	8

1-9 续表 23

行业中类	代码	喀什地区	和田地区	伊犁哈萨克自治州	塔城地区	阿勒泰地区	自治区直辖县级市
纺织、服装及家庭用品批发	513	181	123	154	14	11	59
文化、体育用品及器材批发	514	99	34	29	8	10	26
医药及医疗器材批发	515	75	30	78	15	6	49
矿产品、建材及化工产品批发	516	1024	316	826	201	171	641
机械设备、五金产品及电子产品批发	517	370	96	374	100	71	258
贸易经纪与代理	518	48	9	136	39	50	26
其他批发业	519	116	68	195	23	14	47
零售业	52	2588	1584	1512	705	473	975
综合零售	521	556	558	161	108	62	188
食品、饮料及烟草制品专门零售	522	326	138	106	58	36	93
纺织、服装及日用品专门零售	523	165	140	107	26	18	38
文化、体育用品及器材专门零售	524	148	83	56	19	18	40
医药及医疗器材专门零售	525	190	53	209	104	49	118
汽车、摩托车、零配件和燃料及其他动力销售	526	418	200	352	157	111	160
家用电器及电子产品专门零售	527	317	114	218	93	66	123
五金、家具及室内装饰材料专门零售	528	268	182	224	68	58	143
货摊、无店铺及其他零售业	529	200	116	79	72	55	72
交通运输、仓储和邮政业	**G**	**716**	**229**	**787**	**267**	**238**	**480**
铁路运输业	53					1	
铁路旅客运输	531					1	
铁路货物运输	532						
道路运输业	54	445	160	529	181	166	381
城市公共交通运输	541	30	12	34	7	15	9
公路旅客运输	542	26	15	31	12	21	9
道路货物运输	543	342	106	407	115	93	342
道路运输辅助活动	544	47	27	57	47	37	21
水上运输业	55	2		2			
水上旅客运输	551			1			
水上货物运输	552	1		1			
水上运输辅助活动	553	1					
航空运输业	56	5	2	4	2	3	5
航空客货运输	561	2					
通用航空服务	562	2	1	4	1	2	2
航空运输辅助活动	563	1	1		1	1	3
管道运输业	57	2		1			
海底管道运输	571						
陆地管道运输	572	2		1			
多式联运和运输代理业	58	132	30	124	15	20	21
多式联运	581	1		5	2	2	5
运输代理业	582	131	30	119	13	18	16
装卸搬运和仓储业	59	103	18	110	44	22	47
装卸搬运	591	11	3	41	4	4	10
通用仓储	592	30	1	23	7	3	7

1-9 续表 24

行业中类	代码	法人单位数(个)	乌鲁木齐市	克拉玛依市	吐鲁番市	哈密市
低温仓储	593	92	3	1	2	5
危险品仓储	594	22	3	5		
谷物、棉花等农产品仓储	595	249	17	2	4	17
中药材仓储	596	4	1			
其他仓储业	599	173	53	3	6	9
邮政业	60	396	101	15	13	14
邮政基本服务	601	32	4	1	1	1
快递服务	602	357	95	14	12	13
其他寄递服务	609	7	2			
住宿和餐饮业	**H**	**2693**	**806**	**81**	**96**	**132**
住宿业	61	1170	273	35	53	57
旅游饭店	611	468	107	9	17	28
一般旅馆	612	556	124	16	28	20
民宿服务	613	22	4	2	3	1
露营地服务	614	5	2			
其他住宿业	619	119	36	8	5	8
餐饮业	62	1523	533	46	43	75
正餐服务	621	1182	418	40	30	63
快餐服务	622	103	35	1	6	3
饮料及冷饮服务	623	16	8			
餐饮配送及外卖送餐服务	624	82	22		5	5
其他餐饮业	629	140	50	5	2	4
信息传输、软件和信息技术服务业	**I**	**8390**	**3878**	**253**	**59**	**212**
电信、广播电视和卫星传输服务	63	506	134	15	12	25
电信	631	292	112	10	7	13
广播电视传输服务	632	203	17	5	5	12
卫星传输服务	633	11	5			
互联网和相关服务	64	1029	332	30	12	39
互联网接入及相关服务	641	135	57	3	3	6
互联网信息服务	642	456	150	22	4	12
互联网平台	643	112	35	1	1	3
互联网安全服务	644	26	9		1	2
互联网数据服务	645	92	6	1		4
其他互联网服务	649	208	75	3	3	12
软件和信息技术服务业	65	6855	3412	208	35	148
软件开发	651	2352	1265	62	2	41
集成电路设计	652	24	14	1		1
信息系统集成和物联网技术服务	653	822	525	11	6	14
运行维护服务	654	109	56	6	1	4
信息处理和存储支持服务	655	79	20	3	1	4
信息技术咨询服务	656	2932	1344	61	23	74
数字内容服务	657	58	26		1	1
其他信息技术服务业	659	479	162	64	1	9

1-9 续表 25

行业中类	代码	昌吉回族自治州	博尔塔拉蒙古自治州	巴音郭楞蒙古自治州	阿克苏地区	克孜勒苏柯尔克孜自治州
低温仓储	593	5	8	8	12	6
危险品仓储	594	1		6	1	
谷物、棉花等农产品仓储	595	20	14	37	25	4
中药材仓储	596			2		
其他仓储业	599	11	10	19	17	3
邮政业	60	41	12	22	35	3
邮政基本服务	601	2	1	6	4	1
快递服务	602	38	11	16	31	2
其他寄递服务	609	1				
住宿和餐饮业	**H**	**175**	**58**	**263**	**161**	**40**
住宿业	61	89	28	108	58	12
旅游饭店	611	36	18	35	22	2
一般旅馆	612	44	9	60	31	10
民宿服务	613		1	4		
露营地服务	614			1		
其他住宿业	619	9		8	5	
餐饮业	62	86	30	155	103	28
正餐服务	621	71	24	114	84	21
快餐服务	622	6	3	16	6	4
饮料及冷饮服务	623	1	1	1		
餐饮配送及外卖送餐服务	624	5		8	7	
其他餐饮业	629	3	2	16	6	3
信息传输、软件和信息技术服务业	**I**	**487**	**139**	**351**	**282**	**50**
电信、广播电视和卫星传输服务	63	40	17	36	28	11
电信	631	16	8	10	12	8
广播电视传输服务	632	24	8	25	16	3
卫星传输服务	633		1	1		
互联网和相关服务	64	98	22	59	51	11
互联网接入及相关服务	641	21	2	7	8	3
互联网信息服务	642	50	9	33	25	6
互联网平台	643	3	3	6	4	
互联网安全服务	644	3	1	1	3	
互联网数据服务	645	5	1	2	2	
其他互联网服务	649	16	6	10	9	2
软件和信息技术服务业	65	349	100	256	203	28
软件开发	651	102	36	97	58	7
集成电路设计	652	1	2	1	1	1
信息系统集成和物联网技术服务	653	53	6	19	35	8
运行维护服务	654	4		1	5	1
信息处理和存储支持服务	655	7	3	7	1	3
信息技术咨询服务	656	172	48	115	92	5
数字内容服务	657	1			2	
其他信息技术服务业	659	9	5	16	9	3

1-9 续表 26

行业中类	代码	喀什地区	和田地区	伊犁哈萨克自治州	塔城地区	阿勒泰地区	自治区直辖县级市
低温仓储	593	18	2	13	3	1	5
危险品仓储	594			4	1	1	
谷物、棉花等农产品仓储	595	31	10	18	23	12	15
中药材仓储	596		1				
其他仓储业	599	13	1	11	6	1	10
邮政业	60	27	19	17	25	26	26
邮政基本服务	601	2	3	2	1	2	1
快递服务	602	25	15	14	23	23	25
其他寄递服务	609		1	1	1	1	
住宿和餐饮业	**H**	**254**	**127**	**233**	**48**	**118**	**101**
住宿业	61	95	55	152	24	91	40
旅游饭店	611	30	23	64	7	57	13
一般旅馆	612	50	25	72	14	27	26
民宿服务	613	2	1	3		1	
露营地服务	614			2			
其他住宿业	619	13	6	11	3	6	1
餐饮业	62	159	72	81	24	27	61
正餐服务	621	116	43	71	19	19	49
快餐服务	622	10	5	5	1	1	1
饮料及冷饮服务	623			1			4
餐饮配送及外卖送餐服务	624	12	5	2	3	6	2
其他餐饮业	629	21	19	2	1	1	5
信息传输、软件和信息技术服务业	**I**	**620**	**145**	**1530**	**90**	**99**	**195**
电信、广播电视和卫星传输服务	63	38	25	45	25	35	20
电信	631	23	17	19	9	16	12
广播电视传输服务	632	15	7	26	15	18	7
卫星传输服务	633		1		1	1	1
互联网和相关服务	64	78	21	201	19	21	35
互联网接入及相关服务	641	9	1	7	4	1	3
互联网信息服务	642	38	9	57	7	12	22
互联网平台	643	6	6	40	2	1	1
互联网安全服务	644	1	2	1		2	
互联网数据服务	645	2		63		1	5
其他互联网服务	649	22	3	33	6	4	4
软件和信息技术服务业	65	504	99	1284	46	43	140
软件开发	651	175	29	435	5	8	30
集成电路设计	652			2			
信息系统集成和物联网技术服务	653	42	18	47	6	11	21
运行维护服务	654	7	1	10	1	8	4
信息处理和存储支持服务	655	6	4	11		1	8
信息技术咨询服务	656	234	37	614	33	12	68
数字内容服务	657	12		14			1
其他信息技术服务业	659	28	10	151	1	3	8

1-9 续表 27

行业中类	代码	法人单位数(个)	乌鲁木齐市	克拉玛依市	吐鲁番市	哈密市
金融业	**J**	**2287**	**474**	**77**	**42**	**84**
货币金融服务	66	908	204	24	28	53
中央银行服务	661	15	1	1	1	1
货币银行服务	662	276	48	9	10	13
非货币银行服务	663	617	155	14	17	39
资本市场服务	67	925	160	30	3	1
证券市场服务	671	5	5			
非公开募集证券投资基金	673	75	60	2		
期货市场服务	674	2	2			
证券期货监管服务	675	1	1			
资本投资服务	676	745	81	21	3	1
其他资本市场服务	679	97	11	7		
保险业	68	307	70	15	11	19
人身保险	681	112	19	6	5	9
财产保险	682	164	32	8	6	9
商业养老金	684	3	2			
保险中介服务	685	18	14			1
其他保险活动	689	10	3	1		
其他金融业	69	147	40	8		11
金融信托与管理服务	691	4	2	1		
控股公司服务	692	1	1			
非金融机构支付服务	693	2	1	1		
金融信息服务	694	22	10	2		1
金融资产管理公司	695	3	2			
其他未列明金融业	699	115	24	4		10
房地产业	**K**	**9504**	**2911**	**236**	**266**	**476**
房地产业	70	9504	2911	236	266	476
房地产开发经营	701	3549	843	70	111	207
物业管理	702	3272	856	106	91	169
房地产中介服务	703	1576	730	21	24	49
房地产租赁经营	704	1022	454	39	38	46
其他房地产业	709	85	28		2	5
租赁和商务服务业	**L**	**24225**	**9179**	**779**	**518**	**982**
租赁业	71	2413	711	89	62	189
机械设备经营租赁	711	2355	692	86	62	185
文体设备和用品出租	712	52	16	3		3
日用品出租	713	6	3			1
商务服务业	72	21812	8468	690	456	793
组织管理服务	721	4680	1789	167	167	136
综合管理服务	722	811	201	21	16	19
法律服务	723	880	205	21	25	42
咨询与调查	724	6114	2914	126	72	161
广告业	725	3757	1438	152	47	190

1-9 续表 28

行业中类	代码	昌吉回族自治州	博尔塔拉蒙古自治州	巴音郭楞蒙古自治州	阿克苏地区	克孜勒苏柯尔克孜自治州
金融业	**J**	**138**	**64**	**117**	**87**	**21**
货币金融服务	66	92	36	69	52	16
中央银行服务	661	1	1	1	1	1
货币银行服务	662	22	10	21	19	8
非货币银行服务	663	69	25	47	32	7
资本市场服务	67	7	5	9	7	1
证券市场服务	671					
非公开募集证券投资基金	673		1		3	
期货市场服务	674					
证券期货监管服务	675					
资本投资服务	676	6	2	7	3	1
其他资本市场服务	679	1	2	2	1	
保险业	68	28	15	23	19	4
人身保险	681	10	7	9	8	1
财产保险	682	15	8	11	11	2
商业养老金	684			1		
保险中介服务	685	1		1		
其他保险活动	689	2		1		1
其他金融业	69	11	8	16	9	
金融信托与管理服务	691	1				
控股公司服务	692					
非金融机构支付服务	693					
金融信息服务	694	1	1	2	2	
金融资产管理公司	695	1				
其他未列明金融业	699	8	7	14	7	
房地产业	**K**	**936**	**286**	**608**	**729**	**115**
房地产业	70	936	286	608	729	115
房地产开发经营	701	410	113	237	301	46
物业管理	702	306	111	252	277	47
房地产中介服务	703	146	37	57	109	10
房地产租赁经营	704	64	21	60	33	12
其他房地产业	709	10	4	2	9	
租赁和商务服务业	**L**	**1729**	**687**	**1278**	**1249**	**220**
租赁业	71	266	43	193	170	21
机械设备经营租赁	711	261	43	191	169	20
文体设备和用品出租	712	5		2	1	1
日用品出租	713					
商务服务业	72	1463	644	1085	1079	199
组织管理服务	721	239	289	195	224	55
综合管理服务	722	77	17	55	71	15
法律服务	723	80	18	74	59	15
咨询与调查	724	333	111	213	229	18
广告业	725	191	88	296	174	24

1-9 续表 29

行业中类	代码	喀什地区	和田地区	伊犁哈萨克自治州	塔城地区	阿勒泰地区	自治区直辖县级市
金融业	**J**	**99**	**39**	**801**	**68**	**76**	**100**
货币金融服务	66	66	27	86	54	56	45
中央银行服务	661	1	1	1	1	1	1
货币银行服务	662	26	14	27	16	16	17
非货币银行服务	663	39	12	58	37	39	27
资本市场服务	67	13	3	662		1	23
证券市场服务	671						
非公开募集证券投资基金	673	1		6			2
期货市场服务	674						
证券期货监管服务	675						
资本投资服务	676	8	3	596			13
其他资本市场服务	679	4		60		1	8
保险业	68	14	7	36	13	9	24
人身保险	681	5	1	14	6	2	10
财产保险	682	8	6	22	7	7	12
商业养老金	684						
保险中介服务	685						1
其他保险活动	689	1					1
其他金融业	69	6	2	17	1	10	8
金融信托与管理服务	691						
控股公司服务	692						
非金融机构支付服务	693						
金融信息服务	694			3			
金融资产管理公司	695						
其他未列明金融业	699	6	2	14	1	10	8
房地产业	**K**	**763**	**292**	**864**	**308**	**246**	**468**
房地产业	70	763	292	864	308	246	468
房地产开发经营	701	268	104	398	131	125	185
物业管理	702	317	135	239	106	74	186
房地产中介服务	703	94	32	155	44	19	49
房地产租赁经营	704	82	16	65	21	28	43
其他房地产业	709	2	5	7	6		5
租赁和商务服务业	**L**	**1611**	**671**	**3046**	**584**	**535**	**1157**
租赁业	71	144	66	180	87	71	121
机械设备经营租赁	711	138	65	169	85	70	119
文体设备和用品出租	712	5	1	10	2	1	2
日用品出租	713	1		1			
商务服务业	72	1467	605	2866	497	464	1036
组织管理服务	721	260	119	316	103	100	521
综合管理服务	722	75	33	107	36	33	35
法律服务	723	59	28	114	63	39	38
咨询与调查	724	322	116	1220	85	67	127
广告业	725	286	117	484	67	50	153

1-9 续表 30

行业中类	代码	法人单位数(个)	乌鲁木齐市	克拉玛依市	吐鲁番市	哈密市
人力资源服务	726	1832	397	81	29	108
安全保护服务	727	600	175	37	22	20
会议、展览及相关服务	728	543	328	12	10	4
其他商务服务业	729	2595	1021	73	68	113
科学研究和技术服务业	**M**	**12135**	**4908**	**454**	**193**	**448**
研究和试验发展	73	520	239	15	12	15
自然科学研究和试验发展	731	32	14	2	1	2
工程和技术研究和试验发展	732	210	112	8	4	6
农业科学研究和试验发展	733	174	66	5	4	7
医学研究和试验发展	734	77	35		2	
社会人文科学研究	735	27	12		1	
专业技术服务业	74	6768	2712	293	123	259
气象服务	741	231	21	4	13	16
地震服务	742	38	5	2	1	1
海洋服务	743	3				
测绘地理信息服务	744	221	110	4	8	4
质检技术服务	745	1215	266	56	33	52
环境与生态监测检测服务	746	262	90	11	3	13
地质勘查	747	289	143	7	3	28
工程技术与设计服务	748	2705	1265	58	48	114
工业与专业设计及其他专业技术服务	749	1804	812	151	14	31
科技推广和应用服务业	75	4847	1957	146	58	174
技术推广服务	751	4035	1604	134	52	148
知识产权服务	752	102	58	1	1	3
科技中介服务	753	118	58	4	2	2
创业空间服务	754	36	24			
其他科技推广服务业	759	556	213	7	3	21
水利、环境和公共设施管理业	**N**	**2277**	**405**	**90**	**63**	**95**
水利管理业	76	571	45		13	30
防洪除涝设施管理	761	29	2		1	2
水资源管理	762	304	13		6	17
天然水收集与分配	763	74	4		2	3
水文服务	764	21	7		1	1
其他水利管理业	769	143	19		3	7
生态保护和环境治理业	77	354	67	20	5	19
生态保护	771	182	21		4	6
环境治理业	772	172	46	20	1	13
公共设施管理业	78	1220	262	66	41	44
市政设施管理	781	214	31	8	7	10
环境卫生管理	782	190	44	3	5	7
城乡市容管理	783	45	6			1
绿化管理	784	555	155	47	17	22
城市公园管理	785	21	6		3	

1-9 续表 31

行业中类	代码	昌吉回族自治州	博尔塔拉蒙古自治州	巴音郭楞蒙古自治州	阿克苏地区	克孜勒苏柯尔克孜自治州
人力资源服务	726	304	45	75	143	19
安全保护服务	727	64	10	41	49	15
会议、展览及相关服务	728	17	6	12	7	4
其他商务服务业	729	158	60	124	123	34
科学研究和技术服务业	**M**	**899**	**242**	**774**	**756**	**151**
研究和试验发展	73	32	8	34	27	3
自然科学研究和试验发展	731	2		3		
工程和技术研究和试验发展	732	12	2	17	10	
农业科学研究和试验发展	733	13	5	9	17	2
医学研究和试验发展	734	4				1
社会人文科学研究	735	1	1	5		
专业技术服务业	74	481	139	378	461	107
气象服务	741	17	8	30	21	11
地震服务	742	4		1	8	4
海洋服务	743				1	
测绘地理信息服务	744	22	4	6	13	2
质检技术服务	745	119	46	86	108	20
环境与生态监测检测服务	746	34	4	14	13	3
地质勘查	747	22	4	18	6	6
工程技术与设计服务	748	210	40	105	170	34
工业与专业设计及其他专业技术服务	749	53	33	118	121	27
科技推广和应用服务业	75	386	95	362	268	41
技术推广服务	751	342	85	334	244	36
知识产权服务	752	8	2	3	1	
科技中介服务	753	16	2	7	3	1
创业空间服务	754	3		1	1	
其他科技推广服务业	759	17	6	17	19	4
水利、环境和公共设施管理业	**N**	**290**	**84**	**178**	**165**	**38**
水利管理业	76	69	22	49	46	20
防洪除涝设施管理	761	3	1	3	3	
水资源管理	762	43	10	29	27	8
天然水收集与分配	763	7	4	4	8	8
水文服务	764	2	2		1	1
其他水利管理业	769	14	5	13	7	3
生态保护和环境治理业	77	47	15	32	25	6
生态保护	771	21	13	14	15	4
环境治理业	772	26	2	18	10	2
公共设施管理业	78	164	46	92	80	8
市政设施管理	781	30	19	21	13	2
环境卫生管理	782	27	4	14	16	3
城乡市容管理	783	6	2	4	1	
绿化管理	784	70	17	33	33	2
城市公园管理	785	3			1	

1-9 续表 32

行业中类	代码	喀什地区	和田地区	伊犁哈萨克自治州	塔城地区	阿勒泰地区	自治区直辖县级市
人力资源服务	726	170	82	220	52	30	77
安全保护服务	727	54	15	38	19	16	25
会议、展览及相关服务	728	34	7	75	7	10	10
其他商务服务业	729	207	88	292	65	119	50
科学研究和技术服务业	**M**	**722**	**318**	**1209**	**364**	**311**	**386**
研究和试验发展	73	20	23	51	13	9	19
自然科学研究和试验发展	731		1	4	1		2
工程和技术研究和试验发展	732	11	2	18	2	1	5
农业科学研究和试验发展	733	7	8	6	7	7	11
医学研究和试验发展	734	1	12	20		1	1
社会人文科学研究	735	1		3	3		
专业技术服务业	74	370	196	629	218	205	197
气象服务	741	15	8	25	18	13	11
地震服务	742	2	1	3	2	1	3
海洋服务	743	1		1			
测绘地理信息服务	744	3	3	22	8	5	7
质检技术服务	745	70	52	131	66	55	55
环境与生态监测检测服务	746	13	5	24	15	9	11
地质勘查	747	13	7	10	3	18	1
工程技术与设计服务	748	149	65	257	55	61	74
工业与专业设计及其他专业技术服务	749	104	55	156	51	43	35
科技推广和应用服务业	75	332	99	529	133	97	170
技术推广服务	751	302	83	302	126	94	149
知识产权服务	752	5		18			2
科技中介服务	753	7	1	9	2	1	3
创业空间服务	754	1	1	2			3
其他科技推广服务业	759	17	14	198	5	2	13
水利、环境和公共设施管理业	**N**	**138**	**75**	**211**	**155**	**143**	**147**
水利管理业	76	50	39	62	60	41	25
防洪除涝设施管理	761	3	1	5	2	1	2
水资源管理	762	33	24	37	30	12	15
天然水收集与分配	763	5	2	3	12	9	3
水文服务	764		1	2	1	1	1
其他水利管理业	769	9	11	15	15	18	4
生态保护和环境治理业	77	17	7	29	30	24	11
生态保护	771	9	5	18	26	20	6
环境治理业	772	8	2	11	4	4	5
公共设施管理业	78	55	25	99	58	75	105
市政设施管理	781	9	3	16	12	12	21
环境卫生管理	782	6	7	16	10	12	16
城乡市容管理	783	2	1	3	6	2	11
绿化管理	784	22	6	39	21	19	52
城市公园管理	785	3	1		2	1	1

1-9 续表 33

行业中类	代码	法人单位数(个)	乌鲁木齐市	克拉玛依市	吐鲁番市	哈密市
游览景区管理	786	195	20	8	9	4
土地管理业	79	132	31	4	4	2
土地整治服务	791	32	2		1	
土地调查评估服务	792	47	23	3	1	1
土地登记服务	793	10	2		1	
土地登记代理服务	794	5	1			
其他土地管理服务	799	38	3	1	1	1
居民服务、修理和其他服务业	**O**	**4839**	**1607**	**244**	**118**	**210**
居民服务业	80	1680	589	54	26	71
家庭服务	801	433	125	16	8	32
托儿所服务	802	32	1	4	3	
洗染服务	803	41	19	1		1
理发及美容服务	804	192	115	7	2	2
洗浴和保健养生服务	805	170	95	5	3	7
摄影扩印服务	806	126	61	5	1	4
婚姻服务	807	124	60	1	2	10
殡葬服务	808	211	13	7	3	5
其他居民服务业	809	351	100	8	4	10
机动车、电子产品和日用产品修理业	81	2597	841	141	82	121
汽车、摩托车等修理与维护	811	1954	538	118	72	99
计算机和办公设备维修	812	374	189	14	5	9
家用电器修理	813	199	79	6	5	11
其他日用产品修理业	819	70	35	3		2
其他服务业	82	562	177	49	10	18
清洁服务	821	363	140	35	7	15
宠物服务	822	15	7	1		
其他未列明服务业	829	184	30	13	3	3
教育	**P**	**9446**	**1448**	**286**	**314**	**338**
教育	83	9446	1448	286	314	338
学前教育	831	2617	366	52	42	74
初等教育	832	2045	149	28	90	64
中等教育	833	1411	161	22	51	40
高等教育	834	70	25	2	1	3
特殊教育	835	35	5	1	1	2
技能培训、教育辅助及其他教育	839	3268	742	181	129	155
卫生和社会工作	**Q**	**3834**	**624**	**72**	**75**	**147**
卫生	84	3157	493	44	62	123
医院	841	799	129	15	15	24
基层医疗卫生服务	842	1652	308	21	35	65
专业公共卫生服务	843	630	38	6	12	27
其他卫生活动	849	76	18	2		7
社会工作	85	677	131	28	13	24
提供住宿社会工作	851	513	109	19	11	19
不提供住宿社会工作	852	164	22	9	2	5
文化、体育和娱乐业	**R**	**5684**	**1251**	**99**	**99**	**210**
新闻和出版业	86	144	64	3	6	3
新闻业	861	29	4		2	
出版业	862	115	60	3	4	3
广播、电视、电影和录音制作业	87	1543	174	15	10	26

1-9 续表 34

行业中类	代码					
		昌吉回族自治州	博尔塔拉蒙古自治州	巴音郭楞蒙古自治州	阿克苏地区	克孜勒苏柯尔克孜自治州
游览景区管理	786	28	4	20	16	1
土地管理业	79	10	1	5	14	4
土地整治服务	791	1	1	1	8	
土地调查评估服务	792	3		2	3	
土地登记服务	793	1		1		1
土地登记代理服务	794	2				
其他土地管理服务	799	3		1	3	3
居民服务、修理和其他服务业	**O**	**343**	**114**	**356**	**319**	**118**
居民服务业	80	109	47	94	98	29
家庭服务	801	31	9	24	30	9
托儿所服务	802		3	5	1	
洗染服务	803	4		2		
理发及美容服务	804	5	1	12	14	4
洗浴和保健养生服务	805	12	5	9	11	3
摄影扩印服务	806	6	4	4	5	5
婚姻服务	807	13	1	7	6	1
殡葬服务	808	17	4	12	9	2
其他居民服务业	809	21	20	19	22	5
机动车、电子产品和日用产品修理业	81	173	52	225	178	80
汽车、摩托车等修理与维护	811	154	42	184	132	68
计算机和办公设备维修	812	10	6	21	30	10
家用电器修理	813	6	4	15	11	2
其他日用产品修理业	819	3		5	5	
其他服务业	82	61	15	37	43	9
清洁服务	821	41	8	19	30	4
宠物服务	822	4				
其他未列明服务业	829	16	7	18	13	5
教育	**P**	**715**	**224**	**620**	**860**	**310**
教育	83	715	224	620	860	310
学前教育	831	177	51	152	243	133
初等教育	832	119	27	100	251	103
中等教育	833	70	44	72	135	28
高等教育	834	4	2	3	2	1
特殊教育	835	1	1	2	3	1
技能培训、教育辅助及其他教育	839	344	99	291	226	44
卫生和社会工作	**Q**	**356**	**115**	**357**	**253**	**96**
卫生	84	290	94	313	224	84
医院	841	66	27	57	52	14
基层医疗卫生服务	842	167	38	183	117	48
专业公共卫生服务	843	53	27	67	51	21
其他卫生活动	849	4	2	6	4	1
社会工作	85	66	21	44	29	12
提供住宿社会工作	851	52	17	30	18	8
不提供住宿社会工作	852	14	4	14	11	4
文化、体育和娱乐业	**R**	**385**	**108**	**207**	**307**	**83**
新闻和出版业	86	2	3	5	2	2
新闻业	861	1	1	2		
出版业	862	1	2	3	2	2
广播、电视、电影和录音制作业	87	28	15	37	47	15

1-9 续表 35

行业中类	代码	喀什地区	和田地区	伊犁哈萨克自治州	塔城地区	阿勒泰地区	自治区直辖县级市
游览景区管理	786	13	7	25	7	29	4
土地管理业	79	16	4	21	7	3	6
土地整治服务	791	7	3	3		3	2
土地调查评估服务	792	3		3	4		1
土地登记服务	793			3	1		
土地登记代理服务	794			2			
其他土地管理服务	799	6	1	10	2		3
居民服务、修理和其他服务业	**O**	**431**	**235**	**368**	**89**	**86**	**201**
居民服务业	80	162	58	191	40	32	80
家庭服务	801	70	18	26	12	5	18
托儿所服务	802	5	5	3			2
洗染服务	803	2	1	7	2		2
理发及美容服务	804	12	10	6		1	1
洗浴和保健养生服务	805	4	3	6	2	2	3
摄影扩印服务	806	15	3	6	2	2	3
婚姻服务	807	8	2	8	3	1	1
殡葬服务	808	5	2	110	8	8	6
其他居民服务业	809	41	14	19	11	13	44
机动车、电子产品和日用产品修理业	81	229	151	143	38	46	97
汽车、摩托车等修理与维护	811	161	121	112	33	41	79
计算机和办公设备维修	812	30	15	16	3	5	11
家用电器修理	813	28	12	13	2		5
其他日用产品修理业	819	10	3	2			2
其他服务业	82	40	26	34	11	8	24
清洁服务	821	10	9	20	5	1	19
宠物服务	822	2		1			
其他未列明服务业	829	28	17	13	6	7	5
教育	**P**	**1216**	**567**	**1456**	**435**	**302**	**355**
教育	83	1216	567	1456	435	302	355
学前教育	831	357	139	551	109	86	85
初等教育	832	359	141	415	97	83	19
中等教育	833	208	152	196	103	50	79
高等教育	834	2	8	4	4	1	8
特殊教育	835	6	2	5	3	1	1
技能培训、教育辅助及其他教育	839	284	125	285	119	81	163
卫生和社会工作	**Q**	**419**	**268**	**425**	**275**	**194**	**158**
卫生	84	357	223	346	234	157	113
医院	841	101	71	89	57	33	49
基层医疗卫生服务	842	195	102	166	109	65	33
专业公共卫生服务	843	56	49	77	63	58	25
其他卫生活动	849	5	1	14	5	1	6
社会工作	85	62	45	79	41	37	45
提供住宿社会工作	851	53	32	48	37	20	40
不提供住宿社会工作	852	9	13	31	4	17	5
文化、体育和娱乐业	**R**	**525**	**110**	**1605**	**253**	**155**	**287**
新闻和出版业	86	11	6	14	4	6	13
新闻业	861	6	2	3	2	1	5
出版业	862	5	4	11	2	5	8
广播、电视、电影和录音制作业	87	179	26	889	25	26	31

1-9 续表 36

行业中类	代码	法　人单位数(个)				
			乌鲁木齐市	克拉玛依市	吐鲁番市	哈密市
广播	871	180	16	2	3	6
电视	872	78	11		3	5
影视节目制作	873	1017	89	5	1	7
广播电视集成播控	874	18	4			
电影和广播电视节目发行	875	54	6			
电影放映	876	165	33	5	3	8
录音制作	877	31	15	3		
文化艺术业	88	1299	312	22	25	57
文艺创作与表演	881	329	103	9	1	11
艺术表演场馆	882	7	4			
图书馆与档案馆	883	181	19	5	7	10
文物及非物质文化遗产保护	884	56	6		2	4
博物馆	885	62	7	2	2	4
烈士陵园、纪念馆	886	5				2
群众文体活动	887	360	54	3	7	18
其他文化艺术业	889	299	119	3	6	8
体育	89	380	158	14	6	21
体育组织	891	129	51	4	6	8
体育场地设施管理	892	36	11			1
健身休闲活动	893	189	77	10		11
其他体育	899	26	19			1
娱乐业	90	2318	543	45	52	103
室内娱乐活动	901	1609	332	33	45	75
游乐园	902	39	9	3	1	3
休闲观光活动	903	75	11	1		2
彩票活动	904	16	5	1	1	
文化体育娱乐活动与经纪代理服务	905	488	185	6	5	22
其他娱乐业	909	91	1	1		1
公共管理、社会保障和社会组织	**S**	**39092**	**3838**	**654**	**1102**	**1488**
中国共产党机关	91	1474	150	35	48	70
中国共产党机关	910	1474	150	35	48	70
国家机构	92	12324	1476	236	425	626
国家权力机构	921	143	9	5	4	4
国家行政机构	922	11827	1433	220	412	603
人民法院和人民检察院	923	307	29	10	8	15
其他国家机构	929	47	5	1	1	4
人民政协、民主党派	93	136	19	10	4	4
人民政协	931	117	8	10	4	4
民主党派	932	19	11			
社会保障	94	185	7		2	20
基本保险	941	69	4		2	2
其他社会保障	949	116	3			18
群众团体、社会团体和其他成员组织	95	10741	1086	214	368	400
群众团体	951	636	75	17	13	40
社会团体	952	3452	630	190	126	192
基金会	953	23	14	1		1
宗教组织	954	6630	367	6	229	167
基层群众自治组织及其他组织	96	14232	1100	159	255	368
社区居民自治组织	961	3079	902	117	77	94
村民自治组织	962	11153	198	42	178	274

1-9 续表 37

行业中类	代码	昌吉回族自治州	博尔塔拉蒙古自治州	巴音郭楞蒙古自治州	阿克苏地区	克孜勒苏柯尔克孜自治州
广播	871	6	1	5	20	6
电视	872	2	6	5	4	1
影视节目制作	873	8	4	7	7	4
广播电视集成播控	874			1	1	
电影和广播电视节目发行	875	1		3	3	
电影放映	876	11	3	14	12	4
录音制作	877		1	2		
文化艺术业	88	105	17	93	79	31
文艺创作与表演	881	19	1	15	15	7
艺术表演场馆	882	2				
图书馆与档案馆	883	19	4	18	16	7
文物及非物质文化遗产保护	884	2		3	3	2
博物馆	885	9	2	10	3	1
烈士陵园、纪念馆	886					
群众文体活动	887	40	6	32	31	10
其他文化艺术业	889	14	4	15	11	4
体育	89	37	7	22	20	6
体育组织	891	10	2	7	6	5
体育场地设施管理	892	5	2	4	2	
健身休闲活动	893	21	3	10	12	1
其他体育	899	1		1		
娱乐业	90	213	66	50	159	29
室内娱乐活动	901	165	58	29	134	19
游乐园	902	1	1	2	3	
休闲观光活动	903	19	1		2	5
彩票活动	904	3		1	1	
文化体育娱乐活动与经纪代理服务	905	23	5	15	15	3
其他娱乐业	909	2	1	3	4	2
公共管理、社会保障和社会组织	**S**	**2617**	**1195**	**2584**	**4027**	**1130**
中国共产党机关	91	106	70	129	81	48
中国共产党机关	910	106	70	129	81	48
国家机构	92	952	441	1058	983	415
国家权力机构	921	12	5	13	10	10
国家行政机构	922	916	419	1011	948	395
人民法院和人民检察院	923	22	17	30	18	10
其他国家机构	929	2		4	7	
人民政协、民主党派	93	9	6	9	9	4
人民政协	931	8	6	9	8	4
民主党派	932	1			1	
社会保障	94	11	8	24	15	10
基本保险	941	2	4	17	4	3
其他社会保障	949	9	4	7	11	7
群众团体、社会团体和其他成员组织	95	642	215	617	1469	324
群众团体	951	29	33	63	56	20
社会团体	952	382	115	316	164	80
基金会	953	1		2		
宗教组织	954	230	67	236	1249	224
基层群众自治组织及其他组织	96	897	455	747	1470	329
社区居民自治组织	961	172	96	200	223	55
村民自治组织	962	725	359	547	1247	274

1-9 续表 38

行业中类	代码	喀什地区	和田地区	伊犁哈萨克自治州	塔城地区	阿勒泰地区	自治区直辖县级市
广播	871	11	5	74	7	8	10
电视	872	5	3	19	1	8	5
影视节目制作	873	133	7	731	4	4	6
广播电视集成播控	874	4	1	5	2		
电影和广播电视节目发行	875	4		36	1		
电影放映	876	21	10	17	10	5	9
录音制作	877	1		7		1	1
文化艺术业	88	112	48	237	56	53	52
文艺创作与表演	881	25	4	91	8	12	8
艺术表演场馆	882						1
图书馆与档案馆	883	17	10	20	11	8	10
文物及非物质文化遗产保护	884	9	6	12	3	3	1
博物馆	885	3	2	3	3	2	9
烈士陵园、纪念馆	886				1		2
群众文体活动	887	30	22	44	26	20	17
其他文化艺术业	889	28	4	67	4	8	4
体育	89	15	8	37	6	8	15
体育组织	891	6	3	12	1	1	7
体育场地设施管理	892	2	1	5	1	2	
健身休闲活动	893	7	3	17	4	5	8
其他体育	899		1	3			
娱乐业	90	208	22	428	162	62	176
室内娱乐活动	901	151	12	205	143	51	157
游乐园	902	4	1	5	1	2	3
休闲观光活动	903	8	4	15	3	1	3
彩票活动	904		1	1	1		1
文化体育娱乐活动与经纪代理服务	905	38	4	137	14	6	10
其他娱乐业	909	7		65		2	2
公共管理、社会保障和社会组织	**S**	**6917**	**4143**	**3241**	**2813**	**2011**	**1332**
中国共产党机关	91	191	104	178	118	107	39
中国共产党机关	910	191	104	178	118	107	39
国家机构	92	1246	823	1221	893	962	567
国家权力机构	921	17	13	14	9	12	6
国家行政机构	922	1185	787	1170	855	928	545
人民法院和人民检察院	923	30	21	34	25	22	16
其他国家机构	929	14	2	3	4		
人民政协、民主党派	93	10	11	15	8	8	10
人民政协	931	10	11	15	8	8	4
民主党派	932						6
社会保障	94	13	7	39	12	12	5
基本保险	941	1	5	12	8	3	2
其他社会保障	949	12	2	27	4	9	3
群众团体、社会团体和其他成员组织	95	2587	1374	639	362	274	170
群众团体	951	65	49	78	42	42	14
社会团体	952	429	159	213	195	145	116
基金会	953	2					2
宗教组织	954	2091	1166	348	125	87	38
基层群众自治组织及其他组织	96	2870	1824	1149	1420	648	541
社区居民自治组织	961	356	199	262	133	74	119
村民自治组织	962	2514	1625	887	1287	574	422

1-10 按行业（中类）、地区分组的法人单位从业人员数

行业中类	代码	从业人员数(人)	乌鲁木齐市	克拉玛依市	吐鲁番市	哈密市
总　计		**4653809**	**1187003**	**246817**	**131982**	**151484**
农、林、牧、渔业	**A**	**53712**	**462**	**753**	**305**	**1164**
农业	01					
谷物种植	011					
豆类、油料和薯类种植	012					
棉、麻、糖、烟草种植	013					
蔬菜、食用菌及园艺作物种植	014					
中药材种植	017					
其他农业	019					
林业	02					
造林和更新	022					
森林经营、管护和改培	023					
畜牧业	03					
牲畜饲养	031					
家禽饲养	032					
渔业	04					
水产养殖	041					
农、林、牧、渔专业及辅助性活动	05	53712	462	753	305	1164
农业专业及辅助性活动	051	48613	363	752	271	1014
林业专业及辅助性活动	052	1847	68			119
畜牧专业及辅助性活动	053	2989	31	1	34	29
渔业专业及辅助性活动	054	263				2
采矿业	**B**	**173687**	**12190**	**66611**	**17430**	**13706**
煤炭开采和洗选业	06	44839	7677	408	1913	9096
烟煤和无烟煤开采洗选	061	44761	7677	408	1912	9062
褐煤开采洗选	062	25				25
其他煤炭采选	069	53			1	9
石油和天然气开采业	07	59237	3927	38650	4143	7
石油开采	071	46620	3927	38151	4143	1
天然气开采	072	12617		499		6
黑色金属矿采选业	08	8071	7		1415	2207
铁矿采选	081	7854	7		1414	2207
锰矿、铬矿采选	082	169				
其他黑色金属矿采选	089	48			1	
有色金属矿采选业	09	10113	54		981	1882
常用有色金属矿采选	091	7931	9		947	1608
贵金属矿采选	092	1928	44		31	263
稀有稀土金属矿采选	093	254	1		3	11
非金属矿采选业	10	7997	248	56	1173	472
土砂石开采	101	6739	244	55	1114	324

1-10 续表 1

行业中类	代码	昌吉回族自治州	博尔塔拉蒙古自治州	巴音郭楞蒙古自治州	阿克苏地区	克孜勒苏柯尔克孜自治州
总　计		**331104**	**104812**	**283456**	**341662**	**90521**
农、林、牧、渔业	**A**	**4219**	**1923**	**3684**	**5526**	**950**
农业	01					
谷物种植	011					
豆类、油料和薯类种植	012					
棉、麻、糖、烟草种植	013					
蔬菜、食用菌及园艺作物种植	014					
中药材种植	017					
其他农业	019					
林业	02					
造林和更新	022					
森林经营、管护和改培	023					
畜牧业	03					
牲畜饲养	031					
家禽饲养	032					
渔业	04					
水产养殖	041					
农、林、牧、渔专业及辅助性活动	05	4219	1923	3684	5526	950
农业专业及辅助性活动	051	3858	1743	3247	4802	716
林业专业及辅助性活动	052	146	141	349	151	191
畜牧专业及辅助性活动	053	202	6	76	566	43
渔业专业及辅助性活动	054	13	33	12	7	
采矿业	**B**	**6824**	**323**	**23697**	**8691**	**1796**
煤炭开采和洗选业	06	6001		2094	7880	
烟煤和无烟煤开采洗选	061	5992		2093	7880	
褐煤开采洗选	062					
其他煤炭采选	069	9		1		
石油和天然气开采业	07	28		12025	82	5
石油开采	071	8		43	82	
天然气开采	072	20		11982		5
黑色金属矿采选业	08	30	151	899	42	533
铁矿采选	081	30	150	888	1	386
锰矿、铬矿采选	082			1	5	147
其他黑色金属矿采选	089		1	10	36	
有色金属矿采选业	09	13	10	576	218	929
常用有色金属矿采选	091	10	5	360	217	897
贵金属矿采选	092	3		214		31
稀有稀土金属矿采选	093		5	2	1	1
非金属矿采选业	10	571	149	1162	363	298
土砂石开采	101	564	149	591	347	283

1-10 续表 2

行业中类	代码	喀什地区	和田地区	伊犁哈萨克自治州	塔城地区	阿勒泰地区	自治区直辖县级市
总　计		**495080**	**278014**	**433579**	**180640**	**130627**	**267028**
农、林、牧、渔业	**A**	**5143**	**2925**	**3094**	**18176**	**2126**	**3262**
农业	01						
谷物种植	011						
豆类、油料和薯类种植	012						
棉、麻、糖、烟草种植	013						
蔬菜、食用菌及园艺作物种植	014						
中药材种植	017						
其他农业	019						
林业	02						
造林和更新	022						
森林经营、管护和改培	023						
畜牧业	03						
牲畜饲养	031						
家禽饲养	032						
渔业	04						
水产养殖	041						
农、林、牧、渔专业及辅助性活动	05	5143	2925	3094	18176	2126	3262
农业专业及辅助性活动	051	4562	2480	2104	17660	1844	3197
林业专业及辅助性活动	052	163	194	4	84	198	39
畜牧专业及辅助性活动	053	404	228	827	432	84	26
渔业专业及辅助性活动	054	14	23	159			
采矿业	**B**	**2097**	**687**	**5702**	**6618**	**6565**	**750**
煤炭开采和洗选业	06	225	300	4089	4435	206	515
烟煤和无烟煤开采洗选	061	225	300	4057	4435	205	515
褐煤开采洗选	062						
其他煤炭采选	069			32		1	
石油和天然气开采业	07				265	105	
石油开采	071				265		
天然气开采	072					105	
黑色金属矿采选业	08	244		590	7	1946	
铁矿采选	081	244		574	7	1946	
锰矿、铬矿采选	082			16			
其他黑色金属矿采选	089						
有色金属矿采选业	09	924	30	335	476	3682	3
常用有色金属矿采选	091	904	21	323	12	2615	3
贵金属矿采选	092	20		12	464	846	
稀有稀土金属矿采选	093		9			221	
非金属矿采选业	10	632	296	581	1242	563	191
土砂石开采	101	615	267	552	907	536	191

1-10 续表 3

行业中类	代码	从业人员数(人)	乌鲁木齐市	克拉玛依市	吐鲁番市	哈密市
化学矿开采	102	79				60
采盐	103	404			45	3
石棉及其他非金属矿采选	109	775	4	1	14	85
开采专业及辅助性活动	11	42944	273	27497	7794	3
煤炭开采和洗选专业及辅助性活动	111	474			122	
石油和天然气开采专业及辅助性活动	112	42241	272	27497	7615	2
其他开采专业及辅助性活动	119	229	1		57	1
其他采矿业	12	486	4		11	39
其他采矿业	120	486	4		11	39
制造业	**C**	**689121**	**89560**	**35112**	**24039**	**19393**
农副食品加工业	13	50303	2528	457	883	1250
谷物磨制	131	5402	206	190	1	20
饲料加工	132	4712	779	10		63
植物油加工	133	6610	128	174	1	54
制糖业	134	7405				
屠宰及肉类加工	135	5770	1084	39	64	649
水产品加工	136	266	1	13	10	
蔬菜、菌类、水果和坚果加工	137	14572	290	12	713	267
其他农副食品加工	139	5566	40	19	94	197
食品制造业	14	29771	8146	504	356	350
焙烤食品制造	141	3730	743	133	60	44
糖果、巧克力及蜜饯制造	142	404	203			
方便食品制造	143	3901	2369			21
乳制品制造	144	5558	1191	371	1	81
罐头食品制造	145	2760	154			1
调味品、发酵制品制造	146	6312	323			
其他食品制造	149	7106	3163		295	203
酒、饮料和精制茶制造业	15	13714	1489	129	658	224
酒的制造	151	8799	383	103	571	181
饮料制造	152	4665	1088	26	87	43
精制茶加工	153	250	18			
烟草制品业	16	777	752			
卷烟制造	162	752	752			
其他烟草制品制造	169	25				
纺织业	17	81830	1653	1368	817	663
棉纺织及印染精加工	171	69026	650	1326	698	635
毛纺织及染整精加工	172	2202	824		2	
麻纺织及染整精加工	173	99				
丝绢纺织及印染精加工	174	117				
化纤织造及印染精加工	175	241	13	30		

1-10 续表 4

行业中类	代码	昌吉回族自治州	博尔塔拉蒙古自治州	巴音郭楞蒙古自治州	阿克苏地区	克孜勒苏柯尔克孜自治州
化学矿开采	102			3		
采盐	103			21		
石棉及其他非金属矿采选	109	7		547	16	15
开采专业及辅助性活动	11	108		6895	74	5
煤炭开采和洗选专业及辅助性活动	111	105		18		5
石油和天然气开采专业及辅助性活动	112	1		6796	26	
其他开采专业及辅助性活动	119	2		81	48	
其他采矿业	12	73	13	46	32	26
其他采矿业	120	73	13	46	32	26
制造业	**C**	**87951**	**11721**	**42872**	**50485**	**6337**
农副食品加工业	13	5552	1575	4018	3635	283
谷物磨制	131	799	108	163	646	85
饲料加工	132	680	189	832	365	2
植物油加工	133	1380	573	835	703	10
制糖业	134	1686	356	228	582	
屠宰及肉类加工	135	328	203	170	91	73
水产品加工	136		82	1	9	
蔬菜、菌类、水果和坚果加工	137	259	38	661	1021	102
其他农副食品加工	139	420	26	1128	218	11
食品制造业	14	3014	428	1848	695	290
焙烤食品制造	141	526	129	50	230	96
糖果、巧克力及蜜饯制造	142	16	4	26	5	1
方便食品制造	143	244	26	7	20	33
乳制品制造	144	1029	2	183	8	1
罐头食品制造	145	501	17	920	228	
调味品、发酵制品制造	146	419		105	27	
其他食品制造	149	279	250	557	177	159
酒、饮料和精制茶制造业	15	1619	473	949	976	115
酒的制造	151	824	412	910	465	11
饮料制造	152	795	58	30	511	104
精制茶加工	153		3	9		
烟草制品业	16	25				
卷烟制造	162					
其他烟草制品制造	169	25				
纺织业	17	2556	2996	8668	17313	955
棉纺织及印染精加工	171	2378	2941	8469	16355	260
毛纺织及染整精加工	172	28	12		15	43
麻纺织及染整精加工	173				46	
丝绢纺织及印染精加工	174			12		
化纤织造及印染精加工	175	93				

1-10 续表 5

行业中类	代码						
		喀什地区	和田地区	伊犁哈萨克自治州	塔城地区	阿勒泰地区	自治区直辖县级市
化学矿开采	102	7		9			
采盐	103				335		
石棉及其他非金属矿采选	109	10	29	20		27	
开采专业及辅助性活动	11	4	1	101	148		41
煤炭开采和洗选专业及辅助性活动	111		1	97	126		
石油和天然气开采专业及辅助性活动	112	4			22		6
其他开采专业及辅助性活动	119			4			35
其他采矿业	12	68	60	6	45	63	
其他采矿业	120	68	60	6	45	63	
制造业	**C**	**97120**	**48807**	**63679**	**21601**	**7680**	**82764**
农副食品加工业	13	7503	2394	7876	3035	1798	7516
谷物磨制	131	1005	62	954	468	142	553
饲料加工	132	339	13	751	95	69	525
植物油加工	133	258	255	616	857	52	714
制糖业	134	15	68	3399	766	305	
屠宰及肉类加工	135	541	486	775	547	246	474
水产品加工	136	51	3	1		95	
蔬菜、菌类、水果和坚果加工	137	4671	822	350	92	134	5140
其他农副食品加工	139	623	685	1030	210	755	110
食品制造业	14	1119	1853	3488	1446	435	5799
焙烤食品制造	141	252	715	475	6	34	237
糖果、巧克力及蜜饯制造	142		122	27			
方便食品制造	143	157	58	229	83	64	590
乳制品制造	144	347	35	463	559	231	1056
罐头食品制造	145	18	23	71	648	3	176
调味品、发酵制品制造	146	64	88	1459	138		3689
其他食品制造	149	281	812	764	12	103	51
酒、饮料和精制茶制造业	15	877	428	2900	605	617	1655
酒的制造	151	295	91	2718	415	209	1211
饮料制造	152	556	269	178	190	286	444
精制茶加工	153	26	68	4		122	
烟草制品业	16						
卷烟制造	162						
其他烟草制品制造	169						
纺织业	17	10805	2503	6149	4384	167	20833
棉纺织及印染精加工	171	6031	985	5885	3844		18569
毛纺织及染整精加工	172	45	46	22	482	26	657
麻纺织及染整精加工	173			53			
丝绢纺织及印染精加工	174	21	84				
化纤织造及印染精加工	175	43	61	1			

1-10 续表 6

行业中类	代码	从业人员数(人)	乌鲁木齐市	克拉玛依市	吐鲁番市	哈密市
针织或钩针编织物及其制品制造	176	4487	30		64	8
家用纺织制成品制造	177	4075	33	12	52	6
产业用纺织制成品制造	178	1583	103		1	14
纺织服装、服饰业	18	77439	609	243	1169	187
机织服装制造	181	31660	292	122	879	40
针织或钩针编织服装制造	182	5765	202	112	94	
服饰制造	183	40014	115	9	196	147
皮革、毛皮、羽毛及其制品和制鞋业	19	11770	145	40	3	3
皮革鞣制加工	191	98	22			
皮革制品制造	192	1929	5			3
毛皮鞣制及制品加工	193	868	60	40	2	
羽毛（绒）加工及制品制造	194	70	36			
制鞋业	195	8805	22		1	
木材加工和木、竹、藤、棕、草制品业	20	5690	144	27	18	25
木材加工	201	2691	52	5	14	2
人造板制造	202	1780	45			23
木质制品制造	203	1006	32	22	4	
竹、藤、棕、草等制品制造	204	213	15			
家具制造业	21	3264	606		6	83
木质家具制造	211	2119	375		1	70
金属家具制造	213	689	182			
塑料家具制造	214	52	2			
其他家具制造	219	404	47		5	13
造纸和纸制品业	22	5648	843		38	4
纸浆制造	221	598	2			
造纸	222	1606	112		15	1
纸制品制造	223	3444	729		23	3
印刷和记录媒介复制业	23	4684	2257	195	20	29
印刷	231	4137	2171	130	18	23
装订及印刷相关服务	232	545	84	65	2	6
记录媒介复制	233	2	2			
文教、工美、体育和娱乐用品制造业	24	12501	450	50	59	188
文教办公用品制造	241	354	87	1		5
乐器制造	242	111				
工艺美术及礼仪用品制造	243	11795	312	16	59	183
体育用品制造	244	155		33		
玩具制造	245	35				
游艺器材及娱乐用品制造	246	51	51			
石油、煤炭及其他燃料加工业	25	55090	7808	19399	1835	5405
精炼石油产品制造	251	38540	7798	19388	510	824

1-10 续表 7

行业中类	代码	昌吉回族自治州	博尔塔拉蒙古自治州	巴音郭楞蒙古自治州	阿克苏地区	克孜勒苏柯尔克孜自治州
针织或钩针编织物及其制品制造	176	13	2	38	563	125
家用纺织制成品制造	177	14	8	104	321	527
产业用纺织制成品制造	178	30	33	45	13	
纺织服装、服饰业	18	1291	315	957	8674	1405
机织服装制造	181	717	208	212	4349	255
针织或钩针编织服装制造	182	129	8	74	199	264
服饰制造	183	445	99	671	4126	886
皮革、毛皮、羽毛及其制品和制鞋业	19	36	83	20	87	71
皮革鞣制加工	191		9			58
皮革制品制造	192	5	69		2	
毛皮鞣制及制品加工	193	3			41	
羽毛（绒）加工及制品制造	194	2	5	17		
制鞋业	195	26		3	44	13
木材加工和木、竹、藤、棕、草制品业	20	564	157	287	471	90
木材加工	201	141	83	71	176	64
人造板制造	202	365	63	123	181	6
木质制品制造	203	40	11	93	107	12
竹、藤、棕、草等制品制造	204	18			7	8
家具制造业	21	482	10	59	25	30
木质家具制造	211	222	1	59	25	23
金属家具制造	213	219	8			
塑料家具制造	214	8				1
其他家具制造	219	33	1			6
造纸和纸制品业	22	1397	21	1276	516	70
纸浆制造	221	58		528	10	
造纸	222	644	1	277	64	69
纸制品制造	223	695	20	471	442	1
印刷和记录媒介复制业	23	303	54	191	189	60
印刷	231	213	48	164	172	26
装订及印刷相关服务	232	90	6	27	17	34
记录媒介复制	233					
文教、工美、体育和娱乐用品制造业	24	690	321	177	435	573
文教办公用品制造	241	1			10	1
乐器制造	242				35	7
工艺美术及礼仪用品制造	243	689	210	175	385	565
体育用品制造	244		110	1	5	
玩具制造	245		1	1		
游艺器材及娱乐用品制造	246					
石油、煤炭及其他燃料加工业	25	6101	27	349	4285	1
精炼石油产品制造	251	2018	1	277	1320	

1-10 续表 8

行业中类	代码	喀什地区	和田地区	伊犁哈萨克自治州	塔城地区	阿勒泰地区	自治区直辖县级市
针织或钩针编织物及其制品制造	176	3228	142	15	53	37	169
家用纺织制成品制造	177	1212	150	142	5	53	1436
产业用纺织制成品制造	178	225	1035	31		51	2
纺织服装、服饰业	18	37726	17652	6324	262	28	597
机织服装制造	181	19499	2251	2768	38	19	11
针织或钩针编织服装制造	182	2502	1420	670	38	4	49
服饰制造	183	15725	13981	2886	186	5	537
皮革、毛皮、羽毛及其制品和制鞋业	19	1770	9305	196	6	5	
皮革鞣制加工	191		8		1		
皮革制品制造	192	1275	395	173		2	
毛皮鞣制及制品加工	193	5	717				
羽毛（绒）加工及制品制造	194	2			5	3	
制鞋业	195	488	8185	23			
木材加工和木、竹、藤、棕、草制品业	20	2078	512	741	276	19	281
木材加工	201	1098	318	415	151	10	91
人造板制造	202	565	2	218	112		77
木质制品制造	203	292	182	92		9	110
竹、藤、棕、草等制品制造	204	123	10	16	13		3
家具制造业	21	1514	287	72		16	74
木质家具制造	211	1107	137	61		11	27
金属家具制造	213	205	65	10			
塑料家具制造	214		5	1			35
其他家具制造	219	202	80			5	12
造纸和纸制品业	22	412	187	207	60	22	595
纸浆制造	221						
造纸	222	4	20	132	4	3	260
纸制品制造	223	408	167	75	56	19	335
印刷和记录媒介复制业	23	238	232	612	29	58	217
印刷	231	195	135	575	29	35	203
装订及印刷相关服务	232	43	97	37		23	14
记录媒介复制	233						
文教、工美、体育和娱乐用品制造业	24	3200	4875	884	101	225	273
文教办公用品制造	241	159	33	13			44
乐器制造	242	67	2				
工艺美术及礼仪用品制造	243	2974	4840	838	101	219	229
体育用品制造	244					6	
玩具制造	245			33			
游艺器材及娱乐用品制造	246						
石油、煤炭及其他燃料加工业	25	5218	23	1780	1278		1581
精炼石油产品制造	251	5113		593	439		259

1-10 续表 9

行业中类	代码	从业人员数(人)	乌鲁木齐市	克拉玛依市	吐鲁番市	哈密市
煤炭加工	252	16306	10		1325	4581
核燃料加工	253	2				
生物质燃料加工	254	242		11		
化学原料和化学制品制造业	26	78368	11078	6816	8601	1835
基础化学原料制造	261	22855	574	1925	6960	1184
肥料制造	262	16630	2759	24	35	150
农药制造	263	110				
涂料、油墨、颜料及类似产品制造	264	835	279	29	37	4
合成材料制造	265	22573	3467	983	1283	33
专用化学产品制造	266	12562	2968	3855	173	24
炸药、火工及焰火产品制造	267	1582	618		110	399
日用化学产品制造	268	1221	413		3	41
医药制造业	27	10734	3835			
化学药品原料药制造	271	3279	22			
化学药品制剂制造	272	1160	1100			
中药饮片加工	273	1094	229			
中成药生产	274	2752	1458			
兽用药品制造	275	474	34			
生物药品制品制造	276	1194	985			
卫生材料及医药用品制造	277	66	7			
药用辅料及包装材料	278	715				
化学纤维制造业	28	10748	63		2	30
纤维素纤维原料及纤维制造	281	10035				
合成纤维制造	282	541	63		2	
生物基材料制造	283	172				30
橡胶和塑料制品业	29	21029	4215	306	114	372
橡胶制品业	291	2833	1402		37	4
塑料制品业	292	18196	2813	306	77	368
非金属矿物制品业	30	84526	9669	1086	5250	3233
水泥、石灰和石膏制造	301	18339	1702	82	1080	662
石膏、水泥制品及类似制品制造	302	26453	5398	579	518	1335
砖瓦、石材等建筑材料制造	303	24375	980	373	2393	833
玻璃制造	304	1238	228		1	44
玻璃制品制造	305	2063	688	21	254	
玻璃纤维和玻璃纤维增强塑料制品制造	306	973	154			58
陶瓷制品制造	307	2180	211	19	366	
耐火材料制品制造	308	711	277	8	13	
石墨及其他非金属矿物制品制造	309	8194	31	4	625	301
黑色金属冶炼和压延加工业	31	24579	8003	327	1231	848
炼铁	311	1820	286		847	1

1-10 续表 10

行业中类	代码	昌吉回族自治州	博尔塔拉蒙古自治州	巴音郭楞蒙古自治州	阿克苏地区	克孜勒苏柯尔克孜自治州
煤炭加工	252	4079		22	2948	1
核燃料加工	253	2				
生物质燃料加工	254	2	26	50	17	
化学原料和化学制品制造业	26	16749	600	7083	3923	52
基础化学原料制造	261	5698	517	2213	1726	
肥料制造	262	4953	67	3741	1369	20
农药制造	263				47	
涂料、油墨、颜料及类似产品制造	264	260	1	10	3	10
合成材料制造	265	3822	6	553	24	
专用化学产品制造	266	1872	9	536	470	1
炸药、火工及焰火产品制造	267	14		19	272	15
日用化学产品制造	268	130		11	12	6
医药制造业	27	801		701	173	
化学药品原料药制造	271			1	8	
化学药品制剂制造	272			56		
中药饮片加工	273	2		88	155	
中成药生产	274	88		396	3	
兽用药品制造	275					
生物药品制品制造	276	38		156		
卫生材料及医药用品制造	277			4	6	
药用辅料及包装材料	278	673			1	
化学纤维制造业	28	2417	1	3233	2	
纤维素纤维原料及纤维制造	281	2389	1	3216		
合成纤维制造	282	28		7	2	
生物基材料制造	283			10		
橡胶和塑料制品业	29	2477	618	2308	909	102
橡胶制品业	291	121	27	917	85	9
塑料制品业	292	2356	591	1391	824	93
非金属矿物制品业	30	13455	3178	4232	5563	1146
水泥、石灰和石膏制造	301	1530	1134	1111	1620	481
石膏、水泥制品及类似制品制造	302	3206	603	1768	1726	271
砖瓦、石材等建筑材料制造	303	3213	1088	804	1434	309
玻璃制造	304	241	251	283	36	4
玻璃制品制造	305	131	67	28	8	1
玻璃纤维和玻璃纤维增强塑料制品制造	306	202	29	112	145	
陶瓷制品制造	307	26	1	2	353	74
耐火材料制品制造	308	234	1	10		
石墨及其他非金属矿物制品制造	309	4672	4	114	241	6
黑色金属冶炼和压延加工业	31	1379	21	3640	531	552
炼铁	311	548				6

1-10 续表 11

行业中类	代码						
		喀什地区	和田地区	伊犁哈萨克自治州	塔城地区	阿勒泰地区	自治区直辖县级市
煤炭加工	252		3	1186	839		1312
核燃料加工	253						
生物质燃料加工	254	105	20	1			10
化学原料和化学制品制造业	26	1104	173	5788	873	195	13498
基础化学原料制造	261	215	20	432	501		890
肥料制造	262	416	63	1355	215	103	1360
农药制造	263	6	7				50
涂料、油墨、颜料及类似产品制造	264	51	29	39	65	8	10
合成材料制造	265	148	15	1148	4		11087
专用化学产品制造	266	175	2	2214	88	74	101
炸药、火工及焰火产品制造	267			125		10	
日用化学产品制造	268	93	37	475			
医药制造业	27	343	545	3301	176	77	782
化学药品原料药制造	271	32		3153	55		8
化学药品制剂制造	272		2	2			
中药饮片加工	273	99	256	88	7	20	150
中成药生产	274	205	271	46	76	57	152
兽用药品制造	275						440
生物药品制品制造	276		13	2			
卫生材料及医药用品制造	277	7		10			32
药用辅料及包装材料	278		3		38		
化学纤维制造业	28			30	2582		2388
纤维素纤维原料及纤维制造	281			30	2025		2374
合成纤维制造	282				425		14
生物基材料制造	283				132		
橡胶和塑料制品业	29	2144	480	1368	1418	834	3364
橡胶制品业	291	67		17	91	41	15
塑料制品业	292	2077	480	1351	1327	793	3349
非金属矿物制品业	30	12241	4934	7721	2792	2324	7702
水泥、石灰和石膏制造	301	2222	1147	1829	903	660	2176
石膏、水泥制品及类似制品制造	302	2739	1708	2690	1049	710	2153
砖瓦、石材等建筑材料制造	303	6954	2002	1545	657	872	918
玻璃制造	304	19	10	55	32	26	8
玻璃制品制造	305	51	58	354	33		369
玻璃纤维和玻璃纤维增强塑料制品制造	306	70	9		113		81
陶瓷制品制造	307	186		924		1	17
耐火材料制品制造	308			36			132
石墨及其他非金属矿物制品制造	309			288	5	55	1848
黑色金属冶炼和压延加工业	31	213	77	6276	319	54	1108
炼铁	311	122	10				

1-10 续表 12

行业中类	代码	从业人员数(人)	乌鲁木齐市	克拉玛依市	吐鲁番市	哈密市
炼钢	312	245			157	5
钢压延加工	313	21026	7717	277	142	840
铁合金冶炼	314	1488		50	85	2
有色金属冶炼和压延加工业	32	41359	3519	238	2304	3175
常用有色金属冶炼	321	26860		238	2073	2342
贵金属冶炼	322	2567	29		151	261
稀有稀土金属冶炼	323	13	10			
有色金属合金制造	324	5126	216		42	304
有色金属压延加工	325	6793	3264		38	268
金属制品业	33	18390	4630	1086	195	444
结构性金属制品制造	331	11067	3139	366	113	339
金属工具制造	332	576	49		9	8
集装箱及金属包装容器制造	333	1701	273	458	2	10
金属丝绳及其制品制造	334	238	149			
建筑、安全用金属制品制造	335	1418	624	19	17	5
金属表面处理及热处理加工	336	208	21	108	1	34
搪瓷制品制造	337	36	3			
金属制日用品制造	338	207	84			
铸造及其他金属制品制造	339	2939	288	135	53	48
通用设备制造业	34	4488	1748	441	79	114
锅炉及原动设备制造	341	664	155	1	40	53
金属加工机械制造	342	552	70	63	26	5
物料搬运设备制造	343	779	623	1	3	2
泵、阀门、压缩机及类似机械制造	344	134	58			
轴承、齿轮和传动部件制造	345	21	15		5	
烘炉、风机、包装等设备制造	346	389	201	2		35
文化、办公用机械制造	347	79	2			
通用零部件制造	348	1690	571	347	4	19
其他通用设备制造业	349	180	53	27	1	
专用设备制造业	35	9321	3112	918	60	269
采矿、冶金、建筑专用设备制造	351	2316	744	653	2	52
化工、木材、非金属加工专用设备制造	352	483	47	92	5	197
食品、饮料、烟草及饲料生产专用设备制造	353	134	31			1
印刷、制药、日化及日用品生产专用设备制造	354	102	37		8	
纺织、服装和皮革加工专用设备制造	355	406	363			
电子和电工机械专用设备制造	356	447	24	2		2
农、林、牧、渔专用机械制造	357	3798	1053	72	2	14
医疗仪器设备及器械制造	358	308	213			
环保、邮政、社会公共服务及其他专用设备制造	359	1327	600	99	43	3
汽车制造业	36	2366	1907	6		

1-10 续表 13

行业中类	代码	昌吉回族自治州	博尔塔拉蒙古自治州	巴音郭楞蒙古自治州	阿克苏地区	克孜勒苏柯尔克孜自治州
炼钢	312				9	
钢压延加工	313	711	21	3576	273	4
铁合金冶炼	314	120		64	249	542
有色金属冶炼和压延加工业	32	16352	42	2	1	103
常用有色金属冶炼	321	11470	41			101
贵金属冶炼	322			2		
稀有稀土金属冶炼	323	3				
有色金属合金制造	324	4504			1	
有色金属压延加工	325	375	1			2
金属制品业	33	3279	284	919	977	255
结构性金属制品制造	331	1886	165	410	564	117
金属工具制造	332	59	4	36	158	30
集装箱及金属包装容器制造	333	406		145	109	
金属丝绳及其制品制造	334	4		8	12	
建筑、安全用金属制品制造	335	228	16	72	49	85
金属表面处理及热处理加工	336		15			8
搪瓷制品制造	337	4				
金属制日用品制造	338	2	15	12	17	
铸造及其他金属制品制造	339	690	69	236	68	15
通用设备制造业	34	635	69	210	215	33
锅炉及原动设备制造	341	80	29	27	23	23
金属加工机械制造	342	201	40	23	6	
物料搬运设备制造	343	75		22	15	
泵、阀门、压缩机及类似机械制造	344	53			8	
轴承、齿轮和传动部件制造	345	1				
烘炉、风机、包装等设备制造	346	68			10	
文化、办公用机械制造	347			5	5	
通用零部件制造	348	105		124	148	10
其他通用设备制造业	349	52		9		
专用设备制造业	35	715	52	939	454	37
采矿、冶金、建筑专用设备制造	351	236		385	19	3
化工、木材、非金属加工专用设备制造	352	34		81	6	1
食品、饮料、烟草及饲料生产专用设备制造	353	32	7	4	20	2
印刷、制药、日化及日用品生产专用设备制造	354			30	3	
纺织、服装和皮革加工专用设备制造	355			1	8	2
电子和电工机械专用设备制造	356	37			56	18
农、林、牧、渔专用机械制造	357	180	40	334	290	8
医疗仪器设备及器械制造	358	14	4	20		
环保、邮政、社会公共服务及其他专用设备制造	359	182	1	84	52	3
汽车制造业	36	6	70	28	4	

1-10 续表 14

行业中类	代码	喀什地区	和田地区	伊犁哈萨克自治州	塔城地区	阿勒泰地区	自治区直辖县级市
炼钢	312				74		
钢压延加工	313	91	67	6145		54	1108
铁合金冶炼	314			131	245		
有色金属冶炼和压延加工业	32	240	25	4306	1001	184	9867
常用有色金属冶炼	321	228		2975		184	7208
贵金属冶炼	322		5	1128	991		
稀有稀土金属冶炼	323						
有色金属合金制造	324	12	20				27
有色金属压延加工	325			203	10		2632
金属制品业	33	2497	603	1814	237	248	922
结构性金属制品制造	331	1395	438	1169	160	200	606
金属工具制造	332	77	65	55		13	13
集装箱及金属包装容器制造	333	9		220			69
金属丝绳及其制品制造	334	11		40		5	9
建筑、安全用金属制品制造	335	88	11	135		14	55
金属表面处理及热处理加工	336		6				15
搪瓷制品制造	337		29				
金属制日用品制造	338	29	20	20			8
铸造及其他金属制品制造	339	888	34	175	77	16	147
通用设备制造业	34	303	42	201	202	48	148
锅炉及原动设备制造	341	65	8	145	10	5	
金属加工机械制造	342	36	7	12	4	29	30
物料搬运设备制造	343		2	5	1		30
泵、阀门、压缩机及类似机械制造	344			5			10
轴承、齿轮和传动部件制造	345						
烘炉、风机、包装等设备制造	346	59	5		7	1	1
文化、办公用机械制造	347	58	5	4			
通用零部件制造	348	62	14	30	180	13	63
其他通用设备制造业	349	23	1				14
专用设备制造业	35	335	409	368	354	97	1202
采矿、冶金、建筑专用设备制造	351	92	28	97		1	4
化工、木材、非金属加工专用设备制造	352	15			5		
食品、饮料、烟草及饲料生产专用设备制造	353		6	31			
印刷、制药、日化及日用品生产专用设备制造	354	10		14			
纺织、服装和皮革加工专用设备制造	355	8	13	1		5	5
电子和电工机械专用设备制造	356	33	269	5			1
农、林、牧、渔专用机械制造	357	107	57	210	292	73	1066
医疗仪器设备及器械制造	358	4		3	50		
环保、邮政、社会公共服务及其他专用设备制造	359	66	36	7	7	18	126
汽车制造业	36	14	237	32	32	12	18

1-10 续表 15

行业中类	代码	从业人员数(人)	乌鲁木齐市	克拉玛依市	吐鲁番市	哈密市
汽车整车制造	361	1662	1645			
汽车用发动机制造	362	5	5			
改装汽车制造	363	211	119	1		
电车制造	365	14				
汽车车身、挂车制造	366	49	7			
汽车零部件及配件制造	367	425	131	5		
铁路、船舶、航空航天和其他运输设备制造业	37	558	264	1		
铁路运输设备制造	371	262	203			
城市轨道交通设备制造	372	42	42			
航空、航天器及设备制造	374	53		1		
摩托车制造	375	88	6			
自行车和残疾人座车制造	376	12	3			
助动车制造	377	101	10			
非公路休闲车及零配件制造	378					
电气机械和器材制造业	38	18762	7798	117	184	537
电机制造	381	2530	1969	80		436
输配电及控制设备制造	382	11199	4947	36	46	82
电线、电缆、光缆及电工器材制造	383	3756	700			
电池制造	384	362	22		136	
家用电力器具制造	385	295	33			1
非电力家用器具制造	386	39	18			
照明器具制造	387	403	77		2	18
其他电气机械及器材制造	389	178	32	1		
计算机、通信和其他电子设备制造业	39	4682	344	12		1
计算机制造	391	210	31			
通信设备制造	392	77	5			
广播电视设备制造	393	19	5	1		
非专业视听设备制造	395	6	6			
智能消费设备制造	396	95	7	5		
电子器件制造	397	76	64			
电子元件及电子专用材料制造	398	3479	222			1
其他电子设备制造	399	720	4	6		
仪器仪表制造业	40	489	213	72	6	16
通用仪器仪表制造	401	345	204	70		
专用仪器仪表制造	402	89			6	12
衡器制造	405	53	9			4
其他仪器仪表制造业	409	2		2		
其他制造业	41	1040	32	10		2
日用杂品制造	411	81	19			
核辐射加工	412	7				

1-10 续表 16

行业中类	代码	昌吉回族自治州	博尔塔拉蒙古自治州	巴音郭楞蒙古自治州	阿克苏地区	克孜勒苏柯尔克孜自治州
汽车整车制造	361		2			
汽车用发动机制造	362					
改装汽车制造	363		56	7	3	
电车制造	365					
汽车车身、挂车制造	366	2				
汽车零部件及配件制造	367	4	12	21	1	
铁路、船舶、航空航天和其他运输设备制造业	37	37		64	53	14
铁路运输设备制造	371			49		
城市轨道交通设备制造	372					
航空、航天器及设备制造	374	37		15		
摩托车制造	375				53	
自行车和残疾人座车制造	376					9
助动车制造	377					5
非公路休闲车及零配件制造	378					
电气机械和器材制造业	38	4653	111	181	185	86
电机制造	381	4	2			
输配电及控制设备制造	382	4399	29	144	130	83
电线、电缆、光缆及电工器材制造	383	201		18	22	
电池制造	384	7				
家用电力器具制造	385	5				
非电力家用器具制造	386			8		
照明器具制造	387	28	80	5	6	1
其他电气机械及器材制造	389	9		6	27	2
计算机、通信和其他电子设备制造业	39	1067		19	13	2
计算机制造	391	28		1	4	2
通信设备制造	392	3		9	2	
广播电视设备制造	393	1				
非专业视听设备制造	395					
智能消费设备制造	396	5		2		
电子器件制造	397	3		7		
电子元件及电子专用材料制造	398	1011			7	
其他电子设备制造	399	16				
仪器仪表制造业	40	44		45	2	
通用仪器仪表制造	401	17		6	2	
专用仪器仪表制造	402	25		39		
衡器制造	405	2				
其他仪器仪表制造业	409					
其他制造业	41	28		41	27	1
日用杂品制造	411	1		13	4	1
核辐射加工	412					

1-10 续表 17

行业中类	代码						
		喀什地区	和田地区	伊犁哈萨克自治州	塔城地区	阿勒泰地区	自治区直辖县级市
汽车整车制造	361			15			
汽车用发动机制造	362						
改装汽车制造	363			15	4		6
电车制造	365	14					
汽车车身、挂车制造	366				28	12	
汽车零部件及配件制造	367		237	2			12
铁路、船舶、航空航天和其他运输设备制造业	37	52	69	4			
铁路运输设备制造	371	4	2	4			
城市轨道交通设备制造	372						
航空、航天器及设备制造	374						
摩托车制造	375	29					
自行车和残疾人座车制造	376						
助动车制造	377	19	67				
非公路休闲车及零配件制造	378						
电气机械和器材制造业	38	3812	172	617	44	16	249
电机制造	381	10		9	20		
输配电及控制设备制造	382	744	63	363	16	1	116
电线、电缆、光缆及电工器材制造	383	2550	12	152			101
电池制造	384	103	51	43			
家用电力器具制造	385	228	12		1		15
非电力家用器具制造	386	11			2		
照明器具制造	387	124	24	37			1
其他电气机械及器材制造	389	42	10	13	5	15	16
计算机、通信和其他电子设备制造业	39	1162	97	202			1763
计算机制造	391	128	16				
通信设备制造	392	1		57			
广播电视设备制造	393			12			
非专业视听设备制造	395						
智能消费设备制造	396	6	70				
电子器件制造	397		2				
电子元件及电子专用材料制造	398	347	7	121			1763
其他电子设备制造	399	680	2	12			
仪器仪表制造业	40	3		78			10
通用仪器仪表制造	401			46			
专用仪器仪表制造	402	3		4			
衡器制造	405			28			10
其他仪器仪表制造业	409						
其他制造业	41	71	688		1	49	90
日用杂品制造	411	10	33				
核辐射加工	412	7					

1-10 续表 18

行业中类	代码	从业人员数(人)	乌鲁木齐市	克拉玛依市	吐鲁番市	哈密市
其他未列明制造业	419	952	13	10		2
废弃资源综合利用业	42	1914	244	480	97	39
金属废料和碎屑加工处理	421	768	173	60	68	5
非金属废料和碎屑加工处理	422	1146	71	420	29	34
金属制品、机械和设备修理业	43	3287	1456	784	54	67
金属制品修理	431	214	23		1	
通用设备修理	432	185	80	4		9
专用设备修理	433	931	261	354	27	8
铁路、船舶、航空航天等运输设备修理	434	64	44	15		
电气设备修理	435	881	773	9	22	8
仪器仪表修理	436	58	12	46		
其他机械和设备修理业	439	954	263	356	4	42
电力、热力、燃气及水生产和供应业	**D**	**113033**	**41904**	**1500**	**3986**	**5542**
电力、热力生产和供应业	44	88184	37326	1066	2923	4994
电力生产	441	37214	3645	370	2513	4511
电力供应	442	34267	27451	5	26	8
热力生产和供应	443	16703	6230	691	384	475
燃气生产和供应业	45	12421	2076	232	546	16
燃气生产和供应业	451	12404	2076	232	546	16
生物质燃气生产和供应业	452	17				
水的生产和供应业	46	12428	2502	202	517	532
自来水生产和供应	461	10053	1955		505	414
污水处理及其再生利用	462	2340	547	202	12	118
其他水的处理、利用与分配	469	35				
建筑业	**E**	**427668**	**203556**	**16717**	**4851**	**8479**
房屋建筑业	47	229127	76141	5854	1962	5045
住宅房屋建筑	471	219998	74622	5647	1764	4344
体育场馆建筑	472	37	37			
其他房屋建筑业	479	9092	1482	207	198	701
土木工程建筑业	48	136876	91937	4844	1706	1615
铁路、道路、隧道和桥梁工程建筑	481	88872	72209	1160	417	577
水利和水运工程建筑	482	18210	8167	21	29	136
工矿工程建筑	484	7328	1110	2733	166	12
架线和管道工程建筑	485	11468	7153	429	335	238
节能环保工程施工	486	729	343	15		
电力工程施工	487	3057	1392	5	45	17
其他土木工程建筑	489	7212	1563	481	714	635
建筑安装业	49	26013	13000	4481	763	411
电气安装	491	9749	6306	486	114	147
管道和设备安装	492	6830	3790	553	62	162

1-10 续表 19

行业中类	代码	昌吉回族自治州	博尔塔拉蒙古自治州	巴音郭楞蒙古自治州	阿克苏地区	克孜勒苏柯尔克孜自治州
其他未列明制造业	419	27		28	23	
废弃资源综合利用业	42	72	196	152	101	11
金属废料和碎屑加工处理	421	12	195	42	24	11
非金属废料和碎屑加工处理	422	60	1	110	77	
金属制品、机械和设备修理业	43	155	19	276	51	
金属制品修理	431		7	2	12	
通用设备修理	432	24		37	9	
专用设备修理	433	39	3	128	2	
铁路、船舶、航空航天等运输设备修理	434		5			
电气设备修理	435	22		3	7	
仪器仪表修理	436					
其他机械和设备修理业	439	70	4	106	21	
电力、热力、燃气及水生产和供应业	**D**	**9742**	**2982**	**5588**	**4227**	**1329**
电力、热力生产和供应业	44	7432	2301	3740	2216	913
电力生产	441	5311	932	2444	1707	337
电力供应	442	162	649	315	59	417
热力生产和供应	443	1959	720	981	450	159
燃气生产和供应业	45	1271	270	800	928	215
燃气生产和供应业	451	1267	270	798	928	214
生物质燃气生产和供应业	452	4		2		1
水的生产和供应业	46	1039	411	1048	1083	201
自来水生产和供应	461	777	397	672	912	179
污水处理及其再生利用	462	227	14	376	171	22
其他水的处理、利用与分配	469	35				
建筑业	**E**	**26893**	**6416**	**14012**	**21800**	**5192**
房屋建筑业	47	13142	5350	8574	13079	4141
住宅房屋建筑	471	10469	5329	7826	12886	3576
体育场馆建筑	472					
其他房屋建筑业	479	2673	21	748	193	565
土木工程建筑业	48	9048	441	3949	6446	504
铁路、道路、隧道和桥梁工程建筑	481	4173	202	1473	2963	130
水利和水运工程建筑	482	1818	21	312	2310	202
工矿工程建筑	484	1475	75	1383	26	70
架线和管道工程建筑	485	484	75	212	970	42
节能环保工程施工	486	136		193	21	
电力工程施工	487	402	17	25	20	
其他土木工程建筑	489	560	51	351	136	60
建筑安装业	49	2402	271	730	704	251
电气安装	491	629	50	429	338	53
管道和设备安装	492	1089	155	168	156	61

1-10 续表 20

行业中类	代码	喀什地区	和田地区	伊犁哈萨克自治州	塔城地区	阿勒泰地区	自治区直辖县级市
其他未列明制造业	419	54	655		1	49	90
废弃资源综合利用业	42	42	2	278	63		137
金属废料和碎屑加工处理	421	1	2	76	1		98
非金属废料和碎屑加工处理	422	41		202	62		39
金属制品、机械和设备修理业	43	84	3	66	25	152	95
金属制品修理	431	15		2		152	
通用设备修理	432	5		15			2
专用设备修理	433	26	2	41	6		34
铁路、船舶、航空航天等运输设备修理	434						
电气设备修理	435	12	1	3	3		18
仪器仪表修理	436						
其他机械和设备修理业	439	26		5	16		41
电力、热力、燃气及水生产和供应业	**D**	**5548**	**1950**	**13392**	**2916**	**2881**	**9546**
电力、热力生产和供应业	44	3206	1387	8127	2270	2337	7946
电力生产	441	1542	1004	4575	876	1164	6283
电力供应	442	784	243	1960	462	436	1290
热力生产和供应	443	880	140	1592	932	737	373
燃气生产和供应业	45	1030	71	3720	93	134	1019
燃气生产和供应业	451	1020	71	3720	93	134	1019
生物质燃气生产和供应业	452	10					
水的生产和供应业	46	1312	492	1545	553	410	581
自来水生产和供应	461	1274	479	1224	486	326	453
污水处理及其再生利用	462	38	13	321	67	84	128
其他水的处理、利用与分配	469						
建筑业	**E**	**21541**	**10699**	**25662**	**13397**	**4991**	**43462**
房屋建筑业	47	17783	8652	16621	12058	3532	37193
住宅房屋建筑	471	17394	7999	15409	12050	3510	37173
体育场馆建筑	472						
其他房屋建筑业	479	389	653	1212	8	22	20
土木工程建筑业	48	2178	873	7191	901	761	4482
铁路、道路、隧道和桥梁工程建筑	481	987	230	1301	446	338	2266
水利和水运工程建筑	482	406	153	2609	217	194	1615
工矿工程建筑	484			18	3		257
架线和管道工程建筑	485	513	375	315	1	170	156
节能环保工程施工	486	11	1	9			
电力工程施工	487	62	28	881	140	23	
其他土木工程建筑	489	199	86	2058	94	36	188
建筑安装业	49	449	229	923	127	310	962
电气安装	491	89	61	497	69	269	212
管道和设备安装	492	83	30	207	32	19	263

1-10 续表 21

行业中类	代码	从业人员数(人)	乌鲁木齐市	克拉玛依市	吐鲁番市	哈密市
其他建筑安装业	499	9434	2904	3442	587	102
建筑装饰、装修和其他建筑业	50	35652	22478	1538	420	1408
建筑装饰和装修业	501	14654	5797	1184	230	570
建筑物拆除和场地准备活动	502	3122	1764	6	67	300
提供施工设备服务	503	1487	672	5	117	411
其他未列明建筑业	509	16389	14245	343	6	127
批发和零售业	**F**	**349096**	**134653**	**11034**	**5801**	**12400**
批发业	51	212733	87167	5741	3469	6091
农、林、牧、渔产品批发	511	33684	2278	70	482	860
食品、饮料及烟草制品批发	512	33642	10000	629	650	936
纺织、服装及家庭用品批发	513	16215	11574	129	31	125
文化、体育用品及器材批发	514	3955	2613	51	15	30
医药及医疗器材批发	515	13583	7489	141	12	155
矿产品、建材及化工产品批发	516	61840	21643	3265	1950	3007
机械设备、五金产品及电子产品批发	517	40594	27439	1212	246	809
贸易经纪与代理	518	2412	1089	58	2	51
其他批发业	519	6808	3042	186	81	118
零售业	52	136363	47486	5293	2332	6309
综合零售	521	24365	9372	1346	332	1366
食品、饮料及烟草制品专门零售	522	9997	1885	310	480	360
纺织、服装及日用品专门零售	523	9896	3378	267	58	240
文化、体育用品及器材专门零售	524	5887	1633	304	152	230
医药及医疗器材专门零售	525	16687	6725	412	288	861
汽车、摩托车、零配件和燃料及其他动力销售	526	36363	12746	814	493	1732
家用电器及电子产品专门零售	527	12100	4489	726	214	544
五金、家具及室内装饰材料专门零售	528	13330	5964	826	204	688
货摊、无店铺及其他零售业	529	7738	1294	288	111	288
交通运输、仓储和邮政业	**G**	**221638**	**130520**	**7547**	**5585**	**5772**
铁路运输业	53	55173	55170			
铁路旅客运输	531	28	25			
铁路货物运输	532	55145	55145			
道路运输业	54	118774	51768	6132	4769	4730
城市公共交通运输	541	23075	13668	277	421	600
公路旅客运输	542	6564	1333	303	584	126
道路货物运输	543	68723	35348	4848	3100	2401
道路运输辅助活动	544	20412	1419	704	664	1603
水上运输业	55	69	1			
水上旅客运输	551	46				
水上货物运输	552	20	1			
水上运输辅助活动	553	3				

1-10 续表 22

行业中类	代码	昌吉回族自治州	博尔塔拉蒙古自治州	巴音郭楞蒙古自治州	阿克苏地区	克孜勒苏柯尔克孜自治州
其他建筑安装业	499	684	66	133	210	137
建筑装饰、装修和其他建筑业	50	2301	354	759	1571	296
建筑装饰和装修业	501	1500	186	630	964	271
建筑物拆除和场地准备活动	502	230	33	12	360	24
提供施工设备服务	503	1	109	16		
其他未列明建筑业	509	570	26	101	247	1
批发和零售业	**F**	**15403**	**7781**	**23177**	**32375**	**2843**
批发业	51	9416	5455	12907	18966	1688
农、林、牧、渔产品批发	511	2369	1650	3442	6595	489
食品、饮料及烟草制品批发	512	2118	647	2699	2855	216
纺织、服装及家庭用品批发	513	236	143	289	1117	222
文化、体育用品及器材批发	514	62	45	158	131	27
医药及医疗器材批发	515	417	226	397	885	126
矿产品、建材及化工产品批发	516	3188	1929	3588	5906	440
机械设备、五金产品及电子产品批发	517	594	417	1848	1115	129
贸易经纪与代理	518	121	178	27	53	6
其他批发业	519	311	220	459	309	33
零售业	52	5987	2326	10270	13409	1155
综合零售	521	634	372	1592	1462	202
食品、饮料及烟草制品专门零售	522	252	194	650	2064	115
纺织、服装及日用品专门零售	523	457	105	493	2013	112
文化、体育用品及器材专门零售	524	239	81	401	835	113
医药及医疗器材专门零售	525	1276	298	1515	808	55
汽车、摩托车、零配件和燃料及其他动力销售	526	1887	507	2912	3451	143
家用电器及电子产品专门零售	527	356	254	1054	900	138
五金、家具及室内装饰材料专门零售	528	328	223	873	920	146
货摊、无店铺及其他零售业	529	558	292	780	956	131
交通运输、仓储和邮政业	**G**	**11095**	**5293**	**8134**	**7646**	**2501**
铁路运输业	53					
铁路旅客运输	531					
铁路货物运输	532					
道路运输业	54	8699	3222	5731	5368	1942
城市公共交通运输	541	1328	384	827	772	244
公路旅客运输	542	409	195	240	576	116
道路货物运输	543	5977	1398	3194	2200	958
道路运输辅助活动	544	985	1245	1470	1820	624
水上运输业	55	42				
水上旅客运输	551	42				
水上货物运输	552					
水上运输辅助活动	553					

1-10 续表 23

行业中类	代码	喀什地区	和田地区	伊犁哈萨克自治州	塔城地区	阿勒泰地区	自治区直辖县级市
其他建筑安装业	499	277	138	219	26	22	487
建筑装饰、装修和其他建筑业	50	1131	945	927	311	388	825
建筑装饰和装修业	501	1015	581	762	220	135	609
建筑物拆除和场地准备活动	502	31	46	39	24	125	61
提供施工设备服务	503	9			37		110
其他未列明建筑业	509	76	318	126	30	128	45
批发和零售业	**F**	**30323**	**17930**	**25368**	**7193**	**4959**	**17856**
批发业	51	18404	10639	14346	3710	2617	12117
农、林、牧、渔产品批发	511	5504	1275	3011	1323	448	3888
食品、饮料及烟草制品批发	512	3637	4594	1912	628	550	1571
纺织、服装及家庭用品批发	513	630	967	502	84	21	145
文化、体育用品及器材批发	514	370	159	135	48	29	82
医药及医疗器材批发	515	1201	451	1425	200	103	355
矿产品、建材及化工产品批发	516	5082	2584	4673	880	1095	2610
机械设备、五金产品及电子产品批发	517	1353	297	1396	310	183	3246
贸易经纪与代理	518	109	16	308	142	141	111
其他批发业	519	518	296	984	95	47	109
零售业	52	11919	7291	11022	3483	2342	5739
综合零售	521	2172	1588	1851	485	225	1366
食品、饮料及烟草制品专门零售	522	1711	577	669	229	110	391
纺织、服装及日用品专门零售	523	689	1118	641	52	28	245
文化、体育用品及器材专门零售	524	606	357	468	170	91	207
医药及医疗器材专门零售	525	683	238	1514	421	614	979
汽车、摩托车、零配件和燃料及其他动力销售	526	2780	1639	3865	1279	674	1441
家用电器及电子产品专门零售	527	1105	391	910	333	222	464
五金、家具及室内装饰材料专门零售	528	954	669	736	238	227	334
货摊、无店铺及其他零售业	529	1219	714	368	276	151	312
交通运输、仓储和邮政业	**G**	**8629**	**2905**	**12020**	**4300**	**2991**	**6700**
铁路运输业	53					3	
铁路旅客运输	531					3	
铁路货物运输	532						
道路运输业	54	6240	2142	7526	3115	2342	5048
城市公共交通运输	541	1298	455	1354	178	321	948
公路旅客运输	542	570	280	925	344	470	93
道路货物运输	543	1733	451	2857	1027	582	2649
道路运输辅助活动	544	2639	956	2390	1566	969	1358
水上运输业	55	22		4			
水上旅客运输	551			4			
水上货物运输	552	19					
水上运输辅助活动	553	3					

1-10 续表 24

行业中类	代码	从业人员数(人)	乌鲁木齐市	克拉玛依市	吐鲁番市	哈密市
航空运输业	56	9603	8673	1	12	
航空客货运输	561	1238	1216			
通用航空服务	562	555	114	1	12	
航空运输辅助活动	563	7810	7343			
管道运输业	57	3628	3169			34
海底管道运输	571	1	1			
陆地管道运输	572	3627	3168			34
多式联运和运输代理业	58	6245	2878	393	42	184
多式联运	581	492	66		13	8
运输代理业	582	5753	2812	393	29	176
装卸搬运和仓储业	59	12276	3180	471	233	262
装卸搬运	591	5898	1454	298	116	129
通用仓储	592	1425	499	7	4	13
低温仓储	593	720	268	5	25	3
危险品仓储	594	264	26	143		
谷物、棉花等农产品仓储	595	2760	270	8	65	69
中药材仓储	596	17				
其他仓储业	599	1192	663	10	23	48
邮政业	60	15870	5681	550	529	562
邮政基本服务	601	7604	306	439	423	363
快递服务	602	8108	5373	111	106	199
其他寄递服务	609	158	2			
住宿和餐饮业	**H**	**54653**	**21124**	**2336**	**1808**	**2216**
住宿业	61	34371	12382	1597	1341	1572
旅游饭店	611	21857	8231	362	745	1159
一般旅馆	612	9355	3293	289	475	317
民宿服务	613	270	42	26	77	14
露营地服务	614	36	31			
其他住宿业	619	2853	785	920	44	82
餐饮业	62	20282	8742	739	467	644
正餐服务	621	15679	5560	658	372	592
快餐服务	622	3263	2807	7	40	11
饮料及冷饮服务	623	59	41			
餐饮配送及外卖送餐服务	624	414	96		45	29
其他餐饮业	629	867	238	74	10	12
信息传输、软件和信息技术服务业	**I**	**72899**	**36412**	**3594**	**1003**	**1319**
电信、广播电视和卫星传输服务	63	32125	12057	1554	770	919
电信	631	26910	10131	1210	737	769
广播电视传输服务	632	5038	1815	344	33	150
卫星传输服务	633	177	111			

1-10 续表 25

行业中类	代码	昌吉回族自治州	博尔塔拉蒙古自治州	巴音郭楞蒙古自治州	阿克苏地区	克孜勒苏柯尔克孜自治州
航空运输业	56	44		329	34	
航空客货运输	561	8			5	
通用航空服务	562	36			29	
航空运输辅助活动	563			329		
管道运输业	57	18		120	21	
海底管道运输	571					
陆地管道运输	572	18		120	21	
多式联运和运输代理业	58	631	429	191	173	25
多式联运	581	237		8	4	4
运输代理业	582	394	429	183	169	21
装卸搬运和仓储业	59	475	1190	682	1508	322
装卸搬运	591	195	873	145	1044	91
通用仓储	592	101	28	91	82	139
低温仓储	593	2	55	65	50	48
危险品仓储	594			19		
谷物、棉花等农产品仓储	595	158	225	296	249	42
中药材仓储	596			17		
其他仓储业	599	19	9	49	83	2
邮政业	60	1186	452	1081	542	212
邮政基本服务	601	890	328	733	282	170
快递服务	602	293	124	348	260	42
其他寄递服务	609	3				
住宿和餐饮业	**H**	**1918**	**788**	**3955**	**2688**	**732**
住宿业	61	1168	641	2457	1550	428
旅游饭店	611	728	572	1545	1157	166
一般旅馆	612	274	69	757	310	262
民宿服务	613			25		
露营地服务	614			1		
其他住宿业	619	166		129	83	
餐饮业	62	750	147	1498	1138	304
正餐服务	621	713	133	1365	1006	250
快餐服务	622	26	6	62	24	41
饮料及冷饮服务	623	2	1	1		
餐饮配送及外卖送餐服务	624	7		33	37	
其他餐饮业	629	2	7	37	71	13
信息传输、软件和信息技术服务业	**I**	**3743**	**1028**	**2166**	**3116**	**678**
电信、广播电视和卫星传输服务	63	2183	816	1521	2243	538
电信	631	1667	609	1260	2032	487
广播电视传输服务	632	516	200	251	211	51
卫星传输服务	633		7	10		

1-10 续表 26

行业中类	代码						
		喀什地区	和田地区	伊犁哈萨克自治州	塔城地区	阿勒泰地区	自治区直辖县级市
航空运输业	56	24		19	2	13	452
航空客货运输	561	9					
通用航空服务	562	10		19	2	10	322
航空运输辅助活动	563	5				3	130
管道运输业	57	206		60			
海底管道运输	571						
陆地管道运输	572	206		60			
多式联运和运输代理业	58	413	31	511	78	78	188
多式联运	581	10		95		12	35
运输代理业	582	403	31	416	78	66	153
装卸搬运和仓储业	59	747	133	2171	375	157	370
装卸搬运	591	47	4	1289	57	22	134
通用仓储	592	144	1	209	34	28	45
低温仓储	593	80	26	66	18	1	8
危险品仓储	594			39	35	2	
谷物、棉花等农产品仓储	595	369	102	450	204	99	154
中药材仓储	596						
其他仓储业	599	107		118	27	5	29
邮政业	60	977	599	1729	730	398	642
邮政基本服务	601	814	329	1179	617	321	410
快递服务	602	163	268	404	112	73	232
其他寄递服务	609		2	146	1	4	
住宿和餐饮业	**H**	**3936**	**1921**	**6078**	**1272**	**2193**	**1688**
住宿业	61	2499	1154	3752	933	1819	1078
旅游饭店	611	1580	844	2392	180	1506	690
一般旅馆	612	752	195	1162	571	241	388
民宿服务	613	28		58			
露营地服务	614			4			
其他住宿业	619	139	115	136	182	72	
餐饮业	62	1437	767	2326	339	374	610
正餐服务	621	1077	543	2231	294	347	538
快餐服务	622	132	34	57	3		13
饮料及冷饮服务	623			3			11
餐饮配送及外卖送餐服务	624	38	38	15	42	26	8
其他餐饮业	629	190	152	20		1	40
信息传输、软件和信息技术服务业	**I**	**4111**	**1762**	**8771**	**1481**	**1523**	**2192**
电信、广播电视和卫星传输服务	63	1868	1360	2457	1253	1262	1324
电信	631	1714	1177	2124	883	935	1175
广播电视传输服务	632	154	182	333	346	303	149
卫星传输服务	633		1		24	24	

1-10 续表 27

行业中类	代码	从业人员数(人)	乌鲁木齐市	克拉玛依市	吐鲁番市	哈密市
互联网和相关服务	64	5423	1873	464	73	58
互联网接入及相关服务	641	876	603	8	2	10
互联网信息服务	642	2918	754	445	5	10
互联网平台	643	491	216	4	13	7
互联网安全服务	644	136	38		7	4
互联网数据服务	645	402	9	1		1
其他互联网服务	649	600	253	6	46	26
软件和信息技术服务业	65	35351	22482	1576	160	342
软件开发	651	10409	5895	826	2	77
集成电路设计	652	100	74	2		4
信息系统集成和物联网技术服务	653	6018	4662	137	55	23
运行维护服务	654	1170	723	59	1	8
信息处理和存储支持服务	655	355	175	6	7	2
信息技术咨询服务	656	14871	9648	278	84	203
数字内容服务	657	394	196		3	
其他信息技术服务业	659	2034	1109	268	8	25
金融业	**J**	**200176**	**62495**	**6448**	**5166**	**8076**
货币金融服务	66	64983	20571	2920	1596	2580
中央银行服务	661	3492	520	104	159	156
货币银行服务	662	57930	18776	2725	1361	2288
非货币银行服务	663	3561	1275	91	76	136
资本市场服务	67	3064	2267	55	2	
证券市场服务	671	1435	1435			
非公开募集证券投资基金	673	333	284	7		
期货市场服务	674	181	181			
证券期货监管服务	675	49	49			
资本投资服务	676	873	271	40	2	
其他资本市场服务	679	193	47	8		
保险业	68	130804	38873	3428	3568	5458
人身保险	681	103512	30006	2882	2297	4544
财产保险	682	24736	7359	545	1271	905
商业养老金	684	307	295			
保险中介服务	685	2241	1211			9
其他保险活动	689	8	2	1		
其他金融业	69	1325	784	45		38
金融信托与管理服务	691	468	459	1		
控股公司服务	692					
非金融机构支付服务	693	22	15	7		
金融信息服务	694	137	98	16		6
金融资产管理公司	695	7	7			

1-10 续表 28

行业中类	代码	昌吉回族自治州	博尔塔拉蒙古自治州	巴音郭楞蒙古自治州	阿克苏地区	克孜勒苏柯尔克孜自治州
互联网和相关服务	64	403	45	108	230	57
互联网接入及相关服务	641	140	3	17	6	12
互联网信息服务	642	157	17	75	159	38
互联网平台	643	50	9	4	6	
互联网安全服务	644	8	6	3	39	
互联网数据服务	645	30	1	2	5	
其他互联网服务	649	18	9	7	15	7
软件和信息技术服务业	65	1157	167	537	643	83
软件开发	651	322	61	227	136	12
集成电路设计	652	1	9		4	3
信息系统集成和物联网技术服务	653	211	21	80	113	28
运行维护服务	654	14		1	70	
信息处理和存储支持服务	655	18	2	16		10
信息技术咨询服务	656	514	59	198	276	14
数字内容服务	657	55			21	
其他信息技术服务业	659	22	15	15	23	16
金融业	**J**	**19383**	**8150**	**13891**	**14422**	**1485**
货币金融服务	66	4819	1613	4160	3957	951
中央银行服务	661	235	161	251	267	181
货币银行服务	662	4240	1337	3752	3552	736
非货币银行服务	663	344	115	157	138	34
资本市场服务	67	27	8	129	25	1
证券市场服务	671					
非公开募集证券投资基金	673				13	
期货市场服务	674					
证券期货监管服务	675					
资本投资服务	676	27	6	129	3	1
其他资本市场服务	679		2		9	
保险业	68	14487	6501	9532	10398	533
人身保险	681	10997	5890	7568	8781	387
财产保险	682	2476	611	1951	1617	146
商业养老金	684			12		
保险中介服务	685	1010		1		
其他保险活动	689	4				
其他金融业	69	50	28	70	42	
金融信托与管理服务	691	8				
控股公司服务	692					
非金融机构支付服务	693					
金融信息服务	694	1	1	5	2	
金融资产管理公司	695					

1-10 续表 29

行业中类	代码	喀什地区	和田地区	伊犁哈萨克自治州	塔城地区	阿勒泰地区	自治区直辖县级市
互联网和相关服务	64	333	85	1403	46	98	147
互联网接入及相关服务	641	34	1	15	9	10	6
互联网信息服务	642	160	46	873	21	58	100
互联网平台	643	20	14	124	5	17	2
互联网安全服务	644		22			9	
互联网数据服务	645	5		327		2	19
其他互联网服务	649	114	2	64	11	2	20
软件和信息技术服务业	65	1910	317	4911	182	163	721
软件开发	651	819	111	1753	41	23	104
集成电路设计	652			3			
信息系统集成和物联网技术服务	653	168	106	187	5	25	197
运行维护服务	654	18	3	12	36	58	167
信息处理和存储支持服务	655	5	7	37			70
信息技术咨询服务	656	699	69	2524	99	51	155
数字内容服务	657	57		49			13
其他信息技术服务业	659	144	21	346	1	6	15
金融业	**J**	**11213**	**3207**	**20183**	**10122**	**4879**	**11056**
货币金融服务	66	5139	2208	5376	3164	2405	3524
中央银行服务	661	370	239	315	223	212	99
货币银行服务	662	4663	1930	4765	2613	1970	3222
非货币银行服务	663	106	39	296	328	223	203
资本市场服务	67	12	3	515		4	16
证券市场服务	671						
非公开募集证券投资基金	673	1		20			8
期货市场服务	674						
证券期货监管服务	675						
资本投资服务	676	8	3	383			
其他资本市场服务	679	3		112		4	8
保险业	68	6030	987	14150	6958	2427	7474
人身保险	681	4562	629	11522	5949	1748	5750
财产保险	682	1468	358	2628	1009	679	1713
商业养老金	684						
保险中介服务	685						10
其他保险活动	689						1
其他金融业	69	32	9	142		43	42
金融信托与管理服务	691						
控股公司服务	692						
非金融机构支付服务	693						
金融信息服务	694			8			
金融资产管理公司	695						

1-10 续表 30

行业中类	代码	从业人员数(人)	乌鲁木齐市	克拉玛依市	吐鲁番市	哈密市
其他未列明金融业	699	691	205	21		32
房地产业	**K**	**161386**	**59118**	**13013**	**2948**	**5967**
房地产业	70	161386	59118	13013	2948	5967
房地产开发经营	701	46278	16309	949	960	1638
物业管理	702	97611	34672	11686	1568	3648
房地产中介服务	703	7223	3352	46	49	102
房地产租赁经营	704	9587	4469	332	367	496
其他房地产业	709	687	316		4	83
租赁和商务服务业	**L**	**263541**	**70824**	**35336**	**4403**	**7811**
租赁业	71	10866	3758	419	241	622
机械设备经营租赁	711	10710	3710	407	241	620
文体设备和用品出租	712	147	39	12		2
日用品出租	713	9	9			
商务服务业	72	252675	67066	34917	4162	7189
组织管理服务	721	40295	14263	3558	439	763
综合管理服务	722	9911	3189	872	74	164
法律服务	723	6196	2550	164	108	202
咨询与调查	724	27651	12408	511	448	456
广告业	725	12154	4475	612	147	571
人力资源服务	726	67197	13434	25126	145	2023
安全保护服务	727	61145	8835	3708	2311	2650
会议、展览及相关服务	728	2326	1571	22	20	9
其他商务服务业	729	25800	6341	344	470	351
科学研究和技术服务业	**M**	**125373**	**54470**	**9116**	**1770**	**3976**
研究和试验发展	73	5280	3230	100	126	89
自然科学研究和试验发展	731	276	170	5		
工程和技术研究和试验发展	732	1363	1006	81	14	4
农业科学研究和试验发展	733	2523	1033	14	110	85
医学研究和试验发展	734	452	400		2	
社会人文科学研究	735	666	621			
专业技术服务业	74	95700	44063	8028	1287	2687
气象服务	741	3058	496	53	106	188
地震服务	742	637	433	10		8
海洋服务	743	19				
测绘地理信息服务	744	3222	1561	97	102	53
质检技术服务	745	15611	4838	1136	354	492
环境与生态监测检测服务	746	2908	1420	72	35	106
地质勘查	747	9059	5099	64	23	550
工程技术与设计服务	748	46363	25334	4844	559	1013
工业与专业设计及其他专业技术服务	749	14823	4882	1752	108	277

1-10 续表 31

行业中类	代码	昌吉回族自治州	博尔塔拉蒙古自治州	巴音郭楞蒙古自治州	阿克苏地区	克孜勒苏柯尔克孜自治州
其他未列明金融业	699	41	27	65	40	
房地产业	**K**	**14161**	**3274**	**7486**	**9096**	**1525**
房地产业	70	14161	3274	7486	9096	1525
房地产开发经营	701	5065	908	2568	2794	289
物业管理	702	7774	2013	4080	5654	1111
房地产中介服务	703	943	196	147	375	42
房地产租赁经营	704	369	135	684	155	83
其他房地产业	709	10	22	7	118	
租赁和商务服务业	**L**	**16672**	**5152**	**10798**	**10620**	**6229**
租赁业	71	870	176	559	618	339
机械设备经营租赁	711	856	176	555	618	338
文体设备和用品出租	712	14		4		1
日用品出租	713					
商务服务业	72	15802	4976	10239	10002	5890
组织管理服务	721	2007	1644	2500	1257	510
综合管理服务	722	841	134	282	671	119
法律服务	723	470	112	499	356	27
咨询与调查	724	1285	436	598	770	65
广告业	725	574	359	803	488	91
人力资源服务	726	4937	227	2978	727	3405
安全保护服务	727	4685	1852	1821	5314	1559
会议、展览及相关服务	728	103	14	8	4	4
其他商务服务业	729	900	198	750	415	110
科学研究和技术服务业	**M**	**7101**	**1657**	**7650**	**7352**	**1912**
研究和试验发展	73	174	53	184	173	3
自然科学研究和试验发展	731	9		1		
工程和技术研究和试验发展	732	42	2	47	31	
农业科学研究和试验发展	733	114	46	106	142	2
医学研究和试验发展	734	9				1
社会人文科学研究	735		5	30		
专业技术服务业	74	5509	1287	5160	5710	1108
气象服务	741	136	54	271	733	71
地震服务	742	15			68	30
海洋服务	743					
测绘地理信息服务	744	767	52	144	73	31
质检技术服务	745	1416	338	1077	944	228
环境与生态监测检测服务	746	174	22	212	94	46
地质勘查	747	917	27	441	183	51
工程技术与设计服务	748	1841	533	1825	2020	282
工业与专业设计及其他专业技术服务	749	243	261	1190	1595	369

1-10 续表 32

行业中类	代码						
		喀什地区	和田地区	伊犁哈萨克自治州	塔城地区	阿勒泰地区	自治区直辖县级市
其他未列明金融业	699	32	9	134		43	42
房地产业	**K**	**10148**	**3451**	**15707**	**3189**	**2875**	**9428**
房地产业	70	10148	3451	15707	3189	2875	9428
房地产开发经营	701	2337	1128	5589	1222	1015	3507
物业管理	702	6309	2084	8517	1698	1645	5152
房地产中介服务	703	484	160	866	121	107	233
房地产租赁经营	704	1010	76	654	124	108	525
其他房地产业	709	8	3	81	24		11
租赁和商务服务业	**L**	**27977**	**8215**	**21703**	**4906**	**21448**	**11447**
租赁业	71	670	247	996	366	412	573
机械设备经营租赁	711	650	239	959	358	411	572
文体设备和用品出租	712	20	8	37	8	1	1
日用品出租	713						
商务服务业	72	27307	7968	20707	4540	21036	10874
组织管理服务	721	1176	727	4971	709	2856	2915
综合管理服务	722	897	361	1243	324	242	498
法律服务	723	244	125	653	226	187	273
咨询与调查	724	2723	998	5760	300	382	511
广告业	725	1161	460	1579	196	145	493
人力资源服务	726	3938	1054	1687	740	2508	4268
安全保护服务	727	16020	3930	3265	1714	1774	1707
会议、展览及相关服务	728	161	25	200	117	44	24
其他商务服务业	729	987	288	1349	214	12898	185
科学研究和技术服务业	**M**	**5131**	**3427**	**10614**	**3378**	**3006**	**4813**
研究和试验发展	73	67	91	310	136	83	461
自然科学研究和试验发展	731			91			
工程和技术研究和试验发展	732	55	1	17	52	1	10
农业科学研究和试验发展	733	5	79	175	79	82	451
医学研究和试验发展	734	7	11	22			
社会人文科学研究	735			5	5		
专业技术服务业	74	3310	2775	7331	2230	2074	3141
气象服务	741	177	152	213	162	75	171
地震服务	742	17		17	17	8	14
海洋服务	743	1		18			
测绘地理信息服务	744	3	6	178	50	29	76
质检技术服务	745	847	618	1541	487	552	743
环境与生态监测检测服务	746	51	21	321	165	36	133
地质勘查	747	291	53	599	219	540	2
工程技术与设计服务	748	1174	330	3480	721	571	1836
工业与专业设计及其他专业技术服务	749	749	1595	964	409	263	166

1-10 续表 33

行业中类	代码	从业人员数(人)	乌鲁木齐市	克拉玛依市	吐鲁番市	哈密市
科技推广和应用服务业	75	24393	7177	988	357	1200
技术推广服务	751	21619	6038	796	348	1067
知识产权服务	752	470	209	4	1	3
科技中介服务	753	426	121	94	7	7
创业空间服务	754	148	108			
其他科技推广服务业	759	1730	701	94	1	123
水利、环境和公共设施管理业	**N**	**67279**	**10450**	**2206**	**774**	**6288**
水利管理业	76	18980	522		186	896
防洪除涝设施管理	761	315	4		21	2
水资源管理	762	10812	181		128	793
天然水收集与分配	763	4067	67			32
水文服务	764	588	145		36	35
其他水利管理业	769	3198	125		1	34
生态保护和环境治理业	77	4128	886	154	45	215
生态保护	771	2684	543		45	7
环境治理业	772	1444	343	154		208
公共设施管理业	78	43129	8667	2015	541	5171
市政设施管理	781	4799	461	40	25	80
环境卫生管理	782	21004	4508	7	60	2648
城乡市容管理	783	644	18			
绿化管理	784	11858	2152	1902	133	2413
城市公园管理	785	967	797		39	
游览景区管理	786	3857	731	66	284	30
土地管理业	79	1042	375	37	2	6
土地整治服务	791	383	116		1	
土地调查评估服务	792	393	194	24	1	6
土地登记服务	793	95	64			
土地登记代理服务	794	1	1			
其他土地管理服务	799	170		13		
居民服务、修理和其他服务业	**O**	**29627**	**11489**	**3250**	**574**	**777**
居民服务业	80	9542	3615	806	117	335
家庭服务	801	1958	466	241	39	156
托儿所服务	802	273	2	29	36	
洗染服务	803	476	272	9		1
理发及美容服务	804	688	373	34	9	5
洗浴和保健养生服务	805	1139	551	65	4	7
摄影扩印服务	806	676	451	15	2	12
婚姻服务	807	258	122	1	1	7
殡葬服务	808	1963	909	62	18	123
其他居民服务业	809	2111	469	350	8	24

1-10 续表 34

行业中类	代码	昌吉回族自治州	博尔塔拉蒙古自治州	巴音郭楞蒙古自治州	阿克苏地区	克孜勒苏柯尔克孜自治州
科技推广和应用服务业	75	1418	317	2306	1469	801
技术推广服务	751	1197	302	2244	1397	795
知识产权服务	752	116	1	6	6	
科技中介服务	753	52	5	16	2	2
创业空间服务	754	10			1	
其他科技推广服务业	759	43	9	40	63	4
水利、环境和公共设施管理业	**N**	**4576**	**3623**	**5727**	**3545**	**1149**
水利管理业	76	1172	1293	2555	1576	341
防洪除涝设施管理	761	1	125	17	27	
水资源管理	762	758	459	2013	420	177
天然水收集与分配	763	323	345	11	589	112
水文服务	764		78		73	19
其他水利管理业	769	90	286	514	467	33
生态保护和环境治理业	77	607	274	159	215	67
生态保护	771	387	256	82	118	56
环境治理业	772	220	18	77	97	11
公共设施管理业	78	2748	2054	2965	1651	696
市政设施管理	781	220	509	543	179	276
环境卫生管理	782	1027	692	993	593	408
城乡市容管理	783	35	1	17	3	
绿化管理	784	753	623	1117	482	11
城市公园管理	785	86			23	
游览景区管理	786	627	229	295	371	1
土地管理业	79	49	2	48	103	45
土地整治服务	791		2	37	81	
土地调查评估服务	792	32		11	17	
土地登记服务	793	10				3
土地登记代理服务	794					
其他土地管理服务	799	7			5	42
居民服务、修理和其他服务业	**O**	**1659**	**613**	**1436**	**1767**	**346**
居民服务业	80	547	271	329	566	90
家庭服务	801	178	45	46	73	21
托儿所服务	802		13	56		
洗染服务	803	30		8		
理发及美容服务	804	10	4	24	91	20
洗浴和保健养生服务	805	113	83	61	46	3
摄影扩印服务	806	27	9	12	14	10
婚姻服务	807	34	3	12	28	3
殡葬服务	808	106	63	67	73	14
其他居民服务业	809	49	51	43	241	19

1-10 续表 35

行业中类	代码	喀什地区	和田地区	伊犁哈萨克自治州	塔城地区	阿勒泰地区	自治区直辖县级市
科技推广和应用服务业	75	1754	561	2973	1012	849	1211
技术推广服务	751	1561	493	2463	1007	846	1065
知识产权服务	752	15		87			22
科技中介服务	753	105		9		1	5
创业空间服务	754		1				28
其他科技推广服务业	759	73	67	414	5	2	91
水利、环境和公共设施管理业	**N**	**7002**	**2501**	**7132**	**3831**	**2876**	**5599**
水利管理业	76	2657	811	2410	1529	1021	2011
防洪除涝设施管理	761	72	10	21	11		4
水资源管理	762	1865	586	1002	760	372	1298
天然水收集与分配	763	575	23	877	320	171	622
水文服务	764		50	93	6		53
其他水利管理业	769	145	142	417	432	478	34
生态保护和环境治理业	77	420	38	540	286	172	50
生态保护	771	302	38	389	281	147	33
环境治理业	772	118		151	5	25	17
公共设施管理业	78	3860	1632	4067	1923	1621	3518
市政设施管理	781	158	321	1446	180	79	282
环境卫生管理	782	3252	1247	1297	1342	748	2182
城乡市容管理	783	60		182	47	8	273
绿化管理	784	189	48	679	321	271	764
城市公园管理	785	4	5		10	3	
游览景区管理	786	197	11	463	23	512	17
土地管理业	79	65	20	115	93	62	20
土地整治服务	791	39	14	27		62	4
土地调查评估服务	792	11		23	67		7
土地登记服务	793			5	13		
土地登记代理服务	794						
其他土地管理服务	799	15	6	60	13		9
居民服务、修理和其他服务业	**O**	**2376**	**1263**	**1805**	**407**	**641**	**1224**
居民服务业	80	894	313	658	225	342	434
家庭服务	801	287	65	98	66	84	93
托儿所服务	802	37	80	9			11
洗染服务	803	6	1	113	18		18
理发及美容服务	804	59	37	22			
洗浴和保健养生服务	805	42	15	50	13	80	6
摄影扩印服务	806	75		25	3	4	17
婚姻服务	807	21	2	13	4	2	5
殡葬服务	808	5	51	226	67	45	134
其他居民服务业	809	362	62	102	54	127	150

1-10 续表 36

行业中类	代码	从业人员数(人)	乌鲁木齐市	克拉玛依市	吐鲁番市	哈密市
机动车、电子产品和日用产品修理业	81	13317	4929	1052	410	378
汽车、摩托车等修理与维护	811	9847	2805	914	353	339
计算机和办公设备维修	812	2480	1726	57	41	20
家用电器修理	813	698	275	23	16	17
其他日用产品修理业	819	292	123	58		2
其他服务业	82	6768	2945	1392	47	64
清洁服务	821	5574	2629	1295	31	59
宠物服务	822	41	27	2		
其他未列明服务业	829	1153	289	95	16	5
教育	**P**	**516964**	**70011**	**9244**	**17309**	**13430**
教育	83	516964	70011	9244	17309	13430
学前教育	831	71879	10415	1737	1313	2318
初等教育	832	174828	10060	2030	5043	3902
中等教育	833	191603	21630	3308	7306	5584
高等教育	834	30389	17325	485	6	465
特殊教育	835	1182	209	11	58	112
技能培训、教育辅助及其他教育	839	47083	10372	1673	3583	1049
卫生和社会工作	**Q**	**226203**	**47145**	**4710**	**5652**	**7143**
卫生	84	217858	45145	4386	5414	6786
医院	841	153740	37936	3518	3533	3663
基层医疗卫生服务	842	45034	4641	703	1580	1421
专业公共卫生服务	843	17498	1787	142	301	1536
其他卫生活动	849	1586	781	23		166
社会工作	85	8345	2000	324	238	357
提供住宿社会工作	851	7289	1916	269	234	300
不提供住宿社会工作	852	1056	84	55	4	57
文化、体育和娱乐业	**R**	**43997**	**14869**	**773**	**803**	**1621**
新闻和出版业	86	5744	2906	360	92	83
新闻业	861	923	81		23	
出版业	862	4821	2825	360	69	83
广播、电视、电影和录音制作业	87	12071	4866	44	165	514
广播	871	2587	1144	15	62	197
电视	872	3310	1739		62	204
影视节目制作	873	3542	977	22	6	17
广播电视集成播控	874	206	52			
电影和广播电视节目发行	875	471	185			
电影放映	876	1869	718	4	35	96
录音制作	877	86	21	3		
文化艺术业	88	11928	3442	131	368	579
文艺创作与表演	881	4654	1540	32	62	168

1-10 续表 37

行业中类	代码	昌吉回族自治州	博尔塔拉蒙古自治州	巴音郭楞蒙古自治州	阿克苏地区	克孜勒苏柯尔克孜自治州
机动车、电子产品和日用产品修理业	81	887	248	719	743	232
汽车、摩托车等修理与维护	811	812	208	618	620	188
计算机和办公设备维修	812	38	16	53	76	43
家用电器修理	813	8	24	25	38	1
其他日用产品修理业	819	29		23	9	
其他服务业	82	225	94	388	458	24
清洁服务	821	168	71	189	382	11
宠物服务	822	11				
其他未列明服务业	829	46	23	199	76	13
教育	**P**	**25557**	**10975**	**29813**	**46916**	**17310**
教育	83	25557	10975	29813	46916	17310
学前教育	831	4028	1523	4069	5050	1393
初等教育	832	7571	3259	11331	18274	9994
中等教育	833	9377	5316	12562	20010	5036
高等教育	834	1355	78	246	529	44
特殊教育	835	52	54	1	79	42
技能培训、教育辅助及其他教育	839	3174	745	1604	2974	801
卫生和社会工作	**Q**	**15289**	**5497**	**14958**	**18730**	**5598**
卫生	84	14756	5231	14625	18438	5409
医院	841	10886	3751	10360	11102	3132
基层医疗卫生服务	842	2851	965	2592	5857	1694
专业公共卫生服务	843	983	513	1448	1456	551
其他卫生活动	849	36	2	225	23	32
社会工作	85	533	266	333	292	189
提供住宿社会工作	851	497	256	315	177	185
不提供住宿社会工作	852	36	10	18	115	4
文化、体育和娱乐业	**R**	**2901**	**896**	**1410**	**2232**	**908**
新闻和出版业	86	54	119	283	156	82
新闻业	861	52	4	54		
出版业	862	2	115	229	156	82
广播、电视、电影和录音制作业	87	476	290	313	368	243
广播	871	190		45	143	190
电视	872	152	71	145	63	21
影视节目制作	873	48	143	50	26	17
广播电视集成播控	874				3	
电影和广播电视节目发行	875	1		1	11	
电影放映	876	85	26	70	122	15
录音制作	877		50	2		
文化艺术业	88	1361	112	552	793	479
文艺创作与表演	881	302	1	180	352	260

1-10 续表 38

行业中类	代码	喀什地区	和田地区	伊犁哈萨克自治州	塔城地区	阿勒泰地区	自治区直辖县级市
机动车、电子产品和日用产品修理业	81	1115	789	982	167	231	435
汽车、摩托车等修理与维护	811	783	679	790	148	197	393
计算机和办公设备维修	812	206	56	77	15	34	22
家用电器修理	813	97	50	102	4		18
其他日用产品修理业	819	29	4	13			2
其他服务业	82	367	161	165	15	68	355
清洁服务	821	248	37	124	5		325
宠物服务	822	1					
其他未列明服务业	829	118	124	41	10	68	30
教育	**P**	**99661**	**58253**	**61079**	**20884**	**15509**	**21013**
教育	83	99661	58253	61079	20884	15509	21013
学前教育	831	17122	6553	9385	2441	1785	2747
初等教育	832	41212	28279	19530	6783	5482	2078
中等教育	833	29840	19253	25151	10225	7306	9699
高等教育	834	1599	1159	2118	126	48	4806
特殊教育	835	175	113	145	63	39	29
技能培训、教育辅助及其他教育	839	9713	2896	4750	1246	849	1654
卫生和社会工作	**Q**	**27338**	**16469**	**27387**	**10847**	**8041**	**11399**
卫生	84	26770	16004	26419	10406	7658	10411
医院	841	17216	10034	16710	7318	5011	9570
基层医疗卫生服务	842	7597	4704	6450	1834	1772	373
专业公共卫生服务	843	1919	1256	3085	1216	875	430
其他卫生活动	849	38	10	174	38		38
社会工作	85	568	465	968	441	383	988
提供住宿社会工作	851	547	254	677	433	255	974
不提供住宿社会工作	852	21	211	291	8	128	14
文化、体育和娱乐业	**R**	**3324**	**993**	**9350**	**1172**	**1201**	**1544**
新闻和出版业	86	456	172	651	38	147	145
新闻业	861	285	46	252	24	80	22
出版业	862	171	126	399	14	67	123
广播、电视、电影和录音制作业	87	831	188	2937	170	400	266
广播	871	39	22	335	37	138	30
电视	872	136	18	333	10	219	137
影视节目制作	873	449	58	1682	1	35	11
广播电视集成播控	874	70	36	20	25		
电影和广播电视节目发行	875	5		239	29		
电影放映	876	131	54	321	68	6	88
录音制作	877	1		7		2	
文化艺术业	88	1072	428	1097	534	477	503
文艺创作与表演	881	596	151	484	134	190	202

1-10 续表 39

行业中类	代码	从业人员数(人)	乌鲁木齐市	克拉玛依市	吐鲁番市	哈密市
艺术表演场馆	882	1040	460			
图书馆与档案馆	883	1694	359	46	48	114
文物及非物质文化遗产保护	884	646	78		195	83
博物馆	885	709	248	15	1	55
烈士陵园、纪念馆	886	52				20
群众文体活动	887	2200	365	10	36	109
其他文化艺术业	889	933	392	28	26	30
体育	89	1900	915	25	10	70
体育组织	891	710	399	9	10	9
体育场地设施管理	892	238	21			26
健身休闲活动	893	886	435	16		35
其他体育	899	66	60			
娱乐业	90	12354	2740	213	168	375
室内娱乐活动	901	7579	1252	97	125	279
游乐园	902	567	279	24	1	26
休闲观光活动	903	795	201			9
彩票活动	904	342	232	4	10	
文化体育娱乐活动与经纪代理服务	905	2660	773	58	32	57
其他娱乐业	909	411	3	30		4
公共管理、社会保障和社会组织	**S**	**863756**	**115751**	**17517**	**27775**	**26404**
中国共产党机关	91	30809	3185	716	1315	1227
中国共产党机关	910	30809	3185	716	1315	1227
国家机构	92	640734	67589	14400	22398	21063
国家权力机构	921	2912	173	85	108	90
国家行政机构	922	617900	63677	13736	21654	19882
人民法院和人民检察院	923	19187	3559	560	636	758
其他国家机构	929	735	180	19		333
人民政协、民主党派	93	2150	365	55	77	80
人民政协	931	2058	287	55	77	80
民主党派	932	92	78			
社会保障	94	4491	54		86	358
基本保险	941	2652			86	58
其他社会保障	949	1839	54			300
群众团体、社会团体和其他成员组织	95	23459	4145	452	1003	579
群众团体	951	4022	677	87	74	210
社会团体	952	7462	2242	352	222	193
基金会	953	78	62	5		3
宗教组织	954	11897	1164	8	707	173
基层群众自治组织及其他组织	96	162113	40413	1894	2896	3097
社区居民自治组织	961	68641	37512	1656	1130	1058
村民自治组织	962	93472	2901	238	1766	2039

1-10 续表 40

行业中类	代码	昌吉回族自治州	博尔塔拉蒙古自治州	巴音郭楞蒙古自治州	阿克苏地区	克孜勒苏柯尔克孜自治州
艺术表演场馆	882	573				
图书馆与档案馆	883	204	35	181	156	63
文物及非物质文化遗产保护	884	10		9	42	
博物馆	885	84	13	16	104	11
烈士陵园、纪念馆	886					
群众文体活动	887	148	58	148	119	106
其他文化艺术业	889	40	5	18	20	39
体育	89	138	70	55	117	11
体育组织	891	21	20	10	12	11
体育场地设施管理	892	34	26	17	14	
健身休闲活动	893	83	24	22	91	
其他体育	899			6		
娱乐业	90	872	305	207	798	93
室内娱乐活动	901	422	138	53	448	57
游乐园	902	15	10	65	7	
休闲观光活动	903	287	12		10	26
彩票活动	904	42		25	10	
文化体育娱乐活动与经纪代理服务	905	92	142	63	297	8
其他娱乐业	909	14	3	1	26	2
公共管理、社会保障和社会组织	**S**	**56017**	**26720**	**63002**	**90428**	**31701**
中国共产党机关	91	2085	1507	2517	1597	885
中国共产党机关	910	2085	1507	2517	1597	885
国家机构	92	43364	19176	51080	68782	26324
国家权力机构	921	228	135	290	198	267
国家行政机构	922	41815	18317	49301	67152	25472
人民法院和人民检察院	923	1321	724	1481	1362	585
其他国家机构	929			8	70	
人民政协、民主党派	93	161	83	209	164	66
人民政协	931	161	83	209	161	66
民主党派	932				3	
社会保障	94	232	82	1425	234	156
基本保险	941	135	50	1240	102	93
其他社会保障	949	97	32	185	132	63
群众团体、社会团体和其他成员组织	95	1631	732	1011	2654	1002
群众团体	951	158	149	512	477	127
社会团体	952	952	212	285	355	84
基金会	953	1		4		
宗教组织	954	520	371	210	1822	791
基层群众自治组织及其他组织	96	8544	5140	6760	16997	3268
社区居民自治组织	961	3157	1952	2692	4347	786
村民自治组织	962	5387	3188	4068	12650	2482

1-10 续表 41

行业中类	代码	喀什地区	和田地区	伊犁哈萨克自治州	塔城地区	阿勒泰地区	自治区直辖县级市
艺术表演场馆	882						7
图书馆与档案馆	883	116	48	115	109	59	41
文物及非物质文化遗产保护	884	44	8	109	30	36	2
博物馆	885	5	13	23	43	30	48
烈士陵园、纪念馆	886				1		31
群众文体活动	887	188	200	219	208	137	149
其他文化艺术业	889	123	8	147	9	25	23
体育	89	196	24	166	56	9	38
体育组织	891	127	16	52	2		12
体育场地设施管理	892	10		44	46		
健身休闲活动	893	59	8	70	8	9	26
其他体育	899						
娱乐业	90	769	181	4499	374	168	592
室内娱乐活动	901	489	11	3291	271	108	538
游乐园	902	75	9	31	19	6	
休闲观光活动	903	56	58	113	12		11
彩票活动	904		5	4	8		2
文化体育娱乐活动与经纪代理服务	905	113	98	807	64	16	40
其他娱乐业	909	36		253		38	1
公共管理、社会保障和社会组织	**S**	**122462**	**90649**	**94853**	**44950**	**34242**	**21285**
中国共产党机关	91	3721	1856	3487	4151	1951	609
中国共产党机关	910	3721	1856	3487	4151	1951	609
国家机构	92	90424	65362	76249	30555	27415	16553
国家权力机构	921	327	244	315	192	205	55
国家行政机构	922	88246	64035	73576	29089	26313	15635
人民法院和人民检察院	923	1806	1079	2309	1247	897	863
其他国家机构	929	45	4	49	27		
人民政协、民主党派	93	158	155	268	122	132	55
人民政协	931	158	155	268	122	132	44
民主党派	932						11
社会保障	94	303	123	981	225	70	162
基本保险	941	27	70	662	118	11	
其他社会保障	949	276	53	319	107	59	162
群众团体、社会团体和其他成员组织	95	2747	3387	1636	1462	732	286
群众团体	951	315	186	551	217	219	63
社会团体	952	500	242	388	1058	216	161
基金会	953	3					
宗教组织	954	1929	2959	697	187	297	62
基层群众自治组织及其他组织	96	25109	19766	12232	8435	3942	3620
社区居民自治组织	961	4028	2933	4103	1433	781	1073
村民自治组织	962	21081	16833	8129	7002	3161	2547

1-11 按地区、开业（成立）时间分组的法人单位数

地区	法人单位数（个）	1949年以前	1950-1977年	1978-1991年	1992-2000年	2001年	2002年
总计	**243402**	**1457**	**11048**	**12764**	**9525**	**2539**	**3420**
乌鲁木齐市	**65325**	**66**	**452**	**1069**	**2491**	**906**	**994**
市辖区	1				1		
天山区	12307	32	117	273	663	263	250
沙依巴克区	10423	8	102	202	496	215	204
新市区	14735	8	66	168	546	152	200
水磨沟区	7248	7	42	106	228	116	122
头屯河区	2876		28	41	68	27	32
达坂城区	577	2	8	40	35	7	16
米东区	4368	5	41	128	157	31	46
乌鲁木齐县	542	3	41	78	21	1	6
乌鲁木齐经济技术开发区	5706	1	7	23	166	60	63
乌鲁木齐高新技术产业开发区	6536			10	107	34	55
克拉玛依市	**6634**	**1**	**100**	**95**	**377**	**84**	**126**
市辖区	2					1	
独山子区	873	1	10	11	60	11	11
克拉玛依区	4725		72	56	246	50	92
白碱滩区	750		7	15	51	21	17
乌尔禾区	284		11	13	20	1	6
吐鲁番市	**6045**	**98**	**264**	**326**	**243**	**106**	**85**
高昌区	2742	36	116	175	127	37	50
鄯善县	1807	46	82	79	87	35	17
托克逊县	1496	16	66	72	29	34	18
哈密市	**11628**	**42**	**285**	**443**	**416**	**82**	**190**
伊州区	9988	35	192	266	337	64	144
巴里坤哈萨克自治县	940	4	61	131	56	10	35
伊吾县	698	3	32	46	22	8	11
昌吉回族自治州	**18996**	**42**	**563**	**717**	**741**	**176**	**268**
昌吉市	8393	9	84	169	320	84	118
阜康市	2166	1	55	67	91	17	34
呼图壁县	1887	4	96	90	80	25	30
玛纳斯县	1655	11	141	122	76	16	39
奇台县	2342	9	110	106	66	15	24
吉木萨尔县	1895	4	43	78	58	12	14
木垒哈萨克自治县	658	4	34	85	50	7	9
博尔塔拉蒙古自治州	**6531**	**14**	**337**	**418**	**309**	**69**	**93**
博乐市	3807	4	173	236	176	48	55
阿拉山口市	1020		1		22	7	6
精河县	1217	8	84	123	49	10	25
温泉县	487	2	79	59	62	4	7

1-11 续表 1

地　　区	2003 年	2004 年	2005 年	2006 年	2007 年	2008 年	2009 年	2010 年	2011 年
总　计	**3297**	**3842**	**3930**	**4617**	**4715**	**6257**	**5764**	**6831**	**8390**
乌鲁木齐市	**1091**	**1302**	**1438**	**1803**	**1854**	**2022**	**2005**	**2104**	**2712**
市辖区									
天山区	279	326	322	452	460	448	451	454	485
沙依巴克区	229	264	341	370	353	365	400	384	429
新市区	201	302	296	392	437	497	440	478	651
水磨沟区	122	158	183	209	188	258	199	204	252
头屯河区	34	40	37	55	52	63	65	94	177
达坂城区	54	8	9	6	7	13	13	15	32
米东区	49	59	47	66	94	84	107	102	121
乌鲁木齐县	7	9	28	10	9	22	15	12	9
乌鲁木齐经济技术开发区	60	61	68	93	101	105	130	125	194
乌鲁木齐高新技术产业开发区	56	75	107	150	153	166	185	236	362
克拉玛依市	**111**	**139**	**110**	**136**	**186**	**150**	**206**	**186**	**228**
市辖区	1								
独山子区	11	23	25	17	35	17	32	34	29
克拉玛依区	81	101	73	105	123	104	149	140	155
白碱滩区	10	10	6	12	18	20	22	9	36
乌尔禾区	8	5	6	2	10	9	3	3	8
吐鲁番市	**74**	**102**	**99**	**160**	**136**	**159**	**202**	**174**	**184**
高昌区	36	56	40	55	53	62	64	84	90
鄯善县	30	32	36	65	49	55	97	65	55
托克逊县	8	14	23	40	34	42	41	25	39
哈密市	**178**	**132**	**152**	**211**	**229**	**298**	**262**	**321**	**386**
伊州区	149	112	124	179	177	255	236	282	333
巴里坤哈萨克自治县	20	14	22	19	36	23	13	18	24
伊吾县	9	6	6	13	16	20	13	21	28
昌吉回族自治州	**239**	**281**	**265**	**310**	**309**	**502**	**499**	**612**	**735**
昌吉市	128	117	130	145	143	191	234	295	308
阜康市	21	27	27	36	36	58	64	83	96
呼图壁县	28	32	27	33	33	48	40	60	45
玛纳斯县	25	50	30	19	25	66	38	46	73
奇台县	13	25	25	35	35	66	65	79	128
吉木萨尔县	21	19	15	32	29	54	47	37	64
木垒哈萨克自治县	3	11	11	10	8	19	11	12	21
博尔塔拉蒙古自治州	**76**	**94**	**92**	**101**	**95**	**140**	**131**	**170**	**181**
博乐市	47	68	51	51	55	76	66	102	107
阿拉山口市	17	16	15	22	19	23	21	22	21
精河县	9	6	19	21	12	25	32	32	38
温泉县	3	4	7	7	9	16	12	14	15

1-11 续表 2

地　　区	2012 年	2013 年	2014 年	2015 年	2016 年	2017 年	2018 年	无开业年份
总　计	**10005**	**11531**	**15204**	**18458**	**28664**	**35812**	**35112**	**220**
乌鲁木齐市	**3053**	**3562**	**5024**	**5595**	**7775**	**8738**	**9230**	**39**
市辖区								
天山区	563	613	877	1109	1500	1287	1076	7
沙依巴克区	503	610	704	867	1121	1311	945	
新市区	662	824	1431	1348	1614	2021	1999	2
水磨沟区	321	400	544	652	937	901	1093	6
头屯河区	195	204	256	216	327	445	420	
达坂城区	27	32	44	31	36	56	71	15
米东区	162	217	219	242	630	780	981	
乌鲁木齐县	24	28	17	27	44	54	70	7
乌鲁木齐经济技术开发区	180	242	362	412	719	990	1544	
乌鲁木齐高新技术产业开发区	416	392	570	689	847	893	1031	2
克拉玛依市	**273**	**295**	**469**	**561**	**850**	**1020**	**923**	**8**
市辖区								
独山子区	40	37	61	62	128	110	106	2
克拉玛依区	189	203	338	410	596	745	692	5
白碱滩区	31	37	48	64	94	122	100	
乌尔禾区	13	18	22	25	32	43	25	1
吐鲁番市	**220**	**293**	**397**	**497**	**721**	**773**	**728**	**4**
高昌区	94	125	177	243	324	342	355	1
鄯善县	68	79	105	134	195	200	196	
托克逊县	58	89	115	120	202	231	177	3
哈密市	**470**	**653**	**879**	**1000**	**1525**	**1831**	**1641**	**2**
伊州区	376	505	804	902	1379	1679	1456	2
巴里坤哈萨克自治县	55	94	35	43	61	82	84	
伊吾县	39	54	40	55	85	70	101	
昌吉回族自治州	**865**	**1027**	**1396**	**1543**	**2254**	**2671**	**2939**	**42**
昌吉市	342	455	617	696	990	1336	1469	13
阜康市	112	121	164	162	259	274	358	3
呼图壁县	77	116	143	142	237	242	253	6
玛纳斯县	66	77	92	112	131	156	244	
奇台县	140	148	186	208	272	336	249	2
吉木萨尔县	102	84	143	173	284	264	301	17
木垒哈萨克自治县	26	26	51	50	81	63	65	1
博尔塔拉蒙古自治州	**257**	**327**	**372**	**446**	**895**	**1131**	**782**	**1**
博乐市	153	174	207	289	504	664	501	
阿拉山口市	29	61	56	48	204	286	124	
精河县	53	72	85	89	149	144	131	1
温泉县	22	20	24	20	38	37	26	

1-11 续表 3

地　　区	法　人 单位数 (个)	1949 年 以前	1950- 1977 年	1978- 1991 年	1992- 2000 年	2001 年	2002 年
巴音郭楞蒙古自治州	**16788**	**19**	**586**	**1039**	**697**	**172**	**260**
库尔勒市	8289	2	111	234	298	78	118
轮台县	1522	2	76	94	42	17	24
尉犁县	985	2	77	79	43	8	11
若羌县	756		34	56	22	4	6
且末县	828	2	53	98	40	7	5
焉耆回族自治县	1235	5	56	151	83	30	39
和静县	1695	4	117	131	76	12	19
和硕县	814	2	36	98	40	4	19
博湖县	662		26	98	53	12	19
库尔勒经济技术开发区	2						
阿克苏地区	*20008*	*96*	*1238*	*1200*	*640*	*214*	*229*
阿克苏市	6707	19	168	231	176	101	89
温宿县	1933	19	163	142	53	14	17
库车县	3638	12	187	138	90	36	33
沙雅县	2185	7	133	136	67	11	21
新和县	1283	3	77	88	50	20	18
拜城县	1745	15	215	170	68	12	23
乌什县	878	10	125	135	43	5	9
阿瓦提县	1175	3	123	118	41	11	15
柯坪县	464	8	47	42	52	4	4
克孜勒苏柯尔克孜自治州	**4314**	**62**	**477**	**351**	**176**	**31**	**47**
阿图什市	2161	30	150	170	94	18	20
阿克陶县	1196	27	190	95	50	4	11
阿合奇县	327	1	60	31	13	3	7
乌恰县	630	4	77	55	19	6	9
喀什地区	**25671**	**585**	**2238**	**2138**	**780**	**146**	**161**
喀什市	6608	44	175	207	181	62	75
疏附县	1136	69	142	93	33	6	7
疏勒县	2047	84	130	325	43	9	14
英吉沙县	1353	19	225	89	35	4	6
泽普县	1090	16	103	212	39	5	7
莎车县	3701	138	395	416	89	20	13
叶城县	2631	47	278	216	113	10	9
麦盖提县	1609	42	212	137	59	5	3
岳普湖县	1051	67	128	141	34	8	6
伽师县	2236	30	158	109	57	8	12
巴楚县	1791	25	184	133	75	7	8
塔什库尔干塔吉克自治县	416	4	108	60	22	2	1

1-11 续表 4

地　　区	2003 年	2004 年	2005 年	2006 年	2007 年	2008 年	2009 年	2010 年	2011 年
巴音郭楞蒙古自治州	**257**	**270**	**285**	**403**	**381**	**528**	**491**	**557**	**659**
库尔勒市	148	141	157	253	244	279	267	279	324
轮台县	21	26	32	47	38	52	52	30	66
尉犁县	18	13	10	18	16	50	36	20	26
若羌县	3	4	4	13	9	20	21	23	41
且末县	5	8	6	9	5	15	18	31	26
焉耆回族自治县	21	23	39	15	26	34	32	69	52
和静县	24	31	15	27	21	42	41	48	76
和硕县	9	11	11	12	10	14	11	30	29
博湖县	8	13	11	9	12	22	13	25	19
库尔勒经济技术开发区								2	
阿克苏地区	**237**	**281**	**333**	**289**	**326**	**404**	**388**	**532**	**660**
阿克苏市	90	102	123	126	126	147	163	211	226
温宿县	16	16	26	20	25	31	30	52	78
库车县	56	41	70	51	65	70	62	84	119
沙雅县	22	31	52	18	21	27	32	71	65
新和县	12	20	12	15	17	17	26	36	70
拜城县	18	33	19	27	34	54	32	41	59
乌什县	10	14	7	11	11	9	17	9	15
阿瓦提县	8	10	17	19	14	46	21	19	20
柯坪县	5	14	7	2	13	3	5	9	8
克孜勒苏柯尔克孜自治州	**40**	**50**	**39**	**62**	**46**	**86**	**86**	**129**	**130**
阿图什市	21	26	26	40	21	40	30	71	84
阿克陶县	10	14	8	6	5	14	23	20	30
阿合奇县	1	4	1	3	5	9	15	13	4
乌恰县	8	6	4	13	15	23	18	25	12
喀什地区	**260**	**245**	**226**	**232**	**252**	**516**	**351**	**588**	**680**
喀什市	88	70	55	64	66	86	87	143	162
疏附县	6	7	11	9	4	34	25	23	59
疏勒县	22	10	12	29	28	41	32	77	91
英吉沙县	5	6	6	9	11	17	12	27	39
泽普县	27	11	23	13	18	25	19	34	39
莎车县	33	31	30	26	25	126	47	76	83
叶城县	9	18	18	16	31	54	51	60	56
麦盖提县	16	11	9	6	12	18	22	33	44
岳普湖县	11	9	17	12	6	35	10	17	18
伽师县	9	14	20	18	22	31	9	27	44
巴楚县	26	50	20	25	16	32	29	58	40
塔什库尔干塔吉克自治县	8	8	5	5	13	16	8	13	5

1-11 续表 5

地　　区	2012 年	2013 年	2014 年	2015 年	2016 年	2017 年	2018 年	无开业年份
巴音郭楞蒙古自治州	**736**	**778**	**918**	**1103**	**1786**	**2132**	**2700**	**31**
库尔勒市	324	305	437	521	885	1112	1747	25
轮台县	90	99	104	110	179	166	155	
尉犁县	39	51	34	71	115	130	117	1
若羌县	29	43	47	69	96	113	99	
且末县	30	43	52	48	88	162	77	
焉耆回族自治县	36	41	59	77	119	99	129	
和静县	96	101	100	109	145	204	256	
和硕县	55	54	56	69	97	79	67	1
博湖县	37	41	29	29	62	67	53	4
库尔勒经济技术开发区								
阿克苏地区	**825**	**795**	**1022**	**1415**	**2951**	**2756**	**3155**	**22**
阿克苏市	285	324	403	483	908	997	1196	13
温宿县	100	65	80	150	262	273	299	2
库车县	151	160	230	327	594	473	589	
沙雅县	67	71	82	129	456	237	427	2
新和县	48	51	39	76	222	211	152	3
拜城县	112	68	89	87	236	189	144	
乌什县	15	17	43	82	81	131	79	
阿瓦提县	32	28	31	57	150	165	225	2
柯坪县	15	11	25	24	42	80	44	
克孜勒苏柯尔克孜自治州	**163**	**147**	**284**	**395**	**496**	**614**	**403**	
阿图什市	104	88	181	215	249	285	198	
阿克陶县	25	29	60	111	153	194	117	
阿合奇县	8	7	9	23	38	45	27	
乌恰县	26	23	34	46	56	90	61	
喀什地区	**880**	**1033**	**1203**	**1827**	**2905**	**3418**	**4985**	**22**
喀什市	188	219	300	551	968	1358	1446	13
疏附县	42	71	57	72	108	94	163	1
疏勒县	76	79	85	140	178	196	346	
英吉沙县	56	58	50	68	93	83	435	
泽普县	46	40	46	63	84	93	127	
莎车县	115	122	149	254	446	464	598	5
叶城县	72	100	169	171	223	254	656	
麦盖提县	46	68	80	135	208	200	243	
岳普湖县	27	32	57	84	87	91	153	1
伽师县	71	106	119	148	333	345	546	
巴楚县	134	114	79	119	148	225	244	
塔什库尔干塔吉克自治县	6	24	12	22	29	15	28	2

1-11 续表 6

地　　区	法人单位数(个)	1949年以前	1950-1977年	1978-1991年	1992-2000年	2001年	2002年
和田地区	**12830**	**198**	**1291**	**1443**	**427**	**67**	**130**
和田市	4313	42	129	276	112	33	40
和田县	1478	22	162	162	33	6	6
墨玉县	2096	35	349	260	84	4	31
皮山县	1204	9	121	209	53	9	12
洛浦县	1217	65	253	173	46	5	13
策勒县	779	11	85	101	18		8
于田县	1283	12	135	204	59	9	16
民丰县	460	2	57	58	22	1	4
伊犁哈萨克自治州直属县（市）	**22707**	**177**	**1188**	**1329**	**877**	**209**	**320**
伊宁市	4683	44	150	208	254	61	86
奎屯市	2893	1	61	103	171	39	64
霍尔果斯市	5726	1	39	13	18	2	6
伊宁县	1414	47	132	205	54	32	13
察布查尔锡伯自治县	1104	9	98	108	40	4	10
霍城县	2282	13	170	118	107	14	42
巩留县	736	17	87	83	35	9	7
新源县	1403	7	133	100	51	16	45
昭苏县	855	11	118	175	54	10	16
特克斯县	735	18	110	100	32	8	12
尼勒克县	876	9	90	116	61	14	19
塔城地区	**9025**	**34**	**987**	**1068**	**554**	**88**	**192**
塔城市	1753	7	163	176	113	22	48
乌苏市	2091	7	188	164	164	13	31
额敏县	1278	7	122	225	64	10	26
沙湾县	2245	3	332	265	117	22	39
托里县	533	5	54	61	30	8	20
裕民县	437	3	51	53	34	5	11
和布克赛尔蒙古自治县	688	2	77	124	32	8	17
阿勒泰地区	**6799**	**18**	**557**	**850**	**418**	**96**	**133**
阿勒泰市	2612	5	187	302	178	45	60
布尔津县	639	1	47	85	28	6	8
富蕴县	653		44	68	40	15	23
福海县	1130	1	100	115	55	17	12
哈巴河县	706	5	64	148	37	3	10
青河县	582	1	64	85	41	7	12
吉木乃县	476	5	51	46	39	3	8
自治区直辖县级市	**10101**	**5**	**485**	**278**	**379**	**93**	**192**
石河子市	4379	4	79	128	232	68	133
阿拉尔市	3014	1	242	67	91	16	37
图木舒克市	1087		117	34	17	2	6
五家渠市	1546		33	47	37	7	15
铁门关市	74		14	2	2		1

1-11 续表 7

地　　区	2003 年	2004 年	2005 年	2006 年	2007 年	2008 年	2009 年	2010 年	2011 年
和田地区	**136**	**148**	**151**	**109**	**125**	**325**	**201**	**304**	**390**
和田市	61	55	74	41	52	88	87	140	247
和田县	3	10	11	8	6	28	19	21	26
墨玉县	20	30	21	16	27	74	30	48	41
皮山县	13	17	11	6	12	35	18	21	20
洛浦县	6	9	6	9	10	22	13	23	15
策勒县	10	8	7	10	4	41	7	16	13
于田县	18	14	16	11	12	29	20	28	17
民丰县	5	5	5	8	2	8	7	7	11
伊犁哈萨克自治州直属县（市）	**236**	**308**	**318**	**320**	**268**	**356**	**349**	**439**	**577**
伊宁市	54	83	78	84	85	98	97	128	163
奎屯市	67	66	57	59	53	68	63	102	90
霍尔果斯市	14	9	10	12	13	10	20	22	45
伊宁县	13	20	21	22	20	23	19	26	51
察布查尔锡伯自治县	16	17	13	25	10	22	23	25	24
霍城县	23	46	38	34	19	36	27	36	48
巩留县	9	16	14	8	8	21	26	17	20
新源县	24	24	32	28	18	29	27	36	43
昭苏县	7	12	17	17	17	14	23	9	30
特克斯县	3	4	6	6	8	5	6	14	23
尼勒克县	6	11	32	25	17	30	18	24	40
塔城地区	**154**	**163**	**155**	**139**	**142**	**403**	**201**	**246**	**292**
塔城市	16	18	28	28	25	42	40	43	75
乌苏市	24	28	35	21	32	103	43	70	77
额敏县	24	58	19	22	19	64	35	27	39
沙湾县	57	31	45	36	42	140	53	61	48
托里县	15	14	9	16	10	14	8	12	12
裕民县	11	1	4	3	8	26	9	15	19
和布克赛尔蒙古自治县	7	13	15	13	6	14	13	18	22
阿勒泰地区	**83**	**113**	**98**	**148**	**189**	**175**	**154**	**188**	**215**
阿勒泰市	38	71	50	68	71	67	57	66	82
布尔津县	12	5	10	16	39	21	15	15	20
富蕴县	9	8	16	19	21	21	20	23	22
福海县	7	11	7	16	13	15	29	33	44
哈巴河县	6	6	7	12	17	12	9	24	18
青河县	6	5	4	7	18	17	16	16	19
吉木乃县	5	7	4	10	10	22	8	11	10
自治区直辖县级市	**125**	**214**	**169**	**194**	**177**	**193**	**238**	**281**	**361**
石河子市	90	83	92	114	102	111	117	109	203
阿拉尔市	18	33	25	25	34	28	64	86	89
图木舒克市	4	43	9	31	14	16	20	32	15
五家渠市	13	54	42	23	26	35	36	53	51
铁门关市		1	1	1	1	3	1	1	3

1-11 续表 8

地　　区	2012 年	2013 年	2014 年	2015 年	2016 年	2017 年	2018 年	无开业年份
和田地区	**462**	**471**	**746**	**987**	**1402**	**1467**	**1834**	**16**
和田市	223	217	317	403	504	556	616	
和田县	83	57	96	124	162	167	266	
墨玉县	47	55	110	131	211	161	311	
皮山县	23	32	42	62	124	170	179	6
洛浦县	26	31	67	85	108	112	120	
策勒县	15	30	40	41	86	79	145	4
于田县	29	41	43	107	147	156	156	4
民丰县	16	8	31	34	60	66	41	2
伊犁哈萨克自治州直属县（市）	**745**	**782**	**957**	**1252**	**2389**	**6324**	**2970**	**17**
伊宁市	176	194	260	294	575	688	808	15
奎屯市	169	174	202	216	346	390	332	
霍尔果斯市	53	54	91	196	718	3721	659	
伊宁县	76	66	54	55	59	219	187	
察布查尔锡伯自治县	49	46	67	91	146	128	132	1
霍城县	54	58	60	115	178	694	352	
巩留县	24	30	38	45	63	74	85	
新源县	53	63	84	100	126	189	175	
昭苏县	30	26	26	43	55	49	96	
特克斯县	35	36	37	63	56	83	69	1
尼勒克县	26	35	38	34	67	89	75	
塔城地区	**344**	**435**	**472**	**504**	**808**	**850**	**793**	**1**
塔城市	65	70	54	99	197	222	202	
乌苏市	93	145	150	126	202	216	159	
额敏县	57	39	58	48	92	109	114	
沙湾县	61	85	114	147	207	170	170	
托里县	24	35	34	22	32	44	53	1
裕民县	15	32	26	17	25	26	43	
和布克赛尔蒙古自治县	29	29	36	45	53	63	52	
阿勒泰地区	**327**	**359**	**411**	**474**	**644**	**665**	**476**	**8**
阿勒泰市	126	121	158	187	227	256	187	3
布尔津县	41	48	39	36	58	58	29	2
富蕴县	36	37	37	47	50	44	51	2
福海县	43	71	73	91	126	155	96	
哈巴河县	41	44	44	35	64	61	38	1
青河县	21	11	20	43	77	51	41	
吉木乃县	19	27	40	35	42	40	34	
自治区直辖县级市	**385**	**574**	**654**	**859**	**1263**	**1422**	**1553**	**7**
石河子市	191	243	304	407	482	603	484	
阿拉尔市	102	164	198	257	466	424	544	3
图木舒克市	26	63	55	74	149	142	218	
五家渠市	64	99	90	118	162	236	301	4
铁门关市	2	5	7	3	4	17	5	

1-12 按地区、开业（成立）时间分组的法人单位从业人员数

地区	从业人员数(人)	1949年以前	1950-1977年	1978-1991年	1992-2000年	2001年	2002年
总计	**4653809**	**99791**	**711542**	**446748**	**563267**	**128985**	**126723**
乌鲁木齐市	**1187003**	**15095**	**125823**	**88487**	**249768**	**54797**	**41238**
市辖区	8665				8665		
天山区	212331	11122	22926	17046	41266	11849	16683
沙依巴克区	175679	1167	21365	14127	16678	8183	6864
新市区	312279	2000	54402	7870	124807	4991	5167
水磨沟区	151370	252	8131	31524	8978	5583	3320
头屯河区	43911		3534	1530	10292	974	1652
达坂城区	10822	72	3937	383	1115	72	325
米东区	80889	26	4114	3824	15277	7957	3616
乌鲁木齐县	8154	179	1213	941	141	6	47
乌鲁木齐经济技术开发区	125982	277	6201	10477	19237	5095	2969
乌鲁木齐高新技术产业开发区	54563			765	3082	10087	595
克拉玛依市	**246817**	**475**	**11040**	**7731**	**79567**	**3955**	**7633**
市辖区	193						
独山子区	40325	475	699	694	15917	273	397
克拉玛依区	168208		5940	3897	57045	2027	4492
白碱滩区	32735		4177	2992	4886	1650	2680
乌尔禾区	5356		224	148	1719	5	64
吐鲁番市	**131982**	**2799**	**18371**	**12142**	**20661**	**4856**	**1939**
高昌区	52022	1186	7481	7369	6793	994	773
鄯善县	45988	1156	5686	2407	13464	2379	366
托克逊县	33972	457	5204	2366	404	1483	800
哈密市	**151484**	**3004**	**29040**	**12099**	**12403**	**1670**	**3084**
伊州区	124678	2618	24729	9711	11202	971	2419
巴里坤哈萨克自治县	12583	288	2805	1564	485	399	302
伊吾县	13570	98	1506	824	389	300	363
昌吉回族自治州	**331104**	**6406**	**34076**	**22040**	**32600**	**5740**	**8103**
昌吉市	138260	207	9663	8345	22445	2870	5417
阜康市	45169	15	5122	2756	2941	819	619
呼图壁县	28421	1714	3115	2044	1946	498	346
玛纳斯县	29764	180	6336	2241	857	483	456
奇台县	35383	3864	3279	3258	2756	421	304
吉木萨尔县	43675	178	3509	1900	1069	331	694
木垒哈萨克自治县	10432	248	3052	1496	586	318	267
博尔塔拉蒙古自治州	**104812**	**1807**	**16472**	**16756**	**6348**	**1353**	**3988**
博乐市	67056	854	7312	12281	4028	785	2221
阿拉山口市	7208		13		285	38	39
精河县	20532	622	5736	3004	938	321	909
温泉县	10016	331	3411	1471	1097	209	819

1-12 续表 1

地　　区	2003 年	2004 年	2005 年	2006 年	2007 年	2008 年	2009 年	2010 年	2011 年
总　计	**102819**	**132200**	**107124**	**104576**	**114522**	**119375**	**113618**	**163967**	**154860**
乌鲁木齐市	**25417**	**46662**	**27887**	**43038**	**28389**	**32790**	**27169**	**39451**	**44282**
市辖区									
天山区	4229	3666	6764	7266	5308	4759	5346	6149	6796
沙依巴克区	5003	11170	4861	9597	4700	4246	4536	2740	14106
新市区	6534	13286	5219	6623	4699	6512	7608	7001	5544
水磨沟区	3511	8664	3113	3413	3902	4454	1909	13680	3826
头屯河区	807	3338	680	1709	743	545	792	1156	1208
达坂城区	297	300	35	18	105	56	244	308	835
米东区	1394	3027	1564	3754	3723	4195	2368	1424	2040
乌鲁木齐县	160	526	580	99	158	106	1014	287	38
乌鲁木齐经济技术开发区	2096	2136	3780	7726	3970	3603	2719	5287	7445
乌鲁木齐高新技术产业开发区	1386	549	1291	2833	1081	3590	633	1419	2444
克拉玛依市	**3751**	**5190**	**17119**	**3912**	**20979**	**7605**	**7565**	**5526**	**6073**
市辖区	193								
独山子区	224	351	3293	1042	1343	1650	880	2390	252
克拉玛依区	2881	4056	13531	2086	18995	4612	4903	2470	3373
白碱滩区	360	688	102	759	500	638	1742	666	2370
乌尔禾区	93	95	193	25	141	705	40		78
吐鲁番市	**2684**	**2853**	**2442**	**3216**	**3415**	**2436**	**2542**	**3075**	**2678**
高昌区	1252	1573	243	1135	1242	1205	686	2120	904
鄯善县	581	696	1498	584	1326	730	1235	742	1449
托克逊县	851	584	701	1497	847	501	621	213	325
哈密市	**4296**	**3831**	**3401**	**3256**	**2704**	**5419**	**2832**	**5227**	**6376**
伊州区	3910	3185	2810	2656	2153	4136	2595	4677	5443
巴里坤哈萨克自治县	188	454	382	430	406	994	182	79	193
伊吾县	198	192	209	170	145	289	55	471	414
昌吉回族自治州	**8694**	**6417**	**9120**	**6370**	**10956**	**9226**	**10350**	**16385**	**15231**
昌吉市	4218	4249	3076	3318	4806	5252	4389	4518	3708
阜康市	1499	168	2221	1246	3141	609	1911	1971	2013
呼图壁县	226	795	771	325	1229	887	905	512	787
玛纳斯县	1373	642	823	432	578	620	1163	1091	3673
奇台县	108	376	712	407	306	987	885	2179	1303
吉木萨尔县	1266	91	1356	271	794	756	984	5974	3484
木垒哈萨克自治县	4	96	161	371	102	115	113	140	263
博尔塔拉蒙古自治州	**2505**	**2017**	**1016**	**1589**	**982**	**6010**	**1168**	**2865**	**3156**
博乐市	1581	1845	815	1062	683	5548	595	2073	2486
阿拉山口市	232	54	67	197	147	128	107	154	433
精河县	603	52	108	240	103	197	375	387	181
温泉县	89	66	26	90	49	137	91	251	56

1-12 续表 2

地　　区	2012 年	2013 年	2014 年	2015 年	2016 年	2017 年	2018 年	无开业年份
总　计	**156556**	**155267**	**173248**	**194930**	**260825**	**286719**	**235933**	**214**
乌鲁木齐市	**38270**	**34512**	**36845**	**41953**	**57216**	**51631**	**36245**	**38**
市辖区								
天山区	5328	5587	7076	5187	7388	5919	4665	6
沙依巴克区	6315	6448	4504	7952	10001	6512	4604	
新市区	3618	4966	5836	8547	7878	12727	6439	5
水磨沟区	8862	6841	4809	4862	6576	8707	6452	1
头屯河区	2334	2224	2687	1383	3250	1719	1354	
达坂城区	201	456	721	251	377	342	347	25
米东区	2375	1906	2909	2399	6356	3869	2772	
乌鲁木齐县	210	390	170	399	345	607	538	
乌鲁木齐经济技术开发区	7004	3948	4329	6941	7752	6995	5995	
乌鲁木齐高新技术产业开发区	2023	1746	3804	2628	7293	4234	3079	1
克拉玛依市	**3920**	**5673**	**6548**	**7759**	**13407**	**9152**	**12233**	**4**
市辖区								
独山子区	410	963	681	1137	5405	988	860	1
克拉玛依区	2890	2371	4277	5146	6310	6449	10454	3
白碱滩区	392	2147	1385	1343	947	1488	823	
乌尔禾区	228	192	205	133	745	227	96	
吐鲁番市	**7727**	**3942**	**6579**	**6057**	**11105**	**7025**	**3437**	**1**
高昌区	1643	1770	3539	2816	4064	1812	1421	1
鄯善县	1472	942	1753	1779	1551	3387	805	
托克逊县	4612	1230	1287	1462	5490	1826	1211	
哈密市	**4339**	**12773**	**7160**	**8204**	**8030**	**7255**	**5081**	
伊州区	3298	7228	6080	7359	6979	6256	4263	
巴里坤哈萨克自治县	449	1557	188	291	289	388	270	
伊吾县	592	3988	892	554	762	611	548	
昌吉回族自治州	**20917**	**22755**	**23753**	**13508**	**17598**	**18704**	**12121**	**34**
昌吉市	6380	12192	9287	6058	6050	6736	5068	8
阜康市	4440	2255	2699	1715	2313	3467	1229	
呼图壁县	1294	1346	3210	1005	2534	2010	919	3
玛纳斯县	686	1205	2168	918	1128	1093	1618	
奇台县	1977	2833	1975	1566	2706	1937	1237	7
吉木萨尔县	5795	2689	3762	1774	2327	3008	1647	16
木垒哈萨克自治县	345	235	652	472	540	453	403	
博尔塔拉蒙古自治州	**3243**	**4262**	**5424**	**5594**	**6136**	**7406**	**4713**	**2**
博乐市	2293	2243	2794	4023	3844	4454	3236	
阿拉山口市	191	1038	969	487	1037	1144	448	
精河县	429	796	1282	1003	1139	1267	838	2
温泉县	330	185	379	81	116	541	191	

1-12 续表 3

地区	从业人员数(人)	1949年以前	1950-1977年	1978-1991年	1992-2000年	2001年	2002年
巴音郭楞蒙古自治州	**283456**	**1920**	**41587**	**34822**	**37472**	**4387**	**8246**
库尔勒市	159708	349	11670	19072	27531	3000	5804
轮台县	25660	187	6756	3293	1407	327	414
尉犁县	16131	7	3624	2442	985	268	159
若羌县	12320		2650	1042	2912	31	303
且末县	12076	311	2801	1628	1304	88	614
焉耆回族自治县	14742	559	5017	2716	849	178	295
和静县	24049	296	4500	1612	1420	268	112
和硕县	10257	211	2249	1429	448	124	226
博湖县	8428		2320	1588	616	103	319
库尔勒经济技术开发区	85						
阿克苏地区	**341662**	**5122**	**67292**	**29867**	**18242**	**7878**	**6535**
阿克苏市	117099	1017	11489	8274	9771	3144	2349
温宿县	28040	366	6355	3285	1063	924	236
库车县	70697	1570	16415	5087	2786	2273	1401
沙雅县	28806	418	3791	1777	956	87	810
新和县	22178	309	3721	1944	1028	493	519
拜城县	30885	719	8579	4497	658	615	833
乌什县	14394	471	5639	1814	357	24	139
阿瓦提县	22222	36	8550	2458	839	122	159
柯坪县	7341	216	2753	731	784	196	89
克孜勒苏柯尔克孜自治州	**90521**	**1876**	**31852**	**10369**	**4204**	**789**	**996**
阿图什市	44497	788	12504	6939	2745	644	277
阿克陶县	24346	706	12504	1463	656	34	506
阿合奇县	9002	144	2696	639	579	6	73
乌恰县	12676	238	4148	1328	224	105	140
喀什地区	**495080**	**17671**	**106222**	**51610**	**16610**	**14899**	**4257**
喀什市	126015	4909	18463	10480	6002	7968	2394
疏附县	31046	1352	7086	1898	1321	33	60
疏勒县	28607	1444	5217	4905	619	167	242
英吉沙县	31940	1105	9699	1591	1491	67	629
泽普县	35335	436	4590	4676	492	5186	207
莎车县	75286	3145	23781	9772	1477	374	104
叶城县	46368	1698	13753	3724	1399	56	139
麦盖提县	24584	52	7149	6520	1154	50	17
岳普湖县	16349	918	5651	2991	798	85	103
伽师县	41216	1400	4181	2529	813	43	247
巴楚县	32240	1186	4462	1956	821	868	112
塔什库尔干塔吉克自治县	5544	26	2190	568	223	2	3

1-12 续表 4

地　　区	2003 年	2004 年	2005 年	2006 年	2007 年	2008 年	2009 年	2010 年	2011 年
巴音郭楞蒙古自治州	**9046**	**10505**	**4980**	**8103**	**9045**	**8048**	**8423**	**10368**	**7387**
库尔勒市	7377	8482	3400	6171	7169	4131	5116	5524	4395
轮台县	613	1018	673	761	752	1204	1056	164	355
尉犁县	170	90	59	236	159	250	645	47	130
若羌县	6	23	106	212	23	354	272	476	447
且末县	112	127	43	33	13	176	42	746	546
焉耆回族自治县	211	105	18	129	106	276	642	433	467
和静县	286	418	550	319	732	653	392	2156	641
和硕县	200	231	88	102	65	226	187	359	153
博湖县	71	11	43	140	26	778	71	378	253
库尔勒经济技术开发区								85	
阿克苏地区	**8927**	**10974**	**10175**	**7734**	**5470**	**10696**	**6561**	**13318**	**11499**
阿克苏市	2980	4481	2807	2571	2274	4943	2442	8610	4975
温宿县	290	268	513	170	392	1628	326	668	1351
库车县	2803	3195	3811	2487	1482	1650	592	1834	1825
沙雅县	941	1317	987	256	326	777	1693	402	992
新和县	220	161	198	1018	180	32	347	431	515
拜城县	1182	948	1218	855	338	1106	412	1047	1000
乌什县	335	233	48	64	211	49	582	102	98
阿瓦提县	108	202	546	280	117	501	118	206	711
柯坪县	68	169	47	33	150	10	49	18	32
克孜勒苏柯尔克孜自治州	**3549**	**623**	**1267**	**1830**	**1491**	**2810**	**3391**	**2142**	**1455**
阿图什市	1912	298	1148	647	352	1992	261	1194	957
阿克陶县	223	198	100	247	618	240	223	182	336
阿合奇县	54	49		333	109	115	2608	285	14
乌恰县	1360	78	19	603	412	463	299	481	148
喀什地区	**7656**	**7672**	**9295**	**5852**	**5005**	**8927**	**7093**	**15865**	**10220**
喀什市	3989	2277	856	1329	1305	2156	1516	5472	2850
疏附县	82	98	568	272	40	368	647	270	871
疏勒县	573	494	175	795	640	708	368	1037	883
英吉沙县	8	43	122	864	446	58	53	794	1172
泽普县	758	703	201	188	87	144	867	3096	535
莎车县	980	965	665	410	377	2093	933	2179	893
叶城县	67	275	385	253	164	648	2004	1299	783
麦盖提县	373	1277	69	56	60	291	196	316	331
岳普湖县	332	28	153	98	154	660	140	319	309
伽师县	55	894	5907	703	536	603	72	603	1069
巴楚县	311	589	188	870	105	274	236	416	515
塔什库尔干塔吉克自治县	128	29	6	14	1091	405	61	64	9

1-12 续表 5

地　　区	2012 年	2013 年	2014 年	2015 年	2016 年	2017 年	2018 年	无开业年份
巴音郭楞蒙古自治州	**10153**	**8686**	**10522**	**8222**	**15746**	**15347**	**10430**	**11**
库尔勒市	6084	3620	6947	3508	9042	6860	4450	6
轮台县	616	1933	795	381	964	1103	888	
尉犁县	606	766	744	1114	1653	1090	887	
若羌县	191	375	218	648	753	786	492	
且末县	185	242	292	202	522	1140	909	
焉耆回族自治县	292	261	182	444	344	609	609	
和静县	1070	793	618	1321	1340	2999	1553	
和硕县	886	492	365	428	875	561	352	
博湖县	223	204	361	176	253	199	290	5
库尔勒经济技术开发区								
阿克苏地区	**11102**	**7639**	**12659**	**19487**	**29262**	**23682**	**17537**	**4**
阿克苏市	3461	3570	5433	5947	14324	7024	5213	
温宿县	1417	1169	745	1527	1573	2547	1225	2
库车县	1648	1163	3208	3327	4293	4602	3245	
沙雅县	512	359	764	4565	2905	1734	2435	2
新和县	551	324	744	1068	2544	3970	1861	
拜城县	1509	358	1077	1331	1064	856	683	
乌什县	145	339	351	371	1009	1070	943	
阿瓦提县	1570	289	154	1253	1264	953	1786	
柯坪县	289	68	183	98	286	926	146	
克孜勒苏柯尔克孜自治州	**2273**	**2467**	**2459**	**3067**	**4181**	**4095**	**3335**	
阿图什市	942	1022	1348	1937	2749	2105	1736	
阿克陶县	954	1031	756	622	845	1005	897	
阿合奇县	160	101	200	158	279	207	193	
乌恰县	217	313	155	350	308	778	509	
喀什地区	**17164**	**12779**	**17170**	**31941**	**32835**	**41959**	**52363**	**15**
喀什市	3814	2335	3844	10603	9590	13751	10103	9
疏附县	839	675	955	4180	1959	3129	4343	
疏勒县	1035	1441	545	1017	1386	1949	2967	
英吉沙县	1187	1267	1621	1907	1939	1657	4220	
泽普县	994	426	438	2445	863	3906	4097	
莎车县	1291	2017	2884	1975	5245	4661	9065	
叶城县	649	1039	2770	2014	2947	3863	6439	
麦盖提县	291	481	635	2059	1013	1416	778	
岳普湖县	629	117	332	627	640	536	729	
伽师县	1111	1532	2069	1921	4351	4212	6365	
巴楚县	5232	1314	1040	3099	2764	2806	3076	
塔什库尔干塔吉克自治县	61	135	37	94	138	73	181	6

1-12 续表 6

地　　区	从业人员数(人)	1949 年以前	1950-1977 年	1978-1991 年	1992-2000 年	2001 年	2002 年
和田地区	**278014**	**13305**	**49824**	**42521**	**11301**	**2970**	**5173**
和田市	75123	3099	6395	16111	5194	839	971
和田县	25628	464	3079	2874	246	259	253
墨玉县	63000	2483	11817	7195	2757	691	2340
皮山县	29069	560	9599	3589	606	110	447
洛浦县	32527	4350	9819	2794	1283	957	166
策勒县	19862	1124	3414	4977	278		63
于田县	26832	1075	3439	3828	779	104	932
民丰县	5973	150	2262	1153	158	10	1
伊犁哈萨克自治州直属县（市）	**433579**	**15616**	**87549**	**49498**	**33388**	**7640**	**13476**
伊宁市	126439	5523	22100	15389	15020	1215	3221
奎屯市	72431	990	6289	6480	6981	1153	5196
霍尔果斯市	28350	27	1578	187	211	33	211
伊宁县	43391	1498	13195	6897	1871	1189	185
察布查尔锡伯自治县	23047	728	5930	3783	661	90	173
霍城县	44027	1056	11243	3994	4727	1058	1946
巩留县	19118	1361	5342	2040	945	75	96
新源县	32337	134	11281	3184	533	333	1789
昭苏县	13927	916	3917	3706	712	168	52
特克斯县	12171	1208	3184	1551	475	318	105
尼勒克县	18341	2175	3490	2287	1252	2008	502
塔城地区	**180640**	**5490**	**35855**	**31444**	**14190**	**1783**	**12736**
塔城市	40101	1069	9291	5390	6521	392	905
乌苏市	47439	906	7589	13644	2676	263	3180
额敏县	17661	826	3639	3217	1233	298	691
沙湾县	43304	315	8727	4059	1983	401	5216
托里县	11081	1442	1854	1501	345	79	1060
裕民县	6484	866	1670	1354	352	203	145
和布克赛尔蒙古自治县	14570	66	3085	2279	1080	147	1539
阿勒泰地区	**130627**	**2072**	**29678**	**15926**	**9586**	**1483**	**3414**
阿勒泰市	44752	934	13856	5879	4454	621	1450
布尔津县	12577	48	2184	2194	748	50	81
富蕴县	27077		3147	1336	1766	575	849
福海县	15680	5	3729	1678	755	146	169
哈巴河县	14978	632	3005	2155	1046	18	165
青河县	8889	8	2284	1148	437	59	665
吉木乃县	6364	445	1473	1226	380	14	35
自治区直辖县级市	**267028**	**7133**	**26861**	**21436**	**16927**	**14785**	**5905**
石河子市	137209	7109	11044	8759	13581	12080	3449
阿拉尔市	61426	24	7901	5867	1972	2113	1485
图木舒克市	25053		5541	2800	275	10	280
五家渠市	42505		2157	3721	1076	582	683
铁门关市	750		218	289	23		8

1-12 续表 7

地　区	2003 年	2004 年	2005 年	2006 年	2007 年	2008 年	2009 年	2010 年	2011 年
和田地区	**6524**	**3832**	**2724**	**1562**	**1787**	**4147**	**4446**	**4128**	**5333**
和田市	3785	1699	1118	325	643	1341	1213	1297	1605
和田县	35	185	136	473	34	134	290	250	244
墨玉县	1145	578	439	230	493	1351	1101	1076	1949
皮山县	562	269	665	172	180	413	744	611	226
洛浦县	47	877	193	133	281	221	146	469	681
策勒县	675	24	45	119	29	455	20	124	151
于田县	265	154	119	31	127	195	689	259	355
民丰县	10	46	9	79		37	243	42	122
伊犁哈萨克自治州直属县（市）	**8041**	**11017**	**7703**	**7700**	**9600**	**8307**	**9974**	**16710**	**12705**
伊宁市	861	6570	2457	2203	1784	2736	2434	7904	4429
奎屯市	4221	1535	1213	1236	3660	1861	1795	4675	1709
霍尔果斯市	59	152	96	75	220	267	370	294	620
伊宁县	620	435	230	986	413	727	2378	337	935
察布查尔锡伯自治县	271	409	155	471	604	534	480	262	499
霍城县	521	1251	842	1477	418	444	253	1075	1373
巩留县	105	148	188	59	182	650	657	1284	1448
新源县	861	346	1523	515	1031	732	646	373	537
昭苏县	43	31	84	313	377	116	534	60	256
特克斯县	20	23	46	59	137	69	240	204	264
尼勒克县	459	117	869	306	774	171	187	242	635
塔城地区	**5004**	**6641**	**3220**	**2287**	**2408**	**2910**	**4928**	**3967**	**6506**
塔城市	1342	3386	595	447	363	437	958	409	1051
乌苏市	806	1132	258	136	737	662	667	1575	1744
额敏县	750	499	510	126	470	327	327	212	517
沙湾县	1387	1036	913	529	674	935	1918	1209	2299
托里县	437	311	459	653	70	81	78	70	553
裕民县	156		9	22	48	122	57	129	140
和布克赛尔蒙古自治县	126	277	476	374	46	346	923	363	202
阿勒泰地区	**2599**	**3506**	**1302**	**2579**	**5619**	**1985**	**3309**	**5733**	**3057**
阿勒泰市	1654	1464	508	1071	802	809	428	583	604
布尔津县	127	81	54	252	1011	315	1448	174	382
富蕴县	304	539	390	301	658	277	268	4266	938
福海县	53	283	95	203	622	186	603	264	447
哈巴河县	374	658	214	393	2296	45	67	181	301
青河县	32	325	12	306	181	252	302	109	307
吉木乃县	55	156	29	53	49	101	193	156	78
自治区直辖县级市	**4126**	**10460**	**5473**	**5548**	**6672**	**8059**	**13867**	**19207**	**18902**
石河子市	3531	4929	3218	3911	5478	5925	7246	15617	6507
阿拉尔市	373	520	1035	289	559	707	1613	2089	4448
图木舒克市	11	745	373	784	179	293	186	367	123
五家渠市	211	4213	847	564	456	1126	4822	1125	7817
铁门关市		53				8		9	7

1-12 续表 8

地 区	2012 年	2013 年	2014 年	2015 年	2016 年	2017 年	2018 年	无开业年份
和田地区	**8506**	**5139**	**8669**	**11259**	**14104**	**36003**	**34670**	**87**
和田市	2991	1632	3721	4447	3629	9282	3786	
和田县	742	564	1226	1269	1466	3077	8328	
墨玉县	1974	1184	1173	1897	2996	12068	6063	
皮山县	372	866	1096	928	2237	3240	1577	
洛浦县	363	373	581	690	994	3201	3908	
策勒县	461	85	204	790	1790	2223	2728	83
于田县	1455	313	261	1099	669	2564	8118	2
民丰县	148	122	407	139	323	348	162	2
伊犁哈萨克自治州直属县（市）	**14577**	**15294**	**14012**	**16020**	**24185**	**35137**	**15427**	**3**
伊宁市	3495	5864	4776	3107	6878	5702	2771	
奎屯市	4605	3182	2846	3525	5528	2177	1574	
霍尔果斯市	518	422	1945	1718	2798	14241	2308	
伊宁县	1754	1399	615	907	698	3422	2700	
察布查尔锡伯自治县	609	518	389	1861	1805	1630	1182	3
霍城县	873	748	1056	1679	2289	4202	1502	
巩留县	475	1172	402	342	542	539	1066	
新源县	1055	931	710	1181	2431	1304	907	
昭苏县	204	353	266	528	339	357	595	
特克斯县	446	470	339	984	631	1198	200	
尼勒克县	543	235	668	188	246	365	622	
塔城地区	**4278**	**4288**	**3961**	**6349**	**9023**	**6645**	**6727**	
塔城市	1353	662	434	606	2198	1079	1213	
乌苏市	783	1478	1549	1111	2872	2826	845	
额敏县	859	403	478	451	495	757	576	
沙湾县	661	829	760	2808	2536	902	3207	
托里县	187	320	161	360	333	455	272	
裕民县	62	200	304	186	189	91	179	
和布克赛尔蒙古自治县	373	396	275	827	400	535	435	
阿勒泰地区	**4192**	**4936**	**4516**	**3664**	**4410**	**6206**	**10850**	**5**
阿勒泰市	1200	1351	1694	1135	1404	2149	699	3
布尔津县	639	664	829	123	527	411	233	2
富蕴县	760	982	349	473	234	254	8411	
福海县	528	890	630	1076	1075	1539	704	
哈巴河县	512	754	518	305	474	610	255	
青河县	347	74	163	342	409	809	318	
吉木乃县	206	221	333	210	287	434	230	
自治区直辖县级市	**5895**	**10122**	**12971**	**11846**	**13587**	**16472**	**10764**	**10**
石河子市	1733	4253	6175	2938	3689	2702	3335	
阿拉尔市	1774	3118	4705	6471	3888	5872	4603	
图木舒克市	828	1311	621	684	4097	4006	1539	
五家渠市	1560	1430	1442	1747	1884	3845	1187	10
铁门关市		10	28	6	29	47	15	

1-13 按行业（大类）、开业（成立）时间分组的法人单位数

行业大类	代码	法 人 单位数 (个)	1949 年以前	1950-1977 年	1978-1991 年	1992-2000 年	2001 年
总 计		**243402**	**1457**	**11048**	**12764**	**9525**	**2539**
农、林、牧、渔业	**A**	**5584**		**127**	**155**	**109**	**33**
农业	01	21		11	1		2
林业	02	3			2	1	
畜牧业	03	12			2		
渔业	04	1					
农、林、牧、渔专业及辅助性活动	05	5547		116	150	108	31
采矿业	**B**	**2955**	**1**	14	**16**	**91**	**26**
煤炭开采和洗选业	06	327		8	5	19	5
石油和天然气开采业	07	42		1		4	
黑色金属矿采选业	08	428		2	1	14	6
有色金属矿采选业	09	334			1	10	6
非金属矿采选业	10	1154	1	3	8	24	5
开采专业及辅助性活动	11	492			1	19	3
其他采矿业	12	178				1	1
制造业	**C**	**21977**	**2**	**31**	**138**	**655**	**186**
农副食品加工业	13	2734		4	17	51	21
食品制造业	14	1046		1	7	42	6
酒、饮料和精制茶制造业	15	652		5	8	44	15
烟草制品业	16	2		1			
纺织业	17	1079			8	17	9
纺织服装、服饰业	18	1694		1	6	12	4
皮革、毛皮、羽毛及其制品和制鞋业	19	151				11	1
木材加工和木、竹、藤、棕、草制品业	20	599		1	4	4	1
家具制造业	21	421				7	6
造纸和纸制品业	22	318				9	6
印刷和记录媒介复制业	23	356	1	1	24	47	6
文教、工美、体育和娱乐用品制造业	24	1164				9	3
石油、煤炭及其他燃料加工业	25	306		1		14	12
化学原料和化学制品制造业	26	1217		4	11	68	14
医药制造业	27	167		1	3	13	5
化学纤维制造业	28	40				3	
橡胶和塑料制品业	29	1409			9	47	16
非金属矿物制品业	30	3750		5	21	91	25
黑色金属冶炼和压延加工业	31	165		1		5	
有色金属冶炼和压延加工业	32	167	1	1		4	
金属制品业	33	1710			6	37	7
通用设备制造业	34	543		3	2	39	11
专用设备制造业	35	742		1	6	34	8

1-13 续表 1

行业大类	代码	2002 年	2003 年	2004 年	2005 年	2006 年	2007 年
总　计		**3420**	**3297**	**3842**	**3930**	**4617**	**4715**
农、林、牧、渔业	**A**	**36**	**61**	**49**	**63**	**37**	**50**
农业	01		2	1			
林业	02						
畜牧业	03			1			1
渔业	04				1		
农、林、牧、渔专业及辅助性活动	05	36	59	47	62	37	49
采矿业	**B**	**62**	**63**	**66**	**106**	**145**	**134**
煤炭开采和洗选业	06	19	12	14	20	19	16
石油和天然气开采业	07						
黑色金属矿采选业	08	7	10	10	34	51	30
有色金属矿采选业	09	11	11	15	21	34	50
非金属矿采选业	10	14	15	19	22	18	21
开采专业及辅助性活动	11	10	13	5	5	17	10
其他采矿业	12	1	2	3	4	6	7
制造业	**C**	**242**	**274**	**369**	**366**	**462**	**503**
农副食品加工业	13	30	37	61	47	60	76
食品制造业	14	17	17	20	24	25	22
酒、饮料和精制茶制造业	15	21	16	16	16	21	23
烟草制品业	16						
纺织业	17	5	17	15	17	23	18
纺织服装、服饰业	18	2	1	6	4	5	10
皮革、毛皮、羽毛及其制品和制鞋业	19	2	3	2	2	1	1
木材加工和木、竹、藤、棕、草制品业	20	5	7	5	6	7	13
家具制造业	21	4		3	3	9	5
造纸和纸制品业	22	6	9	6	3	13	12
印刷和记录媒介复制业	23	13	7	14	19	15	13
文教、工美、体育和娱乐用品制造业	24	1	3	3	5	1	7
石油、煤炭及其他燃料加工业	25	5	4	5	10	18	11
化学原料和化学制品制造业	26	22	17	32	31	25	49
医药制造业	27	5	7	5	4	4	2
化学纤维制造业	28		1	2	1		4
橡胶和塑料制品业	29	13	22	27	26	44	41
非金属矿物制品业	30	35	33	63	39	56	74
黑色金属冶炼和压延加工业	31	3	4	4	7	5	6
有色金属冶炼和压延加工业	32	2	3	2	7	7	5
金属制品业	33	20	24	26	36	40	33
通用设备制造业	34	8	10	13	15	20	17
专用设备制造业	35	5	8	14	17	23	21

1-13 续表 2

行业大类	代码	2008 年	2009 年	2010 年	2011 年	2012 年	2013 年
总　计		**6257**	**5764**	**6831**	**8390**	**10005**	**11531**
农、林、牧、渔业	**A**	**105**	**136**	**188**	**200**	**273**	**436**
农业	01			2		1	
林业	02						
畜牧业	03		2	1	2		
渔业	04						
农、林、牧、渔专业及辅助性活动	05	105	134	185	198	272	436
采矿业	**B**	**162**	**145**	**131**	**167**	**204**	**165**
煤炭开采和洗选业	06	21	36	23	23	27	9
石油和天然气开采业	07		1	1		1	2
黑色金属矿采选业	08	41	19	17	20	28	12
有色金属矿采选业	09	29	21	11	14	14	9
非金属矿采选业	10	42	41	54	75	94	83
开采专业及辅助性活动	11	20	17	13	21	35	37
其他采矿业	12	9	10	12	14	5	13
制造业	**C**	**614**	**661**	**896**	**1280**	**1374**	**1373**
农副食品加工业	13	84	93	117	124	152	188
食品制造业	14	42	32	31	42	39	47
酒、饮料和精制茶制造业	15	15	20	26	21	44	45
烟草制品业	16						
纺织业	17	21	17	26	29	36	47
纺织服装、服饰业	18	4	5	11	8	38	40
皮革、毛皮、羽毛及其制品和制鞋业	19		3	5	3	4	1
木材加工和木、竹、藤、棕、草制品业	20	12	13	15	16	22	30
家具制造业	21	9	6	8	9	9	17
造纸和纸制品业	22	12	13	12	21	17	14
印刷和记录媒介复制业	23	10	10	14	11	13	13
文教、工美、体育和娱乐用品制造业	24	13	15	25	40	47	71
石油、煤炭及其他燃料加工业	25	19	18	9	18	18	22
化学原料和化学制品制造业	26	44	53	50	77	83	99
医药制造业	27	7	1	4	6	10	6
化学纤维制造业	28	2	1	3	1	2	2
橡胶和塑料制品业	29	53	55	66	88	111	118
非金属矿物制品业	30	116	158	274	432	436	340
黑色金属冶炼和压延加工业	31	6	7	8	20	14	10
有色金属冶炼和压延加工业	32	10	7	10	16	9	10
金属制品业	33	43	43	67	133	114	99
通用设备制造业	34	19	21	26	36	32	24
专用设备制造业	35	26	33	33	53	40	43

1-13 续表 3

行业大类	代码	2014 年	2015 年	2016 年	2017 年	2018 年	无开业年份
总　计		**15204**	**18458**	**28664**	**35812**	**35112**	**220**
农、林、牧、渔业	**A**	**439**	**489**	**772**	**585**	**1228**	**13**
农业	01	1					
林业	02						
畜牧业	03	2	1				
渔业	04						
农、林、牧、渔专业及辅助性活动	05	436	488	772	585	1228	13
采矿业	**B**	**188**	**207**	**240**	**288**	**330**	**4**
煤炭开采和洗选业	06	12	8	10	10	11	
石油和天然气开采业	07	7	5	3	8	9	
黑色金属矿采选业	08	13	30	23	31	29	
有色金属矿采选业	09	14	19	14	9	20	1
非金属矿采选业	10	89	89	130	153	151	3
开采专业及辅助性活动	11	42	43	37	51	93	
其他采矿业	12	11	13	23	26	17	
制造业	**C**	**1687**	**2029**	**2887**	**2745**	**3158**	**45**
农副食品加工业	13	195	290	349	286	446	6
食品制造业	14	61	116	146	136	172	1
酒、饮料和精制茶制造业	15	74	68	58	47	45	4
烟草制品业	16			1			
纺织业	17	77	132	240	166	153	6
纺织服装、服饰业	18	122	241	472	333	361	8
皮革、毛皮、羽毛及其制品和制鞋业	19	7	15	20	17	53	
木材加工和木、竹、藤、棕、草制品业	20	31	64	83	91	169	
家具制造业	21	22	29	42	47	186	
造纸和纸制品业	22	15	27	32	44	47	
印刷和记录媒介复制业	23	15	24	27	28	31	
文教、工美、体育和娱乐用品制造业	24	150	188	296	149	135	3
石油、煤炭及其他燃料加工业	25	28	7	18	30	39	
化学原料和化学制品制造业	26	101	91	116	119	110	1
医药制造业	27	14	21	13	23	12	1
化学纤维制造业	28	6	4	5	2	1	
橡胶和塑料制品业	29	119	120	157	138	137	2
非金属矿物制品业	30	284	234	289	425	315	5
黑色金属冶炼和压延加工业	31	12	7	12	20	14	
有色金属冶炼和压延加工业	32	9	16	15	12	21	
金属制品业	33	141	127	210	256	246	2
通用设备制造业	34	39	40	47	56	65	
专用设备制造业	35	52	49	67	94	113	2

1-13 续表 4

行业大类	代码	法人单位数(个)	1949年以前	1950-1977年	1978-1991年	1992-2000年	2001年
汽车制造业	36	95			1	2	1
铁路、船舶、航空航天和其他运输设备制造业	37	38			1	1	
电气机械和器材制造业	38	605			4	30	4
计算机、通信和其他电子设备制造业	39	162				2	1
仪器仪表制造业	40	46				2	1
其他制造业	41	93				2	
废弃资源综合利用业	42	113					1
金属制品、机械和设备修理业	43	393				8	2
电力、热力、燃气及水生产和供应业	**D**	**2096**		**15**	**72**	**109**	**30**
电力、热力生产和供应业	44	1586		11	28	71	16
燃气生产和供应业	45	190			1	7	6
水的生产和供应业	46	320		4	43	31	8
建筑业	**E**	**11412**		**26**	**67**	**297**	**133**
房屋建筑业	47	2702		17	36	85	64
土木工程建筑业	48	2853		9	22	71	30
建筑安装业	49	1891			2	83	19
建筑装饰、装修和其他建筑业	50	3966			7	58	20
批发和零售业	**F**	**65814**	**2**	**70**	**228**	**1407**	**492**
批发业	51	41489	1	49	166	929	319
零售业	52	24325	1	21	62	478	173
交通运输、仓储和邮政业	**G**	**9158**	**4**	**66**	**99**	**274**	**128**
铁路运输业	53	8				1	
道路运输业	54	6532	4	55	75	185	96
水上运输业	55	7					
航空运输业	56	68			1	1	1
管道运输业	57	19				1	
多式联运和运输代理业	58	1095		1	2	22	12
装卸搬运和仓储业	59	1033		8	16	46	17
邮政业	60	396		2	5	18	2
住宿和餐饮业	**H**	**2693**		**19**	**39**	**108**	**38**
住宿业	61	1170		18	35	88	26
餐饮业	62	1523		1	4	20	12
信息传输、软件和信息技术服务业	**I**	**8390**		**14**	**51**	**134**	**38**
电信、广播电视和卫星传输服务	63	506		12	42	53	15
互联网和相关服务	64	1029			3	12	
软件和信息技术服务业	65	6855		2	6	69	23
金融业	**J**	**2287**	**1**	**20**	**104**	**93**	**11**
货币金融服务	66	908	1	20	92	53	5
资本市场服务	67	925				4	1
保险业	68	307			11	31	5
其他金融业	69	147			1	5	

1-13 续表 5

行业大类	代码						
		2002 年	2003 年	2004 年	2005 年	2006 年	2007 年
汽车制造业	36	3	2	1			1
铁路、船舶、航空航天和其他运输设备制造业	37	1	1		1	1	1
电气机械和器材制造业	38	6	11	14	15	17	16
计算机、通信和其他电子设备制造业	39	2	2	2	2	6	1
仪器仪表制造业	40	1	1	1	1	3	2
其他制造业	41	1		2		1	2
废弃资源综合利用业	42				2	2	8
金属制品、机械和设备修理业	43	4	7	5	6	10	9
电力、热力、燃气及水生产和供应业	**D**	**21**	**32**	**28**	**36**	**35**	**45**
电力、热力生产和供应业	44	11	27	17	28	25	38
燃气生产和供应业	45	7	2	5	3	5	2
水的生产和供应业	46	3	3	6	5	5	5
建筑业	**E**	**209**	**110**	**128**	**131**	**143**	**151**
房屋建筑业	47	85	38	34	34	23	36
土木工程建筑业	48	42	29	35	30	33	38
建筑安装业	49	32	17	32	30	36	33
建筑装饰、装修和其他建筑业	50	50	26	27	37	51	44
批发和零售业	**F**	**553**	**753**	**837**	**968**	**1335**	**1391**
批发业	51	352	508	591	651	934	938
零售业	52	201	245	246	317	401	453
交通运输、仓储和邮政业	**G**	**113**	**120**	**156**	**161**	**205**	**217**
铁路运输业	53						1
道路运输业	54	89	89	109	121	136	124
水上运输业	55						
航空运输业	56	1	3	4	1	2	
管道运输业	57			1			
多式联运和运输代理业	58	11	14	19	22	32	59
装卸搬运和仓储业	59	11	12	22	16	30	29
邮政业	60	1	2	1	1	5	4
住宿和餐饮业	**H**	**29**	**33**	**41**	**51**	**56**	**51**
住宿业	61	22	29	31	37	35	34
餐饮业	62	7	4	10	14	21	17
信息传输、软件和信息技术服务业	**I**	**42**	**48**	**99**	**99**	**82**	**99**
电信、广播电视和卫星传输服务	63	8	11	37	19	6	10
互联网和相关服务	64	4	9	12	9	8	7
软件和信息技术服务业	65	30	28	50	71	68	82
金融业	**J**	**20**	**45**	**22**	**34**	**34**	**61**
货币金融服务	66	10	7	3	22	8	23
资本市场服务	67		3	1	1	5	10
保险业	68	6	30	16	9	13	26
其他金融业	69	4	5	2	2	8	2

1-13 续表 6

行业大类	代码	2008 年	2009 年	2010 年	2011 年	2012 年	2013 年
汽车制造业	36	3	3	4	9	4	6
铁路、船舶、航空航天和其他运输设备制造业	37	1	1		1	2	4
电气机械和器材制造业	38	25	14	25	29	30	33
计算机、通信和其他电子设备制造业	39	2	5	1	12	9	4
仪器仪表制造业	40	1	1	3	3	1	3
其他制造业	41		1	3	6	5	3
废弃资源综合利用业	42	3	3	5	4	9	8
金属制品、机械和设备修理业	43	12	9	15	12	24	26
电力、热力、燃气及水生产和供应业	**D**	**44**	**72**	**79**	**115**	**195**	**179**
电力、热力生产和供应业	44	32	50	53	93	167	151
燃气生产和供应业	45	5	8	16	15	14	16
水的生产和供应业	46	7	14	10	7	14	12
建筑业	**E**	**157**	**191**	**251**	**280**	**417**	**458**
房屋建筑业	47	38	56	74	73	135	117
土木工程建筑业	48	34	46	74	73	100	127
建筑安装业	49	38	41	49	59	59	85
建筑装饰、装修和其他建筑业	50	47	48	54	75	123	129
批发和零售业	**F**	**1649**	**1830**	**2078**	**2608**	**2965**	**3476**
批发业	51	1164	1291	1416	1745	1969	2450
零售业	52	485	539	662	863	996	1026
交通运输、仓储和邮政业	**G**	**206**	**280**	**375**	**389**	**453**	**610**
铁路运输业	53		2	1			1
道路运输业	54	137	202	245	281	283	399
水上运输业	55				2		1
航空运输业	56		2	1	4	1	
管道运输业	57	1	2	1	1	1	1
多式联运和运输代理业	58	39	44	47	40	66	87
装卸搬运和仓储业	59	26	25	50	53	64	91
邮政业	60	3	3	30	8	38	30
住宿和餐饮业	**H**	**48**	**48**	**54**	**62**	**92**	**126**
住宿业	61	33	30	38	41	50	68
餐饮业	62	15	18	16	21	42	58
信息传输、软件和信息技术服务业	**I**	**119**	**136**	**139**	**145**	**173**	**218**
电信、广播电视和卫星传输服务	63	13	19	16	8	12	18
互联网和相关服务	64	10	11	10	10	13	16
软件和信息技术服务业	65	96	106	113	127	148	184
金融业	**J**	**69**	**68**	**69**	**130**	**114**	**156**
货币金融服务	66	25	38	45	76	76	110
资本市场服务	67	5	11	9	27	11	18
保险业	68	33	12	9	20	19	16
其他金融业	69	6	7	6	7	8	12

1-13 续表 7

行业大类	代码	2014 年	2015 年	2016 年	2017 年	2018 年	无开业年份
汽车制造业	36	5	8	13	10	19	
铁路、船舶、航空航天和其他运输设备制造业	37	5	4	3	4	6	
电气机械和器材制造业	38	45	48	55	92	92	
计算机、通信和其他电子设备制造业	39	4	8	18	32	48	1
仪器仪表制造业	40	1	1	6	5	9	
其他制造业	41	11	10	10	17	18	1
废弃资源综合利用业	42	11	5	9	15	27	1
金属制品、机械和设备修理业	43	31	35	58	51	68	1
电力、热力、燃气及水生产和供应业	**D**	**255**	**250**	**208**	**147**	**127**	**2**
电力、热力生产和供应业	44	211	210	152	99	94	2
燃气生产和供应业	45	22	14	15	12	15	
水的生产和供应业	46	22	26	41	36	18	
建筑业	**E**	**800**	**857**	**1821**	**2633**	**2145**	**7**
房屋建筑业	47	159	159	443	618	373	5
土木工程建筑业	48	200	200	441	733	486	
建筑安装业	49	130	148	259	353	384	2
建筑装饰、装修和其他建筑业	50	311	350	678	929	902	
批发和零售业	**F**	**5100**	**6085**	**9431**	**10998**	**11508**	**50**
批发业	51	3309	3758	5621	6524	6775	29
零售业	52	1791	2327	3810	4474	4733	21
交通运输、仓储和邮政业	**G**	**726**	**761**	**1020**	**1296**	**1487**	**12**
铁路运输业	53			1		1	
道路运输业	54	491	510	729	1018	1142	12
水上运输业	55	1	3				
航空运输业	56	6	6	7	16	11	
管道运输业	57	2	1	2	1	4	
多式联运和运输代理业	58	103	93	119	124	139	
装卸搬运和仓储业	59	97	96	95	90	139	
邮政业	60	26	52	67	47	51	
住宿和餐饮业	**H**	**146**	**249**	**443**	**420**	**533**	**7**
住宿业	61	69	92	134	121	135	4
餐饮业	62	77	157	309	299	398	3
信息传输、软件和信息技术服务业	**I**	**485**	**706**	**1284**	**2344**	**1932**	**3**
电信、广播电视和卫星传输服务	63	26	29	37	47	67	1
互联网和相关服务	64	45	101	169	310	269	1
软件和信息技术服务业	65	414	576	1078	1987	1596	1
金融业	**J**	**138**	**134**	**219**	**621**	**124**	
货币金融服务	66	79	61	71	51	32	
资本市场服务	67	36	51	123	538	71	
保险业	68	12	7	8	15	9	
其他金融业	69	11	15	17	17	12	

1-13 续表 8

行业大类	代码	法人单位数(个)	1949年以前	1950-1977年	1978-1991年	1992-2000年	2001年
房地产业	K	9504		11	96	453	193
房地产业	70	9504		11	96	453	193
租赁和商务服务业	**L**	**24225**	**3**	**60**	**212**	**596**	**206**
租赁业	71	2413		2	5	23	9
商务服务业	72	21812	3	58	207	573	197
科学研究和技术服务业	**M**	**12135**	**4**	**340**	**464**	**444**	**117**
研究和试验发展	73	520	1	27	28	19	3
专业技术服务业	74	6768	3	225	248	300	90
科技推广和应用服务业	75	4847		88	188	125	24
水利、环境和公共设施管理业	**N**	**2277**	**2**	**91**	**200**	**142**	**50**
水利管理业	76	571	2	64	97	67	18
生态保护和环境治理业	77	354		21	47	18	12
公共设施管理业	78	1220		5	51	51	17
土地管理业	79	132		1	5	6	3
居民服务、修理和其他服务业	**O**	**4839**	**3**	**11**	**34**	**116**	**32**
居民服务业	80	1680	3	10	25	35	10
机动车、电子产品和日用产品修理业	81	2597			6	72	20
其他服务业	82	562		1	3	9	2
教育	**P**	**9446**	**406**	**1480**	**862**	**455**	**137**
教育	83	9446	406	1480	862	455	137
卫生和社会工作	**Q**	**3834**	**27**	**836**	**558**	**260**	**52**
卫生	84	3157	26	822	480	186	45
社会工作	85	677	1	14	78	74	7
文化、体育和娱乐业	**R**	**5684**	**8**	**174**	**305**	**131**	**37**
新闻和出版业	86	144	4	21	49	14	1
广播、电视、电影和录音制作业	87	1543	1	40	68	22	4
文化艺术业	88	1299	2	100	168	62	17
体育	89	380		1	3	11	4
娱乐业	90	2318	1	12	17	22	11
公共管理、社会保障和社会组织	**S**	**39092**	**994**	**7643**	**9064**	**3651**	**600**
中国共产党机关	91	1474	12	392	396	141	11
国家机构	92	12324	57	1527	2897	1215	187
人民政协、民主党派	93	136	5	55	38	6	
社会保障	94	185		5	30	15	4
群众团体、社会团体和其他成员组织	95	10741	847	1130	2497	1290	111
基层群众自治组织	96	14232	73	4534	3206	984	287
国际组织	**T**						
国际组织	97						

1-13 续表 9

行业大类	代码	2002 年	2003 年	2004 年	2005 年	2006 年	2007 年
房地产业	K	**226**	**216**	**224**	**188**	**241**	**261**
房地产业	70	226	216	224	188	241	261
租赁和商务服务业	**L**	**240**	**228**	**265**	**323**	**419**	**433**
租赁业	71	11	14	14	15	23	28
商务服务业	72	229	214	251	308	396	405
科学研究和技术服务业	**M**	**202**	**161**	**199**	**207**	**226**	**208**
研究和试验发展	73	9	7	5	11	8	5
专业技术服务业	74	151	124	146	164	180	159
科技推广和应用服务业	75	42	30	48	32	38	44
水利、环境和公共设施管理业	**N**	**58**	**51**	**42**	**49**	**46**	**42**
水利管理业	76	22	11	7	10	9	7
生态保护和环境治理业	77	4	7	7	8	10	5
公共设施管理业	78	29	29	24	25	19	26
土地管理业	79	3	4	4	6	8	4
居民服务、修理和其他服务业	**O**	**55**	**55**	**53**	**73**	**90**	**77**
居民服务业	80	20	13	17	21	24	22
机动车、电子产品和日用产品修理业	81	29	38	29	42	61	49
其他服务业	82	6	4	7	10	5	6
教育	**P**	**135**	**129**	**171**	**162**	**158**	**132**
教育	83	135	129	171	162	158	132
卫生和社会工作	**Q**	**83**	**68**	**79**	**103**	**88**	**61**
卫生	84	65	58	66	80	73	50
社会工作	85	18	10	13	23	15	11
文化、体育和娱乐业	**R**	**56**	**167**	**207**	**143**	**158**	**101**
新闻和出版业	86	1	1	3	3	4	1
广播、电视、电影和录音制作业	87	6	13	10	9	10	6
文化艺术业	88	13	16	19	23	17	15
体育	89		5	4	6	5	9
娱乐业	90	36	132	171	102	122	70
公共管理、社会保障和社会组织	**S**	**1038**	**683**	**807**	**667**	**657**	**698**
中国共产党机关	91	67	31	44	31	15	26
国家机构	92	549	292	375	322	277	316
人民政协、民主党派	93		1	1	2		1
社会保障	94	6	10	8	11	7	4
群众团体、社会团体和其他成员组织	95	158	170	207	187	202	195
基层群众自治组织	96	258	179	172	114	156	156
国际组织	**T**						
国际组织	97						

1-13 续表 10

行业大类	代码	2008 年	2009 年	2010 年	2011 年	2012 年	2013 年
房地产业	K	**259**	**323**	**508**	**560**	**527**	**773**
房地产业	70	259	323	508	560	527	773
租赁和商务服务业	**L**	**483**	**474**	**555**	**789**	**1016**	**1232**
租赁业	71	29	37	61	79	101	115
商务服务业	72	454	437	494	710	915	1117
科学研究和技术服务业	**M**	**253**	**237**	**273**	**320**	**384**	**552**
研究和试验发展	73	14	12	9	13	29	20
专业技术服务业	74	193	167	175	219	253	358
科技推广和应用服务业	75	46	58	89	88	102	174
水利、环境和公共设施管理业	**N**	**69**	**54**	**43**	**67**	**73**	**86**
水利管理业	76	24	12	12	19	18	12
生态保护和环境治理业	77	11	5	6	8	9	8
公共设施管理业	78	29	32	19	36	40	62
土地管理业	79	5	5	6	4	6	4
居民服务、修理和其他服务业	**O**	**86**	**106**	**121**	**126**	**189**	**202**
居民服务业	80	25	20	25	34	37	59
机动车、电子产品和日用产品修理业	81	49	68	87	81	130	119
其他服务业	82	12	18	9	11	22	24
教育	**P**	**176**	**252**	**223**	**300**	**310**	**301**
教育	83	176	252	223	300	310	301
卫生和社会工作	**Q**	**121**	**73**	**90**	**65**	**94**	**114**
卫生	84	100	62	71	52	77	92
社会工作	85	21	11	19	13	17	22
文化、体育和娱乐业	**R**	**101**	**85**	**97**	**111**	**109**	**156**
新闻和出版业	86	3		5	2	1	1
广播、电视、电影和录音制作业	87	13	10	12	18	21	23
文化艺术业	88	30	21	22	26	31	43
体育	89	10	11	9	9	13	9
娱乐业	90	45	43	49	56	43	80
公共管理、社会保障和社会组织	**S**	**1536**	**593**	**661**	**676**	**1043**	**918**
中国共产党机关	91	12	15	7	15	23	20
国家机构	92	296	217	219	302	407	298
人民政协、民主党派	93	1	1		4	3	1
社会保障	94	5	1	4	7	6	13
群众团体、社会团体和其他成员组织	95	542	223	275	235	304	308
基层群众自治组织	96	680	136	156	113	300	278
国际组织	**T**						
国际组织	97						

1-13 续表 11

行业大类	代码						
		2014 年	2015 年	2016 年	2017 年	2018 年	无开业年份
房地产业	**K**	**851**	**693**	**805**	**908**	**1178**	**10**
房地产业	70	851	693	805	908	1178	10
租赁和商务服务业	**L**	**1737**	**2244**	**3334**	**5190**	**4161**	**25**
租赁业	71	161	202	335	536	612	1
商务服务业	72	1576	2042	2999	4654	3549	24
科学研究和技术服务业	**M**	**773**	**969**	**1448**	**2111**	**2228**	**15**
研究和试验发展	73	27	38	67	87	78	3
专业技术服务业	74	453	538	706	1003	909	4
科技推广和应用服务业	75	293	393	675	1021	1241	8
水利、环境和公共设施管理业	**N**	**118**	**153**	**258**	**298**	**280**	**5**
水利管理业	76	17	41	40	40	22	
生态保护和环境治理业	77	10	11	40	56	51	
公共设施管理业	78	86	91	168	186	190	5
土地管理业	79	5	10	10	16	17	
居民服务、修理和其他服务业	**O**	**347**	**463**	**756**	**822**	**1015**	**7**
居民服务业	80	94	136	283	315	451	1
机动车、电子产品和日用产品修理业	81	200	266	362	427	457	5
其他服务业	82	53	61	111	80	107	1
教育	**P**	**368**	**541**	**817**	**1075**	**846**	**10**
教育	83	368	541	817	1075	846	10
卫生和社会工作	**Q**	**121**	**201**	**285**	**233**	**221**	**1**
卫生	84	96	156	188	159	152	1
社会工作	85	25	45	97	74	69	
文化、体育和娱乐业	**R**	**223**	**436**	**879**	**1328**	**672**	
新闻和出版业	86	1	7	6	6	10	
广播、电视、电影和录音制作业	87	36	81	263	686	191	
文化艺术业	88	60	80	129	214	191	
体育	89	20	34	75	80	62	
娱乐业	90	106	234	406	342	218	
公共管理、社会保障和社会组织	**S**	**702**	**991**	**1757**	**1770**	**1939**	**4**
中国共产党机关	91	11	24	55	95	31	
国家机构	92	182	358	559	688	782	2
人民政协、民主党派	93		3	9	3	2	
社会保障	94	3	11	18	11	6	
群众团体、社会团体和其他成员组织	95	278	348	557	446	230	1
基层群众自治组织	96	228	247	559	527	888	1
国际组织	**T**						
国际组织	97						

1-14 按行业（大类）、开业（成立）时间分组的法人单位从业人员数

行业大类	代码	从业人员数(人)	1949 年以前	1950-1977 年	1978-1991 年	1992-2000 年	2001 年
总　计		**4653809**	**99791**	**711542**	**446748**	**563267**	**128985**
农、林、牧、渔业	**A**	**53712**		**2856**	**13924**	**1474**	**733**
农业	01						
林业	02						
畜牧业	03						
渔业	04						
农、林、牧、渔专业及辅助性活动	05	53712		2856	13924	1474	733
采矿业	**B**	**173687**	**1**	**15138**	**532**	**73718**	**1730**
煤炭开采和洗选业	06	44839		10228	455	5060	283
石油和天然气开采业	07	59237		3926		54201	
黑色金属矿采选业	08	8071		752	24	1818	653
有色金属矿采选业	09	10113			5	1409	165
非金属矿采选业	10	7997	1	232	48	607	21
开采专业及辅助性活动	11	42944				10618	598
其他采矿业	12	486				5	10
制造业	**C**	**689121**	**2629**	**14389**	**5692**	**64089**	**15192**
农副食品加工业	13	50303		127	1086	3600	2533
食品制造业	14	29771			9	4643	42
酒、饮料和精制茶制造业	15	13714		423	418	2705	361
烟草制品业	16	777		752			
纺织业	17	81830			67	1646	265
纺织服装、服饰业	18	77439		6	241	197	29
皮革、毛皮、羽毛及其制品和制鞋业	19	11770				66	3
木材加工和木、竹、藤、棕、草制品业	20	5690		4	22	16	18
家具制造业	21	3264				249	58
造纸和纸制品业	22	5648				87	274
印刷和记录媒介复制业	23	4684	336	4	895	762	109
文教、工美、体育和娱乐用品制造业	24	12501				82	72
石油、煤炭及其他燃料加工业	25	55090		3294		20297	5896
化学原料和化学制品制造业	26	78368		2138	829	5426	189
医药制造业	27	10734		401	159	2261	856
化学纤维制造业	28	10748				37	
橡胶和塑料制品业	29	21029			197	2078	450
非金属矿物制品业	30	84526		922	1089	2514	1364
黑色金属冶炼和压延加工业	31	24579		3253		6366	
有色金属冶炼和压延加工业	32	41359	2293	2792		2418	
金属制品业	33	18390			157	769	44
通用设备制造业	34	4488		74	171	664	169
专用设备制造业	35	9321		199	320	833	77

1-14 续表 1

行业大类	代码	2002 年	2003 年	2004 年	2005 年	2006 年	2007 年
总 计		**126723**	**102819**	**132200**	**107124**	**104576**	**114522**
农、林、牧、渔业	**A**	**586**	**905**	**868**	**859**	**463**	**389**
农业	01						
林业	02						
畜牧业	03						
渔业	04						
农、林、牧、渔专业及辅助性活动	05	586	905	868	859	463	389
采矿业	**B**	**5570**	**6308**	**4803**	**5023**	**5969**	**22149**
煤炭开采和洗选业	06	3929	2759	2264	2859	3138	3006
石油和天然气开采业	07						
黑色金属矿采选业	08	77	74	84	1069	544	690
有色金属矿采选业	09	409	756	2014	691	860	1692
非金属矿采选业	10	194	381	217	143	84	197
开采专业及辅助性活动	11	961	2328	174	254	1302	16511
其他采矿业	12		10	50	7	41	53
制造业	**C**	**13899**	**12848**	**15929**	**17295**	**19209**	**20995**
农副食品加工业	13	1418	1992	1749	1305	2393	1520
食品制造业	14	2633	988	1440	1254	1497	540
酒、饮料和精制茶制造业	15	410	291	141	208	1476	1352
烟草制品业	16						
纺织业	17	1733	717	664	1278	3175	542
纺织服装、服饰业	18	213		92	53	36	649
皮革、毛皮、羽毛及其制品和制鞋业	19	12	62	8	5	2	7
木材加工和木、竹、藤、棕、草制品业	20	10	207	101	101	38	265
家具制造业	21	22		64	11	27	21
造纸和纸制品业	22	237	130	95	15	183	266
印刷和记录媒介复制业	23	92	155	106	238	128	102
文教、工美、体育和娱乐用品制造业	24	1	47	50	198	48	49
石油、煤炭及其他燃料加工业	25	59	1311	1591	5144	1843	1706
化学原料和化学制品制造业	26	1339	507	3935	1190	1578	5192
医药制造业	27	409	251	55	393	268	2
化学纤维制造业	28		1010	734	1		3091
橡胶和塑料制品业	29	1491	362	587	510	1563	890
非金属矿物制品业	30	1077	1334	2586	450	1660	2419
黑色金属冶炼和压延加工业	31	488	306	593	1134	447	459
有色金属冶炼和压延加工业	32	824	563	48	1964	666	174
金属制品业	33	614	987	209	599	629	704
通用设备制造业	34	42	127	95	212	124	362
专用设备制造业	35	25	228	285	375	785	254

1-14 续表 2

行业大类	代码	2008 年	2009 年	2010 年	2011 年	2012 年	2013 年
总　计		**119375**	**113618**	**163967**	**154860**	**156556**	**155267**
农、林、牧、渔业	**A**	**641**	**2035**	**916**	**1508**	**1585**	**1949**
农业	01						
林业	02						
畜牧业	03						
渔业	04						
农、林、牧、渔专业及辅助性活动	05	641	2035	916	1508	1585	1949
采矿业	**B**	**4183**	**5796**	**2682**	**4053**	**3613**	**3115**
煤炭开采和洗选业	06	2632	2761	1362	554	1329	538
石油和天然气开采业	07		33	2			536
黑色金属矿采选业	08	814	125	125	92	465	203
有色金属矿采选业	09	150	123	344	1050	89	117
非金属矿采选业	10	273	357	343	416	762	567
开采专业及辅助性活动	11	290	2363	489	1912	968	1104
其他采矿业	12	24	34	17	29		50
制造业	**C**	**19897**	**23405**	**52285**	**48602**	**42026**	**31979**
农副食品加工业	13	1939	1916	2214	2654	2615	4653
食品制造业	14	814	629	380	4843	3294	813
酒、饮料和精制茶制造业	15	267	803	590	249	1145	412
烟草制品业	16						
纺织业	17	664	2774	10704	5995	2169	2041
纺织服装、服饰业	18	63	13	153	531	2039	308
皮革、毛皮、羽毛及其制品和制鞋业	19		45	12	39	8	
木材加工和木、竹、藤、棕、草制品业	20	55	110	103	109	242	389
家具制造业	21	43	71	273	40	78	120
造纸和纸制品业	22	423	210	90	436	459	174
印刷和记录媒介复制业	23	82	50	59	186	98	136
文教、工美、体育和娱乐用品制造业	24	522	112	111	417	606	454
石油、煤炭及其他燃料加工业	25	1058	2350	1417	833	1087	3785
化学原料和化学制品制造业	26	6569	3824	4795	6198	8150	5895
医药制造业	27	420		3576	145	240	135
化学纤维制造业	28	5	10	19	1315	211	353
橡胶和塑料制品业	29	928	1244	768	1577	1327	1007
非金属矿物制品业	30	3341	3816	9183	12418	8362	7387
黑色金属冶炼和压延加工业	31	122	503	4105	3001	924	311
有色金属冶炼和压延加工业	32	1187	2855	11854	3072	4699	773
金属制品业	33	729	855	660	1221	1613	956
通用设备制造业	34	105	191	191	257	475	179
专用设备制造业	35	147	673	352	553	514	395

1-14 续表 3

行业大类	代码	2014 年	2015 年	2016 年	2017 年	2018 年	无开业年份
总　计		**173248**	**194930**	**260825**	**286719**	**235933**	**214**
农、林、牧、渔业	**A**	**2534**	**2132**	**4235**	**3418**	**9694**	**8**
农业	01						
林业	02						
畜牧业	03						
渔业	04						
农、林、牧、渔专业及辅助性活动	05	2534	2132	4235	3418	9694	8
采矿业	**B**	**2445**	**1558**	**1596**	**2368**	**1337**	
煤炭开采和洗选业	06	848	39	248	524	23	
石油和天然气开采业	07	107	303	20	58	51	
黑色金属矿采选业	08	66	180	77	57	82	
有色金属矿采选业	09	73	16	92	9	49	
非金属矿采选业	10	526	544	766	867	451	
开采专业及辅助性活动	11	786	452	376	813	645	
其他采矿业	12	39	24	17	40	36	
制造业	**C**	**37608**	**43189**	**70261**	**55182**	**62498**	**23**
农副食品加工业	13	3149	3296	3645	2468	4026	5
食品制造业	14	760	845	1187	1615	1545	
酒、饮料和精制茶制造业	15	903	726	391	325	118	
烟草制品业	16			25			
纺织业	17	6265	12535	17175	5734	5687	
纺织服装、服饰业	18	4363	9319	16434	19962	22736	2
皮革、毛皮、羽毛及其制品和制鞋业	19	114	493	445	1320	9129	
木材加工和木、竹、藤、棕、草制品业	20	283	487	860	1104	1166	
家具制造业	21	122	153	285	408	1219	
造纸和纸制品业	22	210	359	625	1051	324	
印刷和记录媒介复制业	23	119	180	182	264	401	
文教、工美、体育和娱乐用品制造业	24	1098	1285	2652	1050	3646	1
石油、煤炭及其他燃料加工业	25	1154	175	758	630	702	
化学原料和化学制品制造业	26	5060	1618	9753	3254	922	7
医药制造业	27	124	227	751	46	15	
化学纤维制造业	28	847	2217	885	3	10	
橡胶和塑料制品业	29	1279	1308	1876	1012	575	
非金属矿物制品业	30	6940	3460	5276	6200	2726	2
黑色金属冶炼和压延加工业	31	320	46	243	1907	51	
有色金属冶炼和压延加工业	32	1227	314	1563	1900	173	
金属制品业	33	1647	1461	1398	1384	1752	2
通用设备制造业	34	189	112	267	301	181	
专用设备制造业	35	506	599	605	861	733	2

1-14 续表 4

行业大类	代码	从业人员数（人）	1949 年以前	1950-1977 年	1978-1991 年	1992-2000 年	2001 年
汽车制造业	36	2366				32	
铁路、船舶、航空航天和其他运输设备制造业	37	558			14	5	
电气机械和器材制造业	38	18762			18	5857	2316
计算机、通信和其他电子设备制造业	39	4682				3	11
仪器仪表制造业	40	489				128	49
其他制造业	41	1040				60	
废弃资源综合利用业	42	1914					3
金属制品、机械和设备修理业	43	3287				288	4
电力、热力、燃气及水生产和供应业	**D**	**113033**		**3488**	**33974**	**13135**	**2538**
电力、热力生产和供应业	44	88184		1498	31162	10881	1023
燃气生产和供应业	45	12421			3	391	1093
水的生产和供应业	46	12428		1990	2809	1863	422
建筑业	**E**	**427668**		**27700**	**28332**	**88648**	**53065**
房屋建筑业	47	229127		15103	22452	31988	35311
土木工程建筑业	48	136876		12597	5599	48780	14878
建筑安装业	49	26013			68	6204	2411
建筑装饰、装修和其他建筑业	50	35652			213	1676	465
批发和零售业	**F**	**349096**	**6**	**4924**	**8564**	**27440**	**8857**
批发业	51	212733	5	3167	7668	14271	3764
零售业	52	136363	1	1757	896	13169	5093
交通运输、仓储和邮政业	**G**	**221638**	**614**	**37515**	**4990**	**69035**	**2628**
铁路运输业	53	55173				55080	
道路运输业	54	118774	614	36479	4096	6109	2217
水上运输业	55	69					
航空运输业	56	9603			41	318	29
管道运输业	57	3628				120	
多式联运和运输代理业	58	6245		1	19	561	30
装卸搬运和仓储业	59	12276		219	490	689	335
邮政业	60	15870		816	344	6158	17
住宿和餐饮业	**H**	**54653**		**2482**	**2922**	**5685**	**1399**
住宿业	61	34371		2014	2331	4136	873
餐饮业	62	20282		468	591	1549	526
信息传输、软件和信息技术服务业	**I**	**72899**		**606**	**1264**	**9706**	**1892**
电信、广播电视和卫星传输服务	63	32125		526	1169	7679	1741
互联网和相关服务	64	5423			91	153	
软件和信息技术服务业	65	35351		80	4	1874	151
金融业	**J**	**200176**	**520**	**3549**	**27121**	**48866**	**1304**
货币金融服务	66	64983	520	3549	23971	12352	794
资本市场服务	67	3064				231	2
保险业	68	130804			3044	36220	508
其他金融业	69	1325			106	63	

1-14 续表 5

行业大类	代码	2002 年	2003 年	2004 年	2005 年	2006 年	2007 年
汽车制造业	36	487	35	93			
铁路、船舶、航空航天和其他运输设备制造业	37	49			3	110	7
电气机械和器材制造业	38	90	1128	558	599	196	248
计算机、通信和其他电子设备制造业	39	71	14	4	6	66	4
仪器仪表制造业	40	39	5	3		39	18
其他制造业	41			6			13
废弃资源综合利用业	42				18	160	68
金属制品、机械和设备修理业	43	14	91	37	31	72	71
电力、热力、燃气及水生产和供应业	**D**	**721**	**2503**	**2550**	**2314**	**3532**	**3265**
电力、热力生产和供应业	44	264	1800	546	1998	2441	2652
燃气生产和供应业	45	406	406	1829	104	653	233
水的生产和供应业	46	51	297	175	212	438	380
建筑业	**E**	**39662**	**9120**	**17454**	**8918**	**7409**	**9910**
房屋建筑业	47	21631	5028	11131	3010	2770	6633
土木工程建筑业	48	6358	2757	1601	4300	3033	2180
建筑安装业	49	1919	839	1887	629	1170	376
建筑装饰、装修和其他建筑业	50	9754	496	2835	979	436	721
批发和零售业	**F**	**9204**	**11878**	**11792**	**7370**	**10337**	**9105**
批发业	51	4619	6614	6993	4178	6818	5321
零售业	52	4585	5264	4799	3192	3519	3784
交通运输、仓储和邮政业	**G**	**2747**	**2703**	**9116**	**2577**	**10915**	**2019**
铁路运输业	53						16
道路运输业	54	2432	2060	1327	2116	10185	1108
水上运输业	55						
航空运输业	56	111	44	7367		13	
管道运输业	57						
多式联运和运输代理业	58	86	171	196	136	211	313
装卸搬运和仓储业	59	118	150	219	259	349	431
邮政业	60		278	7	66	157	151
住宿和餐饮业	**H**	**1483**	**1228**	**1187**	**1736**	**2633**	**2187**
住宿业	61	591	1173	919	1482	1928	1286
餐饮业	62	892	55	268	254	705	901
信息传输、软件和信息技术服务业	**I**	**858**	**724**	**14329**	**1176**	**502**	**2501**
电信、广播电视和卫星传输服务	63	106	163	13275	323	44	1514
互联网和相关服务	64	175	139	42	95	62	44
软件和信息技术服务业	65	577	422	1012	758	396	943
金融业	**J**	**2303**	**13201**	**14525**	**4912**	**6973**	**5440**
货币金融服务	66	1276	919	298	4385	1316	1022
资本市场服务	67		28	4	5	72	27
保险业	68	638	12206	14214	514	5564	4382
其他金融业	69	389	48	9	8	21	9

1-14 续表 6

行业大类	代码	2008 年	2009 年	2010 年	2011 年	2012 年	2013 年
汽车制造业	36	48	12	17	330	682	28
铁路、船舶、航空航天和其他运输设备制造业	37	3	42			20	105
电气机械和器材制造业	38	116	86	433	370	383	536
计算机、通信和其他电子设备制造业	39	3	7	2	1616	267	20
仪器仪表制造业	40	2	3	52	16	2	14
其他制造业	41		2	11	18	15	28
废弃资源综合利用业	42	152	147	59	67	147	169
金属制品、机械和设备修理业	43	90	52	102	96	155	403
电力、热力、燃气及水生产和供应业	**D**	**2560**	**5437**	**7478**	**5496**	**5298**	**3317**
电力、热力生产和供应业	44	1910	2856	4756	4800	4570	2613
燃气生产和供应业	45	334	2179	2576	378	380	283
水的生产和供应业	46	316	402	146	318	348	421
建筑业	**E**	**6670**	**12459**	**19784**	**13255**	**13427**	**12262**
房屋建筑业	47	3762	10359	16517	2913	8815	7506
土木工程建筑业	48	1976	963	1728	8705	3300	3037
建筑安装业	49	747	510	770	666	641	830
建筑装饰、装修和其他建筑业	50	185	627	769	971	671	889
批发和零售业	**F**	**11690**	**10475**	**14748**	**13004**	**16289**	**17216**
批发业	51	6795	6718	9448	7848	10797	11386
零售业	52	4895	3757	5300	5156	5492	5830
交通运输、仓储和邮政业	**G**	**3626**	**2694**	**5679**	**11322**	**6574**	**6935**
铁路运输业	53		34	11			3
道路运输业	54	1965	2231	2671	9423	4953	4813
水上运输业	55				46		
航空运输业	56		5		5	38	
管道运输业	57		81	204			
多式联运和运输代理业	58	164	113	400	354	505	507
装卸搬运和仓储业	59	1041	214	391	401	332	1260
邮政业	60	456	16	2002	1093	746	352
住宿和餐饮业	**H**	**1146**	**1988**	**981**	**1428**	**2234**	**2732**
住宿业	61	499	1300	797	905	1669	2050
餐饮业	62	647	688	184	523	565	682
信息传输、软件和信息技术服务业	**I**	**2431**	**837**	**1399**	**1379**	**1282**	**2150**
电信、广播电视和卫星传输服务	63	145	190	116	513	428	1057
互联网和相关服务	64	78	33	61	108	103	68
软件和信息技术服务业	65	2208	614	1222	758	751	1025
金融业	**J**	**17844**	**6322**	**6058**	**11358**	**7020**	**7539**
货币金融服务	66	3330	1280	1469	1515	865	2650
资本市场服务	67	10	27	98	37	27	79
保险业	68	14438	4964	4443	9779	6063	4751
其他金融业	69	66	51	48	27	65	59

1-14 续表 7

行业大类	代码	2014 年	2015 年	2016 年	2017 年	2018 年	无开业年份
汽车制造业	36	9	25	241	71	256	
铁路、船舶、航空航天和其他运输设备制造业	37	18	84	12	71	15	
电气机械和器材制造业	38	599	635	651	931	3012	
计算机、通信和其他电子设备制造业	39	7	763	1304	153	359	2
仪器仪表制造业	40	8	6	59	12	34	
其他制造业	41	49	126	41	30	641	
废弃资源综合利用业	42	88	173	299	166	198	
金属制品、机械和设备修理业	43	151	162	373	949	146	
电力、热力、燃气及水生产和供应业	**D**	**5766**	**3776**	**2335**	**2029**	**1521**	
电力、热力生产和供应业	44	4646	3054	1932	1405	1377	
燃气生产和供应业	45	617	270	72	159	55	
水的生产和供应业	46	503	452	331	465	89	
建筑业	**E**	**14325**	**8673**	**12305**	**16794**	**7420**	**76**
房屋建筑业	47	8110	2749	5295	6605	1363	76
土木工程建筑业	48	2408	3079	2525	4638	2434	
建筑安装业	49	1178	1019	1334	1829	986	
建筑装饰、装修和其他建筑业	50	2629	1826	3151	3722	2637	
批发和零售业	**F**	**25213**	**24799**	**34896**	**38802**	**32434**	**53**
批发业	51	16515	14509	21243	24228	19783	45
零售业	52	8698	10290	13653	14574	12651	8
交通运输、仓储和邮政业	**G**	**11049**	**6468**	**6879**	**10730**	**4819**	**4**
铁路运输业	53			6		23	
道路运输业	54	5063	3880	5307	5940	3781	4
水上运输业	55	19	4				
航空运输业	56	1325	36	21	75	175	
管道运输业	57	19		33	3142	29	
多式联运和运输代理业	58	901	378	453	475	271	
装卸搬运和仓储业	59	2857	775	724	659	363	
邮政业	60	865	1395	335	439	177	
住宿和餐饮业	**H**	**2413**	**4080**	**5618**	**5053**	**4035**	**3**
住宿业	61	1078	2681	2791	2442	1426	
餐饮业	62	1335	1399	2827	2611	2609	3
信息传输、软件和信息技术服务业	**I**	**3273**	**4149**	**7206**	**9642**	**5593**	
电信、广播电视和卫星传输服务	63	742	1075	434	567	318	
互联网和相关服务	64	156	348	845	2003	819	
软件和信息技术服务业	65	2375	2726	5927	7072	4456	
金融业	**J**	**3918**	**4480**	**2911**	**2988**	**1024**	
货币金融服务	66	1130	976	746	341	279	
资本市场服务	67	126	1550	130	540	71	
保险业	68	2564	1896	1943	2060	613	
其他金融业	69	98	58	92	47	61	

1-14 续表 8

行业大类	代码	从业人员数(人)	1949年以前	1950-1977年	1978-1991年	1992-2000年	2001年
房地产业	**K**	**161386**		**214**	**941**	**17142**	**5643**
房地产业	70	161386		214	941	17142	5643
租赁和商务服务业	**L**	**263541**	**23**	**8313**	**6000**	**17381**	**2584**
租赁业	71	10866		21	30	230	56
商务服务业	72	252675	23	8292	5970	17151	2528
科学研究和技术服务业	**M**	**125373**	**86**	**14691**	**11208**	**16123**	**2918**
研究和试验发展	73	5280	48	1337	950	320	61
专业技术服务业	74	95700	38	11000	7965	14554	2555
科技推广和应用服务业	75	24393		2354	2293	1249	302
水利、环境和公共设施管理业	**N**	**67279**	**2**	**4891**	**14286**	**6561**	**1585**
水利管理业	76	18980	2	4124	4769	2619	450
生态保护和环境治理业	77	4128		471	777	318	199
公共设施管理业	78	43129		263	8710	3558	911
土地管理业	79	1042		33	30	66	25
居民服务、修理和其他服务业	**O**	**29627**		**77**	**369**	**1199**	**498**
居民服务业	80	9542		52	249	468	170
机动车、电子产品和日用产品修理业	81	13317			34	489	237
其他服务业	82	6768		25	86	242	91
教育	**P**	**516964**	**50354**	**152157**	**72288**	**32619**	**9276**
教育	83	516964	50354	152157	72288	32619	9276
卫生和社会工作	**Q**	**226203**	**27889**	**97718**	**26026**	**13346**	**2143**
卫生	84	217858	27779	97268	24833	12409	2085
社会工作	85	8345	110	450	1193	937	58
文化、体育和娱乐业	**R**	**43997**	**1343**	**7117**	**7810**	**2222**	**258**
新闻和出版业	86	5744	714	1183	1755	703	21
广播、电视、电影和录音制作业	87	12071	617	2139	2940	249	6
文化艺术业	88	11928	12	2988	2571	679	99
体育	89	1900		3	39	203	79
娱乐业	90	12354		804	505	388	53
公共管理、社会保障和社会组织	**S**	**863756**	**16324**	**313717**	**180505**	**54878**	**14742**
中国共产党机关	91	30809	818	14496	7571	1780	148
国家机构	92	640734	12976	255194	136745	38277	4821
人民政协、民主党派	93	2150	77	1119	559	68	
社会保障	94	4491		1112	1083	132	166
群众团体、社会团体和其他成员组织	95	23459	1729	3111	5689	2825	802
基层群众自治组织	96	162113	724	38685	28858	11796	8805
国际组织	**T**						
国际组织	97						

1-14 续表 9

行业大类	代码	2002 年	2003 年	2004 年	2005 年	2006 年	2007 年
房地产业	**K**	**7829**	**5537**	**5943**	**4840**	**7394**	**5683**
房地产业	70	7829	5537	5943	4840	7394	5683
租赁和商务服务业	**L**	**3430**	**6815**	**9449**	**25036**	**3975**	**9129**
租赁业	71	60	130	84	345	117	163
商务服务业	72	3370	6685	9365	24691	3858	8966
科学研究和技术服务业	**M**	**3858**	**3843**	**2446**	**3922**	**5301**	**2767**
研究和试验发展	73	673	110	53	86	88	23
专业技术服务业	74	2880	3522	2151	3680	4980	2479
科技推广和应用服务业	75	305	211	242	156	233	265
水利、环境和公共设施管理业	**N**	**1753**	**2160**	**1734**	**2153**	**1336**	**784**
水利管理业	76	459	64	122	107	96	183
生态保护和环境治理业	77	143	37	290	85	270	18
公共设施管理业	78	1098	2039	1280	1949	909	551
土地管理业	79	53	20	42	12	61	32
居民服务、修理和其他服务业	**O**	**818**	**702**	**730**	**1833**	**561**	**1276**
居民服务业	80	253	419	137	510	170	205
机动车、电子产品和日用产品修理业	81	228	273	163	1228	360	235
其他服务业	82	337	10	430	95	31	836
教育	**P**	**9997**	**6975**	**8940**	**7960**	**6220**	**5474**
教育	83	9997	6975	8940	7960	6220	5474
卫生和社会工作	**Q**	**3410**	**4420**	**2088**	**2450**	**4053**	**1151**
卫生	84	3220	4319	1863	2187	3837	968
社会工作	85	190	101	225	263	216	183
文化、体育和娱乐业	**R**	**272**	**896**	**804**	**581**	**718**	**414**
新闻和出版业	86		50	22	83	36	4
广播、电视、电影和录音制作业	87	52	263	73	63	277	47
文化艺术业	88	134	141	184	141	84	132
体育	89		20	11	25	13	24
娱乐业	90	86	422	514	269	308	207
公共管理、社会保障和社会组织	**S**	**18323**	**10053**	**7513**	**6169**	**7076**	**9884**
中国共产党机关	91	664	190	285	260	228	209
国家机构	92	11964	6896	4794	4251	4053	7510
人民政协、民主党派	93		10	9	37		2
社会保障	94	220	131	58	39	95	7
群众团体、社会团体和其他成员组织	95	873	405	272	368	454	334
基层群众自治组织	96	4602	2421	2095	1214	2246	1822
国际组织	**T**						
国际组织	97						

1-14 续表 10

行业大类	代码	2008 年	2009 年	2010 年	2011 年	2012 年	2013 年
房地产业	**K**	**7290**	**8056**	**10023**	**9335**	**8615**	**10655**
房地产业	70	7290	8056	10023	9335	8615	10655
租赁和商务服务业	**L**	**7326**	**6377**	**14946**	**10239**	**7562**	**11712**
租赁业	71	119	145	300	956	708	445
商务服务业	72	7207	6232	14646	9283	6854	11267
科学研究和技术服务业	**M**	**3281**	**2465**	**2539**	**3821**	**3200**	**4299**
研究和试验发展	73	218	52	30	60	148	48
专业技术服务业	74	2778	1931	1903	3437	2514	3230
科技推广和应用服务业	75	285	482	606	324	538	1021
水利、环境和公共设施管理业	**N**	**2612**	**961**	**816**	**1085**	**1831**	**962**
水利管理业	76	133	182	488	433	955	195
生态保护和环境治理业	77	130	31	83	52	178	38
公共设施管理业	78	2318	630	211	538	693	686
土地管理业	79	31	118	34	62	5	43
居民服务、修理和其他服务业	**O**	**932**	**1223**	**1106**	**606**	**1197**	**1902**
居民服务业	80	420	333	281	137	184	401
机动车、电子产品和日用产品修理业	81	384	354	624	424	753	571
其他服务业	82	128	536	201	45	260	930
教育	**P**	**7562**	**13543**	**10574**	**8386**	**8375**	**14179**
教育	83	7562	13543	10574	8386	8375	14179
卫生和社会工作	**Q**	**2471**	**1703**	**3091**	**1778**	**3088**	**3849**
卫生	84	2185	1593	2888	1703	2829	3710
社会工作	85	286	110	203	75	259	139
文化、体育和娱乐业	**R**	**1021**	**1107**	**647**	**603**	**691**	**977**
新闻和出版业	86	246		256	73		
广播、电视、电影和录音制作业	87	254	112	145	129	152	227
文化艺术业	88	262	620	52	202	79	432
体育	89	84	45	82	30	145	31
娱乐业	90	175	330	112	169	315	287
公共管理、社会保障和社会组织	**S**	**16192**	**6735**	**8215**	**7602**	**22649**	**17538**
中国共产党机关	91	40	83	19	67	640	85
国家机构	92	6728	3888	5202	5327	13870	10852
人民政协、民主党派	93	2	25		23	40	2
社会保障	94	376		7	7	109	76
群众团体、社会团体和其他成员组织	95	845	392	521	531	426	509
基层群众自治组织	96	8201	2347	2466	1647	7564	6014
国际组织	**T**						
国际组织	97						

1-14 续表 11

行业大类	代码	2014 年	2015 年	2016 年	2017 年	2018 年	无开业年份
房地产业	**K**	**12319**	**9481**	**10090**	**8128**	**6220**	**8**
房地产业	70	12319	9481	10090	8128	6220	8
租赁和商务服务业	**L**	**13678**	**23535**	**24831**	**26163**	**25026**	**11**
租赁业	71	589	699	1583	2344	1742	
商务服务业	72	13089	22836	23248	23819	23284	11
科学研究和技术服务业	**M**	**5688**	**6598**	**8177**	**10025**	**8104**	**13**
研究和试验发展	73	117	138	215	363	141	1
专业技术服务业	74	4151	4994	4967	5673	4313	5
科技推广和应用服务业	75	1420	1466	2995	3989	3650	7
水利、环境和公共设施管理业	**N**	**1805**	**4561**	**7162**	**5359**	**2878**	**2**
水利管理业	76	563	826	1292	686	232	
生态保护和环境治理业	77	38	60	247	284	379	
公共设施管理业	78	1200	3582	5582	4260	2159	2
土地管理业	79	4	93	41	129	108	
居民服务、修理和其他服务业	**O**	**2245**	**2400**	**3651**	**3301**	**3000**	**1**
居民服务业	80	476	601	1505	1207	1364	
机动车、电子产品和日用产品修理业	81	1143	1259	1602	1724	1231	1
其他服务业	82	626	540	544	370	405	
教育	**P**	**13687**	**20129**	**17722**	**26977**	**13569**	**1**
教育	83	13687	20129	17722	26977	13569	1
卫生和社会工作	**Q**	**2795**	**6066**	**7306**	**6065**	**3297**	
卫生	84	2313	5722	6216	5102	2829	
社会工作	85	482	344	1090	963	468	
文化、体育和娱乐业	**R**	**1494**	**2741**	**3968**	**6189**	**2124**	
新闻和出版业	86	16	246	109	188	39	
广播、电视、电影和录音制作业	87	255	623	1321	1629	498	
文化艺术业	88	589	822	503	583	619	
体育	89	64	207	414	213	168	
娱乐业	90	570	843	1621	3576	800	
公共管理、社会保障和社会组织	**S**	**10993**	**16115**	**29676**	**47506**	**41340**	**11**
中国共产党机关	91	158	371	876	1179	642	
国家机构	92	5749	11122	20641	39365	30509	
人民政协、民主党派	93		40	116	11	10	
社会保障	94	128	97	355	242	51	
群众团体、社会团体和其他成员组织	95	496	595	1035	753	490	4
基层群众自治组织	96	4462	3890	6653	5956	9638	7
国际组织	**T**						
国际组织	97						

1-15 按地区、从业人员组距分组的法人单位数

地　　区	法　人 单位数 (个)	7人及以下	8-19人	20-49人	50-99人
总　计	**243402**	**178004**	**33492**	**17470**	**7226**
乌鲁木齐市	**65325**	**51645**	**6758**	**3862**	**1676**
市辖区	1				
天山区	12307	9773	1192	661	361
沙依巴克区	10423	8011	1234	691	254
新市区	14735	12366	1243	632	243
水磨沟区	7248	5275	952	571	294
头屯河区	2876	2327	248	161	79
达坂城区	577	423	68	54	18
米东区	4368	3268	471	377	151
乌鲁木齐县	542	337	107	61	22
乌鲁木齐经济技术开发区	5706	4181	735	441	170
乌鲁木齐高新技术产业开发区	6536	5684	508	212	83
克拉玛依市	**6634**	**4619**	**925**	**566**	**232**
市辖区	2	1			
独山子区	873	580	126	88	33
克拉玛依区	4725	3390	633	375	150
白碱滩区	750	458	118	75	41
乌尔禾区	284	190	48	28	8
吐鲁番市	**6045**	**4139**	**965**	**513**	**199**
高昌区	2742	1902	426	224	86
鄯善县	1807	1175	340	165	63
托克逊县	1496	1062	199	124	50
哈密市	**11628**	**9108**	**1282**	**722**	**274**
伊州区	9988	8003	1020	562	211
巴里坤哈萨克自治县	940	639	161	84	36
伊吾县	698	466	101	76	27
昌吉回族自治州	**18996**	**14083**	**2462**	**1353**	**573**
昌吉市	8393	6497	935	530	209
阜康市	2166	1537	324	164	61
呼图壁县	1887	1363	272	130	71
玛纳斯县	1655	1201	212	125	63
奇台县	2342	1695	322	193	74
吉木萨尔县	1895	1386	264	133	64
木垒哈萨克自治县	658	404	133	78	31
博尔塔拉蒙古自治州	**6531**	**4586**	**1009**	**533**	**199**
博乐市	3807	2657	582	322	120
阿拉山口市	1020	869	88	42	12
精河县	1217	801	205	117	44
温泉县	487	259	134	52	23

1-15 续表 1

地　　区	100-299 人	300-499 人	500-999 人	1000-4999 人	5000-9999 人	10000 人及以上
总　计	**5253**	**882**	**626**	**408**	**28**	**13**
乌鲁木齐市	**962**	**170**	**125**	**110**	**12**	**5**
市辖区					1	
天山区	223	42	31	21	3	
沙依巴克区	168	29	15	19	2	
新市区	166	35	20	25	2	3
水磨沟区	113	16	13	12		2
头屯河区	45	4	8	3	1	
达坂城区	9	2	1	2		
米东区	74	9	6	11	1	
乌鲁木齐县	12	3				
乌鲁木齐经济技术开发区	116	25	25	12	1	
乌鲁木齐高新技术产业开发区	35	4	4	5	1	
克拉玛依市	**182**	**46**	**40**	**19**	**1**	**4**
市辖区	1					
独山子区	31	4	4	6		1
克拉玛依区	112	30	23	8	1	3
白碱滩区	33	9	11	5		
乌尔禾区	5	3	2			
吐鲁番市	**169**	**30**	**19**	**10**	**1**	
高昌区	80	13	8	3		
鄯善县	44	10	6	3	1	
托克逊县	45	7	5	4		
哈密市	**177**	**34**	**22**	**7**	**2**	
伊州区	138	28	18	6	2	
巴里坤哈萨克自治县	16	2	2			
伊吾县	23	2	2	1		
昌吉回族自治州	**369**	**70**	**49**	**36**	**1**	
昌吉市	155	28	25	13	1	
阜康市	56	11	9	4		
呼图壁县	35	11	3	2		
玛纳斯县	43	4	3	4		
奇台县	45	7	3	3		
吉木萨尔县	27	6	6	9		
木垒哈萨克自治县	8	3		1		
博尔塔拉蒙古自治州	**168**	**15**	**16**	**5**		
博乐市	101	9	12	4		
阿拉山口市	6	1	2			
精河县	44	5		1		
温泉县	17		2			

1-15 续表 2

地　　区	法　人单位数(个)	7 人及以下	8-19 人	20-49 人	50-99 人
巴音郭楞蒙古自治州	**16788**	**12755**	**1919**	**1175**	**445**
库尔勒市	8289	6527	795	523	170
轮台县	1522	1108	205	117	40
尉犁县	985	687	139	84	46
若羌县	756	542	107	65	25
且末县	828	603	107	65	30
焉耆回族自治县	1235	960	135	80	32
和静县	1695	1263	230	108	52
和硕县	814	570	117	87	22
博湖县	662	494	84	46	27
库尔勒经济技术开发区	2	1			1
阿克苏地区	**20008**	**14292**	**3250**	**1376**	**522**
阿克苏市	6707	5029	987	360	141
温宿县	1933	1286	377	172	60
库车县	3638	2538	540	334	98
沙雅县	2185	1675	329	95	42
新和县	1283	836	266	92	52
拜城县	1745	1281	250	109	44
乌什县	878	538	210	74	37
阿瓦提县	1175	788	219	100	32
柯坪县	464	321	72	40	16
克孜勒苏柯尔克孜自治州	**4314**	**2844**	**709**	**453**	**160**
阿图什市	2161	1450	334	226	74
阿克陶县	1196	828	182	107	45
阿合奇县	327	169	86	44	13
乌恰县	630	397	107	76	28
喀什地区	**25671**	**17807**	**4464**	**1679**	**722**
喀什市	6608	4798	1034	421	127
疏附县	1136	722	178	114	43
疏勒县	2047	1376	383	160	69
英吉沙县	1353	692	418	117	63
泽普县	1090	661	244	78	43
莎车县	3701	2578	629	206	105
叶城县	2631	1832	483	152	79
麦盖提县	1609	1211	244	87	25
岳普湖县	1051	715	195	78	29
伽师县	2236	1617	358	112	63
巴楚县	1791	1310	234	118	59
塔什库尔干塔吉克自治县	416	295	64	35	17

1-15 续表 3

地　　区	100-299 人	300-499 人	500-999 人	1000-4999 人	5000-9999 人	10000 人及以上
巴音郭楞蒙古自治州	**367**	**56**	**43**	**26**	**1**	**1**
库尔勒市	192	33	31	16	1	1
轮台县	39	8	4	1		
尉犁县	22	4	2	1		
若羌县	15			2		
且末县	18	3	1	1		
焉耆回族自治县	23	2	2	1		
和静县	33	5	1	3		
和硕县	17			1		
博湖县	8	1	2			
库尔勒经济技术开发区						
阿克苏地区	**406**	**83**	**49**	**28**	**2**	
阿克苏市	131	28	17	13	1	
温宿县	28	6	2	2		
库车县	94	17	12	4	1	
沙雅县	27	11	5	1		
新和县	28	4	3	2		
拜城县	46	6	7	2		
乌什县	15	2	1	1		
阿瓦提县	24	8	2	2		
柯坪县	13	1		1		
克孜勒苏柯尔克孜自治州	**111**	**21**	**7**	**8**	**1**	
阿图什市	56	13	2	6		
阿克陶县	27	3	3		1	
阿合奇县	10	3	1	1		
乌恰县	18	2	1	1		
喀什地区	**782**	**106**	**76**	**31**	**3**	**1**
喀什市	153	37	24	14		
疏附县	61	10	7	1		
疏勒县	51	6	2			
英吉沙县	51	3	8	1		
泽普县	48	6	5	4	1	
莎车县	156	14	11	1		1
叶城县	72	6	4	2	1	
麦盖提县	28	6	4	4		
岳普湖县	30	3		1		
伽师县	68	11	6		1	
巴楚县	60	4	4	2		
塔什库尔干塔吉克自治县	4			1		

1-15 续表 4

地　　区	法　人单位数(个)	7 人及以下	8-19 人	20-49 人	50-99 人
和田地区	**12830**	**8413**	**2367**	**1135**	**422**
和田市	4313	3123	656	295	109
和田县	1478	1005	242	139	40
墨玉县	2096	1102	512	299	72
皮山县	1204	783	220	94	50
洛浦县	1217	658	372	93	49
策勒县	779	481	149	76	28
于田县	1283	922	164	96	59
民丰县	460	339	52	43	15
伊犁哈萨克自治州直属县（市）	**22707**	**15637**	**3560**	**1977**	**802**
伊宁市	4683	2941	762	553	210
奎屯市	2893	1850	538	300	88
霍尔果斯市	5726	5051	436	156	59
伊宁县	1414	799	269	186	72
察布查尔锡伯自治县	1104	702	178	109	59
霍城县	2282	1517	447	160	80
巩留县	736	375	175	102	47
新源县	1403	875	277	145	60
昭苏县	855	585	121	82	44
特克斯县	735	375	222	85	39
尼勒克县	876	567	135	99	44
塔城地区	**9025**	**6268**	**1316**	**780**	**372**
塔城市	1753	1203	270	144	63
乌苏市	2091	1498	266	184	83
额敏县	1278	906	198	94	51
沙湾县	2245	1623	294	178	76
托里县	533	334	93	56	28
裕民县	437	284	83	36	27
和布克赛尔蒙古自治县	688	420	112	88	44
阿勒泰地区	**6799**	**4605**	**1100**	**609**	**288**
阿勒泰市	2612	1832	391	203	110
布尔津县	639	386	130	81	25
富蕴县	653	441	97	54	31
福海县	1130	714	232	118	45
哈巴河县	706	497	91	59	33
青河县	582	396	97	50	24
吉木乃县	476	339	62	44	20
自治区直辖县级市	**10101**	**7203**	**1406**	**737**	**340**
石河子市	4379	3234	545	278	130
阿拉尔市	3014	2096	438	249	124
图木舒克市	1087	767	174	68	33
五家渠市	1546	1048	238	140	51
铁门关市	74	58	11	2	1

1-15 续表 5

地　　区	100-299 人	300-499 人	500-999 人	1000-4999 人	5000-9999 人	10000 人及以上
和田地区	**361**	**64**	**44**	**22**	**2**	
和田市	92	19	13	5	1	
和田县	43	6		3		
墨玉县	79	17	9	5	1	
皮山县	43	6	6	2		
洛浦县	29	7	5	4		
策勒县	34	6	4	1		
于田县	32	2	6	2		
民丰县	9	1	1			
伊犁哈萨克自治州直属县（市）	**540**	**86**	**64**	**40**	**1**	
伊宁市	155	31	19	11	1	
奎屯市	77	11	20	9		
霍尔果斯市	19	1	2	2		
伊宁县	69	7	7	5		
察布查尔锡伯自治县	49	4	2	1		
霍城县	56	13	5	4		
巩留县	28	5	3	1		
新源县	35	4	3	4		
昭苏县	19	2	1	1		
特克斯县	10	4				
尼勒克县	23	4	2	2		
塔城地区	**222**	**30**	**21**	**15**		**1**
塔城市	54	4	10	5		
乌苏市	46	6	4	3		1
额敏县	21	7	1			
沙湾县	57	10	3	4		
托里县	18	2	1	1		
裕民县	6		1			
和布克赛尔蒙古自治县	20	1	1	2		
阿勒泰地区	**156**	**19**	**11**	**10**	**1**	
阿勒泰市	60	9	4	3		
布尔津县	14	1		2		
富蕴县	23	2	1	3	1	
福海县	18	2		1		
哈巴河县	19	3	3	1		
青河县	12	1	2			
吉木乃县	10		1			
自治区直辖县级市	**281**	**52**	**40**	**41**		**1**
石河子市	118	27	23	23		1
阿拉尔市	79	13	7	8		
图木舒克市	30	7	4	4		
五家渠市	52	5	6	6		
铁门关市	2					

1-16 按地区、从业人员组距分组的法人单位从业人员数

地　　区	从业人员数（人）	7人及以下	8-19人	20-49人	50-99人
总　计	**4653809**	**360364**	**400321**	**531587**	**500915**
乌鲁木齐市	**1187003**	**101268**	**80346**	**118732**	**115600**
市辖区	8665				
天山区	212331	17597	14161	20495	24590
沙依巴克区	175679	18847	14862	21061	17574
新市区	312279	21652	14378	19336	16986
水磨沟区	151370	11195	11358	17311	20936
头屯河区	43911	5125	2996	5456	5261
达坂城区	10822	567	855	1609	1300
米东区	80889	6747	5772	11663	10406
乌鲁木齐县	8154	629	1287	1914	1438
乌鲁木齐经济技术开发区	125982	9345	8815	13590	11538
乌鲁木齐高新技术产业开发区	54563	9564	5862	6248	5521
克拉玛依市	**246817**	**10809**	**10993**	**17480**	**16223**
市辖区	193				
独山子区	40325	1476	1569	2847	2357
克拉玛依区	168208	7890	7396	11515	10563
白碱滩区	32735	1090	1475	2319	2768
乌尔禾区	5356	353	553	799	535
吐鲁番市	**131982**	**8087**	**11653**	**15559**	**13741**
高昌区	52022	3737	5132	6892	5847
鄯善县	45988	2547	4117	4929	4444
托克逊县	33972	1803	2404	3738	3450
哈密市	**151484**	**14226**	**15242**	**21757**	**18883**
伊州区	124678	12414	12144	17037	14706
巴里坤哈萨克自治县	12583	962	1872	2523	2461
伊吾县	13570	850	1226	2197	1716
昌吉回族自治州	**331104**	**28025**	**29626**	**40951**	**39376**
昌吉市	138260	13556	11234	16061	14307
阜康市	45169	2664	4078	4959	4301
呼图壁县	28421	2493	3154	3943	4836
玛纳斯县	29764	2361	2642	3730	4487
奇台县	35383	3608	3789	5757	5169
吉木萨尔县	43675	2374	3065	4150	4275
木垒哈萨克自治县	10432	969	1664	2351	2001
博尔塔拉蒙古自治州	**104812**	**9614**	**12065**	**16375**	**13545**
博乐市	67056	5786	6948	9966	8184
阿拉山口市	7208	1552	1063	1337	788
精河县	20532	1558	2464	3532	2976
温泉县	10016	718	1590	1540	1597

1-16 续表 1

地　　区						
	100-299 人	300-499 人	500-999 人	1000-4999 人	5000-9999 人	10000 人及以上
总　计	**860568**	**332097**	**424298**	**774252**	**184606**	**284801**
乌鲁木齐市	**158559**	**65091**	**84861**	**216402**	**83143**	**163001**
市辖区					8665	
天山区	36797	15820	21365	39752	21754	
沙依巴克区	27600	11079	10514	42792	11350	
新市区	27909	13020	13552	50370	11139	123937
水磨沟区	17529	5936	8634	19407		39064
头屯河区	7268	1551	5034	5279	5941	
达坂城区	1534	722	551	3684		
米东区	12572	3656	3726	18975	7372	
乌鲁木齐县	1764	1122				
乌鲁木齐经济技术开发区	19737	10336	17053	28471	7097	
乌鲁木齐高新技术产业开发区	5718	1427	2726	7672	9825	
克拉玛依市	**29996**	**17364**	**27645**	**33294**	**5294**	**77719**
市辖区	193					
独山子区	5001	1581	2654	10621		12219
克拉玛依区	18610	11469	16463	13508	5294	65500
白碱滩区	5566	3209	7143	9165		
乌尔禾区	626	1105	1385			
吐鲁番市	**28843**	**10964**	**11800**	**24333**	**7002**	
高昌区	13520	4831	5111	6952		
鄯善县	7518	3673	3798	7960	7002	
托克逊县	7805	2460	2891	9421		
哈密市	28592	12768	16373	11024	12619	
伊州区	22812	10602	13177	9167	12619	
巴里坤哈萨克自治县	2474	672	1619			
伊吾县	3306	841	1577	1857		
昌吉回族自治州	**61615**	**25614**	**33666**	**66839**	**5392**	
昌吉市	27378	10171	17046	23115	5392	
阜康市	8981	3850	6876	9460		
呼图壁县	5278	4266	1802	2649		
玛纳斯县	7146	1624	1696	6078		
奇台县	6902	2653	2336	5169		
吉木萨尔县	4615	1991	3910	19295		
木垒哈萨克自治县	1315	1059		1073		
博尔塔拉蒙古自治州	**27271**	**5379**	**10311**	**10252**		
博乐市	16987	3214	7494	8477		
阿拉山口市	849	336	1283			
精河县	6398	1829		1775		
温泉县	3037		1534			

1-16 续表 2

地　　区	从　业 人员数 (人)	7 人及 以下	8-19 人	20-49 人	50-99 人
巴音郭楞蒙古自治州	**283456**	**22345**	**22888**	**36238**	**31203**
库尔勒市	159708	11624	9453	15982	11630
轮台县	25660	1848	2329	3542	2793
尉犁县	16131	1131	1694	2733	3293
若羌县	12320	944	1299	2132	1786
且末县	12076	1157	1296	1920	2190
焉耆回族自治县	14742	1432	1708	2466	2277
和静县	24049	2337	2652	3305	3710
和硕县	10257	1168	1423	2646	1512
博湖县	8428	703	1034	1512	1928
库尔勒经济技术开发区	85	1			84
阿克苏地区	**341662**	**31986**	**39015**	**41769**	**35876**
阿克苏市	117099	10986	11667	10744	9879
温宿县	28040	3500	4515	5556	3860
库车县	70697	5147	6873	9746	6789
沙雅县	28806	3887	3802	3006	3015
新和县	22178	1529	3374	2918	3401
拜城县	30885	2512	3025	3310	3203
乌什县	14394	1687	2341	2286	2552
阿瓦提县	22222	2064	2583	3014	2090
柯坪县	7341	674	835	1189	1087
克孜勒苏柯尔克孜自治州	**90521**	**6341**	**8577**	**13749**	**11349**
阿图什市	44497	2801	4137	6857	5125
阿克陶县	24346	2372	2113	3298	3280
阿合奇县	9002	357	1027	1279	930
乌恰县	12676	811	1300	2315	2014
喀什地区	**495080**	**35951**	**51796**	**50867**	**51300**
喀什市	126015	8991	12376	12621	8762
疏附县	31046	1913	2054	3346	2905
疏勒县	28607	2529	4481	4647	5094
英吉沙县	31940	2033	4794	3582	4321
泽普县	35335	1272	2885	2311	3102
莎车县	75286	5146	6713	6197	7639
叶城县	46368	3812	5525	4764	5805
麦盖提县	24584	1751	3166	2652	1801
岳普湖县	16349	986	2430	2451	2162
伽师县	41216	3692	3986	3493	4317
巴楚县	32240	3097	2592	3717	4229
塔什库尔干塔吉克自治县	5544	729	794	1055	1163

1-16 续表 3

地　　区	100-299 人	300-499 人	500-999 人	1000-4999 人	5000-9999 人	10000 人及以上
巴音郭楞蒙古自治州	**59319**	**20876**	**28141**	**44589**	**5904**	**11953**
库尔勒市	32856	12795	20701	26810	5904	11953
轮台县	6711	2744	2594	3099		
尉犁县	3308	1403	1114	1455		
若羌县	2226			3933		
且末县	2241	1086	545	1641		
焉耆回族自治县	3425	685	1258	1491		
和静县	4675	1782	598	4990		
和硕县	2338			1170		
博湖县	1539	381	1331			
库尔勒经济技术开发区						
阿克苏地区	**66638**	**31747**	**31854**	**49150**	**13627**	
阿克苏市	22789	10706	11079	22840	6409	
温宿县	3785	2094	1210	3520		
库车县	15504	6904	7885	4631	7218	
沙雅县	4602	3950	3608	2936		
新和县	4177	1514	2057	3208		
拜城县	7156	2458	4355	4866		
乌什县	2187	746	604	1991		
阿瓦提县	4321	3065	1056	4029		
柯坪县	2117	310		1129		
克孜勒苏柯尔克孜自治州	**17629**	**7995**	**4570**	**14647**	**5664**	
阿图什市	9073	4851	1162	10491		
阿克陶县	4417	1253	1949		5664	
阿合奇县	1370	1117	595	2327		
乌恰县	2769	774	864	1829		
喀什地区	**128167**	**38984**	**49327**	**59405**	**18348**	**10935**
喀什市	25808	13353	16470	27634		
疏附县	9647	3782	4570	2829		
疏勒县	8375	2198	1283			
英吉沙县	8017	1348	4515	3330		
泽普县	8223	2165	3126	7138	5113	
莎车县	25205	4851	7112	1488		10935
叶城县	11063	2405	2692	2624	7678	
麦盖提县	4476	2361	2435	5942		
岳普湖县	4922	1048		2350		
伽师县	12107	4038	4026		5557	
巴楚县	9564	1435	2579	5027		
塔什库尔干塔吉克自治县	760			1043		

1-16 续表 4

地　　区	从业人员数(人)	7人及以下	8-19人	20-49人	50-99人
和田地区	**278014**	**17392**	**29492**	**33500**	**29231**
和田市	75123	6290	7781	8993	7590
和田县	25628	2404	3026	4200	2760
墨玉县	63000	2053	7518	7963	4881
皮山县	29069	1533	2619	2971	3379
洛浦县	32527	1749	4155	2858	3307
策勒县	19862	1144	1763	2290	1810
于田县	26832	1629	2032	2973	4353
民丰县	5973	590	598	1252	1151
伊犁哈萨克自治州直属县（市）	**433579**	**30096**	**42549**	**59737**	**55162**
伊宁市	126439	7709	9524	16765	14458
奎屯市	72431	5155	6648	8749	5847
霍尔果斯市	28350	5285	4967	4620	3993
伊宁县	43391	1581	3262	5597	5152
察布查尔锡伯自治县	23047	1373	2211	3423	4033
霍城县	44027	2570	4944	4807	5419
巩留县	19118	879	2100	2935	3278
新源县	32337	2133	3287	4415	3994
昭苏县	13927	1427	1476	2624	3161
特克斯县	12171	887	2626	2748	2690
尼勒克县	18341	1097	1504	3054	3137
塔城地区	**180640**	**16631**	**15913**	**23551**	**25646**
塔城市	40101	2992	3265	4251	4525
乌苏市	47439	3857	3283	5634	5633
额敏县	17661	2525	2362	2820	3387
沙湾县	43304	4535	3492	5422	5261
托里县	11081	753	1077	1624	1957
裕民县	6484	864	1012	1056	1841
和布克赛尔蒙古自治县	14570	1105	1422	2744	3042
阿勒泰地区	**130627**	**11166**	**13320**	**18625**	**19837**
阿勒泰市	44752	3802	4754	6406	7600
布尔津县	12577	1311	1619	2524	1642
富蕴县	27077	1057	1165	1669	2284
福海县	15680	1783	2909	3476	2960
哈巴河县	14978	1317	1032	1839	2214
青河县	8889	928	1133	1467	1695
吉木乃县	6364	968	708	1244	1442
自治区直辖县级市	**267028**	**16427**	**16846**	**22697**	**23943**
石河子市	137209	6254	6581	8372	9418
阿拉尔市	61426	4755	5280	7813	8438
图木舒克市	25053	2232	2010	2322	2297
五家渠市	42505	3065	2852	4133	3652
铁门关市	750	121	123	57	53

1-16 续表 5

地　　区						
	100-299 人	300-499 人	500-999 人	1000-4999 人	5000-9999 人	10000 人及以上
和田地区	**60018**	**24726**	**32080**	**40548**	**11027**	
和田市	15406	7274	9014	7739	5036	
和田县	6972	2468		3798		
墨玉县	13870	6580	6401	7743	5991	
皮山县	6982	2139	3947	5499		
洛浦县	4532	2991	4437	8498		
策勒县	5888	2071	2593	2303		
于田县	5139	899	4839	4968		
民丰县	1229	304	849			
伊犁哈萨克自治州直属县（市）	**87719**	**32523**	**44393**	**73070**	**8330**	
伊宁市	25720	11609	12888	19436	8330	
奎屯市	12754	4436	15328	13514		
霍尔果斯市	2975	344	1606	4560		
伊宁县	10669	2793	4261	10076		
察布查尔锡伯自治县	7702	1533	1062	1710		
霍城县	9041	4585	3624	9037		
巩留县	4642	1656	1696	1932		
新源县	6132	1520	1960	8896		
昭苏县	2809	812	574	1044		
特克斯县	1555	1665				
尼勒克县	3720	1570	1394	2865		
塔城地区	**34376**	**11317**	**13257**	**28864**		**11085**
塔城市	8059	1421	5981	9607		
乌苏市	7472	2135	2406	5934		11085
额敏县	3214	2752	601			
沙湾县	8889	3977	2024	9704		
托里县	2853	697	809	1311		
裕民县	970		741			
和布克赛尔蒙古自治县	2919	335	695	2308		
阿勒泰地区	**25565**	**7142**	**8035**	**18681**	**8256**	
阿勒泰市	10078	3454	3042	5616		
布尔津县	2562	398		2521		
富蕴县	3842	851	820	7133	8256	
福海县	2616	701		1235		
哈巴河县	3132	1019	2249	2176		
青河县	2012	409	1245			
吉木乃县	1323		679			
自治区直辖县级市	**46261**	**19607**	**27985**	**83154**		**10108**
石河子市	19326	10506	15781	50863		10108
阿拉尔市	12941	4783	4470	12946		
图木舒克市	4925	2406	2874	5987		
五家渠市	8673	1912	4860	13358		
铁门关市	396					

1-17 按行业（小类）、从业人员组距分组的法人单位数

行业小类	代码	法人单位数(个)	7人及以下	8-19人	20-49人	50-99人
总计		**243402**	**178004**	**33492**	**17470**	**7226**
农、林、牧、渔业	**A**	**5584**	**4385**	**765**	**287**	**99**
农业	**01**	**21**	**21**			
谷物种植	011	3	3			
小麦种植	0112	2	2			
其他谷物种植	0119	1	1			
豆类、油料和薯类种植	012	1	1			
油料种植	0122	1	1			
棉、麻、糖、烟草种植	013	12	12			
棉花种植	0131	12	12			
蔬菜、食用菌及园艺作物种植	014	1	1			
蔬菜种植	0141	1	1			
中药材种植	017	2	2			
中草药种植	0171	2	2			
其他农业	019	2	2			
其他农业	0190	2	2			
林业	**02**	**3**	**3**			
造林和更新	022	1	1			
造林和更新	0220	1	1			
森林经营、管护和改培	023	2	2			
森林经营和管护	0231	2	2			
畜牧业	**03**	**12**	**12**			
牲畜饲养	031	7	7			
牛的饲养	0311	3	3			
猪的饲养	0313	2	2			
羊的饲养	0314	2	2			
家禽饲养	032	5	5			
鸡的饲养	0321	5	5			
渔业	**04**	**1**	**1**			
水产养殖	041	1	1			
内陆养殖	0412	1	1			
农、林、牧、渔专业及辅助性活动	**05**	**5547**	**4348**	**765**	**287**	**99**
农业专业及辅助性活动	051	4799	3745	667	256	90
种子种苗培育活动	0511	134	109	17	5	2
农业机械活动	0512	1262	1035	186	30	9
灌溉活动	0513	304	242	22	28	7
农产品初加工活动	0514	2013	1430	330	157	64
农作物病虫害防治活动	0515	36	32	3	1	
其他农业专业及辅助性活动	0519	1050	897	109	35	8
林业专业及辅助性活动	052	255	198	37	12	5
林业有害生物防治活动	0521	63	44	14	3	1
森林防火活动	0522	8	8			
林产品初级加工活动	0523	22	18	3		

1-17 续表 1

行业小类	代码						
		100-299人	300-499人	500-999人	1000-4999人	5000-9999人	10000人及以上
总　计		**5253**	**882**	**626**	**408**	**28**	**13**
农、林、牧、渔业	**A**	**42**	**2**	**2**	**1**		**1**
农业	**01**						
谷物种植	011						
小麦种植	0112						
其他谷物种植	0119						
豆类、油料和薯类种植	012						
油料种植	0122						
棉、麻、糖、烟草种植	013						
棉花种植	0131						
蔬菜、食用菌及园艺作物种植	014						
蔬菜种植	0141						
中药材种植	017						
中草药种植	0171						
其他农业	019						
其他农业	0190						
林业	**02**						
造林和更新	022						
造林和更新	0220						
森林经营、管护和改培	023						
森林经营和管护	0231						
畜牧业	**03**						
牲畜饲养	031						
牛的饲养	0311						
猪的饲养	0313						
羊的饲养	0314						
家禽饲养	032						
鸡的饲养	0321						
渔业	**04**						
水产养殖	041						
内陆养殖	0412						
农、林、牧、渔专业及辅助性活动	**05**	**42**	**2**	**2**	**1**		**1**
农业专业及辅助性活动	051	36	2	1	1		1
种子种苗培育活动	0511				1		
农业机械活动	0512	2					
灌溉活动	0513	5					
农产品初加工活动	0514	28	2	1			1
农作物病虫害防治活动	0515						
其他农业专业及辅助性活动	0519	1					
林业专业及辅助性活动	052	3					
林业有害生物防治活动	0521	1					
森林防火活动	0522						
林产品初级加工活动	0523	1					

1-17 续表 2

行业小类	代码	法人单位数(个)	7人及以下	8-19人	20-49人	50-99人
其他林业专业及辅助性活动	0529	162	128	20	9	4
畜牧专业及辅助性活动	053	450	368	57	18	4
畜牧良种繁殖活动	0531	233	194	28	9	1
畜禽粪污处理活动	0532	2	2			
其他畜牧专业及辅助性活动	0539	215	172	29	9	3
渔业专业及辅助性活动	054	43	37	4	1	
鱼苗及鱼种场活动	0541	26	24	1		
其他渔业专业及辅助性活动	0549	17	13	3	1	
采矿业	**B**	**2955**	**2109**	**359**	**218**	**79**
煤炭开采和洗选业	**06**	**327**	**148**	**33**	**43**	**22**
烟煤和无烟煤开采洗选	061	312	137	31	41	22
烟煤和无烟煤开采洗选	0610	312	137	31	41	22
褐煤开采洗选	062	3	2		1	
褐煤开采洗选	0620	3	2		1	
其他煤炭采选	069	12	9	2	1	
其他煤炭采选	0690	12	9	2	1	
石油和天然气开采业	**07**	**42**	**22**	**7**	**6**	
石油开采	071	31	18	7	2	
陆地石油开采	0711	31	18	7	2	
天然气开采	072	11	4		4	
陆地天然气开采	0721	11	4		4	
黑色金属矿采选业	**08**	**428**	**332**	**33**	**33**	**12**
铁矿采选	081	403	313	29	32	12
铁矿采选	0810	403	313	29	32	12
锰矿、铬矿采选	082	14	11	2		
锰矿、铬矿采选	0820	14	11	2		
其他黑色金属矿采选	089	11	8	2	1	
其他黑色金属矿采选	0890	11	8	2	1	
有色金属矿采选业	**09**	**334**	**260**	**17**	**14**	**11**
常用有色金属矿采选	091	227	173	12	9	9
铜矿采选	0911	125	96	7	2	5
铅锌矿采选	0912	51	36	3	6	3
镍钴矿采选	0913	8	2			
锡矿采选	0914	1	1			
镁矿采选	0917	2		1	1	
其他常用有色金属矿采选	0919	40	38	1		1
贵金属矿采选	092	82	64	4	5	2
金矿采选	0921	78	61	3	5	2
其他贵金属矿采选	0929	4	3	1		
稀有稀土金属矿采选	093	25	23	1		
钨钼矿采选	0931	12	12			
稀土金属矿采选	0932	4	4			
其他稀有金属矿采选	0939	9	7	1		

1-17 续表 3

行业小类	代码						
		100-299人	300-499人	500-999人	1000-4999人	5000-9999人	10000人及以上
其他林业专业及辅助性活动	0529	1					
畜牧专业及辅助性活动	053	2		1			
畜牧良种繁殖活动	0531			1			
畜禽粪污处理活动	0532						
其他畜牧专业及辅助性活动	0539	2					
渔业专业及辅助性活动	054	1					
鱼苗及鱼种场活动	0541	1					
其他渔业专业及辅助性活动	0549						
采矿业	**B**	**119**	**27**	**25**	**14**	**2**	**3**
煤炭开采和洗选业	**06**	**48**	**14**	**10**	**8**	**1**	
烟煤和无烟煤开采洗选	061	48	14	10	8	1	
烟煤和无烟煤开采洗选	0610	48	14	10	8	1	
褐煤开采洗选	062						
褐煤开采洗选	0620						
其他煤炭采选	069						
其他煤炭采选	0690						
石油和天然气开采业	**07**	**2**	**1**		**2**		**2**
石油开采	071	1			2		1
陆地石油开采	0711	1			2		1
天然气开采	072	1	1				1
陆地天然气开采	0721	1	1				1
黑色金属矿采选业	**08**	**11**	**5**	**1**	**1**		
铁矿采选	081	10	5	1	1		
铁矿采选	0810	10	5	1	1		
锰矿、铬矿采选	082	1					
锰矿、铬矿采选	0820	1					
其他黑色金属矿采选	089						
其他黑色金属矿采选	0890						
有色金属矿采选业	**09**	**26**	**2**	**4**			
常用有色金属矿采选	091	19	2	3			
铜矿采选	0911	12		3			
铅锌矿采选	0912	1	2				
镍钴矿采选	0913	6					
锡矿采选	0914						
镁矿采选	0917						
其他常用有色金属矿采选	0919						
贵金属矿采选	092	6		1			
金矿采选	0921	6		1			
其他贵金属矿采选	0929						
稀有稀土金属矿采选	093	1					
钨钼矿采选	0931						
稀土金属矿采选	0932						
其他稀有金属矿采选	0939	1					

1-17 续表 4

行业小类	代码	法人单位数(个)	7人及以下	8-19人	20-49人	50-99人
非金属矿采选业	**10**	**1154**	**872**	**188**	**72**	**15**
土砂石开采	101	996	742	172	65	12
石灰石、石膏开采	1011	177	125	30	18	3
建筑装饰用石开采	1012	158	124	18	9	4
耐火土石开采	1013	12	8	3	1	
粘土及其他土砂石开采	1019	649	485	121	37	5
化学矿开采	102	13	11	1		1
化学矿开采	1020	13	11	1		1
采盐	103	11	6	4		
采盐	1030	11	6	4		
石棉及其他非金属矿采选	109	134	113	11	7	2
石棉、云母矿采选	1091	14	9	1	3	
石墨、滑石采选	1092	7	5	2		
宝石、玉石采选	1093	57	54	2	1	
其他未列明非金属矿采选	1099	56	45	6	3	2
开采专业及辅助性活动	**11**	**492**	**312**	**75**	**42**	**18**
煤炭开采和洗选专业及辅助性活动	111	27	18	3	3	2
煤炭开采和洗选专业及辅助性活动	1110	27	18	3	3	2
石油和天然气开采专业及辅助性活动	112	441	277	70	35	15
石油和天然气开采专业及辅助性活动	1120	441	277	70	35	15
其他开采专业及辅助性活动	119	24	17	2	4	1
其他开采专业及辅助性活动	1190	24	17	2	4	1
其他采矿业	**12**	**178**	**163**	**6**	**8**	**1**
其他采矿业	120	178	163	6	8	1
其他采矿业	1200	178	163	6	8	1
制造业	**C**	**21977**	**13762**	**3561**	**2521**	**1004**
农副食品加工业	**13**	**2734**	**1674**	**469**	**363**	**141**
谷物磨制	131	364	215	66	55	23
稻谷加工	1311	94	55	23	12	4
小麦加工	1312	197	102	33	39	18
玉米加工	1313	30	25	4	1	
杂粮加工	1314	15	10	3	1	1
其他谷物磨制	1319	28	23	3	2	
饲料加工	132	208	126	25	32	15
宠物饲料加工	1321	9	8	1		
其他饲料加工	1329	199	118	24	32	15
植物油加工	133	350	210	47	54	28
食用植物油加工	1331	337	201	45	53	27
非食用植物油加工	1332	13	9	2	1	1
制糖业	134	23	5	1	5	
制糖业	1340	23	5	1	5	
屠宰及肉类加工	135	365	233	64	41	13
牲畜屠宰	1351	159	94	26	21	8

1-17 续表 5

行业小类	代码						
		100-299人	300-499人	500-999人	1000-4999人	5000-9999人	10000人及以上
非金属矿采选业	**10**	**5**	**2**				
土砂石开采	101	4	1				
石灰石、石膏开采	1011	1					
建筑装饰用石开采	1012	2	1				
耐火土石开采	1013						
粘土及其他土砂石开采	1019	1					
化学矿开采	102						
化学矿开采	1020						
采盐	103		1				
采盐	1030		1				
石棉及其他非金属矿采选	109	1					
石棉、云母矿采选	1091	1					
石墨、滑石采选	1092						
宝石、玉石采选	1093						
其他未列明非金属矿采选	1099						
开采专业及辅助性活动	**11**	**27**	**3**	**10**	**3**	**1**	**1**
煤炭开采和洗选专业及辅助性活动	111	1					
煤炭开采和洗选专业及辅助性活动	1110	1					
石油和天然气开采专业及辅助性活动	112	26	3	10	3	1	1
石油和天然气开采专业及辅助性活动	1120	26	3	10	3	1	1
其他开采专业及辅助性活动	119						
其他开采专业及辅助性活动	1190						
其他采矿业	**12**						
其他采矿业	120						
其他采矿业	1200						
制造业	**C**	**739**	**171**	**125**	**90**	**3**	**1**
农副食品加工业	**13**	**67**	**11**	**8**	**1**		
谷物磨制	131	4	1				
稻谷加工	1311						
小麦加工	1312	4	1				
玉米加工	1313						
杂粮加工	1314						
其他谷物磨制	1319						
饲料加工	132	8	1	1			
宠物饲料加工	1321						
其他饲料加工	1329	8	1	1			
植物油加工	133	9	2				
食用植物油加工	1331	9	2				
非食用植物油加工	1332						
制糖业	134	2	3	6	1		
制糖业	1340	2	3	6	1		
屠宰及肉类加工	135	11	3				
牲畜屠宰	1351	7	3				

1-17 续表 6

行业小类	代码	法人单位数（个）	7人及以下	8-19人	20-49人	50-99人
禽类屠宰	1352	23	15	3	4	
肉制品及副产品加工	1353	183	124	35	16	5
水产品加工	136	18	11	3	1	3
水产品冷冻加工	1361	11	5	2	1	3
鱼糜制品及水产品干腌制加工	1362	2	2			
其他水产品加工	1369	5	4	1		
蔬菜、菌类、水果和坚果加工	137	967	573	201	123	44
蔬菜加工	1371	113	87	15	8	3
食用菌加工	1372	13	11			2
水果和坚果加工	1373	841	475	186	115	39
其他农副食品加工	139	439	301	62	52	15
淀粉及淀粉制品制造	1391	51	35	5	7	2
豆制品制造	1392	52	42	2	7	1
蛋品加工	1393	3			2	1
其他未列明农副食品加工	1399	333	224	55	36	11
食品制造业	**14**	**1046**	**660**	**170**	**110**	**54**
焙烤食品制造	141	260	180	40	20	11
糕点、面包制造	1411	188	130	27	16	9
饼干及其他焙烤食品制造	1419	72	50	13	4	2
糖果、巧克力及蜜饯制造	142	30	21	5	2	1
糖果、巧克力制造	1421	20	13	4	2	
蜜饯制作	1422	10	8	1		1
方便食品制造	143	126	82	23	14	1
米、面制品制造	1431	92	63	17	10	
速冻食品制造	1432	16	9	5	2	
方便面制造	1433	9	3		2	1
其他方便食品制造	1439	9	7	1		
乳制品制造	144	106	50	22	15	5
液体乳制造	1441	39	11	9	5	3
乳粉制造	1442	22	6	5	6	2
其他乳制品制造	1449	45	33	8	4	
罐头食品制造	145	120	50	29	21	17
肉、禽类罐头制造	1451	3	1	1	1	
蔬菜、水果罐头制造	1453	115	47	28	20	17
其他罐头食品制造	1459	2	2			
调味品、发酵制品制造	146	83	48	13	11	4
味精制造	1461	3	1	2		
酱油、食醋及类似制品制造	1462	25	16	4	3	
其他调味品、发酵制品制造	1469	55	31	7	8	4
其他食品制造	149	321	229	38	27	15
营养食品制造	1491	56	38	14	3	1
保健食品制造	1492	42	34	2	4	1
冷冻饮品及食用冰制造	1493	17	11	1	2	1

1-17 续表 7

行业小类	代码						
		100-299人	300-499人	500-999人	1000-4999人	5000-9999人	10000人及以上
禽类屠宰	1352	1					
肉制品及副产品加工	1353	3					
水产品加工	136						
水产品冷冻加工	1361						
鱼糜制品及水产品干腌制加工	1362						
其他水产品加工	1369						
蔬菜、菌类、水果和坚果加工	137	25		1			
蔬菜加工	1371						
食用菌加工	1372						
水果和坚果加工	1373	25		1			
其他农副食品加工	139	8	1				
淀粉及淀粉制品制造	1391	1	1				
豆制品制造	1392						
蛋品加工	1393						
其他未列明农副食品加工	1399	7					
食品制造业	**14**	**35**	**9**	**5**	**3**		
焙烤食品制造	141	9					
糕点、面包制造	1411	6					
饼干及其他焙烤食品制造	1419	3					
糖果、巧克力及蜜饯制造	142	1					
糖果、巧克力制造	1421	1					
蜜饯制作	1422						
方便食品制造	143	3	1	1	1		
米、面制品制造	1431	2					
速冻食品制造	1432						
方便面制造	1433	1	1		1		
其他方便食品制造	1439			1			
乳制品制造	144	7	4	3			
液体乳制造	1441	4	4	3			
乳粉制造	1442	3					
其他乳制品制造	1449						
罐头食品制造	145	3					
肉、禽类罐头制造	1451						
蔬菜、水果罐头制造	1453	3					
其他罐头食品制造	1459						
调味品、发酵制品制造	146	4	1	1	1		
味精制造	1461						
酱油、食醋及类似制品制造	1462	2					
其他调味品、发酵制品制造	1469	2	1	1	1		
其他食品制造	149	8	3		1		
营养食品制造	1491						
保健食品制造	1492	1					
冷冻饮品及食用冰制造	1493	1	1				

1-17 续表 8

行业小类	代码	法人单位数(个)	7人及以下	8-19人	20-49人	50-99人
盐加工	1494	15	6	2	1	2
食品及饲料添加剂制造	1495	40	20	3	10	3
其他未列明食品制造	1499	151	120	16	7	7
酒、饮料和精制茶制造业	**15**	**652**	**430**	**82**	**74**	**41**
酒的制造	151	377	242	49	49	23
酒精制造	1511	1				
白酒制造	1512	127	82	13	20	8
啤酒制造	1513	21	9		3	2
葡萄酒制造	1515	193	123	33	23	12
其他酒制造	1519	35	28	3	3	1
饮料制造	152	261	178	32	24	17
碳酸饮料制造	1521	14	8	2	2	1
瓶（罐）装饮用水制造	1522	133	101	13	11	6
果菜汁及果菜汁饮料制造	1523	61	36	9	7	6
含乳饮料和植物蛋白饮料制造	1524	15	6	4	1	2
固体饮料制造	1525	2	1			1
茶饮料及其他饮料制造	1529	36	26	4	3	1
精制茶加工	153	14	10	1	1	1
精制茶加工	1530	14	10	1	1	1
烟草制品业	**16**	**2**			**1**	
卷烟制造	162	1				
卷烟制造	1620	1				
其他烟草制品制造	169	1			1	
其他烟草制品制造	1690	1			1	
纺织业	**17**	**1079**	**650**	**130**	**96**	**56**
棉纺织及印染精加工	171	545	289	48	46	39
棉纺纱加工	1711	427	221	29	35	30
棉织造加工	1712	110	63	19	11	9
棉印染精加工	1713	8	5			
毛纺织及染整精加工	172	51	27	14	6	
毛条和毛纱线加工	1721	25	10	8	4	
毛织造加工	1722	25	17	5	2	
毛染整精加工	1723	1		1		
麻纺织及染整精加工	173	8	6		2	
麻纤维纺前加工和纺纱	1731	6	4		2	
麻织造加工	1732	2	2			
丝绢纺织及印染精加工	174	25	18	5	2	
缫丝加工	1741	4	3	1		
绢纺和丝织加工	1742	19	13	4	2	
丝印染精加工	1743	2	2			
化纤织造及印染精加工	175	21	13	3	4	1
化纤织造加工	1751	14	9	2	2	1
化纤织物染整精加工	1752	7	4	1	2	

1-17 续表 9

行业小类	代码						
		100-299人	300-499人	500-999人	1000-4999人	5000-9999人	10000人及以上
盐加工	1494	3	1				
食品及饲料添加剂制造	1495	2	1		1		
其他未列明食品制造	1499	1					
酒、饮料和精制茶制造业	**15**	**18**	**5**	**1**	**1**		
酒的制造	151	9	3	1	1		
酒精制造	1511		1				
白酒制造	1512	3			1		
啤酒制造	1513	4	2	1			
葡萄酒制造	1515	2					
其他酒制造	1519						
饮料制造	152	8	2				
碳酸饮料制造	1521		1				
瓶（罐）装饮用水制造	1522	2					
果菜汁及果菜汁饮料制造	1523	3					
含乳饮料和植物蛋白饮料制造	1524	2					
固体饮料制造	1525						
茶饮料及其他饮料制造	1529	1	1				
精制茶加工	153	1					
精制茶加工	1530	1					
烟草制品业	**16**			**1**			
卷烟制造	162			1			
卷烟制造	1620			1			
其他烟草制品制造	169						
其他烟草制品制造	1690						
纺织业	**17**	**75**	**33**	**22**	**17**		
棉纺织及印染精加工	171	61	28	18	16		
棉纺纱加工	1711	53	26	17	16		
棉织造加工	1712	6	1	1			
棉印染精加工	1713	2	1				
毛纺织及染整精加工	172	1	1	2			
毛条和毛纱线加工	1721	1	1	1			
毛织造加工	1722			1			
毛染整精加工	1723						
麻纺织及染整精加工	173						
麻纤维纺前加工和纺纱	1731						
麻织造加工	1732						
丝绢纺织及印染精加工	174						
缫丝加工	1741						
绢纺和丝织加工	1742						
丝印染精加工	1743						
化纤织造及印染精加工	175						
化纤织造加工	1751						
化纤织物染整精加工	1752						

1-17 续表 10

行业小类	代码	法人单位数(个)	7人及以下	8-19人	20-49人	50-99人
针织或钩针编织物及其制品制造	176	211	148	33	16	3
针织或钩针编织物织造	1761	99	66	18	8	
针织或钩针编织物印染精加工	1762	6	6			
针织或钩针编织品制造	1763	106	76	15	8	3
家用纺织制成品制造	177	170	119	19	15	11
床上用品制造	1771	86	61	9	7	8
毛巾类制品制造	1772	14	10	1	1	1
窗帘、布艺类产品制造	1773	25	16	4	2	
其他家用纺织制成品制造	1779	45	32	5	5	2
产业用纺织制成品制造	178	48	30	8	5	2
非织造布制造	1781	18	10	4	3	1
纺织带和帘子布制造	1783	3	2		1	
篷、帆布制造	1784	13	11	1		
其他产业用纺织制成品制造	1789	14	7	3	1	1
纺织服装、服饰业	**18**	**1694**	**961**	**262**	**188**	**98**
机织服装制造	181	575	322	89	59	31
运动机织服装制造	1811	82	43	7	13	5
其他机织服装制造	1819	493	279	82	46	26
针织或钩针编织服装制造	182	161	89	23	20	12
运动休闲针织服装制造	1821	40	19	4	4	4
其他针织或钩针编织服装制造	1829	121	70	19	16	8
服饰制造	183	958	550	150	109	55
服饰制造	1830	958	550	150	109	55
皮革、毛皮、羽毛及其制品和制鞋业	**19**	**151**	**94**	**19**	**7**	**7**
皮革鞣制加工	191	19	15	2	1	1
皮革鞣制加工	1910	19	15	2	1	1
皮革制品制造	192	25	15	1		3
皮革服装制造	1921	6	5	1		
皮箱、包（袋）制造	1922	8	3			3
皮手套及皮装饰制品制造	1923	4	1			
其他皮革制品制造	1929	7	6			
毛皮鞣制及制品加工	193	32	23	2	3	1
毛皮鞣制加工	1931	10	10			
毛皮服装加工	1932	16	8	2	2	1
其他毛皮制品加工	1939	6	5		1	
羽毛（绒）加工及制品制造	194	13	10	2	1	
羽毛（绒）加工	1941	9	7	2		
羽毛（绒）制品加工	1942	4	3		1	
制鞋业	195	62	31	12	2	2
纺织面料鞋制造	1951	4	1	2		
皮鞋制造	1952	34	20	6	1	
塑料鞋制造	1953	2	1	1		
橡胶鞋制造	1954	3	1			1

1-17 续表 11

行业小类	代码						
		100-299人	300-499人	500-999人	1000-4999人	5000-9999人	10000人及以上
针织或钩针编织物及其制品制造	176	7	3	1			
针织或钩针编织物织造	1761	4	2	1			
针织或钩针编织物印染精加工	1762						
针织或钩针编织品制造	1763	3	1				
家用纺织制成品制造	177	4	1		1		
床上用品制造	1771	1					
毛巾类制品制造	1772				1		
窗帘、布艺类产品制造	1773	3					
其他家用纺织制成品制造	1779		1				
产业用纺织制成品制造	178	2		1			
非织造布制造	1781						
纺织带和帘子布制造	1783						
篷、帆布制造	1784			1			
其他产业用纺织制成品制造	1789	2					
纺织服装、服饰业	**18**	**115**	**32**	**31**	**7**		
机织服装制造	181	43	13	15	3		
运动机织服装制造	1811	7	2	5			
其他机织服装制造	1819	36	11	10	3		
针织或钩针编织服装制造	182	13	3	1			
运动休闲针织服装制造	1821	7	1	1			
其他针织或钩针编织服装制造	1829	6	2				
服饰制造	183	59	16	15	4		
服饰制造	1830	59	16	15	4		
皮革、毛皮、羽毛及其制品和制鞋业	**19**	**10**	**9**	**2**	**3**		
皮革鞣制加工	191						
皮革鞣制加工	1910						
皮革制品制造	192	3	3				
皮革服装制造	1921						
皮箱、包（袋）制造	1922	1	1				
皮手套及皮装饰制品制造	1923	2	1				
其他皮革制品制造	1929		1				
毛皮鞣制及制品加工	193	3					
毛皮鞣制加工	1931						
毛皮服装加工	1932	3					
其他毛皮制品加工	1939						
羽毛（绒）加工及制品制造	194						
羽毛（绒）加工	1941						
羽毛（绒）制品加工	1942						
制鞋业	195	4	6	2	3		
纺织面料鞋制造	1951	1					
皮鞋制造	1952		4		3		
塑料鞋制造	1953						
橡胶鞋制造	1954		1				

1-17 续表 12

行业小类	代码	法人单位数(个)	7人及以下	8-19人	20-49人	50-99人
其他制鞋业	1959	19	8	3	1	1
木材加工和木、竹、藤、棕、草制品业	**20**	**599**	**409**	**121**	**45**	**15**
木材加工	201	348	246	71	23	5
锯材加工	2011	90	61	22	5	1
木片加工	2012	88	63	17	5	2
单板加工	2013	9	6	2	1	
其他木材加工	2019	161	116	30	12	2
人造板制造	202	79	45	12	9	7
胶合板制造	2021	31	17	8	5	1
纤维板制造	2022	20	9	1	3	3
刨花板制造	2023	9	5	1		3
其他人造板制造	2029	19	14	2	1	
木质制品制造	203	131	88	27	13	3
建筑用木料及木材组件加工	2031	67	41	14	10	2
木门窗制造	2032	29	21	6	1	1
木地板制造	2034	1	1			
木制容器制造	2035	3	3			
软木制品及其他木制品制造	2039	31	22	7	2	
竹、藤、棕、草等制品制造	204	41	30	11		
竹制品制造	2041	2	1	1		
草及其他制品制造	2049	39	29	10		
家具制造业	**21**	**421**	**295**	**82**	**37**	**5**
木质家具制造	211	311	215	67	26	3
木质家具制造	2110	311	215	67	26	3
金属家具制造	213	36	23	6	3	2
金属家具制造	2130	36	23	6	3	2
塑料家具制造	214	9	7	1	1	
塑料家具制造	2140	9	7	1	1	
其他家具制造	219	65	50	8	7	
其他家具制造	2190	65	50	8	7	
造纸和纸制品业	**22**	**318**	**199**	**57**	**28**	**23**
纸浆制造	221	5	2	1		1
木竹浆制造	2211	1	1			
非木竹浆制造	2212	4	1	1		1
造纸	222	80	52	10	4	10
机制纸及纸板制造	2221	39	21	3	3	8
手工纸制造	2222	6	6			
加工纸制造	2223	35	25	7	1	2
纸制品制造	223	233	145	46	24	12
纸和纸板容器制造	2231	143	88	27	16	9
其他纸制品制造	2239	90	57	19	8	3
印刷和记录媒介复制业	**23**	**356**	**228**	**77**	**30**	**16**
印刷	231	271	162	63	26	15

1-17 续表 13

行业小类	代码						
		100-299人	300-499人	500-999人	1000-4999人	5000-9999人	10000人及以上
其他制鞋业	1959	3	1	2			
木材加工和木、竹、藤、棕、草制品业	**20**	**9**					
木材加工	201	3					
锯材加工	2011	1					
木片加工	2012	1					
单板加工	2013						
其他木材加工	2019	1					
人造板制造	202	6					
胶合板制造	2021						
纤维板制造	2022	4					
刨花板制造	2023						
其他人造板制造	2029	2					
木质制品制造	203						
建筑用木料及木材组件加工	2031						
木门窗制造	2032						
木地板制造	2034						
木制容器制造	2035						
软木制品及其他木制品制造	2039						
竹、藤、棕、草等制品制造	204						
竹制品制造	2041						
草及其他制品制造	2049						
家具制造业	**21**	**2**					
木质家具制造	211						
木质家具制造	2110						
金属家具制造	213	2					
金属家具制造	2130	2					
塑料家具制造	214						
塑料家具制造	2140						
其他家具制造	219						
其他家具制造	2190						
造纸和纸制品业	**22**	**10**		**1**			
纸浆制造	221			1			
木竹浆制造	2211						
非木竹浆制造	2212			1			
造纸	222	4					
机制纸及纸板制造	2221	4					
手工纸制造	2222						
加工纸制造	2223						
纸制品制造	223	6					
纸和纸板容器制造	2231	3					
其他纸制品制造	2239	3					
印刷和记录媒介复制业	**23**	**4**	**1**				
印刷	231	4	1				

1-17 续表 14

行业小类	代码	法人单位数(个)	7人及以下	8-19人	20-49人	50-99人
书、报刊印刷	2311	103	46	30	18	6
本册印制	2312	34	27	5	2	
包装装潢及其他印刷	2319	134	89	28	6	9
装订及印刷相关服务	232	84	65	14	4	1
装订及印刷相关服务	2320	84	65	14	4	1
记录媒介复制	233	1	1			
记录媒介复制	2330	1	1			
文教、工美、体育和娱乐用品制造业	**24**	**1164**	**844**	**191**	**91**	**23**
文教办公用品制造	241	37	30	2	4	
文具制造	2411	8	8			
笔的制造	2412	7	6			
教学用模型及教具制造	2413	10	7	1	2	
其他文教办公用品制造	2419	12	9	1	2	
乐器制造	242	15	11	2	2	
中乐器制造	2421	4	3	1		
其他乐器及零件制造	2429	11	8	1	2	
工艺美术及礼仪用品制造	243	1094	790	186	82	23
雕塑工艺品制造	2431	71	57	12	2	
金属工艺品制造	2432	23	18	4		
漆器工艺品制造	2433	1	1			
花画工艺品制造	2434	12	9	1	1	
天然植物纤维编织工艺品制造	2435	15	10	2	2	1
抽纱刺绣工艺品制造	2436	532	394	92	40	6
地毯、挂毯制造	2437	290	190	54	26	14
珠宝首饰及有关物品制造	2438	43	36	3	3	
其他工艺美术及礼仪用品制造	2439	107	75	18	8	2
体育用品制造	244	11	8	1	1	
专项运动器材及配件制造	2442	4	2	1		
健身器材制造	2443	3	2		1	
其他体育用品制造	2449	4	4			
玩具制造	245	5	4		1	
塑胶玩具制造	2452	1	1			
娃娃玩具制造	2455	2	2			
其他玩具制造	2459	2	1		1	
游艺器材及娱乐用品制造	246	2	1		1	
露天游乐场所游乐设备制造	2461	2	1		1	
石油、煤炭及其他燃料加工业	**25**	**306**	**158**	**35**	**30**	**20**
精炼石油产品制造	251	137	65	19	15	11
原油加工及石油制品制造	2511	132	64	19	15	11
其他原油制造	2519	5	1			
煤炭加工	252	148	78	14	13	7
炼焦	2521	73	27	6	8	2
煤制合成气生产	2522	4	3	1		

1-17 续表 15

行业小类	代码						
		100-299人	300-499人	500-999人	1000-4999人	5000-9999人	10000人及以上
书、报刊印刷	2311	2	1				
本册印制	2312						
包装装潢及其他印刷	2319	2					
装订及印刷相关服务	232						
装订及印刷相关服务	2320						
记录媒介复制	233						
记录媒介复制	2330						
文教、工美、体育和娱乐用品制造业	**24**	**12**	**2**		**1**		
文教办公用品制造	241	1					
文具制造	2411						
笔的制造	2412	1					
教学用模型及教具制造	2413						
其他文教办公用品制造	2419						
乐器制造	242						
中乐器制造	2421						
其他乐器及零件制造	2429						
工艺美术及礼仪用品制造	243	10	2		1		
雕塑工艺品制造	2431						
金属工艺品制造	2432	1					
漆器工艺品制造	2433						
花画工艺品制造	2434	1					
天然植物纤维编织工艺品制造	2435						
抽纱刺绣工艺品制造	2436						
地毯、挂毯制造	2437	5	1				
珠宝首饰及有关物品制造	2438	1					
其他工艺美术及礼仪用品制造	2439	2	1		1		
体育用品制造	244	1					
专项运动器材及配件制造	2442	1					
健身器材制造	2443						
其他体育用品制造	2449						
玩具制造	245						
塑胶玩具制造	2452						
娃娃玩具制造	2455						
其他玩具制造	2459						
游艺器材及娱乐用品制造	246						
露天游乐场所游乐设备制造	2461						
石油、煤炭及其他燃料加工业	**25**	**34**	**12**	**8**	**6**	**2**	**1**
精炼石油产品制造	251	17	2	1	4	2	1
原油加工及石油制品制造	2511	15	1	1	3	2	1
其他原油制造	2519	2	1		1		
煤炭加工	252	17	10	7	2		
炼焦	2521	14	9	7			
煤制合成气生产	2522						

1-17 续表 16

行业小类	代码	法人单位数(个)	7人及以下	8-19人	20-49人	50-99人
煤制液体燃料生产	2523	6	3			
煤制品制造	2524	23	16	3	1	1
其他煤炭加工	2529	42	29	4	4	4
核燃料加工	253	1	1			
核燃料加工	2530	1	1			
生物质燃料加工	254	20	14	2	2	2
生物质液体燃料生产	2541	10	7	1	1	1
生物质致密成型燃料加工	2542	10	7	1	1	1
化学原料和化学制品制造业	**26**	**1217**	**722**	**190**	**138**	**65**
基础化学原料制造	261	209	92	30	29	22
无机酸制造	2611	6	2		1	1
无机碱制造	2612	3	2			
无机盐制造	2613	35	7	4	2	10
有机化学原料制造	2614	88	43	7	12	7
其他基础化学原料制造	2619	77	38	19	14	4
肥料制造	262	454	298	63	55	17
氮肥制造	2621	22	9	2		1
磷肥制造	2622	4	4			
钾肥制造	2623	24	14	2	5	2
复混肥料制造	2624	137	90	18	17	5
有机肥料及微生物肥料制造	2625	222	148	32	31	8
其他肥料制造	2629	45	33	9	2	1
农药制造	263	14	10	2	2	
化学农药制造	2631	13	9	2	2	
生物化学农药及微生物农药制造	2632	1	1			
涂料、油墨、颜料及类似产品制造	264	115	86	20	5	3
涂料制造	2641	95	70	17	5	2
油墨及类似产品制造	2642	3	2	1		
工业颜料制造	2643	2	2			
工艺美术颜料制造	2644	1	1			
染料制造	2645	7	6			1
密封用填料及类似品制造	2646	7	5	2		
合成材料制造	265	72	29	13	7	3
初级形态塑料及合成树脂制造	2651	39	14	6	5	2
合成橡胶制造	2652	4	3			
合成纤维单（聚合）体制造	2653	9	3		1	
其他合成材料制造	2659	20	9	7	1	1
专用化学产品制造	266	239	134	47	28	13
化学试剂和助剂制造	2661	113	50	28	15	9
专项化学用品制造	2662	53	37	7	6	1
林产化学产品制造	2663	18	13	2	1	1
文化用信息化学品制造	2664	3				
环境污染处理专用药剂材料制造	2666	11	6	3	2	

1-17 续表 17

行业小类	代码						
		100-299人	300-499人	500-999人	1000-4999人	5000-9999人	10000人及以上
煤制液体燃料生产	2523	1			2		
煤制品制造	2524	1	1				
其他煤炭加工	2529	1					
核燃料加工	253						
核燃料加工	2530						
生物质燃料加工	254						
生物质液体燃料生产	2541						
生物质致密成型燃料加工	2542						
化学原料和化学制品制造业	**26**	**56**	**9**	**16**	**21**		
基础化学原料制造	261	23	3	5	5		
无机酸制造	2611	2					
无机碱制造	2612			1			
无机盐制造	2613	6	2	1	3		
有机化学原料制造	2614	14		3	2		
其他基础化学原料制造	2619	1	1				
肥料制造	262	11	3	3	4		
氮肥制造	2621	2	2	3	3		
磷肥制造	2622						
钾肥制造	2623				1		
复混肥料制造	2624	6	1				
有机肥料及微生物肥料制造	2625	3					
其他肥料制造	2629						
农药制造	263						
化学农药制造	2631						
生物化学农药及微生物农药制造	2632						
涂料、油墨、颜料及类似产品制造	264	1					
涂料制造	2641	1					
油墨及类似产品制造	2642						
工业颜料制造	2643						
工艺美术颜料制造	2644						
染料制造	2645						
密封用填料及类似品制造	2646						
合成材料制造	265	5	2	5	8		
初级形态塑料及合成树脂制造	2651	3		2	7		
合成橡胶制造	2652			1			
合成纤维单（聚合）体制造	2653		2	2	1		
其他合成材料制造	2659	2					
专用化学产品制造	266	10	1	2	4		
化学试剂和助剂制造	2661	8	1	1	1		
专项化学用品制造	2662	1		1			
林产化学产品制造	2663	1					
文化用信息化学品制造	2664				3		
环境污染处理专用药剂材料制造	2666						

1-17 续表 18

行业小类	代码	法 人 单位数 (个)	7 人及以下	8-19 人	20-49 人	50-99 人
动物胶制造	2667	5	2	2	1	
其他专用化学产品制造	2669	36	26	5	3	2
炸药、火工及焰火产品制造	267	21	8	5	1	2
炸药及火工产品制造	2671	19	6	5	1	2
焰火、鞭炮产品制造	2672	2	2			
日用化学产品制造	268	93	65	10	11	5
肥皂及洗涤剂制造	2681	31	24	2	2	1
化妆品制造	2682	19	13	2	3	1
口腔清洁用品制造	2683	2	2			
香料、香精制造	2684	29	15	6	5	3
其他日用化学产品制造	2689	12	11		1	
医药制造业	**27**	**167**	**93**	**16**	**21**	**14**
化学药品原料药制造	271	18	10	4	1	2
化学药品原料药制造	2710	18	10	4	1	2
化学药品制剂制造	272	10	5	1		1
化学药品制剂制造	2720	10	5	1		1
中药饮片加工	273	48	24	7	9	5
中药饮片加工	2730	48	24	7	9	5
中成药生产	274	39	18		5	6
中成药生产	2740	39	18		5	6
兽用药品制造	275	4	1	1	1	
兽用药品制造	2750	4	1	1	1	
生物药品制品制造	276	28	20	2	2	
生物药品制造	2761	28	20	2	2	
卫生材料及医药用品制造	277	15	13	1	1	
卫生材料及医药用品制造	2770	15	13	1	1	
药用辅料及包装材料	278	5	2		2	
药用辅料及包装材料	2780	5	2		2	
化学纤维制造业	**28**	**40**	**16**	**4**	**6**	**1**
纤维素纤维原料及纤维制造	281	22	7		3	1
化纤浆粕制造	2811	11	4		1	1
人造纤维（纤维素纤维）制造	2812	11	3		2	
合成纤维制造	282	14	8	3	2	
锦纶纤维制造	2821	2	1			
涤纶纤维制造	2822	8	6	1	1	
丙纶纤维制造	2825	1			1	
其他合成纤维制造	2829	3	1	2		
生物基材料制造	283	4	1	1	1	
生物基化学纤维制造	2831	2		1	1	
生物基、淀粉基新材料制造	2832	2	1			
橡胶和塑料制品业	**29**	**1409**	**875**	**264**	**195**	**50**
橡胶制品业	291	92	58	18	13	1
轮胎制造	2911	5	3			

1-17 续表 19

行业小类	代码						
		100-299人	300-499人	500-999人	1000-4999人	5000-9999人	10000人及以上
动物胶制造	2667						
其他专用化学产品制造	2669						
炸药、火工及焰火产品制造	267	4		1			
炸药及火工产品制造	2671	4		1			
焰火、鞭炮产品制造	2672						
日用化学产品制造	268	2					
肥皂及洗涤剂制造	2681	2					
化妆品制造	2682						
口腔清洁用品制造	2683						
香料、香精制造	2684						
其他日用化学产品制造	2689						
医药制造业	**27**	**15**	**5**	**2**	**1**		
化学药品原料药制造	271				1		
化学药品原料药制造	2710				1		
化学药品制剂制造	272	1	2				
化学药品制剂制造	2720	1	2				
中药饮片加工	273	3					
中药饮片加工	2730	3					
中成药生产	274	8	2				
中成药生产	2740	8	2				
兽用药品制造	275		1				
兽用药品制造	2750		1				
生物药品制品制造	276	3		1			
生物药品制造	2761	3		1			
卫生材料及医药用品制造	277						
卫生材料及医药用品制造	2770						
药用辅料及包装材料	278			1			
药用辅料及包装材料	2780			1			
化学纤维制造业	**28**	**3**	**4**	**2**	**4**		
纤维素纤维原料及纤维制造	281	2	3	2	4		
化纤浆粕制造	2811	1	3	1			
人造纤维（纤维素纤维）制造	2812	1		1	4		
合成纤维制造	282		1				
锦纶纤维制造	2821		1				
涤纶纤维制造	2822						
丙纶纤维制造	2825						
其他合成纤维制造	2829						
生物基材料制造	283	1					
生物基化学纤维制造	2831						
生物基、淀粉基新材料制造	2832	1					
橡胶和塑料制品业	**29**	**21**		**3**	**1**		
橡胶制品业	291			1	1		
轮胎制造	2911			1	1		

1-17 续表 20

行业小类	代码	法人单位数(个)	7人及以下	8-19人	20-49人	50-99人
橡胶板、管、带制造	2912	49	29	12	7	1
橡胶零件制造	2913	6	4	1	1	
再生橡胶制造	2914	7	3	3	1	
日用及医用橡胶制品制造	2915	1		1		
其他橡胶制品制造	2919	24	19	1	4	
塑料制品业	292	1317	817	246	182	49
塑料薄膜制造	2921	165	105	27	29	3
塑料板、管、型材制造	2922	593	344	121	94	22
塑料丝、绳及编织品制造	2923	65	23	8	16	13
泡沫塑料制造	2924	66	43	11	8	2
塑料人造革、合成革制造	2925	1	1			
塑料包装箱及容器制造	2926	89	63	9	12	5
日用塑料制品制造	2927	116	79	24	11	2
塑料零件及其他塑料制品制造	2929	222	159	46	12	2
非金属矿物制品业	**30**	**3750**	**2053**	**639**	**669**	**226**
水泥、石灰和石膏制造	301	317	154	41	36	19
水泥制造	3011	206	81	26	23	15
石灰和石膏制造	3012	111	73	15	13	4
石膏、水泥制品及类似制品制造	302	1129	516	219	247	103
水泥制品制造	3021	857	355	170	200	89
砼结构构件制造	3022	77	33	16	21	6
石棉水泥制品制造	3023	7	6		1	
轻质建筑材料制造	3024	136	97	18	17	4
其他水泥类似制品制造	3029	52	25	15	8	4
砖瓦、石材等建筑材料制造	303	1857	1101	320	336	83
粘土砖瓦及建筑砌块制造	3031	850	422	135	221	62
建筑用石加工	3032	430	277	78	56	16
防水建筑材料制造	3033	100	62	24	11	3
隔热和隔音材料制造	3034	180	124	34	20	
其他建筑材料制造	3039	297	216	49	28	2
玻璃制造	304	43	19	11	9	1
平板玻璃制造	3041	18	11	3	1	
特种玻璃制造	3042	18	7	6	5	
其他玻璃制造	3049	7	1	2	3	1
玻璃制品制造	305	71	44	11	9	3
技术玻璃制品制造	3051	13	9	3	1	
光学玻璃制造	3052	2	2			
玻璃仪器制造	3053	3	2		1	
日用玻璃制品制造	3054	19	11	2	5	1
玻璃包装容器制造	3055	12	6	1		2
玻璃保温容器制造	3056	5	2	2		
制镜及类似品加工	3057	1	1			
其他玻璃制品制造	3059	16	11	3	2	

1-17 续表 21

行业小类	代码						
		100-299人	300-499人	500-999人	1000-4999人	5000-9999人	10000人及以上
橡胶板、管、带制造	2912						
橡胶零件制造	2913						
再生橡胶制造	2914						
日用及医用橡胶制品制造	2915						
其他橡胶制品制造	2919						
塑料制品业	292	21		2			
塑料薄膜制造	2921	1					
塑料板、管、型材制造	2922	11		1			
塑料丝、绳及编织品制造	2923	4		1			
泡沫塑料制造	2924	2					
塑料人造革、合成革制造	2925						
塑料包装箱及容器制造	2926						
日用塑料制品制造	2927						
塑料零件及其他塑料制品制造	2929	3					
非金属矿物制品业	**30**	**133**	**21**	**6**	**3**		
水泥、石灰和石膏制造	301	55	9	3			
水泥制造	3011	49	9	3			
石灰和石膏制造	3012	6					
石膏、水泥制品及类似制品制造	302	40	3		1		
水泥制品制造	3021	40	2		1		
砼结构构件制造	3022		1				
石棉水泥制品制造	3023						
轻质建筑材料制造	3024						
其他水泥类似制品制造	3029						
砖瓦、石材等建筑材料制造	303	16	1				
粘土砖瓦及建筑砌块制造	3031	10					
建筑用石加工	3032	2	1				
防水建筑材料制造	3033						
隔热和隔音材料制造	3034	2					
其他建筑材料制造	3039	2					
玻璃制造	304	3					
平板玻璃制造	3041	3					
特种玻璃制造	3042						
其他玻璃制造	3049						
玻璃制品制造	305	1	3				
技术玻璃制品制造	3051						
光学玻璃制造	3052						
玻璃仪器制造	3053						
日用玻璃制品制造	3054						
玻璃包装容器制造	3055	1	2				
玻璃保温容器制造	3056		1				
制镜及类似品加工	3057						
其他玻璃制品制造	3059						

1-17 续表 22

行业小类	代码	法人单位数(个)				
			7人及以下	8-19人	20-49人	50-99人
玻璃纤维和玻璃纤维增强塑料制品制造	306	48	25	8	9	4
玻璃纤维及制品制造	3061	22	10	3	4	4
玻璃纤维增强塑料制品制造	3062	26	15	5	5	
陶瓷制品制造	307	58	34	9	6	2
建筑陶瓷制品制造	3071	23	11	4	1	1
卫生陶瓷制品制造	3072	16	11	2	3	
特种陶瓷制品制造	3073	3	2	1		
日用陶瓷制品制造	3074	8	6			1
陈设艺术陶瓷制造	3075	4	1	2	1	
其他陶瓷制品制造	3079	4	3		1	
耐火材料制品制造	308	46	35	3	2	4
石棉制品制造	3081	7	6			
耐火陶瓷制品及其他耐火材料制造	3089	39	29	3	2	4
石墨及其他非金属矿物制品制造	309	181	125	17	15	7
石墨及碳素制品制造	3091	57	30	4	7	3
其他非金属矿物制品制造	3099	124	95	13	8	4
黑色金属冶炼和压延加工业	**31**	**165**	**82**	**24**	**15**	**11**
炼铁	311	24	15	2	1	
炼铁	3110	24	15	2	1	
炼钢	312	7	3	2		1
炼钢	3120	7	3	2		1
钢压延加工	313	118	59	17	13	8
钢压延加工	3130	118	59	17	13	8
铁合金冶炼	314	16	5	3	1	2
铁合金冶炼	3140	16	5	3	1	2
有色金属冶炼和压延加工业	**32**	**167**	**75**	**15**	**19**	**8**
常用有色金属冶炼	321	70	23	5	6	3
铜冶炼	3211	11	6		2	
铅锌冶炼	3212	4	2	1		
镍钴冶炼	3213	2				
铝冶炼	3216	8	1		1	1
镁冶炼	3217	8	3		1	
硅冶炼	3218	25	3	3	1	2
其他常用有色金属冶炼	3219	12	8	1	1	
贵金属冶炼	322	14	4	2	2	
金冶炼	3221	10	1	1	2	
其他贵金属冶炼	3229	4	3	1		
稀有稀土金属冶炼	323	2	1	1		
稀土金属冶炼	3232	1		1		
其他稀有金属冶炼	3239	1	1			
有色金属合金制造	324	31	16	3	6	3
有色金属合金制造	3240	31	16	3	6	3
有色金属压延加工	325	50	31	4	5	2

1-17 续表 23

行业小类	代码	100-299人	300-499人	500-999人	1000-4999人	5000-9999人	10000人及以上
玻璃纤维和玻璃纤维增强塑料制品制造	306	2					
玻璃纤维及制品制造	3061	1					
玻璃纤维增强塑料制品制造	3062	1					
陶瓷制品制造	307	5	1	1			
建筑陶瓷制品制造	3071	4	1	1			
卫生陶瓷制品制造	3072						
特种陶瓷制品制造	3073						
日用陶瓷制品制造	3074	1					
陈设艺术陶瓷制造	3075						
其他陶瓷制品制造	3079						
耐火材料制品制造	308	2					
石棉制品制造	3081	1					
耐火陶瓷制品及其他耐火材料制造	3089	1					
石墨及其他非金属矿物制品制造	309	9	4	2	2		
石墨及碳素制品制造	3091	6	4	2	1		
其他非金属矿物制品制造	3099	3			1		
黑色金属冶炼和压延加工业	**31**	**19**	**4**	**4**	**5**	**1**	
炼铁	311	4	1	1			
炼铁	3110	4	1	1			
炼钢	312	1					
炼钢	3120	1					
钢压延加工	313	10	3	2	5	1	
钢压延加工	3130	10	3	2	5	1	
铁合金冶炼	314	4		1			
铁合金冶炼	3140	4		1			
有色金属冶炼和压延加工业	**32**	**25**	**8**	**7**	**10**		
常用有色金属冶炼	321	16	5	5	7		
铜冶炼	3211	2		1			
铅锌冶炼	3212	1					
镍钴冶炼	3213	1		1			
铝冶炼	3216				5		
镁冶炼	3217	1	2	1			
硅冶炼	3218	10	2	2	2		
其他常用有色金属冶炼	3219	1	1				
贵金属冶炼	322	3	1	2			
金冶炼	3221	3	1	2			
其他贵金属冶炼	3229						
稀有稀土金属冶炼	323						
稀土金属冶炼	3232						
其他稀有金属冶炼	3239						
有色金属合金制造	324	2			1		
有色金属合金制造	3240	2			1		
有色金属压延加工	325	4	2		2		

1-17 续表 24

行业小类	代码	法　人 单位数 (个)	7 人及 以下	8-19 人	20-49 人	50-99 人
铜压延加工	3251	8	6		1	1
铝压延加工	3252	25	13	2	2	1
贵金属压延加工	3253	1	1			
其他有色金属压延加工	3259	16	11	2	2	
金属制品业	**33**	**1710**	**1211**	**276**	**140**	**61**
结构性金属制品制造	331	1168	838	185	96	39
金属结构制造	3311	686	472	106	69	29
金属门窗制造	3312	482	366	79	27	10
金属工具制造	332	70	47	14	7	2
切削工具制造	3321	2	1	1		
手工具制造	3322	19	13	5	1	
农用及园林用金属工具制造	3323	17	10	1	4	2
刀剪及类似日用金属工具制造	3324	3	2		1	
其他金属工具制造	3329	29	21	7	1	
集装箱及金属包装容器制造	333	62	32	10	9	7
集装箱制造	3331	8	5	2		1
金属压力容器制造	3332	15	5	3	3	2
金属包装容器及材料制造	3333	39	22	5	6	4
金属丝绳及其制品制造	334	30	22	6	1	1
金属丝绳及其制品制造	3340	30	22	6	1	1
建筑、安全用金属制品制造	335	139	99	21	12	5
建筑、家具用金属配件制造	3351	26	21	3	1	1
建筑装饰及水暖管道零件制造	3352	63	42	13	5	1
安全、消防用金属制品制造	3353	27	18	2	5	2
其他建筑、安全用金属制品制造	3359	23	18	3	1	1
金属表面处理及热处理加工	336	21	14	4	2	1
金属表面处理及热处理加工	3360	21	14	4	2	1
搪瓷制品制造	337	5	3	2		
建筑装饰搪瓷制品制造	3372	1		1		
搪瓷卫生洁具制造	3373	3	2	1		
搪瓷日用品及其他搪瓷制品制造	3379	1	1			
金属制日用品制造	338	38	30	6	1	1
金属制厨房用器具制造	3381	9	7	1		1
金属制餐具和器皿制造	3382	8	7	1		
其他金属制日用品制造	3389	21	16	4	1	
铸造及其他金属制品制造	339	177	126	28	12	5
黑色金属铸造	3391	39	21	8	6	3
有色金属铸造	3392	5	5			
锻件及粉末冶金制品制造	3393	19	13	5	1	
交通及公共管理用金属标牌制造	3394	40	27	7	4	2
其他未列明金属制品制造	3399	74	60	8	1	
通用设备制造业	**34**	**543**	**392**	**102**	**35**	**9**
锅炉及原动设备制造	341	109	85	16	6	2

1-17 续表 25

行业小类	代码						
		100-299人	300-499人	500-999人	1000-4999人	5000-9999人	10000人及以上
铜压延加工	3251						
铝压延加工	3252	3	2		2		
贵金属压延加工	3253						
其他有色金属压延加工	3259	1					
金属制品业	**33**	**19**	**2**	**1**			
结构性金属制品制造	331	10					
金属结构制造	3311	10					
金属门窗制造	3312						
金属工具制造	332						
切削工具制造	3321						
手工具制造	3322						
农用及园林用金属工具制造	3323						
刀剪及类似日用金属工具制造	3324						
其他金属工具制造	3329						
集装箱及金属包装容器制造	333	3	1				
集装箱制造	3331						
金属压力容器制造	3332	2					
金属包装容器及材料制造	3333	1	1				
金属丝绳及其制品制造	334						
金属丝绳及其制品制造	3340						
建筑、安全用金属制品制造	335	2					
建筑、家具用金属配件制造	3351						
建筑装饰及水暖管道零件制造	3352	2					
安全、消防用金属制品制造	3353						
其他建筑、安全用金属制品制造	3359						
金属表面处理及热处理加工	336						
金属表面处理及热处理加工	3360						
搪瓷制品制造	337						
建筑装饰搪瓷制品制造	3372						
搪瓷卫生洁具制造	3373						
搪瓷日用品及其他搪瓷制品制造	3379						
金属制日用品制造	338						
金属制厨房用器具制造	3381						
金属制餐具和器皿制造	3382						
其他金属制日用品制造	3389						
铸造及其他金属制品制造	339	4	1	1			
黑色金属铸造	3391		1				
有色金属铸造	3392						
锻件及粉末冶金制品制造	3393						
交通及公共管理用金属标牌制造	3394						
其他未列明金属制品制造	3399	4		1			
通用设备制造业	**34**	**5**					
锅炉及原动设备制造	341						

1-17 续表 26

行业小类	代码	法人单位数(个)	7人及以下	8-19人	20-49人	50-99人
锅炉及辅助设备制造	3411	91	68	16	6	1
水轮机及辅机制造	3414	1	1			
风能原动设备制造	3415	11	10			1
其他原动设备制造	3419	6	6			
金属加工机械制造	342	92	68	18	6	
金属切削机床制造	3421	4	3	1		
金属成形机床制造	3422	1	1			
铸造机械制造	3423	10	5	4	1	
金属切割及焊接设备制造	3424	10	8	1	1	
机床功能部件及附件制造	3425	1	1			
其他金属加工机械制造	3429	66	50	12	4	
物料搬运设备制造	343	38	26	6	3	
轻小型起重设备制造	3431	6	6			
生产专用起重机制造	3432	15	6	5	3	
生产专用车辆制造	3433	1	1			
连续搬运设备制造	3434	3	2			
电梯、自动扶梯及升降机制造	3435	10	8	1		
机械式停车设备制造	3437	2	2			
其他物料搬运设备制造	3439	1	1			
泵、阀门、压缩机及类似机械制造	344	21	14	6	1	
泵及真空设备制造	3441	3	2	1		
气体压缩机械制造	3442	2	1	1		
阀门和旋塞制造	3443	12	8	3	1	
液压动力机械及元件制造	3444	3	3			
气压动力机械及元件制造	3446	1		1		
轴承、齿轮和传动部件制造	345	4	3	1		
滚动轴承制造	3451	3	2	1		
其他传动部件制造	3459	1	1			
烘炉、风机、包装等设备制造	346	44	29	11	3	1
烘炉、熔炉及电炉制造	3461	5	4		1	
风机、风扇制造	3462	15	10	4	1	
气体、液体分离及纯净设备制造	3463	7	2	4	1	
制冷、空调设备制造	3464	15	11	3		1
喷枪及类似器具制造	3466	1	1			
包装专用设备制造	3467	1	1			
文化、办公用机械制造	347	9	8			1
复印和胶印设备制造	3474	4	4			
计算器及货币专用设备制造	3475	1	1			
其他文化、办公用机械制造	3479	4	3			1
通用零部件制造	348	178	119	37	15	5
金属密封件制造	3481	7	3	2	1	
紧固件制造	3482	8	5	2		1
弹簧制造	3483	1		1		

1-17 续表 27

行业小类	代码	100-299人	300-499人	500-999人	1000-4999人	5000-9999人	10000人及以上
锅炉及辅助设备制造	3411						
水轮机及辅机制造	3414						
风能原动设备制造	3415						
其他原动设备制造	3419						
金属加工机械制造	342						
金属切削机床制造	3421						
金属成形机床制造	3422						
铸造机械制造	3423						
金属切割及焊接设备制造	3424						
机床功能部件及附件制造	3425						
其他金属加工机械制造	3429						
物料搬运设备制造	343	3					
轻小型起重设备制造	3431						
生产专用起重机制造	3432	1					
生产专用车辆制造	3433						
连续搬运设备制造	3434	1					
电梯、自动扶梯及升降机制造	3435	1					
机械式停车设备制造	3437						
其他物料搬运设备制造	3439						
泵、阀门、压缩机及类似机械制造	344						
泵及真空设备制造	3441						
气体压缩机械制造	3442						
阀门和旋塞制造	3443						
液压动力机械及元件制造	3444						
气压动力机械及元件制造	3446						
轴承、齿轮和传动部件制造	345						
滚动轴承制造	3451						
其他传动部件制造	3459						
烘炉、风机、包装等设备制造	346						
烘炉、熔炉及电炉制造	3461						
风机、风扇制造	3462						
气体、液体分离及纯净设备制造	3463						
制冷、空调设备制造	3464						
喷枪及类似器具制造	3466						
包装专用设备制造	3467						
文化、办公用机械制造	347						
复印和胶印设备制造	3474						
计算器及货币专用设备制造	3475						
其他文化、办公用机械制造	3479						
通用零部件制造	348	2					
金属密封件制造	3481	1					
紧固件制造	3482						
弹簧制造	3483						

1-17 续表 28

行业小类	代码	法人单位数(个)	7人及以下	8-19人	20-49人	50-99人
机械零部件加工	3484	154	106	30	14	3
其他通用零部件制造	3489	8	5	2		1
其他通用设备制造业	349	48	40	7	1	
工业机器人制造	3491	3	3			
其他未列明通用设备制造业	3499	45	37	7	1	
专用设备制造业	**35**	**742**	**531**	**109**	**63**	**21**
采矿、冶金、建筑专用设备制造	351	161	109	24	17	6
矿山机械制造	3511	47	35	8	2	1
石油钻采专用设备制造	3512	62	38	11	7	3
深海石油钻探设备制造	3513	3	1		2	
建筑工程用机械制造	3514	28	20	3	3	2
建筑材料生产专用机械制造	3515	18	14	2	2	
冶金专用设备制造	3516	2	1		1	
隧道施工专用机械制造	3517	1				
化工、木材、非金属加工专用设备制造	352	38	26	7	4	
炼油、化工生产专用设备制造	3521	10	4	3	2	
塑料加工专用设备制造	3523	6	5	1		
木竹材加工机械制造	3524	3		2	1	
模具制造	3525	13	13			
其他非金属加工专用设备制造	3529	6	4	1	1	
食品、饮料、烟草及饲料生产专用设备制造	353	19	14	1	4	
食品、酒、饮料及茶生产专用设备制造	3531	7	7			
农副食品加工专用设备制造	3532	11	7	1	3	
饲料生产专用设备制造	3534	1			1	
印刷、制药、日化及日用品生产专用设备制造	354	15	10	3	2	
制浆和造纸专用设备制造	3541	1	1			
印刷专用设备制造	3542	3	1	1	1	
日用化工专用设备制造	3543	2	2			
照明器具生产专用设备制造	3545	4	2	2		
玻璃、陶瓷和搪瓷制品生产专用设备制造	3546	1			1	
其他日用品生产专用设备制造	3549	4	4			
纺织、服装和皮革加工专用设备制造	355	22	16	4		1
纺织专用设备制造	3551	14	8	4		1
皮革、毛皮及其制品加工专用设备制造	3552	5	5			
缝制机械制造	3553	3	3			
电子和电工机械专用设备制造	356	36	29	3	3	
电工机械专用设备制造	3561	10	9		1	
半导体器件专用设备制造	3562	3	3			
电子元器件与机电组件设备制造	3563	10	8	1	1	
其他电子专用设备制造	3569	13	9	2	1	
农、林、牧、渔专用机械制造	357	212	138	39	19	7
拖拉机制造	3571	5	3	1	1	
机械化农业及园艺机具制造	3572	121	80	24	8	2

1-17 续表 29

行业小类	代码						
		100-299 人	300-499 人	500-999 人	1000-4999 人	5000-9999 人	10000 人及以上
机械零部件加工	3484	1					
其他通用零部件制造	3489						
其他通用设备制造业	349						
工业机器人制造	3491						
其他未列明通用设备制造业	3499						
专用设备制造业	**35**	**16**	**2**				
采矿、冶金、建筑专用设备制造	351	5					
矿山机械制造	3511	1					
石油钻采专用设备制造	3512	3					
深海石油钻探设备制造	3513						
建筑工程用机械制造	3514						
建筑材料生产专用机械制造	3515						
冶金专用设备制造	3516						
隧道施工专用机械制造	3517	1					
化工、木材、非金属加工专用设备制造	352	1					
炼油、化工生产专用设备制造	3521	1					
塑料加工专用设备制造	3523						
木竹材加工机械制造	3524						
模具制造	3525						
其他非金属加工专用设备制造	3529						
食品、饮料、烟草及饲料生产专用设备制造	353						
食品、酒、饮料及茶生产专用设备制	3531						
农副食品加工专用设备制造	3532						
饲料生产专用设备制造	3534						
印刷、制药、日化及日用品生产专用设备制造	354						
制浆和造纸专用设备制造	3541						
印刷专用设备制造	3542						
日用化工专用设备制造	3543						
照明器具生产专用设备制造	3545						
玻璃、陶瓷和搪瓷制品生产专用设备制造	3546						
其他日用品生产专用设备制造	3549						
纺织、服装和皮革加工专用设备制造	355	1					
纺织专用设备制造	3551	1					
皮革、毛皮及其制品加工专用设备制造	3552						
缝制机械制造	3553						
电子和电工机械专用设备制造	356	1					
电工机械专用设备制造	3561						
半导体器件专用设备制造	3562						
电子元器件与机电组件设备制造	3563						
其他电子专用设备制造	3569	1					
农、林、牧、渔专用机械制造	357	7	2				
拖拉机制造	3571						
机械化农业及园艺机具制造	3572	5	2				

1-17 续表 30

行业小类	代码	法人单位数(个)	7人及以下	8-19人	20-49人	50-99人
畜牧机械制造	3574	11	7	1	2	
渔业机械制造	3575	1		1		
农林牧渔机械配件制造	3576	31	25	4	1	1
棉花加工机械制造	3577	23	10	7	2	3
其他农、林、牧、渔业机械制造	3579	20	13	1	5	1
医疗仪器设备及器械制造	358	40	29	6	3	2
医疗诊断、监护及治疗设备制造	3581	10	7	1	1	1
口腔科用设备及器具制造	3582	5	3	1	1	
医疗实验室及医用消毒设备和器具制造	3583	1	1			
医疗、外科及兽医用器械制造	3584	4	3	1		
机械治疗及病房护理设备制造	3585	1	1			
康复辅具制造	3586	7	6	1		
眼镜制造	3587	3	3			
其他医疗设备及器械制造	3589	9	5	2	1	1
环保、邮政、社会公共服务及其他专用设备制造	359	199	160	22	11	5
环境保护专用设备制造	3591	111	91	9	7	3
商业、饮食、服务专用设备制造	3594	2	1	1		
社会公共安全设备及器材制造	3595	15	11	2		2
交通安全、管制及类似专用设备制造	3596	7	6		1	
水资源专用机械制造	3597	8	6	2		
其他专用设备制造	3599	56	45	8	3	
汽车制造业	**36**	**95**	**72**	**11**	**4**	**2**
汽车整车制造	361	15	8	3		
汽柴油车整车制造	3611	9	4	2		
新能源车整车制造	3612	6	4	1		
汽车用发动机制造	362	3	3			
汽车用发动机制造	3620	3	3			
改装汽车制造	363	16	12	1	1	2
改装汽车制造	3630	16	12	1	1	2
电车制造	365	3	2	1		
电车制造	3650	3	2	1		
汽车车身、挂车制造	366	9	7	1	1	
汽车车身、挂车制造	3660	9	7	1	1	
汽车零部件及配件制造	367	49	40	5	2	
汽车零部件及配件制造	3670	49	40	5	2	
铁路、船舶、航空航天和其他运输设备制造业	**37**	**38**	**24**	**6**	**4**	**3**
铁路运输设备制造	371	9	5	1	1	1
高铁车组制造	3711	1				1
铁路机车车辆制造	3712	1	1			
铁路专用设备及器材、配件制造	3716	6	4	1	1	
其他铁路运输设备制造	3719	1				
城市轨道交通设备制造	372	1			1	
城市轨道交通设备制造	3720	1			1	

1-17 续表 31

行业小类	代码						
		100-299人	300-499人	500-999人	1000-4999人	5000-9999人	10000人及以上
畜牧机械制造	3574	1					
渔业机械制造	3575						
农林牧渔机械配件制造	3576						
棉花加工机械制造	3577	1					
其他农、林、牧、渔业机械制造	3579						
医疗仪器设备及器械制造	358						
医疗诊断、监护及治疗设备制造	3581						
口腔科用设备及器具制造	3582						
医疗实验室及医用消毒设备和器具制造	3583						
医疗、外科及兽医用器械制造	3584						
机械治疗及病房护理设备制造	3585						
康复辅具制造	3586						
眼镜制造	3587						
其他医疗设备及器械制造	3589						
环保、邮政、社会公共服务及其他专用设备制造	359	1					
环境保护专用设备制造	3591	1					
商业、饮食、服务专用设备制造	3594						
社会公共安全设备及器材制造	3595						
交通安全、管制及类似专用设备制造	3596						
水资源专用机械制造	3597						
其他专用设备制造	3599						
汽车制造业	**36**	**4**	**1**	**1**			
汽车整车制造	361	2	1	1			
汽柴油车整车制造	3611	2		1			
新能源车整车制造	3612		1				
汽车用发动机制造	362						
汽车用发动机制造	3620						
改装汽车制造	363						
改装汽车制造	3630						
电车制造	365						
电车制造	3650						
汽车车身、挂车制造	366						
汽车车身、挂车制造	3660						
汽车零部件及配件制造	367	2					
汽车零部件及配件制造	3670	2					
铁路、船舶、航空航天和其他运输设备制造业	**37**	**1**					
铁路运输设备制造	371	1					
高铁车组制造	3711						
铁路机车车辆制造	3712						
铁路专用设备及器材、配件制造	3716						
其他铁路运输设备制造	3719	1					
城市轨道交通设备制造	372						
城市轨道交通设备制造	3720						

1-17 续表 32

行业小类	代码	法人单位数(个)	7人及以下	8-19人	20-49人	50-99人
航空、航天器及设备制造	374	9	7	1	1	
飞机制造	3741	3	3			
航空相关设备制造	3744	2	2			
其他航空航天器制造	3749	4	2	1	1	
摩托车制造	375	6	3	1	1	1
摩托车整车制造	3751	2		1		1
摩托车零部件及配件制造	3752	4	3		1	
自行车和残疾人座车制造	376	4	3	1		
自行车制造	3761	4	3	1		
助动车制造	377	8	5	2		1
助动车制造	3770	8	5	2		1
非公路休闲车及零配件制造	378	1	1			
非公路休闲车及零配件制造	3780	1	1			
电气机械和器材制造业	**38**	**605**	**391**	**114**	**62**	**16**
电机制造	381	28	16	3	4	3
发电机及发电机组制造	3811	21	11	2	4	2
电动机制造	3812	2	1			1
微特电机及组件制造	3813	1	1			
其他电机制造	3819	4	3	1		
输配电及控制设备制造	382	289	164	65	39	7
变压器、整流器和电感器制造	3821	49	27	10	5	1
电容器及其配套设备制造	3822	8	5	2	1	
配电开关控制设备制造	3823	142	77	35	21	5
电力电子元器件制造	3824	23	14	4	2	1
光伏设备及元器件制造	3825	25	18	2	4	
其他输配电及控制设备制造	3829	42	23	12	6	
电线、电缆、光缆及电工器材制造	383	123	80	24	13	3
电线、电缆制造	3831	114	73	23	12	3
光缆制造	3833	1			1	
绝缘制品制造	3834	4	4			
其他电工器材制造	3839	4	3	1		
电池制造	384	16	11	1	1	1
锂离子电池制造	3841	7	4	1	1	1
铅蓄电池制造	3843	2	1			
其他电池制造	3849	7	6			
家用电力器具制造	385	21	15	4	1	
家用制冷电器具制造	3851	1	1			
家用通风电器具制造	3853	4	2	2		
家用厨房电器具制造	3854	5	4			
家用清洁卫生电器具制造	3855	1		1		
家用电力器具专用配件制造	3857	1	1			
其他家用电力器具制造	3859	9	7	1	1	
非电力家用器具制造	386	16	14	2		

1-17 续表 33

行业小类	代码	100-299人	300-499人	500-999人	1000-4999人	5000-9999人	10000人及以上
航空、航天器及设备制造	374						
飞机制造	3741						
航空相关设备制造	3744						
其他航空航天器制造	3749						
摩托车制造	375						
摩托车整车制造	3751						
摩托车零部件及配件制造	3752						
自行车和残疾人座车制造	376						
自行车制造	3761						
助动车制造	377						
助动车制造	3770						
非公路休闲车及零配件制造	378						
非公路休闲车及零配件制造	3780						
电气机械和器材制造业	**38**	**16**	**1**		**5**		
电机制造	381	1			1		
发电机及发电机组制造	3811	1			1		
电动机制造	3812						
微特电机及组件制造	3813						
其他电机制造	3819						
输配电及控制设备制造	382	10	1		3		
变压器、整流器和电感器制造	3821	5			1		
电容器及其配套设备制造	3822						
配电开关控制设备制造	3823	3	1				
电力电子元器件制造	3824	2					
光伏设备及元器件制造	3825				1		
其他输配电及控制设备制造	3829				1		
电线、电缆、光缆及电工器材制造	383	2			1		
电线、电缆制造	3831	2			1		
光缆制造	3833						
绝缘制品制造	3834						
其他电工器材制造	3839						
电池制造	384	2					
锂离子电池制造	3841						
铅蓄电池制造	3843	1					
其他电池制造	3849	1					
家用电力器具制造	385	1					
家用制冷电器具制造	3851						
家用通风电器具制造	3853						
家用厨房电器具制造	3854	1					
家用清洁卫生电器具制造	3855						
家用电力器具专用配件制造	3857						
其他家用电力器具制造	3859						
非电力家用器具制造	386						

1-17 续表 34

行业小类	代码	法人单位数（个）	7人及以下	8-19人	20-49人	50-99人
燃气及类似能源家用器具制造	3861	6	6			
太阳能器具制造	3862	9	7	2		
其他非电力家用器具制造	3869	1	1			
照明器具制造	387	69	54	11	2	2
电光源制造	3871	3	2			1
照明灯具制造	3872	51	39	9	2	1
舞台及场地用灯制造	3873	1	1			
智能照明器具制造	3874	2	2			
灯用电器附件及其他照明器具制造	3879	12	10	2		
其他电气机械及器材制造	389	43	37	4	2	
电气信号设备装置制造	3891	3	2	1		
其他未列明电气机械及器材制造	3899	40	35	3	2	
计算机、通信和其他电子设备制造业	**39**	**162**	**133**	**10**	**4**	**7**
计算机制造	391	23	18	3	1	
计算机整机制造	3911	3	2		1	
计算机零部件制造	3912	2	2			
计算机外围设备制造	3913	2	1			
工业控制计算机及系统制造	3914	1	1			
信息安全设备制造	3915	7	5	2		
其他计算机制造	3919	8	7	1		
通信设备制造	392	13	11	1		1
通信系统设备制造	3921	9	7	1		1
通信终端设备制造	3922	4	4			
广播电视设备制造	393	4	3	1		
广播电视节目制作及发射设备制造	3931	2	2			
应用电视设备及其他广播电视设备制造	3939	2	1	1		
非专业视听设备制造	395	4	4			
电视机制造	3951	1	1			
音响设备制造	3952	2	2			
影视录放设备制造	3953	1	1			
智能消费设备制造	396	15	14			1
智能车载设备制造	3962	1				1
智能无人飞行器制造	3963	3	3			
服务消费机器人制造	3964	4	4			
其他智能消费设备制造	3969	7	7			
电子器件制造	397	15	14			1
集成电路制造	3973	2	2			
显示器件制造	3974	2	2			
光电子器件制造	3976	5	4			1
其他电子器件制造	3979	6	6			
电子元件及电子专用材料制造	398	74	58	4	2	4
电阻电容电感元件制造	3981	2	2			
电子电路制造	3982	1	1			

1-17 续表 35

行业小类	代码	100-299人	300-499人	500-999人	1000-4999人	5000-9999人	10000人及以上
燃气及类似能源家用器具制造	3861						
太阳能器具制造	3862						
其他非电力家用器具制造	3869						
照明器具制造	387						
电光源制造	3871						
照明灯具制造	3872						
舞台及场地用灯制造	3873						
智能照明器具制造	3874						
灯用电器附件及其他照明器具制造	3879						
其他电气机械及器材制造	389						
电气信号设备装置制造	3891						
其他未列明电气机械及器材制造	3899						
计算机、通信和其他电子设备制造业	**39**	**5**		**2**	**1**		
计算机制造	391	1					
计算机整机制造	3911						
计算机零部件制造	3912						
计算机外围设备制造	3913	1					
工业控制计算机及系统制造	3914						
信息安全设备制造	3915						
其他计算机制造	3919						
通信设备制造	392						
通信系统设备制造	3921						
通信终端设备制造	3922						
广播电视设备制造	393						
广播电视节目制作及发射设备制造	3931						
应用电视设备及其他广播电视设备制造	3939						
非专业视听设备制造	395						
电视机制造	3951						
音响设备制造	3952						
影视录放设备制造	3953						
智能消费设备制造	396						
智能车载设备制造	3962						
智能无人飞行器制造	3963						
服务消费机器人制造	3964						
其他智能消费设备制造	3969						
电子器件制造	397						
集成电路制造	3973						
显示器件制造	3974						
光电子器件制造	3976						
其他电子器件制造	3979						
电子元件及电子专用材料制造	398	4		1	1		
电阻电容电感元件制造	3981						
电子电路制造	3982						

1-17 续表 36

行业小类	代码	法人单位数(个)	7人及以下	8-19人	20-49人	50-99人
敏感元件及传感器制造	3983	1			1	
电声器件及零件制造	3984	1	1			
电子专用材料制造	3985	22	14	1		2
其他电子元件制造	3989	47	40	3	1	2
其他电子设备制造	399	14	11	1	1	
其他电子设备制造	3990	14	11	1	1	
仪器仪表制造业	**40**	**46**	**32**	**7**	**6**	
通用仪器仪表制造	401	26	17	4	4	
工业自动控制系统装置制造	4011	13	8	2	2	
电工仪器仪表制造	4012	4	3		1	
绘图、计算及测量仪器制造	4013	1	1			
实验分析仪器制造	4014	1	1			
供应用仪器仪表制造	4016	1	1			
其他通用仪器制造	4019	6	3	2	1	
专用仪器仪表制造	402	12	8	3	1	
环境监测专用仪器仪表制造	4021	1		1		
地质勘探和地震专用仪器制造	4025	1			1	
教学专用仪器制造	4026	5	4	1		
核子及核辐射测量仪器制造	4027	1	1			
电子测量仪器制造	4028	2	2			
其他专用仪器制造	4029	2	1	1		
衡器制造	405	7	6		1	
衡器制造	4050	7	6		1	
其他仪器仪表制造业	409	1	1			
其他仪器仪表制造业	4090	1	1			
其他制造业	**41**	**93**	**78**	**9**	**2**	**2**
日用杂品制造	411	25	22	2	1	
鬃毛加工、制刷及清扫工具制造	4111	7	7			
其他日用杂品制造	4119	18	15	2	1	
核辐射加工	412	2	2			
核辐射加工	4120	2	2			
其他未列明制造业	419	66	54	7	1	2
其他未列明制造业	4190	66	54	7	1	2
废弃资源综合利用业	**42**	**113**	**72**	**10**	**20**	**6**
金属废料和碎屑加工处理	421	50	33	4	8	4
金属废料和碎屑加工处理	4210	50	33	4	8	4
非金属废料和碎屑加工处理	422	63	39	6	12	2
非金属废料和碎屑加工处理	4220	63	39	6	12	2
金属制品、机械和设备修理业	**43**	**393**	**308**	**60**	**18**	**3**
金属制品修理	431	13	9	3		
金属制品修理	4310	13	9	3		
通用设备修理	432	49	40	9		
通用设备修理	4320	49	40	9		

1-17 续表 37

行业小类	代码						
		100-299人	300-499人	500-999人	1000-4999人	5000-9999人	10000人及以上
敏感元件及传感器制造	3983						
电声器件及零件制造	3984						
电子专用材料制造	3985	3		1	1		
其他电子元件制造	3989	1					
其他电子设备制造	399			1			
其他电子设备制造	3990			1			
仪器仪表制造业	**40**	**1**					
通用仪器仪表制造	401	1					
工业自动控制系统装置制造	4011	1					
电工仪器仪表制造	4012						
绘图、计算及测量仪器制造	4013						
实验分析仪器制造	4014						
供应用仪器仪表制造	4016						
其他通用仪器制造	4019						
专用仪器仪表制造	402						
环境监测专用仪器仪表制造	4021						
地质勘探和地震专用仪器制造	4025						
教学专用仪器制造	4026						
核子及核辐射测量仪器制造	4027						
电子测量仪器制造	4028						
其他专用仪器制造	4029						
衡器制造	405						
衡器制造	4050						
其他仪器仪表制造业	409						
其他仪器仪表制造业	4090						
其他制造业	**41**	**1**		**1**			
日用杂品制造	411						
鬃毛加工、制刷及清扫工具制造	4111						
其他日用杂品制造	4119						
核辐射加工	412						
核辐射加工	4120						
其他未列明制造业	419	1		1			
其他未列明制造业	4190	1		1			
废弃资源综合利用业	**42**	**5**					
金属废料和碎屑加工处理	421	1					
金属废料和碎屑加工处理	4210	1					
非金属废料和碎屑加工处理	422	4					
非金属废料和碎屑加工处理	4220	4					
金属制品、机械和设备修理业	**43**	**3**		**1**			
金属制品修理	431	1					
金属制品修理	4310	1					
通用设备修理	432						
通用设备修理	4320						

1-17 续表 38

行业小类	代码	法人单位数(个)	7人及以下	8-19人	20-49人	50-99人
专用设备修理	433	105	75	18	10	1
专用设备修理	4330	105	75	18	10	1
铁路、船舶、航空航天等运输设备修理	434	4	2	1	1	
铁路运输设备修理	4341	1			1	
其他运输设备修理	4349	3	2	1		
电气设备修理	435	50	41	7	1	
电气设备修理	4350	50	41	7	1	
仪器仪表修理	436	12	11		1	
仪器仪表修理	4360	12	11		1	
其他机械和设备修理业	439	160	130	22	5	2
其他机械和设备修理业	4390	160	130	22	5	2
电力、热力、燃气及水生产和供应业	**D**	**2096**	**1023**	**379**	**342**	**164**
电力、热力生产和供应业	**44**	**1586**	**828**	**287**	**230**	**107**
电力生产	441	1095	605	220	145	47
火力发电	4411	64	23	1	8	7
热电联产	4412	43	9	3		
水力发电	4413	230	94	51	48	24
核力发电	4414	2	2			
风力发电	4415	264	132	53	61	12
太阳能发电	4416	461	323	110	25	3
生物质能发电	4417	11	9			
其他电力生产	4419	20	13	2	3	1
电力供应	442	88	51	7	10	6
电力供应	4420	88	51	7	10	6
热力生产和供应	443	403	172	60	75	54
热力生产和供应	4430	403	172	60	75	54
燃气生产和供应业	**45**	**190**	**70**	**38**	**43**	**15**
燃气生产和供应业	451	185	66	37	43	15
天然气生产和供应业	4511	160	55	29	41	14
液化石油气生产和供应业	4512	20	10	7	2	1
煤气生产和供应业	4513	5	1	1		
生物质燃气生产和供应业	452	5	4	1		
生物质燃气生产和供应业	4520	5	4	1		
水的生产和供应业	**46**	**320**	**125**	**54**	**69**	**42**
自来水生产和供应	461	199	65	31	46	31
自来水生产和供应	4610	199	65	31	46	31
污水处理及其再生利用	462	117	59	20	23	11
污水处理及其再生利用	4620	117	59	20	23	11
其他水的处理、利用与分配	469	4	1	3		
其他水的处理、利用与分配	4690	4	1	3		
建筑业	**E**	**11412**	**8401**	**1428**	**718**	**322**
房屋建筑业	**47**	**2702**	**1577**	**400**	**256**	**148**
住宅房屋建筑	471	2412	1379	355	236	140

1-17 续表 39

行业小类	代码	100-299人	300-499人	500-999人	1000-4999人	5000-9999人	10000人及以上
专用设备修理	433	1					
专用设备修理	4330	1					
铁路、船舶、航空航天等运输设备修理	434						
铁路运输设备修理	4341						
其他运输设备修理	4349						
电气设备修理	435			1			
电气设备修理	4350			1			
仪器仪表修理	436						
仪器仪表修理	4360						
其他机械和设备修理业	439	1					
其他机械和设备修理业	4390	1					
电力、热力、燃气及水生产和供应业	**D**	**132**	**33**	**14**	**8**		**1**
电力、热力生产和供应业	**44**	**86**	**30**	**13**	**4**		**1**
电力生产	441	49	20	7	2		
火力发电	4411	18	5	2			
热电联产	4412	14	10	5	2		
水力发电	4413	10	3				
核力发电	4414						
风力发电	4415	4	2				
太阳能发电	4416						
生物质能发电	4417	2					
其他电力生产	4419	1					
电力供应	442	5	2	5	1		1
电力供应	4420	5	2	5	1		1
热力生产和供应	443	32	8	1	1		
热力生产和供应	4430	32	8	1	1		
燃气生产和供应业	**45**	**17**	**3**	**1**	**3**		
燃气生产和供应业	451	17	3	1	3		
天然气生产和供应业	4511	16	3	1	1		
液化石油气生产和供应业	4512						
煤气生产和供应业	4513	1			2		
生物质燃气生产和供应业	452						
生物质燃气生产和供应业	4520						
水的生产和供应业	**46**	**29**			**1**		
自来水生产和供应	461	25			1		
自来水生产和供应	4610	25			1		
污水处理及其再生利用	462	4					
污水处理及其再生利用	4620	4					
其他水的处理、利用与分配	469						
其他水的处理、利用与分配	4690						
建筑业	**E**	**333**	**77**	**70**	**54**	**6**	**3**
房屋建筑业	**47**	**190**	**45**	**38**	**44**	**2**	**2**
住宅房屋建筑	471	177	42	36	43	2	2

1-17 续表 40

行业小类	代码	法人单位数(个)	7人及以下	8-19人	20-49人	50-99人
住宅房屋建筑	4710	2412	1379	355	236	140
体育场馆建筑	472	2	1		1	
体育场馆建筑	4720	2	1		1	
其他房屋建筑业	479	288	197	45	19	8
其他房屋建筑业	4790	288	197	45	19	8
土木工程建筑业	**48**	**2853**	**1974**	**417**	**239**	**84**
铁路、道路、隧道和桥梁工程建筑	481	1194	816	178	101	38
铁路工程建筑	4811	22	15	3	1	
公路工程建筑	4812	428	284	62	42	13
市政道路工程建筑	4813	661	461	103	50	23
城市轨道交通工程建筑	4814	4	3	1		
其他道路、隧道和桥梁工程建筑	4819	79	53	9	8	2
水利和水运工程建筑	482	336	230	43	30	11
水源及供水设施工程建筑	4821	300	209	36	27	10
河湖治理及防洪设施工程建筑	4822	28	14	6	3	1
港口及航运设施工程建筑	4823	8	7	1		
工矿工程建筑	484	107	69	9	7	6
工矿工程建筑	4840	107	69	9	7	6
架线和管道工程建筑	485	303	176	53	40	15
架线及设备工程建筑	4851	195	97	43	32	11
管道工程建筑	4852	104	77	9	7	4
地下综合管廊工程建筑	4853	4	2	1	1	
节能环保工程施工	486	63	46	10	3	2
节能工程施工	4861	8	5		2	
环保工程施工	4862	53	39	10	1	2
生态保护工程施工	4863	2	2			
电力工程施工	487	127	81	26	11	2
火力发电工程施工	4871	12	6	1	2	
水力发电工程施工	4872	6	2	3		
风能发电工程施工	4874	5	3		2	
太阳能发电工程施工	4875	4	3		1	
其他电力工程施工	4879	100	67	22	6	2
其他土木工程建筑	489	723	556	98	47	10
园林绿化工程施工	4891	402	304	57	30	5
体育场地设施工程施工	4892	10	7	1		2
游乐设施工程施工	4893	1	1			
其他土木工程建筑施工	4899	310	244	40	17	3
建筑安装业	**49**	**1891**	**1460**	**234**	**99**	**43**
电气安装	491	589	421	82	41	22
电气安装	4910	589	421	82	41	22
管道和设备安装	492	524	421	61	21	5
管道和设备安装	4920	524	421	61	21	5
其他建筑安装业	499	778	618	91	37	16

1-17 续表 41

行业小类	代码	100-299人	300-499人	500-999人	1000-4999人	5000-9999人	10000人及以上
住宅房屋建筑	4710	177	42	36	43	2	2
体育场馆建筑	472						
体育场馆建筑	4720						
其他房屋建筑业	479	13	3	2	1		
其他房屋建筑业	4790	13	3	2	1		
土木工程建筑业	**48**	**83**	**23**	**21**	**8**	**3**	**1**
铁路、道路、隧道和桥梁工程建筑	481	37	10	7	4	2	1
铁路工程建筑	4811	1		1	1		
公路工程建筑	4812	15	6	3	1	2	
市政道路工程建筑	4813	17	3	2	1		1
城市轨道交通工程建筑	4814						
其他道路、隧道和桥梁工程建筑	4819	4	1	1	1		
水利和水运工程建筑	482	11	1	8	1	1	
水源及供水设施工程建筑	4821	9		8		1	
河湖治理及防洪设施工程建筑	4822	2	1		1		
港口及航运设施工程建筑	4823						
工矿工程建筑	484	9	3	3	1		
工矿工程建筑	4840	9	3	3	1		
架线和管道工程建筑	485	12	4	1	2		
架线及设备工程建筑	4851	9	1	1	1		
管道工程建筑	4852	3	3		1		
地下综合管廊工程建筑	4853						
节能环保工程施工	486	2					
节能工程施工	4861	1					
环保工程施工	4862	1					
生态保护工程施工	4863						
电力工程施工	487	3	3	1			
火力发电工程施工	4871	1	2				
水力发电工程施工	4872	1					
风能发电工程施工	4874						
太阳能发电工程施工	4875						
其他电力工程施工	4879	1	1	1			
其他土木工程建筑	489	9	2	1			
园林绿化工程施工	4891	5		1			
体育场地设施工程施工	4892						
游乐设施工程施工	4893						
其他土木工程建筑施工	4899	4	2				
建筑安装业	**49**	**43**	**3**	**9**			
电气安装	491	20		3			
电气安装	4910	20		3			
管道和设备安装	492	14		2			
管道和设备安装	4920	14		2			
其他建筑安装业	499	9	3	4			

1-17 续表 42

行业小类	代码	法人单位数(个)	7人及以下	8-19人	20-49人	50-99人
体育场地设施安装	4991	14	7	4	1	1
其他建筑安装	4999	764	611	87	36	15
建筑装饰、装修和其他建筑业	**50**	**3966**	**3390**	**377**	**124**	**47**
建筑装饰和装修业	501	3169	2786	270	78	26
公共建筑装饰和装修	5011	415	334	47	19	10
住宅装饰和装修	5012	2597	2317	214	51	13
建筑幕墙装饰和装修	5013	157	135	9	8	3
建筑物拆除和场地准备活动	502	278	206	41	16	10
建筑物拆除活动	5021	140	102	23	8	5
场地准备活动	5022	138	104	18	8	5
提供施工设备服务	503	70	55	6	4	2
提供施工设备服务	5030	70	55	6	4	2
其他未列明建筑业	509	449	343	60	26	9
其他未列明建筑业	5090	449	343	60	26	9
批发和零售业	**F**	**65814**	**57791**	**5397**	**1762**	**539**
批发业	**51**	**41489**	**36387**	**3497**	**1100**	**321**
农、林、牧、渔产品批发	511	3760	2953	475	196	96
谷物、豆及薯类批发	5111	319	217	43	24	32
种子批发	5112	728	609	63	38	12
畜牧渔业饲料批发	5113	117	98	16	3	
棉、麻批发	5114	702	432	104	96	44
林业产品批发	5115	236	186	38	8	3
牲畜批发	5116	750	634	105	5	3
渔业产品批发	5117	30	27	3		
其他农牧产品批发	5119	878	750	103	22	2
食品、饮料及烟草制品批发	512	5260	4343	597	225	56
米、面制品及食用油批发	5121	398	309	47	27	13
糕点、糖果及糖批发	5122	131	108	15	6	2
果品、蔬菜批发	5123	1924	1517	259	110	26
肉、禽、蛋、奶及水产品批发	5124	511	416	67	21	2
盐及调味品批发	5125	131	103	18	6	3
营养和保健品批发	5126	214	196	13	5	
酒、饮料及茶叶批发	5127	671	581	63	20	5
烟草制品批发	5128	25	6	2	2	1
其他食品批发	5129	1255	1107	113	28	4
纺织、服装及家庭用品批发	513	3234	2848	246	101	25
纺织品、针织品及原料批发	5131	431	386	32	12	1
服装批发	5132	761	618	80	43	12
鞋帽批发	5133	66	55	7	4	
化妆品及卫生用品批发	5134	377	343	19	9	4
厨具卫具及日用杂品批发	5135	672	621	37	13	1
灯具、装饰物品批发	5136	151	141	8	2	
家用视听设备批发	5137	43	43			

1-17 续表 43

行业小类	代码	100-299人	300-499人	500-999人	1000-4999人	5000-9999人	10000人及以上
体育场地设施安装	4991	1					
其他建筑安装	4999	8	3	4			
建筑装饰、装修和其他建筑业	**50**	**17**	**6**	**2**	**2**	**1**	
建筑装饰和装修业	501	7	1	1			
公共建筑装饰和装修	5011	3	1	1			
住宅装饰和装修	5012	2					
建筑幕墙装饰和装修	5013	2					
建筑物拆除和场地准备活动	502	5					
建筑物拆除活动	5021	2					
场地准备活动	5022	3					
提供施工设备服务	503	1	2				
提供施工设备服务	5030	1	2				
其他未列明建筑业	509	4	3	1	2	1	
其他未列明建筑业	5090	4	3	1	2	1	
批发和零售业	**F**	**257**	**35**	**26**	**7**		
批发业	**51**	**144**	**20**	**18**	**2**		
农、林、牧、渔产品批发	511	32	3	4	1		
谷物、豆及薯类批发	5111	3					
种子批发	5112	6					
畜牧渔业饲料批发	5113						
棉、麻批发	5114	19	2	4	1		
林业产品批发	5115	1					
牲畜批发	5116	2	1				
渔业产品批发	5117						
其他农牧产品批发	5119	1					
食品、饮料及烟草制品批发	512	36	3				
米、面制品及食用油批发	5121	2					
糕点、糖果及糖批发	5122						
果品、蔬菜批发	5123	11	1				
肉、禽、蛋、奶及水产品批发	5124	4	1				
盐及调味品批发	5125	1					
营养和保健品批发	5126						
酒、饮料及茶叶批发	5127	2					
烟草制品批发	5128	13	1				
其他食品批发	5129	3					
纺织、服装及家庭用品批发	513	11	3				
纺织品、针织品及原料批发	5131						
服装批发	5132	5	3				
鞋帽批发	5133						
化妆品及卫生用品批发	5134	2					
厨具卫具及日用杂品批发	5135						
灯具、装饰物品批发	5136						
家用视听设备批发	5137						

1-17 续表 44

行业小类	代码	法人单位数(个)	7人及以下	8-19人	20-49人	50-99人
日用家电批发	5138	311	267	29	6	5
其他家庭用品批发	5139	422	374	34	12	2
文化、体育用品及器材批发	514	1075	993	57	20	4
文具用品批发	5141	559	533	20	5	1
体育用品及器材批发	5142	129	123	3	3	
图书批发	5143	89	78	8	2	
报刊批发	5144	2	2			
音像制品、电子和数字出版物批发	5145	21	18	3		
首饰、工艺品及收藏品批发	5146	152	131	13	6	2
乐器批发	5147	12	12			
其他文化用品批发	5149	111	96	10	4	1
医药及医疗器材批发	515	1318	943	232	87	39
西药批发	5151	186	77	31	41	25
中药批发	5152	101	64	15	11	9
动物用药品批发	5153	29	26	3		
医疗用品及器材批发	5154	1002	776	183	35	5
矿产品、建材及化工产品批发	516	13374	12036	986	249	50
煤炭及制品批发	5161	1133	983	105	32	8
石油及制品批发	5162	863	601	159	55	15
非金属矿及制品批发	5163	288	266	17	5	
金属及金属矿批发	5164	2012	1822	156	27	4
建材批发	5165	5175	4786	314	66	7
化肥批发	5166	2226	2076	104	27	12
农药批发	5167	611	558	40	12	1
农用薄膜批发	5168	110	104	5	1	
其他化工产品批发	5169	956	840	86	24	3
机械设备、五金产品及电子产品批发	517	10673	9723	714	176	44
农业机械批发	5171	791	706	65	15	3
汽车及零配件批发	5172	1491	1339	115	30	6
摩托车及零配件批发	5173	182	167	14	1	
五金产品批发	5174	2617	2500	96	16	5
电气设备批发	5175	879	819	49	11	
计算机、软件及辅助设备批发	5176	601	499	75	20	5
通讯设备批发	5177	277	234	22	12	7
广播影视设备批发	5178	33	28	4	1	
其他机械设备及电子产品批发	5179	3802	3431	274	70	18
贸易经纪与代理	518	937	876	50	9	1
贸易代理	5181	774	728	37	8	1
一般物品拍卖	5182	66	58	7	1	
艺术品、收藏品拍卖	5183	8	8			
其他贸易经纪与代理	5189	89	82	6		
其他批发业	519	1858	1672	140	37	6
再生物资回收与批发	5191	365	326	20	14	4

1-17 续表 45

行业小类	代码						
		100-299人	300-499人	500-999人	1000-4999人	5000-9999人	10000人及以上
日用家电批发	5138	4					
其他家庭用品批发	5139						
文化、体育用品及器材批发	514			1			
文具用品批发	5141						
体育用品及器材批发	5142						
图书批发	5143			1			
报刊批发	5144						
音像制品、电子和数字出版物批发	5145						
首饰、工艺品及收藏品批发	5146						
乐器批发	5147						
其他文化用品批发	5149						
医药及医疗器材批发	515	15	1	1			
西药批发	5151	10	1	1			
中药批发	5152	2					
动物用药品批发	5153						
医疗用品及器材批发	5154	3					
矿产品、建材及化工产品批发	516	33	9	11			
煤炭及制品批发	5161	5					
石油及制品批发	5162	16	7	10			
非金属矿及制品批发	5163						
金属及金属矿批发	5164	3					
建材批发	5165	1		1			
化肥批发	5166	6	1				
农药批发	5167						
农用薄膜批发	5168						
其他化工产品批发	5169	2	1				
机械设备、五金产品及电子产品批发	517	14		1	1		
农业机械批发	5171	2					
汽车及零配件批发	5172	1					
摩托车及零配件批发	5173						
五金产品批发	5174						
电气设备批发	5175						
计算机、软件及辅助设备批发	5176	2					
通讯设备批发	5177			1	1		
广播影视设备批发	5178						
其他机械设备及电子产品批发	5179	9					
贸易经纪与代理	518	1					
贸易代理	5181						
一般物品拍卖	5182						
艺术品、收藏品拍卖	5183						
其他贸易经纪与代理	5189	1					
其他批发业	519	2	1				
再生物资回收与批发	5191	1					

1-17 续表 46

行业小类	代码	法　人 单位数 (个)	7 人及 以下	8-19 人	20-49 人	50-99 人
宠物食品用品批发	5192	11	11			
互联网批发	5193	31	27	3	1	
其他未列明批发业	5199	1451	1308	117	22	2
零售业	**52**	**24325**	**21404**	**1900**	**662**	**218**
综合零售	521	3517	3174	183	85	36
百货零售	5211	2718	2497	137	47	18
超级市场零售	5212	138	54	23	24	18
便利店零售	5213	66	62	2	1	
其他综合零售	5219	595	561	21	13	
食品、饮料及烟草制品专门零售	522	2748	2465	206	62	9
粮油零售	5221	166	145	13	7	
糕点、面包零售	5222	108	80	17	7	3
果品、蔬菜零售	5223	686	604	61	16	2
肉、禽、蛋、奶及水产品零售	5224	351	320	28	3	
营养和保健品零售	5225	208	197	10		1
酒、饮料及茶叶零售	5226	328	296	23	8	1
烟草制品零售	5227	78	73	4	1	
其他食品零售	5229	823	750	50	20	2
纺织、服装及日用品专门零售	523	2003	1750	174	52	16
纺织品及针织品零售	5231	383	332	35	14	2
服装零售	5232	639	512	83	26	11
鞋帽零售	5233	34	27	1	3	2
化妆品及卫生用品零售	5234	257	243	11	3	
厨具卫具及日用杂品零售	5235	116	107	7	2	
钟表、眼镜零售	5236	191	179	9	2	
箱包零售	5237	11	10	1		
自行车等代步设备零售	5238	40	35	5		
其他日用品零售	5239	332	305	22	2	1
文化、体育用品及器材专门零售	524	1413	1305	71	19	8
文具用品零售	5241	529	517	9	3	
体育用品及器材零售	5242	136	129	7		
图书、报刊零售	5243	53	33	2	4	5
音像制品、电子和数字出版物零售	5244	17	15	2		
珠宝首饰零售	5245	224	194	22	5	2
工艺美术品及收藏品零售	5246	248	222	20	5	1
乐器零售	5247	49	48	1		
照相器材零售	5248	7	7			
其他文化用品零售	5249	150	140	8	2	
医药及医疗器材专门零售	525	1974	1764	114	54	21
西药零售	5251	1261	1115	62	44	20
中药零售	5252	158	142	11	4	
动物用药品零售	5253	37	35	2		
医疗用品及器材零售	5254	491	447	37	6	1

1-17 续表 47

行业小类	代码						
		100-299人	300-499人	500-999人	1000-4999人	5000-9999人	10000人及以上
宠物食品用品批发	5192						
互联网批发	5193						
其他未列明批发业	5199	1	1				
零售业	**52**	**113**	**15**	**8**	**5**		
综合零售	521	30	4	4	1		
百货零售	5211	16		2	1		
超级市场零售	5212	13	4	2			
便利店零售	5213	1					
其他综合零售	5219						
食品、饮料及烟草制品专门零售	522	6					
粮油零售	5221	1					
糕点、面包零售	5222	1					
果品、蔬菜零售	5223	3					
肉、禽、蛋、奶及水产品零售	5224						
营养和保健品零售	5225						
酒、饮料及茶叶零售	5226						
烟草制品零售	5227						
其他食品零售	5229	1					
纺织、服装及日用品专门零售	523	9	2				
纺织品及针织品零售	5231						
服装零售	5232	6	1				
鞋帽零售	5233		1				
化妆品及卫生用品零售	5234						
厨具卫具及日用杂品零售	5235						
钟表、眼镜零售	5236	1					
箱包零售	5237						
自行车等代步设备零售	5238						
其他日用品零售	5239	2					
文化、体育用品及器材专门零售	524	10					
文具用品零售	5241						
体育用品及器材零售	5242						
图书、报刊零售	5243	9					
音像制品、电子和数字出版物零售	5244						
珠宝首饰零售	5245	1					
工艺美术品及收藏品零售	5246						
乐器零售	5247						
照相器材零售	5248						
其他文化用品零售	5249						
医药及医疗器材专门零售	525	13	3	3	2		
西药零售	5251	13	3	3	1		
中药零售	5252				1		
动物用药品零售	5253						
医疗用品及器材零售	5254						

1-17 续表 48

行业小类	代码	法人单位数(个)	7人及以下	8-19人	20-49人	50-99人
保健辅助治疗器材零售	5255	27	25	2		
汽车、摩托车、零配件和燃料及其他动力销售	526	3869	2867	581	276	101
汽车新车零售	5261	1696	1144	242	199	88
汽车旧车零售	5262	311	296	13	2	
汽车零配件零售	5263	966	906	53	6	
摩托车及零配件零售	5264	178	160	17	1	
机动车燃油零售	5265	541	292	196	33	6
机动车燃气零售	5266	169	61	60	35	7
机动车充电销售	5267	8	8			
家用电器及电子产品专门零售	527	3172	2886	226	45	10
家用视听设备零售	5271	49	42	4	1	1
日用家电零售	5272	618	535	61	16	4
计算机、软件及辅助设备零售	5273	1119	1024	78	15	2
通信设备零售	5274	327	288	28	6	3
其他电子产品零售	5279	1059	997	55	7	
五金、家具及室内装饰材料专门零售	528	3592	3370	183	33	5
五金零售	5281	1982	1891	74	15	2
灯具零售	5282	100	100			
家具零售	5283	365	321	35	6	2
涂料零售	5284	46	42	4		
卫生洁具零售	5285	50	46	4		
木质装饰材料零售	5286	87	76	10	1	
陶瓷、石材装饰材料零售	5287	159	148	6	4	1
其他室内装饰材料零售	5289	803	746	50	7	
货摊、无店铺及其他零售业	529	2037	1823	162	36	12
流动货摊零售	5291	14	13	1		
互联网零售	5292	224	207	13	3	1
邮购及电视、电话零售	5293	5	4	1		
自动售货机零售	5294	9	9			
旧货零售	5295	8	6	2		
生活用燃料零售	5296	238	162	51	18	4
宠物食品用品零售	5297	13	12	1		
其他未列明零售业	5299	1526	1410	93	15	7
交通运输、仓储和邮政业	**G**	**9158**	**6997**	**1185**	**552**	**212**
铁路运输业	**53**	**8**	**2**	**3**	**2**	
铁路旅客运输	531	2	1		1	
高速铁路旅客运输	5311	1			1	
普通铁路旅客运输	5313	1	1			
铁路货物运输	532	6	1	3	1	
铁路货物运输	5320	6	1	3	1	
道路运输业	**54**	**6532**	**5013**	**822**	**389**	**157**
城市公共交通运输	541	258	144	45	28	13
公共电汽车客运	5411	66	21	9	4	10

1-17 续表 49

行业小类	代码						
		100-299人	300-499人	500-999人	1000-4999人	5000-9999人	10000人及以上
保健辅助治疗器材零售	5255						
汽车、摩托车、零配件和燃料及其他动力销售	526	39	4		1		
汽车新车零售	5261	23					
汽车旧车零售	5262						
汽车零配件零售	5263	1					
摩托车及零配件零售	5264						
机动车燃油零售	5265	11	2		1		
机动车燃气零售	5266	4	2				
机动车充电销售	5267						
家用电器及电子产品专门零售	527	3	1	1			
家用视听设备零售	5271		1				
日用家电零售	5272	1		1			
计算机、软件及辅助设备零售	5273						
通信设备零售	5274	2					
其他电子产品零售	5279						
五金、家具及室内装饰材料专门零售	528				1		
五金零售	5281						
灯具零售	5282						
家具零售	5283				1		
涂料零售	5284						
卫生洁具零售	5285						
木质装饰材料零售	5286						
陶瓷、石材装饰材料零售	5287						
其他室内装饰材料零售	5289						
货摊、无店铺及其他零售业	529	3	1				
流动货摊零售	5291						
互联网零售	5292						
邮购及电视、电话零售	5293						
自动售货机零售	5294						
旧货零售	5295						
生活用燃料零售	5296	3					
宠物食品用品零售	5297						
其他未列明零售业	5299		1				
交通运输、仓储和邮政业	**G**	**150**	**27**	**21**	**10**	**2**	**2**
铁路运输业	**53**						**1**
铁路旅客运输	531						
高速铁路旅客运输	5311						
普通铁路旅客运输	5313						
铁路货物运输	532						1
铁路货物运输	5320						1
道路运输业	**54**	**119**	**13**	**12**	**5**	**1**	**1**
城市公共交通运输	541	15	3	6	3	1	
公共电汽车客运	5411	11	3	6	1	1	

1-17 续表 50

行业小类	代码	法人单位数(个)	7人及以下	8-19人	20-49人	50-99人
城市轨道交通	5412	9	3	1	3	
出租车客运	5413	157	105	31	16	3
公共自行车服务	5414	3	3			
其他城市公共交通运输	5419	23	12	4	5	
公路旅客运输	542	207	97	49	34	11
长途客运	5421	112	46	25	20	9
旅游客运	5422	35	22	7	3	
其他公路客运	5429	60	29	17	11	2
道路货物运输	543	5524	4469	653	277	78
普通货物道路运输	5431	5215	4253	608	247	69
冷藏车道路运输	5432	4	4			
集装箱道路运输	5433	7	7			
大型货物道路运输	5434	29	17	8	3	1
危险货物道路运输	5435	74	28	13	20	5
邮件包裹道路运输	5436	12	9	2		1
城市配送	5437	56	47	8		1
搬家运输	5438	24	20	3	1	
其他道路货物运输	5439	103	84	11	6	1
道路运输辅助活动	544	543	303	75	50	55
客运汽车站	5441	96	32	21	29	8
货运枢纽（站）	5442	4	2	1		
公路管理与养护	5443	346	193	37	18	46
其他道路运输辅助活动	5449	97	76	16	3	1
水上运输业	**55**	**7**	**5**	**1**	**1**	
水上旅客运输	551	2	1		1	
内河旅客运输	5512	1			1	
客运轮渡运输	5513	1	1			
水上货物运输	552	3	2	1		
远洋货物运输	5521	3	2	1		
水上运输辅助活动	553	2	2			
货运港口	5532	1	1			
其他水上运输辅助活动	5539	1	1			
航空运输业	**56**	**68**	**45**	**10**	**5**	
航空客货运输	561	13	9	3		
航空旅客运输	5611	5	2	2		
航空货物运输	5612	8	7	1		
通用航空服务	562	34	23	7	3	
通用航空生产服务	5621	21	12	6	2	
观光游览航空服务	5622	2	2			
体育航空运动服务	5623	4	3		1	
其他通用航空服务	5629	7	6	1		
航空运输辅助活动	563	21	13		2	
机场	5631	10	5		2	

1-17 续表 51

行业小类	代码						
		100-299人	300-499人	500-999人	1000-4999人	5000-9999人	10000人及以上
城市轨道交通	5412	1			1		
出租车客运	5413	2					
公共自行车服务	5414						
其他城市公共交通运输	5419	1			1		
公路旅客运输	542	14	1	1			
长途客运	5421	10	1	1			
旅游客运	5422	3					
其他公路客运	5429	1					
道路货物运输	543	39	6	1			1
普通货物道路运输	5431	34	3	1			
冷藏车道路运输	5432						
集装箱道路运输	5433						
大型货物道路运输	5434						
危险货物道路运输	5435	5	2				1
邮件包裹道路运输	5436						
城市配送	5437						
搬家运输	5438						
其他道路货物运输	5439		1				
道路运输辅助活动	544	51	3	4	2		
客运汽车站	5441	4	1	1			
货运枢纽（站）	5442	1					
公路管理与养护	5443	45	2	3	2		
其他道路运输辅助活动	5449	1					
水上运输业	**55**						
水上旅客运输	551						
内河旅客运输	5512						
客运轮渡运输	5513						
水上货物运输	552						
远洋货物运输	5521						
水上运输辅助活动	553						
货运港口	5532						
其他水上运输辅助活动	5539						
航空运输业	**56**	**3**	**2**		**2**	**1**	
航空客货运输	561				1		
航空旅客运输	5611				1		
航空货物运输	5612						
通用航空服务	562		1				
通用航空生产服务	5621		1				
观光游览航空服务	5622						
体育航空运动服务	5623						
其他通用航空服务	5629						
航空运输辅助活动	563	3	1		1	1	
机场	5631	1	1			1	

1-17 续表 52

行业小类	代码	法 人 单位数 (个)				
			7 人及以下	8-19 人	20-49 人	50-99 人
空中交通管理	5632	1				
其他航空运输辅助活动	5639	10	8			
管道运输业	**57**	**19**	**11**	**1**	**3**	**1**
海底管道运输	571	1	1			
海底管道运输	5710	1	1			
陆地管道运输	572	18	10	1	3	1
陆地管道运输	5720	18	10	1	3	1
多式联运和运输代理业	**58**	**1095**	**931**	**116**	**31**	**9**
多式联运	581	47	33	8	4	1
多式联运	5810	47	33	8	4	1
运输代理业	582	1048	898	108	27	8
货物运输代理	5821	908	775	95	24	8
旅客票务代理	5822	101	91	7	2	
其他运输代理业	5829	39	32	6	1	
装卸搬运和仓储业	**59**	**1033**	**730**	**168**	**89**	**31**
装卸搬运	591	291	205	38	28	7
装卸搬运	5910	291	205	38	28	7
通用仓储	592	202	148	36	13	5
通用仓储	5920	202	148	36	13	5
低温仓储	593	92	71	14	6	
低温仓储	5930	92	71	14	6	
危险品仓储	594	22	12	7	2	1
油气仓储	5941	17	9	5	2	1
危险化学品仓储	5942	4	3	1		
其他危险品仓储	5949	1		1		
谷物、棉花等农产品仓储	595	249	160	43	33	12
谷物仓储	5951	88	48	19	17	4
棉花仓储	5952	34	18	2	7	6
其他农产品仓储	5959	127	94	22	9	2
中药材仓储	596	4	3	1		
中药材仓储	5960	4	3	1		
其他仓储业	599	173	131	29	7	6
其他仓储业	5990	173	131	29	7	6
邮政业	**60**	**396**	**260**	**64**	**32**	**14**
邮政基本服务	601	32	15	1		
邮政基本服务	6010	32	15	1		
快递服务	602	357	239	63	32	14
快递服务	6020	357	239	63	32	14
其他寄递服务	609	7	6			
其他寄递服务	6090	7	6			
住宿和餐饮业	**H**	**2693**	**1513**	**554**	**357**	**164**
住宿业	**61**	**1170**	**479**	**283**	**227**	**106**
旅游饭店	611	468	155	81	104	67

1-17 续表 53

行业小类	代码						
		100-299人	300-499人	500-999人	1000-4999人	5000-9999人	10000人及以上
空中交通管理	5632				1		
其他航空运输辅助活动	5639	2					
管道运输业	**57**	**2**			**1**		
海底管道运输	571						
海底管道运输	5710						
陆地管道运输	572	2			1		
陆地管道运输	5720	2			1		
多式联运和运输代理业	**58**	**7**	**1**				
多式联运	581	1					
多式联运	5810	1					
运输代理业	582	6	1				
货物运输代理	5821	5	1				
旅客票务代理	5822	1					
其他运输代理业	5829						
装卸搬运和仓储业	**59**	**11**	**2**	**2**			
装卸搬运	591	9	2	2			
装卸搬运	5910	9	2	2			
通用仓储	592						
通用仓储	5920						
低温仓储	593	1					
低温仓储	5930	1					
危险品仓储	594						
油气仓储	5941						
危险化学品仓储	5942						
其他危险品仓储	5949						
谷物、棉花等农产品仓储	595	1					
谷物仓储	5951						
棉花仓储	5952	1					
其他农产品仓储	5959						
中药材仓储	596						
中药材仓储	5960						
其他仓储业	599						
其他仓储业	5990						
邮政业	**60**	**8**	**9**	**7**	**2**		
邮政基本服务	601	4	7	5			
邮政基本服务	6010	4	7	5			
快递服务	602	3	2	2	2		
快递服务	6020	3	2	2	2		
其他寄递服务	609	1					
其他寄递服务	6090	1					
住宿和餐饮业	**H**	**89**	**12**	**2**	**2**		
住宿业	**61**	**64**	**9**	**1**	**1**		
旅游饭店	611	52	8		1		

1-17 续表 54

行业小类	代码	法人单位数(个)	7人及以下	8-19人	20-49人	50-99人
旅游饭店	6110	468	155	81	104	67
一般旅馆	612	556	258	160	96	31
经济型连锁酒店	6121	97	42	22	24	6
其他一般旅馆	6129	459	216	138	72	25
民宿服务	613	22	10	7	4	1
民宿服务	6130	22	10	7	4	1
露营地服务	614	5	4		1	
露营地服务	6140	5	4		1	
其他住宿业	619	119	52	35	22	7
其他住宿业	6190	119	52	35	22	7
餐饮业	**62**	**1523**	**1034**	**271**	**130**	**58**
正餐服务	621	1182	788	206	109	54
正餐服务	6210	1182	788	206	109	54
快餐服务	622	103	65	23	9	1
快餐服务	6220	103	65	23	9	1
饮料及冷饮服务	623	16	14	1	1	
茶馆服务	6231	6	5	1		
咖啡馆服务	6232	4	4			
酒吧服务	6233	2	2			
其他饮料及冷饮服务	6239	4	3		1	
餐饮配送及外卖送餐服务	624	82	60	18	4	
餐饮配送服务	6241	67	50	14	3	
外卖送餐服务	6242	15	10	4	1	
其他餐饮业	629	140	107	23	7	3
小吃服务	6291	59	50	9		
其他未列明餐饮业	6299	81	57	14	7	3
信息传输、软件和信息技术服务业	**I**	**8390**	**7154**	**761**	**295**	**81**
电信、广播电视和卫星传输服务	**63**	**506**	**283**	**83**	**56**	**23**
电信	631	292	176	35	14	11
固定电信服务	6311	73	39	6	4	3
移动电信服务	6312	123	69	12	5	6
其他电信服务	6319	96	68	17	5	2
广播电视传输服务	632	203	102	46	38	12
有线广播电视传输服务	6321	163	89	35	23	12
无线广播电视传输服务	6322	40	13	11	15	
卫星传输服务	633	11	5	2	4	
广播电视卫星传输服务	6331	7	2	2	3	
其他卫星传输服务	6339	4	3		1	
互联网和相关服务	**64**	**1029**	**889**	**87**	**37**	**10**
互联网接入及相关服务	641	135	117	9	3	4
互联网接入及相关服务	6410	135	117	9	3	4
互联网信息服务	642	456	390	40	18	4
互联网搜索服务	6421	15	12	1	2	

1-17 续表 55

行业小类	代码						
		100-299人	300-499人	500-999人	1000-4999人	5000-9999人	10000人及以上
旅游饭店	6110	52	8		1		
一般旅馆	612	10	1				
经济型连锁酒店	6121	3					
其他一般旅馆	6129	7	1				
民宿服务	613						
民宿服务	6130						
露营地服务	614						
露营地服务	6140						
其他住宿业	619	2		1			
其他住宿业	6190	2		1			
餐饮业	**62**	**25**	**3**	**1**	**1**		
正餐服务	621	22	3				
正餐服务	6210	22	3				
快餐服务	622	3		1	1		
快餐服务	6220	3		1	1		
饮料及冷饮服务	623						
茶馆服务	6231						
咖啡馆服务	6232						
酒吧服务	6233						
其他饮料及冷饮服务	6239						
餐饮配送及外卖送餐服务	624						
餐饮配送服务	6241						
外卖送餐服务	6242						
其他餐饮业	629						
小吃服务	6291						
其他未列明餐饮业	6299						
信息传输、软件和信息技术服务业	**I**	**60**	**18**	**13**	**8**		
电信、广播电视和卫星传输服务	**63**	**32**	**12**	**11**	**6**		
电信	631	28	12	11	5		
固定电信服务	6311	8	4	6	3		
移动电信服务	6312	18	6	5	2		
其他电信服务	6319	2	2				
广播电视传输服务	632	4			1		
有线广播电视传输服务	6321	3			1		
无线广播电视传输服务	6322	1					
卫星传输服务	633						
广播电视卫星传输服务	6331						
其他卫星传输服务	6339						
互联网和相关服务	**64**	**5**		**1**			
互联网接入及相关服务	641	2					
互联网接入及相关服务	6410	2					
互联网信息服务	642	3		1			
互联网搜索服务	6421						

1-17 续表 56

行业小类	代码	法人单位数(个)	7人及以下	8-19人	20-49人	50-99人
互联网游戏服务	6422	11	9	1	1	
互联网其他信息服务	6429	430	369	38	15	4
互联网平台	643	112	96	11	4	1
互联网生产服务平台	6431	15	10	2	2	1
互联网生活服务平台	6432	68	59	9		
互联网科技创新平台	6433	9	9			
互联网公共服务平台	6434	13	12		1	
其他互联网平台	6439	7	6		1	
互联网安全服务	644	26	19	6	1	
互联网安全服务	6440	26	19	6	1	
互联网数据服务	645	92	77	11	3	1
互联网数据服务	6450	92	77	11	3	1
其他互联网服务	649	208	190	10	8	
其他互联网服务	6490	208	190	10	8	
软件和信息技术服务业	**65**	**6855**	**5982**	**591**	**202**	**48**
软件开发	651	2352	2060	197	72	15
基础软件开发	6511	1228	1085	95	36	6
支撑软件开发	6512	14	11	1	2	
应用软件开发	6513	766	667	73	20	5
其他软件开发	6519	344	297	28	14	4
集成电路设计	652	24	21	2	1	
集成电路设计	6520	24	21	2	1	
信息系统集成和物联网技术服务	653	822	676	91	36	10
信息系统集成服务	6531	793	652	87	36	9
物联网技术服务	6532	29	24	4		1
运行维护服务	654	109	89	8	8	2
运行维护服务	6540	109	89	8	8	2
信息处理和存储支持服务	655	79	66	10	2	1
信息处理和存储支持服务	6550	79	66	10	2	1
信息技术咨询服务	656	2932	2606	235	63	16
信息技术咨询服务	6560	2932	2606	235	63	16
数字内容服务	657	58	44	5	8	1
地理遥感信息服务	6571	13	9		4	
动漫、游戏数字内容服务	6572	31	27	2	2	
其他数字内容服务	6579	14	8	3	2	1
其他信息技术服务业	659	479	420	43	12	3
呼叫中心	6591	3	2			
其他未列明信息技术服务业	6599	476	418	43	12	3
金融业	**J**	**2287**	**1541**	**212**	**100**	**77**
货币金融服务	**66**	**908**	**494**	**125**	**50**	**45**
中央银行服务	661	15				1
中央银行服务	6610	15				1
货币银行服务	662	276	5	15	36	43

1-17 续表 57

行业小类	代码						
		100-299人	300-499人	500-999人	1000-4999人	5000-9999人	10000人及以上
互联网游戏服务	6422						
互联网其他信息服务	6429	3		1			
互联网平台	643						
互联网生产服务平台	6431						
互联网生活服务平台	6432						
互联网科技创新平台	6433						
互联网公共服务平台	6434						
其他互联网平台	6439						
互联网安全服务	644						
互联网安全服务	6440						
互联网数据服务	645						
互联网数据服务	6450						
其他互联网服务	649						
其他互联网服务	6490						
软件和信息技术服务业	**65**	**23**	**6**	**1**	**2**		
软件开发	651	7	1				
基础软件开发	6511	5	1				
支撑软件开发	6512						
应用软件开发	6513	1					
其他软件开发	6519	1					
集成电路设计	652						
集成电路设计	6520						
信息系统集成和物联网技术服务	653	8	1				
信息系统集成服务	6531	8	1				
物联网技术服务	6532						
运行维护服务	654	1	1				
运行维护服务	6540	1	1				
信息处理和存储支持服务	655						
信息处理和存储支持服务	6550						
信息技术咨询服务	656	7	2	1	2		
信息技术咨询服务	6560	7	2	1	2		
数字内容服务	657						
地理遥感信息服务	6571						
动漫、游戏数字内容服务	6572						
其他数字内容服务	6579						
其他信息技术服务业	659		1				
呼叫中心	6591		1				
其他未列明信息技术服务业	6599						
金融业	**J**	**194**	**57**	**66**	**38**	**2**	
货币金融服务	**66**	**141**	**27**	**21**	**5**		
中央银行服务	661	11	2	1			
中央银行服务	6610	11	2	1			
货币银行服务	662	127	25	20	5		

1-17 续表 58

行业小类	代码	法人单位数(个)	7人及以下	8-19人	20-49人	50-99人
商业银行服务	6621	184	2	11	27	19
政策性银行服务	6622	22		2	3	8
信用合作社服务	6623	63			5	15
农村资金互助社服务	6624	1			1	
其他货币银行服务	6629	6	3	2		1
非货币银行服务	663	617	489	110	14	1
融资租赁服务	6631	31	23	6	1	
财务公司服务	6632	2			2	
典当	6633	234	194	36	4	
小额贷款公司服务	6635	323	248	65	7	1
网络借贷服务	6637	7	7			
其他非货币银行服务	6639	20	17	3		
资本市场服务	**67**	**925**	**868**	**41**	**10**	**2**
证券市场服务	671	5	2		1	
证券市场管理服务	6711	1			1	
证券经纪交易服务	6712	4	2			
非公开募集证券投资基金	673	75	66	9		
期货市场服务	674	2				1
其他期货市场服务	6749	2				1
证券期货监管服务	675	1			1	
证券期货监管服务	6750	1			1	
资本投资服务	676	745	717	19	7	1
资本投资服务	6760	745	717	19	7	1
其他资本市场服务	679	97	83	13	1	
其他资本市场服务	6790	97	83	13	1	
保险业	**68**	**307**	**66**	**23**	**31**	**30**
人身保险	681	112	10	1	3	4
人寿保险	6811	108	10		3	3
健康保险	6813	4		1		1
财产保险	682	164	38	14	27	26
财产保险	6820	164	38	14	27	26
商业养老金	684	3		1		
商业养老金	6840	3		1		
保险中介服务	685	18	8	7	1	
保险经纪服务	6851	1		1		
保险代理服务	6852	17	8	6	1	
其他保险活动	689	10	10			
其他保险活动	6890	10	10			
其他金融业	**69**	**147**	**113**	**23**	**9**	
金融信托与管理服务	691	4	1	1		
信托公司	6911	2				
其他金融信托与管理服务	6919	2	1	1		
控股公司服务	692	1	1			

1-17 续表 59

行业小类	代码						
		100-299人	300-499人	500-999人	1000-4999人	5000-9999人	10000人及以上
商业银行服务	6621	77	23	20	5		
政策性银行服务	6622	9					
信用合作社服务	6623	41	2				
农村资金互助社服务	6624						
其他货币银行服务	6629						
非货币银行服务	663	3					
融资租赁服务	6631	1					
财务公司服务	6632						
典当	6633						
小额贷款公司服务	6635	2					
网络借贷服务	6637						
其他非货币银行服务	6639						
资本市场服务	**67**	**2**	**1**	**1**			
证券市场服务	671		1	1			
证券市场管理服务	6711						
证券经纪交易服务	6712		1	1			
非公开募集证券投资基金	673						
期货市场服务	674	1					
其他期货市场服务	6749	1					
证券期货监管服务	675						
证券期货监管服务	6750						
资本投资服务	676	1					
资本投资服务	6760	1					
其他资本市场服务	679						
其他资本市场服务	6790						
保险业	**68**	**50**	**28**	**44**	**33**	**2**	
人身保险	681	15	16	33	28	2	
人寿保险	6811	14	16	32	28	2	
健康保险	6813	1		1			
财产保险	682	33	12	11	3		
财产保险	6820	33	12	11	3		
商业养老金	684	2					
商业养老金	6840	2					
保险中介服务	685				2		
保险经纪服务	6851						
保险代理服务	6852				2		
其他保险活动	689						
其他保险活动	6890						
其他金融业	**69**	**1**	**1**				
金融信托与管理服务	691	1	1				
信托公司	6911	1	1				
其他金融信托与管理服务	6919						
控股公司服务	692						

1-17 续表 60

行业小类	代码	法人单位数(个)	7人及以下	8-19人	20-49人	50-99人
控股公司服务	6920	1	1			
非金融机构支付服务	693	2	1	1		
非金融机构支付服务	6930	2	1	1		
金融信息服务	694	22	17	3	2	
金融信息服务	6940	22	17	3	2	
金融资产管理公司	695	3	3			
金融资产管理公司	6950	3	3			
其他未列明金融业	699	115	90	18	7	
其他未包括金融业	6999	115	90	18	7	
房地产业	**K**	**9504**	**5448**	**2141**	**1320**	**354**
房地产业	**70**	**9504**	**5448**	**2141**	**1320**	**354**
房地产开发经营	701	3549	1881	983	567	82
房地产开发经营	7010	3549	1881	983	567	82
物业管理	702	3272	1473	748	619	240
物业管理	7020	3272	1473	748	619	240
房地产中介服务	703	1576	1336	177	52	7
房地产中介服务	7030	1576	1336	177	52	7
房地产租赁经营	704	1022	690	222	80	22
房地产租赁经营	7040	1022	690	222	80	22
其他房地产业	709	85	68	11	2	3
其他房地产业	7090	85	68	11	2	3
租赁和商务服务业	**L**	**24225**	**20529**	**2310**	**860**	**251**
租赁业	**71**	**2413**	**2135**	**206**	**53**	**11**
机械设备经营租赁	711	2355	2084	200	52	11
汽车租赁	7111	719	670	34	10	2
农业机械经营租赁	7112	205	175	18	10	1
建筑工程机械与设备经营租赁	7113	1116	964	119	24	5
计算机及通讯设备经营租赁	7114	18	16	2		
医疗设备经营租赁	7115	16	15	1		
其他机械与设备经营租赁	7119	281	244	26	8	3
文体设备和用品出租	712	52	45	6	1	
休闲娱乐用品设备出租	7121	14	13		1	
体育用品设备出租	7122	3	2	1		
文化用品设备出租	7123	20	17	3		
图书出租	7124	4	3	1		
音像制品出租	7125	1	1			
其他文体设备和用品出租	7129	10	9	1		
日用品出租	713	6	6			
日用品出租	7130	6	6			
商务服务业	**72**	**21812**	**18394**	**2104**	**807**	**240**
组织管理服务	721	4680	3984	373	195	69
企业总部管理	7211	398	309	32	23	15
投资与资产管理	7212	3560	3145	240	122	35

1-17 续表 61

行业小类	代码						
		100-299人	300-499人	500-999人	1000-4999人	5000-9999人	10000人及以上
控股公司服务	6920						
非金融机构支付服务	693						
非金融机构支付服务	6930						
金融信息服务	694						
金融信息服务	6940						
金融资产管理公司	695						
金融资产管理公司	6950						
其他未列明金融业	699						
其他未包括金融业	6999						
房地产业	**K**	**199**	**19**	**18**	**5**		
房地产业	**70**	**199**	**19**	**18**	**5**		
房地产开发经营	701	31		5			
房地产开发经营	7010	31		5			
物业管理	702	155	19	13	5		
物业管理	7020	155	19	13	5		
房地产中介服务	703	4					
房地产中介服务	7030	4					
房地产租赁经营	704	8					
房地产租赁经营	7040	8					
其他房地产业	709	1					
其他房地产业	7090	1					
租赁和商务服务业	**L**	**156**	**46**	**37**	**33**	**2**	**1**
租赁业	**71**	**7**	**1**				
机械设备经营租赁	711	7	1				
汽车租赁	7111	2	1				
农业机械经营租赁	7112	1					
建筑工程机械与设备经营租赁	7113	4					
计算机及通讯设备经营租赁	7114						
医疗设备经营租赁	7115						
其他机械与设备经营租赁	7119						
文体设备和用品出租	712						
休闲娱乐用品设备出租	7121						
体育用品设备出租	7122						
文化用品设备出租	7123						
图书出租	7124						
音像制品出租	7125						
其他文体设备和用品出租	7129						
日用品出租	713						
日用品出租	7130						
商务服务业	**72**	**149**	**45**	**37**	**33**	**2**	**1**
组织管理服务	721	45	7	2	5		
企业总部管理	7211	14	2		3		
投资与资产管理	7212	15	2	1			

1-17 续表 62

行业小类	代码	法人单位数(个)	7人及以下	8-19人	20-49人	50-99人
资源与产权交易服务	7213	33	25	3	3	
单位后勤管理服务	7214	169	99	20	25	12
农村集体经济组织管理	7215	149	113	22	9	1
其他组织管理服务	7219	371	293	56	13	6
综合管理服务	722	811	530	146	88	38
园区管理服务	7221	50	23	12	14	1
商业综合体管理服务	7222	68	45	13	3	4
市场管理服务	7223	521	316	101	67	32
供应链管理服务	7224	64	55	7	1	1
其他综合管理服务	7229	108	91	13	3	
法律服务	723	880	607	200	63	9
律师及相关法律服务	7231	727	486	175	59	7
公证服务	7232	75	54	17	2	1
其他法律服务	7239	78	67	8	2	1
咨询与调查	724	6114	5352	553	173	25
会计、审计及税务服务	7241	1420	1158	190	61	9
市场调查	7242	59	47	9	2	1
社会经济咨询	7243	3200	2894	230	64	10
健康咨询	7244	256	238	12	5	
环保咨询	7245	124	108	8	7	1
体育咨询	7246	13	11	2		
其他专业咨询与调查	7249	1042	896	102	34	4
广告业	725	3757	3429	266	56	5
互联网广告服务	7251	431	391	31	8	1
其他广告服务	7259	3326	3038	235	48	4
人力资源服务	726	1832	1403	225	90	47
公共就业服务	7261	69	59	6	4	
职业中介服务	7262	114	87	13	9	3
劳务派遣服务	7263	1426	1070	181	72	42
创业指导服务	7264	70	61	8	1	
其他人力资源服务	7269	153	126	17	4	2
安全保护服务	727	600	370	71	39	19
安全服务	7271	218	60	23	24	14
安全系统监控服务	7272	295	246	38	11	
其他安全保护服务	7279	87	64	10	4	5
会议、展览及相关服务	728	543	479	41	19	2
科技会展服务	7281	45	43		2	
旅游会展服务	7282	50	42	4	3	1
体育会展服务	7283	5	4		1	
文化会展服务	7284	202	177	22	2	1
其他会议、展览及相关服务	7289	241	213	15	11	
其他商务服务业	729	2595	2240	229	84	26
旅行社及相关服务	7291	1103	915	114	50	14

1-17 续表 63

行业小类	代码						
		100-299人	300-499人	500-999人	1000-4999人	5000-9999人	10000人及以上
资源与产权交易服务	7213	2					
单位后勤管理服务	7214	10	2	1			
农村集体经济组织管理	7215	2			2		
其他组织管理服务	7219	2	1				
综合管理服务	722	7	1	1			
园区管理服务	7221						
商业综合体管理服务	7222	2	1				
市场管理服务	7223	5					
供应链管理服务	7224						
其他综合管理服务	7229			1			
法律服务	723	1					
律师及相关法律服务	7231						
公证服务	7232	1					
其他法律服务	7239						
咨询与调查	724	8		1	2		
会计、审计及税务服务	7241	2					
市场调查	7242						
社会经济咨询	7243	2					
健康咨询	7244				1		
环保咨询	7245						
体育咨询	7246						
其他专业咨询与调查	7249	4		1	1		
广告业	725	1					
互联网广告服务	7251						
其他广告服务	7259	1					
人力资源服务	726	32	9	12	13		1
公共就业服务	7261						
职业中介服务	7262	1		1			
劳务派遣服务	7263	28	9	11	12		1
创业指导服务	7264						
其他人力资源服务	7269	3			1		
安全保护服务	727	41	26	21	12	1	
安全服务	7271	40	26	19	11	1	
安全系统监控服务	7272						
其他安全保护服务	7279	1		2	1		
会议、展览及相关服务	728	2					
科技会展服务	7281						
旅游会展服务	7282						
体育会展服务	7283						
文化会展服务	7284						
其他会议、展览及相关服务	7289	2					
其他商务服务业	729	12	2		1	1	
旅行社及相关服务	7291	9	1				

1-17 续表 64

行业小类	代码	法人单位数(个)	7人及以下	8-19人	20-49人	50-99人
包装服务	7292	85	78	7		
办公服务	7293	137	125	7	4	1
翻译服务	7294	48	45	2	1	
信用服务	7295	21	19	1	1	
非融资担保服务	7296	87	73	10	3	1
商务代理代办服务	7297	367	324	32	9	2
票务代理服务	7298	24	22	2		
其他未列明商务服务业	7299	723	639	54	16	8
科学研究和技术服务业	**M**	**12135**	**9015**	**1797**	**864**	**291**
研究和试验发展	**73**	**520**	**405**	**49**	**37**	**22**
自然科学研究和试验发展	731	32	27	1	1	3
自然科学研究和试验发展	7310	32	27	1	1	3
工程和技术研究和试验发展	732	210	174	18	13	2
工程和技术研究和试验发展	7320	210	174	18	13	2
农业科学研究和试验发展	733	174	114	22	22	15
农业科学研究和试验发展	7330	174	114	22	22	15
医学研究和试验发展	734	77	68	5	1	2
医学研究和试验发展	7340	77	68	5	1	2
社会人文科学研究	735	27	22	3		
社会人文科学研究	7350	27	22	3		
专业技术服务业	**74**	**6768**	**4534**	**1267**	**596**	**220**
气象服务	741	231	133	61	18	14
气象服务	7410	231	133	61	18	14
地震服务	742	38	25	10	2	
地震服务	7420	38	25	10	2	
海洋服务	743	3	2	1		
海洋环境服务	7432	1	1			
其他海洋服务	7439	2	1	1		
测绘地理信息服务	744	221	132	54	22	7
遥感测绘服务	7441	93	62	20	6	2
其他测绘地理信息服务	7449	128	70	34	16	5
质检技术服务	745	1215	648	344	168	39
检验检疫服务	7451	139	63	54	19	3
检测服务	7452	756	345	251	121	27
计量服务	7453	140	122	11	5	1
标准化服务	7454	3	2		1	
认证认可服务	7455	30	25	2	2	1
其他质检技术服务	7459	147	91	26	20	7
环境与生态监测检测服务	746	262	166	41	43	11
环境保护监测	7461	234	147	37	39	10
生态资源监测	7462	28	19	4	4	1
地质勘查	747	289	185	38	26	13
能源矿产地质勘查	7471	56	39	6	2	1

1-17 续表 65

行业小类	代码						
		100-299人	300-499人	500-999人	1000-4999人	5000-9999人	10000人及以上
包装服务	7292						
办公服务	7293						
翻译服务	7294						
信用服务	7295						
非融资担保服务	7296						
商务代理代办服务	7297						
票务代理服务	7298						
其他未列明商务服务业	7299	3	1		1	1	
科学研究和技术服务业	**M**	**135**	**17**	**12**	**4**		
研究和试验发展	**73**	**6**	**1**				
自然科学研究和试验发展	731						
自然科学研究和试验发展	7310						
工程和技术研究和试验发展	732	3					
工程和技术研究和试验发展	7320	3					
农业科学研究和试验发展	733	1					
农业科学研究和试验发展	7330	1					
医学研究和试验发展	734	1					
医学研究和试验发展	7340	1					
社会人文科学研究	735	1	1				
社会人文科学研究	7350	1	1				
专业技术服务业	**74**	**121**	**15**	**11**	**4**		
气象服务	741	5					
气象服务	7410	5					
地震服务	742		1				
地震服务	7420		1				
海洋服务	743						
海洋环境服务	7432						
其他海洋服务	7439						
测绘地理信息服务	744	5	1				
遥感测绘服务	7441	2	1				
其他测绘地理信息服务	7449	3					
质检技术服务	745	16					
检验检疫服务	7451						
检测服务	7452	12					
计量服务	7453	1					
标准化服务	7454						
认证认可服务	7455						
其他质检技术服务	7459	3					
环境与生态监测检测服务	746	1					
环境保护监测	7461	1					
生态资源监测	7462						
地质勘查	747	21	5	1			
能源矿产地质勘查	7471	6	2				

1-17 续表 66

行业小类	代码	法人单位数(个)	7人及以下	8-19人	20-49人	50-99人
固体矿产地质勘查	7472	61	37	10	7	1
水、二氧化碳等矿产地质勘查	7473	4	2	1		
基础地质勘查	7474	27	17	2	2	2
地质勘查技术服务	7475	141	90	19	15	9
工程技术与设计服务	748	2705	1841	446	223	118
工程管理服务	7481	1219	864	196	104	38
工程监理服务	7482	173	80	27	24	27
工程勘察活动	7483	207	125	36	21	9
工程设计活动	7484	802	564	122	55	35
规划设计管理	7485	258	179	53	15	8
土地规划服务	7486	46	29	12	4	1
工业与专业设计及其他专业技术服务	749	1804	1402	272	94	18
工业设计服务	7491	64	46	13	2	2
专业设计服务	7492	745	639	70	30	2
兽医服务	7493	315	174	105	29	4
其他未列明专业技术服务业	7499	680	543	84	33	10
科技推广和应用服务业	**75**	**4847**	**4076**	**481**	**231**	**49**
技术推广服务	751	4035	3351	414	219	41
农林牧渔技术推广服务	7511	1738	1288	262	154	28
生物技术推广服务	7512	482	440	33	9	
新材料技术推广服务	7513	106	102	3	1	
节能技术推广服务	7514	364	338	17	7	1
新能源技术推广服务	7515	228	204	9	12	2
环保技术推广服务	7516	324	291	22	8	3
三维（3D）打印技术推广服务	7517	4	4			
其他技术推广服务	7519	789	684	68	28	7
知识产权服务	752	102	87	11	3	1
知识产权服务	7520	102	87	11	3	1
科技中介服务	753	118	105	11		2
科技中介服务	7530	118	105	11		2
创业空间服务	754	36	31	5		
创业空间服务	7540	36	31	5		
其他科技推广服务业	759	556	502	40	9	5
其他科技推广服务业	7590	556	502	40	9	5
水利、环境和公共设施管理业	**N**	**2277**	**1415**	**382**	**215**	**125**
水利管理业	**76**	**571**	**315**	**87**	**70**	**44**
防洪除涝设施管理	761	29	21	4	2	1
防洪除涝设施管理	7610	29	21	4	2	1
水资源管理	762	304	176	36	33	23
水资源管理	7620	304	176	36	33	23
天然水收集与分配	763	74	32	13	12	6
天然水收集与分配	7630	74	32	13	12	6
水文服务	764	21	7	4	5	5

1-17 续表 67

行业小类	代码	100-299人	300-499人	500-999人	1000-4999人	5000-9999人	10000人及以上
固体矿产地质勘查	7472	5	1				
水、二氧化碳等矿产地质勘查	7473	1					
基础地质勘查	7474	2	2				
地质勘查技术服务	7475	7		1			
工程技术与设计服务	748	61	5	8	3		
工程管理服务	7481	13	2	1	1		
工程监理服务	7482	13	1		1		
工程勘察活动	7483	10	1	4	1		
工程设计活动	7484	22	1	3			
规划设计管理	7485	3					
土地规划服务	7486						
工业与专业设计及其他专业技术服务	749	12	3	2	1		
工业设计服务	7491	1					
专业设计服务	7492	2	1		1		
兽医服务	7493	3					
其他未列明专业技术服务业	7499	6	2	2			
科技推广和应用服务业	**75**	**8**	**1**	**1**			
技术推广服务	751	8	1	1			
农林牧渔技术推广服务	7511	5		1			
生物技术推广服务	7512						
新材料技术推广服务	7513						
节能技术推广服务	7514	1					
新能源技术推广服务	7515		1				
环保技术推广服务	7516						
三维（3D）打印技术推广服务	7517						
其他技术推广服务	7519	2					
知识产权服务	752						
知识产权服务	7520						
科技中介服务	753						
科技中介服务	7530						
创业空间服务	754						
创业空间服务	7540						
其他科技推广服务业	759						
其他科技推广服务业	7590						
水利、环境和公共设施管理业	**N**	**103**	**18**	**12**	**7**		
水利管理业	**76**	**43**	**9**	**3**			
防洪除涝设施管理	761	1					
防洪除涝设施管理	7610	1					
水资源管理	762	30	4	2			
水资源管理	7620	30	4	2			
天然水收集与分配	763	7	3	1			
天然水收集与分配	7630	7	3	1			
水文服务	764						

1-17 续表 68

行业小类	代码	法人单位数(个)	7人及以下	8-19人	20-49人	50-99人
水文服务	7640					
其他水利管理业	769	5	2			
其他水利管理业	7690	5	2			
生态保护和环境治理业	**77**	**7**				
生态保护	771	6				
自然生态系统保护管理	7711	5				
野生动物保护	7713	1				
野生植物保护	7714					
动物园、水族馆管理服务	7715					
植物园管理服务	7716					
其他自然保护	7719					
环境治理业	772	1				
水污染治理	7721	1				
大气污染治理	7722					
固体废物治理	7723					
危险废物治理	7724					
土壤污染治理与修复服务	7726					
其他污染治理	7729					
公共设施管理业	**78**	**53**	**9**	**9**	**7**	
市政设施管理	781	10		1		
市政设施管理	7810	10		1		
环境卫生管理	782	12	7	7	4	
环境卫生管理	7820	12	7	7	4	
城乡市容管理	783	2				
城乡市容管理	7830	2				
绿化管理	784	20		1	3	
绿化管理	7840	20		1	3	
城市公园管理	785	4				
城市公园管理	7850	4				
游览景区管理	786	5	2			
名胜风景区管理	7861	2	2			
森林公园管理	7862					
其他游览景区管理	7869	3				
土地管理业	**79**					
土地整治服务	791					
土地整治服务	7910					
土地调查评估服务	792					
土地调查评估服务	7920					
土地登记服务	793					
土地登记服务	7930					
土地登记代理服务	794					
土地登记代理服务	7940					
其他土地管理服务	799					

1-17 续表 69

行业小类	代码	100-299人	300-499人	500-999人	1000-4999人	5000-9999人	10000人及以上
水文服务	7640						
其他水利管理业	769	5	2				
其他水利管理业	7690	5	2				
生态保护和环境治理业	**77**	**7**					
生态保护	771	6					
自然生态系统保护管理	7711	5					
野生动物保护	7713	1					
野生植物保护	7714						
动物园、水族馆管理服务	7715						
植物园管理服务	7716						
其他自然保护	7719						
环境治理业	772	1					
水污染治理	7721	1					
大气污染治理	7722						
固体废物治理	7723						
危险废物治理	7724						
土壤污染治理与修复服务	7726						
其他污染治理	7729						
公共设施管理业	**78**	**53**	**9**	**9**	**7**		
市政设施管理	781	10		1			
市政设施管理	7810	10		1			
环境卫生管理	782	12	7	7	4		
环境卫生管理	7820	12	7	7	4		
城乡市容管理	783	2					
城乡市容管理	7830	2					
绿化管理	784	20		1	3		
绿化管理	7840	20		1	3		
城市公园管理	785	4					
城市公园管理	7850	4					
游览景区管理	786	5	2				
名胜风景区管理	7861	2	2				
森林公园管理	7862						
其他游览景区管理	7869	3					
土地管理业	**79**						
土地整治服务	791						
土地整治服务	7910						
土地调查评估服务	792						
土地调查评估服务	7920						
土地登记服务	793						
土地登记服务	7930						
土地登记代理服务	794						
土地登记代理服务	7940						
其他土地管理服务	799						

1-17 续表 70

行业小类	代码	法人单位数(个)	7人及以下	8-19人	20-49人	50-99人
其他土地管理服务	7990	38	34	2	1	1
居民服务、修理和其他服务业	**O**	**4839**	**3959**	**654**	**158**	**48**
居民服务业	**80**	**1680**	**1399**	**187**	**68**	**21**
家庭服务	801	433	363	50	16	3
家庭服务	8010	433	363	50	16	3
托儿所服务	802	32	19	10	3	
托儿所服务	8020	32	19	10	3	
洗染服务	803	41	25	9	4	3
洗染服务	8030	41	25	9	4	3
理发及美容服务	804	192	171	15	6	
理发及美容服务	8040	192	171	15	6	
洗浴和保健养生服务	805	170	145	13	7	4
洗浴服务	8051	12	7	2	1	1
足浴服务	8052	10	6	3		1
养生保健服务	8053	148	132	8	6	2
摄影扩印服务	806	126	112	10	1	3
摄影扩印服务	8060	126	112	10	1	3
婚姻服务	807	124	118	6		
婚姻服务	8070	124	118	6		
殡葬服务	808	211	168	21	15	5
殡葬服务	8080	211	168	21	15	5
其他居民服务业	809	351	278	53	16	3
其他居民服务业	8090	351	278	53	16	3
机动车、电子产品和日用产品修理业	**81**	**2597**	**2127**	**396**	**61**	**10**
汽车、摩托车等修理与维护	811	1954	1556	338	54	6
汽车修理与维护	8111	1889	1507	324	53	5
大型车辆装备修理与维护	8112	42	29	11	1	1
摩托车修理与维护	8113	16	14	2		
助动车等修理与维护	8114	7	6	1		
计算机和办公设备维修	812	374	329	34	5	3
计算机和辅助设备修理	8121	200	184	10	3	2
通讯设备修理	8122	69	55	11	1	1
其他办公设备维修	8129	105	90	13	1	
家用电器修理	813	199	182	16		1
家用电子产品修理	8131	75	70	4		1
日用电器修理	8132	124	112	12		
其他日用产品修理业	819	70	60	8	2	
自行车修理	8191	1	1			
鞋和皮革修理	8192	1	1			
家具和相关物品修理	8193	9	8	1		
其他未列明日用产品修理业	8199	59	50	7	2	
其他服务业	**82**	**562**	**433**	**71**	**29**	**17**
清洁服务	821	363	272	45	21	14

1-17 续表 71

行业小类	代码						
		100-299人	300-499人	500-999人	1000-4999人	5000-9999人	10000人及以上
其他土地管理服务	7990						
居民服务、修理和其他服务业	**O**	**14**	**3**	**3**			
居民服务业	**80**	**3**	**2**				
家庭服务	801	1					
家庭服务	8010	1					
托儿所服务	802						
托儿所服务	8020						
洗染服务	803						
洗染服务	8030						
理发及美容服务	804						
理发及美容服务	8040						
洗浴和保健养生服务	805	1					
洗浴服务	8051	1					
足浴服务	8052						
养生保健服务	8053						
摄影扩印服务	806						
摄影扩印服务	8060						
婚姻服务	807						
婚姻服务	8070						
殡葬服务	808		2				
殡葬服务	8080		2				
其他居民服务业	809	1					
其他居民服务业	8090	1					
机动车、电子产品和日用产品修理业	**81**	**2**		**1**			
汽车、摩托车等修理与维护	811						
汽车修理与维护	8111						
大型车辆装备修理与维护	8112						
摩托车修理与维护	8113						
助动车等修理与维护	8114						
计算机和办公设备维修	812	2		1			
计算机和辅助设备修理	8121	1					
通讯设备修理	8122			1			
其他办公设备维修	8129	1					
家用电器修理	813						
家用电子产品修理	8131						
日用电器修理	8132						
其他日用产品修理业	819						
自行车修理	8191						
鞋和皮革修理	8192						
家具和相关物品修理	8193						
其他未列明日用产品修理业	8199						
其他服务业	**82**	**9**	**1**	**2**			
清洁服务	821	8	1	2			

1-17 续表 72

行业小类	代码	法人单位数(个)	7人及以下	8-19人	20-49人	50-99人
建筑物清洁服务	8211	57	43	10	2	1
其他清洁服务	8219	306	229	35	19	13
宠物服务	822	15	13	2		
宠物饲养	8221	2	2			
宠物医院服务	8222	6	6			
宠物美容服务	8223	4	3	1		
宠物寄托收养服务	8224	1	1			
其他宠物服务	8229	2	1	1		
其他未列明服务业	829	184	148	24	8	3
其他未列明服务业	8290	184	148	24	8	3
教育	**P**	**9446**	**3369**	**1526**	**1743**	**1226**
教育	**83**	**9446**	**3369**	**1526**	**1743**	**1226**
学前教育	831	2617	776	663	809	262
学前教育	8310	2617	776	663	809	262
初等教育	832	2045	304	188	468	511
普通小学教育	8321	2041	303	188	468	509
成人小学教育	8322	4	1			2
中等教育	833	1411	85	23	131	364
普通初中教育	8331	992	52	6	103	304
职业初中教育	8332	2	1			
普通高中教育	8334	274	9	1	7	23
成人高中教育	8335	2	1	1		
中等职业学校教育	8336	141	22	15	21	37
高等教育	834	70	15	2	5	10
普通高等教育	8341	39	3		3	2
成人高等教育	8342	31	12	2	2	8
特殊教育	835	35	6	7	11	10
特殊教育	8350	35	6	7	11	10
技能培训、教育辅助及其他教育	839	3268	2183	643	319	69
职业技能培训	8391	1613	943	370	233	34
体校及体育培训	8392	105	83	12	6	3
文化艺术培训	8393	573	499	59	12	3
教育辅助服务	8394	413	307	76	22	7
其他未列明教育	8399	564	351	126	46	22
卫生和社会工作	**Q**	**3834**	**1303**	**687**	**1058**	**436**
卫生	**84**	**3157**	**892**	**535**	**979**	**409**
医院	841	799	75	90	230	148
综合医院	8411	536	31	52	161	101
中医医院	8412	64	7	10	19	9
中西医结合医院	8413	12	3	4	3	2
民族医院	8414	42	5	2	5	9
专科医院	8415	125	19	21	37	25
疗养院	8416	20	10	1	5	2

1-17 续表 73

行业小类	代码						
		100-299人	300-499人	500-999人	1000-4999人	5000-9999人	10000人及以上
建筑物清洁服务	8211		1				
其他清洁服务	8219	8		2			
宠物服务	822						
宠物饲养	8221						
宠物医院服务	8222						
宠物美容服务	8223						
宠物寄托收养服务	8224						
其他宠物服务	8229						
其他未列明服务业	829	1					
其他未列明服务业	8290	1					
教育	**P**	**1343**	**170**	**52**	**17**		
教育	**83**	**1343**	**170**	**52**	**17**		
学前教育	831	95	9	3			
学前教育	8310	95	9	3			
初等教育	832	492	54	23	5		
普通小学教育	8321	491	54	23	5		
成人小学教育	8322	1					
中等教育	833	705	92	11			
普通初中教育	8331	483	40	4			
职业初中教育	8332	1					
普通高中教育	8334	182	47	5			
成人高中教育	8335						
中等职业学校教育	8336	39	5	2			
高等教育	834	15	8	6	9		
普通高等教育	8341	11	7	5	8		
成人高等教育	8342	4	1	1	1		
特殊教育	835	1					
特殊教育	8350	1					
技能培训、教育辅助及其他教育	839	35	7	9	3		
职业技能培训	8391	19	5	8	1		
体校及体育培训	8392	1					
文化艺术培训	8393						
教育辅助服务	8394	1					
其他未列明教育	8399	14	2	1	2		
卫生和社会工作	**Q**	**196**	**65**	**59**	**30**		
卫生	**84**	**189**	**64**	**59**	**30**		
医院	841	110	60	57	29		
综合医院	8411	69	45	50	27		
中医医院	8412	10	6	2	1		
中西医结合医院	8413						
民族医院	8414	15	5	1			
专科医院	8415	14	4	4	1		
疗养院	8416	2					

1-17 续表 74

行业小类	代码	法人单位数(个)	7人及以下	8-19人	20-49人	50-99人
基层医疗卫生服务	842	1652	497	331	578	198
社区卫生服务中心（站）	8421	492	286	98	72	29
街道卫生院	8422	2		1	1	
乡镇卫生院	8423	892	52	193	451	160
村卫生室	8424	71	42	8	18	2
门诊部（所）	8425	195	117	31	36	7
专业公共卫生服务	843	630	273	105	160	60
疾病预防控制中心	8431	206	58	31	81	27
专科疾病防治院（所、站)	8432	10	3	2	3	
妇幼保健院（所、站）	8433	92	9	12	42	16
急救中心（站）服务	8434	13	7	2	3	1
采供血机构服务	8435	30	4	3	12	9
计划生育技术服务活动	8436	279	192	55	19	7
其他卫生活动	849	76	47	9	11	3
健康体检服务	8491	17	5	1	3	2
临床检验服务	8492	12	5	3	4	
其他未列明卫生服务	8499	47	37	5	4	1
社会工作	**85**	**677**	**411**	**152**	**79**	**27**
提供住宿社会工作	851	513	283	127	72	24
干部休养所	8511	53	30	17	4	1
精神康复服务	8513	12	3	3	1	3
老年人、残疾人养护服务	8514	395	222	93	59	18
临终关怀服务	8515	2	2			
孤残儿童收养和庇护服务	8516	38	18	10	8	1
其他提供住宿社会救助	8519	13	8	4		1
不提供住宿社会工作	852	164	128	25	7	3
社会看护与帮助服务	8521	79	58	13	6	2
康复辅具适配服务	8522	15	9	4	1	
其他不提供住宿社会工作	8529	70	61	8		1
文化、体育和娱乐业	**R**	**5684**	**4680**	**612**	**237**	**98**
新闻和出版业	**86**	**144**	**63**	**19**	**24**	**22**
新闻业	861	29	14	5	2	5
新闻业	8610	29	14	5	2	5
出版业	862	115	49	14	22	17
图书出版	8621	20	6	4	3	4
报纸出版	8622	52	11	3	17	11
期刊出版	8623	31	22	6	1	2
音像制品出版	8624	3	2		1	
数字出版	8626	3	3			
其他出版业	8629	6	5	1		
广播、电视、电影和录音制作业	**87**	**1543**	**1242**	**196**	**66**	**26**
广播	871	180	129	26	14	9
广播	8710	180	129	26	14	9

1-17 续表 75

行业小类	代码	100-299人	300-499人	500-999人	1000-4999人	5000-9999人	10000人及以上
基层医疗卫生服务	842	47			1		
社区卫生服务中心（站）	8421	7					
街道卫生院	8422						
乡镇卫生院	8423	36					
村卫生室	8424	1					
门诊部（所）	8425	3			1		
专业公共卫生服务	843	26	4	2			
疾病预防控制中心	8431	7	1	1			
专科疾病防治院（所、站)	8432		2				
妇幼保健院（所、站）	8433	11	1	1			
急救中心（站）服务	8434						
采供血机构服务	8435	2					
计划生育技术服务活动	8436	6					
其他卫生活动	849	6					
健康体检服务	8491	6					
临床检验服务	8492						
其他未列明卫生服务	8499						
社会工作	**85**	**7**	**1**				
提供住宿社会工作	851	6	1				
干部休养所	8511	1					
精神康复服务	8513	1	1				
老年人、残疾人养护服务	8514	3					
临终关怀服务	8515						
孤残儿童收养和庇护服务	8516	1					
其他提供住宿社会救助	8519						
不提供住宿社会工作	852	1					
社会看护与帮助服务	8521						
康复辅具适配服务	8522	1					
其他不提供住宿社会工作	8529						
文化、体育和娱乐业	**R**	**48**	**4**	**3**	**2**		
新闻和出版业	**86**	**15**		**1**			
新闻业	861	3					
新闻业	8610	3					
出版业	862	12		1			
图书出版	8621	3					
报纸出版	8622	9		1			
期刊出版	8623						
音像制品出版	8624						
数字出版	8626						
其他出版业	8629						
广播、电视、电影和录音制作业	**87**	**8**	**3**	**1**	**1**		
广播	871		1	1			
广播	8710		1	1			

1-17 续表 76

行业小类	代码	法人单位数(个)	7人及以下	8-19人	20-49人	50-99人
电视	872	78	45	7	13	8
电视	8720	78	45	7	13	8
影视节目制作	873	1017	894	105	14	
影视节目制作	8730	1017	894	105	14	
广播电视集成播控	874	18	12	2	3	1
广播电视集成播控	8740	18	12	2	3	1
电影和广播电视节目发行	875	54	41	7	3	2
电影和广播电视节目发行	8750	54	41	7	3	2
电影放映	876	165	91	49	19	5
电影放映	8760	165	91	49	19	5
录音制作	877	31	30			1
录音制作	8770	31	30			1
文化艺术业	**88**	**1299**	**959**	**202**	**87**	**32**
文艺创作与表演	881	329	245	18	33	21
文艺创作与表演	8810	329	245	18	33	21
艺术表演场馆	882	7	2		1	1
艺术表演场馆	8820	7	2		1	1
图书馆与档案馆	883	181	94	71	14	2
图书馆	8831	84	43	32	8	1
档案馆	8832	97	51	39	6	1
文物及非物质文化遗产保护	884	56	40	9	3	3
文物及非物质文化遗产保护	8840	56	40	9	3	3
博物馆	885	62	44	8	8	
博物馆	8850	62	44	8	8	
烈士陵园、纪念馆	886	5	3		2	
烈士陵园、纪念馆	8860	5	3		2	
群众文体活动	887	360	266	70	20	3
群众文体活动	8870	360	266	70	20	3
其他文化艺术业	889	299	265	26	6	2
其他文化艺术业	8890	299	265	26	6	2
体育	**89**	**380**	**323**	**34**	**17**	**4**
体育组织	891	129	111	11	5	
体育竞赛组织	8911	74	62	6	5	
体育保障组织	8912	13	12	1		
其他体育组织	8919	42	37	4		
体育场地设施管理	892	36	26	5	5	
体育场馆管理	8921	32	22	5	5	
其他体育场地设施管理	8929	4	4			
健身休闲活动	893	189	161	18	6	4
健身休闲活动	8930	189	161	18	6	4
其他体育	899	26	25		1	
体育中介代理服务	8991	10	10			
体育健康服务	8992	14	13		1	

1-17 续表 77

行业小类	代码	100-299人	300-499人	500-999人	1000-4999人	5000-9999人	10000人及以上
电视	872	3	1		1		
电视	8720	3	1		1		
影视节目制作	873	3	1				
影视节目制作	8730	3	1				
广播电视集成播控	874						
广播电视集成播控	8740						
电影和广播电视节目发行	875	1					
电影和广播电视节目发行	8750	1					
电影放映	876	1					
电影放映	8760	1					
录音制作	877						
录音制作	8770						
文化艺术业	**88**	**18**	**1**				
文艺创作与表演	881	12					
文艺创作与表演	8810	12					
艺术表演场馆	882	2	1				
艺术表演场馆	8820	2	1				
图书馆与档案馆	883						
图书馆	8831						
档案馆	8832						
文物及非物质文化遗产保护	884	1					
文物及非物质文化遗产保护	8840	1					
博物馆	885	2					
博物馆	8850	2					
烈士陵园、纪念馆	886						
烈士陵园、纪念馆	8860						
群众文体活动	887	1					
群众文体活动	8870	1					
其他文化艺术业	889						
其他文化艺术业	8890						
体育	**89**	**2**					
体育组织	891	2					
体育竞赛组织	8911	1					
体育保障组织	8912						
其他体育组织	8919	1					
体育场地设施管理	892						
体育场馆管理	8921						
其他体育场地设施管理	8929						
健身休闲活动	893						
健身休闲活动	8930						
其他体育	899						
体育中介代理服务	8991						
体育健康服务	8992						

1-17 续表 78

行业小类	代码	法人单位数(个)	7人及以下	8-19人	20-49人	50-99人
其他未列明体育	8999	2	2			
娱乐业	**90**	**2318**	**2093**	**161**	**43**	**14**
室内娱乐活动	901	1609	1503	93	9	3
歌舞厅娱乐活动	9011	67	48	17	2	
电子游艺厅娱乐活动	9012	34	30	3	1	
网吧活动	9013	1439	1369	65	3	2
其他室内娱乐活动	9019	69	56	8	3	1
游乐园	902	39	25	6	4	3
游乐园	9020	39	25	6	4	3
休闲观光活动	903	75	52	13	6	2
休闲观光活动	9030	75	52	13	6	2
彩票活动	904	16	8	3	2	3
体育彩票服务	9041	1				1
福利彩票服务	9042	15	8	3	2	2
文化体育娱乐活动与经纪代理服务	905	488	431	34	17	3
文化活动服务	9051	390	348	26	12	2
体育表演服务	9052	41	33	3	3	1
文化娱乐经纪人	9053	15	11	2	2	
体育经纪人	9054	4	4			
其他文化艺术经纪代理	9059	38	35	3		
其他娱乐业	909	91	74	12	5	
其他娱乐业	9090	91	74	12	5	
公共管理、社会保障和社会组织	**S**	**39092**	**23610**	**8782**	**3863**	**1656**
中国共产党机关	**91**	**1474**	**734**	**332**	**276**	**78**
中国共产党机关	910	1474	734	332	276	78
中国共产党机关	9100	1474	734	332	276	78
国家机构	**92**	**12324**	**5217**	**2478**	**2258**	**1292**
国家权力机构	921	143	18	52	70	3
国家权力机构	9210	143	18	52	70	3
国家行政机构	922	11827	5157	2385	2065	1194
综合事务管理机构	9221	3877	1372	617	676	675
对外事务管理机构	9222	49	30	10	4	3
公共安全管理机构	9223	522	190	83	37	22
社会事务管理机构	9224	3012	1484	643	558	212
经济事务管理机构	9225	3092	1365	742	635	211
行政监督检查机构	9226	1275	716	290	155	71
人民法院和人民检察院	923	307	12	35	115	95
人民法院	9231	152	7	7	44	55
人民检察院	9232	155	5	28	71	40
其他国家机构	929	47	30	6	8	
消防管理机构	9291	18	8	3	5	
其他未列明国家机构	9299	29	22	3	3	
人民政协、民主党派	**93**	**136**	**28**	**78**	**26**	**3**

1-17 续表 79

行业小类	代码	100-299人	300-499人	500-999人	1000-4999人	5000-9999人	10000人及以上
其他未列明体育	8999						
娱乐业	**90**	**5**		**1**	**1**		
室内娱乐活动	901				1		
歌舞厅娱乐活动	9011						
电子游艺厅娱乐活动	9012						
网吧活动	9013						
其他室内娱乐活动	9019				1		
游乐园	902	1					
游乐园	9020	1					
休闲观光活动	903	2					
休闲观光活动	9030	2					
彩票活动	904						
体育彩票服务	9041						
福利彩票服务	9042						
文化体育娱乐活动与经纪代理服务	905	2		1			
文化活动服务	9051	1		1			
体育表演服务	9052	1					
文化娱乐经纪人	9053						
体育经纪人	9054						
其他文化艺术经纪代理	9059						
其他娱乐业	909						
其他娱乐业	9090						
公共管理、社会保障和社会组织	**S**	**944**	**81**	**66**	**78**	**11**	**1**
中国共产党机关	**91**	**48**	**4**	**1**	**1**		
中国共产党机关	910	48	4	1	1		
中国共产党机关	9100	48	4	1	1		
国家机构	**92**	**852**	**75**	**64**	**76**	**11**	**1**
国家权力机构	921						
国家权力机构	9210						
国家行政机构	922	801	75	62	76	11	1
综合事务管理机构	9221	507	17	11	2		
对外事务管理机构	9222	2					
公共安全管理机构	9223	51	29	34	65	10	1
社会事务管理机构	9224	93	9	7	6		
经济事务管理机构	9225	113	14	8	3	1	
行政监督检查机构	9226	35	6	2			
人民法院和人民检察院	923	48		2			
人民法院	9231	37		2			
人民检察院	9232	11					
其他国家机构	929	3					
消防管理机构	9291	2					
其他未列明国家机构	9299	1					
人民政协、民主党派	**93**	**1**					

1-17 续表 80

行业小类	代码	法人单位数(个)	7人及以下	8-19人	20-49人	50-99人
人民政协	931	117	16	71	26	3
人民政协	9310	117	16	71	26	3
民主党派	932	19	12	7		
民主党派	9320	19	12	7		
社会保障	**94**	**185**	**113**	**21**	**31**	**14**
基本保险	941	69	40	4	17	5
基本养老保险	9411	51	28	1	16	4
基本医疗保险	9412	16	10	3	1	1
生育保险	9415	1	1			
其他基本保险	9419	1	1			
其他社会保障	949	116	73	17	14	9
其他社会保障	9490	116	73	17	14	9
群众团体、社会团体和其他成员组织	**95**	**10741**	**10147**	**513**	**66**	**9**
群众团体	951	636	462	137	32	4
工会	9511	187	117	58	11	1
妇联	9512	116	96	17	2	1
共青团	9513	117	101	13	2	1
其他群众团体	9519	216	148	49	17	1
社会团体	952	3452	3257	161	24	5
专业性团体	9521	1619	1521	79	13	4
行业性团体	9522	1080	1023	51	5	
其他社会团体	9529	753	713	31	6	1
基金会	953	23	21	1	1	
基金会	9530	23	21	1	1	
宗教组织	954	6630	6407	214	9	
宗教团体服务	9541	125	112	12	1	
宗教活动场所服务	9542	6505	6295	202	8	
基层群众自治组织及其他组织	**96**	**14232**	**7371**	**5360**	**1206**	**260**
社区居民自治组织	961	3079	631	1305	854	254
社区居民自治组织	9610	3079	631	1305	854	254
村民自治组织	962	11153	6740	4055	352	6
村民自治组织	9620	11153	6740	4055	352	6

1-17 续表 81

行业小类	代码						
		100-299人	300-499人	500-999人	1000-4999人	5000-9999人	10000人及以上
人民政协	931	1					
人民政协	9310	1					
民主党派	932						
民主党派	9320						
社会保障	**94**	**4**	**1**		**1**		
基本保险	941	1	1		1		
基本养老保险	9411	1	1				
基本医疗保险	9412				1		
生育保险	9415						
其他基本保险	9419						
其他社会保障	949	3					
其他社会保障	9490	3					
群众团体、社会团体和其他成员组织	**95**	**4**	**1**	**1**			
群众团体	951	1					
工会	9511						
妇联	9512						
共青团	9513						
其他群众团体	9519	1					
社会团体	952	3	1	1			
专业性团体	9521	1	1				
行业性团体	9522	1					
其他社会团体	9529	1		1			
基金会	953						
基金会	9530						
宗教组织	954						
宗教团体服务	9541						
宗教活动场所服务	9542						
基层群众自治组织及其他组织	**96**	**35**					
社区居民自治组织	961	35					
社区居民自治组织	9610	35					
村民自治组织	962						
村民自治组织	9620						

1-18 按行业（小类）、从业人员组距分组的法人单位从业人员数

行业小类	代码	从业人员数（人）	7人及以下	8-19人	20-49人	50-99人
总计		**4653809**	**360364**	**400321**	**531587**	**500915**
农、林、牧、渔业	**A**	**53712**	**8123**	**8906**	**8624**	**6632**
农业	**01**					
谷物种植	011					
小麦种植	0112					
其他谷物种植	0119					
豆类、油料和薯类种植	012					
油料种植	0122					
棉、麻、糖、烟草种植	013					
棉花种植	0131					
蔬菜、食用菌及园艺作物种植	014					
蔬菜种植	0141					
中药材种植	017					
中草药种植	0171					
其他农业	019					
其他农业	0190					
林业	**02**					
造林和更新	022					
造林和更新	0220					
森林经营、管护和改培	023					
森林经营和管护	0231					
畜牧业	**03**					
牲畜饲养	031					
牛的饲养	0311					
猪的饲养	0313					
羊的饲养	0314					
家禽饲养	032					
鸡的饲养	0321					
渔业	**04**					
水产养殖	041					
内陆养殖	0412					
农、林、牧、渔专业及辅助性活动	**05**	**53712**	**8123**	**8906**	**8624**	**6632**
农业专业及辅助性活动	051	48613	7061	7773	7712	6012
种子种苗培育活动	0511	1962	201	200	140	144
农业机械活动	0512	6022	2139	2102	889	558
灌溉活动	0513	3389	855	251	896	415
农产品初加工活动	0514	32618	2342	3892	4772	4309
农作物病虫害防治活动	0515	112	50	30	32	
其他农业专业及辅助性活动	0519	4510	1474	1298	983	586
林业专业及辅助性活动	052	1847	300	423	347	378
林业有害生物防治活动	0521	462	49	137	74	61
森林防火活动	0522	4	4			
林产品初级加工活动	0523	198	35	44		

1-18 续表 1

行业小类	代码	100-299人	300-499人	500-999人	1000-4999人	5000-9999人	10000人及以上
总　计		**860568**	**332097**	**424298**	**774252**	**184606**	**284801**
农、林、牧、渔业	**A**	**7027**	**779**	**1259**	**1277**		**11085**
农业	**01**						
谷物种植	011						
小麦种植	0112						
其他谷物种植	0119						
豆类、油料和薯类种植	012						
油料种植	0122						
棉、麻、糖、烟草种植	013						
棉花种植	0131						
蔬菜、食用菌及园艺作物种植	014						
蔬菜种植	0141						
中药材种植	017						
中草药种植	0171						
其他农业	019						
其他农业	0190						
林业	**02**						
造林和更新	022						
造林和更新	0220						
森林经营、管护和改培	023						
森林经营和管护	0231						
畜牧业	**03**						
牲畜饲养	031						
牛的饲养	0311						
猪的饲养	0313						
羊的饲养	0314						
家禽饲养	032						
鸡的饲养	0321						
渔业	**04**						
水产养殖	041						
内陆养殖	0412						
农、林、牧、渔专业及辅助性活动	**05**	**7027**	**779**	**1259**	**1277**		**11085**
农业专业及辅助性活动	051	6229	779	685	1277		11085
种子种苗培育活动	0511				1277		
农业机械活动	0512	334					
灌溉活动	0513	972					
农产品初加工活动	0514	4754	779	685			11085
农作物病虫害防治活动	0515						
其他农业专业及辅助性活动	0519	169					
林业专业及辅助性活动	052	399					
林业有害生物防治活动	0521	141					
森林防火活动	0522						
林产品初级加工活动	0523	119					

1-18 续表 2

行业小类	代码	从业人员数(人)	7人及以下	8-19人	20-49人	50-99人
其他林业专业及辅助性活动	0529	1183	212	242	273	317
畜牧专业及辅助性活动	053	2989	704	666	533	242
畜牧良种繁殖活动	0531	1651	430	331	264	52
畜禽粪污处理活动	0532	1	1			
其他畜牧专业及辅助性活动	0539	1337	273	335	269	190
渔业专业及辅助性活动	054	263	58	44	32	
鱼苗及鱼种场活动	0541	168	28	11		
其他渔业专业及辅助性活动	0549	95	30	33	32	
采矿业	**B**	**173687**	**2933**	**4259**	**6631**	**5338**
煤炭开采和洗选业	**06**	**44839**	**149**	**433**	**1450**	**1639**
烟煤和无烟煤开采洗选	061	44761	145	416	1393	1639
烟煤和无烟煤开采洗选	0610	44761	145	416	1393	1639
褐煤开采洗选	062	25			25	
褐煤开采洗选	0620	25			25	
其他煤炭采选	069	53	4	17	32	
其他煤炭采选	0690	53	4	17	32	
石油和天然气开采业	**07**	**59237**	**44**	**72**	**194**	
石油开采	071	46620	33	72	77	
陆地石油开采	0711	46620	33	72	77	
天然气开采	072	12617	11		117	
陆地天然气开采	0721	12617	11		117	
黑色金属矿采选业	**08**	**8071**	**333**	**396**	**997**	**756**
铁矿采选	081	7854	306	345	974	756
铁矿采选	0810	7854	306	345	974	756
锰矿、铬矿采选	082	169	25	28		
锰矿、铬矿采选	0820	169	25	28		
其他黑色金属矿采选	089	48	2	23	23	
其他黑色金属矿采选	0890	48	2	23	23	
有色金属矿采选业	**09**	**10113**	**231**	**199**	**456**	**731**
常用有色金属矿采选	091	7931	154	143	270	601
铜矿采选	0911	5277	91	77	60	308
铅锌矿采选	0912	1513	22	39	176	224
镍钴矿采选	0913	976	6			
锡矿采选	0914	5	5			
镁矿采选	0917	46		12	34	
其他常用有色金属矿采选	0919	114	30	15		69
贵金属矿采选	092	1928	53	47	186	130
金矿采选	0921	1902	45	29	186	130
其他贵金属矿采选	0929	26	8	18		
稀有稀土金属矿采选	093	254	24	9		
钨钼矿采选	0931	19	19			
稀土金属矿采选	0932	2	2			
其他稀有金属矿采选	0939	233	3	9		

1-18 续表 3

行业小类	代码						
		100-299人	300-499人	500-999人	1000-4999人	5000-9999人	10000人及以上
其他林业专业及辅助性活动	0529	139					
畜牧专业及辅助性活动	053	270		574			
畜牧良种繁殖活动	0531			574			
畜禽粪污处理活动	0532						
其他畜牧专业及辅助性活动	0539	270					
渔业专业及辅助性活动	054	129					
鱼苗及鱼种场活动	0541	129					
其他渔业专业及辅助性活动	0549						
采矿业	**B**	**22674**	**10359**	**15846**	**25556**	**13754**	**66337**
煤炭开采和洗选业	**06**	**9972**	**5704**	**6221**	**12519**	**6752**	
烟煤和无烟煤开采洗选	061	9972	5704	6221	12519	6752	
烟煤和无烟煤开采洗选	0610	9972	5704	6221	12519	6752	
褐煤开采洗选	062						
褐煤开采洗选	0620						
其他煤炭采选	069						
其他煤炭采选	0690						
石油和天然气开采业	**07**	**370**	**431**		**8069**		**50057**
石油开采	071	265			8069		38104
陆地石油开采	0711	265			8069		38104
天然气开采	072	105	431				11953
陆地天然气开采	0721	105	431				11953
黑色金属矿采选业	**08**	**1889**	**1816**	**750**	**1134**		
铁矿采选	081	1773	1816	750	1134		
铁矿采选	0810	1773	1816	750	1134		
锰矿、铬矿采选	082	116					
锰矿、铬矿采选	0820	116					
其他黑色金属矿采选	089						
其他黑色金属矿采选	0890						
有色金属矿采选业	**09**	**4812**	**777**	**2907**			
常用有色金属矿采选	091	3606	777	2380			
铜矿采选	0911	2361		2380			
铅锌矿采选	0912	275	777				
镍钴矿采选	0913	970					
锡矿采选	0914						
镁矿采选	0917						
其他常用有色金属矿采选	0919						
贵金属矿采选	092	985		527			
金矿采选	0921	985		527			
其他贵金属矿采选	0929						
稀有稀土金属矿采选	093	221					
钨钼矿采选	0931						
稀土金属矿采选	0932						
其他稀有金属矿采选	0939	221					

1-18 续表 4

行业小类	代码	从业人员数(人)	7人及以下	8-19人	20-49人	50-99人
非金属矿采选业	**10**	**7997**	**1401**	**2227**	**2090**	**871**
土砂石开采	101	6739	1251	2035	1842	712
石灰石、石膏开采	1011	1321	189	355	504	168
建筑装饰用石开采	1012	1589	174	201	306	265
耐火土石开采	1013	85	11	38	36	
粘土及其他土砂石开采	1019	3744	877	1441	996	279
化学矿开采	102	79	15	9		55
化学矿开采	1020	79	15	9		55
采盐	103	404	10	59		
采盐	1030	404	10	59		
石棉及其他非金属矿采选	109	775	125	124	248	104
石棉、云母矿采选	1091	316	5	10	127	
石墨、滑石采选	1092	38	11	27		
宝石、玉石采选	1093	117	58	25	34	
其他未列明非金属矿采选	1099	304	51	62	87	104
开采专业及辅助性活动	**11**	**42944**	**636**	**861**	**1218**	**1291**
煤炭开采和洗选专业及辅助性活动	111	474	40	39	87	182
煤炭开采和洗选专业及辅助性活动	1110	474	40	39	87	182
石油和天然气开采专业及辅助性活动	112	42241	584	800	994	1051
石油和天然气开采专业及辅助性活动	1120	42241	584	800	994	1051
其他开采专业及辅助性活动	119	229	12	22	137	58
其他开采专业及辅助性活动	1190	229	12	22	137	58
其他采矿业	**12**	**486**	**139**	**71**	**226**	**50**
其他采矿业	120	486	139	71	226	50
其他采矿业	1200	486	139	71	226	50
制造业	**C**	**689121**	**25233**	**43386**	**76429**	**68478**
农副食品加工业	**13**	**50303**	**3004**	**5771**	**11038**	**9501**
谷物磨制	131	5402	458	781	1670	1602
稻谷加工	1311	1069	133	282	348	306
小麦加工	1312	3978	231	396	1219	1241
玉米加工	1313	112	34	47	31	
杂粮加工	1314	120	15	26	24	55
其他谷物磨制	1319	123	45	30	48	
饲料加工	132	4712	242	354	999	1059
宠物饲料加工	1321	37	18	19		
其他饲料加工	1329	4675	224	335	999	1059
植物油加工	133	6610	335	572	1640	1762
食用植物油加工	1331	6485	319	544	1615	1706
非食用植物油加工	1332	125	16	28	25	56
制糖业	134	7405	11	15	173	
制糖业	1340	7405	11	15	173	
屠宰及肉类加工	135	5770	372	790	1174	886
牲畜屠宰	1351	3502	161	319	606	519

1-18 续表 5

行业小类	代码	100-299人	300-499人	500-999人	1000-4999人	5000-9999人	10000人及以上
非金属矿采选业	**10**	**753**	**655**				
土砂石开采	101	579	320				
石灰石、石膏开采	1011	105					
建筑装饰用石开采	1012	323	320				
耐火土石开采	1013						
粘土及其他土砂石开采	1019	151					
化学矿开采	102						
化学矿开采	1020						
采盐	103		335				
采盐	1030		335				
石棉及其他非金属矿采选	109	174					
石棉、云母矿采选	1091	174					
石墨、滑石采选	1092						
宝石、玉石采选	1093						
其他未列明非金属矿采选	1099						
开采专业及辅助性活动	**11**	**4878**	**976**	**5968**	**3834**	**7002**	**16280**
煤炭开采和洗选专业及辅助性活动	111	126					
煤炭开采和洗选专业及辅助性活动	1110	126					
石油和天然气开采专业及辅助性活动	112	4752	976	5968	3834	7002	16280
石油和天然气开采专业及辅助性活动	1120	4752	976	5968	3834	7002	16280
其他开采专业及辅助性活动	119						
其他开采专业及辅助性活动	1190						
其他采矿业	**12**						
其他采矿业	120						
其他采矿业	1200						
制造业	**C**	**122513**	**64588**	**84546**	**173303**	**18426**	**12219**
农副食品加工业	**13**	**10360**	**3976**	**4969**	**1684**		
谷物磨制	131	541	350				
稻谷加工	1311						
小麦加工	1312	541	350				
玉米加工	1313						
杂粮加工	1314						
其他谷物磨制	1319						
饲料加工	132	1103	405	550			
宠物饲料加工	1321						
其他饲料加工	1329	1103	405	550			
植物油加工	133	1572	729				
食用植物油加工	1331	1572	729				
非食用植物油加工	1332						
制糖业	134	514	1141	3867	1684		
制糖业	1340	514	1141	3867	1684		
屠宰及肉类加工	135	1587	961				
牲畜屠宰	1351	936	961				

1-18 续表 6

行业小类	代码	从业人员数(人)	7人及以下	8-19人	20-49人	50-99人
禽类屠宰	1352	415	20	42	132	
肉制品及副产品加工	1353	1853	191	429	436	367
水产品加工	136	266	19	38	20	189
水产品冷冻加工	1361	245	8	28	20	189
鱼糜制品及水产品干腌制加工	1362	4	4			
其他水产品加工	1369	17	7	10		
蔬菜、菌类、水果和坚果加工	137	14572	1095	2471	3766	2941
蔬菜加工	1371	728	143	182	213	190
食用菌加工	1372	127	12			115
水果和坚果加工	1373	13717	940	2289	3553	2636
其他农副食品加工	139	5566	472	750	1596	1062
淀粉及淀粉制品制造	1391	1176	32	67	280	158
豆制品制造	1392	357	73	21	194	69
蛋品加工	1393	103			47	56
其他未列明农副食品加工	1399	3930	367	662	1075	779
食品制造业	**14**	**29771**	**988**	**2112**	**3443**	**3739**
焙烤食品制造	141	3730	280	488	643	728
糕点、面包制造	1411	2670	221	336	483	583
饼干及其他焙烤食品制造	1419	1060	59	152	160	145
糖果、巧克力及蜜饯制造	142	404	28	68	48	60
糖果、巧克力制造	1421	318	15	55	48	
蜜饯制作	1422	86	13	13		60
方便食品制造	143	3901	139	278	412	75
米、面制品制造	1431	906	108	199	283	
速冻食品制造	1432	145	16	62	67	
方便面制造	1433	2176	4		62	75
其他方便食品制造	1439	674	11	17		
乳制品制造	144	5558	46	264	424	345
液体乳制造	1441	4557	1	98	124	205
乳粉制造	1442	751	3	68	190	140
其他乳制品制造	1449	250	42	98	110	
罐头食品制造	145	2760	52	341	709	1216
肉、禽类罐头制造	1451	61	3	11	47	
蔬菜、水果罐头制造	1453	2697	47	330	662	1216
其他罐头食品制造	1459	2	2			
调味品、发酵制品制造	146	6312	104	158	327	323
味精制造	1461	28	1	27		
酱油、食醋及类似制品制造	1462	651	50	40	99	
其他调味品、发酵制品制造	1469	5633	53	91	228	323
其他食品制造	149	7106	339	515	880	992
营养食品制造	1491	425	70	209	94	52
保健食品制造	1492	360	52	33	98	75
冷冻饮品及食用冰制造	1493	806	20	13	78	72

1-18 续表 7

行业小类	代码						
		100-299人	300-499人	500-999人	1000-4999人	5000-9999人	10000人及以上
禽类屠宰	1352	221					
肉制品及副产品加工	1353	430					
水产品加工	136						
水产品冷冻加工	1361						
鱼糜制品及水产品干腌制加工	1362						
其他水产品加工	1369						
蔬菜、菌类、水果和坚果加工	137	3747		552			
蔬菜加工	1371						
食用菌加工	1372						
水果和坚果加工	1373	3747		552			
其他农副食品加工	139	1296	390				
淀粉及淀粉制品制造	1391	249	390				
豆制品制造	1392						
蛋品加工	1393						
其他未列明农副食品加工	1399	1047					
食品制造业	**14**	**5678**	**3496**	**3244**	**7071**		
焙烤食品制造	141	1591					
糕点、面包制造	1411	1047					
饼干及其他焙烤食品制造	1419	544					
糖果、巧克力及蜜饯制造	142	200					
糖果、巧克力制造	1421	200					
蜜饯制作	1422						
方便食品制造	143	431	423	646	1497		
米、面制品制造	1431	316					
速冻食品制造	1432						
方便面制造	1433	115	423		1497		
其他方便食品制造	1439			646			
乳制品制造	144	1132	1560	1787			
液体乳制造	1441	782	1560	1787			
乳粉制造	1442	350					
其他乳制品制造	1449						
罐头食品制造	145	442					
肉、禽类罐头制造	1451						
蔬菜、水果罐头制造	1453	442					
其他罐头食品制造	1459						
调味品、发酵制品制造	146	732	362	811	3495		
味精制造	1461						
酱油、食醋及类似制品制造	1462	462					
其他调味品、发酵制品制造	1469	270	362	811	3495		
其他食品制造	149	1150	1151		2079		
营养食品制造	1491						
保健食品制造	1492	102					
冷冻饮品及食用冰制造	1493	200	423				

1-18 续表 8

行业小类	代码	从业人员数(人)	7人及以下	8-19人	20-49人	50-99人
盐加工	1494	1067	2	28	38	121
食品及饲料添加剂制造	1495	3263	24	32	329	236
其他未列明食品制造	1499	1185	171	200	243	436
酒、饮料和精制茶制造业	**15**	**13714**	**797**	**991**	**2213**	**2871**
酒的制造	151	8799	452	574	1500	1613
酒精制造	1511	320				
白酒制造	1512	3800	163	170	635	593
啤酒制造	1513	2084	14		116	124
葡萄酒制造	1515	2375	243	376	658	827
其他酒制造	1519	220	32	28	91	69
饮料制造	152	4665	322	399	691	1190
碳酸饮料制造	1521	631	6	27	67	71
瓶（罐）装饮用水制造	1522	1420	238	151	283	420
果菜汁及果菜汁饮料制造	1523	1192	34	118	237	421
含乳饮料和植物蛋白饮料制造	1524	491	8	57	25	138
固体饮料制造	1525	52				52
茶饮料及其他饮料制造	1529	879	36	46	79	88
精制茶加工	153	250	23	18	22	68
精制茶加工	1530	250	23	18	22	68
烟草制品业	**16**	**777**			**25**	
卷烟制造	162	752				
卷烟制造	1620	752				
其他烟草制品制造	169	25			25	
其他烟草制品制造	1690	25			25	
纺织业	**17**	**81830**	**833**	**1576**	**2860**	**3939**
棉纺织及印染精加工	171	69026	324	610	1432	2818
棉纺纱加工	1711	65133	241	371	1058	2211
棉织造加工	1712	3257	75	239	374	607
棉印染精加工	1713	636	8			
毛纺织及染整精加工	172	2202	33	159	162	
毛条和毛纱线加工	1721	1436	14	92	111	
毛织造加工	1722	758	19	59	51	
毛染整精加工	1723	8		8		
麻纺织及染整精加工	173	99	10		89	
麻纤维纺前加工和纺纱	1731	98	9		89	
麻织造加工	1732	1	1			
丝绢纺织及印染精加工	174	117	15	62	40	
缫丝加工	1741	16	1	15		
绢纺和丝织加工	1742	101	14	47	40	
丝印染精加工	1743					
化纤织造及印染精加工	175	241	14	42	113	72
化纤织造加工	1751	180	3	32	73	72
化纤织物染整精加工	1752	61	11	10	40	

1-18 续表 9

行业小类	代码	100-299人	300-499人	500-999人	1000-4999人	5000-9999人	10000人及以上
盐加工	1494	473	405				
食品及饲料添加剂制造	1495	240	323		2079		
其他未列明食品制造	1499	135					
酒、饮料和精制茶制造业	**15**	**2563**	**1898**	**539**	**1842**		
酒的制造	151	1298	981	539	1842		
酒精制造	1511		320				
白酒制造	1512	397			1842		
啤酒制造	1513	630	661	539			
葡萄酒制造	1515	271					
其他酒制造	1519						
饮料制造	152	1146	917				
碳酸饮料制造	1521		460				
瓶（罐）装饮用水制造	1522	328					
果菜汁及果菜汁饮料制造	1523	382					
含乳饮料和植物蛋白饮料制造	1524	263					
固体饮料制造	1525						
茶饮料及其他饮料制造	1529	173	457				
精制茶加工	153	119					
精制茶加工	1530	119					
烟草制品业	**16**			**752**			
卷烟制造	162			752			
卷烟制造	1620			752			
其他烟草制品制造	169						
其他烟草制品制造	1690						
纺织业	**17**	**13269**	**13055**	**15495**	**30803**		
棉纺织及印染精加工	171	10708	11144	12613	29377		
棉纺纱加工	1711	9490	10353	12032	29377		
棉织造加工	1712	901	480	581			
棉印染精加工	1713	317	311				
毛纺织及染整精加工	172	138	304	1406			
毛条和毛纱线加工	1721	138	304	777			
毛织造加工	1722			629			
毛染整精加工	1723						
麻纺织及染整精加工	173						
麻纤维纺前加工和纺纱	1731						
麻织造加工	1732						
丝绢纺织及印染精加工	174						
缫丝加工	1741						
绢纺和丝织加工	1742						
丝印染精加工	1743						
化纤织造及印染精加工	175						
化纤织造加工	1751						
化纤织物染整精加工	1752						

1-18 续表 10

行业小类	代码	从业人员数（人）	7人及以下	8-19人	20-49人	50-99人
针织或钩针编织物及其制品制造	176	4487	226	375	472	240
针织或钩针编织物织造	1761	2716	100	199	226	
针织或钩针编织物印染精加工	1762	9	9			
针织或钩针编织品制造	1763	1762	117	176	246	240
家用纺织制成品制造	177	4075	154	222	392	708
床上用品制造	1771	1064	85	99	160	490
毛巾类制品制造	1772	1519	10	13	20	50
窗帘、布艺类产品制造	1773	619	24	47	55	
其他家用纺织制成品制造	1779	873	35	63	157	168
产业用纺织制成品制造	178	1583	57	106	160	101
非织造布制造	1781	229	28	53	98	50
纺织带和帘子布制造	1783	41	1		40	
篷、帆布制造	1784	807	22	9		
其他产业用纺织制成品制造	1789	506	6	44	22	51
纺织服装、服饰业	**18**	**77439**	**1579**	**3260**	**5695**	**6908**
机织服装制造	181	31660	527	1088	1773	2236
运动机织服装制造	1811	5676	59	108	399	382
其他机织服装制造	1819	25984	468	980	1374	1854
针织或钩针编织服装制造	182	5765	114	290	606	831
运动休闲针织服装制造	1821	2700	4	50	110	252
其他针织或钩针编织服装制造	1829	3065	110	240	496	579
服饰制造	183	40014	938	1882	3316	3841
服饰制造	1830	40014	938	1882	3316	3841
皮革、毛皮、羽毛及其制品和制鞋业	**19**	**11770**	**101**	**212**	**218**	**435**
皮革鞣制加工	191	98	11	17	20	50
皮革鞣制加工	1910	98	11	17	20	50
皮革制品制造	192	1929	33	16		208
皮革服装制造	1921	21	5	16		
皮箱、包（袋）制造	1922	811	7			208
皮手套及皮装饰制品制造	1923	707	5			
其他皮革制品制造	1929	390	16			
毛皮鞣制及制品加工	193	868	19	20	119	54
毛皮鞣制加工	1931	13	13			
毛皮服装加工	1932	813	5	20	78	54
其他毛皮制品加工	1939	42	1		41	
羽毛（绒）加工及制品制造	194	70	18	16	36	
羽毛（绒）加工	1941	27	11	16		
羽毛（绒）制品加工	1942	43	7		36	
制鞋业	195	8805	20	143	43	123
纺织面料鞋制造	1951	191	5	26		
皮鞋制造	1952	5292	13	63	20	
塑料鞋制造	1953	14	2	12		
橡胶鞋制造	1954	452				50

1-18 续表 11

行业小类	代码	100-299人	300-499人	500-999人	1000-4999人	5000-9999人	10000人及以上
针织或钩针编织物及其制品制造	176	1317	1157	700			
针织或钩针编织物织造	1761	684	807	700			
针织或钩针编织物印染精加工	1762						
针织或钩针编织品制造	1763	633	350				
家用纺织制成品制造	177	723	450		1426		
床上用品制造	1771	230					
毛巾类制品制造	1772				1426		
窗帘、布艺类产品制造	1773	493					
其他家用纺织制成品制造	1779		450				
产业用纺织制成品制造	178	383		776			
非织造布制造	1781						
纺织带和帘子布制造	1783						
篷、帆布制造	1784			776			
其他产业用纺织制成品制造	1789	383					
纺织服装、服饰业	**18**	**19982**	**11573**	**19627**	**8815**		
机织服装制造	181	7647	4853	9280	4256		
运动机织服装制造	1811	1338	670	2720			
其他机织服装制造	1819	6309	4183	6560	4256		
针织或钩针编织服装制造	182	2067	1020	837			
运动休闲针织服装制造	1821	1125	322	837			
其他针织或钩针编织服装制造	1829	942	698				
服饰制造	183	10268	5700	9510	4559		
服饰制造	1830	10268	5700	9510	4559		
皮革、毛皮、羽毛及其制品和制鞋业	**19**	**1749**	**3842**	**1724**	**3489**		
皮革鞣制加工	191						
皮革鞣制加工	1910						
皮革制品制造	192	418	1254				
皮革服装制造	1921						
皮箱、包（袋）制造	1922	166	430				
皮手套及皮装饰制品制造	1923	252	450				
其他皮革制品制造	1929		374				
毛皮鞣制及制品加工	193	656					
毛皮鞣制加工	1931						
毛皮服装加工	1932	656					
其他毛皮制品加工	1939						
羽毛（绒）加工及制品制造	194						
羽毛（绒）加工	1941						
羽毛（绒）制品加工	1942						
制鞋业	195	675	2588	1724	3489		
纺织面料鞋制造	1951	160					
皮鞋制造	1952		1707		3489		
塑料鞋制造	1953						
橡胶鞋制造	1954		402				

1-18 续表 12

行业小类	代码	从业人员数（人）	7 人及以下	8-19 人	20-49 人	50-99 人
其他制鞋业	1959	2856		42	23	73
木材加工和木、竹、藤、棕、草制品业	**20**	**5690**	**907**	**1369**	**1280**	**949**
木材加工	201	2691	570	816	623	323
锯材加工	2011	692	122	266	137	57
木片加工	2012	762	144	192	151	145
单板加工	2013	56	10	24	22	
其他木材加工	2019	1181	294	334	313	121
人造板制造	202	1780	91	139	270	454
胶合板制造	2021	342	38	94	148	62
纤维板制造	2022	811	22	11	92	206
刨花板制造	2023	204	8	10		186
其他人造板制造	2029	423	23	24	30	
木质制品制造	203	1006	169	278	387	172
建筑用木料及木材组件加工	2031	603	62	151	288	102
木门窗制造	2032	243	72	56	45	70
木地板制造	2034	2	2			
木制容器制造	2035	3	3			
软木制品及其他木制品制造	2039	155	30	71	54	
竹、藤、棕、草等制品制造	204	213	77	136		
竹制品制造	2041	15	7	8		
草及其他制品制造	2049	198	70	128		
家具制造业	**21**	**3264**	**649**	**937**	**1037**	**301**
木质家具制造	211	2119	498	782	664	175
木质家具制造	2110	2119	498	782	664	175
金属家具制造	213	689	38	59	126	126
金属家具制造	2130	689	38	59	126	126
塑料家具制造	214	52	9	8	35	
塑料家具制造	2140	52	9	8	35	
其他家具制造	219	404	104	88	212	
其他家具制造	2190	404	104	88	212	
造纸和纸制品业	**22**	**5648**	**283**	**682**	**889**	**1549**
纸浆制造	221	598	2	10		58
木竹浆制造	2211					
非木竹浆制造	2212	598	2	10		58
造纸	222	1606	53	117	162	664
机制纸及纸板制造	2221	1340	13	38	117	562
手工纸制造	2222	7	7			
加工纸制造	2223	259	33	79	45	102
纸制品制造	223	3444	228	555	727	827
纸和纸板容器制造	2231	1968	146	310	455	614
其他纸制品制造	2239	1476	82	245	272	213
印刷和记录媒介复制业	**23**	**4684**	**611**	**926**	**1010**	**1159**
印刷	231	4137	414	768	887	1090

1-18 续表 13

行业小类	代码						
		100-299人	300-499人	500-999人	1000-4999人	5000-9999人	10000人及以上
其他制鞋业	1959	515	479	1724			
木材加工和木、竹、藤、棕、草制品业	**20**	**1185**					
木材加工	201	359					
锯材加工	2011	110					
木片加工	2012	130					
单板加工	2013						
其他木材加工	2019	119					
人造板制造	202	826					
胶合板制造	2021						
纤维板制造	2022	480					
刨花板制造	2023						
其他人造板制造	2029	346					
木质制品制造	203						
建筑用木料及木材组件加工	2031						
木门窗制造	2032						
木地板制造	2034						
木制容器制造	2035						
软木制品及其他木制品制造	2039						
竹、藤、棕、草等制品制造	204						
竹制品制造	2041						
草及其他制品制造	2049						
家具制造业	**21**	**340**					
木质家具制造	211						
木质家具制造	2110						
金属家具制造	213	340					
金属家具制造	2130	340					
塑料家具制造	214						
塑料家具制造	2140						
其他家具制造	219						
其他家具制造	2190						
造纸和纸制品业	**22**	**1717**		**528**			
纸浆制造	221			528			
木竹浆制造	2211						
非木竹浆制造	2212			528			
造纸	222	610					
机制纸及纸板制造	2221	610					
手工纸制造	2222						
加工纸制造	2223						
纸制品制造	223	1107					
纸和纸板容器制造	2231	443					
其他纸制品制造	2239	664					
印刷和记录媒介复制业	**23**	**642**	**336**				
印刷	231	642	336				

1-18 续表 14

行业小类	代码	从业人员数(人)	7人及以下	8-19 人	20-49 人	50-99 人
书、报刊印刷	2311	2245	115	378	633	450
本册印制	2312	195	74	57	64	
包装装潢及其他印刷	2319	1697	225	333	190	640
装订及印刷相关服务	232	545	195	158	123	69
装订及印刷相关服务	2320	545	195	158	123	69
记录媒介复制	233	2	2			
记录媒介复制	2330	2	2			
文教、工美、体育和娱乐用品制造业	**24**	**12501**	**1448**	**2303**	**2654**	**1451**
文教办公用品制造	241	354	62	25	152	
文具制造	2411	17	17			
笔的制造	2412	127	12			
教学用模型及教具制造	2413	108	20	10	78	
其他文教办公用品制造	2419	102	13	15	74	
乐器制造	242	111	27	19	65	
中乐器制造	2421	10	2	8		
其他乐器及零件制造	2429	101	25	11	65	
工艺美术及礼仪用品制造	243	11795	1340	2249	2325	1451
雕塑工艺品制造	2431	288	109	129	50	
金属工艺品制造	2432	194	34	44		
漆器工艺品制造	2433	2	2			
花画工艺品制造	2434	253	7	16	20	
天然植物纤维编织工艺品制造	2435	154	12	21	61	60
抽纱刺绣工艺品制造	2436	3399	751	1102	1187	359
地毯、挂毯制造	2437	3587	258	653	722	898
珠宝首饰及有关物品制造	2438	259	30	42	82	
其他工艺美术及礼仪用品制造	2439	3659	137	242	203	134
体育用品制造	244	155	12	10	33	
专项运动器材及配件制造	2442	116	6	10		
健身器材制造	2443	33			33	
其他体育用品制造	2449	6	6			
玩具制造	245	35	2		33	
塑胶玩具制造	2452					
娃娃玩具制造	2455	1	1			
其他玩具制造	2459	34	1		33	
游艺器材及娱乐用品制造	246	51	5		46	
露天游乐场所游乐设备制造	2461	51	5		46	
石油、煤炭及其他燃料加工业	**25**	**55090**	**205**	**421**	**926**	**1471**
精炼石油产品制造	251	38540	90	238	501	815
原油加工及石油制品制造	2511	36510	90	238	501	815
其他原油制造	2519	2030				
煤炭加工	252	16306	86	162	379	508
炼焦	2521	11863	19	62	251	164
煤制合成气生产	2522	23	13	10		

1-18 续表 15

行业小类	代码	100-299人	300-499人	500-999人	1000-4999人	5000-9999人	10000人及以上
书、报刊印刷	2311	333	336				
本册印制	2312						
包装装潢及其他印刷	2319	309					
装订及印刷相关服务	232						
装订及印刷相关服务	2320						
记录媒介复制	233						
记录媒介复制	2330						
文教、工美、体育和娱乐用品制造业	**24**	**1621**	**679**		**2345**		
文教办公用品制造	241	115					
文具制造	2411						
笔的制造	2412	115					
教学用模型及教具制造	2413						
其他文教办公用品制造	2419						
乐器制造	242						
中乐器制造	2421						
其他乐器及零件制造	2429						
工艺美术及礼仪用品制造	243	1406	679		2345		
雕塑工艺品制造	2431						
金属工艺品制造	2432	116					
漆器工艺品制造	2433						
花画工艺品制造	2434	210					
天然植物纤维编织工艺品制造	2435						
抽纱刺绣工艺品制造	2436						
地毯、挂毯制造	2437	747	309				
珠宝首饰及有关物品制造	2438	105					
其他工艺美术及礼仪用品制造	2439	228	370		2345		
体育用品制造	244	100					
专项运动器材及配件制造	2442	100					
健身器材制造	2443						
其他体育用品制造	2449						
玩具制造	245						
塑胶玩具制造	2452						
娃娃玩具制造	2455						
其他玩具制造	2459						
游艺器材及娱乐用品制造	246						
露天游乐场所游乐设备制造	2461						
石油、煤炭及其他燃料加工业	**25**	**5704**	**4530**	**5836**	**11293**	**12485**	**12219**
精炼石油产品制造	251	2790	689	506	8207	12485	12219
原油加工及石油制品制造	2511	2345	310	506	7001	12485	12219
其他原油制造	2519	445	379		1206		
煤炭加工	252	2914	3841	5330	3086		
炼焦	2521	2496	3541	5330			
煤制合成气生产	2522						

1-18 续表 16

行业小类	代码	从业人员数(人)	7人及以下	8-19人	20-49人	50-99人
煤制液体燃料生产	2523	3222	7			
煤制品制造	2524	588	5	43	20	75
其他煤炭加工	2529	610	42	47	108	269
核燃料加工	253	2	2			
核燃料加工	2530	2	2			
生物质燃料加工	254	242	27	21	46	148
生物质液体燃料生产	2541	96	9	11	26	50
生物质致密成型燃料加工	2542	146	18	10	20	98
化学原料和化学制品制造业	**26**	**78368**	**1226**	**2305**	**4270**	**4483**
基础化学原料制造	261	22855	179	348	934	1652
无机酸制造	2611	619	5		25	80
无机碱制造	2612	542	1			
无机盐制造	2613	11556	1	43	67	808
有机化学原料制造	2614	8418	91	85	390	463
其他基础化学原料制造	2619	1720	81	220	452	301
肥料制造	262	16630	431	776	1638	1136
氮肥制造	2621	8416	12	21		59
磷肥制造	2622	2	2			
钾肥制造	2623	2956	29	20	155	149
复混肥料制造	2624	2506	119	234	468	322
有机肥料及微生物肥料制造	2625	2463	220	391	958	535
其他肥料制造	2629	287	49	110	57	71
农药制造	263	110	16	25	69	
化学农药制造	2631	110	16	25	69	
生物化学农药及微生物农药制造	2632					
涂料、油墨、颜料及类似产品制造	264	835	180	226	132	178
涂料制造	2641	713	160	189	132	113
油墨及类似产品制造	2642	15		15		
工业颜料制造	2643	3	3			
工艺美术颜料制造	2644					
染料制造	2645	75	10			65
密封用填料及类似品制造	2646	29	7	22		
合成材料制造	265	22573	65	168	201	185
初级形态塑料及合成树脂制造	2651	17495	28	73	156	117
合成橡胶制造	2652	764	10			
合成纤维单(聚合)体制造	2653	3788	8		24	
其他合成材料制造	2659	526	19	95	21	68
专用化学产品制造	266	12562	248	582	906	877
化学试剂和助剂制造	2661	5504	105	350	500	646
专项化学用品制造	2662	1337	95	94	227	50
林产化学产品制造	2663	248	5	22	21	74
文化用信息化学品制造	2664	5049				
环境污染处理专用药剂材料制造	2666	79	6	25	48	

1-18 续表 17

行业小类	代码						
		100-299人	300-499人	500-999人	1000-4999人	5000-9999人	10000人及以上
煤制液体燃料生产	2523	129			3086		
煤制品制造	2524	145	300				
其他煤炭加工	2529	144					
核燃料加工	253						
核燃料加工	2530						
生物质燃料加工	254						
生物质液体燃料生产	2541						
生物质致密成型燃料加工	2542						
化学原料和化学制品制造业	**26**	**9467**	**3194**	**11113**	**42310**		
基础化学原料制造	261	4008	1196	3386	11152		
无机酸制造	2611	509					
无机碱制造	2612			541			
无机盐制造	2613	1003	737	524	8373		
有机化学原料制造	2614	2289		2321	2779		
其他基础化学原料制造	2619	207	459				
肥料制造	262	1907	1016	2159	7567		
氮肥制造	2621	583	618	2159	4964		
磷肥制造	2622						
钾肥制造	2623				2603		
复混肥料制造	2624	965	398				
有机肥料及微生物肥料制造	2625	359					
其他肥料制造	2629						
农药制造	263						
化学农药制造	2631						
生物化学农药及微生物农药制造	2632						
涂料、油墨、颜料及类似产品制造	264	119					
涂料制造	2641	119					
油墨及类似产品制造	2642						
工业颜料制造	2643						
工艺美术颜料制造	2644						
染料制造	2645						
密封用填料及类似品制造	2646						
合成材料制造	265	765	671	3783	16735		
初级形态塑料及合成树脂制造	2651	442		1729	14950		
合成橡胶制造	2652			754			
合成纤维单（聚合）体制造	2653		671	1300	1785		
其他合成材料制造	2659	323					
专用化学产品制造	266	1546	311	1236	6856		
化学试剂和助剂制造	2661	1217	311	568	1807		
专项化学用品制造	2662	203		668			
林产化学产品制造	2663	126					
文化用信息化学品制造	2664				5049		
环境污染处理专用药剂材料制造	2666						

1-18 续表 18

行业小类	代码	从业人员数(人)	7人及以下	8-19人	20-49人	50-99人
动物胶制造	2667	64	2	25	37	
其他专用化学产品制造	2669	281	35	66	73	107
炸药、火工及焰火产品制造	267	1582	13	71	30	143
炸药及火工产品制造	2671	1582	13	71	30	143
焰火、鞭炮产品制造	2672					
日用化学产品制造	268	1221	94	109	360	312
肥皂及洗涤剂制造	2681	534	33	18	57	80
化妆品制造	2682	176	13	27	82	54
口腔清洁用品制造	2683	6	6			
香料、香精制造	2684	448	25	64	181	178
其他日用化学产品制造	2689	57	17		40	
医药制造业	**27**	**10734**	**128**	**175**	**692**	**959**
化学药品原料药制造	271	3279	4	38	32	119
化学药品原料药制造	2710	3279	4	38	32	119
化学药品制剂制造	272	1160	8	12		52
化学药品制剂制造	2720	1160	8	12		52
中药饮片加工	273	1094	24	81	253	344
中药饮片加工	2730	1094	24	81	253	344
中成药生产	274	2752	25		221	444
中成药生产	2740	2752	25		221	444
兽用药品制造	275	474		12	22	
兽用药品制造	2750	474		12	22	
生物药品制品制造	276	1194	30	23	79	
生物药品制造	2761	1194	30	23	79	
卫生材料及医药用品制造	277	66	33	9	24	
卫生材料及医药用品制造	2770	66	33	9	24	
药用辅料及包装材料	278	715	4		61	
药用辅料及包装材料	2780	715	4		61	
化学纤维制造业	**28**	**10748**	**32**	**49**	**174**	**70**
纤维素纤维原料及纤维制造	281	10035	7		70	70
化纤浆粕制造	2811	1960	7		20	70
人造纤维（纤维素纤维）制造	2812	8075			50	
合成纤维制造	282	541	18	39	74	
锦纶纤维制造	2821	412	2			
涤纶纤维制造	2822	53	11	15	27	
丙纶纤维制造	2825	47			47	
其他合成纤维制造	2829	29	5	24		
生物基材料制造	283	172	7	10	30	
生物基化学纤维制造	2831	40		10	30	
生物基、淀粉基新材料制造	2832	132	7			
橡胶和塑料制品业	**29**	**21029**	**1731**	**3211**	**5945**	**3467**
橡胶制品业	291	2833	83	204	398	78
轮胎制造	2911	2072	2			

1-18 续表 19

行业小类	代码						
		100-299人	300-499人	500-999人	1000-4999人	5000-9999人	10000人及以上
动物胶制造	2667						
其他专用化学产品制造	2669						
炸药、火工及焰火产品制造	267	776		549			
炸药及火工产品制造	2671	776		549			
焰火、鞭炮产品制造	2672						
日用化学产品制造	268	346					
肥皂及洗涤剂制造	2681	346					
化妆品制造	2682						
口腔清洁用品制造	2683						
香料、香精制造	2684						
其他日用化学产品制造	2689						
医药制造业	**27**	**2313**	**2064**	**1317**	**3086**		
化学药品原料药制造	271				3086		
化学药品原料药制造	2710				3086		
化学药品制剂制造	272	200	888				
化学药品制剂制造	2720	200	888				
中药饮片加工	273	392					
中药饮片加工	2730	392					
中成药生产	274	1326	736				
中成药生产	2740	1326	736				
兽用药品制造	275		440				
兽用药品制造	2750		440				
生物药品制品制造	276	395		667			
生物药品制造	2761	395		667			
卫生材料及医药用品制造	277						
卫生材料及医药用品制造	2770						
药用辅料及包装材料	278			650			
药用辅料及包装材料	2780			650			
化学纤维制造业	**28**	**497**	**1422**	**1294**	**7210**		
纤维素纤维原料及纤维制造	281	372	1012	1294	7210		
化纤浆粕制造	2811	187	1012	664			
人造纤维（纤维素纤维）制造	2812	185		630	7210		
合成纤维制造	282		410				
锦纶纤维制造	2821		410				
涤纶纤维制造	2822						
丙纶纤维制造	2825						
其他合成纤维制造	2829						
生物基材料制造	283	125					
生物基化学纤维制造	2831						
生物基、淀粉基新材料制造	2832	125					
橡胶和塑料制品业	**29**	**3363**		**2131**	**1181**		
橡胶制品业	291			889	1181		
轮胎制造	2911			889	1181		

1-18 续表 20

行业小类	代码	从业人员数(人)				
			7人及以下	8-19人	20-49人	50-99人
橡胶板、管、带制造	2912	450	46	129	197	78
橡胶零件制造	2913	54	5	9	40	
再生橡胶制造	2914	73	6	41	26	
日用及医用橡胶制品制造	2915	8		8		
其他橡胶制品制造	2919	176	24	17	135	
塑料制品业	292	18196	1648	3007	5547	3389
塑料薄膜制造	2921	1748	169	343	910	186
塑料板、管、型材制造	2922	8839	783	1456	2772	1439
塑料丝、绳及编织品制造	2923	2978	32	114	531	1006
泡沫塑料制造	2924	909	80	134	250	126
塑料人造革、合成革制造	2925					
塑料包装箱及容器制造	2926	963	121	118	388	336
日用塑料制品制造	2927	929	168	274	336	151
塑料零件及其他塑料制品制造	2929	1830	295	568	360	145
非金属矿物制品业	**30**	**84526**	**3829**	**8016**	**20428**	**15196**
水泥、石灰和石膏制造	301	18339	249	505	1120	1332
水泥制造	3011	16446	147	321	719	1031
石灰和石膏制造	3012	1893	102	184	401	301
石膏、水泥制品及类似制品制造	302	26453	1148	2743	7652	6992
水泥制品制造	3021	22999	823	2173	6346	6063
砼结构构件制造	3022	1627	62	216	614	411
石棉水泥制品制造	3023	42	22		20	
轻质建筑材料制造	3024	1117	200	190	462	265
其他水泥类似制品制造	3029	668	41	164	210	253
砖瓦、石材等建筑材料制造	303	24375	2037	4061	10115	5306
粘土砖瓦及建筑砌块制造	3031	14808	635	1804	6825	3925
建筑用石加工	3032	4990	544	920	1691	1075
防水建筑材料制造	3033	940	173	300	294	173
隔热和隔音材料制造	3034	1506	291	405	561	
其他建筑材料制造	3039	2131	394	632	744	133
玻璃制造	304	1238	33	118	276	72
平板玻璃制造	3041	810	13	35	23	
特种玻璃制造	3042	245	20	60	165	
其他玻璃制造	3049	183		23	88	72
玻璃制品制造	305	2063	81	138	252	220
技术玻璃制品制造	3051	79	13	36	30	
光学玻璃制造	3052	5	5			
玻璃仪器制造	3053	21	1		20	
日用玻璃制品制造	3054	255	24	23	145	63
玻璃包装容器制造	3055	1104	8	11		157
玻璃保温容器制造	3056	479	7	28		
制镜及类似品加工	3057	3	3			
其他玻璃制品制造	3059	117	20	40	57	

1-18 续表 21

行业小类	代码						
		100-299人	300-499人	500-999人	1000-4999人	5000-9999人	10000人及以上
橡胶板、管、带制造	2912						
橡胶零件制造	2913						
再生橡胶制造	2914						
日用及医用橡胶制品制造	2915						
其他橡胶制品制造	2919						
塑料制品业	292	3363		1242			
塑料薄膜制造	2921	140					
塑料板、管、型材制造	2922	1715		674			
塑料丝、绳及编织品制造	2923	727		568			
泡沫塑料制造	2924	319					
塑料人造革、合成革制造	2925						
塑料包装箱及容器制造	2926						
日用塑料制品制造	2927						
塑料零件及其他塑料制品制造	2929	462					
非金属矿物制品业	**30**	**21968**	**7840**	**3637**	**3612**		
水泥、石灰和石膏制造	301	9948	3396	1789			
水泥制造	3011	9043	3396	1789			
石灰和石膏制造	3012	905					
石膏、水泥制品及类似制品制造	302	5741	1044		1133		
水泥制品制造	3021	5741	720		1133		
砼结构构件制造	3022		324				
石棉水泥制品制造	3023						
轻质建筑材料制造	3024						
其他水泥类似制品制造	3029						
砖瓦、石材等建筑材料制造	303	2555	301				
粘土砖瓦及建筑砌块制造	3031	1619					
建筑用石加工	3032	459	301				
防水建筑材料制造	3033						
隔热和隔音材料制造	3034	249					
其他建筑材料制造	3039	228					
玻璃制造	304	739					
平板玻璃制造	3041	739					
特种玻璃制造	3042						
其他玻璃制造	3049						
玻璃制品制造	305	252	1120				
技术玻璃制品制造	3051						
光学玻璃制造	3052						
玻璃仪器制造	3053						
日用玻璃制品制造	3054						
玻璃包装容器制造	3055	252	676				
玻璃保温容器制造	3056		444				
制镜及类似品加工	3057						
其他玻璃制品制造	3059						

1-18 续表 22

行业小类	代码	从业人员数(人)	7人及以下	8-19人	20-49人	50-99人
玻璃纤维和玻璃纤维增强塑料制品制造	306	973	35	103	325	277
玻璃纤维及制品制造	3061	584	5	48	151	277
玻璃纤维增强塑料制品制造	3062	389	30	55	174	
陶瓷制品制造	307	2180	43	86	168	135
建筑陶瓷制品制造	3071	1699	18	35	20	60
卫生陶瓷制品制造	3072	118	10	22	86	
特种陶瓷制品制造	3073	11	1	10		
日用陶瓷制品制造	3074	262	5			75
陈设艺术陶瓷制造	3075	60	5	19	36	
其他陶瓷制品制造	3079	30	4		26	
耐火材料制品制造	308	711	47	43	63	328
石棉制品制造	3081	117	9			
耐火陶瓷制品及其他耐火材料制造	3089	594	38	43	63	328
石墨及其他非金属矿物制品制造	309	8194	156	219	457	534
石墨及碳素制品制造	3091	5564	22	58	215	235
其他非金属矿物制品制造	3099	2630	134	161	242	299
黑色金属冶炼和压延加工业	**31**	**24579**	**166**	**282**	**461**	**759**
炼铁	311	1820	16	19	42	
炼铁	3110	1820	16	19	42	
炼钢	312	245	12	21		74
炼钢	3120	245	12	21		74
钢压延加工	313	21026	135	202	371	559
钢压延加工	3130	21026	135	202	371	559
铁合金冶炼	314	1488	3	40	48	126
铁合金冶炼	3140	1488	3	40	48	126
有色金属冶炼和压延加工业	**32**	**41359**	**79**	**181**	**656**	**591**
常用有色金属冶炼	321	26860	8	65	193	239
铜冶炼	3211	1406	2		63	
铅锌冶炼	3212	120	3	17		
镍钴冶炼	3213	1184				
铝冶炼	3216	13941			21	77
镁冶炼	3217	1704			45	
硅冶炼	3218	7860		35	34	162
其他常用有色金属冶炼	3219	645	3	13	30	
贵金属冶炼	322	2567	7	25	77	
金冶炼	3221	2552	2	15	77	
其他贵金属冶炼	3229	15	5	10		
稀有稀土金属冶炼	323	13	3	10		
稀土金属冶炼	3232	10		10		
其他稀有金属冶炼	3239	3	3			
有色金属合金制造	324	5126	34	40	241	197
有色金属合金制造	3240	5126	34	40	241	197
有色金属压延加工	325	6793	27	41	145	155

1-18 续表 23

行业小类	代码						
		100-299人	300-499人	500-999人	1000-4999人	5000-9999人	10000人及以上
玻璃纤维和玻璃纤维增强塑料制品制造	306	233					
玻璃纤维及制品制造	3061	103					
玻璃纤维增强塑料制品制造	3062	130					
陶瓷制品制造	307	900	318	530			
建筑陶瓷制品制造	3071	718	318	530			
卫生陶瓷制品制造	3072						
特种陶瓷制品制造	3073						
日用陶瓷制品制造	3074	182					
陈设艺术陶瓷制造	3075						
其他陶瓷制品制造	3079						
耐火材料制品制造	308	230					
石棉制品制造	3081	108					
耐火陶瓷制品及其他耐火材料制造	3089	122					
石墨及其他非金属矿物制品制造	309	1370	1661	1318	2479		
石墨及碳素制品制造	3091	883	1661	1318	1172		
其他非金属矿物制品制造	3099	487			1307		
黑色金属冶炼和压延加工业	**31**	**3097**	**1484**	**2861**	**9528**	**5941**	
炼铁	311	817	416	510			
炼铁	3110	817	416	510			
炼钢	312	138					
炼钢	3120	138					
钢压延加工	313	1413	1068	1809	9528	5941	
钢压延加工	3130	1413	1068	1809	9528	5941	
铁合金冶炼	314	729		542			
铁合金冶炼	3140	729		542			
有色金属冶炼和压延加工业	**32**	**4969**	**2876**	**5059**	**26948**		
常用有色金属冶炼	321	3032	1854	3532	17937		
铜冶炼	3211	390		951			
铅锌冶炼	3212	100					
镍钴冶炼	3213	258		926			
铝冶炼	3216				13843		
镁冶炼	3217	284	811	564			
硅冶炼	3218	1816	628	1091	4094		
其他常用有色金属冶炼	3219	184	415				
贵金属冶炼	322	569	362	1527			
金冶炼	3221	569	362	1527			
其他贵金属冶炼	3229						
稀有稀土金属冶炼	323						
稀土金属冶炼	3232						
其他稀有金属冶炼	3239						
有色金属合金制造	324	472			4142		
有色金属合金制造	3240	472			4142		
有色金属压延加工	325	896	660		4869		

1-18 续表 24

行业小类	代码	从业人员数(人)	7人及以下	8-19人	20-49人	50-99人
铜压延加工	3251	107	10		40	57
铝压延加工	3252	6328	4	23	46	98
贵金属压延加工	3253	1	1			
其他有色金属压延加工	3259	357	12	18	59	
金属制品业	**33**	**18390**	**2502**	**3370**	**4063**	**4122**
结构性金属制品制造	331	11067	1833	2271	2712	2665
金属结构制造	3311	7971	1080	1276	1994	2035
金属门窗制造	3312	3096	753	995	718	630
金属工具制造	332	576	92	159	192	133
切削工具制造	3321	10	2	8		
手工具制造	3322	95	14	61	20	
农用及园林用金属工具制造	3323	272	21	14	104	133
刀剪及类似日用金属工具制造	3324	45	1		44	
其他金属工具制造	3329	154	54	76	24	
集装箱及金属包装容器制造	333	1701	67	109	304	452
集装箱制造	3331	106	12	22		72
金属压力容器制造	3332	471	5	37	102	108
金属包装容器及材料制造	3333	1124	50	50	202	272
金属丝绳及其制品制造	334	238	40	67	46	85
金属丝绳及其制品制造	3340	238	40	67	46	85
建筑、安全用金属制品制造	335	1418	179	253	362	362
建筑、家具用金属配件制造	3351	162	23	36	25	78
建筑装饰及水暖管道零件制造	3352	725	78	167	152	66
安全、消防用金属制品制造	3353	339	32	16	155	136
其他建筑、安全用金属制品制造	3359	192	46	34	30	82
金属表面处理及热处理加工	336	208	18	48	80	62
金属表面处理及热处理加工	3360	208	18	48	80	62
搪瓷制品制造	337	36	7	29		
建筑装饰搪瓷制品制造	3372	14		14		
搪瓷卫生洁具制造	3373	18	3	15		
搪瓷日用品及其他搪瓷制品制造	3379	4	4			
金属制日用品制造	338	207	45	90	20	52
金属制厨房用器具制造	3381	72	9	11		52
金属制餐具和器皿制造	3382	17	5	12		
其他金属制日用品制造	3389	118	31	67	20	
铸造及其他金属制品制造	339	2939	221	344	347	311
黑色金属铸造	3391	837	24	99	188	192
有色金属铸造	3392	2	2			
锻件及粉末冶金制品制造	3393	100	24	55	21	
交通及公共管理用金属标牌制造	3394	367	60	90	98	119
其他未列明金属制品制造	3399	1633	111	100	40	
通用设备制造业	**34**	**4488**	**843**	**1255**	**986**	**561**
锅炉及原动设备制造	341	664	162	202	178	122

1-18 续表 25

行业小类	代码						
		100-299人	300-499人	500-999人	1000-4999人	5000-9999人	10000人及以上
铜压延加工	3251						
铝压延加工	3252	628	660		4869		
贵金属压延加工	3253						
其他有色金属压延加工	3259	268					
金属制品业	**33**	**2747**	**736**	**850**			
结构性金属制品制造	331	1586					
金属结构制造	3311	1586					
金属门窗制造	3312						
金属工具制造	332						
切削工具制造	3321						
手工具制造	3322						
农用及园林用金属工具制造	3323						
刀剪及类似日用金属工具制造	3324						
其他金属工具制造	3329						
集装箱及金属包装容器制造	333	367	402				
集装箱制造	3331						
金属压力容器制造	3332	219					
金属包装容器及材料制造	3333	148	402				
金属丝绳及其制品制造	334						
金属丝绳及其制品制造	3340						
建筑、安全用金属制品制造	335	262					
建筑、家具用金属配件制造	3351						
建筑装饰及水暖管道零件制造	3352	262					
安全、消防用金属制品制造	3353						
其他建筑、安全用金属制品制造	3359						
金属表面处理及热处理加工	336						
金属表面处理及热处理加工	3360						
搪瓷制品制造	337						
建筑装饰搪瓷制品制造	3372						
搪瓷卫生洁具制造	3373						
搪瓷日用品及其他搪瓷制品制造	3379						
金属制日用品制造	338						
金属制厨房用器具制造	3381						
金属制餐具和器皿制造	3382						
其他金属制日用品制造	3389						
铸造及其他金属制品制造	339	532	334	850			
黑色金属铸造	3391		334				
有色金属铸造	3392						
锻件及粉末冶金制品制造	3393						
交通及公共管理用金属标牌制造	3394						
其他未列明金属制品制造	3399	532		850			
通用设备制造业	**34**	**843**					
锅炉及原动设备制造	341						

1-18 续表 26

行业小类	代码	从业人员数(人)	7人及以下	8-19人	20-49人	50-99人
锅炉及辅助设备制造	3411	582	130	202	178	72
水轮机及辅机制造	3414	6	6			
风能原动设备制造	3415	71	21			50
其他原动设备制造	3419	5	5			
金属加工机械制造	342	552	164	227	161	
金属切削机床制造	3421	25	13	12		
金属成形机床制造	3422					
铸造机械制造	3423	75	7	47	21	
金属切割及焊接设备制造	3424	63	19	15	29	
机床功能部件及附件制造	3425	1	1			
其他金属加工机械制造	3429	388	124	153	111	
物料搬运设备制造	343	779	49	80	106	
轻小型起重设备制造	3431	8	8			
生产专用起重机制造	3432	372	15	63	106	
生产专用车辆制造	3433					
连续搬运设备制造	3434	223	5			
电梯、自动扶梯及升降机制造	3435	168	13	17		
机械式停车设备制造	3437	7	7			
其他物料搬运设备制造	3439	1	1			
泵、阀门、压缩机及类似机械制造	344	134	37	61	36	
泵及真空设备制造	3441	10		10		
气体压缩机械制造	3442	11	3	8		
阀门和旋塞制造	3443	93	25	32	36	
液压动力机械及元件制造	3444	9	9			
气压动力机械及元件制造	3446	11		11		
轴承、齿轮和传动部件制造	345	21	6	15		
滚动轴承制造	3451	16	1	15		
其他传动部件制造	3459	5	5			
烘炉、风机、包装等设备制造	346	389	71	148	81	89
烘炉、熔炉及电炉制造	3461	35	12		23	
风机、风扇制造	3462	118	21	60	37	
气体、液体分离及纯净设备制造	3463	72	5	46	21	
制冷、空调设备制造	3464	158	27	42		89
喷枪及类似器具制造	3466	6	6			
包装专用设备制造	3467					
文化、办公用机械制造	347	79	21			58
复印和胶印设备制造	3474	10	10			
计算器及货币专用设备制造	3475	2	2			
其他文化、办公用机械制造	3479	67	9			58
通用零部件制造	348	1690	252	443	404	292
金属密封件制造	3481	185		26	24	
紧固件制造	3482	82		23		59
弹簧制造	3483	8		8		

1-18 续表 27

行业小类	代码	100-299人	300-499人	500-999人	1000-4999人	5000-9999人	10000人及以上
锅炉及辅助设备制造	3411						
水轮机及辅机制造	3414						
风能原动设备制造	3415						
其他原动设备制造	3419						
金属加工机械制造	342						
金属切削机床制造	3421						
金属成形机床制造	3422						
铸造机械制造	3423						
金属切割及焊接设备制造	3424						
机床功能部件及附件制造	3425						
其他金属加工机械制造	3429						
物料搬运设备制造	343	544					
轻小型起重设备制造	3431						
生产专用起重机制造	3432	188					
生产专用车辆制造	3433						
连续搬运设备制造	3434	218					
电梯、自动扶梯及升降机制造	3435	138					
机械式停车设备制造	3437						
其他物料搬运设备制造	3439						
泵、阀门、压缩机及类似机械制造	344						
泵及真空设备制造	3441						
气体压缩机械制造	3442						
阀门和旋塞制造	3443						
液压动力机械及元件制造	3444						
气压动力机械及元件制造	3446						
轴承、齿轮和传动部件制造	345						
滚动轴承制造	3451						
其他传动部件制造	3459						
烘炉、风机、包装等设备制造	346						
烘炉、熔炉及电炉制造	3461						
风机、风扇制造	3462						
气体、液体分离及纯净设备制造	3463						
制冷、空调设备制造	3464						
喷枪及类似器具制造	3466						
包装专用设备制造	3467						
文化、办公用机械制造	347						
复印和胶印设备制造	3474						
计算器及货币专用设备制造	3475						
其他文化、办公用机械制造	3479						
通用零部件制造	348	299					
金属密封件制造	3481	135					
紧固件制造	3482						
弹簧制造	3483						

1-18 续表 28

行业小类	代码	从业人员数(人)	7人及以下	8-19人	20-49人	50-99人
机械零部件加工	3484	1334	244	368	380	178
其他通用零部件制造	3489	81	8	18		55
其他通用设备制造业	349	180	81	79	20	
工业机器人制造	3491	4	4			
其他未列明通用设备制造业	3499	176	77	79	20	
专用设备制造业	**35**	**9321**	**1067**	**1315**	**1845**	**1419**
采矿、冶金、建筑专用设备制造	351	2316	235	315	516	417
矿山机械制造	3511	415	74	104	43	52
石油钻采专用设备制造	3512	1158	82	154	236	221
深海石油钻探设备制造	3513	62	4		58	
建筑工程用机械制造	3514	331	46	33	108	144
建筑材料生产专用机械制造	3515	101	27	24	50	
冶金专用设备制造	3516	23	2		21	
隧道施工专用机械制造	3517	226				
化工、木材、非金属加工专用设备制造	352	483	51	91	144	
炼油、化工生产专用设备制造	3521	326	18	40	71	
塑料加工专用设备制造	3523	28	18	10		
木竹材加工机械制造	3524	77		31	46	
模具制造	3525	10	10			
其他非金属加工专用设备制造	3529	42	5	10	27	
食品、饮料、烟草及饲料生产专用设备制造	353	134	27	11	96	
食品、酒、饮料及茶生产专用设备制造	3531	15	15			
农副食品加工专用设备制造	3532	94	12	11	71	
饲料生产专用设备制造	3534	25			25	
印刷、制药、日化及日用品生产专用设备制造	354	102	19	32	51	
制浆和造纸专用设备制造	3541					
印刷专用设备制造	3542	43	3	14	26	
日用化工专用设备制造	3543	7	7			
照明器具生产专用设备制造	3545	22	4	18		
玻璃、陶瓷和搪瓷制品生产专用设备制造	3546	25			25	
其他日用品生产专用设备制造	3549	5	5			
纺织、服装和皮革加工专用设备制造	355	406	21	40		84
纺织专用设备制造	3551	396	11	40		84
皮革、毛皮及其制品加工专用设备制造	3552	7	7			
缝制机械制造	3553	3	3			
电子和电工机械专用设备制造	356	447	54	41	88	
电工机械专用设备制造	3561	51	13		38	
半导体器件专用设备制造	3562	3	3			
电子元器件与机电组件设备制造	3563	60	17	18	25	
其他电子专用设备制造	3569	333	21	23	25	
农、林、牧、渔专用机械制造	357	3798	299	454	569	491
拖拉机制造	3571	48	6	11	31	
机械化农业及园艺机具制造	3572	2376	189	274	215	156

1-18 续表 29

行业小类	代码	100-299人	300-499人	500-999人	1000-4999人	5000-9999人	10000人及以上
机械零部件加工	3484	164					
其他通用零部件制造	3489						
其他通用设备制造业	349						
工业机器人制造	3491						
其他未列明通用设备制造业	3499						
专用设备制造业	**35**	**2946**	**729**				
采矿、冶金、建筑专用设备制造	351	833					
矿山机械制造	3511	142					
石油钻采专用设备制造	3512	465					
深海石油钻探设备制造	3513						
建筑工程用机械制造	3514						
建筑材料生产专用机械制造	3515						
冶金专用设备制造	3516						
隧道施工专用机械制造	3517	226					
化工、木材、非金属加工专用设备制造	352	197					
炼油、化工生产专用设备制造	3521	197					
塑料加工专用设备制造	3523						
木竹材加工机械制造	3524						
模具制造	3525						
其他非金属加工专用设备制造	3529						
食品、饮料、烟草及饲料生产专用设备制造	353						
食品、酒、饮料及茶生产专用设备制造	3531						
农副食品加工专用设备制造	3532						
饲料生产专用设备制造	3534						
印刷、制药、日化及日用品生产专用设备制造	354						
制浆和造纸专用设备制造	3541						
印刷专用设备制造	3542						
日用化工专用设备制造	3543						
照明器具生产专用设备制造	3545						
玻璃、陶瓷和搪瓷制品生产专用设备制造	3546						
其他日用品生产专用设备制造	3549						
纺织、服装和皮革加工专用设备制造	355	261					
纺织专用设备制造	3551	261					
皮革、毛皮及其制品加工专用设备制造	3552						
缝制机械制造	3553						
电子和电工机械专用设备制造	356	264					
电工机械专用设备制造	3561						
半导体器件专用设备制造	3562						
电子元器件与机电组件设备制造	3563						
其他电子专用设备制造	3569	264					
农、林、牧、渔专用机械制造	357	1256	729				
拖拉机制造	3571						
机械化农业及园艺机具制造	3572	813	729				

1-18 续表 30

行业小类	代码	从业人员数(人)	7人及以下	8-19人	20-49人	50-99人
畜牧机械制造	3574	295	10	15	74	
渔业机械制造	3575	12		12		
农林牧渔机械配件制造	3576	203	60	45	39	59
棉花加工机械制造	3577	609	5	85	71	201
其他农、林、牧、渔业机械制造	3579	255	29	12	139	75
医疗仪器设备及器械制造	358	308	48	66	87	107
医疗诊断、监护及治疗设备制造	3581	96	10	9	20	57
口腔科用设备及器具制造	3582	70	14	16	40	
医疗实验室及医用消毒设备和器具制造	3583					
医疗、外科及兽医用器械制造	3584	11	3	8		
机械治疗及病房护理设备制造	3585					
康复辅具制造	3586	18	10	8		
眼镜制造	3587	4	4			
其他医疗设备及器械制造	3589	109	7	25	27	50
环保、邮政、社会公共服务及其他专用设备制造	359	1327	313	265	294	320
环境保护专用设备制造	3591	809	179	117	198	180
商业、饮食、服务专用设备制造	3594	17		17		
社会公共安全设备及器材制造	3595	183	20	23		140
交通安全、管制及类似专用设备制造	3596	44	14		30	
水资源专用机械制造	3597	34	9	25		
其他专用设备制造	3599	240	91	83	66	
汽车制造业	**36**	**2366**	**114**	**136**	**132**	**149**
汽车整车制造	361	1662	6	39		
汽柴油车整车制造	3611	1168	3	26		
新能源车整车制造	3612	494	3	13		
汽车用发动机制造	362	5	5			
汽车用发动机制造	3620	5	5			
改装汽车制造	363	211	24	12	26	149
改装汽车制造	3630	211	24	12	26	149
电车制造	365	14	2	12		
电车制造	3650	14	2	12		
汽车车身、挂车制造	366	49	9	12	28	
汽车车身、挂车制造	3660	49	9	12	28	
汽车零部件及配件制造	367	425	68	61	78	
汽车零部件及配件制造	3670	425	68	61	78	
铁路、船舶、航空航天和其他运输设备制造业	**37**	**558**	**43**	**72**	**139**	**194**
铁路运输设备制造	371	262	15	14	49	74
高铁车组制造	3711	74				74
铁路机车车辆制造	3712	2	2			
铁路专用设备及器材、配件制造	3716	76	13	14	49	
其他铁路运输设备制造	3719	110				
城市轨道交通设备制造	372	42			42	
城市轨道交通设备制造	3720	42			42	

1-18 续表 31

行业小类	代码	100-299人	300-499人	500-999人	1000-4999人	5000-9999人	10000人及以上
畜牧机械制造	3574	196					
渔业机械制造	3575						
农林牧渔机械配件制造	3576						
棉花加工机械制造	3577	247					
其他农、林、牧、渔业机械制造	3579						
医疗仪器设备及器械制造	358						
医疗诊断、监护及治疗设备制造	3581						
口腔科用设备及器具制造	3582						
医疗实验室及医用消毒设备和器具制造	3583						
医疗、外科及兽医用器械制造	3584						
机械治疗及病房护理设备制造	3585						
康复辅具制造	3586						
眼镜制造	3587						
其他医疗设备及器械制造	3589						
环保、邮政、社会公共服务及其他专用设备制造	359	135					
环境保护专用设备制造	3591	135					
商业、饮食、服务专用设备制造	3594						
社会公共安全设备及器材制造	3595						
交通安全、管制及类似专用设备制造	3596						
水资源专用机械制造	3597						
其他专用设备制造	3599						
汽车制造业	**36**	**679**	**478**	**678**			
汽车整车制造	361	461	478	678			
汽柴油车整车制造	3611	461		678			
新能源车整车制造	3612		478				
汽车用发动机制造	362						
汽车用发动机制造	3620						
改装汽车制造	363						
改装汽车制造	3630						
电车制造	365						
电车制造	3650						
汽车车身、挂车制造	366						
汽车车身、挂车制造	3660						
汽车零部件及配件制造	367	218					
汽车零部件及配件制造	3670	218					
铁路、船舶、航空航天和其他运输设备制造业	**37**	**110**					
铁路运输设备制造	371	110					
高铁车组制造	3711						
铁路机车车辆制造	3712						
铁路专用设备及器材、配件制造	3716						
其他铁路运输设备制造	3719	110					
城市轨道交通设备制造	372						
城市轨道交通设备制造	3720						

1-18 续表 32

行业小类	代码	从业人员数(人)	7人及以下	8-19人	20-49人	50-99人
航空、航天器及设备制造	374	53	13	12	28	
飞机制造	3741	4	4			
航空相关设备制造	3744	1	1			
其他航空航天器制造	3749	48	8	12	28	
摩托车制造	375	88	6	9	20	53
摩托车整车制造	3751	62		9		53
摩托车零部件及配件制造	3752	26	6		20	
自行车和残疾人座车制造	376	12	3	9		
自行车制造	3761	12	3	9		
助动车制造	377	101	6	28		67
助动车制造	3770	101	6	28		67
非公路休闲车及零配件制造	378					
非公路休闲车及零配件制造	3780					
电气机械和器材制造业	**38**	**18762**	**773**	**1343**	**1804**	**1065**
电机制造	381	2530	13	32	117	242
发电机及发电机组制造	3811	2435	7	23	117	162
电动机制造	3812	82	2			80
微特电机及组件制造	3813	3	3			
其他电机制造	3819	10	1	9		
输配电及控制设备制造	382	11199	382	720	1112	490
变压器、整流器和电感器制造	3821	4572	70	111	130	92
电容器及其配套设备制造	3822	71	20	25	26	
配电开关控制设备制造	3823	2312	212	388	639	310
电力电子元器件制造	3824	587	20	43	50	88
光伏设备及元器件制造	3825	2284	16	26	105	
其他输配电及控制设备制造	3829	1373	44	127	162	
电线、电缆、光缆及电工器材制造	383	3756	171	302	374	169
电线、电缆制造	3831	3678	147	294	328	169
光缆制造	3833	46			46	
绝缘制品制造	3834	18	18			
其他电工器材制造	3839	14	6	8		
电池制造	384	362	10	19	43	51
锂离子电池制造	3841	114	1	19	43	51
铅蓄电池制造	3843	136				
其他电池制造	3849	112	9			
家用电力器具制造	385	295	26	61	31	
家用制冷电器具制造	3851	1	1			
家用通风电器具制造	3853	33	6	27		
家用厨房电器具制造	3854	184	7			
家用清洁卫生电器具制造	3855	17		17		
家用电力器具专用配件制造	3857	5	5			
其他家用电力器具制造	3859	55	7	17	31	
非电力家用器具制造	386	39	14	25		

1-18 续表 33

行业小类	代码						
		100-299人	300-499人	500-999人	1000-4999人	5000-9999人	10000人及以上
航空、航天器及设备制造	374						
飞机制造	3741						
航空相关设备制造	3744						
其他航空航天器制造	3749						
摩托车制造	375						
摩托车整车制造	3751						
摩托车零部件及配件制造	3752						
自行车和残疾人座车制造	376						
自行车制造	3761						
助动车制造	377						
助动车制造	3770						
非公路休闲车及零配件制造	378						
非公路休闲车及零配件制造	3780						
电气机械和器材制造业	**38**	**2673**	**380**		**10724**		
电机制造	381	158			1968		
发电机及发电机组制造	3811	158			1968		
电动机制造	3812						
微特电机及组件制造	3813						
其他电机制造	3819						
输配电及控制设备制造	382	1859	380		6256		
变压器、整流器和电感器制造	3821	1090			3079		
电容器及其配套设备制造	3822						
配电开关控制设备制造	3823	383	380				
电力电子元器件制造	3824	386					
光伏设备及元器件制造	3825				2137		
其他输配电及控制设备制造	3829				1040		
电线、电缆、光缆及电工器材制造	383	240			2500		
电线、电缆制造	3831	240			2500		
光缆制造	3833						
绝缘制品制造	3834						
其他电工器材制造	3839						
电池制造	384	239					
锂离子电池制造	3841						
铅蓄电池制造	3843	136					
其他电池制造	3849	103					
家用电力器具制造	385	177					
家用制冷电器具制造	3851						
家用通风电器具制造	3853						
家用厨房电器具制造	3854	177					
家用清洁卫生电器具制造	3855						
家用电力器具专用配件制造	3857						
其他家用电力器具制造	3859						
非电力家用器具制造	386						

1-18 续表 34

行业小类	代码	从业人员数（人）	7人及以下	8-19人	20-49人	50-99人
燃气及类似能源家用器具制造	3861	3	3			
太阳能器具制造	3862	36	11	25		
其他非电力家用器具制造	3869					
照明器具制造	387	403	92	130	68	113
电光源制造	3871	60				60
照明灯具制造	3872	302	73	108	68	53
舞台及场地用灯制造	3873	3	3			
智能照明器具制造	3874	4	4			
灯用电器附件及其他照明器具制造	3879	34	12	22		
其他电气机械及器材制造	389	178	65	54	59	
电气信号设备装置制造	3891	15	5	10		
其他未列明电气机械及器材制造	3899	163	60	44	59	
计算机、通信和其他电子设备制造业	**39**	**4682**	**249**	**116**	**126**	**464**
计算机制造	391	210	47	31	25	
计算机整机制造	3911	25			25	
计算机零部件制造	3912	2	2			
计算机外围设备制造	3913	109	2			
工业控制计算机及系统制造	3914	5	5			
信息安全设备制造	3915	34	15	19		
其他计算机制造	3919	35	23	12		
通信设备制造	392	77	11	9		57
通信系统设备制造	3921	74	8	9		57
通信终端设备制造	3922	3	3			
广播电视设备制造	393	19	7	12		
广播电视节目制作及发射设备制造	3931	6	6			
应用电视设备及其他广播电视设备制造	3939	13	1	12		
非专业视听设备制造	395	6	6			
电视机制造	3951	1	1			
音响设备制造	3952	3	3			
影视录放设备制造	3953	2	2			
智能消费设备制造	396	95	25			70
智能车载设备制造	3962	70				70
智能无人飞行器制造	3963	11	11			
服务消费机器人制造	3964	5	5			
其他智能消费设备制造	3969	9	9			
电子器件制造	397	76	23			53
集成电路制造	3973	5	5			
显示器件制造	3974	3	3			
光电子器件制造	3976	57	4			53
其他电子器件制造	3979	11	11			
电子元件及电子专用材料制造	398	3479	102	52	71	284
电阻电容电感元件制造	3981	1	1			
电子电路制造	3982	2	2			

1-18 续表 35

行业小类	代码	100-299人	300-499人	500-999人	1000-4999人	5000-9999人	10000人及以上
燃气及类似能源家用器具制造	3861						
太阳能器具制造	3862						
其他非电力家用器具制造	3869						
照明器具制造	387						
电光源制造	3871						
照明灯具制造	3872						
舞台及场地用灯制造	3873						
智能照明器具制造	3874						
灯用电器附件及其他照明器具制造	3879						
其他电气机械及器材制造	389						
电气信号设备装置制造	3891						
其他未列明电气机械及器材制造	3899						
计算机、通信和其他电子设备制造业	**39**	**723**		**1642**	**1362**		
计算机制造	391	107					
计算机整机制造	3911						
计算机零部件制造	3912						
计算机外围设备制造	3913	107					
工业控制计算机及系统制造	3914						
信息安全设备制造	3915						
其他计算机制造	3919						
通信设备制造	392						
通信系统设备制造	3921						
通信终端设备制造	3922						
广播电视设备制造	393						
广播电视节目制作及发射设备制造	3931						
应用电视设备及其他广播电视设备制造	3939						
非专业视听设备制造	395						
电视机制造	3951						
音响设备制造	3952						
影视录放设备制造	3953						
智能消费设备制造	396						
智能车载设备制造	3962						
智能无人飞行器制造	3963						
服务消费机器人制造	3964						
其他智能消费设备制造	3969						
电子器件制造	397						
集成电路制造	3973						
显示器件制造	3974						
光电子器件制造	3976						
其他电子器件制造	3979						
电子元件及电子专用材料制造	398	616		992	1362		
电阻电容电感元件制造	3981						
电子电路制造	3982						

1-18 续表 36

行业小类	代码	从业人员数(人)	7人及以下	8-19人	20-49人	50-99人
敏感元件及传感器制造	3983	33			33	
电声器件及零件制造	3984	1	1			
电子专用材料制造	3985	2931	19	15		130
其他电子元件制造	3989	511	79	37	38	154
其他电子设备制造	399	720	28	12	30	
其他电子设备制造	3990	720	28	12	30	
仪器仪表制造业	**40**	**489**	**86**	**79**	**210**	
通用仪器仪表制造	401	345	40	48	143	
工业自动控制系统装置制造	4011	231	19	27	71	
电工仪器仪表制造	4012	53	5		48	
绘图、计算及测量仪器制造	4013	6	6			
实验分析仪器制造	4014	1	1			
供应用仪器仪表制造	4016	2	2			
其他通用仪器制造	4019	52	7	21	24	
专用仪器仪表制造	402	89	19	31	39	
环境监测专用仪器仪表制造	4021	8		8		
地质勘探和地震专用仪器制造	4025	39			39	
教学专用仪器制造	4026	15	4	11		
核子及核辐射测量仪器制造	4027	4	4			
电子测量仪器制造	4028	9	9			
其他专用仪器制造	4029	14	2	12		
衡器制造	405	53	25		28	
衡器制造	4050	53	25		28	
其他仪器仪表制造业	409	2	2			
其他仪器仪表制造业	4090	2	2			
其他制造业	**41**	**1040**	**126**	**105**	**45**	**110**
日用杂品制造	411	81	40	19	22	
鬃毛加工、制刷及清扫工具制造	4111	13	13			
其他日用杂品制造	4119	68	27	19	22	
核辐射加工	412	7	7			
核辐射加工	4120	7	7			
其他未列明制造业	419	952	79	86	23	110
其他未列明制造业	4190	952	79	86	23	110
废弃资源综合利用业	**42**	**1914**	**100**	**142**	**625**	**427**
金属废料和碎屑加工处理	421	768	38	54	269	301
金属废料和碎屑加工处理	4210	768	38	54	269	301
非金属废料和碎屑加工处理	422	1146	62	88	356	126
非金属废料和碎屑加工处理	4220	1146	62	88	356	126
金属制品、机械和设备修理业	**43**	**3287**	**734**	**674**	**540**	**169**
金属制品修理	431	214	25	37		
金属制品修理	4310	214	25	37		
通用设备修理	432	185	99	86		
通用设备修理	4320	185	99	86		

1-18 续表 37

行业小类	代码	100-299人	300-499人	500-999人	1000-4999人	5000-9999人	10000人及以上
敏感元件及传感器制造	3983						
电声器件及零件制造	3984						
电子专用材料制造	3985	413		992	1362		
其他电子元件制造	3989	203					
其他电子设备制造	399			650			
其他电子设备制造	3990			650			
仪器仪表制造业	**40**	**114**					
通用仪器仪表制造	401	114					
工业自动控制系统装置制造	4011	114					
电工仪器仪表制造	4012						
绘图、计算及测量仪器制造	4013						
实验分析仪器制造	4014						
供应用仪器仪表制造	4016						
其他通用仪器制造	4019						
专用仪器仪表制造	402						
环境监测专用仪器仪表制造	4021						
地质勘探和地震专用仪器制造	4025						
教学专用仪器制造	4026						
核子及核辐射测量仪器制造	4027						
电子测量仪器制造	4028						
其他专用仪器制造	4029						
衡器制造	405						
衡器制造	4050						
其他仪器仪表制造业	409						
其他仪器仪表制造业	4090						
其他制造业	**41**	**100**		**554**			
日用杂品制造	411						
鬃毛加工、制刷及清扫工具制造	4111						
其他日用杂品制造	4119						
核辐射加工	412						
核辐射加工	4120						
其他未列明制造业	419	100		554			
其他未列明制造业	4190	100		554			
废弃资源综合利用业	**42**	**620**					
金属废料和碎屑加工处理	421	106					
金属废料和碎屑加工处理	4210	106					
非金属废料和碎屑加工处理	422	514					
非金属废料和碎屑加工处理	4220	514					
金属制品、机械和设备修理业	**43**	**474**		**696**			
金属制品修理	431	152					
金属制品修理	4310	152					
通用设备修理	432						
通用设备修理	4320						

1-18 续表 38

行业小类	代码	从业人员数(人)	7人及以下	8-19人	20-49人	50-99人
专用设备修理	433	931	166	209	287	62
专用设备修理	4330	931	166	209	287	62
铁路、船舶、航空航天等运输设备修理	434	64	8	15	41	
铁路运输设备修理	4341	41			41	
其他运输设备修理	4349	23	8	15		
电气设备修理	435	881	73	70	42	
电气设备修理	4350	881	73	70	42	
仪器仪表修理	436	58	28		30	
仪器仪表修理	4360	58	28		30	
其他机械和设备修理业	439	954	335	257	140	107
其他机械和设备修理业	4390	954	335	257	140	107
电力、热力、燃气及水生产和供应业	**D**	**113033**	**1757**	**4823**	**10725**	**11515**
电力、热力生产和供应业	**44**	**88184**	**1419**	**3586**	**7073**	**7483**
电力生产	441	37214	1020	2763	4364	3188
火力发电	4411	7905	9	14	240	520
热电联产	4412	14572		43		
水力发电	4413	6535	165	672	1505	1618
核力发电	4414	1	1			
风力发电	4415	4693	151	723	1847	796
太阳能发电	4416	2834	668	1293	703	170
生物质能发电	4417	353	14			
其他电力生产	4419	321	12	18	69	84
电力供应	442	34267	48	77	278	503
电力供应	4420	34267	48	77	278	503
热力生产和供应	443	16703	351	746	2431	3792
热力生产和供应	4430	16703	351	746	2431	3792
燃气生产和供应业	**45**	**12421**	**141**	**483**	**1394**	**1144**
燃气生产和供应业	451	12404	134	473	1394	1144
天然气生产和供应业	4511	8499	124	381	1329	1056
液化石油气生产和供应业	4512	246	10	83	65	88
煤气生产和供应业	4513	3659		9		
生物质燃气生产和供应业	452	17	7	10		
生物质燃气生产和供应业	4520	17	7	10		
水的生产和供应业	**46**	**12428**	**197**	**754**	**2258**	**2888**
自来水生产和供应	461	10053	108	432	1517	2180
自来水生产和供应	4610	10053	108	432	1517	2180
污水处理及其再生利用	462	2340	89	287	741	708
污水处理及其再生利用	4620	2340	89	287	741	708
其他水的处理、利用与分配	469	35		35		
其他水的处理、利用与分配	4690	35		35		
建筑业	**E**	**427668**	**16495**	**17018**	**21796**	**22696**
房屋建筑业	**47**	**229127**	**2810**	**4823**	**7820**	**10330**
住宅房屋建筑	471	219998	2426	4282	7231	9835

1-18 续表 39

行业小类	代码	100-299人	300-499人	500-999人	1000-4999人	5000-9999人	10000人及以上
专用设备修理	433	207					
专用设备修理	4330	207					
铁路、船舶、航空航天等运输设备修理	434						
铁路运输设备修理	4341						
其他运输设备修理	4349						
电气设备修理	435			696			
电气设备修理	4350			696			
仪器仪表修理	436						
仪器仪表修理	4360						
其他机械和设备修理业	439	115					
其他机械和设备修理业	4390	115					
电力、热力、燃气及水生产和供应业	**D**	**22297**	**12043**	**8665**	**13808**		**27400**
电力、热力生产和供应业	**44**	**15116**	**10985**	**8133**	**6989**		**27400**
电力生产	441	9478	7340	4549	4512		
火力发电	4411	4019	1890	1213			
热电联产	4412	2830	3851	3336	4512		
水力发电	4413	1607	968				
核力发电	4414						
风力发电	4415	545	631				
太阳能发电	4416						
生物质能发电	4417	339					
其他电力生产	4419	138					
电力供应	442	1110	784	3057	1010		27400
电力供应	4420	1110	784	3057	1010		27400
热力生产和供应	443	4528	2861	527	1467		
热力生产和供应	4430	4528	2861	527	1467		
燃气生产和供应业	**45**	**2567**	**1058**	**532**	**5102**		
燃气生产和供应业	451	2567	1058	532	5102		
天然气生产和供应业	4511	2433	1058	532	1586		
液化石油气生产和供应业	4512						
煤气生产和供应业	4513	134			3516		
生物质燃气生产和供应业	452						
生物质燃气生产和供应业	4520						
水的生产和供应业	**46**	**4614**			**1717**		
自来水生产和供应	461	4099			1717		
自来水生产和供应	4610	4099			1717		
污水处理及其再生利用	462	515					
污水处理及其再生利用	4620	515					
其他水的处理、利用与分配	469						
其他水的处理、利用与分配	4690						
建筑业	**E**	**59159**	**29543**	**49083**	**107686**	**43009**	**61183**
房屋建筑业	**47**	**33426**	**17251**	**26649**	**90353**	**13893**	**21772**
住宅房屋建筑	471	31334	16150	25380	87695	13893	21772

1-18 续表 40

行业小类	代码	从业人员数(人)	7人及以下	8-19人	20-49人	50-99人
住宅房屋建筑	4710	219998	2426	4282	7231	9835
体育场馆建筑	472	37			37	
体育场馆建筑	4720	37			37	
其他房屋建筑业	479	9092	384	541	552	495
其他房屋建筑业	4790	9092	384	541	552	495
土木工程建筑业	**48**	**136876**	**3969**	**4990**	**7132**	**6012**
铁路、道路、隧道和桥梁工程建筑	481	88872	1631	2176	3036	2734
铁路工程建筑	4811	5651	32	38	20	
公路工程建筑	4812	28004	535	771	1268	965
市政道路工程建筑	4813	51271	964	1256	1476	1660
城市轨道交通工程建筑	4814	13	3	10		
其他道路、隧道和桥梁工程建筑	4819	3933	97	101	272	109
水利和水运工程建筑	482	18210	411	543	880	824
水源及供水设施工程建筑	4821	15581	387	462	793	764
河湖治理及防洪设施工程建筑	4822	2615	18	73	87	60
港口及航运设施工程建筑	4823	14	6	8		
工矿工程建筑	484	7328	131	111	242	408
工矿工程建筑	4840	7328	131	111	242	408
架线和管道工程建筑	485	11468	407	632	1252	1097
架线及设备工程建筑	4851	7072	235	496	998	824
管道工程建筑	4852	4364	168	128	234	273
地下综合管廊工程建筑	4853	32	4	8	20	
节能环保工程施工	486	729	104	113	115	126
节能工程施工	4861	194	15		68	
环保工程施工	4862	535	89	113	47	126
生态保护工程施工	4863					
电力工程施工	487	3057	212	287	365	100
火力发电工程施工	4871	953	15	8	61	
水力发电工程施工	4872	260	2	34		
风能发电工程施工	4874	76	6		70	
太阳能发电工程施工	4875	43	4		39	
其他电力工程施工	4879	1725	185	245	195	100
其他土木工程建筑	489	7212	1073	1128	1242	723
园林绿化工程施工	4891	3951	573	672	787	335
体育场地设施工程施工	4892	147	14	15		118
游乐设施工程施工	4893	2	2			
其他土木工程建筑施工	4899	3112	484	441	455	270
建筑安装业	**49**	**26013**	**3115**	**2881**	**3152**	**3171**
电气安装	491	9749	947	1034	1327	1611
电气安装	4910	9749	947	1034	1327	1611
管道和设备安装	492	6830	917	739	636	380
管道和设备安装	4920	6830	917	739	636	380
其他建筑安装业	499	9434	1251	1108	1189	1180

1-18 续表 41

行业小类	代码						
		100-299人	300-499人	500-999人	1000-4999人	5000-9999人	10000人及以上
住宅房屋建筑	4710	31334	16150	25380	87695	13893	21772
体育场馆建筑	472						
体育场馆建筑	4720						
其他房屋建筑业	479	2092	1101	1269	2658		
其他房屋建筑业	4790	2092	1101	1269	2658		
土木工程建筑业	**48**	**15552**	**8579**	**15899**	**14663**	**20669**	**39411**
铁路、道路、隧道和桥梁工程建筑	481	6858	3573	5398	8519	15536	39411
铁路工程建筑	4811	214		840	4507		
公路工程建筑	4812	3025	2235	2458	1211	15536	
市政道路工程建筑	4813	3042	961	1500	1001		39411
城市轨道交通工程建筑	4814						
其他道路、隧道和桥梁工程建筑	4819	577	377	600	1800		
水利和水运工程建筑	482	2398	468	6127	1426	5133	
水源及供水设施工程建筑	4821	1915		6127		5133	
河湖治理及防洪设施工程建筑	4822	483	468		1426		
港口及航运设施工程建筑	4823						
工矿工程建筑	484	1800	1228	2347	1061		
工矿工程建筑	4840	1800	1228	2347	1061		
架线和管道工程建筑	485	2052	1578	793	3657		
架线及设备工程建筑	4851	1514	478	793	1734		
管道工程建筑	4852	538	1100		1923		
地下综合管廊工程建筑	4853						
节能环保工程施工	486	271					
节能工程施工	4861	111					
环保工程施工	4862	160					
生态保护工程施工	4863						
电力工程施工	487	503	1088	502			
火力发电工程施工	4871	170	699				
水力发电工程施工	4872	224					
风能发电工程施工	4874						
太阳能发电工程施工	4875						
其他电力工程施工	4879	109	389	502			
其他土木工程建筑	489	1670	644	732			
园林绿化工程施工	4891	852		732			
体育场地设施工程施工	4892						
游乐设施工程施工	4893						
其他土木工程建筑施工	4899	818	644				
建筑安装业	**49**	**7293**	**1135**	**5266**			
电气安装	491	3197		1633			
电气安装	4910	3197		1633			
管道和设备安装	492	2829		1329			
管道和设备安装	4920	2829		1329			
其他建筑安装业	499	1267	1135	2304			

1-18 续表 42

行业小类	代码	从业人员数(人)	7人及以下	8-19人	20-49人	50-99人
体育场地设施安装	4991	314	8	52	28	91
其他建筑安装	4999	9120	1243	1056	1161	1089
建筑装饰、装修和其他建筑业	**50**	**35652**	**6601**	**4324**	**3692**	**3183**
建筑装饰和装修业	501	14654	5347	3069	2317	1584
公共建筑装饰和装修	5011	4158	623	572	664	645
住宅装饰和装修	5012	9259	4462	2394	1343	757
建筑幕墙装饰和装修	5013	1237	262	103	310	182
建筑物拆除和场地准备活动	502	3122	416	505	491	823
建筑物拆除活动	5021	1522	226	283	240	398
场地准备活动	5022	1600	190	222	251	425
提供施工设备服务	503	1487	103	78	149	172
提供施工设备服务	5030	1487	103	78	149	172
其他未列明建筑业	509	16389	735	672	735	604
其他未列明建筑业	5090	16389	735	672	735	604
批发和零售业	**F**	**349096**	**112945**	**61835**	**52248**	**35955**
批发业	**51**	**212733**	**73023**	**40333**	**32071**	**21600**
农、林、牧、渔产品批发	511	33684	5836	5596	5783	6437
谷物、豆及薯类批发	5111	4339	455	544	749	2155
种子批发	5112	4728	1205	735	1040	823
畜牧渔业饲料批发	5113	491	210	195	86	
棉、麻批发	5114	15884	943	1236	2920	2967
林业产品批发	5115	1386	418	419	196	201
牲畜批发	5116	3461	1275	1239	171	181
渔业产品批发	5117	70	34	36		
其他农牧产品批发	5119	3325	1296	1192	621	110
食品、饮料及烟草制品批发	512	33642	8928	7084	6832	3721
米、面制品及食用油批发	5121	3191	670	588	833	843
糕点、糖果及糖批发	5122	771	232	199	202	138
果品、蔬菜批发	5123	13118	2939	3097	3306	1685
肉、禽、蛋、奶及水产品批发	5124	3541	920	782	633	151
盐及调味品批发	5125	1088	333	219	149	200
营养和保健品批发	5126	636	315	158	163	
酒、饮料及茶叶批发	5127	3255	1170	704	658	353
烟草制品批发	5128	2963	12	17	64	82
其他食品批发	5129	5079	2337	1320	824	269
纺织、服装及家庭用品批发	513	16215	5319	2797	2965	1783
纺织品、针织品及原料批发	5131	1529	730	370	357	72
服装批发	5132	6406	975	917	1351	843
鞋帽批发	5133	304	121	93	90	
化妆品及卫生用品批发	5134	1761	639	224	244	301
厨具卫具及日用杂品批发	5135	2115	1250	397	382	86
灯具、装饰物品批发	5136	454	298	96	60	
家用视听设备批发	5137	81	81			

1-18 续表 43

行业小类	代码						
		100-299人	300-499人	500-999人	1000-4999人	5000-9999人	10000人及以上
体育场地设施安装	4991	135					
其他建筑安装	4999	1132	1135	2304			
建筑装饰、装修和其他建筑业	**50**	**2888**	**2578**	**1269**	**2670**	**8447**	
建筑装饰和装修业	501	1130	480	727			
公共建筑装饰和装修	5011	447	480	727			
住宅装饰和装修	5012	303					
建筑幕墙装饰和装修	5013	380					
建筑物拆除和场地准备活动	502	887					
建筑物拆除活动	5021	375					
场地准备活动	5022	512					
提供施工设备服务	503	104	881				
提供施工设备服务	5030	104	881				
其他未列明建筑业	509	767	1217	542	2670	8447	
其他未列明建筑业	5090	767	1217	542	2670	8447	
批发和零售业	**F**	**40753**	**12863**	**17949**	**14548**		
批发业	**51**	**23289**	**7591**	**12068**	**2758**		
农、林、牧、渔产品批发	511	5101	979	2643	1309		
谷物、豆及薯类批发	5111	436					
种子批发	5112	925					
畜牧渔业饲料批发	5113						
棉、麻批发	5114	3195	671	2643	1309		
林业产品批发	5115	152					
牲畜批发	5116	287	308				
渔业产品批发	5117						
其他农牧产品批发	5119	106					
食品、饮料及烟草制品批发	512	5882	1195				
米、面制品及食用油批发	5121	257					
糕点、糖果及糖批发	5122						
果品、蔬菜批发	5123	1741	350				
肉、禽、蛋、奶及水产品批发	5124	675	380				
盐及调味品批发	5125	187					
营养和保健品批发	5126						
酒、饮料及茶叶批发	5127	370					
烟草制品批发	5128	2323	465				
其他食品批发	5129	329					
纺织、服装及家庭用品批发	513	1991	1360				
纺织品、针织品及原料批发	5131						
服装批发	5132	960	1360				
鞋帽批发	5133						
化妆品及卫生用品批发	5134	353					
厨具卫具及日用杂品批发	5135						
灯具、装饰物品批发	5136						
家用视听设备批发	5137						

1-18 续表 44

行业小类	代码	从业人员数(人)	7人及以下	8-19人	20-49人	50-99人
日用家电批发	5138	2048	532	336	160	342
其他家庭用品批发	5139	1517	693	364	321	139
文化、体育用品及器材批发	514	3955	1955	659	563	256
文具用品批发	5141	1531	1083	227	150	71
体育用品及器材批发	5142	377	245	38	94	
图书批发	5143	841	160	92	67	
报刊批发	5144	2	2			
音像制品、电子和数字出版物批发	5145	98	58	40		
首饰、工艺品及收藏品批发	5146	652	207	155	164	126
乐器批发	5147	37	37			
其他文化用品批发	5149	417	163	107	88	59
医药及医疗器材批发	515	13583	2421	2748	2621	2652
西药批发	5151	6269	169	398	1336	1782
中药批发	5152	1427	83	191	307	602
动物用药品批发	5153	103	76	27		
医疗用品及器材批发	5154	5784	2093	2132	978	268
矿产品、建材及化工产品批发	516	61840	23681	11170	7043	3499
煤炭及制品批发	5161	5407	2019	1181	939	563
石油及制品批发	5162	18657	1562	1813	1525	1098
非金属矿及制品批发	5163	781	430	207	144	
金属及金属矿批发	5164	7221	3970	1818	719	254
建材批发	5165	15466	9031	3453	1771	495
化肥批发	5166	7558	3396	1258	847	838
农药批发	5167	1905	1021	477	354	53
农用薄膜批发	5168	263	177	56	30	
其他化工产品批发	5169	4582	2075	907	714	198
机械设备、五金产品及电子产品批发	517	40594	20479	8008	4903	2797
农业机械批发	5171	3294	1688	740	410	159
汽车及零配件批发	5172	5438	2760	1300	881	384
摩托车及零配件批发	5173	456	283	153	20	
五金产品批发	5174	6540	4802	1039	398	301
电气设备批发	5175	2651	1788	577	286	
计算机、软件及辅助设备批发	5176	3261	1242	832	515	374
通讯设备批发	5177	3726	503	268	408	424
广播影视设备批发	5178	131	66	45	20	
其他机械设备及电子产品批发	5179	15097	7347	3054	1965	1155
贸易经纪与代理	518	2412	1398	607	245	50
贸易代理	5181	1795	1073	448	224	50
一般物品拍卖	5182	256	160	75	21	
艺术品、收藏品拍卖	5183	23	23			
其他贸易经纪与代理	5189	338	142	84		
其他批发业	519	6808	3006	1664	1116	405
再生物资回收与批发	5191	1515	476	207	427	301

1-18 续表 45

行业小类	代码	100-299人	300-499人	500-999人	1000-4999人	5000-9999人	10000人及以上
日用家电批发	5138	678					
其他家庭用品批发	5139						
文化、体育用品及器材批发	514			522			
文具用品批发	5141						
体育用品及器材批发	5142						
图书批发	5143			522			
报刊批发	5144						
音像制品、电子和数字出版物批发	5145						
首饰、工艺品及收藏品批发	5146						
乐器批发	5147						
其他文化用品批发	5149						
医药及医疗器材批发	515	2079	307	755			
西药批发	5151	1522	307	755			
中药批发	5152	244					
动物用药品批发	5153						
医疗用品及器材批发	5154	313					
矿产品、建材及化工产品批发	516	5634	3339	7474			
煤炭及制品批发	5161	705					
石油及制品批发	5162	3085	2708	6866			
非金属矿及制品批发	5163						
金属及金属矿批发	5164	460					
建材批发	5165	108		608			
化肥批发	5166	918	301				
农药批发	5167						
农用薄膜批发	5168						
其他化工产品批发	5169	358	330				
机械设备、五金产品及电子产品批发	517	2284		674	1449		
农业机械批发	5171	297					
汽车及零配件批发	5172	113					
摩托车及零配件批发	5173						
五金产品批发	5174						
电气设备批发	5175						
计算机、软件及辅助设备批发	5176	298					
通讯设备批发	5177			674	1449		
广播影视设备批发	5178						
其他机械设备及电子产品批发	5179	1576					
贸易经纪与代理	518	112					
贸易代理	5181						
一般物品拍卖	5182						
艺术品、收藏品拍卖	5183						
其他贸易经纪与代理	5189	112					
其他批发业	519	206	411				
再生物资回收与批发	5191	104					

1-18 续表 46

行业小类	代码	从业人员数（人）	7人及以下	8-19人	20-49人	50-99人
宠物食品用品批发	5192	31	31			
互联网批发	5193	126	59	43	24	
其他未列明批发业	5199	5136	2440	1414	665	104
零售业	**52**	**136363**	**39922**	**21502**	**20177**	**14355**
综合零售	521	24365	4500	2135	2575	2499
百货零售	5211	15469	3542	1572	1371	1231
超级市场零售	5212	7125	88	308	750	1268
便利店零售	5213	359	91	30	46	
其他综合零售	5219	1412	779	225	408	
食品、饮料及烟草制品专门零售	522	9997	4198	2264	1785	554
粮油零售	5221	898	270	141	190	
糕点、面包零售	5222	972	184	212	170	199
果品、蔬菜零售	5223	2718	995	645	464	122
肉、禽、蛋、奶及水产品零售	5224	978	605	303	70	
营养和保健品零售	5225	482	319	103		60
酒、饮料及茶叶零售	5226	1067	515	239	251	62
烟草制品零售	5227	220	140	45	35	
其他食品零售	5229	2662	1170	576	605	111
纺织、服装及日用品专门零售	.523	9896	3149	1983	1497	1089
纺织品及针织品零售	5231	1451	560	406	380	105
服装零售	5232	5013	1020	969	785	793
鞋帽零售	5233	644	51	9	85	106
化妆品及卫生用品零售	5234	550	370	107	73	
厨具卫具及日用杂品零售	5235	356	213	76	67	
钟表、眼镜零售	5236	655	375	112	50	
箱包零售	5237	30	22	8		
自行车等代步设备零售	5238	113	67	46		
其他日用品零售	5239	1084	471	250	57	85
文化、体育用品及器材专门零售	524	5887	2288	808	603	474
文具用品零售	5241	1135	938	108	89	
体育用品及器材零售	5242	326	242	84		
图书、报刊零售	5243	2053	67	16	149	314
音像制品、电子和数字出版物零售	5244	55	29	26		
珠宝首饰零售	5245	1010	288	255	150	110
工艺美术品及收藏品零售	5246	782	363	224	145	50
乐器零售	5247	97	88	9		
照相器材零售	5248	22	22			
其他文化用品零售	5249	407	251	86	70	
医药及医疗器材专门零售	525	16687	3865	1257	1726	1453
西药零售	5251	13143	2555	714	1480	1373
中药零售	5252	1836	256	119	96	
动物用药品零售	5253	93	75	18		
医疗用品及器材零售	5254	1550	933	387	150	80

1-18 续表 47

行业小类	代码						
		100-299人	300-499人	500-999人	1000-4999人	5000-9999人	10000人及以上
宠物食品用品批发	5192						
互联网批发	5193						
其他未列明批发业	5199	102	411				
零售业	**52**	**17464**	**5272**	**5881**	**11790**		
综合零售	521	4932	1457	2698	3569		
百货零售	5211	2863		1321	3569		
超级市场零售	5212	1877	1457	1377			
便利店零售	5213	192					
其他综合零售	5219						
食品、饮料及烟草制品专门零售	522	1196					
粮油零售	5221	297					
糕点、面包零售	5222	207					
果品、蔬菜零售	5223	492					
肉、禽、蛋、奶及水产品零售	5224						
营养和保健品零售	5225						
酒、饮料及茶叶零售	5226						
烟草制品零售	5227						
其他食品零售	5229	200					
纺织、服装及日用品专门零售	523	1460	718				
纺织品及针织品零售	5231						
服装零售	5232	1121	325				
鞋帽零售	5233		393				
化妆品及卫生用品零售	5234						
厨具卫具及日用杂品零售	5235						
钟表、眼镜零售	5236	118					
箱包零售	5237						
自行车等代步设备零售	5238						
其他日用品零售	5239	221					
文化、体育用品及器材专门零售	524	1714					
文具用品零售	5241						
体育用品及器材零售	5242						
图书、报刊零售	5243	1507					
音像制品、电子和数字出版物零售	5244						
珠宝首饰零售	5245	207					
工艺美术品及收藏品零售	5246						
乐器零售	5247						
照相器材零售	5248						
其他文化用品零售	5249						
医药及医疗器材专门零售	525	1983	1052	2397	2954		
西药零售	5251	1983	1052	2397	1589		
中药零售	5252				1365		
动物用药品零售	5253						
医疗用品及器材零售	5254						

1-18 续表 48

行业小类	代码	从业人员数(人)	7人及以下	8-19人	20-49人	50-99人
保健辅助治疗器材零售	5255	65	46	19		
汽车、摩托车、零配件和燃料及其他动力销售	526	36363	6298	6865	8704	6591
汽车新车零售	5261	20523	2741	2918	6396	5658
汽车旧车零售	5262	668	468	140	60	
汽车零配件零售	5263	2713	1789	571	153	
摩托车及零配件零售	5264	517	283	186	48	
机动车燃油零售	5265	8160	871	2287	956	452
机动车燃气零售	5266	3772	136	763	1091	481
机动车充电销售	5267	10	10			
家用电器及电子产品专门零售	527	12100	6126	2472	1338	614
家用视听设备零售	5271	506	84	50	20	50
日用家电零售	5272	3539	1200	709	487	252
计算机、软件及辅助设备零售	5273	3795	2385	819	484	107
通信设备零售	5274	1546	491	322	171	205
其他电子产品零售	5279	2714	1966	572	176	
五金、家具及室内装饰材料专门零售	528	13330	6172	1900	894	304
五金零售	5281	4693	3376	773	409	135
灯具零售	5282	241	241			
家具零售	5283	5341	661	350	161	109
涂料零售	5284	146	101	45		
卫生洁具零售	5285	137	97	40		
木质装饰材料零售	5286	271	138	112	21	
陶瓷、石材装饰材料零售	5287	501	276	64	101	60
其他室内装饰材料零售	5289	2000	1282	516	202	
货摊、无店铺及其他零售业	529	7738	3326	1818	1055	777
流动货摊零售	5291	28	13	15		
互联网零售	5292	585	303	144	88	50
邮购及电视、电话零售	5293	15	5	10		
自动售货机零售	5294	15	15			
旧货零售	5295	41	16	25		
生活用燃料零售	5296	2223	399	639	512	231
宠物食品用品零售	5297	32	20	12		
其他未列明零售业	5299	4799	2555	973	455	496
交通运输、仓储和邮政业	**G**	**221638**	**14863**	**13772**	**16654**	**14855**
铁路运输业	**53**	**55173**	**9**	**36**	**48**	
铁路旅客运输	531	28	3		25	
高速铁路旅客运输	5311	25			25	
普通铁路旅客运输	5313	3	3			
铁路货物运输	532	55145	6	36	23	
铁路货物运输	5320	55145	6	36	23	
道路运输业	**54**	**118774**	**10661**	**9481**	**11691**	**11206**
城市公共交通运输	541	23075	436	525	856	946
公共电汽车客运	5411	16462	61	106	123	731

1-18 续表 49

行业小类	代码	100-299人	300-499人	500-999人	1000-4999人	5000-9999人	10000人及以上
保健辅助治疗器材零售	5255						
汽车、摩托车、零配件和燃料及其他动力销售	526	5275	1423		1207		
汽车新车零售	5261	2810					
汽车旧车零售	5262						
汽车零配件零售	5263	200					
摩托车及零配件零售	5264						
机动车燃油零售	5265	1664	723		1207		
机动车燃气零售	5266	601	700				
机动车充电销售	5267						
家用电器及电子产品专门零售	527	462	302	786			
家用视听设备零售	5271		302				
日用家电零售	5272	105		786			
计算机、软件及辅助设备零售	5273						
通信设备零售	5274	357					
其他电子产品零售	5279						
五金、家具及室内装饰材料专门零售	528				4060		
五金零售	5281						
灯具零售	5282						
家具零售	5283				4060		
涂料零售	5284						
卫生洁具零售	5285						
木质装饰材料零售	5286						
陶瓷、石材装饰材料零售	5287						
其他室内装饰材料零售	5289						
货摊、无店铺及其他零售业	529	442	320				
流动货摊零售	5291						
互联网零售	5292						
邮购及电视、电话零售	5293						
自动售货机零售	5294						
旧货零售	5295						
生活用燃料零售	5296	442					
宠物食品用品零售	5297						
其他未列明零售业	5299		320				
交通运输、仓储和邮政业	**G**	**23818**	**10031**	**14619**	**16855**	**11645**	**84526**
铁路运输业	**53**						**55080**
铁路旅客运输	531						
高速铁路旅客运输	5311						
普通铁路旅客运输	5313						
铁路货物运输	532						55080
铁路货物运输	5320						55080
道路运输业	**54**	**18510**	**4537**	**8360**	**9243**	**5639**	**29446**
城市公共交通运输	541	2654	1019	3945	7055	5639	
公共电汽车客运	5411	1881	1019	3945	2957	5639	

1-18 续表 50

行业小类	代码	从业人员数（人）	7人及以下	8-19人	20-49人	50-99人
城市轨道交通	5412	2263	7	16	77	
出租车客运	5413	1869	338	362	511	215
公共自行车服务	5414	3	3			
其他城市公共交通运输	5419	2478	27	41	145	
公路旅客运输	542	6564	337	588	1085	785
长途客运	5421	4537	164	313	658	609
旅游客运	5422	913	65	76	93	
其他公路客运	5429	1114	108	199	334	176
道路货物运输	543	68723	9301	7493	8282	5456
普通货物道路运输	5431	35110	8870	6981	7378	4869
冷藏车道路运输	5432	4	4			
集装箱道路运输	5433	21	21			
大型货物道路运输	5434	285	37	87	95	66
危险货物道路运输	5435	31894	50	152	600	313
邮件包裹道路运输	5436	105	27	26		52
城市配送	5437	249	73	96		80
搬家运输	5438	125	61	34	30	
其他道路货物运输	5439	930	158	117	179	76
道路运输辅助活动	544	20412	587	875	1468	4019
客运汽车站	5441	3553	51	289	906	519
货运枢纽（站）	5442	149	3	16		
公路管理与养护	5443	16061	373	408	466	3439
其他道路运输辅助活动	5449	649	160	162	96	61
水上运输业	**55**	**69**	**8**	**19**	**42**	
水上旅客运输	551	46	4		42	
内河旅客运输	5512	42			42	
客运轮渡运输	5513	4	4			
水上货物运输	552	20	1	19		
远洋货物运输	5521	20	1	19		
水上运输辅助活动	553	3	3			
货运港口	5532	3	3			
其他水上运输辅助活动	5539					
航空运输业	**56**	**9603**	**96**	**106**	**167**	
航空客货运输	561	1238	16	31		
航空旅客运输	5611	1214		23		
航空货物运输	5612	24	16	8		
通用航空服务	562	555	58	75	104	
通用航空生产服务	5621	478	28	66	66	
观光游览航空服务	5622	7	7			
体育航空运动服务	5623	39	1		38	
其他通用航空服务	5629	31	22	9		
航空运输辅助活动	563	7810	22		63	
机场	5631	6506	2		63	

1-18 续表 51

行业小类	代码	100-299人	300-499人	500-999人	1000-4999人	5000-9999人	10000人及以上
城市轨道交通	5412	159			2004		
出租车客运	5413	443					
公共自行车服务	5414						
其他城市公共交通运输	5419	171			2094		
公路旅客运输	542	2742	315	712			
长途客运	5421	1766	315	712			
旅游客运	5422	679					
其他公路客运	5429	297					
道路货物运输	543	5869	2132	744			29446
普通货物道路运输	5431	5267	1001	744			
冷藏车道路运输	5432						
集装箱道路运输	5433						
大型货物道路运输	5434						
危险货物道路运输	5435	602	731				29446
邮件包裹道路运输	5436						
城市配送	5437						
搬家运输	5438						
其他道路货物运输	5439		400				
道路运输辅助活动	544	7245	1071	2959	2188		
客运汽车站	5441	767	374	647			
货运枢纽（站）	5442	130					
公路管理与养护	5443	6178	697	2312	2188		
其他道路运输辅助活动	5449	170					
水上运输业	**55**						
水上旅客运输	551						
内河旅客运输	5512						
客运轮渡运输	5513						
水上货物运输	552						
远洋货物运输	5521						
水上运输辅助活动	553						
货运港口	5532						
其他水上运输辅助活动	5539						
航空运输业	**56**	**362**	**645**		**2221**	**6006**	
航空客货运输	561				1191		
航空旅客运输	5611				1191		
航空货物运输	5612						
通用航空服务	562		318				
通用航空生产服务	5621		318				
观光游览航空服务	5622						
体育航空运动服务	5623						
其他通用航空服务	5629						
航空运输辅助活动	563	362	327		1030	6006	
机场	5631	108	327			6006	

1-18 续表 52

行业小类	代码	从业人员数(人)	7人及以下	8-19人	20-49人	50-99人
空中交通管理	5632	1030				
其他航空运输辅助活动	5639	274	20			
管道运输业	**57**	**3628**	**7**	**18**	**77**	**60**
海底管道运输	571	1	1			
海底管道运输	5710	1	1			
陆地管道运输	572	3627	6	18	77	60
陆地管道运输	5720	3627	6	18	77	60
多式联运和运输代理业	**58**	**6245**	**1951**	**1342**	**951**	**627**
多式联运	581	492	64	92	118	68
多式联运	5810	492	64	92	118	68
运输代理业	582	5753	1887	1250	833	559
货物运输代理	5821	5137	1630	1103	732	559
旅客票务代理	5822	439	182	85	61	
其他运输代理业	5829	177	75	62	40	
装卸搬运和仓储业	**59**	**12276**	**1446**	**2022**	**2713**	**1976**
装卸搬运	591	5898	397	428	851	480
装卸搬运	5910	5898	397	428	851	480
通用仓储	592	1425	258	460	400	307
通用仓储	5920	1425	258	460	400	307
低温仓储	593	720	145	170	145	
低温仓储	5930	720	145	170	145	
危险品仓储	594	264	19	94	78	73
油气仓储	5941	233	14	68	78	73
危险化学品仓储	5942	17	5	12		
其他危险品仓储	5949	14		14		
谷物、棉花等农产品仓储	595	2760	363	505	1044	731
谷物仓储	5951	1188	119	228	579	262
棉花仓储	5952	728	41	24	208	338
其他农产品仓储	5959	844	203	253	257	131
中药材仓储	596	17		17		
中药材仓储	5960	17		17		
其他仓储业	599	1192	264	348	195	385
其他仓储业	5990	1192	264	348	195	385
邮政业	**60**	**15870**	**685**	**748**	**965**	**986**
邮政基本服务	601	7604	30	8		
邮政基本服务	6010	7604	30	8		
快递服务	602	8108	643	740	965	986
快递服务	6020	8108	643	740	965	986
其他寄递服务	609	158	12			
其他寄递服务	6090	158	12			
住宿和餐饮业	**H**	**54653**	**2630**	**6839**	**10843**	**11237**
住宿业	**61**	**34371**	**990**	**3507**	**6861**	**7193**
旅游饭店	611	21857	244	1013	3354	4586

1-18 续表 53

行业小类	代码	100-299人	300-499人	500-999人	1000-4999人	5000-9999人	10000人及以上
空中交通管理	5632				1030		
其他航空运输辅助活动	5639	254					
管道运输业	**57**	**324**			**3142**		
海底管道运输	571						
海底管道运输	5710						
陆地管道运输	572	324			3142		
陆地管道运输	5720	324			3142		
多式联运和运输代理业	**58**	**909**	**465**				
多式联运	581	150					
多式联运	5810	150					
运输代理业	582	759	465				
货物运输代理	5821	648	465				
旅客票务代理	5822	111					
其他运输代理业	5829						
装卸搬运和仓储业	**59**	**2023**	**918**	**1178**			
装卸搬运	591	1646	918	1178			
装卸搬运	5910	1646	918	1178			
通用仓储	592						
通用仓储	5920						
低温仓储	593	260					
低温仓储	5930	260					
危险品仓储	594						
油气仓储	5941						
危险化学品仓储	5942						
其他危险品仓储	5949						
谷物、棉花等农产品仓储	595	117					
谷物仓储	5951						
棉花仓储	5952	117					
其他农产品仓储	5959						
中药材仓储	596						
中药材仓储	5960						
其他仓储业	599						
其他仓储业	5990						
邮政业	**60**	**1690**	**3466**	**5081**	**2249**		
邮政基本服务	601	1033	2613	3920			
邮政基本服务	6010	1033	2613	3920			
快递服务	602	511	853	1161	2249		
快递服务	6020	511	853	1161	2249		
其他寄递服务	609	146					
其他寄递服务	6090	146					
住宿和餐饮业	**H**	**14403**	**4644**	**1702**	**2355**		
住宿业	**61**	**10561**	**3207**	**884**	**1168**		
旅游饭店	611	8655	2837		1168		

1-18 续表 54

行业小类	代码	从业人员数(人)	7人及以下	8-19人	20-49人	50-99人
旅游饭店	6110	21857	244	1013	3354	4586
一般旅馆	612	9355	624	1947	2707	2099
经济型连锁酒店	6121	1954	89	273	691	356
其他一般旅馆	6129	7401	535	1674	2016	1743
民宿服务	613	270	7	90	123	50
民宿服务	6130	270	7	90	123	50
露营地服务	614	36	5		31	
露营地服务	6140	36	5		31	
其他住宿业	619	2853	110	457	646	458
其他住宿业	6190	2853	110	457	646	458
餐饮业	**62**	**20282**	**1640**	**3332**	**3982**	**4044**
正餐服务	621	15679	1211	2564	3368	3763
正餐服务	6210	15679	1211	2564	3368	3763
快餐服务	622	3263	124	299	272	57
快餐服务	6220	3263	124	299	272	57
饮料及冷饮服务	623	59	23	10	26	
茶馆服务	6231	17	7	10		
咖啡馆服务	6232	6	6			
酒吧服务	6233	5	5			
其他饮料及冷饮服务	6239	31	5		26	
餐饮配送及外卖送餐服务	624	414	103	201	110	
餐饮配送服务	6241	332	89	163	80	
外卖送餐服务	6242	82	14	38	30	
其他餐饮业	629	867	179	258	206	224
小吃服务	6291	215	97	118		
其他未列明餐饮业	6299	652	82	140	206	224
信息传输、软件和信息技术服务业	**I**	**72899**	**12344**	**8812**	**8618**	**5349**
电信、广播电视和卫星传输服务	**63**	**32125**	**653**	**940**	**1701**	**1666**
电信	631	26910	357	410	449	801
固定电信服务	6311	11962	67	80	124	199
移动电信服务	6312	13114	132	130	146	473
其他电信服务	6319	1834	158	200	179	129
广播电视传输服务	632	5038	286	504	1111	865
有线广播电视传输服务	6321	4308	250	348	720	865
无线广播电视传输服务	6322	730	36	156	391	
卫星传输服务	633	177	10	26	141	
广播电视卫星传输服务	6331	129	7	26	96	
其他卫星传输服务	6339	48	3		45	
互联网和相关服务	**64**	**5423**	**1411**	**994**	**1045**	**629**
互联网接入及相关服务	641	876	232	97	83	250
互联网接入及相关服务	6410	876	232	97	83	250
互联网信息服务	642	2918	605	451	485	247
互联网搜索服务	6421	79	18	8	53	

1-18 续表 55

行业小类	代码	100-299人	300-499人	500-999人	1000-4999人	5000-9999人	10000人及以上
旅游饭店	6110	8655	2837		1168		
一般旅馆	612	1608	370				
经济型连锁酒店	6121	545					
其他一般旅馆	6129	1063	370				
民宿服务	613						
民宿服务	6130						
露营地服务	614						
露营地服务	6140						
其他住宿业	619	298		884			
其他住宿业	6190	298		884			
餐饮业	**62**	**3842**	**1437**	**818**	**1187**		
正餐服务	621	3336	1437				
正餐服务	6210	3336	1437				
快餐服务	622	506		818	1187		
快餐服务	6220	506		818	1187		
饮料及冷饮服务	623						
茶馆服务	6231						
咖啡馆服务	6232						
酒吧服务	6233						
其他饮料及冷饮服务	6239						
餐饮配送及外卖送餐服务	624						
餐饮配送服务	6241						
外卖送餐服务	6242						
其他餐饮业	629						
小吃服务	6291						
其他未列明餐饮业	6299						
信息传输、软件和信息技术服务业	**I**	**10325**	**6996**	**8348**	**12107**		
电信、广播电视和卫星传输服务	**63**	**6112**	**4698**	**7013**	**9342**		
电信	631	5483	4698	7013	7699		
固定电信服务	6311	1629	1680	3932	4251		
移动电信服务	6312	3484	2220	3081	3448		
其他电信服务	6319	370	798				
广播电视传输服务	632	629			1643		
有线广播电视传输服务	6321	482			1643		
无线广播电视传输服务	6322	147					
卫星传输服务	633						
广播电视卫星传输服务	6331						
其他卫星传输服务	6339						
互联网和相关服务	**64**	**590**		**754**			
互联网接入及相关服务	641	214					
互联网接入及相关服务	6410	214					
互联网信息服务	642	376		754			
互联网搜索服务	6421						

1-18 续表 56

行业小类	代码	从业人员数(人)	7人及以下	8-19人	20-49人	50-99人
互联网游戏服务	6422	42	5	12	25	
互联网其他信息服务	6429	2797	582	431	407	247
互联网平台	643	491	158	117	150	66
互联网生产服务平台	6431	172	15	22	69	66
互联网生活服务平台	6432	189	94	95		
互联网科技创新平台	6433	5	5			
互联网公共服务平台	6434	68	27		41	
其他互联网平台	6439	57	17		40	
互联网安全服务	644	136	39	75	22	
互联网安全服务	6440	136	39	75	22	
互联网数据服务	645	402	111	142	83	66
互联网数据服务	6450	402	111	142	83	66
其他互联网服务	649	600	266	112	222	
其他互联网服务	6490	600	266	112	222	
软件和信息技术服务业	**65**	**35351**	**10280**	**6878**	**5872**	**3054**
软件开发	651	10409	3661	2335	2131	910
基础软件开发	6511	5703	2060	1112	1076	365
支撑软件开发	6512	82	13	16	53	
应用软件开发	6513	2947	1108	869	559	281
其他软件开发	6519	1677	480	338	443	264
集成电路设计	652	100	54	25	21	
集成电路设计	6520	100	54	25	21	
信息系统集成和物联网技术服务	653	6018	1378	1048	1148	665
信息系统集成服务	6531	5871	1339	1008	1148	597
物联网技术服务	6532	147	39	40		68
运行维护服务	654	1170	165	97	223	149
运行维护服务	6540	1170	165	97	223	149
信息处理和存储支持服务	655	355	83	127	73	72
信息处理和存储支持服务	6550	355	83	127	73	72
信息技术咨询服务	656	14871	4196	2733	1734	1000
信息技术咨询服务	6560	14871	4196	2733	1734	1000
数字内容服务	657	394	73	53	213	55
地理遥感信息服务	6571	130	24		106	
动漫、游戏数字内容服务	6572	104	33	18	53	
其他数字内容服务	6579	160	16	35	54	55
其他信息技术服务业	659	2034	670	460	329	203
呼叫中心	6591	375	3			
其他未列明信息技术服务业	6599	1659	667	460	329	203
金融业	**J**	**200176**	**2515**	**2401**	**3196**	**5788**
货币金融服务	**66**	**64983**	**1545**	**1415**	**1585**	**3458**
中央银行服务	661	3492				99
中央银行服务	6610	3492				99
货币银行服务	662	57930		228	1249	3290

1-18 续表 57

行业小类	代码	100-299人	300-499人	500-999人	1000-4999人	5000-9999人	10000人及以上
互联网游戏服务	6422						
互联网其他信息服务	6429	376		754			
互联网平台	643						
互联网生产服务平台	6431						
互联网生活服务平台	6432						
互联网科技创新平台	6433						
互联网公共服务平台	6434						
其他互联网平台	6439						
互联网安全服务	644						
互联网安全服务	6440						
互联网数据服务	645						
互联网数据服务	6450						
其他互联网服务	649						
其他互联网服务	6490						
软件和信息技术服务业	**65**	**3623**	**2298**	**581**	**2765**		
软件开发	651	978	394				
基础软件开发	6511	696	394				
支撑软件开发	6512						
应用软件开发	6513	130					
其他软件开发	6519	152					
集成电路设计	652						
集成电路设计	6520						
信息系统集成和物联网技术服务	653	1354	425				
信息系统集成服务	6531	1354	425				
物联网技术服务	6532						
运行维护服务	654	158	378				
运行维护服务	6540	158	378				
信息处理和存储支持服务	655						
信息处理和存储支持服务	6550						
信息技术咨询服务	656	1133	729	581	2765		
信息技术咨询服务	6560	1133	729	581	2765		
数字内容服务	657						
地理遥感信息服务	6571						
动漫、游戏数字内容服务	6572						
其他数字内容服务	6579						
其他信息技术服务业	659		372				
呼叫中心	6591		372				
其他未列明信息技术服务业	6599						
金融业	**J**	**35133**	**21269**	**45042**	**69656**	**15176**	
货币金融服务	**66**	**25544**	**9790**	**13229**	**8417**		
中央银行服务	661	2188	685	520			
中央银行服务	6610	2188	685	520			
货币银行服务	662	22932	9105	12709	8417		

1-18 续表 58

行业小类	代码	从业人员数(人)	7人及以下	8-19人	20-49人	50-99人
商业银行服务	6621	47139		175	906	1385
政策性银行服务	6622	2379		28	95	611
信用合作社服务	6623	8271			202	1224
农村资金互助社服务	6624	46			46	
其他货币银行服务	6629	95		25		70
非货币银行服务	663	3561	1545	1187	336	69
融资租赁服务	6631	234	32	64	27	
财务公司服务	6632	50			50	
典当	6633	1172	708	368	96	
小额贷款公司服务	6635	2020	752	723	163	69
网络借贷服务	6637	20	20			
其他非货币银行服务	6639	65	33	32		
资本市场服务	**67**	**3064**	**602**	**391**	**318**	**100**
证券市场服务	671	1435	1		30	
证券市场管理服务	6711	30			30	
证券经纪交易服务	6712	1405	1			
非公开募集证券投资基金	673	333	230	103		
期货市场服务	674	181				50
其他期货市场服务	6749	181				50
证券期货监管服务	675	49			49	
证券期货监管服务	6750	49			49	
资本投资服务	676	873	309	179	217	50
资本投资服务	6760	873	309	179	217	50
其他资本市场服务	679	193	62	109	22	
其他资本市场服务	6790	193	62	109	22	
保险业	**68**	**130804**	**50**	**311**	**1029**	**2230**
人身保险	681	103512		10	98	293
人寿保险	6811	102719			98	232
健康保险	6813	793		10		61
财产保险	682	24736	13	205	900	1937
财产保险	6820	24736	13	205	900	1937
商业养老金	684	307		12		
商业养老金	6840	307		12		
保险中介服务	685	2241	29	84	31	
保险经纪服务	6851	8		8		
保险代理服务	6852	2233	29	76	31	
其他保险活动	689	8	8			
其他保险活动	6890	8	8			
其他金融业	**69**	**1325**	**318**	**284**	**264**	
金融信托与管理服务	691	468	1	8		
信托公司	6911	459				
其他金融信托与管理服务	6919	9	1	8		
控股公司服务	692					

1-18 续表 59

行业小类	代码						
		100-299人	300-499人	500-999人	1000-4999人	5000-9999人	10000人及以上
商业银行服务	6621	15116	8431	12709	8417		
政策性银行服务	6622	1645					
信用合作社服务	6623	6171	674				
农村资金互助社服务	6624						
其他货币银行服务	6629						
非货币银行服务	663	424					
融资租赁服务	6631	111					
财务公司服务	6632						
典当	6633						
小额贷款公司服务	6635	313					
网络借贷服务	6637						
其他非货币银行服务	6639						
资本市场服务	**67**	**249**	**422**	**982**			
证券市场服务	671		422	982			
证券市场管理服务	6711						
证券经纪交易服务	6712		422	982			
非公开募集证券投资基金	673						
期货市场服务	674	131					
其他期货市场服务	6749	131					
证券期货监管服务	675						
证券期货监管服务	6750						
资本投资服务	676	118					
资本投资服务	6760	118					
其他资本市场服务	679						
其他资本市场服务	6790						
保险业	**68**	**9234**	**10704**	**30831**	**61239**	**15176**	
人身保险	681	3026	6134	23947	54828	15176	
人寿保险	6811	2836	6134	23415	54828	15176	
健康保险	6813	190		532			
财产保险	682	5913	4570	6884	4314		
财产保险	6820	5913	4570	6884	4314		
商业养老金	684	295					
商业养老金	6840	295					
保险中介服务	685				2097		
保险经纪服务	6851						
保险代理服务	6852				2097		
其他保险活动	689						
其他保险活动	6890						
其他金融业	**69**	**106**	**353**				
金融信托与管理服务	691	106	353				
信托公司	6911	106	353				
其他金融信托与管理服务	6919						
控股公司服务	692						

1-18 续表 60

行业小类	代码	从业人员数(人)	7人及以下	8-19人	20-49人	50-99人
控股公司服务	6920					
非金融机构支付服务	693	22	7	15		
非金融机构支付服务	6930	22	7	15		
金融信息服务	694	137	39	36	62	
金融信息服务	6940	137	39	36	62	
金融资产管理公司	695	7	7			
金融资产管理公司	6950	7	7			
其他未列明金融业	699	691	264	225	202	
其他未包括金融业	6999	691	264	225	202	
房地产业	**K**	**161386**	**12463**	**26352**	**39429**	**23595**
房地产业	**70**	**161386**	**12463**	**26352**	**39429**	**23595**
房地产开发经营	701	46278	4638	12213	16354	5246
房地产开发经营	7010	46278	4638	12213	16354	5246
物业管理	702	97611	3106	9451	18982	16154
物业管理	7020	97611	3106	9451	18982	16154
房地产中介服务	703	7223	2724	1940	1482	441
房地产中介服务	7030	7223	2724	1940	1482	441
房地产租赁经营	704	9587	1854	2618	2559	1518
房地产租赁经营	7040	9587	1854	2618	2559	1518
其他房地产业	709	687	141	130	52	236
其他房地产业	7090	687	141	130	52	236
租赁和商务服务业	**L**	**263541**	**37060**	**26763**	**25409**	**16971**
租赁业	**71**	**10866**	**4346**	**2373**	**1505**	**786**
机械设备经营租赁	711	10710	4273	2320	1475	786
汽车租赁	7111	2962	1235	395	280	144
农业机械经营租赁	7112	1161	415	195	317	68
建筑工程机械与设备经营租赁	7113	5168	2017	1380	667	322
计算机及通讯设备经营租赁	7114	68	37	31		
医疗设备经营租赁	7115	44	31	13		
其他机械与设备经营租赁	7119	1307	538	306	211	252
文体设备和用品出租	712	147	64	53	30	
休闲娱乐用品设备出租	7121	48	18		30	
体育用品设备出租	7122	12	3	9		
文化用品设备出租	7123	46	20	26		
图书出租	7124	19	9	10		
音像制品出租	7125					
其他文体设备和用品出租	7129	22	14	8		
日用品出租	713	9	9			
日用品出租	7130	9	9			
商务服务业	**72**	**252675**	**32714**	**24390**	**23904**	**16185**
组织管理服务	721	40295	5204	4402	6026	4525
企业总部管理	7211	11314	492	371	672	939
投资与资产管理	7212	16818	3760	2855	3775	2267

1-18 续表 61

行业小类	代码	100-299人	300-499人	500-999人	1000-4999人	5000-9999人	10000人及以上
控股公司服务	6920						
非金融机构支付服务	693						
非金融机构支付服务	6930						
金融信息服务	694						
金融信息服务	6940						
金融资产管理公司	695						
金融资产管理公司	6950						
其他未列明金融业	699						
其他未包括金融业	6999						
房地产业	**K**	**33162**	**7108**	**11713**	**7564**		
房地产业	**70**	**33162**	**7108**	**11713**	**7564**		
房地产开发经营	701	4827		3000			
房地产开发经营	7010	4827		3000			
物业管理	702	26533	7108	8713	7564		
物业管理	7020	26533	7108	8713	7564		
房地产中介服务	703	636					
房地产中介服务	7030	636					
房地产租赁经营	704	1038					
房地产租赁经营	7040	1038					
其他房地产业	709	128					
其他房地产业	7090	128					
租赁和商务服务业	**L**	**27308**	**17918**	**25936**	**61247**	**13813**	**11116**
租赁业	**71**	**1362**	**494**				
机械设备经营租赁	711	1362	494				
汽车租赁	7111	414	494				
农业机械经营租赁	7112	166					
建筑工程机械与设备经营租赁	7113	782					
计算机及通讯设备经营租赁	7114						
医疗设备经营租赁	7115						
其他机械与设备经营租赁	7119						
文体设备和用品出租	712						
休闲娱乐用品设备出租	7121						
体育用品设备出租	7122						
文化用品设备出租	7123						
图书出租	7124						
音像制品出租	7125						
其他文体设备和用品出租	7129						
日用品出租	713						
日用品出租	7130						
商务服务业	72	25946	17424	25936	61247	13813	11116
组织管理服务	721	7760	2864	1524	7990		
企业总部管理	7211	2556	865		5419		
投资与资产管理	7212	2777	721	663			

1-18 续表 62

行业小类	代码	从业人员数(人)	7人及以下	8-19人	20-49人	50-99人
资源与产权交易服务	7213	460	44	43	78	
单位后勤管理服务	7214	5334	162	243	836	818
农村集体经济组织管理	7215	3740	255	240	265	70
其他组织管理服务	7219	2629	491	650	400	431
综合管理服务	722	9911	966	1743	2610	2584
园区管理服务	7221	645	41	147	367	90
商业综合体管理服务	7222	1114	56	143	100	231
市场管理服务	7223	6813	634	1214	2022	2209
供应链管理服务	7224	244	73	87	30	54
其他综合管理服务	7229	1095	162	152	91	
法律服务	723	6196	1361	2355	1729	607
律师及相关法律服务	7231	5301	1145	2073	1612	471
公证服务	7232	571	127	193	54	53
其他法律服务	7239	324	89	89	63	83
咨询与调查	724	27651	9598	6360	4915	1682
会计、审计及税务服务	7241	7798	2946	2168	1720	573
市场调查	7242	304	87	104	48	65
社会经济咨询	7243	9996	4603	2615	1835	674
健康咨询	7244	1775	339	137	124	
环保咨询	7245	592	218	98	183	93
体育咨询	7246	29	8	21		
其他专业咨询与调查	7249	7157	1397	1217	1005	277
广告业	725	12154	7226	2957	1559	279
互联网广告服务	7251	1389	733	375	231	50
其他广告服务	7259	10765	6493	2582	1328	229
人力资源服务	726	67197	2617	2620	2702	3247
公共就业服务	7261	263	69	88	106	
职业中介服务	7262	1470	120	159	264	172
劳务派遣服务	7263	61395	2144	2084	2164	2943
创业指导服务	7264	206	87	99	20	
其他人力资源服务	7269	3863	197	190	148	132
安全保护服务	727	61145	891	839	1234	1358
安全服务	7271	54530	112	282	764	1029
安全系统监控服务	7272	1368	600	447	321	
其他安全保护服务	7279	5247	179	110	149	329
会议、展览及相关服务	728	2326	819	430	636	153
科技会展服务	7281	143	64		79	
旅游会展服务	7282	270	57	43	90	80
体育会展服务	7283	23			23	
文化会展服务	7284	694	317	236	68	73
其他会议、展览及相关服务	7289	1196	381	151	376	
其他商务服务业	729	25800	4032	2684	2493	1750
旅行社及相关服务	7291	7113	1607	1389	1501	979

1-18 续表 63

行业小类	代码	100-299人	300-499人	500-999人	1000-4999人	5000-9999人	10000人及以上
资源与产权交易服务	7213	295					
单位后勤管理服务	7214	1557	857	861			
农村集体经济组织管理	7215	339			2571		
其他组织管理服务	7219	236	421				
综合管理服务	722	1015	303	690			
园区管理服务	7221						
商业综合体管理服务	7222	281	303				
市场管理服务	7223	734					
供应链管理服务	7224						
其他综合管理服务	7229			690			
法律服务	723	144					
律师及相关法律服务	7231						
公证服务	7232	144					
其他法律服务	7239						
咨询与调查	724	1307		558	3231		
会计、审计及税务服务	7241	391					
市场调查	7242						
社会经济咨询	7243	269					
健康咨询	7244				1175		
环保咨询	7245						
体育咨询	7246						
其他专业咨询与调查	7249	647		558	2056		
广告业	725	133					
互联网广告服务	7251						
其他广告服务	7259	133					
人力资源服务	726	5840	3632	8910	26513		11116
公共就业服务	7261						
职业中介服务	7262	130		625			
劳务派遣服务	7263	5236	3632	8285	23791		11116
创业指导服务	7264						
其他人力资源服务	7269	474			2722		
安全保护服务	727	7852	9814	14254	19346	5557	
安全服务	7271	7618	9814	13008	16346	5557	
安全系统监控服务	7272						
其他安全保护服务	7279	234		1246	3000		
会议、展览及相关服务	728	288					
科技会展服务	7281						
旅游会展服务	7282						
体育会展服务	7283						
文化会展服务	7284						
其他会议、展览及相关服务	7289	288					
其他商务服务业	729	1607	811		4167	8256	
旅行社及相关服务	7291	1248	389				

1-18 续表 64

行业小类	代码	从业人员数(人)	7人及以下	8-19人	20-49人	50-99人
包装服务	7292	235	141	94		
办公服务	7293	559	283	72	119	85
翻译服务	7294	140	86	19	35	
信用服务	7295	81	33	10	38	
非融资担保服务	7296	409	155	109	80	65
商务代理代办服务	7297	1343	586	378	245	134
票务代理服务	7298	56	35	21		
其他未列明商务服务业	7299	15864	1106	592	475	487
科学研究和技术服务业	**M**	**125373**	**16193**	**21592**	**25496**	**19797**
研究和试验发展	**73**	**5280**	**642**	**604**	**1226**	**1428**
自然科学研究和试验发展	731	276	24	10	23	219
自然科学研究和试验发展	7310	276	24	10	23	219
工程和技术研究和试验发展	732	1363	285	189	399	104
工程和技术研究和试验发展	7320	1363	285	189	399	104
农业科学研究和试验发展	733	2523	192	296	768	974
农业科学研究和试验发展	7330	2523	192	296	768	974
医学研究和试验发展	734	452	107	72	36	131
医学研究和试验发展	7340	452	107	72	36	131
社会人文科学研究	735	666	34	37		
社会人文科学研究	7350	666	34	37		
专业技术服务业	**74**	**95700**	**9185**	**15186**	**17338**	**15197**
气象服务	741	3058	244	717	498	968
气象服务	7410	3058	244	717	498	968
地震服务	742	637	61	113	59	
地震服务	7420	637	61	113	59	
海洋服务	743	19	1	18		
海洋环境服务	7432	1	1			
其他海洋服务	7439	18		18		
测绘地理信息服务	744	3222	334	610	588	419
遥感测绘服务	7441	1391	156	220	156	121
其他测绘地理信息服务	7449	1831	178	390	432	298
质检技术服务	745	15611	1450	4318	4668	2618
检验检疫服务	7451	1547	138	693	506	210
检测服务	7452	11128	853	3139	3341	1842
计量服务	7453	667	192	126	156	55
标准化服务	7454	31			31	
认证认可服务	7455	163	43	28	41	51
其他质检技术服务	7459	2075	224	332	593	460
环境与生态监测检测服务	746	2908	298	474	1282	752
环境保护监测	7461	2628	256	429	1166	675
生态资源监测	7462	280	42	45	116	77
地质勘查	747	9059	319	456	788	936
能源矿产地质勘查	7471	2176	61	73	74	60

1-18 续表 65

行业小类	代码						
		100-299 人	300-499 人	500-999 人	1000-4999 人	5000-9999 人	10000 人及以上
包装服务	7292						
办公服务	7293						
翻译服务	7294						
信用服务	7295						
非融资担保服务	7296						
商务代理代办服务	7297						
票务代理服务	7298						
其他未列明商务服务业	7299	359	422		4167	8256	
科学研究和技术服务业	**M**	**21660**	**6680**	**7616**	**6339**		
研究和试验发展	**73**	**1010**	**370**				
自然科学研究和试验发展	731						
自然科学研究和试验发展	7310						
工程和技术研究和试验发展	732	386					
工程和技术研究和试验发展	7320	386					
农业科学研究和试验发展	733	293					
农业科学研究和试验发展	7330	293					
医学研究和试验发展	734	106					
医学研究和试验发展	7340	106					
社会人文科学研究	735	225	370				
社会人文科学研究	7350	225	370				
专业技术服务业	**74**	**19602**	**5966**	**6887**	**6339**		
气象服务	741	631					
气象服务	7410	631					
地震服务	742		404				
地震服务	7420		404				
海洋服务	743						
海洋环境服务	7432						
其他海洋服务	7439						
测绘地理信息服务	744	893	378				
遥感测绘服务	7441	360	378				
其他测绘地理信息服务	7449	533					
质检技术服务	745	2557					
检验检疫服务	7451						
检测服务	7452	1953					
计量服务	7453	138					
标准化服务	7454						
认证认可服务	7455						
其他质检技术服务	7459	466					
环境与生态监测检测服务	746	102					
环境保护监测	7461	102					
生态资源监测	7462						
地质勘查	747	3965	2020	575			
能源矿产地质勘查	7471	1158	750				

1-18 续表 66

行业小类	代码	从业人员数(人)	7人及以下	8-19人	20-49人	50-99人
固体矿产地质勘查	7472	1653	46	111	188	73
水、二氧化碳等矿产地质勘查	7473	196		8		
基础地质勘查	7474	1518	34	22	65	154
地质勘查技术服务	7475	3516	178	242	461	649
工程技术与设计服务	748	46363	3751	5361	6741	8298
工程管理服务	7481	14150	1748	2330	3087	2587
工程监理服务	7482	7311	183	341	735	1996
工程勘察活动	7483	9624	283	429	570	625
工程设计活动	7484	12422	1186	1495	1725	2447
规划设计管理	7485	2447	293	622	515	545
土地规划服务	7486	409	58	144	109	98
工业与专业设计及其他专业技术服务	749	14823	2727	3119	2714	1206
工业设计服务	7491	663	93	159	91	142
专业设计服务	7492	4863	1184	769	886	147
兽医服务	7493	3085	371	1274	783	272
其他未列明专业技术服务业	7499	6212	1079	917	954	645
科技推广和应用服务业	**75**	**24393**	**6366**	**5802**	**6932**	**3172**
技术推广服务	751	21619	5288	4987	6541	2682
农林牧渔技术推广服务	7511	13274	2014	3243	4747	1829
生物技术推广服务	7512	1282	665	367	250	
新材料技术推广服务	7513	206	145	37	24	
节能技术推广服务	7514	1034	510	189	164	56
新能源技术推广服务	7515	1220	286	100	349	141
环保技术推广服务	7516	1147	473	253	236	185
三维（3D）打印技术推广服务	7517	5	5			
其他技术推广服务	7519	3451	1190	798	771	471
知识产权服务	752	470	170	126	124	50
知识产权服务	7520	470	170	126	124	50
科技中介服务	753	426	151	131		144
科技中介服务	7530	426	151	131		144
创业空间服务	754	148	71	77		
创业空间服务	7540	148	71	77		
其他科技推广服务业	759	1730	686	481	267	296
其他科技推广服务业	7590	1730	686	481	267	296
水利、环境和公共设施管理业	**N**	**67279**	**2484**	**4615**	**6526**	**8708**
水利管理业	**76**	**18980**	**379**	**1135**	**2196**	**3076**
防洪除涝设施管理	761	315	31	52	42	65
防洪除涝设施管理	7610	315	31	52	42	65
水资源管理	762	10812	202	477	1042	1606
水资源管理	7620	10812	202	477	1042	1606
天然水收集与分配	763	4067	44	171	372	388
天然水收集与分配	7630	4067	44	171	372	388
水文服务	764	588	7	54	192	335

1-18 续表 67

行业小类	代码	100-299人	300-499人	500-999人	1000-4999人	5000-9999人	10000人及以上
固体矿产地质勘查	7472	853	382				
水、二氧化碳等矿产地质勘查	7473	188					
基础地质勘查	7474	355	888				
地质勘查技术服务	7475	1411		575			
工程技术与设计服务	748	9568	2094	5270	5280		
工程管理服务	7481	1807	837	535	1219		
工程监理服务	7482	2269	462		1325		
工程勘察活动	7483	1699	360	2922	2736		
工程设计活动	7484	3321	435	1813			
规划设计管理	7485	472					
土地规划服务	7486						
工业与专业设计及其他专业技术服务	749	1886	1070	1042	1059		
工业设计服务	7491	178					
专业设计服务	7492	444	374		1059		
兽医服务	7493	385					
其他未列明专业技术服务业	7499	879	696	1042			
科技推广和应用服务业	**75**	**1048**	**344**	**729**			
技术推广服务	751	1048	344	729			
农林牧渔技术推广服务	7511	712		729			
生物技术推广服务	7512						
新材料技术推广服务	7513						
节能技术推广服务	7514	115					
新能源技术推广服务	7515		344				
环保技术推广服务	7516						
三维（3D）打印技术推广服务	7517						
其他技术推广服务	7519	221					
知识产权服务	752						
知识产权服务	7520						
科技中介服务	753						
科技中介服务	7530						
创业空间服务	754						
创业空间服务	7540						
其他科技推广服务业	759						
其他科技推广服务业	7590						
水利、环境和公共设施管理业	**N**	**17629**	**6533**	**8608**	**12176**		
水利管理业	**76**	**6942**	**3240**	**2012**			
防洪除涝设施管理	761	125					
防洪除涝设施管理	7610	125					
水资源管理	762	4774	1523	1188			
水资源管理	7620	4774	1523	1188			
天然水收集与分配	763	1241	1027	824			
天然水收集与分配	7630	1241	1027	824			
水文服务	764						

1-18 续表 68

行业小类	代码	从业人员数(人)	7人及以下	8-19人	20-49人	50-99人
水文服务	7640	588	7	54	192	335
其他水利管理业	769	3198	95	381	548	682
其他水利管理业	7690	3198	95	381	548	682
生态保护和环境治理业	**77**	**4128**	**508**	**898**	**941**	**760**
生态保护	771	2684	274	560	526	477
自然生态系统保护管理	7711	2257	197	509	472	425
野生动物保护	7713	273	37	19	24	
野生植物保护	7714	21	5	16		
动物园、水族馆管理服务	7715	30			30	
植物园管理服务	7716	57	5			52
其他自然保护	7719	46	30	16		
环境治理业	772	1444	234	338	415	283
水污染治理	7721	505	80	134	66	51
大气污染治理	7722	150	16	33	29	72
固体废物治理	7723	293	80	58	86	69
危险废物治理	7724	397	4	68	234	91
土壤污染治理与修复服务	7726	22	3	19		
其他污染治理	7729	77	51	26		
公共设施管理业	**78**	**43129**	**1396**	**2298**	**3056**	**4648**
市政设施管理	781	4799	236	428	479	833
市政设施管理	7810	4799	236	428	479	833
环境卫生管理	782	21004	195	274	510	1258
环境卫生管理	7820	21004	195	274	510	1258
城乡市容管理	783	644	54	113	62	60
城乡市容管理	7830	644	54	113	62	60
绿化管理	784	11858	708	1008	1204	1521
绿化管理	7840	11858	708	1008	1204	1521
城市公园管理	785	967	15	49	23	167
城市公园管理	7850	967	15	49	23	167
游览景区管理	786	3857	188	426	778	809
名胜风景区管理	7861	1965	38	123	284	484
森林公园管理	7862	125	11	25	89	
其他游览景区管理	7869	1767	139	278	405	325
土地管理业	**79**	**1042**	**201**	**284**	**333**	**224**
土地整治服务	791	383	33	50	184	116
土地整治服务	7910	383	33	50	184	116
土地调查评估服务	792	393	100	177	116	
土地调查评估服务	7920	393	100	177	116	
土地登记服务	793	95	8	31		56
土地登记服务	7930	95	8	31		56
土地登记代理服务	794	1	1			
土地登记代理服务	7940	1	1			
其他土地管理服务	799	170	59	26	33	52

1-18 续表 69

行业小类	代码	100-299人	300-499人	500-999人	1000-4999人	5000-9999人	10000人及以上
水文服务	7640						
其他水利管理业	769	802	690				
其他水利管理业	7690	802	690				
生态保护和环境治理业	**77**	**1021**					
生态保护	771	847					
自然生态系统保护管理	7711	654					
野生动物保护	7713	193					
野生植物保护	7714						
动物园、水族馆管理服务	7715						
植物园管理服务	7716						
其他自然保护	7719						
环境治理业	772	174					
水污染治理	7721	174					
大气污染治理	7722						
固体废物治理	7723						
危险废物治理	7724						
土壤污染治理与修复服务	7726						
其他污染治理	7729						
公共设施管理业	**78**	**9666**	**3293**	**6596**	**12176**		
市政设施管理	781	1878		945			
市政设施管理	7810	1878		945			
环境卫生管理	782	2335	2574	5086	8772		
环境卫生管理	7820	2335	2574	5086	8772		
城乡市容管理	783	355					
城乡市容管理	7830	355					
绿化管理	784	3448		565	3404		
绿化管理	7840	3448		565	3404		
城市公园管理	785	713					
城市公园管理	7850	713					
游览景区管理	786	937	719				
名胜风景区管理	7861	317	719				
森林公园管理	7862						
其他游览景区管理	7869	620					
土地管理业	**79**						
土地整治服务	791						
土地整治服务	7910						
土地调查评估服务	792						
土地调查评估服务	7920						
土地登记服务	793						
土地登记服务	7930						
土地登记代理服务	794						
土地登记代理服务	7940						
其他土地管理服务	799						

1-18 续表 70

行业小类	代码	从业人员数(人)	7人及以下	8-19人	20-49人	50-99人
其他土地管理服务	7990	170	59	26	33	52
居民服务、修理和其他服务业	**O**	**29627**	**8394**	**7735**	**4797**	**3145**
居民服务业	**80**	**9542**	**2385**	**2369**	**2072**	**1379**
家庭服务	801	1958	588	638	420	152
家庭服务	8010	1958	588	638	420	152
托儿所服务	802	273	42	135	96	
托儿所服务	8020	273	42	135	96	
洗染服务	803	476	58	105	99	214
洗染服务	8030	476	58	105	99	214
理发及美容服务	804	688	354	181	153	
理发及美容服务	8040	688	354	181	153	
洗浴和保健养生服务	805	1139	278	170	263	243
洗浴服务	8051	325	11	27	48	54
足浴服务	8052	128	18	45		65
养生保健服务	8053	686	249	98	215	124
摄影扩印服务	806	676	252	131	31	262
摄影扩印服务	8060	676	252	131	31	262
婚姻服务	807	258	183	75		
婚姻服务	8070	258	183	75		
殡葬服务	808	1963	143	285	515	314
殡葬服务	8080	1963	143	285	515	314
其他居民服务业	809	2111	487	649	495	194
其他居民服务业	8090	2111	487	649	495	194
机动车、电子产品和日用产品修理业	**81**	**13317**	**5203**	**4555**	**1829**	**638**
汽车、摩托车等修理与维护	811	9847	3910	3938	1614	385
汽车修理与维护	8111	9478	3789	3790	1582	317
大型车辆装备修理与维护	8112	308	87	121	32	68
摩托车修理与维护	8113	42	25	17		
助动车等修理与维护	8114	19	9	10		
计算机和办公设备维修	812	2480	736	331	131	190
计算机和辅助设备修理	8121	845	425	104	80	136
通讯设备修理	8122	1113	90	110	23	54
其他办公设备维修	8129	522	221	117	28	
家用电器修理	813	698	442	193		63
家用电子产品修理	8131	274	154	57		63
日用电器修理	8132	424	288	136		
其他日用产品修理业	819	292	115	93	84	
自行车修理	8191					
鞋和皮革修理	8192					
家具和相关物品修理	8193	21	9	12		
其他未列明日用产品修理业	8199	271	106	81	84	
其他服务业	**82**	**6768**	**806**	**811**	**896**	**1128**
清洁服务	821	5574	541	505	643	899

1-18 续表 71

行业小类	代码	100-299人	300-499人	500-999人	1000-4999人	5000-9999人	10000人及以上
其他土地管理服务	7990						
居民服务、修理和其他服务业	**O**	**2431**	**1056**	**2069**			
居民服务业	**80**	**631**	**706**				
家庭服务	801	160					
家庭服务	8010	160					
托儿所服务	802						
托儿所服务	8020						
洗染服务	803						
洗染服务	8030						
理发及美容服务	804						
理发及美容服务	8040						
洗浴和保健养生服务	805	185					
洗浴服务	8051	185					
足浴服务	8052						
养生保健服务	8053						
摄影扩印服务	806						
摄影扩印服务	8060						
婚姻服务	807						
婚姻服务	8070						
殡葬服务	808		706				
殡葬服务	8080		706				
其他居民服务业	809	286					
其他居民服务业	8090	286					
机动车、电子产品和日用产品修理业	**81**	**256**		**836**			
汽车、摩托车等修理与维护	811						
汽车修理与维护	8111						
大型车辆装备修理与维护	8112						
摩托车修理与维护	8113						
助动车等修理与维护	8114						
计算机和办公设备维修	812	256		836			
计算机和辅助设备修理	8121	100					
通讯设备修理	8122			836			
其他办公设备维修	8129	156					
家用电器修理	813						
家用电子产品修理	8131						
日用电器修理	8132						
其他日用产品修理业	819						
自行车修理	8191						
鞋和皮革修理	8192						
家具和相关物品修理	8193						
其他未列明日用产品修理业	8199						
其他服务业	**82**	**1544**	**350**	**1233**			
清洁服务	821	1403	350	1233			

1-18 续表 72

行业小类	代码	从业人员数(人)	7人及以下	8-19人	20-49人	50-99人
建筑物清洁服务	8211	675	80	116	69	60
其他清洁服务	8219	4899	461	389	574	839
宠物服务	822	41	20	21		
宠物饲养	8221	3	3			
宠物医院服务	8222	11	11			
宠物美容服务	8223	14	3	11		
宠物寄托收养服务	8224	2	2			
其他宠物服务	8229	11	1	10		
其他未列明服务业	829	1153	245	285	253	229
其他未列明服务业	8290	1153	245	285	253	229
教育	**P**	**516964**	**6483**	**19327**	**55478**	**88006**
教育	**83**	**516964**	**6483**	**19327**	**55478**	**88006**
学前教育	831	71879	1142	8666	25325	17763
学前教育	8310	71879	1142	8666	25325	17763
初等教育	832	174828	68	2612	15582	36933
普通小学教育	8321	174539	65	2612	15582	36803
成人小学教育	8322	289	3			130
中等教育	833	191603	78	303	4900	27155
普通初中教育	8331	120468	29	83	3876	22695
职业初中教育	8332	121	7			
普通高中教育	8334	57578	11	17	284	1716
成人高中教育	8335	9	1	8		
中等职业学校教育	8336	13427	30	195	740	2744
高等教育	834	30389	40	20	218	728
普通高等教育	8341	26222			129	133
成人高等教育	8342	4167	40	20	89	595
特殊教育	835	1182	11	89	372	606
特殊教育	8350	1182	11	89	372	606
技能培训、教育辅助及其他教育	839	47083	5144	7637	9081	4821
职业技能培训	8391	28702	2261	4469	6563	2355
体校及体育培训	8392	859	141	146	170	192
文化艺术培训	8393	2436	1271	658	345	162
教育辅助服务	8394	2838	724	850	618	511
其他未列明教育	8399	12248	747	1514	1385	1601
卫生和社会工作	**Q**	**226203**	**2623**	**8858**	**32864**	**30302**
卫生	**84**	**217858**	**1930**	**7100**	**30504**	**28256**
医院	841	153740	105	1280	7493	10444
综合医院	8411	127127	34	725	5239	7051
中医医院	8412	8140	12	136	650	604
中西医结合医院	8413	285	4	63	70	148
民族医院	8414	5888	12	26	153	673
专科医院	8415	11773	34	315	1238	1838
疗养院	8416	527	9	15	143	130

1-18 续表 73

行业小类	代码	100-299人	300-499人	500-999人	1000-4999人	5000-9999人	10000人及以上
建筑物清洁服务	8211		350				
其他清洁服务	8219	1403		1233			
宠物服务	822						
宠物饲养	8221						
宠物医院服务	8222						
宠物美容服务	8223						
宠物寄托收养服务	8224						
其他宠物服务	8229						
其他未列明服务业	829	141					
其他未列明服务业	8290	141					
教育	**P**	**220206**	**62651**	**34823**	**29990**		
教育	**83**	**220206**	**62651**	**34823**	**29990**		
学前教育	831	14277	3068	1638			
学前教育	8310	14277	3068	1638			
初等教育	832	77169	20877	16123	5464		
普通小学教育	8321	77013	20877	16123	5464		
成人小学教育	8322	156					
中等教育	833	119651	32898	6618			
普通初中教育	8331	77247	14224	2314			
职业初中教育	8332	114					
普通高中教育	8334	35573	16969	3008			
成人高中教育	8335						
中等职业学校教育	8336	6717	1705	1296			
高等教育	834	2951	3253	4403	18776		
普通高等教育	8341	2156	2876	3496	17432		
成人高等教育	8342	795	377	907	1344		
特殊教育	835	104					
特殊教育	8350	104					
技能培训、教育辅助及其他教育	839	6054	2555	6041	5750		
职业技能培训	8391	3149	1802	5499	2604		
体校及体育培训	8392	210					
文化艺术培训	8393						
教育辅助服务	8394	135					
其他未列明教育	8399	2560	753	542	3146		
卫生和社会工作	**Q**	**31203**	**25619**	**39415**	**55319**		
卫生	**84**	**30132**	**25202**	**39415**	**55319**		
医院	841	19107	23780	37941	53590		
综合医院	8411	12157	18369	32832	50720		
中医医院	8412	1719	2125	1874	1020		
中西医结合医院	8413						
民族医院	8414	2599	1891	534			
专科医院	8415	2402	1395	2701	1850		
疗养院	8416	230					

1-18 续表 74

行业小类	代码	从业人员数（人）	7人及以下	8-19人	20-49人	50-99人
基层医疗卫生服务	842	45034	1194	4364	17814	13613
社区卫生服务中心（站）	8421	7119	864	1111	2257	2027
街道卫生院	8422	52		17	35	
乡镇卫生院	8423	32659	85	2774	13922	11009
村卫生室	8424	986	60	101	577	142
门诊部（所）	8425	4218	185	361	1023	435
专业公共卫生服务	843	17498	566	1325	4876	3958
疾病预防控制中心	8431	6790	112	414	2488	1754
专科疾病防治院（所、站）	8432	818	7	17	84	
妇幼保健院（所、站）	8433	5411	15	192	1403	1095
急救中心（站）服务	8434	179	12	22	74	71
采供血机构服务	8435	1215	5	42	345	565
计划生育技术服务活动	8436	3085	415	638	482	473
其他卫生活动	849	1586	65	131	321	241
健康体检服务	8491	1090	1	12	96	153
临床检验服务	8492	174	12	53	109	
其他未列明卫生服务	8499	322	52	66	116	88
社会工作	**85**	**8345**	**693**	**1758**	**2360**	**2046**
提供住宿社会工作	851	7289	457	1496	2128	1827
干部休养所	8511	719	79	196	104	79
精神康复服务	8513	915		28	42	225
老年人、残疾人养护服务	8514	4940	341	1102	1741	1384
临终关怀服务	8515	4	4			
孤残儿童收养和庇护服务	8516	575	28	123	241	55
其他提供住宿社会救助	8519	136	5	47		84
不提供住宿社会工作	852	1056	236	262	232	219
社会看护与帮助服务	8521	545	66	130	197	152
康复辅具适配服务	8522	202	7	53	35	
其他不提供住宿社会工作	8529	309	163	79		67
文化、体育和娱乐业	**R**	**43997**	**8863**	**6804**	**6994**	**6830**
新闻和出版业	**86**	**5744**	**106**	**224**	**701**	**1513**
新闻业	861	923	28	56	62	314
新闻业	8610	923	28	56	62	314
出版业	862	4821	78	168	639	1199
图书出版	8621	907	7	47	91	262
报纸出版	8622	3594	26	42	485	804
期刊出版	8623	260	23	71	33	133
音像制品出版	8624	36	6		30	
数字出版	8626	1	1			
其他出版业	8629	23	15	8		
广播、电视、电影和录音制作业	**87**	**12071**	**1772**	**2209**	**1999**	**1835**
广播	871	2587	219	322	414	701
广播	8710	2587	219	322	414	701

1-18 续表 75

行业小类	代码	100-299人	300-499人	500-999人	1000-4999人	5000-9999人	10000人及以上
基层医疗卫生服务	842	6320			1729		
社区卫生服务中心（站）	8421	860					
街道卫生院	8422						
乡镇卫生院	8423	4869					
村卫生室	8424	106					
门诊部（所）	8425	485			1729		
专业公共卫生服务	843	3877	1422	1474			
疾病预防控制中心	8431	840	377	805			
专科疾病防治院（所、站）	8432		710				
妇幼保健院（所、站）	8433	1702	335	669			
急救中心（站）服务	8434						
采供血机构服务	8435	258					
计划生育技术服务活动	8436	1077					
其他卫生活动	849	828					
健康体检服务	8491	828					
临床检验服务	8492						
其他未列明卫生服务	8499						
社会工作	**85**	**1071**	**417**				
提供住宿社会工作	851	964	417				
干部休养所	8511	261					
精神康复服务	8513	203	417				
老年人、残疾人养护服务	8514	372					
临终关怀服务	8515						
孤残儿童收养和庇护服务	8516	128					
其他提供住宿社会救助	8519						
不提供住宿社会工作	852	107					
社会看护与帮助服务	8521						
康复辅具适配服务	8522	107					
其他不提供住宿社会工作	8529						
文化、体育和娱乐业	**R**	**7504**	**1354**	**1725**	**3923**		
新闻和出版业	**86**	**2597**		**603**			
新闻业	861	463					
新闻业	8610	463					
出版业	862	2134		603			
图书出版	8621	500					
报纸出版	8622	1634		603			
期刊出版	8623						
音像制品出版	8624						
数字出版	8626						
其他出版业	8629						
广播、电视、电影和录音制作业	**87**	**1232**	**988**	**617**	**1419**		
广播	871		314	617			
广播	8710		314	617			

1-18 续表 76

行业小类	代码	从业人员数(人)	7人及以下	8-19人	20-49人	50-99人
电视	872	3310	89	87	417	562
电视	8720	3310	89	87	417	562
影视节目制作	873	3542	1121	1118	444	
影视节目制作	8730	3542	1121	1118	444	
广播电视集成播控	874	206	25	25	106	50
广播电视集成播控	8740	206	25	25	106	50
电影和广播电视节目发行	875	471	78	67	89	115
电影和广播电视节目发行	8750	471	78	67	89	115
电影放映	876	1869	204	590	529	357
电影放映	8760	1869	204	590	529	357
录音制作	877	86	36			50
录音制作	8770	86	36			50
文化艺术业	**88**	**11928**	**1687**	**2273**	**2614**	**2283**
文艺创作与表演	881	4654	359	206	1046	1512
文艺创作与表演	8810	4654	359	206	1046	1512
艺术表演场馆	882	1040	8		20	73
艺术表演场馆	8820	1040	8		20	73
图书馆与档案馆	883	1694	257	819	443	175
图书馆	8831	821	101	360	265	95
档案馆	8832	873	156	459	178	80
文物及非物质文化遗产保护	884	646	79	103	91	179
文物及非物质文化遗产保护	8840	646	79	103	91	179
博物馆	885	709	75	90	245	
博物馆	8850	709	75	90	245	
烈士陵园、纪念馆	886	52	1		51	
烈士陵园、纪念馆	8860	52	1		51	
群众文体活动	887	2200	527	780	564	221
群众文体活动	8870	2200	527	780	564	221
其他文化艺术业	889	933	381	275	154	123
其他文化艺术业	8890	933	381	275	154	123
体育	**89**	**1900**	**562**	**362**	**494**	**241**
体育组织	891	710	178	127	164	
体育竞赛组织	8911	449	109	58	164	
体育保障组织	8912	37	20	17		
其他体育组织	8919	224	49	52		
体育场地设施管理	892	238	46	49	143	
体育场馆管理	8921	225	33	49	143	
其他体育场地设施管理	8929	13	13			
健身休闲活动	893	886	298	186	161	241
健身休闲活动	8930	886	298	186	161	241
其他体育	899	66	40		26	
体育中介代理服务	8991	13	13			
体育健康服务	8992	53	27		26	

1-18 续表 77

行业小类	代码	100-299人	300-499人	500-999人	1000-4999人	5000-9999人	10000人及以上
电视	872	426	310		1419		
电视	8720	426	310		1419		
影视节目制作	873	495	364				
影视节目制作	8730	495	364				
广播电视集成播控	874						
广播电视集成播控	8740						
电影和广播电视节目发行	875	122					
电影和广播电视节目发行	8750	122					
电影放映	876	189					
电影放映	8760	189					
录音制作	877						
录音制作	8770						
文化艺术业	**88**	**2705**	**366**				
文艺创作与表演	881	1531					
文艺创作与表演	8810	1531					
艺术表演场馆	882	573	366				
艺术表演场馆	8820	573	366				
图书馆与档案馆	883						
图书馆	8831						
档案馆	8832						
文物及非物质文化遗产保护	884	194					
文物及非物质文化遗产保护	8840	194					
博物馆	885	299					
博物馆	8850	299					
烈士陵园、纪念馆	886						
烈士陵园、纪念馆	8860						
群众文体活动	887	108					
群众文体活动	8870	108					
其他文化艺术业	889						
其他文化艺术业	8890						
体育	**89**	**241**					
体育组织	891	241					
体育竞赛组织	8911	118					
体育保障组织	8912						
其他体育组织	8919	123					
体育场地设施管理	892						
体育场馆管理	8921						
其他体育场地设施管理	8929						
健身休闲活动	893						
健身休闲活动	8930						
其他体育	899						
体育中介代理服务	8991						
体育健康服务	8992						

1-18 续表 78

行业小类	代码	从业人员数(人)	7人及以下	8-19人	20-49人	50-99人
其他未列明体育	8999					
娱乐业	**90**	**12354**	**4736**	**1736**	**1186**	**958**
室内娱乐活动	901	7579	3671	954	245	205
歌舞厅娱乐活动	9011	351	116	191	44	
电子游艺厅娱乐活动	9012	96	33	39	24	
网吧活动	9013	4289	3441	637	65	146
其他室内娱乐活动	9019	2843	81	87	112	59
游乐园	902	567	55	78	96	180
游乐园	9020	567	55	78	96	180
休闲观光活动	903	795	79	153	177	150
休闲观光活动	9030	795	79	153	177	150
彩票活动	904	342	22	28	64	228
体育彩票服务	9041	79				79
福利彩票服务	9042	263	22	28	64	149
文化体育娱乐活动与经纪代理服务	905	2660	767	393	465	195
文化活动服务	9051	2035	656	290	342	137
体育表演服务	9052	469	53	46	82	58
文化娱乐经纪人	9053	65	6	18	41	
体育经纪人	9054	4	4			
其他文化艺术经纪代理	9059	87	48	39		
其他娱乐业	909	411	142	130	139	
其他娱乐业	9090	411	142	130	139	
公共管理、社会保障和社会组织	**S**	**863756**	**65963**	**106224**	**118830**	**115718**
中国共产党机关	**91**	**30809**	**1099**	**4275**	**8638**	**4886**
中国共产党机关	910	30809	1099	4275	8638	4886
中国共产党机关	9100	30809	1099	4275	8638	4886
国家机构	**92**	**640734**	**9288**	**31293**	**72072**	**91332**
国家权力机构	921	2912	17	773	1895	227
国家权力机构	9210	2912	17	773	1895	227
国家行政机构	922	617900	9237	29916	65916	84561
综合事务管理机构	9221	173231	2405	7865	22297	49097
对外事务管理机构	9222	727	64	137	96	180
公共安全管理机构	9223	262672	190	1004	1032	1550
社会事务管理机构	9224	76430	2809	7987	17747	14495
经济事务管理机构	9225	82199	2572	9322	20055	14428
行政监督检查机构	9226	22641	1197	3601	4689	4811
人民法院和人民检察院	923	19187	8	532	4054	6544
人民法院	9231	12023	5	106	1576	4033
人民检察院	9232	7164	3	426	2478	2511
其他国家机构	929	735	26	72	207	
消防管理机构	9291	450	11	41	110	
其他未列明国家机构	9299	285	15	31	97	
人民政协、民主党派	**93**	**2150**	**43**	**1127**	**638**	**195**

1-18 续表 79

行业小类	代码	100-299人	300-499人	500-999人	1000-4999人	5000-9999人	10000人及以上
其他未列明体育	8999						
娱乐业	**90**	**729**		**505**	**2504**		
室内娱乐活动	901				2504		
歌舞厅娱乐活动	9011						
电子游艺厅娱乐活动	9012						
网吧活动	9013						
其他室内娱乐活动	9019				2504		
游乐园	902	158					
游乐园	9020	158					
休闲观光活动	903	236					
休闲观光活动	9030	236					
彩票活动	904						
体育彩票服务	9041						
福利彩票服务	9042						
文化体育娱乐活动与经纪代理服务	905	335		505			
文化活动服务	9051	105		505			
体育表演服务	9052	230					
文化娱乐经纪人	9053						
体育经纪人	9054						
其他文化艺术经纪代理	9059						
其他娱乐业	909						
其他娱乐业	9090						
公共管理、社会保障和社会组织	**S**	**141363**	**30063**	**45334**	**160543**	**68783**	**10935**
中国共产党机关	**91**	**7800**	**1414**	**585**	**2112**		
中国共产党机关	910	7800	1414	585	2112		
中国共产党机关	9100	7800	1414	585	2112		
国家机构	**92**	**127575**	**27904**	**44225**	**157327**	**68783**	**10935**
国家权力机构	921						
国家权力机构	9210						
国家行政机构	922	120138	27904	43183	157327	68783	10935
综合事务管理机构	9221	74653	6032	7783	3099		
对外事务管理机构	9222	250					
公共安全管理机构	9223	9192	11045	24538	139697	63489	10935
社会事务管理机构	9224	14504	3596	4773	10519		
经济事务管理机构	9225	16768	5231	4517	4012	5294	
行政监督检查机构	9226	4771	2000	1572			
人民法院和人民检察院	923	7007		1042			
人民法院	9231	5261		1042			
人民检察院	9232	1746					
其他国家机构	929	430					
消防管理机构	9291	288					
其他未列明国家机构	9299	142					
人民政协、民主党派	**93**	**147**					

1-18 续表 80

行业小类	代码	从业人员数(人)	7人及以下	8-19人	20-49人	50-99人
人民政协	931	2058	29	1049	638	195
人民政协	9310	2058	29	1049	638	195
民主党派	932	92	14	78		
民主党派	9320	92	14	78		
社会保障	**94**	**4491**	**186**	**277**	**1098**	**904**
基本保险	941	2652	58	59	623	318
基本养老保险	9411	1367	54	15	587	221
基本医疗保险	9412	1285	4	44	36	97
生育保险	9415					
其他基本保险	9419					
其他社会保障	949	1839	128	218	475	586
其他社会保障	9490	1839	128	218	475	586
群众团体、社会团体和其他成员组织	**95**	**23459**	**14104**	**5420**	**1837**	**644**
群众团体	951	4022	1153	1540	934	292
工会	9511	1357	287	671	309	90
妇联	9512	562	286	172	53	51
共青团	9513	512	273	135	48	56
其他群众团体	9519	1591	307	562	524	95
社会团体	952	7462	3325	1766	668	352
专业性团体	9521	3617	1529	899	367	268
行业性团体	9522	1976	1141	564	121	
其他社会团体	9529	1869	655	303	180	84
基金会	953	78	33	8	37	
基金会	9530	78	33	8	37	
宗教组织	954	11897	9593	2106	198	
宗教团体服务	9541	297	155	116	26	
宗教活动场所服务	9542	11600	9438	1990	172	
基层群众自治组织及其他组织	**96**	**162113**	**41243**	**63832**	**34547**	**17757**
社区居民自治组织	961	68641	2791	17871	25881	17364
社区居民自治组织	9610	68641	2791	17871	25881	17364
村民自治组织	962	93472	38452	45961	8666	393
村民自治组织	9620	93472	38452	45961	8666	393

1-18 续表 81

行业小类	代码	100-299人	300-499人	500-999人	1000-4999人	5000-9999人	10000人及以上
人民政协	931	147					
人民政协	9310	147					
民主党派	932						
民主党派	9320						
社会保障	**94**	**578**	**344**		**1104**		
基本保险	941	146	344		1104		
基本养老保险	9411	146	344				
基本医疗保险	9412				1104		
生育保险	9415						
其他基本保险	9419						
其他社会保障	949	432					
其他社会保障	9490	432					
群众团体、社会团体和其他成员组织	**95**	**529**	**401**	**524**			
群众团体	951	103					
工会	9511						
妇联	9512						
共青团	9513						
其他群众团体	9519	103					
社会团体	952	426	401	524			
专业性团体	9521	153	401				
行业性团体	9522	150					
其他社会团体	9529	123		524			
基金会	953						
基金会	9530						
宗教组织	954						
宗教团体服务	9541						
宗教活动场所服务	9542						
基层群众自治组织及其他组织	**96**	**4734**					
社区居民自治组织	961	4734					
社区居民自治组织	9610	4734					
村民自治组织	962						
村民自治组织	9620						

1-19 文化及相关产业法人单位基本情况

指标名称	法人单位数（个）	年末从业人员（人）	资产总计(万元)	营业收入(万元)		税金及附加(万元)
					主营业务收入	
总　计	**17635**	**114335**	**16889130.2**	**6668956.8**	**2330708.0**	**34886.1**
按登记注册类型分						
内资企业	**17617**	**114184**	**16874695.6**	**6658874.1**	**2323122.9**	**34840.9**
国有企业	1657	35097	2715689.6	581333.9	484606.2	3797.0
集体企业	24	305	38777.0	5752.0	4320.2	55.2
股份合作企业	5	59	1457.8	807.4		5.0
联营企业	7	9	451.5	81.1		0.6
有限责任公司	2133	16669	4388122.1	1362246.4	452953.1	8462.2
股份有限公司	151	3287	1593544.1	121236.9	74939.1	923.3
私营企业	11652	49717	7956347.2	4568510.5	1306304.3	21511.4
其他企业	1988	9041	180306.3	18905.9		86.2
港、澳、台商投资企业	**8**	**33**	**4472.3**	**3228.2**	**2418.5**	**11.7**
外商投资企业	**10**	**118**	**9962.3**	**6854.5**	**5166.6**	**33.5**
按企业控股情况分						
国有控股	323	12719	3019597.2	826184.8	636358.8	6273.5
集体控股	65	929	96479.8	31461.5	17511.0	278.4
私人控股	13183	58367	11149433.9	5454818.0	1481749.9	26589.8
港澳台商控股	11	146	12129.4	9457.2	8647.5	78.2
外商控股	6	118	12602.5	7114.9	5166.6	34.2
其他	4047	42056	2598887.3	339920.5	181274.2	1632.0

1-20 按类别分组的文化及相关产业法人单位基本情况

类别	法人单位数（个）	年末从业人员（人）	资产总计（万元）	营业收入（万元）	主营业务收入	税金及附加（万元）
总计	**17635**	**114335**	**16889130.2**	**6668956.8**	**2330708.0**	**34886.1**
文化制造业	1526	17255	552886.4	219568.6	74329.8	1726.9
文化批发和零售业	2360	9878	1055288.7	739948.8	503366.9	4724.6
文化服务业	13749	87202	15280954.8	5709439.5	1753011.3	28434.8
一、新闻信息服务	801	13496	1533336.7	453693.8	81682.6	2206.0
二、内容创作生产	3602	28229	5266500.7	2391859.4	534953.4	9333.2
三、创意设计服务	4894	22506	2085593.2	1528726.7	543317.2	9398.9
四、文化传播渠道	1259	14097	2061470.7	982273.7	702131.6	6490.6
五、文化投资运营	132	801	2544523.8	17527.7		342.4
六、文化娱乐休闲服务	2033	14270	1645796.3	325443.4	30553.6	2152.0
七、文化辅助生产和中介服务	3310	16138	1438356.0	664883.0	301009.0	3188.8
八、文化装备生产	133	533	34553.2	22405.1	5528.0	199.9
九、文化消费终端生产	1471	4265	278999.7	282143.9	131532.6	1574.5

1-21 按地区分组的文化及相关产业法人单位基本情况

地区	法人单位数（个）	年末从业人员（人）	资产总计（万元）	营业收入（万元）	主营业务收入	税金及附加（万元）
总计	**17635**	**114335**	**16889130.2**	**6668956.8**	**2330708.0**	**34886.1**
乌鲁木齐市	5603	39021	5183493.1	1273134.5	586320.7	9142.3
克拉玛依市	546	3831	161071.1	73342.8	10904.1	589.4
吐鲁番市	319	1699	186617.3	23638.2	8353.4	256.8
哈密市	702	3083	117353.0	39950.1	21581.5	844.0
昌吉回族自治州	1052	6883	1231560.5	91082.3	33615.4	1030.5
博尔塔拉蒙古自治州	367	2360	234854.8	21608.8	9280.5	198.2
巴音郭楞蒙古自治州	1006	4299	383927.7	73036.3	33167.5	789.6
阿克苏地区	1022	5521	252852.9	77754.5	34558.8	776.9
克孜勒苏柯尔克孜自治州	335	1963	52764.2	11832.1	3874.2	63.7
喀什地区	1562	10490	1226497.2	507178.7	78219.7	3368.8
和田地区	673	8786	149010.2	51426.5	14007.0	323.4
伊犁哈萨克自治州直属县（市）	2773	16942	6944524.5	4210903.5	1356831.4	15714.7
塔城地区	523	2625	137496.7	20645.7	12136.6	274.0
阿勒泰地区	442	2839	193029.7	28298.6	12968.7	379.7
自治区直辖县级市	710	3993	434077.3	165124.2	114888.5	1134.1

1-22 按地区、行业门类分组的个体经营户数

地区	个体经营户数（个）	农、林、牧、渔业	采矿业	制造业	电力、热力、燃气及水生产和供应业	建筑业	批发和零售业
总计	**896752**	**15999**	**145**	**29264**	**48**	**15321**	**448251**
乌鲁木齐市	126095	30	2	1837	1	130	83634
克拉玛依市	18857	140		640		57	8632
吐鲁番市	26811		4	211		2178	11144
哈密市	29260	8	6	939	2	526	13947
昌吉回族自治州	102233	4555	11	2570	9	2848	32105
博尔塔拉蒙古自治州	22911	1061	13	922	6	113	11298
巴音郭楞蒙古自治州	54106	173	17	2708	5	754	27924
阿克苏地区	82155	429	17	4416	2	1869	44583
克孜勒苏柯尔克孜自治州	22595	14	4	403		1637	8836
喀什地区	124091	837	5	6300	2	1236	65912
和田地区	60104	97	6	2556	4	2512	29845
伊犁哈萨克自治州直属县（市）	110049	3156	29	2396	9	271	54948
塔城地区	46247	4026	23	2171	5	107	22179
阿勒泰地区	25761	377	7	813	2	951	13779
自治区直辖县级市	45477	1096	1	382	1	132	19485

1-22 续表 1

地　　区	交通运输、仓储和邮政业	住宿和餐饮业	信息传输、软件和信息技术服务业	金融业	房地产业	租赁和商务服务业	科学研究和技术服务业
总　计	**150520**	**121984**	**5042**		**1376**	**11452**	**809**
乌鲁木齐市	5242	18046	388		763	1786	114
克拉玛依市	4289	2463	40		18	326	15
吐鲁番市	6319	3660	123		11	156	12
哈密市	5394	4298	167		25	455	14
昌吉回族自治州	37788	10952	267		87	2142	51
博尔塔拉蒙古自治州	2991	3116	119		18	327	25
巴音郭楞蒙古自治州	6318	8419	513		7	594	127
阿克苏地区	6041	13012	604		53	862	112
克孜勒苏柯尔克孜自治州	7192	2217	149		6	130	7
喀什地区	16042	16313	945		42	1767	122
和田地区	10690	8346	353		8	449	49
伊犁哈萨克自治州直属县（市）	20676	14308	776		171	1036	64
塔城地区	5744	6542	203		31	533	49
阿勒泰地区	1789	4966	123		10	433	17
自治区直辖县级市	14005	5326	272		126	456	31

1-22 续表 2

地　区	水利、环境和公共设施管理业	居民服务、修理和其他服务业	教育	卫生和社会工作	文化、体育和娱乐业	公共管理、社会保障和社会组织	国际组织
总　计	**152**	**83103**	**892**	**5478**	**6916**		
乌鲁木齐市	21	11849	128	876	1248		
克拉玛依市	2	1968	23	64	180		
吐鲁番市	1	2697	6	131	158		
哈密市	5	2958	31	183	302		
昌吉回族自治州	22	7153	154	642	877		
博尔塔拉蒙古自治州	3	2508	34	214	143		
巴音郭楞蒙古自治州	4	5317	51	374	801		
阿克苏地区	19	8784	97	540	715		
克孜勒苏柯尔克孜自治州	2	1804	5	123	66		
喀什地区	23	13008	82	939	516		
和田地区	5	4566	51	295	272		
伊犁哈萨克自治州直属县（市）	17	10705	81	539	867		
塔城地区	6	4016	53	212	347		
阿勒泰地区	7	2197	37	107	146		
自治区直辖县级市	15	3573	59	239	278		

1-23 按行业门类分组的个体经营户数和从业人员数

行业门类	代码	个体经营户数(户)	有证照	个体经营户从业人员数(人)	有证照
总　计		**896752**	**599718**	**1574293**	**1303825**
农、林、牧、渔业	A	15999	927	16279	1890
采矿业	B	145	124	545	767
制造业	C	29264	23191	63492	54872
电力、热力、燃气及水生产和供应业	D	48	38	206	123
建筑业	E	15321	1240	18704	2986
批发和零售业	F	448251	366719	697300	646252
交通运输、仓储和邮政业	G	150520	7233	100636	14042
住宿和餐饮业	H	121984	103557	375378	372127
信息传输、软件和信息技术服务业	I	5042	4722	9240	8575
金融业	J				
房地产业	K	1376	1093	4193	4222
租赁和商务服务业	L	11452	8572	30436	18497
科学研究和技术服务业	M	809	634	1325	1318
水利、环境和公共设施管理业	N	152	76	332	157
居民服务、修理和其他服务业	O	83103	70686	203542	142781
教育	P	892	465	5034	2122
卫生和社会工作	Q	5478	4636	22462	15426
文化、体育和娱乐业	R	6916	5805	25191	17668
公共管理、社会保障和社会组织	S				
国际组织	T				